요한계시록 주석

저자_ **송영목**

고신대학교B.A., M.Div., 포쳅스트룸대학교Th.M., 그리고 요하네스버그대학교Ph.D.에서 수학했다. 현재는 고신대학교 신학과 정교수신약학이자 교목실장으로 섬기고 있다. 간본문성에 기초한 구속사적 해석과 예수 그리스도 중심의 공공-선교신학에 큰 관심을 두고 있다. 요한계시록을 비롯하여 신학 전반에 걸친 논문 약 140편과 단행본 20여 권을 집필했다.

(고신) 대학교회 담임목사2006-2008년와 영남신약학회 회장을 역임했으며, 부산범천교회에서 개혁주의 신앙고백서들을 교육하고 있다.

* <표지그림> AD 3-4세기 그리스어 대문자 사본 0308(계시록 11장 15-16절)

요한계시록 주석

초판 1쇄 발행 2023년 3월 2일
초판 2쇄 인쇄 2023년 9월 18일
초판 2쇄 발행 2023년 10월 5일

지은이 송영목
펴낸이 유동휘
펴낸곳 SFC출판부
등록 제104-95-65000
주소 (06593) 서울특별시 서초구 고무래로 10-5 2층 SFC출판부
Tel (02)596-8493
Fax 0505-300-5437
홈페이지 www.sfcbooks.com
이메일 sfcbooks@sfcbooks.com
기획 · 편집 편집부
디자인편집 최건호
ISBN 979-11-87942-79-5 (03230)
값 45,000원

요한계시록 주석

Α Π Ο Κ Α Λ Υ Ψ Ι Σ

부분적 과거론과 다차원적 해석의
공공선교적 적용

송영목 지음

SFC

목차

요한계시록 서론

요한계시록 본문 주석

부록

추천의 글

저자는 지난 22년간 요한계시록을 집중적으로 연구하여 단행본 5권과 학술논문 약 50편을 발표했습니다. 그중에서도 이 책, 『요한계시록 주석: 부분적 과거론과 다차원적 해석의 공공선교적 적용』은 무엇보다 우리 주 예수 그리스도를 중심으로 구속사적 메시지를 밝혀낸 점이 돋보입니다. 저자는 요한계시록 자체가 해석 방법으로 분명히 제시하는 부분적 과거론을 따르는데, 아쉽게도 국내외에서 찾아보기가 드문 경우입니다. 또한 저자는 편지의 특성을 고려하면서 상호텍스트적 주해를 거쳐 하나님 나라 관점에서 공공선교적 적용을 신선하게 풀어냅니다. 더군다나 방대한 참고문헌은 저자가 오랫동안 수고를 아끼지 않았음을 잘 보여줍니다. 그리고 그만큼 저자는 최신 연구 경향을 놓치지 않으려고 방대한 논문과 주석을 섭렵하여 독자에게 소개하고 있습니다. 그 덕분에 독자는 계시록 본문의 명료한 의미를 찾아내어 쉽게 적용할 수 있습니다. 독자는 이 책을 통해 개혁주의 신약신학이 얼마나 부요한지 그리고 그것이 어떻게 발전하고 있는지 알게 될 것입니다. 설교자를 비롯하여 요한계시록을 진지하게 탐구하려는 모든 그리스도인에게 이 책을 곁에 두기를 추천합니다.

_황창기고신대학교 전 총장 및 신약학 교수

아무리 긴 책이라도 끝부분은 결론에 해당합니다. 성경의 마지막 책인 요한계시록 역시 그러합니다. 찬란한 창조로 시작한 성경의 장대한 이야기메타내러티브는 길고 지난至難한 구원 역사의 과정을 거쳐 마침내 장엄한 새 창조로 결말을 짓습니다. 따라서 요한계시록을 제대로 읽지 않고서는 성경을 읽었다고 말할 수 없으리라 생각합니다. 결말 부분을 제대로 이해하려면 앞부분으로 다시 돌아가야 할 때가 많습니다. 요한계시록이 그렇습니다. 어찌 보면 65권의 책들이 가리키는 최종 목적지에 66권째 책이 놓여있다는 말입니다.

마치 봉인封印된 두루마리처럼 여겨진 계시록을 차근차근 조심스레 열어 정확하고 분명하게 해석해 줄 사람이 있을까 주위를 살펴보던 차에 저자의 원고를 받아들었습니다. 거의 보름 동안 꼼꼼히 읽었습니다. 여러 면에서 탄복했습니다. 첫째, 최근의 학문적 논의를 빼놓지 않고 섭렵한 학자적 성실성과 근면성에 놀랐습니다. 그것은 정교하게 분석하고 논의의 경중을 치밀하게 계산하고 어느 관점이 계시록 해석에 가장 적합한지를 판별하는 능력이었습니다. 인용 문헌과 각주의 양을 보면 알게 될 것입니다. 둘째, 주석의 초반에 계시록 해석의 중요한 입장들을 대별大別하여 독자들의 이해를 선명하게 도와줍니다. 이 목적을 위해 저자는 자신의 해석학적 입장을 분명히 천명합니다. 부분적 과거론, 그리스도 완결적 해석, 상호텍스트간(間)-본문성 해석의 중요성, 계시록의 공공-선교신학*Missio Dei*, 무엇보다 주석 전체에 흐르는 저자의 '왕국 신학'Kingdom Theology 옹호는 저자의 개혁신학적 성경학자Reformed Biblical Scholar로서의 면모를 유감없이 드러내고 있습니다. 셋째, 정통적인 언어학적-역사적-신학적 주석 방법을 채택하였다는 점이 눈에 들어왔습니다. 주석에 있어서 저자는 언어적-역사적-신학적 과정을 통해 독자들에게 텍스트Text의 질감Texture을 충분히 느끼도록 안내합니다. 독자는 신실하고 믿음직스러운 저자의 인도에 자신을 넉넉하게 맡기고 촘촘하게 따라가야 합니다. 그래야만 본문의 풍성하고도 온전한 향과 맛을 경험하게 될 것입니다. 독자 친화적 안내는 주석 안에 사용된 엄청난 양의 도표들에서 잘 드러납니다. 마지막으로, 단락별 주석을 마친 후 '교훈과 적용' 항목을 두어 설교자들이나 신자들에게 영적/목회적/신앙적 유익을 주도록 배려했습니다.

근래에 요한계시록에 관한 묵직한 저서들이 발간되었습니다. 나름 탁월한 준봉峻峯들입니다. 하지만 이 책은 저자의 폭넓은 학문적 섭렵, 균형 잡힌 시각, 신뢰할만한 학문적 성실성, 탁월한 분석력과 통찰력, 교회를 사랑하는 애틋한 마음, 하나님 나라를 사모하는 심령이 어우러진 천상 교향곡 악보입니다. 이 책을 통해 "하늘을 가르시고 강림하시는"사64:1 하나님 나라의 광휘와 광채를 힐끗 만이라도 경험하게 되기를 소원합니다.

_**류호준**백석대학교 전 부총장 및 구약학 교수

저자가 드디어 역작을 냈습니다. 그는 이미 대한민국 신학계의 독보적인 요한계시록 학자입니다. 그럼에도 이번에 출간된 요한계시록 주석은 역작 중의 역작이라 할 수 있습니다. 볼륨만 해도 자그마치 800페이지에 달합니다. 마치 마소라 학자들이 일점일획도 놓치지 않고 성경을 필사하고 연구한 것처럼, 요한계시록의 단 한 절도 그냥 남겨진 곳이 없습니다. 뿐만 아니라 페이지마다 주옥같은 정보와 전문성 있는 해박함이 풍성하게 담겨있습니다. 저자의 원문 중심적, 문학적, 배경적, 간본문적 해석에서의 탁월성이 유감없이 발휘되었고, 원칙에 벗어나지 않는 정통 해석은 물론 저자의 계시록 해석의 틀인 '통합적 부분적 과거론integrated partial preterism'을 견지하면서도 관련 학계의 최근 이론과 주장들까지 아낌없이 소개되어 있습니다. 그 결과 지식의 욕구에 포만감을 느끼게 됩니다. 이 책이 방대하다고 해서 독자가 기겁하거나 접근하기 어려울 것이라는 생각은 접어두어도 좋습니다. 이 책은 첫 페이지부터 간결한 문체로 시작하고 계시록에 대해 가질 수 있는 오해를 시원하게 풀어주는 흥미진진한 책page-turner입니다. 저자가 선명하게 방향을 제시하듯이, 요한계시록은 난해하고 두렵고 오용에 빠지게 만드는 책이 아니라 믿음을 끝까지 지키고 싸워 이기는 성도를 위한 위로와 소망의 복음입니다. 이제 더 이상의 요한계시록 주석을 기다릴 필요는 없을 것 같습니다. 저자의 수고의 땀방울에 감사드립니다. 그리고 저는 이 책이 요한계시록 연구에 있어서 'classic'이 될 것으로 확신합니다.

_**김하연**고신총회성경연구소장, 대구 삼승교회 담임목사

저자가 처음 출판한 요한계시록 주석『요한계시록』(SFC, 2013)의 부제는 "반드시 속히 될 일들을 통한 위로와 소망의 메시지"였습니다. 요한계시록은 "반드시 속히 될 일들"로서 부분적 과거론으로 해석해야 하고, 당시 교회들에게 "위로와 소망의 메시지"가 되는 책이었습니다. 그리고 10년 후에 나온 이번 주석의 부제는 "부분적 과거

론과 다차원적 해석의 공공신학적 적용"인데, 그간 저자가 어떤 신학적 관심을 가졌는가, 그리고 계시록 해석에 어떤 발전이 있었는가를 잘 보여줍니다. 여전히 부분적 과거론에 정초하면서도, 본문의 여러 요소에 적합한 다양한 해석 방법을 다차원적으로 사용하면서 위로와 소망의 메시지를 공공선교적으로 교회들에게 적용하는 주해를 시도합니다. 아주 적절하면서도 탁월한 발전이 아닐 수 없습니다.

저는 다음과 같은 몇 가지 이유로 이 책을 적극 추천하는 바입니다. ① 다차원적 접근입니다. 이 책은 다양한 접근의 장점들을 가지고 본문을 다차원적으로 분석하였는데, 이는 최근 해석 방법론의 발전에 발맞춘 것입니다. ② 간본문적intertextual 해석입니다. 요한은 구약은 물론 그 당시 지중해 주변 세계의 문헌, 사회, 문화, 제도 등이 어떻게 요한계시록에 묻어 있는지를 보여줌으로써, 원 독자의 입장에서 이 책을 이해하게 할 뿐 아니라, 동시에 부분적 과거론적 해석의 정당성을 자연스럽게 제공합니다. ③ 방대한 연구입니다. 넓고도 깊은 참고문헌은 장식품이 아니라, 요한계시록을 충분하고 완전하게 연구하려는 저자의 결기의 결과물입니다. 저자가 발견할 수 있는 관련 자료를 다 참고했다고 봐야 할 것입니다. ④ 균형과 공정을 갖춘 제시입니다. 이 책의 서론, 본문 주석, 특주, 그리고 각주에서 부분적 과거론만이 아니라 다른 해석을 소개하고 서로 비교하도록 돕습니다. 특별히 각주는 필요한 정보들을 다양하고 충실하게 제공합니다. ⑤ 일관성과 유용성입니다. 요한계시록은 하나의 책 혹은 서신으로 핍박받던 당시 교회들에게 위로와 소망을 주는 메시지라는 관점에서 일관성 있게 해석함으로써, 이 책을 오용하는 일을 막을 뿐 아니라 공공선교적 적용으로 오늘날에도 유용한 하나님 말씀임을 제시합니다. ⑥ 성경의 결론과 특별계시의 완성을 보여줍니다. 저자는 구원계시사적 해석을 놓치지 않으면서, 교회를 그리스도께서 가져오신 구원과 하나님 나라를 확장하고 완성하는 중요한 당사자로 제시합니다. ⑦ 이 주석서의 활용성입니다. 내용 분해, 본문 주해, 그리고 교훈과 적용으로 이어지고 때로 특주를 첨가한 것은 언제라도 이 주석서를 설교나 강의로 전환할 수 있게 합니다. 요한계시록을 설교한다면, 이 책은 주석만이 아니라 탁월한 안내서 역할도 할 것입니다.

'다름'은 '틀림'과는 다르다고 말하면서도, '다름'을 받아들이지 못하는 부류의 사람이 목회자가 아닌가 하는 생각이 드는데, 특히 요한계시록의 해석에서 더욱 그런 것 같습니다. 다른 해석 방법을 지지하는 사람이라도 용기 있게 이 책을 대한다면, 다름이 가져오는 엄청난 유익이 있을 것입니다. 저자는 서문에서 그의 해석은 '그 해석'이 아니라 '하나의 해석'이라고 말합니다. 그러나 저는 요한계시록을 연구하고 설교하는 사람에게 어떤 해석을 받아들이든지 상관없이, 이 책은 반드시 참조해야 할 '그 책'이라고 추천하고 싶습니다.

_**문장환**한국동남성경연구원장, 진주 삼일교회 담임목사

저는 이 책이 출간되기 이전 원고와 『요한계시록 성경원문 새번역 노트』SFC, 2020를 참고하여 계시록 전체를 설교한 바 있습니다. 근 10년 만에 저자의 세 번째의 역작이 출간되어 기쁜 마음으로 치하하면서 본 주석의 특장을 몇 가지로 요약해 추천하고자 합니다. ① 정경적 입장에서 구약성경 뿐 아니라 신약성경과의 신학적 일치성과 시공간적 상호 근접성을 확증하기 위해 해당 구절들을 간본문적으로 충실하게 주해합니다. ② 방대한 국내외 자료들을 참고하면서 개혁주의 교리와 예수 그리스도 중심적인 성경신학적 해석과의 조화를 신실하게 유지합니다. ③ 복잡하고 난해한 내용을 일목요연하게 이해할 수 있도록 다양한 구조분석과 도표를 주석 전체에 걸쳐 적절하게 배치합니다. ④ 통합적 부분적 과거론에 따른 구체적인 역사적 지시성을 제시하기 위해 제2성전기 유대문헌과 그레코-로마 문헌을 빈틈없이 제시합니다. ⑤ 교회의 신학자로서 설교자를 위해 매 단락마다 개혁주의적인 공공선교적 적용점을 세심하게 제시합니다. 참고로 구속사적 해석 관점을 가진 대한예수교개혁회 소속 대다수 설교자들이 부분적 과거론을 공유하고 있다는 사실은 본 추천인에게 적잖은 격려가 되었음을 사족으로 붙여봅니다.

_**이민희**대한예수교개혁회 주님의 교회 담임목사

설교자에게 요한계시록은 자주 '그림의 떡'처럼 보입니다. 수많은 상징과 난해함 때문입니다. 어쩔 수 없이 가장 안전한 방법을 찾게 되는데, 그것은 믿을 수 있는 주석을 참고하는 길입니다. 그러나 그 길은 독자들을 더 곤혹스럽게 만듭니다. 요한계

시록 주석은 다섯 단 책장을 가득 채울 만큼 많은데도, 통일된 해석을 찾는 일이 묘연하기 때문입니다. 종교개혁자들의 구호인 '오직 성경'과 '모든 성경'을 생명처럼 사랑하는 목회자라면, 한 번쯤 요한계시록을 설교하려고 시도했을 것입니다. 저 역시 마찬가지였습니다. 그러나 곧장 좌절감을 맛본 적이 한두 번이 아니었습니다. 결국 요한계시록 1-3장을 설교하는 것으로 만족해야 했습니다. 이십여 년 전, '통합적 부분적 과거론'이라는 저자의 견해를 소개받고 저는 심각한 고민에 빠졌습니다. 생소한 관점과 성경 전반에 걸친 방대한 관련 본문들을 읽고 묵상하여 확인하는 일은 결코 쉬운 일이 아니었습니다. 그러나 마침내 확신에 이르게 되었습니다. 저는 근 이십 년 만에 저자와 동일한 관점으로 요한계시록을 제가 목회하는 교회에서 자신 있게 설교했습니다. 웨스트민스터 신앙고백서 1장 9절은 "성경을 해석하는 정확 무오한 법칙은 성경 자체이다."라고 가르칩니다. 이 책은 바로 그 원칙에 충실합니다. 피와 땀으로 쓴 책은 결코 가볍지 않습니다. 이 책이 그러합니다. 요한계시록을 설교하려는 이들은 이제 다른 책을 볼 이유를 찾기가 쉽지 않을 것입니다. 이 책이 설교자들의 고충을 시원하게 해소해 줄 것입니다. 이 책으로 인해 우리 한국교회의 강단이 더욱 풍요롭고 복 될 것이라 확신합니다.

_**강현복**포항 샘터교회 담임목사

저자 서문

필자는 『요한계시록: 반드시 속히 될 일들을 통한 위로와 소망의 메시지』SFC, 2013(2쇄)가 출간된 후 9년 동안 새로운 주석을 준비해왔습니다. 2009년부터 (예장 고신) 총회교육원이 주관하는 목회자 대상 '바이블키 지도자 세미나'에서, 필자는 '부분적 과거론'의 입장에서 요한계시록을 강의해 왔습니다. 고신대학교의 학부와 대학원 그리고 여자신학원 강의는 물론 여러 노회와 지역 교회들에서 진행한 요한계시록 강의를 포함한다면, 고신 목회자의 약 30%는 부분적 과거론을 접해왔습니다. 또한 필자는 고신 이외의 교단 교회들은 물론 SFC와 IVF 같은 대학생 선교단체에서도 요한계시록의 소망의 복음을 전해왔습니다. 따라서 제가 지지하는 부분적 과거론에 낯설지 않은 목회자와 기독 청년이 많이 있어 감사합니다.

이 책은 다음과 같은 특징이 있습니다. 첫째, 발전 중인 신학에 보조를 맞추어 요한계시록에 관한 최근 연구물을 최대한 반영하여 다양한 해석 방법을 활용합니다. 둘째, 독자의 이해를 도울 목적으로 사도 요한 당시의 역사적 정보를 적극적으로 제시합니다. 셋째, 요한계시록을 이해하는 데 필수인 구약과 제2성전시기 유대묵시문헌, 그리고 그레코-로마 문헌 사이의 간본문성을 선명하게 밝히는 데 주안점을 둡니다. 넷째, 이 책은 저자인 사도 요한과 1차 독자인 소아시아 7교회 간의 편지를 통한 의사소통 방식을 염두에 두면서 하나님 나라 중심으로 공공선교적 적용을 제시합니다. 누구나 동의하듯이, 요한계시록의 해석에 '그 해석'이란 없습니다. 필자는 가장 설득력 있는 '하나의 해석'을 설교자와 성도에게 제공함으로써 설교단이 풍요롭게 회복되기를 소망합니다.

약 2주에 걸쳐 이 책의 원고를 꼼꼼히 살펴 예리하게 다차원적으로 분석하신 후에 과분하게 격려해주신 류호준 교수님, 구약 히브리어와 LXX에 관한 탁월한 연구를 목회에 접목하시며 늘 격려해주시는 김하연 박사님, 실력과 주님을 닮은 성품을 갖추어 좋은 모델이 되시는 문장환 박사님, 이 책이 출판되기 전에 원고를 가지고 1년간 설교하시고 실천적인 피드백을 주신 이민희목사님, 그리고 이제는 부분적 과거론을 열렬히 지지하시는 강현복목사님의 추천사 덕분에 이 책이 빛나게 되었습니다. 그리고 방대한 주석을 출간하기 위해 수고를 아끼지 않은 SFC출판부에도 고마움을 표합니다. 무엇보다 코로나19로 하나님의 부름을 받기 전에도 계시록 21장을 묵상하신 얀 두 란드교수님과 곁에서 늘 응원해주시고 추천사를 써주신 황창기교수님께 감사드립니다. 하나님께서 허락하신 두 분 멘토를 닮지 못한 부족함이 아쉬울 뿐입니다. 이 소품이 두 분의 가르침과 사랑에 조금이라도 보답이 되고, 한국교회가 '세상 나라를 하나님 나라로' 변혁하는 사명을 이루어가는 데 유용하게 활용되기를 기도합니다.

2023년 2월말
고신대학교
교목실장실에서

Α Π Ο Κ Α Λ Υ Ψ Ι Σ

요한계시록 서론

Α Π Ο Κ Α Λ Υ Ψ Ι Σ

요한계시록은 강력한 자석처럼 사람들의 관심을 끌어 당겨왔다. 하지만 '두려움과 난해함', 이 두 가지는 그리스도인이 요한계시록을 떠올릴 때 가지게 되는 느낌이자 선입견이다. 이런 느낌과 선입견의 주요 원인은 요한계시록에 심판 환상이 많기 때문이다. 하지만 계시록의 심판은 계시록의 독자를 박해하던 악의 세력을 향한다는 사실을 기억해야 한다. 따라서 악인이 받을 재앙 및 심판은 그리스도인의 고난과 구분되어야 마땅하다.

> 그렇다면 교회사에서 심판의 메시지를 엉뚱하게 성도들에게 적용해 온 이유는 무엇인가? 그것은 종말론에 담긴 메시지의 힘이 독자들의 행동의 변화를 유발하는 데 매우 효과적이기 때문이다. 교회의 지도자들은 요한계시록의 무서운 심판의 이미지를 활용하여, '교회의 가르침에 순종하지 않을 경우 이 심판을 면하지 못할 것'이라는 암묵적 메시지를 전달하고 있는 것이다. 그리스도인을 '위로'하기 위해서 저술한 본문이, 그리스도인을 '협박'하기 위해서 오용되는 역설이 도출된 것이다.[1]

심지어 요한계시록을 잘못 해석하면 시한부 종말론에 빠진 이단이 될 수 있다고 생각하여, 이 책을 연구하거나 설교하기를 주저하는 경향도 있다. 그리고 요한계시록 내용을 떠올리게 만드는 '아마겟돈Αρμαγεδών'이나 '지옥의 묵시록'과 같은 공포영화도 있다. 하지만 요한계시록은 전체 성경에 담긴 그랜드 스토리grand story의 결론과도 같으며, 모든 시대의 그리스도인에게 위로와 소망을 주는 승천하신 예수 그리스도의 복음이다.[2] 일제강점기 동안 요한계시록을

1. 유은걸, "요한계시록의 장르적 특성과 기독교교육적 적용 가능성에 대한 연구," 『기독교교육정보』 51 (2016), 111. 하지만 유은걸을 비롯하여 많은 계시록 연구가들은 계시록의 심판의 대상에서 불신 유대인을 제외하고 로마제국으로 국한하는 큰 오류를 보인다.
2. M. G. Reddish, *Revelation* (Macon: Smyth & Helwys, 2001), 1. 참고로 김철손에 의하면, '계시(啓示)'가 넓은 의미라면, '묵시(默示; 잠잠한 것을 보임)'는 환상이나 상징을 통하여 세상 마지막에 관한 일을 보여주는 좁고 특수한 의미이다. 따라서 그는 '요한묵시록'이 더 적절한 표현이라고 본다. 김철손, 『요한계시록』 (서울: 대한기

10,200회나 읽었던 길선주목사는 요한계시록을 설교하면서 말세론적 신앙과 소망을 불어넣어 회개 운동을 일으켰는데, 이것은 한국교회가 일제의 세력에게 보수적으로 저항한 운동이었다.[3] 하지만 여기에는 계시록의 전천년적 미래주의 해석, 재림 소망, 윤리적 회복, 내세중심적 그리고 현실적 저항이 복잡하게 얽혀 있다.[4]

지금도 위로와 소망이 절실하기는 마찬가지이다. 현대 교회가 성경의 결론인 요한계시록에서 위로와 소망의 메시지를 찾지 못한다면 큰 손실이다.[5] "소망은 미래라는 음악을 듣는 것이지만, 믿음은 미래를 향하여 오늘 춤추는 것이다. 선교는 미래의 빛에서 오늘 행동하는 것이다."[6] 요한계시록은 가깝고도 먼 미래에 대한 하나님의 승리가 담긴 음악을 독자에게 들려줌으로써 소망을 불어넣을 뿐 아니라, 지금 그리고 여기서 미래를 향하여 춤추며 행동하는 믿음과 성령으로 충만한 선교사가 되라고 격려한다.

요한계시록은 기독교 이단의 전유물專有物이 될 수 없다. 그런데 '그 책의 사람들the people of the book'인 그리스도인은 '그 책요한계시록이 없는 그 책의 사람들the people of the book without the book'이 되고 있지 않은가? 설교자는 하나님의 특별계시의 완성을 소망 차게 소개하는 계시록을 마땅히 바르게 해석하고 강설해야 한다. 또한 성경이 65권이 아니라 총 66권임을 믿는 모든 그리스도인은 계시록을 올바로 배우고 실천하는 데 열심을 내야 한다. 교회가 성경의 결론을 배우지 않고 실천하지 않는 것은 얼마나 안타깝고 큰 손실인가? 그런데 관건은 계시록의 바른 주해註解와 적용이다.

독교서회, 1993), 17. 하지만 과거론적 해석에 의하면, 계시록은 세상 마지막에 관한 내용만을 주요 내용으로 삼지 않기에 이 글은 전통적 표현인 '요한계시록' 혹은 '계시록'을 사용한다.

3. 어춘수, "한국 기독교의 신비주의에 관한 연구," (신학박사 학위논문, 연세대학교, 2008), 135-136.
4. 어춘수, "한국 기독교의 신비주의에 관한 연구," 152-153.
5. J. S. Duvall, *The Heart of Revelation* (Grand Rapids: Baker, 2016), 2.
6. C. J. H. Wright in P. J. Buys, "A Shepherd Stirring up Hope from the Book of Revelation," *In die Skriflig* 54/1 (2020), 1.

AD 1세기에 요한계시록이 기록된 후, 교부 시대를 거쳐 지금까지 많은 주석서註釋書가 출간되어왔다. 그러나 특정한 주석이 절대적이거나 표준이 될 수 없다. 그리고 모든 독자를 만족시킬만한 요한계시록 주석은 존재하지 않는다. 필자의 이 연구 결과물도 마찬가지이다. 그 누구도 계시록처럼 난해한 본문을 완벽하고 적확的確하게 주해注解하여 적용할 수 없다. 따라서 자신의 주해 방식과 결과가 다르다고 해서 남을 적대시하지 않도록 주의해야 한다. 그런데 해석 방법에 대한 논란이 있는 난해한 본문일수록 주해는 쉽고 간명할 필요가 있다. 필자도 명료한 주해를 위해 무한하신 하나님의 계시 말씀을 대하는 인간의 한계를 겸손히 인정하면서도 목표 달성에 대한 기대를 품고 계시록 본문 안으로 들어갈 것이다.[7] 이를 위해 필자는 하나님의 영감으로 기록된 성경의 권위를 존중하는 동시에 이전 연구 결과물과 필자의 주해와 적용의 방법과 결과를 계속해서 비평적으로 점검해 가면서 지혜와 계시의 성령님께서 주시는 조명을 기대한다.

1. 저자

요한계시록의 저자에 관한 질문과 논의는 다양하다. 계시록이 몇 차례 언급하는 '요한Ἰωάννης'은 누구인가?계1:1,2,4,9 전통적으로 알려진 것처럼, 저자는 세베대의 아들 사도 요한인가?마10:2 참조. 아니면 팔레스타인 출신 유대인 그리스도인으로서 에베소에서 활동한 어떤 다른 요한인가?[8] 요한복음과 요한계시록의 문체가 다르므로 요한복음의 저자인 사랑받는 사도 요한은 요한계시록의 저자와

7. M. Nel, "Teologie as Wetenskap: Noodsaak van Dialoog," *Koers* 83/1 (2018), 13, 18.

8. E. Norelli, "Why did Early Believers in Jesus write Apocalypses?" *Zeitschrift für Antikes Christentum* 20/1 (2016), 69; F. J. Moloney, *The Apocalypse of John* (Grand Rapids: Baker, 2020), 6; B. M. Fanning, *Revelation*, ZECNT (Grand Rapids: Zondervan, 2020), 28. 참고로 유대-로마전쟁 이전이 아니라 후인 AD 73년경에 소아시아로 이주한 순회 예언자가 요한의 이름을 빌려 계시록을 기록했다는 역사비평적 주장은 허규, 『요한묵시록 바르게 읽기』 (서울: 성서와 함께, 2019), 30, 37-38을 보라.

다른 인물인가?[9] 예를 들어, 계시록은 속격 절대 구문the genitive absolute을 사용하지 않는다. 여기서 주의할 것은 복음서와 서신에 나타난 문체의 차이로 인해 저자가 서로 다르다고 속단할 수 없다는 사실이다. 왜냐하면 동일 저자가 글을 쓰더라도 복음서 장르와 달리 계시록의 편지-예언-묵시라는 장르에 적합한 문체가 있기 때문이다.[10]

그리고 요한복음과 계시록 사이에 용어와 문체 그리고 신학에 있어 유사성은 많다. 예를 들어, 기독론적 호칭인 '어린양'요1:29,36; 계시록에 29회 등장, '말씀'요1:1,14; 계19:13, '목양'요10장; 21:15-17; 계2:27; 7:17; 12:5; 19:15, '생수'의 종말론적 이미지요4:14; 6:35; 7:37-38; 계7:17; 21:6; 22:1,17, 자기 백성과 함께 거하시는 하나님요1:14; 계7:15; 21:3, 성전의 파멸 및 부재요2:19,21; 계21:26, 숫자 '7'의 중요성7표적, 7교회, 7별, 7영, 7눈, 7인, 7나팔, 7대접, 7머리, 7우레, 예수님께서 사탄을 중요한 실체로 취급하심요6:70; 8:44; 13:2,27; 계2:9-10,13,24; 3:9; 12:11; 13:9,12; 20:2,7,10, 하나님의 가족과 사탄의 가족 간의 대결요1:12; 8:44; 계2:9; 3:9; 21:7, 그리고 성부와 성자의 하나 됨을 통하여 예수님의 신성을 강조함요17:11; 계3:21 등이다.[11] 또한 요한복음과 요한서신에서 문장을 연결하는 접속사의 사용과 접속사 생략의 용례는 계시록에서도 대부분 비슷하게 나타난다.[12]

---

9. 스위스 개혁교회가 사용하는 『취리히성경해설』은 계시록의 저자가 요한복음의 저자와 일치하는지 확실하지 않다고 본다. 『취리히성경해설』, *Ekklärt-Der Kommentar zur Zürcher Bibel* (서울: 대한성서공회, 2021), 398.

10. R. Stefanovic, 『예수 그리스도의 계시』, *Revelation of Jesus Christ*, 하홍팔·도현석 역 (로스앤젤레스: 미주 시조사, 2011), 24; J. B. Jordan, 『계시록의 구속사적 연구』, *Studies in the Revelation*, 이동수 편역 (서울: 그리심, 2005), 16; P. Patterson, *Revelation*, NAC (Nashville: B&H, 2012), 21. Contra R. H. Charles, *A Critical and Exegetical Commentary on the Revelation of St. John*, Volume 1 (Edinburgh: T&T Clark, 1920), xxix-xxxiii.

11. A. J. Köstenberger, "요한복음," in 『IVP 성경 신학사전』, ed. T. D. Alexander & B. S. Rosner, 권연경 외 역 (서울: IVP, 2005), 412-413; S. J. Kistemaker, *Revelation* (Grand Rapids: Baker, 2001), 22; G. R. Osborne, *Revelation*, BECNT (Grand Rapids: Baker, 2002), 5; M. Wilson, *Charts on the Book of Revelation* (Grand Rapids: Kregel, 2007), 38-39, 그리고 사도 요한이 사용한 헬라어는 아람어의 영향을 반영한다고 보는 C. G. Ozanne, "The Language of the Apocalypse," *Tyndale Bulletin* 16 (1965), 2-9.

12. V. S. Poythress, "Johannine Authorship and the Use of Intersentence Conjunctions in the Book of Revelation," *WTJ* 47 (1985), 330-336.

고대의 외증外證은 요한학파Johannine school나 요한공동체Johannine community가 아니라 세베대의 아들 요한을 계시록의 저자로 지지한다예. 폴리캅, 알렉산드리아의 클레멘트, 터툴리안, 오리겐, 사데의 멜리토, 순교자 저스틴, 이레니우스, 히폴리투스, 에베소의 폴리크라테스, 무라토리 정경.[13] 사도 요한이 계시록에서 증언한 예수님의 계시를 역사비평가들처럼 가감하거나 왜곡하지 말고 그대로 전제하여 믿음으로 주해해야 한다.[14] 그런데 사도 요한은 갈릴리 출신인데, 왜 터키2022년 6월부터 '튀르키예'에 가서 순회 목회하다가 밧모Πάτμος섬에 유배되었는가?계1:9 초대교회의 전승에 의하면, 유대-로마전쟁이 발발한 AD 66년경, 사도 요한은 터키로 이주했다. 사도 요한은 7교회를 순회 목회하다가 밧모섬에 유배당했다. 사도 요한은 터키에 편지를 쓴 바 있는 바울과 베드로의 스타일과 달리 묵시-예언-목회적 어조로써 자신의 권위를 확보하며 편지를 썼다.[15] 사도 요한이 기록한 계시록 전반에 걸쳐 반복과 병행을 통하여 통일성이 나타나는 것은 자연스럽다.[16] 요한 당시에 죄수가 섬으로 유배당하는 것은 흔한 종신형이었는데, 시민권이나 재산은 몰수당했지만 생계를 유지하기 위해 필요한 최소한의 소유는 허용되었다.[17] 현재 약 3,000명이 거주하고

---

13. D. D. Green, "요한계시록," in 『무디성경주석』, ed. The Moody Bible Institute, 김승현·정유배 역 (서울: 국제제자훈련원, 2017), 2289; H. R. van de Kamp, *Openbaring: Profetie vanaf Patmos*, CNT (Kampen: Kok, 2000), 21; G. D. Fee, *Revelation* (Eugene: Cascade Books, 2011), xix; 김철손, 『요한계시록』, 25. 참고로 현대 고등 비평가들은 대체로 요한복음의 저자와 계시록의 저자가 다르다고 주장하며, 계시록의 저자를 팔레스타인 출신의 '어떤 요한'이라고 본다. 예를 들어, 이달, 『요한계시록』 (서울: 한국장로교출판사, 2008), 16. 계시록 안에 오랜 시간에 걸쳐 형성된 다양한 편집 층(redactional strata)이 있다는 가설은 D. E. Aune, *Revelation 1-5*, WBC (Nashville: Thomas Nelson Publishers, 1998), cxxii-cxxxiv를 보라.
14. 참고. S. Greijdanus, *De Openbaring des Heeren aan Johannes* (Amsterdam: H. A. Van Bottenburg, 1925), viii.
15. W. M. Ramsay, *The Letters to the Seven Churches* (Peabody: Hendrickson, 1994), 57. 참고로 파피아스는 요한복음을 기록한 사도 요한과 계시록과 편지들을 기록한 장로 요한을 구분하는데, 이 내용은 유세비우스의 『교회사』 3.39.3에 기록되어 있다. 그리고 유세비우스는 『교회사』 4.14.6에서 사도 요한이 영지주의자 케린투스를 만난 일을 언급한다. 참고. A. Di Berardino (ed), *Encyclopedia of Ancient Christianity*, Volume 2 (Downers Grove: IVP Academic, 2016), 417; O. F. A. Meinardus, "Christian Remains of the Seven Churches of the Apocalypse," *Biblical Archaeologist* 37/3 (1974), 82.
16. H. B. Swete, *Commentary on Revelation* (Grand Rapids: Kregel Publications, 1980[1907]), xlvi-liv.
17. Ramsay, *The Letters to the Seven Churches*, 60-61. Contra 요한이 밧모섬에 유배가 아니라 피신했다고 주장하는 박성호, "요한은 밧모섬으로 유배되었는가?(계1:9)," 『신약논단』 25/2 (2018), 467-507.

있는 밧모섬의 남북 길이는 약 12㎞이며 동서는 약 8㎞인데, 제일 높은 지역은 해발 269m이다.

요한문헌은 신애망信愛望을 순차적으로 다룬다. 환언하면 사도 요한은 요한복음에서 예수 그리스도를 믿음을요3:16; 20:31 참조, 요한서신에서 영생을 가진 이들이 실천해야 할 사랑을요일4:21; 5:13 참조, 계시록에서 소망을 강조한다. 사도 요한이 요한복음에서 불신 유대인들을 비판했다면, 비슷한 맥락에서 그는 계시록에서 사탄의 회당으로 전락한 불신 유대인들을 비판한다.[18] 성경은 자체적으로 정경임을 증명하는데, 특히 사도 저작성이 신약 정경의 유일한 기준은 아니더라도, 예수 그리스도의 계시를 전달하는 직무를 특별히 사도가 지녔던 점을 간과하지 말아야 한다.[19] 물론 예수님께서 세우신 사도 자신이 성경의 권위나 영감을 보증하는 것은 아니다. 참고로 터툴리안의『말시온에 대항하여』3.13.3과 4.5.2를 필두로 하여, AD 2세기 중순부터 '요한의 계시'라는 표현이 일반적으로 사용되었다.[20]

사도 요한은 구약의 선지자를 계승한 신약의 선지자와 같다. 하지만 요한은 그리스도 완결적 안목을 갖추어 자신이 본 환상과 구약 간본문을 해석할 수 있다는 점에서 구약 선지자들과 차이가 난다.[21] 그러나 구약과 신약의 선지자들은 하나님을 만나고사6:1-8; 계1:12 이하, 악에 민감하여 공의와 도덕을 강조하며사22:14; 암6:6; 계2:5, 약자와 소소한 일상을 중시하며암2:6-7; 미6:12; 계2:2, 명료하고 환기시키는 evocative 언어로 예언하며사49:2; 계1:12 이하, 교만을 혐오하고렘9:23-24; 미3:9-12; 계18:7, 우

18. C. van der Waal, "Die Eksegese van Openbaring in 'n Dooploopstraat?" *In die Skriflig* 14/55 (1980), 24. 참고로 요한이 관련 구약과 유대 자료, 그레코-로마 자료, 그리고 신약성경을 창조적으로 변용하여 독자들이 그 당시 악의 세력에 맞서도록 전복적인(subversive) 내러티브로 진술한다는 주장은 M. Labahn, "The Book of Revelation: An Early Christian 'Search for Meaning' in Critical Conversation with Its Jewish Heritage and Hellenistic-Roman Society," *In die Skriflig* 48/1 (2014), 2-3을 보라.

19. S. C. W. Duvenage, "Die Gesag van die Heilige Skrif," *Koers* 35/1 (1967), 19, 27, 30-31.

20. 박영식,『오늘 읽는 요한묵시록』(서울: 바오로딸, 2012), 40.

21. 그리스도 완결적 안목은 예수님의 십자가와 부활의 관점으로 조망하는 능력이다. 참고. C. Peppler, "The Christocentric Principle: A Jesus-Centred Hermeneutic," *Conspectus* 13 (2012), 121-123.

상을 대적하고렘6:20; 계13:15, 엄격하지만 사랑으로 충만하고겔7:26; 암8:11-14; 미3:8; 6:1-8; 계1:5, 외로움과 고난을 감내하고렘15:15; 20:14,17; 겔33:6; 계1:9, 탄식하며 기도했다출32:31-32; 사6:11; 22:4; 렘7:16; 11:14; 마23:37-39; 계22:17.[22]

요한이 사용한 동사의 통계와 특징도 주목할 만하다. 총 916개 단어가 나타나는 계시록에서 동사는 1,568개이며, 형용사는 765개이다. 직설법 동사는 891개57%, 명령형 동사는 88개6%, 가정법 동사는 86개5%, 분사는 399개25%이다. 아오리스트 동사는 682개43%, 현재 동사는 613개39%, 미래 동사는 118개7%, 현재완료 동사는 117개7%, 미완료 동사는 39개2%, 과거완료 동사는 1개가 등장한다. 그리고 능동태 동사는 1,176개75%이며 수동태 동사는 248개16%이다. 명령형 동사는 계시록 2, 3, 6장에서 빈도가 높다. 아오리스트 동사는 직설법이 452개66%이며 3인칭 단수형은 241개53%인데, 계시록 4장에는 등장하지 않으며, 계시록 22장에도 드물다. 현재 동사는 계시록 11, 17, 19장에서 빈도가 높으며, 이 가운데 분사는 303개로 49%를 차지한다.[23]

어순과 관련하여, 형용사와 속격 명사는 수식받는 명사 뒤에 위치하며예외. 계1:10,16; 2:9,19; 3:1,2,4,8,12; 8:13; 12:12 등, 관계대명사도 선행사 뒤에 위치한다. 지시형용사가 명사 앞에 위치한 경우가 있다계11:13; 18:17 등. 1,281회에 걸쳐 동사 다음에 (직접, 간접) 목적어나 전치사 구가 뒤따르지만, 319회는 어순이 다르다계1:7,11; 2:2,3,4,5,6,17,24 등.[24]

사도 요한은 밧모섬에 유배되었기에 계시록은 바울의 옥중서신과 유사하다. 바울은 빌립보서 등에서 자신의 투옥 상황과 석방에 대한 기대를 피력한 바 있다. 그런데 감옥의 간수看守가 옥중서신을 먼저 검열했을 가능성이 크기에 공개적인 편지와 같은 특성을 띨 수밖에 없었을 것이다. 따라서 바울은 간수는 알

---

22. B. K. Waltke, 『구약신학』, *An Old Testament Theology*, 김귀탁 역 (서울: 부흥과개혁사, 2012), 950-957.

23. S. L. Waechter, "An Analysis of the Literary Structure of the Book of Revelation according to Textlinguistic Methods," (Th.D. Thesis, Mid-America Baptist Theological Seminary, 1994), 80-81.

24. Waechter, "An Analysis of the Literary Structure of the Book of Revelation according to Textlinguistic Methods," 83-87.

수 없지만 수신자들이 행간이나 표면 아래에 담긴 의미를 간파할 수 있도록 이중적인 의사소통을 전략적으로 시도했을 수 있다.[25] 반면 계시록의 경우, 설령 로마 당국이 이 편지를 발각했더라도 그 안에 담긴 묵시 상징적 표현으로 인해 의미를 간파하기 어려웠을 것이다. 요약하면, 세베대의 아들 사도 요한은 요한계시록 편지를 통하여 온 세상에 하나님 나라의 도래를 알리기에 실제적으로 적합한 '우레의 아들υἱός βροντῆς'이었다.[26]

그런데 도미티아누스 황제의 후임인 네르바 때AD 97에 연로한 사도 요한의 제자가 계시록을 기록했는데, 당시 요한의 기억력에 문제가 있어서 자신이 보았던 환상을 정확하게 기록에 반영하지 못했을 뿐 아니라 계시록에 여러 전승층들이 나타나고예. 계2-3; 4-11; 12-22, 불필요한 반복과 내용상의 불일치, 그리고 문법 파괴solecism 등이 나타난다는 주장이 있다.[27] 하지만 사도 요한은 자신이 보았던 환상을 필기도구를 활용하여 밧모섬에서 기록할 수 있었을 것이다.[28] 그리고 그가 유배된 장소에 구약이나 신약 두루마리를 지참할 수 없었다 하더라도 유대인으로서 평생 암기해온 구약성경을 참조하여 기록하는 데 별다른 문제가 없었을 것이다. 이런 추론은 계시록이 대필가가 아니라 사도 요한에 의해 그리고 성령님의 영감하에 기록되었음을 전제로 한다.[29] 개혁주의 해석의 특징은 저자

---

25. A. Standhartinger, "Aus der Welt eines Gefangenen: Die Kommunikationsstruktur des Philipperbriefs im Spiegel seiner Abfassungssituation," *Novum Testamentum* 55/2 (2013), 145-146.

26. J. du Preez, "Mission Perspective in the Book of Revelation," *Evangelical Quarterly* 42/3 (1970), 163.

27. P. Gaechter, "The Role of Memory in the Making of the Apocalypse," *Theological Studies* 9 (1948), 420-426. 참고로 계시록의 문법 위반은 요한이 아람어 표현을 그리스어로 표현할 때 발생했으며, 이것은 성령께서 요한에게 기계적으로 영감하시지 않고 자유를 주셔서 유기적으로 영감하신 증거라는 주장은 P. M. Bretscher, "Syntactical Peculiarities in Revelation," *Concordia Theological Monthly* 16/9 (1945), 105를 보라.

28. 사도 요한은 밧모섬에 유배될 정도로 어느 정도 신분과 지위를 갖춘 인물이기에 사소한 범죄자가 아니며, 종일 광산에서 노동에 처해졌으므로 필기도구조차 소유하지 못한 상태는 아니었다는 주장은 A. A. Bell Jr., 『신약 시대의 사회와 문화』, *Exploring the New Testament World*, 오광만 역 (서울: 생명의 말씀사, 2001), 37-38을 보라.

29. Contra 밧모섬의 요한의 동굴에 남은 흔적에 근거하여 사도행전 6장 5절의 집사 브로고로(Prochorus)를 대필자로 보는 윤사무엘, 『요한계시록 강해설교: 주님, 어서 오시옵소서!』 (서울: 쿰란출판사, 2021), 16, 50. 참고

가 의도한 본문의 의미를 찾는 것이다. 현대 독자와 해석가는 저자의 의도에 접근하여 파악할 수 있다. 하지만 "독자는 의미를 창출하지 않고, 대신 (신적 그리고 인간) 저자가 본문 안에 이미 둔 의미를 찾는다.[30]

2. 수신자

요한계시록의 수신자인 7교회는 국제적인 교회인데, 유대인 출신 그리스도인과 이방인 출신 그리스도인이 섞여 있었다행19:10; 계9:11 참조.[31] 계시록의 수신자들이 거주했던 소아시아는 BC 2000-1200년에 히타이트제국의 중심지였다. 아리스토텔레스d. BC 322의 제자인 사이프러스Cyprus 출신인 클레아르쿠스Clearchus는 『수면에 관하여』에서 소아시아에 살던 유대인들을 언급한 바 있는데, 그것을 요세푸스가 『아피온에 반박하여』 1.176-183에서 인용했다.[32]

사도 요한이 순회 목회했던 일곱 도시, 곧 에베소뜻: 충만한 목적 혹은 투척, 서머나뜻: 몰약, 버가모뜻: 성채(citadel), 많은 결혼(much marriage), 혹은 높은(high), 두아디라뜻: 딸, 사데뜻: 붉다, 빌라델비아뜻: 형제 사랑, 라오디게아뜻: 백성의 권리는 소아시아에 위치한다. 소아시아는 바벨론제국과 앗수르제국 그리고 힛타이트의 지배를 받았는데, 그런 제국민들과 종교적으로 동화되었다. 그런 동화는 소아시아의 여러 도시에서 어머니Ma 여신을 숭배한 데서 볼 수 있는데, 키벨레와 아데미 숭배가 좋은 예들이다.[33] 소아시아는 로마제국 시대에 황제 숭배의 중심지였는데, BC 130년경 소

로 요한계시록의 수신자가 이방인 출신이 다수였던 소아시아 7교회임에도 불구하고 사도 요한이 아람어로 기록했다는 설득력 없는 주장은 이재하, 『아람어 요한계시록 주석』 (서울: 요한신학연구소, 2022)을 보라.

30. H. Goede and N. Vorster (ed.), *Christian Hermeneutics in South Africa*, Reformed Theology in Africa Series Volume 8 (Cape Town: AOSIS, 2022), 23.

31. S. Pattemore, *The People of God in the Apocalypse: Discourse, Structure, and Exegesis* (Cambridge: Cambridge University Press, 2004), 55; Ramsay, *The Letters to the Seven Churches*, 114.

32. E. Silberschlag, "The Earliest Record of Jews in Asia Minor," *JBL* 52/1 (1933), 66-67, 77.

33. F. F. Bruce, "Babylon and Rome," *Evangelical Quarterly* 13 (1941), 247. 참고로 E. Mueller, "Introduction

아시아의 왕들도 신으로 숭배받았다.[34] 참고로 '아시아Ἀσία'는 진흙slime이라는 뜻이다벧전1:1 참조.[35]

요한계시록은 회람回覽서신인데, 시계 침이 회전하는 방향으로 7도시의 교회들에게 편지가 전달되었을 것이다벧전1:1 참조. 7교회를 순회하려면 318마일, 곧 508㎞를 다녀야 한다. BC 210년경, 시리아의 안티오커스 3세BC 241-187는 바벨론에 살던 유대인들 2,000가정을 소아시아로 강제 이주시켰는데, 그의 후임 통치자들도 유대인들을 더 이주시켰다.[36] 소아시아의 유대인들은 회당 중심으로 살았으며, 로마시민권을 가지고 있었던 사람들도 있었다.

"사탄의 회συναγωγὴ τοῦ σατανᾶ"라 불린 불신 유대인들계2:9; 3:9과 황제숭배가 만연한 로마제국의 통치자들계13:1; 17:10-12은 계시록의 수신자들을 박해하고 있었다. 사탄의 지배를 받던 불신 유대인들이 소아시아 교회들에게 가한 박해를 제대로 고려하지 못한다면, 계시록의 해석은 또 다른 박해 세력인 로마제국에만 융단 폭격을 가하게 된다.[37] 로마제국에서 황제는 신과 구별된 존재였기에, 예를 들어, 옥타비아누스, 티베리우스, 클라우디우스 황제는 생존 중에 신격화되는 것을 경계했다. 하지만 칼리굴라와 네로AD 37-68는 스스로 신격화하여 황제숭배를 강요했다.[38] 옥타비아누스-안토니우스-레피두스의 삼두정치BC 3 때부터 디오클레시안 황제AD 245-316 때까지 로마 도시에 황제숭배를 시행한 장소는 83군

---

to the Ecclesiology of the Book of Revelation," *Journal of the Adventist Theological Society* 12/2 (2001), 199-200은 계시록에서 교회를 가리키는 은유와 표현을 16개만 제시하지만, 실제로는 그보다 훨씬 많다. 사족을 달면, *JAAS, JATS, AUSS, Davar Logos*, 『신학과 학문』 같은 안식교 학술지들은 주의하여 비평적으로 활용해야 한다.

34. Bruce, "Babylon and Rome," 252.

35. J. B. Jackson, *A Dictionary of Scripture Proper Names* (Neptune: Loizeaux Brothers, 1909), 12.

36. Ramsay, *The Letters to the Seven Churches*, 103, 112. 참고로 사도 요한 당시에 소아시아의 유대인들은 예루살렘으로 순례했는데, 에게해 항구들에서 이스라엘의 가이사랴 항구로 그들을 나르던 배들이 있었다.

37. Van der Waal, "Die Eksegese van Openbaring in 'n Dooploopstraat?" 22; A. G. S. Venter and J. A. du Rand, "Volharding as Sentrale Gegewe in die Boek Openbaring," *In die Skriflig* 32/2 (1998), 185.

38. Reddish, *Revelation*, 11-12.

데였다.[39] 티베리우스 황제부터 네로 황제까지 소아시아 사람들은 황제와 원로원을 동시에 숭배했다.[40]

이에 더해 수신자들은 우상숭배와 음행으로 미혹하던 이단 니골라당과도 싸워야 했다계2:14-15. 그런데 사도 요한은 소아시아의 골로새교회를 알고 있었음에도 의도적으로 수신자에서 제외한다. 왜냐하면 숫자 '7ἑπτά'은 '완전'이나 '충만'을 상징하므로, 7교회는 세상의 모든 교회를 염두에 두는 표현이다레26:18,21,24,28; 잠9:1; 24:16; 26:16; 신28:7; 욥5:19 참조. 요한 당시는 문서보다는 구전과 구술 중심의 시대였다. 총 22장에 걸쳐 403절로 구성된 계시록의 1차 용도는 소아시아 7교회의 공적 예배 중에 청중에게 낭독하기 위함이었다. 문맹률이 굉장히 높던 구술문화 시대를 배경으로 하는 요한계시록은 예배 중에 모인 청중의 기억을 돕기 위해서 수사 기법이 사용된 일종의 '구술 공연oral performance'과 같다.[41] 그러므로 계시록을 주해할 때 사도 요한 당시 소아시아 7교회라는 구체적인 독자와 청자를 위해 기록되었다는 사실을 늘 기억해야 한다.

속사도 시대 이후에도 소아시아는 기독교 역사에 있어 중요했다. 주요 인물들로는 서머나의 주교 폴리캅, 서머나에서 성장한 이레니우스, 사데의 주교 멜리토, 에베소의 주교 폴리크라테스, 시노프에서 출생한 말시온, 히에라폴리스의 주교 파피아스, 로마로 가는 길에 소아시아를 들렀고 그 지역의 다섯 도시에 편지를 썼던 이그나티우스 등이 있으며, 그 지역에서 교회사에서 중요한 니케아회의AD 325와 칼세돈회의AD 451가 열렸다.[42]

39. J. D. Charles, "The Throne-Vision of the Lamb," *Criswell Theological Review* 7/1 (1993), 91.
40. 김경현, "소아시아 그리스인의 로마 원로원 숭배," 『서양고대사연구』 50 (2017), 56-57.
41. Van de Kamp, *Openbaring*, 40, 43; D. R. Seal, "The Persuasive Arousal of Emotions: Prayer as Divine Experience in 4 Ezra and John's Apocalypse," (Ph.D. Thesis, Regent University, 2016), 26-28.
42. Reddish, *Revelation*, 9.

3. 기록 연대와 역사적 배경

대략 19세기 이전의 대다수 학자는 계시록이 네로 황제 때 기록되었다고 보았다. 그러나 그 후 1980년대까지 도미티아누스 황제의 박해를 배경으로 계시록이 기록되었다는 후기 연대가 힘을 떨쳤다. 그러다가 1980년대 이후로는 네로 시대 혹은 그의 사후에 짧게 통치했던 세 황제를 배경으로 계시록을 이해하려는 복고 움직임이 꾸준히 진행 중이다.[43]

계시록의 기록 연대는 크게 두 견해로 나뉜다. 이른 연대는 로마의 대화재AD 64부터 제6대 황제인 네로AD 37-68가 자살한 때AD 68 사이인 AD 64-68년경으로 본다. 반면 늦은 연대는 제12대 황제 도미티아누스재위 기간은 AD 81-96의 통치 기간으로 본다.[44] 하지만 늦은 연대가 결정적으로 의존하는 이레니우스AD 130-202의 『이단에 대항하여』 5.30.3"그것(혹은 사도 요한)이 도미티아누스 말년에 나타났다."의 의미는 확실하지 않은데, 왜냐하면 무엇보다 이레니우스는 소아시아에서 유래한 확고한 전승을 사용하지 않았기 때문이다.[45] 따라서 이레니우스의 기록은 종종 역사적으로 신뢰성이 의심되므로 독자의 주의가 요구된다. 예를 들어, 이레니우스는 『이단에 대항하여』 3.11.1-3과 4.20.11에서, 사도 요한이 밧모섬에서 에베소에 돌아온 후 트라야누스 황제AD 98-117 때에 요한계시록과 요한복음을 기록했다

---

43. 참고. 계시록이 AD 132-135년 무렵에 기록되었다고 보는 T. Witulski, "A New Perspective on Dating the Book of Revelation," *Annali di Storia dell'Esegesi* 33/1 (2016), 201.

44. B. Witherington 3, *Revelation* (Cambridge: Cambridge University Press, 2003), 4-5; 신동욱, 『요한계시록 주석』 (서울: KMC, 2010), 23. 참고로 계시록의 기록 연대를 AD 120년경으로 보는 경우는 H. Kraft, 『요한계시록』, *Die Offenbarung des Johannes*, 한국신학연구소 역 (서울: 한국신학연구소, 1983), 15, 그리고 Fee, *Revelation*, xx를 보라.

45. K. A. Mathison, *Postmillennialism: An Eschatology of Hope* (Phillipsburg: P&R, 1999), 142-146; Witulski, "A New Perspective on Dating the Book of Revelation," 202-203. 참고로 현대의 후기 기록 연대 가설을 지지, 불신 유대인의 역할을 도외시한 로마황제 숭배를 강조함, 그리고 1세기에 로마제국이 하나님의 심판을 받은 것에 대한 설명의 부족 등은 약 110년 전의 C. W. Votaw, "The Apocalypse of John: IV-Its Chief Ideas, Purpose, Date, Authorship, Principles of Interpretation, and Present-Day Value," *The Biblical World* 32/5 (1908), 315-326에 이미 나타났다.

고 주장했다.[46] 사도 요한이 AD 98년 이후까지 생존했다면 그의 나이는 100세를 넘겼을 것이며, 그 당시 평균 수명의 두 배를 산 것이다. 그런데 AD 2세기 후반 『무라토리 정경Muratorian Canon』은 사도 바울이 사도 요한을 모델로 삼아 7교회에게 편지를 보냈다고 기록한다. 그렇다면 네로 때 순교한 바울의 저술과 사역 시기는 사도 요한이 계시록을 기록하여 소아시아 7교회에게 보낸 시점과 비슷하다는 결론에 도달한다. 또한 알렉산드리아의 클레멘트AD 150-215는 예수님의 사역은 티베리우스 통치에 끝났고, 사도의 가르침은 네로 황제 때 종결되었다고 주장했다Stromata 7.27.

황제 네로는 에베소에 2층 규모의 극장을 건축했고, 영원한 제국을 염원하면서 직접 연기하며 악기를 연주하여 상을 탔으며, 권력 강화를 위해 다양한 축제와 게임을 적극적으로 후원했다.[47] 소아시아의 7도시는 각각 야외극장을 갖추었다. 계시록의 1차 독자들에게 익숙한 헬라-로마의 드라마 형식으로 계시록의 플롯과 구조를 분석하여, 요한이 본 환상을 통해 독자들에게 카타르시스를 제공하려는 의도로 파악하려는 주석가들의 시도가 있어 왔다.[48]

요즘 적지 않은 주석가들이 동의하듯이, 도미티아누스의 박해는 모든 그리스도인을 대상으로 하는 전면적인 성격이라고 보기 어렵다.[49] 황제숭배는 율리우스 시저 당시에도 있었기에 마치 도미티아누스 때에 절정에 도달한 것처럼

---

46. 참고. 박영식, 『오늘 읽는 요한묵시록』, 31에서 재인용. 참고로 로마제국의 내전과 대혼란 시기였던 AD 68-69년의 중요 사건들과 날짜는 다음과 같다. 네로의 사망과 갈바의 즉위(68년 6월 9일), 갈바의 사망과 오토의 즉위(69년 1월 15일), 오토의 사망과 비텔리우스의 즉위(69년 4월 16일, 19일), 비텔리우스의 죽음과 베스파시안의 즉위(69년 12월 21일). 참고. P. J. Leithart, *Revelation 1-11* (London: T&T Clark, 2018), 34.
47. 소아시아의 유대인들도 극장에 출입했다. T. C. Voortman, "The Language of the Theatre in the Apocalypse of John," (M.A. Thesis, Rand Afrikaanse University, 1996), 19-22, 26.
48. Voortman, "The Language of the Theatre in the Apocalypse of John," 117.
49. P. G. R. de Villiers, "Religieuse Ervaring as Hermeneutiese Beginsel in die Interpretasie van Bybeltekste in die Lig van die Boek Openbaring," *NGTT* 44/3-4 (2003), 280; Witulski, "A New Perspective on Dating the Book of Revelation," 203; F. J. Moloney, "The Book of Revelation: Hope in Dark Times," *Religions* 239 (2019), 7; T. B. Slater, "Dating the Apocalypse to John, Revisited," *Review and Expositor* 114/2 (2017), 249-250; contra Charles, "The Throne-Vision of the Lamb," 92; Fanning, *Revelation*, 29.

볼 수 없다.[50] 도미티아누스의 박해에 대한 명백한 증거는 아직 발견되지 않았다.[51] 그리고 '자칭 사도'계2:2 참조에 대한 논란은 AD 60년대가 적합한데, 도미티아누스 당시에는 예수님의 12제자가 대부분 소천 받아서 그런 논란은 사라졌기 때문이다. 참고로 이레니우스는 『이단에 대항하여』 2.22.5에서, 예수님의 공사역이 약 13년이었기에 50세에 돌아가셨다고 주장하는데, 계시록의 연대에 관한 그의 기록도 무비판적으로 수용하기 어렵다.[52] 설령 베드로와 바울을 죽인 네로 황제의 박해가 도시 로마에 국지적으로 시행되었다 하더라도 소아시아의 교회들은 그 박해의 영향을 피할 수 없었다.[53]

계시록에 나타나는 강력한 유대주의적 요소는 돌 성전이 파괴되기 이전으로 보는 것이 적합한데계2:9; 3:9 참조, AD 60년대 초에 기록된 사도행전도 유대주의자들이 교회의 강력한 대적이었음을 밝힌다.[54] 환언하면, 계시록은 소아시아의 불신 유대인들이 '유대인'Ιουδαῖος'이라는 자부심을 가지고 교회를 박해할 동안 기록되었다계2:9; 3:9 참조. 그때는 AD 70년 이전, 곧 이스라엘 국가가 패망하기 전이

50. 율리우스 시저는 'Rex' 호칭은 거부했지만, 'Pontifex Maximus(大神官)'로서 BC 65년에 제국 종교의 우두머리가 되었고, BC 45년에는 'Imperator(전제군주, 황제)'라는 호칭을 영구히 받았다. 따라서 그는 실제로 로마 제국의 제1대 황제이다. 참고. Bruce, "Babylon and Rome," 252; Stefanovic, 『예수 그리스도의 계시』, 529.

51. 참고로 요한계시록의 독자들의 상황은 20세기에 들어와서 대중적인 견해가 된 도미티아누스 황제 당시의 공식적인 박해라는 현실과 이상 사이의 인지적(perceived) 부조화에서 오는 시련이 아니라, 박해에 대한 더 크고 다양한 전승에 맞닿아 있던 그리스도인이 신앙을 지키려는 지속적인 역사적 상황을 배경으로 삼는다는 주장은 P. G. R. de Villiers, "Apocalyptic Groups and Socially Disadvantaged Contexts," *Acta Theologica Supplementum* 23 (2016), 251-258; "Persecution in the Book of Revelation," *Acta Theologica* 22/2 (2002), 50-70을 보라. 도미티아누스는 그리스도인을 실제로 박해하지 않았을 가능성이 높기에 인지적 박해가 어느 정도 설득력을 얻는다. 그러나 계시록은 네로 당시에 기록되었으므로 실제 박해가 옳다.

52. 참고. K. A. Mathison, 『종말론적 관점에서 본 성경 개관』, *From Age to Age*, 전광규 역 (서울: 부흥과 개혁사, 2012), 788; Witulski, "A New Perspective on Dating the Book of Revelation," 202.

53. 계시록의 이른 기록 연대를 지지하는 Bell Jr., 『신약 시대의 사회와 문화』, 135; Mathison, 『종말론적 관점에서 본 성경 개관』, 789.

54. E. Sporer, "Bought with Blood: The Logic of Sacrifice and Atonement in Ancient Israel and in John's Revelation," (M.T.S. Thesis, Palmer Theological Seminary, 2016), 29-34; Duvall, *The Heart of Revelation*, 5-6; Mathison, 『종말론적 관점에서 본 성경 개관』, 790; contra AD 80-90년대 '쉐모네 에스레'(18축도문)가 공식적으로 발표되기까지 기독교는 유대교의 우산 아래에 보호 받았다고 주장하는 J. A. du Rand, *A-Z van Openbaring* (Vereeniging: CUM, 2007), 74.

다. 그리고 계시록은 로마제국의 제6대 황제이자 '666ἑξακόσια ἑξήκοντα ἕξ'이라 불린 네로 때 기록되었다계13:10,18; 17:10 참조.[55] 계시록이 기록될 당시 불신 유대인들의 박해는 이미 오랫동안 진행되어 왔으며, 로마제국의 박해는 역사가 그리 길지 않다.[56] 오리겐, 알렉산드리아의 클레멘트 그리고 터툴리안 등이 증거하듯이, 계시록은 네로가 집권 중에 스스로 신격화하여 그리스도인을 박해할 때 기록되었으므로,[57] 계시록의 독자에게 필요한 것은 다름 아니라 위로와 소망이었다.

탈무드에 따르면, 네로의 아내 포페아 사비나Poppaea Sabina는 유대인들을 후원했고, 사후에 유대인의 방식으로 장례되었으며, 유대교로 개종하여 랍비 메이르 바알Meir Baal의 조상이 된 네로는 헤롯 아그립바 2세를 도와 유대인의 영토를 확장했다『유대고대사』 20.159 참조.[58] 이러한 네로의 친유대교 정책은 그가 기독교회를 박해했다는 간접적 증거가 된다.

소아시아의 불신 유대인과 그리스도인은 폐쇄적인 분파sect라기보다 황제를 존경하고 상인 조합이나 시민 사회 안에서 활동하면서 다양한 활동을 후원했다. 그러나 불신 유대인과 그리스도인은 제의적 방식으로 황제를 숭배하거나 황제의 상像을 세우는 행위를 거부했다. 그리스도인은 공적인 시민 활동에 참여함으로써 제국과 기독교 사이의 긴장을 경감시키는 효과를 기대했다. 사도 요

---

55. Slater, "Dating the Apocalypse to John, Revisited," 251; contra J. M. Ford, *Revelation* (New York: Doubleday, 1975), 21. 참고로 요세푸스(d. 100) 등은 율리우스 시저를 제1대 로마황제로 간주했다. 참고. Du Rand, *A-Z van Openbaring*, 499. 그리고 율리우스(BC 49-44)는 '왕' 대신에 '시저'라고 불리기를 즐겼다. 황제는 자신을 숭배하는 제의나 공적 모임에 참여하도록 강압하지 않았다는 주장은 D. L. Barr, "John's Ironic Empire," *Journal of Bible and Theology* 63/1 (2009), 22를 보라.
56. Leithart, *Revelation 1-11*, 40.
57. 디모데는 바울의 제3차 전도여행 직후에 이단의 위협에 노출된 에베소교회를 목회한 것으로 보인다(행 20:29 이하; 딤전1:6 참조). 요한은 에베소의 목회자 디모데를 알고 있었을 것인데, 디모데가 거기서 언제까지 목회했는지 정확히 알 수 없다. 그리고 대도시 에베소에 가정교회는 여러 군데 있었을 것이다. 그리고 에베소교회가 첫사랑을 잃어버리는 데 긴 시간은 걸리지 않았을 것이다(요18:17; 21:3; 갈1:6; 딤후4:10 참조). K. L. Gentry Jr., *Before Jerusalem fell: Dating the Book of Revelation* (Tyler: Institute for Christian Economics, 1989), 199, 271, 328, 336. Contra Green, "요한계시록," 2289; R. R. Hausoul, *Openbaring* (NP: 2008), 7.
58. S. J. Bastomsky, "Emperor Nero in Talmudic Legend," *Journal of Jewish Quarterly* 59/4 (1969), 321-325.

한이 황제숭배를 엄격히 비판했음에도 불구하고, 니골라당계2:14-15은 황제숭배를 독려했다.[59] 요한계시록은 박해받는 성도에게 위로와 소망을 불어넣어 줌으로써 박해 가운데서라도 하나님 나라의 확장을 위해 힘쓰도록 격려하기 위해서 기록되었다계11:15.[60] 참고로 후식민주의 해석은 본문 배후의 제국주의적 구조를 파악하고 주변화된 사람들의 목소리를 회복하는 데 어느 정도 도움이 될 수 있으나, 모든 본문을 정치적 메시지로 축소할 위험이 있다.[61]

4. 기록 목적과 중심 주제

요한계시록은 승천하신 예수 그리스도의 계시인데, 그분의 십자가의 대속과 부활은 사탄의 세력에 대한 결정적 승리이자 인류 역사를 결정지었다.[62] 바로 이 사실은 요한이 신약의 선지자로서 승천하신 예수님의 말씀을 독자들에게 전한 메시지의 핵심이자 전체 신약성경의 중심 메시지와 일치한다마1:1; 롬16:25-26; 엡1:7-10; 골1:17-20 참조.[63] AD 1세기 소아시아 교회에게 그리스도의 결정적 승리를 알리는 것이 계시록의 기록 목적이자 중심 주제이다. 다시 말해, "요한계시록은 그리스도를 위하고 그리스도에 의하여 하나님 나라를 다시 차지하기 위한 총체

---

59. 이 단락은 P. A. Harland, "Honouring the Emperor or Assailing the Beast: Participation in Civic Life among Associations (Jewish, Christian Others) in Asia Minor and the Apocalypse of John," *JSNT* 77 (2000), 108-121에서 요약.

60. 계시록의 늦은 연대(AD 95-96)를 지지하는 이들의 문제점과 이른 연대(AD 66년경)를 지지하는 내증과 외증에 관한 상세한 설명은 송영목, "Before Nero's Death: Reconsidering the Date of the Book of Revelation," 『신학논단』 86 (2016), 35-61을 보라. 참고로 이달은 계시록의 이른 연대가 19세기 성경 비평학이 발달할 때 등장했다고 본다. 이달, 『요한계시록』, 19.

61. Goede and Vorster (ed.), *Christian Hermeneutics in South Africa*, Reformed Theology in Africa Series Volume 8, 121-123.

62. Moloney, *The Apocalypse of John*, 1; "The Book of Revelation," 6-9.

63. L. Guy, "The Triumph of the Kingdom: Interpreting Revelation 6-16," *Evangelical Quarterly* 87/1 (2015), 44; Moloney, "The Book of Revelation," 7.

적 전쟁에 관한 예언적 설명을 제공한다."[64] 예수님께서는 이 승리를 그분만 독점하시지 않는다. 그리스도인도 주님의 재림 때까지 십자가를 지는cruciform 삶을 위해 소망과 승리의 은혜를 입는다. 따라서 그리스도인은 고난 중에서도 '소망으로 가득한spessimist' 승리자이지 결코 비관주의자pessimist가 아니다.[65] 그러므로 계시록은 고난 중에 있는 그리스도인이 AD 1세기의 메시지를 통하여 승리를 얻는 교본manual과 같다. 소아시아 7교회는 환난을 성공적으로 대처하는 개인적인 회복력을 넘어 환난 중에 있는 동료들을 위로하여 그들을 믿음으로 세워주는 성경적인 공동체적 회복력resilience을 발휘해야 했다고후1:3-4 참조.[66]

에베소에서 발굴된 AD 6세기경의 비문과 동방교부 안드레아스의 글에 따르면, 사도 요한은 분명 '신학자θεολόγος'였다.[67] 중세 초기부터 신학자로 인정받은 요한은 목회 차원에서 편지를 기록한 것이 사실이지만, 계시록의 기록 목적을 잘 드러내려는 그의 신학적 능력은 인정받아 마땅하다. 로마제국에서 신학자는 신들을 위해 벌어진 축제의 음악을 위해 작사한 사람들이다.[68] 하나님 나라의 신학자였던 요한과 달리 로마제국의 신학자들은 황제를 신격화하는 글쟁이들

---

64. R. J. Rushdoony, *Systematic Theology*, Volume 2 (Vallecito: Ross House Books, 1994), 890.
65. 요하네스버그대학교의 두 란드(J. A. du Rand)는 자신의 종말론 책 서문에서 '소망의 종말론'의 근거와 내용을 다음과 같이 밝힌다. "본인은 우리의 시대정신인 전형적인 비관주의가 발생시키는 비참을 소망주의(spessimism, 라틴어로 소망은 'spes')로 대체함으로써 제거하려고 시도했다. 따라서 본인의 성경적 관점의 출발점은 성경에 묘사된 것처럼 하나님과 사람 사이의 오래된 관계에 나타난 중요한 세 사건과 관련 있다. 그것들은 창조, 예수님의 성육신, 그리고 예수 그리스도의 재림이다. 따라서 우리의 미래는 우리의 과거, 곧 예수님의 육체적 부활에서 나온다. 예수님의 초림과 재림이라는 현재의 중간 시기에 그리스도의 교회와 신자들은 흥미로운 도전에 직면한다. 성경의 희석되지 않은 메시지는 여전히 근본적인 해답들을 포함한다! 첫 페이지부터 마지막 페이지까지 성경은 하나님과 인간의 미래에 대해 말한다. 바로 이 사실 때문에 우리는 이미 성취되었지만 아직 완전하지 않은 미래 종착점을 앞당겨 살아가고 있다." J. A. du Rand, *Die Einde: Die A-Z van die Bybelse Boodskap oor die Eindtyd* (Vereeniging: CUM, 2013), 20. N. Wolterstorff, 『샬롬을 위한 교육』, *Educating for Shalom*, 신영순 외 역 (서울: SFC출판부, 2014), 310도 참고하라.
66. 참고. P. J. Buys, J. M. Korevaar and G. R. Stubbs, "COVID-19 and Resilience through Integral Mission: The Impact of Social Enablement as Mission in previously Disadvantaged Communities in South Africa during the COVID-19 Disaster," *In die Skriflig* 54/1 (2020), 3.
67. A. Brent, "John as Theologos: The Imperial Mysteries and the Apocalypse," *JSNT* 75 (2000), 88-89.
68. Brent, "John as Theologos: The Imperial Mysteries and the Apocalypse," 95-96.

이었다.

요한계시록은 성부, 성자, 성령, 복음, 인류, 이스라엘, 죄, 사탄, 천사, 구원, 심판과[69] 같은 성경신학의 주요 내용을 자세히 소개한다. 신약성경의 어떤 책보다도 계시록은 삼위일체 하나님을 분명히 설명한다.[70] 성부께서는 창조주이시며 거룩하시고 의로우시며 참되시며 은혜로우시며 영원하시고 전능하시며계 1:4,6; 4:11; 6:10; 15:4, 성자께서는 성부의 아들로서 지상에서 활동하신 역사적 예수님이시며계1:6,9; 5:5; 12:11 승귀하셨고계1:13,17; 5:5; 12:5; 14:14, 성령께서는 그리스도의 영으로서 교회들에게 말씀하시며계2:7 등 7영으로서 온 세상에 역사하신다계1:4; 3:1; 4:5; 5:6.[71]

계시록의 요절要節은 계시록 11장 15절이다. "일곱째 천사가 나팔을 불매 하늘에 큰 음성들이 나서 이르되 세상 나라가 우리 주와 그의 그리스도의 나라가 되어 그가 세세토록 왕 노릇 하시리로다 하니." 박해에도 불구하고 이 세상이 삼위 하나님께서 다스리시는 나라로 변혁되는 것이 주요 내용이다창1:28; 시 22:28; 옵1:21 참조.[72] 이 요절은 신약성경의 결론이자 성경 전체의 구원 메타내러티브salvation meta-narrative의 결론이기도 하다.[73] 이런 세상의 변혁을 위한 세 가지 방

69. 구원과 위로 대신에 '정의, 심판, 화'를 계시록의 중심 주제로 보는 경우는 B. K. Blount, *Revelation* (Louisville: WJK, 2009), 1을 보라.

70. I. Paul, *Revelation*, TNTC (Downers Grove: IVP, 2018), 4.

71. Charles, *A Critical and Exegetical Commentary on the Revelation of St. John*, Volume 1, cx-cxvi; *CSB Ancient Faith Study Bible* (Nashville: Holman Bible Publishers, 2019), 1581.

72. Du Preez, "Mission Perspective in the Book of Revelation," 158; Du Rand, *A-Z van Openbaring*, 63; M. H. Pohlmann, "The Influence of the Weltanschauung on the Theological Thrust of the Apocalypse of John," (D. Litt. et Phil. Thesis, Rand Afrikaans University, 1997). 224; H. J. S. Blaney, 『베드로전서-요한계시록』, *1 Peter-Revelation*, 웨슬리주석번역위원회 역 (서울: 임마누엘, 1992), 290; Stefanovic, 『예수 그리스도의 계시』, 381.

73. 사도 요한이 속한 초대교회의 신학은 상당 부분 선교에 의해서 시작되고 발전되었다. 그들에게 하나님의 선교는 '신학의 어머니'이자 '교회의 어머니'와 같았다. 오늘날도 신학이 성경 해석의 열쇠와 같은 하나님의 선교를 활용하여 성경적-신학적 탐구와 반성을 촉진하고 이를 위해 선교학이 통찰력을 제공한다면, 선교는 '신학의 미래'라 불릴만하다. B. Sanou, "Missio Dei as Hermeneutical Key for Scriptural Interpretation," *Andrews University Seminary Studies* 56/2 (2018), 307-308.

법은 계시록 12장 11절에 나타난다. "또 여러 형제가 어린양의 피와 자기의 증거하는 말을 인하여 그사탄를 이겼으니 그들은 죽기까지 자기 생명을 아끼지 아니하였도다." "어린양의 피τὸ αἷμα τοῦ ἀρνίου"는 십자가에서 죽으신 예수 그리스도께서 주신 구원과 사죄의 은총을 가리킨다. 그리고 성도는 "증언하는 말씀τὸν λόγον τῆς μαρτυρίας" 때문에 사탄을 이기고 천국을 확장한다. 그리고 박해받는 성도는 "죽기까지ἄχρι θανάτου" 자신의 생명을 아끼지 아니하는 순교 자세로 천국을 확장한다.[74] 하나님의 위로와 소망은 수신자들로 하여금 박해를 "인내ὑπομονή"할 뿐 아니라계1:9; 2:2,3,19; 3:10; 13:10; 14:2, 어린양의 발자취에 참여하면서 따라가고 신실하게 순종하도록 만든다.[75] 소아시아의 7교회에게 하나님 나라가 확장되는 것은 복음인데계14:6-7, 삼위일체 하나님께서 계획하시고 성취하시는 천국 복음은 새로운 창조, 곧 구원적 심판을 통한 회복을 동반하고 그리스도인의 찬송과 예배를 이끌어낸다. 이런 의미에서 천국 확장의 복음은 '하나님의 새 창조, 구원, 심판, 그리고 교회의 예배'라는 네 주제어key words를 통하여 설명된다. 실제로 이 주제어들은 계시록의 전체 내러티브에 서로 연결되어 나타난다. 하나님께서 구원과 심판을 시행하실 경우에 어김없이 구원과 새 창조와 승리를 선물로 받은 교회는 찬송과 예배를 드린다.[76]

---

74. '제2의 네로'라 불린 도미티아누스 황제는 자신의 정적(政敵)을 제거했지만 일반 그리스도인을 박해하지 않았으며, 로마제국의 속주들의 번영을 도모했다(시빌린신탁 12.125-32)는 주장은 L. L. Thompson, "Ordinary Lives: John and His First Readers," in *Reading the Book of Revelation: A Resource for Students*, ed. D. L. Barr (Atlanta: SBL, 2003), 30; Reddish, *Revelation*, 12를 보라. Contra 플라비우스 왕조(베스파시아누스, 티투스, 도미티아누스) 당시의 박해는 조직적이었지 간헐적(間歇的) 박해가 아니라고 주장하는 Ramsay, *The Letters to the Seven Churches*, 77.

75. H. Bavinck, 『개혁교의학. 제4권』, *Gereformeerde Dogmatiek*, Vol. 4, 박태현 역 (서울: 부흥과개혁사, 2011), 811; S. B. Smith, "The Perseverance of the Saints in the Apocalypse of John," (Ph.D. Thesis, Trinity Evangelical Divinity School, 2017), 2-4.

76. ① 계시록 1장 5-7절: 제사장 나라로의 새 창조, 구원과 예배와 불신 유대인들이 받을 심판, ② 계시록 5장 9절: 구원과 새 노래로 예배함 그리고 어린양께서 교회를 그분의 피로 사셔서 새 창조하심, ③ 계시록 11장 13-18절: 심판과 예배와 구원 그리고 세상이 천국으로 새 창조됨, ④ 계시록 12장 10-12절: 찬송과 세 가지 방편으로 승리하는 구원 그리고 심판, ⑤ 계시록 15장 2-4절: 예배와 바다짐승을 이긴 구원 그리고 심판, ⑥ 계시록 18장 19-20절: 음녀 바벨론에게 닥친 심판과 성도의 구원 그리고 기쁨의 예배, ⑦ 계시록 19장 1-8절: 할렐루야 찬

성경은 창조, 타락, 그리고 재창조를 주요 흐름으로 삼는다. 이와 같은 맥락에서 계시록은 하나님께서 악을 정복하시고 재창조를 완성하심을 소개하므로, 정경론적으로 볼 때 계시록이 성경의 마지막에 위치하는 것은 자연스럽다.[77] 따라서 계시록의 미래적 의미와 의의를 간과할 수 없다. 창세기 1-3장과 계시록 사이의 창조와 재창조라는 주제적 병행은 아래와 같다.[78]

주제적 병행	창세기	계시록
7일/7교회, 7인, 7나팔, 7대접	1:1-2:3	1:4,11,20; 2:1-3:22; 5:1,5; 6:1:1-8:1; 8:2-11:15; 15:7; 16:1-21
태초의 창조	1:1	3:14
창조/첫 창조의 사라짐	1:1	21:1
운행하시는 성령님/이끄시는 성령님	1:2	17:3; 21:10
밤/밤이 사라짐	1:5	21:25; 22:5
바다/바다가 사라짐	1:10	21:1
해와 달/해와 달이 사라짐	1:16	21:23
다스리는 사람	1:26,28	20:4,6; 22:5
동산에 흐르는 강	2:10	22:1
죽음/죽음이 사라짐	2:17	20:6; 21:4
아담의 아내 하와/신부	2:22,24	19:7; 21:2,9
사탄/속이는 용	3:1,13	12:9; 20:3,8,10
동산의 열매	3:2-3,6	22:2
수치스런 나체	3:7,10-11	3:18; 16:15
옷	3:7,21	3:5; 6:11; 7:14; 19:8
뱀과 여자 사이의 적대감	3:15	12:13-16

송과 구원과 음녀가 받은 심판, ⑧ 계시록 21장 3-5절: 하나님의 언약 백성으로의 새 창조, 만유의 새 창조, 구원, 새 예루살렘성 밖에 있을 자를 향한 심판.

77. D. Kangas, "The Divine Trinity in Revelation 1," *Affirmation & Critique* 22/1 (2017), 33; Du Rand, *Die Einde*, 22; M. E. Boring, *Revelation* (Louisville: John Knox Press, 1989), 1-2; E. P. Groenewald, *Die Openbaring van Johannes* (Kaapstad: NGKB, 1986), 15.

78. Wilson, *Charts on the Book of Revelation*, 108.

뱀과 여자의 후손 사이의 적대감	3:15	12:4,17
뱀의 머리를 상하게 하는 여자의 후손	3:15	20:10
고통/고통이 사라짐	3:16	21:4
저주/저주가 사라짐	3:17	22:3
여자의 출산	3:20	12:5,13
생명나무에 접근 금지/허용	3:22,24	2:7; 22:2
에덴동산에 접근 금지/허용	3:23-24	2:7
하나님의 현존에서 추방/나아감	3:23	22:4
동산 밖의 악인/성 밖의 악인	3:24	21:27; 22:15

5. 장르와 해석 방법

(1) 장르

요한계시록은 박해받던 소아시아의 양 떼를 돌보는 목자 요한의 목회서신과 같다. 사도 요한은 수신자들의 교회들을 방문할 수 없는 상황에 처해 있었다. 따라서 그는 편지를 통하여 사도적이며 서신적 현존apostolic-epistolary parousia을 시도한다참고. 고후10:11. 그리고 계시록은 예언서인 동시에 여러 묵시적apocalyptic 특성도 가진다.[79]

요한계시록은 서신-예언서-묵시서이므로, 유대묵시문헌과 비교할 때 여러

79. 통상적으로 유대묵시문학은 AD 200년경에 종료된다고 주장하지만, AD 5세기의 랍비 문헌인 *Pesiqta Rabbati*는 사자, 용, 사탄이 감금됨, 성전의 회복, 용사이신 메시아, 인자, 보좌, 4생물, 예루살렘의 멸망, 곡과 마곡, 사파이어, 새 예루살렘성, 진주문과 같은 계시록의 묵시적 내용을 포함한다. 따라서 미드라쉬 묵시문학은 중세까지 지속되었는데, 이런 현상에 요한계시록의 영향을 완전히 배제할 필요는 없다. R. Ulmer, "The Culture of Apocalypticism: Is the Rabbinic Work Pesiqta Rabbati Intertextually related to the New Testament Book the Revelation to John?" *The Review of Rabbinic Judaism* 14/1 (2011), 42-44, 50-68; E. Lizorkin-Eyzenberg & P. Shir, *Hebrew Insights from Revelation* (NP: Jewish Studies for Christians, 2021), 9.

독특한 성격을 가진다. 예를 들어, 그리스도 사건 때문에 세상 역사를 비관주의나 운명주의로 보지 않음, 구원은 단지 미래에만 속하지 않음, 계시록의 계시는 익명이나 가명이 아님, 천사가 계시록의 전체 환상을 해석하지 않음, 세상을 부정하는 도피주의나 분파주의 그리고 피해의식에 빠져 윤리적 행실이 결여된 것을 정당화하지 않음, 회개(윤리)와 깨달음(지혜)을 균형 있게 강조함, 현 세상의 부인과 전복이 아니라 변혁과 주님의 재림으로써 새 세상이 도래할 것을 강조함, 하나님의 말씀과 환상이 균형을 이룸, 예언자로서 요한의 실제 체험과 그가 수동적으로 환상을 전달하는 것이 균형을 이룸, 과거 사건의 해석에서 나온 사후예언(*prophetia ex eventu*)이 아니라 미래에 대한 예언, 역사와 종말 간의 긴장이 상실되지 않고 유지됨, 그리고 내세의 보상을 소망하며 순교지상주의에 빠지지 않음 등이다.[80]

참고로 메소포티미아와 소아시아에 우룩Uruk, 마르둑Marduk, 슐기Shulgi와 같은 여러 종류의 예언문서가 있었는데, 왕들의 이름을 동원하여 예언을 가장함으로써 왕권 강화라는 정치적 목적을 위해 역사를 다시 쓴 것들*vaticinia ex eventu*이다.[81]

지금까지 요한계시록의 묵시적 특성을 밝히기 위해 주로 다니엘서와 에스겔서를 비교 대상으로 삼아왔다. 하지만 시가서인 욥기는 계시록과 묵시적 용어와 주제에 있어 많은 병행을 보이는데, 이를 통해 성경의 통일성과 연속성에 대한 추가 근거를 찾을 수 있다. 계시록 안의 욥기 암시 가운데 묵시적 특성이 뚜렷한 경우는 아래 도표와 같이 요약된다.[82]

---

80. 송영목, "욥과 요한의 대화: 욥기와 요한계시록의 묵시적 특성을 중심으로," 『교회와 문화』 46 (2021), 176-178. 계시록의 장르에 관하여는 허규, "요한묵시록과 그 해석," 『Catholic Theology and Thought』 74 (2014), 14-20도 참고하라.

81. H. A. Hoffner, "Ancient Views of Prophecy and Fulfillment: Mesopotamia and Asia Minor," *JETS* 30/3 (1987), 264-265.

82. 송영목, "욥과 요한의 대화: 욥기와 요한계시록의 묵시적 특성을 중심으로," 176-178. 참고로 계시록의 묵시적 이원론은 양극화된 상황을 전제로 하며, 계시록의 믿음의 상징세계와 실현된 종말론이 각양각색의 양극화를 해소한다는 설명은 송영목, "요한계시록의 공공신학적 해석: 양극화를 넘어섬," (제39회 기독교학문연구회 연

용어/주제	욥기	요한계시록
사자/천사(ἄγγελος): 총 70회	1:14; 4:18; 33:23(참고. '하나님의 아들들', 1:6; 2:1; 38:7)	1:1 등 총 67회
보좌(θρόνος): 총 48회	26:9; 36:7	3:21 등 총 46회
리워야단/베헤못/짐승(θηρίον): 총 44회	3:8; 12:7; 18:3; 35:11; 40:15; 41:1	6:8 등 총 38회
전능하신 하나님(δεσπότης/παντοκράτωρ): 총 41회	3:12; 5:17; 6:4,14; 8:3,5; 11:7; 13:3; 15:25; 21:15,20; 22:3,17,23,25,26; 23:16; 24:1; 27:2,10,11,13; 29:5; 31:2,35; 32:8; 33:4; 34:10,12,17; 35:13; 37:23; 40:2	1:8; 4:8; 6:10; 11:17; 15:3; 16:7; 19:6; 21:22
환상/내가 보았다(εἶδον): 총 37회	4:13; 7:14; 20:8; 33:15	1:12 등 총 33회
재앙/화(πληγή/οὐαί): 총 31회	1:14; 2:10,11; 12:5; 20:12; 22:5; 24:2,21; 30:24; 31:29; 42:11	8:13(×3); 9:12(×2); 11:14(×2); 12:12; 15:1,6; 16:9; 18:4,8, 10(×2),16(×2),19(×2); 22:18
지혜(σοφία): 총 31회	4:21 등 총 27회	5:12; 7:12; 13:18; 17:9
사탄/마귀(Σατανᾶς/διάβολος): 총 27회	1:6,7(×2),8,9,12(×2); 2:1,2(×2),3,4,6,7	2:9,10,13(×2),24; 3:9; 12:9(×2), 12; 20:2(×2),7,10
심판/재판(κρίσις): 총 27회	8:3 등 총 23회	14:7; 16:7; 18:10; 19:2
진노(θυμός): 총 23회	4:9; 9:13; 16:9; 17:15; 19:6,11,23; 20:23,28; 21:17; 24:25; 32:2,3,5,15	14:8,10,19; 15:7; 16:1,19; 18:3; 19:15
하나님께서 대적을 날려 보내시다/던지시다(βάλλω): 총 22회	30:22	2:10,22; 8:5,7,8; 12:4,9(×3), 10,13,15; 14:19(×2); 18:21(×2); 19:20; 20:3,10,14,15
칼(ῥομφαία/μάχαιρα): 총 17회	1:15,17; 5:20; 15:22; 19:29(×2); 27:14; 30:30; 39:22; 40:19; 4:18	1:16; 2:16; 6:4,8; 19:15,21
복주다/복되다(μακάριος): 총 15회	1:5,10,11,21; 2:5,9; 29:13; 42:12	1:3; 14:13; 16:15; 19:9; 20:6; 22:7,14
불(πῦρ): 총 14회	1:16; 15:34; 18:5; 20:26; 22:20; 28:5; 31:12; 41:11	8:7; 9:17; 11:5; 13:13; 20:9,10
용/독사/뱀(δράκων/ὄφις): 총 13회	7:12; 20:16; 26:13	12:3,7,8,9,13,14,15,16,17; 20:2

차학술대회 발제 논문, 백석대학교/온라인, 2022년 10월 29일), 1-29를 보라.

스올/하데스(ᾅδης): 총 12회	7:9; 11:8; 14:13; 17:13,16; 21:13; 24:19; 26:6(참고. 33:22; 38:17 LXX의 하데스)	1:18; 6:8; 20:13,14
진노를 쏟아붓다: 총 10회	20:23	16:1,2,3,4,6,8,10,12,17
회개하다(μετανοέω): 총 8회	42:6	2:5,16,21,22; 3:3; 9:21; 16:11
새(ὄρνεον): 총 7회	5:7; 11:17; 12:7; 20:8; 28:21; 35:11	19:21
새벽(별)(πρωϊνός): 총 6회	3:9; 38:12(×2); 41:10	2:28; 22:16
심판(κρίσις): 총 6회	9:15,19; 31:14; 36:31	16:17; 19:2
악령(δαιμόνιον): 총 5회	4:15,16	9:20; 16:14; 18:2
환난(θλῖψις): 총 5회	30:16,27; 31:3; 38:23	7:14
천상의 어전회의: 총 4회	1:6; 2:1	4-5장; 20:11-15
광명체의 반 창조: 총 3회	9:7	6:12; 8:12
악인의 영원한 멸망: 총 3회	20:7	19:3; 20:10
바다 용/짐승(ἐκ τῆς θαλάσσης θηρίον): 총 2회	7:12(참고. 9:13)	13:1
주님의 날(ἐν τῇ κυριακῇ ἡμέρᾳ): 총 2회	10:5(참고. 20:28)	1:10

고난 중에 욥은 초월적이고 묵시적인 하나님의 섭리를 객관적으로 논쟁자들에게 제시하기 어려웠다. 그러다 보니 그들 간의 논쟁적 대화는 길어졌을 뿐 아니라 위증과 저주까지 동원하여 명예와 수치 그리고 정결과 부정의 게임으로 확전되었다욥10:15; 18:13,18-19; 19:9; 20:3,19; 22:5-6; 27:5-6 참조.[83] 고난 중에 있던 계시록의 수신자들은 불신 이웃과 논쟁이 아니라 보좌 위의 어린양을 믿으며 정결하게 살면서 하나님께만 명예와 경배를 드려야 했다.

83. 고대 근동에서 명예와 수치는 집단 가치이므로 욥 개인과 논쟁자들의 대화에 적합하지 않은 것처럼 보인다. 하지만 욥의 가족도 비난과 저주의 대상이 된다(욥8:4). A. M. Mbuvi, "The Ancient Mediterranean Values of 'Honour and Shame' as a Hermeneutical Lens of Reading the Book of Job," *Old Testament Essays* 23/3 (2010), 754, 765-768.

(2) 해석 방법

다른 어떤 성경보다도 요한계시록은 특정한 해석 방법론을 적용하지 않고는 제대로 이해하기 어렵다.[84] 적절한 해석 방법을 일관되게 적용할수록 주해의 결과는 더 선명해지며, 그 결과 독자들의 이해를 돕게 된다. 계시록은 지금까지 크게 4가지 방식으로 해석되어왔다.

과거적 해석preterism은 AD 1세기 관점에서 계시록을 해석한다. 스페인 예수회 신부 루이 드 알카자Luis de Alcasar, 1554-1613는 과거적 해석을 통해 종교개혁자들이 계시록에 등장하는 짐승들을 천주교 교황으로 간주하는 것을 반대했다. 반종교개혁counter Reformation에 가담한 알카자는 900페이지에 달하는 요한계시록 주석 1614에서, 계시록 1-11장은 예루살렘의 파멸, 계시록 12-19장은 이방 로마제국의 파멸과 기독교로의 개종, 계시록 20장은 적그리스도인 네로 황제의 마지막 박해, 그리고 계시록 21-22장은 새 예루살렘성인 천주교의 승리를 예고한다고 주장했다. 따라서 알카자에 따르면, 계시록의 모든 내용은 예루살렘 성전의 파괴와 이방 로마제국 그리고 늦어도 AD 6세기 기독교 역사에서 성취되었다. 그러므로 알카자는 계시록에서 주님의 재림을 찾지 않기에 완전 과거론full preterism을 따랐다.[85] 이에 반해 부분적 과거론partial preterism은 예수님의 재림을 계시록

---

84. L. Cerfaux, "La Vision de la Femme et du Dragon de l'Apocalypse en Relation Avec le Protévangile," *Ephemerides Theologicae Lovanienses* 31/1 (1955), 21.

85. "The Catholic Origins of Futurism and Preterism" (http://www.aloha.net/-mikesch/antichrist.htm, 2020년 5월 14일 접속). 참고로 과거주의연구소(Preterist Research Institute)의 대표자인 Preston은 천년왕국, 부활과 심판, 그리고 신천신지를 AD 70년으로 국한하기에 주님의 최종 파루시아와 그것이 동반하는 사건들을 AD 70년으로 격하시킨다. 철저과거론을 지지하는 국제과거주의협회(International Preterist Association)는 미국 오하이오주의 그리스도의 교회(Church of Christ) 목회자인 C. D. Beagle과 그의 사위인 Max King 그리고 Edward E. Stevens, John Noē, Randall E. Otto 등이 주도했다. 철저과거론자에게 성경의 메시지는 사실상 무용지물이며, 아무런 소망과 도움을 줄 수 없다. D. K. Preston, "Full Preterism and the Millennium," *Criswell Theological Review* 11/1 (2013), 123-135; D. M. Swanson, "International Preterist Association: Reformation or Retrogression?" *TMSJ* 15/1 (2004), 40, 53-55. 참고로 리폼드신학교의 Pratt는 구약의 예레미야(70년 후 포로귀환), 다니엘(예언의 성취가 지연, 예. 70이레), 그리고 학개(회개로써 종말론적 성취를 촉진)의 예언을 염두에 둔 채 신약의 예언도 유사하게 세 가지 방식으로 성취된다고 본다. ① 종말의 복은 상당 부분 성취되었으며 그리스도의 임박한 재림은 회개의 유익으로 제공됨, ② 언약 공동체에게

20-22장에서 인정하면서 계시록 1-19장을 AD 1세기에 성취된 과거론으로 해석한다. 이렇게 주장하는 이유는 사도 요한은 자신이 계시록을 쓴 후, "반드시 속히 일어날 일들ἃ δεῖ γενέσθαι ἐν τάχει"을 예고하기 때문이다계1:1; 22:6. 여기서 "속히ἐν τάχει"는 일어날 사건의 정확성이나 신속성을 가리키지 않고 '짧은 시간 안에'라는 의미이다눅14:21; 16:6; 18:8; 요11:31; 행12:7; 22:18; 25:4; 롬16:20; 갈1:6; 빌2:24; 딤전3:14; 5:22; 계22:6 참조.[86] 그렇다면 하나님께서 계시록의 1차 대적들인 불신 유대인들과 로마제국을 계시록이 기록된 후 얼마 지나지 않아서 어떻게 심판하셨는가를 물어야 한다. 만약 계시록 안에 예수님의 예언이 반드시 속히 성취되지 않는 것처럼 해석한다면, 자칫 예수님을 거짓 선지자로 만들 수 있음을 기억할 필요가 있다.[87] 과거론자들은 대체로 반복이론recapitulation theory을 따르기에, 구약의 '야웨의 날'과 같은 결정적인 심판을 알리는 7인, 7나팔, 7대접의 심판을 연대기적으로 이해하지 않는다.[88] 과거적 해석은 현대 독자의 호기심과 관심이 아니라 계시록의 1차 독자를 염두에 둔 해석인데, 이것은 성경해석학의 기초와 같은 원칙이다.[89] 또

회개의 부족은 그리스도의 재림의 비결정적 지연을 초래함, ③ 그럼에도 신자 개인은 회개와 신실한 생활을 통해 그리스도의 재림이 촉진될 것을 소망하고 기도한다. R. L. Pratt Jr., "Hyper-Preterism and Unfolding Biblical Eschatology," *Reformed Perspectives Magazine* 7/46 (2005), 26-29. 하지만 Pratt의 주장과 달리 학개의 예언은 예수님의 재림과 무관하며, 사람의 회개와 기도로 그리스도의 재림을 앞당길 수 없기에, 그가 이해하는 예언이 성취되는 방식은 과도히 실현된 과거론을 비판하는 논거로서 적절하지 않다. 그리고 주님의 재림이 지연되는 것처럼 '보이는 것'은 하나님께서 죄인들에게 회개의 기회를 주셔서 멸망치 않도록 하기 위함이다(벧후3:9). 그렇다고 회개하면 성부께서 결정해 두신 재림의 시간이 앞당겨진다고 베드로는 말하지 않는다(마24:36 참조).

86. *BDAG*, 993; Witherington, *Revelation*, 66. 참고로 계시록의 과거론적 해석은 알카자를 비롯하여 화란의 Hugo Grotius(1583-1645), 독일의 J. G. Eichhorn(d. 1825), J. G. von Herder(d. 1803), 미국의 M. Stuart(d. 1802) 등이 따랐다. 과거론은 독일에서 18세기 중순경부터 유행했으며, 19세기 후반의 다수의 개신교 학자들이 지지했다. 참고. R. Y. Liu, "The Backgrounds and Meaning of the Image of the Beast in Rev 13:14, 15," (Ph.D. Thesis, Andrews University, 2016), 46-47; K. Tôniste, "John Wesley on the Book of Revelation," *Asbury Journal* 76/2 (2021), 229.

87. P. J. Leithart, 『새로운 질서가 오다: 재림의 약속에 대한 베드로후서의 가르침』, *The Promise of His Appearing*, 안정진 역 (서울: SFC, 2012), 155.

88. 참고. M. Jauhiainen, "Recapitulation and Chronological Progression in John's Apocalypse: Towards a New Perspective," *NTS* 49 (2003), 546.

89. Paul, *Revelation*. 6. 참고로 과거론적 해석은 비복음주의자들의 전형적인 해석이라고 보는 Osborne의 주

한 요한이 1차 독자에게 본문을 통하여 의사소통하려고 시도한 의도를 따라 주해한 후 적용할 경우, 1차 독자가 처한 역사-상황과 현대 상황 사이의 유비를 찾아야 한다.[90] 따라서 과거적 해석은 본문의 의미를 적실하게 적용하는 데 도움을 준다.[91] 그런데 과거적 해석은 현대 독자에게 무의미하다는 비판을 받는다. 이런 비판은 성경의 본질과 성경 해석에 대한 무지에서 비롯된 것이다. 계시록을 비롯하여 성경의 예언이 과거에 성취되었다 하더라도, 그 본문의 의의와 중요성은 현대에도 유효하다.[92] "부분적 과거론은 정통이며, 오늘날 가장 보편적인 견해이다."[93]

미래적 해석futurism은 계시록 1장 7절을 재림에 대한 예언으로 해석함은 물론 계시록의 중심 구절로 간주하면서, 계시록 4-22장을 주로 예수님의 재림 관

장은 성경 해석의 기초에 무지한 발언이 아닐 수 없다. 참고. Osborne, *Revelation*, 1; 계시록은 미래보다 1세기 상황에서 해석해야 한다고 보는 J. L. Lin, "Theology of History in the Book of Revelation," *Taiwan Journal of Theology* 34 (2012), 131-147.

90. V. Charette, "The Text-Driven Application of the Apocalypse: A Historical-Contextual Focus on the Seven Churches in Order to accomplish Text-Driven Application," (Ph.D. Thesis, Southwestern Baptist Theological Seminary, 2013), 6, 95, 105-107.

91. 과거적 해석은 AD 2세기 이후 그리스도인에게 아무런 의미나 의의가 없다고 잘못 주장한 경우는 H. A. Louw, "Totius en die Boek Openbaring," *In die Skriflig* 33/3 (1999), 424를 보라.

92. Mathison, 『종말론적 관점에서 본 성경 개관』, 795. Contra 이한수, 『요한계시록』 (서울: 솔로몬, 2018), 28-29. 참고로 교회의 역사를 탐구할 때, 하나님의 계시 역사인 성경의 정확한 주해에서 출발하여 세상과 교회 속에서 성취된 것을 찾아야 한다. V. E. d'Assonville, "Openbaringsgeskiedenis, Kerkgeskiedenis, Wéreldgeskiedenis," *Koers* 53/3 (1988), 460.

93. J. O. Soboyejo, "Interpreting the Book of Revelation and Its Apocalyptic Implications for the 21st Century African Pentecostal Churches," *Open Access Library Journal* 3 (2016), 4; 송영목, "요한계시록의 부분적 과거론적 해석의 근거와 타당성," (고신대 기독교사상연구소 주최 요한계시록 강연 및 토론회 발제 논문, 2021년 11월 17일), 1-20. 송영목의 이 논문 발제는 https://www.youtube.com/watch?v=VbqOQv6Vf1A&t=358s에서 시청할 수 있다. 2022년 11월 말에 출범한 인공지능 기반의 채팅 사이트인 ChatGPT(Chat Generative Pre-trained Transformer)에 'The Partial Preterism'을 검색하면, 아래와 같이 상당히 정확하게 설명한다. "부분적 과거론은 기독교 종말론의 한 견해인데, 성경의 모든 예언이 아니라 상당 부분은 과거에 성취되었다고 보는데 AD 70년의 제2 성전의 파괴와 관련된 사건을 중심으로 이해한다. 부분적 과거론을 지지하는 학자들은 종말에 관한 많은 예언은 성취되었지만, 그렇지 않은 예언들은 여전히 미래적 성취를 기다리고 있다고 믿는다. 이 견해는 모든 예언적 사건이 성취되었다고 보는 완전 과거론과 상이하며, 모든 예언적 사건을 앞으로 성취될 것으로 이해하는 미래주의와도 다르다." "The Partial Preterism," (https//chat.openai.com/chat; 2023년 2월 6일 접속).

점에서 이해한다.[94] 즉 계시록 1장 19절의 "장차 될 일들ἃ μέλλει γενέσθαι"을 재림 무렵의 사건으로 본다. 그리고 대체로 미래론자들은 심판 시리즈를 문자적이며 연대기적으로 이해한다.[95] 미래적 해석은 스페인의 예수회 신부 프란시스코 리베라Francisco Ribera, 1537-1591가 종교개혁자들의 역사적 해석을 반박하기 위해서 발전시킨 이론이다. 리베라는 1585년에 요한계시록 주석In Sacrum Beati Ioannis Apostoli & Evagelistiae Apocalypsin Commentarij을 집필하기 시작하여 1590년에 출판했다. 리베라는 계시록의 전반부 몇 장은 이방 로마제국에 대한 예언으로, 그리고 나머지 장들은 예수님의 재림 이전에 발생할 실제 3년 반의 기간에 대한 예언으로 이해한다. 리베라는 3년 반 동안 하나님을 가장한 적그리스도가 성도를 박해하고, 유대인들의 환영 속에 예루살렘에 성전을 짓고, 두 증인을 죽이고, 세상을 정복한다고 본다. 리베라의 미래적 해석은 얼마 후 로베르트 벨라민Robert Bellamine, 1581-1593의 지지를 받았다.[96]

역사적 해석historicism은 피오레의 요아킴Joachim, d. 1201이 본격적으로 주장했는데, 계시록을 세상과 교회에서 일어날 일을 예언하는 내용으로 이해한다. 따라서 각 시대의 사건과 인물에게서 계시록의 성취를 찾는다.[97] 예를 들어, AD 13

---

94. W. B. Wallis, "The Coming of the Kingdom: A Survey of the Book of Revelation," *Presbyterion* 8/1 (1982), 13; Reddish, *Revelation*, 23.

95. 예를 들어, A. Kuyper, *The Revelation of St. John* (Eugene: Wipf & Stock, 1999[1935]), 20-23, 49. 참고로 미래적 해석과 과거적 해석을 혼동한 경우는 Duvall, *The Heart of Revelation*, 16을 보라.

96. 참고. "The Catholic Origins of Futurism and Preterism" (http://www.aloha.net/-mikesch/antichrist.htm. 2020년 5월 14일 접속). ChatGPT에 'The Book of Revelation'을 검색하면, 요한계시록을 미래주의로 이해하는 설명을 제공한다. "요한계시록은 기독교 성경인 신약의 마지막 책이다. 이 책은 요한묵시록으로 알려지며, 많은 사람은 세상의 마지막과 예수 그리스도의 재림에 관한 예언 환상을 담고 있다고 믿는다. 이 책의 저자는 밧모의 요한인데, 그가 밧모섬에 유배 중에 기록했다. 이 책은 생생한 상징적 언어를 사용하는 특징을 가지며, 학문적으로 해석을 두고 논란의 대상으로 남아있다." 그리고 이 사이트에 'The Apocalypse of John'을 검색하면, 역시 아래와 같이 미래주의적 해석을 따라 설명한다. "요한묵시록은 성경 중 신약의 마지막 책인 '요한계시록'을 가리킨다. 이 책은 사도 요한이 기록했으며, 매우 상징적이고 묵시적 환상으로 세상의 종말, 악의 패배, 그리고 하나님 나라의 궁극적인 승리를 알린다. 이 책은 오랫동안 다양한 해석과 추측을 불러일으킨 주제가 되어왔으며, 많은 사람을 매혹해온 자료로 남아있다." "The Book of Revelation," and "The Apocalypse of John," (https//chat.openai.com/chat; 2023년 2월 6일 접속).

97. 칼뱅과 안식교는 역사적 해석을 따르지만, 세부 사항을 주해하는 데 있어 서로 차이가 난다. R. Vetne, "A

세기 콥트-아랍 주석가 이븐 카팁 카이사르Ibn Kātib Qayşar는 바다에서 올라온 짐승의 수 666계13:18을 무함마드라고 해석했고,[98] 16세기 종교개혁자들은 계시록 13장의 짐승을 교황주의자로 간주했다.[99]

이상적 해석idealism은 과거나 미래에서 계시록의 성취를 찾기보다 신약시대 전반에 걸쳐 하나님과 사탄의 싸움에서 하나님께서 승리하신다는 초시간적이며 영적인 원칙에 주목한다. 이 해석은 편지로 기록된 계시록 본문이 제공하는 해석의 원칙, 곧 예언의 임박한 성취계1:1의 "반드시 속히 일어날 일들"를 무시하는 큰 문제가 있다. 그리고 이상적 해석은 계시록의 메시지를 1차 독자를 충분히 고려하지 않고 초시간적인 영적 교훈으로 만들어 모호하게 만들어 버린다.[100] 따라서 이상적 해석은 계시록의 주해에는 적합하지 않다. 다만 주해의 결론을 오늘날에 적용할 때는 활용할 수 있다.

계시록의 시간표인 계시록 1장 1절과 22장 6절을 존중한다면, 계시록은 요한 당시에 대부분 성취되었으므로 현대에서 볼 때 과거적으로 해석해야 한다. 즉 계시록이 기록된 이후 짧은 기간에 이루어질 일이 대부분이다. 그런데 과거적 해석은 완전 과거론full preterism과 부분적 과거론partial preterism으로 나뉜다. 완전 과거론철저과거론은 계시록 전체가 AD 70년의 돌 성전파괴로 성취되었다고 본다. 따라서 이 입장은 미래 예수님의 재림, 몸의 부활, 영원한 지옥과 천국을 부

Definition and Short History of Historicism as a Method for Interpreting Daniel and Revelation," *Journal of the Adventist Theological Society* 14/2 (2003), 1, 14; 송영목, "칼빈이 요한계시록 주석을 썼다면," 『칼빈 연구』 7 (2010), 151-175. 참고로 과거주의, 미래주의, 이상주의, 그리고 역사주의적 해석을 종합하려는 시도는 Paul, *Revelation*, 51; S. Brown, "The Book of Revelation: Structure and Content"(www.thirdmill.org; 2019년 6월 18일 접속), 26-37; T. R. Schreiner, "Revelation," in *ESV Expository Commentary*, Vol. 12: *Hebrews-Revelation*, ed. I. M. Duguid et als (Wheaton: Crossway Books, 2018), 546을 보라.

98. S. J. David, "Introducing an Arabic Commentary on the Apocalypse: Ibn Kātib Qayşar on Revelation," *Harvard Theological Review* 101/1 (2008), 84.

99. 20세기 초, 앵글로-부어 전쟁과 제1차 세계대전의 와중에 남아공에서 미래적 해석과 이상주의적 해석 그리고 역사주의적 해석이 혼합된 예는 Louw, "Totius en die Boek Openbaring," 425를 보라.

100. 참고. Mathison, 『종말론적 관점에서 본 성경 개관』, 793-794.

정한다. 반면 부분적 과거론은 계시록의 대부분 내용이 AD 1세기에 성취되었다고 본다.[101] 하지만 계시록 20장의 신약시대 전체를 가리키는 천년왕국과 언젠가 있을 예수님의 재림 그리고 계시록 21-22장의 신천신지와 새 예루살렘성의 미래적 완성을 인정한다. 따라서 부분적 과거론은 계시록 1-19장을 1세기에 성취된 내용으로, 계시록 20-22장을 현재 및 미래에 성취될 내용으로 이해한다.[102] 그리고 부분적 과거론은 신약성경의 구원과 종말의 특징인 이 세대와 오는 세대의 중첩뿐 아니라 '이미 그러나 아직 아니'의 긴장을 적절히 고려한다.[103]

부분적 과거론의 한 지류支流인 철저 부분적 과거론consistent partial preterism은 계시록 4-19장이 AD 70년의 돌 성전 파괴로 성취되었다고 본다. 하지만 전환적 부분적 과거론transitional partial preterism은 계시록 4-12장이 AD 70년 사건으로 성

---

101. AD 6세기 초인 510년경, 교부가 아니라 일반 신자였던 오이쿠메니우스(Oecumenius)는 현존하는 헬라어로 작성된 최고(最古)의 계시록 주석을 남겼다. 오이쿠메니우스는 계시록을 통해서 당시 교회의 권위를 보호하려고 시도했으므로, 정부 권세를 향한 비판을 담은 계시록의 메시지를 AD 1세기 상황 속에서 이해하려고 시도했다. 그는 동시에 많은 환상들을 주님의 재림과 연결했고, 종종 풍유적 해석도 따랐다. 오이쿠메니우스의 계시록 해석은 부분적 과거론의 요소를 포함하기에, 그의 영향을 받아 16세기 루이 알카자는 그의 사후에 출판된 계시록 주석(1614)에서 계시록 1-19장을 요한 당시에 성취된 것으로 주석했다. 참고. P. G. R. de Villiers, "Entering the Corridors of Power: State and Church in the Reception History of Revelation," *Acta Theologica* 33/2 (2013), 39; W. C. Weinrich (ed), 『교부들의 성경 주해: 요한계시록』, *Ancient Christian Commentary on Scripture: Revelation*, 이혜정 역 (왜관: 분도출판사, 2010), 49-50. 참고로 3-8세기의 라틴교부들의 계시록 해석은 빅토리누스와 티코니우스의 영향을 받았다. 전자는 제롬, 세제르, 프리마시우스, 카시오도레 등에게 영향을 주었고, 후자는 세제르, 프리마시우스, 비데, 카시오도레, 베아투스, 위(僞) 제롬 등에게 영향을 주었다. R. Gryson, "Les Commentaires Patristiques Latins de l'Apocalypse," *Revue Théologique de Louvain* 28/3 (1997), 306.

102. 요한계시록은 다른 신약의 편지처럼 모든 시대의 그리스도인을 위한 하나님의 말씀이다. 이를 위해, 계시록 1-19장을 AD 1세기 관점에서 주해한 후에 적용해야 한다. 마치 베드로전서를 네로 황제의 공식 박해가 발생하기 이전의 터키 교회와 사회 상황 속에서 먼저 주해한 후에 현대 그리스도인에게 적용하는 것과 마찬가지이다. 부분적 과거론은 계시록의 일부 내용이 주님의 재림으로 미래에 성취될 것을 인정한다. 따라서 계시록 20장의 천년왕국과 주님의 재림은 요한 당시에 성취된 것이 아니라, 신약 전체시대와 미래에 일어날 사건이다. 그리고 계시록 21장 1절의 신천신지는 예수님의 부활 이래로 현재 진행형이며, 주님의 재림 시에 완성될 것이다. 계시록 21장 1절-22장 5절의 새 예루살렘성은 이상적인 예수님의 신부를 상징하므로 현재적으로 성취되다가 주님의 재림으로 완성될 것이다. 계시록 22장 6-21절은 요한 당시에 찾아오신 예수님의 방문과 주님의 재림을 동시에 예언한다. Contra Kistemaker, *Revelation*, 39.

103. 참고. J. C. Coetzee, "Die Nuwe-Testamentiese Wêreldbeeld," *Koers* 50/4 (1985), 319-322.

취되었지만, 계시록 13-19장은 로마제국에 임한 심판으로 성취되었다고 이해한다. 그렇다면 왜 계시록 12장과 13장이 주제가 전환되는 분기점인가? 계시록 12장의 마지막 절인 17절과 계시록 13장 1절에 공통된 단어 "바다θάλασσα"가 등장한다. "바다"계17:15는 열방을 상징하는데사8:7; 17:12 참조, 1세기에 로마제국을 가리킨다. 따라서 전환적 부분적 과거론자는 계시록 13장부터는 유대인들의 박해가 아니라 로마제국의 박해가 중심 내용이 되기에, 하나님께서 로마제국을 심판하셔야 한다고 주장한다. 그러나 계시록 4-19장을 이해할 때, 유대인들과 로마제국의 박해와 하나님께서 그들을 심판하신 사건을 종합적으로 이해하는 통합적 부분적 과거론integrated partial preterism이 적절하다.[104] 왜냐하면 계시록 13장 이후에 음녀 바벨론, 곧 불신 유대인들에게 임한 심판이 나타나며계17-19장, 계시록 13장 이전에도 바다열방, 곧 로마제국; 계8:8 참조가 피로 변함, 곧 로마에 임한 심판이 나타나기 때문이다.[105] 필자는 이 글에서 통합적 부분적 과거론을 적용한다.[106]

계시록을 제대로 해석하기 위해서는 무엇보다 구약의 관련 본문혹은 상호텍스트, 이하 '간본문(間本文)'과 비교해야 한다. 성경 해석에 있어서는 명확하게 말씀하는 본문을 통하여 모호한 본문을 해석해야 한다*sacra scriptura sui ipsius interpres*; 참고. 웨스트민스터 신앙고백서 1:9. 요한이 제2성전시기 유대묵시문헌을 알고 있었다 해도 그것을 활용했는지는 확인할 길이 없다고 보는 마자페리F. D. Mazzaferri에 의하면, "요한은 자기 손을 기꺼이 다양한 자료들 안에 넣었다. 하지만 그는 구약 예언

104. 송영목, "통합적 부분적 과거론적 해석: 요한계시록 이해의 새로운 패러다임," 『진리와 학문의 세계』 11 (2004), 20-37. 이 책은 통합적 부분적 과거론에 입각하기에 독자는 미래적 해석, 이상적 해석, 그리고 역사적 해석과 차이점을 비교해 보기 바란다. 참고로 과거적 해석은 AD 5세기의 기독교화된 서로마제국의 멸망을 예고한다고 오석(誤釋)한 경우는 Fanning, *Revelation*, 38을 보라.

105. 계시록에서 불신 유대인의 역할을 배제하면 반제국주의적 해석에 빠지고, 적용할 때도 정치적 해석인 포스트 콜로니얼 해석에 함몰되고 만다. H. O. Maier, "Post-Colonial Interpretation of the Book of Revelation," in *The Oxford Handbook to the Book of Revelation*, ed. C. R. Koester (Oxford: Oxford University Press, 2020), 24-25.

106. 통합적 부분적 과거론의 근거는 송영목, "요한계시록의 부분적 과거론적 해석의 근거와 타당성," 『신약연구』 22/3 (2023), 415-55를 보라.

서 안에만 자신의 몸을 푹 잠기게 했다."[107] 그런데 요한이 구약 간본문에 새로운 의미를 부여했는지, 아니면 구약 간본문의 의미를 그대로 존중하면서 새로운 의의를 찾아내었는지에 대한 논의가 있다.[108] 이런 논의는 요한이 다른 신약 기자들처럼[109] 구약에 대한 그리스도 완결적Christotelic 해석 혹은 메시아 회고적 messianic retrospective 해석을 즐겨한다는 점을 기억하면 해결할 수 있다. 또한 간본문적 해석에 있어, 요한이 염두에 둔 구약 간본문이 계시록의 독자들에게 어떤 효과를 유발하는가를 고려해야 한다.[110] 왜냐하면 성경 해석에 있어, 본문에 담긴 저자의 의도와 더불어 또 다른 중요한 하나의 축은 1차 독자이기 때문이다. 그런데 간본문적 해석은 구약과의 연관성을 찾는 것에 국한되지 않는다. 소아시아 7교회에게 영향을 미친 주변의 유대묵시문헌을 포함하는 문화, 정치, 군사, 경제, 그리고 종교의 모든 차원을 고려하여 소통을 시도한 요한의 의도를 파악해야 한다.[111] 지금까지 계시록의 단골 신약 간본문은 감람산강화였다마24-25장; 막13장; 눅21장 참조. 그런데 계시록이 사도행전 및 바울서신과 주제와 용어에 있어 강한 간본문성을 보인다는 사실이 간과되어왔다. 요한과 누가 그리고 바울

107. 요한이 감람산강화를 활용했다고 보는 H. D. Mazzaferri, *The Genre of the Book of Revelation from a Source-Critical Perspective* (Berlin: De Gruyter, 1989), 49, 51, 383.

108. S. Moyise, "Authorial Intention and the Book of Revelation," *AUSS* 39/1 (2001), 36. 계시록 본문에 나타난 구약의 복합적인 암시는 모방과 창조적인 재작업(reworking) 사이에 위치하기에 구약 간본문들을 조화하는 대신 긴장을 그대로 유지하여 청취하면 된다는 입장은 M. Fletcher, *Reading Revelation as Pastiche: Imitating the Past* (London: Bloomsbury, 2017), 214-221을 보라. 참고로 성경의 권위와 신구약의 연속성과 통일성을 정경이신(요5:24 참조) 예수님 안에서 찾는 경우는 S. J. du Plessis, "Jesus en die Kanon van die Ou Testament," *Koers* 18/2 (1950), 96-97을 보라.

109. 로마서의 그리스도 완결적(Christotelic) 해석은 송영목, "로마서 7-11장의 신명기 인용," 『한국개혁신학』 62 (2019), 271-303을 보라.

110. Swete, *Commentary on Revelation*, cxl-cliii; Groenewald, *Die Openbaring van Johannes*, 23; S. Moyise (ed), *The Old Testament in the Book of Revelation* (Sheffield: Sheffield Academic Press, 1995), 14-43; J. Paulien, "Dreading the Whirlwind Intertextuality and the Use of the Old Testament in Revelation," *AUSS* 39/1 (2001), 11-12; 송영목, "요한계시록에 나타난 구약," 『개혁교회와 신학』 28 (2014), 190-207. 참고로 계시록의 사본의 신학적 경향은 송영목, 『다차원적 신약 읽기』 (서울: CLC, 2018), 181-213을 보라. 그리고 계시록에서 א보다 A와 C사본을 더 중요하게 여기는 경우는 G. K. Beale, 『요한계시록. 상권』, *The Book of Revelation*, 오광만 역 (서울: 새물결플러스, 2016), 152를 보라.

111. D. E. Johnson, *Triumph of the Lamb: A Commentary on Revelation* (Phillipsburg: P&R, 2001), 21.

사이의 간본문성은 잠자는 자들의 첫 열매행26:23; 고전15:20; 골1:18; 계1:5, 예수님의 십자가 대속고전6:20; 갈2:20; 3:13; 계1:5-6; 5:9, 성도를 지배하는 세력의 변화와 새로운 정체성롬6:12-14; 골1:13-14; 계5:10, 예수님의 신부로서 교회고후11:2; 엡5:31-32; 계19:7; 21:2,9; 22:17, 마지막 나팔고전15:50-58; 살전4:16-17; 계11:15-19, 예수님의 재림과 마라나타 소망행1:7; 고전16:22; 계22:17, 그리고 갱신될 세상 등이다행3:21; 계21:1,5.[112]

또한 계시록 1장 1절에서 밝히듯이, 요한이 본 환상은 문자적 해석이 아니라 상징적으로 이해해야 한다.[113] 계시록과 쿰란의 전쟁두루마리1QM를 비교하면, "두 책 모두 묵시-상징적 표현을 동원하여 로마인들이 아니라 자신들의 공동체만 적절히 이해할 수 있는 방식으로 기록되었다. 미드라쉬와 탈무드의 기록자들도 기독교의 검열로부터 특정 이슈를 감추기 위하여 동일한 방식을 활용했다."[114] 또한 계시록은 "반드시 속히 일어날 일들"을 주로 언급하므로 요한 당시에 하나님께서 로마제국과 불신 유대인들을 어떻게 심판하셨는가에 주목해야 한다. 또한 요한계시록은 통일성을 갖춘 내러티브이므로 줄거리와 등장인물 그리고 시간적, 공간적, 용어적, 신학적 관점에도 주목해야 한다.[115] 계시록을 구약 간본문과 더불어 읽는 것은 언약적으로 해석하는 것을 의미한다.

요한은 계시록의 시작 부분에서부터 언약적 뉘앙스를 강하게 풍긴다. 계시록 1장 1-2절에서 예수 그리스도는 성부 하나님의 계시를 교회에게 전달하는 중보자 겸 계시자로 등장한다. 계시록 1장 5절에서는 예수님께서 충성된 증인

---

112. 참고. 신동욱, "요한계시록에 나타난 바울신학의 영향," 『신약논단』 20/3 (2013), 822-846. 참고로 에스겔서와 계시록의 구조적 병행은 A. J. McNicol, "Revelation 11:1-14 and the Structure of the Apocalypse," *Restoration Quarterly* 22/4 (1979), 193-194를 보라.

113. 구약 간본문을 고려한 계시록의 상징적 해석의 원칙과 실례는 송영목, 『요한계시록과 구약의 대화』 (서울: CLC, 2014), 107-148을 보라. 참고로 계시록의 4가지 전통적 해석을 종합한 병행 주석은 S. Gregg (ed), *Revelation: Four Views-A Parallel Commentary* (Nashville: Thomas Nelson Publishers, 1997)를 보라.

114. A. Bolotnikov, "The Theme of Apocalyptic War in the Dead Sea Scrolls," *Andrews University Seminary Studies* 43/2 (2005), 266.

115. 참고. Wilson, *Charts on the Book of Revelation*, 106.

이시기에 그분의 법적 증언은 하늘의 재판관이 땅의 언약 동반자를 심문할 때 결정적인 요소가 된다. 마지막 부분인 계시록 22장 18-20절에서는 신명기 4장 2절 및 12장 32절과 유사한 법적인 형식을 포함한다. 출애굽 공동체가 제사장 나라와 거룩한 나라로 불리었던 것처럼(출19:6) 계시록의 갱신된 언약 공동체는 나라와 제사장으로 불린다(계1:6). 이 왕적 통치와 제사장직을 받으신 분은 구름을 타고 오시고 찔림을 당하고 애곡의 대상으로 나타난다(계1:7). 이 구절은 다니엘 7장 13절과 스가랴 12장 10절을 상기시킨다(슥13:6,9 참조). 그러므로 계시록 1장에서는 하나님을 향한 언약 관계가 긍정적이면서도 부정적으로 나타난다. 긍정적으로는 언약의 복을 받은(계1:5-6) 성도에 의해 승귀하신 그리스도에게 바쳐진 찬송, 그리고 부정적으로는 언약에 신실하지 못한 자들에게 주어진 경고가 있다. 따라서 계시록의 수신자들은 언약의 복을 누리면서 하나님의 통치를 받든지, 아니면 거부하든지 결단해야 하며 제3의 길은 없다.[116]

요한계시록 전체 내러티브를 고대 근동세계의 종주권 언약 공식suzerainty-covenant formulary에서 이해하려는 시도가 있어 왔다. 계시록의 언약적 구조는 다음과 같다.[117]

116. 송영목, 『요한계시록의 신학』 (서울: 성광문화사, 2007), 221-222.

117. J. du Preez, *Die Koms van die Koninkryk volgens die Boek Openbaring* (Stellenbosch: Universiteit van Stellenbosch, 1979), 32-48; D. Chilton, *The Days of Vengeance: An Exposition of the Book of Revelation* (Tyler: Dominion Press, 1990), 17; D. Lioy, *The Book of Revelation in Christological Focus* (New York: Peter Lang, 2003), 87, 173; K. A. Strand, "A Further Note on the Covenantal Form in the Book of Revelation," *AUSS* 21/3 (1978), 253-254. 참고로 성부 하나님을 언약의 대왕(suzerain king)으로, 예수님을 언약의 작은 왕(vassal king)으로 보는 경우는 S. Brown, "The Book of Revelation: The King and His Kingdom"(www.thirdmill.org; 2019년 6월 18일 접속), 8을 참고하라. 참고로 Strand처럼 안식교 소속 학자들은 세대주의적 해석을 따르면서, 계시록 7장과 14장의 144,000명은 토요일을 안식일로 지키는 안식교 교인들이며, 일요일(주일)을 안식일로 지키는 자들은 계시록 18장의 음녀 바벨론처럼 심판을 받는다고 주장한다.

언약의 요소	언약적 내용
서언	충성된 증인, 죽은 자 가운데서 먼저 나신 분, 땅의 임금들의 머리이신 예수 그리스도로부터(1:5a)
서론	우리를 사랑하사 우리를 우리 죄에서 해방하시고 제사장 나라로 삼으신 분께(1:5b-6a)
언약 규정	예수님은 박해 중에서라도 교회의 신실함과 충성을 요구하심(2-3장의 명령; 6:9-11; 7:13-14; 12:11,17; 14:12-13; 16:15; 18:4; 20:4), 예수님 자신의 충성과 신실함을 밝히는 내용(5:9-10; 7:15-17; 11:18; 14:1-4; 16:4-7; 18:20)
증인	천사(22:16a), 성령님(22:17a), 예수님(22:20a)
언약의 복과 저주	순종하는 복된 이(22:7b), 회개하는 복된 이(22:14a), 말씀을 가감하는 자가 받을 저주(22:18-19)

만약 계시록 해석에서 언약의 주인이신 예수 그리스도를 제외한다면, 계시록의 구조와 메시지는 혼란 속으로 떠내려가고 만다.[118] 소아시아 7교회는 복음을 위해서 박해를 받는 것을 참 명예로 여기면서, 대왕大王의 희생으로 체결된 새 언약 관계 속에 머물면서 주어진 책무를 잘 감당해야 한다.[119]

전통적인 부분적 과거론과 더불어 선교적 해석missional reading도 계시록을 해석하는 데 필요하다. 소아시아의 독자들은 예수님의 임박한 파루시아를 소망하면서 고난 중에서라도 증인 역할을 감당하면서 전도해야 했다.[120] 욥기의 선교적 메시지가 교훈하는 바는 계시록에도 해당되는데, 그리스도인은 자신이 극복한 고난을 수단으로 삼아 불신자들을 예수 그리스도께로 인도해야 할 뿐 아니라, 그들이 겪고 있는 고난 중에서라도 믿음과 소망으로써 하나님의 선하심과

---

118. J. J. Engelbrecht Jr., "Die Christologie in die Openbaring van Johannes, in Hooftrekke Beskrywe," *HTS Teologiese Studies* 24/4 (1968), 167.

119. B. Domeris, "Honour and Shame in the New Testament," *Conspectus* Special Edition (2018), 113; Strand, "A Further Note on the Covenantal Form in the Book of Revelation," 264.

120. 김성환, "선교적 시각에서 본 요한계시록의 구조," 『ACTS 신학저널』 23 (2015), 262, 268; 장석조, "교회의 선교적 정체성," 『복음과 선교』 52/4 (2020), 179. 참고로 김성환은 계시록 1장의 예수님과 천상의 모습이 계시록 2-20장의 지상의 모습을 거친 후, 계시록 21-22장에서 회복된다고 본다. 하지만 계시록 1장과 21-22장은 지상 교회의 모습을 충실히 반영한다.

인자하심을 증거할 수 있어야 한다.[121] 이처럼 불신자를 전도하여 교회당 안으로 불러 모으려는 노력은 요한 당시나 지금이나 여전히 중요하다. 동시에 교회는 그리스도의 용사들로 하여금 선교사적 마인드를 갖추도록 훈련하여 세상에 파송해야 한다. 교회당 안은 물론 세상 속에서 하나님과 복음을 나타내 보이는 그리스도인을 양육하는 것을 목표로 삼는 선교적 교회missional church는 선교적 성경 읽기를 체계적으로 시도해야 한다. 성경을 선교적으로 읽을 때 유익이 크다. 예를 들어, 성경의 중심 주제인 하나님 나라를 중심으로 성경을 해석하도록 돕는다. 그리고 선교적 성경 해석은 그리스도인이 천국을 현시하는 구별된 삶으로써 구체적인 상황 속에서 선교사의 역할을 수행하여 통전적으로 전도할 수 있는 동기를 부여하고 방법을 제시한다.[122]

> 요한계시록에 알파와 오메가이신 하나님께서 펼치시는 구원의 목적이 여러 주제(창조, 구원, 심판, 언약)와 맞물려서 펼쳐진다. 제사장 나라(계1:5-6; 5:10; 20:6)인 소아시아의 교회들은 박해 중에서라도 신실한 선교 공동체로서 복음을 실천하고 증거해야 한다(계10:11; 11:3-13; 12:11). 교회를 상징하는 새 예루살렘성의 12개의 진주 문은 주님의 재림 전까지 열려 있기에(계21:24-26) 성 안에 있는 이들은 성 밖에 있는 이들을 초청해야 한다. 1차 독자들은 예배와 예배의 삶을 통

---

121. L. J. Waters, "*Missio Dei* in the Book of Job," *Bibliotheca Sacra* 166 (2009), 33-34.

122. H. J. Hendriks, "Contextualising Theological Education in Africa by doing Theology in a Missional Hermeneutic," *Koers* 77/2 (2012), 7. 참고로 성경과 상황을 대등하게 둔 선교-상황적 해석은 상대주의적 토착화나 종교 혼합주의로 귀결될 가능성이 적지 않다. 성경이라는 '뿌리'가 튼튼해야 방향감을 상실하지 않은 채 다른 상황 안으로 '날개' 짓을 할 수 있다. Contra P. H. J. Labuschagne, "Towards a Missional Hermeneutic Informing Missional Ecclesiology and Transformative Theological Education in Africa," *Missionalia* 47/2 (2019), 214, 222. 선교적 교회와 간접적으로 연결된 존 밀뱅크(John Milbank)를 필두로 하는 급진정통주의(radical orthodoxy) 신학에 따르면, "현대의 상황에서 고대교회가 가졌던 올바른 모범을 되찾는 길은 교회를 사회학적 실체로 인식하는 것으로부터 시작된다. 교회가 세속적 사회와는 아무 상관이 없으면서 전혀 독립적인 실체임을 인식하는 것은 교회가 근본적으로 세속사회와는 어울리지 못하는 낯선 대상일 뿐임을 인식하는 것이다." 황덕형, "포스트모던 시대의 신학의 가능성: 밀뱅크의 급진적 정통주의를 중심으로," 『한국조직신학논총』 28 (2010), 327.

해서도 하나님을 증언해야 하며(계5:13; 7:15), 열방의 셀 수 없는 많은 이들이 하나님을 섬기도록 '하나님의 선교'에 동참해야 한다(계7:9; 11:15; 14:6). 하나님의 보좌 앞의 '일곱 영'은 하나님 나라의 선교의 영으로서 교회를 신실한 증인으로 훈련시켜 사용하신다(계1:4; 3:1; 4:5; 5:6; 참고. 슥4:10). 신실한 증인으로 살아야 하는 독자들은 심판받을 큰 성 음녀 바벨론에 동화되지 말고 거기서 나와야 한다(계18:4). 승리하신 그리스도의 새롭게 하시는 사역(계21:5)에 동참하도록 부름받은 교회는 니골라당(계2:14-15)처럼 박해를 피하기 위해서 혼합주의에 빠지지 말아야 한다. 보좌에 앉으신 성부께서 주신 두루마리를 개봉하실 수 있는 유일한 권한은 어린양 예수님께서 가지고 계신다(계5:9-10). 예수님께서는 역사를 주권적으로 전개하시는 주이신데, 천년왕국 시대를 살고 있는 신약 교회는 주님의 이 통치 사역의 실현을 위해서 재림 때까지 복음 사역에 순교적 각오로 동참해야 한다(계12:11; 20:1-7). 보좌 위의 어린양이 시행하시는 통치는 무력으로 제국을 확장하려던 황제의 전략과 다르다.[123]

공공-선교적 읽기와 관련하여 요한계시록은 하나님 나라의 확장을 그 나라 백성의 증가로 묘사한다. 숫자의 상징적 의미가 아니라 숫자 자체로 본다면, 한 분 예수님계1:1에서 시작하여 7교회로 확장되며계2-3장, 그 다음 24장로계4장를 거쳐 144,000명과 셀 수 없는 큰 무리로 이어진다계7장. 그리고 구체적인 숫자는 언급이 안 되지만 모든 민족과 종족과 방언과 백성은 영원한 복음을 들어야 하며계14:6, 만국과 땅의 왕들도 어린양의 신부가 된다계21:24-26. 요한계시록을 주해하기 위해서 다양한 신학적, 문학적 방법이 통합된 방식으로 활용되어야 하는데, 다음의 표와 같이 요약된다.

123. 송영목, 『다차원적 신약읽기』 (서울: CLC, 2018), 694-96에서 요약 인용. 참고로 간본문적 해석을 전승사 비평과 결합할 때 발생하는 문제에 대해서는 송영목, "『요한계시록의 신학: 예언의 절정』에 대한 북 리뷰," 『목회와 신학』 5월호 (2022), 193-95를 보라.

해석 방법	목적	장점
통합적 부분적 과거론	계시록 4-19장을 요한 당시에 불신 유대인들과 로마제국에 임할 심판으로 주해함	미래적 해석과 이상적 해석의 한계를 극복함. 그리고 철저 부분적 과거론과 전환적 부분적 과거론의 한계도 극복함
간본문적 해석	관련 구약 및 신약 본문 그리고 사회적 상황을 비교하면서 주해함. 계시록과 간본문 간의 연속성과 불연속성을 고려함. 불연속성의 경우 변용(變用)의 이유를 밝힘[124]	성경이 성경을 해석한다는 개혁주의 해석 원칙에 입각하여 계시록의 1차 독자에게 미치는 간본문의 힘을 파악함[125]
언약적 해석	요한계시록과 구약 간본문 간의 대화는 옛 언약의 성취자이자 새 언약의 중보자이신 예수 그리스도 중심으로 주해하도록 안내함	계시록은 새 언약의 복과 저주를 다루므로 언약 문서로 읽기에 적절함[126]

---

124. 요한계시록에 나타난 구약과 신약의 (확실한, 개연성 있는, 가능한) 암시를 찾기 위해서 용어, 의미. 주제, 그리고 구조에 있어 병행과 유사성을 고려해야 한다. 그리고 간본문적 해석에서 계시록과 관련 구약 본문(Masoretic Text[MT], LXX)의 세밀한 비교가 중요하다. 계시록에 구약이 암시될 경우, 대부분 LXX와 가깝지만 스가랴서의 암시는 사도 요한이 친숙했던 MT에 더 가깝다는 주장은 G. V. Allen, "Textual Pluriformity and Allusion in the Book of Revelation: The Text of Zechariah 4 in the Apocalypse," *ZNW* 106/1 (2015), 144-145를 보라.

125. R. B. Hays, 『바울서신에 나타난 구약의 반향』, *Echoes of Scripture in the Letters of Paul*, 이영욱 역 (서울: 여수룬, 2017), 66-71; N. McKay, "Status Update: The Many Faces of Intertextuality in New Testament Study," *Religion & Theology* 20 (2013), 91-94, 103. 참고로 영국의 소설가이자 단편작가 D. L. Lawrence(d. 1930)는 자신의 저서 *Apocalypse*(1931)에서 계시록이 상이한 세대들을 넘어 상이한 세기들의 상이한 사람들의 소산이므로 하나의 복합작품이라고 주장했다. 그는 계시록의 간본문적 해석을 통해 하나가 아닌 여러 의미를 찾아야 한다고 주장했다. 이 주장은 포스트모던 간본문적 해석의 조상과 같다. 참고. 이경수, "『묵시록』과 텍스트 상호성," 『D. H. 로렌스 연구』 15/1 (2007), 96-97.

126. 출애굽기 19-24장의 시내산 언약은 ① 하나님과 이스라엘이라는 언약 당사자들의 공적 관계를 규명하고(출19:3-8), ② 신현과 언약 당사자들의 공적 대면(출19:9-19), ③ 언약 체결(출20-23장), ④ 언약 체결 예식(출24:3-8), 그리고 ⑤ 언약 체결 축하 피로연(출24:9-11)으로 구성된다. 계시록을 예배에 낭독된 언약의 편지로 본다면 시내산 언약과 병행을 이루는 요소를 찾을 수 있다. ① 구원의 하나님께서는 이스라엘 백성을 그분의 귀한 보물(세굴라)과 제사장 나라로 삼으셨다(출19:6; 계1:6; 19:8-9). ② 이스라엘 백성이 시내산 기슭에서 3일 동안 옷을 빨고 부부관계를 맺지 말며 스스로 성결하게 준비했듯이(출19:14-15), 신현을 경험한 소아시아 7교회도 주일 예배를 위해 더러워진 행실을 회개하며 준비해야 한다(계14:1-5; 22:14). ③ 모세가 하나님의 율법을 듣고 이스라엘 백성에게 실천하라고 알려주듯이(출20-23장), 인봉된 두루마리는 개봉되며 교회는 하나님 말씀을 읽고 듣고 실천해야 한다(계1:3; 6장; 22:7). ④ 짐승의 피를 언약서에 바르고 순종하겠다고 결심한 백성에게 피를 뿌렸듯이(출24:3-8), 어린양의 피에 자기 옷을 씻어 희게 한 성도는 목숨을 걸고 그리스도의 법을 준행해야 한다(계7:14; 12:11; 14:12). ⑤ 시내산에서 모세와 아론 부자들 그리고 이스라엘 장로 70인이 먹고 마셨듯이(출24:9-11), 이기는 성도는 어린양의 혼인잔치에 참여하고 생명나무 열매를 먹는다(계2:7;

상징적 해석	계시록의 환상 단락은 구약의 간본문에 비추어 상징적으로 해석함	계시록의 환상을 문자적으로 해석할 때 발생하는 오류를 방지함[127]
공공선교적 해석	하나님 나라 확장이라는 계시록의 핵심 주제에 적합한 공공선교적 방식으로 주해함[128]	공공선교적 교회가 계시록을 적용하는 데 통찰력을 제공함[129]
사회-수사학적 해석	에토스를 갖춘 저자가 본문 안에 전략적으로 심어둔 수사학적 장치를 통해 독자의 마음을 열어 설득하는 방법을 파악함[130]	계시록의 독자들이 상상력과 감성을 동원하여 요한이 환상에 대해 제공하는 생생한 시청각적 묘사(ekphrasis)와 메시지에 참여함[130]

15:3; 19:9). 어린양이신 예수님께서 시내산 언약을 자기 신부인 신약교회를 위해 성취하셨다. W. H. Shea, "Literary and Theological Parallels between Revelation 14-15 and Exodus 19-24," *JATS* 12/2 (2001), 166, 177.

127. Rosell은 계시록의 환상의 역할과 중요성을 강조하는데, 그의 주장을 요약하면 다음과 같다. 요한은 환상에 담긴 이미지를 통해서 예수님을 들이마신다. 그런데 계시록처럼 이미지가 풍성한 본문은 창의적이며 환기시키는(evocative) 힘이 있다. 이 때문에 예배 중에 계시록을 들은 1차 독자는 방관자에 머물지 않고 내러티브 세상 속으로 참여하는데, 승리하신 하나님의 관점에서 새롭게 현실을 파악하게 된다. 어린양께서 제공하시는 위로와 소망의 메시지는 결코 미지근하지 않고, 고난당하는 수신자들을 뜨겁게 동정한다. S. Rosell, "John's Apocalypse: Dynamic Word-Images for a New World," *HTS Teologiese Studies* 67/1 (2011), 2-4.

128. 오랫동안 계시록의 선교적 본문은 계시록 5장 9절, 7장 9절, 14장 6절로 제한되었다. 이런 현상은 계시록 해석에서 교회와 악한 세상 간의 대립이 부각되었기 때문이라는 분석은 D. Flemming, "Revelation and the Missio Dei: Toward a Missional Reading of the Apocalypse," *Journal of Theological Interpretation* 6/2 (2012), 161-162를 보라. 참고로 계시록의 선교의 삼위 하나님, 선교의 백성(증인 요한, 증인 안디바, 두 증인 교회), 그리고 선교의 무대(온 땅, 열방, 신천신지)에 대해서는 이철규, "요한계시록의 '증인' 모티프에 대한 선교적 해석학 연구: 요한계시록 11:3-13의 두 증인을 중심으로," (Ph.D. 논문, 전주대학교, 2020), 190을 보라.

129. 계시록을 선교의 책으로 읽은 후 가르치려면 몇 가지 다리를 잘 놓아야 한다. ① 예언의 상황적 측면과 다리 놓기: 계시록은 남은 자의 구원과 악의 세력에 임할 심판을 연결하는데, 설교자는 유비를 통해 적용해야 한다. ② 예언의 언어적 측면과 다리 놓기: 성경 예언은 선지자 혼자서 독점하지 않고 공적으로 나타날 때 참 예언이다. 오늘날 어떻게 계시록 메시지를 공적 영역에 전달할 수 있는가? ③ 예언의 영성적 측면과 다리 놓기: 구약 선지자는 이스라엘의 범죄와 심판을 전했으며, 회복도 약속했다. 오늘날 어떻게 세상에 심판과 회복을 전할 수 있는가? 참고. N. A. Botha, "Mission as Prophecy: Reading the Apocalypse as Forthtelling rather than Foretelling," *Missioanalia* 33/2 (2005), 315-328; 이철규, "요한계시록의 증인에 대한 해석과 선교적 함의: 요한계시록 11:3-13절을 중심으로," 『신학과 사회』 33/3 (2019), 3-4; 송영목, "요한문헌의 선교(적 교회)," in 『고난과 선교, 어떻게 설교할 것인가?』, ed. 한국동남성경연구원 (서울: SFC출판부, 2021), 471-494. 계시록의 선교적 메시지를 현대에 적용하려면, 선교적 교회는 신천신지와 만국의 치유라는 하나님의 선교의 목표를 염두에 두고 단순히 미래를 위한 대본이 아니라 하나님의 사랑의 선교에 동참하기 위해 어린양을 따르라는 본문으로 읽으며, 보편교회로서 증인과 예배에 힘쓰는 공동체로 변모하고, 약자와 연대하는 예언적 사역에 힘쓰며, 생태계 보존과 갱신을 도와야 한다. D. Flemming, *Foretaste of the Future: Reading Revelation in Light of God's Mission* (Downers Grove: IVP, 2022), 208-226.

130. Y. Jang, "A Narratological Approach to the Structure of the Apocalypse of John," (D.Th. Thesis,

서사적 해석	화자가 제시하는 줄거리를 가진 내러티브의 세계를 파악함	배경, 등장인물, 관점, 서술 시간, 회상과 예기, 전형 장면, 줄거리 등을 파악하여 내러티브 세계와 화자가 의도한 신학적 메시지를 생생하게 이해함[132]
그리스도 완결적-드라마적(Christotelic-theodramatic) 해석	주요 화자와 행위자이신 예수 그리스도께서 성부께서 설정하신 목표를 성취하신 구원의 드라마로 읽음[133]	세상 속에 자신의 나라를 확장해 가시는 그리스도께서 성취하신 구원을 캐스팅된 그리스도 완결적 교회(Christotelic church)가 이어받아 세상에서 수행함[134]

이처럼 다차원적이며 통합된 방식으로 계시록을 읽는다면, 균형 잡힌 석의는 물론이거니와 적용과 설교를 위한 통찰력도 얻을 수 있다. 이런 해석은 독자가 단차원적 해석으로는 파악할 수 없는 가시적 현상 그 너머에 있는 하나님의 대안적이며 초월적 관점을 갖추도록 돕는다. 그리고 독자가 처한 현실을 정확히 분석하며, 본문을 올바로 적용하여 실천하도록 돕는다.[135] 그런데 1990년 이

Stellenbosch University, 2001), 221-225.

131. A. Stewart, "Ekphrasis, Fear, and Motivation in the Apocalypse of John," *Bulletin for Biblical Research* 27/2 (2017), 238-239; G. M. Barnhill, "Seeing Christ through Hearing the Apocalypse: An Exploration of John's Use of Ekphrasis in Revelation 1 an 19," *JSNT* 39/3 (2017), 246.

132. Du Rand, *A-Z van Openbaring*, 45-46.

133. 그리스도 완결적/목적적 해석의 지지자들 가운데 필라델피아 소재 웨스트민스터신학교 교수진이 많았다(Peter Enns, Douglas Green, Dan McCartney, Stephen Taylor, 황창기, 김구원, 정성국, 이강택). Green은 2015년에 성경 해석에 대한 이견으로 인해 웨스트민스터신학교에서 조기 은퇴했다. 웨스트민스터신학교 교수인 Jeffrey K. Jue는 Green의 해석이 웨스트민스터 신앙고백서에 다음과 같이 부합하지 않는다고 평가했다. ① 그리스도 완결적 해석은 구약과 신약의 불일치를 만든다. ② 그리스도 완결적 해석은 인간 저자와 신적 저자 간의 불일치를 만든다. ③ 그리스도 완결적 해석은 구약에서 그리스도의 현존을 부정한다. 그런데 Jeffrey K. Jue의 위의 평가는 비판받아 마땅하다. 그리스도 완결적 해석은 구약과 신약의 통일성을 중요하게 여기며, 구약 안에 예언된 그리스도께서 신약에 어떻게 놀라운 방식으로 성취자로 등장했는가를 탐구하기에 인간 저자와 신적 저자 간의 불협화음을 조장하지 않는다. 본 주석에서 활용하는 그리스도 목적적이며 완결적 해석은 전통적인 구약의 그리스도 중심적 해석의 장점을 활용하면서 좋은 길벗으로 간주한다. 참고. C. N. Dickerson, "The Emmaus Way: A Comparative Analysis of Three Approaches to Christological Preaching," (Ph.D. Thesis, Southeastern Baptist Theological Seminary, 2018), 169.

134. S. C. Hawthorne, "Let All the Peoples praise Him: Toward a Teleological Paradigm of the Missio Dei," (Ph.D. Thesis, Fuller Theological Seminary, 2013), 74-76, 320, 349.

135. M. V. Lee, "A Call to Martyrdom: Function as Method and Message in Revelation," *Novum Testamentum* 40/2 (1998), 172-173. 참고로 댈러스 제일침례교회의 W. A. Criswell 목사는 계시록 강해설교를 3년에 걸쳐 수행했는데, 이를 통해 그 교회는 1960년대 중반에 미국에서 가장 큰 복음주의교회로 발돋

후로 계시록을 제국주의에 대한 저항문서로 분류하여 후식민주의적postcolonial 관점에서 해석하려는 경향이 적지 않다.[136] 하지만 요한이 비판한 것은 로마제국의 문화 자체라기보다 그 제국이 기독교를 파괴하려는 시도였다. 또한 요한은 폭력적인 방식으로 로마제국의 전복을 꿈꾼 해방혁명가가 아니었다.

등장인물*dramatis personae*이 어떻게 묘사되며 어떤 행동을 하는가를 살피는 것은 본문의 구조와 플롯을 이해하는 데 중요하다. 계시록에 등장인물이 많이 나타나며 그들은 상호작용하는데, 요약하면 다음의 도표와 같다.[137]

등장인물	묘사	행동
요한	박해받음(1:9), 밧모섬에 있음(1:9), 하나님의 종(1:1), 예수 그리스도의 증인(1:9), 환상의 증인(22:8)	기도함(1:10), 환상을 받음(1:10 이하), 두루마리를 먹고 예언함(10:11), 천사에게 절하려 함(19:10; 22:8)
예수님	승귀하신 구주(1:11 이하), 처음과 마지막(1:17), 죽임당하신 어린양(5장), 승리하신 어린양(14장), 추수하시는 분(14:14-16), 인자 같은 분(1:7; 14:14), 열국을 다스릴 남자 아기(12장), 백마 타신 용사(19장), 천년왕국의 통치자(20:4-6), 재림의 심판자(20:10-15), 오시는 왕(22:7 이하)	심판하시러 오심(1:7; 2:5; 6,12,14,19,20,22장), 구원하시러 오심(5,7,12,14,21,22장), 회개를 요구하심(2,3,22장), 말씀을 계시하심(1,2,3,22장), 사탄을 정복하심(12:7-8; 20:2), 천년왕국에 통치하심(20:1-6), 만유를 갱신하심(21:5)

움했다. Patterson, *Revelation*, 45.

136. 참고. A. Reynolds, "Intercultural Hermeneutics: A Step towards Its Effective Practice as a Clash of Perspectives on John's Revelation," *Asbury Journal* 70/1 (2015), 101-102; J. Stam, "The Book of Revelation: A Latin American Interpretation," *Calvin Theological Journal* 46/2 (2011), 289, 294. 참고로 하나님과 새 예루살렘성의 아름다움을 강조하는 계시록의 환상을 상징적으로 상상력을 동원하여 심미적으로 읽는다면, 정치와 경제 등의 영역에서 정의를 사모하도록 만든다는 주장은 P. G. R. de Villiers, "Beauty in the Book of Revelation: On Biblical Spirituality and Aesthetics," *Spiritus* 19/1 (2019), 11-15를 보라.

137. 참고. J. Wood, *Reading the Book of Revelation as a Story: A Literary Analysis of the Apocalypse of John* (NP, 2008), 33-40; Voortman, "The Language of the Theatre in the Apocalypse of John," 32-33. 참고로 어떤 내러티브를 본문의 의미, 주제, 독자의 상황, 신학적 관점, 등장인물에 있어 유사한 다른 내러티브와 비교한다면, 독자에게 새로운 실재에 대한 소망을 제시할 수 있다는 설명은 R. Meylahn, "Narrative-Critical Approach as Hermeneutical Framework for a Creative Dialogue between Biblical Sources and Secular Extra-Biblical Sources: The Lord of the Rings as an Entry into the Book of Revelation," *Verbum et Ecclesia* 30/1 (2009), 193-196을 보라.

성부 하나님	계시의 원천(1:1), 보좌에 계신 창조자(4장), 영원하신 분(1:4; 5장), 영원한 빛(22:5), 주권적 통치자(4,5,6,8-9,12,14,15-16,17,18,19,20,21-22장), 교회의 보호자(7,12장)	심판의 원천이 되심(6,8-9,15-16,20장)
천사	7나팔과 7대접 심판의 대행자(8-9,15-16장), 바람과 불과 물을 통제함(7:1; 14:18; 16:5), 예배자(4-5장), 계시 전달자(1:1; 5:2,11; 7:2; 10:1,5,8,9,10; 11:15; 14:6,8,9,15; 17:1,3,7,15; 18:1; 19:9,17; 21:9; 22:1,6[2×],8,16), 하나님의 전쟁과 심판의 대리인(7:2; 8:2,5,6,7,8,10,12,13; 9:1,11,13,14[2×],15; 10:7; 12:7; 14:17,18,19; 15:1,6,7,8; 16:1,2,3,4,8,10,12,17; 17:1; 18:21; 20:1; 21:9), 사탄의 하수인(12:7,9)	하나님을 예배함(5:11; 7:11; 8:3, 4; 16:5; 19:10; 22:9),[138] 하나님의 전쟁과 심판을 대행함(7:2 등), 메시지를 전달함(1:1 등), 요한을 위해 천상 여행을 안내함(17장)
(7교회 중 한 가지 예시로서) 에베소교회	금 촛대(1:20), 별(1:20), 수고한 성도(2:2), 인내한 성도(2:2,3), 분별력을 갖춘 성도(2:2,6), 첫사랑을 버린 자들(2:4)	고난을 인내하며(2:2,3), 자칭 사도를 배격하고 니골라당을 미워함(2:2,6)
니골라당	에베소교회와 예수님에게서 배격당한 자들(2:6), 버가모교회의 일부는 니골라당을 따름(2:15)	우상숭배와 음행을 가르침(2:15)
성령	교회들에게 말씀하시는 분(2:7,11,17,29; 3:6,13,22), 보좌 앞의 일곱 영(일곱 눈)으로 온 땅에 보냄받은 분(1:4; 3:1; 4:5; 5:6), 생명수 샘(7:17), 생명수 강(22:1), 메신저(14:13; 22:17)	교회당 안에서 말씀하시고, 온 세상에 두루 다니심(2-3장; 5:6), 요한을 감동시킴(4:1),[139] 어린양의 신부들의 갈증을 해갈하심(7:17), 어린양의 신부들에게 재림 소망을 주심(22:17)

138. 그레코-로마의 연극에서 합창은 연극의 내용을 설명하는 기능을 했는데, 계시록의 찬송은 전후 내러티브의 의미를 설명하면서 흥미와 긴장을 강화한다. 그리고 요한 당시의 연극 중 막간에 짧은 합창이 들어갔듯이, 계시록에도 짧은 찬송이 자주 등장한다. Voortman, "The Language of the Theatre in the Apocalypse of John," 40-45.

139. 계시록 4장 1절 등에 등장하는 "성령에 감동하여"를 엑스타시와 같은 의식의 변화된 상태(altered state of consciousness)로 보면서 샤머니즘의 형태와 유사하게 보는 것은 성령의 충만함과 지정의를 온전히 다스리시는 역사를 왜곡하는 것이다. Contra J. E. Raddatz, "Mind over Matter: Altered States of Consciousness and the Narrative Rationalization of Ecstatic Visions in the Apocalypse of John," (M.A. Thesis, Concordia University, 2013), 108.

유대인들	그 땅의 그 지파들(1:7), 사탄의 회로서 서머나교회와 빌라델비아교회의 박해자들(2:9; 3:9), 그리스도인에게 굴복할 자들(3:9), 그 땅의 그 지파들(1:7), 땅 짐승(13:11), 거짓 선지자(19:20), 음녀 바벨론(17-18장), 개들(22:15)	성도를 박해하며 거짓말함(2:9; 3:9), 용과 바다짐승을 숭배함(13장)
안디바	버가모교회의 순교자(2:13)	죽기까지 신실하게 증언함(2:13)
이세벨	자칭 여선지자(2:20), 그리스도인을 미혹한 자(2:20), 성적 부도덕과 우상숭배의 조장자(2:20), 음녀(2:22), 심판받을 자(2:22 이하)	두아디라교회를 꾀어 행음과 우상숭배에 빠뜨림(2:20)
24장로	보좌들 위에 앉은 이들(4:4; 11:16), 면류관을 하나님 앞에 내려놓은 이들(4:10), 하나님께 몸을 굽혀 찬송하는 이들(4:11; 5:8; 19:4), 계시 전달자(5:5; 7:13)	예배함(5:14; 11:16; 19:4), 하나님의 보좌 주위에 섬(5:11, 6; 7:11)
4생물	사자, 송아지, 사람, 독수리와 같음(4:7), 6날개 안팎에 많은 눈을 가짐(4:8), 예배자(4:8; 5:14), 어린양 앞에 엎드림(5:8)	예배함(4:9; 19:4), 하나님 보좌 주위에 섬(5:11; 7:11), 하나님의 심판에 수종듦(6:1,3,5,6,7; 15:7)
네 말을 탄 사람들	네 생물로부터 심판을 위해 명령을 받음(6:1,3,5,6,7)	어린양의 심판을 대행함(6장)
순교자들	정의를 위해 외치는 이들(6:9-11), 그리스도 함께 다스리는 이들(20:4-6)	천년왕국에서 예수님과 함께 다스림(20:4-6)
땅의 백성/통치자들	왕들(6:15), 왕족들(6:15), 장군들(6:15), 상인들(18장), 선원들(18장)	성부와 어린양의 진노를 두려워함(6:15-17), 바벨론의 파멸 때문에 슬퍼함(18장)
하나님의 인을 받은 사람들	성부와 어린양의 인침을 받은 144,000(7,14장)	시온산에 섬(14:1), 거룩한 삶으로써 어린양을 따름(14:3-4)
메뚜기 떼	전쟁을 위해 준비된 말들 같고, 금 같은 관을 쓰고, 사람의 얼굴 같음(9:7), 여자의 머리털과 사자의 이빨을 가짐(9:8), 철 호심경을 참(9:9), 전갈의 꼬리를 갖춤(9:10)	전쟁을 위해 무저갱에서 놓임(9:3), 5개월간 사람들을 괴롭힘(9:10)
아바돈	메뚜기 떼의 왕, 무저갱의 사자, 이름의 뜻은 파괴(9:11)	메뚜기 떼와 무저갱을 다스림(9:11)
두 증인	원수를 물리치는 입에서 나오는 불(11:5), 비가 오지 않도록 하는 힘(11:6), 선지자들(11:6), 물을 피로 바꾸는 힘(11:6), 여러 재앙으로 땅을 치는 권세(11:6), 짐승에게 죽임당함(11:7), 3일 반 동안 시체가 버려짐(11:8), 부활하여 승천함(11:11-12)	예언으로 땅에 거하는 자들을 괴롭힘(11:10)

임신부	태양을 옷 입고, 달을 밟고, 12별의 면류관을 씀(12:1), 임신하여 메시아를 출산함(12:2,5), (두 날개로) 광야로 도피함(12:6, 14), 용의 살해 위협에서 벗어남(12:15-16)	예수님을 출산(12:5), 용을 피해 광야로 도망감(12:6, 15-16장)
사탄	보좌에 앉음(2:13), 용, 옛 뱀, 마귀(12:9; 20:2), 땅으로 던져짐(12장), 천사에 의해 결박되어 무저갱에 던져짐(20:1-3), 땅의 사방 백성을 미혹함(20:7-10), 지옥에 던져짐(20:10)	성도를 계속 참소함(12:10), 예수님과 교회를 죽이려함(12-13장; 20:7-10), 두 짐승에게 힘을 부여함(13장)
바다짐승	10뿔과 7머리 그리고 10면류관을 가짐(13:1), 7머리에 신성모독하는 이름들을 가짐(13:1), 표범, 곰, 사자와 같음(13:2), 능력과 보좌와 권세를 용에게 받음(13:2), 한 머리에 치명상을 입음(13:3), 사람들로부터 경배받음(13:4,8), 성도와 싸워 이기고 열국을 다스리는 권세를 받음(13:7), 7머리와 10뿔을 가진 붉은 빛 짐승(17:3)	과장되고 신성모독하는 말을 함(13:5,6), 10뿔과 함께 음녀를 미워하여 죽임(17:16)
땅 짐승[140]	두 뿔을 가진 어린양 같음(13:11), 용처럼 말함(13:11), 바다짐승의 모든 권세를 받음(13:12), 패배하여 지옥에 던져짐(19:20; 20:10)	땅에 사는 자들을 속여 바다짐승을 경배하게 만듦(13:12,14), 큰 이적을 행함(13:13,15), 바다짐승의 우상을 만듦(13:14), 바다짐승의 표를 받도록 강요함(13:16,17,18), 매매를 통제함(13:16-17)
음녀	많은 물 위에 앉음(17:1), 붉은 짐승 위에 앉음(17:3), 자주 빛과 붉은 빛 옷을 입고 보석으로 치장함(17:4), 가증하고 더러운 것이 담긴 금잔을 가짐(17:4), 이마에 비밀 큰 바벨론, 땅의 음녀들과 가증한 것들의 어미라 적힘(17:5), 성도의 피에 취함(17:6), 일곱 산에 앉음(17:9), 바다짐승에게 죽임 당함(17:16)	땅의 임금들과 행음(17:2), 땅에 사는 자들을 음행의 포도주에 취하게 만듦(17:2)
어린양의 신부	하늘에서 내려오는 보석과 같은 새 예루살렘성(21:2)	7복을 누림(1:3 등), 신천신지에 거주함(21:1), 어린양의 신부로서 단장함(21:2), 전도(21:24-25), 마라나타를 외치며 재림을 기다림(22:17)

140. '땅 짐승'은 '유대인'과 동일하다.

6. 요한계시록의 구조

"반드시 속히 일어날 일들"을 주 내용으로 삼는 계시록의 내용은 크게 두 가지로 나뉜다. 첫째, 사도 요한 당시에 성취될 내용, 둘째, 전체 신약시대 동안 성취되어가면서 주님의 재림으로 완성될 내용이다. 이것을 요약하면 다음의 도표와 같다.

<table>
<tr><td rowspan="4">사도 요한 당시
1세기에 성취된 내용</td><td>7교회에게 편지를 보냄 그리고 천상의 예배를 통한 위로 제공(2-5장)</td></tr>
<tr><td>7인-7나팔-7대접 심판(6,8-9,16장)</td></tr>
<tr><td>음녀 바벨론의 파멸(17-18장)과 성도의 반응(19:1-10)</td></tr>
<tr><td>영적 전투와 두 짐승의 파멸(19:11-20)</td></tr>
<tr><td rowspan="3">신약시대에 성취되어가며
예수님의 재림으로
완성될 내용</td><td>천년왕국(20:1-6)과 영적 전투(20:7-9)</td></tr>
<tr><td>재림과 심판(20:10-15)</td></tr>
<tr><td>신천신지와 새 예루살렘성의 완성(21:1-22:5)</td></tr>
</table>

요한계시록의 각 장은 문맥상 서로 어떻게 연결되는가? 다시 말해, 앞장에서 뒷장으로 전개되는 내러티브의 이음새는 단단한데, 다음 도표와 같이 요약된다.

이전 문맥	장/내용	이후 문맥
없음(참고. 요한문헌의 예수 그리스도의 계시 그리고 유다서 1장)	1장/ 인사, 시작 환상, 계시록 메시지의 세 시제	시작환상(1:10-20)에서 지금 있는 일(1:19)을 위해 계시록 2-3장의 7교회에게 메시지가 주어짐
계시록 1장 19-20절의 7교회의 현재적 상황과 관련된 지금 있는 일	2-3장/ 7교회에게 준 현재적 메시지	장차 될 일(1:19) 가운데 가까운 미래 시점에 일어날 일을 천상의 예배 환상으로 알림(계4장)
4장/ 천상의 보좌 위에 계신 성부 하나님을 예배함	열린 문, 보좌에 앉음, 성령이 교회에게 하시는 말씀(계3:20-22)이 계시록 4장 초반에 모두 나타남(계4:1,2)	계시록 4장의 성부를 향한 예배에 나타난 보좌와 일곱 영 그리고 찬송이 계시록 5:1,6절 등에 어린양 예배에 나타남

계시록 4장의 예배 받으시는 성부는 어린양과 보좌를 공유하심(계3:21; 5:13)	5장/ 천상 보좌 위의 어린양을 예배함	보좌 위의 어린양이 취하신 두루마리(계5:7)를 개봉함(계6장)
어린양이 두루마리를 취하시자 찬양으로써 구원과 심판이 예고됨(계5:7,9-10,12)	6장/ 어린양이 두루마리 인들을 개봉하여 심판함	성부와 어린양의 진노의 큰 날에 능히 설 수 있는 사람에 대한 질문(계6:17)에 계시록 7장이 대답함
두루마리의 여섯째 인이 개봉되고 심판 중의 남은 자에 관한 질문(계6:12-17)	7장/ 7인의 심판을 면할 사람들	계시록 6장 17절의 질문에 대답한 후, 일곱째 인의 개봉이 기다리고 있음(계8:1)
8장 1-5절/ 일곱째 인과 나팔 심판의 연결	여섯째 인(계6:12-17)과 간막극(계7장) 이후에 일곱째 인의 개봉이 예상됨	일곱 인의 심판 다음에 일곱 나팔의 심판이 기다리고 있음(계8:6)
일곱째 인의 개봉과 일곱 나팔이 연결되고(계8:1-2), 성도의 기도에 대한 응답으로서 신현이 등장(계8:3-5)	8장 6절-9장 21절/ 여섯 나팔 심판의 시행	여섯째 나팔 심판(계9:13-21) 다음에 일곱째 나팔 심판이 기다림(계10:7; 11:15)
여섯째 나팔 심판을 시행함(계9:13-21)	10장/ 여섯째와 일곱째 나팔 심판 사이에 요한이 두루마리를 먹고 열국을 쳐서 예언함	두루마리에 담긴 구원과 심판처럼(계10:9-10) 측량과 미(未)측량이 나타남(계11:1-2); 요한의 예언(계10:11)을 이어 두 증인의 예언이 등장하고(계11:3), 일곱째 나팔이 불림(계11:15)
구원과 심판(계10:9-10) 그리고 복음을 예언함(계10:7,11)	11장/ 두 증인의 사역과 일곱째 나팔이 알린 천국 확장	일곱째 나팔이 알릴 하나님 나라가 확장되기 위한(계11:15) 세 가지 방법(계12:10-12)
세상 나라가 천국이 됨(계11:15)	12장/ 그리스도 사건과 천국 확장의 세 가지 방법	여자와 그녀의 후손(계12:17)을 공격하는 용(계13:1,2,11; 참고. 계12:6,13)
교회와 싸우려고 바다 모래 위에 선 용(계12:17)	13장/ 어린양과 교회를 대적하는 사탄의 삼위일체	어린양의 승리(계12:7-9 참조)와 교회의 새 노래(계14:1-3)
사탄의 삼위일체(계13:1,2,11)의 활동(참고. 계10:7의 복음과 비밀)	14장/ 어린양께서 구원하신 144,000명과 구원과 심판의 복음	용의 하수인인 바다짐승을 이기신 하나님과 어린양의 활동과 교회의 찬양(계15:2-4)
구원(계14:14-16)과 심판의 환상(계14:17-20)을 이은 마지막 재앙을 준비함(계15:1)	15장/ 새 모세의 구원과 일곱 대접 심판의 준비	마지막 일곱 대접 심판의 시행(계16장)

세 시리즈 심판 중 마지막 일곱 대접 심판을 준비(계15:1,7)	16장/ 일곱 대접 심판의 시행	일곱 대접 심판의 주요 대상인 음녀 바벨론(계17-18장)
세 시리즈 심판 중 마지막 일곱 대접 심판의 시행(계16장)	17-18장/ 세 시리즈 심판의 주요 대상인 큰 성 음녀 바벨론이 받을 심판	일곱 대접 심판을 시행한 천사가 음녀가 받을 심판을 보여준 후 찬송을 명하자 할렐루야 찬송이 불림(계18:20; 19:1-6)
성도는 심판 받을 큰 성 음녀 때문에 즐거워하라(계18:20)	19장/ 할렐루야 찬송과 예수님과 교회의 승리	바다짐승과 거짓 선지자를 부린(계19:20) 용이 감금됨(계20:2)
바다짐승과 거짓 선지자가 유황불에 던져짐(계19:20)	20장/ 천년왕국과 재림 그리고 최후 심판	신천신지와 유황불 심판을 면한 주님의 신부 새 예루살렘성(계21:1,2; 22:5)
주님의 재림 때 첫째 땅과 하늘이 간 데 없음(계20:11)	21장 1절-22장 5절/ 어린양의 신부인 새 예루살렘성	자기 신부 교회를 향하여 예수님께서 속히 가심(계22:6,12,20)
예수님의 신부인 새 예루살렘성 안(계22:1-5)과 밖에 머물 자들(계21:8,27)	22장 6-21절/ 다시 오실 예수님과 편지 마무리	없음(계1:1-9 참조)

7. 성경의 구원 계시역사에서 요한계시록의 위치

요한계시록은 "반드시 속히 일어날 일들"과 예수님의 재림 때 발생할 일을 중요하게 다룬다. 따라서 승천하신 예수님께서 계시하신 내용은 다름 아니라 구원역사에 대한 계시revelation of redemptive history이다. 그리고 하나님께서 성경 65권과 세상 역사 속에서 점진적으로 계시해 오신 구원의 완성을 성경의 마지막 책인 계시록이 다룬다.[141] 이런 이유로 세상 속에서 완성되어 가는 영원한 하나님 나라를 소개하는 요한계시록을 해석함에 있어 정경적, 간본문적, 그리고 구원 계시사적 해석은 필수 요소이다.[142]

141. W. J. Snyman, "Die Openbaring van Johannes," *In die Skriflig* 5/20 (1971), 12; "Die Openbaring van Johannes: Die Boek Openbaring Self- Die Struktuur daarvan," *In die Skriflig* 6/21 (1972), 6-8.

142. K. Tõniste, *The Ending of the Canon: A Canonical and Intertextual Reading of Revelation 21-22* (London: Bloomsbury, 2016), 203.

신약 정경은 새 창조의 시작을 알리는 마태복음으로 시작하여 새 창조의 완성을 설명하는 계시록으로 마무리된다. 이 두 책은 기독론에 있어 11가지 병행을 보이는데, 요약하면 아래의 도표와 같다.[143]

마태복음의 기독론	요한계시록의 기독론
하나님의 아들로서 이스라엘의 회복자(1:1-23)	새 이스라엘의 회복자(7:5-8; 14:3)
새 모세이자 새 이스라엘(2:13-16)	새로운 출애굽을 주시는 새 모세(15:3)
고난 받는 종(3:13-17)	일찍 죽임을 당하신 어린양(5:6)
하나님의 아들로서 사탄을 정복하신 분 (4:1-11; 27:40-43)	사탄을 결박하고 지옥에 던지시는 분 (2:18; 12:7-9; 20:2,10)
치유하시는 목자(8:28-34)	목자로서 신부의 눈물과 아픔을 치유하시는 분 (7:17; 21:4)
자연을 다스리시는 야웨의 현존(14:22-33)	자연을 통하여 재앙을 내리시는 분(8-9,16장)
하나님의 자녀 공동체를 세우시는 분(16:13-20)	새 언약의 백성, 곧 하나님의 자녀를 자신의 신부로 삼으시는 분(21:3,7)
십자가를 통하여 영광을 받으시는 분(17:1-9)	충성된 증인으로 죽은 자들 가운데 먼저 나시고 보좌에 앉으신 분(1:5; 3:21; 12:5)
신성을 가지신 인자(26:57-68)	처음이요 마지막이시며 심판을 시행하시는 인자 (1:7,17; 14:4; 22:13)
로마인으로부터 신앙고백을 받으시는 분 (27:45-54)	만민의 찬송을 받으시며, 심판을 통하여 영광을 받으시는 분(5:13; 11:13)
임마누엘(1:23; 28:16-20)	일곱 촛대 사이에 거하시며 자기 백성에게 장막을 치시는 분(1:13; 7:15)

신약성경의 순서상 유다서와 계시록은 나란히 배열된다. 유다서가 일반서신 가운데 가장 짧은 편지이므로 신약 예언서 앞에 위치한 것이다. 유다서와 계시록 간의 간본문성에 주목할 필요가 있다. 예를 들어, 평강과 사랑유2; 계1:5, 구원유3,23; 계7:10, 심판을 받을 몰래 들어온 어떤 자들유4; 계2:14,20, 주재主宰이신 하나님유4; 계6:10, 자기 처소를 지키지 않고 떠난 천사들유6; 계12:4, 심판을 위한 결박유6; 계20:2,

143. 참고. 김창훈, 『마태가 그린 하나님의 아들 예수: 마태복음의 기독론』 (경산: 그라티아, 2020), 194-205.

소돔유7; 계11:8, 불의 형벌유7,23; 계20:10, 미가엘유9; 계12:7, 짐승들유10; 계13:1,11, 발람유11; 계2:14, 목자유12; 계7:17, 잔치유12; 계19:9,17, 불경건한 자들이 받을 심판유15-16; 계21:8,27, 사도유17; 계21:14, 성령님유19-20; 계2:7,11,17,29 등, 더럽혀진 옷유23; 계22:14, 그리고 하나님께서 받으실 영광과 위엄과 능력과 권세이다유25; 계4:11; 5:12.

위의 정경적 해석canonical approach은 계시록과 창세기, 계시록과 마태복음, 계시록과 유다서, 그리고 계시록과 요한문헌 간의 관련성에 주목한다. 이런 해석 방법은 본문을 한 절씩 세밀하게 주해하는 것은 아니지만, 정경의 배치와 구도 속에 담긴 의미를 살피는 데 통찰력을 제공한다.[144]

결론적으로 요한계시록을 예수님을 중심으로 하여 구원 계시사적이고 간본문적으로 읽으려면 몇 가지 단계와 요령을 파악해야 한다. 첫째, 요한계시록의 각 장의 내러티브와 주제를 파악하여 암기해야 한다. 둘째, 계시록 각 장의 중요 구절을 암송하고 의미를 이해해야 한다. 중요 구절의 의미는 부분적 과거론과 같은 가장 적절한 해석 방식을 선택하여 적용할 때 가능하다. 셋째, 계시록을 제외한 성경 65권을 읽을 때, 본인이 암기하고 있는 계시록의 내러티브와 주제 그리고 중요 구절과 연결을 시도해야 한다. 사도 요한은 구약 39권은 물론, 복음서를 비롯하여 신약성경 대부분에 익숙했기에 계시록을 기록할 무렵 다른

---

144. 계시록의 정경적 해석은 R. W. Wall, *Revelation*, NIBC (Peabody: Hendrickson Publishers, 1991)을 참고하라. 참고로 계시록은 순교자 저스틴(c. 100-165) 당시에도 광범위하게 알려진 권위 있는 신약성경이었다. 그리고 AD 2세기의 사데의 멜리토에 따르면, 신약 주석 가운데 계시록 주석은 이른 시기에 출현했다. 적어도 서로마제국에서 계시록이 일찍 정경으로 수용되고 주석이 집필된 이유 중 하나는 기독교가 로마제국의 국교로 인정되기 전 박해 상황 속에서 계시록의 천년왕국 개념은 그리스도인들에게 위로를 제공했을 수 있기 때문이다. 그리고 계시록이 담아내는 풍성한 예전적 요소도 정경으로 수용한 교회들에게 중요했을 것이다. 계시록을 정경으로 수용한 2-4세기의 속사도와 교부들은 다음과 같다. 순교자 저스틴, 안디옥의 쎄오필루스(c. 115-188), 사데의 멜리토, 리옹의 이레니우스(c. 130-200), 알렉산드리아의 클레멘트(c. 150-215), 터툴리안(c. 160-220), 로마의 히폴리투스(d. 235), 오리겐(c. 185-254), 카르타고의 키프리안(c. 200-258), 페토의 빅토리누스(d. 304), 올림푸스의 메쏘디우스(d. 311), 락탄티우스(d. 318), 그리고 아타나시우스(c. 295-373). 참고. M. G. Michael, "The Canonical Adventure of the Apocalypse of John: Background, Reception History and Traditional Usage in the Believing Communities of the Early Church from Patmos (AD c. 95) to the Thirty-Ninth Festal Epistle of Athanasius of Alexandria (AD 367)-An Eastern Orthodox Perspective," (Ph.D. Thesis, Australian Catholic University, 2002), 317-324.

성경들에 접근이 가능했다. 따라서 현대 독자들도 성경 65권을 간본문으로 삼아 계시록을 예수님의 복음으로 읽는 훈련을 해야 한다. 이를 위해 성경 전체를 반복하여 체계적으로 묵상하는 경건의 습관과 훈련을 위해 열심을 내야 한다. 성경을 묵상하는 소위 큐티Quiet Time는 다름 아니라 요한계시록을 스스로 주해하는 소중한 시간이다. 스스로 성경을 묵상하는 시간에 간본문성을 메모한다면, 독창적인 주석이 가능하다. 물론 이런 작업이 가능하려면, 성경 원어, 해석 방법, 성경 각 권의 기록목적을 비롯한 서론적 지식, 그리고 각 권의 장별 줄거리와 중심 신학적 메시지를 먼저 숙지해야 한다.[145]

145. 이런 방식은 신앙고백서나 교리문답서의 강해를 준비할 때도 유용하게 활용된다. 성경신학적 신앙고백 해설은 기존의 교의학적 해석의 한계를 극복하도록 만든다. 먼저 성경신학적 주제를 예수님 중심으로 연구한 후에 전체 성경을 그 주제의 빛에서 읽는다면 유익할 것이다. 이런 주제들이 쌓이면 다차원적인 구속사적 해석을 위한 토대를 만들 수 있다.

Α Π Ο Κ Α Λ Υ Ψ Ι Σ

요한계시록 본문 주석

Α Π Ο Κ Α Λ Υ Ψ Ι Σ

요한계시록 1장

이 주석은 서론에서 소개한 대로 요한이 계시록 1-19장에서 동시다발적으로 불신 유대인과 로마제국에 속히 임할 심판과 교회를 위한 구원을 소개한다는 '통합적 부분적 과거론integrated partial preterism'을 따른다. 계시록의 내러티브 전개에 있어 중요한 단락이 등장할 경우, 계시록의 전통적 방법들인 미래적 해석, 이상주의적 해석, 그리고 세상-교회 역사적 해석도 소개한다. 이런 소개는 독자들이 상이한 해석을 비교하면서 본문을 이해하도록 돕기 위함이다.

<본문의 개요>

계시록 1장은 서론과 인사말, 시작 혹은 개시開始 환상, 그리고 계시록 메시지의 세 시제를 다룬다. 특히 시작 환상inaugural vision 중에 등장하는 승리하신 예수님의 모습에 담긴 상징적 의미는 소아시아의 7교회에게 큰 위로가 되었다.[1] 계시록 1장의 이전 문맥은 요한복음과 요한서신에 나타난 예수님의 복음이며, 정경적으로 볼 때 이전 문맥은 유다서이다. 계시록 1장의 이후 문맥은 요한과 수신자들 당시의 일을 소개하는 계시록 2-3장의 메시지이다계1:19 참조. 따라서 문맥상 계시록 1장은 계시록 2-3장과 마찬가지로 "반드시 속히 일어날 일들"과 무관하지 않은 요한 당시의 상황에서 읽어야 함을 알 수 있다.

<내용 분해>

1. 서론(1:1-3)
2. 인사말(1:4-8)
3. 요한의 상황과 시작 환상 그리고 계시록 메시지의 세 시제(1:9-20)[2]

---

1. 참고로 계시록 각 장마다 구문 및 구조를 분석한 연구는 E. Mueller, "Microstructural Analysis of Revelation 4-11" (Ph.D. Thesis, Andrews University, 1994), 435-698을 보라.
2. 계시록의 환상을 그림으로 그려놓은 책은 N. Grubb, *Revelations: Art of the Apocalypse* (New York: Abbeville, 1997)를 참고하라. 이 책은 계시록 본문을 반복하여 읽더라도 환상의 장면을 정확하게 파악하기 어려운 한계를 해결하는 데 큰 도움이 된다. 하지만 이런 부류의 책이 묘사하는 환상의 세부 사항이 계시록의 의도를 정확히 반영한 것이라고 단정할 수는 없다. 따라서 일단 이런 책의 도움으로 환상을 파악했더라도, 이런 자료를 지나치게 계속 의존할 필요는 없다.

1. 서론(1:1~3)

"[1]예수 그리스도의 계시라 이는 하나님이 그에게 주사 반드시 속히 일어날 일들을 그 종들에게 보이시려고 그의 천사를 그 종 요한에게 보내어 알게 하신 것이라 [2]요한은 하나님의 말씀과 예수 그리스도의 증거 곧 자기가 본 것을 다 증언하였느니라 [3]이 예언의 말씀을 읽는 자와 듣는 자와 그 가운데 기록한 것을 지키는 자는 복이 있나니 때가 가까움이라"

요한계시록은 소아시아의 에베소에서 서쪽으로 약 100㎞ 떨어진 밧모섬에 유배를 당한 요한이 환상을 본 후 쓴 글이다. 그런데 계시록 1장 1절은 계시록의 출처와 여러 전달 단계들을 소개하는데, 직역하면 다음과 같다. "예수 그리스도의 계시. 하나님께서 그분에게 주셔서 자신의 종들에게 반드시 짧은 시간 안에 일어날 일들을 보이시려고, 보내신 자신의 천사를 통하여 자신의 종 요한에게 상징적으로 알게 하셨다."[3] 요한계시록은 '예수 그리스도'의 계시인데, 동시에 자기 백성을 그들의 죄에서 구원하실 예수님의 직분명인 '그리스도'에 주목해야 한다. 영원 전에 그 직분자로 택정받으신벧전1:20 참조 그리스도께서는 구약에서부터 왕삼하7:12-13 참조, 제사장시110:4 참조, 선지자신18:15,18 참조로 예언되셨으며, 구약의 왕들과 선지자들과 제사장들을 통하여 예표豫表의 방식으로 직분을 감당하셨다.[4] 신약시대에 성령의 기름부음을 받으신 그리스도께서는 성부로부터 파송을 받으신 대왕, 대선지자, 그리고 대제사장직을 수행하셨다마11:27; 26:68; 27:29,37,42; 요1:18; 7:52; 12:15; 행3:22; 10:38; 히5:10 참조. 계시록에서 그리스도께서는 보좌 위에서 다스리는 왕이시며 천년왕국의 통치자이시다계3:21; 20:4; 참고. 히1:3의 "높은 곳에

3. 이 책의 주석에서 개역개정판과 차이가 나는 한글 번역은 송영목, 『요한계시록. 원문 새번역 노트』 (서울: SFC 출판부, 2020)를 참고했다. 참고로 스터디바이블에 생태 보존을 위한 해설을 어떻게 담아낼 수 있는지 요한계시록을 중심으로 논의한 예는 송영목, "성경 번역가를 위한 생태 지침서에 관하여," 『성경원문연구』 47 (2020), 328-351을 참고하라.

4. J. van Bruggen, 『하이델베르크 요리문답 해설』, *Aantekeningen bij de Heidelbergse Catechismus*, 김헌수·성희찬 역 (서울: 성약, 2020), 193-194.

계신 지극히 크신 이의 우편에 앉으셨느니라". 그리스도께서는 교회의 대적들을 심판하심으로 통치하신다계6,8-9,16장. 그리고 그리스도께서는 증인들과 선지자들을 통해 말씀을 전하신다계10:11; 11:7; 참고. 히1:2의 "아들을 통하여 우리에게 말씀하셨으니". 또한 그리스도께서는 자신의 보혈을 뿌리셔서 영원한 제물이 되신 대제사장이시다계1:5; 5:6; 참고. 히1:3의 "죄를 정결케 하는 일".

계시는 계시의 근원인 성부 하나님께서 승천하신 예수 그리스도께 주셨고, (계시록에 67회나 등장하는) "천사ἄγγελος"를 거쳐[5] 요한에게 전달되었다.[6] 여기서 계시의 중개인으로서 천사의 역할은 다소 모호하지만, 천사가 언급됨으로 예수님의 신성이 강조된다.[7] 계시록에 계시의 중재자로 천사가 등장하지만, 예수님이야말로 성부의 계시를 유일하게 드러내고 집행하는 분이시다계5:1-5; 22:16 참조.[8] 참고로 누가와 사도 바울은 시내산에서 율법 수여 때 천사의 역할을 언급한 바 있으며행7:36,53; 갈3:19 참조, 히브리서 기자도 하나님께서 천사들을 통하여 주신 말씀이 성취되었다고 밝힌다히2:2 참조. 정확히 말하면, 1절의 그리스어 구문은 천사가 메시지를 받아서 요한에게 전달했다고 말하지 않는데, 계시록의 메시지는 천사를 수단으로 하여 전해졌다.[9]

1절과 2, 4, 9절에서 고유명사 "요한"이 등장하는데, '사도'나 '세베데의 아들'과 같은 다른 언급이 동반되지 않는다. "요한"이라고 간명하게 표현되더라도 수신자들은 그가 세베데의 아들 사도임을 알았을 것이다.[10] 1절에 2회 반복되는 "종δοῦλος"은 수신자인 7교회와 저자인 사도 요한을 가리킨다. 신약교회와

5. 송영목, "요한계시록에 나타난 천사의 역할," 『신약연구』 11/4 (2012), 961-988.

6. 송영목, "요한계시록에 나타난 예수 그리스도의 승귀와 통치," 『그 말씀』 4월호 (2012), 70-79.

7. 참고. Engelbrecht, "Die Christologie in die Openbaring van Johannes, in Hooftrekke Beskrywe," 172.

8. 참고. 계시록에서 기독론적 삼위일체 신학(Christological trinitarian theology)을 찾는 L. A. Brighton, "Christological Trinitarian Theology in the Book of Revelation," *Concordia Journal* 34/4 (2008), 294.

9. A. Persson, *A Semantic and Structural Analysis of Revelation* (Dallas: SIL International, 2016), 28.

10. Waechter, "An Analysis of the Literary Structure of the Book of Revelation according to Textlinguistic Methods," 67. 참고로 계시록의 저자("나", 1:9)와 최종 편집자("그의 종 요한", 1:1)를 구분한 역사비평적 입장은 H. Lichtenberger, 『요한계시록』, *Die Apokalypse*, 배재욱 역 (서울: CLC, 2022), 96을 보라.

사도가 '하나님의 종'이라는 사실과 의미는 바울서신을 통해서 확인할 수 있다. 바울은 스스로를 "사도"와 "예수 그리스도의 종δοῦλος Χριστοῦ Ἰησοῦ"으로 여긴다롬 1:1 참조. 복음 전파를 위해 고난을 감내했던고후11:23-33; 12:8-10 참조 바울은 선지자 이사야가 복음의 빛을 발하는 '야웨의 종'을 여러 차례 예언한 바를 잘 알고 있었다사42:1,6-7; 49:3,5-6; 52:13-15 참조.[11] 바울이 야웨의 고난당하는 종의 사역을 계승하여 새로운 출애굽의 복음을 전파했다면, 요한과 소아시아의 7교회에게도 동일한 사명이 주어졌다고 결론내릴 수 있다.

사도 요한이 보낸 편지를 7교회의 대표자들이 받아서 주일예배 중에 낭독해야 했다. 그 낭독자들은 마치 요한은 물론 예수님을 대리하는 사람들과 같았다.[12] 낭독자들을 통해 전달되는 예수님의 계시는 고난 중에 있던 소아시아의 청중을 설득하고 있다는 점에서, 계시록은 신적 설득divine persuasion을 목표로 삼는다.

성부께서 성자 안에 "계시Ἀποκάλυψις"하신다는 것은 감추어진 것을 드러내신다는 의미이다. 1절에서 "계시"는 책 제목으로 사용된다.[13] 신약성경에 명사 ἀποκάλυψις아포칼륖시스는 18회 등장하는데동사는 26회, 특히 바울이 선호한 단어이다눅2:32; 롬2:5; 8:19; 14:24; 고전1:7; 14:6,26; 고후12:1,7; 갈1:12; 2:2; 엡1:17,23; 살후1:7; 벧전1:7,13; 4:13; 계 1:1.[14] 동사 ἀποκαλύπτω아포칼뤼프토, 계시하다는 LXX에 21회, 그리고 신약성경에 26

---

11. 김명일, "바울서신의 선교(적 교회)," in 『고난과 선교, 어떻게 설교할 것인가?』, ed. 한국동남성경연구원 (서울: SFC출판부, 2021), 444-446.

12. D. L. Barr, "The Apocalypse of John as Oral Enactment," *Interpretation* 40/3 (1986), 251-252.

13. F. Montanari, *The Brill Dictionary of Ancient Greek* (Leiden: Brill, 2015), 251. 참고로 구약에서 삼위일체께서 영감을 받은 선지자와 같은 인물을 통하여 자신에 관해 말씀하셨다는 '인물 주해(prosopological exegesis)'를 언약에 기반한 모형론으로 비판한 예는 W. J. Dernell, "Typology, Christology and Prosopological Exegesis: Implicit Narratives in Christological Texts," *SBJT* 24/1 (2020), 137-154를 보라.

14. 사도 요한처럼 바울도 예수 그리스도의 계시를 보고 들었다. "갈 1:12에서 Ἀποκάλυψις를 문장에 사용한 것은 부활하신 그리스도의 봄을 통하여 자신의 부름을 증거하는 것이다. 그리고 11절에서 바울이 사용하는 γνωρίζω는 하나님께서 그에게 주신 계시의 전달을 암시하는데, 이는 들음을 전제한다. 이것은 하나님께서 바울에게 선물하신 유일하고 진정한 복음과 그것의 선포를 정당화한다. 그러므로 이 두 개념은 바울이 짊어진 복음의 기원과 선포의 관계와 같이 서로 톱니처럼 맞물려있다." 최순봉, "사도바울의 소명과 계시: 갈 1-2장을 중심으로," (한국성경신학회 제48차 정기논문발표회 발제 논문, 신반포중앙교회당, 2022년 2월 14일), 15.

회 등장한다. 그런데 1절의 '계시'가 전체 계시록의 내용이 아니라, 교회의 증언을 통해 열방이 개종하는 것을 주요 내용으로 삼은 계시록 5장과 10장의 두루마리의 내용만 가리킨다는 주장이 있다예. R, Bauckham. 그러나 요한이 계시록 1장 1절에서 멀리 떨어진 계시록 5장과 10장만 구체적으로 염두에 두고 있다고 보기 어렵다.[15] 또한 계시록 1장 1절과 계시록 5장과 10장 사이에는 용어와 주제에서도 차이가 있다.

요한은 예수님의 나라의 복음을 완전히 드러내기 위하여 1절에서 "보이시려고δεῖξαι"라는 부정사를 사용한다. 계시록의 승천하신 예수님의 계시는 4복음서를 통해 계시된 지상의 예수님의 복음과 본질적으로 다르지 않다. 예수님께서 요한에게 보여주신 것은 하나님 나라의 복음과 관련된 '환상'이다. 그렇다면 이 환상을 어떻게 이해할 수 있는가? 1절의 동사 '알게 하셨다ἐσήμανεν'는 '표적이나 상징으로써 알게 하다to make known by means of signs or symbols'라는 뜻이다단2:45; 요 12:33; 18:32; 행11:28; 25:27 참조.[16] 계시록에서 반복되는 동사 '내가 보았다εἶδον'는 요한이 본 환상을 기록하고 있다는 신호탄과 같다.[17] 계시록의 환상 본문은 상징적으로 해석해야 한다.

계시록의 해석에서 매우 중요한 표현인 "반드시 속히 일어날 일들ἃ δεῖ γενέσθαι ἐν τάχει"은 시간적으로 먼 미래가 아니라 짧은 시간 안에 꼭 필연적으로δεῖ[18] 발생할 일들이라는 의미이다눅18:8; 행12:7; 22:18; 25:4; 롬16:20; 딤전3:14; 약1:19 참조.[19] '반드시 해

---

15. M. Jauhiainen, "Ἀποκάλυψις Ἰησοῦ Χριστοῦ (Rev. 1:1): The Climax of John's Prophecy?" *Tyndale Bulletin* 54/1 (2003), 106-109.

16. Montanari, *The Brill Dictionary of Ancient Greek*, 1906; Stefanovic, 『예수 그리스도의 계시』, 74; S. Storms, 『개혁주의 무천년설 옹호』, *Kingdom come: The Amillennial Alternative*, 윤석인 역 (서울: 부흥과 개혁사, 2016), 539-540; Osborne, *Revelation*, 16.

17. R. G. Bratcher and H. A. Hatton, *The Book of Revelation: A Handbook* (New York: UBS, 1993), 12; Beale, 『요한계시록. 상권』, 120.

18. 신적 필연성(divine necessity)에 대해서는 송영목, "누가복음의 δεῖ의 용례 분석," 『교회와 문화』 38 (2017), 54-77을 보라.

19. Osborne, *Revelation*, 54; 이달, 『요한계시록』, 49-50. 참고로 "역사주의자들(historicists)은 계시록 1장 1절의 '속히'를 요한의 시대 직후에 시작하여 전 교회 시대에 일어날 일로 본다. 미래론자들(futurists)은 '속히'를 갑

야 한다δεῖ'는 '묶다δέω'의 현재 능동태 명령형 2인칭 단수이다.[20] 따라서 미래적 해석이 아니라, 계시록이 기록된 후 단기간에 발생할 사건이라는 과거적 해석을 추구해야 한다.[21] 계시록 22장 6절에도 "반드시 속히"가 등장하여 1장 1절과 더불어 계시록 전체를 감싸는 수미상관首尾相關, *inclusio* 구조를 형성한다.[22] 계시록 1장 1절의 "반드시 속히 될 일들"을 주님의 재림의 날을 알 수 없다는 문맥 안에 놓인 "주께는 하루가 천년 같다"벧후3:8 참조와 연결할 수 없다.[23] 계시록 1장과 22장은 비슷한 구조를 보이는데, 그것은 포괄식 수미상관구조 때문이다. 따라서 계시록 1-22장의 대부분은 반드시 속히 일어날 일들을 환상으로 보여주므로 상징적으로 해석해야 한다.

계시록 1장 1절의 중요한 간본문은 남 유다의 여호야김 왕 때c. BC 605 기록된 하박국 2장 2-3절이다. 하박국 2장 2-3절에 '묵시, 기록하다, 크게 낭독하다, 때, 속히, 종말, 반드시'라는 용어들은 계시록 1장 1-3절의 '계시, 기록하다, 크게 낭독하다, 속히, 반드시, 때, 속히'와 매우 유사하다. 하박국 2장 2-3절의 지체되지 않고 반드시 속히 성취될 종말, 즉 심판은 하박국서가 기록된 후 약 18년 후인 BC 587년경 남 유다의 패망 그리고 약 66년 후인 BC 539년에 페르시아가

자기로 보면서 적당한 시점 특히 요한 당시로부터 수 천 년 이후에 성취가 신속히 될 것으로 이해한다. 미래론자들은 '속히'를 문자적으로 가까운 시기로 보기도 하지만, 하루를 천년으로 삼는(벧후3:8) 하나님의 계산법을 강조하여 실제적으로 단기간 내라는 의미로는 보지 않는다. 따라서 그들은 어떤 일이 수 천 년 이후에 일어난다고 해도 하나님의 관점에서 보면 가까운 일이라고 주장한다. 하지만 요한의 일차 수신자들이 이런 방식으로 하나님의 시간관을 공유했을지 그리고 먼 미래의 사건을 가까운 것으로 여겼을지 심히 의심된다." 송영목, "요한계시록의 전통적 4가지 해석의 비교 및 분석," 『그 말씀』 11월호 (2007), 111.

20. Patterson, *Revelation*, 51.

21. Contra 계시록 1장 1절은 최종 성취가 아니라 성취의 시작에 초점을 둔다고 보는 Beale, 『요한계시록. 상권』, 318; "속히"를 언제든지 지연되지 않는다는 의미로 이해하는 Fanning, *Revelation*, 75.

22. 신약에 9회 등장하는 "속히(ἐν τάχει)"의 용례는 다음과 같다. 속히 일어날 일들(계1:1; 22:6), 속히 원한을 풀어주심(눅18:8), 속히 일어남(행12:7), 속히 예루살렘에서 나감(행22:18), 속히 떠남(행25:4), 속히 사탄을 너희 발아래 상하게 하심(롬16:20), 속히 네게 가기를 바람(딤전3:14). 따라서 "'속히'는 '짧은 시간 안에(in a short time)'라는 의미이지, 확실히(surely) 혹은 갑자기(suddenly)라는 뜻이 아니다. Contra 계시록 1장 1절의 "속히"를 재림의 돌발성으로 보는 김철손, 『요한계시록』, 50; Kuyper, *The Revelation of St. John*, 33, 38.

23. R. Khatry, "Revelation," in *South Asia Bible Commentary*, ed. B. Wintle (Grand Rapids: Zondervan, 2015), 1772.

바벨론제국을 패망시킨 사건으로 볼 수 있다겔12:27-28 참조.[24] 구약의 유구한 역사 속에 펼쳐진 하나님의 구속사를 감안할 때, 약 18년과 66년이라는 기간은 짧은 시간의 경과를 가리키는 '속히'에 해당한다. 이와 유사하게 계시록 1장 1-3절도 AD 66년에서 멀지 않은 시점에 발생한 사건을 예고한다. 그 사건은 AD 66-70년의 유대-로마전쟁을 통한 이스라엘의 패망 그리고 AD 68-69년의 로마의 내전으로 인한 황제들의 죽음과 대혼란이다. 하지만 언약에 신실하신 하나님의 구원과 심판이 속히 성취될 것을 믿는 남은 자들은 믿음으로 살면서, 폭력적이며 교만한 악인들을 닮지 말아야 한다합2:4-5 참조.

"'속히ἐν τάχει'라는 단어는 다니엘서의 '장래에'예. 단2:28에 대한 의도적인 변형이며 임박한 성취에 대한 절박한 시간을 분명하게 의미한다. 다니엘서는 먼 미래인 '장래'에 일어날 이러한 성취를 소망하지만 이에 반하여 요한은 자신의 시대에 시작되고 있는 것을 기대한다."[25] 그런데 "반드시 속히 일어날 일들"의 구약 간본문을 다니엘 2장 28-29절로 여길 경우에 어려움이 발생한다. 왜냐하면 다니엘서의 두 구절은 '반드시 속히 일어날 일들'이 아니라 '반드시 마지막 날들에 일어날 일들ἃ δεῖ γενέσθαι ἐπ' ἐσχάτων τῶν ἡμερῶν'을 예언하기 때문이다.[26] 이런 차이에도 불구하고 요한은 다니엘 2장의 예언, 곧 세상 제국들의 흥망성쇠와 영존하는 그리스도 나라의 도래가 꼭 성취될 것을 알았다. 또한 요한은 예수

24. 참고. 정대준, "그는 왜 그때 달려야만 했는가?: 하박국 2:2에 대한 재해석," (개혁신학회 가을 학술대회 발제 논문, 아세아연합신학대학교, 2020년 10월 24일), 97-113.

25. G. K. Beale and S. M. McDonough, "요한계시록," in 『일반서신·요한계시록』, ed. G. K. Beale and D. A. Carson, 김주원 외 역 (서울: CLC, 2012), 492. 참고로 계시록 1장 1절의 "속히"를 '이미 이미 빨리 빨리'라는 헬라의 마술적 표현과 비교한 경우는 R. L. Thomas, "Magical Motifs in the Book of Revelation," (Ph. D. Thesis, Durham University, 2007), 248을 보라. 하지만 계시록은 마술을 긍정하지 않고 비판한다(계9:21; 13:13; 19:20; 20:10; 22:15 참조).

26. L. Gallusz, "How Soon is Soon?: Reading the Language of Eschatological Imminence in the Book of Revelation," in *Faith in Search of Depth and Relevancy Festschrift in Honour of Dr Bertil Wiklander*, ed. R. Bruinsma (Serbia: Trans-European Division of Seventh-Day Adventists, 2014), 131-132. 하지만 Gallusz는 '반드시 속히'를 "하나님의 (재림에 대한) 계획의 실현이 마지막 국면으로 접어들었다."라고 이해하는데, 이것은 최근의 안식교의 해석이다.

님께서 감람산강화에서 "이런 일들이 반드시 있어야 하지만 아직 끝은 아니다 δεῖ γὰρ γενέσθαι, ἀλλ' οὔπω ἐστὶν τὸ τέλος"라고 예언하신 것이 곧 성취될 줄도 알았다마 24:6; 막13:7; 눅21:9 참조.

판 하우웰링언P. H. R. van Houwelingen은 '반드시 속히'를 과거론적으로 이해하는 것이 오늘날 가장 보편적인 해석이지만, 계시록의 약속은 사도 요한의 시대를 훨씬 넘어 신천신지의 완성까지 내다본다고 주장한다.[27] 그러나 계시록이 신약 시대 전체의 교회에 대한 구속사적 메시지를 제공한다고 주장하는 판 하우웰링언은 사도 요한 당시에 속히 성취될 가까운 예언과 주님의 재림으로 성취될 먼 미래에 대한 예언을 구분하지 못하는 오류에 빠졌다. 또한 그는 신약 서신을 해석함에 있어 저자와 1차 독자 사이의 의사소통의 목적을 적절히 고려하지 못하는 오류도 보인다. 계시록의 '반드시 속히 일어날' 사건들을 구속사적으로 주해하려면, 구원계시역사에서 과거에 성취된 그 사건들이 가지는 구속사적 의미를 찾는 것이 해석학적으로 바람직하다. 그리고 '반드시 속히'를 무시간적으로 이해하는 이상주의적 해석과 휴거와 미래의 천년왕국의 관점에서 해석하는 미래적 해석은 계시록의 메시지가 1차 독자에게 미치는 구체적인 적실성을 무시하여 앗아간다.

사도 요한은 성부 하나님의 말씀과 예수 그리스도의 증거, 곧 자신이 본 것을 계시록을 통해서 모두 증언한다2절. '예수님의 증거'는 그리스도인이 예수님에 대해 증언한 내용이라는 의미를 배제할 필요는 없지만, 계시록의 메시지 자체를 가리킨다계1:2,9; 12:17; 19:10; 20:4 참조.[28] 예수님은 "하나님의 말씀"이라 불린다 계19:13 참조. 따라서 '하나님의 말씀 곧 예수 그리스도'라고 번역할 수 있다. '증언하다ἐμαρτύρησεν'는 요한이 증언을 할 예정이므로 서신적 아오리스트epistolary aorist

---

27. P. H. R. van Houwelingen, "The Book of Revelation: Full of Expectation," *Sárospataki Füzetek* 1 (2011), 13-15. 유사한 견해는 이한수, 『요한계시록』, 43; Lichtenberger, 『요한계시록』, 85, 95를 보라.
28. S. S. U. Dixon, *The Testimony of the Exalted Jesus in the Book of Revelation* (London: Bloomsbury, 2017), 163.

로 이해하여 현재 시제로 번역하는 게 적절하다.[29] 계시록의 성경신학적 메시지의 중심에 삼위 하나님의 관계적 현존relational presence이 있다면, 그 현존을 위한 여러 수단은 편지로서의 계시록 말씀, 7촛대 사이에 거하시는 승천하신 그리스도, 성령일곱 영, 은혜와 평강, 혼인 관계, 기도, 찬송, 예배, 구원, 그리고 심판 등이다.[30] 삼위 하나님께서는 계시록의 독자들이 박해받는 동안에도 친밀한 관계 속에서 그들 가운데 현존하셔서 보호하신다.

계시록은 예언의 말씀인데, 이것을 큰 소리로 읽는 이ὁ ἀναγινώσκων와 듣는 이들οἱ ἀκούοντες 그리고 기록된 내용을 지키는 이들τηροῦντες은 복이 있다3절a. 왜냐하면 계시록의 예언이 성취될 시간καιρός이 가깝기 때문이다3절b; 참고. 계22:10. 구약과 신약에서 '예언'은 미래적 예견foretelling을 포함하지만, 대부분의 내용은 당시 사람들에게 주어진 메시지이다.[31] 마찬가지로 계시록의 예언 가운데 주님의 재림과 관련된 내용은 일부에 불과하고, 대부분은 1차 독자들 당시에 성취될 내용들이다.

정관사οἱ 하나로 서로 연결된 "듣는 이들"과 "지키는 이들"은 별개가 아니다 약1:25 참조. 그러므로 예배 중에 말씀을 들으면 반드시 준행해야 한다. 말씀을 듣는 행위는 준행함으로써 완전하게 된다.[32] 그리스도인이 하나님의 말씀을 준행하여 지키는 것과 인내하는 것은 계시록이 강조하는 그리스도인의 승리에 대한 다소 소극적인 표현과 같다.[33] 예언의 말씀을 듣고 지키는 사람이 복되다는 진

29. S. S. Smalley, *The Revelation to John* (Leicester: IVP, 2005), 30.

30. J. S. Duvall, "He will live with Them: The Relational Presence of God in the Book of Revelation," *Criswell Theological Review* 17/1 (2019), 42-51.

31. S. L. Roy, "An Examination of the Theme of Discipleship in the Seven Churches of Revelation," (D.Ed. Thesis, Southeastern Baptist Theological Seminary, 2017), 40; Stam, "The Book of Revelation," 291. Contra 댈러스신학교의 존 월부어드와 드와이트 펜티코스트를 따르는 리버티대학교 교수이자 환난 전 휴거를 지지하는 E. Hindson, *The Book of Revelation: Unlocking the Future* (Chattanooga: AMG Publishers, 2002), 1.

32. Persson, *A Semantic and Structural Analysis of Revelation*, 28.

33. E. C. Shin, "The Conqueror Motif in Chapters 12-13: A Heavenly and an Earthly Perspective in the Book of Revelation," *Verbum et Ecclesia* 36/3 (2015), 210. 참고로 찬송가 200장 3절의 "다만 예수 말씀 듣

술을 들었던 소아시아의 7교회는 '실제 예전적 대화real liturgical dialogue'에 뛰어들었을 것이다.[34] 다시 말해, 계시록의 수신자들은 주일예배 중에 낭독되던 계시록 1장 3절 이후의 예언의 말씀에 주의를 기울여 청종하면서, 마치 자신들도 환상의 등장인물들처럼 적극적으로 반응했을 것이다. 즉, 그들은 낭독된 말씀을 소극적으로 듣는 데서 그치지 않고, 공동체적으로 적극적으로 반응했을 것이다. 이런 예전적 대화를 통해 편지의 발신자인 "나" 요한과 수신자인 "너희" 소아시아 7교회가 하나가 된다계1:9 참조.[35]

소아시아 7교회의 대표들은 계시록 편지를 받은 후 주일 저녁 예배 때 낭독하기 위해 철저하게 준비했을 것이다골4:16의 3회에 걸친 ἀναγινώσκω 참조. 왜냐하면 요한이 쓴 편지는 헬라어 대문자로 기록되었는데, 띄어쓰기나 구두점이 없는 읽기 어려운 형식이었기 때문이다. AD 800년경 헬라어 소문자가 발명된 후에야 더 읽기 쉽도록 구두점과 띄어쓰기 관습이 정착되었다. 구전문화 시대에 계시록 편지를 정확히 낭독하기 위해, 헬라어를 읽을 수 있던 사람들은 반복해서 읽으며 준비했을 뿐 아니라, 더 나아가 암기했을 가능성도 있다.[36] 이 사실은 현대 공 예배에서 가장 중요한 순서인 성경 봉독奉讀을 철저하게 준비해야 한다는 교훈을 준다.

신약성경은 교회당이나 회당에서 말씀을 크게 낭독하는 경우를 소개한다눅4:16; 골4:16 참조. 예를 들어, 요한 당시 에베소교회는 주일 저녁 예배를 드릴 때, 요한이 보낸 편지 한 통을 활용했다. 따라서 크게 낭독하는 이는 한 명이며, 말씀을 듣고 실천하는 이들은 예배 참석자 전원을 가리킨다. 더 나아가 요한은 독자들로 하여금 주일예배 중에 계시록의 상징적 세계 안으로 참여하도록 돕는다.[37]

고 복을 받네."라는 말씀의 준행을 추가하여 수정할 필요가 있다.

34. U. Vanni, "The Ecclesial Assembly 'Interpreting Subject'' of the Apocalypse," *Religious Studies Bulletin* 4/2 (1984), 80.

35. Vanni, "The Ecclesial Assembly 'Interpreting Subject'' of the Apocalypse," 82.

36. 참고. D. W. Ulrich, "The Missional Audience of the Gospel of Matthew," *CBQ* 69/1 (2007), 69.

37. A. H. Grové, "Die Dilemma van die Literere Vorm van Openbaring 2 en 3," *In die Skriflig* 28/3

AD 1세기에 공동듣기communal listening와 공동읽기communal reading는 보편적 관습이었는데, 회당, 성전, 법정, 학교, 상인 조합, 극장, 가정 등에서 공식적 또는 비공식적으로 행해졌다. 이런 관습은 독해력을 높이고 문맹률을 낮추는 데 도움을 주었을 것이다. 초대교회도 예외는 아닌데, 그들은 공동듣기를 통하여 예수님의 복음을 공유했을 뿐 아니라 그 복음의 왜곡과 변질을 예방하며 보존했다. 초대교회는 복음의 구체적인 사항까지 정확하게 공유했다. 이처럼 그리스도의 복음을 함께 읽고 들음으로써 믿음의 공동체는 예수님을 닮은 정체성을 새롭게 각인하고, 공동의 사명을 확인하여 서로 실천을 격려했을 것이다. 따라서 초대교회의 공동읽기는 그 자체가 목적이 아니라, 공동체를 건실하게 만들고 제자도를 강화하기 위한 중요한 수단이었다.[38] 참고로 현대 독자가 계시록을 읽고 해석할 때, 21세기 한국 성도가 아니라 1세기 소아시아 그리스도인의 입장이 된다면 예수 그리스도의 계시를 더 생생하게 느낄 수 있을 것이다.

계시록의 첫째 복계1:3을 통해 요한은 박해받던 독자들의 감정을 북돋우고 격려한다. 이처럼 계시록의 내러티브 전개에 있어서 저자가 보충 설명하는 구절narrative aside은 독자를 권면하거나, 저자가 독자와 정보를 공유하여 메시지를 명료하게 만드는 기능을 한다계1:3,6,7; 3:8; 8:11; 9:11; 11:4; 12:9; 14:4-5; 19:8,13; 20:5, 8; 21:17; 22:7,14-15,20 참조. 독자는 마치 각주脚註와 같은 이런 내러티브의 설명 구절들을 통하여 저자의 용어, 감정, 의도, 그리고 신학을 파악할 수 있다.[39]

계시록의 예언이 성취될 가까운 시간καιρός은 예수님의 초림과 그리스도 사건 이후에 역사 속에 개입하시는 하나님의 결정적 때를 가리키는 것이지, 예수님의 재림을 의미하는 전문 용어가 아니다.[40] 계시록에 이런 결정적인 때는 5회

(1994), 453. 참고로 동방 정교회는 예배 중 성경 낭독 때 계시록을 제외한다. R. W. Wall, *Revelation*, NIBC (Peabody: Hendrickson, 1991), 27.

38. C. Lindgren, "Reading Together, Early Church Style," *Christianity Today* 62/4 (2018), 62-64.

39. 이 단락은 J. A. du Rand, "Narratiewe Tersydes in die Vertelling van die Openbaring aan Johannes," *In die Skriflig* 50/3 (2016), 4-5에서 요약.

40. Montanari, *The Brill Dictionary of Ancient Greek*, 1011; T. Siemieniec, "Teologiczna Funkcja Terminów

등장하는데, 그때의 의미를 결정하기 위해 전후 문맥을 적절히 고려해야 한다. 5가지 결정적인 때는 하나님께서 계시록의 1차 독자를 위해 구원과 심판을 결정적으로 시행하시는 때계11:18, 패배한 마귀가 활동하도록 허락된 때계12:12, 하나님께서 사탄의 공격으로부터 교회를 보호하시는 기간계12:14; 참고. 계20:3, 계시록의 예언이 성취되는 때이다계1:3; 22:10; 참고. 계10:6. 이와 약간 결을 달리하는 χρόνος는 4회 등장한다계2:21; 6:11; 10:6; 20:3 참조. 계시록의 첫 문장인 1-2절과 둘째 문장인 3절에 주동사는 없는 것이나 마찬가지이다. 결과적으로 편지를 시작하는 단어들의 현저성prominence, 즉 그 단어들의 의미가 중요하게 돋보일 수밖에 없다.[41] 1-3절에 현저성 못지않게 응집성coherence도 나타난다. 왜냐하면 1절의 "계시", 2절의 "하나님의 말씀", "예수 그리스도의 증거", 그리고 "그요한가 본 것", 그리고 3절의 "그 예언의 말씀"은 동일한 주제를 반복하여 서로 연결되기 때문이다.[42]

여기서 계시록에 나타난 7복Μακάριος을 미리 살펴보자.[43] 첫째 복계1:3은 여섯째 복계22:7에 다시 요약 및 반복되어 말씀을 준행하는 일이 중요함을 강조한다. 계시록 22장 7절에서 계시록의 수신자들이 말씀을 지키는 행위는 읽고 듣고 깨닫는 것을 전제로 한다눅11:28; 골1:9-11; 약1:25 참조.[44] 요한은 1차 독자들이 하나님의 말씀에 순종함으로써 약속과 복을 사모하도록 만들 뿐 아니라, 미래적 기쁨을 미리 맛보도록 만든다신5:29; 12:7,12,18; 14:26; 16:11,14-15; 26:11; 27:7; 33:29; 시1:2-3 참조.[45] 첫 번

Kaipos i Xponos w Apokalipsie Janowej," *Verbum Vitae* 35 (2019), 308, 312, 317. Contra 3절의 "그 때(ὁ καιρὸς)"를 심판과 구원이 완성될 먼 종말의 때라고 이해하는 이달, 『요한계시록』, 54; H. P. M. van Rhyn & G. J. C. Jordaan, "'N Betekenis Definisie van *παρουσία* as Wederkomswoord," *In die Skriflig* 541 (2020), 5.

41. Persson, *A Semantic and Structural Analysis of Revelation*, 29.

42. Persson, *A Semantic and Structural Analysis of Revelation*, 29.

43. 송영목, "신약의 복과 한국교회의 복 개념," 『본문과 설교』 3 (2010), 171-196. 참고로 계시록의 7복의 악보는 송영목·정미경, 『성경과 찬송의 대화』 (서울: CLC, 2022), 278을 보라

44. 말씀 사역의 한 가지 방식인 교리교육은 성경을 가르쳐 일상에서 구체적으로 실천함으로써 영적 성장을 이루는 데 중요하다. C. J. H. Venter, "The Realization of the Word in Church Catechism," *Koers* 53/3 (1988), 515, 523.

45. 2에녹 48장 6-8절에 의하면, 하나님의 계시의 책을 받는 것은 세상의 어떤 음식이나 달콤한 것보다 그 말씀을 더 사랑하는 것이며, 또한 읽은 후 적용하는 것까지 뜻한다. A. Harker, "The Affective Directives of the Book of Revelation," *Tyndale Bulletin* 63/1 (2012), 121-122.

째 복은 "예언의 말씀"계1:3을 여는 복opening blessing인데, 1차 독자들로 하여금 특히 계시록 22장 7절까지 복된 메시지로 사모하며 읽도록 만든다계22:18의 '예언의 말씀' 참조.[46]

둘째 복은 "주 안에서 죽는 것"이다계14:13. 이 복은 환난이 많은 인생의 마지막 순간까지 오메가이신 주 예수님과 동행하며 믿음으로 사는 것을 가리킨다. 말씀을 읽고 듣고 지키는 사람은 주 안에서 죽을 수 있으며, 하나님의 뜻이라면 순교할 수 있다.

셋째 복은 계시록 16장 15절이 설명한다. "복되도다! 나체로 다니지 않고 자신의 부끄러움을 보이지 않으려고 자기 옷을 깨어 지키는 이여!"[47] 계시록에서 '옷'은 '성도의 옳은 행실'을 가리킨다계19:8. 따라서 매일 올바른 행실을 통해서 주님의 방문을 준비하는 것이 복되다.

넷째 복은 "어린양의 결혼 잔치에 초대받은 것"이다계19:9. 성도는 어린양이신 예수님의 신부이므로, 신랑과 연합하여 사는 게 복이다. 이런 연합은 죄인이 중생할 때 시작하지, 재림 때에야 비로소 시작되는 것이 아니다. 셋째 복계16:15의 옷은 넷째 복의 문맥인 계시록 19장 8절에도 등장한다. 따라서 신랑이신 어린양의 방문을 받는 아내는 의로운 행실을 통해 스스로 준비하며 혼인관계의 복을 즐겨야 한다.

계시록 20장 6절은 다섯째 복을 소개한다. "이 첫째 부활에 참여하는 자들은 복이 있고 거룩하도다. 둘째 사망이 그들을 다스리는 권세가 없고, 도리어 그들이 하나님과 그리스도의 제사장이 되어 천년 동안 그리스도와 더불어 왕 노릇 하리라."[48] 첫째 부활에 참여하는 자들은 복되는데, 둘째 사망에 들어가지 않기

---

46. Harker, "The Affective Directives of the Book of Revelation," 121. 참고로 4Q525는 지혜의 법을 따르고 지존자의 율법을 따라 걸으며 악한 길을 버리는 자가 복되다고 말한다. 참고. Lizorkin-Eyzenberg & Shir, *Hebrew Insights from Revelation*, 24-25.
47. 이 책의 계시록 주해에 소개된 성경 본문은 별도의 언급이 없으면, 필자의 사역(私譯)이다.
48. 계시록 20장 6절의 '복'이 복수형이므로, 후대 삽입이라고 주장하는 경우는 Kraft, 『요한묵시록』, 395를 보라. 하지만 자료비평과 편집비평의 주장은 확인할 길이 없는 가설이다.

때문이다. 둘째 사망은 영원한 지옥 형벌을 가리키며계2:11 참조, 첫째 부활은 거듭나서 살다가 육체적으로 죽을 때 영이 예수님께서 승천하신 낙원으로 가는 것을 가리킨다계2:7; 참고. 눅23:43. 첫째 부활이 있으므로 둘째 부활도 있다. 둘째 부활은 주님의 재림 때 죽은 몸이 영과 결합하여 부활하는 것이다. 그러면 첫째 사망은 거듭나지 못해서 불신 상태로 살다가 죽어서 영이 지옥에 가는 것을 가리킨다. 그리고 둘째 사망은 예수님께서 재림하실 때 죽은 불신자가 부활하여 지옥에 들어가는 것이다요5:29 참조.

마지막 일곱째 복은 계시록 22장 14절이 소개한다. "복되도다! 자신의 긴 겉옷들을 빠는 이들이여! 그들은 생명나무의 열매들을 먹을 권세를 얻고, 그 성문들을 통과하여 그 성 안으로 들어가기 위함이다." '옷'은 그리스도인의 올바른 행실을 가리키기에계19:8 참조, 옷을 세탁하는 행위는 올바르지 못한 행위를 회개하는 것이다고후7:10-11 참조.[49] '옷'은 셋째 복16:15과 넷째 복19:8-9에도 이미 등장한 바 있다는 점에서 예수님께서는 박해와 시련 중에서도 옳은 행실을 매우 강조하심을 알 수 있다. 베드로 역시 간헐적間歇的 박해를 받던 소아시아의 수신자들에게 선하고 거룩한 행실을 강조한 바 있다벧전1:15; 2:15; 3:16-17; 4:19 참고. 그리스도인이 이 마지막 복을 누리려면 자신이 죄인 중의 괴수이며딤전 1:15 참조, 주님께서는 의인이 아니라 죄인을 불러 회개와 구원을 주기 원하심을 항상 기억해야 한다. 따라서 역설적이지만 죄인 됨은 하나님의 은혜이다. 계시록의 7복, 즉 완전하고 충만한 복들은 축재蓄財와 건강을 목적으로 삼는 번영신학이나 세속적 복과 다르다삿10:11-12의 일곱 이방나라 참조.[50]

---

49. 계시록 22장 14절은 세례복의 깨끗함을 염두에 두고, 회개의 세례를 진지하게 받아들이는 복된 사람에 대한 진술이라는 주장은 Kraft, 『요한묵시록』, 424를 보라. 그러나 세례는 계시록의 주요 주제가 아니다.

50. 계시록의 7복은 아래와 같이 대칭구조를 보인다.

A 예언의 말씀을 읽고 듣고 지킴(1:3)

B 죽음(14:13)

C 옷 지킴(16:15)

C′ 옷 입고 혼인잔치(19:8-9)

B′ 죽음(20:6)

산상설교의 8복마5:3-12 참조은 세상 속에서 소금과 빛으로 사는 하나님 나라 백성에게 주어졌기에 공적 복이다마5:13-14 참조.[51] 마찬가지로 계시록의 7복도 세상을 하나님 나라로 변혁하는 그리스도인에게 주어졌기에, 개인적 차원에 머물지 말고 세상이 그런 유익을 얻도록 공적 복이어야 한다.

계시록에 '복'처럼 '인내'ὑπομονή도 7회 등장한다계1:9; 2:2,3,19; 3:10; 13:10; 14:12. 복과 인내는 어떤 관계가 있는가? 그리스도인은 인내할 때 약속된 복을 누릴 수 있는가?

① 인내하여 말씀을 준행하면 복되다. 하나님의 말씀을 읽고 듣고 준수하는 첫째 복계1:3의 인근 구절인 1장 9절에서 요한은 하나님의 말씀을 증언하고 예수님을 위하여 인내하다 밧모섬에 유배되었다고 밝힌다. 그리고 빌라델비아교회는 인내의 말씀을 지켰기에, 시험의 때를 면하는 은혜를 받는다계3:10. 또한 성도는 하나님의 계명과 예수님에 대한 믿음을 지키기 위해 인내해야 한다계14:12. 계시록의 둘째 복계14:13은 성도가 주 예수님 안에서 죽는 복인데, 그 복은 다름 아니라 계명과 믿음을 인내하여 지킬 때 주어진다. 요약하면, 주님의 말씀이 주는 위로와 은혜와 확신을 인내함으로써 붙잡을 때에야 복이 됨을 알 수 있다.

② 그리스도인이 고난 중에서라도 인내함으로써 수고하고 섬기면 주님께 칭찬을 듣는다. 에베소교회는 예수님의 이름을 위해 부지런히 수고하며 인내했으며계2:2-3. 두아디라교회는 사랑과 믿음과 섬김과 인내 때문에 주님으로부터 칭찬을 받았다계2:19. 에베소와 두아디라의 그리스도인들은 수고하고 섬길 때 겪던 어려움을 잘 참음으로써 그들의 머리이신 예수님께 칭찬을 들었다. 그리스도인은 봉사할 때 당하는 어려움을 인내할 뿐 아니라, 순교의 상황에서도 인내하며 믿음을 지켜야 한다계13:10. 따라서 계시록에 '인내'는 후반부에 등장하지 않으므

A′ 예언의 말씀을 지킴(22:7)

C″ 옷 빨기(22:14).

참고. Stefanovic, 『예수 그리스도의 계시』, 76; D. Field, "The Seven Blessings of the Book of Revelation: A Brief Exegetical Note," *Foundations* 53 (2005), 23-26.

51. 인용태, "공공신학적 팔복 이해와 한국교회의 목회적 과제," (박사학위 논문, 한남대학교, 2014), 103-133.

로, 계시록 16장 15절의 셋째 복 이후의 복들과 연결하기는 쉽지 않다. 그럼에도 계시록 전반부에서 복과 인내는 서로 관련을 맺는데, 하나님의 말씀과 계명을 준수하기 위해 인내하는 성도가 복되다고 강조한다.[52]

교훈과 적용

삼위 하나님의 은혜와 평강 가운데 제사장 나라로 사는 방법은 무엇인가? 그것은 과거와 현재와 미래를 아버지 하나님께서 통치하시며, 일곱 영께서 교회를 통하여 세상에 하나님의 통치를 이루시며, 충성된 증인이자 부활이신 예수님께서 왕이심을 믿는 것이다. 그리고 세속적 복이 아니라 성경에 약속한 복을 깨닫고 누리고 나누어주자. 공 예배 중에 하나님의 말씀을 낭독朗讀, 즉 정확히 또랑또랑하게 읽을 뿐 아니라, 성경 전체를 포괄하는 교독문lectionary을 적절히 활용해야 하고, 교회음악과 공중기도에도 말씀이 중앙에 자리 잡도록 말씀 교육이 필요하다.[53]

계시록의 본문을 주해註解하고 설교문을 작성할 때, 팀 켈러T. J. Keller가 제안하는 몇 가지 단계는 유익하다. 본문을 5-10회 정도 읽어 흐름을 파악하고, 주석서를 참고하여 본문을 단락별로 나누어 제목을 붙이고, 단락들 사이의 관계를 파악하며, 본문의 주해 요지주제, 빅 아이디어, 축, 목적를 예수 그리스도를 중심으로 구체화하고, 주해 요지에 기초하여 설교의 명제를 간결하게 작성하고, 설교 명제에 대해 질문하고 답함으로써 대지들을 만들고, 독서와 경험을 통하여 얻은 정보를 활용하여 각 대지에 도움이 되는 자료를 추가하고, 회중의 가슴에 예수님의 복음을 심어줌으로써 주중에 교회당 밖에서 그리스도를 옷 입고 실천하도록 설교해야 한다롬13:14; 갈3:27; 골3:10 참조.[54]

설교 전체는 연역적이지만, 대지의 전개는 예수님 중심의 복음을 스토리텔링 방식을 따라 귀납적으로 전개하는 것이 한국교회에 익숙하고 효과적이다. 사도 요한이 소아시아 7교회의 형편을 잘 파악하여 상황에 적절한 방식으로 편지를 썼듯이, 오늘날 말씀과 예수님의 양 떼를 위임받은 설교자들은 하나님의 능력을 신뢰하면서 양

52. 베드로후서 1장 4-7절의 8가지 신적 성품(θεία φύσις) 중에 계시록에는 '믿음', '인내', 그리고 '사랑'만 등장한다. 이 셋을 종합하면, 선교적 교회는 고난을 인내하며 신실함과 사랑을 갖추어야 한다.

53. P. Patterson, "Ultimate Mystery: The Disappearance of Holy Scripture from Evangelical Worship," *Artistic Theologian* 4 (2016), 14-15.

54. T. J. Keller, "팀 켈러의 설교를 위한 연구(Study for the Sermon)," 『목회와 신학』 7월호 (2019), 61-63.

때의 형편에 적실한 메시지를 전해야 한다.[55] 그리고 설교자는 공교회의 유익을 배제한 채 현세의 기복주의에 함몰되지 않도록 주의해야 하고, 시대와 문화를 읽지 못한 채 지역 교회를 게토로 만드는 '종교적 음치音癡'에 빠지지 않도록 경계해야 한다.[56]

<특주> 계시록 내러티브의 예전 요소들과 공공선교적 의미[57]

요한계시록 내러티브는 주일예배 동안 낭독되었는데, 공공선교적 메시지를 담아내는 예전 요소들을 다음과 같이 포함한다.

① 예배로의 부름: 삼위 하나님께서는 주중에 세상에서 영적 전투를 수행하며 하나님 나라를 확장하던 그분의 백성을 부르셔서 새 언약을 갱신하도록 복을 주신다계1:3-6. 이런 제사장 나라인 예배공동체는 하나님의 형상이 회복된 참 인간인데, 천지의 창조자 하나님께서 자신의 유일한 힘이라고 고백한다계1:6,8; 14:7; 참고. 시121:1-2.

② 신앙고백: 예배로 초대받은 회중은 창조와 섭리와 완성을 이루실 하나님을 믿음으로 고백한다계4:11; 21:5; 22:1.

③ 십계명 낭독: 회중은 낭독된 십계명을 들음으로 죄를 깨닫고 실토한다계2:5,16,21; 22:14.

④ 사죄 은총의 선언: 이 선언을 통해 하나님께서 수직적으로 주신 구체적인 사죄의 은혜는 수평적으로 용서하며 화해의 기쁨을 누려야 할 것을 가르친다계5:9-10; 참고. 마6:12.

⑤ 기도와 새 노래: 사죄 은혜를 받은 회중은 기도와 새 노래로써 구주와 왕이신 예수 그리스도의 구원과 새 창조의 역군이 될 것을 다짐한다계5:9; 8:3-4. 교회는 송영하며 하나님의 새 창조의 역사를 삶의 영역에 구현하기를 결단한다계시록의 찬송 16개 참조.

⑥ 성찬: 회중은 교회의 머리이신 예수님의 사랑을 가시적 설교인 언약의 식사로

55. J. J. van der Walt, "God Werk duer die Prediking in die Geloofslewe: 'N Homiletiese Sleutel vir die Prediking," *Koers* 53/3 (1988), 487-493; F. van Rensburg, "Hallmarks of a Genuine Minister of the Word of God: An Interpretation and Application of 1 Thessalonians 2:1-12," *Koers* 53/3 (1988), 417-423.

56. 신광철, "기복주의," 『역사비평』 5월호 (1999), 351-359.

57. 이 단락에서 소개하는 예전의 공공선교적 의미는 송영목, "예수 그리스도 중심의 공공선교적 해석과 설교," 『교회와 문화』 48 (2022), 124-160에서 요약하여 인용한 것이다.

기념한다. 예수 그리스도를 맛본 회중은 부서진 떡처럼 세상 속에 새 생명과 사랑을 불어넣기 위해 희생의 삶으로 증언해야 한다계19:9; 참고. 눅22:27; 고전11:26.

⑦ 설교: 설교자는 하나님 나라의 그랜드 스토리와 비전을 회중의 마음에 새겨 실제로 화효효과가 일어나도록 성령의 역사를 사모해야 한다계11:15; 12:11; 참고. 히4:12.

⑧ 목회기도: 이 기도는 회중의 영적 웰빙은 물론, 그들의 삶의 현장과 사회 그리고 공교회를 아우르는 제사장적 기도여야 한다계1:11; 참고. 요17장.

⑨ 봉헌奉獻: 헌상은 소비와 탐욕이 미덕이 된 세상에서 공급하시는 하나님 안에서 헌신과 나눔의 삶을 결단한다계18:12-13.

⑩ 파송의 복 선언: 예배 시작 단계의 인사를 위한 복의 선언과 더불어계1:4-6, 마지막 순서인 파송을 위한 복의 선언계22:21으로써 삶의 현장에 복을 구현하여 지상명령을 수행하기를 결단한다계시록의 7복 참조. 요약하면, 하나님의 자녀가 예배를 통해 성령의 충만과 은혜를 공급받았다면, 온 세상에 두루 다니시는 일곱 영을 따라 증언의 삶으로써 그 충만한 은혜를 증언해야 한다계4:5; 5:6. 더불어 예배 후의 식사는 환대의 즐거움과 실천을 재차 결단하게 만든다계3:20; 참고. 고전11:21.

2. 인사말(1:4~8)

"[4]요한은 아시아에 있는 일곱 교회에 편지하노니 이제도 계시고 전에도 계셨고 장차 오실 이와 그의 보좌 앞에 있는 일곱 영과 [5]또 충성된 증인으로 죽은 자들 가운데에서 먼저 나시고 땅의 임금들의 머리가 되신 예수 그리스도로 말미암아 은혜와 평강이 너희에게 있기를 원하노라. 우리를 사랑하사 그의 피로 우리 죄에서 우리를 해방하시고 [6]그의 아버지 하나님을 위하여 우리를 나라와 제사장으로 삼으신 그에게 영광과 능력이 세세토록 있기를 원하노라 아멘 [7]볼지어다. 그가 구름을 타고 오시리라. 각 사람의 눈이 그를 보겠고 그를 찌른 자들도 볼 것이요 땅에 있는 모든 족속이 그로 말미암아 애곡하리니 그러하리라 아멘 [8]주 하나님이 이르시되 나는 알파와 오메가라 이제도 있고 전에도 있었고 장차 올 자요 전능한 자라 하시더라"

요한은 소아시아에 있는 실제 역사적인 일곱 교회에게 편지를 쓴다4절a. 이와 더불어 숫자 '7'이 완전과 충만을 상징하기에, '일곱' 교회는 가고 오는 모든 시대에 걸친 온 세계의 교회를 대표한다창33:3; 룻4:15; 삼상2:5; 대하29:21; 에1:5,10,14; 2:9; 시119:164; 잠9:1; 24:6; 단3:19; 마18:21; 22:25 참조. 따라서 오늘날 우리가 소속된 교회는 일곱 교회 중 어떤 교회와 비슷한지 비교해 보며 교훈을 받아야 한다.

성부는 "이제도 계시고 전에도 계셔왔고 장차 오실 분ὁ ὢν καὶ ὁ ἦν καὶ ὁ ἐρχόμενος" 이시다4절b.[58] 유대인들에게 가장 중요한 시제는 과거나 미래가 아니라 현재이다. 따라서 4절은 하나님의 현재적 활동을 맨 앞에 배치한다. 다수사본은 ὁ ὢν 앞에 θεοῦ를 추가하여 성부 하나님의 정체성을 분명히 드러내려고 시도한다. "계셔왔고"는 과거 진행의 의미를 가진 미완료 능동태 직설법 3인칭 단수 동사 ἦν의 번역이다. 그런데 4절에 두 번 등장하는 전치사 ἀπό의 첫 번째 용례의 경우 속격 명사가 뒤따르는 게 정상이지만, 요한은 의도적으로 주격 정관사를 배치한다. 이뿐 아니라 요한은 정관사ὁ 다음에 직설법 동사ἦν를 배치하여 "그 있어왔다the was being"라는 지속적 아오리스트 분사의 의미를 전달하지만, 구문 상으로는 이상하다.[59] 이런 의도적인 문법 위반solecism은 사도 요한에게 그리스어를 구사하는 능력이 부족해서 발생한 것이 아니라, 1차 독자들의 주의를 끄는 수사학적 효과를 유발하기 위함이다.[60] 그런데 정관사와 미완료 직설법 동사의 결합ὁ ἦν은 정관사와 γίνομαι의 아오리스트 분사가 결합하여 '되신 분'이라고 표현하는 것보다 더 정확하다.[61] 왜냐하면 불변하시는 하나님께서는 과거에 존재하지 않으시다가 어떤 시점에 등장하시거나 특정한 계기로 하나님이 되시는 그런 분이 아니시기 때문이다. 보좌 위에서 통치하시는 아버지 하나님께서는 현재ὁ ὢν; 출3:14 참조와 과거를 통치하시며, 지금도 계속하여 방문하신다. 그래서 계

58. 유대 및 그레코-로마 문헌에서 쉽게 볼 수 있는 삼단강조법은 세 쌍을 하나처럼 점층적 구조로 배열함으로써 내러티브의 극적 요소를 강화한다. 계시록에서도 이 기법이 종종 나타난다(예. 계1:4b; 5:3a).

59. M. Zerwick, *A Grammatical Analysis of the Greek New Testament* (Roma: EPIB, 1993), 742.

60. D. B. Wallace, *Greek Grammar beyond the Basics* (Grand Rapids: Zondervan, 1996), 64.

61. Persson, *A Semantic and Structural Analysis of Revelation*, 31.

시록 1장 8절은 성부를 "알파와 오메가"로 소개한다사41:4; 44:6 참조. 여기서 주목할 점은 성부 하나님께서는 지금도 오고 계시며ὁ ἐρχόμενος 장차 역사하실 것이므로, 로마제국에서 장차 존재할 것이라고 묘사된 신과 다르다는 사실이다. "제우스는 이전에 있었고was, 지금 있고is, 장차 있을 것이다will be."[62]

요한은 성부 하나님께서 지금 현재적으로 존재하셔서 일하신다는 사실에 미완료 동사와 미래적 의미의 현재분사를 뒤따르게 함으로써 그분의 영원성을 강조한다.[63] 소아시아의 7교회를 위해 일하시는 보좌 위의 성부 하나님께서는 이집트에서 고통당하던 그분의 백성 가운데 계셔서 돌보셨던 분이시며, 그 후 출바벨론이라는 구원을 주신 분이셨다출3:14; 겔1:1,26; 43:7 참조.[64] 요한의 관점에서 볼 때, 과거에 구원 사역을 이루셨던 성부 하나님께서는 요한 당시에도 그 사역을 계속 수행하고 계신다. 히브리어 남성 명사 '보좌כִּסֵּא'가 제왕시를 비롯하여 구약성경에 136회 등장하는데예. 시9:4; 11:4, 요한계시록에는 무려 46회나 언급된다. 사도 요한은 신약성경의 보좌 구절들을 알고 있었다. 예수님께서는 "다윗의 보좌"를 받으시며눅1:32 "영광의 보좌"에 앉으신다마19:28. 성부 하나님께서는 하늘을 "나의 보좌"로 삼으시는데행7:49, 그 보좌는 "은혜의 보좌"히4:16이자 "지극히 크신 이의 보좌"인데히8:1, 사실상 예수님께서 그것을 공유하신다.

성령께서는 보좌 위에 계시는 성부 앞에 있는 일곱 영이시다4절c. 보좌 위가 아니라 앞에 위치하신 일곱 영께서는 왕이신 성부의 통치를 온 세상에 적용하신다사11:2; 슥3:9; 4:10 참조. 여기서 "일곱 영ἑπτὰ πνευμάτα"은 천사들을 가리키지 않으며, 교회당을 넘어 온 세상을 배경으로 성부와 성자의 통치를 적용하시는 성령님을 가리킨다.[65] 그런데 유대문헌에서 일곱 천사장들은 하나님의 보좌 앞에 있

---

62. J. L. Mangina, *Revelation* (Grand Rapids: Brazos Press, 2010), 45. 참고로 애틀랜타의 코카콜라 전시관은 코카콜라를 제조하는 비밀은 전에도 있었고(was), 지금도 있고(is), 장차 있을 것(will be)이라고 소개한다.

63. 도현석, "요한계시록의 하나님: 이제도 계시고 전에도 계시고 장차 오실 이, 보좌 위에 앉으신 이 두 칭호의 상호 관계성," 『신약논단』 23/2 (2016), 529.

64. 도현석, "요한계시록의 하나님," 543-547.

65. 송영목, "요한계시록의 일곱 영의 언약적 이해," 『영산신학저널』 43 (2018), 211-241. Contra 7영을 천사로 보

다토빗 12; 15; 레위의 유언 8:2 참조. 이런 이해는 신구약 중간기에 유대인들 가운데 일어난 수호천사 개념 및 천사숭배와 무관하지 않다골2:18 참조. 하지만 요한은 일곱 영이신 성령님과 일곱 천사장을 동일시함으로써 천사를 신격화하지 않는다. 그리고 성경에서 천사장들은 가브리엘과 미가엘뿐이므로, 유대교의 일곱 천사장 개념은 성경에서 벗어난다. 그런데 '일곱 영'에서 숫자 '7'을 삼위일체의 '3'사6:3 참조과 온 세상을 상징하는 '4'대상9:24; 겔37:9 참조의 조합으로 보면서, 온 세상에 활동하시는 성령 하나님으로 이해하는 경우도 있다.[66] 하지만 일곱 영은 삼위일체가 아니라 구체적으로 성령님을 가리킨다. 그런데 위경 1에녹 46장 1-2절은 "일곱 영"이 아니라 '영들의 주the Lord of spirits'와 유사하지만 다른 표현을 아래와 같이 사용한다.

> 거기서 나는 옛적부터 계신 분을 보았는데, 그분의 머리는 흰 양털 같았다. 그분과 함께 있는 다른 분을 보았는데, 얼굴은 사람과 같았다. …… 그리고 나는 나와 동행하며 비밀을 보여준 천사들 중 한 명에게 인자는 언제부터 계셨으며 어디서 오셨으며 왜 옛적부터 계신 분과 함께 있는가를 물었다. 그 천사는 인자에게 의가 속하고, 의는 인자와 함께 거해왔으며, 인자는 감추어진 모든 보화를 계시하실 것이라고 나에게 대답했다. 왜냐하면 '영들의 주'께서 인자를 택하셨고, 영원한 의로움 가운데 거하시는 '영들의 주' 앞에서 인자의 몫은 모든 것을 능가해왔기 때문이다.

려는 Lichtenberger, 『요한계시록』, 102, 203; 이달, 『요한계시록』, 56; 김철손, 『요한계시록』, 55. 참고로 계시록 1장 4절의 "일곱 영"에서 '일곱'을 완전을 상징하는 숫자로 해석하는 경향이 종종 있다. W. W. Whidden, "Trinitarian Evidences in the Apocalypse," *Journal of the Adventist Theological Society* 11/1-2 (2000), 249; Osborne, Revelation, 61; 신동욱, 『요한계시록 주석』, 41. 하지만 성령님만 신성으로 충만하시고 완전한 하나님이 아니라, 성부와 성자도 완전하시다는 사실을 기억해야 한다. 그리고 "일곱 영"을 이사야 11장 2절에 나타난 7중적인 메시아의 특성과 연결시키는 경우도 설득력이 없다. Contra Lizorkin-Eyzenberg & Shir, *Hebrew Insights from Revelation*, 33.

66. Brighton, "Christological Trinitarian Theology in the Book of Revelation," 292.

따라서 1에녹서는 '인자'를 모든 것보다 우월한 존재로 택하신 주체를 '영들의 주'라 부르지만, 요한에게 "일곱 영"은 주 성령님이시다.[67] 요한은 일곱 영을 비롯하여 보좌 위의 성부와 어린양께서 협력하여 성취하신 구원의 관점에서 계시록을 기술한다. 그러므로 계시록에 등장하는 수많은 구약 암시는 삼위완결적 Trinititelic으로 해석하는 게 자연스럽다. 삼위일체께서 구약시대는 물론 요한 당시에도 협력하셨다.

고백적 송영confessional doxology과 같은[68] 계시록 1장 5-6절은 구원의 궁극적 원인자*principium essendi*이신 성부의 계획을 수행하신 성자 예수님을 소개한다. 따라서 계시록 1장 5-6절은 계시록의 구원론과 기독론에 대한 서론과 같은데, 요한은 이 짧은 두 절에서 예수님의 대속을 위한 죽으심과 부활이라는 역사적인 구원 사건, 그 구원 사건에 대한 해석, 그리고 그 역사적 사건이 계시록의 수신자들에게 가져다준 결과를 간명하게 밝힌다.[69] 그리고 요한은 삼위 하나님의 구원을 위한 협력 사역을 밝힌 후, 송영으로 마무리한다. 따라서 계시록은 고난 중의 교회에게 다름 아니라 송영 신학과 송영의 실천을 가르친다.[70]

예수님께서는 "충성된 증인", "죽은 자들의 첫 열매"고전15:20 참조, 그리고 "땅의 임금들의 통치자"이시다5절a. 5절에서 3회 반복된 "우리ἡμᾶς; ἡμῶν"는 사도 요한과 계시록의 1차 독자들을 가리킨다. 예수님께서는 대선지자로서 천국 복음을 이 세상에 증거하셨고, 부활하심으로써 교회의 유일한 통치자와 왕들의 왕으로 다스리신다계19:16 참조.[71] 이 사실은 네로의 억압적인 통치를 받던 7교회에게

---

67. Contra Lizorkin-Eyzenberg & Shir, *Hebrew Insights from Revelation*, 34.
68. J. C. de Smidt, "A Doxology to Christ (Rev. 1:5e-6)," *In die Skriflig* 40/2 (2006), 319, 323.
69. De Smidt, "A Doxology to Christ (Rev. 1:5e-6)," 331-32.
70. 참고. 이동영, 『송영의 삼위일체론』 (서울: 새물결플러스, 2017), 21, 242.
71. *The Jesus Bible* (Grand Rapids: Zondervan, 2016), 1971; A. L. R. du Plooy, "Die Gesag van Christus in Enkele Kerklike Gesagsmodelle," *Koers* 53/3 (1988), 470, 483. 참고로 부분적 과거론이 구약은 그리스도의 선지자직을, 초림에서 승천까지 기간은 예수님의 제사장직을, 그리고 승천 이후는 예수님의 왕직을 강조한다는 보면서도, 기독론을 충분히 강조하지 않는다는 모순된 주장은 R. Stander, "Preterism, Futurism or Historicism?: A Theological Analysis of Three Interpretive Schools of Apocalyptic Prophecy within the

위로와 소망이 되었다. 신약성경에서 예수님을 '증인'이라고 직접적으로 소개하는 구절은 계시록 1장 5절과 3장 14절뿐이다.

대제사장이신 예수님께서는 "죽은 이들의 첫 열매ὁ πρωτότοκος τῶν νεκρῶν"로서 십자가의 은혜와 부활의 능력을 교회에게 주시는 분이시다. 유사하게 바울은 예수님을 "죽은 이들 가운데서 살리심을 받은 잠자는 자들의 첫 열매ἐκ νεκρῶν ἀπαρχὴ τῶν κεκοιμημένων"라고 소개한다고전15:20; 골1:18 참조.[72] 예수님의 역사적인 부활은 박해와 순교 상황에 처한 소아시아 교회들에게 실제적인 위로가 되었다. 요한복음도 죄인들에게 구원을 주시기 위하여 유월절 양이신 예수님께서 죄인을 '위해서'요11:50,55; 15:13; 17:19; 18:9; 19:14 참조 자발적으로 죽으셨다고 설명한다요10:18 참조. 그리고 사도 바울의 설명과 맥을 같이하여 요한복음도 한 분 예수님의 대속의 죽음 덕분에 그분을 믿는 이들 모두에게 구원과 의가 전가轉嫁되었다고 밝힌다요11:50; 참고. 롬5:6-7; 고전15:3 참조. 요한처럼 바울에게도 성부와 성자께서 죄인을 구원하신 동기는 사랑이다롬5:8; 갈2:20; 요일5:1 참조. 그리고 5a절의 예수님의 호칭에 등장하는 "땅의 임금들"은 계시록 1장 5절과 21장 24절에 등장하여 계시록 전체를 포괄식으로 감싼다.[73] 계시록 1장 5절과 21장 24절을 종합하면, 땅의 임금

Doctrine of the Last Things," (Ph.D. Thesis, Stellenbosch University, 2021), 89, 118-19를 보라.

72. 계시록에 부활의 이미지는 시작 환상의 부활하신 예수님(계1:18; 2:8), 순교자의 기도(계6:9-11), 두 증인의 순교와 부활(계11장), 천년왕국 기간에 순교자의 첫째 부활과 주님의 재림 시의 둘째 부활(계20:4-6), 완성될 새 예루살렘성에는 죽음이 더 이상 없음(계21:4)에서 볼 수 있다. B. Kowalski, "Martyrdom and Resurrection in the Revelation to John," *Andrews University Seminary Studies* 41/1 (2003), 58-64.

73. M. C. Baines, "The Identity and Fate of the Kings of the Earth in the Book of Revelation," *Reformed Theological Review* 75/2 (2016), 73. 참고로 계시록 1장 4-5절은 개혁교회가 주일 공 예배를 시작할 때 '인사를 위한 복의 선언(seëngroet)' 혹은 예배를 마칠 때 '파송을 위한 복의 선언(wegstuurseën)'을 위해 애용하는 구절이다. 남아공 노쓰-웨스트대학교의 신약학 및 예전학 교수 드 클레르크(B. J. de Klerk)는 복의 선언(benediction)이 예전과 삶의 예배에서 차지하는 중요성을 강조하는데, 그의 주장을 요약하면 다음과 같다. 부활하신 예수님의 능력은 자신이 복을 주어 세상에 파송한 교회의 존재와 활동 때문에 세상에 감추어질 수 없다. 오히려 승천하신 예수님의 능력은 성령 충만한 선교적 교회를 통하여 세상 속에서 작동하고 가시적이어야 한다. 예수님의 부활과 승천의 능력은 지상에서 일어나는 모든 것들을 통제하는 힘이며, 예수님의 능력이야말로 세상의 문명화를 위해서 결정적 역할을 수행한다. 그러므로 삼위 하나님께서 능력으로 구원과 회복과 보호라는 복을 교회에 주셔서 세상에 파송하시므로, 교회는 세상에 화해와 평화 그리고 공동선을 이루어야 한다. 주일예배의 완성은 주중 세상에서 삶의 예배인데, 일상의 예배의 역동적인 동기는 주일예배에서 찾아야

들의 통치자이신 예수님께서는 개종하여 자신에게 순종하는 땅의 임금들을 자신의 아내로 삼으신다.

예수님께서는 성도를 사랑하사 그분의 피로써 그들을 죄에서 해방하시고, 성부 하나님을 위하여 그들을 제사장 나라로 삼으셨다5b-6a절; 참고. 출19:6; 벧전2:9; 계5:10. 그런데 계시록 1장 5b절은 예수님께서 영 단번의 대속의 죽음을 통해 죄인을 하나님 앞에 의로운 존재로 만드셨다는 의미보다는 구속받은 사람들이 죄에 대해 승리하도록 만드셨다고 이해해야 하는가?[74] 그러나 영 단번의 속죄at-one-ment를 통한 이신칭의와 죄에 대한 승리의 관계는 불가분리이다. 성도를 "계속 사랑하시고ἀγαπῶντι", "단번에 해방하신λύσαντι" 예수님의 두 가지 행위는 하나의 정관사Τῷ로 연결되므로, 그리스도께서 교회를 사랑하신 필연적 결과는 교회가 죄에서 해방되는 것이다.[75] 여기서 예수님 자신의 보혈은 죽음과 더불어 사랑과 생명과 능력을 의미한다. 참고로 AD 6세기 동방교부인 갑바도기아 가이사랴의 안드레아스Andreas는 "우리를 사망의 사슬로부터 '해방하시고λύσαντι', 우리를 죄의 오점으로부터 '씻으신λούσαντι' 분에게 영광을 돌릴지어다."라고 언어유희를 통하여 종합한 바 있다. 하지만 사본 상 '씻다'가 아니라 '해방하다'가 더 많은 지지를 받는다.[76] 동사 '씻다λούω'는 신약성경에 5회 등장하는데, 계시록에는 언급되지 않는다요13:10; 행9:37; 16:33; 히10:22; 벧후2:22 참조. 그러나 동사 λύω해방하다, 풀다, 파

한다. 따라서 복의 선언이 없이는 교회가 세상에서 그리스도를 증언하는 소명을 이룰 수 없다고 볼 수 있다. B. J. de Klerk, "Basisteoretiese Grondslae van die Seën in die Erediens en Voortvloeiende Riglyne vir die Liturgie," *In die Skriflig* 41/3 (2007), 399-400, 408.

74. 예를 들어, 계시록은 예수님의 죽음을 희생적인(sacrificial) 의미로 해석하기를 회피한다고 주장하는 L. L. Johns, "Atonement and Sacrifice in the Book of Revelation," in *The Work of Jesus Christ in Anabaptist Perspective: Essays in Honor of J. Denny Weaver*, ed. A. E. Weaver (Montgomery: Cascadia Publishing House, 2008), 128, 132를 보라.

75. 죄 사함을 포함한 화해와 화목의 통전적 이해는 송영목, "소통, 화해, 공존: 베드로전서와 요한계시록을 중심으로," 『교회와 문화』 35 (2015), 139-167을 보라. 참고로 계시록에서 가장 현저히 반복되는 의미 영역(semantic domain)은 '통치(control, rule)'와 관련된 동사들로 나타난다. Waechter, "An Analysis of the Literary Structure of the Book of Revelation according to Textlinguistic Methods" 80.

76. Contra Lichtenberger, 『요한계시록』, 104.

괴하다는 계시록에 6회 등장한다계1:5; 5:2; 9:14,15; 20:3,7 참조. 참고로 로마제국에서 노예는 주인의 의지에 따라 해방되어 자유인이 될 수 있었지만, 후견인-피후견인의 관계가 지속되었기에 참된 자유는 불가능했다.[77]

요한은 예수님의 죽으심과 부활을 소개하고, 나중에는 메시아 연회宴會를 기대하도록 만든다계19:7 참조. 그러므로 여기서 편지인 요한계시록이 낭독되는 상황은 성찬이 있는 예배eucharistic worship를 배경으로 한다고 추론하는 것은 무리가 아니다계3:20의 '더불어 먹다'와 22:20의 마라나타 참조.[78] 예수님의 피는 계시록 5장 9절, 7장 14절, 12장 11절에도 반복되는데, 그 보혈은 성도가 피를 흘릴 수 있는 동기와 동력이 되며계6:10; 16:6; 17:6; 18:24; 19:2 참조, 피를 흘려 사신 자기 교회를 박해하던 자들을 심판하셔서 그들의 피를 흘리게 하신다계6:12; 14:20; 19:13 참조.[79]

스포러E. Sporer는 유대교의 죄와 속죄 방식에 대하여 다음과 같이 요약한다. 유대교는 고의적이건 아니건 범죄를 본질적으로 하나님의 뜻에 순종하는 데 실패한 것으로 간주했다. 초기 유대교는 죄가 죄인을 짓누르는 '짐burden'과 같으며, 더 나아가 성전과 약속의 땅을 더럽힌다고 여겼다. 죄에 대한 은유는 짐에서 '빚debt'으로 옮겨갔다. 유대인들 가운데 "어떻게 거룩하신 하나님께서 부정한 백성 가운데 거하실 수 있는가?"라는 질문은 상존했다. 거룩하신 하나님께서 그분의 백성 가운데 머무르시도록 부정과 불순종을 해결하는 방안으로 희생제사를 통한 대속의 규정이 제시되었다. 그런데 희생제사와 관련하여 두 가지 사항이 매우 중요했다. 첫째, 피 조항이 제의의 한 부분이 될 경우, 속죄는 짐승이 도살될 순간이 아니라 제단에 피가 뿌려질 때 이루어졌다. 둘째, AD 1세기부터 확립된 것으로 제의를 작동하는 요소로서 속죄 과정의 본질적인 기제機制는 하나님의 자비였다. 짐승의 피 자체가 정결을 가져온다는 신비로운 힘을 가지

---

77. C. W. Chang, "Freedom in Galatians: A Socio-Historical Study of the Adoption and Slavery Imagery," (Ph.D. Thesis, North-West University, 2019), 174.
78. Barr, "The Apocalypse of John as Oral Enactment," 253-254.
79. P. B. Decock, "The Symbol of Blood in the Apocalypse of John," *Neotestamentica* 38/2 (2004), 157-158.

고 있다는 신념 대신에 속죄의 제사에서 기도와 회개가 점차 중요하게 자리를 잡았다.[80] 이상의 유대교의 속죄론의 요점은 불순종의 짐과 빚을 해결하기 위해 하나님의 자비를 믿음으로써 짐승을 죽여 제사 지내고 회개 기도하는 것이다. 이에 반해 요한은 짐승의 피가 아니라 예수님의 보혈과 주님의 사랑으로써 속죄가 가능하다고 설명한다.

5b절의 예수님의 사죄를 위한 대속 사역과 사랑은 요한복음과 요한일서에서도 분명히 언급된다. 사랑은 하나님 아버지요일4:8,16 참조와 예수님의 정체성요17:26을 나타내는 표지이다. 요한복음 17장 26절에 따르면, 성도 안에 있는 하나님의 사랑은 예수님께서 성도 안에 머무는 것과 동일하다. 성부와 성자께서 서로 사랑하심요3:35; 5:20; 14:31은 성도를 사랑하는 것으로 확장된다요14:21,23; 16:27. 따라서 사랑으로써 하나님의 가족에 속한 사람이 누구인지 확인된다요13:34-35; 14:23; 15:12,17; 요일2:9-11. 성부께서는 자신의 사랑을 독생자를 십자가에 속죄 제물로 내어줌으로써 죄인들에게 보이셨다요3:16; 요일4:8-10. 사랑은 예수님께서 그분의 생명을 세상을 살리기 위해 내어놓으시도록 만들었다요일3:16. 따라서 사랑은 하나님께서 부도덕한 사람들을 위하여 행동하시도록 만들기에 도덕적 범주에 속한다. 이와 비슷하게 신자들이 행동으로 나타내야 하는 것도 사랑으로 특징지어진 행동이다요13:34-35; 요일3:18.[81]

사랑의 사도인 바울도 그리스도인의 생활 원칙으로 사랑을 제시한다. 예수 그리스도 안에 나타난 아버지 하나님의 사랑을 깨달은 바울은 사랑을 자신의 삶으로 여러 교회에게 가시적으로 드러내었으며, 그들로부터 사랑의 삶을 기

---

80. Sporer, "Bought with Blood," 15-16.

81. C. Bennema, "Moral Transformation in the Johannine Writings," *In die Skriflig* 51/3 (2017), 3; P. G. R. de Villiers, "Divine and Human Love in the Book of Revelation," *Acta Patristica et Byzantina* 18/1 (2007), 43-59. 참고로 예수 그리스도의 중보 사역은 죄인에게 진노하시는 하나님의 공의를 만족시키는 차원을 넘어, 새 언약의 중보자로서 구원과 화해를 이룬 것이므로 고기독론 이전에 저기독론으로 먼저 이해해야 한다(기독교강요 2.12.1-3 참조). C. E. Gunton, "One Mediator … the Man Jesus Christ: Reconciliation, Mediation and Life in Community," *Pro Ecclesia* 11/2 (2002), 151-152, 157.

대했다롬5:5; 12:10; 고전13:13; 고후2:8; 8:1; 갈5:22; 엡3:18; 4:16; 5:25; 살전1:3; 4:9; 딛3:4 참조.[82] 마찬가지로 사랑으로 충만하신 예수님께서 주신 사죄의 은혜를 입은 소아시아의 7교회는 박해받던 형제자매를 사랑함으로써 자신의 믿음을 증명해야 했다. 성도의 정체성은 윤리로 나타나야 하므로, 구속사적 메시지는 도덕적 교훈과 뗄 수 없다. 두 란드는 6a절의 제사장 나라priestly kingdom에 대해 구원계시사적으로 아래와 같이 설명한다.

> 시내산에서 이스라엘은 하나님을 예배하는 하나의 국가로 변모했다. 이제 이스라엘은 하나님에게 속한 온 세상을 위한 소명을 가진 하나님의 "특별한 소유(세굴라, 출19:5)", "거룩한 나라(출19:6)"라고 불린다. 그러므로 이스라엘은 하나님의 종말론적 역사를 이루기 위해 거룩하고 택함받은 도구이다. 제사장적 특성을 가진 나라는 종말론적 정체성과 삶의 방식을 드러내야 한다. 제사장이 하나님과 백성 사이에 중보하듯이, 이스라엘은 열방을 하나님께로 그리고 하나님을 열방에게로 안내하는 온 세상의 제사장 직무를 감당해야 한다. 아담의 제사장 역할은 이스라엘 국가에게로 넘어갔다. 이 사실은 신구약 중간기 유대문헌에도 나타난다(4에스드라 3:3-36; 6:53-59; 2바룩 14:17-19). 이스라엘의 신정 헌법은 야웨께서 주님이시라는 종말론적인 기본 원칙을 고백하는 온 세상 사람들의 법이 되어야 한다(사2:2-4). 불행히도 이스라엘은 하나님의 온 세상적 통치를 위한 선교사적 과업을 수행하는 데 실패했다. 따라서 그 일은 약속된 메시아의 과업이 되었다.[83]

계시록의 1차 독자들은 새 모세이신 예수님께서 주신 통전적 구원인 새 출애굽을 경험했으므로, 제사장 나라라는 선교적 정체성missional identity에 맞추어 살

---

82. J. A. du Rand, "Die Verhouding tussen Kerk en ἀγάπη in Pauliniese Perspektief," *Acta Theologica* 22/1 (2002), 38-39.
83. Du Rand, *Die Einde*, 60-61.

아야 했다눅9:31; 계15:3 참조.[84]

예수님께서는 의롭게 된 제사장 나라인 7교회를 여전히 사랑하시기에, 실현된 종말론을 누리는 교회는 세상이 하나님과 화목하도록 열심을 내어야 한다.[85] 이스라엘이 제사장 나라가 될 것이라는 출애굽기 19장 6절의 약속은 이사야 61장 6절과 베드로전서 2장 9절을 거쳐 계시록 1장 6절에서 성취된다. 그리고 시편 50편 5절도 계시록 1장 6절에서 성취되는데, 신약 교회는 '제사로 하나님과 언약한 이들'로서 공 예배와 예배적 삶으로써 언약을 갱신해야 한다. 이처럼 계시록에서 구약의 이스라엘에게 주어진 회복의 약속들출19:6/계1:6(제사장 나라); 사45:14/계3:9(이방인이 무릎 꿇음); 겔37:26-28/계7:15; 21:3(남북 이스라엘의 연합); 겔40-48/계21:1-22:5(새 창조); 슥4:2/계1:20(촛대)은 세대주의자들이 주장하듯이 민족적 유대인들에 의해 성취되는 것이 아니다. 오히려 회복의 약속들은 예수 그리스도와 연합한 유대인 그리스도인과 이방인 그리스도인으로 구성된 새 이스라엘 백성에게 성취되었다사19:24-25 참조.[86] 따라서 새 이스라엘은 옛 이스라엘의 남은 자의 대를 잇고, 이방인 그리스도인도 포함된다갈6:16 참조.

삼위 하나님께서는 박해받던 7교회에게 꼭 필요했던 은혜와 평강을 주신다.[87] 따라서 일곱 교회는 예수님께 영광과 능력을 세세토록 돌려야 마땅하다6b절. 6a절에서 보듯이, 계시록은 성부를 예수님의 '아버지πατήρ'라고 강조하기에, 그리스도인의 아버지로는 소개하지 않는다.[88] 그런데 바울서신은 은혜와 평강

---

84. Contra 7교회는 제사장들이지만 아직 왕들(참고. 계20장)은 아니라고 주장하는 Wallis, "The Coming of the Kingdom," 19.

85. De Smidt, "A Doxology to Christ (Rev. 1:5e-6)," 324; Reddish, *Revelation*, 35. 참고로 칼뱅은 구주 예수님의 의를 전가 받은 사람에게 죄와 하나님의 진노가 전가되지 않는다고 밝힌다(기독교강요 2.16.3).

86. A. Stewart, "The Future of Israel, Early Christian Hermeneutics, and the Apocalypse of John," *JETS* 61/3 (2018), 566.

87. 개혁교회는 예배 시작과 마지막에 복을 선언할 때, 고린도후서 13장 13절은 물론 민수기 6장 24-26절과 계시록 1장 4-5절 등도 애용한다. 복의 선언(benediction)은 복을 비는 기도(祝禱)가 아니므로, 눈을 감을 필요가 없다.

88. Engelbrecht, "Die Christologie in die Openbaring van Johannes, in Hooftrekke Beskrywe," 173.

을 주시는 성부와 성자의 독특한 관계를 "하나님 우리 아버지와 주 예수 그리스도로 좇아 은혜와 평강이 있기를 원하노라"롬1:7처럼 아버지와 아들을 한 구절에 묶는다. 성부 하나님과 예수님의 이런 관계는 영원 전으로 거슬러 올라간다 롬8:32; 빌2:5-8; 골1:15-16 참조. 그런데 1에녹 48장 2-6절에 의하면, 땅에 사는 모든 사람이 인자를 찬양하고 예배하는데, 궁극적으로 영들의 주이신 하나님을 찬양하고 예배하는 것으로 귀결된다. 이 사실은 성자와 성부께서는 구분되시지만, 경배를 받으심에 있어 서로 자연스럽게 연결되신다는 계시록 1장 5b-6절과 유사하다.[89]

계시록 1장 4-5절에서 삼위 하나님의 순서는 성부로 시작하여, 일곱 영을 거쳐, 성자로 마무리된다. 유사하게 베드로전서 1장 2절은 성부의 예지豫知, 예정, 성령의 성화, 그리고 성자의 죽기까지 순종과 피 뿌림의 순서이다.[90] 그런데 이런 순서는 서방교회의 필리오케*filioque*를 위한 근거 본문인 마태복음 28장 19절의 성부, 성자, 성령의 순서와 다르다. 그런데 고린도후서 13장 13절의 순서는 위에서 언급한 두 본문과 달리 독특한데, 성자의 은혜에서 시작하여 성부의 사랑을 거쳐 성령의 교제로 마무리하기 때문이다. 신약성경은 각 권의 문맥, 신학적 강조점 그리고 기록 목적을 고려하여 삼위 하나님을 적절하게 배열한다고 볼 수 있다. 예를 들어, 계시록 1장 1절에서 성부와 성자의 순서는 계시록 1장 4-5절에도 영향을 미친다. 그리고 계시록 1장 5a절의 성자는 5b-6a절의 성자의 사역과 성자를 송영頌榮하는 내용과 자연스럽게 연결된다. 이와 유사하게 베드로전서 1장 2절에서는 삼위 가운데 성자를 제일 마지막에 배치함으로써, 뒤따르는 베드로전서 1장 3절의 "주 예수 그리스도"와 자연스럽게 연결한다.[91]

5b-6절에 대한 논의를 종합하면, 계시록의 독자들은 죄에서 해방된 제사장

89. Lizorkin-Eyzenberg & Shir, *Hebrew Insights from Revelation*, 37.
90. '지방교회'의 워치만 니(Watchman Nee)는 계시록 1장 4-5절에서 '일곱 영'이 예수님보다 앞에 언급된 것은 성령의 시대를 강조하기 위함이라고 주장한다. 참고. J. Fite, "The Seven Spirits of God in the Operation of the Divine Trinity," *Affirmation & Critique* 24/2 (2019), 50.
91. Brighton, "Christological Trinitarian Theology in the Book of Revelation," 293.

나라로서 임금들의 머리이신 예수님을 섬기고, 그분께 영원한 영광과 능력을 돌리고 찬양함으로써 평화를 누린다. 여기서 출애굽 용어 및 주제가 반로마적 메시지와 결합된다.[92] 소아시아의 그리스도인은 로마황제가 해방과 평화를 주는 진정한 왕으로서 찬송과 영광과 능력을 받기에 합당하지 않음을 간파해야 한다. 팍스 로마나*pax Romana*는 그리스도의 평화*pax Christi*의 허상적 패러디에 불과하다요20:19-21; 살전5:3 참조. AD 1세기의 구전 문화 속에서 7교회의 주일예배 동안 편지 낭독자들이 크게 읽어갈 때 사도 요한은 마치 사회자처럼 현존한다고전5:3-4 참조. 그리고 요한은 편지 서두의 복의 선언을 통해서도 예배에 현존한다. 왜냐하면 예배에 참석한 청중은 요한의 목소리를 듣고 삼위 하나님의 은혜와 평강을 새롭게 인식할 수 있기 때문이다. 이것은 일종의 화행話行, 곧 말은 정보의 전달informing을 넘어 행함performing이다.[93]

7절은 "보라Ἰδοὺ"라는 명령형 동사로 시작함으로써 독자들의 주의를 중요한 사항을 향하게 만든다. 6절에 등장한 예수 그리스도께서 7절에서는 구름을 매개로 하여 오신다. 하지만 7절의 전치사μετὰ+속격 명사τῶν νεφελῶν는 '위에'가 아니라 '함께'를 가리키므로, 예수님께서는 구름과 함께 오신다. 따라서 실제 구름 위가 아니므로, 이 구절에서 구름은 상징적 구름을 가리킨다. 상징적 구름이 의미하는 것은 하나님의 임재와 현존이다단7:13 참조.

요한은 쎄오도시안(Theodocian)의 그리스어 번역을 사용해서 과거(MT, LXX)가 아니라 현재 시제인 '오고 있다(ἔρχεται)'로, 구름을 '타고'(LXX)가 아니라 구름

---

92. 참고. 송영목, "데살로니가전서의 출애굽주제와 반로마적 메시지의 결합," 『신약논단』 23 (2016), 477-516.

93. 우리는 믿는 대로(*lex credendi*) 예배하고 행한다. 기도하는 방식(*lex orandi*)과 예배하는 방식(*lex orandi*)은 본능적으로 우리 삶의 방식(*lex vivendi*)과 연결된다. 주일예배에서 하나님께서 그분의 백성에게 복을 주셔서 언약 갱신의 교제 안으로 들어가시며, 동시에 복의 담지자인 그들을 세상으로 파송하신다. 그래서 두 번째 복의 선포(sending benediction)를 '예배의 끝의 시작'이라 부른다. 하나님께서는 예배에 참여하지 않은 불특정 다수는 물론 불신자에게 복을 주셔서 그들을 파송하시지 않는다. 부활절 연합예배처럼 굳이 '예배'라는 이름을 붙여 놓고, 유력 불신자(예. 정치인)를 초대하여 치켜세우는 것은 예배가 무엇인지 모르거나 아니면 알면서도 예배의 유일한 주님이신 하나님을 모독하는 행위이다.

과 '함께'로 묘사한다. 구름을 타는 것은 구약에서 하나님께만 속한 일이며, 요한은 구름을 하늘의 혹은 신적 존재를 암시할 때 사용한다(계10:1; 11:12; 14:14-16).[94]

7절의 주요 간본문은 다니엘 7장 13절이다. "내가 또 밤 환상 중에 보니 인자 같은 이가 하늘 구름을 타고 와서 옛적부터 항상 계신 이에게 나아가 그 앞으로 인도되매"개역개정. 옛적부터 계신 아버지 하나님을 향하여 인자 같은 분, 곧 예수님께서 구름을 타고 올라가셔서 하늘과 땅의 권세를 받는 장면이다.[95] 그렇다면 인자 예수님께서 하늘과 땅의 권세를 아버지로부터 언제 받으셨는가? 예수님께서 성부로부터 하늘과 땅의 권세를 받으셔서 본격적으로 시행하신 시점은 부활과 승천 때이다마28:18 참조.

7절의 예수님을 "찌른 자들οἵτινες ἐξεκέντησαν"은 로마 군인들이다요19:37 참조. 그리고 여기에 예수님을 죽이라고 외친 유대인들도 포함된다. 예수님을 십자가에 못 박아 죽인 AD 30년경의 이들이 살아있을 때, 주님께서 심판주로서 오심을 '보다ὄψεται'는 '인지하다' 혹은 '경험하다'라는 의미이다.[96] 7절 하반절의 "땅에 있는 모든 족속이 그로 말미암아 애곡하리니 그러하리라 아멘"에서 그 약속의 땅의 그 지파들, 곧 유대인들은 예수님께서 심판주로 오시는 것을 보고 애곡한다. AD 70년 사건 당시, 유대인들은 회개하는 대신 후회하고 두려워할 것이다.[97] 따라서 7절은 실제 구름을 타시고 예수님께서 재림하실 것을 가리키는 예언이 아니다. 왜냐하면 계시록 1장 1절부터 "반드시 속히 될 일들"을 언급하기

94. 강대훈, "요한계시록 1:1-8 주해," 『개신논집』 18 (2018), 111. 참고로 계시록의 앞부분에 위치한 1장 7절의 현재 동사는 초림과 재림의 중간기의 '모든 오심'을 가리킨다는 주장은 Du Preez, "Mission Perspective in the Book of Revelation," 160을 보라.

95. Paul, *Revelation*. 63.

96. Chilton, *The Days of Vengeance*, 66.

97. C. van der Waal, *Openbaring van Jezus Christus II* (Oudkarspel: Drukkerij en Uitgeverij De Nijverheid, 1981), 61; F. E. Wallace Jr., *The Book of Revelation* (Fort Smith: Richard E. Black Publisher, 1997), 71. Contra Osborne, *Revelation*, 68-70; J. Roloff, *Revelation* (Minneapolis: Fortress, 1993), 27; Fanning, *Revelation*, 85.

때문이다. 그리고 갑자기 7절에서 예수님의 재림에 대해서 말하는 것은 문맥상 맞지 않다.[98] 7절도 요한 당시로부터 "반드시 속히 일어날" AD 1세기에 성취되는 일을 가리킨다.[99] 배도背道에 빠진 불신 유대인들로부터 고난당하셨으나 부활로써 성부께로부터 신원을 받으신suffering-yet-vindicated 예수님께서는 반드시 속히 대적들을 큰 환난으로 심판하셔서 동일한 대적들로부터 고난당하는 그분의 백성의 억울함도 풀어주실 것이다눅17:24-25,30-37; 18:1-8; 21:23 참조.[100]

7절의 다른 간본문은 마태복음 24장 30절과 스가랴 12장 10절이다. 마태복음 24장 30절을 들어보자. "그 때에 인자의 징조가 하늘에서 보이겠고 그때에 그 땅ἡ γῆ의 모든 지파αἱ φυλαὶ가 통곡하며 그들이 인자가 구름을 타고 능력과 큰

---

98. Contra 1장 7절에서 재림을 찾으며, 예수님의 가시적인 재림이 계시록을 이끄는 가장 중요한 주제라고 주장하는 이달, 『요한계시록』, 60; 신동욱, 『요한계시록 주석』, 43; 허규, 『요한묵시록 바르게 읽기』, 58; 박영식, 『오늘 읽는 요한묵시록』, 52; 이한수, 『요한계시록』, 49; R. L. Thomas, *Revelation 1-7* (Chicago: Moody Press, 2007), 76; Groenewald, *Die Openbaring van Johannes*, 37; C. K. Chung, "The Function of Revelation 1:7 to the Mission to the Nations Motif in the Book of Revelation," (M.A. Thesis, Trinity International University, 2016), 70; O. Ngundu, "Revelation," in *Africa Bible Commentary*, ed. T. Adetemo (Grand Rapids: Zondervan, 2006), 1573; Charles, *A Critical and Exegetical Commentary on the Revelation of St. John*, Volume 1, 17-18; Blount, *Revelation*, 38; Moloney, *The Apocalypse of John*, 47; Bavinck, 『개혁교의학. 제4권』, 819; Greijdanus, *De Openbaring des Heeren aan Johannes*, 21; W. E. Wenstrom Jr., *The Second Advent of Jesus Christ* (Marion: Wenstrom Bible Ministries, 2016), 1. 참고로 이병학은 "반드시 속히 일어날 일들"(계1:1)과 "그가 구름타고 오시리라"(1:7a) 그리고 계시록 22장 7,12,20절의 "내가 속히 가리라"를 요한 당시 "로마제국 한가운데서 대항 제국인 하나님의 나라를 실현하기 위해서 하나님이 일으킨 새로운 출애굽 운동과 반제국적 연대투쟁을 위한 예수의 현재적 오심을 의미한다."라고 정치-해방신학적으로 해석하는 문제를 보인다. 그리고 이병학은 계시록 1장 7절에서 AD 70년 사건을 찾지 못한다. 이병학, "반제국적 연대투쟁을 위한 예수의 현재적 오심," 『신약논단』 18/3 (2011), 892, 894, 902, 906.

99. 계시록 1장 7절에 대한 자세한 설명은 송영목, "계시록 1:7절의 간본문적, 내적 간본문적, 그리스도 완결적 읽기," 『교회와 문화』 25 (2010), 131-154; K. L. Gentry Jr., *The Divorce of Israel: A Redemptive-Historical Commentary on the Book of Revelation*, Volume 1 (Dallas: Tolle Lege, 2017), 264-297; Mathison, 『종말론적 관점에서 본 성경 개관』, 801을 보라. "계 1:7-8의 구름타고 오시는 그리스도에 관한 해석도 전통적인 4가지 해석가들을 나누고 만다. …… 미래론자들은 구름타고 예수님께서 재림하실 것이라고 본다(『21세기 찬송가』 174장 "대속하신 구주께서" 참조). 역사주의자들은 이 구절을 그리스도의 재림으로 보되, 그리스도께서 역사의 모든 시대마다 계속해서 오시는 것으로도 본다. 역사주의자들과 유사하게 이상주의자들은 그리스도의 재림으로 보되, 그리스도의 오심을 시대마다 있을 그리스도의 심판이라는 영적인 의미로 보기도 한다." 송영목, "요한계시록의 전통적 4가지 해석의 비교 및 분석," 112.

100. P. P. Juza, "One of the Days of the Son of Man: A Reconsideration of Luke 17:22," *JBL* 135/3 (2016), 594.

영광으로 오는 것을 보리라."[101] "그 땅"에 있는 "모든 12지파", 즉 유대인들은 구름과 함께 심판하러 오시는 예수 그리스도 때문에 통곡한다.[102] 7절의 구약 관련 구절은 스가랴 12장 10절이다. "내가 다윗의 집과 예루살렘 주민에게 은총과 간구하는 심령을 부어 주리니 그들이 그 찌른 바 그를 바라보고 그를 위하여 애통하기를 독자를 위하여 애통하듯 하며 그를 위하여 통곡하기를 장자를 위하여 통곡하듯 하리로다." 바벨론 포로에서 돌아온 이후 스가랴 선지자는 성전을 재건하라고 외쳤다. 그런데 유대인들은 포로 생활 중에 고생했다면 정신 차려야 했지만, 그들은 여전히 범죄로써 하나님을 찌르고 있었다. 하지만 하나님께서

---

101. "계시록의 인간의 종류와 의미를 이해하려면 φυλή의 세 가지 용례를 파악해야 한다. 첫째, 이스라엘 12지파의 고유명사와 더불어 φυλή는 이스라엘 지파를 가리킨다(계5:5; 7:4). 둘째, '언어, 백성, 나라'와 함께 등장하여 이스라엘 지파보다 더 넓은 의미이다(5:9; 7:9; 11:9; 14:6). 셋째, 계시록과 성경 전체에서 '그 땅(ἡ γῆ)'과 '그 지파들(αἱ φυλαὶ)'이 결합된 경우이다(1:7). 이때 지시 대상은 약속의 그 땅의 유대인들뿐이므로, 의미상 첫째 용례와 동일하다. 셋째 용례를 상술하면, 계시록에서 '그 땅'이 육지가 아니라 좁고 특수한 것을 가리키는 용례는 '그 땅의 그 지파들(αἱ φυλαὶ τῆς γῆς)'이다(1:7). 예루살렘 성전 파괴를 예고하는 맥락에 위치한 마태복음 24장 30절을 간본문으로 삼는 계시록 1장 7절은 주님의 재림 때 온 세상의 불신자들이 뒤늦게 후회하는 것으로 일반적으로 이해한다. 하지만 이런 미래적 해석은 "반드시 속히 일어날 일들"(1:1)이라는 맥락에 어울리지 않으며, 간본문성의 지지를 받지 못한다. φυλή의 세 용례를 염두에 두고, 계시록에 약 80회나 언급된 γῆ의 두 가지 용례를 분석하면 계시록의 인간의 종류와 의미를 파악할 수 있다. ① γῆ가 약속의 그 땅인 팔레스타인을 가리키는 경우인데, 대부분 관련된 명사나 신학 사상과 더불어 등장하지 않고 단독으로 언급된다(1:7; 6:4,8,10; 8:7,13; 9:3,4; 10:2,5,8; 11:4,10; 13:11,12,13,14; 14:6,15,16,18,19; 16:18; 17:2,5,8,18; 18:1,3,9,11,23,24). ② γῆ가 팔레스타인으로 국한되지 않고 더 넓은 장소를 가리키는 경우인데, 이 명사가 세상(3:10), 하늘(5:3,13; 12:4,12; 14:7; 20:9; 참고. 계13:13; 18:1; 창12:3; 슥14:17 LXX), 네 바람, 네 모퉁이(계7:1), 바다(7:1,2,3; 12:12; 14:7; 20:8; 참고. 10:2,5,8), 언어, 백성, 나라(5:9-10; 13:8; 21:24; 참고. 14:6), 섬들, 왕들(6:14-15), 144,000(7:4; 14:3), 바다짐승(19:19), 고기독론(1:5)과 함께 등장한다. 이 경우 로마제국이나 사람이 거주하는 모든 육지를 가리킨다. γῆ의 의미를 결정하려면 관련된 단어나 사상을 종합적으로 고려해야 한다. 이 작업은 γῆ가 속한 문맥, 로마제국은 물론 불신 유대인들의 박해라는 역사적 배경, 독자를 위한 위로와 소망 그리고 배교에 대한 경고라는 기록 목적, 그리고 박해를 무릅쓰고 천국이 확장된다는 중심 신학으로 검증받아야 한다." 송영목, "요한계시록 14:6-7의 복음과 인간," 『개혁논총』 54 (2020), 280. 그리고 Storms, 『개혁주의 무천년설 옹호』, 356도 참고하라.

102. Lizorkin-Eyzenberg & Shir, *Hebrew Insights from Revelation*, 41. Contra 약속의 땅 가나안을 가리키던 ἡ γῆ가 온 세상을 가리키는 것으로 보편화되었다고 보는 E. F. Lupieri, *A Commentary on the Apocalypse of John* (Grand Rapids: Eerdmans, 2006), 106; 김철손, 『요한계시록』, 60; Schreiner, *ESV Expository Commentary, Vol. 12: Hebrews-Revelation*, 557; Van de Kamp, *Openbaring*, 59; Patterson, *Revelation*, 63; Chung, "The Function of Revelation 1:7 to the Mission to the Nations Motif in the Book of Revelation," 73-75.

는 유대인들을 징벌하시는 대신 회개의 영을 부어주신다. 스가랴 12장 10절은 회개를 예언하지만, 마태복음 24장 30절과 계시록 1장 7절은 불신 유대인들의 뒤늦은 후회와 애곡을 묘사한다.[103]

> 오늘날 그리스도인들은 인자가 '구름을 타고 오시는 것'이 역사의 마지막에 나타날 예수님의 재림이라고 거의 조건반사적으로 가정하기 때문에, 어떤 대안적 입장을 들려줄 기회를 얻기가 좀처럼 쉽지 않다. 그러나 우리는 마태복음 24장 30절을 우리 전통이나 우리가 선호하는 입장이 아니라, 예수님의 관점으로 그리고 예수님께서 그분의 술어를 끌어오시는 구약성경에 비추어서 읽는 것을 목표로 삼아야 한다.[104]

계시록 첫 부분부터 사도 요한은 배교한 옛 언약 이스라엘 백성에 대한 심판을 분명히 강조한다계14:17-20; 18:9 참조.[105] 강도의 굴혈과 같은 예루살렘 성전은 팍스 로마나*pax Romana*는 물론 그리스도의 평화*pax Christi*를 위협했기에, 정치 및 구속사적으로 볼 때 파멸될 수밖에 없었다마22:7 참조. 대부분의 주석가가 동의하듯

---

103. 참고. M. Nel, "What is 'the Sign of the Son of Man in Heaven' (Mt 24:30)?" *In die Skriflig* 49/1 (2015), 6-7; Contra K. de Smidt, "Revelation 1:7: A Roadmap of God's τέλος for His Creation," *In die Skriflig* 47/1 (2013), 3-4. 참고로 마태복음 24장의 감람산강화에서 돌 성전 파괴에서 예수님의 재림으로 주제가 전환되는 구절은 마태복음 24장 36절이다. 송영목, "감람산강화의 전환적 부분적 과거론적 해석,"『신약연구』 6/3 (2007), 493-525. Pace 곽철호, "계시록의 다중 성취적-미래적 해석: 마태복음 24장과 연관하여" (고신대 기독교사상연구소 주최 요한계시록 강연 및 토론회 발제 논문, 2021년 11월 17일), 5.

104. Storms,『개혁주의 무천년설 옹호』, 350. 참고로 계시록 1장 7절에 스가랴 12장 10-14절은 간접 인용되고, 마태복음 24장 30절은 메아리친다는 주장은 Perrson, *A Semantic and Structural Analysis*, 33을 보라.

105. Leithart, *Revelation 1-11*, 98. 참고로 유대-로마전쟁 중에 로마 군인들은 반란을 일으킨 불신 유대인과 반란을 일으키지 않은 유대인 그리스도인을 구분하지 못했으며, AD 70년에 유대교와 기독교가 완전히 갈라선 것은 아니다. AD 85년경 Birkath Haminim과 2-4세기의 순교자 저스틴, 오리겐, 제롬 그리고 에피파니우스가 증언하듯이, 유대교의 기독교인(Nazoreans) 박해는 로마제국에서 기독교가 공인될 때까지 지속되었다(요9:22; 12:42; 16:12 참조). Contra AD 70년 직후부터 랍비 유대교가 전체 유대인들을 종교적으로 지도한 것은 아니며, 4세기까지 유대인 그리스도인이 회당 예배에 참여하여 불신 유대인과 교제를 나누는 좋은 관계를 맺었다고 보는 P. L. Mayo, "The Role of the Birkath Haminim in Early Jewish-Christian Relations: A Reexamination of the Evidence," *BBR* 16/2 (2006), 326-328, 338.

이, 주님의 초림으로 오는 세상이 현 세상 속으로 침투하여 종말이 시작되었고, 주님의 재림까지 현 시대와 오는 시대는 중첩된다.[106] 그런데 많은 주석가가 간과하는 바는 예루살렘 돌 성전의 파괴가 구약시대가 최종 마무리된 시점이라는 사실이다. 왜냐하면 예수님의 초림에서 돌 성전의 파괴까지는 구약과 신약의 중첩기간overlapping period이었기 때문이다. 예수님의 성육신으로 종말의 신약시대가 도래했지만, 그 이후로 구약의 짐승 제사는 70년 이상 지속되었다. 그러므로 그리스도의 나라가 원심적으로 확장되기 위해서는 예루살렘 성전의 파괴는 불가피했다.

계시록 1장 7절은 그리스어 불변화사particle인 "예ναί"와 단언적인 불변화사asseverative particle로서 히브리어의 그리스어 음역인 "아멘ἀμήν"으로 마친다계3:14 참조. 따라서 요한은 소아시아 7교회에 유대인 출신과 이방인 출신이 혼재함을 염두에 둔다.[107] 디모데가 디모데전서 1장 17절의 송영 구절을 주일예배 중에 낭독했을 때, 마지막 단어 '아멘' 앞에 잠시 숨을 고르며 멈춤으로써, 회중이 '아멘'으로 화답하도록 의도했을 것이다.[108] 마찬가지로 소아시아 7교회의 낭독자들도 계시록 1장 7절을 크게 읽다가 '예, 아멘' 앞에 잠시 멈춤으로써, 회중의 반응을 이끌어내었을 것이다.

주 성부 하나님께서 직접 말씀하시는 8절은 매우 강력하고 권위 있는 목소리인데, 그 후로도 성부의 음성은 계속 이어진다계4:1; 10:4,8,11; 11:3; 16:1,17; 18:4; 21:5; 22:13 참조.[109] 현재와 과거와 미래를 다스리시는 "알파와 오메가"이신[110] 전능하신

---

106. F. F. Bruce, "The Kingdom of God: A Biblical Survey," *Evangelical Quarterly* 15 (1943), 266-267. 그러나 Bruce는 마태복음 24장 14절을 돌 성전 파괴가 아니라 재림의 징조를 알리는 구절로 오석한다.

107. Paul, *Revelation*. 64. 참고로 밧모섬에서 요한이 승천하신 주님께서 주신 환상의 말씀을 들었을 때 그리스어가 아니라 모국어인 히브리어(아람어)로 들었기에, 계시록의 그리스어 표현에 상응하는 히브리어를 살펴야 한다는 주장은 Lizorkin-Eyzenberg & Shir, *Hebrew Insights from Revelation*, 9를 보라.

108. P. G. Ryken, *1 Timothy* (Phillipsburg: P&R, 2007), 43.

109. 참고. 내재 저자와 내레이터로서의 요한의 목소리를 각각 구분하는 T. W. Martin, "The Silence of God: A Literary Study of Voice and Violence in the Book of Revelation," *JSNT* 41/2 (2018), 249-250.

110. 계시록에는 총 916단어가 사용되는데, 오메가(Ὦ)를 포함하여 약 126개 단어는 계시록에 한 번만 등장한다

성부 하나님계1:8의 영원하신 속성은 이사야 41장 4절을 토대로 삼는다. "나 여호와라 처음에도 나요 나중 있을 자에게도 내가 곧 그니라ἐγὼ θεὸς πρῶτος καὶ εἰς τὰ ἐπερχόμενα ἐγώ εἰμι."[111] 세세토록 살아계신 예수님의 속성도 처음과 마지막이다계 1:17-18 참조. 계시록 21장 6절과 22장 13절에서 "알파와 오메가"는 예수님께도 적용되는 고등기독론high Christology 호칭이다. 요한이 성부와 성자께서 역사의 시작부터 마지막까지 주관하심을 강조한다고 해서, 계시록의 대부분 내용즉 계19장까지이 전체 신약시대에 걸쳐서 성취된다고 주장하는 세상-교회역사적 해석이 정당하다고 지지되지는 않는다.[112]

계시록에 '전능자παντοκράτωρ'는 9회나 등장하여계1:8; 4:8; 11:17; 15:3; 16:7,14; 19:6,15; 21:22 참조, 하나님의 능력을 반복하여 강조하고 로마황제나 헤롯왕의 권력은 상대화시킨다.[113] 로마 황제는 자칭 '스스로 통치하는 자autokrator'였다. 그리스 황제와 군주 그리고 로마 황제는 전권을 휘두르며 폭력적 능력을 과시했지만, 아버지 하나님의 전능성은 그분께서 그분의 자녀들을 인격적이며 섭리적으로 돌보심providential care으로 나타난다신10:17-19 참조.[114] LXX에 '전능자'는 180회 정도 하나님께 적용되며, 이방 세계에서 이 명사는 이시스Isis와 만둘리스Mandulis와 같은 신들에게 적용되었다.[115] 요한은 구약의 예언자들이 역사를 해석한 방식처럼 역

(*hapax legomena*). 참고. Aune, *Revelation 1-5*, ccvii-ccxi; Swete, *Commentary on Revelation*, cxx-cxxi.

111. "지금도 오시는 분"은 출애굽기 3장 14절의 신성사문자(tetragrammaton)와 병행을 이루는 신명(神名)이라는 J. M. Ford, "He that cometh and the Divine Name (Apocalypse 1:4-8; 4:8)," *Journal for the Study of Judaism in the Persian, Hellenistic and Roman Period* 1/2 (1970), 147을 보라.

112. Contra R. A. Sabuin, "Alpha-Omega Reading of the Book of Revelation," *Valley View University Journal of Theology* 1 (2011), 15-17.

113. D. J. Louw, "Divine Designation in the use of the Bible: The Quest for an 'All-Powerful God' (the Omnipotence of God) in a Pastoral Ministry of Human Empowerment," *HTS Teologiese Studies* 76/4 (2020), 7.

114. Louw, "Divine Designation in the use of the Bible," 5, 8, 11. 참고로 Louw는 '전능하신 아버지 하나님'을 오용한 기독교 제국주의의 행태를 비판한다.

115. K. van der Toom, B. Becking and P. W. van der Horst (ed), *Dictionary of Deities and Demons in the Bible* (Leiden: Brill, 1999), 20.

사를 전능하시며 사랑이 충만하신 하나님 중심으로 해석한다.[116] 참고로 신약성경에 '전능자'는 계시록 이외에 고린도후서 6장 18절에 한 번 더 등장하는데, 거기서 바울은 다윗 언약을 담은 사무엘하 7장 8, 14절을 인용한다.

문맹률이 매우 높았던 구전문화 시대에 살았던 소아시아의 7교회는 계시록 1장 4-8절을 예배 중에 들었던 청중으로서 어떻게 이해하고 반응했을까? 요한은 구두로 공연된 본문orally performed text을 통하여 청중이 지정의를 동원하여 올바로 참여하고 결단하도록 수사학적 기법을 동원했을 것이다. 실제로 그레코-로마세계에서 공연에 참여한 청중은 수동적 관중이 아니라 등장인물처럼 적극적으로 참여했다. 예수님의 설교에 청중은 적극적으로 반응했다마12:46-50; 막6:2-3; 눅4:20-29; 11:14-17 참조. 계시록 1장 4-8절은 주일예배라는 시간적 배경과 가정교회당이라는 공간을 배경으로 한다. 4-5절에서 요한은 송영적 복의 선언을 통해 청중과 교감하며 그들의 반응을 불러일으킴으로써 위로한다. 청중은 복의 선언에 나타난 삼위 하나님께서 협력하여 성취하신 구원에 대해 감사했을 것이다. 청중의 감사라는 감정은 자신들이 구원받을 만한 자격이 없음을 깨달을 때 더 강하게 일어나는 법이다. 청중은 이런 구원의 은혜를 입음으로써 박해 중에서라도 하나님께만 세세토록, 즉 영원토록 영광과 능력을 돌리겠다고 결단하도록 만들었다. 요한은 4-6절에서 1인칭 대명사 "우리"를 사용하여 지리적 거리감을 뛰어넘어 청중과 하나가 된다. 더 나아가 청중 개개인 사이의 연대감과 결속도 강화된다. 그리고 요한은 7절의 "보라"를 통해 중요한 사항에 대하여 청중의 주의를 집중시키며, "아멘"으로 그들의 긍정적 반응을 이끌어낸다. 또한 요한은 7-8절에서 청중이 정경으로 믿은 구약성경을 환기시킴으로써사41:4; 단7:13; 슥12:10; 참고. 마24:30, 그들이 하나님의 권위 있는 말씀에 긍정적으로 반응하도록 돕는다. 그리고 요한은 7절에서 하나님의 심판을 강조함으로써, 청중으로 하여금 올바른 신앙과 행동을 결단하도록 만든다. 마지막으로 요한은 8절에서 성부 하나님

---

116. Boring, *Revelation*, 26.

의 이름과 속성을 청중에게 소개함으로써, 그들과 함께하시는 전능하시고 영원하신 성부를 향한 경외감과 안정적인 의존감 그리고 감사와 기쁨을 심어준다.[117]

교훈과 적용

성도가 그리스도인의 제사장 나라로서 활동할 때 군림이 아니라, 대왕이신 하나님을 영화롭게 하고 섬기는 방식으로 전개되어야 한다.[118] 전능하신 하나님께서는 악을 심판하심으로써 왕권을 시행하신다. 종말의 대제사장이신 예수님과 연합된 제사장 나라인 신약 교회는 선교 정신으로 무장하여 주님의 위대한 속죄의 은혜를 불신자들에게 전해야 한다.[119] 구약의 대제사장이 이스라엘을 대표하여 회개했듯이, 그리스도인은 회개의 기회를 잃지 말아야 한다. 회개를 위해 요한 당시의 사두개인과 바리새인처럼 우리 안에 있는 위선적인 종교 행태는 무엇인가? 주님의 심판을 받아 뒤늦은 애통을 당하지 않도록 미리 회개하자.

설교자가 설교문을 작성할 때, 이 책의 '교훈과 적용'을 적절히 활용하기 바란다. 설교는 석의, 회중의 형편을 고려한 적용, 설교자가 설교 내용을 미리 실천함, 그리고 설교를 통하여 성령님께서 역사하시도록 간구함이 어우러지는 종합 작업이다. 이런 설교의 전체 과정을 거치면서 석의에 생동감과 통찰력이 가미된다. 따라서 석의를 완성시키는 것은 바로 설교이다.

---

117. 이 단락은 D. R. Seal, "A Performance-Critical Analysis of Revelation 1:5B-8," *Bibliotheca Sacra* 175 (2018), 217-227에서 요약. 공연비평(performance criticism)에서 저자와 구분되는 공연자(performer)는 내레이터에 가깝다. 하지만 요한은 편지와 7교회의 낭독자들을 통하여 청중과 소통하는데, 이것은 다름 아니라 신적 설득이다. 7교회가 낭독된 계시록 말씀을 경청할 때 성령께서는 그들의 주관적인 종교적 신념과 경험을 통제하셔서 믿음의 상징세계를 경험하여 올바로 이해하고 수용하도록 설득하셨다. 참고. De Villiers, "Religieuse Ervaring as Hermeneutiese Beginsel in die Interpretasie van Bybeltekste in die Lig van die Boek Openbaring," 278, 282-283.
118. De Smidt, "A Doxology to Christ (Rev. 1:5e-6)," 327.
119. 참고. C. Cangelosi, "The Church is a Missionary Society, and the Spirit of Missions is the Spirit of the Gospel: The Missional Piety of the Southern Presbyterian Tradition," *Puritan Reformed Journal* 5/1 (2013), 193-194, 200.

3. 요한의 상황과 시작환상 그리고 계시록 메시지의 세 시제(1:9~20)

"[9]나 요한은 너희 형제요 예수의 환난과 나라와 참음에 동참하는 자라 하나님의
말씀과 예수를 증언하였음으로 말미암아 밧모라 하는 섬에 있었더니 [10]주의 날
에 내가 성령에 감동되어 내 뒤에서 나는 나팔소리 같은 큰 음성을 들으니 [11]이르
되 네가 보는 것을 두루마리에 써서 에베소, 서머나, 버가모, 두아디라, 사데, 빌
라델비아, 라오디게아 등 일곱 교회에 보내라 하시기로 [12]몸을 돌이켜 나에게 말
한 음성을 알아보려고 돌이킬 때에 일곱 금 촛대를 보았는데 [13]촛대 사이에 인자
같은 이가 발에 끌리는 옷을 입고 가슴에 금띠를 띠고 [14]그의 머리와 털의 희기
가 흰 양털 같고 눈 같으며 그의 눈은 불꽃 같고 [15]그의 발은 풀무불에 단련한 빛
난 주석 같고 그의 음성은 많은 물소리와 같으며 [16]그의 오른손에 일곱 별이 있
고 그의 입에서 좌우에 날선 검이 나오고 그의 얼굴은 해가 힘 있게 비치는 것
같더라 [17]내가 볼 때에 그의 발 앞에 엎드러져 죽은 자 같이 되매 그가 오른손을
내게 얹고 이르시되 두려워하지 말라 나는 처음이요 마지막이니 [18]곧 살아 있는
자라 내가 전에 죽었었노라 볼지어다 이제 세세토록 살아 있어 사망과 음부의
열쇠를 가졌노니 [19]그러므로 네가 본 것과 지금 있는 일과 장차 될 일을 기록하
라 [20]네가 본 것은 내 오른손의 일곱 별의 비밀과 또 일곱 금 촛대라 일곱 별은
일곱 교회의 사자요 일곱 촛대는 일곱 교회니라"

소아시아 7교회의 형제인 요한은 예수님 안에서ἐν Ἰησοῦ, 즉 예수님을 위한 그리고 예수님 때문에[120] 환난과 이미 임한 하나님 나라와 참음에 동참했다9a절. 요한은 자신을 '세베대의 아들'이나 '사도'라고 소개하지 않아도 수신자들에게 잘 알려진 인물이다.[121] 요한은 1인칭 단수 대명사 "나"로 자신을 소개한다. 하지만 요한은 주인공이신 '예수 그리스도의 계시'를 기록하므로, 자신에 대한 전기傳記를 기록하듯이 스스로를 부각하지 않는다.[122] 계시록 1장 4절과 9절 그리고 22

120. 이달, 『요한계시록』, 63-65. 이달은 요한의 밧모섬 유배를 재산이나 권리를 몰수당하지 않고 강제적으로 섬으로 추방된 것(*religatio*)으로 본다.

121. Contra 계시록 1장 9절에 의하면, 요한은 수신자에게 알려진 인물이 아니라는 Kraft, 『요한묵시록』, 51.

122. F. Bovon, "John's Self-Presentation in Revelation 1:9-10," *CBQ* 62/4 (2000), 695.

장 8절에 "요한"이 각각 등장하여 계시록 전체를 감싸고 있다. 그는 자기 초점화에 관심이 없다. 요한의 정체성을 묘사하는 두 명사 "형제ἀδελφὸς"와 "동참하는 이συγκοινωνὸς"는 하나의 정관사ὁ로 긴밀히 연결된다. 뒤따르는 "환난"과 "나라"와 "오래 참음"도 마찬가지이다. 요한은 1차 독자들과 마찬가지로 하나님 나라 때문에 환난을 당했으며, 하나님의 은혜를 힘입어 인내ὑπομονή해야 했다.[123] 예수님께서는 그분으로 말미암아 갇힌 자를 멸시하지 않으신다시69:33 참조. 하나님 나라의 복음 때문에 고난을 받고 투옥된 것은 부끄럽고 수치스러운 것이 아니라 명예이다딤후1:8, 12-13,16 참조. 요한과 독자들은 천국이 이미 임했지만 환난도 지속되므로 긴장 속에 살았다.[124]

저자 요한은 자신을 독자들의 '영적 아버지'가 아니라 '형제'라고 소개하여 그들과 연대감을 강조한다. 저자와 독자들 간의 연결 고리는 예수 그리스도와 그분의 나라이다. 창조로부터 시작된 구약의 하나님 나라는 예수님의 초림으로 도래할 천국을 예기했지만, 성격상 순전히 영적이라기보다 가시적이었고 (모든 피조물을 포함하기에) 우주적이었다. 가시적이고 우주적인 천국은 능력과 은혜로 통치하시는 예수님의 초림 이래로 이미 성취되어가고 있다계1:6 참조. 그러나 스스로 천국自天國이신 예수님의 재림 때에 천국의 '이미 그러나 아직 사이'의 긴장은 해소되어 신천신지가 완성될 것이다. 이 긴장의 기간에 종말론적 천국 공동체인 교회를 통하여 그 나라는 계속 확장되어 가지만, 패배한 사탄의 세력은 천국

123. '인내'를 포함한 성령의 열매들(갈5:22-23)은 종말에 성령께서 역사하셔서 결실하실 것이라고 예언하는 이사야 32장 15-17절과 57장 14-19절을 간본문으로 삼고 있다는 설명은 G. K. Beale, "The Old Testament Background of Paul's Reference to the 'Fruit of the Spirit' in Galatians 5:22," *Bulletin for Biblical Research* 15/1 (2005), 12, 18, 22를 보라.

124. 계시록에 무려 약 96개의 갈등과 대립이 나타난다(계 1:7,9; 2:2,3,4,5b,6,7b,9,10,11,13,14,15,16,17b,19b,20-23,26; 3:3,9,12,16; 5:6,9,12; 6:2,4,6,8b,9,11,12-17; 7:2b,14b; 8:5,7,8-9,10-11,12; 9:3-11,15-19; 11:2b,5,7,10b,13,18; 12:4,7,8-9,12b,13,15-16,17; 13:6,7,10b,15,16-17; 14:8,9b-11,12,13a,19-20; 16:1,2,3,4,5b,6ab,8-9,10-11,14b,19b; 17:6,14,16; 18:8b,20b,21,24; 19:2,15,17b-18,19,20b-21; 20:2-3,4a,7-8,9b,10,15; 22:18-19). 참고. Wood, *Reading the Book of Revelation as a Story* (NP, 2008), 20.

을 대적한다.[125]

소아시아 교회들에게 잘 알려진 사도 요한은 하나님의 말씀, 곧 예수님을 증언했기 때문에διὰ τὸν λόγον τοῦ θεοῦ καὶ τὴν μαρτυρίαν Ἰησοῦ 밧모섬에 유배당했다9b절; 참고. 계19:13.[126] 성도가 하나님의 말씀을 준행할 때 불신자의 눈에는 수치를 당하지만, 하나님께서는 그들이 부끄러움을 당하지 않도록 일하신다시119:6,22,31,46,80 참조. 오늘날 '파티노Patino'라 불리는 밧모섬의 둘레는 48-72㎞이며, 밀레도Miletus 서남쪽 60㎞ 지점에 위치했고, 그리스 제국 당시에 밀레도의 영토에 속했고, BC 2세기 비문은 아데미 신전에 있었다.[127] 로마제국의 유배는 두 종류였다. 하나는 특정 지역에 접근하지 못하도록 행동의 반경을 제한하는 것이었다. 다른 하나는 섬이나 외딴곳으로 유배를 보내는 것이었다. 그리고 유배는 특정한 공적 지위에 해당하는 사람에게 내려진 형벌이므로, 사도 요한은 로마 당국의 눈에 위험한 공인公人이었다.[128]

계시록의 중요 주제인 '인내'는 '믿음'과 자주 연결되기에, 요한은 믿음으로 인내하여 승리할 것을 반복하여 권면한다계1:9; 2:2-3,19; 3:10; 13:10; 14:12 참조.[129] 인내는 황제숭배 강요나 불신 유대인들의 박해에 맞서 믿음을 적극적으로 방어하고 지킴으로써 영적으로 승리하는 행위이다. 요한은 환난, 나라, 그리고 오래 참음에 동참했는데, 아래의 표에서 볼 수 있듯이 계시록 2-3장의 7교회도 마찬가지였다.[130]

---

125. S. J. van der Walt, "Kerk en Koninkryk," *Koers* 37/2 (1969), 89, 102; K. S. van Wyk de Vries, "Oor die Koninkryk van God," *Koers* 25/4-5 (1958), 237, 240, 243-244, 248에서 요약.

126. 요한이 도미티아누스 황제의 조직적 박해의 전조가 된 주위의 유대인과 로마인의 사적인 고발로 밧모섬에 유배당했다고 보는 견해는 C. J. Hemer, *The Letters to the Seven Churches of Asia in Their Local Setting* (Grand Rapids: Eerdmans, 2001), 27-29, 55를 참고하라.

127. 박영식, 『오늘 읽는 요한묵시록』, 56.

128. Bell Jr., 『신약시대의 사회와 문화』, 36-37.

129. 이광진, 『요한계시록 연구』 (서울: 크리스천 헤럴드, 2004), 268-291.

130. Grové, "Die Dilemma van die Literere Vorm van Openbaring 2 en 3," 448-449.

교회	환난	나라	참음[131]
에베소교회	수고(2:2)	거니시는 그리스도(2:1)	참음(2:2)
서머나교회	사탄의 회의 위협과 환난(2:9)	죽음을 다스리시는 그리스도(2:8)	죽도록 충성하라는 권면(2:10)
버가모교회	사탄의 보좌의 위협과 죽임을 당함(2:9,13)	양날 선 칼로써 다스리시는 그리스도(2:12)	순교자 안디바(2:13)
두아디라교회	큰 환난(2:22)	철장으로 다스리시는 그리스도(2:27)	참음과 굳게 잡음 (2:19,25)
사데교회	죽은 교회이지만 굳건하게 해야 함(3:1-2)	일곱 영을 통해 다스리시는 그리스도(3:1)	참지 못하여 영적으로 죽음(3:1)
빌라델비아교회	사탄의 회의 위협(3:9)	다윗의 열쇠로 다스리시는 그리스도(3:7)	인내의 말씀(3;10)
라오디게아교회	곤고함(3:17)	교회가 그리스도와 함께 다스림(3:21)	미지근하여 참지 못함 (3:16)

밧모섬에서 요한은 주님께서 부활하신 날, 곧 예배드리는 주의 날에[132] "성령님 안에서ἐν πνεύματι" 큰 나팔 음성을 들었다10절. 안식교Seventh-day Adventists는 "주의 날에ἐν τῇ κυριακῇ ἡμέρᾳ"를 주일이 아니라 안식일토요일 혹은 종말론적인 주의 날로 이해한다. 안식교가 이렇게 주장하는 나름의 근거들은 다음과 같다. 첫째, 예수님께서 안식일의 주인이시며, 예수님의 승천 이후에도 안식일을 준수해야 했기 때문이다출20:10; 마24:20; 막2:28 참조. 둘째, 계시록 1장 10절의 문맥은 요한 당시가 아니라 미래 종말론을 지지하기 때문에, "주의 날"을 문자적으로 어떤 특정한 날로 볼 수 없다. 셋째, 만약 "주의 날"이 예수님께서 부활하신 주일을 가

131. 교회가 예배와 복음 증언을 수행하기 위해서 필요한 인내는 계시록에서 하나의 중심 이슈이다. Venter and Du Rand, "Volharding as Sentrale Gegewe in die Boek Openbaring," 197.

132. 참고. 주일예배를 하나님의 성품과 능력과 승리에 대한 통전적 반응이자 멈출 수 없는 '천국의 심장박동(the heartbeat of heaven)'이라 보는 Duvall, *The Heart of Revelation*, 37-44; Khatry, "Revelation," 1773; Venter and Du Rand, "Volharding as Sentrale Gegewe in die Boek Openbaring," 194; J. D. Kilcrease III, "Creation's Praise: A Short Liturgical Reading of Genesis 1-2 and the Book of Revelation," *Pro Ecclesia* 21/3 (2012), 319. 참고로 1장 10절의 "주의 날"을 로마의 시저가 아닌 다른 주님이신 예수님을 섬겨야 한다는 반로마적 메시지로 이해한 경우는 Rosell, "John's Apocalypse," 3을 보라.

리킨다면, '한 주의 첫 날'이라고 표현했을 것이다행20:7 참조.[133]

하지만 이런 근거들은 정당하지 않으며 얼마든지 논박되어야 한다. 첫째, 안식일의 주인이신 예수님께서 마태복음 24장 20절에서 안식일을 언급하신 이유를 알려면 주님의 초림부터 예루살렘 파괴까지 구약과 신약의 중첩 기간임을 고려해야 한다. 유대인들은 그 중첩기 동안 안식일을 문자적으로 지켰지만, 그 이후로는 그리스도인에게 안식일의 문자적 준수는 의미가 없다골2:16 참조. 둘째, 계시록 1장 10절의 전후 문맥은 미래의 종말을 배경으로 하지 않고, 반드시 속히 일어날 일들을 배경으로 한다계1:1,3,7 참조. 그리고 문맥상 밧모섬이라는 특정한 공간적 배경 속에서 구체적인 한 날로서 주의 날을 이해하는 것이 자연스럽다. 셋째, 계시록 1장 10절에서 주일을 '한 주의 첫날'이라고 반드시 표기해야 할 이유는 없다. 주일은 '안식 후 첫 날'이라고도 불린다요20:19 참조.[134]

참고로 계시록에 십계명 중 다수가 등장한다. 제4계명은 주일예배와 연결할 수 있다계1:10; 참고. 시92:1-4. 제1-2계명은 황제숭배와 충돌하고계9:20; 13:12, 제7계명은 니골라당과 음녀 바벨론이 저질렀던 음행을 떠올리며계2:14,20; 17:1-2; 18:3-4, 제6계명은 순교와 살인죄를 연상시키고계2:13; 6:10-11; 21:8; 22:15, 제9계명은 새 예루살렘 성 밖에 있을 거짓말쟁이들을 생각나게 한다계21:8; 22:15.[135]

전치사 구 "성령님 안에서"는 계시록에 4회 나타난다계1:10; 4:1; 17:3; 21:10 참조.[136]

---

133. R. Osei-Bonsu, "The Lord's Day (Rev 1:10): An Evaluation of Adventist Interpretations," *Valley View University Journal of Theology* 1 (2011), 51-52, 60; Stefanovic, 『예수 그리스도의 계시』, 116.

134. T. Longman III, *Revelation through Old Testament Eyes* (Grand Rapids: Kregel Academic, 2022), 44; E. Smith, *Key to the Revelation in Thirty-Eight Lectures taking the Whole Book in Course* (Boston: Whipple & Damrell, 1837), 35.

135. 신동욱, "요한계시록 안에 나타난 십계명 모티브의 역할," 『인문사회 21』 9/1 (2018), 137-142.

136. 계시록의 표현과 구조와 내용은 성령님과 환상을 강조하는 에스겔서의 영향을 크게 받았으며, "이제 요한에게 에스겔의 옷이 임했다!"라는 주장은 Van de Kamp, *Openbaring*, 14-15를 보라. 유사한 맥락에서 De Vries는 에스겔서를 '묵시의 어머니'라 부르면서, 포로의 땅 바벨론에 하나님의 영광이 나타났듯이(겔11장), 유배의 장소 밧모섬에 영광스런 예수님의 환상이 나타났다고 본다. 그리고 De Vries는 음녀의 파멸과 그리스도인의 승리(계17-20장)는 이스라엘의 회복(겔37:1-14)과 간본문성을 보인다고 주장한다. P. de Vries, "De Heerlijkheid van JHWH in het Boek Ezechiël en de Betekenis daarvan voor het Nieuwe Testament," *Theologia Reformata* 55/2 (2012), 165, 180. 그러나 계시록에 크게 영향을 미친 다니엘서의 중요성을 간과

요한은 성령님의 통제와 인도 아래에 환상을 보고 듣고 깨달았다. 10절의 나팔 소리는 천사의 것인지 예수님의 것인지 분명하지 않은데, 나팔은 계시록 8-9장에 본격적으로 등장한다.[137] 요한은 환상을 보고 듣고 깨닫기 위해, 성령의 역사로써 자신의 지정의가 통제되었다.[138] 성령님 안에 있을 때 의식과 지성과 감정은 가장 정확하며 분명하다. 요한은 들은 음성의 내용을 기록하여 7교회에 보내야 했다11절. 요한은 성령님의 인도와 통제 아래 자신의 분명한 의식을 유지하면서 계시된 내용을 깨닫고 기록하려고 시도했다. 요한은 결코 몽롱한 무아지경ecstasy에 빠지지 않았다.

요한은 몸을 돌이켜 일곱 금 촛대를 보았고12절, 발까지 내려온 옷의 가슴 부위에 금띠를 띤 인자를 보았다13절; 참고. 단7:13; 계15:6. 교회는 촛대로서 죄로 어두워진 세상을 비추는 존귀한 빛의 자녀이다출25:30-31; 민8:1-4; 슥4:2; 마5:14; 엡5:8; 계11:4; 21:25 참조. 교회는 하나님의 빛을 반사한다요1:9; 요일1:5; 계21:23 참조. 계시록의 내러티브 전개상, 12절의 "일곱 금 촛대"는 계시록 21장 18절에서 금으로 만든 새 예루살렘성, 곧 하나의 거룩하고 사도적이며 보편적인 교회로 이어진다.[139] 열왕기상 6-10장의 솔로몬의 성전과 궁전, 보좌, 법정은 37회에 걸쳐 금과 관련 있는 단어로 설명되는데, 이는 계시록의 보좌에 나타난 금 이미지와 간본문이다예. 왕상8:1-6과 계11:19; 왕상8:10과 계15:8.[140] 그런데 대제사장의 복장출28:4 참조을 취하신 예수

할 수 없다.

137. 욥기 39장 24-25절의 LXX는 계시록 1장 1, 10절의 간본문이다. 두 군데에 '나팔(σάλπιγξ)'과 '상징적으로 알리다(σημαίνω)'가 공통으로 등장한다. 이런 간본문성은 욥기의 묵시적 특성 때문에 발생한다. G. K. Beale, *John's Use of the Old Testament in Revelation* (Sheffield: Sheffield Academic Press, 1998), 297.

138. Contra 요한이 성령님 안에 있었던 사실을 "의식을 잃어 무아지경 속에서 하나님이 보여주시는 환상을 보고 하나님의 계시를 받았다."라고 주장하는 이달, 『요한계시록』, 66; 요한은 자기 부인을 실천하는 영적인 사람(spiritual person)이라고 보는 워치만 니 계열의 Kangas, "The Divine Trinity in Revelation 1," 35. 계시록에서는 환상의 시각화에 주목해야 한다. M. Kotrosits, "Seeing is Feeling: Revelation's Enthroned Lamb and Ancient Visual Affects," *Biblical Interpretation* 22 (2014), 482.

139. 워치만 니는 '일곱 영'과 '일곱 촛대'를 동일시하여, 성령의 조명 사역을 강조한다. 그러나 성령과 7촛대, 곧 7교회는 구분되어야 마땅하다. Fite, "The Seven Spirits of God in the Operation of the Divine Trinity," 53.

140. R. M. Royalty Jr., *The Streets of Heaven: The Ideology of Wealth in the Apocalypse of John* (Macon: Mercer University Press, 1998), 47.

님의 허리가 아니라 '가슴'에 금띠가 있으므로, 주님의 구원 사역은 이미 완수되었다고 볼 수 있다. 누군가 허리에 띠를 띤다면 계속 일하는 상황이다레16:4; 단 10:5; 마3:4; 막1:6 참조.[141] 계시록이 기록될 당시 예수님께서는 성부께서 맡기신 구원의 사역을 성취하신 후 승천해 계시므로, 요한은 계시록의 많은 암시를 그리스도 완결적Christotelic으로 해석했을 수 있다. 계시록 1장 13절의 가슴에 띠를 띠신 예수님과 21장 6절의 '이루었도다γέγοναν'라고 말씀하신 예수님은 인클루시오 구조를 통해, 독자가 계시록의 대부분의 내용을 그리스도 완결적으로 해석하도록 돕는다요19:30의 '그것이 이루어져왔다(τετέλεσται)' 참조. 그런데 구약 제사장의 복장에서 띠를 가슴에 두른 경우는 없다. 그렇다면 13절은 예수님의 대제사장 직무와 무관한가? 이 질문에 답하려면, 요한이 전치사 περί페리, 주위에가 아니라 πρός프로스, 향하여를 사용하는 점에 주목해야 한다. 따라서 '가슴 근처에πρὸς τοῖς μαστοῖς'라는 의미로 볼 수 있다.[142] 다시 말해, 예수님께서는 정확히 가슴에 띠를 두르신 것이 아니라, 허리에서 가슴을 향하도록 착용하신 것이다. 그러므로 여기서 예수님의 대제사장적 신분을 포기할 이유는 없다. 참고로 그레코-로마의 신상에는 가슴 아래에 띠를 띤 경우도 있었다.

여기서 요한문헌에 등장하는 기독론 및 교회론적 호칭을 정리할 필요가 있다. 계시록에 5회 언급되는 "아들υἱός"은 대부분 기독론적 호칭인데, "인자"계1:13; 14:14 혹은 "(하나님의) 아들"계2:18; 12:5로 나타난다. 이런 현상은 요한복음과 요한일서에도 나타난다요3:13, 17; 요일5:12 참조. 그러나 요한복음 및 요한서신과 달리, 계시록에서 "아들"은 언약에 신실한 그리스도인을 가리키기도 한다계21:7 참조. 요한복

141. 에스겔 44장 18절과 다니엘 10장 5절은 허리가 아니라 가슴에 띠를 띠는 것을 묘사한다는 주관적인 주장은 Hausoul, *Openbaring*, 31을 보라. 그리고 계시록 1장 13절의 가슴의 금띠를 대제사장이 가슴에 착용한 에봇이나 띠를 가리킨다는 주장은 이한수, 『요한계시록』, 57을 보라.

142. 계시록 15장 6절에는 일곱 대접 심판을 시행할 천사들의 '가슴 주위에(περὶ τὰ στήθη)'라고 다른 전치사와 명사를 사용한다. 참고로 요세푸스는 대제사장이 띠를 최소 2개에서 많게는 6개까지 착용했다고 전하는데, 다채로운 색깔을 가지고 있는 첫째 금띠는 가슴에 착용했다(유대고대사 5.232). R. E. Winkle, "Clothes make the (One like a Son of) Man: Dress Imagery in Revelation 1 as an Indicator of High Priestly Status" (Ph. D. Thesis, Andrews University, 2012), 322-325.

음과 요한서신에서 "자녀τέκνα"는 마귀의 가정에서 하나님의 가족으로 입양된 그리스도인을 가리키지만요1:12; 요일3:10 참조, 계시록의 경우 "자녀"는 한 번만 등장하여 언약에 신실하지 않은 거짓 선지자 이세벨을 추종한 자들을 부정적으로 가리킨다계 2:23. 요한복음과 요한일서는 예수님을 "하나님의 아들"로 믿어 영생을 얻도록 기록되었으므로, "아들"은 예수님만을 가리키는 기독론적 호칭이다요20:31; 요일5:13 참조. 그러나 계시록의 기록 목적은 예수님을 하나님의 아들로 제시하는 데 있지 않으므로, "아들"은 박해 중에 언약에 신실한 그리스도인에게도 적용된다. 즉 계시록은 이미 예수님을 하나님의 아들로 믿어 영생을 얻었기 때문에 박해받는 하나님의 아들들을 위로하기 위해 기록되었다. 따라서 요한문헌은 기록 목적에 따라 기독론과 교회론적 호칭을 적절히 달리 사용한다. 계시록에서 매우 드물게 언급되는 교회론적 호칭으로서 "아들"은 언약적 문맥 안에 등장한다.

인자이신 예수님의 양털과 눈 같은 흰 머리털은 승리를 상징한다14a절; 참고. 계3:5, 4:4; 6:11; 19:11; 20:11. 예수님의 이 모습은 다니엘이 환상 중에 보았던 보좌 위에 앉으신 성부의 모습과 유사하다단 7:9 참조. 따라서 승귀하신 예수님께서는 다름 아닌 하나님이신데, 라반M. Labahn은 이것을 "기독교화된 유일신론Christianized monotheism"이라 부른다.[143]

> 요한과 그의 청중들/독자들은 예수 그리스도를 천상의 성전 가장 은밀한 곳에서 '보좌에 좌정하신 이'와 연합하여 계시는 하나님으로 고백하고 선포했던 것이다. 궁극적으로, 칠십인경 다니엘서의 메시아사상에 대한 요한계시록의 해석적 사용은 초기 교회의 예수 이해가 결코 기존 유대교 사상에 대한 수동적 계승이 아니라 오히려 고대 이스라엘의 유일신론 전통을 예수의 하나님

143. Labahn, "The Book of Revelation," 5. 참고로 요한이 구약의 자료를 기독론적으로 독창적으로 활용했다는 주장은 김대웅, "요한계시록의 인자 기독론과 칠십인경 다니엘서의 메시아 사상," 『신약연구』 14/4 (2015), 572-573을 보라.

되심을 선포하는 근거로 채택하고 발전시킨 독창적 사상임을 말해준다.[144]

시작 환상은 구약의 제의예. 촛대, 대제사장의 의복를 배경으로 삼는데, 예수님께서는 구약의 제의를 성취하셔서 신약 교회가 은덕恩德을 입게 하신다.[145] 환언하면, 참 성전이자 대제사장이신 예수님께서는 소아시아 7교회를 위해 현존하신다.

불꽃같은 두 눈14절b은 예수님의 감찰하시는 능력을 가리킨다단10:6; 계2:18 참조. 시편 139편 1-6절은 주님의 백성에게 위로가 되는 모든 것을 감찰하시는 하나님의 두 눈God's all-seeing eyes을 잘 설명하는데, 이는 길 잃고 죄악에 빠진 죄인들을 보시고 구원하시려 직접 스올까지 내려가신 예수 그리스도에 의해 성취되었다.[146] 수에토니우스d. ca. 130는 아우구스투스옥타비아누스의 눈이 불꽃같다고 묘사한 바 있지만아우구스투스 79.2, 요한에게 있어 예수님께서는 그분을 모방한 황제를 능가하는 분이시다.[147]

환상 가운데서 요한은 원수를 밟아 정복하는 권세를 상징하는 풀무에 제련된 두 발을 보았고단10:6 참조, 또한 예수님 말씀의 위엄을 상징하는 많은 물소리와 같은 음성을 들었다15절; 참고. 시42:7; 겔43:2; 단10:6; 계14:2. 이처럼 요한은 환상을 볼 뿐 아니라 들었다. 계시록 1장 14-15절의 간본문은 다니엘 10장 1-9절이다. 다니엘은 정월 이십사일에 티그리스강가에 있었는데단10:4 참조, 한 사람이 가는 베옷을 입고레6:10 참조, 허리에 우바스 순금 띠를 두르고 있었다단10:5 참조. 이 사람은 신

---

144. 김대웅, "요한계시록의 인자 기독론과 칠십인경 다니엘서의 메시아 사상," 598.

145. K. A. Strand, "The Role of the Hebrew Cultus, Sanctuary, and Temple in the Plot and Structure of the Book of Revelation," *AUSS* 33/2 (1995), 249; Kilcrease III, "Creation's Praise," 319.

146. 시편 139편을 패러디한 세속적 무소부재와 전지함을 노래하는 시는 다음과 같다. "오 구글, 오 페이스북, 당신은 나를 보고 알고 있습니다. 당신은 내가 앉고 일어섬을 압니다. 당신은 멀리서도 나의 생각을 파악합니다. 오 아마존이여, 당신은 나의 모든 길과 눕는 것을 압니다. 오 사이버여, 내 혀에 단어가 있기 전에라도 당신은 그것이 무엇인지 정확히 압니다." T. G. Long, "Psalm 139 and the Eye of God," *Journal for Preachers* 43/4 (2020), 39-42, 45.

147. Labahn, "The Book of Revelation," 7.

적 존재 혹은 천사장 가브리엘로 보인다단8:16 참조.[148] 그는 계시록 1장 12-16절의 승천하신 예수님의 모습과 비슷하기에, 가브리엘 혹은 신적 존재를 통해 '구약의 그리스도'를 추론할 수 있다. 가브리엘로 추정되는 이 사람의 몸은 황옥 같고, 얼굴은 번개처럼 빛났고, 눈은 횃불 같고, 팔과 발은 빛나는 구리 같고, 말은 많은 군중의 소리처럼 컸다단10:6; 참고. 겔1:7,13,16,24. 이 등장인물은 강력한 '왕적 제사장'의 모습이다.[149]

예수님께서는 권능의 오른손으로 7교회의 사역자들을 가리키는 7별을 붙잡으시는데16절a; 참고. 마 26:64; 행2:25, 이 장면은 특별히 박해 중에 있던 7교회에게 위로가 되었다. 왜냐하면 그 누구도 예수님의 손 안에 안전히 보호받는 사람들을 해치거나 빼앗을 수 없기 때문이다요10:28; 롬8:39 참조.[150] 의인들과 그들의 행위는 하나님의 손 안에 있다시139:10; 전9:1 참조. 계시록에 "손χείρ"은 16회 등장한다계1:16; 6:5; 7:9; 8:4; 9:20; 10:2,5,8,10; 13:16; 14:9,14; 17:4; 19:2; 20:1,4. 하나님께서 섭리하심은 종종 "손"으로 나타난다출7:5,17; 9:3,15; 수4:24; 삼상 5:6,7,9,11; 삼하24:14; 왕상8:42; 대상21:13,17; 대하6:4,32; 30:12; 스7:9,28; 8:18,22,31; 느1:10; 2:8,18; 욥10:3,7,8; 12:9,10; 13:21; 14:15; 20:22; 전9:1; 사51:17; 벨전5:6; 웨스트민스터 신앙고백 5장 참조. 하나님의 손은 만유를 붙잡아 지혜와 능력과 선함으로 당기고攝 미신다. 계시록에 등장하는 손의 주체와 활동을 요약하면 아래 도표와 같다.

구절	주체	손의 활동
1:16	예수님	7별, 곧 7교회의 사역자들을 붙잡으심
6:5	검은 말 탄 자	물가 상승을 판가름하기 위해 저울을 잡음
7:9	셀 수 없는 무리	종려가지를 들고 찬양함
8:4	천사	성도의 기도를 하나님께 올려드림

148. E. Lucas, 『다니엘』, *Daniel*, 김대웅 역 (서울: 부흥과 개혁사, 2017), 385; D. A. Carson (ed), *NIV Biblical Theology Study Bible* (Grand Rapids: Zondervan, 2018), 1507.
149. T. Longman III, *Daniel* (Grand Rapids: Zondervan, 1999), 248.
150. Thomas, *Revelation 1-7*, 103.

9:20	죄인	우상을 만들어 범죄 후 회개하지 않음
10:2,8,10	힘 센 천사(예수님)	작은 두루마리를 쥠
10:5	힘 센 천사(예수님)	성부를 향해 맹세함
13:16; 14:9	바다짐승 숭배자들	바다짐승의 표를 받음
14:14	인자(예수님)	예리한 낫으로 알곡을 추수함
17:4	음녀	금잔을 쥠
19:2	음녀	하나님께서 순교자의 피를 음녀의 손에게 갚으심
20:1	천사(예수님)	큰 쇠사슬을 가지고 용을 결박함
20:4	보좌들 위의 성도	바다짐승의 표를 손에 받지 않고 죽임 당함

앞의 표에서 보듯이, 예수님의 손계1:17; 10:2,5,8,10; 14:14; 20:1과 성도의 손7:9; 20:4 그리고 성도의 기도를 상달하는 천사의 손8:4은 긍정적이다. 그러나 음녀의 손계17:4; 19:2과 우상과 바다짐승을 숭배한 자들의 손9:20; 13:16; 14:9은 부정적이다. 검은 말 탄 자의 손은 하나님의 심판을 대행하기에 부정적으로 볼 이유는 없다계6:5. 성도가 승리하신 예수님의 섭리의 손에 붙잡혀 있을 때만 음녀와 바다짐승을 숭배하지 않는다.

요한이 7별을 언급할 때, 고대 바벨론의 일곱 별신星神 숭배를 참고한 것으로 볼 이유는 없다. 왜냐하면 구약은 점성술을 정죄하기 때문이다사47:13 참조. 예수님께서는 좌우에 날이 선 큰 칼ῥομφαία; 참고. 계2:12,16; 6:8; 19:15,21과 같은 강력한 말씀을 내뿜으신다16절b; 참고. 엡6:17; 히4:12(μάχαιρα). 말씀이신 예수님께서 말씀으로써 강력하게 역사하시므로, 교회는 인내하며 말씀을 준행할 수 있다계3:10 참조.[151] 이 칼은 마치 창처럼 양손으로 사용해야 할 만큼 크고 강력했기에, 승천하신 예수님께서는 복음으로 교회와 세상을 강력하게 통치하신다.[152] 즉 상대적으로 짧은

151. J. C. Coetzee, "Die Woord van God as Lewende, Kragtige en Tweesnydende Swaard: 'N Studie van Hebreërs 4:12-13 binne die Konteks van die Hele Hebreërs," *Koers* 53/3 (1988), 372; 송영목, "요한계시록의 칼 주제," 『신약연구』 10/4 (2012), 1033-1063.

152. 김철손, 『요한계시록』, 71.

칼μάχαιρα; 계6:4; 13:10 참조과 달리 이는 크고 긴 칼ῥομφαία을 가리킨다눅2:35 참조.[153] 이새의 줄기에서 나오는 메시아께서는 그분의 '입의 막대기'로 세상을 치신다사11:4 참조. 그리고 하나님께서는 이스라엘의 입도 날카로운 칼같이 만드시고, 이를 이방의 빛으로 삼으신다사49:2 참조. 따라서 선지자 이사야는 입에서 나오는 칼을 언급하지만, 이는 비폭력적 의미를 전달한다.[154] 참고로 로마 총독이 소유했던 양날 선 칼은 그의 권위를 가리켰다. 태초에 말씀으로서 선재하셨던 예수님께서는 성육으로 말씀을 구체화시키셨다. 이런 점에서 예수님께서는 말씀을 믿고 기억하고 실천하는 제자도의 근거가 되시며, 또한 패턴과 모델이시다.[155] 승리하시고 영광을 받으신 예수님의 얼굴은 해와 같이 빛난다16절c; 참고. 계10:1. 이사야 선지자는 해와 달이 아니라 하나님께서 이스라엘 백성의 '영원한 빛'이 되실 것을 예언했다사60:19-20 참조. 이 예언은 광채가 나는 예수님의 얼굴 빛에 의해 성취된다.[156]

시작 환상에 등장하시는 주인공은 승귀하신 예수 그리스도이신데, 그분은 인자이시다. 영광을 받으신 인자는 성부의 계시를 교회에게 나타내 보이신다. 인자의 영광스러운 모습은 자신의 구원 및 심판의 사역과 연결된다. 따라서 인자는 구주이시며 심판주이시다눅9:22, 26 참조. 교회는 자신을 구원하고 정화시키시는 인자와 신비로운 연합을 경험할 수 있다. 요한의 영혼이 성령님의 역사로써 하늘 보좌 앞으로 올라간 것처럼계4:1-2 참조, 교회는 성령님으로 충만한 실체의 예배로써요4:23-24 참조 하나님 앞에 산다.[157]

흥미롭게도 시작 환상에 등장하는 예수님특히 계1:13-16의 간본문을 연인의 아

---

153. Montanari, *The Brill Dictionary of Ancient Greek*, 1883.

154. Longman III, *Revelation through Old Testament Eyes*, 47.

155. 참고. Roy, "An Examination of the Theme of Discipleship in the Seven Churches of Revelation" 85.

156. Longman III, *Revelation through Old Testament Eyes*, 47.

157. 이 단락은 P. G. R. de Villiers, "The Glory of the Son of Man in Revelation 1-3: Reflections on Mysticism in the New Testament," *Acta Theologica* 29/1 (2009), 33-36을 요약한 것임. 참고로 De Villiers는 사람 요한이 천상의 존재와 더불어 하늘 보좌 앞에 선 것을 "신비주의의 민주화"라고 부른다.

름다움을 노래하는 아가서에서 찾는 시도가 있다.[158] ① 가슴에 금띠를 띠신 예수님처럼계1:13, 아가서 1장 2절의 LXX는 '사랑'을 '가슴μαστός'으로 번역한다아5:1 참조.[159] 예수님께서는 신부 교회에게 말씀의 젖을 먹이는 분이시다민11:12; 살전2:7; 계1:16 참조. ② 성도가 신랑 예수님을 환영하여 교제해야 하듯이계3:20; 19:9, 신랑의 소리에 신부가 깨어 문을 열어 교제한다아5:1-2. ③ 요한은 교회의 신랑이신 예수님의 아름다움을 머리부터 발끝까지 설명하는데계1:13-16, 술람미 여인도 솔로몬의 전체가 사랑스럽다고 노래한다아5:10-16. ④ 예수님께서 사망과 음부의 열쇠를 가지고 계시듯이계1:18, 아가서는 사랑은 죽음 같이 강하고 질투는 스올 같이 잔인하다고 밝힌다아8:6. ⑤ 신부는 신랑 예수님에게 속히 오시라고 외치듯이계22:17,20, 연인에게 노루처럼 빨리 달려오라고 외침으로 아가서는 마무리된다아8:14. 위의 간본문성을 평가해보면, 아가서에 익숙했던 사도 요한이 솔로몬과 술람미 여인의 관계로부터 예수님과 교회의 영적인 혼인관계를 유추하는 것은 어렵지 않았을 것이다엡5:33; 계19:9; 21:2,9-10 참조. 그러나 요한이 아가서 1장 2절의 '사랑'을 LXX를 따라 '가슴'으로 이해했을지는 분명하지 않다.

영광스런 환상을 보던 요한은 예수님의 발아래 엎드러져 죽은 자와 같이 되었다17절a; 참고. 겔1:28; 단10:9; 행9:3-4. 성경에서 이런 경외심은 사람이 하나님 앞에서 보이는 자세 중 하나이다. 처음과 마지막이신 예수님께서 오른손으로 요한을 만지며 두려워하지 말라고 위로하신다17절b; 참고. 단10:10.[160] 예수님의 신적 정체성을 강조하는 "나는 …… 이다ἐγώ εἰμι"는 요한복음과 계시록에서 모두 중요하다요6:51; 계1:17; 참고. 출3:14. 8절의 성부 하나님처럼 예수님께서도 처음이자 마지막이시다사44:6; 48:12; 계22:13 참조. 따라서 성부와 성자께서는 한 분이심이 강조된다.

---

158. P. J. Leithart, "Imperial Lover: The Unveiling of Jesus Christ in Revelation," *Modern Theology* 28/4 (2012), 678-680.

159. Smith, *Key to the Revelation in Thirty-Eight Lectures taking the Whole Book in Course*, 41.

160. 참고로 워치만 니는 사도 요한이 예수님의 품으로부터(요13:23) 주님의 두 발 앞에 엎드려진 것은 구원에서 심판으로 분위기가 바뀌었기 때문이라고 주장한다. 그러나 요한복음과 계시록에 구원과 심판은 항상 공존한다. Fite, "The Seven Spirits of God in the Operation of the Divine Trinity," 50.

> 계시록 1장 17절은, 예를 들면, 다니엘 10장 8-20절에서 발견된 것과 같은 사중 형식을 가지고 있다. 첫째, 선지자는 환상을 본다. 둘째, 그의 얼굴은 두려움에 빠진다. 셋째, 그 후 천상의 존재에 의해 힘을 얻는다. 넷째, 그 천상의 존재로부터 '말함'의 형식으로 소개된 그 이상의 계시를 받는다. 이것은 구약성경의 예언적 권위(계1:10 참조)와 요한과 그의 메시지가 동일함을 보여주는 다른 단서이다.[161]

계시록에서 예수님께서는 스스로 "나는 …… 이다ἐγώ εἰμι"라고 6회 말씀하시면서 그분의 신성神性을 강조하는데, 요약하면 아래의 표와 같다계1:8 참조.

1:17-18	"나는 처음과 마지막이며(ἐγώ εἰμι ὁ πρῶτος καὶ ὁ ἔσχατος), 영원히 살아있다(ζῶν εἰμι εἰς τοὺς αἰῶνας)." 비교. "나는 부활이요 생명이다(ἐγώ εἰμι ἡ ἀνάστασις καὶ ἡ ζωη, 요11:25)."
2:23	"나는 생각과 마음을 꿰뚫어 보는 이이다(ἐγώ εἰμι ὁ ἐραυνῶν νεφροὺς καὶ καρδίας)"
21:6; 22:13	"나는 알파와 오메가이다(ἐγώ εἰμι τὸ ἄλφα καὶ τὸ ὦ)"
22:16	"나는 다윗의 뿌리와 자손이다(ἐγώ εἰμι ἡ ῥίζα καὶ τὸ γένος Δαυίδ)"

십자가에서 죽으셨으나 부활하신 예수님께서는 영원히 살아 계시며, 사망과 음부의 열쇠들을 쥐고 계신다18절; 참고. 마16:19; 18:18. 부활하신 예수님께서는 죽음과 모든 죽은 자신자, 불신자가 가는 영역인 하데스ᾅδης, 음부를 다스리신다. 따라서 사망을 정복하신 예수님께서는 요한과 독자들에게 위로가 되신다계20:13-14 참조. 개역개정은 ᾅδης를 웅달진 곳이라는 의미인 '음부陰府'로 번역하고, 천주교 『성경』2005은 '저승'이라 번역한다. 그런데 죽은 신자의 영이 거하는 곳인지 아니면 죽은 불신자의 거처인지 일일이 고려하지 않으려면, ESV나 NIV처럼 히브리어를 그대로 한글로 음역하여 '하데스'라고 번역하면 된다.[162]

---

161. Beale and McDonough, "요한계시록," 502-503.

162. 계시록 1장 18절은 예수님께서 죽고 부활하시기까지 하데스에 내려가서 사탄으로부터 통치권을 찾아오셨다는 사실을 가르친다는 주장은 J. W. Bass, "The Battle for the Keys: Revelation 1:18 and Christ's

요한은 계시록 1장 10-18절까지의 본 것들ἃ εἶδες과 계시록 2-3장의 지금 있는 일들ἅ εἰσιν, 그리고 계시록 4-22장의 장차 일어날 일들ἃ μέλλει γίνεσθαι을 기록해야 한다19절.[163] 물론 계시록 2-3장은 '지금 있는 일들'은 물론, 일부 미래의 일도 포함한다계2:19; 3:9 참조.[164] 그런데 요한이 '본 것들'은 과거의 일이지만, 그렇다고 해서 요한과 계시록의 독자의 상황으로부터 멀리 떨어진 과거는 아니다. 따라서 19절을 '본 것들, 곧 지금 있는 일들과 장차 일어날 일들'이라고 번역해도 계시록의 내러티브를 이해하는 데 별문제는 없다.[165] 요한은 19절에서 장차 될 일들을 묘사할 때 '속히'를 생략한다. 따라서 '장차 일어날 일들'은 계시록이 기록된 시점으로부터 가까운 미래와 먼 미래의 일들을 모두 포함한다.[166] 요한은 장차 일어날 일들을 반복적인 패턴과 플롯을 통해서 설명한다.[167] 19절의 마지막 표현은 전치사구 "이것들 후에μετὰ ταῦτα"인데, 계시록에 총 9회 등장한다1:19; 4:1(×2); 7:9; 9:12; 15:5; 18:1; 19:1; 20:3. 이 전치사구는 시간적인 전환을 가리키기보다 내러티브의 장면 전환을 알린다.[168]

무덤 권세를 이기고 부활하신 예수님께서 제자들에게 나타나셔서 승천하시기 전에 열방을 가르쳐 제자 삼을 것을 명령하셨다면마28:16-20 참조, 여기서는 죽

Descensus ad Inferos," (Ph.D. Thesis, Dallas Theological Seminary, 2011), iv, 79, 123, 131, 162를 보라. 그러나 새 예루살렘성 안에 낙원이 있다고 보는 Bass가 관련 구절로 제시하는 베드로전서 3장 18-22절은 예수님의 승귀의 맥락이므로 하데스로 내려가는 행동과 무관하며, 베드로전서 4장 6절은 사후에 복음을 들을 가능성이 아니라 복음을 믿고 죽은 그리스도인을 가리킨다.

163. Smith, *Key to the Revelation in Thirty-Eight Lectures taking the Whole Book in Course*, 40.

164. Van der Waal, *Openbaring van Jezus Christus II*, 71; Greijdanus, *De Openbaring des Heeren aan Johannes*, 38-39.

165. Wall, *Revelation*, 63; 안용성, "요한계시록의 서사수사학적 구조," 『신약논단』 15/2 (2008), 404.

166. Gentry, *The Divorce of Israel*, 330. "계시록 1장 19절의 '장차 될 일'을 과거론자들은 계시록이 돌 성전 파괴 전에 기록되었기에 돌 성전 파괴를 가리키는 것으로 본다. 세대주의적 미래론자들은 '이제 있는 일'을 교회 시대에 적합한 발전으로 보면서 계시록 2-3장의 내용으로 본다. 세대주의자들도 '이것들 후에'에서 '이것들'을 교회 시대를 가리키는 것으로 본다. 이 견해에 의하면, 유사한 표현이 등장하는 계시록 4장 1절은 교회의 휴거와 교회 시대의 끝으로 본다." 송영목, "요한계시록의 전통적 4가지 해석의 비교 및 분석," 112.

167. 이달, 『요한계시록』, 43.

168. Contra K. W. Larsen, "Neglected Considerations in Understanding the Structure of the Book of Revelation," *Restoration Quarterly* 59/4 (2017), 229.

음을 이기고계1:17-18 승천하신 예수님께서 요한에게 나타나셔서계1:12-16 기록하라고 명령하신다계1:19.[169] 따라서 사도 요한은 주 예수님으로부터 지상명령과 성경을 기록하라는 명령을 모두 받은 제자이다. 제자를 삼는 방법 중 하나가 승천하신 예수님의 계시를 기록하는 것이다.

요한이 본 것은 예수님의 오른손에 붙잡힌 일곱 별, 곧 일곱 교회의 사역자들과 일곱 금 촛대, 곧 일곱 교회에 관한 내용이다20절.[170] 20절의 "일곱 별의 비밀"이라는 표현은 예수님의 손에 붙잡혀 충성스럽게 일하는 모든 그리스도인이 별과 같다는 의미이다. 교회의 '비밀'은 계시록 2장 이후로 자세히 설명된다. '비밀'은 하나님 나라의 확장계10:7 참조과 음녀 바벨론의 실체계17:5,7 참조를 설명할 때 다시 등장한다.

계시록의 주인공이신 예수님의 호칭은 계시록 1장은 물론 계시록 2-3장과 이어지는 환상에서 반복된다. 편지인 계시록 2-3장에 계시록 1장 12-20절의 환상이 반복될 경우, 문자적 해석이 아니라 상징적으로 해석해야 한다. 계시록 1장이 계시록 전체 내러티브에서 반복되는 경향은 아래의 표와 같이 요약된다.[171]

계시록 1장(특히 1:12-20의 시작 환상)	계시록 2-3장	계시록 4-22장	신구약의 간본문
오른 손에 일곱 별(16절)	2:1; 3:1		
일곱 금 촛대 사이에 다님(12-13절)	2:1		슥4:2
처음과 나중(17절)	2:8	22:13	사41:4; 44:6; 48:12
죽으셨으나 영원히 살아계신 분(18절)	2:8		신32:40; 단4:34; 12:7
입에서 나오는 양날 선 칼(16절)	2:12, 16	19:15	사49:2

169. Thomas, *Revelation 1-7*, 113.

170. Greijdanus, *De Openbaring des Heeren aan Johannes*, 42. Contra 7별을 7교회의 7수호천사로 보는 Blount, *Revelation*, 47.

171. Wilson, *Charts on the Book of Revelation*, 61; Van der Waal, *Openbaring van Jezus Christus II*, 79. 참고로 허규는 익명의 선지자가 계시록 1장 9-20절에서 '소명 환시'를 기록한다고 주장한다. 하지만 계시록을 사도 요한이 기록한 것을 따른다면, 그는 AD 30년경에 사도로서 부름을 받았다. 허규, 『요한묵시록 바르게 읽기』, 59.

인자(13절)	2:18	14:14	시2:7; 단7:13
불꽃같은 눈(14절)	2:18	19:12	단10:6
빛난 구리같은 두 발(15절)	2:18		단10:6
땅의 임금들의 통치자(5절)	2:27	12:5; 19:15	시2:8
	거룩한 분(3:7)	6:10	시16:10; 사1:4; 37:23; 합3:3
	참되신 분(3:7); 참된 증인(3:14)	6:10; 19:11	사65:16
사망과 하데스의 열쇠들(18절)	3:7	5:5, 9; 6:10이하; 9:1; 20:1	사22:22; 마16:19
아멘(6-7절)	3:14	22:20	사65:16
신실한 증인(5절)	3:14	19:11	시89:37
죽은 자 가운데 첫 열매(5절)	3:14	22:13	골1:15,18

통상적으로 계시록 4-5장의 천상의 예배 환상에서 성부와 성자 간의 병행을 찾지만, 계시록 1장에서 미리 다양한 병행을 찾을 수 있다. ① 성부께서는 이제도 계신다계1:4,8. 예수님께서는 죽은 자들 가운데 첫 열매로서 현재 살아계신다계1:5. ② 성부께서는 "알파"로서 전에 계셨다계1:4,8. 성자께서는 "처음"이시다계1:17. ③ 성부께서는 오고 계시며 "오메가"이시다계1:4,8. 성자께서는 구름과 함께 오시며 "마지막"이시다계1:7,17. ④ 성부께서는 보좌에 앉으시고계1:4, 성자께서는 땅의 임금들의 머리로서 영광과 능력을 세세토록 받으시기 합당하다계1:5-6. ⑤ 성부께서는 전능하시다계1:8. 성자께서는 머리와 머리카락이 흰 승리자이시다계1:14.[172] 야웨 일신론에 빠진 불신 유대인들은 이런 병행이 가르치는 성자와 성부의 동등하심을 수용하지 않았다. 하지만 구약의 야웨를 성부 단일신론이 아니라 삼위일체로 이해하는 것은 자연스럽다. 계시록에서 유다지파의 사자는 어린 양으로서 통치하시며계3:21; 5:5-6 참조, 성부께서는 어린양을 통하여 통치하신다계

172. M. J. Gorman, *Reading Revelation Responsibly* (Eugene: Cascade Books, 2011), 83.

5:7; 6:16 참조.[173] 다시 말해, 유다지파의 사자는 어린양임에도 불구하고 통치하시는 게 아니다.

교훈과 적용

복음을 따라 실천하다가 고난 중에 있는 교회가 임마누엘하시는 예수님의 위로를 경험하는 방법은 무엇인가? 승천하신 예수님께서는 교회를 능력으로 붙드시고 흔들리지 않게 세상 끝까지 보존하신다. 그리고 우리의 범죄로 인한 고난이 아니라, 하나님 나라와 예수님을 증거하는 삶 때문에 겪는 고난은 얼마나 되는지 점검해 보자. 고난당하는 교회는 부활하셔서 영원무궁토록 살아계신 예수님과 늘 연합하여 살도록 애써야 한다. 대제사장이신 예수님의 마음을 지배하는 두 감정은 성부를 향한 사랑과 사람을 향한 연민이다. 그리스도와 연합된 사람에게 그런 그리스도의 두 마음이 증발해버리지 않고 살아 역사하도록 만들려면, 자신을 산 제물로 하나님께 드리기를 연습해야 한다.[174]

한국교회가 사용하는 『21세기 찬송가』에 아프리카 찬송가는 한 곡뿐이다. 동남부 아프리카 말라위의 미국인 선교사 콜빈T. B. Colvin, d. 2000이 작사한 찬송가 169장 "사망의 권세가"이다. 영어 제목은 "His Battle ended There주님의 싸움은 거기서 끝났다"이다. 이 찬송가는 원래 말라위의 체와 부족Chewa이 불렀다. 그리고 원래 곡조는 말라위의 안고니Angoni 부족의 전쟁 노래이다. 그래서 '힘차고 빠르게' 불러야 한다. 안고니 부족에게 전쟁 노래는 두 종류가 있다. 전쟁터로 가기 전에 부르는 '이미구보imigubo'와 전쟁을 마치고 부르는 '이미후보imihubo'이다. 찬송가 169장은 예수님께서 부활하심으로써 죽음 권세를 이기셨기에, 승전 후에 부르는 '이미후보'에 해당한다. 예수님의 부활은 죽음이 두려워서 평생 매여 있는 종들을 해방하였다히2:15; 계 1:18; 20:6 참조. 그래서 주님의 부활의 은혜는 그리스도인의 것이다. 예수님의 부활의 능력을 자신의 것으로 믿는 이들만 찬송가 169장을 '이미후보', 곧 승전가로 부를 수 있다.[175]

---

173. Gorman, *Reading Revelation Responsibly*, 139.

174. 참고. Cangelosi, "The Church is a Missionary Society, and the Spirit of Missions is the Spirit of the Gospel," 211.

175. 참고. 오소운, 『알기 쉽게 쓴 21세기 찬송가 해설』 (서울: 성서원, 2017), 326.

계시록의 메시지를 효과적으로 적용하기 위해 다음 진술에 주목할 필요가 있다. "오늘날 교회교육 현장에서 성경적 세계관은 여전히 고대의 언어와 상징체계를 고수하며 제시되고 있다. 그 결과 아동들에게 성경은 그들의 가치관과 무관하게 화석화된 세계이다. 언어학 및 교육학적으로 볼 때, 효과적인 언어 수행performance은 낯선 고대의 상징어는 현대적 메타포로 바꾸어 전달해야 그 의미를 제대로 이해할 수 있다."[176]

176. 유은걸, "요한계시록의 장르적 특성과 기독교교육적 적용 가능성에 대한 연구," 112.

요한계시록 2장

<본문의 개요>

계시록 2-3장은 계시록 1장 및 계시록 4-22장과 별도로 기록되어서 단편으로 유통되었다는 역사적 증거는 없으며, 이 두 장은 계시록 1장의 내용과 매우 밀접하고, 계시록에서 숫자 7은 요한이 본 환상에 자주 등장한다.[1] 계시록 2장에서 요한은 소아시아 7교회 중에서 4교회를 다루는데, 편지를 구성하는 요소는 마치 고대 근동近東에서 종주宗主가 속국의 왕과 언약을 맺는 장면을 연상시킨다.[2] 큰 왕이신 예수님께서는 작은 왕과 신하와 같은 각 교회의 형편을 아시고, 그들의 회복을 위한 적절한 처방을 내리신다. 구약의 몇 본문과 구조적 간본문성을 보이는 계시록 2-3장의 7교회에게 쓴 편지의 구조는 다음과 같다.[3] ① 독자가 누구인지 밝히고, ② 계시록 1장의 시작 환상에 나타난 상징으로써 예수님을 묘사하고, ③ 수신자 교회의 장점을 칭찬하며, ④ 수신자 교회의 문제점을 비판하고, ⑤ 회개와 신실할 것을 권면하며, ⑥ 귀 있는 자는 성령의 말씀을 들으라고 명령하고, ⑦ 이기는 사람에게 약속이 주어진다.[4] 사도 요한은 신약의 선지자로서 구약에서 볼 수 있는 '구원과 심판 예언신탁'에 나타난 유사한 패턴으로 편지를 기록한다. 그 패턴은 칭찬, 책망, 회개의 요구, 심판의 위협, 그리고 구원의 약속인데, 수신자들은 회

---

1. H. Bavinck, *The Last Things: Hope for This World and the Next* (Grand Rapids: Baker, 1996), 111; Gentry, *The Divorce of Israel*, Volume 1, 339.
2. 히타이트제국의 종주권 언약에 비추어 분석한 계시록 2-3장의 언약 구조는 Chilton, *The Days of Vengeance*, 86을 보라.
3. 창세기 32장 3-5절의 LXX와 에스겔 14장 3-8절을 계시록 2-3장의 편지 구조와 비교한 경우는 R. L. Muse, "Revelation 2-3: A Critical Analysis of Seven Prophetic Messages," *JETS* 29/2 (1986), 152-158을 보라.
4. Reddish, *Revelation*, 51. 참고로 계시록 2-3장은 제일 긴 내용으로 권면을 받은 두아디라교회(계2:18-29)를 중앙(D)에 둔 교차대칭구조로도 볼 수 있다. 열정이 식고 적대감이 커진 에베소교회(A)와 라오디게아교회(A′)가 가장 바깥에 병행하여 자리 잡고, 주님께 칭찬만 듣고 사탄의 회당으로부터 박해받은 서머나교회(B)와 빌라델비아교회(B′)가 그 안에 병행을 이루며, 혼합주의에 빠진 버가모교회(C)와 사데교회(C′)가 가장 안쪽에서 병행을 이룬다. 중앙에 자리 잡은 두아디라교회는 부도덕과 교리적 혼합주의에 빠졌지만, 버가모교회와 사데교회처럼 영적인 혼합주의에 빠지지 않았고, 그렇다고 서머나교회와 빌라델비아교회처럼 영적으로 탁월함도 갖추지 못했으며, 에베소교회와 라오디게아교회처럼 사랑과 열정을 잃어버리지도 않았다. Lioy, *The Book of Revelation in Christological Focus*, 85-86에서 요약.

개하든지 아니면 심판에 직면하든지 결단해야 했다.[5] 사족을 달면, 계시록 2-3장만 지역 교회들에 전달된 것이 아니라, 계시록 내용 전체가 예배 중에 낭독되었다. 그리고 안식교와 안상홍증인회 등이 주장하듯이, 계시록 2-3장의 각 교회는 사도 시대부터 예수님의 재림까지 있을 7세대에 대한 미래 예언이 아니다.[6]

소아시아 7교회에게 주어진 메시지인 계시록 2-3장의 이전 문맥은 계시록 1장 19절의 지금 있는 일이다.[7] 그리고 계시록 2-3장의 이후 문맥은 장차 될 일계1:19 가운데 가까운 미래에 일어날 일을 천상 예배로 알리는 계시록 4장이다. 따라서 계시록 2-3장은 뒤따르는 근접 미래에 일어날 일을 위해서 현재 상황을 알리는 발판과 같다.[8]

<내용 분해>

1. 에베소교회에 보내는 편지(2:1-7)
2. 서머나교회에 보내는 편지(2:8-11)
3. 버가모교회에 보내는 편지(2:12-17)
4. 두아디라교회에 보내는 편지(2:18-29)

---

5. T. L. Key, “Preaching the Seven Churches of Revelation 2-3,” (D.Min. Thesis, The Southern Baptist Theological Seminary, 2016), 64-65.
6. 계시록을 역사-예언적(historical prophetic)으로 해석한 다비(J. N. Darby)도 계시록 2-3장이 계시록 4장 이후의 묵시-예언적 내용과 차이가 있음을 인정했다. 참고. R. L. Thomas, “Chronological Interpretation of Revelation 2-3,” *Bibliotheca Sacra* 124 (1967), 326, 331; contra M. H. Duncan, *A Revelation of End-Time Babylon* (Glendale: The Church Press, 1950), 19-20; Stefanovic, 『예수 그리스도의 계시』, 141, 145, 151, 156, 162, 167, 175. 참고로 일반적으로 신약 서신서는 구원의 원칙을 먼저 소개한 후에 실천 사항을 나중에 언급한다. 하지만 계시록의 경우 계시록 2-3장에서 실천 사항을 먼저 밝힌 후, 계시록 4-22장의 환상에서 그리스도인의 실천을 위한 교훈이 등장한다고 볼 수 있다. Thomas, *Revelation 1-7*, 125. 하지만 계시록 1장에서 구원의 근거가 나타나며(특히 5-6절), 계시록 4-22장에도 그리스도인의 윤리와 실천 사항을 볼 수 있다(14:4-5).
7. 계시록 2-3장에 서신 형식이 결여되기에 장르가 ‘예언 신탁’으로서 설교라고 본 경우는 J. A. D. Weima, 『요한계시록에 가면: 일곱 교회를 향한 설교』, *The Sermons to the Seven Churches of Revelation*, 전성현 역 (서울: 학영, 2022), 23-27을 보라.
8. 한국인 최초로 신학박사 학위를 취득하여 평양신학교 교수가 된 남궁혁(b. 1882)은 계시록 2-3장을 주해하면서, 소아시아 7교회가 처한 정치와 문화 그리고 종교적 상황을 설명하기보다, 풍유적 해석을 따라 영적 전쟁을 강조했다. 남궁혁에 따르면, 그리스도인은 진리의 여정에서 아담에게서 물려받은 유전적인 죄와 같은 내부의 적은 물론, 부귀영화와 물욕과 같은 외부의 적과 일평생 전쟁을 치른다. 바둑과 장기와 같은 오락도 그리스도인이 싸워야 할 적이 될 수 있다. 따라서 마지막 아담과 연합된 그리스도인은 십자가에 정과 욕심을 못 박아야 한다(갈 5:24). 그러나 성도에게 가장 강력한 적은 사탄이다. 사탄은 그리스도인이 부지중에 유혹에 넘어가도록 일한다. 이때 교회는 오직 그리스도께서 주시는 생명의 성령의 법으로써 사탄을 이길 수 있으므로(롬7-8장), 주님을 바라보면서 영적 전쟁을 치러야 한다. 남궁혁, “靈戰(묵 2:7-12,17-26; 3:5-12),” 『신학지남』 14/3 (1932), 228-229.

1. 에베소교회에 보내는 편지(2:1-7)

"[1]에베소 교회의 사자에게 편지하라 오른손에 있는 일곱 별을 붙잡고 일곱 금 촛대 사이를 거니시는 이가 이르시되 [2]내가 네 행위와 수고와 네 인내를 알고 또 악한 자들을 용납하지 아니한 것과 자칭 사도라 하되 아닌 자들을 시험하여 그의 거짓된 것을 네가 드러낸 것과 [3]또 네가 참고 내 이름을 위하여 견디고 게으르지 아니한 것을 아노라 [4]그러나 너를 책망할 것이 있나니 너의 처음 사랑을 버렸느니라 [5]그러므로 어디서 떨어졌는지를 생각하고 회개하여 처음 행위를 가지라 만일 그리하지 아니하고 회개하지 아니하면 내가 네게 가서 네 촛대를 그 자리에서 옮기리라 [6]오직 네게 이것이 있으니 네가 니골라 당의 행위를 미워하였도다. 나도 이것을 미워하노라 [7]귀 있는 자는 성령이 교회들에게 하시는 말씀을 들을지어다 이기는 그에게는 내가 하나님의 낙원에 있는 생명나무의 열매를 주어 먹게 하리라"

역사주의자들과 몇몇 미래론자들은 각각의 편지들 사이의 평행에 주목하면서 요한 이래로 지금까지의 교회사의 연속적인 기간에 주목한다. 따라서 그들은 7편지를 전체 교회시대의 파노라마를 보여주는 것으로 본다. 이 견해에 따르면, 에베소교회에게 보낸 편지는 사도 시대부터 AD 100년까지의 상황을, 서머나교회에게 보낸 편지는 AD 100-313년 사이의 박해의 기간을, 버가모교회에게 보낸 편지는 기독교가 로마에서 인정된 AD 313년에서 교황주의의 발현(AD 500년) 사이의 교회의 거짓 교리와의 혼합주의 시대를, 두아디라교회에게 보낸 편지는 교회 개혁까지의 교황주의 시대(AD 500-1500년)를, 사데교회에게 보낸 편지는 종교개혁 시대인 AD 1500-1700년 사이를, 빌라델비아교회에게 보낸 편지는 선교 활동을 다시 경험한 AD 1700년에서 오늘까지를 가리키는 것으로 본다. 이것은 전체 교회의 시대 중에서 각 시대와 계시록 2-3장의 7편지 중 해당 편지의 내용 사이의 유사점에 근거한 기발한 해석이다. 이 관점은 역사주의적 해석에서 시작되었지만, 현대에는 미래론자 중에서 세대주의자들에게서 발견된다.[9]

계시록의 수신자들이 거주한 소아시아는 버가모의 왕 아탈로스Attalos 3세d. BC 133의 유언에 따라 BC 129년경에 로마제국에 편입되었다.[10] 아래는 BC 138-133년 동안 통치한 아탈로스 3세의 유언인데, 소아시아의 뮈시아Mysia에 세워진 비문인 OGIS 338IGR 4.289; 133 BC의 일부이다.

> 왕 아탈루스 필로메토르와 유에르게토스가 사람들로부터 떠나면서(즉, 서거하면서), 고국과 도시의 토지의 경계를 세우고, 우리의 고국을 자유롭게 남겨주었다. 그는 그 토지들이 동등한 권리를 가져야 한다고 결정하였다. 그리고 로마인들에 의하여 유언이 시행되어야 한다. 그리고 아래에 언급한 부류의 사람들이 시민권을 함께 소유하는 것이 민회의 시민들을 향해 보여준 완전한 선의로 인하여 공공의 안전을 위하여 시급하다. 아래에 언급된 사람들, 즉 등록 관청에 외국인으로 등록된 사람들, 도시와 시골에 정착한 군인들, 마찬가지로 마케도니아인들과 뮈시아인들 ……에게 시민권을 받는 것이 선한 운명으로 민회의 시민들이 생각함이다.[11]

소아시아의 7도시 중 가장 큰 중심 도시인 에베소는 에게해에서 멀지 않은 카이스터Cayster강 근처에 자리 잡았는데, 오늘날 셀주크Selçuk이다. 에베소에는

---

9. 송영목, "요한계시록의 전통적 4가지 해석의 비교 및 분석," 113. 최근에도 계시록 2-3장의 7교회를 통해 시대구분과 통속적인 종말론을 결합하는 불건전한 시도가 나타난다. "(심각한 부상을 당한 채 살아남은) 공산주의라는 짐승, 과학적 물질주의와 진화론이라는 거짓 선지자, 그리고 유대인-프리메이슨의 에큐메니즘이라는 음녀는 제3차 대전으로 파멸될 것이다. 그 후 교회는 다시 일어나고 천국 복음은 모든 세상에 전파될 것이다. 그다음 세상의 끝이 올 것이다(마24:14). 마지막 배교 기간은 라오디게아교회가 가리키는 시기인데, 적그리스도, 즉 거짓 메시아이자 유대인의 왕은 권세를 잡고 전 세계적이고 가장 잔인하게 교회를 박해할 것이다. 그다음 예수님의 재림, 몸의 부활, 최후의 끔찍한 심판이 뒤따른다." V. Moss, *Apocalypse-The Book of the End: An Interpretation of the Book of Revelation of St. John the Theologian* (Np: Nd, 2018), 16; J. C. Wellman, "Ouranology in the Book of Revelation: Its Epoch and Chiastic Structure," (Ph.D. Thesis, South African Theological Seminary, 2018), 250.
10. Kraft, 『요한묵시록』, 51; Reddish, *Revelation*, 58.
11. 김규섭, "갈라디아서 3:15-18에 나타난 언약의 개념: 성경 신학적 주해와 설교," (한국성경신학회 제48차 정기 논문발표회 발제 논문. 신반포중앙교회당, 2022년 2월 14일), 24-25.

신석기 시대인 BC 6000년경부터 사람이 거주했다. 원래 에베소 도시는 항구라 할 수 있는데, 밀려드는 침적토 때문에 거대한 습지로 변하자 BC 2세기에 약 10㎞ 거리에 걸쳐 신도시가 세워졌다. 에베소인들은 BC 550년에 아데미 신전을 완공했는데고트족이 AD 3세기에 파괴함, 이것은 그리스 신전들 가운데 규모가 가장 크다.[12] 매년 아데미 여신을 위한 축제가 1달가량 열렸는데, 지중해 연안에서 약 50만 명이 찾아왔다. 에베소의 야외극장은 약 25,000명을 수용했는데행19:28 참조, 요한 당시 그 도시의 인구는 최대 250,000명으로 추산된다. 에베소는 로마 제국에서 로마, 알렉산드리아, 시리아의 안디옥 다음으로 큰 도시였다. 각종 제의제우스, 아프로디테, 포세이돈, 아폴로와 미신의 온상이었던 에베소는 클라우디우스글라우디오 황제 혹은 네로 황제를 위해 신전을 건축했고, 나중에 하드리아누스 황제를 위해서도 신전을 세웠다.[13] AD 50-55년경 사도 바울은 에베소와 인근 지역에 복음을 전파했는데행19:1-10,20, 유대주의자들과 초기 영지주의자들의 활동이 활발했다딤전1:7; 4:1-3 참조. AD 70년 예루살렘 성전이 파괴되자마자 에베소는 기독교의 중심지로 급부상했으며, 사도 요한과 디모데, 그리고 예수님의 모친 마리아가 그 도시에 묻혔다고 전해진다.[14]

요한은 편지를 받을 수 없는 영적 존재인 에베소교회의 천사가 아니라 그 교회를 대표하는 사자使者, 곧 목회자에게 편지를 쓴다1절; 참고. 고후8:23.[15] 그러나 혹자는 1절 문두의 그 사자에게Τῷ ἀγγέλῳ를 '그 천사에게'라고 번역하면서 에베소

12. Gentry, *The Divorce of Israel*, Volume 1, 344.

13. Charles, *A Critical and Exegetical Commentary on the Revelation of St. John*, Volume 1, 48; Gentry, *The Divorce of Israel*, Volume 1, 343.

14. Charles, *A Critical and Exegetical Commentary on the Revelation of St. John*, Volume 1, 48.

15. 이광진, 『요한계시록 연구』, 111; contra Weima, 『요한계시록에 가면: 일곱 교회를 향한 설교』, 60-63. 참고로 중세부터 17세기까지, 계시록 2-3장의 명사 ἄγγελος는 대체로 교회의 주교나 교사라고 이해되었다. 루터 역시 이런 해석에 기초하여 천주교와 싸웠다. 하지만 18세기에 일단의 학자들은 그 명사를 '사자(messenger)'로 이해했다. M. Karrer, "The Angels of the Congregations in Revelation: Textual History and Interpretation," *Journal of Early Christian History* 1/1 (2011), 58.

교회의 수호천사는 그 교회의 대표자에 대한 하늘의 대응 짝이라고 주장한다.[16] 하지만 신구약 중간기에 유대인들 가운데 발전된 수호천사 개념은 성경에 명확하지 않다. 여기서 이달의 설명을 들어보자.

> 1절에 보면 편지의 수신자는 예상을 뒤엎고 에베소교회의 '천사'이다. …… 요한은 지금 황홀경 속에서 하나님과 함께 하늘에 있어서 편지를 직접 에베소교회에 써서 전달할 수 없었을 터이기 때문에, 하늘에 있는 에베소교회를 담당한 천사에게 예수 그리스도로부터 받은 계시를 써서 전달할 수밖에 없었던 것으로 볼 수 있다.[17]

이달의 위의 설명은 기발하고 묵시적이다. 그러나 성령님 안에 있던 요한의 몸이 천상으로 올라가서 지상 교회에게 편지를 쓸 수 없었다는 것은 사실이 아니며, 요한이 천사에게 메시지를 어떻게 전달할 수 있었는지 매우 의문이다. 거대한 도시 에베소에 여러 가정교회가 있었을 것이다. 그렇다면 각 가정교회를 목회하던 이들은 예수님의 말씀을 먼저 자신에게 적용하여 준행해야 했다.

에베소교회에 말씀하시는 예수님께서는 오른손으로 7별을 붙잡으시고, 일곱 금 촛대 사이를 거니신다1절; 참고. 행18:18-20; 계1:20. 승천하신 예수님께서는 7별, 즉 7교회로부터 멀찍이 떨어져 계시지 않고, 그들과 친밀하게 임마누엘하셔서 보호하신다. 그런데 로마 동전에 새겨진 7별은 그 동전의 다른 면에 새겨진 황제가 신적 존재로서 별조차 통치한다는 홍보용이었다. 계시록 2-3장의 7편지 모두 예수님께서 말씀하시는 것으로 시작하여 성령께서 말씀하시는 것으로 마치는 포괄식 구조를 보인다.[18] 따라서 요한은 계시록이 자신이 기록한 편지라는 차원을 넘어 삼위 하나님의 계시로서 권위를 가지고 있음을 강조한다. 1절의 "이와 같

16. 이달, 『요한계시록』, 76; 신동욱, 『요한계시록 주석』, 49.
17. 이달, 『요한계시록』, 79. 이와 유사한 주장은 허규, 『요한묵시록 바르게 읽기』, 65를 보라.
18. 참고. 이복우, "서머나 교회(계2:8-11)에 나타난 교회의 정체성," 『신학정론』 36/1 (2018), 185.

이 그분이 말씀하신다Τάδε λέγει"는 신약성경에 8회 등장하는데, 계시록 2-3장에 7회 나타난다. 구약에서 이 표현은 예언적 진술을 가리킨다렘22:1 LXX 참조.[19]

예수님께서는 에베소교회의 행위와 수고와 인내를 아시며, 그들이 악한 자들과 거짓된 자칭 사도를 용납하지 않은 장점을 칭찬하신다2절. 예수님께서는 전지하시며omniscient, 지식의 알파와 오메가이시다. 여기서 "수고κόπος"는 복음 전파를 위해서 애쓸 때 등장한다고전3:8; 살전3:5 참조. 그리고 에베소교회에게 인내와 부지런함3절; 참고. 마10:22; 24:9,13, 그리고 니골라당Νικολαΐτης의[20] 행위를 미워한 장점도 있었다6절. 에베소교회의 장점인 "오래 참음ὑπομονή"은 성령으로 충만할 때 맺는 열매이다갈5:22 참조. 영지주의적 혼합주의자인 니골라당은 에베소교인에게 박해를 피하기 위해 로마 신들과 황제를 숭배하라고 유혹했다계2:14-15 참조. 여기서 주목할 사실은 에베소교회가 용납하지 않은 '거짓 사도'에 대한 논쟁이 AD 90년대에는 사라졌다는 점이다고후11:1 참조. 따라서 요한계시록의 기록 연대는 도미티아누스 황제 당시가 아니라 네로가 통치하던 AD 60년대 후반이 적절하다.[21]

계시록 2장 3절의 인내를 포함하여 계시록 2-3장의 여러 주제는 내러티브가 전개될 때 발전된 형태로 다시 등장한다. 예를 들어, 이김계2:7,11,17,26; 12:11; 15:2; 17:14; 21:7, 생명나무계2:7; 22:2,14, 환난계2:9,10,22; 7:14, 사탄계2:9,13; 3:9; 12:9; 20:2,7, 둘째 사망계2:11; 20:6, 순교계2:13; 6:9-11; 11:7-10; 14:13; 17:6, 우상숭배계2:14,20; 9:20; 13:4; 21:8; 22:15, 칼 심판계2:16; 6:4; 13:10; 19:15,21, 아무도 모르는 이름계2:17; 19:12, 새벽 별계2:28; 22:6, 생명책계3:5; 20:12,15; 21:22; 22:4, 새 예루살렘성계3:12; 21:2,10; 22:19, 그리스도와 함께 보좌에 앉음계3:21; 20:4, 구원과 복계2:7=22:2; 2:11=20:6; 21:8; 2:26b-27=20:4 등이다.[22] 이 사실은 계시

---

19. Lizorkin-Eyzenberg & Shir, *Hebrew Insights from Revelation*, 69.

20. 송영목, "혼합주의자 니골라당(계2:6, 15)은 누구였는가?" 『개혁논총』 26 (2013), 35-64.

21. Slater, "Dating the Apocalypse to John, Revisited," 252. 참고로 일부 교부들은 예루살렘교회의 집사 니골라와 니골라당을 연결했는데(행6:5), 그것에 근거한 추가적인 추정은 N. Walter, "Nikolaos, Proselyt aus Antiochien, und die Nikolaiten in Ephesus und Pergamon: Ein Betrag auch zum Thema: Paulus und Ephesus," *ZNWKAK* 93/3-4 (2002), 200-226를 보라.

22. Gentry, *The Divorce of Israel*, Volume 1, 337, 340.

록이 처음부터 하나의 내러티브로 기록되었음을 지지하므로, 많은 자료가 여러 번의 편집 과정을 거쳐서 계시록의 최종 형태를 갖추게 되었다고 볼 수 없다.

에베소교회는 하나님과 사람을 향한 첫사랑을 잃어버렸다4절. 에베소교회와 달리 데살로니가교회는 "사랑의 수고"를 아끼지 않았다살전1:3 참조. 그런데 요한은 에베소교회가 첫 사랑을 상실한 이유를 설명하지 않는다. 아마도 에베소교회가 거짓 사도순회 설교자와 악한 자 그리고 영지주의적 혼합주의자들인 니골라당6절을 진리의 복음으로써 분별하는 주로 지적인 작업에 몰두하다 보니, 사랑이라는 정서가 메말라버렸던 것 같다.[23] 하지만 진리는 사랑 안에서 말해야 하는 법이다고전13:6; 엡4:15 참조. 요한계시록의 수신자와 동일한 지역의 그리스도인에게 보내진 베드로후서는 베드로가 순교하기 전인 AD 66년경에 기록했다. 따라서 계시록의 이른 기록 시기와 베드로후서의 기록 연대는 거의 일치한다. 베드로후서의 수신자들 가운데 거짓 선생들의 미혹을 받아 방탕에 빠짐으로 첫사랑을 잃은 자들의 수가 적지 않은 것은 우연이 아니다벧후1:7; 2:2,13 참조. 따라서 에베소교회가 첫사랑을 잃어버리는 데 긴 시간이 필요하지 않음을 베드로후서와 비교하면 확인할 수 있다. 사도 바울도 옥중서신인 에베소서의 마지막 구절에서 사랑의 실천을 당부한 바 있다엡6:24 참조.[24] 계시록 2장 1-7절은 5b절을 중심으로 하여 아래와 같이 교차대칭구조를 보인다.[25]

A 7별을 붙잡고 거니시는 분이 말씀하심(에덴동산의 풍경, 1절)

B 거짓 사도를 물리친 것을 포함한 행위를 아심(2-3절)

23. 박영식, 『오늘 읽는 요한묵시록』, 78. 참고로 네로 황제의 전면적 박해, 회개하지 않고 에베소 신전에 피하려는 유혹, 영지주의자들의 미혹도 첫사랑의 상실 원인이다. 송영목, "에베소교회가 처음 사랑을 버린 이유: 에베소서, 디모데전후서 그리고 요한계시록 2:1-7을 중심으로," 『교회와 문화』 47 (2022), 171. 참고로 '첫사랑'(계2:4)과 '첫 행위들'(계2:5)을 같은 의미로 보면서, 에베소교회의 일부 교인은 더 이상 니골라당의 우상숭배 행위를 사랑하지 말고 하나님만 사랑해야 한다는 의미로 해석이 가능하다. P. Trebilco, *The Early Christians in Ephesus from Paul to Ignatius* (Grand Rapids: Eerdmans, 2004), 304-305를 보라.

24. 참고. Leithart, 『새로운 질서가 오다: 재림의 약속에 대한 베드로후서의 가르침』, 136.

25. Leithart, *Revelation 1-11*, 144-45.

C 첫사랑을 버림(4절)

D 기억하고 회개하라(5a절)

E 내가 가서 촛대를 옮길 것임(5b절)

D′ 회개하지 않으면(5c절)

C′ 미워하다(6a절)

B′ 니골라당의 행위(6b절)

A′ 성령께서 하시는 말씀을 들어라(하나님의 낙원 풍경, 7절)

에베소교회는 첫사랑을 상실한 원인을 찾아서 회개하고 회복해야 했다5a절; 참고. 벧후3:9. 첫사랑을 회복하지 못할 때 교회를 상징하는 촛대왕상7:49 참조가 옮겨질 수 있다는 경고5b절는 예수님께서 그분의 현존을 거두어들이심으로써 교회의 예배 및 전도와 같은 핵심 사명을 감당하지 못하게 된다는 의미로 보인다.[26] 더 나아가 예수님께서 심판하시러 오셔서a parousia 촛대를 옮기시는 것을 배교 혹은 교회로서의 지위를 상실할 수 있다는 경고로 볼 수 있다.[27] 가령 에베소교회가 교회 폐쇄라는 최악의 상황을 맞이하더라도 하나님 나라가 사라지는 것은 아니다. 하나님께서 하나님 나라라는 큰 그림 속에서 개 교회의 존재와 사명을 주관하신다. 그리고 하나님께서는 회개라는 처방전을 제시하시면서, 그분과 교회 사이의 사랑의 언약이 유지되도록 하신다. 계시록 2-3장은 물론 계시록의 심판 환상 시리즈에는 경고와 두려움을 통해서 죄인들의 회개를 촉구하는 수사학적 기법이 자주 등장한다.[28] 이런 두려움은 신뢰가 없이 공포에 빠트리는 것이 아니라 하나님의 회복적 정의를 따라서 하나님을 경외하는 것이다.

계시록의 중심 주제는 하나님 나라의 확장이다계11:15 참조. 소아시아 7교회 가

26. 박영식, 『오늘 읽는 요한묵시록』, 78; 이달, 『요한계시록』, 81.

27. Schreiner, "Revelation," 571; Osborne, *Revelation*, 118. 참고로 촛대가 옮겨진다는 경고를 교회의 파괴라는 혹독한 심판으로 본 경우는 Weima, 『요한계시록에 가면: 일곱 교회를 향한 설교』, 89를 참고하라.

28. A. Stewart, "The Ethics of Fear Appeals and the Apocalypse of John," *Criswell Theological Review* 17/1 (2019), 53-66.

운데 에베소교회는 이 주제에 대해 가장 잘 알고 있었다. 바울은 에베소서에서 두 단어, 곧 '경륜οἰκονομία'과 '충만πλήρωμα'을 통해 천국 확장을 위한 선교를 강조한 바 있다엡1:10,20-23; 3:2,9,19; 4:10,13 참조.[29] 에베소교회가 예수님의 견책과 바울의 권면을 겸손히 받아들여 첫사랑을 회복하고 선교적 공동체로 발돋움한다면, 하나님의 통치와 구원과 뜻이 온 세상에 충만하게 되는 하나님의 경륜을 이룰 수 있다.

여기서 주목할 사항은 은사와 사랑의 관계이다. 에베소교회는 지식의 말씀과 영들 분별과 같은 은사를 가지고 있었다고전12:8-10; 계2:2-3 참조. 사랑은 최고의 은사가 아니라 은사를 시행하는 동기와 수단이다롬12:9-10; 고전12:31; 13:1-13; 벧전4:8-10 참조.[30] 사랑이 없으면 모든 은사의 활용은 무의미하며 아무것도 아니다.

요한 당시에 에베소의 아데미신전은 범죄자들의 도피처였기에, 범죄자들은 회개할 필요 없이 거기로 피신할 수 있었다.[31] 알렉산더 대왕과 마크 안토니는 아데미신전의 안전지대를 각각 180m와 360m로 결정했다.[32] 하지만 요한은 첫사랑의 회복을 위해서 도피하지 말고 회개하라고 권면한다. 그리고 요한은 고대 에베소의 장소가 침적토 때문에 이전된 바 있는 역사를 염두에 두면서 촛대가 옮겨질 것이라고 경고한다.[33] 에베소교회는 사역자들을 붙잡고 계시며 임마누엘하시는 예수님을 신뢰한다면 회개하여 첫사랑을 회복할 수 있다. 따라서 계시록 2-3장에서 각 교회가 직면한 문제를 해결하는 답은 그 교회에게 말씀하시는 예수님을 설명하는 표현에 나타난 그대로 주님을 믿고 순종하는 길이다.

성령님께서 교회들에게 말씀하시는 바를 듣고마11:15 참조 순종할 영적인 귀οὖς가 있어 계속하여 이기는 자Τῷ νικῶντι, 현재분사는 하나님의 낙원에 있는 생명나무

---

29. 에베소서 1장 15-23절은 바울의 첫 번째 기도인데 선교적 특성으로 가득하다. T. A. van Aarde, "The Relation of God's Mission and the Mission of the Church in Ephesians," *Missionalia* 44/3 (2016), 286, 292.
30. S. L. Cox, "1 Corinthians 13-An Antidote to Violence: Love," *Review and Expositor* 93 (1996), 535.
31. Hemer, *The Letters to the Seven Churches of Asia in Their Local Setting*, 51.
32. R. L. Overstreet, "The Temple of God in the Book of Revelation," *Bibliotheca Sacra* 64 (2009), 447.
33. Hemer, *The Letters to the Seven Churches of Asia in Their Local Setting*, 37.

의 열매를 먹는다7절.[34] 이사야 선지자는 주 하나님께서 귀를 여실 때 거역하지 않고 뒤로 물러가지도 않으면서, 구타하고 모욕하는 자들 앞에 당당하게 설 것이라고 고백한 바 있다사50:5-7 참조. 소아시아 7교회는 이런 자세를 배워야 한다. 7절의 "낙원"은 그리스도인이 육체적으로 죽을 때, 영혼이 가는 천국이다눅23:43; 고후12:4 참조.[35] 에베소에서 동전에 새겨진 대추야자나무는 풍요의 신 아데미의 상징이었다.[36] 아데미가 출생한 에베소 근교의 오르티기아Ortygia 숲은 '낙원'이라 불렸다. 그러나 여신 아데미가 아니라 부활하신 예수님께서 실낙원失樂園을 복낙원復樂園으로 변혁시키시어 이기는 자들이 누리도록 하시는 천국의 동산지기이시다요20:15; 계21:5 참조. 이교 신이 약속한 생명과 풍요와 낙원이라는 약속과 복은 오직 예수님을 머리로 모신 교회에서만 성취된다. 첫사랑을 상실한 에베소교회처럼, 에덴동산의 아담과 하와도 하나님을 향한 첫사랑을 상실하여 실낙원을 경험했다창3:24 참조. 하지만 하나님께서는 아담 부부에게 가죽 옷을 입혀 동산 밖으로 내보내셨다창3:21 참조.[37] 여기서 가죽 옷은 마지막 아담을 통한 회복, 곧 복낙원을 예고한다롬13:14; 갈3:27; 골3:10; 계19:8 참조. 에베소교회는 승리의 여신 '니케'를 잘 알고 있었다. 니케는 날개로 어디든 날아다니며, 손에 승리한 장군이나 운동선수가 받던 종려나무 가지와 승리의 화관을 쥐고 있었다.[38] 하지만 에베소교회

---

34. 공관복음서에 연회 전형장면(banquet type-scene)이 자주 나타난다(마22:2-10[참고. 눅14:15-24], 11-14; 25:1-13; 눅13:24-30[참고. 마7:13-14]; 14:7-11[참고. 마23:6; 막12:39; 눅20:46]; 14:12-14; 15:11-32). 예수님의 비유에 종종 등장하는 연회 전형장면은 하나님 나라에 들어올 사람(주로 누가복음)과 배격될 사람(주로 마태복음)을 나눈다. 계시록의 경우, 연회 전형장면은 예수님과 이기는 성도가 함께 먹음(계2:7,17,20; 참고. 계10:9), 심판받는 자들은 고가의 식량을 살 수 없어 먹지 못함(계6:6), 목자이신 어린양이 양떼에게 꼴과 생명수를 풍성히 먹이심(계7:16-17), 음녀가 성도의 피를 먹음(계17:6), 바다짐승이 음녀의 살을 먹음(계17:16), 어린양의 혼인잔치에서 먹음(계19:9), 새들이 심판 받을 악인들의 살을 먹음(계19:18)에 나타난다. 하나님께서는 그분의 백성을 잔치로 초대하셔서 극진히 먹이시지만, 그들을 박해한 세력은 잡아먹히게 하신다. F. Hosein, "The Banquet Type-Scene in the Parables of Jesus," (Ph.D. Thesis, Andrews University, 2001), 398.
35. Contra 계시록 2장 7절의 "낙원"을 최후 심판 후에 구원받은 사람이 갈 마지막 때의 낙원이라고 이해하는 이광진, "요한계시록에 나타난 죽은 자들의 세계와 사후의 생에 대한 기대(IV)," 『신학과 현장』 18 (2008), 141.
36. Hemer, *The Letters to the Seven Churches of Asia in Their Local Setting*, 45.
37. Wall, *Revelation*, 72.
38. Weima, 『요한계시록에 가면: 일곱 교회를 향한 설교』, 94.

의 승리는 자신의 능력에 기인하지 않고 주 예수님의 은혜 덕분이다계3:21의 "내가 이긴 것 같이" 참조.[39]

7절의 중성 단수 대격 명사 "귀"와 달리, 마태복음 11장 15절, 13장 43절, 마가복음 4장 9, 23절, 누가복음 14장 35절 등에서는 복수형 "귀들ὦτα"로 표기한다. 예레미야 5장 21절과 에스겔 12장 2절의 "두 귀"를 반영하는 공관복음의 그 구절들은 육신의 두 귀를 가진 사람마다 예수님께서 비유로 설명하시는 바를 들어야 함을 강조한다.[40]

각 편지의 이기는 사람에게 주어진 약속은 유다지파 출신 사자의 승리계5:5 참조와 바다에서 올라온 짐승을 이긴 사람들을 거쳐서계15:2 참조, 백마 타신 예수님의 승리계19:11-16 참조와 새 예루살렘성의 이기는 사람을 예고한다계21:7 참조.[41] 이런 내러티브 흐름을 염두에 둘 때, 계시록은 교회를 위한 '전투 교본battle manual'과 같다. '승리'는 계시록 전체에 퍼져 있는 중요 주제인데, 최고의 승리자이신 예수님의 통치를 받는 교회는 사탄의 세력이 구사하는 속임과 강압 전술을 간파해야 하며, 일찍 죽임을 당한 어린양처럼 그리스도인도 피를 흘리기까지 말씀을 준행해야 한다계12:11 참조.[42] 계시록의 1차 독자들은 전쟁과 운동경기 그리고 재판에서 이기는 자가 누구인지 잘 알고 있었다. 멜롯M. Mellott과 테일러W. F. Taylor Jr.는 소아시아의 각종 운동경기와 승리자에 대한 정보를 다음과 같이 제공한다.

---

39. Weima, 『요한계시록에 가면: 일곱 교회를 향한 설교』, 95.

40. R. T. France, 『마가복음』, *The Gospel of Mark*, 이종만 외 역 (서울: 새물결플러스, 2017), 316. 참고로 계시록 2장 7절의 단수형 "귀"를 복수형으로 오해한 경우는 Khatry, "Revelation," 1775를 보라. 그리고 계시록의 '듣는(hearing)' 주제는 '보는(seeing)' 주제를 보충하고 확장하며 해석함으로써 독자들을 하나님께 순종하도록 만든다는 주장은 박상우, "요한계시록에 나타난 '들음'의 의미 연구: 요한계시록 2-3장을 중심으로," (석사학위 논문, 협성대학교, 2020), 72를 보라.

41. Johnson, *Triumph of the Lamb*, 69. 참고로 Gilpin은 사도의 신앙을 계승한 하나님의 가족으로서 이미 승리를 누리던 요한일서의 수신자들과 달리 계시록의 수신자들은 아직 이기지 못한 상태이므로, 회개를 통해 이겨야 하고 영생을 얻어야 했다고 잘못 주장한다(계2:7의 현재분사, 계12:10의 "이제" 참조). N. E. Gilpin, "Already and not Yet Victorious: The Overcomer in First John and Revelation," (Paper read at Southeast Regional Evangelical Theological Society Meeting, Greenville, SC, March 25-26 [2022]), 11-19.

42. K. A. Strand, "Overcomer: A Study in the Macrodynamic of Theme Development in the Book of Revelation," *AUSS* 28/3 (1990), 250-252.

그레코-로마세계에서 각 지역마다 다채로운 경기가 열렸지만 4대 운동경기를 꼽는다면, 올림픽, 이스미안Isthmian, 피씨안Pythian, 그리고 네미안Nemean이었다. 이런 경기들은 신들, 후견인들, 영웅, 그리고 로마 관료들의 명예를 기리는 제의적 성격을 띠었기에, 결국 황제의 권력을 강화하는 수단으로 자리 잡았다. 에베소에는 여신 아데미를 기리는 아르테미시아Artemisia라는 경기가 열렸는데, 황제 숭배를 위한 순서가 포함되었다. 에베소의 다른 경기들인 로마이아Romaia와 에페세이아Epheseia 그리고 바빌라Babilla, 그리고 버가모의 니케포리아Nikephoria와 아스클레페이아Asklepeia 경기도 황제 제의와 직결되었다. 경기 승리자에게 월계관, 연금 그리고 다양한 명예가 주어졌으므로 거의 목숨을 걸고 경기에 임했다. 그리고 승리자는 신의 호의를 입어 우승했다고 간주되었으며, 고향에는 그의 동상이 세워졌기에 출신지 전체의 공적인 명예로 이어졌다.[43] 에베소교회는 황제 숭배와 연관된 경기나 전쟁에서 우승하여 누리는 상과 명예를 추구하지 말고, 참 후견인이신 주 예수님께 충성해야 했다. 소아시아의 그리스도인들에게 제의적 경기에 참여하지 않고도 공적으로 복음을 증거하는 방안을 찾는 것은 큰 숙제였을 것이다.

유대묵시문헌에는 하나님께서 그분의 백성 이스라엘을 구원하시기 위해서 영적 세력 혹은 세상의 정치적 대적과 싸우실 때, 두 가지 경향으로 나타난다. 첫째, 하나님께서 메시아적 인물이나 천사나 사람의 도움 없이 홀로 승리하시는 경우2에녹 18:3 참조, 둘째, 하나님께서 메시아적 인물예. 왕, 레위와 같은 족장을 통해서 대적을 무찔러 승리하신 경우이다1에녹 46:3-7; 시빌린신탁 3:286-294; 시므온의 유언 5:5-6 참조.[44] 하지만 계시록의 경우, 성부께서 예수 그리스도를 통하여 비폭력적 방식으로 영적 세력과 세상의 정치적 세력을 모두 물리치시는데, 구원의 대상은 유대

43. M. Mellott and W. F. Taylor Jr., "An Agonistic Explosion: An Investigation of Athletics in the Seven Cities of Revelation," *Currents in Theology and Mission* 46/2 (2019), 22-25.

44. L. Bergel, "God's Victory and Salvation: A Soteriological Approach to the Subject in Apocalyptic Literature," *HTS Teologiese Studies* 75/3 (2019), 3-5.

인을 넘어 열방의 그리스도인들이다. 그리고 예수님께서 이루신 승리를 자신의 것으로 만드는 그리스도인도 승리할 것이다.

교훈과 적용

사랑 안에서 따뜻하게 진리를 말한다면, 첫사랑을 잃어버리거나 차가운 정통에 빠지지 않을 것이다.[45] 그리고 교회의 장점과 유산을 계승하여 자신 안의 죄성과 세상의 악을 이기는 자로서 복낙원을 누리자. "그리스도인의 삶은 제대가 없는 전쟁이다. 그러나 요한이 가르치듯이, 그 전쟁은 가장 연약한 성도라 할지라도 승리자로 입증할 수 있는 전쟁이다."[46]

히틀러가 총통이 되기 몇 달 전인 1932년 11월 초, 종교개혁 기념주일 무렵 본회퍼는 계시록 2장 4-5절을 본문으로 삼아 설교했다. 독일 개신교가 제11시를 지나고 있다고 이해한 본회퍼는 사회적 혼돈과 염려와 격동에 처하여 죽음의 문턱에 다다른 독일인들을 향해 값싼 위로cheap comfort를 제시하지 않았다. 대신 그는 "내 주는 강한 성이요"를 부르며 죽은 루터를 기념하기보다 하나님의 말씀을 청종하여 악에 맞서는 실천을 강조했다. 그는 첫사랑과 첫 행위를 실천하기 위해 회개하고, 하나님께서 하나님이 되시도록 하는 것이 사도와 루터의 교회를 계승하는 것이라고 강조했다. 1934년 11월 4일, 종교개혁기념 설교에서 본회퍼는 고린도전서 13장 13절을 본문으로 삼아 "오직 믿음으로 구원받는다"라는 메시지를 전하면서, 사랑으로써 살아나지 못한다면 굳어버리고 죽어버린 문자가 되고 말 것이라고 지적했다. 그리고 그는 1936년 10월 25일, 종교개혁기념주일에 계시록 2장 1-7절을 본문으로 설교했다. 그는 그리스도께서 돌보시는 고백교회조차 세상, 안전, 그리고 관습에 관심을 기울이다가 첫사랑을 상실할 위기에 처했다고 지적했다. 첫사랑그리스도을 기억하는 것은 모든 개혁의 기초이자 회개하라는 하나님의 음성을 감사하게 청종하는 것이므로, 사

45. 개혁교회의 역사는 하나님 나라와 성령의 충만이 사라진 신학적 논의가 첫사랑을 식도록 만든다는 사실을 교훈한다. 남아공 노쓰-웨스트대학교 선교학 교수 Ferreira에 따르면, 도르트총회(1618-1619) 이후 네덜란드에는 경직된 정통과 교리에 빠진 개혁주의 스콜라주의가 발흥하여 종교개혁은 피상적으로 변했고, 신학의 발전은 거의 없었으며, 17세기 동인도회사(EIC; since 1600년 12월 31일)를 중심으로 황금시대를 거치면서 영적 열정이 식어 18세기까지 선교는 거의 이루어지지 않았다. I. W. Ferreira, "Die GKSA se 'Sendingstilstand' na 150 Jaar," *In die Skriflig* 54/2 (2020), 3. 5.

46. Stefanovic, 『예수 그리스도의 계시』, 137.

람을 영화롭게 만들거나 과거루터와 종교개혁를 회상하는 차원이 아니다. 본회퍼에게 참된 개혁을 위한 기억이란 그리스도께로 돌아가는 회개였으며, 그것은 단순히 개혁을 열망하는 일이 아니라 하나라도 새롭게 성경의 진리를 발견하고 실천하는 것이었다. 다시 말해, 믿음과 회개는 아침과 저녁에 경건의 시간을 갖는 것을 넘어, 하나님께 순종함으로 하나님께서 하나님이 되시도록 하는 것이었다. 본회퍼는 오늘날 그리스도인은 16세기의 종교개혁을 단순히 기념하는 데 머물지 말고, 하나님과 이웃을 첫 번째로 뜨겁고 불타는 사랑으로써 사랑하라는 복음을 구체화함으로 참여적이며 수행적인 기억이 되도록 해야 한다고 강조했다. 그리고 그는 사랑의 실천을 위해 회개하지 않는 자들의 촛대를 옮겨 파괴하시는 하나님계2:5을 기억한다면, 자기 의와 과도한 자신감에 찬 값싼 주장cheap claim을 마땅히 주의해야 한다고 당부했다. 하지만 생명나무의 열매를 주실 것이라는 하나님의 약속은 교회에게 위로가 된다계2:7.[47]

니골라당이 속한 영지주의는 이단으로 정죄되어 AD 5세기에 사라졌지만, 현대에 다시 기세를 떨치고 있다. 이만희의 신천지 집단은 '한국판 영지주의'라는 분석에 주목해야 한다.[48] ① 신천지의 기독론은 가현설인데, 이만희에게 예수님의 영이 임한다고 주장하기 때문이다. 영지주의자들 역시 예수님인성은 천상의 그리스도신성가 잠시 머문 옷에 불과하다고 보았다. ② 신천지의 남은 자들인 144,000명에게 하늘의 144,000명의 순교자들의 영이 임하게 될 것이라는 주장은 가현설적이다. 환언하면, 존재의 반은 지상에 있고, 나머지 반은 천상에 있다는 가현설적 주장이다. ③ 신천지의 '실상계시에 대한 인식을 통한 구원' 개념도 영지주의와 비슷하다. 영지주의자들은 믿음이나 행위가 아니라 '영적 지식'과 '깨달음'을 통해 구원받는다고 가르치기 때문이다. ④ 이만희의 개인적 계시 체험을 강조하는 신천지가 신인합일을 추구하는 것도 영지주의자들과 비슷하다. 영지주의자들은 '영적 지식'을 획득한 사람은 살아 있는 동안 영적으로 비상飛上하여 천상의 '신'과 합일을 이룰 수 있다고 가르친다. ⑤ 영지주의자들이나 신천지나 '사적' 체험과 '사적' 계시를 중요시한다. ⑥ 신천지가 자의적인 비유적 혹은 풍유적 해석법을 통해 자신들의 구미에 맞게 왜곡하고 재구성하는 것은 영지주의자들의 해석과 유사하다.

---

47. 이 단락은 R. Vosloo, "Dietrich Bonhoeffer's Reformation Day Sermons and Performative Remembering," *Theology Today* 74/3 (2017), 254-257, 261-262에서 요약.

48. 송혜경, "영지주의 종말론," 『Catholic Theology and Thought』 74 (2014), 151에서 요약 및 인용.

2. 서머나교회에 보내는 편지(2:8-11)

> "8서머나 교회의 사자에게 편지하라. 처음이며 마지막이요 죽었다가 살아나신 이가 이르시되 9내가 네 환난과 궁핍을 알거니와 실상은 네가 부요한 자니라 자칭 유대인이라 하는 자들의 비방도 알거니와 실상은 유대인이 아니요 사탄의 회당이라 10너는 장차 받을 고난을 두려워하지 말라 볼지어다 마귀가 장차 너희 가운데에서 몇 사람을 옥에 던져 시험을 받게 하리니 너희가 십일 동안 환난을 받으리라. 네가 죽도록 충성하라. 그리하면 내가 생명의 관을 네게 주리라 11귀 있는 자는 성령이 교회들에게 하시는 말씀을 들을지어다 이기는 자는 둘째 사망의 해를 받지 아니하리라"

서머나는 오늘날 이즈미르İzmir인데, BC 4,500년 전부터 사람이 거주했다. 도시로서 서머나의 뿌리는 BC 3000년경 히타이트 시대로 거슬러 올라가므로, 아테네, 로마, 이스탄불보다 더 오랜 역사를 자랑한다.[49] 서머나 시민은 BC 198년에 소아시아에서 처음으로 여신 로마Roma를 위해 신전을 건축했으며, AD 26년경 티베리우스 황제를 위해 신전을 건축했다. BC 200년경 유대인들이 서머나로 이주했으며, AD 70년 유대-로마전쟁 후에 다수의 유대인이 서머나로 이주한 것으로 보인다.[50] 요한 당시 아름다운 도시로 잘 알려진 서머나의 인구는 10-25만 명으로 추산되는데, 사법권에 있어 서머나는 에베소와 견줄 수 있었다. 바울이 제3차 선교 기간 중에 에베소에서 사역할 동안 서머나에도 교회가 설립된 것으로 보인다행19:26 참조. 오늘날 서머나의 인구는 300만 명에 육박하는데, 터키에서 이스탄불과 앙카라에 이어 세 번째로 큰 도시이다.

예수님께서 서머나교회에게 말씀하신 내용은 매우 짧은데 4절뿐이다. 하지만 이렇게 짧은 말씀 속에 위로와 소망의 메시지는 강력하다. 에베소에서 북쪽

49. E. Blake, "Our Missionary Letter to the Church in Smyrna," *The Muslim World* 56/2 (1966), 117-119. 참고로 Blake는 서머나교회의 구성원을 중하층의 유대인 상인들과 장인들로 본다.
50. 허규, 『요한묵시록 바르게 읽기』, 68.

80㎞에 위치한 서머나교회에게 말씀하시는 예수님께서는 처음과 마지막, 그리고 죽었다가 살아나신 분이다8절; 참고. 롬14:9; 고전15:3-5; 계1:17-18.[51] 부활하신 예수님께서는 처음과 나중이시므로 영원한 통치자이시다사41:4; 요1:2 참조. 서머나는 경쟁하던 도시 에베소를 미와 규모에서 능가하여 소아시아에서 처음과 최고라고 자부했지만, 영원 전부터 계신 예수님께서는 만유를 다스리시는 경쟁 불가능한 절대 주권자이시다. 예수님께서는 죽임을 당한 어린양이셨지만, 유다 지파의 사자로 부활하셨다계5:6 참조. 지명 서머나는 장례식에서 방부제로 사용되는 '몰약沒藥'을 의미한다요19:39 참조. 하지만 몰약으로는 시신이 부활할 수 없다. 이에 반해 예수님께서는 실제로 십자가에서 죽으셨지만, 다시 살아나셨다. 그러므로 BC 600년경 폐허가 된 후 BC 290년경 재건된 도시 서머나 자체가 예수님의 패러디 역할을 한다.[52] 계시록의 내러티브 전개에 있어, 죽으시고 부활하신 예수님처럼 구원의 복음과 순교적 각오로 사는 그리스도인도 죽음과 부활을 경험할 것이다계11:11; 12:11; 20:4-5 참조. 물론 바다짐승도 예수님의 죽으심과 부활을 패러디한다계13:3,12 참조. 예수님을 '처음'과 '마지막'이라는 양극단을 통해서 소개하는 방식은 대조제유merismus 기법이다.[53]

서머나교회는 환난과 궁핍을 겪었지만 영적으로는 부유했다9절a; 참고. 히10:32-34. 이 환난은 특히 사탄의 회συναγωγὴ τοῦ σατανᾶ로서[54] 헬레니즘과 황제숭배 그리고 사탄숭배에 빠진 소아시아의 불신 유대인들이 가한 비방βλασφημία; 법정에 고소과 박해를 가리킨다9b절; 참고. 계3:9; 13:6.[55] 실제로 회당에 로마군대를 상징하는 독

---

51. 송영목, "요한계시록의 부활신학," 『그 말씀』 3월호 (2010), 110-123.

52. Weima, 『요한계시록에 가면: 일곱 교회를 향한 설교』, 121-122; Gentry, *The Divorce of Israel*, Volume 1, 403.

53. Weima, 『요한계시록에 가면: 일곱 교회를 향한 설교』, 151.

54. 참고. 송영목, "사탄: 시험하는 자, 미혹하는 영," 『그 말씀』 10월호 (2011), 11-23.

55. Weima, 『요한계시록에 가면: 일곱 교회를 향한 설교』, 126; 이광진, 『요한계시록 연구』, 28. Contra "사탄의 무리"(계2:9)를 서머나교회 내부인 가운데 바울처럼 유대적 관습을 느슨하게 지키면서도 정통 유대인이라 자처한 이들이 가한 박해라고 보는 D. Frankfurter, "Jews or not?: Reconstructing the 'Other' in Rev 2:9 and 3:9," *Harvard Theological Review* 94/4 (2001), 406, 423.

수리가 조각되었고, 바닥에서는 천궁도zodiac가 발견되었다. 예루살렘과 디아스포라의 유대인들이 헬레니즘에 동화되자 '하나님의 회당'은 '사탄의 회당'으로 변질되었다시74:8 참조. 9절이 암시하는 대로, '참 유대인', 곧 하나님의 진정한 백성은 다름 아니라 서머나교회이다롬2:28-29; 갈6:16 참조.[56]

요한 당시 유대인들은 로마제국의 전체 인구 중 약 7%를 차지했는데, 이 숫자는 약 5만 명에 그쳤던 그리스도인의 100배 정도에 해당한다.[57] 요한과 예수님만 불신 유대인들을 "사탄의 회"라고 비판하신 것이 아니다. 쿰란공동체는 예루살렘 중심으로 활동한 유대인들을 어둠에 처해 있던 언약에 불경건한 자들이며 "벨리알의 무리"라고 비판했다1QM 1:2; 4:9; 1QH 2:22 참조. 유대인들은 성부 하나님과 예수님을 부정하고 모욕했으며계13:6; 16:9 참조, 그리스도인을 회당에서 출교했다요10:33 참조. 유대인들은 회당 예배에서 18축도문쉐모네 에스레을 활용하여, 나사렛인들, 즉 나사렛 예수님을 믿는 그리스도인들을 저주하고 생명책에서 이름을 지우실 야웨를 찬양했다.[58] 사도 요한의 제자인 서머나의 주교 폴리캅이 화형당한 현장에 있었던 유대인들은 형을 집행한 총독 편을 들었다. 하나님과 어린양의 다스림을 받던 그리스도인은 사탄의 지배 아래 있던 유대인들의 모욕과 고소에 맞서서 제대로 응전하여 명예를 지켜야 했다.[59] 소아시아 전역에 유대인들이 거주했지만, 특히 서머나교회와 빌라델비아교회가 불신 유대인의 거센 반

---

56. Weima, 『요한계시록에 가면: 일곱 교회를 향한 설교』, 135.

57. E. Lohse, "Synagogue of Satan and Church of God: Jews and Christians in the Book of Revelation," *Svensk Exegetisk Årsbok* 58 (1993), 108.

58. AD 1세기 말에 유대인들이 그리스도인을 회당에서 축출한 것에 대한 반론도 만만치 않다. 예루살렘 성전이 파괴된 후 얌니아 회의가 실제로 열려서 '비르카트 하미님'이 매일 회당에서 실행되었는지, 조직적으로 그리스도인을 박해하고 출교한 유대교의 중앙 조직이 있었는지, 자칭 메시아라는 랍비조차 회당에서 출교하지 않은 상황은 왜 벌어졌는지, 이런 의문이 해소되지 않고 있다. 참고. 김문현, "요한복음에 나타난 유대인들, 그들은 누구인가?: 5장, 6장, 그리고 8장을 중심으로 한 샘플분석(test cases)," 『신약논단』 18/2 (2011), 490-492.

59. 참고. Lohse, "Synagogue of Satan and Church of God," 119-121. 참고로 AD 1세기에 그리스도인과 유대인 간에 갈등이 없었는데도, 계시록 2장 9절에서 συναγωγὴ를 '회중' 대신에 유대인의 부정적 색채가 담긴 '회당'으로 번역하는 것은 시대착오적이라는 주장이 있다. Lizorkin-Eyzenberg & Shir, *Hebrew Insights from Revelation*, 82-83. 하지만 요한복음에서 보듯이 그리스도인과 불신 유대인 간의 갈등은 예수님의 공생애 당시부터 있었다(요9:22 참조).

발을 겪었다. 불신 유대인들이 그리스도인을 로마 당국에 고발한 6가지 명목은 식인종, 방화자, 가정파괴자, 무신론자, 부도덕한 자, 그리고 정치적 불만자였다.[60] 소아시아의 유대인들은 부유했으며, 정치적인 영향력도 갖추었다. 따라서 박해받던 그리스도인은 로마제국으로부터 공식 종교로 인정받은 유대교로 전향하여 편안하게 살려는 유혹을 받았을 것이다.[61] 이런 유대주의자들의 유혹에 대해 신약 히브리서 역시 엄중하게 경고한다히10:38-39 참조.[62] 황제에게 특심을 가지고 '신전의 수호자'로서 충성했던BC 26 서머나 소재 교회가 당한 궁핍은 종교와 경제가 분리되지 않았던 당시의 상황에서 볼 때 자연스런 현상이다. 그리스도인이 황제숭배에 참여하지 않는다면, 그들의 직장과 사업은 큰 타격을 면하기 어려웠다. 궁핍πτωχεία은 의성어擬聲語인데, 걸인을 향하여 침을 뱉을 때 나는 '퉤퉤'와 같은 소리이다.[63] 소아시아에서 상인 조합을 통해 부를 축적한 서머나 도시 안에서 복음을 따라 살던 그리스도인은 가난을 면하기 어려웠다. 버가모의 상인 조합은 황제숭배에 앞장섰기에, 그리스도인이 경제활동을 하는 데 제약이 따랐다. 역설적이게도 예수님께서는 이런 서머나교회를 부요하다고 평가하신다.

요한계시록을 정당하게 해석하려면, 유대인들의 역할에 주목해야 한다. 그렇다면 디아스포라 유대인의 세력이 로마, 시리아 안디옥, 에베소, 알렉산드리아 등에서 커지게 된 원인은 무엇인가?

---

60. Weima, 『요한계시록에 가면: 일곱 교회를 향한 설교』, 129; Thomas, *Revelation 1-7*, 164.

61. Wall, *Revelation*, 11.

62. 히브리서가 네로의 박해 중에 로마에 살던 수신자들을 위해 기록되었으며, 그들은 영지주의의 영향을 받았으며, 합법적인 유대교로 회귀하려는 유혹을 받았다. 이에 맞서 히브리서 기자는 성부께서 성자를 통해 계시하신 복음을 수신자들이 믿음으로써 구원에 이르는 참 지식을 강화하여 믿음의 순례를 지속하도록 격려한다는 주장은 S. van der Walt, "Die Mensbeskoulike en Samelewingsteoretiese Vertrekpunte van 'n Onbekende Skrywer, Toegespits op Hebreërs 10:38-39," *In die Skriflig* 50/3 (2016), 3-6을 보라.

63. Gentry, *The Divorce of Israel*, Volume 1, 403.

바벨론 유수, 그것은 유대인 이산(離散)의 전형적 사건이었지만, 정작 이산이 유대인 역사의 대세로 된 것은 바벨론에서 돌아와 예루살렘에 성전을 재건한 이후, 즉 제2성전기의 일이었다. BC 4-1세기에 동지중해 세계가 겪은 파상적 국제정세의 변화가 그 배경이었다. 알렉산더 대왕의 페르시아 원정, 그 뒤 팔레스타인을 두고 각축한 이집트, 시리아 같은 헬레니즘 강국들, 그리고 마침내 '종결자' 로마제국의 출현, 그 격랑 속에서 '이스라엘 땅(Eretz Israel)'의 유대인은 강제로(전쟁포로) 혹은 자발적으로(용병, 상인), 지중해 곳곳에 흩어졌다.[64]

AD 66년에 유대-로마전쟁이 발발하기 전에 온 로마제국에 유대인이 퍼져 있었다행2:7-11; 유대고대사 14.7.2 참조. BC 139년에 로마에 살던 유대인들이 로마의 풍속을 헤친다는 이유로 추방당했으며, 디아스포라 유대인들이 히브리어를 잊어버리고 헬라어와 LXX를 사용한 사실은 간접적으로 유대인의 전도를 통해 개종한 이방인의 경우가 적지 않았을 것임을 짐작하게 만든다행15:21 참조.[65] 또한 로마황제는 유대인들을 징집하지 않고 그들에게 회집의 자유를 허락했으며, 로마제국의 국가종교는 개인의 신앙과 영혼의 문제를 해결할 수 없었기에 유대교의 매력에 빠진 사람들도 적지 않았다.[66] 하지만 유대-로마전쟁이 발발한 AD 66년 이후로 유대교를 미신 종교나 반제국적 집단으로 간주하는 경향이 강해졌다.

강력한 비난이 담긴 표현인 "사탄의 회무리"는 '주님의 회συναγωγὴ κυρίου'와 대조된다. 출애굽한 이스라엘 백성은 민수기 16장 3절에서 "여호와의 총회the Lord's assembly"로 언급되며, 민수기 16장 3절과 20장 4절에서는 "여호와의 회중the Lord's community"이라 불렸다. 요한은 "사탄의 회"라는 모욕적이고 강한 표현을 사용함으로써 그들과 대비되는 서머나교회가 정체성과 경계선을 분명히 하

64. 김경현, "로마제국의 이산(diaspora) 유대인," 『HOMO MIGRANS』 7 (2013), 23.
65. 정기문, "로마 제국 초기 디아스포라 유대인의 팽창원인," 『전북사학』 48 (2016), 283-285,
66. 정기문, "로마 제국 초기 디아스포라 유대인의 팽창원인," 288, 293.

도록 돕는다.[67] 이런 부정적인 비난vilification은 요한 당시에 흔한 수사학적 기법이었다벧후2:12, 14; 유10 참조. 명예와 수치가 지배하던 문화에 살던 계시록의 독자들은 부정적인 비난을 받지 않도록 올바른 결정을 내려야 했다. 순교자 저스틴100-165과 터툴리안155-240은 유대인의 회당을 "박해의 원천fountains of persecution"이라 부르면서, 예수님과 그리스도인을 저주한 유대인들을 비판했다.[68] 또한 히에라폴리스에서 유년기를 보낸 스토아 철학자 에픽테투스Epictetus, 50-130는 AD 100년경 자신의 책Discourses 2:9:19; 4:7:6에서 그리스도인들을 독재와 위협에 굴하지 않는 "두려움이 없는 갈릴리인fearless Galileans"이라 불렀으며, 가르친 바를 몸소 실천하는 "참 유대인real Jews"이라고도 지칭했다.[69]

요한 당시 소아시아에 거주한 유대인들의 지위는 안정적이었다. 알렉산더 대왕이 사망한 후 셀류키드 왕조 때부터 유대인들은 에베소에서 시민권을 획득했고요세푸스의 아피온에 반박하여 2.4.39 참조, 소아시아의 사데Sardis에서 유대인들은 예루살렘 성전으로 보낼 성전세를 거두기도 했다.[70] 로마제국에서 합법적인 종교의 지위를 누린 유대인들은 불법 종교인들인 그리스도인을 박해하고 당국에 고발했다.[71] 따라서 요한은 특정 유대인들이 로마 당국에 그리스도인을 고발한 것과 같은 정치적 행위를 주로 비판하지, 민족으로서 유대인 전체를 염두에 둔 반

67. S-N. Leong, "Windows to the Polemics against the so-called Jews and Jezebel in Revelation: Insights from Historical and Co(n)textual Analysis," (Ph.D. Thesis, University of Edinburgh, 2009), 156. 참고로 마태복음이 돌 성전이 파괴되기 이전에 기록되었다면, 그 당시는 마태복음의 1차 독자인 마태공동체와 유대교는 아직 완전히 결별하기 이전이었을 수 있다. 하지만 마태는 돌 성전의 파괴를 미래시제로 예고하면서, "교회"(마16:18; 18:17)와 "그들의 회당"(마4:23, 9:35; 10:17; 12:9; 13:54) 및 "너희 회당"(23:34)을 대조시킨다. 참고. F. Viljoen, "The Matthean Community within a Jewish Religious Society," *HTS Teologiese Studies* 72/4 (2016), 4-7.

68. Gentry, *The Divorce of Israel*, Volume 1, 406.

69. 참고. N. Huttunen, *Early Christians Adapting to the Roman Empire: Mutual Recognition* (Leiden: Brill, 2020), 14-27.

70. Hemer, *The Letters to the Seven Churches of Asia in Their Local Setting*, 37-38.

71. AD 70년 돌 성전의 파괴 이후에 소아시아로 이주해 온 유대인들이 그곳의 그리스도인을 박해했다는 주장은 계시록의 후기 연대를 지지하는 Van de Kamp, *Openbaring*, 104-105를 보라.

셈족주의를 주장하지는 않는다.[72] 참고로 AD 1세기 말에 도시 로마에 유대인의 회당은 12개가 있었다고 알려진다. 유대인은 사탄처럼 그리스도인을 정죄하여 고발했다. 그런데 로마제국의 법률 체제는 사건에 대한 공적인 조사보다 고발자의 진술에 의존하는 경향이 있었기에, 그리스도인이 고발당하여 처벌받는 것은 어렵지 않았다.[73]

AD 1세기에 디아스포라에서 유대인만의 외모, 복장, 언어, 직업, 문화는 없었으므로, 유대인의 여부를 구분하기 쉽지 않았다. 팔레스타인에서 유대인 남성은 공적으로 옷 단 가장자리에 술이 달린 찌찟tzitzit을 입었고, 바리새인과 경건한 유대인은 테필린tefillin을 이마나 팔에 착용했다. 로마제국의 동쪽 지방의 경우 이방인도 할례를 행했으므로, 유대인 여부를 할례로 확인하기도 어려웠다. 대부분 유대인은 헬라어와 히브리어 2중 이름을 가지고 있었고, 할례 복원 수술을 받은 자들도 있었다. 이방인은 예루살렘 성전의 절기 행사를 구경할 수 있었고, 회당 예배에도 자유롭게 참여할 수 있었다. 하지만 디아스포라 유대인들의 정체성은 대체로 이방신과 관련된 문화나 직업에 참여하는 것을 꺼리고, 유대인들끼리 모여 살았으며, 유대인의 절기나 관습을 함께 행하는 것을 통해서 추론할 수 있었다.[74]

계시록 2장 9절에서 사도 요한의 관심사는 소아시아 유대인들만의 독특한 생활관습이나 이방문화로의 혼합주의가 아니라, 예수 그리스도를 배격한 종교적 무지와 타락과 범죄이다. 계시록에서 불신 유대인은 "사탄의 회", "땅에서 올라온 짐승"계13:11 참조, "음녀 바벨론"계17-18장 참조, 그리고 "거짓 선지자"계19:20 참조 등 다양하게 불린다.[75] 하지만 현대 계시록 주석은 불신 유대인의 박해를 간

---

72. Labahn, "The Book of Revelation," 4.
73. Leong, "Windows to the Polemics against the so-called Jews and Jezebel in Revelation," 152.
74. 이 단락은 S. J. D. Cohen, "'Those who say They are Jews and are not': How do You know a Jew," in *Diasporas in Antiquity*, ed. S. J. D. Cohen and E. S. Frerichs (Atalanta: Scholars Press, 1993), 2-28에서 요약.
75. H. A. Cotro, "Could the Author of Revelation Step Forward Please?" *Davar Logos* 14/1 (2015), 85; contra 계2:9의 "유대인들"은 선한 유대인을 가리키므로, 그 구절은 반(反)유대교적 메시지와 무관하다고 주

과하고 로마제국의 박해에만 초점을 맞추는 문제를 자주 보인다. 디아스포라의 불신 유대인들은 AD 70년에 심판을 받을 것이다. 왜냐하면 예루살렘 성전은 팔레스타인에 거주한 유대인들은 물론 디아스포라 유대인들에게도 종교적 중심으로서, 돌 성전의 파괴는 후자에게도 큰 충격을 주었을 것이기 때문이다.

계시록의 후기 기록 연대를 지지하는 판 더 깜프H. R. van de Kamp는 구원의 대상으로 유대인들을 이해하는 세대주의와 심판의 대상으로 유대인들을 이해하는 부분적 과거론을 비판하면서, 계시록에 나타난 유대인들에 대해 다음과 같이 주장한다. ① 계시록 7장 4절과 14장 1절의 144,000명은 계시록 7장 3절의 "하나님의 종들"과 7장 9절의 "셀 수 없는 큰 무리"와 동일 인물들이므로 하나님을 섬기는 유대인들로 국한될 수 없다. ② 계시록 11장 1-2절의 "하나님의 성전"이 예루살렘을 가리킬 수 없는 몇 가지 이유는 다음과 같다. 첫째, 자칭 유대인들이 "사탄의 회"계2:9; 3:9라고 불렸기에, 그들은 "하나님의 성전"이라고 불릴 수 없다. 둘째, 계시록의 후기 연대는 "하나님의 성전"계11:1을 예루살렘의 돌 성전으로 볼 수 없도록 만든다. 셋째, 구약에서 성전은 하나님께서 거하시는 장소이므로, 하나님의 성전계11:1을 하나님을 예배하는 참 백성으로 이해해야 한다. ③ 계시록 11장 2절과 8절의 "거룩한 성"은 예루살렘이 아니다. 왜냐하면 AD 70년 이후에 명예로운 이 호칭은 예루살렘에 적용될 수 없기 때문이다. 오히려 계시록에서 새 예루살렘성이 거룩한 성이라 불린다계21:2,10; 22:19. 계시록 11장 1절의 성전은 모든 시대의 그리스도인들을 가리키므로, 거룩한 성은 그리스도인 주위의 사회, 즉 온 세상만큼이나 넓은 사회를 지시하는 것으로 보아야 한다계11:9-10. 따라서 계시록 11장 4-10절의 "그 땅"은 유대인들의 거주지가 아니라 온

장하는 P. Tompson in J. W. van Henten, "Anti-Judaïsme in 'n Joodse Teks?: Die Geval van Openbaring," *Scriptura* 108 (2011), 288, 293에서 재인용. Van Henten은 요한복음이 불신 유대인들 전체를 비판한다면(요8장 참조), 계시록은 특정 유대인들을 비판하는 점에서 두 책이 언급하는 반유대적 신학에 있어 차이가 있다고 본다. 현대 그리스도인은 신약성경의 이런 반유대적 메시지를 읽은 후, 오늘날도 반유대적 자세를 취할 수 없다. 그런 자세는 유대인을 선교하는 데 장애물이 되기 때문이다. Van Henten은 기독교 이외에 구원에 이르는 다른 길이 있다고 주장함으로써 종교혼합주의에 빠진 오류가 있다.

세상을 가리킨다. ④ 두 증인과 예수님께서 죽임당하신 소돔과 애굽은 예루살렘이 아니다계11:8. 왜냐하면 애굽은 도시 이름이 아니라 국가를 가리키므로, 그것을 예루살렘이라는 도시와 연결할 수 없기 때문이다. ⑤ 계시록 11장 13절의 개종은 예루살렘이라는 하나의 도시에만 해당하지 않는데, 바로 앞의 9-10절이 국제적인 배경을 가지고 있기 때문이다. 그리고 ⑥ 이스라엘 12지파가 언급된 새 예루살렘성은 유대인들만 위하지 않고계21:12, 온 세상의 하나님의 백성을 위한 장소, 곧 평화의 리조트와 같다. 규모와 크기에 있어 새 예루살렘성은 신천신지 만큼이나 넓다.[76]

위의 6가지 주장 중 ②-⑥은 비평이 필요하다. ②와 관련하여 계시록 11장 1-2절의 하나님의 성전이 긍정적으로 하나님을 예배하는 참 그리스도인을 가리킨다면, 성전의 바깥마당이 측량을 받지 못하고 이방인에게 짓밟히는 것은 모순이다. 그리고 계시록의 이른 연대를 따른다면, 계시록이 기록될 때 돌 성전은 여전히 예루살렘에 서 있었으며, 그 건물이 "하나님의 성전"이라 불리는 것은 자연스럽다. 사탄의 회가 하나님의 성전을 구원을 위한 안전장치로 여기면서 좌지우지한 것은 큰 범죄였다. 결국 그 죄악은 돌 성전 파괴라는 하나님의 심판을 초래했다. ③-④와 관련하여 계시록 11장 2절과 8절의 "거룩한 성"은 교회를 둘러싼 전 지구적 사회를 의미하지 않는다. 오히려 거룩한 성은 두 증인과 예수님께서 죽임을 당하신 예루살렘을 지시하는 것으로 보는 것이 자연스럽다. 그 성은 영적으로 소돔과 애굽처럼 타락했으며 폭력이 난무했다. 그리고 도시 소돔 그리고 국가 애굽은 하나님의 대적을 가리키는 은유로 적절하다. 거룩한 성, 곧 예루살렘은 하나의 도시를 넘어 모든 유대인의 거주지를 가리키는 은유이기도 하다. 또한 2절과 8절은 인접 문맥이므로, 이 두 절에 언급된 거룩한 성을 예루살렘이 아닌 서로 다른 대상으로 보는 것은 어색하다. ⑤와 관련하여 계시록

---

76. H. R. van de Kamp, *Israël in Openbaring: Een Onderzoek naar de Plaats van het Joodse Volk in het Toekomst Beeld van de Openbaring aan Johannes* (Kampen: Kok, 1990), 328-339.

11장 3절의 개종은 예루살렘인의 개종이 아니라 전 세계적 개종으로 보기 어렵다. 왜냐하면 앞에서 언급한 거룩한 성이 예루살렘을 가리킬 수 있기 때문이다. 그리고 계시록 11장 9-10절의 백성, 족속, 방언, 나라는 모든 시대와 연결되는 온 세상을 가리키지 않고, 요한 당시 유대인들의 광범위한 영향이 미치던 로마제국의 사람들을 가리키기 때문이다계17:1 참조. 마지막으로 ⑥과 관련하여 새 예루살렘성은 평화로운 장소가 아니라 어린양의 신부, 즉 구원받은 사람들을 가리킨다. 계시록 21장에서 장소는 새 하늘과 새 땅이다.

9절의 "사탄의 회당"은 먼저 기독론적으로 이해해야 한다. 죽임당한 어린양은 사탄을 십자가 사건으로 무찌르셨다. 이 십자가의 복음을 요한복음은 인자가 높이 들리면 이 세상 임금이 심판받는다고 설명한다요12:31-32 참조. 요한복음은 예수님께서 악령 들린 사람을 치유하시는 사건을 전혀 언급하지 않는다. 대신 요한은 영광스런 십자가가 영 단번의 우주적 축귀cosmic exorcism를 일으켰다고 소개한다. 이 사실을 계시록 12장 7-8절과 20장 1-2절도 용을 무찌른 천사장 미가엘과 쇠사슬을 가지고 용을 결박한 천사를 통해 설명한다요일2:14 참조. 그런데 사탄은 패배했지만 계속하여 그리스도인을 회당에서 출교시키는 권세를 부린다요12:42 참조. 따라서 교회는 사탄의 세력에 의해 고통을 겪지만, 죽임당하신 어린양의 승리가 자신의 승리가 될 줄로 믿고 영적 전투를 수행한다. 그리스도인들이 쫓겨난 회당은 "사탄의 회당"이 될 수밖에 없다계2:9; 3:9. 따라서 "사탄의 회당"은 기독론적 교회론의 반대편에 서 있다.[77]

계시록 2장 8-11절은 고난을 두려워하지 말라는 위로의 말씀인 10a절을 중

77. 고린도후서 12장 7절의 "사탄의 사자(천사)", 곧 "육체의 가시"를 사도 바울이 선교 사역 중에 당한 육체-심적 고난이라는 비인격체가 아니라 인격적 존재인 거짓 교사로서 유대주의자라는 논증(겔28:24; 고후11:13, 22; 히 6:8 참조)은 권기현, 『예수 그리스도의 사도: 거룩한 한 사도적 공교회 건설을 위한 몇 가지 묵상』(경산: RnF, 2022), 169-185를 보라. 그리고 사탄의 사자를 바울이 겪은 육체의 질병을 제외하지 않으면서도 고린도교회(고후11:28; 12:11)와 복음 그리고 사도 바울을 위협하고 대적한 유대인과 이방인 모두로 본 경우는 L. Hagel, "The Angel of Satan: 2 Corinthians 12:7: Within a Social-Scientific Framework," *Svensk Exegetisk Årsbok* 84 (2019), 205-207을 보라.

심으로 한다. 이 단락은 아래와 같이 교차대칭구조를 보인다.[78]

A 예수님께서는 처음과 나중, 죽으셨지만 살아나신 분(8절)

B 환난, 가난, 영적 부유함(9a절)

C 사탄의 회(9b절)

D 고난받을 것을 두려워 말라(10a절)

C′ 마귀가 옥에 던짐(10b절)

B′ 10일 동안 환난(10c절)

A′ 죽도록 충성함, 생명은 받지만 둘째 사망을 받지 않음(10d-11절)

서머나교회가 장차 있을 고난을 두려워하지 않을 수 있는 이유는 교회를 처음 세우시고 마지막까지 인도하실 분은 죽으시고 부활하신 예수님이시기 때문이다. 마귀가 서머나교인 중 몇 명을 옥에 던질 것이지만, 그 환난의 기간은 짧고 한정적인 10일에 그친다단1:14 참조. 만약 여기서 '10'을 상징적으로 완전함이나 충만으로 해석한다면 문제가 발생한다. 왜냐하면 서머나의 모든 신실한 그리스도인들이 고난과 환난을 오랜 기간에 걸쳐 극심하게 당한다면 위로의 편지가 될 수 없을 것이기 때문이다. 하나님께서는 그분의 백성의 연약함을 참작하신다. 죽으시고 부활하신 예수님을 기억하면서 서머나교회가 죽도록 충성하면 생명의 화관을 받는다10절. 여기서 끝까지 충성하여 이기는 사람이 쓸 화관στέφανος은 '왕관'이라기보다 도시 서머나가 주관한 이오니아경기에서 흔히 볼 수 있던 '승리자의 관victor's crown'이다고전9:25; 약1:12; 4마카비 17:15 참조.[79] 서머나의 파고스Pagos 산에 위치한 아크로폴리스는 화관으로 묘사되었으며, 아리스테디스d. AD

78. Leithart, *Revelation 1-11*, 154.

79. Reddish, *Revelation*, 57. 참고로 구약과 유대문헌에서 '승리자의 관'은 신부(新婦)의 표상이기도 하다(애2:15; 겔16:12; 바룩 5:1-2; LAB 49:6). R. Zimmermann, "Nuptial Imagery in the Revelation of John," *Biblica* 84/2 (2003), 153-156.

181는 지진에서 복구된 서머나를 화관 이미지로 설명했다.[80]

> 금 면류관(στέφανος χρυσοῦς)은 계시록 4장 4절(장로들)과 9장 7절(메뚜기), 그리고 14장 4절(인자)에서 명예와 권위를 상징한다. 그것은 또한 왕적 권세를 가리킨다. 그러나 계시록 2장 10절과 3장 11절에서 면류관은 왕적 권세가 아니라 경기 혹은 군사 행진 시에 볼 수 있던 승리자의 관을 가리킨다. '화관(wreath)'은 승리자의 관을 위해 좋은 번역이 될 수 있다. 고대 세계에서 화관 혹은 승리자의 관은 여러 가지 의미와 연관되었다. 대개 왕들의 지위 혹은 명예, 운동경기에서 승리와 성취, 충성스런 군인을 위한 보상, 결혼식의 기쁨과 잔치, 신들의 속성을 드러내는 제의와 종교적 축하 의식(동전에 나타난 황제의 머리 주위의 금 화관 참조)을 가리키며, 장례식에서 죽은 자에게 화관이 주어진 경우 불멸을 상징하는데 유대인의 장례식에서는 명예를 가리킨다. …… AD 3세기부터 신실한 그리스도인 순교자들은 승리를 획득한 군인이나 운동선수에 비유되었다(2클레멘트 7:1-5; 시빌린 신탁 2:39-55).[81]

유대인들이 로마 당국과 결탁하여 그리스도인을 투옥시키는 상황일지라도 서머나교회는 몸과 영혼을 지옥에 던지실 하나님만 경외하고 신뢰하면서 승리자로 남아야 했다마10:28; 약1:12 참조. 10절에서 2인칭 단수형 "너"와 복수형 "너희"가 함께 등장한다. 계시록 2-3장에서 복수형 "너희"는 가끔 나타난다계2:13,23,24-25 참조. "너"와 "너희"가 혼용되므로, "너"는 편지의 수신자인 하나의 지역 교회 전체 공동체를 가리키는 대표 단수이다.[82]

이기는 자는 둘째 사망θάνατος τοῦ δευτέρου의 해를 받지 않는다11절. 둘째 사망은 유황불 못에 던져지는 영원한 심판을 가리킨다계19:20; 20:6,10,14; 21:8; 신33:6 탈굼 참조.

---

80. Weima, 『요한계시록에 가면: 일곱 교회를 향한 설교』, 145.
81. Du Rand, *Die A-Z van Openbaring*, 166-167.
82. Persson, *A Semantic and Structural Analysis of Revelation*, 49.

참고로 사도 요한의 제자로 알려진 서머나의 주교 폴리캅b. 69은 AD 155년 2월 23일경 86세로 순교했는데, 그는 사도시대 이후 첫 순교자이다폴리캅의 순교 12.2 참조.[83] 폴리캅은 총독 앞에서 예수 그리스도를 욕하면 살 수 있었지만, 86년 동안 자신을 선하고 신실하게 돌보신 예수님을 부인할 수 없었다. 저스틴이 죽던 그 해 봄, 소아시아의 총독 스타티우스 콰드라투스Statius Quadratus가 참석한 축제가 서머나에서 열렸다. 주로 서머나에서 동쪽으로 50마일 떨어진 빌라델비아에서 끌려온 11명의 그리스도인은 관중의 유흥을 북돋우기 위해 사자의 먹잇감이 되어 순교했다.[84] 폴리캅과 그 당시 그리스도인들은 계시록의 요절인 계시록 12장 11절의 고난과 승리의 복음을 기억하며 끝까지 순종했을 것이다.

예수님께서는 서머나교회에게 죽음에 이르기까지 충성하라고 권면했다. 충성은 성령의 열매이다갈5:22 참조. 예수님께서는 충성스러운 증인이셨고계1:5 참조 버가모교회의 순교자 안디바도 충성스러운 증인이었다계2:13 참조. 밧모섬에 유배된 사도 요한은 중노동에 처해졌을 것이지만, 계시록 편지에서 자신의 힘든 상황을 전혀 내색하지 않는다. 심지어 그는 자신을 위해서 기도해달라고 요청하지도 않으며, 필요한 물품을 보내달라는 부탁하지도 않는다. 사도 요한은 죽기까지 충성하는 훌륭한 모델과 같기에, 에토스를 갖춘 그의 권면은 설득력이 있다.

교훈과 적용

그리스도인도 환난과 궁핍과 고난당할 때 두려워할 수밖에 없다. 하지만 그때 처음과 나중인 예수님을 신뢰해야 한다. 그리고 죽도록 충성할 때 예수님처럼 죽지만 살아날 것도 믿어야 한다. 작지만 건강한 교회를 만들 수 있도록 지혜를 모으자.

소아시아 7교회는 예수님을 머리로 모신 공교회, 즉 보편교회였다. 그래서 그들 모두는 성령께서 계시록의 수신자인 7교회에게 하시는 말씀을 들어야 했다. 환언하면, 다른 교회에게 주어진 메시지라 할지라도 자신이 속한 교회에게 주어진 말씀처럼 들

---

83. *CSB Ancient Faith Study Bible*, 1585.
84. Blake, "Our Missionary Letter to the Church in Smyrna," 119-120.

어야 했다. 더 나아가 7교회는 세상을 하나님 나라로 변혁시키는 공적 교회로 실천해야 했다.[85] 오늘날 교회가 하나님 나라를 현시하기 위해 사랑을 실천하는 방안으로 김윤기가 제안한 것을 요약하면 다음과 같다. 성경적 섬김과 봉사에 대한 신학과 신앙을 확립하고, 봉사자를 발굴하여 양성하며, 교회당을 지역 교회에 개방하고, 지역의 필요와 요구를 파악하고 응답하며, 지역의 구제와 복지를 위한 예산을 전체 예산의 10% 이상 확보하며, 지역 유관 기관과 네트워크를 형성하여 협력하는 것이다.[86]

3. 버가모교회에 보내는 편지(2:12-17)

"12버가모 교회의 사자에게 편지하라. 좌우에 날선 검을 가지신 이가 이르시되 13
네가 어디에 사는지를 내가 아노니 거기는 사탄의 권좌가 있는 데라 네가 내 이
름을 굳게 잡아서 내 충성된 증인 안디바가 너희 가운데 곧 사탄이 사는 곳에서
죽임을 당할 때에도 나를 믿는 믿음을 저버리지 아니하였도다 14그러나 네게 두
어 가지 책망할 것이 있나니 거기 네게 발람의 교훈을 지키는 자들이 있도다. 발
람이 발락을 가르쳐 이스라엘 자손 앞에 걸림돌을 놓아 우상의 제물을 먹게 하
였고 행음하게 하였느니라 15이와 같이 네게도 니골라 당의 교훈을 지키는 자들
이 있도다 16그러므로 회개하라 그리하지 아니하면 내가 네게 속히 가서 내 입
의 검으로 그들과 싸우리라 17귀 있는 자는 성령이 교회들에게 하시는 말씀을 들

85. 오늘날 설교자는 교회의 예언자로서 성경의 충족성을 믿고 성령 충만하여, 죄악 된 세상 속에서 펼쳐지는 하나님의 뜻을 드러냄으로써, 회중이 그 뜻을 실천하고 전파하도록 안내해야 한다는 주장은 Key, "Preaching the Seven Churches of Revelation 2-3," 68-73을 보라.

86. 기독교윤리실천운동의 사회복지위원회가 주관한 '지역사회와 함께 하는 교회상'을 수상한 132개 교회들을 조사한 결과, 대 사회봉사, 즉 디아코니아 목회에 힘을 가장 많이 쓴 지역은 강원도이며, 부산은 가장 소극적이었다. 교파별로 구세군과 기장, 재건, 성결교는 사회봉사에 열심이었지만, 예장 통합과 합동 등은 미흡했다. 김윤기, "17-18세기 유럽 경건주의 시대와 한국교회 디아코니아 실천 방안 연구," (제76회 한국실천신학회 정기학술대회[온라인] 발제 논문, 2020년 6월 20일), 336-338. 같은 맥락에서 지교회는 세상의 발전소로서 하나님 나라의 대안 세계를 강력하게 제시하는 조언자로 살면서도 세상을 섬겨야 한다는 주장은 L. O. K. Lategan, "Die Kerk as Kragsentrale vir die Wêreld: Opmerkings oor die Kerk se Advies en Dienswerk," *NGTT* 45/3-4 (2004), 622, 630을 보라.

을지어다. 이기는 그에게는 내가 감추었던 만나를 주고 또 흰 돌을 줄 터인데 그 돌 위에 새 이름을 기록한 것이 있나니 받는 자 밖에는 그 이름을 알 사람이 없느니라"

버가모는 오늘날 튀르키예의 베르가마Bergama이다. 요한 당시, 버가모는 에베소와 거의 맞먹을 정도로 인구가 20만 명이나 되는 로마제국 안에서 다섯 번째로 큰 도시였다.[87] 야외극장의 수용인원은 약 15,000명이었다. 버가모에서 BC 420년경에 주조된 동전이 발굴되었으며, BC 281년에 아탈릭Attalic 왕조가 수립되었다. 버가모는 아탈루스 3세가 죽은 BC 133년부터 로마의 통치를 받기 시작했는데, BC 29년에 로마의 여신과 아우구스투스를 위한 신전이 세워졌다.[88] 거기에 아우구스투스는 신의 아들이며 땅과 바다의 통치자라고 적힌 비문도 있다.[89] 버가모인들은 제우스, 디오니시우스, 아테나, 아스클레피오스는 물론, 이집트의 신들도 숭배했다.[90] 버가모는 염소 가죽 두루마리인 '페르가메네'로 유명했는데, 이와 관련하여 유메네 2세Eumene II, d. BC 159가 세운 도서관은 20만개의 양피지 두루마리를 소장했다. 이 도서관은 알렉산드리아 도서관 다음으로 큰 규모였는데, 명사 '양피지parchment'는 버가모에서 유래했다. 서머나처럼 버가모에도 유대인들의 세력이 컸는데, BC 62년에 로마 총독 발레리우스 플락쿠스는 그 도시의 유대인들이 예루살렘 성전에 세금으로 보내려던 금 100파운드를 몰수했다유대고대사 14.10.22 참조.[91] 오늘날 버가모는 목화, 금, 그리고 카펫으로 유명하다.

버가모교회에게 말씀하시는 예수님께서는 좌우에 날 선 큰 칼ῥομφαία, 계1:16 참

87. Paul, *Revelation*, 87.

88. 허규, 『요한묵시록 바르게 읽기』, 70.

89. 가정이나 축제나 상인 길드 등에서 황제숭배를 '부드러운(soft)' 방식으로 시행한 것은 강압적으로 황제 상 앞에 절과 제사를 강요한 과격한(hard) 방식과 구분할 필요가 있다. H-J. Klauck, "Das Sendschreiben nach Pergamon und der Kaiserkult in der Johannesoffenbarung," *Biblica* 73/2 (1992), 158, 181.

90. M. G. Reddish, "Hearing the Apocalypse in Pergamum," *Perspectives in Religious Studies* 41/1 (2014), 3-5; Overstreet, "The Temple of God in the Book of Revelation," 449.

91. Gentry, *The Divorce of Israel*, Volume 1, 347.

조, 곧 활력 있는 복음을 가지고 계신다12절; 참고. 사49:2; 살후2:8; 계19:15. 예수님에 관한 설명은 매우 짧다. 그런데 예수님께서는 버가모교회가 행한 일이 아니라, 그들이 살고 있던 장소를 알고 계신다고 밝힌다. 예수님께서는 말씀의 칼로써 버가모교회 내부의 거짓말을 일삼는 자들과 싸워 심판하시는가?[92] 버가모교회에 침투한 니골라당이 거짓말을 일삼은 것이 맞지만, 안디바가 순교한 이유는 교회당 바깥의 박해 때문이다. 물론 교회당 바깥에서 순교를 초래한 황제숭배 강요도 일종의 거짓말이다. 신빙성이 없는 후기 전설에 따르면, 사도 요한은 안디바를 버가모의 주교로 임명했다. 로마군인이 사용한 단검은 길이가 45㎝이지만, 큰 칼은 길이 90㎝에 나무 손잡이가 60㎝나 되어 찌르고 벨 수 있었다.[93] 예수님을 패러디하는 로마 황제는 통치와 재판의 권한을 보여주기 위해 항상 칼을 차고 다녔고, 총독은 통치를 위해 '칼의 권리*ius gladii*'를 황제로부터 받았다.[94]

에베소와 서머나와 더불어 소아시아의 지도적 위치와 명예를 두고 경쟁했던 버가모의 바위산에는 제우스, 헤라, 디오니시우스, 아스클레피오스, 그리고 아테나를 위한 신전들이 많았기에 "사탄의 그 보좌ὁ θρόνος τοῦ σατανᾶ"라 불린다13a절.[95] 실제로 240m 높이의 산 위에 13m 높이의 제우스 제단이 있었고, BC 350년에 치유 센터인 '아스클레피움'이 세워졌는데, 이 장소는 AD 2세기까지 명성을 이어갔다.[96] BC 29년에 아우구스투스를 위해 신전을 건축한 바 있는 버가모는 황제숭배의 중심지였는데, 사탄은 바다짐승인 로마제국에게 자신의 능력의 보좌를 내주었다계13:2 참조. 불신 유대인들이 "사탄의 회"계2:9; 3:9라면, 로마제국의 신들과 신격화된 황제들은 "사탄의 보좌"이다. 교회를 박해하는 세력이 유대인이건 이방인이건 모두 사탄의 조종을 받았다.

---

92. 참고. 한철흠, "요한계시록의 종말론적 전쟁 재해석: 참말과 거짓말의 싸움," 『신약논단』 28/4 (2021), 757, 766, 769.
93. Weima, 『요한계시록에 가면: 일곱 교회를 향한 설교』, 168.
94. Weima, 『요한계시록에 가면: 일곱 교회를 향한 설교』, 166-167.
95. Kraft, 『요한묵시록』, 105.
96. Gentry, *The Divorce of Israel*, Volume 1, 347.

예수님의 이름과 믿음을 굳게 붙잡던 충성된 증인 안디바가 순교했다13b절. 13b절에서 "나의μου"가 2회 반복되어 안디바가 예수님의 인정을 받는 신실한 증인임을 강조한다. 증인 "안디바Ἀντιπᾶς"의 이름이 '반대Ἀντι'와 '모든πᾶς'의 합성어라면, 그는 황제숭배와 관련된 모든 것을 철저하게 반대한 인물이다.[97] 예수님의 신실한 사람ὁ πιστός μου인 안디바가 죽음을 각오하고 지킨 충성심은 로마 군인들의 충성 맹세라는 관습에서 이해할 수 있다.

> 로마군대에서 병사들은 매년 'sacramentum' 혹은 **πίστις**(피스티스)라 불린 충성 맹세를 그들의 주인 황제에게 했다. 군인들은 황제와 관계자들을 섬기기 위해 목숨을 걸고 명령을 지켰으며, 만약 불복종 시에 처벌받을 것도 각오했다. 로마제국의 군단의 특성이라는 군사 맥락에서 볼 때, **πίστις**는 충성과 서약의 형태이다. 군인이 황제와 제국 앞에 했던 충성 맹세는 전투에서의 충성 그 이상을 의미했다. 그 서약은 가장 준엄한 후견-피후견인이라는 형식도 의미했다. 서약과 서약에 담긴 헌신을 통하여 민간인에서 병영생활로의 전환이 성립되었다. 로마 병사에게 요구된 충성과 예수님의 군병의 충성 사이에 병행을 찾을 수 있다.[98]

13절에서 세 번째 접속사καί는 강조ascensive의 의미로 '-조차even'이다.[99] 버가모교회는 심지어 안디바가 죽임을 당할 때조차도 예수님을 신뢰했다. 레이하르트는 계시록 2장 12-17절에서 14-15절을 중심으로 아래와 같은 교차대칭구조를

---

97. Gentry, *The Divorce of Israel*, Volume 1, 412. 참고로 누가와 순교자 안디바 사이의 가상적 대화는 B. W. Longenecker, 『어느 로마귀족의 죽음: 복음서 저자 누가와 순교자 안디바, 그들이 나눈 마지막 편지』, *The Lost Letters of Pergamum: A Story from the New Testament World*, 김동완 역 (서울: 복있는 사람, 2012)을 보라.

98. J. Punt, "Believers or Loyalists?: Identity and Social Responsibility of Jesus Communities in the Empire," *In die Skriflig* 51/3 (2017), 5.

99. Persson, *A Semantic and Structural Analysis of Revelation*, 55.

제안한다.[100]

A 버가모교회의 사자에게(12a절)

B 양날 선 칼을 가지신 예수님(12b절)

C 이름을 붙잡음(13절)

D 발람과 니골라당의 교훈을 붙잡음(14-15절)

C′ 회개하라(16a절)

B′ 양날 선 칼로 싸우시는 예수님(16b절)

A′ 마침 약속(17절)

하지만 위의 구조에서 A와 A′의 병행은 모호하다. 그리고 C의 이름과 C′의 회개는 상관이 없다. 따라서 버가모교회가 니골라당의 교훈을 따른 범죄를 지적하는 14-15절D을 중앙에 배치하는 것은 무리가 따른다.

출애굽 후 광야를 지나던 이스라엘 백성에게 음행과 우상의 제물을 먹도록 유혹한 거짓 선지자 발람민22-25; 31:8; 벧후2:15; 유11 참조의 교훈을 따른 이들이 있었다14절. 니골라당Νικολαΐτης은 로마제국의 신전에서 창기와 음행하고 제사 음식을 먹음으로써 황제의 박해를 피할 수 있다고 미혹했다15절; 참고. 민25:1-2; 호4:13-14; 계9;21; 21:8; 22:15. 그러므로 여기서 음행을 배교背教를 가리키는 단순한 상징적 표현으로만 볼 이유는 없다.[101] 니골라당은 선한 영과 악한 육체라는 이원론을 따르

100. Leithart, *Revelation 1-11*, 164.

101. Weima, 『요한계시록에 가면: 일곱 교회를 향한 설교』, 188; Beale and McDonough, "요한계시록," 507. Contra 이달, 『요한계시록』, 90; Kraft, 『요한묵시록』, 124. 참고로 니골라당의 유혹에 소아시아의 유대인 출신 그리스도인도 넘어갔을 가능성이 크다. "고대 근동에서 다산과 풍요를 기원하는 종교 제의와 연관되어 종교적 장소에서 종교적 목적에서 행음했던 민간 전통이 이스라엘에 전해졌을 가능성이 매우 높다. 비록 기원전 9세기 아사와 여호사밧의 종교개혁을 통해서 최소한 왕실 제의에서 이러한 관습이 철폐되고 동시대 예언자인 엘리야가 일반 백성 사이에서 성행했던 이방 종교에 대한 배타적인 신앙 운동을 시작했음에도 불구하고(왕상18장), 호세아가 활동했던 기원전 8세기 이스라엘 민간 신앙 속에서는 여전히 이방 제의와 연관된 이러한 종교적 행음이 지속되었음을 확인할 수 있다." 이긍재, "구약 속 '신전 매춘' 제도의 역사성에 관한 연구: '조나', '카데쉬' 그리고 '케데샤' 용어 중심으로," 『신학논단』 107 (2022), 239.

는 초기 영지주의의 한 부류로 볼 수 있다. 환언하면, 악한 육체는 우상숭배를 하더라도, 선한 영혼만 하나님을 향한 신앙을 견지한다면 문제가 없다는 사상이다. 영지주의의 영육 이원론이 초래하는 혼합주의는 구약에서 희미하게나마 나타났다. 선지자 엘리사 당시 아람의 군대 장관 나아만은 요단강에서 일곱 번 몸을 잠근 후 나병이 치료되었다왕하5:14 참조. 그는 온 천하에 하나님 외에는 신이 없기에 그분께만 희생제사를 드리겠다고 신앙을 고백했지만, 곧이어 아람의 왕과 더불어 림몬의 신당에서 몸을 굽혀 우상숭배를 할 수밖에 없는 형편을 엘리사에게 토로했다왕하5:15-18 참조. 그의 마음과 달리 몸은 여전히 죄의 지배 아래에 놓였다.

요한계시록처럼 소아시아를 배경으로 하는 요한서신의 '적그리스도'는 가현설주의자로서 예수님의 성육신을 부정했기에요일4:3; 요이7, 니골라당과 마찬가지로 영육 이원론에 빠졌다. 따라서 요한문헌의 적그리스도와 니골라당은 유사한 사상을 공유한다. 계시록의 독자들이 거주했던 소아시아를 포함하여 그레코-로마 세계에서 신전에 딸린 식당은 물론 가정에서 진행된 식사도 종종 제의적 성격을 띠었다. 그리고 식사는 음식을 먹는 '데이프논'과 그다음 단계인 '심포지움'으로 나뉘는데, 후자에서 대화와 오락, 그리고 성적 쾌락이 벌어졌다.[102] 이런 관습에서 볼 때, 니골라당은 신전에서 창기와 성적으로 결합하고 제사 음식을 먹는 것은 물론, 신전이 아닌 사회와 가정에서 제의적 식사 모임을 통해 우상숭배와 성적 방종을 부추겼을 가능성이 크다디다케 6:3 참조. 참고로 버가모의 아크로폴리스의 제의 식당에 최대 70명이 함께 식사할 수 있었고, 디오니소스를 위한 제단에 제의 음식 일부를 바쳤다.[103]

만약 니골라당을 유대주의자들과 연결할 수 있다면, 그들은 사도행전 15장 29절에 나타난 예루살렘 공회의의 결정을 뒤엎는 자들이다. 다시 말해, 우상의

---

102. Leong, "Windows to the Polemics against the so-called Jews and Jezebel in Revelation," 165; 정복희, "그레코-로만 식사 제도에 대한 바울의 해석," 『신약논단』 27/3 (2020), 829-839.

103. Weima, 『요한계시록에 가면: 일곱 교회를 향한 설교』, 185-186.

제물을 먹지 말고 음행을 멀리하라는 교회의 결정 사항을 위반한 것이다.[104] '니골라Νικόλαος'와 '발람Βαλαάμ'은 둘 다 '많은 백성헬. 라오스, 히. 암을 이기다헬. 니카오, 히. 벨라'라는 뜻이다.[105] 그만큼 소아시아의 교회들에게 혼합주의자 니골라당의 미혹은 심각한 문제였다.

예수님께서는 니골라당에게서 돌이키지 않는 자들을 그분의 입에서 나오는 심판의 말씀으로 속히 가셔서ἔρχομαι 싸우신다16절. 이것은 세상 끝의 주님의 재림이 아니라 심판을 위한 하나의 방문a parousia이다.[106] 12절에서 예수님께서는 좌우에 날 선 검을 가지고 계신 분으로서 버가모교회에게 말씀하셨다. 그런데 16절에서 예수님께서는 바로 그 검으로써 회개하지 않는 자들을 심판하신다. 그러므로 말씀의 칼은 양면성을 가진다. 복음은 이단 니골라당을 무찌르는데 사용하는 무기인 동시에 이단에 빠진 자들을 심판하는 수단이자 기준이다. 예수님께서 징계의 심판을 시행하기 전에 버가모교회는 니골라당에 빠진 자들을 권징勸懲해야 했다. 칼뱅에 따르면, "그리스도의 구원 교리가 교회의 영혼이듯이, 그곳의 힘줄을 대신하여 권징이 있다. 이 힘줄을 통하여 그 몸의 지체들은 서로 합하여 하나가 되고, 각자가 자기의 자리를 차지한다."기독교강요 4.12.1.[107] 그리고 칼뱅은 권징의 세 가지 목적을 다음과 같이 밝힌다. ① 그리스도의 몸인 교회를 순수하게 보존하고, ② 교회 안에 악의 전염을 막고, ③ 범죄자가 자신

---

104. Leithart, 『새로운 질서가 오다: 재림의 약속에 대한 베드로후서의 가르침』, 107, 109. "요한계시록은 …… 당시 소아시아 지역에는 '니골라당'이라는 유대교 배경의 이단들이 활동하고 있었다(계2:6,15). 그들은 스스로를 사도라고 부르며 교인들을 현혹하고 있었으며(계2:2), 소아시아의 또 다른 거점 지역인 버가모에서까지 발람의 가르침을 가르치며 교회를 곤경에 빠뜨렸다(계2:15). …… 니골라당이 언제 에베소에 출현하게 되었는지 또 그들이 누구인지에 대한 정확한 답을 제시하기는 어렵다. 그럼에도 …… 유대교 배경의 이단들이 유입되어 교회(들)를 어렵게 하고 있었다는 것은 분명하다." 정용한, "에베소의 바울계 교회와 요한계 교회의 관계성에 대한 소고," 『신약논단』 28/4 (2021), 739.

105. Stefanovic, 『예수 그리스도의 계시』, 136; Osborne, *Revelation*, 121. 14절의 "발람"을 '니골라당'의 별칭(alias)으로 보는 경우는 Zerwick, *A Grammatical Analysis of the Greek New Testament*, 746을 보라.

106. Contra Weima, 『요한계시록에 가면: 일곱 교회를 향한 설교』, 194.

107. J. Calvin, 『1559년 라틴어 최종판 직역 기독교강요. 제4권』, *Institutio Christianae Religionis*, 문병호 역 (서울: 생명의 말씀사, 2020), 404.

의 수치를 살펴 회개하도록 돕는다기독교강요 4.12.5.[108]

이기는 사람은 감추어진 만나요6:31-35; 고전10:3; 히9:4 참조와 예수님의 새 이름계3:12 참조이 새겨진 흰 돌을 선물로 받는다17절. 모세 당시 법궤 안에 보관된 만나처럼출16:31-32 참조, 예수님께서는 신앙의 영적 눈을 가진 사람만 발견할 수 있는 감추어진 하늘 양식이다. 이기는 사람은 평범한 만나가 아니라 '감추어진 만나'를 먹기에, 예수님께서는 위기 상황 속에서 힘을 공급하시는 신비롭고 놀라운 양식이다.[109] 감추어진 만나의 맛을 본 사람은 오직 예수님 한 분만으로 만족할 수 있어야 한다*solo dios basta*. 예수님이라는 하늘의 만나를 맛본 사람은 14절의 우상제물을 먹지 말아야 한다. 그러므로 혼합주의를 물리치고 이기는 자에게는 예수님 자신이 점점 더 분명하고도 풍성하게 나타나실 것이다.

예수님과 요한은 버가모에 검은 현무암으로 지어진 건물이 많았고, 후견인의 이름을 거기에 새기려면 수입해 온 흰 대리석이 필요했다는 역사적 배경을 알고 있었다.[110] 만나와 예수님의 새 이름이 새겨진 백석白石은 예수님 자신을 가리킨다.[111] 여기서 17절의 "새 이름*ὄνομα καινὸν*"의 구약적 배경이 중요하다. '새로움'으로 이름을 묘사하는 것은 미래에 이스라엘이 수여받을 새로운 신분에 관한 이사야 62장 2절과 65장 15절의 예언에 대한 성취이다. 거기에서 '새 이름'은 야웨의 언약적 현현으로 회복된 이스라엘이 미래에 받게 될 왕적 신분사62:3과 특히 지금은 야웨와의 새로운 '혼인' 관계성을 가리킨다사64:4b-5. 요약하면, 계시록 2장 17c절에서 '새 이름'은 신천신지에서 구속된 백성의 종말론적인 새로운 정체성을 의미한다."[112] 예수님이라는 새로운 이름을 가진 그리스도께 속

---

108. Calvin, 『1559년 라틴어 최종판 직역 기독교강요. 제4권』, 409.

109. Lizorkin-Eyzenberg & Shir, *Hebrew Insights from Revelation*, 91. 참고로 계시록 2장 17절의 만나를 먹는 것을 성찬식과 연결하는 경우는 Ngundu, "Revelation," 1576을 보라.

110. Paul, *Revelation*, 90.

111. 계시록 2장 17절의 "돌(ψῆφος)"에서 '선거학(psephology)'이라는 단어가 유래했다.

112. Beale and McDonough, "요한계시록," 509. 참고로 이사야 56장 5절, 62장 2절, 65장 15절 등에 근거하여 "새 이름"을 예수님의 이름이 아니라 성도의 이름이라고 보는 경우는 Weima, 『요한계시록에 가면: 일곱 교회를 향한 설교』, 201을 보라.

한 사람은 그리스도와 연합된 새로운 정체성에 맞추어 살아야 한다. 13절은 버가모교회의 안디바가 예수님의 '이름'을 굳게 붙잡았다고 밝혔고, 17절은 예수님께서 이기는 성도에게 그분의 '새 이름'을 주실 것을 약속한다계3:12 참조. '이름'은 그 존재의 모든 것, 즉 자신을 가리킨다. 계시록에서 예수님의 다른 이름들은 "하나님의 말씀"계19:13 그리고 "만왕의 왕, 만주의 주"계19:16이다.

위의 논의를 요약하면, 그리스도인은 우상 제물을 먹지 말고 만나, 곧 예수 그리스도를 영적 양식으로 삼아야 한다. 박해를 면하려고 넓은 혼합주의 길로 빠지지 않는 이기는 사람은 자신의 생명의 양식이신 승리하신 예수님의 은혜를 더 사모하고 누리게 된다. 왜냐하면 그들은 예수님의 사랑받는 신부이기 때문이다. '버가모Πέργαμος'는 결혼을 뜻한다. 버가모교회는 어린양 대신 니골라당과 결혼하여 불법적인 연합을 이룬 것을 회개하고, 하늘의 만나이신 예수님을 먹음으로써 산돌들로서 교회 건설에 힘써야 했다벧전3:4-5 참조.[113]

레디쉬M. G. Reddish는 구두 공연oral performance의 관점에서 버가모에게 보낸 편지를 다음과 같이 분석한다. 소아시아의 다른 여섯 교회와 마찬가지로 버가모교회도 주일 저녁에 공적 예배에 회집했을 때 계시록을 낭독했다. 낭독자는 사도 요한의 이름은 물론 예수 그리스도의 이름으로 이 편지를 크게 읽어 내려갔다. 이렇게 낭독이 진행되는 동안 순교자 안디바를 잃은 아픔과 두려움을 겪고 있던 버가모의 회중은 예수 그리스도의 현존을 누리면서 확신과 소망과 경고를 진지하게 받아들였을 것이다. 아마도 예배 중 성찬식은 물론 낭독 직후에 회중은 "아멘 주 예수님 오시옵소서."라고 화답했을 것이다.[114]

---

113. D. Yoon, "Overcoming the Degradation of the Church by eating the Hidden Manna to be transformed into White Stones for God's Building," *Affirmation & Critique* 25/2 (2019), 32-37. 참고로 지방교회 소속 Yoon에 따르면, 공개적인 만나(open manna)가 광야에 내린 만나라면, 감추인 만나는 지성소의 금 항아리 안에 있던 만나라고 본다. 그리고 공개적인 만나가 모든 신자에게 나타난 예수님이라면, 감추인 만나는 사탄이 다스리는 세상과 결혼하기를 거부한 승리자에게만 나타난 예수님이다. 그러나 계시록은 교회를 두 종류로 나누기보다 모든 교회가 이기는 공동체가 되도록 격려한다.

114. Reddish, "Hearing the Apocalypse in Pergamum," 12.

교훈과 적용

선교단체 오픈 도어Open Doors의 세계 박해 순위World Watch List에 따르면, 2018년 중순에서 2019년 중순까지 신앙을 이유로 목숨을 잃은 그리스도인의 수는 4,136명이었다. 기독교 박해 지수에 있어 북한은 18년째 1위였으며, 중국은 23위였다. 박해와 순교 상황에 처한 그리스도인에게 관심을 가지고 기도해야 한다.

혼합주의라는 넓은 길은 일시적으로 편안을 주지만, 결국 하나님에게서 멀어지도록 만들어 파멸로 이끈다. 우리 속에 똬리를 틀고 있는 음행과 우상숭배를 회개하여 심판을 면하자. 하나님의 선교라는 관점에서 볼 때, 계시록은 선교의 마지막 이야기이며, 소아시아 7교회와 오늘날 모든 교회는 하나님의 선교의 결과물이다.[115] 하지만 적지 않은 교회가 혼합주의로 인해 선교적 정체성과 본질을 상실했는데, 어떻게 회복할 수 있는가? 한국의 구정과 추석이면 그리스도인에게 유교 전통인 조상제사가 중요한 이슈가 된다. 올바른 예배적 영성, 우상숭배, 가족 간의 갈등 관리, 그리고 효의 실천에 대한 교육이 필요하다.[116]

4. 두아디라교회에 보내는 편지(2:18-29)

"18두아디라 교회의 사자에게 편지하라. 그 눈이 불꽃 같고 그 발이 빛난 주석과
같은 하나님의 아들이 이르시되 19내가 네 사업과 사랑과 믿음과 섬김과 인내를
아노니 네 나중 행위가 처음 것보다 많도다 20그러나 네게 책망할 일이 있노라.
자칭 선지자라 하는 여자 이세벨을 네가 용납함이니 그가 네 종들을 가르쳐 꾀
어 행음하게 하고 우상의 제물을 먹게 하였도다 21또 내가 그에게 회개할 기회를

115. 참고. 구약과 신약은 하나님의 선교라는 하나의 이야기를 들려준다고 보는 안건상, 『선교적 성경 읽기』 (서울: 생명의 말씀사, 2020), 190.

116. 이정순은 조상 제사를 종교의식이 아닌 효의 표현으로 간주한다. 그리고 이정순은 죽은 성도와 살아 있는 성도 간의 교제 사상과 성찬식으로부터 죽은 조상과의 (식탁)교제와 기독교 예전의 토착화가 가능성하다고 본다. 이정순, "조상제사 문제를 어떻게 이해할 것인가?: 한국 교회 영성 형성의 과제와 관련하여," 『신학과 실천』 30 (2012), 68, 80. 그러나 참 그리스도인이라면 이런 종교다원주의를 마땅히 배격해야 한다.

주었으되 자기의 음행을 회개하고자 하지 아니하는도다 [22]볼지어다. 내가 그를 침상에 던질 터이요 또 그와 더불어 간음하는 자들도 만일 그의 행위를 회개하지 아니하면 큰 환난 가운데에 던지고 [23]또 내가 사망으로 그의 자녀를 죽이리니 모든 교회가 나는 사람의 뜻과 마음을 살피는 자인 줄 알지라 내가 너희 각 사람의 행위대로 갚아 주리라 [24]두아디라에 남아 있어 이 교훈을 받지 아니하고 소위 사탄의 깊은 것을 알지 못하는 너희에게 말하노니 다른 짐으로 너희에게 지울 것은 없노라 [25]다만 너희에게 있는 것을 내가 올 때까지 굳게 잡으라 [26]이기는 자와 끝까지 내 일을 지키는 그에게 만국을 다스리는 권세를 주리니 [27]그가 철장을 가지고 그들을 다스려 질그릇 깨뜨리는 것과 같이 하리라. 나도 내 아버지께 받은 것이 그러하니라 [28]내가 또 그에게 새벽 별을 주리라 [29]귀 있는 자는 성령이 교회들에게 하시는 말씀을 들을지어다"

두아디라는 오늘날 아키사르Akhisar인데, 교통의 요지로서 BC 3000년경부터 사람이 거주했다. 두아디라는 버가모에서 남동쪽 80㎞에 위치하는데, 소아시아 7교회 가운데 가장 작은 도시이다. 발굴된 비문에 따르면, 두아디라는 작은 도시였지만 상인 조합이 많았다. 오늘날도 두아디라의 비옥한 평지에 담배와 올리브가 경작되고 있다. 두아디라에 루디아Λυδία의 태양 신전Pelopia이 있었으며. BC 3세기에 셀류커스 1세 니카토르BC 301-281가 군사 기지를 만든 후 알려지기 시작했다. 두아디라는 BC 190년부터 버가모의 지배를 받았는데, BC 133년부터는 로마의 지배 아래 있었다.[117] 빌립보에서 자주색 옷감을 팔았던 여자 루디아는 두아디라 출신인데, 그녀는 직물 조합guild에 소속되었을 것이다행16:14 참조.[118]

흥미롭게도 예수님께서는 소아시아 7교회 중 가장 작은 도시의 교회에 총 12절에 걸쳐 가장 긴 편지를 쓰신다.[119] 그리고 계시록 2-3장의 중앙에 두아디라교

---

117. Gentry, *The Divorce of Israel*, Volume 1, 347.J. 참고로 두아디라에 황제 숭배를 위한 신전이 없었다는 주장은 J. Roloff, *Revelation* (Minneapolis: Fortress Press, 1993), 54를 보라.
118. Ngundu, "Revelation," 1577.
119. L. N. Pollard, "The Function of λοιπός in the Letter to Thyatira," *Andrews University Seminary Studies* 46/1 (2008), 47.

회에게 쓴 편지가 위치할 뿐 아니라, 7편지의 전체 내용과 강조점이 교차대칭구조 안에 계시록 2장 23-24절을 중심으로 집약되어 있다.[120]

A 에베소교회: 영적 열정을 상실함(2:4)
  B 서머나교회: 박해 중에서도 신실함(2:9-10)
    C 버가모교회: 다수는 신실하고, 일부는 **혼합주의에 빠짐**(2:13-16)
      D 두아디라교회: 심판과 남은 자들의 구원(2:23-24)
    C′ 사데교회: 일부는 신실하고 다수는 **혼합주의에 빠짐**(3:1-4)
  B′ 빌라델비아교회: 시련 중에서도 신실함(3:8-10)
A′ 라오디게아교회: 영적 열정을 상실함(3:17)

불꽃같은 두 눈계1:14 참조과 빛나는 구리와 같은 두 발계1:15 참조을 가지신 하나님의 아들 예수님께서 말씀하신다18절. 예수님께서는 사람의 마음을 속속들이 감찰하시고 악을 정복하신 분이다. 특별히 마태복음을 비롯하여 신약성경에 46회 등장하는 "하나님의 아들ὁ υἱὸς τοῦ θεοῦ"은 계시록에서 2장 18절에서만 1회 등장한다. 계시록 2장 18절처럼 예수님의 호칭이 직접 사용된 경우는 드문데, 계시록 2-3장에 계시록 1장 10절 이하의 시작 환상에 등장하신 예수님을 묘사하는 표현이 주로 사용된다. 도시 두아디라의 수호신은 아폴로였다. 아폴로는 로마 황제와 더불어 '제우스의 아들'로 인정받았다.[121] 하지만 인자 예수님께서는 "하나님의 아들"이시다계1:13 참조. 따라서 "하나님의 아들"이라는 기독론적 호칭에도 반로마적 메시지가 묻어난다. 구약과 유대문헌에서 '하나님의 아들들'

120. Pollard, "The Function of λοιπός in the Letter to Thyatira," 47. 참고로 계시록 전체를 교차대칭구조로 분석한 시도가 종종 있었는데, 특정 단어나 주제만 부각한 경우가 많았다. 그러나 계시록의 작은 단락에 나타난 교차대칭구조는 더 객관적이다. M. Kuykendall, "The Twelve Visions of John: Another Attempt at Structuring the Book of Revelation," *JETS* 60/3 (2017), 535.

121. B. K. Blount, *Revelation* (Louisville: WJK, 2009), 9; N. P. Friedrich, "Adapt or Resist?: A Socio-Political Reading of Revelation 2.18-29," *JSNT* 25/2 (2002), 190.

은 천사나 기름부음을 받은 왕을 가리켰다가창6:2; 신32:8; 삼하7:14; 4Q246 참조, 다니엘 7장 13-14절의 "인자 같은 분"과 시편 2편 6-9절의 '왕적 메시아'로 이어졌다.[122] 구약에서 천사가 '하나님의 아들'이라 불렸다는 사실은 계시록의 천사 기독론에 영향을 미쳤을 수 있다.[123]

두아디라교회의 사업τὰ ἔργα은 사랑과 믿음과 섬김과 인내인데, 시간이 지날수록 더 커졌다19절. 여기서 계시록의 특징 중 하나인 믿음과 인내가 함께 등장한다. 그러나 두아디라교회는 자칭 선지자 이세벨을 용납한 결과 음행과 우상의 제물을 먹게 되었다20절; 참고. 왕상18:4.[124] 2장 15절의 "니골라"처럼 "이세벨Ἰεζάβελ"은 한 개인의 실제 이름은 아니다. 아마 사도 요한이 밧모섬에 유배된 상황을 틈타서 이세벨은 스스로 선지자로 여기면서 자신의 가르침이 신적 권위를 가지고 있다고 선전한 것으로 보인다.[125] 여기서 음행과 우상숭배는 니골라당의 미혹과 동일한데계2:14-15 참조, 나중에 이런 미혹은 용과 바다짐승 그리고 땅 짐승, 음녀 바벨론, 거짓 선지자의 활동으로 이어진다.[126] 사도 요한 당시에 소아시아의 35개 도시에 황제숭배를 위한 신전이 세워졌는데, 두아디라의 상인 조합

---

122. G. V. Allen, "The Son of God in the Book of Revelation," in *Son of God: Divine Sonship in Jewish and Christian Antiquity*, ed. G. V. Allen et als (Pennsylvania: Penn State University Press, 2019), 54-56.

123. Allen, "The Son of God in the Book of Revelation," 57-60.

124. 계시록 2장 20절에서 A(02), 046, 그리고 다수사본은 "이세벨" 앞에 인칭 대명사 "너의(σου)"를 추가한다. 그렇다면 여기서 "너"는 두아디라교회의 사역자를 가리킬 수 있다. 하지만 "너의"는 사본 상 큰 지지를 받지 못하며, 문맥에 있어 어색하다. Patterson, *Revelation*, 114.

125. Blount, *Revelation*, 10.

126. W. Tipvarakankoon, "The Theme of Deception in the Book of Revelation" (Ph.D. Thesis, Lutheran School of Theology, 2013), 252-253; W. G. Campbell, "Antithetical Feminine-Urban Imagery and a Tale of Two Women-Cities in the Book of Revelation," *Tyndale Bulletin* 55/1 (2004), 85. 참고로 창세기 39장에서 음녀와 같은 보디발의 아내는 요셉의 운명과 하나님의 언약과 구원계획을 파괴하려고 달려들었다. 희년서 39장에 따르면, 그녀가 요셉을 유혹한 기간은 1년간 지속되었다. 창세기 내레이터는 요셉이 가나안에서 이집트로 이동한 전체 시간을 한 절로 언급하는데(창39:1), 마찬가지로 음녀와 같은 여자가 요셉을 매일 유혹한 사실도 한 절로 설명하여 끈질긴 유혹을 강조한다(창39:10). 보디발의 아내의 행동은 성적 유혹을 넘어 요셉의 투옥이라는 고난도 초래했다. 이런 의미에서 보디발의 아내는 계시록 2장 20절의 이세벨과 병행을 이룬다. 족장 내러티브의 중요 주제는 '하나님의 현존과 호의를 베푸심'이다. 마찬가지로 예수님께서는 소아시아 7교회와 함께하셔서 음녀의 유혹과 고난을 이기도록 하신다. 참고. D. W. Lim, "A Study on the Role of the Narrator in Genesis 39: Compared with Jubilees 39,"『신학논단』102 (2020), 171-176.

이 개최한 축제는 후견 신을 숭배하는 영적 음행으로 이어졌다.[127] 따라서 두아디라교회는 경제적인 피해를 모면하기 위해서 그런 종교적인 문화 축제에 참여하려는 유혹을 받았을 것이다. 그렇다면 이세벨의 미혹에 빠진 자들이 신전에서 육체적 음행을 벌였을 가능성이 매우 높다.[128] 에베소교회가 정통에 지나치게 집착하다가 첫사랑을 상실했다면계2:4 참조, 두아디라교회는 분별력 없이 사랑을 실천했다.[129]

예수님께서는 두아디라교회의 음행자들에게 회개하는 시간, 곧 기회χρόνον ἵνα μετανοήσῃ를 주셨지만, 그들은 회개하기를아오리스트 시상, μετανοῆσαι 계속적으로현재 시제, θέλει 단호히 거부했다21절. 여기서 예수님께서 두아디라교회의 사역자를 통하여 그 교회의 음행하는 자들에게 경고를 주셨음을 짐작할 수 있다. 계시록에서 보좌 위의 성부 하나님과 어린양께서 여러 가지 심판을 시행하시는데, 파멸이 아니라 회개를 유도하기 위함이다계9:20; 16:9 참조. 그러나 그런 심판들조차 회개를 도출하지 못할 정도로 죄인들의 완고함이 심각했다. 따라서 계시록 2장 20절은 본격적인 심판 내러티브에 언급될 회개하지 않음을 알리는 복선伏線과 같다고후7:11; 기독교강요 3.3.15 참조.

예수님께서는 음행을 회개하지 않은 자들을 임종의 병상κλίνη이라는 큰 환난에 던지신다22절.[130] 회개하지 않으면 촛대가 옮겨지듯이계2:5 참조, 영적 사망을 피할 수 없다. 여기서 '대 환난θλῖψις μεγάλη'은 전천년주의자들이 주장하는 예수님 재림 이전에 있을 온 세계적인 환난을 가리키지 않는다. 사람의 뜻과 마음을 계속해서 살피시는 예수님께서는 이세벨의 자녀, 곧 이세벨의 미혹에 넘어간 자들도 죽이신다23절; 참고. 왕하10:1-11. 이단을 따르면 영적 사망의 심판을 당하게 된다. 예수님께서는 불꽃같은 눈으로 사람의 동기와 마음과 욕망을 감찰하신다계

127. Leong, "Windows to the Polemics against the so-called Jews and Jezebel in Revelation," 174; Friedrich, "Adapt or Resist?" 192; Johnson, *Triumph of the Lamb*, 80.

128. Patterson, *Revelation*, 115.

129. Johnson, *Triumph of the Lamb*, 79.

130. 22절의 "침상"을 '상여(喪輿, funeral bier)'라고 이해할 여지에 대해서는 Patterson, *Revelation*, 116을 보라.

1:14; 2:18 참조. '두아디라Θυάτειρα'의 뜻은 '딸θυγάτηρ'이다. 이 지명은 BC 290년에 셀류커스 1세 니카토르의 딸이 출생한 것을 기념하여 명명되었다. 두아디라교회는 이세벨의 딸과 아들이 되어서는 안 되며, 하나님의 아들을 믿는 하나님의 자녀가 되어야 한다. 모든 것을 감찰하시는 예수님께서는 사람의 행위대로 갚아주신다. 구약에서 '행위'는 종종 언약 백성이 하나님과 맺은 언약에 대한 반응으로 나타난다시62:12; 렘17:10 참조. 새 언약의 주님이신 예수님께서는 그분의 새 언약 백성에게 합당한 행위를 기대하신다계2:5; 19:8 참조.[131] 예수님께서 7교회에게 주신 경고는 아래와 같이 교차대칭구조를 통해서 2장 23a절의 "내가 사망으로써 그녀의 자녀를 죽일 것이다καὶ τὰ τέκνα αὐτῆς ἀποκτενῶ ἐν θανάτῳ."를 강조한다.[132]

A 에베소교회: 촛대를 그것의 자리에서 옮길 것이다(2:5)
  B 서머나교회: 경고 없음
    C 버가모교회: 내가 속히 **가서** 싸울 것이다(2:16)
      D 두아디라교회: 내가 사망으로써 그녀의 자녀를 죽일 것이다(2:23)
    C′ 사데교회: 내가 도둑같이 **갈 것이다**(3:3)
  B′ 빌라델비아교회: 경고 없음
A′ 라오디게아교회: 네가 너를 내 입에서 뱉어버리겠다(3:16)

예수님께서는 두아디라교회의 이세벨의 교훈을 따르지 않고 사탄의 깊은 것들을 알지 못하는 남은 자들에게 박해를 인내하는 짐 이외에 다른 것을 지우시지 않는다24절. 고린도전서 2장 10절의 "하나님의 깊은 것들τὰ βάθη τοῦ θεοῦ"과 대조되는 "소위ὡς λέγουσιν, "그들(니골라당)이 말하는 바와 같이" 사탄의 그 깊은 것들τὰ βαθέα τοῦ σατανᾶ"은 우상과 사탄숭배에 참여하여 사탄에 대한 비밀스런 지식에 현혹되

131. D. A. McIlraith, "For the Fine Linen is the Righteous Deeds of the Saints: Works and Wife in Revelation 19:8," *CBQ* 61/3 (1999), 514.

132. 참고. K. Papaioannou and E. Moyo, "Judgment Motifs in the Messages to the Seven Churches," *JATS* 25/2 (2014), 45.

어 깊이 교제하는 것을 가리킨다.[133] 이세벨은 두아디라의 교인들이 황제숭배에 동참하더라도 사탄의 실체를 파악하고 있다면 아무런 해를 입지 않을 것이라고 가르친 것으로 보인다.[134] '이세벨Ιεζάβελ'은 '정숙하지 못한unchaste'이라는 뜻인데, 그녀가 조장한 사탄숭배와 영적 음행은 매우 부정했다. 사탄은 배교한 유대인들이라는 자신의 회당을 가지고 있으며계2:9; 3:9 참조, 로마 신전과 황제 숭배라는 자신의 보좌도 가지고 있고계2:13 참조, 니골라당과 이세벨이라는 자신의 깊은 것을 연구하여 전파하는 선지자도 거느리고 있다계2:6,15 참조. 하지만 두아디라교회의 남은 자들은 사탄의 미혹을 분별하고 인내하면서 믿음과 진리를 지키는 짐만 잘 감당하면 된다. 구약 선지서의 남은 자 사상을 물려받은 계시록 2장 24절의 "그 나머지 사람들οἱ λοιποί"은 하나님의 계명을 지키고 말씀을 증언하면서 용과 싸우는 계시록 12장 17절의 남은 자들을 예고한다.[135] 두아디라에 발달된 상인 조합은 경제활동은 물론계13:16-17 참조 성적 부도덕의 온상이었다. 이세벨계2:20 참조 당시의 바알에게 무릎 꿇지 않았던 남은 자 7,000명처럼왕상19:18 참조, 두아디라교회의 남은 자들은 종교-정치-경제의 파괴적인 유착癒着을 주의해야 했다.[136] 두아디라교회를 혼합주의 사상으로 미혹했던 이세벨은 계시록 17-18장의 음녀 바벨론을 내다본다.[137]

두아디라교회는 불꽃같은 두 눈으로 속을 들여다보시는 예수님을 기억하면

133. 이달, 『요한계시록』, 91; Beale, 『요한계시록. 상권』, 449. 참고로 전천년설주의자인 서방교부 터툴리안(d. 220)의 풍유적 해석은 "사탄의 깊은 것들"(계2:24)을 율법에 불순종하는 것으로, "셀 수 없는 큰 무리"(계7:9)를 적그리스도를 이긴 승리자들로, "양날 선 칼"(계1:16; 2:12; 19:21)을 지혜에 의해 날카롭게 다듬어진 율법과 복음이라는 두 언약으로, 그리고 음녀가 탄 짐승(계17:3)을 적그리스도로 해석한 데서 나타난다. 그는 미래적 해석보다는 자기가 살던 당시의 고난당하던 성도가 영적 전투를 잘 수행하도록 격려하는 방식으로 해석했다. 따라서 그는 윤리와 영적 해석을 통해 주해와 적용을 얼버무렸지만 박해받던 교회를 실제로 위로하려는 시도는 인정할만하다. 참고. B. Kuryliak, "Apocalyptic Symbols of the Book of Revelation in the Interpretation of Tertullian," *Paradigm of Knowledge* 48/4 (2021), 5-18.

134. Paul, *Revelation*, 95. 24절의 "깊은 것들"은 자신들만 알 수 있는 어떤 심오한 지식을 선전한 초기 영지주의자와 연관된다는 주장은 Patterson, Revelation, 117을 보라.

135. Pollard, "The Function of λοιπός in the Letter to Thyatira," 45.

136. Friedrich, "Adapt or Resist?" 204; Pollard, "The Function of λοιπός in the Letter to Thyatira," 50.

137. Boring, *Revelation*, 93; Pollard, "The Function of λοιπός in the Letter to Thyatira," 56.

서 이세벨의 가르침, 즉 니골라당의 유혹에 넘어가지 말아야 한다. 그리고 예수님께서 빛난 주석 같은 두 발로 니골라당을 무찌르신 승리하신 분임도 믿어야 한다. 혼합주의에 빠지지 않으면서 주님의 일들τὰ ἔργα을 끝까지 지키는 이기는 자는 만국을 다스리는 권세를 받는다26절. 예수님의 일들은 계시록 1장 5-6절과 1장 12절 이하의 개시 환상에 드러났다.[138] 그리고 2장 18절이 언급한 대로, 예수님께서는 하나님의 아들로서 불꽃과 같은 두 눈과 빛난 주석과 발로서 교회와 만유를 감찰하시고 다스리신다. 그리고 예수님의 일들과 방식은 두아디라교회의 행동을 위한 규범과 같은데, 이를 위해 그 교회는 주님과 교제하면서 그리스도를 닮아가는 삶을 구체적으로 실천해야 했다.[139] 26절의 다스림은 단지 미래적 약속이 아니라 삶에서 승리할 수 있는 권세를 활용한다는 현재적 의미이다.[140] 성도가 이기는 것은 하나님의 은혜이며, 그들이 만국을 다스리는 것도 마찬가지이다마25:21; 눅22:30; 계5:10; 20:4,6; 21:24; 22:5 참조. 그러나 교회가 만국을 쳐서 다스리는 최종 목적은 만국을 새 예루살렘성 안으로 인도하여 치유하기 위함이다계21:24; 22:2 참조.[141] 하지만 사탄은 만국을 미혹하고, 만국을 통하여 교회를 박해하려고 시도한다계13:7 참조. 예수님께서는 성부로부터 만국을 다스릴 권세를 상징하는 쇠막대기鐵杖를 받으셨다27절; 참고. 시2:9; 사30:14; 렘19:11; 계11:15; 12:5; 19:15.[142] 이기는

138. P. B. Decock, "The Works of God, of Christ, and of the Faithful in the Apocalypse of John," *Neotestamentica* 41/1 (2007), 50.

139. Decock, "The Works of God, of Christ, and of the Faithful in the Apocalypse of John," 49.

140. Contra Wenstrom Jr., *The Second Advent of Jesus Christ*, 1,

141. J. Morales, "Christ, Shepherd of the Nations: The Nations as Narrative Character and Audience in the Apocalypse," (Ph.D. Thesis, Southeastern Baptist Theological Seminary, 2016), 317-319, 323-324.

142. 일부 학자들은 계시록 2장 27절(*καὶ ποιμανεῖ αὐτοὺς ἐν ῥάβδῳ σιδηρᾷ ὡς τὰ σκεύη τὰ κεραμικὰ συντρίβεται*), 12장 5절, 19장 15절이 시편 2편 9절(*ποιμανεῖς αὐτοὺς ἐν ῥάβδῳ σιδηρᾷ ὡς σκεῦος κεραμέως συντρίψεις αὐτούς*)을 암시하지 않고 인용한다고 주장한다. 참고. Van Henten, "Anti-Judaïsme in 'n Joodse Teks?" 285. Kistemaker는 계시록에서 구약을 일부만 인용한 구절은 14개라고 본다(계1:7; 2:27; 4:8; 6:16; 7:16,17; 14:5; 15:3ab; 15:4; 19:15; 20:9; 21:4,7). Kistemaker, *Revelation*, 17. 따라서 완전한 인용이라기보다는 일부 일치하는 표현과 주제적 병행을 인정할 수 있다. 참고. T. L. Decker, "Faithfulness to Christ as Covenant Fidelity: The Pastoral Purpose behind the Old Testament Allusions in the Seven Messages of Revelation 2-3," *AUSS* 55/2 (2017), 180.

그리스도인은 예수님의 초림과 재림 사이의 기간인 천년왕국에 동참하여 철장 권세를 활용해야 한다. 한편으로 이기는 사람은 긍정적으로 열방을 다스릴 것이며, 다른 한편으로 부정적으로 악한 만국을 심판하여 깨뜨릴 것이다. '다스릴 것이다ποιμανεῖ'는 '다스리다to rule' 혹은 '목양하다to shepherd'라는 의미인데, 그리스도인은 불신자들을 사랑으로 섬기고 목양함으로써 만국을 새 예루살렘성 안으로 인도해야 한다계21:26 참조.[143] 교회가 세상의 불신자들을 다스리는 방법은 복음으로써 먹이는 것이다. 파괴적인 방식을 가리키는 '깨뜨리다συντρίβεται'는 토기장이가 부적합한 토기를 산산조각 내는 이미지이다. 토기장이이신 하나님께서는 진흙으로 아담을 만드셨고, 그가 범죄하자 징계하셨다창2:7 참조. 마찬가지로 교회는 세상이 범죄하면 선지자로서 질책하며, 고난을 감내하는 제자도를 수행함으로써 차별된 대안의 삶을 제시해야 한다. 그러므로 교회가 철장을 휘두를 수 있다고 해서 세상을 향해 무례하게 행하거나 무력을 활용할 수 있다는 뜻은 아니다.

소아시아 7도시 가운데 정치-군사적으로 가장 미약한 도시인 두아디라교회의 이기는 남은 자들에게 예수님께서 만국을 다스리는 권세를 약속하신 것은 의아하다. 19절이 소개하듯이 두아디라교회의 "그 사업", 곧 "그 행위τὰ ἔργα"는 점점 늘어났는데, 그것은 거짓 선지자 이세벨의 행태와 정반대였다. 예수님께서는 그분의 일들τὰ ἔργα, 26절에 참여한 두아디라교회의 행위를 높이 평가하셔서 그들로 하여금 만국을 다스리게 하신다.[144]

두아디라교회는 참 선지자인 사도 요한의 권면을 따르면서, 자칭 선지자 이세벨의 일들을 따르는 행동을 버려야 했다. 예수님께서 7교회의 이기는 성도에게 주신 약속의 복은 아래와 같이 교차대칭구조를 통해 2장 26-27절의 철장으로 열방을 다스리는 권세를 강조한다.[145]

---

143. Montanari, *The Brill Dictionary of Ancient Greek*, 1697; Leithart, *Revelation 1-11*, 179.

144. Friedrich, "Adapt or Resist?" 191.

145. Papaioannou and Moyo, "Judgment Motifs in the Messages to the Seven Churches," 46.

A 에베소교회: 생명나무로부터 먹을 수 있는 권한(2:7)
B 서머나교회: 생명의 면류관, 둘째 사망을 면함(2:10-11)
C 버가모교회: 감추어진 만나, 흰 돌, 새 **이름**(2:17)
D 두아디라교회: 철장으로 열방을 다스리는 권세(2:26-27)
C′ 사데교회: 생명책에서 **이름**을 지우지 않음, 흰 옷을 입음(3:5)
B′ 빌라델비아교회: 면류관, 성전 기둥, 나가지 않음(3:11-12)
A′ 라오디게아교회: 주님과 함께 앉아서 먹을 수 있는 권한(3:20-21)

계시록에 구약 인용은 나타나지 않지만, 시편을 포함하여 구약의 암시는 풍성하다. 계시록 2장 26-27절의 내적 간본문인 계시록 12장 5절과 19장 15절은 메시아 시편인 시편 2편 8-9절을 암시한다. 아래의 도표는 계시록에 나타난 20여 개에 달하는 시편 간본문을 요약한 것인데, 왕이신 하나님의 공의로운 심판과 하나님의 구원의 은총을 그분의 백성이 노래하고 기도하는 내용이 강조된다.[146]

시편	계시록	내용
2:1-2	11:15, 18	분노하는 이방 나라들은 패배할 것임
2:8-9	2:26-27; 12:5; 19:15	대적하는 나라들은 철장으로 패망할 것임
7:10	2:23	마음을 감찰하시는 하나님
23:1-2	7:17	생명수 샘으로 인도하시는 하나님
33:3; 96:1; 98:1; 144:9	5:9; 14:3	새 노래
47:8	4:2-3, 9-10	보좌에서 통치하시는 하나님
69:28	3:5; 13:8; 17:8; 20:14-15; 21:27	구원의 은유인 생명책
75:8	14:9-11	하나님의 진노의 포도주를 마시는 악인들

146. S. Moyise, "The Psalms in the Book of Revelation," in *The Psalms in the New Testament*, ed. S. Moyise and M. J. J. Menken (Edinburgh: T&T Clark, 2004), 232-246.

78:44	16:4	물이 피로 변함
79:1	11:2	예루살렘이 폐허가 됨
86:8-10	15:3-4	비교할 수 없는 놀라운 일을 행하신 하나님을 경배함
89:27, 37	1:5	왕들 중의 왕, 신실한 증인
96:13	19:11	공의로 심판하심
99:1	11:17-18	큰 권능으로 심판하심
106:48	19:4	아멘 할렐루야
115:4-7	9:20	금과 은으로 만든 우상
115:13	11:18; 19:5	작은 자나 큰 자 모두 하나님을 경배함
119:137	15:3; 16:7	의로운 심판
137:8	18:6	행한 대로 갚아줌
141:2	5:8	향 같은 기도

이기는 자는 예수님 자신을 상징하는 새벽 별πρωϊνός도 받는다28절; 참고. 민24:17; 벧후1:19. 28절의 간본문인 민수기 24장 17절은 발람의 진술인데, 장차 이스라엘에서 나올 막대기와 더불어 별이 모압과 같은 원수를 무찌를 것을 예언한다. 여기서 "막대기"와 "별"은 권세를 상징하는데, 27절쇠막대기과 28절새벽 별에 각각 등장한다. 예수님과 교회가 소유하고 있는 "철장"27절처럼, "새벽 별messianic star" 역시 권세를 상징한다계22:16 참조. 그러므로 이기는 자가 새벽 별을 받는다는 것은 새벽 별이신 예수님과 친밀하고 지속적인 관계를 맺으면서 죄악 된 세상을 이기는 것을 가리킨다.[147] 한 유대문헌은 메시아가 아니라 의로운 제사장 시므온Simeon the Righteous을 영광스런 미래를 가지고 올 새벽 별, 보름달, 그리고 태양 빛으로 묘사한다시락 50:5-7 참조.[148] 그레코-로마세계에서 통치를 상징하는 새벽 별은 여신 비너스Venus를 가리켰다. 만약 이것을 계시록의 독자들이 염두에 두었다면, 이기는 사람이 새벽 별을 받는다는 약속은 바로 앞 26-27절의 예수님의 쇠

147. Patterson, *Revelation*, 118; 신동욱, 『요한계시록 주석』, 59.

148. Lizorkin-Eyzenberg & Shir, *Hebrew Insights from Revelation*, 98.

막대기 권세를 받는 것과 다를 바 없다.[149] 궁창에서 힘 있게 빛을 발산하는 새벽 별처럼, 이기는 그리스도인은 세상에 복음의 빛을 비춘다. 음행과 고통과 죽음의 침상에 누워있는 이세벨에게 속한 자들에게도 복음의 빛을 비추어야 한다. 참고로 계시록 2-3장의 언약적 구조는 다음과 같은데, 예수님께서는 언약에 신실하신 대왕으로서 그분의 신하와 같은 교회와 언약을 유지하신다.[150]

언약의 요소	언약적 표현
서언	(계시록 1장의 시작 환상의 표현을 사용하여) 예수님께서 말씀하심
서론	나는 너희가 행한 일을 알고 있음
의무 조항	회개와 다른 명령들
증인	성령님께서 교회들에게 하시는 말씀을 들어야 함
언약의 복	이기는 자에게는 복을 주심

위의 표에서 볼 수 있듯이, 구약에서 야웨께서 언약 백성을 감찰하셨듯이 예수님께서는 새 언약의 파트너인 각 교회의 상황을 잘 알고 계시며, 예수님께서 각 교회에게 권면하신 내용은 7교회가 언약의 책임성을 지니고 있음을 상기시킨다.[151] 그런데 언약이 파기되거나 언약의 저주가 교회에게 임하지 않도록 하려면, 교회는 회개해야 하고 예수님께서는 그들을 용서하셔야 한다. 이를 통해 언약의 갱신이 이루어진다.

계시록 2-3장의 7교회는 세상을 하나님 나라로 변화시키는 선교적 교회의

---

149. Reddish, *Revelation*, 65.

150. W. G. Campbell, "Findings, Seals, Trumpets, and Bowls: Variations upon the Theme of Covenant Rupture and Restoration in the Book of Revelation," *WTJ* 66 (2004), 79; W. A. Shea, "The Covenant Form of the Letters to the Seven Churches," *AUSS* 21/1 (1983), 71-84; Gentry, *The Divorce of Israel*, Volume 1, 357-366. Contra Grové, "Die Dilemma van die Literere Vorm van Openbaring 2 en 3," 458.

151. Campbell, "Findings, Seals, Trumpets, and Bowls," 80. 참고로 계시록 2-3장은 언약 구조를 넘어 구약 선지서의 고발(prophetic lawsuit; 신32:1-19; 사1:2-29; 렘2:2-14; 미6:2-8; 시50:4-23)에 나타난 구조(서론, 질문, 심문, 비판, 선고)와 특징도 가지고 있다는 주장은 A. S. Bandy, "Patterns of Prophetic Lawsuits in the Oracles to the Seven Churches," *Neotestamentica* 45/2 (2011), 195, 199를 보라.

사명을 수행해야 했다. 그것은 언약의 대왕이신 예수님의 구원 계획에 따른 것이다. 7교회가 선교적 교회로 자리매김하려면 자기 점검을 통해 보완해야 할 사항도 적지 않았는데, 요약하면 다음 표와 같다.

교회	선교적 교회를 위한 장점	선교적 교회가 되기 위하여 보완할 사항
에베소교회	복음 신앙의 정통과 성령의 열매인 인내	성령의 열매이자 은사의 활용 방법인 사랑의 회복. 공동체 내부에서 사랑을 실천하지 않으면 외부에서 사랑의 봉사로 이어질 수 없음.
서머나교회	영적인 부유함	부활 신앙과 죽기까지 충성함으로 두려움을 이겨냄.
버가모교회	순교 신앙의 유산	복음 신앙의 정통을 회복하여 사탄과 이단에 맞서야 함.
두아디라 교회	성령의 열매인 사랑과 인내	복음 신앙의 회복과 생활의 순결을 회복함. 그리고 그리스도인은 세상 사람들을 목양함.
사데교회	남은 자들의 순결한 생활	구원받은 은혜를 삶으로 증명하며 죽은 행실이 살아나야 교회당 밖에서도 일곱 영을 따라 활동할 수 있음.
빌라델비아 교회	성령의 열매인 인내와 적은 능력으로 순종함	삼위 하나님의 이름에 합당한 영광을 돌리기 위해 천국 열쇠들을 활용하는 성령의 전으로서 주님의 사랑과 능력을 받아 사탄의 회를 굴복시켜 그들을 변화시킴.
라오디게아 교회	없음	예수님의 현존이 있는 성만찬 예배와 교제를 회복하여 영적 가난과 미지근함에서 벗어나 신실한 증인으로 살아야 함.

교훈과 적용

우리를 살피시는 예수님 앞에서 마음과 몸으로 행하는 모든 언행심사를 정결하게 하자. 그리고 코람데오의 생활이 부담이 아니라 자연스럽게 되도록 힘쓰자. "만약 하나님의 현존을 즐거워하는 것이 최고의 행복이라면, 그것이 없이 존재하는 것은 비참함이 아니고 무엇이겠는가?"기독교강요 3.9.4.[152] 그리스도인은 직장과 사업에서도 맘몬숭배와 혼합주의에 빠지지 않도록 주의해야 한다잠23:4-5. 직장도 하나님 나라의

152. J. Calvin, 『1559년 라틴어 최종판 직역 기독교강요. 제3권』, *Institutio Christianae Religionis*, 문병호 역 (서울: 생명의 말씀사, 2020), 320.

원칙이 적용되어야 할 영역이다.

교회는 이단을 예방하는 교육을 정기적으로 시행해야 한다. 그리고 종교와 정치, 경제, 문화 등의 영역에서 교회를 속이는 세력의 실체를 간파하는 교육이 필요하다. 교회의 죄악과 문제는 머리이신 예수님을 올바로 신뢰하고 따름으로써 해결하자. 특히 성도 간의 해묵은 갈등도 모두가 교회의 머리께 순종함으로써 건설적인 활력으로 변화시킬 수 있다.

사도 요한은 신약의 선지자이다. 오늘날 목회자는 요한으로부터 예언자적 목회 사역에 대한 통찰을 배울 수 있다. 탐욕의 우상숭배와 혼합주의 그리고 다른 복음에 빠지거나 재림에 대한 기대를 상실한 교인들을 일깨워 영적 전투와 하나님 나라 운동에 동참시키는 선지자와 같은 목회자의 활동이 필요하다.[153]

153. 참고. 이형의, "요한계시록의 목회적 성격," 『서울장신논단』 14 (1998), 76-77.

요한계시록 3장

<본문의 개요>

계시록 3장에서 요한은 1-6절에서 예수님의 책망만 들은 사데교회를, 7-13절에서 칭찬만 들은 빌라델비아교회를, 그리고 14-22절에서 책망만 들은 라오디게아교회를 다룬다. 현대 교회는 요한이 밧모섬에서 기록한 편지를 장장 500㎞에 걸쳐 7교회에 전달했던 무명의 그리스도인들의 수고를 기억해야 한다.

<내용 분해>

1. 사데교회에게 보낸 편지(3:1-6)
2. 빌라델비아교회에게 보낸 편지(3:7-13)
3. 라오디게아교회에게 보낸 편지(3:14-22)

1. 사데교회에게 보낸 편지(3:1-6)

“1사데 교회의 사자에게 편지하라 하나님의 일곱 영과 일곱 별을 가지신 이가 이
르시되 내가 네 행위를 아노니 네가 살았다 하는 이름을 가졌으나 죽은 자로다 2
네는 일깨어 그 남은 바 죽게 된 것을 굳건하게 하라. 내 하나님 앞에 네 행위의
온전한 것을 찾지 못하였노니 3그러므로 네가 어떻게 받았으며 어떻게 들었는
지 생각하고 지켜 회개하라 만일 일깨지 아니하면 내가 도둑 같이 이르리니 어
느 때에 네게 이를는지 네가 알지 못하노라 4그러나 사데에 그 옷을 더럽히지 아
니한 자 몇 명이 네게 있어 흰 옷을 입고 나와 함께 다니리니 그들은 합당한 자
인 연고라 5이기는 자는 이와 같이 흰 옷을 입을 것이요 내가 그 이름을 생명책
에서 결코 지우지 아니하고 그 이름을 내 아버지 앞과 그의 천사들 앞에서 시인
하리라 6귀 있는 자는 성령이 교회들에게 하시는 말씀을 들을지어다”

성경에서 요한계시록에만 언급되는 복수형 명사 ‘사데Σάρδεις’는 오늘날 사르트Sart인데, 고지대에 천혜의 지형 덕분에 요새화된 옛 도시가 점차 확장되어 서쪽과 동쪽의 저지대에도 도시가 세워졌다.[1] BC 1200년에 처음으로 세워진 사데 도시는 두아디라에서 남쪽으로 64㎞ 그리고 서머나에서 동쪽으로 80㎞ 지점에 위치한 교통의 요충지이다. 사데가 교통과 군사적 요충지였으므로 전쟁이 빈번했는데, 요한 당시에 인구는 12만 명으로 추정된다. 사데는 최고 450m 고지에 건설된 도시로서 여러 언덕이 연결되어 있어 공격하기 어려운 군사 요충지였고, 통행세와 금 그리고 옷감으로 부를 축적했다.[2] 사치와 방탕으로 유명세를 탄 사데는 편리한 교통 덕분에 시장이 발달했고, 양모 염색 기술이 개발된 도시로 알려졌고, 땅도 비옥했다. 금이 채굴된 팍톨루스Pactolus 강이 해자垓字처럼 이 도시를 둘러싸기에 난공불락처럼 보였다. 전설에 따르면, 미다스Midas 왕

1. 복수 명사 ‘아테네(’Athens)’도 마찬가지이다. 참고로 ‘붉다’라는 뜻의 ‘사데(Sardis)’는 구약 대제사장의 흉패에 달린 12보석 중 첫째이자(אֹדֶם, σάρδιον; 출28:17), 새 예루살렘성의 12기초석 중 여섯 째 ‘홍보석(σάρδιον, carnelian)’이다(계21:20). 참고. Thomas, *Revelation 1-7*, 240.
2. Thomas, *Revelation 1-7*, 240; Gentry, *The Divorce of Israel*, Volume 1, 348.

이 팍톨루스 강에서 목욕하여 물욕을 씻어내자 사금砂金이 발생했다고 한다. 그러나 이 도시는 군인들의 경계 실패로 BC 548년에 페르시아의 고레스 왕에게 정복되어 약 7000억 원 어치의 보물을 강탈당했다. BC 334년에는 알렉산더 대왕이 사데를 정복하여 대지大地의 여신 키벨레Cybele 신전혹은 아데미 신전과 제우스 제단을 세웠으며, 이후 BC 281-190년 동안 사데는 셀류커스 왕조의 수도가 되었다.[3] 사데는 BC 133년에 로마제국에 합병되었으며, AD 17년에 지진으로 파괴되었다가 티베리우스 황제의 도움으로 재건되었다. AD 26년에 티베리우스 황제는 아우구스투스 황제의 셋째 부인이었던 자기 어머니 리비아Livia를 위해 사데에 신전을 건축했다. 이뿐 아니라 사데에는 원로원과 아데미 여신을 위한 신전도 있었다.[4] 유대인들이 매우 이른 시기부터BC 4-5세기 정착한 사데에서 1,000명을 수용할 수 있는 너비 20m, 길이 54m의 큰 회당이 발굴되었는데, 이 도시에서도 사도 요한 당시에 사탄의 회인 불신 유대인들의 영향을 쉽게 짐작할 수 있다유대고대사 16.10.17 참조.[5] 사데의 유대인들은 예루살렘 성전에 기부금을 보낼 수 있는 특권도 누렸다유대고대사 16.6.6 참조. 1402년에 티무르 몽골제국에 의해 완파된 이후로 사데는 거의 폐허로 남게 되었고, 지금은 인구 5,000명의 마을로 남아 있다. AD 2세기에 그리스 출신 주교 멜리토Melito가 사데에서 활동했는데, 그는 전 생애에 걸쳐 성령 충만한 인물로 평가받는다. 사데교회는 바울의 제3차 선교 당시 에베소에서 3년간 사역할 때 설립된 것으로 보인다행19:10 참조.

하나님의 7영과 7별을 가지고 계신 예수님께서 사데교회에게 말씀하신다1a절; 참고. 계1:16; 2:1.[6] 7영은 성부 하나님의 영이지만, 동시에 예수님의 영이다. 예수

---

3. 사데의 동전에는 "사데, 아시아와 루디아 그리고 헬레니즘의 첫 번째 메트로폴리스"라 적혀있다. Reddish, *Revelation*, 69; 박영식, 『오늘 읽는 요한묵시록』, 117; Thomas, *Revelation 1-7*, 241.
4. 허규, 『요한묵시록 바르게 읽기』, 76. 하지만 사데가 아니라 서머나에 황제 티베리우스의 어머니 리비아와 원로원을 위한 신전이 건축되었다는 주장은 박영식, 『오늘 읽는 요한묵시록』, 117을 보라.
5. 박영식, 『오늘 읽는 요한묵시록』, 118.
6. "7별을 잡고 계신" 예수님께서 에베소교회와 사데교회에게 말씀하시므로, 이 두 교회에는 공통점이 많다. ① 이전의 위치에서 떨어짐(2:5; 3:3), ② 기억하고 회개해야 함(2:5; 3:3), ③ 이기는 이는 생명을 선물로 받음(2:7; 3:5). 참고로 기독교강요 3.1.3의 "성령의 칭호들"에 "일곱 영"(계3:1)은 언급되지 않는다. 참고. Thomas,

님께서는 온 세상에서 역사하시는 7영과 선교적 교회를 지향하는 사역자들을 통하여 그분의 통치를 구현하시기 원한다. 모든 행위를 알고 계신 예수님의 눈에 사데교회는 살았다 하는 이름을 가지고 있지만 죽은 교회living dead이다1b절. 마치 이 교회는 '좀비공동체'가 되고 만다. 예수님께서는 현재시제 동사를 사용해 사데교회에게 지금 '너는 죽어있다νεκρὸς εἶ'라고 책망하시면서, 영적 사망 선고를 내리신다. 그리스도인에게 행함이 없는 믿음은 영적으로 죽은 상태에 빠진 것이다마3:10; 21:19; 약2:14-26 참조.[7] 부요하지만 영적으로 미지근했던 라오디게아 교회와 마찬가지로계3:16-17 참조, 물질적 부요함과 혼합주의는 사데교회를 반쯤 죽은 상태로 만들었다. 세상과의 동화와 평화를 추구하는 교회에게 내적인 생명력과 참된 복음의 열매를 기대할 수 없다. 사데교회는 이전의 신실함과 활동으로 쌓아 놓은 명성을 외면상 이어갔지만, 내면을 들여다보면 그들의 영적 상태는 생명력과 성령의 열매를 맺는 삶과 동떨어졌다.[8] 경건의 능력은 없고 경건의 모양만 갖춘 사데교회는 과거의 유산이나 명성에 비해 실제로는 과대평가된 교회였다딤후3:5 참조.

사데교회는 깨어서 죽어가고 있는 남은 것들τὰ λοιπὰ을[9] 굳건하게 함으로써 하나님 앞에서ἐνώπιον τοῦ θεοῦ 온전하게 되어야 한다2절; 참고. 롬12:1-2. 사데교회 안에 아직 소성할 수 있는 긍정적인 요소, 즉 하나님의 은혜가 남아 있다. 사데교회는 참된 그리스도인의 삶을 반영하던 '온전하게 된 것들τὰ ἔργα πεπληρωμένα'을 회복해야 하는데, 그 방법이 무엇인가? 무엇보다 영적으로 깨어나서 하나님 앞에서*coram Deo* 믿음과 행실을 정돈하는 것이다계3:5 참조. 사람 앞에서*coram hominibus* 좋은 평가와 명성을 받으려고 애쓸수록 신전神前 의식은 사라진다. 그리고 사

Revelation 1-7, 245.

7. *The Jesus Bible*, 1973.

8. Thomas, *Revelation 1-7*, 247-248.

9. 2절에서 "남은 자들"이라고 남성형으로 번역한 경우(고전1:27-28; 히7:7; 계3:4의 "옷을 더럽히지 않은 자들" 참조)는 이달, 『요한계시록』, 93을 보라. 남은 것들이 아니라 남은 자라고 이해하는 다른 경우는 Kraft, 『요한묵시록』, 126을 보라.

데교회는 복음을 어떻게 받아왔고 들었는지를 기억하고 되새김질함으로써 복음의 가르침을 잘 지키고 회개해야 한다3a절.[10] 여기서 현재완료 동사 '받아왔고 εἴληφας'와 아오리스트 동사 '들었다ἤκουσας'가 중요하다. 하나님의 은혜로 사데교회가 들었던 복음은 그들 가운데 계속해서 남아있다.[11] 이것이야말로 영적 생명을 회복하기 위한 남은 그루터기와 같다. 복음을 듣고 순종하여 준수하는 사람은 복이 있다계1:3; 22:7 참조. 그리고 사데교회가 살아나는 방법인 회개는 예수님께서 다른 교회들에게도 명령하신 바로서계2:5,16,21; 3:19 참조, 계시록의 마지막 일곱 번째 복이기도 하다계22:14 참조. 그런데 들은 복음을 기억하고 지키는 행위에 이어서 회개를 언급한다. 왜냐하면 회개는 듣고 지키는 것을 요약하는 행위이기 때문이다.[12] 회개는 감정적으로 뉘우치는 데서 그치지 않고 하나님의 말씀에 순종하여 준수하는 행위로 마무리된다.

만약 이 교회가 영적으로 깨어나지 않으면 심판하실 예수님께서 모르는 사이에 도둑처럼ὡς κλέπτης 그들을 영적으로 찾아가실 것이다3b절; 참고. 마24:42-44; 살전5:1-6; 계2:5,16.[13] 계시록 3장 1-3절은 3a절의 명령형 동사생각하라, 지켜라, 회개하라를 중심으로 다음과 같이 교차대칭구조를 보인다.[14]

---

10. 계시록 3장 1-5절과 이사야 64장 1-7절의 간본문성에 주목해 보자. 이사야 64장 1절의 내려오시는 주님은 계시록 3장 3절의 도둑같이 임하시는 예수님과, 이사야 64장 2-3절의 "주님 앞에"는 계시록 3장 2절의 "하나님 앞에"와, 이사야 64장 4절의 "듣고 보다"는 계시록 3장 3절의 "받고 듣다"와, 이사야 64장 6절의 "더러운 옷"은 계시록 3장 4절의 "더럽히지 않은 옷"과, 그리고 이사야 64장 2, 7절의 "이름"은 계시록 3:1, 4, 5절의 "이름"과 병행을 이룬다.

11. Thomas, *Revelation 1-7*, 251.

12. Fanning, *Revelation*, 165.

13. 계시록 2-3장과 공관복음서와 바울서신의 간본문성은 이광진, 『요한계시록 연구』, 151-187을 보라. 참고로 계시록 3장 3절의 "도둑같이"의 간본문성을 출애굽기 22장 2절에서 무리하게 찾는 경우는 Decker, "Faithfulness to Christ as Covenant Fidelity," 182를 보라.

14. Leithart, *Revelation 1-11*, 181.

A 나는 너의 행위를 안다(1b절)

B 깨어 있어라(2절)

C 생각하라, 지켜라, 회개하라(3a절)

B′ 만약 네가 깨어 있지 않으면(3b절)

A′ 너는 그 때를 모른다(3c절)

사도 요한은 예수님의 제자이므로, 주님의 파루시아 비유를 잘 알고 있었을 것이다눅12:35-40 참조. 그런데 신약 저자들은 주님의 파루시아 비유를 여러 군데에서 비非 비유화한다마4:43-51; 살전4:13-17; 벧후3:10; 디다케 16 참조. 다시 말해, 계시록 3장 3절과 16장 15절에서도 예수님의 파루시아 비유가 비유의 형식 대신 권면으로 변형된다. 이런 변형은 요한이 비유가 아니라 편지와 환상 내러티브로 소아시아의 수신자들을 권면하기에 자연스러운 현상이다. 환언하면, 요한은 계시록 수신자들의 새로운 상황을 염두에 두고 주님의 파루시아 비유를 자신의 권면에 적용하는데, 여전히 주님의 말씀은 그대로 생생히 살아 있다.[15] 그러나 파루시아 비유이건 비유 형식을 탈피한 내러티브이건 도둑처럼 오시는 예수님을 맞이하기 위하여 경성하고 준비해야 한다는 교훈은 동일하다. 흥미롭게도 고레스왕BC 549과 안티오커스 3세BC 195가 사데를 공격했을 때, 경계가 느슨한 틈을 타서 도둑처럼 성벽을 등반하여 정복한 바 있었다.[16] 이 사건들은 계시록이 기록되기 오래전에 일어났지만, 사데교회의 기억 속에 여전히 남아 있었을 것이다. 계시록 3장 1-5절은 다음과 같이 교차대칭구조를 통하여, 3절의 명령인 생각하고 지키고 회개할 것을 강조한다.[17]

15. J. A. du Rand, "Paranetiese Deparabolisering van Paroesie-Gelykenisse by die Sinoptici en die Openbaring aan Johannes," *Skrif en Kerk* 19/1 (1998), 32-35.

16. Thomas, *Revelation 1-7*, 241; Reddish, *Revelation*, 72; Wall, *Revelation*, 79.

17. S. K. Kim, "Psalms in the Book of Revelation," (Ph.D. Thesis, University of Edinburgh, 2013), 109.

A 죽었다는 이름(1절)

B 온전하지 못한 행위(2절)

C 생각하고 지키고 회개하라(3절)

B′ 더럽히지 않은 행위(4절)

A′ 생명책의 이름(5절)

4절에서는 강한 반의 접속사 "그러나ἀλλά"로 시작하여 3절의 책망의 분위기가 반전된다. 즉 사데교회에 자신의 옷을 더럽히지 않고사64:6 참조, 흰 옷을 입고 예수님과 함께 다니기에 합당한 이들이 몇 사람들이 남아있다는 것이다4절. 여기서 "몇 사람들ὀλίγα ὀνόματα"은 1절의 살아있다는 명성에 걸맞게 실천하던 소수의 그리스도인이다. 이런 승리하는 남은 사람이 전혀 없다면 '교회'라 불리기에 합당하지 않다.[18] 소수의 남은 자들이 일곱 영으로 충만하여 활동한다면, 활력이 없고 경건의 모양만 갖춘 냉담한 다른 교인들에게 부흥의 열정을 지필 수 있다. 그런데 계시록 3장 1-4절에는 사데교회가 이단의 유혹에 넘어갔다거나 외부로부터 박해받았다는 언급이 없다. 그리고 사데교회가 저지른 범죄가 무엇인지도 알 수 없다. 따라서 이 교회의 모든 형편은 특별한 탈이나 어려움 없이 부드럽게 진행되고 있었음을 짐작할 수 있다. 역설적이게도 바로 이렇게 좋게 보이는 형편이야말로 교회가 영적 죽음에 빠지는 위험 요소가 된다.[19]

사데는 양털과 옷 염색으로 잘 알려진 도시이므로, 사데교회에게 흰 옷의 이미지는 친숙했다.[20] 이기는 자는 흰 옷을 입을 것이며, 생명책에 녹명된 이들은

18. 계시록 3장 4절의 흰 옷을 4에스라 2장 39-41절과 전도서 9장 7-8절의 흰 의복과 연결하여, 그 옷이 죄악 된 이 세대의 그림자를 벗어나서 하나님의 율법을 지키는 하나님 백성의 정결하고 헌신적인 생활을 가리킨다는 주장은 Lizorkin-Eyzenberg & Shir, *Hebrew Insights from Revelation*, 104를 보라. 그러나 계시록에서 흰색의 일차적 의미는 승리이다.

19. Ngundu, "Revelation," 1578. 참고로 Wall은 사데교회가 '실현된 기독론(realized Christology)', 곧 하나님의 구원의 새 시대를 개시한 그리스도 사건에 근거하여 갱신에 힘써야 했다고 설명한다. Wall, *Revelation*, 80.

20. 김철손, 『요한계시록』, 115. 참고로 계시록 3장 5절의 "흰 옷"을 부활의 몸(고후5:1,4)으로 해석할 수 없다. Thomas, *Revelation 1-7*, 260.

결코 지워지지 않을 것이다5a절. 5a절은 계시록에서 빛나는 흰색λευκός이 승리를 상징한다는 것을 알려주는 분명한 구절이다. "옷ἱμάτιον"은 성도의 올바른 행실을 가리킨다계19:8 참조. 예수님께서는 녹명된 이들을 성부와 천사들 앞에서 시인하실 것이다5b절; 참고. 마10:32; 눅12:8. 세상으로부터 인정과 환대를 받는 것보다 더 중요한 것은 심판주로 오실 예수님의 인정을 받고 영원한 생명으로 초대받는 일이다. 이를 위해 사데교회는 명목주의nominalism를 극복하고, 그들이 받은 구원의 은혜에 걸맞게 구주 예수님을 공적으로 고백하며 인정해야 한다.

사데는 페르시아 제국과 셀류키드 왕조의 서쪽 지방에서 시민 명부를 보관할 정도로 수도 격의 도시였다. 그런데 로마제국의 시민권자가 죽거나 반역과 같은 중대한 범죄를 저지른 경우, 사형이 집행되기 전에 그 사람의 이름을 시민권 명부名簿에서 삭제하였다크리소스톰, Orations, 31:84 참조.[21] 하지만 생명책에 기록된 그리스도인의 이름은 결코 지워지지 않는다. 5a절에서 강한 부정의 의미를 가지는 이중 부정어οὐ μὴ가 미래 직설법 동사와 함께 사용되어 미래의 가능성을 부정한다계9:6 참조.[22] 따라서 그리스도인이 이기지 못하면 창세로부터 기록된 생명책에서 이름이 지워질 수 있다는 것을 암시하지는 않는다계17:8 참조.[23] 만약 사람의 승리 여부에 따라 생명책에 이름이 남아있다는 '조건적 예정'을 따른다면, 성경이 가르치는 이신칭의로 말미암은 구원론이 아니라 행위구원론에 빠지게 된다.[24] 그러므로 구원은 하나님의 은혜로 받았더라도 사람의 의지와 결단으로 그 잠정적 구원을 상실할 수 있다고 말할 수 없다. 생명책에 기록된 사데교회의 구성원들이 다시 살아나려면 예수님께서 오른손으로 일군을 강하게 붙들고 계

---

21. Weima, 『요한계시록에 가면: 일곱 교회를 향한 설교』, 312.
22. Fanning, *Revelation*, 166.
23. Fanning, *Revelation*, 167; contra Reddish, *Revelation*, 72.
24. 예를 들어, 계시록 13장 8절과 17장 8절의 창세전에 예정된 사람들은 계시록 3장 5절의 구원의 탈락의 가능성의 빛에서 재해석되어야 한다고 주장하는 N. R. Quient, "Thou hast forsaken Thy First Love: Soteriological Contingency in the Book of Revelation," *Evangelical Review of Theology* 43/2 (2019), 177-178을 보라. Contra 이광진, "요한계시록은 두 가지 구원의 길을 말하고 있는가?" 『한국기독교신학논총』 23 (2002), 87-106.

심을 믿어야 하고, 온 세상에 천국을 확장하시는 일곱 영의 역사를 따라 순종해야 한다계1:4; 4:5; 5:6 참조. 사데교회는 하나님의 은혜로 가능한 구원과 예정의 확실성도 믿으면서 영적 부흥을 열망하며 헌신해야 했다.[25] 사데교회가 받은 구원의 은혜는 영적 생명의 회복으로 증명되어야 한다. 참고로 구약에서 다윗은 생명책에서 이름을 지우는 것에 관해 언급했다시69:28 참조. 하지만 그 구절에서 생명책에 기록된 이름이 실제로 지워졌다거나 지워져야 한다는 것을 명시하지 않는다.[26] 이스라엘 백성이 시내산 아래에서 금송아지를 만들어 숭배한 후 모세는 적극적으로 중보자 역할을 수행했다. 모세는 '생명책'이 아니라 주님의 책에서 자신의 이름을 지워달라고 하나님께 간청한다출32:32 참조. 하나님께서는 모세의 간청을 거부하시면서 죄지은 자를 "내 책에서τῆς βίβλου μου, LXX" 지우리라고 말씀하셨다출32:33 참조. 이 문맥에서 녹명된 이름이 삭제되는 것은 영원히 저주받아 지옥 형벌을 받는 것을 가리키는가? 이름이 하나님의 책 혹은 이스라엘의 명부에서 삭제되는 것은 죽음의 형벌을 가리킨다사4:3; 렘22:30; 겔13:9 참조.[27] 따라서 계시록 3장 5절의 간본문으로서 출애굽기 32장 32-33절을 고려할 때 주의가 필요하다.

5절의 "생명책"에서 보듯이 계시록에서 '생명ζωή'은 17회 나타난다. 이를 분류하면, "생명책"은 6회계3:5; 13:8,15; 17:8; 20:12,15; 21:27, "생명나무"는 4회계2:7; 21:27; 22:2,14; 22:19, "생명수"는 4회계7:17; 16:3; 21:6; 22:1,17, "생명의 관"계2:10, "생기"계11:11, "생물"계16:3은 각각 1회 나타난다. 따라서 생명은 '책', '나무', '물', '면류관', '숨breath'과 같은 다채로운 은유로 설명된다. 두 란드에 따르면, 계시록의 생명은 새 예루살렘성을 향하여 진행 과정에 놓인 성도의 종말론적 정체성과 같으며,

---

25. Contra 박영식, 『오늘 읽는 요한묵시록』, 124.

26. 계시록 3장 5절을 구원론이 아니라 예수님께서 이기는 자에게 주시는 약속(예. 구원은 물론 친밀한 교제와 특권)이라는 맥락에서 파악해야 한다는 주장은 J. W. Fuller, "I will not erase His Name from the Book of Life (Revelation 3:5)," *JETS* 26/3 (1983), 305-306을 보라.

27. P. Enns, *Exodus* (Grand Rapids: Zondervan, 2000), 577. 참고로 바벨론 탈무드 중 Haggigah 14b-15a의 존경받는 랍비 4명이 낙원에 올라가서 보았던 천사 메타트론(Metatron)이 기록한 사람의 공로가 적힌 책과 계시록 3장 5절의 생명책을 혼동한 경우는 Lizorkin-Eyzenberg & Shir, *Hebrew Insights from Revelation*, 107을 보라.

이 생명은 하나님께 속하기에 인간이 생명을 얻고 누리기 위해서는 생명의 하나님과 교제해야만 한다.[28] 이런 생명의 에토스를 역동적으로 가시화하려면, 하나님 나라의 복음을 죽기까지 증언하기 위해 사랑, 충성, 정의, 인내, 그리고 섬김이 동반되어야 한다계2:23; 18:6; 10:12-13; 11:3-14; 22:12.[29]

1절과 4절"몇 사람(ὀλίγα ὀνόματα)", 그리고 5절에 "이름ὄνομα"은 총 4회나 언급된다. 당시 사데교회의 영적 상태는 알려진 명성에 걸맞지 않은 수준이었다. 그럼에도 사데교회는 다음과 같이 5개에 달하는 2인칭 단수, 현재 및 아오리스트 명령형 동사를 따른다면 소성할 수 있다. 곧 "깨어나라γίνου γρηγορῶν"2절, "굳건하게 하라στήρισον"2절, "생각하라μνημόνευε"3절, "지키라τήρει"3절, "회개하라μετανόησον"3절이다.[30] 여기서 2인칭 복수가 아니라 2인칭 집합 단수형이 사용되므로, 사데교회는 하나의 공동체로서 일사불란하게 주님의 여러 명령에 순종해야 한다. 오직 하나님께서만 친히 교회를 온전하게 하시며, 굳건하게 하시고, 강하게 하시며, 터를 견고하게 하신다벧전5:10 참조. 사데교회는 바로 하나님의 이런 역사를 신뢰하고 순종해야 한다. 덧붙여 각 교회에게 말씀하시는 예수님을 어떻게 묘사하는가를 보면 문제에 대한 처방을 찾을 수 있다.

교훈과 적용

생명과 활력이 가득해야 할 교회를 만들기 위해서 마치 의식을 잃고 중환자실에 누워있는 '죽은 교회'라는 최대의 아이러니가 자리 잡지 못하도록 만들자. 이를 위해 명목상 그리스도인은 회개하여 경건의 능력을 회복해야 한다.[31] 공 예배에서 성령의

28. 계시록에 '목숨(ψυχή)'은 7회 등장한다(계6:9; 8:9; 12:11; 16:3; 18:13,14; 20:4). 참고. 두 란드 in F. P. Viljoen and A. J. Coetsee (ed), *Biblical Theology of Life in the New Testament*, Reformed Theology in Africa Series Volume 6 (Cape Town: AOSIS, 2021), 186-188.

29. Viljoen and Coetsee (ed), *Biblical Theology of Life in the New Testament*, 196.

30. Reddish, *Revelation*, 70.

31. 성도는 코로나19와 같은 재난으로부터 교훈을 받아 생활의 변화를 이루어야 한다. 호세아 선지자는 북이스라엘 백성에게 "진심으로 하나님을 부르짖지 않고, 오직 침대에서 슬피 울부짖으며, 곡식과 새 포도주로 말미암아 모여들지만 하나님을 거역한다."라고 질타한다(호7:14). 이스라엘 백성의 진심이 빠진 부르짖음은 다름 아

충만을 받은 생명력 있는 성도는 세상 속으로 흩어져 살 때도 성령 충만해야 한다.

교회가 죽어가는 위기에서 살아나는 방법에 대해 빔 드레이어W. Dreyer의 설명을 들어보자.[32] 오래전부터 여러 학자가 경고한 대로 교회의 실제 위기는 내부에서 촉발되는데, 교회됨, 곧 교회의 본질과 사명에서 이탈하는 것이다H. Kraemer(1947), H. Küng(1976), D. Bosch(1991), E. Busch(2004), N. Niemandt(2007). 교회가 실용적 교회성장학을 신봉하며 대중성을 추구하면, 교회의 정체성과 본질, 사명을 상실하는 큰 대가를 치르게 된다. 사도적이며 거룩하고 보편적인 교회는 성부의 자녀, 성자의 몸, 그리고 성령의 교제 공동체이다. 교회는 보이지 않지만 본질에 충실하고 부단히 말씀으로써 개혁되어 간다면, 세상에 가시적으로 생명력 있는 교회로 나타날 수 있다.

2. 빌라델비아 교회에게 보낸 편지(3:7-13)

"7빌라델비아 교회의 사자에게 편지하라. 거룩하고 진실하사 다윗의 열쇠를 가
지신 이 곧 열면 닫을 사람이 없고 닫으면 열 사람이 없는 그가 이르시되 8볼지
어다. 내가 네 앞에 열린 문을 두었으되 능히 닫을 사람이 없으리라. 내가 네 행
위를 아노니 네가 작은 능력을 가지고서도 내 말을 지키며 내 이름을 배반하지
아니하였도다 9보라 사탄의 회당 곧 자칭 유대인이라 하나 그렇지 아니하고 거
짓말 하는 자들 중에서 몇을 네게 주어 그들로 와서 네 발 앞에 절하게 하고 내

니라 부족한 양식 때문이다. 즉 그들에게 필요한 것은 신랑이신 하나님과 그분의 사랑이 아니라 먹을 양식이다(호2:20). 야웨께서 곡식과 새 포도주를 회개하지 않는 그들에게 다시 주신다 해도 그들은 바알을 음란하게 섬기는 데 바칠 것이다(호2:8). 사자처럼 야웨께서 맹렬히 심판하실 때(호5:14), 그분의 아내인 백성은 바알 숭배를 버리고 공의와 인애를 실천해야 살 수 있다(호2:13; 10:12). 코로나19로 살림이 궁핍해져 재난지원금이 요긴해졌다. 그러나 그리스도인은 재앙과 재난으로 심판하시는 하나님을 진심으로 찾지 않고 곡식과 포도주라는 일상의 회복만 바라고 있을 뿐, 회개와 행동의 변화는 별로 없는 것 같다. 주님의 공의와 사랑을 존중하는 삶의 변화가 없는 채로 일상이 회복되면, 다시 바알 숭배에 빠질 것이다. 한국교회가 권력 편에 서려고, 신천지와 무속과 더불어 경쟁 중이라는 불신자의 일갈이라도 들어야 한다. 하지만 하나님 백성의 삶이 휘어진 활에서 발사된 화살처럼 하나님의 뜻에 명중하지 않는다면, 동맹한 이집트와 같은 세상 권력의 동정을 받기는커녕 조롱거리가 된다(호7:16). 참고. G. V. Smith, *Hosea/Amos/Micah* (Grand Rapids: Zondervan, 2001), 124.

32. W. Dreyer, "The Real Crisis of the Church," *HTS Teologiese Stuies* 71/3 (2015), 2-5.

가 너를 사랑하는 줄을 알게 하리라 10네가 나의 인내의 말씀을 지켰은즉 내가
또한 너를 지켜 시험의 때를 면하게 하리니 이는 장차 온 세상에 임하여 땅에 거
하는 자들을 시험할 때라 11내가 속히 오리니 네가 가진 것을 굳게 잡아 아무도
네 면류관을 빼앗지 못하게 하라 12이기는 자는 내 하나님 성전에 기둥이 되게
하리니 그가 결코 다시 나가지 아니하리라 내가 하나님의 이름과 하나님의 성
곧 하늘에서 내 하나님께로부터 내려오는 새 예루살렘의 이름과 나의 새 이름을
그이 위에 기록하리라 13귀 있는 자는 성령이 교회들에게 하시는 말씀을 들을지
어다"

성경에서 요한계시록에만 언급되는 빌라델비아는 오늘날 '알라의 도시'라는 뜻의 알라세히르Alaşehir인데, 코가무스Cogamus 계곡에 자리 잡고 있다. 빌라델비아는 사데에서 동남쪽으로 48㎞에 위치하는데, 버가모의 제5대 왕 아탈루스 빌라델푸스Attalus Philadelphus 2세통치 기간은 BC 159-138의 이름에서 유래했다. 빌라델비아의 설립자인 아탈루스 2세는 자기 형이자 선임 왕이었던 유메네스Eumene 2세BC 197-159를 사랑했기에 '빌라델푸스'라는 별명을 얻었다.[33] 집권한 지 거의 30년이 된 유메네스 2세를 대신하여 아탈루스 2세가 로마를 방문했다. 그때 유메네스 2세는 로마의 대적과 내통한다는 의심을 받았기에, 로마는 아탈루스 2세에게 대신 집권할 것을 제안했다. 그러나 아탈루스 2세는 형을 사랑했기에 로마의 제안을 거절했다. BC 138년경에 건설된 것으로 추정되는 빌라델비아는 소아시아 7도시 중 역사가 가장 짧으며, 포도주 생산으로 유명했다. 아탈루스 2세는 루디아와 브리기아 지방에 헬레니즘을 전파하여 계몽하기 위해 빌라델비아 도시를 건설하려고 했지만, 대왕이신 예수님께서는 빌라델비아교회를 통하여 하

---

33. BC 168년경 아탈루스 2세가 형 유메네스 2세를 대신하여 로마를 방문했을 때, 유메네스 2세는 로마의 적이었던 페르세우스(Perseus)와 내통한다는 의심을 받았다. 로마는 아탈루스 2세에게 형을 버리고 왕이 되라고 부추겼지만, 그는 그 제안을 거절했고 형이 죽은 후 왕위를 계승했다. AD 3세기에 '빌라델비아'라 불린 경기를 통해 이 두 형제의 사랑을 기념했다. 참고. Reddish, *Revelation*, 73; Hemer, *The Letters to the Seven Churches of Asia in Their Local Setting*, 155.

나님의 도시, 곧 새 예루살렘성계3:12 참조을 건설하기 원하신다.[34] 소아시아의 다른 도시들과 마찬가지로 빌라델비아에도 로마황제들티베리우스, 칼리굴라, 베스파시아누스을 위한 신전들이 있었으며, 제우스, 아데미, 디오니소스, 아프로디테, 헬리오스, 그리고 아나이티스를 숭배하기 위한 제단도 있었다.[35] 이렇게 종교성이 풍부했던 이 도시는 '작은 아테네'라 불렸다. 카타케카우메네Katakekaumene, 뜻: 불탐; 참고. 계18:8라는 화산지역의 가장 자리에 위치한 빌라델비아가 AD 17년에 지진으로 피해를 입자, 티베리우스 황제는 세금을 면제해주면서 도시 재건을 도왔다. 이에 대한 보답으로 빌라델비아인들은 티베리우스 황제의 양자이자 상속자인 게르마니쿠스를 위해 신전을 건립했으며, 도시 이름을 아우구스투스의 계승자인 티베리우스를 기념하여 '새로운 가이사랴Neocaesarea'로 바꾸었다.[36] 그러나 새로운 도시 이름은 25년 후에 사라져버렸고, 베스파시아누스와 도미티아누스 황제를 기념하여 '플라비아Flavia 빌라델비아'라고 불리었다. 비잔틴 시대에 빌라델비아는 터키 전역을 잇는 중요한 무역로가 되었다. 오늘날 인구 54,000명의 소도시 알라세히르에 이슬람 사원은 무려 45개나 있다.

거룩하고 참되신 성부 하나님처럼계6:10 참조, 예수님께서도 거룩하고ἅγιος 진실하신ἀληθινός 분으로서 다윗의 열쇠를 가지고 계신다7절. 흠과 점이 없으신 예수님께서는 거룩하시다막1:24; 눅1:35; 요6:69; 행4:27; 요일2:20 참조. 그리고 계시록에서 '진실하다ἀληθινός'는 10회 반복되는데, 성부와 성자의 속성이다계3:7,14; 6:10; 15:3; 16:7; 19:2,11; 21:5; 22:6. 빌라델비아의 사탄의 회당, 곧 불신 유대인들은 스스로 다윗의 후손이라는 자긍심을 가지고 있었다. 그러나 예수님이야말로 다윗의 언약을 성취하신 왕이시다마1:1 참조. 특이하게도 7절은 계시록 1장 12절 이하의 시작 환상에 나타난 예수님의 모습을 소개하지 않는다. 그러나 7교회의 문제 해결책이 예수님을 소개하는 표현에 있듯이, 빌라델비아교회가 거룩하고 참되신 예수님을 닮

---

34. Wall, *Revelation*, 82.
35. 허규, 『요한묵시록 바르게 읽기』, 78; Fanning, *Revelation*, 172.
36. Thomas, *Revelation 1-7*, 271-272.

아가며 다윗의 열쇠, 곧 천국 열쇠를 활용한다면 사탄의 회의 박해를 분명히 극복할 수 있을 것이다.

다윗의 후손이신 예수님께서는 빌라델비아교회 앞에 천국, 즉 메시아 왕국의 문을[37] 열어 두셨는데, 아무도 닫을 수 없다8a절; 참고. 마16:18-19; 계1:18; 5:5; 22:16. 현재 신적수동태 분사 여성 단수 대격ἠνεῳγμένην은 '열려져왔다'라는 의미이다. 예수님께서는 지리적으로 빌라델비아 도시가 동쪽과 동북쪽의 비옥한 지역을 향해 열려져 있는 사실을 알고 계신다. 8a절의 간본문은 히스기야 왕 당시에 야웨의 종이자 총리급으로 임명된 엘리야김이 다윗 집의 열쇠를 받는다고 설명하는 이사야 22장 20-24절이다. 총리 엘리야김은 다윗 왕조의 영광스런 보좌를 누린 사람으로서 다윗의 후손이신 예수님의 그림자이다.[38] 예수님께서는 다윗을 존재하게 하신 뿌리이시며, 다윗 왕의 가문에 태어나신 왕족이시다계5:5 참조. 이 교회는 작은 능력으로도 예수님의 말씀을 지키며, 주님의 이름을 배반하지 않았다8b절. 빌라델비아교회는 공동체의 인원과 재정에 있어 열악한 교회였지만, 영적 능력만큼은 컸다. 은군두O. Ngundu에 따르면, 메시아 왕국의 문은 그리스도인이 박해받을 때 그 안으로 들어가 피하는 문이라기보다는 복음을 힘 있게 전파하는 전도의 문이다행14:27; 고후1:4; 골4:3 참조.[39] 하나님께서 선교적 교회를 지향해야 할 빌라델비아교회에게 전도의 문을 열어두셨으므로, 박해로도 그 문을 닫을 수 없다고전16:9; 고후2:12; 골4:3 참조. 이 사실은 복음 전파를 통한 천국 확장을 교훈하는 계시록의 두 요절要節과 일치한다계11:15; 12:11 참조. 그 누구도 혈통이나 인종 혹은 조상 덕분에 천국 문 안으로 들어올 수 없다. 죄인은 오직 예수님을 통해서만 하나님 아버지께 담대히 나아갈 수 있다. 예수님께서는 그리스도인이 하늘의 열린 문 그리고 아버지 하나님께 나아가도록 그 여정을 늘 보호하신다. 빌라

37. 이달, 『요한계시록』, 95.

38. Thomas, *Revelation 1-7*, 275; Decker, "Faithfulness to Christ as Covenant Fidelity," 185. Contra A. D. Hultberg, "Messianic Exegesis in the Apocalypse: The Significance of the Old Testament for the Christology of Revelation," (Ph.D. Thesis, Trinity Evangelical Divinity School, 2001), 213.

39. Khatry, "Revelation," 1780; Ngundu, "Revelation," 1578-1579; contra Fanning, *Revelation*, 173.

델비아 도시는 터키의 루디아와 브리기아 지방에 헬레니즘을 전파하려는, 소위 선교적 사명으로 세워졌지만, 빌라델비아교회는 메시아 나라의 복음을 전하는 관문으로서 역할을 감당해야 한다.[40]

예수님께 칭찬만 들은 서머나교회가 경제적으로 가난했다면계2:9 참조, 주님께 비난받지 않고 칭찬만 들은 빌라델비아교회 역시 교인들의 숫자와 사회 및 정치적 힘에 있어 부족했던 것으로 보인다. 하지만 빌라델비아교회의 신앙적 힘과 영적인 능력은 부족하지 않았다. 따라서 부자와 권력가가 교인 가운데 많다고 해서 칭찬받는 교회가 되는 것은 아니다. 빌라델비아교회는 강소교회였다. 하나님께서는 세상의 어리석고 약한 자들을 택하셔서 그들의 약함 가운데서 강하게 도우시며, 그들을 통하여 지혜롭고 강한 자들을 부끄럽게 만드신다고전1:27; 고후2:10 참조. 빌라델비아교회는 버가모교회의 충성된 순교자 안디바처럼 예수님의 이름을 굳게 붙잡았다계2:13 참조.

빌라델비아교회를 사랑하시는 예수님께서는 거짓말 하는ψεύδομαι 유대인들, 즉 사탄의 회 가운데 몇 명을 이 교회의 발 앞에 절하게 하신다9절. 9절은 사탄의 회의 비방을 언급한 계시록 2장 9절보다는 뉘앙스가 다소 약하다. 하지만 이 사탄의 무리는 거짓의 아비인 마귀의 자식들이다요8:42-47 참조. 거짓말은 계시록 12장 9-10절이 설명하듯이, 온 천하를 꾀고 참소하는 옛 뱀, 곧 사탄의 특징이다. 또한 계시록 13장 5절에 의하면, 바다에서 올라온 짐승의 과장되고 신성모독을 말하는 말과 관련 있다. 그리고 계시록 19장 20절에 따르면, 땅에서 올라온 짐승, 곧 거짓 선지자는 거짓말을 한다. 그러나 거짓말은 계시록 14장 5절의 144,000명에게서 찾아볼 수 없다. 계시록 19장 11절과 14절에 의하면, 예수님께서는 진실하시기에 그분의 입에서 나오는 말씀에 거짓이 없다. 계시록 21장 8

---

40. Thomas, *Revelation 1-7*, 278. 참고로 계시록 3장 8절의 "열려진 문"은 사탄의 회인 불신 유대인들에게도 열려 결국 온 이스라엘이 구원받을 것(롬11:26)이라는 주장은 J. McArthur Jr., *Revelation 1-11* (Chicago: Moody Press, 1999), 123을 보라. 그러나 8절의 "열려진 문"은 사탄의 조종을 받는 유대인들의 거국적 회심을 암시하지 않는다. 선교 공동체인 빌라델비아교회는 사탄의 무리에게도 전도했을 것이다. Du Preez, *Die Koms van die Koninkryk volgens die Boek Openbaring*, 178-180.

절과 27절에 따르면, 어린양의 신부인 새 예루살렘 공동체는 거짓말쟁이를 용납하지 않는다. 계시록의 내러티브는 진실된 참 말과 거짓의 말을 계속 대조하면서, 계시록의 1차 독자들에게 올바른 결정을 할 것을 촉구한다.

바울의 표현에 따르면, 마음에 할례를 받은 이면적 유대인은 자칭 유대인들, 곧 사탄의 회와 다르다롬2:28 참조. 빌라델비아의 유대인들은 숫자와 경제력에 있어 막강한 힘을 과시했지만, 메시아의 나라에 들어가지 못한다. 이사야가 예언한 대로 이방인들이 새 예루살렘의 발 앞에 절하듯이사45:14; 49:23; 60:14 참조, 불신 유대인들은 마치 이방인처럼 교회 앞에 굴복할 것이다.[41] 예수님께서는 빌라델비아교회에게 유대인들을 마치 전리품처럼 넘겨주신다시47:3 참조. 자칭 유대인들은 빌라델비아교회가 참 이스라엘 백성임을 인정하게 될 것이다. 여기에 고기독론과 더불어 고교회론, 곧 승리하는 교회가 분명히 등장한다. 불신 유대인들은 유일신 신앙을 고수했기에 나사렛 예수님을 하나님으로 믿지 못했다. 이를 염두에 두면서 요한은 뒤따르는 계시록 4-5장에서 어린양 예수님께서 보좌 위의 성부와 동일하게 경배받기에 합당하시다고 선언한다. AD 110년경 이그나티우스AD 35-117는 자신의 편지에서 빌라델비아의 유대인들이 그리스도인에게 끼친 부정적인 영향을 언급했다. 따라서 계시록이 기록된 AD 1세기 중순은 물론 2세기까지 사탄의 회의 악한 활동은 계속되었다. 불신 유대인들이 공개적으로 굴복하고 교회의 발아래 수치를 당하는 것은 AD 70년의 돌 성전의 파괴를 예상한다.[42] 불신 유대인들은 회당의 문을 열어 그리스도인을 출교하지만, 그렇게 출교된 그리스도인은 하나님 나라의 열린 문 안으로 들어간다. 계시록 2장 7-13절은 9절의 빌라델비아교회의 승리를 중심으로 하여 아래와 같은 교차대칭구조를 보인다.[43]

---

41. 계시록 3장 9절은 요한복음처럼 반유대주의를 가르친다는 주장은 Van Henten, “Anti-Judaïsme in ’n Joodse Teks?” 291-292를 보라.
42. Gentry, *The Divorce of Israel*, Volume 1, 452.
43. Leithart, *Revelation 1-11*, 189.

A 빌라델비아교회의 사자에게(7a절)

B 다윗의 열쇠를 가지신 예수님(7b절)

C 열린 문(8a절)

D 너는 나의 말을 지켰음(8b절)

E 거짓 유대인들이 절할 것임(9절)

D′ 너는 내 말을 지켰으므로, 나는 너를 지킬 것임(10절)

C′ 면류관(11절)

B′ 예수님께서 그분의 성전 안에 기둥을 세우심(12절)

A′ 귀 있는 자는 성령께서 교회들에게 하시는 말씀을 들어라(13절)

한글개역개정은 빌라델비아교회가 예수님의 인내의 말씀을 지켰으므로, 예수님께서도 그들을 지키시어 온 세상에 임할 시험의 때를 '면하게 하실 것'이라고 번역한다10절. 시험의 때에 교회는 주님의 말씀을 지켜야 한다. 그런데 예수님께서는 교회에게 시험의 때를 면제하지 않으시므로, 그리스도인들은 아무런 시험이 없는temptation free 영역에 사는 것이 아니다. 오히려 주님께서는 "시험의 때로부터 지켜주실 것τηρήσω ἐκ τῆς ὥρας τοῦ πειρασμου"이다. 다시 말해, 교회는 주님의 말씀을 지키고, 예수님께서는 그런 교회를 시험으로부터 지켜주신다.[44] 이것은 요한 당시의 주고받는 문화적 관습에서 볼 때 자연스럽다. 십자가 처형 전날에 예수님께서는 악한 세상에 속하지 않은 그분의 제자들을 그 악한 자인 사탄으로부터 지켜주시도록 성부께 기도하셨다요17:15 참조. 이제 승귀하신 예수님께서 자신의 교회를 친히 보호하신다. "땅에 거하는 자들"이 있는 "온 세상에ἐπὶ τῆς οἰκουμένης ὅλης" 임할 시험은 전천년주의자들이 주장하듯이, 주님의 재림 때에 전 지구상에 임할 7년 대환난인가?[45] 그리고 세대주의자들이 주장하듯이, 빌

---

44. 송영목, "신약의 시간, 어떻게 설교할 것인가?" in 『성경에 나타난 공간과 시간, 어떻게 설교할 것인가?』, ed. 한국동남성경연구원 (서울: SFC출판부, 2022), 242.

45. 예를 들어, 7년 대환난 전 휴거설(pretribulationism)을 지지하는 McArthur Jr., *Revelation 1-11*, 124; Fanning, *Revelation*, 176; 김철손, 『요한계시록』, 125.

라델비아교회가 시험의 때를 면하는 것은 환란 전 휴거를 가리키는가?[46] 10절은 요한 당시의 빌라델비아교회가 주님의 재림 전까지 존속할 것을 말하지 않는다. 따라서 "온 세상"을 지구가 아니라 요한 당시의 로마제국으로 보는 게 자연스러운데, 다음과 같이 신약성경의 여러 구절이 이 사실을 지지한다. ① 아우구스투스가 영을 내려 "천하"로 다 호적하게 했다눅2:1 참조. ② 바리새인들은 "온 세상"이 예수님을 따랐다고 언급했다요12:19 참조. ③ 오순절에 경건한 유대인들은 "천하 각국"으로부터 와서 예루살렘에 머물렀다행2:5 참조. ④ 로마교회의 믿음이 "온 세상"에 전파되었기에 바울은 하나님께 감사했다롬1:8 참조. ⑤ 복음은 "온 땅"에 퍼졌고 "땅 끝"까지 이르렀다롬10:18 참조. ⑥ 바울이 골로새교회에 전한 복음은 "온 천하 만민"에게도 전파되어 열매를 맺어 자랐다골1:6,23 참조. ⑦ 바울 당시에 경건의 비밀이신 예수님께서 "만국"에서 전파되시고 "세상"에서 믿은바 되셨다딤전3:16 참조. 그러므로 "온 세상"을 문맥에서 벗어나 지구라고 오석한다면, 미래주의나 이상주의 혹은 교회-세상 역사적 해석에 빠질 수 있다.[47]

황제 네로의 공식적 박해는 로마제국 전역에 해당되었다. 빌라델비아 시민들이 황제에게 적극 충성하지 않자, 네로는 그 도시의 포도밭을 불태우고 시민의 절반을 다른 곳으로 이주시켜버렸다. 적용하면, 교회는 어느 시대이건 박해와 환난으로부터 자유롭지 못하지만, 전능하시고 신실하신 하나님의 보호를 받는다. 그리고 하나님께서는 "땅에 거하는 자들τοὺς κατοικοῦντας ἐπὶ τῆς γῆς"을 심판하실 것인데, 이 전치사구와 동일 표현을 가진 구약 간본문은 4개이다민14:14; 33:55; 겔12:19; 단3:1; 참고. 계13:12.[48] 구약의 네 간본문은 대체로 우상숭배에 빠진 가나안 땅의 이방인들을 언급한다.[49] 계시록에서 "그 땅"은 유대인들의 거주지를 가

---

46. 참고. M. J. Svigel, "The Apocalypse of John and the Rapture of the Church: A Reevaluation," *Trinity Journal* 22/1 (2001), 28.
47. Contra Weima, 『요한계시록에 가면: 일곱 교회를 향한 설교』, 350.
48. 김경식, "요한계시록의 '땅에 거하는 자들'과 가나안 정복 모티브," (제70차 한국복음주의신약학회 정기논문 발표회 발제 논문, 2021년 6월 26일 ZOOM), 3.
49. 김경식, "요한계시록의 '땅에 거하는 자들'과 가나안 정복 모티브," 4-15.

리키는 경우가 빈번하다. 그리고 계시록의 역사적 상황에서 볼 때, 소아시아의 불신 유대인들은 혼합주의와 우상숭배에 빠져 하나님의 심판을 초래했다.

예수님께서는 이 교회를 향하여 속히ταχύ 가시는데, 그들은 가지고 있는 것을 굳게 잡아 면류관을 빼앗기지 않도록 해야 한다11절; 참고. 계1:7; 2:10. 빌라델비아교회는 그 당시에 정기적으로 열린 운동경기를 통하여 승리자가 받은 상으로서 화관wreath에 익숙했다. 빌라델비아교회가 가지고 있는 것은 그 교회가 주님께 칭찬받은 사항들을 가리킨다계2:8 참조. 이기는 사람은 하나님의 성전 기둥στῦλος처럼 중요하고 견고한 인물이 되어, 다시는 밖으로 도망치기 위해 나가지 않을 것이다12a절; 참고. 왕상7:21. 빌라델비아에 지진이 발생하거나 적군이 침공하면, 사람들은 건물이 많은 도시에서 넓은 포도밭으로 나가서 살았다.[50] 8절에서 살핀 대로, 이기는 성도는 예수님을 통하여 하늘의 열린 문과 성부 하나님께 담대히 나아간다. 바울은 예루살렘교회의 기둥 같은 인물들로 베드로, 야고보, 그리고 요한계시록의 저자 요한을 거론했다갈2:9 참조. 참고로 AD 1세기의 랍비 요하난 벤 자카이의 제자들은 스승을 '곧게 선 기둥'이라고 추앙했다Berakhot 286 참조.[51] 그러나 사탄의 회 소속인 불신 유대인들은 하나님의 성전, 곧 천국의 기둥을 허물려고 시도한 악한 세력이다. 이기는 자들에게 예루살렘의 돌 성전과 소아시아의 수많은 신전은 아무런 의미가 없다.[52]

예수님께서는 성부의 이름과 새 예루살렘성의 이름과 성자 자신의 새 이름을 하나님의 성전의 기둥 같은 인물들 위에 기록하실 것이다12절b; 참고. 왕상7:21; 계2:17; 21:2. 예수님께서 이기는 성도에게 아버지 하나님의 이름을 새기신다는 것은 그들이 성부로부터 완전히 용납되어 친밀한 교제를 누리며 사랑을 받게 될 것을 의미하다.[53] 역사적으로 볼 때, AD 17년에 발생한 지진으로 사데를 비롯하여

50. Hemer, *The Letters to the Seven Churches of Asia in Their Local Setting*, 157.

51. F. Barbaro, 『요한묵시록 주해』, *Apocalypsis beati Joannis Apostoli*, 김창수 역 (서울: 크리스찬출판사, 1982), 102.

52. Overstreet, "The Temple of God in the Book of Revelation," 454.

53. Fanning, *Revelation*, 179.

여러 도시가 파괴되었을 때, 빌라델비아도 피해를 입었다.[54] 그러나 기둥은 견고함을 상징한다. 지진이 흔했던 소아시아의 신전 기둥은 내진耐震 설계를 갖추었다. 신전의 기둥을 세우기 전에, 땅을 파서 숯과 양털로 채우고, 그 위에 기초석을 깔았다. 하지만 강력한 지진이 빈번했던 소아시아에서 신전과 건물의 기둥이 무너지면, 건물 전체가 파손되기 쉬웠다. 그러나 하나님의 이름의 도움을 받아 승리하는 기둥 같은 일꾼들은 교회를 든든히 떠받치게 된다. 그리고 이기는 성도는 하나님과의 견고한 관계로부터 분리되어 밖으로 쫓겨나지 않을 것이다. 소아시아에서 기둥은 신전을 떠받쳤지만, 신실한 그리스도인은 하나님의 성전인 교회를 지탱하는 구성원들이다고전3:16-17 참조. 예수님께서는 이기는 성도를 그분의 신부인 새 예루살렘성으로 만드셔서 그분의 "새 이름τὸ ὄνομά τὸ καινόν"을 새기신다계21:2 참조. 예수님의 "새 이름"은 그리스도 안에서 새로운 피조물이 된 남은 자들에게 주시는 예수님 그분에 관한 충만하고 완전한 계시와 은혜를 가리킨다고후5:17; 골3:10 참조. 그리스도인은 예수님의 이름의 권세를 주님의 재림 때에야 활용할 수 있는 것이 아니다.[55] 예수님과 교회의 실제적이고 신비로운 연합은 지금 그리고 여기서 이루어져야 한다. 12절에서 성령의 이름이 생략된 이유는 무엇인가? 빌라델비아교회는 하나님의 성전 기둥과 같기에, 그러므로 그들이 곧 성령의 전이기 때문이다고전3:16-17 참조. 이처럼 삼위 하나님의 이름을 세례를 통해 받은 성도는 선한 양심과 선한 행동으로 세상 속에서 하나님의 이름에 맞는 영광을 돌려야 한다마28:19; 벧전3:21 참조. 빌라델비아 도시는 황제 숭배에 앞장서서 '새로운 가이사랴' 그리고 AD 70년경 베스파시아누스 황제 때는 '플라비아 빌라델비아'라는 새 이름을 받은 바 있다. 그러나 '새 예루살렘'이야말로 빌라델비아교회의 명예로운 호칭이다. 새 예루살렘성은 천국의 시민권자들이다. 빌라델비아교회는 지진이 아니라 배교한 유대인들의 위협에 직면했다

---

54. Reddish, *Revelation*, 73.

55. Contra Thomas, *Revelation 1-7*, 293.

는 사실을 기억해야 한다. 빌라델비아교회가 사탄의 회의 박해를 견뎌낸다면, 그들은 천국 백성의 일원을 넘어 거기서 존귀한 자리를 차지할 것이다.[56]

"어떤 사람이 자신의 이름을 신전의 벽에 새김으로써, 그 신전의 신과 계속 연합하고 있음을 표현했다. 또 다른 관습에 따르면, 황제제의를 책임진 지역의 제사장은 황제에게 바쳐진 신전 경내에 상statue을 세우고, 그 상에 자신의 이름과 자기 아버지의 이름, 출생 장소, 그리고 직무 기간을 기록했다."[57] 이처럼 고대 세계에서는 기둥에 이름을 새김으로써 명예와 소속 그리고 변화된 정체성을 드러내었는데,[58] 이에 대한 두 란드의 추가 설명을 들어보자.

> 기둥과 이름과 연결된 배경은 다양한 자료로부터 도출할 수 있다. 한 가지 가능성은 열왕기상 7장 21절과 역대하 3장 15-17절의 예인데, 솔로몬은 "야긴(그가 세우신다)"과 "보아스(그에게 힘이 있다)"라는 이름을 새긴 두 기둥을 성전 앞에 세웠다. 이사야 22장 15-25절에서 엘리아김은 '단단한 곳에 박힌 못'이라 불린다. 유대 문헌인 미드라쉬에 따르면, 아브라함은 세상이 정초한 기둥으로 언급된다. 기둥을 언급하는 다른 가능성은 로마의 지방 제사장이 황제를 위한 신전을 지어 완공할 때 자신의 이름을 기둥에 새긴 관습이다. 이런 두 측면은 이름이 새겨진 기둥은 기둥의 내구성과 영원함을 강조한다. …… 모든 그리스도인은 하나님의 이름으로 인이 쳐진 새 예루살렘성의 기둥이다.[59]

이러한 여러 관습이나 간본문을 계시록의 참 저자이신 예수님과 계시록을 기록한 요한이 염두에 두었던 것으로 보인다. 솔로몬의 궁전을 방문한 사람들

56. Weima, 『요한계시록에 가면: 일곱 교회를 향한 설교』, 367.
57. Ford, *Revelation*, 417.
58. 이달, 『요한계시록』, 96; Thomas, *Revelation 1-7*, 293.
59. Du Rand, *Die A-Z van Openbaring*, 204. 참고로 솔로몬 때 만들어진 성전의 놋 두 기둥의 길이는 최대 12m, 폭은 1m나 되었다. 솔로몬의 왕궁에서 빛나는 성전의 두 놋 기둥을 볼 수 있었다면, 왕궁을 드나들던 사람들은 이스라엘 국가가 하나님을 섬기는 백성들임을 시각적으로 교훈 받았을 것이다.

이 하나님의 궁전인 성전 입구에 높이 12m, 너비 1m의 두 놋 기둥을 볼 수 있었다면, 하나님의 통치를 인식하게 되었을 것이다.[60] 따라서 성부와 성자의 소유이자 성령의 전이 된 사람들은 새 예루살렘성으로서 사탄의 무리가 가한 배교의 유혹을 이길 수 있어야 하며, 하나님의 뜻을 받들어 살아야 한다계21:2,9-10 참조.

참고로 속사도 시대에 빌라델비아 교회의 형편은 여전히 주님께 칭찬만 들었는가? 안디옥의 주교 이그나티우스AD 35-117는 빌라델비아와 서머나를 방문한 후, AD 110년경에 트로이에서 두 교회에게 편지를 썼다. 서머나의 주교 폴리갑도 이 편지들을 알고 있었다. 이그나타우스가 계시록 3장 7-13절을 알고 있었는지는 불명확하지만, 그가 빌라델비아교회에게 보낸 편지 6장 1절과 계시록 3장 12절은 유사하다. 이그나티우스 당시에도 빌라델비아교회는 그곳의 불신 유대인들이 그리스도인을 유대교로 개종시키려고 시도했기에 어려움을 겪었다. 다른 한편, 예수님의 성육신을 부정한 가현설주의자들도 빌라델비아의 기독교 교훈을 공격했다. 가현설주의자들은 그리스도의 인성을, 불신 유대주의자들은 그리스도의 신성을 부인했다.[61]

교훈과 적용

예수님께서는 어린양으로 죽으셨지만 유다지파의 사자로 승귀하셨다. 마찬가지로 세상의 약하고 수치스러운 사람들일지라도 선교를 위해 천국의 열쇠들을 활용하면서 믿음으로 살 때, 사탄과 죽음의 권세를 반드시 이길 것이다마16:18-19 참조. 재정과 인원에서 취약한 교회라 할지라도 거룩하고 진실한 공동체를 유지한다면, 천국의 기둥 같은 역할을 감당할 것이다. 교회의 본질에 충실하면 양적 성장도 이룰 것이다. 코로나19 재난에서 보았듯이, 신천지증거장막과 같은 집단의 침투에 허약한 대형교회가 아니라, 빌라델비아교회와 같은 강소교회로의 체질 변화가 중요하다.

"사탄의 회"의 중심에 대제사장을 필두로 하는 유대 종교 귀족이 있었다. 마찬가지

60. C. L. Meyers, "Jachin and Boaz in Religious and Political Perspective," *CBQ* 45/2 (1983), 177-178.
61. Du Rand, *Die A-Z van Openbaring*, 207-208에서 요약.

로 기독교 안에 '종교 귀족들'을 경계해야 한다. 예를 들어, 교회나 기독교 기관의 지도자가 사치스런 명품과 고급 차를 선호한다면, 미자립교회의 박봉薄俸으로 생계를 이어가는 목회자와 같은 약한 이들을 실족케 만들고 공동체의 덕을 세우지 못한다. 막대한 재정을 투자하여 완공된 도시의 호화 교회당은 서민이 찾기에 부담이 될 것이다. 천국을 위해서 부요해져야 할 그리스도인은 주위에 하나님께서 남겨 두신 빈자들을 구제하는 눈을 열어야 한다.[62]

3. 라오디게아교회에게 보낸 편지(3:14-22)

“14라오디게아 교회의 사자에게 편지하라. 아멘이시요 충성되고 참된 증인이시
요 하나님의 창조의 근본이신 이가 이르시되 15내가 네 행위를 아노니 네가 차지
도 아니하고 뜨겁지도 아니하도다. 네가 차든지 뜨겁든지 하기를 원하노라 16네
가 이같이 미지근하여 뜨겁지도 아니하고 차지도 아니하니 내 입에서 너를 토
하여 버리리라 17네가 말하기를 나는 부자라 부요하여 부족한 것이 없다 하나 내
곤고한 것과 가련한 것과 가난한 것과 눈 먼 것과 벌거벗은 것을 알지 못하는도
다 18내가 너를 권하노니 내게서 불로 연단한 금을 사서 부요하게 하고 흰 옷을
사서 입어 벌거벗은 수치를 보이지 않게 하고 안약을 사서 눈에 발라 보게 하라
19무릇 내가 사랑하는 자를 책망하여 징계하노니 그러므로 네가 열심을 내라 회
개하라 20볼지어다 내가 문 밖에 서서 두드리노니 누구든지 내 음성을 듣고 문
을 열면 내가 그에게로 들어가 그와 더불어 먹고 그는 나와 더불어 먹으리라 21
이기는 그에게는 네가 내 보좌에 함께 앉게 하여 주기를 내가 이기고 아버지 보
좌에 함께 앉은 것과 같이 하리라 22귀 있는 자는 성령이 교회들에게 하시는 말
씀을 들을지어다”

62. 김종렬, “한국교회의 귀족화 현상,” 『기독교 사상』 17/6 (1973), 38-46.

라오디게아는 오늘날 라오디케이아Laodikeia이다. 라오디게아의 원래 이름은 '디오스폴리스Diospolis, 제우스의 도시'였는데, 나중에 '로아스Rhoas'로 개명되었다.[63] 라오디게아는 빌라델비아 남동쪽 97㎞에 위치한 도시로서, 인근 도시 골로새와 히에라폴리스처럼 리쿠스Lycus 계곡에 자리 잡은 교통의 요충지였다골4:13 참조. 도시명 '라오디게아'는 셀류커스 왕조의 안티오커스 2세BC 261-246가 자기 첫째 아내 '라오디케Laodice'와 BC 253년에 이혼하기 전에 부인의 이름을 따라 명명하여 건설했다.[64] 라오디케는 안티오커스 1세의 조카로 추정된다. 라오디게아는 통행세와 양모와 의류산업으로 부를 축적했는데, BC 1세기에는 오랜 이웃 도시인 골로새를 능가했다.[65] BC 213년에 안티오커스 3세는 바벨론에 거주하던 유대인 2,000가정을 라오디게아와 인근 지역으로 이주시켜 그 지역을 안정화시켰다유대고대사 12.149 참조. BC 63년에 라오디게아의 유대인들은 금 20파운드를 성전세로 보냈는데, 그 도시에 유대인 남자 성인만 7,500명으로 추정하기도 한다.[66] 네로가 통치하던 AD 60년에 지진으로 이 도시가 완전히 파괴되었는데, 라오디게아인들은 제국의 도움 없이 도시를 재건했다.[67] 에베소에서 동쪽으로 약 160㎞ 떨어진 라오디게아의 교회는 바울의 제3차 전도여행 중 에베소에서 사역할 때 설립된 것으로 보인다행19:10 참조.

아멘이시며 신실하고 참 증인이며 선재先在하셔서 창조의 근원ἡ ἀρχὴ이신 예수님께서 말씀하신다14절; 참고. 요1:1. "아멘"은 '진리의 하나님'을 소개하는 이사야 65장 16절에 2회 나타난다. 진리의 말씀이 성육하신 예수님께서 말씀하신 바는 진실하며 확실하다. 그리고 성부 하나님의 모든 약속과 언약은 십자가에서 죽

---

63. Gentry, *The Divorce of Israel*, Volume 1, 350.
64. 박영식, 『오늘 읽는 요한묵시록』, 137.
65. Gentry, *The Divorce of Israel*, Volume 1, 350.
66. Hemer, *The Letters to the Seven Churches of Asia in Their Local Setting*, 182; Gentry, *The Divorce of Israel*, Volume 1, 350.
67. Hemer, *The Letters to the Seven Churches of Asia in Their Local Setting*, 195.

기까지 충성하신 예수님 안에서 "예"와 "아멘"으로 성취된다고후1:20 참조.[68] 예수님의 칭호인 "충성되고 참된 증인"은 영적으로 미지근하여 선교에 실패한 라오디게아교회를 책망하는 어조이다.[69]

라오디게아교회는 예수님을 피조물보다 먼저 나셔서 만물의 창조자와 으뜸이라고 소개하는 바울의 골로새서를 잘 알고 있었을 것이다골1:15-18 참조. 계시록의 대문자 사본 가운데 가장 중요한 4세기의 ℵ사본은 "창조의 근원ἡ ἀρχὴ τῆς κτίσεως" 대신에 "교회의 근원ἡ ἀρχὴ τῆς ἐκκλησίας"으로 바꾼다골1:18 참조. 이런 변경은 AD 4세기의 기독론 논쟁을 염두에 둔 것인데, 예수님께서 피조물이 아니심을 분명히 명시하기 위함이다.[70] 예수님께서는 처음과 알파와 시작이시므로, 모든 피조물의 원천이시다골1:15-17; 계1:5,17; 22:13 참조.

라오디게아교회는 뜨겁지도 차지도 않아서[71] 미지근하여 주님께서 입에서 토하여 내신다15-16절. 그리스 문화에서 미지근함은 구토와 연결된다. 이솝 우화에서 이솝은 무화과를 훔쳐 먹었다는 의심을 받자, 미지근한 물을 마신 후 손가

68. McArthur Jr., *Revelation 1-11*, 133.

69. S. J. Kidder, "The Faithful and True Witness of Revelation 1:5 and 3:14," *Journal of the Adventist Theological Society* 28/1 (2017), 127.

70. 계시록의 ℵ사본은 AD 4세기 필사자의 실수를 비롯하여 그 당시 예전 및 신학적 이유를 반영하여 변경을 가했다. 예를 들어, AD 4세기 예배에 적합하도록 찬송 다음에 '아멘'을 추가함(계4:9-10; 7:10; 11:15; 15:7), '권능'을 유사한 발음의 '전능자'로 바꾸어 예수님의 신성을 강조함(5:13), '땅 아래'를 삭제하여 천상의 예배 환상에 적합하도록 조정함(5:3, 13), '그가 열면'을 '내가 열겠다'로 바꾸어 예수님의 구원의 주권을 강조함(3:20), 사람 3분의 1을 죽이는 데 동원된 천사를 삭제하여 천사의 긍정적 기능을 강조함(9:15), '내 입에서 토하여 내겠다'를 '그들의 입에서 멈출 것이다'로 바꾸어 예수님의 인간적 묘사를 지양함(3:16), '섬' 대신 '골짜기'로 바꾸어 구약 예언서의 전통을 따름(6:14; 참고. 사40:4), '무지개'를 '머리카락'으로 바꾸어 계시록의 내적간본문적 해석을 시도함(10:1; 참고. 1:13), '무지개'를 '제사장들'로 바꾸어 콘스탄티누스 황제의 보좌 주위에 있던 사제들을 반영함(4:3), '성벽'을 헬라어 '가장자리(edge)'와 음이 유사한 '사료(podder)'로 바꿈(21:17), '심판받다'를 '정죄받다'로 바꾸어 불신자의 행위의 인과관계를 강조함(20:13; 참고. 20:14), '종들'을 '성도'로 바꾸어 4세기의 계시록 독자를 고려함(1:1; 22:21). 참고. J. Hernández Jr., *Scribal Habits and Theological Influences in the Apocalypse: The Singular Readings of Codex Sinaiticus, Alexandrinus, and Ephraemi* (Tübingen: Mohr Siebeck, 2006).

71. 16절의 "뜨겁지도 않고 차지도 않다(οὔτε ζεστὸς οὔτε ψυχρός)"를 "차지도 않고 뜨겁지도 않다"라고 순서를 바꿀 수 없다. 그런데 15절은 "차지도 않고 뜨겁지도 않다(οὔτε ψυχρὸς εἶ οὔτε ζεστός)"이다.

락을 목구멍에 넣어 구토하여 자신의 정당함을 입증했다.[72] 레위기에서 토하는 것은 근친상간과 같은 가증한 범죄에 대한 하나님의 형벌과 혐오를 가리킨다 레18:25,28; 20:22 참조. 라오디게아교회는 물질적으로 부자였지만, 영적으로 곤고했고, 가련했으며, 가난했고, 벌거벗었다17절; 참고. 호12:9; 롬7:24. 경제와 종교가 분리되지 않은 로마제국에서 경제적 부요함을 누린 라오디게아교회에게 로마제국이 주는 번영은 단순히 신화가 아니라 실재였다.[73] 종교, 문화, 경제가 갈등 없이 공존했던 라오디게아 도시의 교회 역시 '타협하는 교회'가 되고 말았다.[74] 그 당시 제한된 재화limited goods의 관점에서 볼 때, 부를 축적하고 누리는 방법은 공적 모임과 황제제의에 참여할 때만 가능했다.[75] 앞서 말했듯이, 라오디게아는 AD 60년의 지진으로 파괴되었을 때 로마정부의 도움 없이 도시를 자체적으로 재건했을 정도로 부유했다타키투스 연대기 14:27 참조. 하지만 라오디게아교회는 '부자들의 가난the poverty of riches'이라는 역설적 상황에 빠졌다.[76] 따라서 라오디게아교회는 소위 '번영복음'과 비평적으로 거리를 두어야만 했다.[77]

라오디게아교회는 불로써 제련된 금을 사서 영적인 부자가 되고, 흰 옷을 사서 수치스런 나체를 덮고, 안약을 사서 발라야 한다18절. 라오디게아에는 '라오디키아Laodicia'라고 불린 저렴하고 작은 양모 망토와 안과 질환을 치료하기 위한 분말과 기름이 있었다.[78] 물론 버가모에도 의료 시설이 있었다. 그리고 귀와 눈을 치료하는 약품을 생산했던 라오디게아 출신의 두 명의名醫의 이름이 새겨진 동전도 발굴되었다.[79] 예수님과 요한은 라오디게아의 문화적 상황을 잘 알고

72. Weima, 『요한계시록에 가면: 일곱 교회를 향한 설교』, 403.
73. 참고. D. A. deSilva, *Seeing Things John's Way: The Rhetoric of the Book of Revelation* (Louisville: WJK, 2009), 63.
74. Blaney, 『베드로전서-요한계시록』, 340.
75. Barr, "John's Ironic Empire," 23.
76. Johnson, *Triumph of the Lamb*, 89.
77. DeSilva, *Seeing Things John's Way*, 70.
78. Swete, *Commentary on Revelation*, 62.
79. Lizorkin-Eyzenberg & Shir, *Hebrew Insights from Revelation*, 122.

있었다. 의과대학이 있었던 부유한 도시 라오디게아에는 금을 판매한 은행도 있었으며, 부드럽고 검은 양모로 만든 옷도 쉽게 구매할 수 있었다.[80] 라오디게아교회가 예수님께로부터 구입해야 할 "제련된 금χρυσίον πεπυρωμένον"은 시련을 통과한 순수한 믿음으로 볼 수 있다벧전1:7 참조.[81] 그리고 그들이 사야할 "흰 옷"은 패배가 아닌 승리를 의미한다. 명예로운 영적 승리는 나체라는 "수치αἰσχύνη"를 덮는다계17:16 참조. 또한 라오디게아교회가 주님으로부터 구입해야 할 "안약κολλούριον"은 그리스도 안에서 새 사람을 옷 입은 그리스도인이 지식에까지 새롭게 된 상태, 곧 성경적 세계관을 가리킨다골2:3; 3:10 참조. 18절은 예수님을 순수한 믿음, 명예로운 승리, 그리고 새로운 지식의 보고寶庫로 소개한다. 참고로 제2성전기 유대문헌에서 시력의 상실은 하나님의 형벌과 심판이자 부정한 상태였는데, 하나님의 은혜로 회복이 가능했다1QS4:9-11; 4Q521; 레21:17; 사29:18; 35:5; 마9:27; 요9:2; 행26:18 참조.

> 요한은 선지자들이 불신실한 이스라엘을 책망하기 위해 나체 이미지로 부부의 부정(不貞)을 진술할 때 사용한 은유를 차용했다(겔16:8,35,37; 23:10,18,29; 호2:9; 나3:5; 합2:15 참조). 라오디게아교회는 주님으로부터 책망만 받고 칭찬받지 못한 유일한 교회인데, 하늘의 예루살렘성의 반대 및 대체 이미지인 음녀 바벨론을 미리 맛보고 있다.[82]

예수님께서는 그분께서 사랑하시는φιλῶ 사람을 책망하고 징계하시는데, 라오디게아교회는 이러한 주님의 사랑의 책망을 듣고 열심을 내며 회개해야 한다19절. 계시록에서 φιλέω필레오는 ἀγαπάω아가파오와 같은 의미이므로 이 두 동사는

---

80. McArthur Jr., *Revelation 1-11*, 135; 이달, 『요한계시록』, 99.
81. Barbaro, 『요한묵시록 주해』, 105.
82. Campbell, "Antithetical Feminine-Urban Imagery and a Tale of Two Women-Cities in the Book of Revelation," 83.

교차적으로 사용된다계1:5; 3:9,19; 12:11; 20:9; 22:15; 참고. 요21:15-17.[83] 주님의 말씀은 범죄에 빠진 교회를 책망하고 바르게 교정한다딤후2:25; 3:16 참조. 따라서 하나님의 책망은 파멸을 최종 목적으로 삼지 않는다. 라오디게아는 눈은 물론 귀 치료에도 일가견 있던 도시였는데, 그 도시의 미지근한 교회는 영적 귀를 회복해야만 했다. 계시록 3장 14-22절은 19절을 중심으로 하여, 아래와 같이 대략적인 교차대칭구조를 보인다.[84]

A 아멘이시며 신실하시고 시작이신 분께서 말씀하심(14절)
B 미지근함(15-16절)
C 가난한 자는 사야 함(17-18절)
D 열심을 내고 회개하라(19절)
C′ 예수님과 더불어 잔치함(20절)
B′ 이김(21절)
A′ 귀 있는 자는 들어라(22절)

20-22절은 라오디게아교회에게 보낸 편지의 결론이자 계시록 2-3장의 결어이기도 하다. 계시록 3장 20절의 "문θύρα"은 4장 1절에 다시 등장하기에, 3장 20-22절은 계시록 2장 1절-3장 19절과 계시록 4장을 연결하는 다리 역할을 한다.[85] 문밖에서 서서 두드리는 예수님의 음성을 듣고 문을 열면, 함께 먹게 된다20절; 참고. 아5:2; 눅12:36-37; 약5:9. 이런 식탁교제는 그 당시 문화관습으로 설명이 가능하다. 로마제국에서 적지 않은 사람들은 상인조합이나 심포지움에 소속되어 있었는데, 그들의 제의적인 공동 식사는 자신이 속한 계층의 연대를 드러내고 강

83. Du Rand, *A-Z van Openbaring*, 215.

84. Leithart, *Revelation 1-11*, 199.

85. R. M. Royalty Jr., "Demonic Symposia in the Apocalypse of John," *Journal for the Study of the New Testament* 38/4 (2016), 504-505.

화하는 시간이었다계17:4; 18:3 참조.[86] 하지만 요한은 언약의 종들인 교회가 언약의 주이신 예수님과 복된 식탁교제를 누려야 한다고 밝힌다계19:9; 22:17 참조. 따라서 20절은 예수님의 재림 시에 있을 메시아 연회messianic banquet를 염두에 두기보다, 예수님께서 개별 그리스도인은 물론 교회 공동체의 마음을 두드리고 교제하시기 원하는 모습으로 이해하는 게 자연스럽다.[87] 로마 총독들과 군대는 부유한 라오디게아 시민들에게 과도한 세금을 물리고 지나친 환대를 일방적으로 강요했지만, 예수님의 요청은 다르다.[88] 라오디게아교회는 주일 저녁에 성찬 예배로 모였으며, 그때 대표자가 계시록 편지를 낭독했다. 그리고 그들은 성찬식 동안 마라나타도 외쳤을 것이다고전16:22; 계22:20 참조. 그러나 라오디게아교회는 성찬이 있는 주일 예배로 모였지만, 정작 주인이신 예수님께서는 공동체 밖에 계시면서 교회의 문을 두드리셨다. 그들은 교회의 머리께서 부재하시는 예배와 성찬을 거행하면서 20절을 읽고 듣는 동안 적지 않은 충격을 받았을 것이다. 이처럼 혼합주의에 빠진 미지근한 교회는 예수 그리스도의 현존이 없는 예배와 종교 활동에 열심이다. 그들은 예수님께서 안에 거하셔서 그리스도의 현존을 갱신하고 축하하는 성찬을 회복하기 위해서 회개해야 했다.[89]

승귀하신 예수님께서 성부의 보좌에 앉으셨듯이, 이기는 이들은 예수님의 보좌*bisellium*에 함께 앉아 다스릴 것이다21절; 참고. 마19:28; 눅22:28-30; 계20:4-6.[90] 2인용 보좌인 비셀리움은 그레코-로마 세계에 익숙했는데, 토가를 입은 아우구스투스

---

86. Royalty, "Demonic Symposia in the Apocalypse of John," 510-511.

87. Du Rand, *Die A-Z van Openbaring*, 217.

88. Hemer, *The Letters to the Seven Churches of Asia in Their Local Setting*, 202-203. 참고로 계시록 3장 20절의 "내가 먹을 것이다(δειπνήσω)"는 저녁 만찬을 가리키므로(눅17:8; 22:20; 고전11:25), 심판의 밤이 오기 전에 주님과 교제하라는 독촉이 암시된 것 같다. McArthur Jr., *Revelation 1-11*, 140.

89. C. G. Gonzalez and J. L. Gonzalez, "Jesus Outside the Feast?: A Sermon on Revelation 3:14-22" (https://gocn.org/library/jesus-outside-the-feast-a-sermon-on-revelation-314-22/; 2020년 8월 25일 접속).

90. 참고. 이달, 『요한계시록』, 101. 참고로 "보좌"(계3:21)를 주교(bishop)의 자리라고 해석한 경우는 루마니아 정교회 소속 V. Birzu, "The Throne of God as a Prototype of Primacy in the Church and in Creation," *HTS Teologiese Studies* 75/4 (2019), 6을 보라.

황제와 미르쿠스 아그립바가 함께 앉아 있는 동전BC 13이 발굴되었다. 그리고 고대 부조reliefs에 따르면, 제우스와 헤라 혹은 하데스와 페르세포네가 나란히 2인용 보좌인 비셀리움에 앉아 있다.[91] 흥미롭게도 라오디게아는 '보좌의 도시'라 불린다. 왜냐하면 BC 40년경 제논은 소아시아를 침략한 군대를 자기 아들 플레모스와 힘을 합쳐 물리친 후에 로마 황제로부터 시칠리아 왕으로 임명받았고, 얼마 후 본도의 왕이 되었다.[92] 라오디게아의 통치자들은 로마제국에 충성한 속주의 권세와 부를 누린 왕들이었다.

이기는 사람들이 예수님의 보좌에 함께 앉는 것을 주님의 재림 이후의 미래 사건으로만 국한할 필요는 없다. 왜냐하면 계시록 4장에서 각자 자기의 보좌 위에 앉아 면류관을 쓴 24장로로 묘사된 그리스도인은 이미 작은 왕들이기 때문이다계4:4 참조. 계시록이 46회나 사용한 명사 "보좌θρόνος"는 구약성경에 약 110회, 신약성경에 56회 등장한다. 지혜의 왕 솔로몬이 앉은 큰 보좌는 상아로 만들어 금을 입혔는데, 그 보좌에 여섯 층계가 있었고 거기에 강력한 왕권을 상징하는 12사자 상像이 있었다왕상10:18,20 참조. 이 12마리 사자는 유다 지파의 사자이시며 지혜의 왕이신 예수님의 강력한 왕권을 내다본다계5:5,12 참조. 계시록 4장 이후의 내러티브는 하나님의 보좌를 중심으로 전개된다. 즉 예배와 구원 그리고 심판은 다름 아니라 바로 이 보좌에 의해 결정된다계4:2-6:17; 7:9-17; 11:15-19; 14:1-5; 15:2-8; 19:1-8 참조.[93]

유대묵시문헌 가운데서 보좌 위의 하나님에 대한 진술을 종종 찾아볼 수 있다. 이에 대해 오니D. E. Aune는 다음과 같이 여러 가지 간본문을 제시한다. 계시

---

91. Weima, 『요한계시록에 가면: 일곱 교회를 향한 설교』, 429.
92. Weima, 『요한계시록에 가면: 일곱 교회를 향한 설교』, 431.
93. Du Rand, *Die A-Z van Openbaring*, 217-218, 230. 참고로 사도행전 7장 55-56절에서 승천하신 예수님께서 서 계신 이유는 스데반이 예루살렘 돌 성전의 기능이 종료되었음을 알린 것을 법정의 변호사처럼 일어서서 변호하시기 위함이다(행7:48). 그리고 예수님께서는 일어서셔서 그분의 충성스런 증인 스데반을 환대하시지만 악인들은 심판하신다고 볼 수 있다. 윤철원, "하나님의 우편에 '앉아 계신' 예수가 '일어선'(행7:55-56) 이유에 관한 탐구," 『신학논단』 99 (2020), 86-87, 92.

록과 기록 연대가 비슷한 1에녹 45장 3절, 47장 3절, 51장 1절, 55장 4절, 60장 2절, 62장 2, 5절, 69장 26-29절에는 하나님 혹은 선택받은 분이신 인자께서 보좌에 계시며, 유다의 유언 24장 4-6절, 4에스라 12장 32절 그리고 2바룩 40장 1-3절에는 메시아께서 보좌에 계심을 언급한다. 그리고 1에녹 61장 8절에 의하면, 영들의 주님께서 그분께서 선택하신 분을 그분의 영광의 보좌에 앉게 하신다시110:1; 마19:28 참조.[94]

BC 1세기에는 예루살렘 성전세를 거둘 정도로 라오디게아에 불신 유대인들이 많이 거주했는데유대고대사 12.147-53 참조, 그들의 박해로 인해서 미지근하게 되었을 가능성이 크다.[95] 물질적인 부요함에 빠지고 세상에 동화되어 영적으로 미지근한 상태는 ἀμήν아멘이시며 신실하시며 참된 증인이신 예수님을 환영하고 닮아갈 때 해소된다. 요한은 예수님과 현재적으로 먹고 마시면서 누리는 영적인 '식탁교제'를 염두에 둔다. 따라서 요한은 목욕에 적절한 히에라폴리스의 온천수가 라오디게아에 도달하면 미지근하게 되는 것을 염두에 두지 않는다.[96] 그보다 부유한 도시 라오디게아에서 포도주를 여름철에는 시원하게, 겨울철에는 따뜻하게 만들어 마셨던 관습으로 이해하는 게 자연스럽다.[97] 참고로 잠언서는 자제력의 결핍을 뜨거움으로잠15:18 참조, 명철과 신중함을 긍정적 방식의 차가움으

---

94. D. E. Aune, "The Apocalypse of John and Palestinian Jewish Apocalyptic," *Neotestamentica* 40/1 (2006), 8-9.

95. C. R. Koester, *Revelation* (New Haven: Yale University Press, 2014), 335; Beale, 『요한계시록. 상권』, 520.

96. Contra 박영식, 『오늘 읽는 요한묵시록』, 142; Hemer, *The Letters to the Seven Churches of Asia in Their Local Setting*, 191; Wall, *Revelation*, 86; Fee, *Revelation*, 58; Beale, 『요한계시록. 상권』, 514; Paul, *Revelation*, 113; Van de Kamp, *Openbaring*, 143-144; Lizorkin-Eyzenberg & Shir, *Hebrew Insights from Revelation*, 123. 이들은 라오디게아 북쪽 10㎞ 지점의 히에라폴리스의 뜨거운 온천수는 치료에 좋고, 그리고 동쪽으로 약 15㎞ 떨어진 골로새에서 끌어온 냉수는 여름철에 좋지만, 라오디게아의 미지근한 물은 식음용으로 적합하지 않다고 해석한다.

97. Koester, *Revelation*, 337; Fanning, *Revelation*, 187; Royalty, "Demonic Symposia in the Apocalypse of John," 507. 참고로 계시록 3장 15절의 차갑거나 뜨거운 것을 호세아 7장 6-7절에서 찾는 경우는 Kraft, 『요한묵시록』, 138을 보라. 그리고 계시록 3장 15절의 "차든지 하기를 원한다"는 복음을 솔직히 반대하거나 무관심한 상태가 위선적인 것보다 중생할 확률이 높다는 사실을 염두에 둔다는 해석은 Khatry, "Revelation," 1780을 보라.

로잠17:27 참조 묘사한 바 있다.[98] 유대묵시문헌에서 종말의 식탁은 메시아 잔치와 연관되는데, 장차 메시아의 통치를 받는 사람들은 풍성한 양식으로 배부르게 될 것이다2바룩 29:3-8; 사25:6 참조. 그리고 1에녹 36-72장에 따르면, 하늘의 인물인 선택받은 의로운 메시아 인자께서 심판하실 것인데, 그분께서는 의롭고 선택된 사람들과 식탁교제를 가지실 것이다.[99] 이런 유대인들의 미래 종말론적 식탁 교제는 사도 요한이 강조하는 현재적 식탁교제와 차이가 난다. 다시 말해, 요한은 그런 메시아 잔치와 풍성한 공급이 이기는 그리스도인들에게 이미 가능하다고 설명한다. 혼합주의를 물리친 이기는 성도는 예수님께서 베푸시는 잔치에서 영양분을 공급하여 세상에서 또 이기게 될 것이다. 이것은 그리스도인이 현재적으로 왕 노릇하는 행위이다.

계시록 3장 14-22절에 구약 언약과 관련된 다양한 주제가 암시된다. 요약하면 다음 도표와 같다.[100]

암시된 언약 요소	구약 간본문	계시록 3장 14-22절
창조와 진리(아멘)의 하나님(새 언약)	사43:10-13; 65:16-18	3:14
메시아의 승리(다윗 언약)	시110:1-2	3:21
하나님의 현존, 약속의 땅, 추방(토해냄)	레18:28; 20:22	3:16-18
벌거벗은 것을 본 아담과 하와 그리고 옷, 벌거벗은 노아를 본 함 그리고 옷으로 노아를 덮어준 셈과 야벳	창2:25; 3:7,10,21; 9:21-23(호2:3 참조)	3:17-18
언약 갱신으로서의 가족과 결혼 은유	잠3:12; 아5:2; 호12:1,8	3:17,19-20

98. 이달, 『요한계시록』, 98. 참고로 계시록 안에 하나의 단락을 구분하는 표시가 등장하며(예. "내가 보았다", "이 일들 후에"), 단락으로 넘어가면서 주제가 점진적으로 반복된다는 주장은 Kuykendall, "The Twelve Visions of John," 555를 보라.

99. 현시대에 제의적으로 불결한 이방인이 유대인과 식사 교제하려면, 유대교로 개종하든지 아니면 유대인의 식사 규정을 엄격히 지켜야 했다. 그러나 그리스도인은 이방인이건 유대인이건 예수님의 보혈로 사죄의 은총을 입어 정결하게 되었기에, 주님과 현재와 미래에 친밀한 식탁교제를 누린다. 참고. Y. M. Park, "Could Jews have a Table Fellowship with Gentiles in Any Way?: A Study of Meals in the Second Temple Jewish Literature (200 BCE-200 CE)," 『신약연구』 21/1 (2022), 29-30.

100. 참고. T. L. Decker, "Live Long in the Land: The Covenantal Character of the Old Testament Allusions in the Message to Laodicea (Revelation 3:14-22)," *Neotestamentica* 48/2 (2014), 424-435.

덧붙여 계시록 2-3장에서 예수님께서 7교회에게 주신 약속은 아래의 표와 같이 계시록 20-22장에서 성취된다.[101]

교회	이기는 자가 받을 약속(구약 간본문)	구절	성취
에베소	생명나무의 열매를 먹음(창2:9)	2:7	22:2, 14, 19
서머나	생명의 관, 둘째 사망으로부터의 보호(창2:17)	2:10-11	21:6-8; 22:5
버가모	만나, 흰 돌, 새 이름(출16:32-34; 28:9-10)	2:17	22:4
두아디라	만국을 다스리는 권세, 새벽 별(민24:17)	2:26-28	20:4; 22:16
사데	흰 옷, 생명책에 녹명(출32:32-33)	3:5	(19:14); 21:27
빌라델비아	성전의 기둥, 새 이름(대하3:17)	3:12	21:22; 22:4
라오디게아	그리스도와 함께 먹음, 하나님의 보좌에 앉음	3:20-21	(19:9); 22:5

이기는 자에게 주어진 약속의 구약 간본문들은 창조에서 시작하여 출애굽과 솔로몬 성전으로 이어지므로 대체로 연대기적 흐름을 견지하는데, 그 약속의 복들은 예수님 안에서 이미 성취되었고, 소아시아 7교회와 신약 교회를 위해 성취될 것이다.[102]

교훈과 적용

미지근한 교회는 물질주의에 빠져서 교인의 수와 교회 예산을 자랑한다.[103] 그런 미지근한 교회가 아멘이시요 충성된 증인이신 예수님을 닮아 뜨거워지도록 단기, 중기, 그리고 장기적인 방안을 강구해 보자. 예수님의 몸 된 교회가 주님의 몸을 먹는

---

101. Mangina, *Revelation*, 246-247; W. von Popkes, "Die Funktion der Sendschreiben in der Apokalypse: Zugleich ein Beitrag zur Spätgeschichte der Neutestamentlichen Gleichnisse (Rev 2-3)," *ZNW* 74/1-2 (1983), 106.

102. M. den Dulk, "The Promises of the Conquerors in the Book of Revelation," *Biblica* 87/4 (2006), 521-522.

103. 계시록 2-3장으로부터 아프리카 오순절교회의 물질주의와 종교혼합주의의 폐단을 진단한 경우는 Soboyejo, "Interpreting the Book of Revelation and Its Apocalyptic Implications for the 21st Century African Pentecostal Churches," 9-12를 보라.

성찬식과 성도의 식탁교제를 친교와 신앙교육 그리고 성숙의 기회로 만들자. 그리고 주님의 식탁에서 '예배하는 교회ecclesia adorans'의 심장이 발견되며, '사역하는 교회 ecclesia laborans'의 중심은 세상에서 선교와 소명으로 표출되어야 한다.[104]

그리스도 사건을 기념하는 차원을 넘어, 성찬은 신실하신 하나님께서 구원과 언약을 현재 이루고 계심과 장차 완성하실 것을 기대하는 종말 중심적eschatocentric 측면도 가진다. 따라서 그리스도인의 삶은 미래를 수동적으로 기다리기보다, 예수님과 연합된 이로서 이웃 사랑을 실천하며 완성될 미래의 복을 현재에 최대한 반영하는 선교적 삶이 되어야 한다.[105] 성찬을 통하여 예수 그리스도와 누리는 교제는 우리가 주님의 "살 중의 살, 뼈 중의 뼈"임을 다시 확인시킨다엡5:31 참조.[106]

니케아신경AD 381은 하나의 거룩하고 보편적이며 사도적인 교회를 고백한다. 교회는 연합하여 하나의 교회로 세상에 나타나야 한다엡4:1-16. 그리고 교회는 세상을 거룩하게 갱신하는 힘으로 나타나야 한다엡1:4; 4:17-24. 또한 보편적 교회는 세상 속에 화목케 하는 능력을 드러내야 한다엡3:1-13. 마지막으로 사도적 교회는 세상에 복음을 전하는 선교적 교회로 나타나야 한다엡1:10,22-23; 3:1-13. 마찬가지로 계시록 2-3장의 7교회도 참 교회의 4표지를 갖추고 있다. 7교회는 사랑으로 충만하신 자신의 머리이신 예수 그리스도와 연결된 덕분에 실제로 하나의 교회이다계1:5,13. 그리고 예수님께서는 성령과 회개를 통하여 7교회를 혼합주의에서 벗어나 거룩하게 만드신다. 또한 7교회는 촛대로서 복음의 빛을 세상에 비추어 화평과 구원의 역사를 일으켜야 한다계1:20.[107]

104. B. Wielenga, "Eschatological Hope in Haggai: A Homiletic Reading," *In die Skriflig* 49/1 (2015), 11.

105. P. W. Bingle and J. J. van der Walt, "Eskatologiese Perspektiewe in die Nagmaal," *Koers* 55 (1990), 106-111.

106. E. de Boer, "Liturgical Reform in the 'Breaking of the Bread' in the Lord's Supper in the Palatinate and Its Resonance in the Heidelberg Catechism," *Acta Theologica Suppl* 20 (2014), 207.

107. 유럽의 교회들의 교인 수는 평균 9% 감소했지만, 아일랜드, 프랑스, 스위스의 경우는 무려 20%를 넘었다(2005-2012년 기준). 남아공 개혁교회(RCSA)는 2012년부터 계속하여 양적으로 감소하고 있다. 구원에 이르는 신앙고백과 하나님의 사랑을 실천 그리고 선교적 정신이라는 교회의 질적 특성이 정체된다면, 결국 수적 감소로 이어질 수밖에 없다. 질과 양에 있어 성장하려면, 리더십, 조직, 은사. 예배, 전도, 사랑의 관계 형성, 그리고 열정적 영성 등에 대한 성경적 검토가 필요하다. I. W. Ferreira and W. Chipenyu, "Church Decline: A Comparative Investigation Assessing more than Numbers," *In die Skriflig* 55/1 (2021), 2, 6-9; M. E. Schalekamp and B. J. de Klerk, "Die Vier Nicaanse Merktekens van die Kerk as Rigtingwysers in 'n Ekklesiologiese Diskoers," *In die Skriflig* 46/2 (2012), 4-8.

계시록 2-3장의 7교회에게 주신 각각의 메시지는 계시록의 요지인 '세상 나라가 하나님 나라로!'에 맞추어 해석해야 한다. 따라서 공공-선교적 교회의 정체성과 사명에 비추어 각 교회의 장단점을 평가해야 한다.

요한계시록 4장

<본문의 개요>

소아시아에서 유대인과 로마제국의 박해를 받던 계시록의 독자들은 혹독한 현실을 극복하기 위해서 하나님께서 만유의 왕으로 다스리신다는 믿음의 세계를 필요로 했다. 이를 위해 요한은 먼저 보좌에서 통치하시는 성부 하나님을 계시록 4장 1-3절에서 소개한 후, 4-11절에서 24장로와 4생물의 경배를 설명한다. 계시록 4장의 이전 문맥은 열린 문, 보좌에 앉음, 그리고 성령께서 교회에게 하시는 말씀계3:20-22인데, 계시록 4장 1-2절에 모두 나타난다. 계시록 4장 이후 문맥은 계시록 4장에도 나타나는 보좌, 일곱 영, 그리고 찬송이 다시 등장하는 계시록 5장 1, 6절이다. 따라서 문맥의 이음매를 통해서 볼 때, 계시록 4장은 라오디게아교회에게 주어진 현재 일에 대한 메시지를 이어받아 계시록 5장과 더불어 천상 예배로써 가까운 미래의 일을 알리는 역할을 한다.

<내용 분해>

1. 보좌에 계신 언약의 통치자 성부 하나님(4:1-3)
2. 24장로와 4생물의 경배(4:4-11)

1. 보좌에 계신 언약의 통치자 성부 하나님(4:1-3)

> "[1]이 일 후에 내가 보니 하늘에 열린 문이 있는데 내가 들은 바 처음에 내게 말하던 나팔 소리 같은 그 음성이 이르되 이리로 올라오라 이 후에 마땅히 일어날 일들을 내가 네게 보이리라 하시더라 [2]내가 곧 성령에 감동되었더니 보라 하늘에 보좌를 베풀었고 그 보좌 위에 앉으신 이가 있는데 [3]앉으신 이의 모양이 벽옥과 홍보석 같고 또 무지개가 있어 보좌에 둘렸는데 그 모양이 녹보석과 같더라"

요한이 본 보좌 환상이 시작되는 계시록 4장부터 계시록의 전통적 해석 4가지는 자기 색깔을 낸다. 역사주의자에 의하면, 요한은 역사에 대한 하나님의 주권과 미래를 여시는 그리스도의 유일한 특권에 주의를 기울이도록 한다.[1] 과거주의자는 하늘 보좌를 법정으로 보면서 원고(原告)는 그리스도의 순교자들이며, 피고(被告)는 예루살렘인데 비난을 받기 직전이다. 계시록 5장 1절은 1세기 당시에 곧 일어날 것으로 본다. 미래론적 해석은 계시록의 주요 전환점을 계시록 4장 1절로 보는데, 계시록 4장 1절 이전의 장들은 "네가 본 것들과 이제 있는 것들"(계1:19)에 해당한다. 세대주의자에게 있어서, "이 일들 후에"는 교회의 것들 이후에, 혹은 교회 시대 이후라는 의미이다. 따라서 계시록 4장 1절 이후의 계시록의 내용은 교회 시대 이후에 이루어질 것이다. 몇몇은 요한이 하늘로 올라가는 것을 교회의 휴거의 그림자로 보며,[2] 나팔 소리 같은 그 음성(계4:1)은 최후의 나팔을 가리키는 고린도전서 15장 51-54절의 휴거(携擧)의 언어와 천사장과 하나님의 나팔 소리를 언급하는 데살로니가전서 4장 16-18절을 연상시킨다고 본다. 세대주의적 미래론자들은 이 구절 이후로 교

---

1. 세상-교회역사적 해석을 따랐던 마틴 루터(d. 1546)는 24장로(계4:4)는 말씀의 교사들을, 그들이 착용한 금관은 믿음을, 하프/거문고(계5:8)는 설교를 가리킨다고 보면서 설교를 예배의 중심에 두었다. 참고. Koester, *Revelation*, 351.
2. Hindson, *The Book of Revelation*, 57; Green, "요한계시록," 2298. 참고로 11세기의 휴거론은 '이사야의 서술(Narration of Isaiah)'에서 볼 수 있는데, 택자들과 교회당 건물과 예수님의 십자가 그리고 성도의 무덤이 휴거되면, 3년 동안 세상이 불타고 하나님의 심판이 이어질 것이다. 참고. F. X. Gumerlock, "The Rapture in an Eleventh-Century Text," *Bibliotheca Sacra* 176 (2019), 84-91.

회가 땅 위에는 보이지 않으며 단지 하늘에만 보인다고 주장한다(계7:9-17). 하지만 세대주의를 따르지 않는 미래론자들은 계시록 4장 1절을 교회의 휴거와 연결시키지 않지만, 세대주의자처럼 계시록 4-19장은 미래적 환난이 주요 주제임은 인정한다. 이상주의자들은 이 일 후에를 '이것은 다음에 일어날 일이다'라는 뜻이 아니라, '이것은 내가 그 다음에 보았던 환상이다'라는 뜻으로 해석한다. 계시록 1-3장에 걸쳐서 지상의 관점에서 묘사된 전체 교회 시대는 이제 천상의 관점에서 나타난다. 계시록에서 자주 등장하는 "보좌(들)"라는 말은 역사의 전체를 주관하시는 하나님의 주권을 강조하며, 핍박받는 공동체에게 위로를 준다.[3]

요한은 이 일들 후에Μετὰ ταῦτα, 즉 7교회에게 편지를 쓴 후, 하늘에 열려진 문을 보았다1a절; 참고. 창28:17; 시78:23; 1에녹 14:15; 레위의 유언 5:1. "보라ἰδοὺ"가 문장에서 부가적expletive 요소로 등장할 경우 동사 '있다'가 생략되고 주격 명사θύρα가 뒤따른다.[4] 과거로부터 현재까지 '열려져 온ἠνεῳγμένη' 문이 있다. 현재완료 신적수동태 여성 단수 주격 분사는 하나님께서 하늘의 문을 여셨음을 강조한다.[5] 보물 창고와 같은 하늘은 신실한 하나님의 백성을 위해 열린다신28:12; 말3:10; 마3:16; 요1:51 참고. 그런데 구약에서 '문θύρα'은 회막과 성전과 관련하여 종종 언급된다출29:4,11; 레1:3,5; 왕상6:31,32,34 참조.[6] 따라서 계시록 4장의 보좌 중심으로 소개되는 천상의 세계는 마치 하늘 성소와 같다. 계시록의 독자들은 세상에서 벌어지는 표면적 현상만 볼 것이 아니라, 천상의 관점에서 그 배후의 깊은 영적인 실재를 움직이는 보이지 않는 하나님의 손을 직시해야 한다.[7] 참고로 에녹의 비유서Parables of Enoch

---

3. 송영목, "요한계시록의 전통적 4가지 해석의 비교 및 분석," 113-114.
4. S. J. P. K. Riekert, "Grammatical Case in the Text of Revelation 4 and 5: Research," *Acta Theologica* 23/2 (2003), 185.
5. Blount, *Revelation*, 86. 참고로 에스겔 1장 1절의 신현 장면에서 '하늘이 열려진'도 수동형(니팔)이다.
6. Strand, "The Role of the Hebrew Cultus, Sanctuary, and Temple in the Plot and Structure of the Book of Revelation," 250.
7. Shin, "The Conqueror Motif in Chapters 12-13," 221.

는 계시록처럼 하늘, 땅, 스올, 광야와 같은 장소를 소개하지만, 종종 하나님의 계시의 입구와 경계선의 역할을 하는 '문'은 언급하지 않는다계3:8,20; 4:1; 21:12-13; 22:14-15 참조.[8] 창세기 5장 22-24절을 개작한 1에녹 1-36장은 '파수꾼의 책'으로 불리는데, 에녹이 보았던 하나님의 보좌가 있던 하늘 성소는 종말에 지상 성전을 대체할 것이다1QM 2:3; 7:11 참조.[9] 하지만 계시록 4장의 하늘 보좌 환상은 지상의 성전을 대체하지 않으며, 계시록의 독자들에게 박해를 이길 수 있도록 믿음과 소망의 세계를 제공한다.

요한은 "너는 이리로 올라오라 내가 너에게 이 일들 후에 반드시 일어날 일들을 보여줄 것이다"라는 음성을 들었다1절b; 참고. 출19:24.[10] 계시록의 내러티브에 새로운 장면을 소개할 때 33회에 걸쳐 반복된 "그리고 나는 보았다Καὶ εἶδον"를 통하여 요한은 자신이 본 환상을 독자에게 알린다. 하지만 요한은 여기서 미래에 일어날 사건의 청사진과 시간표를 제시하지 않는다. 따라서 계시록 4장에 나오는 천상의 보좌 환상의 장면은 그리스도인이 죽고 난 후에 갈 천국의 모습이 아니다. 이 환상이 제시하는 것은 박해받던 독자들이 무엇을 믿고 살아야 하는가를 교훈하는 상징 세계symbolic world이자 믿음의 세계이다. 박해의 현실에 직면한 독자들은 바로 이 상징 세계 안으로 초대받아 현실을 이겨낼 수 있는 위로와 소망과 확신을 경험한다.[11]

---

8. 계시록에서 공간으로서 '문'은 반(anti) 로마적 의미를 지니면서 독자들을 치유하는 효과를 발생한다는 주장은 J. G. R. Pruszinski, "The Cognitive Phenomenology of Doors in the Book of Revelation: A Spatial Analysis," *Religions* 10/3 (2019), 3, 5-7, 12를 보라.

9. 김상래, "위경과 쿰란 문헌에 나타난 하늘 성소 묘사의 구약 본문에 대한 문학적 의존성," 『구약논단』 25/1 (2019), 101-103. 참고로 김상래는 예수님의 승천으로 하늘 성소가 정결케 되었음을 강조하는 안식교 전통을 따른다(단8:14 참조).

10. Kraft는 계시록 4장 1절의 "이 일들 후에"는 아무런 의미가 없다고 보는데, 아직 아무런 일도 일어나지 않았기 때문이라는 것이다. Kraft, 『요한묵시록』, 157. 하지만 "이 일들 후에"는 철저히 사건과 일의 순서를 알리기보다 계시록의 내러티브의 전개에서 중요한 표현이다.

11. 한태현, "요한계시록에서 '이교도적 사회로부터 이탈하라'와 '예수 그리스도의 증인으로 서라'라는 두 메시지의 관계성에 대한 예배적 이해," 『신학논단』 67 (2012), 176.

요한은 성령님 안에서ἐν πνεύματι 하늘로 올라가서[12] 하늘 보좌 위에 계신 분에 대한 환상을 본다2절; 참고. 1에녹 71; 12족장의 유언 2:6. 계시록에 "보좌θρόνος"는 무려 46회나 등장하는데, 계시록 4장에만 무려 11회나 나타난다마5:34; 19:28; 23:22; 25:31 참조. 계시록 4장 2절은 신약성경에서 성부 하나님의 보좌를 처음으로 언급한다.[13]

> 요한이 보좌 이미지를 사용하는 것은 하나님의 초월성만 부각시키는 것이 아니라, 독자들로 하여금 초월적인 하나님과 더불어 그들 자신의 종착점을 인식하도록 만든다. 하나님의 왕적 통치를 선포하는 임무를 통하여, 성도는 하나님의 초월적인 신비에 동참한다. 그것은 (로마처럼) 인간의 권세를 신격화하는 것이 아니라, 성도의 목소리를 통해 나타나는 성령님의 현존과 어린양을 통해서 세상 안에 희생적으로 개입하신 하나님을 함께 증거하는 것을 통해서 가능하다.[14]

2절의 "보좌"는 왕적 통치를 상징한다. 하나님께서는 그분의 보좌를 하늘에 세우시고 왕권으로써 만유를 다스리시며, 하나님의 피조물은 그 통치로 인해 송축하는 것이 마땅하다시103:19,22 참조. 3절의 보좌 위의 "무지개ἶρις"는 정의로운 하나님의 언약적 신실함을 가리킨다창9:11-13; 왕상22:19; 시47:8; 겔1:28; 시락 43:11; 창세기 라

---

12. 이달은 4절의 전치사 구 ἐν πνεύματι에 정관사가 없으므로, '영'은 성령님을 가리키지 않는다고 본다. 그는 이 전치사 구를 '황홀경에 빠져서'라고 번역할 것을 제안한다. 이달, 『요한계시록』, 103. 그러나 성령님께서 충만히 다스리시는 상태는 정신이 몽롱한 게 아니라 가장 맑고 분명하다(엡5:18-20 참조). Contra Lizorkin-Eyzenberg & Shir, *Hebrew Insights from Revelation*, 128-129. 참고로 자신을 비움으로써 접신하려는 신비주의적이며 범신론적인 관상기도가 아니라, 거듭난 성도가 그리스도 사건에 근거하여 내주하시는 성령님과 상호작용하는 면에 초점을 두어 대안을 제시하려는 시도(엡1:17-19; 3:17-19; 5:18)는 탈봇신학교 영성형성연구소의 J. Coe, "The Controversy over Contemplation and Contemplative Prayer: A Historical, Theological, and Biblical Resolution," *Journal of Spiritual Formation & Soul Care* 7/1 (2014), 140-153을 보라.
13. Osborne, *Revelation*, 226.
14. J. A. du Rand, "초월적인 하나님의 관점: 요한계시록의 신학적 메시지 안에서 구조를 묘사하기(The Transcendent God-View: Depicting Structure in the Theological Message of the Apocalypse of John)," 『신약연구』 10/2 (2011), 388(송영목 역).

바 35:2 참조.[15] 하늘 보좌 위에 앉으신 분은 벽옥과 홍보석 같고, 보좌 위의 무지개는 녹보석에메랄드 같았다3절; 참고. 출24:10. 벽옥ἴασπις과 홍보석σάρδιον은 대제사장의 흉패에 달린 12보석 가운데 첫째와 마지막 보석으로, 각각 야곱의 장자인 르우벤과 막내인 베냐민을 가리킨다출28:17,20 참조. 따라서 벽옥과 홍보석과 같은 보좌 위의 성부 하나님께서는 (새)이스라엘과 언약을 맺으신 분이다.[16] 그리고 새 예루살렘성의 보석들처럼계21:11,19-20 참조 영광스러운 성부 하나님께서 앉아 계신 보좌 위에 있는 무지개는 신실한 언약적 통치를 가리킨다창9:14; 계10:1 참조. 보좌 위의 성부와 보좌 위의 무지개를 묘사하는 데 동원된 각각의 보석은 어떤 특별한 상징적 의미를 갖기보다, 전체적으로 하나님의 영광과 언약을 가리키는 것으로 이해할 수 있다출28:17-21; 겔28:13; 딤전6:16 참조.[17] 왜냐하면 계시록 자체에 설명되어 있지 않은 환상의 세부 요소를 지나치게 상징적으로 해석할 경우 풍유적 해석에 빠지기 쉽기 때문이다. 노아 홍수 이후 무지개언약은 세상을 보존하는 언약이다.

여기서 주목할 사항은 요한계시록의 예수 그리스도와 그분의 나라가 구약의 주요 언약들을 성취한다는 사실이다. 구약의 주요 언약은 아담의 에덴언약, 노아언약, 아브라함언약, 모세언약, 다윗언약, 그리고 새 언약이다. 실낙원을 경험한 첫째 아담의 에덴언약은 마지막 아담에 의한 복낙원계2:7 참조과 신천신지의 완성으로 성취된다계21:1,5 참조. 노아의 무지개언약은 성부와 어린양의 세상 보존과 통치로 성취된다계4:3 참조. 아브라함언약은 만국이 하나님을 예배하며계7:9-10; 11:15 참조, 새 예루살렘성 안으로 들어가는 것으로 성취된다계21:24 참조. 모세언약은 새 모세이신 어린양의 새 출애굽 사역과 제사장 나라가 하나님의 장막이 됨으로써 성취된다계1:6; 5:10; 7:15; 15:3; 21:3 참조. 다윗언약은 다윗이 메시아 시편을 통해 예언한 다윗계열의 뿌리이자 목자이신 예수님의 철장 권세와 열쇠를 통해 성취된다시2:9; 계1:5,18; 2:27; 3:7; 5:5; 7:17 참조. 새 언약은 죄 사함과 성령의 역사와 말씀

15. Ford, *Revelation*, 71.

16. McArthur, *Revelation 1-11*, 147-148.

17. 참고. Kistemaker, *Revelation*, 185; Osborne, *Revelation*, 227.

의 내면화로 성취된다계1:5; 2:7; 10:10; 12:11; 22:1 참조. 구원계시의 발전을 고려할 때, 구약의 주요 언약들이 성경의 결론이자 새 언약의 편지인 요한계시록에서 성취되는 것은 당연하다. 마지막 아담이신 예수님께서는 낙원의 회복을 위해 보좌에서 철장과 열쇠를 가지고 다스리신다. 예수님께서는 사죄의 은총을 입은 제사장 나라에게 천국 복음과 일곱 영을 부어주셔서 총체적 선교를 감당하도록 하신다. 예수님께서는 아브라함의 참 자손인 만국의 남은 자들을 그분께로 돌이키시고 그들의 경배를 받으신다. 요약하면, 예수님의 구원의 역사는 개인의 사죄와 구원에서 출발하여, 지역 교회의 천국 운동으로 발전하고, 결국 온 세상에 확장되는 공공선교적 사역으로 완성된다.

세대주의자들은 계시록 4-19장까지 '교회ἐκκλησία'라는 단어가 거의 등장하지 않기에 2절에서 환난 전 휴거설의 근거를 찾지만, 요한의 영이 하늘 환상을 본 것은 그의 육체가 공중으로 들리는 휴거와 무관하다.[18] 계시록 4-19장에 교회를 가리키는 용어는 다양하다예. 24장로, 두 증인, 144,000명, 셀 수 없는 큰 무리, 광야로 도피한 여인, 백마 탄 사람들, 새 예루살렘성.

다니엘 7장 9-28절과 계시록 4-5장 사이의 15가지 간본문성은 요한이 본 하늘의 예배 환상을 이해하는 길라잡이와 같다.[19] ① 환상에 대한 서론적 언급단7:9; 계4:1, ② 천상의 보좌들단7:9a; 계4:2a,4, ③ 보좌에 앉으신 하나님단7:9b; 계4:2b, ④ 보좌 위의 하나님의 외형에 대한 묘사단7:9c; 계4:3a, ⑤ 보좌 앞의 등불단7:9d-10a; 계4:5, ⑥ 보좌 주위의 천상의 종들단7:10b; 4:4b,6b-10; 5:8,11,14, ⑦ 바다 이미지단7:2-3; 계4:6, ⑧ 보좌와 두루마리단7:10c; 계5:1-7, ⑨ 두루마리를 펼쳐서 봄단7:10d; 계5:2-5,9, ⑩ 신적 메시아 존재가 왕국을 영원히 통치하는 권세를 받기 위해 하나님의 보좌로 나아감단7:13-14a; 계5:5b-7,9a,12-13, ⑪ 열방을 포함하는 왕국단7:14a; 계5:9b, ⑫ 환상에 대한 설명

---

18. Persson, *A Semantic and Structural Analysis of Revelation*, 79. 참고로 전천년주의자 가운데 계시록 4장 1절에서 휴거를 찾지 않는 경우는 Svigel, "The Apocalypse of John and the Rapture of the Church," 30; McArthur Jr., *Revelation 1-11*, 145이다. 참고로 계시록 4장 1절에서 휴거와 세대주의 해석을 시도하는 예는 Thomas, *Revelation 1-7*, 336을 보라.
19. Beale and McDonough, "요한계시록," 518-519.

에서 예언자의 슬픔에 찬 비탄단7:15; 계5:4, ⑬ 보좌 주위의 종들 가운데 한 인물로부터 환상에 대한 설명을 듣고 선지자가 깨달음단7:16; 계5:5a, ⑭ 왕국을 통치하고 신적인 권세를 받은 성도단7:18,22,27a; 계5:10, ⑮ 하나님의 영원한 통치에 대한 결론적 언급단7:27b; 계5:13-14.

계시록 4장의 천상의 보좌환상에서 중앙에 위치한 삼위 하나님의 보좌는 계시록 21장 1절-22장 5절에서 장소와 공간 이미지로 언급되는 새 예루살렘성과 더불어 중요한 공간 신학적 의미를 제공한다. 계시록의 1차 독자들은 믿음의 상징 세계 안에서 하나님의 보좌를 중심으로 살아야 한다고 교훈 받으므로, 로마제국이 제공하는 정치-종교적 공간을 거부해야 한다.[20] "(보좌 위) 하나님의 가치 속성과 사역에 초점을 둔 예배는 하늘을 가장 가까이에서 미리 맛보도록 만들고, 성도는 종말의 선금down payment인 성령님 안에서 그것을 경험한다고전2:9-10; 고후1:22."[21] 참고로 아테네의 치료의 신 아스클레피오스 신전에서 일한 제사장들은 '명예의 보좌proedria'에 앉을 수 있었다. 또한 이시스 신전의 제사장들도 보좌에 앉을 수 있었다. 참고로 다음의 도표는 계시록과 에스겔서 사이에 나타난 간본문성을 등장인물들과 장소의 관점에서 요약한 것이다.[22]

장소	에스겔	계시록
유배지	그발 강(1:1; 3:15,23), 하나님의 영에 의해 이동함(3:12,14), 하나님의 손에 붙잡힘(1:3; 3:14,22), 에스겔이 엎드림(1:28; 3:23), 하나님의 응답으로 에스겔이 일어섬(2:1,2; 3:24)	밧모섬(1:9), 성령에 의해 이동함(1:10), 요한이 엎드림(1:17a), 예수님께서 요한에게 안수하시고 격려하심으로 응답하심(1:17b)
하나님의 현존의 장소	예루살렘 성전(8:3), 북향한 문(8:3-6,14), 뜰의 문(8:7-13), 성전 안 뜰(8:16-18), 성전 오른편(10:3), 성전 동편 문(11:1-23), 하나님의 손에 붙잡힘(8:1,3), 성령에 의해 이동함(8:3; 11:1)	하늘(4:1), 열려진 문(4:1), 성령에 의해 이동함(4:2)

20. E. Palmer, "Imagining Space in Revelation: The Heavenly Throne Room and New Jerusalem," *Journal of Theta Alpha Kappa* 39/1 (2015), 45.

21. C. S. Keener, *Revelation* (Grand Rapids: Zondervan, 2000), 180.

22. A. S. Bandy, "The Layers of the Apocalypse: An Integrative Approach to Revelation's Macrostructure," *JSNT* 31/4 (2009), 484.

유배지와 하나님의 법정	광야 골짜기(37:1), 하나님의 손에 붙잡힘(37:1), 성령에 의해 이동함(37:1)	광야(17:3), 성령에 의해 이동함(17:3)
하나님의 현존의 장소	예루살렘(40:1), 성이 건설될 높은 산(40:2), 성전에 대한 묘사(40-48장), 하나님의 손에 붙잡힘(40:1), 에스겔이 엎드림(43:3), 성령에 의해 이동함(43:5)	크고 높은 산에서 바라본 새 예루살렘성(21:10), 성에 대한 묘사(21:2-22:5장), 성령에 의해 이동함(21:10), 요한이 엎드림(22:8)

BC 6세기에 남 유다가 패망하더라도 언약의 하나님께서는 그분의 백성의 유배지까지 동행하셔서 회복을 약속하셨다. 마찬가지로 AD 1세기 중순에 소아시아의 요한이 유배를 당하더라도 예수님께서는 그와 임마누엘하셨으며, 성령님을 통하여 회복의 환상을 보여주셨다.

교훈과 적용

고난당하는 그리스도인은 하나님께서 교회와 세상을 통치하신다는 믿음의 세계를 활용해야 한다. 그 믿음으로써 소망하고 인내해야 한다. 감리교 창시자인 존 웨슬리는 '보좌'를 하나님의 통치와 심판을 포함하여 죄악 된 세상을 변혁하시는 힘의 근원이라고 이해했다.[23] 그리스도인은 하나님께서 세상을 다스리시고 계심을 믿는 이상, 세상 변혁을 위한 노력과 소망의 끈을 놓지 말아야 한다. 그리고 적용을 위해서 다음과 같은 안건상의 설명에 주목해 보자. 보좌와 무지개는 하나님의 우주적이며 언약적 통치를 가리키는데, 그 통치 대상은 다양성나라, 언어, 족속, 백성과 통일성을 갖춘 '무지개 백성rainbow people'이다. 선교의 궁극적 목적은 무지개 백성이 하나님께 영광을 돌리는 예배이다. 예배는 하나님의 통치에 대한 신앙과 충성과 헌신의 표현이다. 교회는 공적으로 예배를 드리고 선교한다. 또한 선교하고 다시 예배드린다.[24]

23. 참고. 신동욱, "존 웨슬리의 요한계시록 해석의 현대적 적용을 위한 시도: 현실인식과 비판의 관점에서 요한계시록 읽기," 『인문사회 21』 8/1 (2017), 533-534.
24. 안건상, 『선교적 성경 읽기』, 198. 참고로 이단들은 계시록의 환상으로써 사람들을 미혹해왔다. 남아공 줄루족의 조지 캄불레(1884-1949)는 계시록 4장의 천상의 세계로 올라가 선지자로서 예수님의 권세를 대리인으로서 시행하며 성부의 보좌에 함께 앉아 있다고 주장했으며, 백인 제국주의자들이 사라진 새 예루살렘성은 이스턴 케이프의 도시에 임했다고 보았다. 참고. J. A. Draper, "George Khambule and the Book of Revelation: Prophet of the Open Heaven," *Neotestamentica* 38/2 (2004), 258-262.

2. 24장로와 4생물의 경배(4:4-11)

> "4또 보좌에 둘려 이십사 보좌들이 있고 또 그 보좌들 위에 이십사 장로들이 흰 옷을 입고 머리에 금관을 쓰고 앉았더라 5보좌로부터 번개와 음성과 우렛소리가 나고 보좌 앞에 켠 등불 일곱이 있으니 이는 하나님의 일곱 영이라 6보좌 앞에 수정과 같은 유리 바다가 있고 보좌 가운데와 보좌 주위에 네 생물이 있는데 앞뒤에 눈들이 가득하더라 7그 첫째 생물은 사자 같고 그 둘째 생물은 송아지 같고 그 셋째 생물은 얼굴이 사람 같고 그 넷째 생물은 날아가는 독수리 같은데 8네 생물은 각각 여섯 날개를 가졌고 그 안과 주위에는 눈들이 가득하더라. 그들이 밤낮 쉬지 않고 이르기를 거룩하다 거룩하다 거룩하다 주 하나님 곧 전능하신 이여 전에도 계셨고 이제도 계시고 장차 오실 이시라 하고 9그 생물들이 보좌에 앉으사 세세토록 살아 계시는 이에게 영광과 존귀와 감사를 돌릴 때에 10이십사 장로들이 보좌에 앉으신 이 앞에 엎드려 세세토록 살아 계시는 이에게 경배하고 자기의 관을 보좌 앞에 드리며 이르되 11우리 주 하나님이여 영광과 존귀와 권능을 받으시는 것이 합당하오니 주께서 만물을 지으신지라. 만물이 주의 뜻대로 있었고 또 지으심을 받았나이다 하더라"

하나님의 보좌를 둘러싼 24보좌 위에 흰 옷을 입은 24장로가 면류관을 착용하고 앉아 있다4절. 하나님의 보좌가 수직적으로 무지개로 둘려 있다면계4:3, 24장로의 보좌들은 하나님의 보좌 주위로 수평적으로 배치된다.[25] 구약의 제사장들은 서서 봉사했지만, 면류관을 쓴 24장로는 자기 보좌에 앉아 있다신10:8; 히10:11 참조. 예수님께서는 영 단번의 제사를 드리시고 승천하셔서 하나님 우편에 앉으심으로써 제사장직의 새로운 질서를 예고하셨다히10:12 참조.[26] 레위의 유언 3장 8절에 의하면, 가장 높은 하늘 아래에 위치한 낮은 하늘에 많은 보좌가 있다.[27] 하지만 계시록 4장 4절은 하나님의 보좌가 있는 바로 그 하늘에 많은 보좌가 아

---

25. Du Rand, *Die A-Z van Openbaring*, 231.
26. Leithart, *Revelation 1-11*, 221-222.
27. A. C. Russo, "Behind the Heavenly Door: Earthly Liturgy and Heavenly Worship in the Apocalypse of John," (Ph.D. Thesis, University of Notre Dame, 2009), 158.

니라 구체적으로 24개의 보좌가 있다고 소개한다. 그리고 24장로는 구약의 24개 그룹의 제사장 혹은 레위인의 24개 찬양대를 연상시킨다대상24:4-19; 25:6-31 참조.[28] 참고로 예루살렘의 산헤드린 공회원들도 원형으로 자리를 잡고 앉았다.[29] 그리고 로마제국의 황제 제의에서 제사장들의 보좌가 배치되어 그들이 그 제의를 주관했기에, 계시록 4장은 황제숭배를 반대하는 메시지를 담고 있다.[30] 계시록 4장은 구약의 성막 혹은 성전을 간본문적으로 연상시킨다. 요약하면 다음의 도표와 같다.[31]

계시록 4장	성막/성전
하나님의 보좌(2-3절)	시은좌/속죄판(출25:21-22)
하나님의 위엄과 영광(3, 5절)	쉐키나 영광(출40:34)
24장로(4절)	제사장의 24반열(대상24:6-19)
일곱 등불(5절)	7가지 등잔대(출25:31-37)
4생물(6절)	그룹들(출25:18-22)
유리바다(6절)	놋 바다(출30:18)
24장로의 찬송(10-11절)	24찬양대(대상25:7-13)

위의 도표에서 4생물계4:6과 법궤 뚜껑 위의 두 그룹출25:18-22은 숫자에 있어 일치하지 않는다. 그럼에도 불구하고 계시록 4장은 구약의 성막과 성전의 제사를 배경으로 하여 성령과 실체의 예배가 어떠해야 하는가를 교훈한다요4:23-24 참조.

보좌 위에 계신 성부 하나님께서는 어린양, 일곱 영, 요한, 일곱 교회, 24장로, 4생물, 용, 144,000명, 두 증인, 천사들, 짐승들, 황충, 말, 새 예루살렘성, 음녀 바벨론, 그리고 백성과 언어와 나라와 족속과 같은 여러 등장인물과 대화적

28. Johnson, *Triumph of the Lamb*, 99.
29. Ngundu, "Revelation," 1581.
30. Voortman, "The Language of the Theatre in the Apocalypse of John," 12.
31. Gentry, *The Divorce of Israel*, Volume 1, 491.

관계dialogic relation를 맺으시며 그분의 역할을 담당하신다.[32] 계시록의 모든 등장인물은 보좌 위에 계신 분을 지지하든지 아니면 반대하든지 간에 그분과 관계를 맺으면서 자신들의 정체성을 드러낸다.[33] 따라서 계시록의 모든 인물은 다른 인물들과의 관련성 속에서 적절히 이해된다. 그러므로 등장인물의 이름과 몸짓과 언행에 주목하면서 다른 인물과 맺는 상호작용을 살핀다면 내러티브가 제시하는 요점을 적절히 파악할 수 있다.

계시록에 "장로πρεσβύτερος"는 12회 나타난다계4:4,10; 5:5,6,8,11,14; 7:11,13; 11:16; 14:3; 19:4 참조. 하지만 "장로"가 12회 등장한다고 해서 곧바로 하나님의 백성을 상징하는 숫자 12와 연결된다는 방식의 해석은 주의해야 한다. 24장로는 구약의 12지파와 신약의 12제자의 합으로서, 구약과 신약의 하나님의 백성을 가리킨다계21:12-14 참조.[34] 계시록 2-3장에서 예수님께서는 이기는 성도에게 승리자의 관과 보좌를 약속하셨기에계2:10; 3:11,21 참조, 면류관을 착용하고 보좌에 앉은 24장로는 지상 교회에 대한 하늘의 대표로 적절하다.[35] 따라서 24장로를 천궁도의 별자리와 연결하여 24천사로 볼 이유는 없다. 성경에서 천사를 '장로'라 부르는 경우는 없으며, 천사가 보좌 위에 앉은 경우도 찾아볼 수 없고, 계시록에 천사가 흰 옷을 입은 경우도 등장하지 않으며, 천사와 장로는 구별된 방식으로 따로 언급된다계7:11 참조.[36] 24장로, 곧 구약과 신약의 교회는 승리를 상징하는 흰 옷을 입

---

32. C. J. Rotz, "The One who sits on the Throne: Interdividual Perspectives of the Characterization of God in the Book of Revelation," (D.Litt et Phil. Thesis, Rand Afrikaans University, 1998), 93-94.

33. Rotz, "The One who sits on the Throne," 111, 126.

34. Lizorkin-Eyzenberg & Shir, *Hebrew Insights from Revelation*, 133; Smith, *Key to the Revelation in Thirty-Eight Lectures taking the Whole Book in Course*, 67; Rushdoony, *Systematic Theology*, Volume 2, 890; Blaney, 『베드로전서-요한계시록』, 344; 박영식, 『오늘 읽는 요한묵시록』, 159; Du Rand, *Die A-Z van Openbaring*, 232; Kuyper, *The Revelation of St. John*, 59; Ngundu, "Revelation," 1581; Patterson, *Revelation*, 152; Reddish, *Revelation*, 95-96; 이달, 『요한계시록』, 107-108. 참고로 4생물과 24장로를 별자리나 점성술로 해석할 수 없다는 설명은 허규, "요한묵시록과 그 해석," 37-38을 참고하라.

35. Royalty Jr., *The Streets of Heaven*, 49.

36. Persson, *A Semantic and Structural Analysis of Revelation*, 82. 참고로 24장로를 천사들로 보는 학자는 Beckwith, Ladd, Beasley-Murray, Morris, A. Johnson, Mounce, Thomas, Osborne, Carson 등이다. 반대로 24장로를 사람으로 보는 경우는 교부들(빅토리누스, 안드레아스, 오이쿠메니우스, 프리마시우스 등) 그

고 면류관을 쓴 작은 왕들이다.[37] 여기서 기억할 사항은 요한은 주님의 재림 이후에 성도가 들어갈 천국의 모습을 사진이나 동영상처럼 보여주는 게 아니라는 점이다. 대신 요한은 천상의 보좌 환상을 통하여 독자들에게 하나님께서 만유를 통치하시다는 확신을 심어주기 원한다. 여기서 간본문적 해석이 필요하다. 이사야 62장 1-5절의 세 주제어는 '왕관, 새 이름, 혼인'이다.[38] 고대 근동에서 어떤 사람이 왕처럼 높은 자리에 오를 때 왕관을 착용하여 공적 취임식을 거행하고, 새로운 이름을 받으며, 종종 혼인을 통해 존귀함이 더욱 격상되었다. 이 가운데 하나님의 손에 잡힌 '왕관'은 계시록에서 하나님의 백성을 상징하는 24장로와 여자가 쓰는 "면류관"계4:4; 12:1을 연상시킨다비교. 계6:2, 14:14, 19:12의 예수님의 면류관들. 그리고 시온 백성이 받을 "새 이름"은 계시록 2장 17절의 이기는 성도에게 주어지는 예수님의 '새 이름'을 연상시킨다계2:13; 3:8, 12 참조. 또한 '혼인'은 계시록 19장 9절의 어린양께서 그분의 신부에게 의로운 행실이라는 예복을 주셔서 초대하는 '혼인 잔치'를 연상시킨다비교. 사1:7-9; 49:18; 66:7-14.[39] 소아시아 7교회는 24장로에 포함되기에 그들은 왕관을 착용한 왕들이다. 그리고 계시록의 1차 수신자들은 예수님의 새 이름을 받은 이기는 성도로 살아야 했다. 또한 그들은 어린양을 신랑으로 모시면서 의롭고 거룩한 행실을 갖춘 아내로 살아야 했다.

보좌로부터 번개들과 요란한 음성들과 천둥들이 나왔고, 일곱 영은 보좌 앞에 계셨다5절; 참고. 출19:16; 겔1:13; 히12:19. 여기서 신현을 알리는 번개와 천둥소리는 마치 하나님의 통치를 축하하는 팡파르fanfare와 같다.[40] 계시록 1장 4절처럼, 선

리고 Swete, Alford, Carrington, Caird, Sweet, Walvoord, Hurtado, Chilton, Harrington, Wal1, Beale, Witherington, Kistemaker 등이다. 참고. Gentry, *The Divorce of Israel*, Volume 1, 489-490; D. A. Carson, "The Triumph of the Lamb," (Paper delivered at ACTS on 9 March 1999), 5.

37. 계시록 4장 4절의 "흰 옷"을 정결과 올바른 행실이라고 해석한 경우는 신동욱, 『요한계시록 주석』, 69를 보라.
38. 최윤갑, "의인화를 중심으로 본 시온(사62:1-5)에 대한 재해석," (고신대학교 기독교사상연구소 주관 콜로키움 발제 논문, 2022년 10월 20일, 고신대학교), 6-14.
39. 이사야 1, 49, 62, 66장에서 '왕관, 새 이름, 그리고 혼인' 주제가 유기적으로 발전하기에 이사야는 세 권으로 편집된 것이 아니라 통일성 있는 한 권임을 알 수 있다.
40. Wall, *Revelation*, 93.

교의 영이신 일곱 영은 성부와 성자의 보좌 앞에 계신다. 그런데 보좌 앞에 계신 일곱 영을 천사로 본다면,[41] 보좌 환상에서 삼위일체 하나님 가운데 성령님은 사라지고 만다. 요한에게 이위일체二位一體 하나님을 알릴 의도는 없다. 계시록의 1차 독자인 7교회는 천국 확장을 위해 선교적 교회를 지향해야 한다. 선교적 교회는 일곱 영께서는 인도와 능력으로써 세상을 새롭게 만든다시104:30 참조. 모든 성도는 하나 이상의 성령의 은사를 가지고 있다벧전4:10 참조. 사랑의 동기로 활용해야 할 성령의 은사는 교회당 안팎의 구제와 헌신을 가능하게 만든다고전12:31; 13:3,5-6 참조. 그리고 일곱 영께서 주시는 카리스마는 무례함과 불의를 미워하는 선교적 교회의 일상생활과도 밀접하다고전14:26,40 참조. 더 나아가 그리스도인에게 주어진 성령의 은사는 선교적 교회로 하여금 하나님께서 만유의 주로서 만유 안에 계심을 증언하게 만든다고전15:28 참조. 개 교회 성장주의에 함몰되지 않고 세상 속에 하나님 나라를 건설하기 위하여, 그리고 일반 성도가 지역 사회를 섬기기 위하여 자신의 은사를 발견하여 계발하고 활용하도록 노력해야 한다.[42]

보좌 앞에는 제사장의 뜰에 있던 놋 바다를 연상시키는 수정 같은 유리바다가 있고출24:10; 왕상7:23-26; 겔1:22; 계15:2 참조, 보좌 가운데와 주위에는 눈이 가득한 네 생물이 있다6절; 참고. 겔1:5-25. 하늘 성전과 같은 보좌 방courtroom 앞에 펼쳐진 유리바다를 혼돈의 세력이라고 부정적으로 이해할 필요는 없다. 보좌 앞의 투명한 유리바다는 하나님의 영광과 무한한 통찰력과 연결할 수 있다.[43] "바다θάλασσα"는 계시록에 26회 나타나는데, 4장 6절에 매우 긍정적으로 처음 등장하고, 21장 1절에 마지막으로 부정적으로 언급된다. 계시록 15장 2절의 유리바다에는 심판을 상징하는 불이 섞여 있기에, 부정적인 뉘앙스를 가진 바다는 사라질 수밖에 없음을 예고한다.[44]

---

41. 예를 들어, Roloff, *Revelation*, 70.
42. 정기묵, "선교적 교회를 위한 평신도 은사 활용," 『복음과 선교』 18 (2012), 197-228.
43. Kistemaker, *Revelation*, 189. Contra 유리바다를 하나님의 전지하심과 연결할 수 없다고 보는 Carson, "The Triumph of the Lamb," 7.
44. 김선욱, "요한계시록의 바다의 등장(4:6)과 전개(15:2)와 퇴장(21:1) 과정에 나타난 신학적 의의와 새 출애굽,"

영광스런 하나님의 보좌 안과 주위의 네 생물, 곧 사자, 송아지, 사람, 독수리는 눈이 가득한 날개를 6개씩 가지고 있다7절; 참고. 사6:2. 4생물이 보좌 안과 주위에 있다는 설명은 다양한 각도에서 보좌 환상을 바라볼 경우, 마치 그들이 보좌 안쪽에 자리 잡은 것처럼 보인다는 의미이다.[45] 분명히 4생물은 하나님의 보좌 안이나 위에 앉아 있지 않다.

AD 300년경 랍비 아바후Abahu가 주목했듯이, 육상 동물의 왕인 사자잠30:30 참조, 가축의 왕인 송아지왕상7:44 참조, 만물의 영장인 사람창1:28 참조, 그리고 공중의 새들의 왕인 독수리잠23:5 참조, 이렇게 총 4생물은 모든 생명체를 상징한다.[46] 하나님께서 모든 생명체를 주관하심을 묘사하는 환상인 에스겔 1장 5-25절은 계시록 4장 6-9절의 4생물과 다양한 병행을 보인다. 예를 들어, 숫자 '4'겔1:5 등, '생물'이라는 이름겔1:5 등, 사자, 소, 사람, 독수리라는 모양겔1:10, 많은 날개겔1:6의 여섯 날개가 아닌 "네 날개", 많은 눈겔1:18 등이다. 그러나 이 둘 사이에 차이점도 여럿 있다. 계시록의 4생물은 말 그대로 독립적인 생물이 넷이지 복합적인 한 명이 아니다. 그리고 4생물은 하나님의 보좌 전차throne chariot의 바퀴들과 관련이 없으며, 기동성도 거의 나타나지 않는다.[47] 이상의 간문성에서 볼 때, 4생물은 에스겔 1장 5-18절을 배경으로 하여 이해하는 것이 자연스럽지만, 다른 간본문인 이사야 6장 2-3절도 간과할 수 없다겔10:20-21의 "그룹" 참조. 그런데 4생물은 각 영역의

『성경원문연구』 44 (2019), 138-139.

45. Gentry, *The Divorce of Israel*, Volume 1, 496.

46. Persson, *A Semantic and Structural Analysis of Revelation*, 82; Gentry, *The Divorce of Israel*, Volume 1, 497; Blaney, 『베드로전서-요한계시록』, 345; Khatry, "Revelation," 1782; Ngundu, "Revelation," 1581; Boring, *Revelation*, 105; Osborne, *Revelation*, 234; Greijdanus, *De Openbaring des Heeren aan Johannes*, 124; contra 4생물을 천사 중에서 높은 존재로 보는 Carson, "The Triumph of the Lamb," 8; 이한수, 『요한계시록』, 115. 참고로 김추성은 4생물을 가브리엘이나 미가엘과 같은 천사장들로, 그리고 24장로를 천상의 존재로 이해한다. 이렇게 이해하는 근거 중 하나는 24장로는 성도와 구분되기 때문이다(계5:8). 그러나 이런 해석에 의하면, 숫자 4와 24의 상징적 의미가 천사장과 같은 천상의 존재에게 어떻게 적용될 수 있는지 의문이다. 참고. 김추성, 『하나님과 어린양의 보좌: 요한계시록 새롭게 읽기』 (서울: 이레서원, 2015), 185. 김추성과 유사한 주장은 Blount, *Revelation*, 93을 참고하라.

47. 보좌 위의 하나님께서 사자에게 힘을, 독수리에게 민첩함을, 소에게 생산력을, 그리고 사람에게 지성을 주셨다. 이 네 가지는 하나님과 창조된 생명체가 공유하는 속성들이다.

최강자이므로, 계시록 15장 7절에서 그중 하나가 7대접 심판에 간여하는 것은 이상하지 않다. 계시록 5장 11절에서 4생물과 천사들이 따로 언급되므로, 이 둘은 동일시하기 어렵다.

6절의 네 생물의 많은 눈은 항상 깨어 있으면서 하나님의 뜻을 간파하는 통찰력을 의미한다히4:13 참조.[48] 그리고 각 생물에 가지고 있는 날개 6개는 겸손히 그리고 신속히 하나님께 수종을 드는 자세를 뜻한다사6:2 참조. 참고로 "네 생물four living beings"을 KJV처럼 "네 짐승four beasts"으로 번역할 수 없다.[49] 왜냐하면 계시록에서 하나님을 경배하는 생물들과 달리, 짐승들은 하나님의 심판을 받는 악한 세력을 가리키기 때문이다. 그리고 교부 시대 이래로 4생물을 4복음서라고 해석하는 경향이 있어 왔는데, 4복음서는 계시록 4-5장의 문맥에 어울리지 않는다.[50]

네 생물은 거룩하시고 전능하신 주 하나님, 전에도 계셔왔고 지금도 계시며 지금도 오고 계신현재와 미래에 역사를 주관하시는 성부를 찬송한다8절; 참고. 사6:2-3. "거룩하시다, 거룩하시다, 거룩하시다ἅγιος ἅγιος ἅγιος"와 "전능하신 분παντοκράτωρ"에게서 보듯이, 입을 넓게 벌린 상태에서 길게 발음하는 모음 '아a' 혹은 모음 '오o'는 계시록의 청자에게 청각적 효과를 강하게 제공한다.[51] 그런데 계시록에서 전능하신 주 하나님, 곧 성부께서 말씀이나 행동을 직접적으로 하시지 않는 것은 일종의 아이러니 기법이다.[52] 그러나 이 아이러니는 어린양께서 두루마리를 개봉하심으로 해소된다. 전능하신 주 성부께서는 어린양을 통하여 일하기를 기

---

48. Ford, *Revelation*, 75.
49. Contra Kuyper, *The Revelation of St. John*, 63, 그리고 King James Version.
50. Hausoul, *Openbaring*, 66. Contra Leithart, *Revelation 1-11*, 237.
51. Seal, "The Persuasive Arousal of Emotions," 82. 참고로 세 번 거룩(trisagion)은 유대묵시문헌의 천상 예배 환상에 단골 메뉴이다(1에녹 39:12; 2에녹 21:1; 3에녹 1:12; 20:2; 27:3; 34:2; 35:5; 38:1; 39:1; 40:1-3; 4바룩 9:3). Gentry, *The Divorce of Israel*, Volume 1, 501. 참고로 계시록에서 유일한 구약의 '인용'은 4장 8절에 나타난다는 주장은 Carson, "The Triumph of the Lamb," 3을 보라.
52. Barr, "John's Ironic Empire," 30.

빼하신다.[53] 이런 의미에서 성부의 모습은 팍스 로마나를 위해서 많은 말을 내뱉고 식민지를 직접 순방했던 로마 황제와 대조된다. 계시록에 "전능하신 주 하나님κύριος ὁ θεὸς ὁ παντοκράτωρ"이라는 정확한 표현은 6회 등장하지만계4:8; 11:17; 15:3; 16:7; 19:6; 21:22, 어순이 다른 표현이 계시록 1장 8절에도 나타난다. 그리고 "주κύριος"가 생략된 "전능하신 하나님"은 2회 나타난다계16:14; 19:15. "만군의 하나님 야웨"를 LXX은 "전능하신 주 하나님κύριος ὁ θεὸς ὁ παντοκράτωρ"이라고 18회에 걸쳐 번역한다삼하7:25,27; 대상17:24; 호12:6; 암3:13; 4:13; 5:8,14,15,16,27; 9:5,6,15; 나3:5; 학1:14; 슥10:3; 12:5. LXX의 18회의 용례를 전능하신 주 하나님의 사역 관점에서 분류하면 다음과 같다. 창조와 계시암4:13, 심판암3:13; 5:8,16,27; 9:5,6; 나3:5, 언약 백성과 함께 하셔서 구원하심삼하7:25,27; 대상17:24; 암5:14,15; 9:16; 호12:6; 학1:14; 슥10:3; 12:5.[54] 계시록에서도 전능하신 주 성부께서 그분의 백성을 구원하시고, 악을 심판하셔서 통치하신다. 통계상 LXX와 계시록에서 만군의 야웨, 곧 전능하신 주 하나님의 통치 사역은 심판보다는 구원이 훨씬 많다.

8절에서 3회나 반복된 성부의 "거룩"은 무슨 뜻인가? 거룩은 세상과 담쌓고 동떨어진 분리된 상태가 아니다. 거룩은 하나님의 완전하심, 순결하심, 선하심, 피조물이나 죽은 우상과 구별되심, 자신의 영광과 경배받음을 결코 그 누구, 그 무엇에게 양보하지 않으심이다.[55] 그런데 계시록에서 하나님의 거룩하심과 힘 그리고 공의가 서로 연결되는 것이 중요하다계4:8; 6:10; 15:4; 16:5 참조. 하나님께서는 주, 전능하신 분, 만국의 왕, 의로운 심판자, 거룩하신 분이시다. 따라서 하나님께서는 거룩하시기에 부정과 불의를 용납하지 않으시고, 전능하시므로 그분의 능력으로 대적들을 심판하신다. 성부께서도 거룩하시고계4:8; 6:10 참조, 성자께

53. 계시록 4-5장의 찬송들에서 그리스도 사건(Christ event)은 계속 저음(basso ostinato)인데, 다양한 가수들에 의해 성부와 어린양의 명예가 초점화(focalization)된다. J. A. du Rand, "Die Narratiewe Funksie van die Liedere in Openbaring 4:1-5:15," *Skrif en Kerk* 12/1 (1991), 29-33.

54. 참고. 김경식, "요한계시록의 '전능하신 주 하나님' 호칭의 구약 배경," 『신약연구』 19/3 (2020), 642-652.

55. D. F. Wells, "The Centrality of Holiness to Christian Faith: Why Holiness has become Irrelevant in Postmodern Religion," *Theology Matters* 4/2 (1998), 2.

서도 거룩하시다계3:7 참조. 또한 그리스도인도 '거룩한 사람'이라 불린다계5:8; 8:3-4; 11:18; 13:7,10; 14:12; 16:6; 17:6; 18:20,24; 19:8; 20:6,9; 21:2; 22:11 참조.[56] 흥미롭게도 8절에 '거룩한'은 3회 나타나는데, 성부 하나님의 호칭도 3중적이고주, 하나님, 전능하신 분, 성부의 활동도 3중적이다계셨고, 계시고, 지금도 오시는.

모든 생명체를 상징하는 네 생물은 영광과 존귀와 감사를 세세토록 살아계신 영원하신 성부께 돌린다9절. 여기서 영광을 돌리는 것δώσουσιν은 현재적 의미의 미래시제 동사이다.[57] 아우구스투스 황제의 생일에 버가모의 합창단은 야외극장에서 40곡의 노래로 '스스로 통치하는 자Autokrator'를 찬양하여 영광을 돌린 바 있다.[58] 황제들에게 야외극장은 자신의 정치적 목적을 구현하는 장이었다. 그러나 보좌 위에 계신 하나님의 통치는 극장이 아니라 온 세상에 구현된다. 생명의 호흡을 가진 피조물은 자칭 '구주와 신의 아들'이 아니라 전능하신 하나님을 찬양해야 마땅하다. 4생물은 예배자일 뿐 아니라 심판에도 일역을 담당하는데, 그들은 계시록 6장 1-8절의 첫째에서 넷째 인의 심판에 등장한다.

요한 당시의 사회는 '명예와 수치'를 핵심 가치로 여겼다. 따라서 박해받던 교회가 믿음의 용기를 가지고 보좌 위에 계신 하나님께만 '영광'과 '찬송'을 드리는 것은 후견인과 피후견인 모두에게 명예로운 행위이다.[59] 요한 당시에 '정결과 부정결'도 중요한 사회문화적 가치였는데, 교회가 황제숭배를 거부하면서 자신의 신분의 정체성을 유지하는 것은 정결한 행위였다. 따라서 피후견인인 교회가 후견인이신 하나님께 충성하기 위해서 투옥되거나 순교하는 것은 참

56. P. Trebilco. "What shall We call Each Other?: Part Two: The Issue of Self-Designation in the Johannine Letters and Revelation!" *Tyndale Bulletin* 54/1 (2003), 61-65. 참고로 신약의 거룩 찬송(Sanctus)은 구약 하나님의 보좌 환상, 즉 메르카바(Merkabah) 환상에서 기인했다는 추론은 S. N. Bunta, "The Voices of the 'Triumphant Hymn': The Orthodox Sanctus as a Christian Merkabah Text," *St Vladimir's Theological Quarterly* 64/1-2 (2020), 131을 보라.

57. Paul, *Revelation*, 127.

58. Voortman, "The Language of the Theatre in the Apocalypse of John," 15.

59. D. A. deSilva, 『문화의 키워드로 신약성경 읽기: 명예, 후원, 친족, 정결 개념 연구』, *Honor, Patronage, Kinship & Purity*, 김세현 역 (서울: 새물결플러스, 2019), 35-36.

된 공적 명예public honour였다. 왜냐하면 요한 당시의 주고받는 호혜互惠 문화에서, 후견인의 은혜를 받은 피후견인이 감사하면서 충성하여 보답하는 것이 명예였기 때문이다. 참 명예와 수치 그리고 참 정결과 부정결의 기준은 중보자이신 예수님이시다.[60] 성도가 예수님을 통하여 성부를 경배하고 충성스럽게 섬긴다면, 그들은 예수님의 눈에 정결하고 명예로운 사람들이다. 9절의 찬송에 '영광, 존귀, 감사'가 3중으로 나타난다. 다른 3중 찬송은 계시록 4장 11절과 19장 2절에서 볼 수 있고, 4중 찬송은 계시록 5장 13절에, 그리고 7중 찬송은 5장 12절과 7장 12절에 나타난다.

24장로가 보좌 위에 계신 영원하신 성부 앞에 엎드려 자신들의 면류관을 내려놓는다10절. 9절의 '드리다δώσουσιν'와 10절의 '경배하다προσκυνήσουσιν' 그리고 '던지다βαλοῦσιν'는 현재적 의미를 가진 미래 동사들이다. 여기 예배 상황에서 '던지다throw'는 어울리지 않으므로, 순화된 표현 '내려놓다lay'가 적절하다.[61] 9-10절은 성도가 죽은 후에 예배드릴 것을 예고하는 환상이 아니다. 24장로, 곧 구약과 신약의 교회가 면류관을 내려놓음으로써 그들의 대왕이신 성부 하나님의 주권을 겸손히 인정한다. 타키투스Tacitus가 『연대기』 15.29에서 소개하듯이, 파르티아의 왕은 네로 황제 앞에 자신의 왕관을 내려놓았는데, 이것은 속주屬主가 종주宗主에게 경의를 표하는 몸짓이다.[62] 세상의 왕들은 황제가 아니라 보좌 위의 하나님께 복종해야 마땅하다. 구약은 우상을 만들어 절하는 것을 엄금한다레26:1; 수23:7,16; 삿2:19; 왕하17:35; 렘31:10; 미5:13 참조. 참고로 계시록 4장 8-11절의 중심은 10절의 예배인데, 그것은 계시록 5장 9-14절의 중심인 11절의 예배와 병행을

60. DeSilva, 『문화의 키워드로 신약성경 읽기』, 115, 161.

61. Persson, *A Semantic and Structural Analysis of Revelation*, 83.

62. Seal, "The Persuasive Arousal of Emotions," 84. 참고로 예배 중에 춤추고 무릎을 꿇고 손들고 박수치고 몸을 굽히는 몸동작들은 신체를 욕망의 중심으로 본 터툴리안과 악한 육체가 아니라 영혼만 선하게 간주한 헬라 이원론 그리고 불필요한 몸짓보다는 이성적 존재의 사유(思惟)를 중요하게 여긴 합리주의에 의해 배격되었으나, 예전 언어로서 허용되어야 한다는 주장은 S. E. Zaluchu, "Dancing in Praise of God: Reinterpretation of Theology in Worship," *Theologia Viatorum* 45/1 (2021), 2-3을 보라.

보인다. 요약하면 아래의 도표와 같다.[63]

A 네 생물의 찬송(4:8; 5:14)

B 영광, 감사, 존귀, 힘(4:9; 5:12-13)

C 예배(4:10; 5:11)

B′ 면류관/나라(4:10; 5:10)

A′ 찬송 중 '합당하시다'(4:11; 5:9)

24장로는 "우리 주 하나님이시여, 주님은 영광과 존귀와 능력을 받기에 합당하십니다. 왜냐하면 주님께서 만유를 창조하셨고, 만유가 주님의 뜻 때문에 있었고 창조되었기 때문입니다."라고 찬송한다11절; 참고. 창1:1; 렘10:12; 1에녹 9:4-5. 여기서 반로마적 메시지를 찾을 수 있다. 도미티아누스 황제는 '세상의 영광'이라 불렸다고 전해지는데, 성부 하나님의 영광을 모방한 것이다수에토니우스, *Domitianus*, 13:2 참조.[64] 도미티아누스의 신격화는 그에게 적대적인 세력이 악행을 더 과장하고 부각하기 위해 문서로 남겨두었는데, 벽화나 비문 등에는 그런 증거를 찾아볼 수 없다.[65]

9절의 "감사"가 11절에서 "능력"으로 대체되어, 성부의 창조와 섭리의 능력이 강조된다대상16:26-28; 계11:17-18 참조.[66] "주 하나님ὁ κύριος καὶ ὁ θεός"은 로마 황제가

---

63. Blount, *Revelation*, 96. 참고로 로마제국의 개선 행진을 담은 조형물은 '행진 준비, 행진, 그리고 제사와 축하 잔치'를 순차적으로 묘사했다. 이 세 순서는 계시록 4-5장, 6-18장, 그리고 19장과 각각 병행을 이룬다는 주장은 C. M. Pate, "Revelation 2-19 and the Roman Imperial Cult," *Criswell Theological Review* 17/1 (2019), 77을 보라.

64. Seal, "The Persuasive Arousal of Emotions," 85. 참고로 계시록의 여러 찬송에 반로마적 메시지가 담겨있다고 하더라도, 해방신학적 뉘앙스의 '저항의 노래(songs of resistance)'라고 단정할 수 없다. 왜냐하면 계시록 5장의 어린양 찬송은 유대교도가 부를 수 없는 기독론적 찬송이기 때문이며, 계시록의 배경에 황제숭배 못지않게 불신 유대인들의 박해가 중요하기 때문이다. Contra Blount, *Revelation*, 95.

65. Gentry, *The Divorce of Israel*, Volume 1, 504.

66. Russo, "Behind the Heavenly Door: Earthly Liturgy and Heavenly Worship in the Apocalypse of John," 180.

아니라 만유의 창조주와 섭리자이신 성부를 높이는 표현이다. 황제가 아니라 성부께서 창조 질서를 어지럽히는 악의 세력을 곧 심판하심으로써 그분의 창조 목적을 완성하실 것이다계10:6; 14:7; 4Q403 참조.[67] 11절에서 하나님께서 받으시는 목적어들영광, 존귀, 능력은 모두 목적격 어미ν(뉘)로 표현되기에, 헬라어의 끝나는 소리가 동일하여 계시록의 청자들은 리듬과 운율을 느낄 수 있었다. 요세푸스는 형용사 '합당하다ἄξιος'를 황제의 근위병이나 로마군 사령관을 묘사할 때 사용한 바 있는데유대전쟁사 5.46 참조, 이것 역시 찬양받기에 합당하시며 명예로우신 하나님을 패러디한 것이다.[68] 8절의 4생물의 찬송은 3인칭으로 성부 하나님을 찬송하지만, 11절의 24장로의 찬송은 2인칭으로 찬송하기에 내용이 더 직접적이다.[69] 4생물과 24장로의 찬송과 경배는 로마 황제숭배의 용어와 비슷하지만 철저하게 하나님 중심인데, 박해받는 교회의 예배가 누구를 중심으로 해야 하는지 통찰력을 제공한다.[70]

하늘 보좌 위에 계신 하나님께서는 4생물, 24장로, 그리고 허다한 천사들과 역동적으로 상호작용하신다. 그리고 보좌 주위의 모든 등장인물은 하나님께서 누구이신가를 예배를 통해 분명하게 드러낸다. 이처럼 만유를 향한 하나님의 사역은 그분의 실제적인 신정 통치theocracy를 구체화한다.[71] 계시록에 찬송은 약 16개이다. 대체로 찬송들은 앞뒤에 언급된 환상이 어떤 내용인가를 요약하

---

67. Lizorkin-Eyzenberg & Shir, *Hebrew Insights from Revelation*, 137; Russo, "Behind the Heavenly Door: Earthly Liturgy and Heavenly Worship in the Apocalypse of John," 178; P. B. Decock, "Het Boek Openbaring: De Macht van Gods Geduld," *HTS Teologiese Studies* 68/1 (2012), 3-7. 참고로 Decock은 땅을 더럽히고 망하게 하는 것(계11:18; 19:2)을 피조계의 파괴라고 문자적으로 해석한다.

68. Seal, "The Persuasive Arousal of Emotions," 84; Montanari, *The Brill Dictionary of Ancient Greek*, 218.

69. Osborne, *Revelation*, 240.

70. 송영목, "요한계시록에 나타난 예배." 『한국개혁신학』 24 (2008), 55-79. 참고로 계시록의 찬송은 내러티브 플롯에 중요 부분을 차지하며, 동시에 하나님과 사탄 사이의 우주적 전쟁에 대한 주석이라는 설명은 S. Grabiner, *Revelation's Hymns: Commentary on the Cosmic Conflict* (London: Bloombury, 2015), 225를 보라.

71. J. A. du Rand, "Hy wat is en wat was en wat kom: Die God van Betrokkenheid volgens Openbaring," *Verbum et Ecclesia* 21/3 (2000), 541-542.

고 설명하는 기능을 한다. 참고로 '소송영小頌詠'이라 불리는 '아버지께 영광*Gloria Patri*'은 폴리캅d. 155이 화형 전에 그리고 원형경기장에서 순교당한 그리스도인이 최후 찬양으로 불렀다고 전해진다『21세기 찬송가』 제3, 4, 7장은 AD 2세기 찬송가임 참조.[72] 네로 황제는 자신이 처형한 그리스도인들을 보기 위해 이튿날 새벽에 원형극장을 찾아가서 웃는 얼굴로 순교한 그들을 보고 놀랐다고 전해진다.[73]

참고로 계시록 4-5장의 천상의 환상은 에스겔 1-2장과 다니엘 7장과 간본문성을 가진다. 요약하면 아래 표와 같다.[74]

	계시록 4-5장	에스겔 1-2장	다니엘 7장
하늘 보좌	보좌(4:2)	보좌(1:26)	보좌(7:9)
하나님	보좌 위에 앉으신 분(4:2)	사람의 모양(1:26)	옛적부터 항상 계신 분(7:9)
네 생물	사자, 소, 사람, 독수리(4:7)	사람, 사자, 소, 독수리(1:10)	사자, 곰, 표범, 넷째 짐승(7:4-6)
두루마리	두루마리(5:1)	두루마리(2:9)	두루마리(7:10)
인자	어린양(5:6)	인자(2:1)	인자같은 분(7:13)

교훈과 적용

예배는 교회의 심장박동heartbeat과 같기에 멈출 수 없다.[75] 성령님 안에서 실체實體로 드리는 예배와 일상의 예배적 생활에 균형을 이루자요4:24 참조. 주일 공 예배에서

---

72. 오소운, 『알기 쉽게 쓴 21세기 찬송가 해설』 (서울: 성서원, 2017), 54. 참고로 제28장 "복의 근원 강림하사"(1758)의 1절에 "천사들의 찬송가를 내게 가르치소서"의 영어 가사는 "Teach me some melodious sonnet, Sung by flaming tongues above"이다. 따라서 찬양하는 '천사들'은 언급되지 않는다. 오늘날 한글 번역 "천사들의 찬송가를"은 배위량 선교사의 부인 안애리 선교사가 번역한 것이다. 그런데 '위의 불타오르는 혀들(flaming tongues above)'이 하늘나라의 천사들을 가리키는지 불확실하다(고전13:1 참조). 참고로 『찬미가』(1895)는 "텬당 텬사 찬미가"라고 번역하여 '위의'를 '천당'으로 번역했지만, 얼마 후 『찬숑가』(1908)에는 '텬당'이 삭제되었다.
73. 오소운, 『알기 쉽게 쓴 21세기 찬송가 해설』, 54.
74. Kim, "Psalms in the Book of Revelation," 136.
75. Duvall, *The Heart of Revelation*, 37. 참고로 계시록 1장 10절의 '주일'과 계시록 22장 3절의 '섬기다'는 넓게 볼 때 예배 관련 용어이다. 그렇다면 계시록은 4-5장에서만 예배가 나타나는 게 아니다. 계시록의 포괄식 구조는 예배를 감싼다.

실체 대신 그림자를 경험하도록 만드는 요소는 무엇인가? 예배자는 선포된 말씀과 찬양 그리고 성례를 통하여 실제로 임재하시는 하나님을 경험해야 한다. 현대 예배는 예배자의 필요와 감정을 충족시키는 것을 우선시하지 않는가?[76] 대신 왕이신 하나님의 은혜와 영광과 현존을 공동체가 누리는 공적 예배가 언약 갱신을 돕는 방향으로 디자인되어야 한다. 예전은 교회의 얼굴과 같으므로, 교회는 예배 신학을 올바로 정립해야 한다. 예배 후 예배적 삶이 이어진다. 그렇다면 공동체적으로 참 명예와 정결을 사회 속에서 공적으로 유지하는 방법은 무엇인가?

예배 중 회중 찬송은 하나님의 통치를 교회와 세상 그리고 피조 세계 전체에 구현하기 위해서 중요하다. 교회는 찬송가의 주요 주제들인 구원의 은혜와 전도 그리고 하나님의 인도와 보호를 소중히 여긴다. 여기서 한 걸음 더 나아가 그리스도인이 세상 속에서 천국을 정의롭게 구현하도록 사명감을 고취하는 공적 찬송을 계발해야 한다. 그리고 창조주와 창조 세계의 아름다움을 찬양할 뿐 아니라, 미세먼지로 대변되는 훼손된 생태계를 회복시켜 보존해야 하는 그리스도인의 수평적 책무도 찬양과 회개와 애통으로써 일깨워야 한다. 예배와 찬송은 그리스도인이 세상으로부터 도피하는 시간이 아니다. 오히려 예배는 그리스도인이 세상 속으로 침투하여 하나님의 만유적 통치를 일상에 임하게 만들도록 훈련하는 시간이기도 하다.[77]

76. Reddish, *Revelation*, 103. 참고로 코로나19로 사이버 공간을 통한 소위 '비대면 예배'에 참가하는 사람은 일반적인 신자라기보다 '종교 참여자(religious participant)'가 되어 언제 그리고 누구와 연결할지를 스스로 결정하는 힘과 자유를 누리고 있다. 지역교회는 회중 가운데 노약자나 사별한 자와 같이 목회적 돌봄을 긴급하게 필요로 하는 성도에게 구체적으로 집중하지 못하고, 설교와 교육과 전도와 재정이라는 큰 틀에 대해 논의하는 데 여념이 없다. 재난의 시대에 지역교회와 목회자는 공 예배와 목회의 본질 회복이라는 두 가지 숙제를 떠안고 있다. V. Magezi, "Exploring the Impact of COVID-19 on Church Ministries in Africa: A Literature Analysis focusing on South Africa," *HTS Teologiese Studies* 78/4 (2022), 6-9.

77. 송영목·정미경, "3.1운동과 회중 찬송의 공공성," 『고신신학』 21 (2019), 105-150; B. J. de Klerk, "Enhancing Ecological Consciousness through Liturgical Acts of Doxology and Lament," *Verbum et Ecclesia* 35/2 (2014), 1-8.

요한계시록 5장

<본문의 개요>

계시록 5장 1-7절에서 성부의 통치 원칙과 계획이 적힌 두루마리βιβλίον를 어린양이 취하시고,[1] 8-14절에서 그 어린양을 성도와 모든 피조물이 찬양한다. 예수님께서는 죽으시고 부활하심으로써 세상의 통치자가 되셨기에, 교회와 온 피조물의 경배와 찬송을 받기 합당하시다. 계시록 5장의 이전 문맥은 계시록 4장에서 예배 받으시는 성부께서 어린양과 보좌를 공유하시는 것이다. 계시록 5장의 이후 문맥은 보좌 위의 어린양께서 취하신 두루마리계5:7를 개봉하는 것이다계6장. 따라서 계시록 4-6장의 이음새인 계시록 5장은 성부의 대리 통치자인 어린양에 대한 강조를 부각시킨다.

<내용 분해>

1. 성부의 두루마리를 취하신 역사의 주관자이신 어린양(5:1-7)
2. 어린양께 드리는 예배(5:8-14)

---

1. 계시록 5장 1절의 βιβλίον과 계시록 10장 10절의 βιβλαρίδιον은 βίβλος(참고. 마1:1)의 지소어들(diminutive)인데, 이 셋의 의미는 동일하다.

1. 성부의 두루마리를 취하신 역사의 주관자이신 어린양(5:1-7)

> "¹내가 보매 보좌에 앉으신 이의 오른 손에 두루마리가 있으니 안팎으로 썼고 일곱 인으로 봉하였더라 ²또 보매 힘있는 천사가 큰 음성으로 외치기를 누가 그 두루마리를 펴며 그 인을 떼기에 합당하냐 하나 ³하늘 위에나 땅 위에나 땅 아래에 능히 그 두루마리를 펴거나 보거나 할 자가 없더라 ⁴그 두루마리를 펴거나 보거나 하기에 합당한 자가 보이지 아니하기로 내가 크게 울었더니 ⁵장로 중의 한 사람이 내게 말하되 울지 말라 유대 지파의 사자 다윗의 뿌리가 이겼으니 그 두루마리와 그 일곱 인을 떼시리라 하더라 ⁶내가 또 보니 보좌와 네 생물과 장로들 사이에 한 어린양이 서 있는데 일찍이 죽임을 당한 것 같더라 그에게 일곱 뿔과 일곱 눈이 있으니 이 눈들은 온 땅에 보내심을 받은 하나님의 일곱 영이라 ⁷그 어린양이 나아와서 보좌에 앉으신 이의 오른손에서 두루마리를 취하시니라"

1절 문두의 "그리고 나는 보았다Καὶ εἶδον"는 내러티브 전개에서 새로운 장면으로의 전환을 가리킨다. 보좌 위 성부 하나님의 오른손에 7인으로 봉해진 두루마리가 있는데, 안팎에 글이 적혀 있다1절; 참고. 사29:11; 겔2:8-10.[2] 요한 당시에 두루마리에 진흙이나 밀랍에 도장을 찍어 인봉했다. 봉인된 두루마리는 성부의 "오른손에ἐπὶ τὴν δεξιὰν"있다. 신인동형론적 표현인 성부의 오른손은 권세를 상징한다창48:14; 출15:6; 계1:16 참조. 그러므로 성부께서는 오른손을 펴고 계시기에, 누군가 그 두루마리를 받아 취해야만 한다.[3] 이렇게 7인으로 봉인된 두루마리는 요한 당시의 고위 관료의 유언장이나 중요한 칙령문과 같다. 그리고 이집트, 바벨론, 그리스, 로마제국에서 계약서의 내용은 두루마리의 안쪽에 기록되고, 간단한 설

---

2. 계시록 4-5장에서 '보좌에 앉다'라는 의미와 관련하여, 전치사 ἐπί는 계시록 4장 4절에서 대격 명사(τοὺς θρόνους)를 취하고, 5장 1절에서 속격 명사(τοῦ θρόνου)를 취하며, 5장 13절에서는 여격 명사(τῷ θρόνῳ)를 취한다. 촘스키의 지배결속이론(government-binding theory)에 따라 전치사와 격변화를 설명한 경우는 S. J. P. K. Riekert, "Reconsidering Prepositions and Case Assignment in the Text of Revelation 4 and 5," *HTS Teologiese Studies* 60/1-2 (2004), 366을 보라.

3. Osborne, *Revelation*, 247; Paul, *Revelation*, 129.

명은 바깥쪽에 기록했다.[4] 로마제국의 법에 따르면, 유언장을 봉인할 때 증인 7명이 지켜봐야 했다.[5] 계시록 5장 1절의 두루마리를 인봉한 7인seals은 맨 겉장에 일렬로 부착된 것이 아니다. 왜냐하면 계시록 6장에서 하나의 인이 떼어질 때마다 심판이 시행되기 때문이다. 그러므로 6개의 인은 두루마리 안에 일정한 거리를 두고 부착되어 있고, 마지막 일곱째 인만 두루마리 겉에 붙어 있는 모양이 옳다.[6]

보좌 위의 성부께서 성자를 통하여 세상을 통치하시는 계획서를 가리키는 두루마리에 대해 교부들의 해석은 크게 세 가지로 나뉜다. ① 구약히폴리투스, 오리겐, 페토의 빅토리누스, 힐러리, 가이사랴의 앤드류, ② 세상의 운명에 대한 예언아프링기우스, 프루덴티우스, ③ 하나님의 유언 혹은 언약페토의 빅토리누스; 참고. 히9:15-17. 그런데 구약으로 보기 어려운 이유는 구약의 오석에 대해 요한이 애통해하며 울지 않았고계5:4, 전체 구약을 두루마리 하나에 담긴 내용으로 축소하기 어렵다. 그리고 세상의 운명에 대한 예언으로 보기 어려운 이유는 계시록은 운명론을 가르치지 않으며, 계시록을 미래의 운명을 설명하는 시간표로 보기 어렵기 때문이다. 또한 유언장으로 보는 견해는 로마제국에서 일곱 증인이 날인한 법적 문서라는 역사적 증거가 있지만, 계시록 5장 1절에서 일곱 증인이 등장할 이유는 없다. 교부들의 세 견해를 종합하여, 구약에서부터 예언된 세상의 과거와 현재와 미래에 대한 통치는 하나님의 유언과 같은 계획인데, 어린양을 통해 계시되고 실행된다고 이해하는 경우도 있다.[7]

---

4. Osborne, *Revelation*, 249.
5. J. D. Charles, “The Throne-Vision of the Lamb,” *Criswell Theological Review* 7/1 (1993), 89.
6. 계시록의 환상을 고려한다면, 7인이 두루마리의 겉에 일렬로 부착되어 있다고 하더라도 마지막 인이 개봉되기 전에 여섯 인이 개봉될 때마다 심판은 각각 시행되었다고 보는 게 타당하다. 즉 두루마리 개봉은 인들이 떼지는 과정에 맞추어 가시화된다. 따라서 어린양께서 두루마리를 개봉하시는 것과 인들이 떼어지는 행위는 별도 사건이 아니라 동일 사건이다. 참고. https://presenttruthmn.com/the-present-truth/teachings/end-time-scriptures/significance-of-the-opening-of-the-seven-seals/(2022년 5월 18일 접속); J. R. Michaels, *Revelation* (Leicester: IVP, 1997), 99.
7. B. A. Androsov, “A Book sealed with Seven Seals (Rev 5.1): Three Bright Patristic Interpretations,” *Вестн*

7인으로 봉인된 두루마리에 관하여 포드J. M. Ford는 다음과 같이 흥미로운 정보를 제시한다. '연결된 행동tied deed, *get mekushshar*'으로 번역되는 문서의 경우, 두루마리를 조금씩 접은 후에 뒷면에 최소 3명 이상의 증인들이 서명하는 방식을 반복했다Baba Bathra 10:1-2. 여러 차례 인봉된 그 두루마리를 개봉할 경우, 증인 한 명이 서명한 부분마다 하나씩 차례로 펼쳐졌다. 두루마리에 서명한 증인이 많을수록 그 문서의 공적 신빙성이 높아진다. 그런데 이 '게트 메쿠쉬사르' 문서는 특히 성마른 제사장이 이혼을 원했을 때, 여러 증인이 서명함으로써 그의 화를 진정시키기 위해 활용되었다. 따라서 이 문서는 '이혼증서bill of divorce'와 관련 있는데, 구약 LXX와 신약에서 명사 βιβλίον비블리온은 이혼증을 가리켰다신24:1,3; 사50:1; 렘3:8; 마19:7; 막10:4; 계5:1 참조.[8] 어린양이 취하신 두루마리는 한 면이 아니라 안과 바깥 양면에 글이 적혀 있으므로, 성부의 통치 계획은 부족함이 없고 충만하다. 두루마리를 통해 나타날 성부의 통치 원칙은 언약에 신실하지 못한 그분의 신부들과 (상징적으로) 이혼하셔서 그들을 심판하시는 것이다.

힘센 천사계10:1; 18:21 참조가 두루마리의 인을 떼기 합당한 자가 누군가라고 크게 외친다2절. 마치 천상의 회의장과 같은 하늘 보좌 방throne room에서 힘 있는 천사가 보좌 위의 하나님 아버지를 대신하여 회의 안건을 부의附議하는 듯하다.[9] 여기서 주목할 것은 하늘 보좌 방은 예배와 통치 그리고 재판이 어우러진 장소라는 사실이다.[10] 실제로 요한 당시의 세계는 종교와 정치가 분리되지 않았다. 하나님의 통치는 종교 영역은 물론 정치와 같은 일반 영역에서도 구현되어야 한다. 그래야 세상 나라가 하나님의 나라로 변혁된다계11:15 참조.

하늘과 땅과 땅 아래에출20:4 참조 두루마리를 개봉할 사람이 없어서 요한은 크

ик ПСТГУ 45/1 (2013), 74-84.

8. J. M. Ford, "Divorce Bill of the Lamb and the Scroll of the Suspected Adulteress: A Note on Apoc 5:1 and 10:8-11," *Journal for the Study of Judaism in the Persian, Hellenistic and Roman Period* 2/2 (1971), 136-138, 142.

9. 이달, 『요한계시록』, 117.

10. Leithart, *Revelation 1-11*, 225.

게 울었다3-4절. 요한의 간절한 소망대로 두루마리의 내용은 잠잠히 닫혀 있지만 黙 속히 계시示될 것이다. 계시록 4-5장의 교차대칭구조는 계시록 5장 5-7절의 어린양의 극적인 등장을 중심으로 하는데, 아래와 같다.[11]

A 하나님의 하늘 보좌 방(4:1-3)
  B 옛적부터 계신 성부 하나님과 네 생물의 찬송(4:4-8)
    C 4생물이 찬송할 때 24장로가 엎드림(4:9-11)
      D 보좌 위의 성부의 오른 손에 있는 두루마리(5:1-4)
        E 어린양의 등장(5:5-7)
      D′ 어린양이 두루마리를 취하심(5:8a)
    C′ 4생물과 24장로의 경배(5:8b-10)
  B′ 천사들의 경배(5:11-12)
A′ 모든 피조물이 어린양과 성부를 찬양함(5:13-14)

두루마리의 내용을 알고 싶어 울던 요한에게 24장로 중 한 사람이 다가와서 위로하며 말한다. 유다지파의 사자요창49:9; 렘25:38; 호5:14; 4에스라 11:36 참조 다윗의 뿌리가 이겼으니 두루마리의 일곱 인을 떼실 것이다5절; 참고, 신33:7; 시78:68,70; 사11:1,10; 마1:1. 성부의 통치계획서인 두루마리를 계시할 자격을 갖추신 예수님께서 "다윗의 뿌리ἡ ῥίζα Δαυίδ"이시다마1:1; 눅1:32; 롬1:3; 15:12; 계22:16 참조. 어린양은 마치 다윗의 뿌리에서 난 새 순筍과 같으므로, 여기서 '뿌리'를 '싹'으로 번역해도 무방하다.[12] 예수님께서는 다윗의 참된 후손으로서 이스라엘의 약속된 메시아라는 신념은 공관복음과 바울서신에도 나타난다막10:47-48; 12:35-37; 롬1:3; 딤후2:8 참조. 하나님의 마음에 합한 용사였던 다윗은 온 이스라엘을 정의와 공의로 다스렸는데대상18:14 참조, 범죄하여 하나님의 공의로운 심판을 경험하기도 했지만 회복하시는 하나님의

11. Leithart, *Revelation 1-11*, 214.
12. 김철손, 『요한계시록』, 156.

자비도 경험했다삼하12,24장 참조. 그러나 다윗의 실체이신 예수님께서는 죄가 없으시며, 다윗언약을 성취하셔서 의와 사랑으로 그분의 영원한 나라를 통치하신다삼하7장; 시89:3-4 참조.[13] 선지자 나단은 야웨께서 다윗을 위하여 한 왕조를 세워 영원히 견고하게 하실 것이라고 전했는데, 다윗의 왕조는 다름 아니라 야웨의 집과 나라였다대상17:10-14,24 참조. 나단의 이 신탁에 대해 다윗은 "큰 일", "영원히", "왕조", 그리고 "복"을 반복하면서, 만군의 야웨께서 다윗에게 복을 주셔서 영원한 왕조를 세우시는 큰 일을 행하심을 송축했다대상17:17-27 참조. 다윗의 후손이신 예수 그리스도께서 복되고 영원한 그분의 나라를 건설하심으로써 다윗언약은 성취되었다. 이 사실은 신약성경의 첫 구절인 마태복음 1장 1절에서 예수님께서 다윗언약을 성취하시러 오심과 병행을 이룬다. 따라서 신약성경은 예수님께서 다윗언약을 성취하신 것으로 시작하고 마치는 포괄식inclusio 구조를 보인다.

유대묵시사상은 종말론적 사자獅子가 로마제국을 상징하는 독수리를 무찌를 것을 소망한다4에스라 11:37-12:3 참조.[14] 하지만 예수님께서는 유다지파의 사자를 예언한 창세기 49장 8-10절을 성취하셨는데, 요한은 예수님께서 어린양으로 활동하심으로써 로마제국은 물론 모든 악의 세력을 이기셨다고 밝힌다. 설득의 수사학에서 볼 때, 사자의 로고스는 강함과 승리의 메시지를 전달하고, 사자의 에토스는 창세기 49장 9절의 예언이 성취된 믿을만한 메시지임을 보이고, 사자의 파토스는 독자들에게 존경과 경외심을 불러일으킨다.[15] 환언하면, 계시록의 1차 독자들 배후에 승리하신 사자께서 계시다는 사실은 인내와 소망과 위로를 불러일으키는 계시록 메시지에 적절하다.[16]

---

13. J. L. Helberg, "Christus as Dawidgestalte in Openbaring," *In die Skriflig* 48/1 (2014), 3-4.
14. 참고. E. F. Lupieri, *A Commentary on the Apocalypse of John* (Grand Rapids: Eerdmans, 2006), 140; C. Bay, "Lion of the Apocalypse: A Leonine Messiah in the Book of Revelation," *Biblical Research* 60 (2015), 81.
15. Bay, "Lion of the Apocalypse," 90.
16. 선지자 예레미야와 호세아는 심판하시는 야웨를 '(젊은) 사자'에 비유했다(렘25:38; 호5:14 참조). 그런데 야웨는 종종 '만군의'로 수식되며, 강한 분으로 악을 무찌르시고 온 세상을 통치하신다(사24:23; 31:4; 37:16,32; 44:6; 47:4; 51:9; 52:7-8; 54:5; 렘25:28,29,32; 29:21 참조). 또한 야웨는 그분의 백성과 언약을 세우고 지키신

그레코-로마제국에서 카리스마가 넘치는 왕의 이미지와 속성에 따르면, 왕은 정치, 군사, 문화, 종교, 복지, 법률, 그리고 외교에 있어 시간을 초월하여 성공적인 능력을 발휘한다. 요한복음에서 예수님께서 그런 왕의 이미지를 충족하시는데, 하나님의 아들 그리스도왕, 제사장, 선지자로서 하나님의 법을 선언하시고, 그분의 양떼를 보호하시며, 백성의 영육을 채우신다.[17] 요한복음처럼 계시록에서도 예수님께서는 그리스도이시며 하나님의 아들로서 성부의 심판을 대행하시고, 144,000명을 보호하시고 웰빙을 주신다. 예수님께서는 그레코-로마의 황제들이 할 수 없었던 왕의 사역을 완벽하게 완수하셨다.

몰로니F. S. Moloney는 계시록의 내러티브가 반복하여 강조하는 요점은 과거에 예수님의 죽으심과 부활, 곧 그리스도 사건Christ event으로써 구원의 영원한 효력이 발생했다는 사실인데, 그 효력이 고난 중의 성도에게 힘을 제공한다고 주장한다.[18] 따라서 몰로니에게 있어, 소아시아 7교회가 미래에 하나님께서 악을 정복하실 것을 소망하는 것은 계시록을 해석하는 열쇠가 아니다. 그러나 계시록의 독자들이 예수님의 재림 때 있을 부활과 미래 종말론적 승리를 소망하면서 박해를 감내해야 한다는 사실을 결코 간과할 수는 없다. 그럼에도 몰로니의 주장처럼, 계시록은 영원 전부터 계획된 하나님의 영원한 구원 계획이 어린양의

다(사27:13; 33:22; 54:10; 렘24:7; 25:12 참조). 요약하면 만국의 왕이신 야웨께서는 언약에 신실하시며 전능하시고 창조와 구원과 심판을 시행하시는 유일한 주님이시다(기독교강요 2.8.13). 이스라엘은 바로 이 야웨를 증언한다(사43:11-12 참조). 구원계시가 발전하면, 야웨의 사역은 "야웨의 의로운 종"이시며(사42:1; 53:10-11 참조) 유다지파의 사자이시자 새 언약의 주이신 예수 그리스도의 사역으로 이어진다(참고. 욜2:32의 "야웨"는 행2:21에서 "주[예수님]"로 바뀜). 예수님의 신성은 야웨와 밀접하다. 성령께서는 "야웨의 영"이시라 불리며(사11:2; 32:15; 40:13 참조), 선재하신 그리스도의 영이시기도 하다(벧전1:11 참조). 구약에서 '야웨'는 삼위일체 하나님을 가리키기도 하지만, '야웨의 영'이나 '야웨의 종'과 같이 구체적인 표현이 등장하는 문맥에서 야웨는 성부 하나님을 가리킨다고 보는 게 무난하다(기독교강요 1.13.20; 1.13.24). 이방의 다신교 사회에 대항하여 유일신 야웨를 강조하는 구약성경에는 삼위일체의 존재와 사역이 신약만큼 선명히 드러나지 않았기에, '야웨'의 정체성을 삼위일체 혹은 성부와 연관하여 밝히는 데 어려움이 발생한다.

17. 이 단락은 U. Busse, "Metaphorik und Rhetorik im Johannesevangelium: Das Bildfeld vom König," in *Imagery in the Fourth Gospel*, ed. J. Frey, J. G. van der Watt and R. Zimmermann (Tübingen: Mohr Siebeck, 2006), 316에서 요약.

18. Moloney, *The Apocalypse of John*, 8-12, 38.

대속의 죽으심과 부활을 통해 성취되었다는 사실을 반복한다계13:8 참조. 이런 반복은 다름 아니라 계시록 내러티브의 밑바탕에 정기적으로 울려 퍼지는 계속 저음basso ostinato과 같다.[19] 그 계속 저음은 이미 계시록 1장 5-6절에 등장했다. 그리고 그런 반복은 계시록 1장 12-20절의 개시開始 환상에 등장하신 승리하신 예수님에게서 다시 나타난다.[20] 또한 계속 저음은 계시록 5장 5-14절의 어린양의 등장과 어린양께 돌리는 찬양에 다시 소개된다. 계시록 7장 10-17절과 11장 15절은 과거의 그리스도 사건이 현재 박해를 받는 교회에게 승리를 제공함을 설명한다. 계시록 12장 5-12절은 예수님의 성육신과 공사역 그리고 승천으로써 사탄의 세력이 정복당했음을 묘사한다. 계시록 16장 16절의 아마겟돈 전쟁 역시 악의 세력이 결정적으로 파멸당한 과거의 그리스도 사건에 기초한다. 계시록 17-18장의 불신 유대인들을 가리키는 큰 성 음녀 바벨론의 파멸은 성부께서 어린양을 통해 성취하신 영원한 구원의 효력을 무시한 결과이다.[21] 계시록 19장 11-16절에 나타난 흰 말 타신 분과 그분께서 지휘하시는 군대의 승전도 예수님의 십자가 사건과 부활이 없이는 불가능하며 의미가 없다1에녹 69 참조. 계시록 21장 2절-22장 5절의 새 예루살렘성은 그리스도 사건의 효력을 현재적으로 누리고 있는 그리스도인 공동체의 실재를 설명한다.

보좌와 24장로와 4생물 사이에 일찍 죽임을 당하신 어린양께서 서 계신데, 7뿔과 7눈7영을 가지고 계셨다6절. 5절의 유다지파의 승리한 사자가 뒤이은 6절에서 죽임을 당한 어린양으로 묘사된 것은 놀라운 역설이자 계시록의 독자들의 마음에 모종의 아이러니나 긴장까지 유발한다. 이 역설과 아이러니는 예수님의

---

19. D. Guthrie, "The Lamb in the Structure of the Book of Revelation," *Vox Evangelica* 12 (1981), 69-70; H. O. Maier, "The Book of Revelation: The X-Files, and the Hermeneutics of Suspicion," *Consensus* 26/2 (2000), 38, 40, 42. 참고로 밴쿠버신학교의 Maier는 실제 박해가 벌어지지 않는 상황 속에서 계시록의 신학을 십자가 신학으로 규정하는데, 로마제국의 번영과 평화에 익숙한 소아시아 7교회가 어린양을 주님으로 고백하면서 십자가를 지며(cruciform) 살도록 격려한다고 본다.

20. Moloney, *The Apocalypse of John*, 58.

21. Moloney, *The Apocalypse of John*, 19, 30, 259, 319.

권세와 승리가 십자가의 죽으심으로써 드러남을 알린다.[22] 요한은 사자와 어린 양을 각각 보았지, '사자 같은 어린양lionlike lamb'이라는 하나의 이미지만 본 것이 아니다.[23]

"어린양ἀρνίον"은 신약성경에 총 30회 등장하는데, 계시록에 29회나 언급되므로 요한이 매우 선호하는 기독론적 용어이다비교. 계13:11의 어린양 같은 땅 짐승. 계시록은 "어린양"을 예수님께 '28회'에 걸쳐 연결하는데, 이는 온 세상을 상징하는 4와 완전함을 상징하는 7을 곱하여 온 세상에 미치는 그리스도의 완전한 승리를 상징하는가?[24] 계시록에 동사 '던지다βάλλω'도 28회 등장하는데, 따라서 해석자는 여기서 상징적 의미를 찾아야 한다는 부담을 느껴야 하는가? 단어의 등장 횟수를 상징적으로 해석할 경우, 해석상 주의가 요청된다. 요한은 출애굽기 12장과 고린도전서 5장 7-12절의 유월절 어린양 그리고 이사야 53장 7절의 야웨의 고난당하여 죽임당한 종으로서의 어린양도 염두에 둔다1에녹 89-90장의 이스라엘의 지도자인 뿔 달린 숫양 참조.[25] 어린양의 "뿔"은 계시록의 중요한 관련 본문인 다니엘서에 의하면, 왕이나 국가의 권세를 상징한다신33:17; 단7:7,24; 8:3-4 참조.[26] 따라서 7

---

22. 얼핏 메시아 시(詩)처럼 보이지 않지만 예수님을 예고하는 시편 57편은 사울을 피해 굴에 숨어 있던 다윗의 탄식과 감사시이다. 그런데 다윗의 후손이신 예수님께는 굴을 거처로 삼는 여우와 달리 머릴 둘 곳조차 없었다(마8:20). 다윗의 참 피난처는 굴이 아니라 하나님의 날개 그늘이었다(시57:1). 예수님께서는 종교지도자들을 친히 날개로 품어 회개시키려고 그들에게 기회를 주셨다(눅13:34). 악인들은 다윗에게 그물을 던지고 함정을 파서 죽이려고 시도했지만, 하나님께서는 악인에게 부메랑이 돌아가게 일하신다(시57:6; 에7:10). 가룟 유다는 예수님을 팔아 죽음으로 내몰았지만, 정작 그는 자살하고 만다(마27:5). 그리고 결국 다윗은 굴에서 새 노래를 부르며, 하나님께서 하늘 위에 높임을 받기를 소망한다(시57:10-11). 죽임 당하신 어린양 예수님께서는 승귀하셔서 하늘에서 찬송을 받으신다(계5:12). 요약하면, 계시록 5장의 저기독론과 고기독론의 조화는 시편 57편에 잘 나타난다.

23. Contra Carson, "The Triumph of the Lamb," 18. 참고로 아폴로는 탁월한 희생제물인 어린양 제사를 통해서 신탁을 주었고, 아폴로 신전으로 가는 길은 사자상으로 장식되었다.

24. 예를 들어, 다윗 계열의 메시아의 승리, 종말론적 출애굽 주제, 그리고 증인이신 그리스도를 계시록의 3대 상징적 주제로 간주하는 R. Bauckham, *The Theology of the Book of Revelation* (Cambridge: Cambridge University Press, 1993), 67-72를 보라.

25. 계시록에 "예수"는 14회, 그리고 "그리스도"는 7회 나타난다. 참고로 구약의 3대 절기가 계시록에서 성취되는데, 유월절과 오순절은 계시록 5장 6절에, 장막절은 계시록 7장 15절에 나타난다.

26. 어린양의 7뿔은 다니엘서의 짐승들의 7뿔에 대한 역설적인 패러디라고 주장하는 경우는 Fee, *Revelation*, 81을 보라. Fee는 예수님께서 악한 세력을 패러디하신다는 오해를 일으킨다.

뿔은 충만하고 완전한 왕적 권세를 가리킨다민22:23; 욥16:15; 마28:18 참조.

불신 유대인과 로마제국과 같은 AD 1세기의 악의 세력들은 예수님의 구원 사역에 대해 폭력으로 반응했다. 유대인 분파들 가운데 열심당도 폭력으로 반로마제국 투쟁을 펼쳤다. 하지만 어린양께서는 완전하고 충만한 권세를 가지고 계셨음에도 비폭력 방식인 십자가 처형으로 구원을 이루셨다. 따라서 일찍 죽임을 당하신 어린양을 따르는 교회 역시 순교와 복음 증거와 같은 비폭력적 에토스를 견지해야 한다계11:7-8; 12:11 참조. 다시 말해, 계시록에 군사적 용어와 이미지가 많은 것은 사실이지만, 교회는 이를 비폭력적 의미로 적용해야 한다. 하지만 하나님께서 폭력적인 악의 세력들을 심판하실 때는 실제로 전쟁과 같은 군사적 방식을 활용하기도 하신다계6:4; 9:7-11,15; 14:17-20 참조.[27]

어린양의 얼굴에 있는 일곱 눈은 온 세상에서 선교를 주도하시는 성령님이시다슥3:9; 4:10; 요14:26; 15:26; 16:7; 행10:38 참조.[28] 계시록 5장 6절의 간본문인 스가랴 3장 9절과 4장 10절은 스룹바벨 성전의 건설을 이방인들이 방해하지 못하도록 일곱 영인 성령께서 감찰하시는 맥락이다.[29] 그러나 어린양이신 예수님께서 성취하신 구원의 사역은 유대인이나 예루살렘에 국한되지 않는다. 예수님께서 어린양으로서 죽으셨고 사자로서 부활하셨으므로, 지적인 능력을 상징하는 눈eye의 이미지로 등장하시는 일곱 영은 인격적인 확신과 설득력을 세상에 불어넣으면서 그리스도의 구원 사역을 적용하신다.[30] 예수님의 영, 곧 일곱 영께서는 아브라함의 복과 언약을 온 세상에 성취하신다갈3:14 참조. 다시 말해, 그리스도 사건은 아브라함의 자손이 칭의와 구원의 은혜를 받는 유일한 근거이며, 그런 은혜를 받았다는 증거인 성령님께서는 최종 칭의에 도달하도록 성도를 인도하시고

---

27. P. G. R. de Villiers, "Geweld en Geweldloosheid in Openbaring," *In die Skriflig* 49/2 (2015), 3-4.
28. Osborne, *Revelation*, 257.
29. 기동연, 『소선지서 II: 미가-말라기』 (서울: 생명의 양식, 2017), 534. 참고로 이사야의 승천기 11장 32-33절에 따르면, 성육하신 사랑받는 메시아는 7층천을 지나 승천하여 보좌 위의 영광스런 분의 우편에 앉아 계시고, 성령의 천사는 왼편에 앉아 있다. 그러나 계시록에서 성령, 곧 일곱 영께서는 보좌 앞에 위치하신다.
30. Whidden, "Trinitarian Evidences in the Apocalypse," 252, 254.

위로하시며 신원하신다.[31] 이것은 언약의 기독론적 성취라기보다 성령론적 성취이다. 그러나 언약의 기독론적 성취와 성령론적 성취는 상반된 개념이 아니라 상보적相補的이다.

현대 교회는 그동안 많이 간과되어온 세상 속에서 강력하게 역사하시는 하나님의 현존인 일곱 영에 대해 더 주목해야 한다.[32] 일곱 영께서는 말씀과 교회와 무관하게 온 세상에 일하시는가? 이 질문의 답은 사도 요한이 기록한 요한복음의 고별설교에 나타난다. 고별설교에서 성부께서 성자를 통해서 보내시는 성령님께서는 제자들의 선교를 인도하시고, 예수님을 믿지 않은 세상의 근본적인 죄를 지적하시며, 예수님의 말씀을 제자들로 하여금 생각나게 하시며 깨닫게 하시고, 예수님을 영화롭게 하신다요14:12; 16:8-9,13-15 참조. 곧 고별설교의 보혜사 성령님께서는 선교의 영이시며, 말씀의 영이시고, 새 창조의 영이시며, 승귀하신 그리스도의 영이시다. 그렇다면 교회당 안은 물론계21:16; 22:2 참조 세상 속에서 성령께서는 문화, 사회, 정치, 교육, 경제 영역에서 복음으로 무장한 그리스도인을 통해 어떻게 일하시는가? 선교의 성령님께서는 그리스도인이 세상의 일터에서 예수님 안에서 복음을 누리도록 도우신다대상26:29 참조.[33] 그리고 그리스도인이 예수님의 은혜와 성부의 사랑을 가지고 세상과 참되게 교제하도록 도우시는 분도 선교의 영이시다고후13:13 참조.[34] 제사장 나라인 그리스도인이 성령으로 충만하다면, 사회와 세상의 변혁에 힘써야 하며, 교회와 만유의 머리이신 그리스도를 영화롭게 해야 한다. 따라서 그리스도인이 교회에게 말씀하시는 성령의 음성을 듣지 않거나계2:7,11 참조 자신의 성화의 노력을 제쳐두고, 스스로의 힘으로

---

31. 박동길, "갈라디아서 3장 14절에 나타난 아브라함의 복과 성령의 약속의 관계," (영남신약학회 발제 논문, 대구 산성교회당, 2022년 8월 22일), 1-15.

32. Duvall, *The Heart of Revelation*, 68.

33. 세상에서 가장 변하기 어려운 사람의 마음을 부드럽게 하셔서 하나님의 선교에 동원하는 것은 7영의 주특기이다. Duvall, *The Heart of Revelation*, 69.

34. 선교의 성령께서는 떨어져 나간 개인을 그리스도께서 머리로 다스리시는 오순절화된 몸(Pentecostalized body)에 결합시키는 신적 중매자(divine matchmaker)와 같으므로, 하나의 보편적이고 사도적이며 거룩한 교회가 형성된다(James B. Jordan).

정의로운 사회를 구현하려고 시도하는 것은 불가능하다. 예수님과 만유를 화목하게 하시려고골1:20 참조 세상 속에서 일하시는 선교의 영은 말씀과 교회와 분리되지 않는다. 세상 속에서 그리스도인이 맺어야 할 성령의 열매는 예수 그리스도를 왕으로 높이고 복음의 권위가 존중될 때 맺힌다.[35]

성부와 보좌를 공유하시고 재위在位하신 어린양께서 손을 뻗어 성부의 오른손에서 두루마리를 취하셨다7절; 참고. 계3:21; 1에녹 90:20. 대다수 영어 성경예. NIV, KJV, NASB, CEV, NLT이 따르는 '취하셨다εἴληφεν' 대신에 성부의 주도권과 어린양의 수동성이 암시되는 '받으셨다received'라고 번역할 수도 있다예. REB.[36] 성부와 어린양께서 하나의 보좌를 공유하신다는 사실로부터, 요한은 유대교의 일신론을 극복하면서도 로마제국의 다신교에도 빠지지 않음을 알 수 있다.[37] 간본문인 다니엘 7장 13절은 인자 같은 메시아께서 구름을 타시고 옛적부터 계신 분 앞으로 인도되셨다고 설명한다. 계시록 4-5장의 예배 환상에서 부활하신 예수님께서는 처음부터 성부와 보좌를 공유하시므로, 공간적으로 이동하실 필요 없이 성부의 통치 계획서를 취하여 개봉하기에 합당하시다.[38] 보좌 위의 성부께서 가지고 계셨던 두루마리는 종말론적 구원과 심판의 계획서이다겔2:9-10 참조.[39] 성부께서 가지고 계신 구원과 심판의 권세는 이제 죽으시고 부활하신 예수 그리스도께 주

---

35. 참고. L. Floor, "De Relatieve Zelfstandigheid van de Heilige Geest," *Koers* 53/3 (1988), 378, 382, 387, 393, 402.
36. Persson, *A Semantic and Structural Analysis of Revelation*, 90.
37. 김형근에 따르면, 동사 προσκυνέω가 보좌 경배에만 나타날 뿐 어린양 단독 경배에는 사용되지 않고(계4:10; 5:14), '감사(εὐχαριστία)' 찬미도 어린양 경배에는 나타나지 않고 보좌 단독 경배에만 나타난다(계4:9). 따라서 보좌 경배와 어린양 경배는 구분되어야 하는데, 숭배는 보좌 위의 성부에게만 해당한다. 그러므로 어린양은 존중, 신뢰, 그리고 따름의 대상이다. 김형근, "요한계시록 '천상의 경배'와 디오니소스 제의 비교를 통한 기독교 신 숭배의 원형 연구," 『신약연구』 20/4 (2021), 718-720. 그러나 명사 εὐχαριστία와 동사 προσκυνέω의 유무로 성자 어린양께서 경배의 대상이 아니시라고 단정하기는 어렵다. 왜냐하면 계시록 4장과 병행을 이루는 계시록 5장은 성자를 예배하기 때문이다(계5:8의 경배 용어인 '엎드리다[πίπτω]').
38. Contra 김대웅, "요한계시록의 인자 기독론과 칠십인경 다니엘서의 메시아 사상," 578-579.
39. B. J. Tabb, "Prayer in Apocalyptic Perspective." in *For It stands in Scripture: Essays in Honor of W. Edward Glenny*, ed. A. B. Caneday (Saint Paul: University of Northwestern Berntsen Library, 2019), 194.

어진다. 그러므로 어린양의 즉위는 교회의 휴거 이후에 하늘에서 벌어지는 것이 아니다.[40] 요한은 일찍 죽임을 당하신 어린양하등기독론 다음에 유다 지파의 사자고등기독론를 자연스럽게 연결한다.

계시록 4-5장의 다양한 찬송을 포함하는 요한계시록의 내러티브를 그레코-로마 세계의 드라마와 비교해 보는 것은 유의미하다. 계시록은 진공상태에서 발생한 작품이 아니라 사도 요한 당시의 그레코-로마 문화를 반영하기 때문이다.

> 요한계시록의 이야기 안에 나타난 시와 노래를 이해하기 위해 먼저 그레코-로마의 드라마에 나타난 전형적인 특징을 충분히 이해할 필요가 있다. 합창단은 드라마에서 중요한 역할을 했다. 대개 시적 합창단(spreekkoor)과 무대 양편에 서서 노래를 전문으로 부르던 합창단(sangkoor)이 있었다. 무대 위에서 펼쳐진 연기는 합창단의 시와 노래를 통하여 해설되었다. 이 사실은 우리가 독자로서 계시록의 시적 특성들에 주목해야 한다는 사실을 의미한다. 계시록 4장의 마지막 찬송 안에, 우리는 이 장의 주제가 무엇인지 소개를 받는다. 특별히 하나님께서는 창조주이시다. …… 전체 성경은 드라마로 가득하다. 욥기, 마가복음 그리고 계시록이 그러하다. 계시록에는 그레코-로마의 드라마를 떠올리게 하는 합창단은 물론, 그레코-로마의 드라마에 등장하는 신들의 역할과 관련 있는 천사들도 나타난다.[41]

계시록 4-5장은 병행을 통해 성부와 성자가 동등한 하나님이심을 강조하기에, 성자께서 성부께 종속되신다는 뉘앙스는 상대화된다계3:21; 7:9-10,17; 11:15; 20:6; 22:1,3 참조.[42]

---

40. Contra Hindson, *The Book of Revelation*, 67.

41. Du Rand, *Die A-Z van Openbaring*, 240.

42. J. W. Wright, “Blessing, Honor, Glory, and Might, Forever and Ever!: Nicea and the Christology of the Book of Revelation,” *Wesleyan Theological Journal* 39/2 (2004), 24-25; Lioy, *The Book of Revelation in Christological Focus*, 132; Kistemaker, *Revelation*, 200.

계시록 4장	계시록 5장
보좌에 앉으신 분(2,9절)	보좌에 앉으신 분(1,7,13절)
하나님의 영광(2-8a절)	어린양의 영광(5-7절)
첫째 찬송(8b절)	첫째 찬송(9-10절)
내러티브(9-10절)	내러티브(11-12절a)
둘째 찬송(11절)	둘째 찬송(12절b)
4생물(6절)	4생물(6,8,11,14절)
24장로(4절)	24장로(6,8,14절)
엎드려 예배함(10,11절)	엎드려 예배함(8,14절)
합당하시다(11절)	합당하시다(9,12절)
만물이 지음받음(11절)	모든 피조물(13절)

교훈과 적용

막강한 국력을 과시하기 위해 한국과 프랑스는 호랑이, 영국은 사자, 미국은 독수리, 그리고 러시아는 곰을 든다. 하지만 성부 하나님께서는 죽으시고 부활하신 어린양을 통해 그분의 능력을 드러내신다.[43] 성부 하나님께로부터 천상천하의 모든 권세를 받으신 역사의 주관자이신 예수님을 항상 신뢰하자. "그리스도께서 성부 하나님 보좌 우편에 앉으신 목적은 하늘과 땅의 모든 피조물로 하여금 그분의 엄위를 우러러보며, 그분의 손으로 다스림을 받으며, 그분의 뜻을 헤아려 살피며, 그분의 능력에 복종하도록 하시기 위함이다."기독교강요 2.16.15.[44] 세상을 천국으로 변혁시키기 위해서

---

43. 부활하신 예수님께서 '주와 하나님'(요20:28)이라 불리심은 주님께서 온 세상의 참 통치자시라는 뜻이므로 반로마적 메시지를 내포한다. 다시 말해, 황제가 군림하던 정치 영역을 비롯한 모든 영역을 부활하신 예수님께서 다스리신다는 뜻이다. 부활은 황제가 예수님의 참 권세를 패러디했음을 드러낸다. 황제가 폭력을 사용한 이유는 역설적으로 두려움 때문이다. 자신의 십자가를 지고 사는 그리스도인은 무력과 폭력과 기만을 활용하여 정치 영역에서 부활하시고 승천하신 그리스도의 주권을 이루려고 해서는 안 된다. 대신 그리스도인은 세상 권력이 저지르는 폭력과 죄악을 거부하며, 부활 생명과 사랑이라는 강력하고 새로운 질서와 원칙으로 무장하여 변혁의 주체가 되어야 한다.

44. J. Calvin, 『1559년 라틴어 최종판 직역 기독교강요. 제2권』, *Institutio Christianae Religionis*, 문병호 역 (서울: 생명의 말씀사, 2020), 489. 이탈리아 출신 종교개혁자 버미글리(1499-1562)는 시편 148편으로 기도하면서 "당신의 백성, 즉 당신의 교회를 위하여 황송하게도 당신의 능력의 뿔(시148:14)을 높이시기를 우리가 기도합니다. 그리하여 교회가 지옥의 모든 권세에 대항하여 설 수 있게 하시고, 날마다 점점 더 당신과 연합하게

일하시는 성령님과 보조를 맞추어 복음의 공공성을 회복하자. 그리고 성자 예수님을 성부의 최고 피조물인양 취급하는 이단을 주의하자.

2. 어린양께 드리는 예배(5:8-14)

"[8]그 두루마리를 취하시매 네 생물과 이십사 장로들이 그 어린양 앞에 엎드려 각
각 거문고와 향이 가득한 금 대접을 가졌으니 이 향은 성도의 기도들이라 [9]그들
이 새 노래를 불러 이르되 두루마리를 가지시고 그 인봉을 떼기에 합당하시도다
일찍이 죽임을 당하사 각 족속과 방언과 백성과 나라 가운데에서 사람들을 피로
사서 하나님께 드리시고 [10]그들로 우리 하나님 앞에서 나라와 제사장들을 삼으
셨으니 그들이 땅에서 왕 노릇 하리로다 [11]내가 또 보고 들으매 보좌와 생물들과
장로들을 둘러 선 많은 천사와 음성이 있으니 그 수가 만만이요 천천이라 [12]큰
음성으로 이르되 죽임을 당하신 어린양은 능력과 부와 지혜와 힘과 존귀와 영광
과 찬송을 받으시기에 합당하도다 [13]내가 또 들으니 하늘 위에와 땅 아래와 바다
위에와 또 그 가운데 모든 피조물이 이르되 보좌에 앉으신 이와 어린양에게 찬
송과 존귀와 영광과 권능을 세세토록 돌릴지어다 [14]네 생물이 이르되 아멘 하고
장로들은 엎드려 경배하더라"

어린양께서 두루마리를 취하실 때, 4생물과 24장로가 어린양 앞에 엎드려 각각 거문고와 성도의 기도를 가리키는 향이 가득 담긴 금 대접을 가졌다8절; 참고. 계8:3-4. 어린양께서 두루마리를 받지 않고 능동적으로 취하신 것은 예수님께서 권세와 통치권을 가지고 계심을 강조한다. 구약 제의에서 향과 거문고는 기도와 연결되는데출30:1-10; 대상6:34; 시141:2; 눅1:9-10 참조, 창조주 성부 하나님처럼계4:11

해 주옵소서."라고 아뢴다. P. M. Vermigli, 『거룩한 기도들: 버미글리의 시편 기도문』, *Sacred Prayers*, 김진홍 역 (부산: 고신대학교 개혁주의학술원, 2022), 417.

참조. 이제 어린양께서도 기도를 받으시기 합당하시다.[45] 계시록 8장 3-4절에서 "향"이 기도와 연결되는 사실을 감안하면, 계시록 5장 8절 끝의 여성 복수 주격 관계대명사αἵ의 선행사는 여성 복수 대격 "대접φιάλας"이 아니라 바로 앞의 중성 복수 속격 명사 "향들θυμιαμάτων"이다. 여기서 여성 관계대명사가 중성 명사를 선행사로 취하고 있지만, 뒤따르는 여성 복수 주격 명사 "기도들αἱ προσευχαί"에 성性과 수와 격이 동화되어버렸다.[46] 이런 문법은 신약성경에서 여러 구절에 나타난다마7:12; 22:38; 막15:16; 행16:12; 갈3:16; 골 1:27; 엡1:14; 딤전3:15; 요일2:8; 계4:5 참조. 구약 제사장은 하나님께서 금하신 그 어떤 다른 향으로도 향단 위에 사르지 말아야 했다출30:9 참조. 마찬가지로 성도가 드리는 기도의 향은 어린양께서 처방하신 대로 올려드리는 합당한 기도를 가리킨다.[47] 8절의 기도의 내용은 이어지는 9-10절로부터 어린양을 통한 구원의 사역, 즉 하나님의 선교임을 알 수 있다.[48]

4생물과 24장로가 부른 구원을 기리는 새 노래시33:3; 40:3; 96:1; 98:1; 144:9; 사42:10 참조의 내용은 다음과 같다. 두루마리의 인을 떼시기에 합당하신 죽임 당하신 어린양께서 족속과 방언과 백성과 나라 가운데에서 사람들을 사서ἠγόρασας 성부께 드리시고, 그들을 제사장 나라로 삼아 현재적으로 왕 노릇하게 하셨다9-10절; 참고. 계1:6; 20:6. 여기서 '사다'는 '시장으로 가다to go to the market'라는 문자적 의미가 아니라 대속to redeem, ransom을 가리킨다.[49] 10절의 현재적 왕 노릇은 문자적으로 지상의 천년왕국을 예언하는 것이 아니다.[50]

계시록의 1차 독자들인 소아시아의 7교회는 만인 왕, 만인 제사장, 그리고 만인 선지자로 살아야 했다. 하지만 박해 상황에서 3직을 수행하는 것은 목숨을

---

45. Tabb, "Prayer in Apocalyptic Perspective." 192, 194.
46. Beale, 『요한계시록 상권』, 599.
47. S. L. Adams, "The Rhetorical Function of Petitionary Prayer in Revelation," *Neotestamentica* 55/1 (2021), 6.
48. Adams, "The Rhetorical Function of Petitionary Prayer in Revelation," 5-8.
49. Montanari, *The Brill Dictionary of Ancient Greek*, 18. 참고로 계시록 5장 9절의 '모든 족속, 언어, 백성, 나라'는 현대 교회의 다문화(multi-cultural) 사역에 대한 적용점을 제공한다. Duvall, *The Heart of Revelation*, 61.
50. Contra Hindson, *The Book of Revelation*, 69.

걸어야 하는 매우 위험한 일이다. 구약에서도 3직을 수행하는 것이 위험하기는 마찬가지였다. 이 사실을 다윗을 예로 들어 살펴보자. 다윗은 왕으로 기름부음을 받았으나 오랜 기간 살해 위협에 처했다삼상19:1 참조. 그리고 제사장 아히멜렉은 사울 왕에게 하나님의 뜻에 대해 직언하고 다윗을 변호하다가 죽임을 당했다삼상22:14-16 참조. 또한 선지자와 제사장 사무엘이 다윗에게 기름을 붓는 것은 사울에게 죽임을 당할 것을 각오해야 했다삼상16:2 참조.[51] 마찬가지로 소아시아의 7교회가 왕들 중의 왕이신 예수님의 뜻을 받드는 작은 왕으로 살기 위하여, 예언자로서 하나님 나라를 증언하는 공동체witnessing church로 세상에 자신을 나타내며, 로마황제 대신에 하나님만 예배하는 제사장의 정체에 걸맞게 사는 것은 평탄대로를 걷는 것과 전혀 달랐다. 하지만 계시록의 1차 독자들은 높은 곳에 계신 지극히 크신 성부의 우편에 앉으신 예수님의 지혜롭고 선하고 전능하신 통치를 받으며 살아야 했다히1:3 참조. 그리고 1차 독자들은 죄를 정결하게 하는 일을 성취하신 예수님 안에서 사죄의 은총을 입어 구별되게 살아야 했다히1:3 참조. 또한 1차 독자들은 성부 하나님께서 종말에 계시의 수단으로 삼으신 예수님께서 자신들에게 하시는 말씀을 듣고 증언해야 했다히1:2 참조. 요약하면, 구약의 왕, 제사장 그리고 선지자가 직분을 감당하기 위해 목숨을 걸었듯이, 예수님과 계시록의 1차 독자들도 마찬가지였다.

사도 요한처럼 바울도 예수님의 구원 사역을 설명할 때, 그 당시 노예제도를 염두에 둔다. AD 1세기에 노예가 해방, 곧 속량贖良되려면, 누군가 몸값을 지불해 사야 했다고전6:20; 7:23; 갈3:13 참조.[52] 로마서 8장 23절과 고린도전서 1장 30절의

---

51. 하나님께서는 모세를 통해 공의로 백성을 재판할 사람을 세우라고 명하셨는데(신16:18), 사사시대에는 여선지자 드보라를 비롯하여 사사들이 이 직무를 수행한 것으로 보인다(삿4:4-5). 그 후 다윗 당시에 제사장이 속한 레위인들 가운데 일부는 성전 업무가 아니라 성전 밖에서 관원과 재판관의 임무를 수행했다(대상23:4; 26:29). 신약에서는 모든 성도가 제사장 나라로서 교회당 밖에서 하나님의 정의를 구현해야 한다.

52. Montanari, *The Brill Dictionary of Ancient Greek*, 259. 참고로 성부께서 독생자 예수님께 맡기신 메시아 사역은 과거부터 '성취되어져왔다(현재완료 신적수동태, τετέλεσται, 요19:30)'. 예수님께서는 아버지로부터 위임받은 구원의 계획을 성취하셔서(τελειώσας) 영광을 돌리셨다(요17:4 참조). 독생자 그리스도께서는 그분의 피로써 성도를 사셔서 성부께 바치심으로써 메시아 사명을 완수하셨다(messianic mission accomplished,

"속량ἀπολύτρωσις"은 노예제도의 배경에서 이해되는데, 예수님 그분께서 지불하신 생명 값 덕분에 사신 바 된 사람은 매우 근본적인 신분의 변화를 경험한다롬3:24 참조. 이런 정체성의 변화는 구원하신 분을 향하여 새로운 의무를 부여한다.

계시록 4-5장 전체를 볼 때, 성부와 성령은 물론, 성자 역시 교회의 기도와 예배를 받으시는 분이다. "새 노래"는 최신 노래라는 시간적 의미가 아니라, 하나님의 구원과 새 창조의 은혜와 능력을 기리는 질적으로 새로운 찬양을 가리킨다. 허규는 "새 노래는 이전과 다른 새로운 방식으로 그리스도를 통한 구원이 완성되는 것을 의미하고, 이것은 종말에 오게 될 새로운 시작을 나타냅니다."라고 설명한다.[53] 그러나 새 노래는 주님의 재림으로 구원이 완성되는 것을 기리기보다, 예수님의 초림으로 이미 시작된 새 언약의 복된 구원을 내용으로 삼는다.[54] 하나님의 백성과 피조된 모든 생명체는 어린양의 위대하심과 그분의 사역을 알았기에 경배와 찬양reverential praise을 드릴 수 있었다.[55] 열방이 하나님을 찬양할 것은 구약에서 이미 예고된 바인데, 하나님의 구원은 항상 열방 가운데 선포되어야 한다단3:29; 6:25-27 참조.[56] 주일 예배 중에 계시록의 독자들은 이런 깨달음과 찬양에 초청받았다.

만만 천천의 천사들이 큰 음성으로 죽임을 당하신 어린양께서 능력계4:11 참조과 부대상29:11-12; 고후8:9 참조와[57] 지혜계7:12 참조와 힘계4:11; 7:12 참조과 존귀계4:11 참조와 영광계4:11 참조과 찬송계7:12 참조을 받으시기 합당하다고 찬양한다11-12절. 하나님의 보

계5:9; 14:3-4 참조). '독생자(μονογενής)'는 하나뿐인 아들을 가리키기보다, 언약을 성취하는 독특한 신분(unique status)을 가리킨다(히11:17; 요일4:9 참조). 이런 속죄는 영 단번이다(at-one-ment). 참고. A. M. Jensen, "Does τετέλεσται mean 'Paid in Full' in John 19:30?: An Exercise in Lexical Semantics," *Wisconsin Lutheran Quarterly* 116/1 (2019), 13-14.

53. 허규, 『요한묵시록 바르게 읽기』, 91; Osborne, *Revelation*, 259; Reddish, *Revelation*, 111.
54. Campbell, "Findings, Seals, Trumpets, and Bowls," 83.
55. Seal, "The Persuasive Arousal of Emotions," 34.
56. *The Jesus Bible*, 1354.
57. 서머나교회(계2:9)와 빌라델비아교회(계3:8)는 가난한 중에도 부(富)를 교회의 머리이신 그리스도와 하나님 나라를 위해 사용했다. 하지만 라오디게아교회(계3:17)와 음녀 바벨론은 그렇지 못했다(계18:3). 참고로 오바댜서는 에돔이 스스로 자랑하고 의지하던 부(옵1:6)와 지혜(7-8절)와 힘(3, 9-10절) 때문에 패망할 것을 예언한다.

좌 주위에 있던 많은 천사의 찬송처럼, 신약성경은 천사들이 예배 중에 임한다고 언급한다단7:10; 고전11:10; 히12:22 참조. 계시록 4장과 계시록 5장을 비교해 보면, 성부께서 받으신 찬송의 내용들을 어린양께서도 받으심을 알 수 있다. 따라서 어린양께서는 성부께 종속되거나 열등한 분이 아니시다. 어린양께서는 죽임 당하신 분이지만 승귀하셔서 예배를 받으시므로 고등기독론적 요소도 가지고 계신다.[58] 그런데 역설적이게도 어린양의 승리는 죽임 당함을 통하여 가능하다. 계시록의 독자들도 죽임 당하신 예수님의 자취를 따라갈 때 승리할 수 있다. 탐무스, 이시리스, 그리고 아티스와 같은 신들은 죽어서 탄식의 대상이 되었지만, 어린양께서는 죽임을 당하셨지만 오히려 찬송을 받으시기에 합당하시다.[59] 왜냐하면 예수 그리스도의 죽음은 아무런 효력을 발생시키지 못한 패배가 아니기 때문이다.

12절의 "능력"부터 "찬송"까지 총 7개의 명사가 정관사τὴν 하나로 연결되는데, 쿰란문서에도 이런 현상이 나타난다4Q403 참조.[60] 어린양께서 받으시기 합당하신 7가지에서 '7'을 완전과 충만으로 해석한다면, 주님께서는 '신성의 모든 완전함all the completeness of deity'을 가지고 계심이라고 해석할 수 있는가?[61] 계시록의 환상에서 명시적으로 숫자 '7'이 등장하는 대신, 단어의 등장 횟수로써 상징적 의미를 추론하는 것은 조심해야 한다. 그리고 12절 찬송에서 어린양의 신성을 드높이려는 의도가 있는지도 불분명하다.

계시록에 "지혜σοφία"는 4회 등장하는데계5:12; 7:12; 13:18; 17:9 참조, 위기 상황 속에 있던 계시록의 독자들이 지혜를 활용하여 참된 실재구원, 평화, 웰빙, 능력 등를 발견함으로써 변혁적 삶을 살도록 격려한다. 그리고 계시록의 상징 세계는 하나님의 지혜를 만나는 장소이자 로마제국의 실재그리고 상징 세계를 반영하는데. 상징을 지

58. M. R. Hoffmann, "Angelomorphic Christology and the Book of Revelation," (Ph.D. Thesis, Durham University, 2003), 194-195.

59. Kraft, 『요한계시록』, 175.

60. Lupieri, *A Commentary on the Apocalypse of John*, 142.

61. Persson, *A Semantic and Structural Analysis of Revelation*, 92.

혜롭게 해석한다면 독자들이 살던 사회의 허구와 실체를 파악할 수 있다.[62]

요한복음에서 "영광δόξα"은 이중 의미*double entendre*로 볼 수 있다 왜냐하면 "영광"은 특정 문맥에서 '어떤 사람의 신분에 있어 중요성, 탁월함, 무게'라는 사전적 의미와 달리, 예수 그리스도의 십자가의 죽으심과 부활을 의미하기 때문이다요7:39; 12:16,23; 13:31-32; 17:1; 계5:12-13; 7:12 참조. 따라서 영광은 그리스도 사건으로 정의되고, 그리스도 사건은 영광의 관점에서 설명된다. 요한복음과 계시록은 소아시아를 배경으로 하기에, 계시록의 독자도 영광의 이중적 의미를 알고 있었을 것이다. 예수님께서는 영광 가운데 선재하셨는데, 죽으시고 부활하심으로써 다시 그 영광을 회복하셨다.[63] 그리고 신약 교회는 영광을 받으신 예수님을 찬양하는 동시에, 주님의 영광을 공유한다. 그리고 "찬송"을 받기에 합당하신 어린양께서는 24장로와 4생물과 천사들과 만유에게 찬송의 이유가 되신다. 12절은 반 로마적 메시지를 담는다. 어린양을 패러디하는 황제는 신적 능력*numen*, 불멸*aeternitas*, 신적 광채*radios*와 광휘*tubar*, 그리고 불패*invictus*라는 수식어들로 칭송을 받았으며, 전쟁을 종식시켜 평화와 구원의 질서를 온 세상에 주는 자로 묘사되었다.[64]

12절의 어린양의 대속 사역은 바울신학과 맥을 함께한다. 고린도전서 15장 3절의 대속의 죽음 공식은 '우리를 위해' 죽으신 예수님의 구원 사역을 설명한다. 성찬 재정문에서도 '우리를 위한' 예수님의 몸과 피가 나타난다고전11:24 참조. 어린양 예수님의 죽으심은 구약의 속죄제레16장; 롬3:25 참조, 유월절 양출12장; 고전5:7 참조, 그리고 언약 체결 때의 희생을 모두 성취하셨다창15장; 출24장; 고전11:25 참조. 부활하신 어린양이 아니라 "죽임 당하신 어린양"께서 "능력, 부, 지혜, 힘, 존귀,

---

62. P. B. Decock, "The Transformative Potential of the Apocalypse of John," *Acta Theologica* 31 (2011), 188, 193.

63. J. G. van der Watt, "*Double Entendre* in the Gospel according to John," in *Theology and Christology in the Fourth Gospel*, ed. V. Belle et als (Leiden: Brill. 2005), 468-469에서 요약. 덧붙여 계시록 5장의 어린양과 예배에 나타난 고등기독론은 Duvall, *The Heart of Revelation*, 120을 보라.

64. A. Brent, "Luke-Acts and the Imperial Cult in Asia Minor," *Journal of Theological Studies* 48/2 (1997), 418; Charles, "The Throne-Vision of the Lamb," 96.

영광, 찬송"을 받으시기에 합당하시다. 예수님께서는 다름 아니라 대속을 위한 죽음을 통해서 높아지셨다. 다윗은 성전 건축에 필요한 재료를 힘껏 준비했는데, 온 이스라엘 백성의 자발적인 협력을 이끌어냈다. 그때 다윗은 송축하면서, "능력", "영광", "승리", "위엄", "주권", "부", "(존)귀", "권세", 그리고 "찬양"을 이스라엘 하나님 야웨께 돌린다대상29:10-13 참조. 계시록 5장 12절과 간본문인 역대상 29장 11-12절에 "능력, 부, 존귀, 힘능력, 영광, 찬양"이 공통 요소이다. 계시록 5장 12절의 "지혜"만 다윗의 찬양에 나타나지 않는데, 유능한 기술자와 장인이 손으로 금과 은으로 그릇 등을 만드는 대목에 암시된다대상 28:21; 29:5 참조. 그리고 하나님께서는 성전 건축자로 선택하신 솔로몬에게 지혜와 총명을 주셨다대상 22:12 참조. 구약의 예루살렘 성전에 거하셔서 언약 백성인 이스라엘의 경배를 받으신 야웨의 존재와 사역은 이제 새 언약 백성인 교회와 함께하셔서 그들로부터 예배를 받으시는 어린양 예수 그리스도께로 이어진다.[65] 예루살렘 성전의 건축은 예배를 위한 것이며, 계시록 5장의 천상에서 벌어지는 어린양 예배도 마찬가지이다. 하나님의 백성은 예배를 통하여 하나님의 성품에 합당한 영광을 돌리게 된다.

하늘과 땅과 땅 아래와 바다의 모든 피조물은 보좌에 앉으신시29:10 참조 성부와 어린양께 "찬송과 존귀와 영광과 권능을 세세에 돌릴지어다"라고 찬양한다13절; 참고. 시69:34. 13절 안에서 볼 때, 성부와 어린양께서 받으실 4가지찬송, 존귀, 영광, 권능는 13절의 네 영역하늘, 땅 위, 땅 아래, 바다에 상응한다.[66] 만유가 질서 정연하게 보존되는 것은 만유의 주님의 뜻, 곧 섭리 때문에 가능하다골1:17; 3:11 참조. 이것은 예수님께서 세상 보존언약, 곧 노아언약을 성취하셨기 때문이다창9:13 참조. 그런데 계시록의 후반부에서 음녀 바벨론은 어린양의 온 세상적 통치를 패러디한다계

---

65. 역대상과 역대하는 절반에 달하는 약 29장에 걸쳐 다윗과 솔로몬을 다룬다. 역대상 22, 28, 29장에서 솔로몬은 하나님의 택함 받은 성전 건축자로서 이전의 여호수아처럼 두려워 말고 강하고 담대해야 했다(수1:9; 대상 22:13). R. Braun, "Solomon, the Chosen Temple Builder: The Significance of 1 Chronicles 22, 28, and 29 for the Theology of Chronicles," *JBL* 95/4 (1976), 581-590.
66. 이달, 『요한계시록』, 127.

17:18 참조. 계시록 5장의 새 노래는 예배 중에서 불리기에 합당할 뿐 아니라, 성도가 세상을 천국으로 변혁시키기 위해서 불러야 할 공적 찬송이기도 하다. 특히 13절은 지역교회의 찬양대가 부를 찬송일 뿐 아니라, 온 세상의 피조물이 하늘의 예배와 찬송에 동참해야 할 우주적 규모의 찬양이다.[67]

13절의 보좌 위의 어린양은 고난을 통해서 통치자로 높임을 받으신 예수님을 가리킨다. 고난이라는 저기독론에 등극이라는 고기독론이 결합된다. 요한복음에도 예수님의 수난 기사에 주님의 왕으로서 영광 받으심이 나타난다요19:19-20 참조.

13절의 찬송에 대해 네 생물은 "아멘"으로 화답하고, 24장로는 엎드려 경배하며 화답했다14절. 13-14절은 성부와 어린양을 병행과 대칭 구조로써 결속하는 계시록 4-5장 전체의 결론이자 절정에 해당하는 송영이다.[68] 메시아가 야웨와 동등하게 경배를 받으신다는 사상은 유대교에서 찾아보기 어렵다. 계시록의 찬송들은 성부처럼 경배받기에 합당하신 예수 그리스도를 높이는데, 찬송은 앞뒤의 환상을 기독론적으로 주석하는 기능을 한다.[69] 계시록의 환상에서 어린양께서는 만유의 경배를 받으시기에 합당하시다. 따라서 찬송은 황제제의를 비판한다.[70]

구약 이스라엘의 대관식戴冠式이나 즉위식을 계시록 5장과 비교하면, 이 장에서 어린양의 즉위식 주제를 찾을 수 있다. 이에 관해 스테파노비치R. Stefanovic의 다음 설명이 적절하다.[71] 남 유다의 즉위식은 예루살렘 성전에서 거행된 대관식과 이어서 왕궁에서 진행된 즉위식으로 나뉜다왕하11:12-19; 대하23:11-20. 즉위식은 새

---

67. K. Barth, 『교회교의학』, 3.3.466 in J. L. Mangina, "Apocalypticizing Dogmatics: Karl Barth's Reading of the Book of Revelation," *Journal of Theological Interpretation* 1/2 (2007), 203. 참고로 웨스트민스터 신앙고백서 3.3-4는 사람과 천사가 영생을 위해 예정되었다고 밝힌다. 그런데 하나님의 형상이 아닌 천사를 위해 예수님께서 대속의 피를 흘리신 바 없다. 그럼에도 영생을 위해 예정을 받은 천사가 구원의 하나님을 찬양하지 못할 이유는 없다. 참고. R. C. Sproul, 『웨스트민스터 신앙고백 해설 1: 삼위일체 하나님(1-8장)』, *Truths We confess, Vol 1: The Triune God*, 이상웅·김찬영 역 (서울: 부흥과 개혁사, 2011), 122-130.

68. 김추성, 『하나님과 어린양의 보좌: 요한계시록 새롭게 읽기』, 141.

69. J. M. Ford, "The Christological Function of the Hymns in the Apocalypse of John," *Andrews University Seminary Studies* 36/2 (1998), 211. 참고로 계시록의 찬송의 목록은 Wilson, *Charts on the Book of Revelation*, 74-75를 보라.

70. Ford, "The Christological Function of the Hymns in the Apocalypse of John," 229.

71. 참고. Stefanovic, 『예수 그리스도의 계시』, 185-186.

왕에게 기장emblem을 수여하는 의식왕하11:2과 기름을 붓는 의식으로 구성된다삼하2:4; 왕상1:34; 왕하23:30. 성전과 왕궁에서 진행된 이 의식에 참여한 군중은 새 왕을 옹위하여 왕좌에 오르게 하며, 그에게 박수와 환호를 보냈다왕상1:34; 왕하11:12,14. 계시록 5장의 환상은 천상의 예배가 벌어진 성전이자 통치가 이루어진 왕궁을 배경으로 한다. 그리고 어린양께서 성부 하나님께로부터 두루마리를 받는 것은 왕으로 등극하여 통치하시기 시작하신다는 의미이다. 그리고 4생물과 24장로와 천사들 그리고 모든 피조물은 등극하신 어린양께 몸짓과 소리로 환호하며 경배한다. 하지만 구약 이스라엘의 왕들은 즉위할 때 군중의 경배를 받지 않았다. 그들은 경배받으실 하나님의 대리 통치자들이었기 때문이다.

새 언약 시대에 신약 교회가 드리는 예배는 성부 하나님께서 예수 그리스도를 통해 성취하신 구원 사역에 근거한다. 따라서 그리스도 중심적이며 완결적 예배Christotelic worship는 오직 예수님께만 순종하고 영광을 드리는 삶doxological living으로 이어져야 한다히12:28-29; 13:1-17 참조.[72] 새 언약 예배의 중심에 구주 그리스도께서 계시며, 새 언약공동체는 주일과 주중에 삼위 하나님의 구원 사역에 선교적 송영으로 반응missional doxological response하는 예배공동체이다.

파이퍼O. A. Piper는 계시록의 예배가 어디로부터 영향을 받았으며, 어떻게 후대의 기독교 예배에 영향을 주었는가를 연구하여 다음과 같이 주장한다.[73] ① 구약 성전 제사와 유대교의 성전 및 회당 예배는 소아시아 7교회의 예배에 영향을 주었다. ② 요한은 유배 중이었기에 성령님 안에서 소아시아 7교회의 주일 저녁 예배에 동참했다. ③ 계시록의 하늘 예배와 지상 예배의 일치는 유대교의 성전 제사와 회당 예배의 균열을 극복한 것이다. ④ 계시록 5장의 어린양만 개봉할 수 있었던 두루마리는 구약성경 혹은 구약성경 중 미래를 예언하는 단락이므로, 소아시아 7교회의 예배에서 승천하신 그리스도께서는 구약성경을 이

72. B. C. Joslin, "Theology unto Doxology: New Covenant Worship in Hebrews," *SBJT* 24/1 (2020), 73-74, 79-80.

73. O. Piper, "The Apocalypse of John and the Liturgy of the Ancient Church," *Church History* 20/1 (1951), 13-20.

해하는 열쇠로 자리매김하셨다. ⑤ 크리소스톰에게서 볼 수 있듯이, 계시록의 예배는 AD 4세기 말 이후의 교회가 예전의 패턴을 형성하는 데 영향을 주었다 예. 어린양 예배.

이상의 파이퍼의 주장에 대해 몇 가지 비평해보면, ① 요한이 신체적으로는 떨어져 있었지만 성령님 안에서 수신자들의 주일 예배에 참여했다는 것은 매우 모호하다. ② 계시록은 천상의 예배와 지상 예배를 하나로 일치시키기보다, 후자는 믿음의 세계인 전자를 반영해야 했다. 계시록의 예배가 유대교의 성전 제의와 회당 예배의 균열을 극복했다는 가설이 성립되려면, 예루살렘 돌 성전이 천상의 예배가 되어야 한다. 하지만 계시록의 천상의 예배와 유대교의 성전 제의는 동일시할 수 없다. ③ 계시록 5장의 두루마리는 구약성경이라기보다 성부와 성자의 통치계획서와 같다. 그리고 소아시아 7교회의 주일 공 예배에서 승천하신 예수님께서 구약 해석의 열쇠로서 어떻게 역할을 수행하셨는지도 모호하다. 물론 초대교회의 석의와 설교 그리고 찬송에서 예수님께서 중심이셨음은 분명하다. ④ 계시록의 예배가 4세기말의 기독교 예전에 구체적으로 영향을 미쳤다는 실제 증거는 미약하다.

요한은 자신이 본 환상을 1차 독자들에게 제시함으로써, 믿음의 '상징 세계 symbolic world'를 통하여 박해를 받던 현실 세계를 극복할 수 있는 안목을 제공한다. 이 사실은 두 란드의 아래 설명에서 확인된다.

> 언어를 독특하게 활용함으로써 발생하는 상징주의, 수사학, 그리고 심리적 카타르시스와 더불어, 요한계시록은 상징 세계를 만든다. 그리스도인 독자들의 사고방식은 승리하신 그리스도께서 통치하시고 억압받던 사람들이 승리자가 되는 상징 세계에 맞추어야했다. 비록 이것은 그리스도인의 마음 혹은 영적 안목 안에서만 이루어지지만, 매일 두려움에 직면한 공동체는 하나님께서 자신을 돌보시는 상징 세계로 이동할 수 있었다. 또한 이것은 '변형'이라 불릴 수 있는데, 소아시아의 무서운 일상은 유의미한 상징과 의로 가득한

사고의 세계로 변형된다. …… 이것은 그리스도인 독자들이 무서운 현실에서 미래로 도피하는 것을 결코 의미하지 않는다. 이런 상징적 사고 체계는 그리스도인이 무서운 위기 상황 속에서 새롭게 적용하며 살도록 돕는다. …… 그리스도인은 즉각 예수님의 권세와 메시아의 본성을 상징하는 어린양께서 다스리시는 상징 세계로 이동한다.[74]

참고로 계시록 5장 8-14절과 계시록 19장 1-8절의 병행은 아래와 같다. 천상의 예배 환상은 계시록 후반부까지 계속 지속된다.[75]

계시록 5장 8-14절	계시록 19장 1-8절
A 4생물과 24장로의 경배(8절)	B 하늘에서 많은 무리의 큰 음성 같은 소리가 말함(1절)
B 만만 천천의 수많은 천사가 큰 음성으로 말함(11절)	A 24장로와 4생물이 엎드려 아멘 할렐루야라고 찬송함(4절)
C 하늘과 땅과 땅 아래와 바다에 있는 모든 피조물이 말함(13절)	D 보좌에서 한 음성이 나서 말함(5절)
A 4생물은 아멘하고, 24장로는 엎드려 경배함(14절)	B 내가 많은 무리의 소리 같은 것을 들음(6절)

교훈과 적용

4생물과 24장로는 거문고와 금 대접을 들고 어린양 앞에 엎드렸는데, 바로 코람데오의 삶이다. 이에 대해 남아공 노스-웨스트대학교 구약학 교수 크루거P. P. Kruger의 적절한 설명을 들어보자. 그리스도인은 고난당할 때, 마치 예수님께서 묻히신 금요일 오후부터 부활일의 새벽 사이에 절망과 고통스러운 멈춤과 죽음과 슬픔이 가득한 '부활절 토요일 문화Easter Saturday culture' 속에 살고 있다고 느낀다. 또한 그리스도인은 이 세상에서 얍복 강의 야곱처럼 마치 다리를 저는 승리자와 같다. 그리고 하나님께서 그분의 얼굴을 우리에게 감추시는 듯한 경우도 종종 있다. 그런 때일수록 그리스

74. Du Rand, *A-Z van Openbaring*, 112-113.

75. W. A. Shea, "Revelation 5 and 19 as Literary Reciprocals," *AUSS* 22/2 (1984), 252.

도인은 코람데오, 즉 하나님의 얼굴의 빛 앞에서 사는 훈련을 해야 한다. 성부 하나님께서는 예수님 안에서 그분 자신을 성령님을 통하여 우리에게 주신다. 성령님께서는 성부께서 말씀을 통해per 우리와 함께cum하심을 보증하신다. 예수님의 신실하심은 그리스도인이 코람데오하나님의 얼굴에서 나오는 은혜의 믿음을 확신하도록 만든다.[76]

교회는 예배로 하나님과 언약한 사람들이다시50:5 참조. 예배와 삶에서 삼위 하나님을 알현謁見하며 높이는 방안은 무엇인가? 구원의 은혜와 교회의 영광스러움과 책무를 담은 새 노래를 공적 예배와 삶 속에서 부르자.[77]

그리스도인은 어떻게 하나님을 '송영하는 신학'을 할 수 있는가? 한 가지 단서를 아기 예수님을 임신한 마리아로부터 찾을 수 있다. 신학은 하나님에 대한 말이며, 하나님을 대면한 것을 증언하는 작업이다. 신학이 두 번째 순서인 것은 하나님의 계시가 먼저 주어지기 때문이다. 하나님의 사역은 메신저가 전하는 말을 통하여 나오는데, 하나님의 통치가 신자의 자궁에 어떻게 이루어지는지 알린다. "저는 주님의 종이오니, 주님이 제게 말씀하신 대로 이루어지기 원합니다."눅1:38라고 마리아가 대답했을 때, 그녀는 신학을 하고 있었다. 마리아는 주님께서 자신에게 하신 말씀이 자신의 상황 속에서 무슨 뜻인지 분별하려고 애썼고, 그것을 가브리엘 및 엘리사벳과 의논하기 시작했다. 그녀의 신학은 성령님의 현존 안에서 예수 그리스도를 통하여 찾아오시는 하나님 중심이다. 신학이 자궁에서 시작하는 것은 그것이 영생이 착상되는 가장 깊은 곳에서 발생하기 때문이다. 신학은 기쁨과 예배로 이어지기에, '송영의 신학'이 마땅하다. 마리아처럼 신학자는 하나님의 말씀을 받고, 주님의 말씀대로 자신을 통해 세상 속에 이루어지기를 바라는 이들이다. 하나님의 생명과 말씀을 선물로 받은 교회는 신학함의 장소이자 신학자들이다.[78]

---

76. P. P. Kruger, "*Certitudo Coram Deo*: Reframing a Fascinating Feature of Dort," *In die Skriflig* 54/2 (2020), 3-6.
77. 예배가 성경이 금하지 않는 바를 자유롭게 도입하기보다(루터파와 성공회의 normative principle of worship) 규정하는 바를 따른다면(칼뱅파의 Scripture-regulated worship), 우상숭배를 방지하고 예배 인도자의 변덕과 기분에 좌우되지 않을 것이다. 그리스도인의 삶의 예배에도 하나님의 말씀이 규정하는 원칙은 적용되어야 한다. R. J. Martin, "Love for Christ and Scripture-Regulated Worship," *Artistic Theologian* 8 (2020), 25-26.
78. Hendriks. "Contextualising Theological Education in Africa by doing Theology in a Missional Hermeneutic." 1, 7에서 요약.

요한계시록 6장

<본문의 개요>

계시록 6장 1-2절은 어린양께서 인봉 된 두루마리의 첫째 인印을 개봉하심을, 3-4절은 둘째 인을 개봉하심을, 5-6절은 셋째 인을 개봉하심을, 7-8절은 넷째 인을 개봉하심을, 9-11절은 다섯째 인을 개봉하심을, 그리고 12-17절은 여섯째 인을 개봉하심을 다룬다. 어린양께서 취하신 두루마리를 완전히 말고 나서 7인을 수평으로 붙인 경우가 아니다. 오히려 두루마리를 조금씩 말면서 인을 하나씩 붙여가다가, 두루마리를 완전히 말고 나서 마지막 일곱 째 인을 붙인 모양이다. 용어와 주제에 있어 유사성과 반복을 보이는 심판 시리즈인 7인, 7나팔, 그리고 7대접에서 숫자 7은 레위기 26장 18절에 나타난 하나님의 7배 징벌을 연상시킨다.[1]

계시록 6장의 이전 문맥은 어린양께서 두루마리를 취하시자 찬양으로써 구원과 심판을 예고하는 것이다계5:7-12. 계시록 6장의 이후 문맥은 성부와 어린양의 진노의 큰 날에 능히 설 수 있는 사람이 누구인가라는 질문계6:17에 답하는 계시록 7장이다. 문맥상 계시록 6장은 7인의 심판 예고를 성취하여 실행하되, 남은 자들은 그 심판에서 제외하는 기능을 한다.

<내용 분해>

1. 첫째 인의 개봉(6:1-2)
2. 둘째 인의 개봉(6:3-4)
3. 셋째 인의 개봉(6:5-6)
4. 넷째 인의 개봉(6:7-8)
5. 다섯째 인의 개봉(6:9-11)
6. 여섯째 인의 개봉(6:12-17)

---

1. Gentry, *The Divorce of Israel*, Volume 1, 572.

1. 첫째 인의 개봉(6:1-2)

> "[1]내가 보매 어린양이 일곱 인 중의 하나를 떼시는데 그 때에 내가 들으니 네 생물 중의 하나가 우렛소리 같이 말하되 오라 하기로 [2]이에 내가 보니 흰 말이 있는데 그 탄 자가 활을 가졌고 면류관을 받고 나아가서 이기고 또 이기려고 하더라"

역사주의자들은 두루마리의 개봉이 로마제국 멸망의 시작을 나타낸다고 본다. 7인의 개봉은 도미티아누스의 통치로부터(AD 81-96) 시작된다고 본다. 그리고 고트족과 반달족의 침입으로 로마제국이 쇠망해 가는 것으로 이어진다고 본다. 과거론적 해석은 일곱 인으로 인봉된 두루마리(계5:1)는 예루살렘을 향한 하나님의 판결문인데, 일곱 인의 개봉은 유대-로마 전쟁 시에 있을 유대인들이 겪은 위기를 묘사한다. 그 당시 144,000으로 상징되는 유대 그리스도인들이 요단강 동편의 펠라(Pella)로 도망갔다. 말 탄 4명은 유대의 반란을 잠재우려고 이스라엘을 침입한 로마 군대를 상징하며, 그때 피 흘림, 내전, 기근, 죽음, 그리고 궁극적으로 예루살렘의 파괴로 이어졌다고 본다. 미래론자들은 두루마리와 그것의 개봉이 교회의 휴거와 대 환난의 시작을 뜻한다고 본다(계4:1; 특히 세대주의자들이 이 입장을 취함).[2] 그리고 144,000의 유대인들이 마지막 때에 인침을 받아 구원받는다고 본다. 또한 종말 때에 적그리스도가 흰 말을 타고 정복하려고 시도하며, 전쟁과 기근과 우주적인 곤경(아마 핵전쟁)이 따를 것이라고 본다.[3] 이상주의적 해석에 의하면, 두루마리와 그것의 개봉

---

2. 참고. Stander, "Preterism, Futurism or Historicism?" 154, 187. 참고로 Stander는 미래적 해석은 강한 기독론적 특징을 가지고 소망이 없는 시대에 그리스도인에게 절절한 소망을 심어준다고 주장한다. 하지만 계시록의 묵시적 특성을 문자적으로 오석하는 미래적 해석은 아직도 성취되지 않은 재림만을 마스터 키(master key)나 만병통치약처럼 떠받들지 않는가? 오히려 부분적 과거론이 미래적 해석보다 그리스도 사건과 악에 대한 심판을 통한 교훈과 소망을 더 강조한다.
3. 7인의 심판은 감람산강화의 미래 종말적 징조를 개관하면서, 성도의 신앙은 정화하지만 적그리스도와 같은 악인에게 형벌을 내린다는 이중적 의미를 가지고 있다는 주장은 홍창표, "처음 네 인(印)에 대한 환상 해석(계6:1-8)," 『신학정론』 18/2 (2000), 340-343, 397을 보라. 참고로 버미글리는 시편 2, 110, 119편 등을 통해 기도할 때, 자신의 시대에 '적그리스도'가 그리스도께 대항하고 있다고 밝혔다. Vermigli, 『거룩한 기도들: 버미글리의

은 하나님께서 인간을 다루시는 것을 가리킨다. 이들은 특히 역사 전반에 걸쳐서 등장하는 전쟁과 순교 그리고 심판의 사이클에 주목한다.[4] 이상주의자들은 특정한 역사적 사건과 연결하지 않고 7인의 환상을 역사 속에서 인간의 왕국은 흥망성쇠를 거듭하지만, 하나님께서 주권적으로 통치하시며 그분의 백성을 보호하시는 것으로 본다.[5]

7인, 7나팔, 그리고 7대접 심판을 포함하는 계시록 6-16장은 계시록 전체의 중앙에 자리 잡고 있을 뿐 아니라 주제로도 교차대칭구조의 중심인데, 아래 도표가 이를 보여준다.[6]

A 서론(1:1-9)
B 예수 그리스도의 나타나심(1:10-20)
C 일곱 교회에게 쓴 편지(2:1-3:22)
D 승귀하신 하나님의 보좌(4:1-11)
E 영광스런 어린양(5:1-14)
F 세 개의 일곱 심판 시리즈(6:1-16:21)
E′ 가증스런 바벨론(17:1-18)
D′ 무너진 바벨론(18:1-19:11)
C′ 일곱 마지막 환상(19:11-22:5; 참고. 반복되는 "내가 보았다")

시편 기도문』, 73, 310, 331, 348.

4. 참고. Greijdanus, *De Openbaring des Heeren aan Johannes*, 144; 첫 네 인의 심판을 재림 전까지 역사 속에서 일어나는 재앙으로 보는 강대훈, "인류의 보편적 고통과 그리스도인의 고통: 요한계시록의 인 심판 시리즈(6:1-17)를 중심으로" (2021 미래교회포럼 발제 논문, 화왕산스파호텔, 2021년 12월 13일), 64.
5. 송영목, "요한계시록의 전통적 4가지 해석의 비교 및 분석," 114. "개인에 따라 약간의 차이가 있기도 하지만, 대체로 전통적 미래적 해석자들(전통적 세대주의자들)은 계시록 6-18장의 사건이 종말의 대 환난 시대에 성취된다고 본다. 점진적 세대주의자들이나 근래의 (마운스나 오즈번 같은) 역사적-미래적 해석자들은 다중 성취(다중 적용)를 인정할 뿐 아니라 계시록의 많은 곳에서 그것을 인지한다." 곽철호, "계시록의 다중 성취적-미래적 해석: 마태복음 24장과 연관하여," 14.
6. Yong, *Revelation*, 200.

B′ 예수 그리스도의 마지막 말씀(22:6-16)

A′ 결론(22:17-21)

계시록을 정당하게 주해하려면, 유대묵시문헌과 어떤 관련성을 가지고 있는가를 비교하기 이전에 구약 간본문을 살피는 것이 중요하다. 그런데 계시록 6장의 경우, 구약 간본문인 스가랴 1장 8절 및 6장 2-3절과 더불어 신약 간본문을 살피는 것이 매우 중요하다. 계시록 6장과 8장 1절의 7인의 심판은 '작은 계시록'이라 불리며, 주로 AD 70년의 예루살렘 성전의 파괴를 다루는 감람산강화와 병행을 이룬다.[7]

계시록 6장; 8장 1절	마태복음 24장	마가복음 13장	누가복음 21장
첫째 인. 그리스도의 승리(1-2절)	거짓 그리스도(4-5절)	거짓 그리스도(5-6절)	거짓 그리스도(8절)
둘째 인. 전쟁(3-4절)	전쟁(6-7a절)	전쟁(7-8a절)	전쟁(9-10절)
셋째 인. 기근(5-6절)	기근(7b절)	지진(8b절)	지진(11a절)
넷째 인. 죽음(7-8절)	지진(7b절)	박해(9, 11-13절)	기근(11a절)
다섯째 인. 박해(9-11절)	박해(9-10절)	천체 격변(24-25절)	전염병(11a절)
여섯째 인. 천체의 격변(12-14절)	천체 격변(29절)	인자의 오심(26절)	천체 격변(11b, 25-26절)
하늘의 고요함(8:1)	인자의 오심(30절)		박해(12-17절)
			인자의 오심(27절)

7. France, 『마가복음』, 800-805; Chilton, *The Days of Vengeance*, 182; Wilson, *Charts on the Book of Revelation*, 77; Paul, *Revelation*, 148; Gentry, *The Divorce of Israel*, Volume 1, 568-569; contra 계시록 6장은 공관복음에 있는 감람산 강화의 용어와 모티브를 다시 적용하면서, 네로와 파르티아 군대가 로마제국을 심판할 것을 예고한다고 주장하는 C. M. Pate, "Revelation 6: An Early Interpretation of the Olivet Discourse," *Criswell Theological Review* 8/2 (2011), 47-55. Pate는 7인의 심판이 과거 예루살렘이 당한 심판과 앞으로 벌어질 로마제국의 재앙을 다루므로, 과거적 해석과 미래적 해석이 통합된다고 본다. 그러나 계시록의 이른 기록 연대(AD 66)를 따를 경우, 감람산강화가 예고한 돌 성전의 파괴는 미래 사건이다.

4복음서 기자들 가운데 사도 요한만 복음서에서 감람산강화를 생략했다. 요한에게 계시록은 '작은 계시록'인 감람산강화의 확대판이기 때문이다. 다시 말해, 감람산강화와 계시록은 내용과 주제에 있어 병행되고 중복된다.[8]

계시록 4-5장은 천상의 보좌와 예배 환상이며, 이어지는 계시록 6장도 하나님의 왕권이 시행되는 환상이다. 계시록 4장에서 보좌 위의 성부 하나님께서는 예배를 받으시기에, 박해받던 독자들의 견지에서 볼 때 다소 수동적으로 비친다.[9] 그러나 계시록 6장에서 어린양께서 두루마리의 인을 떼심으로써, 그 두루마리의 출처인 성부 하나님의 수동성은 사라진다. 성부 하나님의 전능하심은 로마 황제가 자신의 권력을 과시하고 오용한 방식과 다르다. 계시록의 독자들은 아버지 하나님의 능력이 어린양의 죽음과 승귀를 통하여 나타나는 사실을 올바로 직면하고 인지해야 했다. 계시록 5-6장의 내러티브 전개상, 구원의 기회는 주로 두루마리의 인이 개봉되기 전까지이다. 물론 제한적인 심판 덕택에 심판 중에서도 회개하여 구원을 얻을 기회가 주어진다.

이제 다윗의 뿌리이신 어린양께서 본격적으로 심판을 시행하신다시122:5 참조. 어린양께서 두루마리의 첫째 인을 떼실 때, 4생물 중 하나사자가 우렛소리같이 "가라ἔρχου"혹은 "오라"라고 명한다1절. 그런데 '오라'보다 '가라'가 더 어울리는 번역인 이유는 무엇인가? 만약 4말들과 말들을 탄 4명이 4생물에게로 '온다'면 활동을 수행하기 쉽지 않기 때문이다.[10] 오히려 말 탄 자들이 전쟁 등을 수행하려면, 4생물로부터 멀리 떨어져 나가는 것이 자연스럽다. 계시록에서 "우렛소리"는 종종 예배 맥락에 등장한다계4:5; 14:2; 19:6 참조. 하지만 6장 1절의 우렛소리

---

8. Contra 재림의 징조로 복음 전파(마24:14), 대 환난(마24:9), 전쟁과 기근(마24:6-7), 전염병(눅21:11), 거짓 선지자의 출현(마24:5) 등을 드는 권수경, "종말론적 관점에서 본 보편적 고통으로서의 재난," (2021 미래교회포럼 발제 논문, 화왕산스파호텔, 2021년 12월 13일), 41.

9. T. Nicklas, "Der 'Pantokrator': Die Inszenierung von Gottes Macht in der Offenbarung des Johannes," *HTS Teologiese Studies* 68/1 (2012), 5-6.

10. Persson, *A Semantic and Structural Analysis of Revelation*, 95; 심우진, "ἔρχομαι의 이의성에 대한 연구: 요한계시록의 용례를 중심으로," 『신학사상』 197 (2017). 94.

는 긍정적인 예배가 아니라 심판을 배경으로 한다.

흰 말을 탄 분은 활을 가졌고 면류관을 받아 이기고 또 이기려고 했다2절; 참고. 합3:15; 슥1:8; 6:3 참조. 여기서 "활"은 신약성경에 처음이자 마지막으로 등장하는데, 히브리어 단어와 모양에 있어 무지개와 유사하다계4:3; 10:1 참조. 칼과 더불어 '활'과 '화살'은 하나님께서 원수를 정복하실 때 사용하는 무기인데, 시편 7편 12-13절을 들어보자. "사람이 회개하지 아니하면 그하나님가 그의 칼을 가지심이여 그의 활을 이미 당기어 예비하셨도다. 죽일 도구를 또한 예비하심이여 그가 만든 화살은 불화살들이로다."시18:14,34; 21:12; 38:2; 45:5; 64:7; 77:17; 144:6; 애3:2; 합3:11 참조.[11] 오리겐, 이레니우스, 그리고 라틴 교부 빅토리누스와 오늘날 많은 주석가가 주장하듯이, 승리를 상징하는 흰색 말을 타신 분messianic horsemen은 예수님이시다계14:14; 19:11; 참고. Alford, Hendrickson, Hodges, Bachmann 등.[12] 하지만 계시록 6장 2절을 13장 7절과 연결하여 백마 타신 분을 적그리스도와 같은 부정적인 인물과 동일시하는 경우도 적지 않다예. De Viliiers, Rissi, Johnson, Thomas, Wong, Beale, MacLeod, Hindson, 이한수 등.[13] 그러나 계시록에서 승리를 상징하는 흰색은 예수님과 그리스도인에게만 적용되고 명사 '적그리스도'는 등장하지 않는다. 그런데 계시록 6장의 네 말을 탄 자들을 예수님이나 악한 인물이 아니라 전쟁을 일으키려는 사람의 욕망이라고 추상적으로 이해하기도 한다Osborne, Swete, Morris, Roloff, Beasley-Murray, Metzger, Talbert, Giesen, Mounce, Aune 등.[14] 하지만 요한이 백마를 탄 '사람'을 보았음을 기억한

---

11. 창세기 9장 13, 14, 16절에서 "무지개"는 히브리어로 '케세트'이며, 그리스어로는 '톡손(τόξον)'인데, 활(bow) 혹은 무지개(rainbow)를 뜻한다.
12. 유대문헌도 메시아께서 흰 말을 타신다고 밝힌다(산헤드린 93a; 애가 라바 1.13.41 참조). 송영목, "요한계시록 6장의 인 재앙과 요세푸스의 '유대 전쟁사'의 간본문적 해석," 『신약연구』 5/1 (2006), 163-189; 김기곤, "요한계시록 6:2에 관한 연구: 백마를 탄 기사(騎士)의 신원," 『신학리뷰』 8 (2000), 15, 19. Contra McArthur, *Revelation 1-11*, 178; Ngundu, "Revelation," 1583; Johnson, *Triumph of the Lamb*, 119; Green, "요한계시록," 2301.
13. 참고. 활을 들고 백마를 탄 사람을 적그리스도(요일4:3)로 보면서, 이 '흰 말 위에 검은 왕자(Dark Prince on a White Horse)'를 멸망의 자식(요17:12), 바다짐승(계13:1) 및 불법의 사람(살후2:3)과 동일시하는 Hindson, *The Book of Revelation*, 81.
14. 참고. Osborne, *Revelation*, 277.

다면, 사람 대신에 추상적인 개념으로 해석하기는 어렵다. 그리고 2절의 "이기고 또 이기려고 하더라"를 로마제국의 동쪽 파르티아제국의 기마부대가 '지상의 맹수'라 불린 흰말을 비롯하여 강력한 군마를 동원하여 BC 55년과 AD 62년에 로마제국을 물리친 사건과 연결하기도 한다Swete, Charles, Lohse, Boring, Mounce, Harrington, Aune 등.[15] 로마제국이 파르티아제국을 완전히 정복하지 못하여 위협적 요소가 된 것이 역사적 사실일지라도, 하나님께서 AD 60년대 중순에 그 제국을 사용하셔서 로마를 심판하신 적은 없다. 역사적으로 파르티아 군대는 로마제국이나 유대인들을 계속하여 정복하거나 전복한 사실이 없기에, 그 제국은 계시록의 예언 성취와 직접적으로 관련이 없다.[16]

흥미롭게도 어린양께서 두루마리의 인을 떼시는 동시에 백마를 타고 등장하신다. 환상에서 1인 2역役은 문제가 되지 않는다.[17] 승리하신 예수님께서는 계시록의 독자들이 승리를 공유하기를 원하신다.[18] 계시록의 대부분의 내용은 하나님께서 "반드시 속히 일어날 일들"을 통하여 구원과 심판을 시행하심을 기억한다면, 2절을 로마제국을 위협하던 파르티아의 기마병이나 적그리스도의 정부와 연결할 수 없다행2:9의 "바대 사람들" 참조.[19]

---

15. 참고. Osborne, *Revelation*, 277.

16. Contra 곽철호, "계시록의 다중 성취적-미래적 해석: 마태복음 24장과 연관하여," 11. 참고로 백마 탄 사람을 파르티아 군대 대신에 소아시아의 제의에서 잘 알려진 활을 들고 면류관을 착용한 채로 말을 타고 무자비하게 정복했던 아폴로 신과 연결한 경우는 A. J. Coutras, "Chaos and Clairvoyance: Apollo in Asia Minor and in the Apocalypse" (Ph.D. Thesis, Asbury Theological Seminary, 2018), 157, 161을 보라.

17. Du Preez, "Mission Perspective in the Book of Revelation," 162. Contra 이달, 『요한계시록』, 132; 강대훈, "인류의 보편적 고통과 그리스도인의 고통: 요한계시록의 인 심판 시리즈(6:1-17)를 중심으로," 70. 참고로 계시록 6장 2절의 "백마"는 로마제국을 위협하던 파르티아의 기마병을 염두에 둔 것이라는 해석은 Reddish, *Revelation*, 126과 신동욱, 『요한계시록 주석』, 79 그리고 박영식, 『오늘 읽는 요한묵시록』, 184를 보라.

18. Contra 계시록 6장 1-2절의 백마 타신 예수님의 승리를 특정 시대와 연관 짓기를 반대하는 Kraft, 『요한묵시록』, 188.

19. Gentry, *The Divorce of Israel*, Volume 1, 576. Contra Koester, *Revelation*, 406; Roloff, *Revelation*, 86; Beale, 『요한계시록. 상권』, 630; Fanning, *Revelation*, 241. 참고로 BC 40년에 파르티아군의 침공에 대한 암시는 1에녹 37-71장에 나타나는데, 특정한 이념적이며 사회적인 환경에서 기인한 초월적 관점에서 서술된다. 다시 말해, 파르티아의 침공은 하나님 백성의 범죄에 대한 심판 차원이지만, 결국 인간 역사는 하나님의 승리로 종료된다. L. Arcari, "Early Jewish Background of the War Scenes in John's Revelation," in *Ancient*

다시 강조하지만, 계시록의 예언은 "반드시 속히 일어날 일들"이므로, 이 정복 전쟁을 요한 당시의 역사 속에서 성취된 것으로 이해해야 한다. 백마 탄 자의 계속된 승리는 네로 황제의 신임을 얻었던 베스파시안 장군이 '활'유대전쟁사 3.7.5; 계6:2 참조과 '니코Nico'참고. 계6:2의 νικῶν(니콘)라 불린 공성퇴battering ram를 동원하여 예루살렘 성을 정복한 사건으로 부분적으로 성취되었다유대전쟁사 3.1.3; 5.7.2 참조.[20] 그리고 그 무렵 로마에서는 네로 사후에 내전이 일어났는데, 그것도 예수 그리스도의 정복 사건이다.[21]

여기서 구약 간본문을 살펴보자. 스가랴 1장 8절과 6장 6절에 "흰 말"이 등장한다. 70년간의 바벨론 포로가 끝나가는 시점에, "만군의 야웨여! '언제까지' 예루살렘과 유다 성을 불쌍히 여기지 않습니까?"라는 탄식이 흘러나왔다슥1:12. 이런 탄식과 강청에 대한 하나님의 응답이 스가랴 6장 1-8절의 네 병거 환상이다. 하나님께서는 말들이 끄는 네 병거를 남과 북으로 보내셔서 특히 바벨론 제국을 심판하시고, 이스라엘에게 회복의 은혜를 주신다.[22] 하지만 계시록 6장 1-8절의 네 말은 평안과 회복이 아니라, 소아시아 7교회를 박해한 로마제국과 유대인들을 심판하는 하나님의 대행자들이다. 이 경우에도 신실한 남은 자들은 구원받는다. 그런데 스가랴 1장 12절의 강청 이후에 스가랴 6장의 심판이 뒤따르지만, 계시록 6장 1-8절에서는 심판이 먼저 있은 후 "언제까지"라는 강청이 뒤따른다계6:10. 그리고 스가랴 6장 6절에서 흰 말과 검은 말 모두 바벨론제국이 있는 북쪽으로 달려간다. 마찬가지로 계시록 6장 2절과 5절의 흰 말과 검은 말은 로마제국과 불신 유대인이라는 동일한 대적을 향해 진군한다.

계시록 6장 1-2절의 첫째 인과 뒤따르는 둘째부터 넷째 인들계6:3-8 사이에 여러 가지 병행이 있다. 첫째, 어린양께서는 인을 떼시고 요한은 그때 일어난 음

Christian Interpretations of 'Violent Texts' in the Apocalypse, ed. J. Verheyden, T. Nicklas and A. Merkt (Göttingen: Vandenhoeck & Ruprecht 2011), 24.

20. Gentry, *The Divorce of Israel*, Volume 1, 577.

21. Mathison, 『종말론적 관점에서 본 성경 개관』, 814.

22. 참고. 장세훈, 『스가랴』 (서울: SFC, 2017), 246.

성을 들었다. 둘째, 4생물 중 하나가 순서대로 등장한다. 셋째, 다양한 색깔의 말 탄 자들은 "가라"라는 명령을 듣는다. 넷째, 말 탄 자들의 활동이 소개된다. 따라서 첫째 인을 그 이후의 세 가지 인들과 연결하여 해석하는 것은 문맥상 자연스럽다. 계시록 6장의 첫째에서 넷째까지 인의 심판은 승리하신 예수님께서 7교회의 대적을 심판하실 것이라는 일관된 메시지를 전달한다. 그리고 계시록의 응집성과 통일성을 고려한다면, 첫째 인을 계시록 19장 11절의 백마를 타신 그리스도와 일치시키는 것은 전혀 무리가 아니다.[23] 그리고 더 나아가 구약의 간본문과도 비교해야 한다.

2절의 '주어졌다ἐδόθη'는 신적수동태인데, 뒤따르는 계시록 6장 4, 11절에도 나타난다. 성부께서는 흰 말 타신 예수님께 승리자의 관을 주셨다. 계시록에서 '주어졌다'는 긍정적으로 더 등장한다계12:14; 19:8 참조. 그런데 이 동사는 하나님께서 악의 세력들을 활용하셔서 일하실 때도 등장한다계9:1,3,5; 13:5,7,14,15.[24]

교훈과 적용

요한계시록은 그리스도의 정복과 승리의 이야기conquering victory story와 같다. 부활하시고 승천하신 예수님께서는 승리하신 왕이시다. 예수님 안에 거하여 그리스도의 군사로 훈련받아 주님의 승리를 우리의 것으로 만들자.

요한계시록은 박해와 고난과 트라우마에 빠진 그리스도인의 절박한 필요에 대한 목회적 응답과 같다. 그러므로 계시록의 메시지는 기독교 상담에 유용하게 활용되어야 한다. 개인의 범죄와 불의한 제국주의와 같은 사회 구조 속에서 상처 입은 성도가 많은데, 계시록의 메시지는 온전하고 건강한 삶을 위한 회복의 길을 제시한다. 그들에게 예배와 기도와 찬양과 회개계2:5; 4-5장; 19:1-8, 하나님의 언약적 현존과 위로와

23. Contra 계시록 본문의 주해에 있어 내러티브의 작은(micro) 단위, 중간(meso) 단위, 큰(macro) 단위로 확대하면서 분석할 것을 제안하면서, 계시록 6장 1-2절의 의미를 계시록 6장 1-8절 안에서 먼저 결정해야 한다고 주장하고, 계시록 6장 1-2절과 19장 11절 사이의 차이점에 주목하는 P. G. R. de Villiers, "The Role of Composition in the Interpretation of the Rider on the White Horse and the Seven Seals in Revelation," *HTS Teologiese Studies* 60/1-2 (2004), 143-144.

24. Persson, *A Semantic and Structural Analysis of Revelation*, 95.

힘을 공급하심계1:16; 21:3-4,7, 거룩한 행실의 회복계14:1-5, 공동체 안에서의 치유계21:2, 승리계7:9-11; 11:15; 12:11, 성도를 신원하시는 하나님계 6장, 8-9장; 16장, 그리고 재림 소망계22:17으로써 적절히 상담할 수 있다.[25]

2. 둘째 인의 개봉(6:3-4)

> "[3]둘째 인을 떼실 때에 내가 들으니 둘째 생물이 말하되 오라 하니 [4]이에 다른 붉은 말이 나오더라. 그 탄 자가 허락을 받아 땅에서 화평을 제하여 버리며 서로 죽이게 하고 또 큰 칼을 받았더라"

어린양께서 둘째 인을 떼실 때, 둘째 생물송아지이 "가라"라고 말한다3절. 칼 μάχαιρα; 사51:19; 겔14:21 참조을 쥔 붉은 말 탄 자가 허락을 받아 땅에서 화평을 제거하며 서로 죽이도록 한다4절; 참고. 마24:6.[26] 4절의 첫 동사 '나갔다ἐξῆλθεν'는 붉은 말이 하늘에서 지구로 내려왔다는 의미는 아니다.[27] 왜냐하면 3-4절에서 공간상 하늘은 암시되지 않기 때문이다. 그리고 4절의 신적수동태 동사 '주어졌다ἐδόθη'는 악인을 심판하시는 하나님의 주도권을 강조한다. 여기서 붉은 색과 칼은 전쟁을 상징한다. "반드시 속히 일어날 일들"계1:1을 다루는 계시록의 기록 목적에서 볼 때, 붉은 말 탄자는 전쟁을 통하여 로마제국과 불신 유대인들을 심판한다. 로마제국은 제6대 황제 네로의 자살 이후에 벌어진 내전을 겪게 되고,[28] 유

---

25. D. A. deSilva, "The Revelation of John and the Practice of Christian Counseling," *Asbury Journal* 60/1 (2005), 70-85.
26. 그레코-로마 문헌에서 여성 명사 *μάχαιρα*는 대체로 희생제물을 죽일 때 사용하는 다소 큰 칼(large knife)을 가리키므로, 전쟁 때 사용하는 큰 칼(large sword)은 아니다. Montanari, *The Brill Dictionary of Ancient Greek*, 1287.
27. Contra Persson, *A Semantic and Structural Analysis of Revelation*, 95.
28. Osborne, *Revelation*, 279.

대인들은 총독 플로루스의 학정虐政으로 촉발된 유대-로마전쟁으로 패망할 것이다. 예루살렘을 함락하기 위해 로마군은 4개 군단에 걸쳐 약 6만 명이 동원되었다. 이처럼 계시록은 반드시 속히 일어날 일들을 주요 내용으로 삼는다. 요한은 선지자 에스겔이 칼과 기근과 짐승과 전염병이 배교한 예루살렘의 사람과 짐승에게 임할 것이라고 예언한 바를 잘 알고 있었을 것이다겔14:21 참조. 하나님께서는 나라들을 커지게도 하시고 다시 멸하기도 하시며, 민족들을 널리 퍼지게도 하시고 다시 끌려가게도 하신다욥12:23 참조. 따라서 7인의 심판을 주님의 재림 직전에 발생할 최후 심판으로 볼 이유는 없다.[29] 참고로 주님의 재림 직전에 전쟁과 같은 특별한 징조나 심판을 찾아보기 어렵다마24:37-39 참조.

BC 9년에 소아시아는 아우구스투스의 생일을 신년 초하루로 삼았는데, 그는 전쟁을 종식시키고 평화와 번영을 가져올 자로 숭배받았다.[30] 팍스 로마나에도 불구하고, 로마제국의 곳곳에서 전쟁이 발발했다. 하나님께서는 군사력으로 유지된 로마의 거짓 평화를 제거하신다렘6:14; 16:5 참조. 그런데 적지 않은 계시록 주석가들은 붉은 말 탄자로 나타난 이 전쟁을 하나님의 심판으로 이해하지 않고, 로마제국이 그리스도인의 피를 흘리게 한 박해로 이해한다.[31] 이런 해석은 박해받던 계시록의 독자에게 위로가 되지 않고, 더 큰 절망으로 빠지도록 만들 뿐이다.

계시록 6장의 다양한 색깔의 말들에게서 보듯이, 계시록은 시각은 물론, 미각, 후각, 청각, 그리고 촉각을 통해 환상을 생생히 묘사한다. 이를 요약하면 다음 도표와 같다.[32]

---

29. Contra McArthur, *Revelation 1-11*, 181; 김추성, 『하나님과 어린양의 보좌: 요한계시록 새롭게 읽기』, 202; 신동욱, 『요한계시록 주석』, 80; Kraft, 『요한계시록』, 185; Schreiner, *ESV Expository Commentary, Vol. 12: Hebrews-Revelation*, 614. 참고로 계시록 6장 4절의 "칼"을 그리스도인이 받을 박해에 대한 상징으로 오석하는 예는 Beale, 『요한계시록. 상권』, 633을 보라(마10:34; 히11:34 참조).

30. Koester, *Revelation*, 407.

31. 신동욱, 『요한계시록 주석』, 79.

32. M. Wilson, *Charts on the Book of Revelation: Literary, Historical, and Theological Perspectives* (Grand Rapids: Kregel Academic & Professional, 2007), 44.

시각	금색	1:13; 15:6
	흰색	1:14; 2:17; 3:4,5,18; 4:4; 6:2,11; 7:9,13,14; 14:14; 19:11,14; 20:11
	무지개	4:3; 10:1
	붉은색(red)	6:4; 12:3
	검정색	6:5, 12
	푸른색	9:4
	유황색	9:17
	불빛	9:17; 10:1; 11:19
	청황색	6:8
	자주색	17:4; 18:16
	붉은색(scarlet)	17:4; 18:16
미각	미지근함	3:16
	쓴 맛	8:11; 10:9,10
	단 맛	10:9,10
후각	향	5:8; 8:3-5(18:13 참조)
	계피	18:13
	몰약	18:13
	유향	18:13
청각	소리	1:10,12; 4:1; 5:2,11,12; 6:1,6,7; 7:2,10; 8:13; 9:13; 10:4,8; 11:12; 12:10; 14:2,7,9,13,15,18; 16:1,17; 18:2,4; 19:1,5,6,17; 21:3
	많은 물소리	1:15; 14:2; 19:6
	천둥	4:5; 8:5; 11:19; 16:18(6:1; 14:2; 19:6 참조)
	나팔	1:10; 4:1; 8:7,8,10,12; 9:1,13; 11:15; 18:22
	하프	14:2; 18:22
	노래	18:22 등
	플룻	18:22
	맷돌소리	18:22

촉각	두루마리	5:1; 10:2,8,10
	하프, 대접	5:8
	저울	6:5
	종려 가지	7:9
	갈대	11:1
	사슬	20:1

교훈과 적용

전쟁에 능하신 하나님께서는 전쟁을 통하여 악을 징벌하신다. 그렇다면 지금도 세계에서 벌어지는 전쟁 가운데 어떤 것이 하나님의 심판인지 어떻게 분별할 수 있는가? 전쟁이 일어나기 전의 영적, 도덕적, 경제적 상황을 살펴보아야 한다. 세속화된 교회, 반복음적이며 비윤리적 사회, 그리고 경제와 정치의 부패와 양극화가 극심하다면, 지금도 하나님께서는 전쟁을 통해 얼마든지 심판하실 수 있다. 그리스도인은 세상 속에서 하나님의 심판을 초래하는 죄와 악에 맞서며, 선과 의를 행해야 한다. 그런데 그리스도인이 이런 역할을 할 수 있으려면, 먼저 설교자의 역할이 중요하다. 공공설교신학public preaching theology은 정확한 성경 주해, 사회 현상에 대한 공공신학적 진단과 분석, 그리고 성경적 대안과 비전 제시가 조화를 이루어야 한다.[33] 이를 위해 설교자는 교회 안의 일반 성도와 협업을 통해 사회 현상을 비평할 수 있어야 하며, 이웃 목회자들과 신학 네트워크를 구축할 필요가 있다. 신앙의 사사화는 번영신학으로 이끌기 십상이다. 이를 방지하려면 하나님 나라 관점의 성경 주해와 성령 충만을 통하여 성도가 실천할 윤리 방향과 방안을 제시하고, 사회를 향한 성경적 예언자적 목소리와 대안을 제시하는 게 필요하다. 이때 설교자는 성경과 성령론적 통찰을 통하여 인간, 교회, 성도의 성화와 (세상과 대화, 변증, 비판, 변혁을 위한) 공적 윤리, 시대와 사회를 파악해야 한다요16:8 참조.

---

33. 정진화, "설교의 공적차원에 대한 새로운 이해: 찰스 캠벨의 설교신학에 대한 비판적 연구," (Ph.D. 논문, 계명대학교, 2016), 42-43, 67, 89-90, 105.

3. 셋째 인의 개봉(6:5-6)

"[5]셋째 인을 떼실 때에 내가 들으니 셋째 생물이 말하되 오라 하기로 내가 보니 검은 말이 나아오는데 그 탄 자가 손에 저울을 가졌더라 [6]내가 네 생물 사이로부터 나는 듯한 음성을 들으니 이르되 한 데나리온에 밀 한 되요 한 데나리온에 보리 석 되로다. 또 감람유와 포도주는 해치지 말라 하더라"

어린양께서 셋째 인을 떼실 때, 셋째 생물사람이 "가라"라고 명령하니, 검은 말 탄 자가 저울을 들고 등장한다5절. 4생물 중에서 나는 듯한 음성이 말한다. "밀 한 코이닉스χοῖνιξ는 하루 품삯이며, 보리 세 코이닉스는 하루 품삯이다. 그러나 너는 올리브유와 포도주를 해치지 마라."6a절. "한 되"개역개정는 1코이닉스인데, 액량liquid measure이 아니라 건량dry measure으로 약 1.08리터혹은 1quart에 해당한다. 1코이닉스는 한 사람의 1일 식량이다. AD 1세기 동안 모든 황제는 식량위기를 경험했는데, 6a절에 따르면, 밀과 보리의 가격은 평상시보다 12배나 올랐다왕하7:1,16; 욜1:11; 마24:7 참조. 이것은 부자나 권력자들조차 손을 쓸 수 없는 인플레이션인데, 역사적 증거로 볼 때 전혀 과장이 아니다. 키케로에 따르면, 평상시에 1데나리온으로 밀 12코이닉스13.128리터 혹은 보리 24코이닉스를 살 수 있었다.[34] 그런데 플루타르크의 『아닥사스다』 24:3에 따르면, 전쟁 중에 나귀의 머리 하나가 60드라크마에 거래되었고, 플리니Pliny the Elder, d. AD 79의 『박물지』 8:82에 따르면, 카르타고의 장군 한니발이 침공했을 때 쥐 한 마리는 무려 200데나리온에 거래가 되었다.[35] 1갑cab은 300mℓ, 즉 0.5핀트pint인데, 선지자 엘리사 당시에 아람이 침공하자 북이스라엘에서 비둘기 똥혹은 캐럽(carob) 콩 4분의 1갑, 즉 75mℓ의 거래 가격은 5세겔혹은 5개월분 임금로 급등했다왕하6:25 참조.[36] 그리고 솔로몬

34. 참고. Barbaro, 『요한묵시록 주해』, 125.
35. A. H. Konkel, *1 & 2 Kings* (Grand Rapids: Zondervan, 2006), 450.
36. Carson (ed), *NIV Biblical Theology Study Bible*, 600; Konkel, *1 & 2 Kings*, 450.

이 이집트에서 구매한 말 한 필에 150세겔이었는데왕상10:29 참조, 엘리사 당시에 말의 머리 하나에 80세겔이었다왕하6:25 참조. BC 64년에도 광풍으로 인한 흉작 때문에 로마제국의 물가가 16배 폭등한 바 있었고, 클라우디우스 황제 치하에 팔레스타인은 기근으로 인해 물가가 13배나 올랐다유대고대사 3.15.3; 20.5.2 참조. AD 45년에 이집트에 대홍수가 발생하여 물가가 상승했고, 2년 후 안식년으로 농사를 짓지 않은 팔레스타인에서는 물가가 14배나 뛰었다유대고대사 3.320 참조.[37] 이런 물가 상승은 자신의 토지를 담보로 양식을 구입한 서민들을 소작농으로 전락시키기도 했다.[38]

검은색은 기근과 굶주림을 상징하는데, 이것은 둘째 인의 재앙인 붉은 말을 탄 사람이 시행한 전쟁 심판의 자연스런 결과이다.[39] 구약에서 하나님께서는 칼과 기근과 전염병으로써 악인을 심판하셨다렘14:12; 겔6:11 참조. 손해를 입지 않는 감람유와 포도주는 신실한 남은 자들을 가리킨다비교. 유대전쟁사 5.565.[40] 하나님께서는 남은 자를 기근으로부터 보호하신다. 그러므로 "포도주는 해치지 말라"6b절라는 명령을 식량 부족이 발생한 AD 92년에 도미티아누스가 로마의 농업과 상권商圈을 보호하기 위하여 소아시아의 포도원의 절반을 없애고 포도밭을 새로 만들지 못하게 하는 칙서가 철회된 것으로 이해할 수 없다.[41]

하나님의 심판이 시행되는 와중에서라도 포도나무와 감람나무처럼 남은 자들은 보호받는다창8:11; 민13:23-24; 삿9:8; 왕상4:25; 왕하18:31; 시128:3; 사5:1-2; 겔17:5-7; 미4:4; 슥

---

37. 안진호, "팔레스타인의 경제적 배경과 야고보서," 『헤르메네이아 투데이』 32 (2005), 46.
38. 안진호, "팔레스타인의 경제적 배경과 야고보서," 46.
39. AD 3세기 중순 로마제국의 물가는 60배 이상 상승한 적이 있었다. 정기문, "디오클레티아누스 대제의 경제정책," (Ph.D. 논문, 서울대학교, 1999), 2. "다양한 유대 전승은 심각한 물가 상승을 메시아의 도래와 연관시킨다. 예를 들어, 포도주는 너무 비싸 더 이상 구입할 수 없다(바벨론 탈무드 Sota 49b). 메시아의 도래 직전에 사는 마지막으로 악한 세대는 기름이나 포도주를 생산하지 못할 것이다(희년서 23:18)." Lizorkin-Eyzenberg & Shir, *Hebrew Insights from Revelation*, 1663.
40. Ford, *Revelation*, 98-99, 107. Contra Osborne, *Revelation*, 281; 7인의 심판을 그리스도인이 당할 환난을 염두에 두는 김철손, 『요한계시록』, 171; Fanning, *Revelation*, 245.
41. Contra 허규, 『요한묵시록 바르게 읽기』, 98-99; Beale, 『요한계시록. 상권』, 636; 강대훈, 인류의 보편적 고통과 그리스도인의 고통: 요한계시록의 인 심판 시리즈(6:1-17)를 중심으로," 77.

3:10; 4:11; 요2:1-11; 15:1-6 참조. 하지만 포도 열매가 익기 전에 떨어지고, 감람 꽃이 즉시 떨어지는 것은 언약적 심판을 가리킨다욥15:33; 참고. 렘11:16; 암4:9. 계시록 6장 6b절의 간본문인 이사야 5장의 포도원의 노래를 통하여 극상품 포도나무는 하나님께서 돌보시는 백성임을 알 수 있다.

교훈과 적용

하나님께서는 양식 부족, 물가 상승, 그리고 아사餓死로 악을 징벌하신다. 부요하신 하나님께서는 천국을 우선에 두는 그분의 백성에게 양식과 옷을 제공하신다창28:20 참조. 더불어 그리스도인은 부의 독점과 편중도 경계해야 한다.

4. 넷째 인의 개봉(6:7-8)

> "7넷째 인을 떼실 때에 내가 넷째 생물의 음성을 들으니 말하되 오라 하기로 8내가 보매 청황색 말이 나오는데 그 탄 자의 이름은 사망이니 음부가 그 뒤를 따르더라. 그들이 땅 사분의 일의 권세를 얻어 검과 흉년과 사망과 땅의 짐승들로써 죽이더라"

어린양께서 넷째 인을 개봉하실 때, 넷째 생물독수리이 "가라"라고 말한다7절. 연한 녹색 말을 탄 자의 이름은 사망인데, ᾅδης하데스가 그의 뒤를 따랐다8a절; 참고. 계1:18; 6:8; 20:13-14. 그 말 탄 자는 땅의 4분의 1을 칼과 굶주림과 사망과 땅의 짐승들로써 죽였다8b절. 연한 녹색χλωρός, yellowish-green은 시체의 색깔이자 죽음을 상징한다슥6:3 참조.[42] 그러나 녹색은 긍정적 의미로도 사용되므로 문맥에 따라 다양한

42. Montanari, *The Brill Dictionary of Ancient Greek*, 2364; 이달, 『요한계시록』, 135. 참고로 청황색은 지하세계가 의인화된 죽음을 상징한다고 보는 견해는 『취리히성경해설』, 404를 보라.

상징적 의미를 가진다계8:7; 9:4 참조. 하나님께서는 죽음을 통하여 통치하시는데,[43] 여기서 심판의 범위는 4분의 1로 국한된다. 자비의 하나님께서는 모든 분을 다 쏟아 내지 않으신다시78:38; 86:15 참조.

8절의 구약 간본문은 레위기 26장 18-28절과 에스겔 14장 19-21절의 칼, 기근, 짐승, 그리고 전염병을 통한 심판이다. 그런데 구약의 우상숭배와 언약 파기로 이스라엘에게 임한 '전염병'이 계시록에서는 '사망'으로 대체되었다. 흥미롭게도 LXX에서 '전염병'은 30회 이상에 걸쳐 "죽음θάνατος"으로 번역되었다레 26:25 등.[44] 왜냐하면 전염병은 죽음을 초래하기 때문이다.

교훈과 적용

생명과 사망은 하나님의 소관이다. 따라서 하나님께서는 사망을 통하여 악을 심판하신다. 사람은 살아 있는 동안 사망의 징계를 보고 겸손하고 두려운 마음으로 교훈을 얻어야 한다. 코로나19가 확산하자, 이것이 하나님의 심판인지 논란이 일어났다. 계시록을 세상의 종말에 대한 문자적 예언이라고 이해하는 사람은 코로나19가 초래한 인명 손실이 계시록 6장 8절에 언급된 인류 사분의 일의 사망에 미치지 못하자, 재림의 징조가 아니라고 해석하기도 했다.[45] 그리고 구약의 전염병은 언약적 심판으로서 이스라엘에 국한된다고 보는 이들은 전 세계로 확산한 코로나 전염병을 하나님의 심판으로 보려고 하지 않았다. 그러나 출애굽 10재앙 중 악성 종기와 계시록 6장 8절의 전염병으로 인한 사망은 악한 이방인도 비껴가지 않았다출9:8-12 참조. 코로나19는 기독교를 박해한 중국 우한에 임한 심판이라고 보는 교인이 적지 않았다. 그런데 그 바이러스가 대구를 중심으로 한국에 확산하자, 하나님께서 한국을 심판하신다는 주장은 듣기 어려웠다. 성경에서 전염병은 심판의 측면이 있지만, 대상을 선별하여 심

---

43. 참고로 7인의 심판을 천궁도(zodiac)와 별자리를 통하여 잘못 해석하는 경우는 Kraft, 『요한묵시록』, 190-191 그리고 B. J. Malina and J. J. Pilch, *Social-Science Commentary on the Book of Revelation* (Minneapolis: Fortress, 2000)을 보라.

44. Beale, 『요한계시록. 상권』, 638-639.

45. H. Ross, "Is COVID-19 the Plague prophesied in Revelation 6?"(https://reasons.org/explore/blogs/; 2020년 4월 24일 접속). 참고로 코로나19를 재림의 징조로 본 이들로는 Perry Stone, Rodney Howard-Browne, Jonathan Shuttlesworth 등이 있다, 참고. Stander, "Preterism, Futurism or Historicism?" 123.

판과 연결하여 정죄하는 행위는 삼가야 한다. 이런 상황에서 하나님의 뜻을 거스른 인간의 잘못된 삶의 방식이 초래한 인재人災가 아닌지 겸손히 반성하는 것이 유익하다. 물론 인재는 우연이 아니며, 그것을 통해서 하나님의 심판과 회복이 작동한다.

5. 다섯째 인의 개봉(6:9-11)

> "9다섯째 인을 떼실 때에 내가 보니 하나님의 말씀과 그들이 가진 증거로 말미암아 죽임을 당한 영혼들이 제단 아래서 있어 10큰 소리로 불러 이르되 거룩하고 참되신 대 주재여 땅에 거하는 자들을 심판하여 우리 피를 갚아 주지 아니하시기를 어느 때까지 하시려 하나이까 하니 11각각 그들에게 흰 두루마기를 주시며 이르시되 아직 잠시 동안 쉬되 그들의 동무 종들과 형제들도 자기처럼 죽임을 당하여 그 수가 차기까지 하라 하시더라"

어린양께서 다섯째 인을 떼실 때, 하나님의 말씀을 증언하다가 죽은 이들의 영혼들이 제단 아래에 있는 것을 요한이 보았다9절. 네로 황제의 박해 중에서라도 예수님을 따르는 사람이라면, 하나님의 말씀, 곧 예수님의 증거를 항상 기억하며 선교적 교회로서 세상에 증언해야 했다계12:17; 19:10 참조.[46] 일부 증인은 순교자가 되어 죽임 당하신 어린양의 자취를 따랐는데, 여기서 탄원 기도는 개인적인 원한을 갚아달라는 차원이 아니다. 여기서 "제단θυσιαστήριον"은 향단인가? 아니면 번제단으로 보아야 하는가? 순교자들이 십자가와 부활과 승천을 통해 성취된 예수님의 구속 사역을 감사하기에 번제단인가?[47] 하지만 기도와 연관 있

46. Adams, "The Rhetorical Function of Petitionary Prayer in Revelation," 10. 참고로 '증언(μαρτυρία)'의 어원은 '기억'이므로, 예수님을 따르는 이의 존재에 있어 본질적인 요소인 증언은 기억하고 있는 정보를 반추하여 다른 사람에게 드러내는 것이다. P. Podeszwa, "Syntagma 'Mieć Świadectwo Jezusa' w Apokalipsie Janowej," *Verbum Vitae* 28 (2015), 322-327.

47. Longman III, *Revelation through Old Testament Eyes*, 108.

는 향단이 더 적절하다계8:3; 9:13 참조.[48] 대속죄일에 향단 뿔에 속죄제의 피를 발라야 했다출30:10 참조. 순교자들이 자리 잡은 향단은 그들의 죽음이 아무런 의미가 없는 죽음이 아니라, 하나님 앞에서 값진 희생 제물임을 보여준다.[49] 그런데 9절을 이해할 때, 구약 암시인 레위기 4장 7절과 17장 11절을 중요한 간본문으로 제시한 경우가 있다. 제단 아래에 있는 순교자들의 영혼들과 "번제단 밑에at the foot of the altar of burnt offering" 뿌려져 생명을 속전한 피를 연결한다.[50] 그러나 9절의 향단과 레위기 4장의 번제단은 다르며, 순교자들이 피를 흘린 것은 자신의 죄책을 해결하기 위해 속전贖錢을 치르는 차원이 아니다. 참고로 유대문헌에 의하면, 의인의 영혼은 하늘 제단의 제물이며바벨론 탈무드 Menachoth 110a 참조, 순교자는 하나님의 보좌 근처에 있다2마카비 7:37-38 참조.[51]

순교자들이 큰 소리로 거룩하고 참되신 대주재大主宰께 자신들을 죽인 땅에 거하는 자들을 심판하여 신원하실단7:22 참조 때가 "언제까지ἕως πότε"인지 신정론적 질문을 던진다10절; 참고. 시13:1-2; 눅18:7.[52] 계시록에서 한 번만 등장하는 '대주재δεσπότης'는 신약성경에 9회 더 등장하며눅2:29; 행4:24 등, LXX에는 19회 등장한다. 구약에도 죽임당한 하나님의 백성들이 속히 신원伸冤해달라고 하나님께 강청한 바 있다시13:1-2; 35:17; 79:5; 80:4; 79:5; 89:46; 단8:13; 1에녹 22:5-8; 47:1-4; 시빌린신탁 3:307-313 참조. 이와 유사한 질문과 신원의 요청은 유대묵시문헌에도 나타난다1에녹 47:14와 4에

48. Contra Greijdanus, *De Openbaring des Heeren aan Johannes*, 183; Barbaro, 『요한묵시록 주해』, 129. 참고로 계시록에서 제단은 번제단의 희생 제사와 향단의 기도라는 두 가지 기능을 통합한다고 이해하는 경우는 Tabb, "Prayer in Apocalyptic Perspective," 195와 Adams, "The Rhetorical Function of Petitionary Prayer in Revelation," 9를 보라.

49. Koester, *Revelation*, 409.

50. Persson, *A Semantic and Structural Analysis of Revelation*, 97.

51. 참고. Beale, 『요한계시록. 상권』, 653. 참고로 로마의 동전과 제단은 로마제국의 부와 안전을 선전하는 도구였다. 하지만 계시록의 1차 독자들은 제단으로부터 순교자들의 탄원을 듣기에 팍스 로마나가 허상임을 알아차렸을 것이다. D. M. May, "Interpreting Revelation with Roman Coins: A Test Case, Revelation 6:9-11," *Review & Expositor* 106/3 (2009), 453.

52. 시편 13편 1-2절에 "언제까지(עַד־אָנָה)?"는 4회나 반복되어 시인의 탄식을 수사학적으로 돋보이게 한다. 이 시는 'How long psalm' 혹은 'Howling psalm(울부짖는 시)'이라 불린다. 현창학, "시편의 주요 장르에 대한 예시적 고찰: 13, 30, 136편의 분석과 주해를 중심으로," 『신학정론』 39/1 (2021), 16.

스라 4:33, 35-37 참조.[53] 순교자들의 심중에는 자신들의 피를 흘린 원수들에게 하나님께서 속히 복수하심으로써 악인들이 "너희 하나님이 어디 있느냐?"라고 조롱하지 못하도록 해 달라는 의도가 있는 것 같다시42:3; 79:10 참조. 제단 아래에 있는 순교자들의 영혼들은 첫째-넷째 인의 심판에 따른 희생자들이 아니다. 왜냐하면 7인의 심판은 순교자를 발생하는 사건이 아니라, 교회의 대적을 심판하는 사건이기 때문이다. 그러나 구원받은 제사장 나라도 박해를 받아 순교할 수 있는데계5:9-10 참조, 순교는 일찍 죽임을 당하신 어린양의 발자취를 따르는 것이다.[54] 여기서 전능하신 주재께서 다스리신다면 왜 순교자가 발생해야 하는가라는 신정론의 문제가 대두된다. 하나님 나라의 비밀이 계시되는 것은 현재 부분적으로 감추어진 하나님의 지혜가 드러나는 것인데, 사람이 천국 안에 들어와 있다고 하더라도 종국에야 하나님의 완전한 계시를 알 수 있다참고. 계10:7.[55] 따라서 초월적인 하나님의 비밀은 땅의 관점이나 현세의 안목으로는 완전하게 파악할 수 없는 신비와 같다. 하지만 초월적인 하나님께서는 죽임 당하신 어린양과 승귀하신 유다지파의 사자를 통해 죄인을 구원하시고 의인을 고난에서 건지시기에, 신정론은 무작정 불가해한 신비로 남아 있을 수 없다.[56]

순교자들은 하나님께서 원수를 갚아주시는 조속한 보복을 기대한다. 그런데 순교자들의 기도에 대한 성취는 지연되지만, 기도는 거부당하지 않고 그것의

---

53. J. A. du Rand, "To adore God's Identity through Theodicy: Reading Revelation 6:9-11 in Theological Coherence with a Remarkable Classical Example, 4 Ezra," *Covenant Quarterly* 72/3-4 (2014), 120; Aune, "The Apocalypse of John and Palestinian Jewish Apocalyptic," 11.
54. Du Rand는 계시록 12장 10-12절과 주제와 용어에 있어 유사한 계시록 6장 10절의 순교자들의 호소에 대한 소극적이며 부정적 응답은 음녀 바벨론의 파멸이며(계17-18장), 긍정적 응답은 새 예루살렘성의 도래라고 본다(계21-22장). J. A. du Rand, "'N Noodkreet om God se Regverdiging of 'n Wraakroep om Selfgelding?: Martelaars aan die Voet van die Altaar (Op. 6:9-11)," *In die Skriflig* 45/1 (2011), 41, 52.
55. J. A. du Rand, "Mystery in Theodicy," *Neotestamentica* 50/3 (2016), 167-179.
56. Du Rand, "Mystery in Theodicy," 182-183. 참고로 계시록 6장 9-11절을 계시록 전체의 중심으로 보면서, 이 세 절이 계시록 5장 8절의 기도를 회고하고, 계시록 7장 이후의 심판과 신원을 예고한다는 주장은 J. P. Heil, "The Fifth Seal (Rev 6,9-11) as a Key to the Book of Revelation," *Biblica* 74/2 (1993), 242-243을 보라.

응답은 이미 이루어지기 시작한다.[57] 계시록에서 보복은 중요한 주제로서 계속 등장한다. 그런데 이런 보복 혹은 복수는 신약교회에게 합당한가? 계시록을 '새 언약의 편지'로 본다면, 언약적 저주와 심판은 대왕이신 예수님의 사역에서 중요한 구성 요소이다. 그러나 대왕의 신실한 백성은 언약의 복이라는 보호와 신원을 받는다.[58] 순교자들이 드리는 탄원 기도는 하나님의 선교를 거역하고 방해하는 악의 세력에 저항하는 믿음의 행동이다.[59]

보좌 위의 전능하신 하나님께서 순교자들에게 승리를 상징하는 흰 두루마기를 주시며계3:5; 7:9,14 참조, 동무 종들과 형제들도 순교자가 되어 수가 차기까지 잠시 쉬라고 말씀하신다11절; 참조. 계14:13. 계시록이 기록될 당시는 순교가 더 지속되어야 할 상황이었다. 그래서 일찍 죽임을 당하신 어린양처럼, 순교자들도 죽임을 당해야 했다.[60] 흰 두루마기는 순교자와 박해를 당하는 이들의 승리를 강조하는데, 순교는 세상을 하나님 나라로 변혁시키는 동력이다.[61] 다섯째 인의 개봉에 심판이 직접 등장하지 않으나, 순교자를 신원하기 위해서는 악인에 대한

---

57. Contra 기도 응답의 지연을 종말이나 재림과 최후 심판의 지연으로 해석하는 최현, "요한계시록에 나타난 임박한 종말 사상과 지연된 종말의 주석적 해석연구," (석사학위 논문, 장로회신학대학교, 2019), 38-39, 77. 최현은 계시록의 재림과 무관한 여러 시간적 표현을 예수님의 임박한 재림과 연결한다(예. 계1:1,3; 2:5,16; 6:11 등).
58. J. N. Musvosvi, "The Concept of Vengeance in the Book of Revelation in Its Old Testament and Near Eastern Context," (Ph.D. Thesis, Andrews University, 1986), 268-277.
59. Adams, "The Rhetorical Function of Petitionary Prayer in Revelation," 13.
60. 벡윗(Isbon T. Beckwith, 1919) 및 괴팅엔의 부세트(W. Bousset, 1865-1920)와 결을 같이하면서 홀츠만(H. J. Holtzmann, 1832-1910)은 다섯째 인의 심판과 마가복음 13장 9절의 간본문성에 착안하여, 네로의 박해를 받은 희생자를 부각시켰다. 그리고 성공회 신학자 모리스(F. D. Maurice, 1805-1872)는 계시록 6장 9-11절의 역사적 암시를 예루살렘 성전 파괴 이전의 로마제국에 적용했다. 이런 과거적 해석을 비판하면서, 다섯째 인의 심판은 특정 시기가 아니라 모든 시대의 순교자들을 가리키며 미래 종말론적 신정론(eschatological theodicy)을 의미한다고 역사적이며 미래적으로 해석한 경우는 P. Allet, "Revelation 6:9-11: An Exegesis of the Fifth Seal in the Light of the Problem of the Eschatological Delay," (Ph.D. Thesis, Andrews University, 2015), 79-80, 322을 보라.
61. 계시록 6장 11절의 흰 두루마기를 흰 세례복으로 잘못 해석한 경우는 Kraft, 『요한묵시록』, 193을 보라. 참고로 AD 9세기부터 예전 색에 신학적 의미를 본격적으로 부여했는데, 서방교회는 12세기에 들어서서 지역마다 다양했던 예전 색을 줄여 흰색, 붉은색, 그리고 녹색으로 통일시켰다. 현대 교회는 성탄절과 부활절은 흰색, 고난주간과 성령강림절은 붉은색, 그리고 성장 절기는 녹색을 사용한다. 참고. D. Galles, "Liturgical Colors," *Sacred Music* 148/4 (2021), 31-52.

심판이 따라야 한다. 유사하게 유대묵시문헌에 의하면, 종말 이전에 정해진 숫자의 의인이 먼저 죽어야 한다는 사상이 종종 나타난다1에녹 47:3-4; 2바룩 23:1-7 참조.[62]

순교자들의 긴급하고 간절한 호소는 계시록의 독자들이 동일한 간구를 공의로운 심판을 시행하시는 하나님께 올려드리도록 자극을 주었을 것이다. 순교자의 피 흘림은 교회에게 구원과 승리를 주시는 어린양의 보혈의 공로에 근거를 둔다계1:5; 12:11 참조.

계시록을 전체 신약시대에 걸쳐 구속사적으로 성취될 내용으로 해석하는 판하우웰링엔은 하나님께 탄원했던 순교자들이 신원을 받는 장면을 계시록 20장 4절의 천년왕국에서 찾는다.[63] 하지만 계시록 6장 9-11절과 계시록 20장 1-7절은 순교자와 신원이라는 공통점에도 불구하고 서로 다른 문맥에 위치한 상이한 내러티브이다. 부분적 과거론에 따르면, 계시록 6장 11절의 순교자들의 수가 찬 시점은 사도 요한 당시이다. 따라서 하나님께서 요한 당시에 의도하신 순교자들의 수는 인류 역사 전체에서 발생한 순교자들의 수와 다르다. 불신 유대인들과 로마제국에 의해 죽임을 당한 요한 당시의 순교자들이 받은 신원은 1차적으로 돌 성전의 파괴와 네로 사후에 벌어진 로마제국에 임한 심판으로 성취되었다. 향단 아래에서 순교자들이 하나님의 조속한 심판을 기대하며 간구하듯이, 계시록의 수신자들의 입장에서 볼 때 이전의 네 개의 인 심판도 장차 속히 시행될 것이다.

계시록 6장 9-11절의 여러 용어는 아래 도표와 같이 그 이후의 내러티브에 계속 나타난다. 이 사실은 계시록 전체 내러티브에 나타나는 교회론은 하나님의 신원을 믿으면서 죽음의 위협을 이겨내던 '순교자 교회론martyr ecclesiology'과 직결됨을 보여준다.[64]

---

62. Reddish, *Revelation*, 131.
63. Van Houwelingen, "The Book of Revelation," 16.
64. Pattemore, *The People of God in the Apocalypse*, 76.

용어	구절
내가 보았다(εἶδον)	계6:12 등
영혼(ψυχή, 계6:9)	계8:9; 12:11; 16:3; 18:13, 14; 20:4
외치다(κράζω, 계6:10)	계7:2,10; 10:3; 12:2; 14:15; 18:2,18,19; 19:17
심판하다(κρίνω, 계6:10)	계11:18; 16:5; 18:8,20; 19:2,11; 20:12-13
갚아주다(ἐκδικέω, 계6:10)	계19:2
우리의 피(τὸ αἷμα ἡμῶν, 계6:10)	계16:6; 17:6; 18:24; 19:2
두루마기(στολή, 계6:11)	계7:9,13,14; 22:14
쉬다(ἀναπαύω, 계6:11)	계14:13
잠시(χρόνον μικρόν, 계6:11)	계20:3
동료 종(σύνδουλος, 계6:11)	계19:10; 22:9(1:1; 2:20 참조)

교훈과 적용

순교자의 탄식과 탄원을 들으시고 그들의 억울함을 갚아주시는 하나님을 경험하기 원한다면, 복음을 살아내기 위해서 마음과 뜻과 정성과 목숨을 다해야 하며, 절실하게 기도해야 한다계12:11 참조. "저 불손하고 타락한 원수들에게 심판을 내리셔서 이 복음의 거룩한 나라가 세상의 모든 곳으로 확장되게 하시고, 그리하여 한때 우리 안에서 핍박을 당하시는 것처럼 보이는 당신의 아들인 예수 그리스도께서 영광과 광채로 그 머리를 들어 올리시는 것이 인정되게 하옵소서."[65]

명사 '증인μάρτυς'이 '신앙을 위한 죽음'이라는 의미로 처음 등장한 기록은 『폴리갑

65. 이 단락은 버미글리의 시편 110편 기도문의 일부이다. Vermigli, 『거룩한 기도들: 버미글리의 시편 기도문』, 311. 참고로 『21세기 찬송가』 제258장 "샘물과 같은 보혈은"(1771)의 5절의 "이후에 천국 올라가 더 좋은 노래로 날 구속하신 은혜를 늘 찬송하겠네."는 영어 가사로 "When this poor lisping, stammering tongue lies silent in grave, then in a nobler, sweeter song I'll sing Thy power to save."이다. '더 좋은 노래'는 '더 고상하고도 더 달콤한 노래'이다. 이 찬송 노랫말은 영국 젊은 변호사로 승승장구하다가 몇 차례 자살을 시도했으나 주님의 은혜로 회복된 문학가와 시인이었던 W. Cowper가 40세에 지은 극적인 간증이다. 이 세상에서는 구주를 충분하고도 제대로 찬양하지 못하던 "짧고 어눌한 혀가 무덤 안에 잠들 때, 저는 더 고상하고도 더 달콤한 노래로써 구원하신 주님의 능력을 찬송하겠습니다." 그러므로 사후에 영원한 천국에서는 완전하고도 충분한 내용과 멜로디로 구원하신 주님을 찬송할 것이라는 소망을 담아낸다. 구원의 은덕을 기리는 새 노래에도 '이미'와 '아직 아니'의 행복한 긴장이 있다.

의 순교』c. 155인데, 순교 신앙으로 무장한 그리스도인이 복음에 합당하게 살려면 생명을 걸고 사랑을 실천하며 복음을 전파해야 한다.[66] 나무와 같은 교회는 수고의 땀, 기도의 눈물, 그리고 순교의 피로 자란다터툴리안. 하나님과 사람을 사랑하기 위하여 기꺼이 모든 것을 포기하는 그리스도인의 삶은 자살로 대변되는 생명을 경시하는 시대에 경종을 울리고 치유제가 될 것이다. 복음 때문에 순교한 성도의 모습은 복음을 수평적 차원으로 강등시킨 사회정의나 해방신학적 논의를 지지하지 않는다.[67]

6. 여섯째 인의 개봉(6:12-17)

"[12]내가 보니 여섯째 인을 떼실 때에 큰 지진이 나며 해가 검은 털로 짠 상복 같이 검어지고 달은 온통 피 같이 되며 [13]하늘의 별들이 무화과나무가 대풍에 흔들려 설익은 열매가 떨어지는 것 같이 땅에 떨어지며 [14]하늘은 두루마리가 말리는 것 같이 떠나가고 각 산과 섬이 제 자리에서 옮겨지매 [15]땅의 임금들과 왕족들과 장군들과 부자들과 강한 자들과 모든 종과 자유인이 굴과 산들의 바위 틈에 숨어 [16]산들과 바위에게 말하되 우리 위에 떨어져 보좌에 앉으신 이의 얼굴에서와 그 어린양의 진노에서 우리를 가리라 [17]그들의 진노의 큰 날이 이르렀으니 누가 능히 서리요 하더라"

어린양께서 여섯째 인을 떼실 때, 큰 지진이 나며 해가 머리털로 짠 베처럼 검게 되고 달은 핏빛으로 변한다12절; 참고. 계8:12. 지진은 하나님의 심판과 연관 있다사24:18-20; 학2:6-7; 욜2:10; 미1:4; 나1:5; 마24:7; 계11:13 참조.[68] 소아시아의 도시들은 지진으로 빈번하게 피해를 보았는데, 황제들은 피해를 복구하기 위해 후원했다. 결과

---

66. 지성용, "순교의 현대적 이해와 가치," 『Catholic Theology and Thought』 70 (2012), 202, 216.
67. Contra J. A. C. Ramírez, "God's Vengeance … to wipe away the Tears of the Oppressed: A Reading of Revelation 6:10," *RAM* 8/1 (2017), 73-85.
68. 이달, 『요한계시록』, 141.

를 두고 볼 때, 지진은 황제의 통치를 공고하게 만드는 계기가 되었다.[69] 그러나 계시록의 지진은 황제가 복구할 수 있는 차원을 넘어서기에, 암시적이기는 하지만 반 로마적 메시지를 담고 있다.[70] 하나님의 창조 질서를 역행하여 해가 어두워지고 달이 피를 흘리는 것은 바벨론제국의 멸망을 예고한 이사야 13장 10절과 24장 23절, 에스겔 32장 7-8절 그리고 마태복음 24장 29절 등에 비추어 상징적으로 해석해야 한다사34:3-5; 렘4:14,23-24; 욜2:10,31; 습1:15; 행2:20; 모세의 유언 159-160장 참조.[71] 요한은 '소묵시록little apocalypse'이라 불리는 마태복음 24장의 감람산강화의 용어와 주제를 참고한 것으로 보인다. 감람산강화를 부분적 과거론으로 해석하는 이들은 계시록도 동일한 방식으로 해석한다. 그러므로 광명체가 어두워지고 피를 흘리는 것을 인류 역사의 마지막에 있을 심판 혹은 천체에 벌어질 심판이라고 문자적으로 해석하지 말아야 한다.[72] 반면에 하나님께서 주시는 회복과 구원은 달빛이 햇빛 같게 되고, 햇빛은 일곱 배가 되는 것으로 묘사된다사 30:26 참조. 성경의 해, 달, 별, 궁창, 그리고 땅과 산에서 일어나는 격변을 요약하면 다음의 표와 같은데, 계시록의 간본문인 선지서와 감람산강화의 경우 상징적 해석이 적절하다.

---

69. J. S. Murray, "The Urban Earthquake Imagery and Divine Judgement in John's Apocalypse," *Novum Testamentum* 47/2 (2005), 151-155.

70. Murray, "The Urban Earthquake Imagery and Divine Judgement in John's Apocalypse," 161.

71. 계시록의 창조주제는 반(反) 창조 이미지를 통해서 유추할 수 있으며, 새 예루살렘성 그리고 신천신지 등에도 나타난다. 송영목, "요한계시록에 나타난 창조 신학," 『그 말씀』 1월호 (2014), 72-85. Contra 김철손, 『요한계시록』, 175; McArthur, *Revelation 1-11*, 206; Persson, *A Semantic and Structural Analysis of Revelation*, 99.

72. Contra Beale, 『요한계시록. 상권』, 664; Fanning, *Revelation*, 249; 이한수, 『요한계시록』, 129; 윤사무엘, 『요한계시록 강해설교: 주님, 어서 오시옵소서!』, 235.

해가 어두워지고 빛을 잃음	출10:21-23; 욥9:7; 사5:30; 13:10; 24:23; 겔32:7; 욜2:10,31; 3:15; 암 8:9; 미3:6; 마24:29; 막13:24; 눅21:25
달이 빛을 잃거나 피를 흘림	욥25:5; 사13:10; 24:23; 겔32:7; 욜2:10,31; 마24:29; 막13:24; 눅21:25
별들이 지구에 떨어짐	욥 9:7; 전12:2; 사13:10; 34:4; 겔32:8; 단8:10; 욜2:10; 3:15; 마24:29; 막13:25; 눅21:25
궁창이 두루마리가 말리듯 사라짐	사34:4(시102:25-26)
땅과 산이 옮겨짐	욥9:5-6; 14:18-19; 28:9-11; 사41:5,15-16; 겔28:20; 나1:4-8; 습2:11; 단9:16; 마17:21; 21:21; 24:20; 막11:23

하나님의 심판으로 태양은 상복처럼 검게 변한다. 염소 털로 만든 상복 sackcloth은 애곡과 죽음과 관련된다창37:34; 왕상21:27; 애2:10 참조.[73]

하늘의 별들은 무화과나무가 대풍에 흔들려 열매가 떨어지듯 땅에 떨어진다 13절; 참고. 사34:4. 해와 달과 별들은 심판받아 권력을 상실한 자들을 가리킨다. 구약 선지자들과 공관복음 기자들처럼 키케로와 같은 로마인들도 지진과 천체가 어두워지거나 피로 덮이는 것을 진노의 징조로 보았다.[74] 여기서 계시록은 "반드시 속히 일어날 일들"을 예고한다는 사실을 다시 기억해야 한다. AD 66-70년의 유대-로마전쟁 때에 헤롯 아그립바 2세행25:13 참조와 대제사장과 사두개인들이 멸절한다.[75] 그리고 네로 황제의 자살 이후, 후임 세 황제인 갈바, 오토, 그리고 비텔리우스가 권력 투쟁을 벌이다가 AD 68-69년에 비참하게 죽었다.

하늘은 두루마리가 말리듯이 쓸려가고 모든 산과 섬은 제자리에서 옮겨진다 14절; 참고. 사34:4; 겔26:15; 마21:21; 24:16. 롱맨Longman III은 구약에 나타난 산과 섬의 용례

---

73. Longman III, *Revelation through Old Testament Eyes*, 110.

74. Koester, *Revelation*, 411. 참고로 마태복음 24장 29-31절과 계시록 6장 12-14절을 예수님의 재림에 대한 문자적인 묘사로 보는 경우는 강대훈, "인류의 보편적 고통과 그리스도인의 고통: 요한계시록의 인 심판 시리즈(6:1-17)를 중심으로," 90, 96을 보라.

75. AD 70년 사건 이후 1주일에 걸쳐 예루살렘, 갈릴리 지역, 펠라, 페트라 등에서 발생한 일들을 역사적 근거와 개연성 있는 상상력을 동원하여 이야기체로 제시한 경우는 B. Witherington 3, *A Week in the Fall of Jerusalem* (Leicester: IVP, 2017)을 참고하라.

를 다음과 같이 설명한다.

> 구약에서 산은 매우 웅장하고 안정적인데 신의 영역과 연결된다(시46, 48편). 하나님께서 나타나시면 장엄함과 안정을 상징하는 산이 움직이고 심지어 녹기까지 한다(시18:7; 97:5; 사5:25; 렘4:24; 겔38:20; 나1:5). 이것은 하나님께서 열국과 인간 역사를 궁극적으로 다스리시는 분임을 가리킨다. 산이 움직이지 않는 견고함을 상징한다면, 섬은 멀리 떨어진 영역을 가리킨다(사66:1). 지구의 어떤 장소라 할지라도 하나님의 심판을 면할 정도로 떨어져 있지 않다.[76]

구약에서 가장 중요한 산은 성전산이다. 따라서 14절에서 "산ὄρος"은 시온산, 즉 유대인들을 가리키고, "섬νῆσος"은 바다와 더불어 열방을 상징한다사41:1; 계17:15 참조. 땅의 왕들과 귀족들과 장군들과 부자들과 강한 자들과 모든 종과 모든 자유인이 동굴과 산들의 바위틈에 숨는다15절. 여기서 7부류의 사람들은 심판의 대상에서 누구도 예외가 될 수 없음을 강조한다.[77] AD 1세기의 중요한 가치인 명예와 수치에서 볼 때, 왕과 귀족과 장군과 부자처럼 평소에 공적으로 명예를 누린 자들은 하나님의 심판을 받아 공적 수치를 당한다계18:3 참조.[78] 9절의 신원을 받은 순교자들과 달리, 겁에 질려 피할 곳을 찾는 자들은 한낱 수치스런 자들에 지나지 않는다. 산과 바위에게 "우리 위에 떨어져 보좌에 앉으신 분의 얼굴과 어린양의 진노로부터 우리를 숨겨라"라고 말한다16절. 위협이 닥치면 사람들은 종종 바위굴에서 피난처를 찾는다사2:10; 렘4:29; 호10:8; 눅23:30 참조. "어린양의 진노ἡ ὀργή τοῦ ἀρνίου"는 성부 하나님께서 어린양을 통하여 심판하시는 것을 가리킨다롬2:16 참조. 이 심판은 시편 110편 1-7절을 간본문으로 삼는다. 예수님께서는 세상의 왕들을 포함하여 모든 원수를 심판하셔서 발판으로 만드시고 그들의 머리

---

76. Longman III, *Revelation through Old Testament Eyes*, 112.
77. Kraft, 『요한묵시록』, 197.
78. Koester, *Revelation*, 412.

를 깨뜨리신다창3:15; 시110:1,5-7; 고전15:25; 계19:19 참조. 이를 위해 예수님께서는 시온산에서부터 오는 권능의 규를 활용하신다시110:2 참조. 어린양의 백성은 거룩한 행실의 옷을 입고 즐거이 헌신하는데, 예수님께서 그분의 권능을 실행하셔서 악을 심판하시기 때문이다시110:3; 계14:1 참조. 대왕이신 어린양을 따르는 군대는 새벽에 지면에 내리는 이슬처럼 많을 뿐 아니라, 그들은 자발적이며 강하다시110:3 참조.[79]

심판을 받는 자들은 "'그분들의αὐτῶν' 진노의 큰 날이 이르렀으니욜2:11; 습1:14; 롬2:5 참조, 누가 능히 설 수 있겠는가?"라고 묻는다17절; 참고. 삼상6:20; 시76:7; 렘49:19; 나1:6; 말3:2.[80] 참고로 소문자 다수사본과 대문자사본 A02는 "그의αὐτοῦ"라고 표기하여사2:10 참조, 성부와 성자를 한 분으로 묘사한다. 17절의 질문의 해답은 계시록 7장의 144,000명이다. 그런데 어린양 메시아께서 불신 유대인과 이방 로마제국을 심판하신다는 사실은 제2 성전시기 유대문헌의 사상과 유사하다.

> 제2 성전시기 유대문헌에서 다윗 계열의 메시아는 일관성 있게 하나님의 종말론적 심판을 실행하는 자로 등장한다(1에녹 49:24; 55:4; 61:89; 62:2,5; 69:29; 솔로몬의 시편 17; 유다의 유언 24:56; 레위의 유언 18:2; 1Q28b 5:21; 4Q161 8-10,11,18; CD 8:18-19; 4Q 246; 11Q13 등). 이 문헌들에서 나타난 메시아를 통한 심판은 구약의 메시아 언어로 등장한다(창49:10; 민24:17; 시2편; 110편; 사9장; 11:4; 42:1; 53:11; 61:1-2 등). 1에녹에서도 다윗 계열의 메시아는 구약의 메시아적인 인물과 같이 성령의 능력이 주어지고 '의'가 수여된다. 그는 천상의 법정에서 하나님의 백성을 억누르는 자들을 정복하며 악한 자들에 대한 하나님의 심판을 수행한다. 이 심판은 언약적 경계를 넘어서는 심판으로, 모든 사람에 대한 하나님의 공의로운 의가 실행된다. …… 제2 성전기 문헌에서 복음은 메시아와 관련해서 하나님의 심판에

79. W. A. VanGemeren, *Psalms* (Grand Rapids: Zondervan, 2008), 815.

80. 계시록 6장 12절과 17절은 형용사 '큰'으로써 12-17절을 감싸며, 15절의 '장군들, 부자들, 강한 자들'은 중심에 위치하여 교차대칭구조를 보인다는 주장은 P. G. R. de Villiers, "The Sixth Seal in Revelation 6:12-17," *Acta Theologica Supplementum* 6 (2004), 7을 보라. 그러나 De Villiers의 분석에서 12절과 17절을 제외하고는 세부 사항에 있어 정확한 평행을 찾기는 쉽지 않다.

연결되어 있다. 메시아적 인물은 복음과 분리될 수 없다(솔로몬의 송가 11:1; 1QS 4:6 7; 1QH 18:14; 4Q521; 11Q13).[81]

유대묵시문헌은 미래에 임할 메시아께서 의로운 심판을 국제적으로 시행하실 것을 기대하지만, 요한은 성부께서 어린양 메시아와 함께 유대인들과 이방인들에게 가까운 미래에 심판을 수행하심을 강조한다. 그리고 교회의 박해자들에게 임할 조속한 심판은 박해 받던 교회에게는 복음이다. 그런데 이달은 '재앙문학'에 속하는 계시록은 미래 종말에 자연과 인간에게 내려질 심판을 다루지만, 여러 찬송과 예배 환상 그리고 새 예루살렘성 환상은 재창조를 다룬다고 주장한다.[82] 그러나 이에 대해서는 비판이 필요하다. 계시록을 재앙문학으로 간주하는 것은 편향되며, 계시록은 "반드시 속히 일어날 일들"을 주로 다루므로 미래 종말에 있을 재앙을 예고하는 데 주력하지 않고, 새 예루살렘성은 재창조된 낙원이라는 장소가 아니라 교회를 가리킨다. 참고로 동방교부들 및 동방교회가 7인의 심판을 해석한 것은 아래의 도표와 같이 요약할 수 있다.[83]

	첫째 인	둘째 인	셋째 인	넷째 인	다섯째 인	여섯째 인	일곱째 인
오이쿠메니우스 (c. 550)	그리스도의 탄생	그리스도의 시험	그리스도의 가르침	그리스도의 고난	그리스도의 죽음	유대인의 개종	이방인의 개종
가이사랴의 안드레아스 (c. 637)/아레타스(935)	사도	순교자들과 이방 로마	이방인의 박해 동안 배교	콘스탄틴 이후의 배교	모든 시대의 순교자들	적그리스도와 대 환난	7나팔 이전의 안식
초기 시리아 묵시록 (c. 800)	아담의 범죄부터 예수님의 죽음까지	아담의 범죄부터 예수님의 죽음까지	아담의 범죄부터 예수님의 죽음까지	아담의 범죄부터 예수님의 죽음까지	모세와 선지자들	그리스도의 죽음	십자가 사건부터 AD 70년까지

81. 김명일, "다윗 메시아를 통한 의의 실행: 로마서와 에녹 1서를 중심으로," (한국복음주의신학회 제75차 정기논문발표회 발제 논문, 칼빈대학교, 2020년 10월 31일), 1-2, 9.

82. 이달, "요한계시록에 나타난 자연과 인간의 재창조," 『기독교문화연구』 7 (2002), 26, 30, 35.

83. D. Živadinović, "The Origins and the Antecedents of Joachim of Fiore's (1135-1202) Historical-Continuous Method of Prophetic Interpretation," (Ph.D. Thesis, Andrews University, 2017), 287.

디오니수스 바 살리비 (1171)	미래 재앙	미래 재앙	미래 재앙	미래 재앙	미래 재앙	미래 재앙	미래 재앙
피오레의 요아킴(1190)	사도	순교자들	이단 아리안	모하메드	바벨론 포로 중의 교회	적그리스도	천년왕국
람브론의 네르세스(1198)	사도	순교자들과 이방 로마	데시우스 황제의 박해	노바티안의 배교	막시미안 황제의 박해	적그리스도와 대 환난	7나팔 이전의 안식
불루스 알 부쉬 (1250)	아담에서 에녹까지	에녹에서 노아까지	노아에서 아브라함까지	아브라함에서 다윗까지	다윗에서 그리스도까지	그리스도부터 AD 1500년까지	마지막 천년왕국

이단 안식교는 계시록을 해석할 때, 위의 도표에 나타난 역사적 해석을 교부들의 전통으로 간주하면서 따른다. 그러나 이런 역사 시간표적 해석은 계시록의 메시지를 1차 독자들과 무관하게 만들 뿐 아니라, 간본문들의 지지를 받지 못한다. 그리고 안식교는 역사주의에 미래주의와 세대주의적 해석을 더 혼합하기도 한다. 참고로 계시록의 7개로 구성된 심판 시리즈 3개는 심판의 범위를 넓혀간다. 7나팔과 7대접 심판은 출애굽의 10가지 재앙출7-12장 참조을 연상시키는데, 아래와 같이 요약된다.[84]

7인 심판(계6장; 8:1)	**7나팔 심판**(계8:8-9:21; 11:15)	**7대접 심판**(계16장)
흰 말	땅 1/3이 불탐	독한 종기(출9:8-12 참조)
붉은 말	바다 1/3이 피로 변함(출7:17-21 참조)	피로 변한 바다
검은 말	물의 1/3이 쓰게 됨	피로 변한 강
청황색 말이 땅 1/4을 심판함	태양의 1/3이 어두워짐	태양의 열기
순교자들의 기도	황충 재앙(출10:12-20 참조)	흑암(출10:21-29 참조)
광명체의 변화	이만 만의 마병대	아마겟돈 전쟁
일곱째 인은 7나팔과 연결	세상 나라가 하나님 나라로 변혁	지진과 우박

84. 참고로 시편 78편 42-51절, 105편 27-36절, 그리고 아모스 4장 6-13절에 나타난 7재앙을 비교한 것은 D. E. Aune, *Revelation 6-16*, WBC (Nashville: Thomas Nelson Publishers, 1998), 500-503을 보라.

교훈과 적용

신약시대에 하나님의 사랑과 은혜만 있는 게 아니라, 주님께서 시행하시는 두려운 심판도 있다. 하나님께서는 죄인이 심판에서 피할 길을 마련해 두셨다. 죄인이 죽음을 기억한다면*memento mori*, 살 수 있는 길도 기억할 수 있다*memento vivere*.[85] 하나님께서는 세상에 임할 심판을 대신 지신 구주 예수님 안에 구원의 길을 열어 놓으시고 죄인을 그분 안으로 초청하신다시84:5; 히10:19-20 참조.[86] 그렇다면 하나님께서는 오늘날 복음의 대적을 어떻게 심판하시는가? 전쟁과 기근과 전염병이 하나님의 심판과 연결되는지 주의를 기울여 분별하자. 그리스도인은 천국의 대적이 하나님의 심판을 받는 것을 목도하며 반면교사로 삼아야 한다.

---

85. 흑사병, 전쟁, 기근과 같은 심각한 위기에 내몰린 중세 끝자락에 죽음의 무도회(Totentanz)가 묵시적 형태로 흥행했는데, 신천신지와 영원한 구원에 대한 소망이 아니라 세상의 몰락 앞에 그리고 죽음 앞에 만인(왕, 귀족, 부르주아, 성직자, 평민)이 평등하다는 집단적이며 실존적 의미를 찾는 데 그쳤다. M-H. Ahn, "Apokalyptische Vorstellungen in Mittelalterlichen Totentanz," 『헤세연구』 14 (2005), 152-153.
86. 참고. P. H. R. van Houwelingen, "Goddelijk Geweld in het Nieuwe Testament, of: Hoe het Geweld niet uit God verdween," *Theologia Reformata* 57/4 (2014), 349-351.

요한계시록 7장

<본문의 개요>

계시록 6장 17절의 질문에 대해서 계시록 7장이 답을 준다.[1] 계시록 7장은 여섯째 인의 개봉 계6:12-17 참조과 일곱째 인의 개봉계8:1 참조 사이에 끼어든 단락interlude이다. 크고 두려운 예수님의 날이 임할 때, 불신자들은 심판을 받지만, 하나님의 백성은 보호를 받는다. 계시록 7장 1-8절은 새 이스라엘인 144,000명에 관한 환상을, 9-17절은 144,000명과 같은 무리인 셀 수 없이 많은 하나님 백성의 찬송에 관한 환상을 다룬다. 계시록 7장의 이전 문맥은 두루마리의 여섯째 인이 개봉되고 난 후 심판 중에도 살아 있을 남은 자에 대한 질문이다계6:17. 계시록 7장의 이후 문맥은 계시록 6장 17절의 질문에 대답한 후, 마지막 일곱째 인의 개봉을 기다리는 것이다계8:1. 문맥상 계시록 7장은 여섯째 인과 일곱째 인 사이의 간막극으로서 하나님의 소유인 지상교회에게 소망과 구원을 제시한다.

<내용 분해>

1. 인 맞은 144,000명(7:1-8)
2. 흰 옷을 입은 무리의 찬송(7:9-17)

---

1. 신동욱, 『요한계시록 주석』, 83. 참고로 계시록 6장과 7장의 이런 관련성을 제대로 파악하지 못한 경우는 A. J. Filho, "The Apocalypse of John as an Account of a Visionary Experience: Notes on the Book's Structure," *JSNT* 25/2 (2002), 222-223을 보라.

1. 인 맞은 144,000명(7:1-8)

> “1이 일 후에 내가 네 천사가 땅 네 모퉁이에 선 것을 보니 땅의 사방의 바람을 붙
> 잡아 바람으로 하여금 땅에나 바다에나 각종 나무에 불지 못하게 하더라 2또 보
> 매 다른 천사가 살아 계신 하나님의 인을 가지고 해 돋는 데로부터 올라와서 땅
> 과 바다를 해롭게 할 권세를 받은 네 천사를 향하여 큰 소리로 외쳐 3이르되 우
> 리가 우리 하나님의 종들의 이마에 인치기까지 땅이나 바다나 나무들을 해하지
> 말라 하더라 4내가 인침을 받은 자의 수를 들으니 이스라엘 자손의 각 지파 중
> 에서 인침을 받은 자들이 십사만 사천이니 5유다 지파 중에 인침을 받은 자가 일
> 만 이천이요 르우벤 지파 중에 일만 이천이요 각 지파 중에 일만 이천이요 6아셀
> 지파 중에 일만 이천이요 납달리 지파 중에 일만 이천이요 므낫세 지파 중에 일
> 만 이천이요 7시므온 지파 중에 일만 이천이요 레위 지파 중에 일만 이천이요 잇
> 사갈 지파 중에 일만 이천이요 8스불론 지파 중에 일만 이천이요 요셉 지파 중에
> 일만 이천이요 베냐민 지파 중에 인침을 받은 자가 일만 이천이라”

두루마리의 여섯째 인이 개봉되고 마지막 일곱째 인이 개봉되기 전에 땅의 네 모퉁이에 네 천사가 서서 땅과 바다와 나무에 바람이 불지 못하게 한다1절. 구약성경도 바람이 사방에서 불어온다고 언급한다렘49:36 참조. “땅의 네 모퉁이”에서 보듯이 숫자 4는 우주성과 전체성을 상징한다.[2] 그 어떤 사람도 바람을 주관하여 움직이게 하거나 죽는 날을 주관하거나 전쟁을 모면하도록 만들 수 없다전8:8 참조. 그리고 유대인들은 하나님께서 천사를 통해서 물과 불과 바람 등을 다스리신다고 믿었다계14:18; 16:5 참조. 유사하게 요한도 바람을 다스리는 천사를 언급한다.

바람을 다스리는 네 천사 이외에 다른 천사가 살아계신 하나님의 인σφραγίς을 가지고 해 돋는 동편에서창2:8; 3:24; 1에녹 32:2-3 참조 올라와서 심판을 대행할 네 천사를 향해 외쳐 말한다2절. 그레코-로마문헌에서 ‘인signet ring, seal’은 구분하는

2. Longman III, *Revelation through Old Testament Eyes*, 117.

표시distinguishing mark라는 의미도 가졌다.[3] 그리고 여기서 해가 뜨는 동편은 소망과 회복의 뉘앙스를 가진다. 실제로 계시록은 심판 중에서도 자비와 긍휼을 베푸시는 하나님의 속성을 반복하여 드러낸다. "우리 하나님의 종들의 이마에 우리가 도장을 찍을 때까지ἄχρι σφραγίσωμεν 너희는 땅이나 바다나 나무들을 해하지 말라."3절; 비교. 계13:16; 22:4. 이 환상은 남 유다의 파멸 전에 하나님의 소유로서 보호받을 남은 자들을 인치는 에스겔 9장 4절과 유사하다. 에스겔 9장 2절의 여섯 명의 심판 대행자들은 하나님의 인을 맞은 사람들을 보호하지만, 예루살렘 성전에서 태양을 숭배하던 장로 25명으로부터 살육이 시작되었다겔7:22; 8:16; 9:7 참조. 이렇게 우상숭배자들이 살육을 당한 것은 마치 죽음의 사자가 지나다니며 문설주에 피가 발리지 않은 집 안의 이집트인들을 죽였던 것과 유사하다출12:23 참조.[4] 창세기 4장 15절에도 하나님의 보호를 상징하는 인침이 나타난다. 요한은 교회를 가리키는 명사 "종δοῦλος"을 사용한다계2:20; 10:7; 15:3; 19:5; 22:9 참조. 종은 주인과의 수직적 관계 속에서 절대 충성해야 하며, 다른 주인을 섬겨서는 안 된다. 주인은 그렇게 충성하는 종들의 안전을 보장해 준다.[5] 신약성경의 중요한 인침 사건에서 종종 간과되는 사실이 있다. 사도 요한은 성부 하나님께서 인자이신 예수님께 인을 치셨다ἐσφράγισεν라고 밝힌 바 있다요6:27 참조. 성부 하나님으로 말미암아 사시는 예수님께서는 인자로서 그분의 살과 피를 참된 양식과 음료로 제공하신다요6:55,57 참조. 따라서 성부께서 성자를 인치심은 제1위와 제2위 하나님 간의 긴밀한 연합과 구원의 협력 사역을 강조한다. 마찬가지로 계시록 7장 2-4절의 인침에서 하나님과 인침을 받은 사람들 간의 존재론적이며 사역적인 연합을 기대하는 것은 무리가 아니다.[6]

---

3. Montanari, *The Brill Dictionary of Ancient Greek*, 2067.
4. Duguid, 『에스겔』, 195.
5. P. R. Trebilco, "What shall We call Each Other?: Part Two: The Issue of Self-Designation in the Johannine Letters and Revelation!" *Tyndale Bulletin* 54/1 (2003), 65-69.
6. 참고로 안식교는 앨런 화이트(Ellen G. White)의 주장을 따라 144,000명에 들어가기를 애쓸 것을 강조하면서도, 구원은 하나님의 은혜라고 주장하는 모순을 보인다. Stefanovic, 『예수 그리스도의 계시』, 293, 625.

사도 요한은 인침을 받은 사람은 총 144,000명이라고 소개한다4절.[7] 144,000명을 문자적으로 해석한다면, 다른 나라가 아니라 이스라엘의 미혼 남자들 144,000명만 구원을 받으므로 이방인과 여성은 차별받게 된다계14:4 참조. 상징적 숫자인 144,000ἑκατὸν(100), τεσσεράκοντα(40), τέσσαρες(4), χιλιάδες(1,000)은 구약의 12지파, 신약의 12제자, 그리고 많음을 상징하는 1,000이 곱해진 것이다신1:11; 대하30:24; 시91:7; 144:13; 사30:17; 60:22 참조.[8] 이스라엘 각 지파에서 12,000명씩 계수되었는데, 이는 구약과 신약에서 하나님의 백성을 가리키는 숫자 12에다 (군사적) 다수를 상징하는 1,000이 곱해진 수이다민31:5 참조.[9] 따라서 144,000명은 하나님의 이름을 위하여 고난을 무릅쓰고 영적 전투를 잘 수행하는 탁월한 하나님의 백성만 가리키는 것은 아니다.[10] 아브라함과 이삭은 자신들의 당대에 별과 모래와 같은 많은 자손을 낳지 못한 것과 비교하면, 수많은 하나님의 백성을 상징하

---

7. "역사주의적 해석에 의하면, 하나님의 종에게 인을 치는 것은 4세기 콘스탄틴과 그의 치하에서 정치-종교적인 혁명과 관련된다. 여섯째 나팔을 로마를 침공하는 야만인으로 이해한 A. Barnes는 계시록 7장 1절의 '네 바람'은 로마를 멸망시키는 임박한 전쟁들 혹은 콘스탄틴 때에 교회 안에 닥친 도덕적 해이와 이단 세력(예. 아리우스, 펠라기우스)으로 본다. 이러한 암흑의 시대에 하나님은 자신의 참된 백성들이 누구인지 명시할 필요를 느끼셨다. 이것이 바로 인을 치는 것이다. 인을 치는 것을 교회 개혁 시대까지의 왈도파와 알비파로 보기도 한다. Henry와 Clarke는 넓은 의미에서 역사주의자들인데, 계시록 6-7장을 예루살렘의 멸망으로 보는 과거론자들의 입장과 대동소이하다. '땅의 사방의 바람'(계7:1)을 유대 땅의 네 끝을 가리키는 것으로 보면서, 바람이 불지 못하도록 하는 것은 그리스도의 교회가 강해지고 예루살렘으로부터 펠라로 도망갈 준비를 할 때까지 유대 땅 전체를 악으로부터 보호하시는 것으로 보기도 한다(오이쿠메니우스, Clarke). 미래적 해석 중 세대주의자들은 '네 바람', '네 천사', 그리고 '땅의 네 모퉁이' 모두 문자적으로 해석한다. 따라서 천사가 바람과 같은 자연의 요소를 통제한다고 본다. 이 네 천사의 임무는 특정 그룹이 인을 받을 때까지 이런 자연적인 요소들의 노가 폭발하지 않도록 억제하는 것이다. 이상적 해석은 계시록 7장 1절의 '이 일 후에'를 사건의 연속으로 보지 않고 요한이 본 환상들의 순서로 본다. 정지된 네 바람은 계시록 6장의 네 말 탄자로 본다(참고. 슥6:5)." 송영목, "요한계시록의 전통적 4가지 해석의 비교 및 분석," 115.
8. 신약성경에 정관사와 숫자 12의 조합은 교회의 기초와 같은 12사도를 가리킨다(마10:5; 20:17; 26:14,20,47; 막3:14,16; 4:10; 6:7; 9:35; 10:32; 11:11; 14:10,17,20,43; 눅6:13; 8:1; 9:1,12; 18:31; 22:3,47; 요6:67,70,71; 20:24; 행6:2; 고전15:5). 허규, 『요한묵시록 바르게 읽기』, 104; Schreiner, "Revelation," 622; 이달, 『요한계시록』, 145. Contra McArthur, *Revelation 1-11*, 219.
9. 이한수, 『요한계시록』, 150; Ngundu, "Revelation," 1585; C. E. Douglas, *The Mystery of the Kingdom* (London: The Faith Press, 1915), 190. 참고로 144,000을 3(하늘)×4(온 세계)×1,000(많음)으로 이해한 경우는 김철손, 『요한계시록』, 183을 보라.
10. Contra Greijdanus, *De Openbaring des Heeren aan Johannes*, 170.

는 144,000명은 놀라운 반전이다. 참고로 AD 2세기 이래로 기독교로 개종하여 "세례 교육을 받은 사람들*competentes*은 이마에 십자가의 표를 받았다. 자주 반복된 이런 행위는 그리스도 자신께서 그 사람을 소유하심을 의미했다. 세례 직후에 이런 행위는 특별히 그런 의미를 가졌다. …… 예루살렘의 시릴은 이런 행위에 특별한 중요성을 부여하며 '지울 수 없는 거룩한 표'라고 불렀는데, 이것이 없이는 천국에 들어갈 수 없다고 보았다."[11]

어린양께서 출현하신 유다지파가 맨 먼저 소개되며계5:5 참조, 르우벤, 갓5절, 아셀, 납달리, 므낫세6절, 시므온, 레위, 잇사갈7절, 스불론, 요셉, 베냐민 지파의 순서이다8절; 참고. 계21:12. 특이하게 레위지파가 포함되어 황제숭배가 아닌 보좌 위에 계신 분을 향한 참된 예배를 강조한다. 그런데 단지파가 생략된 것은 황제숭배와 우상숭배를 일삼고 분배받은 땅을 정복하지 못한 지파는 남은 자로서 부적절함을 강조한다삿1:34; 18:1,30; 왕상13장; 대상4-8장; 계21:8; 비교. 수19:47.[12] 참고로 단지파에서 적그리스도가 출현할 것이라는 전설은 사도 요한 사후에 교부 히폴리투스 이래로 유행했다창49:17 참조. 그리고 단지파와 더불어 생략된 에브라임지파는 사사시대에 이방 나라와 전쟁할 때 참여하지 않고, 이스라엘이 승리한 후에 오히려 불평했다삿8:1; 12:1 참조. 따라서 에브라임의 이런 태도는 영적 전투에 적극적으로 참여할 것을 가르치는 계시록의 취지에 맞지 않다.

계시록 6장 17절의 질문의 답은 하나님의 진노를 면할 144,000명이다. 만약 144,000명을 지상의 유대인 성도로 국한한다면,[13] 삼손이 속한 단지파는 구원을 전혀 받지 못하는 지파가 되고 만다. 144,000명은 성부와 성자의 소유된 유대인과 이방인을 아우르는 모든 성도를 가리킨다계14:1 참조.[14] 그런데 144,000명

---

11. M. E. Nelson, "Catechesis and Baptism in the Early Christian Church," *In die Skriflig* 30/4 (1996), 449.
12. 송영목, "144,000명(계7:3-8)에서 단 지파가 생략된 이유," 『성경과 신학』 92 (2019), 61-94; Longman III, *Revelation through Old Testament Eyes*, 121. 참고로 여호수아 당시에 단지파가 가나안 땅을 정복한 바 있다(수19:47).
13. 예를 들어, Wallis, "The Coming of the Kingdom," 23; Green, "요한계시록," 2302; Mathison, 『종말론적 관점에서 본 성경 개관』, 816; 신동욱, 『요한계시록 주석』, 86; Fanning, *Revelation*, 263-264.
14. Khatry, "Revelation," 1785; Smalley, *The Revelation to John*, 186.

을 유대인 출신 성도로 보고 셀 수 없는 큰 무리계7:9를 이방인 출신 그리스도인이라고 이해하는 경우가 종종 있다. 세대주의자는 144,000명을 휴거 이후에 지상에 남은 유대인들이 개종한 수라고 보며, 혹자G. E. Ladd는 144,000명은 대 환난 전의 그리스도인을 가리키고 "셀 수 없는 큰 무리"계7:9는 대 환난 후의 그리스도인을 가리킨다고 주장한다.[15] 그러나 요한은 재림 이전에 대 환난이 있을 것이라고 말하지 않으며, 유대인 성도와 이방인 성도의 갈등을 봉합하려는 의도나 그들 간의 병행 관계를 독자들에게 제시할 의도를 가지고 있지 않다.

계시록의 1차 독자들에게 144,000명은 비밀이 아니라 계시이다. 하지만 그들을 박해하던 자들은 이 숫자의 상징적 의미를 알지 못하므로, 그들에게는 감추어진 비밀과 같다. 따라서 상징적 숫자의 계시와 은폐隱蔽 기능은 계시록 13장 18절의 666에도 분명히 적용된다.

교훈과 적용

우리와 생명의 언약을 맺음으로써 그분의 자녀를 보호하시는 하나님께 승리와 감사의 삶으로써 예배를 드리자.[16] 삶의 예배에서 전리품을 모아 주일 공 예배에 그것을 올려드리자. 144,000명은 구약과 신약의 교회로서 인종이나 국가나 민족의 이념

---

15. 안식교는 144,000을 미래 종말의 그리스도인으로서 대 환난을 통과할 사람들로 본다. 참고. L. Wade, "Thoughts on the 144,000," *JATS* 8/1-2 (1997), 90-91, 96.
16. 『21세기 찬송가』 28장 "복의 근원 강림하사"의 3절의 마지막 가사는 "여기 내 마음이 있사오니, 그것을 취하여 인을 치소서. 당신의 위의 궁정을 위해 그것을 인치소서(Here's my heart, O take and seal it, Seal it for Thy courts above)."이다. 작사자 로버트 로빈슨(1735-1790)은 존 웨슬리에 의해 노포크(Norfolk)교회의 목사로 파송 받았기에 감리교 교리를 따랐다. 그런데 "인을 치소서."는 아직 인침을 받지 않았다는 의미이므로, "인치셨음을 믿습니다."라는 감사의 고백과 다르다. 로빈슨목사는 자신의 구원의 인침을 두고 고민하기보다(계7:4; 14:1 참조), 일상에서 범죄로 기울기 쉬운 자신의 마음을 복되신 주님께 의탁하고 있는 듯하다. 그는 10대에 경건치 않은 이발사였다. 덧붙여 찬송가 483장 "구름 같은 이 세상"의 후렴은 "어린양 생명책에 기록하옵소서."인데, 하나님께서 영원 전에 그분의 백성을 예정하신 사역을 무효화하는 듯하다(단12:1; 눅10:20; 계3:5; 20:15; 21:27; 웨스트민스터신앙고백서 3.1 참조). 그러나 영어 가사에는 "예. 내 이름이 거기에 기록되어 있다(yes, my name's written there)."라고 구원의 확신을 노래한다. 그리고 2절 끝의 한글 청유형 "구원받은 내 이름 기록하옵소서."는 영어 원본의 가사로는 의문문이 옳다. 작사자인 메리 키더(1820-1905) 여사는 시각 장애를 치유 받은 후 찬송가 작시에 헌신했는데, 자신의 구원의 확신을 점검하며 감사한다.

을 초월한다. 그런데 그리스도인은 하나님 중심 혹은 하나님 우선God first이 아니라 자신이 속한 국가나 단체를 우선시하는 것을 주의해야 한다.[17] 로마제국이 다신교 사회였다면, 하나님의 소유가 된 상징적인 144,000명은 자기 입맛에 맞추어 종교 생활을 하는 '실용적 다신론'에 빠지지 말아야 한다.

현대 교회는 요한 당시 황제의 로마제국 중심주의와 앗수르의 니느웨에 복음을 전하기를 꺼렸던 선지자 요나의 배타적 민족주의를 기억하며 교훈을 얻어야 한다. 하나님을 사랑하고 그분께 충성하는 것이 그리스도인에게 유일한 우선 사항이며, 나머지 충성들은 부차적이다. 애국은 중요하지만, 그것은 하나님을 사랑하고 하나님 나라를 확장하기 위한 수단으로 자리매김해야 한다.[18]

참고로 계시록에 시각 동사 '보다'와 청각 동사 '듣다'가 매우 자주 등장한다. 왜냐하면 계시록의 많은 단락은 요한이 환상을 보고 들은 보고서와 같기 때문이다. 그런데 이 시각과 청각 동사의 용례를 살펴보면, 요한은 특정한 패턴을 통해 자신이 메시지를 강조하고 있음을 알 수 있다. 한편으로, '보다 → 듣다' 패턴의 경우는 시각이 중심인데, 청각은 정보를 보충하고 심화시키는 기능을 수행한다예. 계4:1; 6:1; 7:1-4; 21:1-3. 다른 한편, '듣다 → 보다' 패턴의 경우는 청각을 중심으로 하며, 시각은 계시록의 내러티브 시나리오를 해석하고 예언적 관점을 제시한다예. 계16:1-16; 19:1-19.[19]

---

17. "세대주의자들이나 네탄야후 모두에게서 발견되는 또 다른 중대한 오류는 '세속국가 이스라엘'과 '종말의 이스라엘'을 동일시하는 범주 혼동이다. 유다 왕국이나 이스라엘 왕국 시대에도 왕실이 대표하는 국가가 하나님의 백성을 대표하는 언약공동체 이스라엘과 동일시된 적은 단 한 차례도 없었다. 세대주의자들의 성서해석에서나 네탄야후의 정치적 연설 어디에서도 무장병력을 갖고 있는 세속국가 이스라엘과 하나님께서 종말에 출현케 하실 신앙공동체 이스라엘을 전혀 구분하지 않는다. 종말에 집단개종을 해서 세계적으로 하나님의 영광을 발출할 주체는 어디까지나 신앙공동체 이스라엘이지 국가공동체 이스라엘이 아니다. 리쿠드당이 주도한 알리아운동으로 이스라엘에 돌아온 귀환민들이 이사야, 에스겔, 예레미야가 예언한 이스라엘의 귀환민 대열이라는 보장이 없다. …… 세대주의 신학은 이스라엘 선교와 개종이라는 선교열정에도 불구하고 세속국가 이스라엘의 대외정책을 신앙의 이름으로 옹호하는 이데올로기로 전락하기 쉽다." 김회권, "벤자민 네탄야후의 유사신학적 정치수사와 세대주의의 위험한 공생의 선교학적 함의 분석," 『신학과 실천』 68 (2020), 610.
18. J. Wallis, "The Theology for July 4," *Sojourners* 7월 3일 (2019). 참고로 한민택은 신천지의 144,000명 해석에 대해 "예수님의 영을 통해 이만희 교주에게 계시된 감추어진 천국의 '비밀'을 '알아 깨닫고' 믿음으로 구원을 얻는다거나, 지상의 십사만사천의 육에 영계의 십사만 사천의 영이 내려 '신인합일'을 이루어 지상에서 부활이 이루어진다는 등의 사상은 영지주의의 '한국적 토착화'라고 해도 좋을 것이다."라고 비판한다. 한민택, "한국 그리스도교계 신흥 종교의 종말론에 관한 신학적 고찰: 신천지예수교증거장막성전을 중심으로," 『Catholic Theology and Thought』 74 (2014), 100.
19. R. Skaggs and T. Doyle, "The Audio/Visual Motif in the Apocalypse of John through the Lens of

2. 흰 옷을 입은 무리의 찬송(7:9-17)

> "9이 일 후에 내가 보니 각 나라와 족속과 백성과 방언에서 아무도 셀 수 없는 큰
> 무리가 나와 흰 옷을 입고 손에 종려 가지를 들고 보좌 앞과 어린양 앞에 서서 10
> 큰 소리로 외쳐 이르되 구원하심이 보좌에 앉으신 우리 하나님과 어린양에게 있
> 도다 하니 11모든 천사가 보좌와 장로들과 네 생물의 주위에 서 있다가 보좌 앞
> 에 엎드려 얼굴을 대고 하나님께 경배하여 12이르되 아멘 찬송과 영광과 지혜와
> 감사와 존귀와 권능과 힘이 우리 하나님께 세세토록 있을지어다 아멘 하더라 13
> 장로 중 하나가 응답하여 나에게 이르되 이 흰 옷 입은 자들이 누구며 또 어디서
> 왔느냐 14내가 말하기를 내 주여 당신이 아시나이다 하니 그가 나에게 이르되 이
> 는 큰 환난에서 나오는 자들인데 어린양의 피에 그 옷을 씻어 희게 하였느니라
> 15그러므로 그들이 하나님의 보좌 앞에 있고 또 그의 성전에서 밤낮 하나님을 섬
> 기매 보좌에 앉으신 이가 그들 위에 장막을 치시리니 16그들이 다시는 주리지도
> 아니하며 목마르지도 아니하고 해나 아무 뜨거운 기운에 상하지도 아니하리니
> 17이는 보좌 가운데에 계신 어린양이 그들의 목자가 되사 생명수 샘으로 인도하
> 시고 하나님께서 그들의 눈에서 모든 눈물을 씻어 주실 것임이라"

모든 나라, 족속, 백성, 방언에서 나온 셀 수 없는 큰 무리가 승리를 상징하는 흰 두루마기를 입고 종려나무 가지를 들고 보좌와 어린양 앞에 선다9절; 참고. 레 23:40; 느8:15; 요12:13; 계22:3. 앞 단락에서 언급된 144,000명과 9절의 "셀 수 없는 큰 무리ὄχλος πολύς, ὃν ἀριθμῆσαι αὐτὸν οὐδεὶς ἐδύνατο"는 동일하다.[20] 헬라제국과 로마제국에서 종려나무는 승리를 축하할 때 사용되었고, 운동 경기의 승자도 오른손으로 종려나무 가지를 들었으며, 마카비가 성전을 수리하여 봉헌했을 때도 종려나무 가지가 사용되었다1마카비 13:37 참조.[21] 교회는 "구원이 보좌 위에 앉으신 우리 하나님과 어린양에게 있습니다."라고 찬송한다10절.[22] 여기서 '구원'계12:10; 19:1 참조

Rhetorical Analysis," *Journal of Biblical & Pneumatological Research* 3 (2011), 25.

20. Persson, *A Semantic and Structural Analysis of Revelation*, 103. Contra Blount, *Revelation*, 145.

21. Seal, "The Persuasive Arousal of Emotions," 98.

22. 송영목, "요한계시록의 구원론," 『신약연구』 10/3 (2011), 731-764.

은 승리와 동의어로 봐도 무방하다. 그런데 10절에 따르면, 보좌 위에 승귀하신 유다지파의 사자계5:5가 아니라 어린양께서 계신다. 그 어린양께서는 그분의 피로써 144,000명에게 승리의 흰 옷을 선물로 주셨다계7:14 참조. 야웨의 고난당하는 종은 결국 보좌 위의 성부와 동일한 찬송을 받으신다계7:12 참조. 따라서 요한은 고난당하신 예수님께서 성부의 선교를 성취하셔서 고기독론적이며 선교적 송영을 받으시는 것으로 마무리한다.

오순절에 성령님께서 임하시자 120제자는 로마제국의 세 대륙인 아시아, 아프리카, 유럽의 여러 언어를 말했는데, 그들은 외국어를 마음껏 구사하는 이 은사를 하나님 나라를 위한 선교를 위해 일평생 활용했을 것이다행2:5,8 참조. 이 사실은 반 로마적 메시지를 가진다. 로마 황제는 공용어 정책을 통해 팍스 로마나를 공고히 했다. 황제는 언어를 구심적으로 이해하여 언어와 문화적 동질성을 강조했기에, 다문화나 다언어는 팍스 로마나에 저해 요소였다.[23] 그러나 영생의 복음을 충만하고 분명하게 알기 위하여 토착어 버전이 필요한데, 언어는 단순한 언어 체계를 넘어 민족 공동체의 세계관과 문화와 이념 등을 담아내기 때문이다. 요한이 본 환상에 나라와 백성과 언어와 족속은 보좌 위의 성부 하나님과 어린양을 찬양하는데, 이것은 영원한 천국에 민족과 국가의 정체성이 유지된다는 의미가 아니라, 일곱 영, 즉 선교의 성령께서 주도하셔서 세상 나라가 하나님 나라로 변화된 선한 결과이다계5:6; 11:15 참조. 완성된 신천신지에서 교회는 지상에서 가지고 있던 민족적 정체성을 따라 살지 않고 한결같이 어린양의 신부로 산다. 그들에게 천국의 공용어가 있을 것이다.

모든 천사가 보좌 앞에 엎드려 얼굴을 대고 하나님을 경배하며 찬송한다11절. "아멘. 찬송과 영광과 지혜와 감사와 존귀와 능력과 힘이 우리 하나님께 영원히 있습니다. 아멘."12절; 참고. 계5:12. 여기서 하나님을 경배하는 교회와 천사 사이의

---

23. 참고. R. Nadella, "Pentecost as a Challenge to the Roman Empire's Values and Ethos," *Journal for Preachers* 41/4 (2018), 2-3.

질서와 조화를 본다.

오스본G. R. Osborne은 12절의 찬송 요소들에 대해 다음과 같이 설명한다. "찬송"은 계시록 5장 12-13절에 등장했다. "영광"은 하나님께서 원수를 무찌르심으로 나타내신 위엄과 연결된다. "지혜"는 만유를 창조하시고 구원하시는 신적 지혜를 가리킨다. "감사"는 하나님께서 행하신 것에 대한 자연스러운 반응으로서 앞에 언급된 "찬송"과 유사하다. "존귀"는 "영광"과 병행을 이룬다계4:11; 5:12-13 참조. 마지막으로 "능력과 힘"은 계시록 5장 12절에서 떨어져 있지만 서로 병행을 이룬다.[24]

12장로 중 한 명이 요한에게 흰 두루마기를 입은 사람들이 누구이며 어디서 오는지 아느냐고 묻는다13절. 환상 중에 요한은 중요한 등장인물이 되어 장로와 대화한다. 요한은 "나의 주여, 주당신께서 아십니다."라고 답한다14a절. 그러자 그 장로는 셀 수 없는 무리는 큰 환난에서 나오는 자들이며, 어린양의 피에 자신들의 긴 겉옷들을 씻어 희게 했다고 답한다14b절; 참고. 창49:11; 계19:8; 22:14. 여기서 "큰 환난"은 특히 세대주의 전천년주의자들이 추측하는 주님의 재림 이전에 있을 7년 대 환난을 가리키지 않고, 소아시아 7교회를 비롯하여 모든 그리스도인이 겪는 박해와 시련을 가리킨다계2:22 참조.[25] "나오는 사람들οἱ ἐρχόμενοι"은 현재분사이므로, 계시록의 독자들이 환난을 계속 당하고 있음을 강조한다.[26] 하지만 그들은 흰 옷을 입었기에 패배자가 아니라 승리자들이다.[27] 야곱의 아들들은

---

24. Osborne, *Revelation*, 322.

25. Longman III, *Revelation through Old Testament Eyes*, 124; Jordan, 『계시록의 구속사적 연구』, 160; Koester, *Revelation*, 421; W. R. Kimball, 『당신의 대환난 개념: 전통적인가, 성경적인가?』, *What the Bible says about the Great Tribulation: Future or Fulfilled?* 김재영 역 (서울: 나침반사, 1988), 142. Contra J. Kovacs and C. Rowland, *Revelation* (Malden: Blackwell Publishing, 2004), 105; Wallis, "The Coming of the Kingdom," 22.

26. 신동욱, 『요한계시록 주석』, 90.

27. 참고로 1980년경부터 짐바브웨의 '흰 옷 입은 교회(White Garment Churches; Vapositori)'는 집권 여당의 하수인 역할을 하면서 반백인 및 반제국주의 노선에 서 있었다. 성경에 무지한 그들은 흰 옷을 입고 야외에서 예배를 드리며, 예방 접종이나 면역과 같은 보건의료 체제를 거부하고, 카리스마틱한 지도자의 명령에 맹종한다. P. Musoni, "White Garment Churches (Vapositori) and ZANU-PF Party Politics in Zimbabwe:

동생 요셉의 채색옷을 숫염소의 피에 적셔 동생이 죽었다고 위장했다창37:31 참조. 은 20개에 미디안 상인들에게 동생을 팔아버린 자신들의 시기와 악행을 감추기 위해서였다창37:28 참조. 하지만 어린양 예수님께서는 가룟 유다에 의해 은 30에 팔리시고 옷이 벗겨진 채 십자가에 달리셨고, 흘리신 보혈로 죄인의 악행을 감추지 않고 말끔히 씻어내셨다.

셀 수 없는 큰 무리는 하나님의 보좌 앞에 있으며, 그분의 성전에서 낮과 밤으로 그분을 섬기고 보좌에 앉으신 분께서 그들 위에 장막을 치신다15절. 동사 '섬기다λατρεύω'는 계시록 22장 3절에 한 번 더 나타난다. LXX에서 이 동사는 단 두 번만 제사장들이 섬기는 장면에 나타나며민16:9; 1에스드라 4:54 참조, 나머지 107회의 용례는 하나님의 백성 전체의 봉사 및 예배와 연관된다.[28] 그러므로 특정인이 아니라 144,000명이 하나님을 밤낮 섬기는 장면은 LXX의 이런 용례에 잘 부합한다.

15절의 "장막을 치실 것이다σκηνώσει"는 미래시제이지만 현재적 미래로 보는 게 자연스럽다요1:14; 계21:3 참조.[29] 15절의 간본문은 에스겔 37장 24-28절인데, 에스겔 선지자는 하나님께서 다윗계열의 왕을 통해서 언약 백성인 이스라엘을 회복하시고 이스라엘 가운데 성소를 세우실 것을 예언한다.[30] 예수님께서는 다윗계열의 영원한 왕이시자 목자로서 새 이스라엘을 회복하시고 그들 가운데 거하신다계21:3 참조. 계시록에 성부 하나님 앞에서*Coram Deo*와 그리스도 앞에서*Coram Christo* 사상은 특히 계시록 7장 9절과 15-17절에 나타난다. 이것은 구약에 뿌리를 둔다. '코람데오 장'이라 부를 수 있는 민수기 32장 20-32절은 "야웨의 얼굴 앞에서ἔναντι κυρίου"를 반복한다. 르우벤지파, 갓지파, 그리고 므낫세지파의 절반

True Marriage or Marriage of Convenience during and Post-Mugabe Era," *HTS Teologiese Studies* 75/1 (2019), 3-4.

28. Pattemore, *The People of God in the Apocalypse*, 155.

29. Contra '장막치다'를 순전히 미래적 의미로 보는 Kraft, 『요한묵시록』, 210.

30. Koester, *Revelation*, 422, 430. Koester는 계시록 7장의 144,000명의 상태는 계시록 21장 2절-22장 5절의 새 예루살렘성을 예기한다고 본다.

은 요단강 동편 목초지에 정착하기 전에 스스로 야웨 앞에서 무장하고, 야웨 앞에서 요단강을 건너며, 야웨 앞에서 싸워서, 야웨 앞에서 가나안을 정복해야 했다. 구약이건 계시록이건 하나님 나라의 확장은 코람데오의 삶으로만 가능하다고 교훈하는 데서 동일하다. 그런데 이런 코람데오라는 천국 윤리의 원칙과 실천에 선행하는 질문이 있다. 그것은 "죄인이 어떻게 거룩하시고 의로우신 하나님 앞에 설 수 있는가?"이다. 그리고 답은 예수님께서 우리를 사랑하사 자신의 피로써 우리의 모든 죄에서 우리를 해방하신 것이다계1:5 참조. 그리스도인은 이 신칭의를 힘입어 하나님 앞에 설 수 있다.[31]

여기서 계시록 전반에 걸쳐 등장하는 장막절 주제를 살펴보자. 이스라엘에서 대속죄일로부터 5일 후인 7월티쉬리월 15일에 시작된 장막절은 출애굽과 한 해의 추수를 기념했다. 이 주제는 요한계시록에서 종말론적이고 기독론적이며 교회론적으로 성취된다. ① 성회로 모임슥14:16; 레23:35-37; 계7:9; 14:1-5; 21:24-26, ② 안식레23:39; 슥14:11; 계6:11, ③ 추수출23:16; 계14:14-16; 20:4-6, ④ 기쁨레23:40; 계7:9-10; 14:2-3; 15:2-4; 19:7, ⑤ 기억레23:43; 계15:3-4; 21:4-5, ⑥ 거처레23:43; 계7:15-17; 21:3-4, ⑦ 새로움/정결출23:16; 계7:14; 21:5, ⑧ 물슥14:8,16-19; 요7:37-38; 계7:16-17; 22:1, ⑨ 결실레23:40; 계22:2, ⑩ 종려나무 가지레23:40; 계7:9-10, ⑪ 감사신16:16-17; 계7:9-12; 15:3-4; 19:1-8, ⑫ 빛슥14:7; 요8:12; 9:5; 계21:11,23; 22:5, ⑬ 구원시113-118편(특히 118:24); 요7:37; 계7:10; 12:10-11, ⑭ 왕슥14:9,16; 계7:11, ⑮ 굶주리지 않음신16:14-15; 계7:16.[32]

셀 수 없는 무리, 곧 144,000명은 다시는 굶주리거나 목말라 하지 않을 것이며, 태양이나 어떤 뜨거움도 그들을 상하게 하지 못한다16절; 참고. 시121:6; 사49:10; 요

---

31. 성경적 종말론은 스스로 계신 하나님 앞에서 주님을 신뢰하며 일상을 경건하게 사는 것이다. 그리고 성도가 하나님의 역사가 전개되는 현장에 참여하려면, 어떻게 그리고 무엇이 발생하는가를 간파할 수 있어야 한다. D. J. Dreyer, "Participatory Eschatology: A Challenge for Dualistic and Non-Dualistic Thinking," *Verbum et Ecclesia* 41/1 (2020), 5.

32. E. Reynolds, "The Feast of Tabernacles and the Book of Revelation," *Andrews University Seminary Studies* 38/2 (2000), 249-265; J. A. Draper, "The Heavenly Feast of Tabernacles: Revelation 7:1-17," *JSNT* 19 (1983), 134, 138-140. 그러나 Draper는 계시록 7장에서 장차 유대인들이 하나님의 보좌 주위에서 제사장 역할을 수행할 것이라고 잘못 추론한다.

7:38. 굶주림과 갈증은 물론 태양으로 인한 뜨거운 열기는 하나님의 언약적 심판을 가리킨다신28:47-48; 렘36:30; 계16:8-9 참조. '태양'과 '뜨거운 열기'는 중언법hendiadys이다. 보좌 가운데 계신 어린양께서는 그들의 목자가 되시며시23:1-2; 80:1; 겔34:23; 요10:11 참조, 생명수 샘으로 인도하시고요4:14; 7:38-39 참조, 그들의 눈물을 씻어주신다17절; 참고. 사25:8; 계21:4. 보혜사이시자 선한 목자이신 예수님께서는 그분의 양 떼인 교회를 박해 중에서도 안전하게 보호하시고, 위로하시며, 모든 필요를 공급하시며, 그들을 떠나지 않고 동행하신다. 양 떼의 고통과 눈물을 아시는 그리스도*Christus patiens*께서는 치유하시고 위로하시는 메시아이신데*Christus medicus*, 양 떼를 동정하시고 사랑하시는 목자장의 사역은 성부 하나님을 대신하여 치료하신 것이다.[33] 간본문인 시편 77편 20절은 목자이신 야웨께서 모세와 아론의 손으로 애굽에서 그분의 양 떼를 이끌어내신 것처럼 그분의 백성을 계속 인도하신다. 여기서 목자와 출애굽 주제가 맞물린다. 예수님께서는 새 모세로서 새 출애굽을 주시는 것으로 멈추시지 않고, 지속적으로 신약교회를 앞서 인도하신다.

아담 부부가 에덴동산에서 추방된 이래로 하나님의 백성의 떠돌이 생활이 시작되었다, 새 언약 백성은 완성된 신천신지에 도착할 때까지계21:1 참조, 먹이시고 입히시는 하나님의 공급과 보호를 믿고 순례를 잘 감당해야 한다마6:33; 딤전6:8 참조.[34] 하지만 그리스도인은 이 세상에서 양식과 옷의 부족이라는 고난을 당할 수 있음도 기억해야 한다. 구약에서 천하의 왕이신 하나님께서 거하시는 장막과 같은 백성들에게 생수가 흘러 날 것이 예언되었는데슥1:8-9,16-17 참조, 천하의 왕이신 예수님께서는 초막절의 생수인 성령님을 그분께서 친히 장막치신 백성에

33. 2020년 9월 코로나19 시대에 정부 의대 정원을 확충하려던 계획을 반대했던 의사들의 행태는 생계를 위한 집단 이기주의와 의료 행위의 상업화로 국민의 눈에 비치기도 했다. A. G. van Aarde, "*Christus Medicus-Christus Patiens*: Healing as Exorcism in Context," *HTS Teologiese Studies* 75/4 (2019), 8-9.

34. D. Wenkel, "Provision of Food and Clothing for the Wondering People of God: A Canonical and Salvation-Historical Study," *Southeastern Theological Review* 5/1 (2014), 30, 43-44; K. Barth의 『교회교의학』 3.1.280 in Mangina, "Apocalypticizing Dogmatics," 199

게 부어주신다.[35]

계시록 7장을 창세기 3장 15절, 사무엘상 17장, 그리고 요한복음 10장과 구원 계시의 전진을 따라 간본문적으로 해석할 수 있다. 블레셋의 장수 골리앗은 약 60kg 중량의 비늘갑옷*scale armor*을 입었다삼상17:5 참조. 비늘은 골리앗이 에덴동산의 '뱀', 곧 '용'임을 암시한다계12:3; 20:2 참조. 다윗 당시의 이스라엘 백성에게 뱀의 머리를 깰 여인의 후손이 필요했다. 목동 출신 다윗은 막대기, 투석기, 그리고 매끄러운 돌을 목자의 가방에 넣고 뱀을 향해 나아갔다삼상17:40 참조. 양의 큰 목자이신 예수님히13:20 참조의 그림자인 다윗은 이스라엘의 목자로 싸웠다. 이마에 돌을 맞아 골리앗이 죽었는데삼상17:49 참조, 곧 뱀의 머리가 깨어진 것이다창3:15 참조. 이런 구약의 그림자 사건을 통해서 예수님께서는 그분의 양 떼144,000명를 보호하시기 위해 목숨까지 버리시는 선한 목자이심을 알 수 있다요10:11 참조. 목자이신 예수님께서 죽으시고 부활하신 것은 신약 교회를 괴롭히는 뱀, 곧 용을 결정적으로 물리친 사건이다요12:31 참조.

계시록 7장 9-17절은 계시록 5장 5절의 어린양의 승리를 회상하면서 교회의 최종 승리에 대한 예기적proleptic 환상이다.[36] 실제로 계시록의 내러티브는 회상과 예기를 반복한다. 전투하는 교회론을 강조하는 요한계시록의 내러티브는 교회 주제를 반복하면서 발전시킨다. 요약하면 다음의 표와 같다.[37]

---

35. 참고. 장세훈, 『스가랴』, 487-488.

36. J. Lambrecht, "The Opening of the Seals (Rev 6,1-8,6)," *Biblica* 79/2 (1998), 211, 217.

37. F. Tavo, Woman, *Mother, and Bride: An Exegetical Investigation into the "Ecclesial" Notions of the Apocalypse* (Leuven: Peeters, 2007), 357.

교회	1:4-3:22	144,000과 큰 무리(7:1-17)	성전과 두 증인(11:1-13)	해를 입은 여인(12장)	새 예루살렘 성(21:2-22:5)
천상의 교회	7별(1:20), 이기는 자(2:7 등)	셀 수 없는 큰 무리(7:9-17), 큰 환난에서 나오는 이들(7:14)	거룩한 성(11:2)	승리한 우리 형제(12:11)	새 예루살렘 성(21:2 이하), 신부(21:2,9), 백성(21:3), 이기는 자(21:7)
환난	환난(1:9; 2:9-10,22)	큰 환난(7:14)	(암시)	(암시)	
지상의 교회	7촛대(1:12,20; 2:1), 우리(1:5-6)	144,000(7:1-8)	성전, 제단, 예배자(11:1), 두 감람나무(11:4), 두 증인과 두 선지자(11:3,10)	메시아를 임신한 여인(12:1), 광야의 여인(12:6,14,16), 그녀의 남은 자손(12:17)	
유월절 이미지	그의 피로써(1:5)	어린양의 피로써(7:14)	그들의 주께서 십자가에 못 박히신 곳(11:8)	(암시)	

계시록의 찬송들은 문맥상 '성전'과 밀접하다. 예를 들어, 계시록 7장 10, 12절의 찬송 다음에 성전이 언급된다계7:15. 그리고 계시록 11장 15-18절의 찬송도 계시록 11장 19절의 성전 바로 앞에 위치한다. 또한 계시록 15장 3-4절의 찬송을 계시록 15장 5절의 성전이 뒤따른다.[38] 이 사실은 소아시아 7교회에게 어떤 교훈을 주는가? 그들은 지상에서 예배를 드리는 동안 하늘 성전에서 통치하시는 하나님을 마음속으로 그려보아야 했으며, 더 나아가 자신들이 종말론적 성전으로서 고난 중에서라도 찬송해야 함을 배웠을 것이다.

교훈과 적용

하나님의 소유된 백성이자 선민 그리고 남은 자로서 신실하게 살자. 그리고 남은 자가 많아지도록 전도에 힘쓰자. 지금 여기서 위로와 소망을 받으면서 목자이신 어린양을 따라가자. 보혜사이신 예수님께서는 성도가 흘리는 눈물을 닦아주시고 보호하신다기독교강요 3.9.6 참조. 그리스도인은 예수님 안에 충만히 계시된골1:19 참조 하나

38. A. Spatafora, "Heavenly Liturgy and Temple in the Apocalypse," *Theoforum* 46/1 (2015), 202-204.

님의 현존을 사모하며 예배하는 사람으로서 시온의 대로의 한 구간인 눈물골짜기를 통과해야 한다시84:5-6 참조. 그때 교회의 목자이신 예수님께서는 이른 비와 성령의 샘물을 그분의 백성에게 공급하심을 믿어야 한다.[39] "오 전능하신 하나님, 당신을 목자로 삼고 있는 모든 사람은 하늘의 가르침을 양식으로 공급받고 성령님께로부터 풍성하게 물을 공급받는 사람들처럼, 아주 행복하게 살아갑니다."[40] 그리고 공동체 가운데 목회자와 장로는 주 예수님처럼 양 떼를 인격적으로 돌보는 일personal care에 힘써야 한다.

목회자의 리더십은 언행 불일치, 물질주의, 신뢰성 결여, 체면과 교만, 얕은 신학적 지식, 양떼의 형편을 살피는 심방을 꺼림 등으로 인해 손상을 입고 있다. 1970년 이래 본격적으로 논의되어온 '섬기는 리더십servant leadership'을 갖추기 위해서 목회자는 인격, 영적, 지적, 사회관계적 계발을 부단히 연마함으로써 주님의 양들을 먹이고 보호해야 한다렘23장; 요10장 참조.[41]

---

39. R. Benedetto, "Psalm 84," *Interpretation* 51/1 (1997), 60. 참고로 『21세기 찬송가』 258장 "샘물과 같은 보혈은"의 1절은 스가랴 13장 1절의 '보혈로 가득한 거룩한 욕조'(스펄전의 표현)와 같은 '죄와 더러움을 씻는 샘'과 계시록 7장 1절을 묶어 작사자 W. Pooper(1771)가 자신의 범죄를 인식하며 구원의 필요성을 노래한 것이다. "즉 전적으로 부패한 인간은 자신의 죄에 대한 회복은 스스로 불가능하기 때문에 오직 예수 그리스도의 피 흘림의 희생을 통해서만 가능하다는 구원의 확실성과 보증을 강조하고 있다." 이선령, "윌리엄 쿠퍼(William Cowper, 1731-1800)의 찬송시 연구 II: 『21세기 찬송가』에 실린 '샘물과 같은 보혈은'과 '귀하신 주님 계신 곳'에 나타난 그의 신학관을 중심으로," 『개혁논총』 54 (2020), 405, 412.
40. 버미글리의 시편 23편 기도문이다. Vermigli, 『거룩한 기도들: 버미글리의 시편 기도문』, 115.
41. 참고. K. T. Resane, "Servant Leadership and Shepherd Leadership: The Missing Dynamic in Pastoral Integrity in South Africa Today," *HTS Teologiese Studies* 76/1 (2020), 1-7.

요한계시록 8장

<본문의 개요>

계시록 8장 1-5절은 7나팔 심판을 준비하는 환상이며, 6-13절은 네 나팔 심판이 시행되는 환상이다. 1-2절은 일곱 째 인과 7나팔 심판을 자연스럽게 연결한다. 7나팔 심판은 계시록 6장의 여섯 인의 심판을 반복하기에 인과 나팔 심판들이 시간적 순서대로 발생하는 것은 아니다. 계시록 8장 1-5절의 이전 문맥은 여섯째 인계6:12-17과 간막극계7장 이후에 일곱째 인의 개봉이 예상되는 것이다. 계시록 8장 1-5절의 이후 문맥은 일곱 인의 심판 다음에 일곱 나팔의 심판을 기다리는 것이다계8:6. 그러므로 문맥상 계시록 8장 1-5절은 이전의 심판과 구원을 이후의 다른 심판과 연결하는데, 이때 하나님께서는 성도의 기도를 들으시고 시행하신다.

내러티브 시간을 고려할 때, 계시록 6장의 7인과 계시록 16장의 7대접은 빠르게 전개되지만, 7나팔은 천천히 진행되기에 각 나팔 심판의 의미를 곱씹어 보는 게 중요하다. 이뿐 아니라 여섯째 인의 개봉계6:12-17 이후 일곱째 인은 계시록 8장 1절에서 떼어지고 여섯째 대접 심판계16:12-16 이후 일곱째 대접은 계시록 16장 17절에서 곧바로 부어지지만, 여섯째 나팔계9:13-21 이후에 일곱째 나팔은 한참 뒤 구절인 계시록 11장 15절에서 불려진다.

<내용 분해>

1. 나팔 심판의 준비(8:1-5)
2. 네 천사가 분 나팔 재앙(8:6-13)

1. 나팔 심판의 준비(8:1-5)

"[1]일곱째 인을 떼실 때에 하늘이 반 시간쯤 고요하더니 [2]내가 보매 하나님 앞에 일곱 천사가 서 있어 일곱 나팔을 받았더라 [3]또 다른 천사가 와서 제단 곁에 서서 금 향로를 가지고 많은 향을 받았으니 이는 모든 성도의 기도와 합하여 보좌 앞 금 제단에 드리고자 함이라 [4]향연이 성도의 기도와 함께 천사의 손으로부터 하나님 앞으로 올라가는지라 [5]천사가 향로를 가지고 제단의 불을 담아다가 땅에 쏟으매 우레와 음성과 번개와 지진이 나더라"

역사주의자들은 7나팔이 로마제국을 겨냥한 반달족, 훈족, 사라센 그리고 투르크와 같은 이방 민족의 침공 시리즈로 본다. 여섯째 나팔은 1453년에 콘스탄티노플이 투르크에게 함락된 것을 가리킨다고 본다. 작은 책은 인쇄 기술이 발명된 이후의 유럽에서 미사에서 사용된 성경을 가리키는 것으로 본다. …… 미래론자들은 문자적이건 상징적이건 나팔은 7년 대 환난 동안 땅에 사는 회개하지 않은 자들이 겪을 재앙으로 묘사하는 것으로 본다. 이런 재난들은 하나님의 손에서 직접 나온 초자연적인 것이거나 아니면 지구와 기술에 대한 인간의 남용과 부적절한 청지기직 수행에서 나온 재앙적인 결과이다(예. 핵무기).[1] 이상주의자들은 재앙들이 애굽에 내려진 10재앙을 상기시키는 것으로 보면서, 재앙은 인간의 역사에 있어서 죄인에게 반복적으로 임했고, 구약에서 나팔이 경고의 의미를 담듯이 회개하지 않는 사람들을 향한 하나님의 불쾌함의 표현이다. 시대마다 죄인은 이러한 고난을 반항으로 흡수해 버리는데, 회개를 거부하기 때문이다.[2]

계시록 8장 1-6절 단락은 중앙에 위치한 3b-4절의 기도를 강조한다. 이런 교

1. Hindson, *The Book of Revelation*, 101.
2. 송영목, "요한계시록의 전통적 4가지 해석의 비교 및 분석," 116. 참고로 계시록의 심판 시리즈를 요한 당시는 물론 그 후의 모든 시대의 세상 역사에서 일어날 사건과 연결한 경우는 Bavinck, 『개혁교의학. 제4권』, 811을 보라.

차대칭구조는 구술문화에서 청자의 이해와 기억을 돕는데, 아래와 같다.[3]

A 7천사와 7나팔(1-2절)

B 천사와 향로(3a절)

C 많은 향과 기도(3b절)

C′ 향연과 기도(4절)

B′ 천사와 향로(5절)

A′ 7천사와 7나팔(6절)

어린양께서 일곱째 인을 떼실 때, 하늘이 반 시간쯤 고요했다1절. "반 시간 ἡμιώριον"은 제사장이 분향하는 시간이다눅1:10 참조. 여기서 고요함은 계시록 4-5장의 천상의 찬양과 사뭇 다른 분위기인데, 하나님의 백성이 새 일을 행하시는 하나님의 심판을 기대하는 상태이다합2:20; 슥2:13 참조.[4] 그리고 유대묵시문헌에 의하면, '반 시간', 곧 30분은 파괴된 세상이 하나님에 의해 새롭게 창조되는 과도기와 같다4에스라 6:39 참조.[5] 그레코-로마 세계에서 지도자가 신에게 기도하는 동안 일반인은 존경의 마음으로 침묵했지만, 1절에서 기도의 대상은 하나님이시다.[6] 따라서 반 시간의 침묵은 악인에게는 두려움을 주지만, 의인에게는 정의로운 하나님의 통치를 기대하게 만든다.[7] 1절의 이런 내용을 잘 반영하는 구약 간본문은 "여호와께서 기다리시나니 이는 너희에게 은혜를 베풀려 하심이요 일

---

3. P. G. R. de Villiers, "The Eschatological Celebration of Salvation and the Prophetic Announcement of Judgment: The Message of Revelation 8:1-6 in the Light of Its Composition," *Neotestamentica* 41/1 (2007), 74-75, 93.
4. Reddish, *Revelation*, 170; 허규, 『요한묵시록 바르게 읽기』, 108. Contra 계시록 8장 1절의 30분간의 침묵을 하나님께서 환난 중에 빠진 그분의 백성을 돌보시지 않는 것으로 이해하는 M. Benéitez, "Algunas Reflexiones en Torno al Séptimo Sello del Apocalipsis (Apc 8,1)," *Estudios Eclesiásticos* 63 (1988), 60.
5. 신동욱, 『요한계시록 주석』, 95.
6. Koester, *Revelation*, 434.
7. Johnson, *Triumph of the Lamb*, 136; Koester, *Revelation*, 435.

어나시리니 이는 너희를 긍휼히 여기려 하심이라 대저 여호와는 정의의 하나님이심이라 그를 기다리는 자마다 복이 있도다"사30:18이다. 반 시간의 고요함은 어떤 행동이나 사건이 없다는 의미는 아니다.

요한은 일곱 나팔을 받아 서 있던 일곱 천사를 보았다2절. 여기서 "나팔 σάλπιγξ"은 구약 선지자들이 외쳤던 크고 두려운 야웨의 날을 연상시킨다사58:1; 렘4:5,19,21; 6:1; 겔33:3; 욜2:1; 습1:16; 고전15:52 참조. 야웨의 날은 구원과 심판을 반드시 동반하는데, 야웨의 그런 사역은 예수님의 권한이 되었다. 7나팔 심판을 수행한 7천사를 우리엘, 라파엘, 라구엘, 미가엘, 가브리엘과 같이 유대묵시문헌에 나타난 7천사장으로 볼 필요는 없다토빗 12:15 참조.[8] 2절의 구약 메아리인 역대상 15장 24절에는 다윗이 하나님의 법궤를 예루살렘 성으로 옮길 때 나팔을 분 7제사장이 등장한다느12:41 참조.[9] 비슷하게 계시록 8-9장의 7나팔과 더불어 법궤계11:19와 새 예루살렘성이 등장한다계21:2. 그리고 계시록 8장 2절의 다른 메아리인 여호수아 6장에서 여리고 정복 때, 7제사장이 법궤 앞에서 나팔을 7일 동안 불면서 돌자 그 성이 함락되었다.[10] 유대문헌에 따르면, 제사장들이 부는 나팔 소리는 적군의 간담을 서늘하게 만들었다1QM VII, 13 참조. 실제로 구약의 이스라엘이 수행한 거룩한 전쟁을 연상시키는 계시록에서 어린양과 그분의 교회는 대적과 영적 전쟁을 수행하기에, 계시록은 전쟁 두루마리war scroll와 같다. 이스라엘의 거룩한 전쟁과 계시록의 전쟁 간의 간본문성은 다음 도표와 같이 요약된다.[11]

8. Contra Barbaro, 『요한묵시록 주해』, 143; Beale, 『요한계시록. 상권』, 753.

9. C. M. McElmurray, "The Conquest of Joshua in the Narrative Substructure of Revelation," (Ph.D. Thesis, New Orleans Baptist Theological Seminary, 2019), 91-92, 157-158.

10. McElmurray, "The Conquest of Joshua in the Narrative Substructure of Revelation," 98, 109.

11. McElmurray, "The Conquest of Joshua in the Narrative Substructure of Revelation," 117.

이스라엘의 거룩한 전쟁에 나타난 요소	계시록의 관련 구절
하나님의 백성인 전투 참여자들은 모여서 성결하게 해야 함	7:2-14; 14:1-5
하나님의 결정 사항을 표현하는 신탁이 주어지고, 전투에 앞서 제사 드림	5:1-8:5
이스라엘의 수호신과 같은 하나님의 현존을 가시화하는 언약궤는 전쟁에서 이스라엘 군대가 외치는 소리와 함께 나타남	11:15-19
여리고 함락을 비롯한 많은 구절에서 양각 혹은 나팔이 울려 퍼지는데, 주요 기능은 전쟁의 종교적인 특징을 강조하는 데 있음. 이것은 하나님께서 그분의 백성을 기억하신다는 증거임(민10:9; 수6:4)	8:2-11:19
하나님 백성 편에서 믿음은 승리를 위한 불가결한 조건임	13:9-10; 14:13
전쟁 중에 야웨는 그분의 백성을 위해 싸우시며 대적들을 두려움에 빠트리심	6:15-17
거룩한 전쟁은 진멸(헤렘)에서 절정을 맞이하는데, 대적과 그들의 재산에 저주가 선엄됨	16:18,21; 18장
하나님께서 그분의 백성을 약속의 땅에서 안전하게 거하도록 만드심(신6:18; 7:1 이하; 19:1)	7:1-17; 15:2-5; 20:4-6; 21-22장

뒤따르는 3-5절의 향단과 향과 향로는 7인의 심판과 7나팔 심판을 연결하는 역할을 한다. 또 다른 천사가 제단 곁에 서서 금향로를 들고 서 있는데, 그 향연이 모든 성도의 기도와 함께 보좌 앞 금 제단에 드려진다3절; 참고. 계6:9; 9:13; 14:18.[12] 계시록 후반부에 교회를 가리키는 명사 '성도ἅγιος'가 몇 차례 나타난다계13:10; 14:12; 16:6; 17:6; 18:20,24 참조. 성도는 피 흘리기까지 인내하여 거룩하신 하나님께로부터 신원을 얻는다. 지극히 높으신 하나님께서 절대적으로 거룩하시므로출19:6; 단7:18; 계4:8 참조, 그분의 백성도 '거룩한 사람聖徒'이라 불린다.[13] 3절에서 전치사 구는 '제단 앞에'가 아니라 '그 제단 곁ἐπὶ τοῦ θυσιαστηρίου'이다. 계시록의 환상에서

12. 계시록 8장 3절의 "제단"이 계시록 6장 9절의 "제단"과 동일하다면, 악인들에게 순교의 책임을 묻고 벌을 내려달라는 탄원이다. 그러나 계시록 8장 3절은 순교자를 포함한 모든 성도가 드리는 기도이므로, 세상 구원을 위한 하나님의 선교의 전진을 촉구한다. Adams, "The Rhetorical Function of Petitionary Prayer in Revelation," 14-16.

13. Trebilco, "What shall We call Each Other?" 61-65.

성도의 기도는 종말론적 구원 드라마에서 하나님의 역사를 촉진하는 역동적인 역할을 한다.[14] 천사의 손으로부터 향연이 성도의 기도와 함께 하늘로 올라간다 4절. 하나님께서는 성도의 기도를 들으시고 교회의 대적을 심판하신다. 따라서 기도는 박해의 두려움을 이기도록 하며, 하나님께서 성도의 부르짖음에 응답하셔서 일하시도록 만드는 수단이다. 천사가 향로에 제단의 불을 담아 땅에 쏟을 때, 우레와 음성과 번개와 지진이 발생했다5절. 계시록에서 '땅γῆ'은 대부분 유대인을 가리키는데, 그들이 심판받을 때 신현神現이 등장하여 하나님의 심판임을 알 수 있다.

교훈과 적용

다양한 소음과 바쁜 활동에 익숙한 현대 그리스도인이 잠잠히 영혼의 호흡과 같은 기도와 묵상에 힘쓰면, 하나님의 분명한 현존과 일하심을 경험하게 된다시46:10 참조. 교회의 기도는 하나님의 강한 무기와 같다. 성경의 반복된 패턴 중 하나는 하나님께서 그분의 백성에게 큰일을 이루시겠다고 먼저 약속하시면, 그 약속을 받는 사람이 기도하여 그 일을 이루는 것이다. 두 가지 예를 들면, 하나님께서 다윗의 왕조를 영원히 보존하시겠다고 약속하시자, 다윗은 기도와 간구할 마음을 가졌다대상17:25 참조. 그리고 하나님께서 바벨론 포로가 70년으로 종료된다고 약속하시자, 포로 후기 선지자들은 그 약속을 믿고 하나님께서 성취하시도록 기도했다겔36:37 참조. 마찬가지로 계시록의 수신자들은 하나님께서 박해자를 심판하시고, 자신들을 신원하시도록 믿음으로 간구했다요16:24 참조. 따라서 이런 기도의 근거는 약속을 이루시는 신실하신 하나님에 대한 신뢰이다.

---

14. Tabb, "Prayer in Apocalyptic Perspective." 199.

2. 네 천사가 분 나팔 재앙(8:6-13)

"[6]일곱 나팔을 가진 일곱 천사가 나팔 불기를 준비하더라 [7]첫째 천사가 나팔을 부니 피 섞인 우박과 불이 나와서 땅에 쏟아지매 땅의 삼분의 일이 타 버리고 수목의 삼분의 일도 타 버리고 각종 푸른 풀도 타 버렸더라 [8]둘째 천사가 나팔을 부니 불 붙는 큰 산과 같은 것이 바다에 던져지매 바다의 삼분의 일이 피가 되고 [9]바다 가운데 생명 가진 피조물들의 삼분의 일이 주고 배들의 삼분의 일이 깨지더라 [10]셋째 천사가 나팔을 부니 해 삼분의 일과 달 삼분의 일이 어두워지니 낮 삼분의 일은 비추임이 없고 밤도 그러하더라 [11]이 별 이름은 쓴 쑥이라 물의 삼분의 일이 쓴 쑥이 되매 그 물이 쓴 물이 되므로 많은 사람이 죽더라 [12]넷째 천사가 나팔을 부니 해 삼분의 일과 달 삼분의 일과 별들의 삼분의 일이 타격을 받아 그 삼분의 일이 어두워지니 낮 삼분의 일은 비추임이 없고 밤도 그러하더라 [13]내가 또 보고 들으니 공중에 날아가는 독수리가 큰 소리로 이르되 땅에 사는 자들에게 화, 화, 화가 있으리니 이는 세 천사들이 불어야 할 나팔 소리가 남아 있음이로다 하더라"

계시록 8장 6절-9장 21절의 이전 문맥은 일곱째 인의 개봉과 일곱 나팔이 연결되고계8:1-2, 성도의 기도에 대한 응답으로서 신현이 등장하는 것이다계8:3-5. 계시록 8장 6절-9장 21절의 이후 문맥은 여섯째 나팔 심판계9:13-21 다음에 일곱째 나팔 심판이 기다리는 것이다계10:7; 11:15. 따라서 문맥상 계시록 8장 6절-9장 21절은 첫 여섯 나팔 심판을 소개하면서 신현과 마지막 나팔 심판을 이어준다.

일곱 천사가 나팔을 불려고 준비한다6절. 구약 이스라엘은 7월티쉬리월 1일에 나팔절을 지켰는데, 이는 새로운 시작을 알리는 신년 절기와 같다레23:23-24 참조. 그런데 나팔절은 심판과 연계되어, 결국 심판을 면하기 위해 필요한 7월 10일의 대속죄일로 이어진다레23:27 참조.[15] 마찬가지로 계시록 8-9장에서 7나팔은 하나님의 심판을 알린다. 따라서 여기서 기억해야 할 주요한 사항은 구약에서 '나

---

15. Strand, "The Role of the Hebrew Cultus, Sanctuary, and Temple in the Plot and Structure of the Book of Revelation," 259-260.

팔'은 특별히 야웨의 날이 임함을 알리는 기능을 했다는 사실이다렘4:21; 6:1; 겔33:3; 욜2:1 참조.

첫째 천사가 나팔을 부니, 피 섞인 우박과 불이 나와서 땅에 쏟아져서 땅과 수목의 3분의 1이 타고, 푸른 풀도 탔다7절; 참고. 출9:24. 우박에 피가 섞인 것은 전쟁과 같은 강력한 심판을 상징한다겔8:22; 욜2:30 참조.[16] 유사하게 그레코-로마세계에서 꿈에 나타난 하늘에서 내려온 불은 위험과 심판을 가리켰고, 우박은 혼란과 절망을 상징했다타키투스의 연대기 4.64 참조.[17] 나무와 풀은 소아시아의 경제에서 중요했는데, 7절의 "푸른 풀χόρτος χλωρὸς"은 하나님의 인침을 받은 의인을 가리킨다계9:4 참조. 하나님의 심판 때 의인도 악인과 더불어 고난을 당할 수 있다. 심판의 대상인 악인과 더불어 의인이 함께 당하는 고난은 출애굽 전의 열 재앙으로도 유추할 수 있다.

넷째 재앙 이후에 비로소 이스라엘 백성을 제외한 애굽 백성만 재앙을 받는다고 명시되어 있는 것으로 보아(출8:22; 9:6,26; 10:23; 12:23), 애굽 땅에 내린 처음 세 재앙은 이스라엘 사람들과 애굽 사람들 모두에게 영향을 미친 것으로 보인다. 앞서 언급한 대로 요한계시록에 등장하는 재앙들은 출애굽의 재앙들을 연상시킨다. 요한이 출애굽기 재앙들의 이미지를 사용하면서 하나님의 백성도 재앙의 영향 아래에 있을 수 있다는 관점을 그대로 반영하였을 가능성이 커 보인다.[18]

---

16. Reddish, Revelation, 164. "(첫) 네 나팔 심판은 애굽의 열 가지 재앙(출7-12장)을 기본 모티프로 사용하면서, 다른 유대 문헌들(구약과 중간기 문헌)의 심판 묘사들, 종말적 묘사들에 사용된 요소들을 추가하는 공통점을 보인다. 이때 추가되는 요소들은 주로 심판 문맥들, 종말 문맥들에 사용된 요소들인데 주로 예언서(예. 예레미야서, 에스겔서, 요엘서)와 시편에서 많이 발견된다. 이 구약 배경 본문들은 주로 이방 나라들을 향한 심판 메시지인 경우들이 많지만, 종종 이스라엘 백성들을 향한 심판 메시지인 경우들도 있다." 손하영, "요한계시록의 나팔 심판 시리즈에서의 출애굽 모티프 사용 패턴 연구 (1): 처음 네 나팔 심판," 『ACTS 신학저널』 44 (2020), 40-41.
17. Koester, *Revelation*, 448.
18. 한철흠, "요한계시록의 예언적 종말론," 『피어선 신학 논단』 5/1 (2016), 96. 참고로 계시록 8장 7절을 현대 미래론자들은 7년 대 환난 동안 지구의 3분의 1이 불탈 것이라고 문자적으로 해석한다. 참고. Koester,

심판의 대상을 "삼분의 일τὸ τρίτον"로 표현하는 경우는 구약과 유대묵시문헌에서 유사하게 나타난 바 있다겔5:2; 1에녹 66:1-2; 92:2 참조. 따라서 심판을 모면한 3분의 2는 하나님의 자비로 회개할 기회를 얻는다. 하나님께서는 심판 중에서도 자비를 나타내신다출9:20 참조. 출애굽 직전의 열 재앙은 '세상이 야웨에게 속한 줄'을 이집트의 바로가 알도록 하기 위함이었듯이, 7나팔 재앙도 마찬가지이다출9:29; 계11:15 참조.

둘째 천사가 나팔을 부니, 불붙은 큰 산출17:17 참조과 같은 것이 바다에 던져져서마21:21 참조 바다의 3분의 1이 피가 되었다8절; 참고. 렘51:25,42. 그 결과 바다 가운데 생명체의 3분의 1이 죽고, 배들의 3분의 1이 파괴되었다9절.[19] 이것은 애굽이 당한 10재앙 중 첫째 재앙, 곧 나일강이 피가 된 것을 연상시킨다출7:20-21 참조. 해양 중심의 제국이었던 로마는 식량 공급을 위해 해상 무역에 의존했으며, 바다의 생선도 중요한 식량이었다. 따라서 바다가 피로 변한 것은 그들에게 심각한 피해였다참고. 계18:17.[20] 참고로 창조주이시자 섭리자이신 하나님께서 자연에 법칙을 부여하시지만, 동시에 얼마든지 그런 자연법칙을 초월하여 심판을 시행하실 수 있으므로, '자연재해自然災害'라는 표현 속에 담긴 이신론적 혹은 무신론적 뉘앙스를 주의해야 한다.[21]

셋째 천사가 나팔을 부니, 횃불 같이 타는 큰 별이 하늘에서 떨어져 강들 3분의 1과 여러 물 샘에 떨어졌다10절. 지리적으로 소아시아의 7도시는 메안더강, 헤르모스강, 카이코스강, 리쿠스강에 인접했는데, 물이 오염되면 목숨이 위

Revelation, 437. 반면, "땅의 3분의 1이 불타고"가 비잔틴 사본에 없으므로, 온 세계에 임할 심판을 예고한다는 잘못된 주장도 있다. 윤사무엘, 『요한계시록 강해설교: 주님, 어서 오시옵소서!』, 262.

19. 계시록 8장 9절의 "바다에 생명을 가진 피조물"은 창세기 1장의 창조 내러티브를 암시한다. '생명'을 가진 사람의 범죄는 바다 생명체의 파멸을 초래하기에, 이 구절은 그리스도인의 환경 보호를 위한 경각심을 불러일으킨다는 주장은 P. S. Perry, "Things having Lives: Ecology, Allusion, and Performance in Revelation 8:9," *Currents in Theology and Mission* 37/2 (2010), 106, 111-113을 보라.

20. Paul, *Revelation*, 172.

21. A. Duvenage, "Gods Hand in die Natuur," *Koers* 33/6 (1966), 465-466, 473.

협받는다.[22] 하늘에서 떨어진 그 별은 우상숭배자가 받을 재앙을 가리키는 "쑥Ἄψινθος"이라 불리는데, 많은 사람이 쓴 물을 마시고 죽었다11절. 구약에서 '쑥'은 우상 숭배자들이 당한 고통스런 심판을 상징한다신29:18; 렘9:15; 애3:15; 겔32:7; 유대전쟁사 7.145 참조. 10절의 하늘에서 떨어진 큰 별은 계시록 9장 1절에도 등장한다. 교부 프리마시우스Primasius, ca. 552와 티코니우스Tyconius. d. 390는 예수님께서 정복하신 사탄을 큰 별이라고 해석한다눅10:18 참조.[23]

넷째 천사가 나팔을 부니, 해와 달과 별의 3분의 1이 어두워졌다12절; 참고. 출10:21-23; 사13:10; 욜2:31; 3:15; 계6:12. 해와 달과 별은 악한 권세가들을 상징한다. 그들에게 어둠의 심판이 임할 것이다. 소아시아 7교회를 박해하던 불신 유대인들의 관점에서 볼 때, AD 70년에 하나님의 심판을 받을 해와 달과 별들은 헤롯 왕가, 대제사장, 그리고 사두개인들이다. 그리고 로마제국에서 해와 달과 별은 네로의 자살 이후 단기간 통치하다 죽었던 갈바, 오토, 그리고 비텔리우스 황제들이다.[24] 따라서 오랫동안 일식日蝕이나 어둠과 같은 천체에 특별한 현상이 발생할 것을 예고하는 것은 아니다.[25]

13절에서 요한은 환상을 볼 뿐 아니라 듣는다. 공중에 날아다니는 독수리가 큰 소리로 "땅에 사는 자들에게 화, 화, 화로다. 왜냐하면 세 천사가 불 나머지 나팔 소리가 있기 때문이다."라고 말했다13절. 여기서 "공중에ἐν μεσουρανήματι"는 태양이 가장 높이 떠 있는 곳이므로, 그 땅에 사는 자들 모두가 심판을 들을 수 있다계14:6; 19:17 참조.[26] 독수리가 예고한 세 화는 다섯째 나팔부터 일곱째 나팔 재앙을 가리킨다. 독수리는 임박한 심판의 맥락에 종종 등장한다신28:49; 렘4:13; 겔17:3; 마24:28 참조.[27] 유사하게 그레코-로마세계에서 독수리는 신의 뜻을 계시하고,

22. Koester, *Revelation*, 450.
23. 참고. *CSB Ancient Faith Study Bible*, 1592.
24. Chilton, *The Days of Vengeance*, 241.
25. Contra Greijdanus, *De Openbaring des Heeren aan Johannes*, 101.
26. Persson, *A Semantic and Structural Analysis of Revelation*, 115.
27. Johnson, *Triumph of the Lamb*, 144; 이달, 『요한계시록』, 169.

새는 하늘의 나팔과 지진과 피 흘림과 재앙을 경고했다.[28]

요한은 7나팔 심판을 통해서 출애굽 직전의 10가지 재앙을 독자들이 떠올리게 한다. 이를 통해 이스라엘을 압제했던 애굽인처럼, 소아시아 7교회를 박해했던 불신 유대인과 로마제국에게 닥칠 심판의 불가피성을 강조한다.[29] 그리고 여리고 도시가 함락되기 전에 제사장들이 분 7나팔도 계시록의 독자들에게 익숙했을 것이다수6장 참조.[30]

요한계시록의 심판과 재앙을 문자 그대로 해석할 경우, 생태계가 겪을 고난과 파괴를 다음과 같이 예고하게 된다. "(그것은) 우주적 고난과 파멸8:6-11:19을 강조하고 있다. 일곱 나팔재앙과 대접 재앙을 통해 하나님의 코스모스의 고난과 파멸을 강조하고 있다. ① 땅의 파괴와 신음8:6-7, ② 바다의 파괴와 신음8:8-9, ③ 강과 샘의 파괴와 신음8:10-11, ④ 천체, 즉 해와 달과 별의 신음과 파괴8:12-13, ⑤ 땅의 심연아비소스의 파괴와 인간의 묵시적 고통9:1-12, ⑥ 큰 강 유프라테스의 파괴와 신음9:13-21, ⑦ 우주의 동요와 그리스도의 주권11:15-19."[31] 하지만 소아시아 7교회에게 생태계의 파괴는 주요 관심사가 아니었다. 그보다 '땅'과 '바다', '유프라테스' 그리고 '해, 달, 별'과 같은 단어들의 상징적이며 신학적 의미를 고려해야 한다.[32]

계시록 5, 8, 11, 15장에는 '심판의 선언', '제의', 그리고 '심판의 실행'이라는 패턴이 반복되는데, 이 가운데 '제의'는 시편을 암시하면서 보좌 위의 성부와 어린양께서 성도의 기도를 들으시고 의로운 심판을 통하여 영광을 받으심을 강

---

28. Koester, *Revelation*, 450. 참고로 로마 군기(軍旗)에 독수리가 새겨졌기에, 계시록 8장 13절에서 독수리가 세 번이나 화를 선언하는 것은 계시록의 독자들에게 특이한 인상을 심어주었을 것이다. Khatry, "Revelation," 1786.

29. 7나팔의 심판을 특정 시대의 사건에 적용하기를 반대하는 경우는 신동욱, 『요한계시록 주석』, 97을 보라. 하지만 계시록은 "반드시 속히 일어날 일들"을 주로 다루고 있다는 사실을 잊지 말아야 한다.

30. *The Jesus Bible*, 1979.

31. 박두환, "하나님의 백성과 생존의 문제: 요한계시록의 고난과 죽음에 관한 종교사-전승사적 연구," 『신학과 선교』 45 (2014), 29, 32.

32. Contra Persson, *A Semantic and Structural Analysis of Revelation*, 113.

조한다.[33]

계시록 5장 1-14절	계시록 8장 1-6절	계시록 11장 14-19절	계시록 15장 1-8절
선언(1-7절) 제의(8-14절; 참고. 시 33:2-3; 98:1,5) 심판(6:1 이하)	선언(1-2절) 제의(3-5절; 참고. 시 18:7-16) 심판(6절 이하)	선언(14절) 제의(15-18절; 참고. 시 2:1-2) 심판(19절)	선언(1절) 제의(2-4절; 참고. 시 86:8-11) 심판의 준비(5-8절) 심판의 실행(16:1 이하)

교훈과 적용

오늘날 교회를 대적하는 불신 유대인과 로마제국은 누구인가? 사도 요한 당시의 불신 유대인은 교묘한 거짓 교리와 타락한 종교성과 권력에 기생하면서 교회를 고발하고 박해했다. 그리고 로마 황제는 정치와 군사, 문화, 종교를 장악하여 스스로 신격화했다. 교회는 새 모세이신 예수님의 죽으심과 부활의 은덕, 곧 지옥과 심판과 사탄과 죄에서의 자유를 당연한 것처럼 여기지 말아야 한다. 오히려 그리스도인은 그 은덕을 감사하게 누림으로써 전해야 한다.

33. Kim, "Psalms in the Book of Revelation," 95, 100.

요한계시록 9장

<본문의 개요>

계시록 9장 1-12절은 다섯째 나팔 심판으로서 황충이 등장하는 재앙이다. 여섯째 나팔 심판을 다루는 13-21절은 유프라테스강을 넘어 이스라엘을 침략하는 2억의 기마병에 관한 환상이다.

<내용 분해>

1. 다섯째 나팔 재앙(9:1-12)
2. 여섯째 나팔 재앙(9:13-21)

1. 다섯째 나팔 재앙(9:1-12)

> "[1]다섯째 천사가 나팔을 불매 내가 보니 하늘에서 땅에 떨어진 별 하나가 있는데
> 그가 무저갱의 열쇠를 받았더라 [2]그가 무저갱을 여니 그 구멍에서 큰 화덕의 연
> 기 같은 연기가 올라오매 해와 공기가 그 구멍의 연기로 말미암아 어두워지며 [3]
> 또 황충이 연기 가운데로부터 땅 위에 나오매 그들이 땅에 있는 전갈의 권세와
> 같은 권세를 받았더라 [4]그들에게 이르시되 땅의 풀이나 푸른 것이나 각종 수목
> 은 해하지 말고 오직 이마에 하나님의 인침을 받지 아니한 사람들만 해하라 하
> 시더라 [5]그러나 그들을 죽이지는 못하게 하시고 다섯 달 동안 괴롭게만 하게 하
> 시는데 그 괴롭게 함은 전갈이 사람을 쏠 때에 괴롭게 함과 같더라 [6]그 날에는
> 사람들이 죽기를 구하여도 죽지 못하고 주고 싶으나 죽음이 그들을 피하리로다
> [7]황충들의 모양은 전쟁을 위하여 준비한 말들 같고 그 머리에 금 같은 관 비슷한
> 것을 썼으며 그 얼굴은 사람의 얼굴 같고 [8]또 여자의 머리털 같은 머리털이 있고
> 그 이빨은 사자의 이빨 같으며 [9]또 철 호심경 같은 호심경이 있고 그 날개들의
> 소리는 병거와 많은 말들이 전쟁터로 다려 들어가는 소리 같으며 [10]또 전갈과 같
> 은 꼬리와 쏘는 살이 있어 그 꼬리에는 다섯 달 동안 사람들을 해하는 권세가 있
> 더라 [11]그들에게 왕이 있으니 무저갱의 사자라. 히브리어로 그 이름이 아바돈이
> 요 헬라어로는 그 이름이 아볼루온이더라 [12]첫째 화는 지나갔으나 보라 아직도
> 이 후에 화 둘이 이르리로다."

다섯째 천사가 나팔을 부니습1:16 참조, 하늘에서 떨어진 별사14:12 참조이 무저갱의 열쇠를 받았다1절; 참고. 계20:1. 계시록에서 무저갱은 짐승의 거처이며계11:7; 17:8 참조, 사탄과 악령의 감옥이다눅8:31; 계20:1-3 참조. 따라서 인격화된 이 별은 사탄과 같은 악한 영적 인물이다.[1]

그 별이 무저갱을 열자 화덕의 연기 같은 게 올라와 해와 공기가 어두워졌다2절. 연기 가운데 황충蝗蟲 떼, 곧 메뚜기 떼출10:12; 시78:46; 욜1:4; 2:25 참조가 땅에 올라

---

1. Johnson, *Triumph of the Lamb*, 148; Chilton, *The Days of Vengeance*, 244. 참고로 계시록 9장 1절의 별을 지구와 충돌할 가능성이 있는 소행성과 연결하려는 경향은 윤사무엘, 『요한계시록 강해설교: 주님, 어서 오시옵소서!』, 272-273을 보라.

왔는데, 전갈의 권세를 받았다3절; 참고. 겔2:6; 시락 39:30. 메뚜기 재앙은 배교한 언약 백성이 받을 저주이기도 하다신8:15; 28:38 참조. 일반적으로 황충은 연기를 싫어하지만, 2절의 황충은 화덕에서 나온 뜨거운 연기조차 개의치 않는다. 그레코-로마세계에서 어떤 사람들은 황충 재앙을 당한 후, 신들의 뜻에 맞추어 자신의 잘못된 행위를 고쳤다.[2] 황충 떼는 땅의 풀과 푸른 것과 수목은 해하지 않고, 이마에 하나님의 인침을 받지 않은 자들을 5달 동안 해친다4-5절. 실제로 2,700만 톤에 달하는 메뚜기 떼는 10만 평이나 되는 넓은 땅을 초토화시킬 수 있다.[3] 간본문인 요엘 2장 3절에 의하면, 황충 떼는 에덴동산을 황량한 광야로 바꾼다. 메뚜기는 5-9월, 즉 5개월간 짧게 활동한다창7:23 참조.[4] 숫자 '5'는 완전과 충만을 상징하는 '10'의 절반이다.[5] 황충이 해치지 못하는 풀과 푸른 것과 수목은 하나님의 인을 받은 남은 자들을 가리킨다계7:3-4 참조. 황충이 5개월에 걸쳐 하나님의 백성으로 예정되지 못한 자들을 해친다는 환상을 통해, 요한은 AD 66년 5월부터 5개월 동안 총독 플로루스가 유대인들을 살해한 사건을 떠올렸을 수 있다.[6]

황충이 쏜 고통을 받은 자들은 죽고 싶어도 죽지 못한다6절. 황충은 군마軍馬와 같고, 머리에 금관을 썼고, 사람 얼굴과 유사하다7절; 참고. 욜2:4. 황충이 쓴 금관은 24장로가 쓴 것을 모방한다계4:4 참조. 황충은 여자 머리털과 사자의 이빨 같은 것을 가지고 있다8절; 참고. 욜1:6; 벧전5:8. 그리고 황충은 철 호심경iron breastplate을 차

2. Koester, *Revelation*, 463.

3. Gentry, *The Divorce of Israel*, Volume 1, 727.

4. Contra 5개월을 완전하고도 긴 기간으로 보는 신동욱, 『요한계시록 주석』, 100.

5. 김철손, 『요한계시록』, 204.

6. Chilton, *The Days of Vengeance*, 245. 알비누스의 후임 총독(재임 기간 AD 64-66)은 플로루스(Gessius Florus)였다. 플로루스는 탐욕과 잔인한 성격의 소유자로서 가이사랴를 헬라화하여 유대인의 수를 축소하려 했다. 그는 유대인을 탄압하다가 1차 유대 폭동을 유발했다. 플로루스 총독의 아내는 네로 황제의 아내 포페아(Poppaea)와 친분이 있었다. 플로루스는 회당 입구에 헬라방식으로 새를 제물로 드려 올려놓았기에 유대인들은 제의(祭儀)적으로 부정을 겪었다. 플로루스는 황제에게 바친다는 명목으로 예루살렘 성전 금고에서 17달란트를 강탈했고, 이에 반발하던 예루살렘에 군대를 보내어 잔인하게 진압한 후, 예루살렘 지도자들을 채찍질하고 십자가에 죽였다. 처형당한 지도자들 가운데 로마시민권자도 적지 않았다. 플로루스의 후임으로 벨릭스 총독(AD 52-60)의 친척인 율리아누스(Marcus Antonius Julianus)가 AD 66년에 부임했지만, 그는 반란이 유대-로마전쟁으로 확산되는 것을 막지 못했다.

고 전진하기에, 고대 세계에 가장 강력한 무기라 할 수 있는 병거와 군마와 같은 날개 소리가 난다9절; 참고. 욜2:5; 9:9.[7] 7절의 사람 얼굴과 8절의 여자 머리털은 서로 자연스럽게 연결된다. 황충에게 사람과 짐승의 모습을 혼합시킴으로써 이 재앙의 공포를 극대화한다.[8] 황충은 그레코-로마세계의 전설적인 괴물manticore을 연상시키는데, 그 괴물은 사람 얼굴에 세 줄의 날카로운 이빨을 가지고 있으며, 사자의 몸통과 치명상을 입히는 전갈의 꼬리를 가지고 있다욜1:6 참조.[9] 후기 유대주의문헌은 이집트가 겪은 재앙인 메뚜기의 이빨을 사자의 이빨에 비유했다.[10] 혼합된 특성을 가진 황충 떼는 서로 혼합되지 않고 구별된 4생물계4:7 참조, 곧 사자, 송아지, 사람, 독수리와 다르다.

5달 동안 사람을 해하는 전갈 같은 꼬리와 쏘는 살이 있다10절. 5절처럼 10절에도 짧은 기간을 상징하는 5달이 언급된다. 메뚜기의 꼬리는 거짓 예언자를 상징한다사9:15 참조. 즉 꼬리는 비진리로 미혹하는 자이다.[11] 황충은 앞뒤를 가리지 않고 공격을 퍼붓는다. 황충의 왕은 무저갱의 사자인데, 히브리어로는 멸망을 뜻하는 '아바돈Ἀβαδδών'이며욥26:6; 28:22; 31:12; 잠15:11; 27:20; 30:27; 1에녹 20:2; 2바룩 21:23 참조, 헬라어로는 파괴자를 가리키는 '아폴뤼온Ἀπολλύων'이다11절; 참고. 욥12:23. '아바돈'은 히브리어 '아바드'에서 유래했는데 '파괴하다'라는 뜻이며, 명사형은 '파괴의 장소'를 가리킨다.[12] 요한이 헬라어와 히브리어를 언급하기에, 계시록의 수신자 가운데 히브리어와 헬라어를 구사할 수 있는 사람들이 있었을 것이다. 쿰란공동체는 아바돈을 장소가 아니라 인격화했는데, 이 명사로써 마귀의 세력을

---

7. Osborne, *Revelation*, 372. 참고로 계시록 9장 9-10절의 전쟁용 말과 독침은 파르티아의 기마병과 궁수들이 BC 54년에 메소포타미아에서 로마군대를 격파한 것을 떠올리게 한다는 주장은 박영식, 『오늘 읽는 요한묵시록』, 227을 보라.
8. Reddish, *Revelation*, 178.
9. Koester, *Revelation*, 464.
10. Beale and McDonough, "요한계시록," 561.
11. 이병규, 『요한계시록』 (서울: 염광출판사, 1978), 196.
12. Van der Toom, Becking and Van der Horst (ed), *Dictionary of Deities and Demons in the Bible*, 1.

가리켰다4Q405; 4Q286 참조.[13] 파괴를 일삼는 사탄은 마치 죽음이 인격화된 것과 같다.[14] 아폴뤼온에서 유래한 명사 '아폴로Apollo'는 역병과 파괴와 재앙의 신인데, 황충은 그의 상징이었다.[15] 흥미롭게도 요한 당시에 네로 황제는 아폴로의 아들로 자처하면서, 그 신의 머리 스타일을 모방했다. 둘째 화, 곧 다섯째 나팔 재앙은 마쳤지만, 여섯째 나팔과 일곱째 나팔이라는 화 둘이 남아있다12절.

5개월은 짧은 기간이다. 그런데 요한 당시의 관점에서 볼 때, 무시무시한 살상력을 가진 황충 떼는 예루살렘을 5개월간 포위하여 함락시킨 로마군대를 연상시킨다.[16] 그리고 예루살렘 성이 포위되었던 5개월간, 주도권을 장악했던 열심당원의 포학성도 함께 떠올릴 수 있다.

교훈과 적용

하나님께서 군사력을 동원하여 심판하시는 것과 그런 심판을 통해 악인이 당하는 고통을 오늘날 어떻게 적용할 수 있는가? 모든 전쟁은 하나님의 심판인가? 하나님께서는 전쟁을 통하여 심판하실 때 짧은 기간만 허락하셔서 회개의 기회를 주신다.

2. 여섯째 나팔 재앙(9:13-21)

"13여섯째 천사가 나팔을 불매 내가 들으니 하나님 앞에 금 제단 네 뿔에서 한 음성이 나서 14나팔 가진 여섯째 천사에게 말하기를 큰 강 유브라데에 결박한 네

13. Lupieri, *A Commentary on the Apocalypse of John*, 163.
14. Chilton, *The Days of Vengeance*, 247.
15. Coutras, "Chaos and Clairvoyance," 162; Osborne, *Revelation*, 374. 참고로 Apollon Parnopios는 죽음과 위협만 초래할 뿐 구원을 주지 못한다. Labahn, "The Book of Revelation," 6.
16. S-N, Leong, "Windows to the Polemics against the so-called Jews and Jezebel in Revelation: Insights from Historical and Co(n)textual Analysis," (Ph.D. Thesis, University of Edinburgh, 2009), 81; Mathison, 『종말론적 관점에서 본 성경 개관』, 819; Gentry, *The Divorce of Israel*, Volume 1, 760-761.

천사를 놓아주라 하매 [15]네 천사가 놓였으니 그들은 그 년 월 일 시에 이르러 사람 삼분의 일을 죽이기로 준비된 자들이더라 [16]마병대의 수는 이만 만이니 내가 그들의 수를 들었노라 [17]이같은 환상 가운데 그 말들과 그 위에 탄 자들을 보니 불빛과 자주빛과 유황빛과 호심경이 있고 또 말들의 머리는 사자 머리 같고 그 입에서는 불과 연기와 유황이 나오더라 [18]이 세 재앙 곧 자기들의 입에서 나오는 불과 연기와 유황으로 말미암아 사람 삼분의 일이 죽임을 당하니라 [19]이 말들의 힘은 입과 꼬리에 있으니 꼬리는 뱀 같고 또 꼬리에 머리가 있어 이것으로 해하더라 [20]이 재앙에 죽지 않고 남은 사람들은 손으로 행한 일을 회개하지 아니하고 오히려 여러 귀신과 또는 보거나 듣거나 다니거나 하지 못하는 금, 은, 동과 목석의 우상에게 절하고 [21]또 그 살인과 복술과 음행과 도둑질을 회개하지 아니하더라"

여섯째 천사가 나팔을 부니, 금 제단, 즉 향단의 네 뿔에서 음성이 들린다13절. "네 뿔"에서 고대 대문자 사본들은 '네τεσσάρων'를 생략한다. '제단'만으로도 뿔이 4개라는 사실을 독자들은 알 수 있기 때문이다. 제단의 뿔들에서 나오는 음성의 내용은 그 "천사에게 유프라테스 강에 결박된 네 천사를 놓아주라."이다14절. 유프라테스 강이 위치한 메소포타미아에 이스라엘의 대적이었던 바벨론, 앗수르, 그리고 페르시아가 자리 잡았다겔38장 참조. 이 네 천사는 "죄 많은 이스라엘을 심판하시려고 데려오시는 유프라테스 강 건너 북쪽에 있는 적군을 예언한 구약성경의 반복적인 언급이다사7:20; 8:7-8; 14:29-31; 렘1:14-15; 4:6-13; 6:1,22; 겔38:6,15; 39:2; 욜2:1-11, 20-25."[17] 이와 반대로 하나님께서는 손을 흔드셔서 유프라테스 강을 일곱 갈래로 나누어 그분의 백성이 건너가도록 만드신다사11:15 참조. 이것은 새로운 출애굽이다사11:16 참조.

준비된 네 천사는 하나님께서 지정해 두신 '그τὴν 시, 일, 월, 년'에 사람 3분의 1을 죽일 것이다15절. 이것은 제한된 심판이므로 3분의 2에게 회개의 기회가 주어진다. '준비되어 온ἡτοιμασμένοι'은 신적 수동태 분사이므로, 하나님께서 전쟁

17. Beale and McDonough, "요한계시록," 562.

을 통한 심판을 주관하신다.[18] 네 천사가 동원한 마병대의 규모는 매우 많은 수를 상징하는 2억이다16절; 참고. 시68:17; 단7:10. 헬라어에서 가장 큰 수는 '10,000'이다신32:30; 33:17 참조. '2억δισμυριάδες μυριάδων'은 200×1,000×1,000인데, 매우 많은 수를 가리킨다단7:10; 미6:7; 계5:11; 1에녹 40:1 참조. 군사 1만 명을 지휘하는 만부장萬夫長은 '뮈리아르코스myriarchos'라 불린다.[19] 참고로 요한 당시 로마제국의 군대는 총 25개 군단legion에 걸쳐 약 150,000명이었으며, 기마병은 별도로 두었다.[20] 그리고 유프라테스 강 인근에 세스티우스 총독 휘하의 네 부대가 주둔했는데, 그 부대는 강력한 기마병을 갖추었고 팔레스타인을 침공했다.[21] 2억 명은 사도 요한 당시 온 세상의 전체 인구와 맞먹을 정도이다. 하지만 16절에서 군대의 정확한 수에 대해 정보를 제공하는 것이 목적은 아니다. 다섯째 나팔의 심판에 등장한 말계9:7,9 참조과 꼬리계9:10 참조가 여섯째 나팔 심판에 다시 나타난다계9:16-17,19 참조. 따라서 다섯째와 여섯째 심판은 로마제국의 대규모 기마병들이 유프라테스 강을 넘어 팔레스타인을 정복하는 것으로 성취된 동일한 심판처럼 보인다왕하23:29; 24:7; 유대전쟁사 3.5.5 참조.[22] 로마제국은 유프라테스 강 건너편의 야만인들이 문명 세계를 위협한다고 여겼다.[23] 하지만 14절에서 유프라테스 강을 넘어온 군대는 로마제국이 아니라 유대인들을 공격한다.

유프라테스 강을 건너온 말과 마병은 불빛과 자주빛 그리고 유황빛 갑옷을

18. Osborne, *Revelation*, 379.
19. Montanari, *The Brill Dictionary of Ancient Greek*, 1371.
20. Osborne, *Revelation*, 381.
21. 유프라테스에 주둔한 군인 3,000명은 예루살렘을 공격한 로마제국의 4개 군단을 도왔다. AD 60년대 파르티아와 전쟁 후에 V, X, XII, XV 로마군단은 시리아에 주둔했다. Mathison, 『종말론적 관점에서 본 성경 개관』, 820; Leong, "Windows to the Polemics against the so-called Jews and Jezebel in Revelation," 80-81.
22. Lupieri, *A Commentary on the Apocalypse of John*, 165; Gentry, *The Divorce of Israel*, Volume 1, 766-767. 참고로 에녹 56장 5절-57장 3절에 의하면, 심판의 천사들은 동쪽의 파르티아와 메데로 가서 이스라엘을 공격하도록 그들을 불러온다. Osborne, *Revelation*, 379.
23. Persson, *A Semantic and Structural Analysis of Revelation*, 121. 참고로 계시록 9장 16-17절을 2억 명이 참전하여 중동에서 벌어질 제3차 세계대전으로 본 경우는 윤사무엘, 『요한계시록 강해설교: 주님, 어서 오시옵소서!』, 280이다.

입고시락48:6 참조, 사자 머리 같은 말의 입에서 불과 연기와 유황이 나왔다17절; 참고. 창19:24, 28; 욥41:18-21. 마병대의 무시무시한 색깔은 하나님의 보좌와 새 예루살렘성이 빛난 보석으로 아름답게 묘사된 것과 대조된다.[24] 참고로 필로는 소돔과 고모라의 파멸을 묘사하면서, 불과 연기와 유황을 모두 동원했다모세의 일생 2.55-58 참조.[25] 그레코-로마세계의 전설에 따르면, 괴물 키메라Chimera의 앞쪽은 사자, 뒤쪽은 뱀, 중간은 염소인데, 입에서 불을 내뿜었기에, 계시록 9장의 황충 떼와 차이가 있다.[26]

맹렬한 살상력과 심판을 상징하는 불과 연기와 유황이라는 세 재앙으로써 사람 3분의 1이 죽임을 당한다18절. 오니D. E. Aune에 의하면, 17b-18절은 교차대칭구조 안에 담겨있는데, '그들의 입들로부터ἐκ τῶν στομάτων αὐτῶν' 17b/18c절가 두 절을 감싼다. 그리고 중앙에는 18a절의 "이 세 재앙으로써 사람 삼분의 일이 죽임당했다."가 위치한다.[27] 말의 힘은 뱀 같은 꼬리에 있는데, 꼬리에 머리가 있어 사람을 해쳤다19절. 구약에서 '꼬리οὐρά'는 속임수 전술rearguard을 구사하는 거짓 선지자를 가리킨다사9:15 참조.[28] 따라서 이 마병대는 무력과 속임수를 두루 갖추었다. 구약에서부터 유프라테스 강을 군대가 건너서 남하한다면, 전쟁은 이스라엘 땅에서 발발하여 하나님의 심판이 배교한 언약 백성 유대인들에게 닥침을 알 수 있다사7:20; 8:5; 렘6:1; 겔26:7 참조.[29] 역사적으로 볼 때, 여섯째 나팔 심판은 시리아에 주둔한 강력한 살상력을 갖춘 로마군대가 유프라테스 강을 넘어 유대인들을 공격해 온 장면이다.[30]

---

24. Ford, *Revelation*, 147.
25. Aune, *Revelation 6-16*, 540.
26. Koester, *Revelation*, 467, 473.
27. Aune, *Revelation 6-16*, 540.
28. Montanari, *The Brill Dictionary of Ancient Greek*, 1504. 참고로 구약성경에 '꼬리'는 매우 드물게 등장하는데, 주로 문자적 의미이다(출4:4; 삿15:4; 참고. 사7:4).
29. Reddish, *Revelation*, 181. Contra 계시록 9장 14-16절에서 네로 귀환 신화를 적용하는 Paul, *Revelation*, 181; Johnson, *Triumph of the Lamb*, 150.
30. Chilton, *The Days of Vengeance*, 252.

계시록 9장 16절 이하의 마병대의 활약을 파르티아 군대와 연결하는 경우가 종종 있다. "파르티아인은 카스피해 남동쪽의 파르티아 지방에 거주했는데, 알렉산더가 그곳을 정복했다. BC 3세기 중순에 파르티아인은 셀류키드 지도자들을 대항하여 반란을 일으켰다. 파르티아인은 유프라테스강에서 유대 지역까지를 지배했으며, 마병대와 궁수로 이름을 날렸다. BC 53년과 AD 62년에 그들은 로마제국의 유격대를 격파했다. 다수의 유대인이 파르티아에 거주했는데, 그들은 아람어 방언을 사용했으며, 성전세를 예루살렘으로 보냈다. 사도행전 2장 9절에 따르면, 오순절 사건 무렵에 파르티아인들은 자신들의 언어를 사용했다."[31] 물론 역사의 주권자이신 하나님께서 유프라테스강 건너편의 파르티아제국을 들어 소아시아 7교회를 박해하던 로마제국을 치실 수 있다. 그러나 역사적으로 볼 때, 사도 요한 당시에 파르티아제국이 로마제국을 정복한 적은 없다. 계시록이 기록되고 얼마 지나지 않아 네로가 자살했고, 갈바가 피살되었으며, 오토가 자살했고, 비텔리우스가 피살되었다. AD 68-69년에 발생한 로마제국의 내전으로 인해 황제들이 단명한 것은 다름 아니라 하나님께서 로마제국을 심판하신 것이다. 여기서 주의할 것은 AD 4세기에 기독교화된 로마제국이 결국 동과 서로 나누어졌는데, 그 두 로마제국의 멸망으로부터 하나님의 심판을 찾는 것은 시대착오적이라는 사실이다. 왜냐하면 동서로마제국은 요한 당시의 로마제국처럼 소아시아의 교회를 박해하지 않았기 때문이다. 또한 동서로마제국이 멸망한 시점은 사도 요한 당시로부터 "반드시 속히"에 해당하지 않는다.

여섯째 나팔 재앙에서 살아남은 악인들은 회개하지 않았고, 악령과 금, 은, 동, 목석의 우상을 여전히 섬겼다20절; 참고. 사 2:8; 단 5:24. 로마제국의 도시의 시장과 도로 주위에 신상을 세워 우상의 도움에 감사를 표했다. 신상은 그것을 제작할 때 든 경비를 후원한 자들의 경건을 표현하는 동시에 그들의 신앙을 강화했

31. Du Rand, *Die A-Z van Openbaring*, 342. 그리고 신동욱, 『요한계시록 주석』, 102도 참고하라. 참고로 계시록 9장 13절 이하를 현대의 핵전쟁이나 대량 살상 무기와 잘못 연결한 경우는 김철손, 『요한계시록』, 208, 210을 보라.

다.[32] 하지만 20절에서 하나님의 심판 앞에 로마의 우상은 속수무책이기에, 우상은 하나님의 심판에 제대로 응전하지 못한 불명예스러운 후견인에 불과하다. 20절은 구약의 여러 간본문을 가지는데, 요약하면 아래의 표와 같다.[33]

계시록 9장 20절	신명기 4장 28절	시편 115편 4-7절	다니엘 5장 4, 23절
그들의 손으로 행한 일	사람의 손으로 만든 것	사람의 손으로 만든 것	없음
금, 은, 동, 돌, 나무	나무, 돌	은, 금	금, 은, 동, 철, 돌, 나무
보다, 듣다, 걷다	보다, 듣다, 먹다, 냄새 맡다	말하다, 보다, 듣다, 냄새 맡다, 느끼다, 걷다	보다, 듣다, 알다

계시록 9장의 심판은 연속된 재앙을 겪고도 완고했던 바로 왕을 연상시킨다 출11:10 참조. 그리고 그들은 심판을 초래한 원인인 살인, 복술, 음행, 도둑질을 회개하지 않았다21절; 비교. 계11:13; 22:15.[34] 20절과 21절은 두 번이나 악인들이 회개하지 않은 사실을 강조한다. 참고로 로마제국에서 복술은 사회의 위험 요소로 간주되어 금지되었으며, 빌라델비아에서 발굴된 비문에 따르면, 사람이 건물에 들어갈 때 신의 이름으로 해로운 마술을 하지 않겠다고 맹세했다.[35] 로마군대의 침공을 받을 유대인들이 회개하지 않았다고 굳이 밝히는 이유는 하나님께서 내리신 재앙의 목적은 회개를 통한 회복임을 알려주기 위해서이다. 하나님의 심판의 목적은 파멸이 아니라 회개이다계2:5,16,21; 3:3,19 참조. 참고로 공적 장소와 가정에 종교적 형상이 흔했던 소아시아에서 발굴된 동전에 따르면, 에베소에는 아데미신전이, 서머나에는 티베리우스 황제의 상像이, 버가모에는 아우구스투스와 승리의 여신 니케Nike의 상이, 그리고 라오디게아에는 도미티안 황제와 그

---

32. Koester, *Revelation*, 473.
33. Kim, "Psalms in the Book of Revelation," 150.
34. 참고로 계시록 9장 20-21절, 21장 8절, 22장 15절의 악의 목록들(vice lists)을 서로 비교한 것은 Aune, *Revelation 6-16*, 545를 보라.
35. Koester, *Revelation*, 470.

의 아내의 상이 새겨졌다.[36]

교훈과 적용

하나님께서는 악을 직접 심판하시기도 하지만, 악을 허용하심으로써 결국 악이 스스로를 파괴하도록 만드신다.[37] 그런데 하나님의 심판이 죄인의 회개로 이어지지 못한다면, 교회가 복음을 전할 때 죄인들로부터 거절당하는 것은 어쩌면 당연하다.[38] 하나님의 심판 경고를 잘 알아차리기 위해서 영적인 완고함을 버려야 한다. 그리고 하나님께서 악을 제거하시기 위해서 교회의 안과 밖에서 정의를 시행하시는 방법과 결과를 주목하자. 회개하여 범죄를 끊고 하나님을 경외하자. 교회가 탐욕과 혼합주의와 우상숭배에 빠지지 않기 위해서 크고 두려운 하나님 앞에서 경건의 연습을 멈추지 말아야 한다.[39]

---

36. Koester, *Revelation*, 469.
37. Duvall, *The Heart of Revelation*, 143.
38. Khatry, "Revelation," 1787.
39. 미래 종말에 이스라엘을 침략할 2억 명의 마병대(계9:16)를 중국이나 일본으로 보는 가능성을 열어둔 해석은 올바른 적용을 불가능하게 만든다. 2억 명을 이란이 주도하는 비아랍 이슬람 국가들의 연합과 6천만 명에 달하는 구 소련의 이슬람 공화국들로 보면서, 그들이 이스라엘을 공격하여 유대인 성전을 재건하는 것을 방해한다는 세대주의 해석은 계시록의 문맥에서 현저히 이탈한다. 이 전쟁은 '마지막 지하드(the last Jihad)'라 불린다. Hindsaon, *The Book of Revelation*, 110-111.

요한계시록 10장

<본문의 개요>

힘 센 천사가 외친 7우레의 내용을 요한은 이해했지만 기록하지 않는다1-7절. 어린양께서 개봉하신 두루마리를 요한이 받아먹은 후, 그는 온 세상에 다시 예언해야 한다10-11절. 계시록 10장의 이전 문맥은 여섯째 나팔 심판을 시행하는 것이다계9:13-21. 계시록 10장의 이후 문맥은 두루마리에 담긴 구원과 심판처럼계10:9-10, 측량과 미未측량의 나타남계11:1-2 그리고 요한의 예언 활동계10:11을 이어 두 증인의 예언 사역이 등장하고계11:3, 일곱째 나팔이 불리는 것이다계11:15. 문맥상 계시록 10장은 이전의 심판 내러티브를 이어 받되, 하나님 나라의 확장을 위하여 그리스도인의 중요한 증언 사역을 소개한다.

<내용 분해>

1. 7우레의 환상(10:1-7)
2. 개봉된 두루마리를 받아먹는 요한(10:8-11)

1. 7우레의 환상(10:1-7)

> "[1]내가 또 보니 힘 센 다른 천사가 구름을 입고 하늘에서 내려오는데 그 머리 위
> 에 무지개가 있고 그 얼굴은 해 같고 그 발은 불기둥 같으며 [2]그 손에는 펴 놓인
> 작은 두루마리를 들고 그 오른 발은 바다를 밟고 왼 발을 땅을 밟고 [3]사자가 부
> 르짖는 것 같이 큰 소리로 외치니 그가 외칠 때에 일곱 우레가 그 소리를 내어
> 말하더라 [4]일곱 우레가 말을 할 때에 내가 기록하려고 하다가 곧 들으니 하늘에
> 서 소리가 나서 말하기를 일곱 우레가 말한 것을 인봉하고 기록하지 말라 하더
> 라 [5]내가 본 바 바다와 땅을 밟고 서 있는 천사가 하늘을 향하여 오른손을 들고 [6]
> 세세토록 살아 계신 이 곧 하늘과 그 가운데에 있는 물건이며 땅과 그 가운데에
> 있는 물건이며 바다와 그 가운데에 있는 물건을 창조하신 이를 가리켜 맹세하여
> 이르되 지체하지 아니하리니 [7]일곱째 천사가 소리 내는 날 그의 나팔을 불려고
> 할 때에 하나님이 그의 종 선지자들에게 전하신 복음과 같이 하나님의 그 비밀
> 이 이루어지리라 하더라"

"또 나는 보았다Καὶ εἶδον"로 시작하는 계시록 10장은 여섯째 나팔계9:13-21과 일곱째 나팔계11:15 사이에 끼어든 내용이다. 여섯째 인과 일곱째 인 사이에 끼어든 계시록 7장처럼, 계시록 10장 역시 하나님의 심판에서 살아남을 사람들이 누구인지 환상으로 보여준다. 이렇게 끼어든 막간interlude과 같은 본문들은 복된 교회가 누구인지 알려주면서, 계시록의 1차 독자를 위로하는 기능을 한다. 소아시아 7교회는 로마 황제나 헤롯 왕 그리고 전쟁, 기근, 박해, 죽음, 공포도 자신들을 그리스도의 사랑에서 끊을 수 없음을 믿어야 했다롬8:39 참조.[1] 더불어 계시록을 읽는 현대 독자는 시각적 감각과 상상력을 동원하여 요한이 소개하는 환상의 세계를 잘 파악해야 한다.[2]

---

1. Johnson, *Triumph of the Lamb*, 165. 참고로 Snyman이 계시록의 중앙에 위치한 계시록 10-11장을 세상 역사의 정점에 해당하는 중요한 계시라고 간주한 것은 과장된 주장이다. W. J. Snyman, "Die Boek Openbaring vanuit die Sentrum," *In die Skriflig* 6/22 (1972), 6. 오히려 예수님의 성육신과 승천을 다루는 계시록 12장이 계시록 10-11장보다는 정점에 더 가깝다.
2. Reddish, *Revelation*, 191.

힘 센 다른 천사가 구름을 옷 입고 하늘에서 내려오는데, 머리 위에는 언약을 상징하는 무지개가 있고계4:3 참조 얼굴은 해 같으며계1:16 참조 발은 불기둥 같다1절; 참고. 계1:15. 여기서 '다른 천사'라고 불린 이유는 계시록 8-9장의 나팔 재앙을 수행한 천사들과 구분하기 위해서이다.[3] 적지 않은 주석가들이 주장하듯이 Moffatt, Beale, Kraft, Seiss, Gentry, 이 힘 센 천사는 계시록 1장의 시작 환상에 이미 등장한 바 있는 예수님을 가리킨다. 그러므로 여기서 천사가 예수님을 가리키므로 '천사기독론angelomorphic Christology'이 나타난다계20:1 참조.[4] 구약에서 천사 혹은 야웨의 사자가 하나님 자신을 가리키는 경우가 있다. 예를 들어, 사사기 6장 22-23절의 경우, 사사 기드온이 야웨의 사자를 대면하여 본 후 죽을까 봐 슬퍼했다.

1절은 반로마적 메시지를 가진다. 왜냐하면 로마인들은 황제 권력을 취하게 될 아우구스투스의 머리 위에 무지개 색깔의 태양 빛 후광을 보았으며, 장차 위대하게 될 인물의 머리에 면류관을 두었기 때문이다.[5] 하지만 무지개와 면류관은 황제가 아니라 언약의 왕이신 예수님의 몫이다.

이 천사의 손에 계시록 6장에서 어린양이 7인을 개봉하신 두루마리가 있다 2a절. 예수님의 오른 발은 열방을 상징하는 바다를 밟으시고계17:15 참조, 왼 발은 그 약속의 땅, 즉 팔레스타인을 상징하는 곳을 밟으신다2b절; 참고. 계1:7.[6] 여기서 '밟는

---

3. Gentry, *The Divorce of Israel*, Volume 2, 2.

4. Hoffmann, "Angelomorphic Christology and the Book of Revelation," 286; Brighton, "Christological Trinitarian Theology in the Book of Revelation," 295; Van der Toom, Becking and Van der Horst (ed), *Dictionary of Deities and Demons in the Bible*, 49. Contra Osborne, *Revelation*, 393; Fanning, *Revelation*, 312. Contra '높은 천사(hooge engel)'로 보는 Greijdanus, *De Openbaring des Heeren aan Johannes*, 214.

5. Koester, *Revelation*, 475.

6. 계시록이 자주 암시하는 구약성경에 의하면, '바다'의 의미는 항상 부정적이지 않고 긍정적인 경우도 많다(신33:19; 대상16:32; 욥38:16; 시36:6; 96:11; 98:7; 106:9; 114:3; 148:7; 사48:18; 50:2; 51:10; 렘5:20; 31:35; 겔47:1-12; 암5:8; 9:3; 욘2:3; 합2:14; 3:10; 슥14:8). 그리고 예수님께서 바다를 밟고 걸으심(막6:48-49)은 구약 간본문으로 파악할 수 있다(출14장; 왕하2:8; 사51:9-16; 단12:5-7 참조). J. du Preez, "Positiewe Aspekte van die See se Rol in die Ou Testament," *Scriptura* 43/1-2 (2002), 50-60.

것'은 통치를 상징하는데수10:24; 시8:6; 110:1; 롬16:20 참조, 예수님께서는 로마제국과 유대인들의 참 통치자이시다. 따라서 2절은 반유대적 및 반로마적 메시지를 동시에 보인다. 여기서 두 가지 역사적 간본문성을 살펴보자. 첫째, AD 41-54년에 통치한 클라우디우스 황제가 땅과 바다를 밟고 있는 유물이 발굴되었는데, 그가 땅을 비옥하게 만들고 바다를 안전하게 만듦으로써 번영을 준다는 선전물이다.[7] 둘째, "계시록 10장의 1차 독자들은 천사가 땅과 바다를 밟고 있는 모습을 통해 에게해 동남부의 로도스Rhodes섬에 세워진 거대한 아폴로 동상을 떠올렸을 법하다. BC 280년에 세워진 이 거상은 BC 224년에 지진으로 무너졌다. 312년이 지나 하드리아누스 황제AD 76-138는 땅 위에 다시 거상을 세웠다. 이 동상의 높이는 무려 35m에 달했고, 신상의 두 다리는 항구를 향하여 뻗어있었다. 그것은 고대 세계의 7대 불가사의 중 하나로 간주되었다."[8]

두 역사적 간본문성을 평가해 보아야 한다. 첫 번째 역사적 간본문성은 로마제국의 본격적인 박해 이전인 클라우디우스 황제와 관련되기에 소아시아의 독자들의 상황과는 거리가 있다. 두 번째 역사적 간본문성은 BC 3세기 혹은 AD 2세기 초의 신상이므로, 역시 AD 1세기 중순의 계시록의 독자들의 형편과 거리가 멀다. 하지만 황제상 및 신상을 계시록 10장 2절의 예수님의 모습과 비교해 보면, 통치권과 같은 강조점에서 병행을 찾을 수 있다. 여기서 중요한 고고학적 발굴을 놓치지 말아야 한다. AD 75년에 32m 높이에 달하는 네로의 거상colossus of Nero이 건축되었는데, 서로마제국에서 적어도 354년까지 존재했다. 이 동상에 따르면, 네로는 지구본 위에 놓인 우산 모양의 키rudder를 오른손에 잡고 있다. 이는 그가 바다와 땅을 통치한다는 의미이다. AD 127년경, 하드리아누스 황제는 이 상을 콜로세움 근처로 옮겼는데, 이를 위해 코끼리 24마리가 동원되었다.[9]

---

7. M. D. Kiel, *Apocalyptic Ecology: The Book of Revelation, the Earth, and the Future* (Collegeville: Liturgical Press, 2017), 63.
8. Du Rand, *Die A-Z van Openbaring*, 357.
9. F. C. Albertson, "Zenodorus's Colossus of Nero," *Memoirs of the American Academy in Rome* 46 (2001), 95-118. 네로 거상은 다음 사이트에서 확인이 가능하다. "The Ancient Roman History Forum" in https://

부르짖는 사자처럼 천사가 큰 소리로 외치니 7우레 소리가 났다3절; 참고. 시29:3-9; 암3:8. 야웨께서 사자처럼 부르짖으시면 원수는 떨고 그분의 백성은 구원을 얻는데호11:10 참조, 유다 지파의 사자이신 예수님께서도 심판과 구원을 행하신다계5:5; 4에스라 12:31-32 참조.[10] 요한이 7우레 소리의 내용을 알고서 기록하려고 했지만, 하늘에서 기록하지 말고 인봉해 두라는 음성이 났다4절; 참고. 단12:4. 구약에서 하나님의 음성은 우레와 같았다출19:16; 삼상2:10; 시29:3 참조. 그런데 요한은 왜 7우레 소리를 기록하지 말아야 했을까? "일곱 우레ἑπτὰ βρονταί" 앞에 여성 복수 주격 정관사αἱ가 있으므로, 계시록의 독자들도 내용을 알고 있었는가?[11] 이 문제를 풀기 위해 여러 가지 해결책이 제시되어 왔다. 첫째, 하나님께서 시행하시지 않을 위협Caird, Harrington, Mounce, Bauckham 등, 둘째, 극적 긴장을 유발하는 문학적 장치, 셋째, 불신자는 몰라도 되는 내용,[12] 넷째, 사람이 알기에 너무 심오하거나 무서운 심판의 내용, 즉 하나님의 비밀을 모두 알지 못하는 사람의 한계를 교훈하기 위함Boring 등; 참고. 요16:12,[13] 다섯째, 먼 미래에 일어날 일에 대한 예고Aune, Osborne, Roloff, Ruiz, Horn 등, 여섯째, 요한만 알고 있어야 하는 비밀스런 내용이다.[14] 그런데 첫째 가설과 달리, 계시록에 하나님께서 말씀하신 후 시행하지 않을 위협은 나타나지 않는다. 또한 계시록의 수신자는 불신자가 아니므로, 셋째 의견도 타당하지 않다. 그리고 요한이 일곱 우레의 소리를 이해하고 기록하려고 시도했기에, 넷째 의견 역시 설득력이 떨어진다. 또한 계시록의 대부분 내용이 "반드시 속히 일어날 일들"임을 기억한다면, 다섯째 가설도 수용하기 어렵다. 분명한 것은 요한과 같은 선지자는 하나님께서 계시하라고 인정하시고 주신 내용만 선포

www.facebook.com/groups/1396522037054953 (2022년 12월 17일 접속).

10. Koester, *Revelation*, 477.

11. 박영식, 『오늘 읽는 요한묵시록』, 238. 참고로 계시록 10장 3-4절의 일곱 우레는 헬라의 마술 파피루스(Greek magical papyri)의 영향을 받았다는 주장은 Thomas, "Magical Motifs in the Book of Revelation," 252를 보라.

12. 이것은 교부 티코니우스의 주장이다. 참고. *CSB Ancient Faith Study Bible*, 1594.

13. Fanning, *Revelation*, 314.

14. Ngundu, "Revelation," 1587; Reddish, *Revelation*, 194.

해야 한다는 사실이다고후12:4 참조.[15] 그러나 내러티브 전개 상 뒤따르는 계시록 11장 15절에서 그 비밀은 계시된다.[16]

그 천사가 하늘을 향해 손을 들고5절; 참고. 신32:40, 세세토록 살아계신 만유의 창조주를 가리켜 '시간이 얼마 남아 있지 않다'라고 맹세한다6절. 하나님께서는 창조주이시다출20:11; 느9:6; 시146:6; 행4:24 참조. 피조물은 사라지지만, 만유의 창조주께서는 영원하시며 신실하시다. 예수님께서는 창조주 하나님을 두고 시간이 얼마 남지 않았다고 맹세하신다. 6절은 여섯째와 일곱째 나팔 사이에 위치하므로, 소아시아 7교회의 박해자들을 향한 심판이 지체되지 않는다는 의미이다. 6절은 계시록 6장 10절의 "언제까지?"라는 탄원에 대한 응답이라면, 박해받는 그리스도인은 신원을 더 이상 기다릴 필요가 없게 된다.[17] 그리고 뒤따르는 7절을 고려한다면, 하나님의 비밀이 지체되지 않고 성취될 것으로도 볼 수 있다.[18] 그러므로 6절의 "시간χρόνος"은 매우 중요한 때를 가리킨다. 천사기독론을 고려할 때, 하나님을 대신하여 천사가 맹세하는 것은 신현의 모습이다.[19]

일곱째 천사가 나팔을 불 때, 하나님께서 선지자들에게 알리신 것같이 하나님의 비밀이 이루어질 것이다7절; 참고. 시2편; 사53장; 렘7:25; 단12:7; 암3:7; 계11:15.[20] 아오리스트 수동태 직설법 3인칭 단수 '성취되었다ἐτελέσθη, was fulfilled'는 예언적 혹은 미래적 과거 동사이다.[21] 여기서 '하나님의 비밀'은 하나님 나라의 확장이라는

---

15. Johnson, *Triumph of the Lamb*, 161.

16. Kraft, 『요한계시록』, 233. 참고로 Kraft는 7우레 소리를 7영의 음성으로 본다.

17. Koester, *Revelation*, 480. 참고로 계시록 10장 6-7절에서 구약과 신약의 구속의 예언이 절정에 도달했다는 주장은 B. M. Fanning, "Taking a Peek Ahead: The Value of the Book of Revelation for Understanding the Whole Bible," *Criswell Theological Review* 17/1 (2019), 5를 보라. 하지만 성경의 모든 예언의 절정은 그리스도 사건이며, 예언의 완성은 주님의 재림임을 분명히 인지해야 한다.

18. Khatry, "Revelation," 1788.

19. Kraft, 『요한계시록』, 235.

20. 7절의 명사가 아니라 아오리스트 동사 εὐηγγέλισεν은 '알렸다' 혹은 '계시했다'라는 뜻이다. 이달, 『요한계시록』, 189.

21. D. L. Matthewson, *Revelation: A Handbook on the Greek Text* (Dallas: Baylor University Press, 2016), 135; 신동욱, 『요한계시록 주석』, 107.

복음이다엡3:3-5; 골1:27; 계11:15; 14:6 참조.[22] 이 천국 복음은 예수님께서 구약의 예언을 성취하신 것인데, 유대인과 열방의 악인들을 징벌하고 선한 이들을 신원함으로 이루어진다. 따라서 황제숭배가 만연했던 소아시아에서 흔히 볼 수 있었던 복음과 축제는 거짓에 불과하다. 환언하면, 더 이상 황제의 생일이나 로마 장군의 승리의 소식이 복음이 될 수 없다. 성도가 하나님의 비밀을 알고 있다는 사실은 영광인 동시에 천국의 확장이라는 책임을 다시 확인하도록 만든다.

계시록은 삼위 하나님의 선교에 교회가 동참함을 강조하기에, 계시록을 '선교의 책'이라고 부를 수 있다. 아래의 표는 선교의 주체를 보여준다.[23]

	성부	성자	7영/성령	교회	천사
선교	10:7	1:5; 3:14; 19:13	1:4; 3:1; 4:5; 5:6; 22:17	1:9; 2:13; 11:3; 17:6; 22:17	14:6

교훈과 적용

하나님의 비밀은 복음이 온 세계에 확장되는 것이다. 누군가의 비밀을 아는 것은 상호 인격적 관계를 전제한다. 그리스도인은 하나님의 마음과 계획을 깨닫고 일상생활 속에 실천하여 천국의 공공성을 드러내야 한다.

2. 개봉된 두루마리를 받아먹는 요한(10:8-11)

"8하늘에서 나서 내게 들리던 음성이 또 내게 말하여 이르되 네가 가서 바다와
땅을 밟고 서 있는 천사의 손에 펴 놓인 두루마리를 가지라 하기로 9내가 천사에

22. 참고. M. A. Dudreck, "The Use of Jeremiah in the Book of Revelation," (Ph.D. Thesis, Westminster Theological Seminary, 2018), 107-108.

23. 김대성, "요한계시록에 나타난 선교학적 함의," (Th.D. 논문, 삼육대학교, 2011), 46-49, 63-72.

게 나아가 작은 두루마리를 달라 한즉 천사가 이르되 갖다 먹어 버리라 네 배에는 쓰나 네 입에는 꿀 같이 달리라 하거늘 [10]내가 천사의 손에서 작은 두루마리를 갖다 먹어 버리니 내 입에는 꿀 같이 다나 먹은 후에 내 배에서는 쓰게 되더라 [11]그가 내게 말하기를 네가 많은 백성과 나라와 방언과 임금에게 다시 예언하여야 하리라 하더라"

하늘의 음성이 요한에게 천사의 손에 있는 두루마리를 취하라고 말한다8절. 요한이 천사에게 두루마리를 달라고 요구하니, 그 천사는 "너는 그것을 가져다 삼켜라. 그러면 그것이 너의 배에는 쓰겠지만, 너의 입에는 꿀처럼 달 것이다."라고 말한다9절. 이 장면은 에스겔 2장 8절-3장 3절을 간본문으로 삼는데, 그렇다면 왜 두루마리의 맛이 달고도 쓴가? 에스겔은 위장에서 쓴 맛이 났다고는 명시하지 않지만, 에스겔이 애가와 재앙겔2:10 참조의 말씀을 먹었기에 쓴 맛은 내포되어 있었다. 그리고 선지자 에스겔은 완고한 이스라엘 백성이 예언을 듣기를 거부한 것 때문에, 괴롭고 심령에 분함을 느꼈다겔3:14-15 참조. 두루마리의 맛이 달고도시119:103; 겔3:3 참조 쓴 것습1:14 참조은 하나님의 통치 계획서에 구원과 심판이 함께 담겨 있기 때문이라고 이해할 수 있다.[24] 문맥을 고려하면, 단 맛, 곧 구원은 두 증인의 증거와 순교계11:7 참조라는 쓴 맛을 통하여 성취되며, 심판은 하나님의 정의가 시행된 결과이다.[25] 말씀의 단 맛을 본 사람은 하나님의 회복적 정의를 기대하면서 생명력 있게 말씀을 선포하고 교육하여 결실하게 된다렘15:16 참조.

포드J. M. Ford가 간파하듯이, 9-10절은 '쓰다, 달다, 달다, 쓰다'라는 교차대칭 구조를 이루기에, 중앙의 '달다'처럼 하나님의 통치 복음이 강조된 것으로 볼 수 있다. 포드는 이 두루마리가 교회의 대적에게 마치 이혼증서와 같다고 주장한다신24:1; 사50:1; 렘3:8 참조.[26]

---

24. Blaney, 『베드로전서-요한계시록』, 379; Beale and McDonough, "요한계시록," 570; Ngundu, "Revelation," 1587.
25. Koester, *Revelation*, 483; Blount, *Revelation*, 101.
26. Ford, *Revelation*, 165-166.

요한이 먹은 열린 두루마리8절에는 지소어 βιβλίον, 9절에는 다른 지소어 형태 βιβλαρίδιον는 계시록 6장에서 어린양께서 개봉하신 두루마리와 동일하다.[27] 왜냐하면 계시록의 내러티브 전개에서 어린양께서 인봉된 두루마리를 개봉하셨으니, 어린양께서 바로 그 열린 두루마리를 쥐고 있는 것이 자연스럽기 때문이다. 따라서 이 두루마리의 내용을 계시록 11장 1-14절 혹은 계시록 12-22장으로 제한할 필요는 없다. 계시록 1장 1절은 성부께서 성자께 계시를 주셔서 요한이 받아 기록했다고 알린다. 마찬가지로 계시록 10장 9-10절에서도 예수님께서 요한에게 두루마리를 먹고 예언하도록 주신다.[28]

성부와 성자께서 요한에게 말씀하신다. "너는 반드시δεῖ 많은 백성과 나라들과 언어들과 왕들에게혹은 왕들을 쳐서 다시 예언해야 한다."11절.[29] 여기서 "백성들, 나라들, 언어들, 왕들"은 5장 9절과 7장 9절의 "족속들, 언어들, 백성들, 나라들"과 다르다. 11절에서 "족속들"은 "왕들"로 대체된다. 그 결과 민족-인종적 특성이 사라지고 하나님 백성의 보편성이 강조된다계17:15의 "무리" 참조.[30] 요한은 밧모섬에서 최후를 맞이하지 않고 석방되어, 많은 백성과 나라들과 언어들과 임금들의 죄악을 지적하며 그들을 쳐서ἐπί, 곧 대항하여 예언해야 한다렘25:29-30; 겔4:7; 11:4; 눅12:52 참조.[31] 물론 요한은 죄를 지적하는 예언 사역은 물론, 구원의 복음도 선

---

27. Montanari, *The Brill Dictionary of Ancient Greek*, 387; Blount, *Revelation*, 190; Fanning, *Revelation*, 313; Johnson, *Triumph of the Lamb*, 159. Contra 계시록 5장과 계시록 10장의 두루마리는 다르다고 보는 신동욱, 『요한계시록 주석』, 105-106; 허규, 『요한묵시록 바르게 읽기』, 120. 참고로 오리겐과 오에쿠메니우스는 그들의 에스겔 주석들에서 계시록 5장의 많은 내용을 담고 있는 큰 두루마리와 계시록 10장의 다른 작은 두루마리는 다르다고 보았다. L. Baynes, "Revelation 5:1 and 10:2a, 8-10 in the Earliest Greek Tradition: A Response to Richard Bauckham," *JBL* 129/4 (2010), 809-815에서 재인용.

28. Bauckham, *The Theology of the Book of Revelation*, 81. 참고로 요한이 환상 중에 두루마리를 먹은 것을 두고 그가 계시록의 독자들보다 하나님의 계시를 더 잘 깨달아 그들에게 전달해야 한다는 의미로 볼 필요는 없다. 요한은 7교회가 아니라 열방에 예언해야 했기 때문이다. M. J. C. Warren, "Tasting the Little Scroll: A Sensory Analysis of Divine Interaction in Revelation 10.8-10," *JSNT* 40/1 (2017), 116.

29. 개역개정은 계시록 10장 11절의 주어를 '그가'라고 잘못 번역한다. 송영목, "요한계시록 10:11a의 주어," 『신약논단』 19/3 (2012), 981-1013; contra Fanning, *Revelation*, 318.

30. Du Preez, "Mission Perspective in the Book of Revelation," 159.

31. Montanari, *The Brill Dictionary of Ancient Greek*, 752.

포해야 한다. 환언하면, 계시록의 심판은 회개를 염두에 두고 있으므로, 요한이 하나님의 심판이 불가피하다고만 외친 것이 아니라 회개와 회복을 목표로 삼아 예언한 것으로 보는 게 자연스럽다.[32] 따라서 계시록이 사도 요한이 사망했을 당시인 도미티아누스 황제 말년에d. 96 기록되었다면, 요한의 석방과 복음 전파 사역의 재개를 예고한 계시록 10장 11절을 설명하기 어렵다. 그러므로 이것은 계시록의 기록 연대 문제와 연결된다. 부활하신 예수님께서는 그분께서 오실 때까지ἕως ἔρχομαι 사도 요한을 살려주신다 하더라도, 사도 베드로는 목양의 사명을 최선을 다해 감당해야 할 것을 분부하셨다요21:15,22-23 참조. 여기서 사도 요한은 주님께서 다시 오실 때까지 생존할 것이라고 암시된다. 주님께서 오시는 시점은 재림의 때가 아니라, AD 70년 돌 성전의 파괴로 볼 수 있다.[33] 그렇다면 베드로는 예루살렘 성전 파괴 이전에 네로 때 순교했지만, 요한은 그 이후에도 사역한 것이 된다. 터툴리안이 주장하듯이, 요한은 네로 황제에 의해 밧모섬에 잠시 유배당했지만 석방되어, AD 70년 이후까지 오랫동안 사역한 최장수 사도이다.[34] 하나님께서는 사도 요한이 백발이 될 때에도 그를 버리지 않으셨고, 주님의 큰 힘과 능력을 많은 사람에게 전하도록 하셨다시71:18 참조.[35]

---

32. 한철흠, "요한계시록의 예언적 종말론," 102.
33. 초대교회는 마가복음 9장 1절과 마태복음 24장 34절을 주님의 임박한 재림으로 보면서, 마지막 사도 요한이 죽기 전에 재림이 발생할 것으로 믿었을 가능성에 대해서는 F. D. Bruner, *The Gospel of John: A Commentary* (Grand Rapids: Eerdmans, 2012), 1244-1251을 보라. Bruner는 요한이 주님께서 오실 때까지 머무를 것이 무슨 의미인지 불트만, 바레트, 그리고 비즐리 머리의 견해로써 설명하는데, 이 중에 그 누구도 돌 성전 파괴의 시점과 연결하지 않는다. 그러나 요한복음은 모세의 제자이자 사탄의 가족인 유대인들의 반 복음적 행태를 고발하기에, 그들에게 임할 하나님의 심판을 간과할 수 없다.
34. 제롬은 사도 요한이 예수님의 십자가 처형 후 68년을 더 살았다고 밝힌다. 십자가 처형이 AD 33년이라면, 요한이 죽은 해는 AD 101년이 된다. 만약 제롬의 설명이 역사적으로 옳고, 사도 요한이 BC 6년경에 출생하신 예수님보다 6세 정도 어리다면, 요한은 무려 101세를 산 것이 된다. 이것은 그 당시 평균 수명 45세보다 2배 이상이다. 참고. A. J. Köstenberger, 『요한복음』, *John*, 신지철·전광규 역 (서울: 부흥과 개혁사, 2017), 755.
35. Contra 계시록 10장 10-11절의 작은 두루마리의 내용을 다니엘 12장 4절과 계시록 12장 17절의 "계명"과 연결하여, 예수님의 재림 전에 십계명과 사랑을 전파해야 한다고 미래적으로 해석하는 안식교 교회사가 G. R. Knight, "The Controverted Little Book of Revelation 10 and the Shape of Apocalyptic Mission," *Journal of the Adventist Theological Society* 28/1 (2017), 156-160.

계시록의 내러티브는 하늘, 구름, 별, 해, 달, 땅, 산, 바다, 섬, 강, 그리고 공중과 같이 우주를 배경으로 펼쳐지는 장엄한 드라마와 같다. 그렇다면 계시록에 나타난 우주관은 무엇인가? 이에 대해 두 란드의 설명을 들어보자.

> 요한계시록에 따르면, 우주의 기원과 창조에 대한 교훈은 전형적인 그레코-로마 세계의 설명과 다르다. 그레코-로마 세계에 따르면, 우주는 7층천으로 구성된다. 바울도 고린도후서 12장 1-5절에서 셋째 하늘을 언급한다. 그러나 요한은 하나님과 천사들이 거하는 한 가지 하늘만 알고 있다. 하지만 요한은 우주의 삼중 구분, 곧 위의 하늘, 중간의 땅, 그리고 땅 아래의 지하를 언급한다. 이런 우주관은 1에녹과 아브라함의 유언과 연관 있다. 계시록 5장 13절에 이런 삼중 구분이 나타나며, 더 나아가 '바다'를 포함하는 사중 구분도 등장한다. 계시록 14장 7절에서 하나님께서는 하늘, 땅, 바다의 창조주로서 찬양을 받으신다. 무저갱은 지하세계를 가리킨다(계9:1,2,11; 11:7; 17:8; 20:1,3). 불 못도 지하세계와 관련된다(계19:20; 20:10). 지하세계는 죽은 자의 세계인데, 유대인들은 그곳을 '스올'로, 헬라인들은 '하데스'라 불렀다. 묵시문헌에서 7층 혹은 가장 높은 하늘에 거하시는 하나님께 도달하기 위하여 천상의 여행이 등장한다(3바룩). 성전은 유대인들의 공통된 구심적 우주관을 반영한다. 가장 넓은 원은 ① 예루살렘 도시로 시작하여, ② 이방인의 뜰, ③ 여자의 뜰, ④ 남자의 뜰, ⑤ 제사장의 뜰, ⑥ 성소, 그리고 ⑦ 지성소로 좁혀진다.[36]

따라서 AD 70년에 발생한 우주의 축소판과 같은 예루살렘 성전의 파괴는 유대인들에게 인간 역사의 종말이자 전체 우주의 파괴와 맞먹었다.

---

36. Du Rand, *Die A-Z van Openbaring*, 243.

교훈과 적용

성도는 '한 책의 사람*homo unius libri*'이다. 하나님의 말씀을 먹고 소화하고 실천하고 전하자. 성도가 말씀을 받아먹을 때 송이 꿀처럼 달도록 사모해야 한다. 그래야 말씀을 실천할 때 당하는 쓴 경험도 감내할 수 있다. 그리스도인이 쓰고도 단 말씀bittersweet word을 소화한다면, 사랑과 겸손한 방식으로 복음의 진리를 증언할 수 있다. 그리고 설교를 오래 기억하는 사람은 지능 지수가 높은 사람이라기보다, 설교를 사모함으로 받고 실천하는 사람이다. 그런 일반 성도는 신학을 전공하지 않았지만, 신학 지수theology quotient가 높다. 복음이 성도의 지성과 인격과 영성을 관통하여 변화시켜야 제대로 세상 속에서 복음을 살아낼 수 있다. 성경책은 지속적인 부흥을 위해 모판seedbed 역할을 하는데, 영어 성경 번역은 500개에 달하고 아프리칸스 성경은 10개나 있지만, 아직 4,100개의 언어로 성경이 번역되지 않고 있다.[37] 종이 성경책 그리고 인터넷이나 모바일용 성경 번역을 위한 후원과 인재 양성이 절실하다.

37. J. M. Wessels, "The Bible as Seedbed for Revival in the 21st Century," *In die Skriflig* 54/2 (2020), 5-7.

요한계시록 11장

<본문의 개요>

계시록 11장 1-2절은 하나님께서 그분의 백성을 보호하심을 상징하는 성전 측량測量을, 3-14절은 예수님의 자취를 따르는 두 증인의 복음 전파와 죽음과 부활과 승천을, 그리고 15-19절은 일곱 째 나팔이 불릴 때 계시될 하나님의 비밀, 곧 구원의 복음 전파를 다룬다. 계시록 11장의 이전 문맥은 구원과 심판계10:9-10 그리고 요한이 만국에 복음을 예언하는 것이다계10:7,11. 계시록 11장의 이후 문맥은 일곱째 나팔이 알리는 하나님 나라가 확장되기 위하여계11:15 그리스도 사건과 세 가지 방법을 설명한다계12:10-12. 문맥상 계시록 11장은 계시록 10장 후반부와 더불어 그리스도인이 고난을 무릅쓰고 복음을 증언함으로써 세상을 하나님 나라로 변화시킬 수 있음을 알린다.

<내용 개요>

1. 성전 측량(11:1-2)
2. 두 증인의 순교와 부활 그리고 승천(11:3-14)
3. 일곱째 나팔과 비밀 계시 및 찬송(11:15-19)

1. 성전 측량(11:1-2)

> "[1]또 내게 지팡이 같은 갈대를 주며 말하기를 일어나서 하나님의 성전과 제단과 그 안에서 경배하는 자들을 측량하되 [2]성전 바깥마당은 측량하지 말고 그냥 두라 이것은 이방인에게 주었은즉 그들이 거룩한 성을 마흔두 달 동안 짓밟으리라"

두 란드는 전통적 해석법들이 계시록 11장 1-2절을 어떻게 이해하는가를 아래와 같이 잘 설명한다.

> 성전 안뜰의 측량과 바깥뜰의 제외는 다양하게 해석된다. 로마제국 시대에 발생한 사건을 문자적으로 파악하는 과거적 해석은 계시록 11장 1-2절을 AD 66-70년의 예루살렘 파괴와 요한 당시 교회들이 보호받는 장면으로 이해한다. 그러므로 이 성전은 헤롯 성전이며, 바깥뜰은 이방인의 뜰이다. 과거주의자들 중 교회(144,000명)와 회당 간의 갈등으로 이해하는 이들도 있다. 즉 교회는 안뜰이며, 바깥뜰은 회개하지 않은 이스라엘이다. 이상주의자는 안뜰은 하나님께 속한 교회로, 바깥뜰은 세상 권세에 의해 박해 받는 교회로 본다. 혹자는 바깥뜰을 타락한 교회로 본다. 문자적으로 1,000년간의 평화를 믿는 세대주의자들은 안뜰을 유대인 예배자로 본다(계7:1-8의 144,000명). 그들은 적그리스도에 의해 42개월간 대 환난이라는 박해를 당한다. 하나님께서는 유대인 예배자들을 보호하시지만, 적그리스도와 그를 따르는 자들은 보호에서 배제된다. 수정된 미래주의적 해석은 계시록 11장 1-2절을 교회가 영적으로 보호를 받는 것 혹은 종말 동안(42개월) 고난당하지만 남은 자들인 유대인들의 모습으로 이해한다.[1] 불경건하고 불의한 자들은 계속 교회에게 박해를 가한다.[2]

---

1. 계시록 11장 1-2절과 데살로니가후서 2장 3-4절은 AD 691년에 모리아 산에 세워진 이슬람 사원이 무너지고 미래에 예루살렘 성전이 재건될 것을 예언한다는 주장은 Hindson, *The Book of Revelation*, 123을 보라.
2. Du Rand, *Die A-Z van Openbaring*, 367.

두 란드의 위의 설명에 첨언하면, 계시록 11장 1-2절을 일부 세대주의자들은 7년 대 환난 동안 데살로니가후서 2장 4절에 예고된 적그리스도가 예루살렘에 세 번째로 세워진 성전을 장악할 것으로 본다.[3]

계시록 11장 1-14절은 계시록 9장의 여섯째 나팔 재앙과 계시록 11장 15절의 일곱째 나팔 재앙 사이에 위치한 삽입장이다. 요한은 지팡이 같은 갈대를 받았다1a절. 요한에게 두루마리를 먹도록 주신 예수님께서 그에게 갈대도 주셨으므로, '주어졌다ἐδόθη'는 신적수동태이다. 요한은 갈대를 가지고 하나님의 성전ναός과 그 제단과 성전 안에서 참되게 예배하는 이들을 측량해야 한다1b절. 계시록의 내러티브 전개만 두고 본다면, 신약 성도는 제사장 나라이므로 성전에서 예배한다는 사실은 자연스럽다계1:6; 5:10 참조.[4] 정관사가 붙은 명사 "그 제단τὸ θυσιαστήριον"은 앞에서 언급된 향단으로 보인다계6:9; 8:3 참조.[5] 구약에서 측량하는 행위μετρέω는 측량을 받는 대상을 보호하거나삼하8:2; 겔40:1-6; 슥2:5 참조, 심판하는 것을 의미한다왕하21:13; 암7:7-9 참조.[6] 여기서 요한은 측량을 구원과 보호라는 긍정적 의미로 사용한다. 유사하게 구약 시대에 이스라엘 백성은 예루살렘 성전의 제단에서 보호받을 수 있었으며출21:13-14; 왕상1:50 참조, 에베소의 아데미신전은 어떤 조사나 정복으로부터 안전한 장소로 간주되었다.[7]

---

3. Overstreet, "The Temple of God in the Book of Revelation," 456. 참고로 LXX와 신약성경을 통틀어 요한서신에만 등장하는 '적그리스도'가 미래에 등장할 특정한 악의 세력으로 둔갑한 것은 이스라엘과 대적 간의 종말론적 적대감을 언급한 유대묵시문헌의 영향을 간과하기 어렵다(1에녹 90:9-16; 모세의 승천기 8; 2바룩 36-40; 70; 4에스라 5:1-13; 12:29-33; 13:25-38; 4Q280; 디다케 16; 이사야의 승천기 4 참조). Van der Toom, Becking, and Van der Horst (ed), *Dictionary of Deities and Demons in the Bible*, 62-63. 참고로 두 증인은 미래 종말에 등장할 복음 전파자들인데 데살로니가후서 2장의 적그리스도와 대결할 것이라는 미래적 해석은 계시록의 후기 연대를 지지하는 K. Schilder, *De Openbaring van Johannes en het Sociale Leven* (Delft: Boekhandel & Drukkerij W. D. Meinema, 1925), 175-184를 보라.
4. Persson, *A Semantic and Structural Analysis of Revelation*, 132.
5. Aune, *Revelation 6-16*, 606. Contra 번제단으로 보는 Ford, *Revelation*, 169.
6. 이달, 『요한계시록』, 192. 참고로 계시록 11장 1절의 배경에 성전, 제단, 예배자와 연관 있는 대속죄일(레16장; 23:27-28)이 있다는 주장은 K. A. Strand, "An Overlooked Old Testament Background to Revelation 11:1," *AUSS* 22/3 (1984), 322를 보라.
7. Koester, *Revelation*, 484.

측량하지 말아야 할 거룩한 성계11:8 참조의 성전 바깥마당은 이방인들이 42개월 동안 짓밟을 것이다2절; 참고. 시79:1; 슥12:2-3; 눅21:24. 예루살렘 성전 콤플렉스에서 올바른 예배자들로 보기 어려운 이방인들은 이방인의 뜰에 머물렀다. 유대인이건 이방인이건 하나님을 참되게 예배하지 않는 자들은 주님의 측량을, 곧 보호를 받지 못한다. 여기서 42개월은 1,260일이며, 한 때 두 때 반 때단7:25 참조, 곧 3년 반이다. 7년이 완전하고 충만한 기간이라면, 그것의 절반인 3년 반은 특정한 짧은 기간을 상징한다.[8] 그런데 3년 반은 용에게 박해를 받은 여자가 광야에서 하나님의 보호를 받는 기간이며계12:6,14 참조, 바다에서 올라온 짐승이 신성 모독을 말하며 권세를 부리는 기간인데계13:5 참조, 역사적으로 황제 네로의 박해와 1차 유대-로마전쟁이 3년 반 동안 벌어졌다.[9] 그 무렵 베스파시안은 군대를 이끌고 갈릴리로 AD 67년 봄에 진입했으며유대전쟁사 3.29-34, 그때부터 42개월 후인 AD 70년 9월에 예루살렘은 파멸되었다.[10] 그런데 계시록에서 3년 반이라는 기간이 반복되므로 시간의 순서대로 일어날 사건을 예고하지 않음을 알 수 있다.[11]

계시로의 후기 연대를 따르는 신동욱은 "이 단락에서 예루살렘 성전이 유대전쟁 때에 로마의 군사력에 의해 처참하게 짓밟히고 붕괴되었던 것처럼 하나님

---

8. Aune, *Revelation 6-16*, 609. "(역사주의자들에게) '1,260일'은 글자 그대로 1,260년이며, 그 동안 교황의 권세가 지속되었다. 두 증인은 종교개혁 이전의 왈도파(Waldenses)와 알비파(Albigenses)를 가리킨다. 계시록 12장의 임신하여 출산한 여인은 AD 313년 이전에 로마 제국에게 박해를 받은 가시적 교회를 상징한다. …… '1,260일'을 미래주의자들은 대 환난의 마지막에 있을 문자적인 3년 반의 기간 혹은 전체 7년 중의 두 개의 다른 기간들을 가리키는 것으로 본다. 두 증인은 예루살렘에 나타날 두 증인인데, 모세와 엘리야 혹은 에녹과 엘리야를 가리킨다. 혹은 두 증인을 더 큰 증인들의 무리로 보기도 한다. …… 이상주의적 해석은 '1,260일'을 전체 교회 시대를 상징하는 것으로 본다. 두 증인은 교회 시대 전반에 걸친 교회로 본다." 송영목, "요한계시록의 전통적 4가지 해석의 비교 및 분석," 117.
9. Smalley, *The Revelation to John*, 274. Contra C. J. Tan, "A Defense of a Futurist View of the Two Witnesses in Revelation 11:3-13," (Ph.D. Thesis, Dallas Theological Seminary, 2010), 52; Fanning, *Revelation*, 328. 세대주의적 전천년설에 따라 Fanning은 계시록 11장 1절의 성전을 주님의 재림 전에 있을 제3성전으로 이해하는데, 제3성전의 건립은 7인, 7나팔, 7대접의 재앙과 데살로니가후서 2장 4절의 불법의 사람의 활동과 맞물려 있다. 그러나 이렇게 돌 성전의 재건을 기대하는 것은 구약으로 회귀하는 것이며, 그리스도 사건의 효력을 무효화하는 것이다.
10. 참고. Leong, "Windows to the Polemics against the so-called Jews and Jezebel in Revelation," 82.
11. 김추성, 『하나님과 어린양의 보좌: 요한계시록 새롭게 읽기』, 204.

의 백성이 극단적인 위협과 고통으로 괴롭힘을 받게 될 것을 암시한다."라고 설명한다.[12] 하지만 계시록 저술의 이른 연대에서 볼 때, 돌 성전 파괴는 가까운 미래 사건이다. 그리고 하나님의 백성이 고통을 당하기보다, 배교한 백성이 괴롭힘을 당한다. 계시록의 내러티브 상, 사탄의 무리와 영적 음녀로서 그리스도인 증인들을 죽인 유대인들은 하나님의 임박한 심판을 면할 수 없다계2:9; 3:9; 11:7; 17-18; 참고. 눅21:24.[13] 참고로 유대-로마전쟁 당시, 예루살렘 돌 성전을 지휘 본부로 삼았던 열심당원들은 성전의 바깥뜰은 로마 군인에게 정복당하더라도, 성전 내부는 안전할 것이라고 믿었다.[14] 예루살렘 성전의 파괴는 지성소에 가까울수록 더 거룩해진다는 거룩의 공간적 이해를 불가능하게 만들었다. 이제 거룩한 장소는 하나님 나라의 복음이 선포되고 수용되는 모든 곳이다. AD 70년 사건과 더불어 일 년에 하루, 즉 대속죄일에 지성소에 들어갈 수 있었던 대제사장이 가장 거룩한 사람이라는 이해도 불가능하게 되었다. 그보다 구원의 복음을 받아들이고 예수님과 연합된 모든 성도가 거룩하다. 또한 돌 성전이 무너짐으로써 유월절이나 장막절과 같은 절기가 시간상 매우 거룩하다는 이해도 불가능하게 되었다. 예수님께서 시간도 구속하셨기에, 이제는 하나님을 예배하는 주일은 물론 예배적 삶을 사는 모든 시간이 거룩하다. 요약하면, 특정한 공간과 사람 그리고 시간에 따라 거룩을 이해할 수 없음은 계시록 11장 15절이 밝히는 계시록의 요

12. 신동욱, 『요한계시록 주석』, 110. 이와 비슷한 견해는 B. Louden, "Retrospective Prophecy and the Vision in Aeneid 6 and the Book of Revelation," *International Journal of the Classical Tradition* 16/1 (2009), 13과 박영식, 『오늘 읽는 요한묵시록』, 248을 보라.

13. McNicol, "Revelation 11:1-14 and the Structure of the Apocalypse," 200-201. 계시록은 '예언-묵시서의 완성이자 면류관'인데, 이레니우스가 기록 연대에 관해 제공하는 불확실한 정보가 아니라 계시록 자체가 제공하는 정확한 정보를 고려한다면, 계시록은 옛 언약의 돌 성전이 파괴되기 전인 네로 황제 당시에 기록되었다. M. S. Terry, "The Revelation of John," *The Biblical World* 7/3 (1896), 208-210.

14. Mathison, 『종말론적 관점에서 본 성경 개관』, 821; Reddish, *Revelation*, 206. 참고로 계시록 11장 1-2절은 요한이 갈대 같은 펜을 받아 인사이더와 아웃사이더의 경계를 긋는 환상이므로, 독자들은 요한 편에 서든 아니면 다른 편에 서든 결단해야 한다는 설명은 M. Jauhiainen, "The Measuring of the Sanctuary Reconsidered (Rev 11,1-2)," *Biblica* 83/4 (2002), 526을 보라. 그러나 계시록의 독자들은 이 환상을 통해 요한의 편에 서기보다 참 예배자가 되어야 한다는 결단을 해야 했다.

지에 잘 부합한다.[15]

계시록 11장 1-2절의 요점은 하나님께서 현존하시는 교회, 곧 성전공동체계 1:6,20; 3:12; 5:10; 11:3-4 참조는 가식적 예배와 배교를 단호히 거부해야 한다는 사실이다.[16] 그 방법은 뒤따르는 3-14절에서 볼 수 있듯이, 두 증인처럼 말씀을 따라 신실하게 살고 증언하는 것이다.

계시록 11장은 예루살렘의 파괴를 회상하는 시편 79편 1-4절과 다음과 같이 간본문성을 보인다. 성전에 대한 묘사시79:1a; 계11:2a, 예루살렘의 파괴시79:1b; 계11:2b, 주님의 종들이 죽임당함시79:2, 3a; 계11:8-9, 장례가 거절당함시79:3b; 계11:9, 그리고 구경꾼들의 조롱시79:4; 계11:10.[17] 그런데 돌 성전이 파괴되기 전에 초기 단계의 예루살렘교회는 날마다 성전과 집에 모여 떡을 떼는 성찬을 거행했다행2:46 참조. 초대교회는 점차 한 주의 첫날인 주일 저녁에만 성만찬 예배로 모였다행20:7 참조. 그렇다면 왜 공적 성만찬 예배의 횟수가 주 1회로 급격히 줄어들었는가? 여러 가지 이유를 추론할 수 있다. 첫째, 유대 종교지도자들은 성전의 남자의 뜰과 여자의 뜰에 예루살렘 성도가 모이는 것을 저지했을 수 있다. 둘째, 초대교회가 새벽이건 저녁이건 가정이나 야외에 모이는 것은 불신자들의 눈에 곱게 비치지 않았을 것이다. 셋째, 이방지역의 교회는 성전의 뜰과 같이 대규모 회집을 위한 장소를 확보하기 어려웠을 것이다. 돌 성전의 파괴는 초대교회가 온 세상으로 퍼져나가는 원심적 종교로 탈바꿈하는 중요한 계기가 되었다. 하지만 디아스포라의 불신 유대인들의 고소와 박해는 돌 성전의 파멸에도 불구하고 곧장 종식되지 않았다.

흥미롭게도 구약 미가서와 요한계시록은 '밟다'라는 공통 주제를 취한다. 하

---

15. 김희석, "구약성경에 나타난 선교의 의미와 그 공동체적 함의," (제1회 미셔널신학연구소 컬로퀴엄 '선교적 성경 해석과 공동체' 발제 논문[서울 삼일교회당/줌], 2022년 3월 22일), 22-24.

16. 참고. 계시록 11장 1절의 세 번째와 네 번째 καί를 '그리고'가 아니라 '곧(that is)'으로 번역하는 R. Dalrymple, "The Use of καί in Revelation 11,1 and the Implications for the Identification of the Temple, the Altar, and the Worshippers," *Biblica* 87/3 (2006), 390-391.

17. Du Rand, *Die A-Z van Openbaring*, 377.

나님께서는 땅의 높은 곳, 다시 말해 앗수르처럼 높은 산과 같은 세상 권력을 밟으시는 통치자이시다미1:3.[18] 구체적으로 하나님께서는 이스라엘 백성의 죄악을 발로 밟으신다미7:19. 그리고 하나님께서는 악인들이 소출을 기대하며 포도즙 틀을 밟더라도 소출이 없도록 만드신다미6:15. 또한 하나님의 작정을 따라 이방인은 배교한 이스라엘의 지경을 쳐들어와 밟을 것이다미5:6. 그리고 하나님께서는 그분의 대적을 진흙처럼 밟으시며미7:10, 이스라엘의 남은 자는 젊은 사자처럼 강력하게 대적과 죄를 밟는다미5:8. 요약하면, 하나님과 남은 자는 승리하여 대적과 죄를 밟는다. 계시록에서 밟는 행위는 미가서의 주제와 매우 유사하다. BC 700년경 선지자 미가 당시의 야웨처럼 예수님께서는 '그 땅과 바다'를 밟아 온 세상을 통치하신다계10:2,5,8. 미가서의 이방인이 이스라엘을 공격하여 밟듯이, 이방인들이 예루살렘 돌 성전의 바깥뜰을 일정 기간 동안 짓밟는다계11:2. 그리고 미가서의 이스라엘의 남은 자처럼 교회를 상징하는 여인이 권력을 상징하는 달을 밟고 있다계12:1. 미가서에서 하나님께서 포도즙 틀을 밟아도 소출이 없도록 만드셨다면, 계시록에서 하나님께서는 교회의 대적을 심판하시기 위해 진노의 포도주 틀을 밟으신다계14:20. 여기에 덧붙여, 미가서와 계시록에서 '밟다'라는 주제는 복술卜術과 점치는 중대한 범죄와 맞물린다. 미가 당시에 재판관과 제사장과 선지자는 맘몬숭배와 영적 간음에 빠져 재판을 굽게 만들고 거짓 교훈을 일삼았으며 점을 쳤다미3:6,11; 5:12; 참고. 출22:18; 레19:26; 신18:9-14; 사2:6; 8:19.[19] 사도 요한 당시에 로마제국과 불신 유대인들은 점술을 행하다가 심판을 받았는데, 예수님의 신부들에게 점치는 행위는 용납되지 않는다계9:21; 18:23; 21:8; 22:15. 참고로 다음 도표는 계시록 11장 1-12절에 나타난 교회론적 표현들, 교회 관련 이미지와 행동, 교회의 대적들, 그리고 관련 사건의 시간을 요약한 것이다.[20]

---

18. G. V. Smith, *Hosea, Amos, Micah* (Grand Rapids: Zondervan, 2001), 442.
19. Smith, *Hosea, Amos, Micah*, 491.
20. Tavo, *Woman, Mother and Bible*, 218.

교회의 이미지	교회의 이미지와 관련된 행동	교회의 대적들의 이미지	시간 표시
성전, 제단, 예배자(11:1)	측량(11:1)	이방인들(11:2b)	42개월(11:2b)
성전 바깥 뜰 (거짓 교회; 11:2a)	측량하지 않고 넘겨줌(11:2a)	이방인들(11:2b)	42개월(11:2b)
거룩한 성 (거짓 교회; 11:2b,8)	짓밟힘(11:2b)	이방인들(11:2b)	42개월(11:2b)
두 증인(11:3a)	예언함, 순교함(11:3b,7)	이방인들, 무저갱에서 올라온 짐승(11:2b,7)	1260일(11:3b)
두 선지자(11:10)	죽어 매장되지 못하지만 부활, 승천함(11:8,12-13)	큰 성, 소돔과 이집트, 그 땅에 거하는 자들(11:8,10)	3일 반(11:11)
두 감람나무(11:4)	그 땅의 주님 앞에 섬(11:4)		
두 촛대(11:4)	그 땅의 주님 앞에 섬(11:4)		

계시록 11장 1-2절이 앞의 계시록 10장 11절과 뒤의 계시록 11장 3절 이하와 논리적으로 연결되지 않는다는 주장도 있다.[21] 하지만 계시록 10장 11절에서 요한이 반드시 다시 백성과 나라와 방언과 임금을 '쳐서against' 예언한다면 논리적 흐름은 충분히 납득할 만하다. 왜냐하면 계시록 11장 1-2절은 로마군대에 의해서 파멸될 예루살렘에 대한 심판이기 때문이다. 다시 말해, 요한의 예언에는 구원의 복음을 증언하는 사역을 비롯하여, 복음을 거부한 자들을 향한 심판도 포함되었다. 그리고 계시록 11장 2절의 마흔두 달은 11장 3절의 천이백육십 일과 상징하는 바가 동일하다.

누가는 예수님의 십자가 대속과 예루살렘 성전 파괴를 연결한다. 비아 돌로로사Via Dolorosa에서 예루살렘 딸들은 처참한 모습의 예수님을 위해 울지 말고, 대신 자신과 자녀를 위해 울어야 했다눅23:28; 참고. 눅6:21,25; 7:32; 19:41. 왜냐하면 하나님께서는 로마황제와 총독의 권력 하에 이익을 좇던 유대인들을 큰 환난으로 심판하실 것이기 때문이다눅23:29; 참고. 눅21:23. 이 대목에서 예수님의 대속의 죽으심과 돌 성전의 파괴가 서로 닿는다. 십자가의 대속 사건 이후 한 세대가 지나

21. Gaechter, "The Role of Memory in the Making of the Apocalypse." 426.

자, 불신 유대인들은 하나님의 결정적 심판, 곧 예루살렘 성전의 파괴라는 대 환난을 겪었다. 신구약의 중첩 시기 동안에 예수님의 사역은 사실상 구약과 옛 시대의 마감을 위한 것이었고, 그 결과 새 언약 시대를 만개시키셨다. 그런데도 유대인들은 참 성전이신 주님을 여전히 배격하며, 그림자 돌 성전을 보면서 선민의식에 빠졌다참고. 렘7:4. 유대인의 집권층은 세상 권력을 신격화한 제국 이데올로기에 빌붙어 이익을 챙기기에 급급했고, 바리새인들과 그들을 따르던 평민은 정치적 메시아를 대망하며 율법주의와 형식주의에 빠졌다계13:11-12; 17:3 참조. 결국 유대인들은 부정한 '음녀'가 되어 로마제국으로부터 토사구팽 된다계17:16 참조.[22]

교훈과 적용

형식적이며 외식적인 예배는 마치 불신자의 행태와 같다. 하나님의 보호를 받은 사람이라면 참 예배자로 살아야 한다. 더 나아가 주중에는 예배적 삶을 실천해야 한다. 이를 위해 주일 공 예배의 예전은 선교적 교회로서의 사명을 수행하도록 공공적 차원을 반영하여 디자인되어야 한다. 주일 예배에 참여한 회중은 교회당 안의 예배 상황은 물론 일상과의 연관성도 인지할 수 있어야 한다. 예배로의 부름은 죄인을 환대하는 삶으로, 찬송송영, 새 노래은 창조와 구원의 하나님만 절대적으로 드러내는 기쁨과 감사의 삶으로, 회개는 개인적 죄와 공동선을 드러내지 못함에 대한 회개와 돌이킴으로, 설교는 말씀의 씨를 가지고 흩어지는 디아스포라의 실천으로, 성찬과 세례는 예수님과 연합이 무엇인지 삼위 하나님의 명예를 드러내는 삶으로, 헌금은 나눔의 실천으로, 목회 기도는 개인의 영적 웰빙과 온 세상의 구원과 평안을 위한 간구의 삶으로, 복의 선포민6:24-26; 계1:4-5와 파송은 영적 나실인으로서 세상에 보내어져 하나님의 복을 거룩한 삶으로 증언하는 삶으로 이어져야 한다.

22. 교회가 하나님을 떠나서 불의한 세상 권력에 기생하며 이익을 추구하거나 형식주의에 빠진다면 반드시 패망하고 만다. 특별히 고난주간에 "예수님께서는 얼마나 아프셨을까?"라고 생각하며 눈물짓기보다, 죄와 비참에 빠져서 무서운 심판을 목전에 두고도 깨닫지 못하는 우리 자신과 우리 자녀를 점검하며 울어야 한다. "지금 우는 자들은 복이 있나니, 너희가 웃을 것이기 때문이다."(눅6:21).

2. 두 증인의 순교와 부활 그리고 승천(11:3-14)

> "3내가 나의 두 증인에게 권세를 주리니 그들이 굵은 베옷을 입고 천이백육십 일을 예언하리라 4그들은 이 땅의 주 앞에 서 있는 두 감람나무와 두 촛대니 5만일 누구든지 그들을 해하고자 하면 그들의 입에서 불이 나와서 그들의 원수를 삼켜 버릴 것이요 누구든지 그들을 해하고자 하면 반드시 그와 같이 죽임을 당하리라 6그들이 권능을 가지고 하늘을 닫아 그 예언을 하는 날 동안 비가 오지 못하게 하고 또 권능을 가지고 물을 피로 변하게 하고 아무 때든지 원하는 대로 여러 가지 재앙으로 땅을 치리로다 7그들이 그 증언을 마칠 때에 무저갱으로부터 올라오는 짐승이 그들과 더불어 전쟁을 일으켜 그들을 이기고 그들을 죽일 터인즉 8그들의 시체가 큰 성 길에 있으리니 그 성은 영적으로 하면 소돔이라고도 하고 애굽이라고도 하니 곧 그들의 주께서 십자가에 못 박히신 곳이라 9백성들과 족속과 방언과 나라 중에서 사람들이 그 시체를 사흘 반 동안을 보며 무덤에 장사하지 못하게 하리로다 10이 두 선지자가 땅에 사는 자들을 괴롭게 한고로 땅에 사는 자들이 그들의 죽음을 즐거워하고 기뻐하여 서로 예물을 보내리라 하더라 11삼 일 반 후에 하나님께로부터 생기가 그들 속에 들어가매 그들이 발로 일어서니 구경하는 자들이 크게 두려워하더라 12하늘로부터 큰 음성이 있어 이리로 올라오라 함을 그들이 듣고 구름을 타고 하늘로 올라가니 그들의 원수들도 구경하더라 13그 때에 큰 지진이 나서 성 십분의 일이 무너지고 지진에 죽은 사람이 칠천이라. 그 남은 자들이 두려워하여 영광을 하늘의 하나님께 돌리더라 14둘째 화는 지나갔으나 보라 셋째 화가 속히 이르는도다"

예수님께서는 굵은 베옷을 입고 1,260일 동안 예언할 두 증인민35:30 참조에게 권세를 주신다3절. 계시록 11장 2절에서 이방인들이 돌 성전을 짓밟았다면, 11장 3절에서 두 증인은 (그 땅과) 열방11:8-9 참조에게 예언해야 한다. 모세의 율법에 따르면, 객관적 증언을 위해 증인은 두 명 이상이어야 한다민35:30; 신17:6; 마18:16 참조. 여기서 두 증인을 집합적 의미로 보는 게 자연스러운 이유를 두 가지만 언급하면, 두 증인의 별명인 "두 촛대"계11:4는 교회를 상징하고, 두 증인의 활동 기간인 1260일계11:3은 바로 앞 11장 2절의 공동체에 내려진 심판의 기간인 42개월에 상응하기 때문이다.[23] 금식과 더불어 "굵은 베옷σάκκος"은 애통과 회개를 상징하기에삼하3:31; 사22:12; 렘4:8; 단9:3; 욘3:6-8; 슥13:4; 마11:21; 막1:6 참조, 두 증인은 그 땅의 백성인 유대인들의 죄를 지적하며 회개를 촉구했다계9:20 참조. 두 증인은 그 땅팔레스타인의[24] 주님 앞에 서 있는 두 감람나무와 두 촛대이다4절; 참고. 슥4:3,11-14. 두 증인은 사적이거나 은밀하게 사역하지 않고 공적으로 활동해야 하는 종들이다. 따라서 이 사실은 교회가 복음의 공공성을 드러내야 함을 교훈하는데, 두 촛대는 성소 안을 비추기보다는 온 땅에 파송된다.[25] 두 증인의 입에서 불이 나와서 그들의 원수를 죽일 것이다5절; 참고. 왕하1:10; 렘5:14. 복음 증거자들은 자신들을 파송하신 예수님의 권세를 받아 활용해야 한다마10:8; 28:18-20 참조.

계시록 11장의 간본문인 스가랴 4장에서 하나의 촛대에게 올리브유를 공급하던 두 감람나무는 기름 부음을 받은 스룹바벨 총독과 여호수아 대제사장이라고 해석하는 것이 자연스럽다슥4:14 참조.[26] 그런데 바벨론 포로에서 귀환한 후에 열방에 빛을 발하는 촛대 역할을 감당해야 할 유대인들의 회복은 성령님, 곧 일곱 영의 능력으로 가능했다슥4:6,10 참조. 이를 위해 성령님께서 임한 이 두 사람의 역할이 중요했다.[27] 스가랴 4장과 약간 달리 계시록 11장에서 성령 충만한 두 증인은 두 감람나무이자 복음의 빛을 발하는 두 촛대이다. 성령님께서 신약의 그

---

23. 참고. 두 증인을 모든 교회가 아니라 신실하게 복음을 증거하는 교회라고 집합적으로 이해하는 김추성, "요한계시록 11:3-13의 두 증인,"『신학정론』 28/1 (2010), 48, 65.

24. 4절에서 개역개정은 "그 땅"을 "이 땅"이라고 오역한다. 로마 가톨릭의 성경은 정관사를 생략하고 "땅의"라고 번역한다. 참고로 이상주의적 해석은 계시록 11장의 두 증인을 신약시대에 복음을 전하는 모든 그리스도인으로 본다. Van de Kamp, *Openbaring*, 259. 두 증인을 구약과 신약으로 보는 상징적 해석도 있었지만, AD 1700년 이후로 복음을 전하는 교회라고 이해하는 경향이 일반화되었다. 두 증인에 대한 문자적, 상징적, 개인적, 공동체적, 혼합적 해석의 변천사는 I. R. Brown, "The Two Witnesses of Revelation 11:1-13: Arguments, Issues of Interpretation, and a Way Forward," (Ph.D. Thesis, Andrews University, 2016), 365, 368-403을 보라.

25. Koester, *Revelation*, 507, 509.

26. 참고. 장세훈,『스가랴』, 194.

27. Contra 스가랴 4장의 촛대는 이스라엘의 촛대와 같은 스룹바벨을 가리키며, 두 감람나무는 능력을 공급하시는 성령님으로 이해하는 K. A. Strand, "The Two Olive Trees of Zechariah 4 and Revelation 11," *AUSS* 20/3 (1982), 257-258.

리스도인 개개인에게 내주하시기에, 모든 성도는 촛대로서 복음의 빛을 발해야 한다계1:9; 2:13; 6:9-10; 20:4 참조. 따라서 특정인에게 성령님께서 임하신 구약시대와 달리대하20:14 참조, 신약시대에 성령님의 내주內住하시는 은혜가 선교적 사명을 감당해야 할 모든 그리스도인에게 임해 있다.[28] 계시록에서 성령님께서는 선교의 영missional Spirit이시므로, 교회는 선교적 교회missional church로 자리매김해야 한다. 선교적 영으로 충만하신 예수님께서도 충성된 증인이시다행10:38; 계1:5; 3:14; 22:20 참조. 덧붙여 스가랴 4장에서 촛대는 하나뿐이었지만, 계시록 11장에는 두 촛대가 등장하여 제사장 나라로 부름 받은 하나님의 백성이 신약에서 더 확장됨을 강조한다. 이 사실은 세상 나라가 천국으로 변혁된다는 계시록의 핵심 주제에 일치한다계11:15; 12:11 참조. 4절의 두 촛대는 1-2절의 성전 이미지와 잘 부합하는데, 측량을 받은 참 예배자라면 마땅히 세상에 복음의 빛을 발해야 한다. 빛은 어둠과 동화되거나 혼합주의에 빠지지 않는다. 교회가 전도 사명을 성취하도록 승천하신 예수님께서는 7촛대 가운데 임마누엘하신다계1:20 참조. 이 사실은 계시록의 요절인 계시록 11장 15절의 취지와 일치한다.

두 증인은 하늘을 닫아 예언하던 1,260일, 즉 하나님께서 정해두신 특정한 기간 동안 비가 내리지 못하게 하며왕하17장 참조, 물을 피로 변하게도 만들고 여러 가지 재앙을 동원할 수 있다6절; 참고. 출7:20.[29] 1,260일은 3년 반이므로, 완전하고 충만한 기간을 상징하는 7년의 절반, 즉 한정적 기간을 가리킨다.[30] 두 증인은 변화산에서 예수님의 출애굽눅9:31의 ἔξοδος 참조을 알린 엘리야와 모세를 연상시킨다눅9:30 참조. 두 증인은 복음을 전하는 모든 그리스도인을 가리킨다.

---

28. 참고. "두 증인"에게서 "일곱 영"의 선교적 사역을 찾는 C. Tanner, "Climbing the Lampstand-Witness-Trees: Revelation's Use of Zechariah 4 in Light of Speech Act Theory," *Journal of Pentecostal Theology* 20/1 (2011), 91.
29. 숫자 42(6×7)와 1,260(35×36)을 사각형 혹은 삼각형 수로 이해하려는 시도는 Paul, *Revelation*, 198-199를 보라. 그러나 이런 추측은 근거가 약하다.
30. 다니엘 12장 11절의 1,290일과 다니엘 12장 12절의 1,350일도 짧은 기간을 상징한다는 해석은 Lucas, 『다니엘』, 416을 보라,

두 증인이 증언을 마쳤을 때 무저갱에서 올라온 그 짐승과 더불어 전쟁하다가 순교한다7절. 정관사를 가진 "그 짐승τὸ θηρίον"은 누구인가? 계시록 9장 1절에 "무저갱"이 이미 소개되었기에, 거기서 나오는 특정한 짐승은 요한에게 알려졌을 수 있다.[31] 무저갱에서 올라온 이 짐승은 계시록 13장 1절의 바다에서 올라온 짐승과 동일하다는 주장이 있다.[32] 이 주장이 정당하려면 무저갱과 바다가 열방이라는 동일한 지시 대상을 가리켜야 한다. 하지만 계시록에서 열방을 상징하는 바다와 악의 세력이 갇혀있는 무저갱은 염연히 다르다. 두 증인이 순교한 큰 성계11:8은 예루살렘을 가리키므로, 무저갱에서 올라온 짐승은 바다짐승보다는 땅 짐승과 연관된다.

두 증인의 순교는 계시록 2장 13절의 충성된 증인 안디바의 순교와 계시록 6장 9절의 제단 아래에 있던 순교자들 그리고 계시록 20장 4절의 예수님을 증언하다가 목 베임을 당한 이들을 연상시킨다.[33] 네로 황제가 내릴 판결을 앞둔 급박한 상황 속에서라도 자신의 명예를 구하지 않고 오직 그리스도의 명예를 존중했던 바울처럼빌1:20 참조, 두 증인은 그리스도의 복음 전파를 위해 부활의 권능을 믿고 존귀하신 예수님의 죽으심을 본받았다빌3:10 참조. 여기서 놓치지 말아야 할 중요한 아이러니는 승리하신 어린양을 따라가는 복음 전도자는 패배함으로써 마침내 승리한다는 사실이다.[34] 두 증인을 죽인 무저갱에서 올라온 짐승은 요한 당시의 그리스도인을 박해한 세력이다. 따라서 그 짐승을 요한서신에만 등장하는 가현설주의자를 가리키는 '적그리스도'라고 볼 수 없다.[35]

두 증인의 시체는 그들의 주님께서 십자가에 못 박히신 '그 큰 성ἡ πόλις

---

31. Persson, *A Semantic and Structural Analysis of Revelation*, 133.

32. 이필찬, 『에덴 회복의 관점에서 읽는 요한계시록: 12-22장』 (용인: 에스카톤, 2022), 35.

33. 7절의 무저갱을 바다와 동일시하여 무저갱으로부터 올라온 (그) 짐승을 13장 1절의 바다에서 나온 짐승(로마제국)과 동일시한 경우는 이달, 『요한계시록』, 197과 신동욱, 『요한계시록 주석』, 113을 보라. 하지만 계시록에서 바다와 무저갱은 모두 부정적 뉘앙스를 가지지만 서로 동일하지는 않다.

34. Duvall, *The Heart of Revelation*, 97.

35. Contra Greijdanus, *De Openbaring des Heeren aan Johannes*, 234.

μεγάλη', 즉 구약과 신약에서 '그 큰 성'이라 불린 예루살렘성의 길에 버려진다8a절; 참고. 시48:1-4; 79:2; 87:1-3; 렘22:8; 마5:35; 계17:18; 18:10,16,18,19,21; 유대전쟁사 7.1.1; 7.8.7.[36] 그 성은 소돔과 애굽처럼 악하고 타락한 곳이다8b절; 참고. 사1:9-10; 3:8-9; 렘23:24; 애4:6; 겔16:46-49; 눅13:33. 아기 예수님께서는 헤롯 대왕을 피하여 애굽으로 도피하셨는데, 그때 예루살렘은 마치 구약의 애굽처럼 타락했다참고. 마2:15. 18절은 로마제국이 교회에 가하는 박해가 아니라, '예루소돔Jerusodom'레이하르트의 용어을 신앙의 중심지로 여긴 불신 유대인들이 복음을 전하던 그리스도인을 박해한 사실을 분명히 보여준다스4:12,15의 "이 패역하고 악한 성읍" 참조. 따라서 폭력적이며 타락한 도성 예루살렘을 가리키는 '그 큰 성'은 예루살렘과 로마를 동시에 지시하는 상징으로 볼 수 없다.[37] 더욱이 이 큰 성은 교회가 복음을 증거하는 모든 시대의 모든 장소를 가리키는 것도 아니다.[38] 예수님께서 불의한 유대인들에게 처형당하셨듯이, 의로운 두 증인도 주님처럼 죽임을 당한다. 그러나 예수님과 두 증인이 흘린 피는 하나님의 구원 계획을 성취하는 통로와 같다.[39] 이 사실은 계시록의 요절인 계시록 12장 11절의 취지와 일치한다. 요한 당시의 유대인들의 구약 조상들에게 사랑의 하나님께서 부지런히 그분의 사신들을 보내셨으나, 그들은 하나님의 사신들을 비웃고 하나님의 말씀을 멸시하며, 주님의 선지자들을 욕하다가 공의의 하나님

---

36. Bavinck, 『개혁교의학. 제4권』, 806; Leithart, 『새로운 질서가 오다: 재림의 약속에 대한 베드로후서의 가르침』, 104; W. G. Campbell, "Antithetical Feminine-Urban Imagery and a Tale of Two Women-Cities in the Book of Revelation," *Tyndale Bulletin* 55/1 (2004), 87. Contra 로마제국이 계시록에서 유일한 박해 세력이라고 주장하는 P. G. R. de Villiers, "The Lord was crucified in Sodom and Egypt: Symbols in the Apocalypse of John," *Neotestamentica* 22 (1988), 134.

37. Mathison, 『종말론적 관점에서 본 성경 개관』, 823; Campbell, "Antithetical Feminine-Urban Imagery and a Tale of Two Women-Cities in the Book of Revelation," 87. Contra Osborne, *Revelation*, 426; Koester, *Revelation*, 511; Khatry, "Revelation," 1789; Blaney, 『베드로전서-요한계시록』, 385. 참고로 급진적인 정통 유대주의자들을 제외하면, 예루살렘에 성전이 오늘날 재건되어야 한다고 보는 유대인들은 거의 없다. R. Kronish, "Bringing the 'Heavenly Jerusalem' Closer to the Earthly Jerusalem," *Claritas* 9/2 (2020), 36-37.

38. Contra Roloff, *Revelation*, 133; Kistemaker, *Revelation*, 334.

39. Koester, *Revelation*, 509. 참고로 세대주의자들은 계시록 11장 8절 이하를 천년왕국 끝자락에 있을 7년 대 환난의 마지막 시점에 있을 미래 사건으로 이해한다. 따라서 그들은 예루살렘은 복음 전파가 완성될 곳이며, 심판과 회개의 중심지가 될 것이라고 본다. Fanning, *Revelation*, 335.

께서 내리신 회복할 수 없는 진노를 받아 패망하고 말았다대하36:15-16 참조. 요한계시록이 기록되기 몇 년 전에 기록된 사도행전에도 불신 유대인들이 초대교회를 박해한 많은 예를 언급한다행6:8-8:1; 12:1; 17:6-7; 21:27-31; 23:12-22; 24:12-13 참조.[40] 수십 년에 걸쳐 돌 성전을 보수 확장한 헤롯 대왕은 성전 건물 자체보다는 로마 양식을 반영한 부속 건물들에 더 많은 관심을 보였다유대전쟁사 5.184-237 참조.[41] 이처럼 화려한 성전 콤플렉스는 예수님의 제자들의 눈을 사로잡았을 뿐 아니라, 예루살렘을 이전보다 더 강력한 유대인들의 종교 중심지로 만들기에 충분했다막13:1-2 참조. 유대인들로 하여금 긍지를 가지도록 만들었던 제2 성전은 실상 회칠한 무덤과 같았으므로 하나님의 심판을 받을 수밖에 없었다막12:9 참조.

백성들과 족속들과 언어들과 나라들로부터ἐκ τῶν λαῶν καὶ φυλῶν καὶ γλωσσῶν καὶ ἐθνῶν 나온 사람들이 두 증인의 장사를 방해했다9절. 제때 장사를 지내지 못하는 것은 사후에 겪는 큰 수치이다왕상13:52; 렘14:16; 16:4 참조. 그러나 이것은 하나님 나라의 복음을 위해서 겪은 '영광스러운 수치'이다. 두 선지자가 땅에 사는 자들을 괴롭게 했으므로, 죽음을 보고 기뻐하며 서로 선물을 교환했다10절; 비교. 에9:22; 요16:20. 계시록에 '괴롭게 하다βασανίζω'는 총 5회 등장한다계9:5; 11:10; 12:2; 14:10; 20:10 참조. 황충 떼가 악인들을 고문하듯이 괴롭히고계9:5 참조, 하나님께서는 끝까지 회개하지 않는 죄인들을 불과 유황의 극심한 심판으로 고통을 가하신다계14:10; 20:10 참고. 땅에 사는 자들은 두 증인에게 이런 극렬한 고문과 같은 괴롭힘을 가했다.

로마제국의 관습에 의하면, 축제가 시작되기 전에 시체는 매장되어야 했는

40. P. Perkins, "If Jerusalem stood: The Destruction of Jerusalem and Christian Anti-Judaism," *Biblical Interpretation* 8/1-2 (2000), 198-199. 참고로 로마제국에서 명예는 강력한 남성 정복자의 이미지와 결부되기에, 여성 피정복자는 수치에 해당했다. 로마제국의 팍스 로마나 프로젝트는 성(gender)을 활용하기에, 황제 숭배 장소에 여성의 몸으로 조각한 석상들이 전시되었다. 계시록 11장에서 남성으로 나타나는 두 증인이 죽임을 당하는 것은 남성화된 제국주의에 역행한다. J. C. Groce, "Revelation's Martyrology as Response to a Crisis of Masculinity," (Paper presented at SBL, Rocky Mountain Regional Meeting, 2016), 4-8.

41. Perkins, "If Jerusalem stood," 199.

데, 오히려 땅에 거하는 자들은 두 증인의 시체를 보면서 부정한 방식으로 축제를 즐긴다.[42] 로마제국에서 저주damnatio와 신격화consecratio라는 관습은 두 증인의 죽음과 부활을 이해하는 데 일정 부분 빛을 비춘다. 로마의 원로원은 악한 황제예. 칼리굴라, 네로, 베텔리우스, 도미티안나 집정관예. 세이아누스과 같은 고위 관리를 기억에서 지워버리기 위해 그의 이름이나 초상 등을 파괴하고 그의 생일을 저주했으며, 로마시민들은 악한 권력자들의 죽음 때문에 환호했다. 반면 원로원은 존경받던 인물들을 신격화apotheosis하기도 했다예. 로물루스, 율리우스 시저, 옥타비아누스. 신격화 의식 동안 죽은 황제의 시체가 불타고 새들이 시체에 내려앉아 먹음으로써 그의 영혼은 하늘로 올려진다고 보았다.[43] 하지만 계시록 11장에서 두 증인을 죽인 인물은 로마제국과 같은 이방 세력이 아니라 유대인들이다.[44] 그리고 두 증인의 승천은 신격화와 관련이 없다.

여기서 주목할 사실은 불신 유대인을 가리키는 "그 땅에 사는 자들οἱ κατοικοῦντες ἐπὶ τῆς γῆς"과 열방을 가리키는 "백성들과 족속들과 언어들과 나라들"이 동일하다는 점이다. 왜냐하면 요한 당시에 불신 유대인들 약 500만 명이 로마제국에 흩어져 회당 중심으로 살았기 때문이다.[45] 10절에서 두 증인은 "두 선지자δύο προφῆται"라 불리므로, 요한은 예언을 신약교회가 증언하는 복음이라는 넓은 의미로 사용한다계19:10 참조. 그러므로 신약시대의 그리스도인을 '만인 예언자들'이라 부를 수 있지만, 특히 목사의 설교 사역은 중요한 예언 행위이다.[46] 계시록 11장 10절의 "그 땅에 사는 자들"은 여호수아 대제사장과 스룹바벨 총독

---

42. Koester, *Revelation*, 510.
43. B. A. Paschke, "Die Damnatio und Consecratio der Zwei Zeugen (Offb 11)," *Biblica* 89/4 (2008), 558-564.
44. Contra Paschke, "Die Damnatio und Consecratio der Zwei Zeugen (Offb 11)," 569.
45. Contra 계시록 11장의 두 증인을 대 환난 기간의 문자적인 의미의 두 증인으로 보는 Tan, "A Defense of a Futurist View of the Two Witnesses in Revelation 11:3-13," 53, 115. 그리고 두 증인이 교황의 세력에게 죽임을 당했다는 역사주의적 해석은 Smith, *Key to the Revelation in Thirty-Eight Lectures taking the Whole Book in Course*, 154를 보라.
46. Koester, *Revelation*, 508.

당시의 '그 땅의 백성ὁ λαὸς τῆς γῆς'과 유사하다스3:3; 4:4 참조. 바벨론 포로에서 귀환한 남은 자들이 둘째 성전을 건축하기 시작하자, '그 땅 백성'이 페르시아 황제에게 조서를 보내 공사를 중단시켰다. '그 땅 백성'은 성전 재건을 통한 예배의 회복과 유대인들의 독립을 반대하며, 페르시아제국의 그늘 아래 살기 원했다. 마찬가지로 사도 요한 당시의 불신 유대인들, 곧 그 땅에 사는 자들은 하나님의 남은 자들을 대적하며, 로마제국의 친화정책을 따라 그 제국의 보호 아래 살기 원했다.

3일 반 후에 하나님의 생기, 즉 생명의 숨이 두 증인의 시체에 들어가니 그들은 벌떡 일어서고, 이 광경을 주목하던 자들에게 큰 두려움이 엄습한다11a절; 참고. 창2:7; 출15:16; 겔37:5,10; 호6:2.[47] 이것은 하나님께서 고난당하는 교회를 위해 공개적으로 신원하신 사건이다. 계시록에서 두려움은 악인에게는 부정적 감정이지만계 11:11,13; 18:10,15 참조, 하나님을 만난 사람의 반응이기도 하며계1:17 참조, 또한 어린양의 신부가 극복해야 할 감정이기도 하다계21:8 참조.[48] 이 두려움은 부활의 소망과 능력으로 극복된다. 한 예로 서머나의 주교 폴리캅AD 69-155은 화형 장소로 나아가면서 "나로 하여금 성령의 썩지 않음 안에서 영혼과 몸의 영원한 생명의 부활을 위하여 순교자들의 반열과 당신의 그리스도의 잔에 참여할 수 있게 해주셨습니다."라는 기도를 드렸다폴리캅의 순교 14:2.

---

47. 순교한 두 증인은 '사흘 반' 후에 부활했다. 그런데 왜 예수님께서는 장사 후 '삼일'만에 부활하셨는가?(마16:21; 눅24:46; 고전15:4 참조). 나사로처럼 4일 후에 부활하셨다면, 자연적인 소생(蘇生)이라는 오해를 완전히 불식시킬 수 있지 않았을까?(요11:39 참조). 이 질문에 창세기 1장의 창조 내러티브가 모형론적 힌트를 제공한다. 창조의 셋째 날(창1:9-13)과 여섯째 날은 3일을 간격으로 두고 병행을 이룬다(창1:24-31). 즉 뭍과 흙의 창조는 흙을 원재료로 하여 창조된 사람과 연관된다. 잠자는 자들의 첫 열매이신 예수님께서도 무덤(뭍, 흙)에서 삼일 만에 나오셨는데, 하늘에 속한 영광스런 몸을 입으셨다(고전15:40,43-45 참조). 몸으로 고난 받으시고 죽으신 후 예수님께서 부활하심은 새로운 인류 전체가 나중에 경험할 본성에 따라 원형적인(archetypal) 몸을 입으신 사건이다. 이처럼 뭍과 사람의 창조 내러티브는 예수님께서 삼일 만에 부활하심으로 놀랍게 성취된다. 그리스도의 부활이라는 완결적(Christotelic) 관점에서 구약성경을 읽는다면, 하나님께서 놀라운 방식으로 생명을 주시는 부활의 복음을 발견하게 된다. N. P. Lunn, "Raised on the Third Day according to the Scriptures: Typology in the Genesis Creation Narrative," *JETS* 57/3 (2014), 533-534.
48. Contra 두려움을 부정적으로만 이해하는 이달, 『요한계시록』, 202.

부활한 두 증인은 그 구름을 타고 하늘로 올라갔다12a절. 여기서 "그 구름τῇ νεφέλῃ"은 성경에서 구름이 승천과 종종 연관되기에, 명사 '구름'이 정관사를 취한다왕하2:9-12; 행1:9; 계12:5 참조.[49] 두 증인의 원수들은 이 승천 장면을 구경했다12b절. 두 증인의 시체가 예루살렘 길에 버려져 수치를 당했지만, 하나님께서는 두 증인에게 부활과 승천을 주셔서 공개적인 명예를 주신다.[50] 요한 당시의 명예와 수치의 관점에서 볼 때, 그분께서 파송한 종들을 끝까지 책임지시는 하나님께서는 명예로운 후견인과 같다.

예수님께서 십자가에 못 박히시고 창에 찔려 돌아가시고 부활하실 때까지 제자들은 계속 슬퍼하며 울고 있었다막16:10 참조. 부활하신 예수님께서는 믿음이 부족했던 그들을 찾아가셔서 위로하셨다막16:12 참조. 로마의 클레멘트 등이 증언하듯이, 마가복음은 마가가 로마에서 기록했는데, 그때 제국의 통치자는 네로 황제였다.[51] 따라서 마가복음과 계시록이 기록될 당시 상황은 거의 동일하다. 이 사실은 주석가와 설교자로부터 별다른 주목을 받지 못해 왔다. 마가복음의 1차 독자가 로마에 있던 이른바 '마가공동체'라면, 마가복음을 거울로 삼아 그들의 상황을 어렴풋이 추적해 볼 수 있다. 다시 말해 죽음과 환난 앞에 두려워하며 슬퍼하는 연약한 공동체이다. 요약하면, 마가복음과 계시록 간의 역사적 간본문성에 비추어보면, 예수 그리스도의 부활은 박해와 환난 때문에 슬픔과 울음에 잠기기 쉬운 믿음이 연약한 그리스도인에게 확실한 위로를 준다.

요한은 두 증인의 전도 환상을 통하여 불신 유대인들의 박해 활동과 그들에게 닥칠 심판을 설명한다. 여기서 더 나아가 요한은 이방제의pagan cult를 반대하는데, 열왕기서에 나타난 선지자 엘리야의 사역에서도 이와 유사한 주제를 확인할 수 있다. 열왕기상 18-19장과 열왕기하 10장 18-28절에 나타난 엘리야와

49. Persson, *A Semantic and Structural Analysis of Revelation*, 134.

50. Viljoen and Coetsee (ed), *Biblical Theology of Life in the New Testament*, 200.

51. A. Yadin-Israel, "For Mark was Peter's Tanna: Tradition and Transmission in Papias and the Early Rabbis," *Journal of Early Christian Studies* 2/3 (2015), 340-349.

바알 간의 대결은 열왕기서에서 이세벨과 아합을 반대하는 논의 전개를 위하여 배경이 된다. 이와 유사하게 계시록에서도 엘리야와 거짓 엘리야 간의 대결을 찾을 수 있다. 두 증인은 엘리야처럼 강우와 가뭄을 주관하는 권세를 가진다계 11:6; 참고. 왕상18:41-45. 반면에 땅 짐승은 하늘에서 불을 불러서 내리게 한다계13:13; 참고, 왕상18:36-38. 이처럼 계시록은 바다짐승 숭배라는 이방제의를 반대한다계13:10,15; 14:9 참조. 요약하면, 열왕기서의 반反 이방제의라는 주제는 계시록 11-14장의 환상에도 간본문적으로 반복된다.[52]

두 증인이 승천하자 큰 지진이 일어나 예루살렘성의 10분의 1이 제한적으로 파괴되어 7,000명이 죽었고, 살아남은 자들은 하늘의 하나님께 영광을 돌렸다 13절. 흥미롭게도 요한 당시 예루살렘 인구는 약 7만 명이었다비교. 왕상19:18. 하나님께서는 그들 중 일부만 심판하심으로써, 심판 중에도 그분의 긍휼과 자비를 보이신다. 13절은 계시록에서 심판을 시행하신 하나님께 사람들이 영광을 돌린 유일한 경우이다계14:7; 15:4; 21:24-26 참조. 하나님께서는 마음이 상한 자를 가까이 하시고 충심으로 통회하는 자를 구원하신다시 4:18 참조. 참고로 다니엘 4장 37절에 따르면, 바벨론의 느부갓네살 왕은 '하늘의 왕'이신 하나님을 찬양하며 영광을 돌렸다. 그런데 계시록 9장 20-21절에서 보듯이, 심판과 재앙만으로는 죄인을 회개하도록 만드는 데 한계가 있음이 분명하기에, 이제 교회의 증언 사역이 그들을 회개로 이끈다.[53]

둘째 화, 곧 여섯째 나팔의 심판계9:13-21 참조은 지나갔고, 셋째 화, 즉 마지막 일곱째 나팔 재앙이 남아있다14절. 계시록의 전체 내러티브 흐름을 고려할 때, 계시록 7장의 144,000명과 계시록 11장의 두 증인을 연결할 필요가 있다. 이런

---

52. 이 단락은 Leong, "Windows to the Polemics against the so-called Jews and Jezebel in Revelation," 305에서 요약.

53. Bauckham, *The Theology of the Book of Revelation*, 86. 참고로 계시록 11장 13절은 '두려워하다'의 목적어를 하나님으로 명시하지 않기에, 죄인의 회개와 개종을 확실하게 염두에 둔 것으로 보기 어렵다는 주장은 D. E. Holwerda, "The Church and the Little Scroll (Revelation 10, 11)," *Calvin Theological Journal* 34/1 (1999), 160을 보라.

내적 간본문적intratextual 연관성은 세상 나라를 하나님 나라로 변혁하는 선교적 교회를 제시하는 계시록의 중심 사상에 부합한다.

> 계시록에 따르면, 육적 이스라엘은 하나님의 종말 계획에 있어 특별하거나 예외적인 위치에 있지 않다. 일부 학자들이 주장하듯이, 144,000명은 단지 이스라엘 국가에 한정된다고 볼 수 없다(계7:1-8; 14:1-5). 오히려 그 수는 하나님의 새로운 백성의 완전함을 상징한다. 계시록 11장에 따르면, 두 증인은 이스라엘 사람들의 개종만 배타적으로 염두에 두지 않으며, 그들의 증언으로써 온 세상이 개종하기를 원한다. '성전'(11:1), '거룩한 성'(11:2), 그리고 '큰 성'(11:8)은 이스라엘을 선호하는 표현들이 아니다. 오히려 이런 요소들은 그 문맥 안에서 온 세상의 보편성으로 이해되어야 한다. 즉 문맥은 전체 세상의 상황 안에서 교회의 증언 사역을 지지한다.[54]

두 증인계11:3, 곧 두 선지자계11:10는 땅에서 올라온 짐승계13:11 참조, 곧 거짓 선지자계16:13; 19:20; 20:10 참조와 언어와 주제에 있어 아래와 같이 병행을 이룬다.[55]

관련 용어와 주제	두 증인	땅에서 올라온 짐승
두 증인/두 뿔	11:3	13:11
예언하다/말하다	11:3	13:11
땅의 주 앞에/그(바다짐승)의 앞에	11:4	13:12
불이 나와서/ 불이 내려오게 하고	11:5	13:13
죽이다	11:5	13:15
권능을 가지고/모든 권세를 행하고	11:6	13:12
선지자	11:10	16:13; 19:20; 20:20

54. Du Rand, *Die A-Z van Openbaring*, 574-575.

55. 이 도표는 K. B. de Waal, "The Two Witnesses and the Land Beast in the Book of Revelation," *AUSS* 53/1 (2015), 171-172에서 요약함.

표적을 행함	11:6	13:13-14
권세를 받음	11:3	13:12
땅에 거하는 자를 괴롭힘/속임	11:10	13:14
생기를 넣음	11:11	13:15

위의 도표에 나타난 병행은 땅에서 올라온 짐승인 거짓 선지자가 두 증인, 곧 두 선지자를 패러디한 것임을 보여준다. 계시록의 독자들은 이런 패러디에 담긴 교훈을 간파했을 것이다.

계시록 10장 1절-11장14절은 여섯째 나팔 재앙과 일곱째 나팔 재앙 사이에 끼어든 단락이다. 이 단락은 하나님의 심판과 재앙 중에서도 살아남을 남은 자가 누구인가를 설명한다. 말씀을 먹고 전하는 이, 하나님의 측량을 받은 이, 그리고 목숨을 걸고 복음을 전하는 이가 살아남는다.

요한의 내러티브 전개는 마치 나선형처럼 반복되면서도 발전한다. 계시록 11장의 성전 및 두 증인과 계시록 12장의 태양을 옷 입은 여인 사이의 병행은 다음의 도표와 같다.[56]

계시록 11장 1-13절의 성전 및 두 증인	계시록 12장의 해를 입은 여인
(환난과 박해)	(환난과 박해)
그들의 주님이 십자가에 못 박힌 곳(11:8)	예수님의 출생과 승천(12:5)
거룩한 성(11:2)	승리한 우리 형제(12:11)
성전, 제단, 예배자(11:1)	광야의 여인(12:6,14), 두 날개를 받은 여인(12:14), 땅의 도움을 받은 여인(12:16)
그들의 주 예수님처럼 순교한 두 증인의 부활과 승천(11:7-10)	예수님을 증언하는 여인의 후손(12:17)
1,260일, 42개월, 한 때 두 때 때(11:2,3,9,11)	1,260일, 얼마 남지 않은 때, 한 때 두 때 반 때(12:6,12,14)

56. Tavo, *Woman, Mother, and Bride*, 352.

이상의 두 증인과 임신부의 후손은 계시록의 교회론을 설명한다. 그리스도인은 시련과 박해 중에서라도 지금 여기에서 하나님을 예배하며 복음을 증언하는 선교 사역을 멈출 수 없다.[57]

교훈과 적용

교회는 윤리적 실천을 동반하여 복음을 증거하는 신실한 증인 공동체이다.[58] 그런데 현대 교회는 성경공부에는 열심을 보이지만, 전도의 동력은 많이 상실하고 말았다. 복음을 전파하는 일은 하나님의 비밀을 실현하는 일이며계10:7 참조 영광스러운 것임을 깨닫고 실천하자. 이를 위해 그리스도인은 주일 예배를 마치고 교회당 문을 나서면 선교지에 도착함을 깨달아야 한다. 예배하는 공동체계11:1-2는 예배로 마치지 말고, 하나님의 말씀과 예수 그리스도를 증언하는 공동체가 되어야 한다계11:3-13. 증인의 순교는 짐승에게 패배하는 것이 아니라 피 값을 치른 승리이다.[59] 그리스도인은 성령의 능력으로써 세상에 예수 그리스도를 현존시키는 증인인데, 그들의 임무는 말 자체보다는 최고의 증인이신 예수님의 자취를 따르면서 그리스도의 삶의 원칙을 재현하는 것이다계1:5 참조.[60] 또한 선교적 교회는 거짓 복음을 전하는 이단의 주장을 분석하고 대응해야 한다. 물론 번영복음과 같은 유사한 사이비 복음도 주의해야 한다.

---

57. 이원재, “종말과 선교: 요한계시록에 나타난 종말론의 선교 모티브,” 『미션인사이트』 5 (2013), 158-159, 164. 참고로 제2차 로잔대회와 이원재는 마태복음 24장 14절을 세상의 선교가 완성된 후에 재림을 예언하는 구절로 간주한다. 그리고 이원재는 미래 시제에 대한 이해가 약한 아프리카인들에게 계시록의 종말과 선교를 가르치려면, 지금 여기에서 천국을 누리고 증언하라는 가르침이 효율적인 전략이라고 주장한다.
58. Duvall, *The Heart of Revelation*, 107, 112.
59. 이철규, “요한계시록의 증인에 대한 해석과 선교적 함의,” 21-29.
60. 민병섭, “현대의 그리스도 증인: 묵시록 11.3을 중심으로,” 『복음과 문화』 8 (1997), 45-46.

3. 일곱째 나팔과 비밀 계시 및 찬송(11:15-19)

"[15]일곱째 천사가 나팔을 불매 하늘에 큰 음성들이 나서 이르되 세상 나라가 우리 주와 그의 그리스도의 나라가 되어 그가 세세토록 왕 노릇하시리로다 하니 [16]하나님 앞에서 자기 보좌에 앉아 있던 이십사 장로가 엎드려 얼굴을 땅에 대고 하나님께 경배하여 [17]이르되 감사하옵나니 옛적에도 계셨고 지금도 계신 주 하나님 곧 전능하신 이여 친히 큰 권능을 잡으시고 왕 노릇 하시도다 [18]이방들이 분노하매 주의 진노가 내려 죽은 자를 심판하시며 종 선지자들과 성도들과 또 작은 자든지 큰 자든지 주의 이름을 경외하는 자들에게 상 주시며 또 땅을 망하게 하는 자들을 멸망시킬 때로소이다 하더라 [19]이에 하늘에 있는 하나님의 성전이 열리니 성전 안에 하나님의 언약궤가 보이며 또 번개와 음성들과 우레와 지진과 큰 우박이 있더라"

일곱째 천사가 나팔을 불 때 하늘에 큰 음성이 "세상 나라가 우리 주님과 그분의 그리스도의 나라가 되었다아오리스트 동사 ἐγένετο. 그리고 그분이 영원히 다스리신다."라고 찬송한다15절; 참고. 마6:10; 막9:1; 행2:33-36. 계시록에 "큰 음성"은 20회나 등장한다. 미래 능동태 직설법 3인칭 '단수' 동사 '그분이 다스리시다βασιλεύσει'는 세상을 창조하신 성부와 성자께서 한 분으로서 현재적으로 다스리심을 의미하는 미래 시제이다.[61] 사탄의 하수인들인 헤롯왕이나 네로 황제가 아니라 삼위 하나님께서 세상 나라ἡ βασιλεία τοῦ κόσμου를 영원히 통치하고 계신다는 사실은 성경의 중심 주제이다대상17:14; 28:5; 29:11; 대하13:8; 욥41:11; 시22:28; 47:7; 82:8; 83:18; 98:3; 103:19; 145:11-13; 사24:23; 단2:35,44; 7:13; 옵1:21 참조.[62] 그런데 요한은 15절에서 독자들로 하

---

61. Reddish, *Revelation*, 216-217; 박영식, 『오늘 읽는 요한묵시록』, 260. Contra 예견적으로 보는 Persson, *A Semantic and Structural Analysis of Revelation*, 137. 참고로 계시록 11장 15절을 '어린양의 즉위식'이라 부른 경우는 Kraft, 『요한계시록』, 252를 보라. Contra Fanning, *Revelation*, 340.
62. 구약에서 하나님을 명사 '왕'이나 동사 '통치하다'와 연결한 경우는 적어도 55회에 달한다. 구약의 하나님 나라의 용어와 주요 구절에 나타난 신학은 D. F. O'Kennedy, "Die Koninkryk van God in die Ou Testament: 'N Kort Oorsig," *In die Skriflig* 55/1 (2021), 3-9를 보라.

여금 예수님의 재림 이후의 관점에서 역사를 돌이켜보도록 초청하지 않는다.[63] 따라서 세상이 하나님 나라가 '되었다ἐγένετο'를 재림의 관점에서 이루어진 역사를 돌이켜 보는 구절로 이해할 이유는 없다. 또한 이 동사를 천국이 지금은 이루어지지 않고 앞으로 이루어질 것이라는 예견적 아오리스트로 볼 이유도 없다.[64] 그러므로 15절의 의미는 세상 나라는 이미 그러나 부분적으로 하나님 나라가 되어가고 있는데, 이에 맞추어 하나님의 통치도 지금 이루어지고 있다는 뜻이다마6:10 참조. 이미 예수님께서 바다와 땅을 밟고 통치하고 계시며계10:2 참조, 이미 남은 자들이 하나님을 두려워하며 영광을 돌리고 있지 않는가!계1:13 참조.[65] 참고로 예루살렘 성전에서 찬송을 담당한 레위인 아삽대하29:30과 여두둔대하35:15은 '선견자'라 불린다참고. 시39편 표제; 50편; 73-83편. 이 두 선견자들seers이 작사하고 작곡한 시들은 미래에 일어날 일을 예견하는 데만 전념하지 않는다. 계시록에서 11장 15절을 비롯한 총 16개의 찬송가도 마찬가지이다.

계시록 11장의 문맥을 고려해 보면, 하나님 나라의 확장은 두 증인의 순교와 같은 복음 증거를 통하여 이루어진다.[66] 따라서 요한은 인간의 능력에 대한 무한 긍정을 교훈하지 않으며, 고난 없는 승리, 곧 장밋빛 낙관주의도 가르치지 않는다. 겨자씨처럼 작게 시작된 하나님 나라가 점차 온 세상을 덮고도 남음이 있게 된다창18:25; 시103:19; 단2:35; 7:18; 마13:31-32; 눅22:29 참조.[67] 세상의 제국이 하나님의 나

---

63. Contra Wallis, "The Coming of the Kingdom," 32.

64. Engelbrecht, "Die Christologie in die Openbaring van Johannes, in Hooftrekke Beskrywe," 174; Aune, *Revelation 6-16*, 638. Contra Zerwick, *A Grammatical Analysis of the Greek New Testament*, 759.

65. 참고. 계시록을 '그리스도의 승리'라는 묵시적 모티브로 읽는 K. Barth in Mangina, "Apocalypticizing Dogmatics," 198. Contrast Koester, *Revelation*, 519.

66. P. B. Decock, "Beeldspraak over Oorlog en Schepping, Geweld en Geweldloosheid in de Openbaring van Johannes," *HTS Teologiese Studies* 64/4 (2008), 1845. 참고로 계시록 11장 15-19절에서 핵심 내용은 15절이라는 분석은 Persson, *A Semantic and Structural Analysis of Revelation*, 136을 보라.

67. *The Jesus Bible*, 1352. 계시록 11장 15절의 간본문은 창세기 4장이다. 가인의 후손인 라멕이 목축하는 자의 조상 야발과 음악인의 조상 유발과 동철로 기계를 만든 장인의 조상 두발가인을 낳았다(창4:20-22). 하지만 아담의 아들 셋은 야웨의 이름을 불렀던 에노스를 낳았다(창4:26). 에노스는 라멕의 세 아들이 하나님 없이 누린 부귀영화와 기술과 성공을 맛보지 못했으나, 더 중요한 예배와 교제를 누렸다. 하나님 나라를 우선에 두는 사람은 세상의 부귀영화를 부차적인 것으로 돌릴 수 있으며, 세상 문화와 기술과 직업을 하나님 나라를 이루는

라로 변하는 것은 계시록의 수신자들의 소망이 실현되는 것인데, AD 68-69년의 '네 황제의 해years of the four emperors'에 비추어보면, 하나님의 완전하고 영원한 통치는 더 분명해진다.[68] 요한계시록의 전체 내러티브의 중심 주제인 하나님의 왕권은 '보좌'를 통해 볼 수 있다. 서신의 인사말에서부터 보좌에 앉으신 하나님께서는 은혜와 평강을 주시며계1:4, 하나님의 왕적 통치는 예배와 구원과 심판에 나타나며계4-11; 12:5, 그리고 결론에서도 하나님께서는 보좌에서 영원토록 다스리신다계22:1,3.[69] 구약 간본문들 중 하나는 역대하 12장 1-14절이다. 남 유다가 견고하고 세력이 강해지자 르호보암은 하나님의 율법을 버렸다. 하나님께서는 애굽왕 시삭이 침공하여 예루살렘 성전과 왕궁의 보물을 강탈하도록 섭리하셨다. 이 일을 통해 남 유다는 하나님을 섬기는 것과 세상 나라들을 섬기는 것이 어떠한지 깨달았다대하12:8 참조. 르호보암과 그의 악행을 본받은 남 유다 백성의 근본적인 악은 하나님을 찾는 마음을 굳세게 하지 않은 데 있다대하12:14 참조. 하나님의 백성에게 부와 힘과 안전이 쌓여갈 때, 그런 은혜를 주신 하나님을 찾거나 의지하지 않는다면, 그들은 악한 세상 나라들의 억압 아래에 놓이게 된다. 반대로 하나님의 백성이 한없는 은혜를 주시는 하나님을 언제나 굳세게 의지하고 그분을 높여 섬길 때, 세상 나라를 하나님 나라로 변화시킬 것이다.

계시록 11장 15절의 의미를 적절히 설명하는 웨스트민스터 대교리문답 191번은 주기도문의 "둘째 기원에서 우리는 무엇을 위하여 기도합니까?"라고 묻

소명의 도구로 삼는다.

68. D. A. deSilva, "Seeing Things John's Way: Rhetography and Conceptual Blending in Revelation 14:6-13," *Bulletin for Biblical Research* 18/2 (2008), 283, 298.

69. 성경의 중심은 하나님 나라이고, 하나님 나라의 중심은 예수님이시다. 따라서 예수님께서는 성경의 '중심의 중심(the center of the center)'이시다. 다섯 '솔라(solae)'도 예수님 중심으로 이해할 수 있다. '오직 성경'은 예수님 중심으로 하나님의 말씀을 알아가고, '오직 믿음'은 성도가 주 그리스도를 믿음으로 구원을 얻고 살아가며, '오직 은혜'는 다름 아닌 십자가 대속을 통한 구원의 은혜를 강조하고, '오직 그리스도'는 성부의 사랑이 예수님 안에서 가시화됨을 보여준다. P. Verster, "'N Christosentriese Benadering van die Gereformeerde Leer as Uitgangspunt van die Sending," *NGTT* 45/3-4 (2004), 743-748; Du Rand, *A-Z van Openbaring*, 71-72.

는다. 답은 아래와 같다.

> '나라가 임하옵시며'라는 둘째 기원에서는 우리 자신들과 모든 인류가 본질상 죄와 사탄의 주관 아래에 있음을 인정하면서 우리는 죄와 사탄의 나라가 파멸되고, 복음이 세계를 통하여 전파되고, 유대인들이 부르심을 받고, 이방 사람들의 충만한 수가 들어오기를 기도하고, 교회가 모든 복음 사역자들과 규례들로 구비되고, 부패로부터 정화되고, 위정자의 호의와 지지를 받도록 기도하고, 그리스도의 규례들이 순수하게 시행되고, 아직 죄 가운데 있는 자들의 회심과 그리고 이미 회심된 자들의 확립, 위안, 양육이 효과 있게 되기를 기도하며, 그리스도께서 이 세상에서 우리의 마음을 주관하시고, 그분의 재림 때와 우리가 주님과 더불어 영원히 왕 노릇 할 것을 재촉하시도록 기도하고, 주님께서 자신의 권세와 나라를 이루는 데 최선의 도움이 되도록 온 세계에서 행사하심을 기뻐하시기를 기도합니다.[70]

그리고 웨스트민스터 신앙고백서 35장 4절의 '하나님의 사랑과 선교의 복음'은 다음과 같이 설명한다. 복음에 제시된 길 외에는 달리 구원의 길이 없으며행4:12, 예수님께서는 복음을 들어 믿음이 생기기에 온 세상으로 가서 모든 민족을 제자 삼으라고 위임하셨고마28:19-20; 막16:15; 행1:8, 따라서 모든 신자는 기독교의 규례들이 이미 정착된 곳에서 그 규례들을 파수하며, 기도와 헌금과 직접 수고로 온 땅을 통하여 그리스도의 나라가 확장되도록 이바지하는 의무를 지고 있다마28:19; 행4:23-31; 롬1:14; 고전9:16; 갈6:9; 벧전4:10. 예수님께서 만유의 주님이 되시기를 기도할 것을 가르치는 하이델베르크 교리문답 제123문의 취지도 위의 문답

70. 후천년설은 개혁주의 전통이라는 설명은 Mathison, *Postmillennialism*, 43, 53을 보라. 그리고 후천년설을 지지해 온 사람에 대한 역사적 연구와 성경적 근거에 대해서는 K. L. Gentry Jr., in D. L. Bock (ed). *Three Views on the Millenium and Beyond* (Grand Rapids: Zondervan, 1999), 13-57(그리고 58-61)을 보라. 위의 책에서 무천년설을 지지하는 R. B. Strimple은 Gentry Jr.가 주창한 신율적(theonomic) 후천년설이 정통 신앙고백과 여러 교회의 결정에서 벗어난다고 비판한다(예. 1977년의 스코틀랜드 자유교회의 결의).

과 동일하다.

계시록의 천국 확장이라는 중심 신학은 사도행전의 중심 주제와 일치한다. 사도행전이 바울의 1차 로마 투옥이 끝난 시점인 AD 63년경에 기록되었다면, 계시록의 기록 연대보다 약 3년 정도 이르다. 비슷한 시기에 누가와 요한은 하나님 나라의 확장이 복음 전파와 선교적 교회의 삶을 통해서 고난 속에서라도 반드시 이루어짐을 가르친다. 이 둘의 간본문성은 아래 도표가 보여준다.

용어와 주제	사도행전	요한계시록
그리스도인은 땅 끝까지 가서 증인이 되어야 함	1:8; 2:32; 바울의 3차에 걸친 선교	11:3,15
전도를 주도하시는 성령님	1:8; 8:39; 9:31; 10:38; 13:9; 16:6-7; 19:2; 20:22-23	5:6
기사와 표적으로 복음이 확증됨	2:43; 3:7; 4:16; 6:8; 14:10; 15:12; 16:18; 19:11-12; 20:12	11:5-6
많은 죄인이 회개하고 믿음	2:41,47; 4:4; 9:31; 11:18; 12:24; 13:48-49; 16:5,34; 17:12; 19:10,17,26; 20:21; 21:20	11:13; 14:14-16; 18:10; 21:24,26; 22:2
죽으시고 부활하신 예수님	1:3; 2:24; 3:15; 5:30; 13:37; 17:3,18,32; 23:6; 24:21; 25:19; 26:8,23	1:5; 2:8
정복된 원수가 발판이 됨	2:34	3:9
피와 불과 연기	2:19	9:17-18
광명체의 반 창조	2:20	6:12; 8:12
만물의 회복	3:21	21:5
보고 들은 것을 전함	4:20	1:2; 22:8
창조주 하나님	4:24; 14:7; 17:24	4:11
은혜와 권능 그리고 지혜와 성령으로 충만함	6:8,10; 10:38	5:6,12; 7:12
모세/광야 교회	7:20-44(7:38); 13:18; 15:21; 21:21; 26:22	12:6,14; 15:3
인자	7:56	14:14
큰 박해/큰 환난	7:11; 8:1(11:19; 14:22; 26:11,14-15)	2:22; 7:14(12:13)
천사	7:30,53; 10:4,7,22; 11:13; 12:7-10; 23:8-9	1:1 등

환상을 봄	10:3,19; 11:5; 16:9-10; 18:9	1:2,12 이하 등
예수님의 승천과 재림	1:2,10-11	12:5; 22:20
회당	13:14,43; 14:1; 15:21; 17:1,10,17; 18:7,19; 19:8; 22:19; 24:12; 26:11	2:9; 3:9
헛된 우상	7:41; 17:29	9:20
교회를 박해하는 유대인들	4:17-18; 5:33; 8:1; 9:23; 12:1-2,11; 13:27; 14:19; 17:5,13; 18:5-6,12; 19:33; 20:3,19; 21:11,27; 22:30; 23:12,27-28; 24:1,9; 25:2,15; 26:2,7,10,15,21; 28:19	2:9; 3:9; 11:8; 13:11
교회를 박해하는 이방인들	13:50; 14:2,5; 16:19-24; 19:28	13:1
마술/점술	8:11; 13:8; 19:13,19	18:23; 21:8
복	3:25; 20:35	1:3; 14:13; 16:15; 19:9; 20:6; 21:7, 14
죽음을 각오함/순교	2:10; 7:60; 12:2; 15:25-26; 20:24; 21:13; 22:24; 25:11	2:13; 6:9; 11:7; 12:11; 13:10
피조물이 피조물을 경배할 수 없음	14:11-15	19:10; 22:8-9
우상 제물을 먹음, 음행	15:20,29; 21:25	2:14
예루살렘 성전	2:46; 3:1; 5:42; 21:26,28,29; 22:17; 24:6,12,18; 25:8; 26:21	(11:1,19; 14:15; 16:17; 21:22)
두아디라	16:14	1:11; 2:18
공의로 심판하시는 하나님	7:7; 17:31; 24:25	11:18; 19:2(7인, 7나팔, 7대접 심판)
투옥/유배	4:3; 12:4; 16:23,40; 21:33; 22:4; 24:27; 26:10; 28:20,30	1:9; 20:3
하나님 나라	1:3; 14:22; 20:25; 28:23,31	11:15; 12:10
예루살렘교회	1-7장; 15장; 21:17-26	21:2-22:5
에베소	19:1; 20:17; 21:29	1:11; 2:1
고소/정죄	25:15	12:10
사탄	26:18	2:9; 3:9; 12:9; 20:2
선장, 선주	27:11	18:17,19
섬	27:14,16,26; 28:1,9,11	1:9; 6:14; 16:20

구약 시대에 이스라엘 왕들은 후견 신patron-king이신 하나님의 대리 통치자로 기름을 부음 받은 사람들이었다시2:2 참조. 사도 요한은 요한복음 10장 30절에서 성부와 그리스도께서 한 분이시라고 선언하는데, 이와 보조를 같이하여 계시록 11장 15절의 고기독론은 성부와 성자께서 다스리시는 하나의 나라를 강조한다.[71] 디모데전서 1장 17절은 아버지 하나님을 '영원하신 왕', '썩지 않고 불가시적인 유일한 하나님', 그리고 '영원히 명예와 영광을 받기 합당하신 분'이라고 찬송한다. 그런데 요한은 성자 예수님을 '만왕의 왕'이자 '만주의 주'로 높인다계17:14 참조. 성부와 성자의 공동 통치co-regency에 경쟁이나 불협화음은 없다계11:15 참조.[72]

하나님 앞에서 보좌에 앉아 있던 24장로가 엎드려서 얼굴을 땅에 대고 찬송한다16절. 계시록에서 24장로는 5회에 걸쳐 몸으로 보좌 위의 하나님을 경배한다계5:8,14; 7:11; 11:16; 19:4. 24장로의 찬양 가사는 "우리가 주 전능하신 하나님, 곧 지금도 계시고 전에도 계셔 오신 주님께 감사드립니다. 왜냐하면 주님의 큰 권능으로 통치하시기 때문입니다."이다17절. 17절에서 "장차 오실 분"혹은 "지금도 오시는 분", ὁ ἐρχόμενος은 생략되는데계1:4 참조, 하나님께서 자신의 미래 통치를 현재적으로 시작하셨을 뿐 아니라 계속하실 것이기 때문이다계16:5 참조.[73] 참고로 '보좌'는 계시록 총 22장 가운데 17장에서 언급된다.

그리고 24장로의 찬송은 이어진다. "나라들이 분노했지만시2:1-2 참조, 주님의 진노가 내려 죽은 자들이 심판을 받을 때가 왔습니다. 그리고 주님의 종들, 곧 선지자들, 그리고 성도와 작든 크든 주님의 이름을 경외하는 이들에게 상을 주시고, 땅을 파괴하는 자들을 파멸시키실 때가 왔습니다."18절. 하나님께서는 사

---

71. Reddish, *Revelation*, 216. 참고로 Barry는 애굽에서 요단강까지의 출애굽 여정이 총 42단계를 거쳤듯이(민 33:49), 영원한 희년의 성취인 하나님 나라의 도래를 위해서 42개월의 고난의 기간이 필요하다고 주장한다(계11:2,15; 계21:1). 그러나 이스라엘 백성이 광야에서 총 42회에 걸쳐 진을 친 실제적 사건과 계시록에서 상징적 의미를 가진 42개월을 나란히 두는 것은 풍유적 해석에 지나지 않는다. S. Barry, "The Year of Jubilee: A Hermeneutic for Social and Moral Transformation in South Africa," *In die Skriflig* 45/4 (2011), 876.

72. Ryken, *1 Timothy*, 33.

73. Duvall, *The Heart of Revelation*, 20; Patterson, *Revelation*, 254; Osborne, *Revelation*, 443.

랑, 곧 구원과 공의 또는 심판으로 세상을 다스리신다시97:2; 98:3 참조.[74] 그러자 하늘 하나님의 성전ναός이 열려지고계15:5 참조, 성전 안에 하나님의 언약궤가 보였다19a절. 그레코-로마세계에서 스스로 열려지는 하늘과 열려지는 문은 경이로운 일이 일어날 것을 알리고 신현을 위한 준비 단계인데, 계시록 11장 19절에서도 유사하다Aeneid 3.90-96; b. Yoma 39b 참조.[75] 계시록에 중성 명사 ἱερόν히에론은 등장하지 않는다. 19절에서 언약궤의 위치는 지성소를 가리키는 ναός나오스가 적절하다. 언약궤는 계시록 4장 3절의 언약의 무지개와 4장 5절의 신현의 모습에서 보았듯이, 그것은 하나님의 언약적 통치를 가리킨다히9:4 참조. 그분의 통치 방식은 두 가지인데, 상, 곧 구원 그리고 멸망, 곧 심판이다. 따라서 시편 89편 14절의 하나님의 보좌의 기초인 공의와 인자가 요한 당시에도 실현된다. 하늘의 지성소가 열려 언약궤가 보인 것은 언약에 신실하신 하나님의 공개적인 임재와 대적을 물리치실 것을 의미한다계4:1; 15:5; 19:11; 21:3; 참고. 사64:1; 막1:10.[76]

이런 하나님의 임재와 현현은 교회에게는 소망과 위로가 된다. 또한 하나님께서는 언약하신 대로 공정히 심판하실 것이다. 그런 심판은 계시록 12장 이후에 이어진다. 계시록에 여성 명사 '언약διαθήκη'은 11장 19절에 한 번만 나타나지만, 언약 개념은 계시록 2-3장의 편지 형식에 나타난 종주권언약적 요소를 비롯하여 여러 구절에서 볼 수 있다계3:20; 5:9-10; 7:15-17; 12:17; 14:12; 21:3-4 참조. 참고로 19절의 "언약궤"와 15절의 "나팔"은 도시 여리고의 멸망을 기록하는 여호수아 6장 4-5절에도 함께 나타난다.

---

74. Fanning, *Revelation*, 343. 참고로 계시록의 전쟁은 하나님의 능력을 현시하는데, 땅을 망하게 하는 자들(계 11:18) 때문에 자연이 신음하고 파괴되고 있다는 설명은 Decock, "Beeldspraak over Oorlog en Schepping, Geweld en Geweldloosheid in de Openbaring van Johannes," 1851-1852를 보라. 그러나 구체적인 '그 땅'과 자연은 다르다.

75. 참고. L. Gallusz, "The Ark of the Covenant in the Cosmic Conflict Vision of the Book of Revelation," *TheoRhēma* 6/2 (2011), 111.

76. 이달, 『요한계시록』, 208; Paul, *Revelation*, 210. 참고로 계시록 11장 19절의 언약궤는 계시록 12장부터 이어지는 거룩한 전쟁이라는 우주적 갈등을 위한 서론으로서 대속죄일 주제를 통해 계시록의 역사적 부분과 미래 종말적 부분을 나누는 경계선과 같다는 주장은 Gallusz, "The Ark of the Covenant in the Cosmic Conflict Vision of the Book of Revelation," 104-114를 보라. 이런 관찰은 안식교 학자의 전형적인 해석이다.

계시록 11장은 1절의 "성전ναός"과 19절의 "성전ναός"으로 포괄식 구조를 보인다.[77] 따라서 계시록 한 중앙에 위치한 11장은 성전에 거하시는 하나님께서 주인공이시다. 그러자 하나님의 현현과 일하심을 알리는 번개들과 요란한 소리들과 천둥들과 지진이 일어나고, 큰 우박들이 떨어졌다19b절; 참고. 출9:23-24; 계16:21. 문맥상 계시록 11장 15-19절은 계시록 11-13장의 중앙에 위치한다. 중심 메시지는 교회가 박해와 순교 상황에서 하나님의 보호를 받으며 선교할 때 하나님 나라가 확장됨이다. 따라서 박해받는 교회는 다름 아니라 승리하는 교회이다. 다시 말해 교회가 당하는 고난은 선교의 열매를 맺는다. 그러므로 교회는 고난당하는 정복자suffering conquerer이신 어린양의 길을 걷는다. 이를 요약하면 아래와 같다.

A 두 증인이 1,260일간 예언한 후 무저갱에서 올라온 짐승에게 죽임당함(11:3-14)
　B 세상 나라가 하나님 나라로 변혁됨(11:15-19)
A′ 여자가 1,260일간 양육 받지만, 붉은 용과 두 짐승으로부터 박해받음(12:1-13:10)

참고로 계시록 11장의 두 증인 환상은 AD 70년의 예루살렘의 멸망과 관련된 일들을 회고하며 설명하는 4에스라 13장과 아래와 같이 간본문성을 보인다.[78]

4에스라 13장	계시록 11장
바다에서 올라오는 군사적인 메시아의 예기치 못한 등장(13:1-3)	두 증인의 예기치 못한 등장(11:3)
구름 타고 날아감(13:3)	구름 타고 승천(11:12)
무력과 불로써 승전(13:10)	불로써 죽일 수 있는 권세(11:5)
시온산 위에 섬(13:35-36)	두 증인의 시체는 예루살렘에 버려짐(11:8)
미래에 시온의 도래를 예기함(13:36)	성전 이미지는 새 예루살렘을 예기함(11:1-2,19; 21:1)
겁먹은 무리들의 종말론적 반대(13:5)	종말론적 반대(11:7)

77. Osborne, *Revelation*, 447.
78. B. C. Blackwell et als (ed), *Reading Revelation in Context: John's Apocalypse and Second Temple Judaism* (Grand Rapids: Zondervan Academic, 2019), 105.

계시록 11장이 두 증인의 증언 사역과 순교를 중심으로 묘사한다면, 4에스라 13장은 바다에서 올라온 메시아 자신의 군사적 정복과 심판과 구원을 위한 주도적 사역을 소개한다.[79]

참고로 계시록의 하나님 나라를 확장하기 위한 선교는 요한복음이 소개하는 선교와 매우 유사하다. 이 둘을 비교하면 다음 도표와 같다.

요한복음의 선교[80]	요한계시록의 선교
선교는 삼위 하나님의 선교임. 성부께서는 보내시는 분, 예수님께서는 보냄을 받으신 분, 성령께서는 계시자이심	성부께서는 계시와 구원을 충성된 증인인 성자께 주심(1:1,5). 일곱 영께서는 온 세상에 보냄을 받으심(5:6)
선교는 믿음과 영생을 가진 새로운 인간 창조를 목적으로 함. 또한 선교는 온전히 하나 되는 하나님 백성의 연합을 지향함	선교는 새로운 인간 창조와 교회의 연합을 지향함(21:2-5)
선교는 성부 하나님으로부터 시작함. 성부 하나님께서는 세례 요한과 예수님과 보혜사 성령을 보내시고 예수님을 통하여 제자들을 보내심. 하나님의 선교의 동인은 사랑임	예수님께서 보내신 사도 요한과 안디바는 충성스런 증인임(1:9; 2:13). 선교의 동인은 예수님의 사랑과 예수님을 향한 사랑임(1:5; 12:11)
예수님께서는 십자가의 죽으심을 통해서 세상을 위한 그분의 선교를 완성하심. 예수님의 선교를 모델로 삼는 교회의 선교는 '죽음으로서의 선교'임	예수님께서는 죽으심과 부활로 그분의 선교를 완성하심(2:8; 5:6; 11:8). 교회의 선교는 '죽음으로서의 선교'임(2:13; 6:9; 11:7; 12:11; 14:13; 18:24; 20:4)
선교는 보편적이면서도 제한적인 성격을 가짐. 온 세상 모든 사람이 하나님의 선교의 대상이지만, 보편구원론은 배격함	선교는 보편적이지만 제한 구원론을 지지함(5:6; 14:1; 20:15; 21:8, 27; 22:2, 15)

교훈과 적용

교회는 하나님의 권세를 활용하여 하나님 나라의 확장을 위한 사명使命을 완수해야 한다. 계시록 11장의 두 증인은 예수님처럼 폭력적인 방식으로 살해당하지만, 자신들을 위해서는 하나님께서 주신 권세를 사용하지 않는다. 두 증인은 교회가 예수

79. Blackwell et als (ed), *Reading Revelation in Context*, 106-107.

80. 요한복음의 선교는 이복우, "요한복음에 나타난 선교에 관한 연구," 『신학정론』 33/1 (2015), 203-206을 요약 인용함.

님을 모델로 삼아 권세를 활용해야 함을 보여준다.[81]

두 증인이 예루살렘성에서 복음을 전하다 순교한 것처럼, 사람들이 일상의 삶을 사는 곳에 찾아가는 일터교회 개척entrepreneurial church planting은 선교적 교회를 구현하는 데 통찰을 제공한다행16:14-15; 롬16:3-5; 고전16:19 참조. 또한 예수님의 공사역의 주요 활동 무대는 시장, 곧 사람들의 일터였고, 주님의 비유도 대부분 일터를 배경으로 한다. 일터를 천국 확장을 위한 도구로 삼으려면, 그리스도인이 신실하고 정직하며 투명하게 일하는 것이 중요하다. 따라서 사회의 세속화를 보며 한탄하기보다, 바로 그곳이 빠르게 자라는 선교지라는 안목을 가져야 한다.[82]

스킬더K. Schilder에 따르면, (연합하면서도 그리스도를 더 잘 따르기 위해 토론이 있는) 역동적이며 (성경을 따른 신앙고백으로 통일된) 기구로서의 교회는 그리스도의 재창조 사역이라는 문화명령을 위한 수단이자 허브이다. 세상 속으로 파송된 개별 그리스도인을 통해 문화명령은 간접적으로 수행된다. 그런 개별 그리스도인은 주일 예전을 통하여 복음으로 훈련된 사람들이다. 교회는 세상을 위한 하나님의 플랜 A이자 그리스도인의 삶과 신학의 심장이므로, 그리스도인은 교회당 안의 삶으로 만족해서는 안 된다.[83]

세상 속에서 공의와 사랑이라는 하나님의 언약의 통치를 실천하자. 이때 공의와 정의를 칭의로 환원시키는 것을 주의해야 한다. 또한 정의의 목표는 징벌 자체가 아니라 회복임을 기억해야 한다. 세상이 하나님의 나라로 변혁되려면, 교회는 전도명령과 더불어 문화명령도 하나님의 대리자와 청지기로서 수행해야 한다. 제4차 산업혁명 시대를 앞두고 있는 그리스도인은 문명과 기술을 적대시하는 대신에, 오히려 생산적으로 활용하여 지속가능한 친환경 에너지를 계발하고, 실업과 같은 실제적인 문제를 해결함으로써 공동선을 촉진해야 한다.[84]

---

81. P. G. R. de Villiers, "Die Kerk en Sy Mag in Openbaring 11," *HTS Teologiese Studies* 68/1 (2012), 8.
82. W. J. Moon, *A Missional Approach to the Marketplace: An Onramp to Entrepreneurial Church Planting* (E-Book, Exponential, 2019), 14, 18.
83. 이 단락은 J. M. de Jong, "The Church is the Means, the World is the End: The Development of Klaas Schilder's Thought on the Relationship between the Church and the World," (Th.D. Thesis, Kampen Theological University, 2019), 277-282, 294-295에서 요약.
84. 참고. H. F. van Rooy, "Die sogenaamde Bybelse Kultuurmandaat (Gen. 1:28 en 2:15) en Ontwikkeling 'n Ou-Testamentiese Perspektief," *Koers* 61/4 (1996), 430-431, 437-439. 참고로 자크 엘룰처럼 도시가 아니라 동산을 조화로운 상생의 모델로 제시하는 경우는 P. Simons, "A Green Economy?" *Koers* 79/1 (2014), 7을 보라.

요한계시록 12장

<본문의 개요>

사도 요한은 사건들을 정확하게 시간적 순서로 배열하지 않는다. 왜냐하면 계시록의 중앙인 계시록 12장에 예수님의 탄생이 나타나기 때문이다. 계시록 12장 1-6절은 역사의 중심이요 전환점인 그리스도 사건을, 7-12절은 사탄의 패배를, 13-17절은 예수님의 승천 이후에 지상 교회가 당하는 어려움과 하나님의 보호를 다룬다.[1] 하지만 내러티브 전개와 문맥을 고려할 때, 계시록 11장 15절의 요절key verse과 11장 19절의 신현theophany을 뒤이은 계시록 12장 1절 이하에서도 하나님 나라의 확장을 위해서 하나님의 승리를 위한 심판이 지속될 것을 예고한다계12:8-12 참조.[2]

계시록의 요절인 계시록 11장 15절은 예수님의 성육신과 승천계12:1-5으로만 가능하다. 그리고 또 다른 요절인 계시록 12장 11절도 예수님의 대속의 사역과 승리를 다룬다. 총 22장으로 구성된 계시록의 한 중앙계12장에, 그리고 두 요절계11:15; 12:11 중간에 예수님의 탄생과 승천계12:1-5이 위치한 것은 의도적인 구성적 배열이다.

계시록 12장의 이전 문맥은 세상 나라가 천국이 된다는 중요한 선언이다계11:15. 계시록 12장의 이후 문맥은 교회를 상징하는 여자와 그녀의 후손계12:17을 공격하는 용의 활동이다계13:1,2,11; 참고. 계12:6,13. 그러므로 문맥상 계시록 12장은 예수님에 의해 이미 패배한 용에 맞서 싸우는 교회는 하나님 나라의 백성으로서의 사명을 전력을 다해 감당해야 한다는 메시지를 알린다.

<내용 분해>

1. 예수님의 탄생과 승천(12:1-6)
2. 하늘에서의 전쟁과 용이 쫓겨남(12:7-12)
3. 용이 여자와 후손을 핍박함(12:13-17)

---

1. 송영목, “간본문성의 틀에서 본 요한계시록 12-13장의 부분적 과거론적 이해,” 『신약연구』 3/3 (2004), 268-291. 참고로 계시록 12-13장을 중심으로 하는 계시록 전체의 교차대칭구조는 Jordan, 『계시록의 구속사적 연구』, 20을 보라.
2. L. K. Percer, “The War in Heaven: Michael and Messiah in Revelation 12,” (Ph.D. Thesis, Baylor University, 1999), 180.

1. 예수님의 탄생과 승천(12:1-6)

"[1]하늘에 큰 이적이 보이니 해를 옷 입은 한 여자가 있는데 그 발 아래에는 달이 있고 그 머리에는 열두 별의 관을 썼더라 [2]이 여자가 아이를 배어 해산하게 되매 아파서 애를 쓰며 부르짖더라 [3]하늘에 또 다른 이적이 보이니 보라 한 큰 붉은 용이 있어 머리가 일곱이요 뿔이 열이라 그 여러 머리에 일곱 왕관이 있는데 [4]그 꼬리가 하늘의 별 삼분의 일을 끌어다가 땅에 던지더라 용이 해산하려는 여자 앞에서 그가 해산하면 그 아이를 삼키고자 하더니 [5]여자가 아들을 낳으니 이는 장차 철장으로 만국을 다스릴 남자라 그 아이를 하나님 앞과 그 보좌 앞으로 올려가더라 [6]그 여자가 광야로 도망하매 거기서 천이백육십 일 동안 그를 양육하기 위하여 하나님께서 예비하신 곳이 있더라"

계시록 11장 19절에서 계시록 12장 1절로의 장면 전환은 다소 갑작스러운데, 특히 계시록을 연대기적 순서대로 읽을 때 더 어색하다. 왜냐하면 계시록 12장에서 예수님의 성육신이 나타나기 때문이다. 하지만 1절에서 요한은 이전 내러티브와 연결되는 주제로 되돌아간다.[3] 계시록 12-21장은 예수님의 초림으로 시작된 종말의 새 시대를 다양한 각도에서 반복적으로 설명한다. 이것은 마치 운동경기의 주요 장면을 담은 카메라의 다양한 앵글을 다차원적으로 보여줌으로써 시청자의 이해를 돕는 것과 유사하다. 요한이 반복하여 알리는 새 시대의 도래는 다른 신약성경의 진술과 일치하는데, 요약하면 다음과 같다.[4] ① 하나님 나라의 도래와 사탄의 패배계12:1-12; 참고. 마12:28; 막1:14,15; 9:1,29; 히2:14,15; 요일3:8; 계11:15. ② 배교한 예루살렘을 향한 심판 선언계11:1,2; 14:19-20; 16:5-7; 17-18장; 참고. 마21:33-46; 22:1-14; 23:1-24:22; 눅19:41-44; 21:20-24; 살전2:14-16. ③ 교회의 설립과 그리스도의 복음이 로마제국을 이김계19장; 참고. 마16:18-19; 고후10:3-6; 엡2:11-3:11. ④ 교회 시대의 시작계 20-21장은 ⓐ 예수님의 초림으로 사탄이 결박됨계20:1-3; 참고. 마12:28,29; 히2:14,15; 요일3:8, ⓑ 사탄이

---

3. 참고. Witherington, *Revelation*, 166.

4. Larsen, "Neglected Considerations in Understanding the Structure of the Book of Revelation," 232.

열국을 마음대로 미혹하지 못함눅24:46-47; 행1:8; 17:30,31; 롬3:21-23; 16:25-26, ⓒ 예수님께서 죽은 자들에게 생명을 주시러 오심계20:4-6; 참고. 요5:21-26; 롬6:3-11; 고후5:17; 엡2:1-6; 골2:10-14; 3:1-3, ⓓ 교회를 제사장 나라로 만드심계1:5-6; 5:9-10; 벧전2:5,9, ⓔ 교회를 예수님의 신부인 새 예루살렘성으로 삼으심계21:2-22:5; 참고. 엡5:32이라는 여러 특징을 가짐. 예수님의 초림으로 시작된 새 시대는 아우구스투스 황제가 AD 9년에 달력을 개혁하여 자신의 생일인 9월 23일을 정월 초하루로 선언한 것과 대조된다.

하늘에 표적이 보였는데, 태양을 옷 입은창37:9; 시19:1-9; 마17:2 참조 여인이 열두 별로 장식된 화관στέφανος을 쓰고 달계6:12; 8:12 참조을 밟고 섰다1절. 임신부가 빛나는 태양 빛의 옷을 입고 12별의 화관을 쓴 것은 구약의 대제사장의 의복과 유사하다. 빛나고 영광스런 옷을 착용한 대제사장은 12별의 화관 대신에 그의 판결 가슴패breastpiece에 12지파를 상징하는 12보석을 달았다출28:4,21 참조.[5] 그리고 요한 당시에 '화관laurel wreath'은 운동경기의 승리자 혹은 고위 관리의 명예와 승리를 상징했다.[6] 예수님께서 공의로운 태양으로서 말라기 4장 2절의 치료 사역을 성취하셨다면, 임신부가 해를 옷 입은 것은 그리스도의 의를 덧입은 상태로 볼 수 있다롬13:14; 갈3:27; 골3:10 참조.[7] 이 여인을 감싸는 영광스런 태양과 별빛은 새 예루살렘성의 빛남을 예고한다계21:11 참조. 이신칭의의 은혜를 입은 교회는 세상의 권력가를 상징하는 달을 밟을 정도로 힘이 막강하다. 이런 힘은 태양과 같으신 예수님에게서 나오는 은혜이자 선물이다. 교회는 이 은혜로운 선물로써 박해를 이긴다. 이 임신부가 교회를 상징하는 것은 12개의 별이 서로 연결된 하나의 면류관

---

5. Leithart, *Revelation 12-22*, 21.
6. Montanari, *The Brill Dictionary of Ancient Greek*, 1961; Matthewson, *Revelation*, 156. 참고로 고대근동에서 왕이 결혼하면, 왕비는 새 이름을 받고, 결혼한 날부터 왕에게 왕관과 같이 아름답고 영광스런 존재가 된다(사62:2-5 참조). 최윤갑, "이사야: 새 창조를 향한 구속의 드라마," (한국동남성경연구원 여름세미나 발제 논문, 경주 코오롱호텔, 2019년 6월 18-19일), 212.
7. 참고. 한홍식, "해를 입은 여인과 붉은 용의 연구: 요한계시록 12장을 중심으로," (Th.D. 논문, 서울신학대학교, 2006), 108, 117. 참고로 한홍식은 신약교회가 '처녀'나 '신부'라고 불리지만 '여자'로는 묘사되지 않는다고 주장하면서도, "해를 옷 입은 여자"(계12:1)를 박해를 견딘 구약과 신약의 전체교회를 가리킨다고 본다.

을 착용한 데서 알 수 있다. 숫자 12는 구약과 신약의 교회를 상징한다.[8]

1절에 광명체를 대표하는 해와 달 그리고 별이 모두 언급된다. 그런 광명체들은 하나님께 심판을 받은 악한 권력가를 상징한 바 있다계6:12; 8:12 참조. 하지만 이 여인의 경우는 전혀 다르다.

이 임신부는 출산을 앞두고 진통으로 괴로워하며 부르짖었다2절; 참고. 사7:10; 26:17; 66:7; 미4:10; 5:3. 참고로 선지자 이사야는 시온, 즉 예루살렘을 하나님의 백성의 어머니로 묘사한 바 있다사54:1-3; 66:7-9; 갈4:26-27 참조.[9]

천주교가 주장하듯이 이 임신부는 요셉의 아내 마리아인가?예. U. Vanni. 천상의 마리아가 중보와 구원의 역할을 담당한다는 주장은 AD 2세기로 거슬러 올라간다. 안토니우스250-350는 사람에게 주어진 모든 은혜는 마리아를 통하여 온다고 기록했으며, 약 700년 후 버나드1090-1153는 이 주장을 다듬어 마리아는 '천국의 문'이라 불리는데, 그 누구도 그녀를 통하지 않고는 복된 천국에 들어갈 수 없기 때문이라고 주장했다. 그리고 천주교는 마리아를 하나님의 어머니Theotokos이자 하늘 여왕으로 높여, 그녀가 천사들의 경배를 받으며 성도를 위해 기도한다고 보았다. 교황 피우스 12세1876-1958는 마리아가 기독교의 어머니로서 성도의 기도를 받으면서, 하늘에서 온 세상을 다스리는 여왕이라고 확정했다.[10] 하지만 로마 가톨릭에서도 계시록 12장 1절의 여인을 마리아로 보지 않고 교회로 이해하는 경향이 점증하고 있다.[11] 1970년 후반에 미국 개신교와 천주교 학자들은 미국 루터교-천주교 간의 대화라는 단체의 후원으로 마리아에 관해 공동으로 연구한 바 있다. 그때 계시록 12장의 임신부를 2차적으로 마리아라고 볼

---

8. 계시록 12장 1절의 해와 달을 다윗언약을 설명하는 시편 89편 36-37절의 해와 달과 비교한다면, 신약교회는 다윗의 후손으로 성육하신 예수님과 연합된 덕분에 해와 달처럼 견고하다.

9. 참고로 이 임신부를 참 이스라엘의 하늘의 대응짝(heavenly counterpart)이라고 이해하는 경우는 Smalley, *The Revelation to John*, 315를 보라.

10. 이 단락은 R. Potgieter, "Revisiting the Incomplete Mary," *In die Skriflig* 54/1 (2020), 3-4에서 요약 인용.

11. 방영미, "요한묵시록에 나타난 여성 이미지 연구: 12, 17장에 대한 종교사회학적 분석," (D. Litt. 논문, 가톨릭대학교, 2018), 50; 허규, 『요한묵시록 바르게 읽기』, 128.

가능성은 있지만 불명확하다고 결론내렸다.

이 임신부는 예수님의 성육신 이전에 헬레니즘 숭배를 거부한 하시딤Hasidim과 같은 경건한 교회를 가리킨다마1:12-15; 눅1:6; 2:25 참조. 환언하면, 이 여인은 불신 이방인으로부터 박해와 고통을 당하더라도 메시아를 대망하던 신구약 중간기에 살았던 하나님의 백성을 가리킨다.[12] 그녀가 쓴 면류관이 별 12개로 장식된 것도 이 여성이 하나님의 백성, 즉 교회를 상징한다는 사실을 지지한다.[13] 특별히 에베소교회는 아기를 출산할 이 여인을 에베소의 수호신인 다산多産을 주관한다고 여겨진 여신 아데미와 쉽게 비교할 수 있었을 것이다. 2절의 동사 '괴롭히다βασανίζω'는 고문과 같은 극심한 통증을 연상케 한다.[14] 계시록에서 이 동사는 황충 떼가 하나님의 인을 받지 못한 자들을 5달 동안 괴롭힐 때계9:5, 두 선지자들이 땅에 사는 자들을 예언을 통해 괴롭힐 때계11:10, 바다짐승의 우상을 숭배한 자들이 당하는 고난을 묘사할 때계14:10, 그리고 유황 불 못의 고통을 묘사할 때 등장한다계20:10. 그리고 2절의 동사 '부르짖다κράζω'는 계시록에 9회 더 등장한다계6:10; 7:2; 10:3(×2); 14:15; 18:2,18,19; 19:17. '괴롭히다'와 '부르짖다'를 연결하면, 이 임신부는 메시아의 성육신을 고대하면서 고통 중에 부르짖고 있다.[15] 다시 말해 하나님의 백성이 신원을 기대하여 탄원하는 부르짖음으로 보아도 무방하다시22:5; 34:6; 107:6 참조.[16] 따라서 소아시아의 7교회가 당하는 고난은 예수님의 초림 이전의 교회가 겪은 고난과 병행을 이룬다. 이런 병행에도 불구하고, 신약교회는 그리스도 사건을 목격하고 믿는 은혜로써 고난을 이겨야 한다. 구원계시의 전진을 고려할 때, 그리스도 사건을 예상하면서 고난을 극복한 구약교회보다 신

---

12. Podeszwa, "Syntagma 'Mieć Świadectwo Jezusa' w Apokalipsie Janowej," 328; 김철손, 『요한계시록』, 239.
13. Witherington, *Revelation*, 168. 참고로 Witherington은 계시록 12장 1절의 12별의 면류관을 별자리와 연결시키지 않는다.
14. Montanari, *The Brill Dictionary of Ancient Greek*, 379.
15. Leithart, *Revelation 12-22*, 22.
16. Stefanovic, 『예수 그리스도의 계시』, 398.

약교회가 더 나은 은혜를 누리고 있다.

하늘에 또 다른 표적이 보였는데, 한 큰 붉은 용이 작은 일곱 관을 쓴 머리 7개와 뿔 10개를 가지고 있었다3절; 참고. 욥26:13; 사51:9. 자칭 세상의 임금요12:31 참조인 용은 사탄을 가리킨다계12:9; 20:2 참조. 이 크고 붉은 용은 완전하고 충만한 권세를 상징하는 10뿔과 완전하고 충만한 지혜와 통치를 상징하는 일곱 머리와 일곱 작은 관을 쓰고 있다비교. 계13:1; 17:3. 용은 크고 완전한 권세를 가지고 계신 하나님을 패러디한다. 붉은 용이 큰 만큼, 흥미롭게도 하나님의 심판도 크다.

> 하나님이 심판과 관련하여 '큰'이라는 형용사가 자주 사용된다. 예를 들면, 큰 지진(계6:12; 11:13; 16:18), 큰 바람(계6:13), 진노의 큰 날(계6:17), 불붙는 큰 산(계8:8), 횃불 같이 타는 큰 별(계8:10), 큰 풀무의 연기(계9:2), 진노의 큰 포도주 틀(계14:19), 큰 태움(계16:9), 큰 우박(계16:21), 심히 큰 재앙(계16:21), 그리고 큰 맷돌 같은 돌(계18:21) 등이다. 요한이 이와 같이 하나님께서 행하실 심판과 관련하여 '큰' 이라는 단어를 자주 언급하는 이유는 대적자들에 대한 하나님의 심판이 실로 '큰' 심판이 될 것임을 강조하기 위해서이다. 그리고 하나님의 심판이 큰 까닭은 궁극적인 심판의 대상인 붉은 용이 크다는 데 있다.[17]

흥미롭게도 이집트와 바벨론 신화에 용은 전쟁을 상징하는 붉은 색을 띤다계6:4 참조.[18] BC 3000년경 메소포타미아에서 용은 7머리를 가진 괴물처럼 나타나는데, 다신론 세계에서 우주의 창조 전에 압수Apsu와 티아마트Tiamat의 모습이다.[19] 고대 신화에서 용은 권력을 쥐고 혼돈을 초래하는 악한 세력이다. 그러나 요한은 용을 사탄이라고 설명하기에, 고대 근동의 다신론과 신화를 그대로 사

---

17. 이복우, "요한계시록의 용(δράκων)에 대한 연구," 『신학정론』 34/2 (2016), 183.
18. Osborne, *Revelation*, 459. 참고로 붉은 용을 탈문맥적으로 미래의 적그리스도와 연결한 경우는 한홍식, "해를 입은 여인과 붉은 용의 연구: 요한계시록 12장을 중심으로," 132, 136, 173을 보라.
19. 이복우, "요한계시록의 용(δράκων)에 대한 연구," 178-179. 참고로 미국 켄터키주 피터스버그의 '창조박물관(Creation Museum)'의 입구부터 (붉은) 용들이 장식되어 있다.

용하지 않는다.

용은 꼬리로 하늘의 별 중에서 3분의 1을 땅으로 던져버리며4a절, 아기가 태어나면 삼켜 죽이려고 준비한다4b절. 4a절은 하나님께서 창조하신 천사 중에서 3분의 1은 타락하여 사탄의 추종자가 되었다고 이해할 수 있다.[20] 그런데 계시록 12장 4절의 간본문이 다니엘 8장 10절이라면 다른 해석도 가능하다. 작은 뿔단8:9은 하늘 군대의 별들 중 몇을 땅에 떨어뜨리고 밟았다. 그리스제국의 알렉산더 대왕이 죽은 후 작은 뿔, 곧 셀류커스 왕조의 안티오커스 에피파네스 4세BC 175-164에 의해 땅으로 추락한 하늘 군대의 별들은 박해받던 하나님의 백성을 가리킨다.[21] 그런데 이 작은 뿔은 다니엘 7장 8절의 로마제국에서 일어난 작은 뿔아마도 네로 황제과 다르다. 흥미롭게도 에피파네스의 동전에 보면, 그의 머리 위에 별 하나가 있었다. '신현神顯'이라는 뜻의 에피파네스 4세는 스스로 제우스의 성육신으로 보았고, 이스라엘의 하나님의 자리를 갈취했다.

용은 자신의 꼬리로 별들을 지옥이나 무저갱이 아니라 땅에 던졌기에, 그 타락한 천사들은 지금 여기에서 역사하고 있다. 이사야 9장 15절에서 꼬리는 거짓 예언자를 가리키므로, 거짓의 아비인 용이 천사들 3분의 1을 미혹하여 자신의 종들로 만들었다는 의미로 해석이 가능하다. 그런데 용이 쓰고 있는 왕관διάδημα, diadem은 통치 권세를 상징하는데계13:1 참조, 백마 타신 예수 그리스도의 왕관διάδημα, 계19:12 참조을 패러디한 것이다.[22] 4b절은 헤롯 대왕이 아기 예수님을 죽이려고 시도한 것으로 성취되었다마2:16 참조. 여기서 천사들의 타락과 사탄이 악의 세력을 규합했던 오래 전 사건을 예수님의 성육신과 연결하는 이유는 무엇인가? 요한은 서로 가까운 시간대에 발생한 두 사건을 연결하지 않는다. 오래전 사탄의 세력이 활동하기 시작하여 예수님의 초림 때까지 활발히 활동해 왔다.

---

20. Stefanovic, 『예수 그리스도의 계시』, 402.
21. Beale and McDonough, "요한계시록," 585; 이복우, "요한계시록의 용(δράκων)에 대한 연구," 192. 참고로 계시록 9장 1절의 별이 사탄을 가리키듯이, 계시록 12장 4절은 사탄의 패배를 가리킨다고 해석하는 경우는 Mathison, 『종말론적 관점에서 본 성경 개관』, 824를 보라.
22. Matthewson, *Revelation*, 157.

그러나 예수님의 초림으로 그런 상황은 역전된다. 요한처럼 사도 베드로도 옛적 천사들의 타락, 노아 홍수, 그리고 예수님의 죽으심과 부활 및 승천을 연이은 사건처럼 묶어서 배열한다벧전3:19-22 참조. 요약하면, 요한과 베드로에게 하나님의 구원 역사는 장구한 시간의 흐름 속에서 진행되며, 그 구속사의 절정은 예수님의 성육신과 죽으심, 부활, 그리고 승천으로써 사탄의 세력이 결정적 패배를 당한 데 나타난다.

쇠막대기로 온 세상을 통치하실시2:9; 계2:27 참조 예수님께서는 출생하시자마자 보좌 위에 계신 성부 하나님께로 올려지셨다5절.[23] 프리마시우스Primasius, d. 560에 의하면, 쇠막대기는 예수님께서 통치하시는 굳센 정의를 가리킨다.[24] 계시록에서 주님께서 사용하시는 강력한 무기는 다름 아니라 십자가와 부활 그리고 승천의 복음이다계1:16, 19:13,15 참조. 5절의 신적수동태 '올려지셨다ἡρπάσθη'는 성부와 성령께서 성자의 승천을 주도하셨음을 강조한다. 신약성경에서 예수님의 승천은 신적수동태눅24:51; 행1:2,9; 벧전3:22; 참고. 빌라도행전 14:1; 솔로몬의 송가 2:8는 물론, 능동적 의미의 중간태로도 나타난다행1:10; 참고. 시빌린신탁 1:379-382; 베냐민의 유언 9:3; 순교자 저스틴의 제1변증서 1:21 참조.[25] 결과적으로 용은 예수님을 죽이지 못하기에, 이 환상은 용에 대한 예수님의 승리를 강조한다. 계시록 12장 1-5절과 뒤따르는 7-9절은 하나님의 구원 드라마에서 속죄신학atonement theology을 잘 보여주는데, 문맥상 11절의 어린양의 피가 이 사실을 지지한다.[26] 참고로 솔로몬의 시편 22편은 메시아가

---

23. 위경 에스겔 묵시록에 의하면, 메시아가 태어나자마자 사라졌다가 다시 나타나기 위해서 숨어서 성장했다. Kraft, 『요한계시록』, 237. 참고로 계시록 12장 5절의 남자를 예수님으로만 보지 않고 교회와 연결시켜 교회의 휴거로 보는 입장은 Svigel, "The Apocalypse of John and the Rapture of the Church," 67, 74를 보라.

24. 참고. *CSB Ancient Faith Study Bible*, 1596.

25. J. A. Mihoc, "The Ascension of Jesus Christ: A Critical and Exegetical Study of the Ascension in Luke-Acts and in the Jewish and Christian Contexts," (M.A. Thesis, Durham University, 2010), 88-99. 참고로 예수님의 승천처럼 주님의 부활도 능동태 혹은 능동 의미의 중간태(막8:31; 9:31; 10:34; 16:6,9,11; 저스틴 마터의 제1변증서 1:50)와 신적수동태 동사로 나타난다(마27:64; 롬8:34; 고전15:4; 폴리캅의 빌립보교회에게 보낸 편지 2:1). 따라서 예수님 그분께서 부활의 능력을 가지고 계실 뿐 아니라, 성부와 성령께서 성자의 부활을 주도하셨음을 알 수 있다.

26. R. W. Canoy, "Time and Space, Satan (Devil, Ancient Serpent, Deceiver, and Accuser), and Michael in

자신의 손으로 7머리를 가진 용을 죽이고 포로 된 자신의 백성을 해방한 일에 대해 감사한다.[27] 계시록의 유대인 출신 독자들이 BC 1세기경의 이 문헌을 알고 있었다면, 용을 죽인 그 메시아가 바로 예수 그리스도이심을 깨닫게 되었을 것이다.

계시록 11장 18절-12장 5절은 하나로 읽어야 할 내러티브인데, 메시아 시편인 시편 2편과의 간본문성은 아래의 도표와 같다. 이런 간본문성은 성부의 아들 예수 그리스도께서 왕으로서 온 세상의 분노를 잠재우고 다스리심을 강조한다.[28]

시편 2편 1-9절	계시록 11장 18절-12장 5절
분노하는 열방들(1-2절)	분노하는 열방들(11:18)
분노하시는 하나님(5절)	주님의 진노가 임함(11:18)
왕이 시온에 임함(6절)	심판이 임함(11:18)
거룩한 산 시온(6절)	하늘의 성전(11:19)
태어난 아들(7절)	태어난 아들(12:5)
철장으로 만국을 다스리시는 목자(8-9절)	철장으로 만국을 다스리시는 목자(12:5)

예수님의 승천 후에 이 세상에 남겨진 교회를 상징하는 여자는 하나님의 보호의 장소인 광야로 가서창16:7; 21:14-21; 왕상19:1-8 참조, 한정적 기간을 상징하는 1,260일 동안 양육을 받는다6절; 참고. 계12:14.[29] 여기 '광야'에서 출애굽 주제가 다

Revelation," *Review & Expositor* 114/2 (2017): 264.

27. 참고. Barbaro, 『요한묵시록 주해』, 178.

28. P. J. Leithart, *Revelation 12-22* (London: T&T Clark, 2018), 7. 참고로 종교사학파에 따르면, 계시록 12장은 이집트 신화를 배경으로 하는데, 붉은 용 세트(Set)가 이시스(Isis)를 죽이려고 추격하자, 결국 이시스의 아들 호루스(Horus)가 세트를 죽인다. 사도 요한은 계시록의 이방인 출신 독자들이 익숙했을 법한 이런 이방 신화들을 염두에 두었는지 알 수 없으며, 계시록 12장은 그가 본 환상을 보도하는데, 구약과의 간본문적 해석으로도 본문의 의미를 충분히 이해할 수 있다. 따라서 계시록 12장 주해를 위해 고대 정치 신화와 점성술을 굳이 의존할 필요는 없다. Contra Leithart, *Revelation 12-22*, 17.

29. 계시록 12장의 여인의 고난을 감람산강화(마24:21)와 연관지어 재림 직전의 대 환난으로 이해하는 경우는 김추성, 『하나님과 어린양의 보좌: 요한계시록 새롭게 읽기』, 290을 보라. 그러나 이런 미래적 해석이 아니라 '작은 계시록', 곧 감람산강화의 탁월한 부분적 과거론적 해석은 R. C. Sproul, 『예수의 종말론』, *The Last*

시 나타난다. 6절의 광야에 있는 '장소τόπος'는 돌 성전과 관련이 없으며, 완전수 7년의 절반인 "1,260일"은 예수님의 승천부터 재림 때까지 신약교회의 전체 시대를 가리키기보다 짧은 기간을 상징한다단12:11 참조.[30] 상징적 숫자 "1,260일"은 "42개월"계11:2; 13:5이나 "한 때 두 때 반 때"계12:14보다 교회가 환난을 당하지만 보호받는 시간을 더 구체적으로 지칭한다. 6절의 광야 주제는 14절에서 반복된다.

그레코-로마의 신화에 의하면, 용龍 피톤Python은 제우스에 의해 임신한 레토Leto가 출산하지 못하도록 죽이려고 시도한다. 그러나 북풍은 레토를 에게해의 델로스Delos섬으로 옮긴다. 거기서 레토는 아폴로와 아르테미스를 낳는다. 4일 후 아폴로는 피톤을 죽임으로써 어머니의 원수를 갚는다. 얼핏 보면, 이런 플롯은 계시록 12장과 유사하지만 차이점도 많다. 계시록 12장에서 여인은 도망간 후가 아니라 이전에 아들을 출산한다. 그리고 그 여인은 바람의 도움을 받아 섬으로 도망가지 않고, 하나님의 도움으로 광야로 피신한다. 그리고 용은 여인의 아들에 의해 죽임을 당하지 않고, 하늘에서 내쫓긴다계12:9; 비교. 계20:3,10.[31]

비평학자들은 계시록 12장을 고대 신화가 창조적인 방식으로 기독교화된 것이라고 보지만,[32] 오히려 구약에 기반을 둔 환상으로서 여자의 후손이 뱀을 무찌른다는 창세기 3장 15절의 예언이 성취된 것이다. 신화를 참고하지 않고도 얼마든지 성경 안에서 간본문적 해석이 가능하다. 따라서 계시록 12장을 주해할 때, 하나님의 기록된 계시인 성경의 영감성을 부인하는 종교사학파적 해석을 무비판적으로 따르지 않도록 각별하게 주의해야 한다.[33] 참고로 계시록 12장 전

Days according to Jesus, 김정식 역 (서울: 좋은씨앗, 2019), 239를 보라.

30. Contra 이필찬, 『에덴 회복의 관점에서 읽는 요한계시록: 12-22장』, 75; S. I. Song, "Tribulation Languages in the Book of Daniel and Revelation," 『개혁논총』 50 (2019), 247-248, 250; Fanning, *Revelation*, 353. 참고로 독일의 경건주의 주석가 요한 알브레히트 뱅겔(d. 1752)의 영향을 많이 받은 찰스 웨슬리는 여자가 광야에 머문 것을 짐승인 중세 교황이 다스린 677년(847-1524)과 종교개혁이 유럽에 확산한 777년(1058-1836)으로 나누어 역사주의 방식으로 이해했다. 참고. Tôniste, "John Wesley on the Book of Revelation," 232.

31. 이 단락은 Koester, *Revelation*, 555-556에서 요약.

32. 예를 들어, 이광진, 『요한계시록 연구』, 14; 신동욱, 『요한계시록 주석』, 119; 이달, 『요한계시록』, 212-215; 김철손, 『요한계시록』, 238.

33. Kistemaker, *Revelation*, 353. 참고로 계시록을 해석할 때 '신화'라는 용어를 사용하면서도 그것이 '이야기'

반부와 후반부의 교차대칭구조는 아래와 같다.[34]

계시록 12장의 용이 일으킨 전쟁		
달 위에 서 있는 여자(1절)	A/A′	바다 모래 위에 서 있는 용(17절)
용이 하늘의 별 1/3을 땅에 던짐(4절)	B/B′	여자의 후손과 싸우는 용(17절)
여자 앞에서 삼키려함 / 아이의 승천(4-5절)	C/C′	여자 뒤에서 물을 내뿜음 / 땅이 물을 삼켜 여자를 도움(15-16절)
광야로 도망가는 여자(6절)	D/D′	광야로 도망가는 여자(14절)
용이 하늘에서 땅으로 던져짐(8절)	E/E′	용이 하늘에서 땅으로 던져짐(9절)
이제 구원, 능력, 하나님 나라, 그리스도의 권세가 이루어짐(10절)	F/F′	어린양의 피와 증언하는 말씀으로써 이김(11절)

교훈과 적용

승천하신 예수님께서는 지상 교회의 머리이시며 신랑이시다. 신랑을 눈으로 다시 볼 때까지 신부 교회는 사탄의 유혹을 물리치고, 광야 같은 세상에서 매일 하나님의 보호와 공급을 받으면서 순례를 잘 마쳐야 한다. 교회는 광야를 지나는 나그네 영성을 잃어버리지 말아야 한다. 나그네 교회는 일상에서 하나님의 기적을 경험하는 광야를 귀하게 여겨야 한다.

고대 근동과 그리스의 민속신앙에 따르면, 마귀는 신들 아래에 있으며, 짐승이나 괴물처럼 흉측한 모습을 가지고, 광야나 묘지에 거하며, 사람에게 들어가고, 재앙이나 질병과 불행을 일으킨다. 사람들은 주문으로 마귀와 소통할 수 있고, 마술과 부적과 금식으로 마귀를 쫓아낼 수도 있기에, 마귀는 제의적 숭배의 대상은 아니었다.[35] 오늘날도 이와 유사한 마귀론을 견지한 교인들이 있다면 성경적 마귀론을 정립해야 한다.

를 의미한다고 주장하는 것도 혼동을 초래한다. A. Y. Collins, "Apocalypse Now: The State of Apocalyptic Studies Near the End of the First Decade of the Twenty-First Century," *Harvard Theological Review* 104/4 (2011), 456.

34. W. A. Shea and E. Christian, "The Chiastic Structure of Revelation 12:1-15:4: The Great Controversy Vision," *AUSS* 38/2 (2000), 276.

35. 이광진, "요한계시록의 마귀론." 『신학과 현장』 14 (2004), 155-156.

2. 하늘에서의 전쟁과 용이 쫓겨남(12:7-12)

"[7]하늘에 전쟁이 있으니 미가엘과 그의 사자들이 용과 더불어 싸울새 용과 그의 사자들도 싸우나 [8]이기지 못하여 다시 하늘에서 그들이 있을 곳을 얻지 못한지라 [9]큰 용이 내쫓기니 옛 뱀 곧 마귀라고도 하고 사탄이라고도 하며 온 천하를 꾀는 자라. 그가 땅으로 내쫓기니 그의 사자들도 그와 함께 내쫓기니라 [10]내가 또 들으니 하늘에 큰 음성이 있어 이르되 이제 우리 하나님의 구원과 능력과 나라와 또 그의 그리스도의 권세가 나타났으니 우리 형제들을 참소하던 자가 쫓겨났고 [11]또 우리 형제들이 어린 양의 피와 자기들이 증언하는 말씀으로써 그를 이겼으니 그들은 죽기까지 자기들의 생명을 아끼지 아니하였더라 [12]그러므로 하늘과 그 가운데에 거하는 자들은 즐거워하라 그러나 땅과 바다는 화있을진저 이는 마귀가 자기의 때가 얼마 남지 않은 줄을 알므로 크게 분내어 너희에게 내려갔음이라 하더라"

하늘에서 미가엘단12:1 참조과 그의 천사들이 용과 그의 부하들과 싸워 이긴다7절; 참고. 사51:9. 유대인들에게 천사장 미가엘은 그들의 수호자와 같다단12:1; 유9; 1에녹 20:5; 모세의 유언 10:2 참조. 쿰란공동체는 종말의 재앙 중에서 미가엘이 하나님의 백성을 도울 것이라고 믿었다1QM 9:15-16 참조. 그런데 천사장이나 천사가 사탄을 결정적으로 물리친 적은 없다. 그러므로 용, 즉 사탄을 무찌른 미가엘 천사장은 예수님을 가리킨다.[36] 이것은 천사장 미가엘이 예수님이라는 의미가 아니다. 미가엘은 예수님께서 하실 일을 보여주는 등장인물이므로, 7절은 천사기독론의 좋은 예이다계20:1 참조.[37] 계시록 전체 내러티브에서 '천사기독론'은 '인자기독론'

36. 이런 천사기독론적 해석은 16-17세기 루터교의 공통적 입장이었다. 구약과 신약의 기독론적 해석을 중요하게 여긴 루터는 계시록에서 그리스도께서 사탄과 천주교와 같은 거짓 교회를 물리치신다는 사실을 찾기를 원했다. C. A. Preus, "Michael as Christ in the Lutheran Exegetical Tradition: An Analysis," *Concordia Theological Quarterly* 80 (2016), 257-261, 267. Contra Lupieri, *A Commentary on the Apocalypse of John*, 197.

37. 구약에서 천사기독론의 좋은 예는 삼손의 부모가 '기묘자'라 불린 야웨의 사자를 하나님 자신으로 인식한 사건이다(삿13:18,21-22 참조). 참고. Percer, "The War in Heaven," 185-205.

및 '어린양기독론'으로써 보완되어, 예수님을 단순한 천사 수준의 존재로 오해하거나 전락시키는 것을 방지한다.[38] 5절에서 예수님께서 승천하셔서 온 세상의 왕으로 등극하셨으므로, 사탄은 그때 결정적으로 패배했다. 따라서 7절의 전쟁에서도 용은 힘을 쓸 수 없다. 예수님께서 용을 무찌르신 근거는 '그리스도 사건Christ event'이므로 5절의 승천을 배제하지 않는다. 여기서 그리스도 사건은 십자가 대속의 죽음, 부활, 승천 그리고 재위를 마치 하나의 덩어리처럼 가리킨다. 그리스도 사건은 삼위 하나님께서 협력하셔서 이루신 구원의 사역에서 다이아몬드와 같다. 7절의 교차대칭구조는 예수님과 비교할만한 승리자가 세상에 없음을 잘 보여준다.[39]

A 미가엘(Μιχαήλ)

B 그의 사자들(οἱ ἄγγελοι αὐτοῦ)

C 전쟁했다(πολεμῆσαι)

D 용(τοῦ δράκοντος)

D′ 용(ὁ δράκων)

C′ 그의 사자들(οἱ ἄγγελοι αὐτοῦ)

B′ 전쟁했다(ἐπολέμησεν)

A′ ?

위의 교차대칭구조에서 보듯이, A 미가엘의 짝이 A′에 없다. '미가엘Μιχαήλ'은 '하나님과 같은 분이 누구인가?'라는 뜻이다. 따라서 미가엘이라는 천사로 표현된 기독론은 용과의 비교를 허용하지 않으시는 예수 그리스도의 승리를 강조한다.[40]

---

38. Percer, "The War in Heaven," 227.

39. Leithart, *Revelation 12-22*, 29-30.

40. Contra 계시록 12장 5절에서 예수님께서 장면에서 사라지시므로, 7절에서 예수님께서 미가엘로 등장하시는 것은 어색하다고 주장하는 Leithart, *Revelation 12-22*, 30.

7절은 최초복음protoevangelium의 성취로서, 온 세상을 미혹하던 마귀, 곧 용 또는 옛 뱀과 그의 부하들은 있을 곳을 찾지 못하고 하늘에서 땅과 바다로 쫓겨난다8-9절; 참고. 창3:15; 22:17; 24:60; 시74:13-14; 마16:18; 계12:12.[41] 이 장면은 하나님께서 임신부에게 있을 곳을 예비하셔서 광야로 보내신 것과 대조된다계12:6,14 참조. 유사한 맥락에서 사도 바울도 평강의 하나님께서 순진한 자들의 마음을 미혹하여 악한 데 지혜롭게 만드는 마귀를 상하게 하셔서 은혜를 주신다고 설명한 바 있다롬16:18,20 참조. 그리스도께서 사탄을 이기신 사건의 의미를 파악하기 위해 최초복음의 부분적 성취를 담아내고 있는 구약의 여러 구절도 중요하다. 소년 다윗은 물맷돌로 블레셋의 장수 골리앗의 머리를 명중시킨 후 그의 머리를 베어 예루살렘으로 가져왔다삼상17:49, 51,54 참조. 사사 드보라 때, 헤벨의 아내 야엘은 가나안 왕 야빈의 군대장관 시스라의 머리 관자놀이를 말뚝으로 박았다삿4:22; 5:26 참조. 데베스의 한 여인은 망대에서 맷돌을 던져 사사 기드온의 아들 아비멜렉의 두개골을 깨뜨렸다삿9:53 참조. 삼손은 블레셋 다곤 신전을 무너뜨려 그곳의 사람들의 머리 위에 떨어지게 했다삿16:30 참조. 다윗의 말년에 반역을 일으킨 세바의 머리가 베어져 던져졌다삼하20:21 참조. 하나님께서는 용과 리워야단의 머리를 깨뜨려 부수신다시74:13-14; 89:10; 110:6; 사27:1; 51:9-10 참조.[42] 고대 근동과 요한 당시 소아시아에서 뱀은 종종 마술과 주술에 등장했으며, 이집트에서는 독사가 왕이나 신을 보호하는 존재였고, 치료의 신 아스클레피오스는 뱀의 형상으로 묘사되었다

41. D. Lioy, "Progressive Covenantalism as an Integrating Motif of Scripture," *Conspectus* 1 (2006), 88; Kilcrease III, "Creation's Praise," 322. 참고로 요한복음 설교(1538)에서 마틴 루터는 요한복음 3장 14절을 염두에 둔 채 예수님을 '우리 구원의 뱀(our Serpent of salvation)'이라 부르면서, 십자가에 못 박히신 그리스도께서 율법과 죄와 하나님의 저주와 심판의 위협과 공포에서 성도를 영원히 해방하셨다고 설명한다(LW 22:340 참조). 하지만 이런 '치유하시는 뱀(healing Serpent)' 기독론은 아스클레피오스를 연상시킬 수 있으며, 성경이 뱀을 사탄과 연결하여 부정적으로 묘사하기에 독자의 혼란을 초래한다. 참고. R. F. Marshall, "Our Serpent of Salvation: The Offense of Jesus in John's Gospel," *Word & World* 21/4 (2001), 388.

42. J. L. Ronning, "The Curse on the Serpent (Genesis 3:15) in Biblical Theology and Hermeneutics," (Ph.D. Thesis, Westminster Theological Seminary, 1997), 371. 참고로 계시록 12장의 임신부를 마리아로 보는 것을 포기하지 않은 채 미가엘의 승리를 최초복음의 성취와 연결하려는 시도는 Cerfaux, "La Vision de la Femme et du Dragon de l'Apocalypse en Relation Avec le Protévangile," 24-33을 보라.

민21장 참조.[43] 하지만 계시록에서 옛 뱀은 보호자나 치료자가 아니라 사탄일 뿐이다계20:2 참조.

사탄이 결정적으로 패배당한 시점은 예수님의 죽으심과 부활과 승천 때인데, 사탄이 무장 해제된 날Demobilization-Day이다요12:31 참조.[44] 예수님의 십자가를 통한 구원은 하나님께 도전장을 내민 사탄의 거역이 실패했음을 보여주기에, 이 세상을 통치하려던 사탄의 활동을 무력화시킨 점에서 세상을 심판하신 사건이다. 첫 아담은 에덴의 낙원에서 뱀을 쫓아내지 못했으나, 마지막 아담은 뱀의 머리를 밟으시고 새 에덴을 도래케 하셨다.[45] 신약교회는 사탄이 결정적으로 패배한 날D-day과 주님의 재림에 있을 완전한 승리의 날Victory-day 사이의 긴장 속에 산다. 이런 긴장은 그리스도인의 신행信行 불일치에도 역력히 나타난다. 참고로 예수님께서 정복하신 마귀와 사탄은 악령들의 우두머리이다.

9절은 3회나 반복된 아오리스트 신적수동태 직설법 동사 '던져졌다 ἐβλήθη(σαν)'를 중심으로 하여눅10:18; 요12:31; 계8:7-8; 12:10,13; 20:10 참조, 아래와 같이 교차대칭구조를 보인다.[46]

A 던져졌다(ἐβλήθη)
　B 용, 옛 뱀, 마귀, 사탄
　　C 온 천하를 꾀는 자
　　　D 던져졌다(ἐβλήθη)
　　C′ 땅으로

---

43. Van der Toom, Becking and Van der Horst (ed), *Dictionary of Deities and Demons in the Bible*, 744-745.

44. Reddish, *Revelation*, 236; 박영식, 『오늘 읽는 요한묵시록』, 281. Contra 계시록 12장 1-5절과 7-9절을 단절시키고 인자와 미가엘을 구분하는 다니엘서의 방식을 따르면서 계시록 12장 7절의 미가엘을 예수님이라고 볼 수 없다고 주장하는 C. A. Gieschen, "The Identity of Michael in Revelation 12: Created Angel or the Son of God?" *Concordia Theological Quarterly* 74/1-2 (2010), 142-143.

45. Du Rand, *Die Einde*, 109.

46. Leithart, *Revelation 12-22*, 34.

B′ 그(용)의 사자들도 그와 함께

A′ 던져졌다(ἐβλήθησαν)

7-9절의 환상을 요약하여 설명하는 찬송이 하늘에서 큰 소리로 들린다. "이제 우리 하나님의 구원과 능력과 나라와 그분의 그리스도의 권세가 나타났다. 왜냐하면 우리 형제들을 고발하던 자, 곧 우리 하나님 앞에서 낮과 밤 쉬지 않고 그들을 고발하던 자가 쫓겨났기 때문이다."10절; 참고. 슥3:1-3. 사탄을 패배시킨 성부와 예수님의 현재적 권세는 특별히 십자가와 부활 그리고 승천으로 성취되었다.[47] 그런데 전천년주의자는 그리스도의 실제적 통치와 승리가 시작되지 않았지만 너무 확실하기에 가까이 와있는 상태라고 이해한다. 만약 성부의 구원과 성자의 권세가 단순히 미래의 실재로서 예기적 차원에 머문다면, 소아시아 7교회에게 실제로 강력한 위로를 주기에는 부족했을 것이다.

교회는 어린양의 피와 자신이 증언한 말씀으로써 용을 이겼다11a절. 어린양의 대속을 위한 죽음은 사탄을 이기는 기초이자 승리의 능력을 실행하는 출발점이며, 성도가 어린양의 죽음이 가지고 온 변혁의 능력을 증언하지 않는다면 그런 기초와 출발점은 실재가 되지 않는다.[48] 사탄이 하나님의 백성을 고발하는 것은 구약에서 이미 나타났다욥1:6-11; 2:1-6; 슥3:1-3 참조. 어린양의 피는 구원과 사죄의 은혜 혹은 순교 각오를 가리킨다계1:5; 5:9-10; 7:14 참조.[49] 그리스도인에게 승리를 주는 어린양의 피τὸ αἷμα τοῦ ἀρνίου가 가져다준 효능에 대해 하이델베르크교리문답 제60문이 탁월하게 설명한다.

---

47. J. L Sumney, "The Dragon has been defeated: Revelation 12," *Review & Expositor* 98/1 (2001), 108.

48. Paul, *Revelation*, 223.

49. W. C. Davis, "The Gospel in the Book of Revelation," *The Perkins School of Theology Journal* 15/3 (1962), 35. 참고로 중국에서 시작한 전능신교(동방번개파, 칠영파)는 기독교 영화를 가장하여 포교 중인데, 영화 '낙인(Branded)'은 계시록 12장 10-12절을 읽고 설교하다가 중국 공안에게 체포되는 장면으로 시작한다.

"문: 당신은 어떻게 하나님 앞에서 의롭게 됩니까?"

"답: 오직 예수 그리스도에 대한 참된 믿음으로만 됩니다. 비록 내가 하나님의 모든 계명을 크게 어겼고 단 하나도 지키지 않았으며 여전히 모든 악으로 향하는 성향이 있다고 나의 양심이 고소하지만, 하나님께서는 나의 공로가 전혀 없이 순전히 은혜로 그리스도의 온전히 만족케 하심과 의로움과 거룩함을 선물로 주십니다. 하나님께서는 마치 나에게 죄가 전혀 없고 또한 내가 죄를 짓지 않은 것처럼, 실로 그리스도께서 나를 위해 이루신 모든 순종을 내가 직접 이룬 것처럼 여겨주십니다. 오직 믿는 마음으로만 나는 이 선물을 받습니다."

그런데 피 흘려 죽임 당하신 어린양께서는 악을 이기고 보좌에 계시는 분이다. 그렇다면 왜 승리하신 어린양을 따르는 소아시아 7교회는 피 흘려야만 하는가? 죽으시고 부활하신 어린양을 따르는 사람들에게 주님께서 이루신 승리는 허상이 아니다.[50] 그리스도인이 어린양처럼 박해받고 죽임을 당하더라도, 그것은 역설적이게도 승리하는 길이다.

사탄과 싸워 이기는 성도는 자신의 목숨을 죽기까지 아끼지 않았다11b절; 참고. 마10:39; 행20:24. 그리스도인이 죽음을 불사하고 주님께 충성하는 것은 하나님의 큰 은혜로 가능하다. 계시록의 핵심 구절인 계시록 11장 15절과 계시록 12장 11절은 서로 연결되는데, 세상을 하나님 나라로 변혁시키기 위해서는 교회는 예수님의 대속의 은혜와 말씀 그리고 순교적 각오로 사탄과 싸워 이겨야 한다. 11절에서 성도는 고발하는 사탄을 '이겼다ἐνίκησαν'는데, 이 과거 동사는 단회성이 아니라 지속적인 현재적 의미이다요일2:13 참조. 그리고 사탄을 이긴 무기 중 하나인 "증언"과 "말씀"은 동격으로 볼 수 있다.[51] 예수님께서 이미 승리하셔서 종말

---

50. Norelli, "Why did Early Believers in Jesus write Apocalypses?" 74.

51. Matthewson, *Revelation*, 164. 참고로 계시록 12장 11절에서 순교자의 증언조차도 어린양의 대속의 은혜 덕분에 가능하다는 설명은 Reddish, *Revelation*, 237을 보라.

의 새 시대가 임했으므로, 교회는 하나님만 예배하고 찬양하며 또한 인내하면서 복음을 증언함으로써 하나님께서 적대적인 세상조차 통치하심을 나타내야 한다.[52] "만약 복음의 말씀만이 우리에게 순전히 거하여, 우리가 그것을 사랑하고 그것에 큰 가치를 둔다면, 우리는 가장 불쾌한 사건들 앞에서도 그리스도께서 우리 안에 거하시고, 우리와 동행하신다는 사실을 의심하지 않게 된다."마틴 루터의 요한계시록 서론(1530). 비열함이 높아지고 악인이 날뛰는 세상에서 그리스도인은 염세주의적 역사관을 가지고 잠시 절망할 수 있지만, 결국 하나님께서 일어나셔서 악의 세력을 심판하실 것을 믿으며 더욱 순전한 말씀을 붙잡아야 한다시 12:5-6,8 참조.

AD 1세기의 개인주의가 아닌 공동체 관습, 명예와 수치, 후견인과 피후견인, 도전과 응전의 관점에서 하늘의 전투air combat와 결과를 분석해 볼 필요가 있다. 용과 그의 추종자들은 미가엘로 묘사된 예수님께 패하여 추락했기에, 용은 자기를 따르는 자들을 보호하지 못하는 수치스런 지도자이자 후견인이다. 하지만 예수님께서는 그분의 사자들과 승리를 공유하시는 명예로운 지도자이시며 후견인이시다. 용의 도전에 성공적으로 응전하신 주님을 따르는 이들, 곧 피후견인은 후견인에게 찬송으로써 명예를 드높인다.

흥미롭게도 예수님의 예루살렘 입성과 그 후의 사건을 설명하는 요한복음 12장 13-32절과 계시록 12장 5-11절은 간본문성을 보인다. 하늘의 음성은 천국의 도래를 기뻐하며 선언하듯이 예루살렘 사람들은 주님을 호산나 찬송으로 영접했으며10절; 참고. 요12:13,15,19, 죽음을 불사하는 성도가 사탄을 이기듯이 자기 목숨을 미워하는 사람은 영생에 이르며11절; 참고. 요12:25, 그리스도에 의해 패배당한 사탄이 땅에 떨어지듯이 이 세상의 지배자가 쫓겨나고9절; 참고. 요12:31, 예수님께서 하늘 보좌로 승천하시면 모든 이들을 그분께로 이끄신다5절; 참고. 요12:32.[53] 계

52. M. J. Smith, "The Book of Revelation: A Call to Worship, Witness, and Wait in the Midst of Violence," in *Into All the World: Emergent Christianity in Its Jewish and Greco-Roman Context*, ed. M. Harding and A. Nobbs (Grand Rapids: Eerdmans, 2017), 361-365.

53. Leithart, *Revelation 12-22*, 27.

시록 12장 7-11절은 그리스도 사건으로써 마귀를 이기신 예수님의 능력을 강조하는데, 요한복음에도 이와 동일한 신학이 다음과 같이 나타난다.

> 공관복음 전승은 예수님의 사역(특히 축귀)에 나타난 사탄과의 전투에 초점을 맞추며 수난 내러티브에서는 그 전투가 아주 약해지지만, 요한복음의 경우에는 그와 정반대이다. 예수님의 초기 사역의 곳곳에 사탄과의 전투가 스며있기는 하지만, 그 싸움은 거대한 우주적 축귀인 십자가 사건에서 절정과 마무리에 도달한다. 예수님께서는 십자가를 바라보시면서(요12:23-25,33 참조) 이렇게 말씀하신다. "이제 이 세상에 대한 심판이 이르렀으니 이 세상의 임금이 쫓겨나리라"(요12:31). …… 사탄의 패배가 개인 차원에서 벌어지는 일이 아니라는 점도 요한복음을 통해 친숙해졌다. 사탄이 땅으로 내던져지는데(계12:7-12; 참고. 요12:31), 이는 아마도 십자가의 승리를 언급할 것이다. 사탄의 군대가 불에 소멸되듯이 사탄도 마침내 결박되어 불 못에 던져져(왕하1:10 참조) 영원히 고통당하므로(계20:1-3,7-10) 독자들은 악한 영적 세력이 부추기는 자신들에 대한 다양한 공격은 결국 좌절될 것임을 알고 격려를 받을 수 있다. 따라서 사탄과의 전투는 우주적이지만(계12:12; 참고. 계20:2,7-8) 지상에서 순교자들의 신실함을 통해 표현된다(계12:11).[54]

요한복음이 묘사하는 예수님의 우주적 축귀와 그리스도 사건 그리고 승귀의 중요성과 결과는 요한계시록의 한 중간의 두 요절인 계시록 11장 15절과 12장 10-12절에서 다시 확증된다.[55]

"그러므로 하늘과 그 안에 사는 이들은 스스로 기뻐하라. 그러나 땅과 바다

---

54. G. H. Twelftree, 『예수의 이름으로: 초기 그리스도인들 가운데서의 축귀』, *In the Name of Jesus: Exorcism and Early Christians*, 이용중 역 (서울: 새물결플러스, 2020), 296, 309.

55. 신약성경에 동사 '악령들리다(δαιμονίζομαι)'는 복음서에만 13회 나타난다(막1:32 등). 이 동사는 불신자들에게만 해당한다. 따라서 바울을 괴롭힌 '사탄의 사자'(고후12:7)를 '낮은 단계의 악령 들림(a low-level type of demonization)'이라고 볼 수 없다. Contra J. S. DeRouchie, "Greater is He: A Primer on Spiritual Warfare for Kingdom Advance," *Southern Baptist Journal of Theology* 25/2 (2021), 38.

에 사는 이들에게는 화로다! 왜냐하면 마귀가 자기 시간이 얼마 남지 않은 것을 알기에 큰 분노를 품고 너희에게 내려갔기 때문이다." 12절; 참고. 사49:13. 하나님의 능력과 나라와 권세는 구원, 곧 승리를 이 세상에 가지고 왔다. 사탄을 정복하신 하나님 때문에 기뻐해야 할 하늘에 거하는 이들σκηνοῦντες은 교회를 가리키는데, 그들은 하늘에 시민권을 두고 사는 이들이며 하나님의 장막과 같다계7:15; 13:6; 21:3 참조. 계시록 2-3장의 계속 이겨야 하는 이들과 계시록 12장 11절의 이긴 사람들은 다르지 않다.[56] 12절의 환상에 나타난 공간상 사탄의 활동 영역은 제한적이며, 시간적으로도 짧은 시간만 허용될 뿐이다. 계시록 12장은 10-12절을 중심으로 하여 아래와 같이 교차대칭구조를 보인다.[57]

서론: 여인과 용의 표적(1-3절)
A 용에게 박해 받는 여인이 도피함(4-6절)
B 하늘의 전쟁(7-9절)
C 찬송(10-12절)
A′ 용에게 박해받는 여인이 도피함(13-16절)
B′ 땅에서의 전쟁(17절)

용이 여인을 계속해서 박해하지만, 그 용은 예수님의 십자가와 부활로 패배한 존재임을 기억하는 것이 중요하다. 따라서 땅에서 여자의 후손들은 패배한 사탄의 세력과 싸운다는 사실을 기억하며 용기를 내야 한다. 하나님께서는 영적 전투에 임하는 그리스도인들의 입에 그리스도 사건으로 영원한 구원과 승리

56. 계시록 12장에서 이집트와 바벨론의 '전투 신화(combat myth)'의 흔적을 찾는 데 반대하지만, 신화적 요소를 인정하는 경우는 Aune, *Revelation 6-16*, 674, 697, 708을 보라.

57. P. H. R. van Houwelingen, "The Air Combat between Michael and the Dragon: Revelation 12:7-12 in Relation to Similar Texts from the New Testament," in *Playing with Leviathan. Interpretation and Reception of Monsters from the Biblical World*, ed. K. van Bekkum, J. Dekker, H. van de Kamp, and E. Peels (Leiden: Brill, 2017), 152-153.

의 효력이 발생함을 기리는 찬송을 심어주신다. 예수님께서 승리하셨음에도 불구하고, 소아시아의 7교회를 비롯하여 지상 교회는 계속하여 박해와 시련을 당한다. 하나님께서는 교회가 고난을 아예 직면하지 않도록 피할 길만 주시지 않고, 고난 속에서 이기고 찬송하도록 훈련시키신다.

계시록에서 동사 '이기다νικάω'가 나오는 구절들을 모두 종합한다면 교차대칭 구조에 있어 계시록 12장 10-12절이 한 중앙에 위치한다. 이를 요약하면 아래 도표와 같다.[58]

A 계시록 2장 - 이기는 자(계2:7,11,17,26; 3:5,12,21)
　B 계시록 5장 5절 - 유다지파의 사자가 이기심
　　C 계시록 6장 1-2절 - 흰 말을 타신 분이 이기심
　　　D 계시록 11장 7절 - 무저갱에서 올라온 짐승이 두 증인을 이김
　　　　E 계시록 12장 10-12절(특히 11절) - 성도는 어린양의 피와 증거하는 말씀 그리고 죽음을 불사하는 각오로 사탄을 이김
　　　D′ 계시록 13장 7절 - 바다짐승이 성도를 이김
　　C′ 계시록 15장 2절 - 어린양을 믿는 성도가 바다짐승을 이김
　B′ 계시록 17장 14절 - 그리스도께서 바다짐승과 열 뿔을 이기심
A′ 계시록 21장 7절 - 이기는 자

계시록의 찬송은 전후 문맥에 등장하는 환상을 주석하는 기능을 하는데, 성부께서 예수님의 십자가와 부활로 이루신 구원이 기저基底 저음의 역할을 한다.[59] 그리고 찬송은 하나님의 창조와 구원을 회상하거나 예상하는데, 박해받던 독자를 치유하고 위로한다.[60]

58. Coutras, "Chaos and Clairvoyance," 216.

59. J. A. du Rand, "Now the Salvation of Our God has come …: A Narrative Perspective on the Hymns in Revelation 12-15," *Neotestamentica* 27/2 (1993), 323, 329.

60. F. V. Viljoen, "Die Betekenis en Funksie van die Himnes in Openbaring 12-22," *Verbum et Ecclesia*

보링M. E. Boring에 따르면, 패배한 사탄의 활동은 마치 불쌍하게 패배를 눈앞에 둔 축구팀이 남아있는 추가 시간 3분 30초 동안 상대 팀 선수들에게 최대한 부상을 입히려는 것과 같다.[61] 김재수는 본문 안의 세계the world within the text를 탐구하면서 명제의 상호관련성을 중심으로 계시록 12장 7-12절의 사고 구조thought structure를 다음과 같이 분석한다.[62]

범주	구절	내용
상황	12:7a	그때 하늘에서 전쟁이 일어나
반응 1	12:7b	미가엘과 그의 천사들이 용과 맞서 싸우고
반응 2	12:7c	용과 그의 사자들도 이에 대항해 싸웠다.
결과	12:8a	그러나 그 용이 이기지 못하여
결과	12:8b	하늘에서 그들을 위한 장소가 더 이상 없었다.
설명 1	12:9a	그래서 옛 뱀,
설명 2	12:9b	곧 마귀와
설명 3	12:9c	사탄이라고 불리우는 자
설명 4	12:9d	온 세상을 미혹하게 하는 자
행위	12:9e	그 큰 용이 내 던져졌다.
반복	12:9f	그가 땅으로 내 던져졌다.
동반	12:9g	그리고 그의 사자들도 그와 함께 내던져졌다.
행위 반응	12:10a	또 내가 하늘에서 나는 큰 음성을 들었다.
내용	12:10b	"구원과
내용	12:10c	능력과
내용	12:10d	우리 하나님나라와

23/2 (2002), 558, 572-573.

61. Boring, *Revelation*, 159.

62. 김재수, 『명제로 읽는 요한계시록』 (서울: CLC, 2021), 93-94. 참고로 프레토리아대학교의 J. P. Louw가 계발한 남아공의 콜론(colon) 분석에 따르면, 명사 하나로는 의미의 최소 단위인 콜론을 형성할 수 없다. 또한 주어와 동사가 각각 둘이라며, 콜론은 하나가 아니라 둘로 나누어야 한다. 명제 관계를 따른 성경해석의 원칙은 V. S. Poythress, "Propositional Relations," in *The New Testament Student and His Field*, ed. J. H. Skilton and C. A. Ladley (Phillipsburg: P&R, 1982), 159-212를 참고하라.

내용	12:10e	그분의 그리스도의 권세가
공고	12:10f	이제 왔다.
이유	12:10g	그 이유는 우리 형제들을 고발하던 자가,
설명	12:10h	곧 우리 하나님 앞에서 밤낮으로 그들을 고발하던 자가 쫓겨났기 때문이다.
도구	12:11a	그러나 어린 양의 피와 자신들이 증언한 말씀으로
단언	12:11b	그들이 용을 이겼으며,[63]
방식	12:11c	그들은 죽기까지 자신들의 목숨을 사랑하지 않았다.
청자	12:12a	그러므로 하늘과 그 안에 사는 자들아,
명령	12:12b	기뻐하여라.
경고	12:12c	그러나 땅과 바다에는 화가 있을 것이다.
이유	12:12d	이유는 마귀가 자기의 때가 얼마 남지 않은 것을 알고
결과	12:12e	큰 분을 품고
결과 행위	12:12f	너희에게 내려갔기 때문이다."

계시록 12장의 여인과 계시록 18장의 음녀는 아래와 같이 대조를 보인다. 이런 이원론적 대조는 독자로 하여금 전자 편에 서는 결단을 하도록 돕는다.[64]

계시록 12장의 여인	계시록 17장의 음녀
12별의 면류관과 태양을 옷 입고 달 위에 서있는 것으로 '상세히 묘사함'(12:1)	자주 옷과 보석으로 치장한 것으로 '상세히 묘사함'(17:4)
남자 아기의 '어머니'(12:5)	음녀와 가증한 것의 '어미'(17:5)
'하나님의 백성'의 구원자이신 그리스도의 어머니(12:5)	'하나님의 백성'의 피에 취함(17:6)
여인은 '대적'에게 위협적이므로, 용은 아기를 죽이려 함(12:4)	음녀는 하나님의 '대적'인 짐승과 연대함(17:3)
'광야'로 도피한 여인(12:6)	'광야'를 거처로 삼은 음녀(17:3)

63. 계시록 12장 7-12절에서 에피소드 묶음(episode cluster)을 구성하는 요소를 두고 볼 때, 계시록 12장 10-11절이 핵심 결론(nucleus result)이라는 분석은 Persson, *A Semantic and Structural Analysis of Revelation*, 145를 보라.

64. Lee, "A Call to Martyrdom," 188-189.

계시록 11장 15절과 더불어 12장 10-12절은 계시록의 요절key verses이다. 계시록 12장 11절은 계시록의 복들과 용어와 내용을 공유한다. 첫째, "어린양의 피"는 어린양의 구원과 속죄의 은혜를 입고 두루마기를 빠는 회개의 복을 위한 근거이다계22:14. 둘째, "증언하는 말씀"은 말씀을 읽고 듣고 지키는 복과 직결된다계1:3; 22:7. 셋째, "죽기까지 자기 목숨을 아끼지 않음"은 주님 안에서 죽는 복과 연결된다계14:13. 그리고 둘째와 셋째 둘 다 해당하는 복도 있다. 다시 말해, 말씀을 증언하다가 순교한 사람들은 첫째 부활에 참여하는 복을 누린다계20:6.

교훈과 적용

교회는 주 예수님의 승리를 자신의 것으로 만들기 위해서 노력해야 한다. 이를 위해 교회는 사죄와 구원의 은혜 가운데서 복음을 전파하며, 생명을 바쳐 충성하는 일군을 길러내야 한다. '안락한 그리스도인'은 예수님의 제자로서 대가를 치르지 않으려는 나태한 구경꾼의 구호에 지나지 않는다막8:34. 그리고 하나님의 백성이 우상을 버리고 순전하게 하나님만 예배한다면, 전능하신 하나님께서 생육하고 번성하도록 인도하신다창35:2-5,11.

미국 북장로교가 조선에 파송한 부례선富禮宣; J. G. Purdy, b. 1897 선교사는 1923년 9월부터 충북 남부 지역을 중심으로 선교했다. 프린스턴신학교 출신인 부례선은 1926년 5월에 영동군 황간에서 전도하다 장티푸스에 걸려 29세의 일기로 생을 마감했다. 그는 청주에서 소천을 받은 첫 번째 선교사였다. 그의 순교 60주년을 기념하는 묘비에 "죽기까지 생명을 아끼지 아니하였도다."계12:11라고 적혀 있다. 부례선의 선교 정신을 잇기 위해 프린스턴신학교 후배인 선교사 한부선韓富善, B. F. Hunt, 1903-1992은 충북의 농촌교회 부흥을 위해 큰 활약을 했으며청주에서 사역은 1928-1936, 그 후 고려신학교 설립 때부터 교수 사역을 했다. 부례선의 묘비 옆에 청주 선교의 아버지이자 찬송가 96장의 작시자혹은 번역자인 민노아F. S. Miller를 기리는 비가 있다.[65]

65. 앞으로 학습자와 세상의 변혁을 불러일으키는 온라인 성경 및 신학교육이 필요하다. 그런 교육은 하나님 나라의 도래에 중점을 두어야 하는데, 천국의 원칙들을 이 세상의 다양한 상황에 적용하는 훈련도 필요하다. 그리고 성경에 충실한 세계관과 더불어 문화적 민감성은 세상의 이슈들에 적절히 적용되어야 한다. 이때 예수님 중심적 교육은 혼합주의의 위험을 극복하도록 도울 것이다. J. J. Knoetze, "Transforming Theological

3. 용이 여자와 후손을 핍박함(12:13-17)

> "13용이 자기가 땅으로 내쫓긴 것을 보고 남자를 낳은 여자를 박해하는지라 14그
> 여자가 큰 독수리의 두 날개를 받아 광야 자기 곳으로 날아가 거기서 그 뱀의 낯
> 을 피하여 한 때와 두 때와 반 때를 양육 받으매 15여자의 뒤에서 뱀이 그 입으로
> 물을 강 같이 토하여 여자를 물에 떠내려가게 하려 하되 16땅이 여자를 도와 그
> 입을 벌려 용의 입에서 토한 강물을 삼키니 17용이 여자에게 분노하여 돌아가서
> 그 여자의 남은 자손 곧 하나님의 계명을 지키며 예수의 증거를 가진 자들과 더
> 불어 싸우려고 바다 모래 위에 서 있더라"

예수님께서 사탄을 무장 해제시키신 은덕을 교회가 누리지만, 패배한 용은 교회를 박해한다13절; 참고. 벧전5:8. 계시록에 1회만 등장하는 동사 '박해하다διώκω'는 구약에서 애굽의 바로가 광야에서 이스라엘 백성을 추격할 때 사용되었다출14:4, 8-9 참조. 이제 용이 예수님의 승천 이후를 살고 있는 교회를 박해한다. 사도행전에서 동사 '박해하다'는 9회 나타나는데, 이 가운데 8회는 개종 전에 바울이 예수님과 교회를 핍박했다는 보고에 등장한다행9:4,5; 22:4,7,8; 26:11,14,15; 고전15:9 참조. 바리새인 바울과 사탄으로부터 박해받는 예수님과 초대교회는 일심동체와 같다.

그 임신부에게 독수리의 큰 날개가 주어졌는데, 광야로 날아가서 한 때 두 때 그리고 반 때 동안 양육을 받는다14절. 여기서 '주어졌다ἐδόθησαν'는 하나님께서 보호하시는 능력을 강조하는 신적수동태이다. 독수리의 큰 날개는 하나님의 능력으로 성취된 출애굽 사건과 이스라엘의 광야 여정에 등장한다출19:4; 신32:11; 시103:5 참조.[66] 여기서 해석학적 논의가 필요하다. 저자와 독자가 공유하는 인지

Education is not the Accumulation of Knowledge, but the Development of Consciousness," *Verbum et Ecclesia* 41/1 (2020), 5.

66. 참고로 로마군대의 깃발에 주피터를 상징하는 독수리가 그려져 있었다. 따라서 계시록 12장 14절의 여인이 받은 독수리의 두 날개는 로마군의 독수리가 새겨진 깃발과 대조되기에 반로마적 메시지를 희미하게 찾을 수 있다. 신동욱, 『요한계시록 주석』, 132.

환경 안에서 메시지를 이해해야 한다는 관련성 이론relevance theory에 입각하여 간본문적 해석을 시도한다면, 무한대의 간본문성을 전제하여 의미의 비결정성으로 귀결되는 포스트모던 간본문적 해석의 폐해를 줄일 수 있다.[67] 14절의 정관사와 형용사를 가진 "독수리τοῦ ἀετοῦ τοῦ μεγάλου"는 출애굽기 19장 4절을 통하여 요한과 독자들이 적절히 추론할 수 있는 특정한 독수리를 가리킬 수 있다계 4:7; 8:13 참조. 이 추론이 옳다면 RSV의 "the great eagle"처럼 '그 큰 독수리'라고 번역해야 한다.[68] 하지만 요한과 독자들이 출애굽기 19장 4절을 그렇게 정확하게 배경으로 염두에 두었는지는 확인하기 어렵다. 더욱이 출애굽기 19장 4절에는 독수리는 단수 명사가 아니라 남성 복수 속격ἀετῶν이다.

창조 때 하나님의 영께서 수면 위에 감돌고 계셨듯이창1:2 참조, 하나님께서는 구약과 신약의 (새) 이스라엘의 독수리로서 그들 위에 운행하시며 새롭게 창조하신다.[69] 용은 태어나면서부터 날아다닐 수 있지만, 선천적으로 날 수 없는 여자가 두 날개를 받아 날아가는 것을 제대로 따라잡지 못한다. 따라서 큰 용이 신속하게 날아갈 수 없다는 유머가 배어있는 이 장면에서 사탄은 조롱당하고 수치를 입는다.[70] 사탄의 삼위일체 가운데 정점에 있던 용이 제 기능을 하지 못하여 불명예를 겪는다면, 그의 두 부하인 바다짐승과 땅 짐승도 수치를 겪을 수 밖에 없다.

"한 때와 두 때와 반 때"는 42개월, 곧 1,260일처럼 특정한 한정된 기간을 상징한다단7:25; 12:7 참조.[71] 다니엘서에 등장하는 아람어 '때'는 '년year'과 '시간time'참고.

---

67. 참고. 강신욱, "요한계시록의 정관사 번역 문제: 요한계시록 12:14를 중심으로," 『성경원문연구』 22 (2008), 142.

68. 강신욱, "요한계시록의 정관사 번역 문제: 요한계시록 12:14를 중심으로," 157.

69. Leithart, *Revelation 12-22*, 40.

70. C. H. Han, "Suffering and Resistance in the Apocalypse: A Cultural Studies Approach to Apocalyptic Crisis," (Ph.D. Thesis, Vanderbilt University, 2014), 178.

71. 허규, "요한묵시록과 그 해석," 32. 참고로 이상주의자는 "한 때와 두 때와 반 때", 즉 3년 반을 예수님의 승천과 재림 사이의 기간으로 본다. Johnson, *Triumph of the Lamb*, 189; G. K. Beale, 『요한계시록. 하권』, *The Book of Revelation*, 오광만 역 (서울: 새물결플러스, 2016), 1096. 그러나 완전하고 충만한 기간의 절반에 해

단2:8을 동시에 가리킬 수 있는데, 계시록 12장 14절에서는 '년年'이 적절하다.[72]

교회는 광야를 지나는 나그네이지만, 새 모세이신 예수님 안에서 새 출애굽을 경험했다사40:3; 렘31:2; 겔34:25; 눅9:31; 골2:13; 계15:3 참조.[73] AD 66년 유대-로마전쟁 당시, 예루살렘교회는 반 로마적 정서가 강했던 데가볼리의 펠라Pella로 도망가서 그 전쟁이 끝날 때까지 머물렀다.[74] 하나님께서는 그분의 교회를 날개 위에 얹어서 보호하시며, 그분의 날개 아래에 보호하신다룻2:12 참조. 두 란드는 계시록 12장 13절 이하를 구약과 유대문헌에 나타난 (두 번째) 출애굽의 관점에서 다음과 같이 설명한다.

> 해산한 여인이 광야에 머무는 것은 또 다른 출애굽, 즉 이스라엘의 회복을 회상하게 만든다(사32:15; 35:1; 40:3; 43:19-20). 유대인들의 기대에 따르면, 하나님께서는 종말에 메시아께서 다시 오시기를 기다리며 광야에 머무는 그분의 백성을 보호하신다(미드라쉬 라바 출2:4). 이 기대는 광야에서 메시아를 기다리던 쿰란공동체에서도 볼 수 있다(1QM 1:2-3; 1QS 8:12-15).[75]

사도 요한 당시에 일부 유대인들은 은둔하면서 메시아의 도래를 기다렸지만, 소아시아 7교회는 세상을 하나님 나라로 변혁시키는 사명을 수행하면서 승천하신 예수님의 보호를 받으며 주님의 재림을 기다렸다.

뱀, 곧 용이 여자 뒤에서 강물을 토하여 익사시키려 시도한다15절; 참고. 시124:4-5; 렘47:2. 예수님께서는 입에서 칼을 내뿜으시지만계1:16; 19:15 참조 용은 물을 토해내는데, 그것은 사탄의 거짓 교훈을 가리킨다. 다시 말해, 용은 거짓 교훈이라는

당하는 상징적 기간인 3년 반을 이렇게 긴 기간으로 보기 쉽지 않다.

72. Song, "Tribulation Languages in the Book of Daniel and Revelation," 230.

73. Aune, *Revelation 6-16*, 705.

74. 참고. Blaney, 『베드로전서-요한계시록』, 393; Barbaro, 『요한묵시록 주해』, 186; 김철손, 『요한계시록』, 242; Aune, *Revelation 6-16*, 706.

75. Du Rand, *Die A-Z van Openbaring*, 398.

'기만의 강'으로 교회를 파멸시키려 한다.[76] 출애굽 주제로 볼 때, 반석에서 물이 나와서 이스라엘 백성이 해갈했는데시78:16 참조, 용은 하나님의 백성을 익사시키려 한다시18:4; 144:7-8 참조.[77] 예수님께서는 새 이스라엘 백성을 위한 종말론적 반석이시다고전10:4 참조. 사도 요한은 다른 서신에서 이단, 곧 적그리스도의 미혹을 경고했는데, 다른 복음으로 미혹하는 이단들의 배후에 사탄이 있다요일2:18; 4:1-6; 요일1:7 참조.

그 땅, 곧 불신 유대인들이 용이 토해낸 강물을 삼킨다민16:32; 신11:6 참조. 물론 땅, 곧 불신 유대인들이 교회가 좋아서 용의 박해로부터 그녀를 도운 게 아니다. 결과만 두고 볼 때, 용의 가르침을 불신 유대인들이 수용함으로써 진리의 공동체인 교회는 보호받았다. 용의 입에서 뿜어 나온 물을 그 땅이 입을 벌려 마신다. 용과 그 땅이 서로 입을 맞춤으로써 그 땅은 용의 조종을 받는 짐승계13:11 참조과 거짓 선지자를 배출한다계19:20 참조.[78] 사도 요한 당시에 땅에 거하는 자들인 불신 유대인들은 할례를 행함으로 의롭게 되는 이행칭의以行稱義와 같은 사탄의 가르침을 받아들여 전파했다롬2:19; 3:20,27-28 참조. 쿰란문서 가운데 4QMMT의 결론은 사람이 의롭게 되고 자신과 이스라엘의 유익happy ending을 위해서라면, 하나님 앞에 올바르고 유익한 것, 즉 율법의 행위를 실천해야 한다고 주장한다.[79] 다시 말해 분파적 구원론을 견지한 쿰란공동체는 하나님과 맺은 언약 안에 머물고 최종 칭의를 얻기 위해서는 의의 선생이 가르친 율법의 규범을 실천해야 한다고 믿었다. 요한 당시의 유대인의 다양한variegated 종파들 안에 정도의 차이가 있더라도 이행칭의라는 사탄이 뿜어낸 유독성 교훈은 공통분모로 작용했다비교. 갈2:16; 3:5-6. 계시록의 수신자들은 이신칭의라는 구원의 은혜를 하나님의 은혜를 덧입어 박해를 인내하고 하나님 나라를 확장하는 헌신을 통해 증

---

76. Stefanovic, 『예수 그리스도의 계시』, 412.
77. Koester, *Revelation*, 566.
78. Leithart, *Revelation 12-22*, 43.
79. Y. Lee, "Getting in and Staying in: Another Look at 4QMMT and Galatians," *Evangelical Quarterly* 88/2 (2016-2017), 131-134, 138.

명해야 했다.

용은 그 여인에게 분노하여 그녀의 남은 자손τῶν λοιπῶν, the descendants, 곧 하나님의 계명을 지키며 예수님의 증거를 가진 이들과 싸우려고 바다 모래 위에 섰다17절; 참고. 계14:12. 여기서 예수님을 증언하는 일은 매우 능동적인 의미인데, 하나님의 계명을 종말론적인 그리스도의 법으로 준수함으로써 적대적인 세상에 밝히 드러내는 작업이다요14:15; 15:10,12; 요일2:3 참조.[80] 그리스도께서 성취하신 새 언약의 조항에 순종하고 전파하는 그리스도인들은 언약의 충실한 봉신들covenantal vassals이다.[81] 하지만 사탄은 애굽의 바로처럼 여자의 남은 후손들을 추격하고 박해하기에 여념이 없는데, 복음의 실천과 전파는 사탄의 나라의 종말을 초래할 것이기 때문이다.

요한은 지상의 역사적 예수님께 관심을 보이는데, 계시록에 '예수'는 9회1:9(×2); 12:17; 14:12; 17:6; 19:10(×2); 20:4; 22:16, "그리스도"는 서론과 결론에만 5회 등장한다1:1,2,5; 22:20,21.[82] 그리스도인은 공사역 중에 예수 그리스도께서 증거하신 하나님 나라의 복음을 증언해야 하는데, 그것은 예수님의 죽으심과 부활의 복음이다. 이런 증언은 사탄의 저항에 직면하게 된다. 박해를 두려워하여 그리스도인이 증언하는 일을 소홀히 한다면, 그들의 신앙과 소망도 약해질 수밖에 없다. "계시록 12장 17b절은 뱀의 머리를 치명적으로 상하게 할 여자의 개인적메시아적이고 집단적 후손을 예언하신 하나님에 대해 언급한 창세기 3장 15절 약속의 부분적 성취이다. 창세기 3장의 배경은 에덴동산처럼 뱀이 여인을 박해할 뿐 아니라 속임수를 통하여 대적한다는 계시록 12장 15-16절의 결론을 확신시켜준다."[83]

계시록에서 남은 자λοιπός 사상이 중요하다. 두아디라교회에 거짓 여선지자 이세벨의 교훈을 거부한 남은 자들이 있었다계2:24 참조. 사데교회에는 자신의 옷

---

80. 참고. Podeszwa, "Syntagma 'Mieć Świadectwo Jezusa' w Apokalipsie Janowej," 328-329.
81. Campbell, "Findings, Seals, Trumpets, and Bowls," 90.
82. Podeszwa, "Syntagma 'Mieć Świadectwo Jezusa' w Apokalipsie Janowej," 330, 336-339.
83. Beale and McDonough, "요한계시록," 593.

을 더럽히지 않은 남은 자들이 있었다계3:4 참조. 계시록의 요절이 강조하듯이, 이런 남은 자들은 자기의 목숨을 아끼지 않고 하나님의 계명을 지키며, 예수 그리스도를 증거하는 그리스도인들이다계12:11 참조. 사도 요한이 염두에 둔 보편적 교회를 고려해 볼 때, 소아시아 7교회의 남은 자들은 공동체적으로 연대하여 인내하며 박해와 이단의 유혹에 타협하지 않고 하나님 나라를 현시하기 위해 어린양만 따라가야 했다.[84] 그런데 주로 1990년대부터 인기를 끈 후기식민주의 해석과 반제국적 해석은 불의한 권력에 대한 그리스도인들의 물리적이고 집단적인 저항을 부추기는 경향이 적지 않기에, 해방신학이나 사회복음 그리고 이데올로기 해석과 궤를 함께 한다.[85] 하지만 계시록은 수신자들에게 악한 제국에 맞서서 집단적으로 무장하여 폭력적으로 저항하라고 부추기지 않는다. 남은 자들의 무기는 복음에 순종하며 증언함, 어린양께서 성취하신 구원의 은혜, 그리고 순교 정신이다계12:11 참조.

개역개정의 계시록 12장 17절을 GNT 5판, 다수사본성경, 그리고 로마 가톨릭 성경은 17절과 18절"그 후에 용은 바닷가 모래 위에 섰다(ἐστάθη)"로 나눈다.[86] 계시록 12장의 임신부와 그녀의 후손은 계시록 21-22장의 어린양의 신부인 새 예루살렘성과 동일하다.

바다에 용이 서 있다고 밝히는 계시록 12장 17절에서 사탄의 박해는 팔레스타인에 국한되지 않고 로마제국 전역으로 확장됨을 분명히 알 수 있다. 따라서 계시록 13장 이후로도 불신 유대인의 심판이 주요 주제라고 주장하는 철저 부분적 과거론은 오류를 보인다.[87] 로마제국은 '우리의 바다'라 불린 지중해를 중앙에 두

84. 참고. G. Carey, "What counts as 'Resistance' in Revelation?" *Perspectives in Religious Studies* 45 (2018), 209.

85. 참고. Carey, "What counts as 'Resistance' in Revelation?" 210-212.

86. Beale, 『요한계시록. 하권』, 1152. Contra 계시록 12장 17(18)절에서 '내가 섰다(ἐστάθην)'라고 다수사본을 따르는 Van de Kamp, *Openbaring*, 306.

87. 송영목, "간본문성의 틀에서 본 요한계시록 12-13장의 부분적 과거론적 이해," 『신약연구』 3/3 (2004), 268-291.

고 펼쳐졌는데, 소아시아인의 눈에 제국의 군함과 상선이 서쪽 바다 수평선 위로 올라오는 것으로 보였다.[88] 참고로 계시록 12장의 주요 등장인물들이 계시록 13-22장에서 어떻게 발전하여 다시 등장하는가는 아래의 도표가 보여준다.[89]

계시록 12장의 주요 인물	계시록 13-22장에서 발전
여인(12:1)	어린양의 신부(19:7-8), 새 예루살렘성(21:2-22:5)
여인의 자손(12:17)	바다짐승에게 정복당한 이들(13:7), 시온산에 서 있는 144,000(14:1), 음녀가 그들의 피를 마심(17:6), 그리스도와 천년동안 통치(20:4)
용(12:3)	용은 천년동안 결박당함(20:1-3), 불 못에 던져질 용(20:10)
용의 하수인 (땅으로 던져진 별들, 12:4)	파멸될 음녀 바벨론(14:8; 17-18장), 바다짐승과 거짓 선지자는 불 못에 던져짐(19:20)

위의 등장인물을 고려하여 그리스도를 주체로 삼을 때, 계시록의 내러티브 아래에 흐르는 심층구조는 아래와 같다.[90]

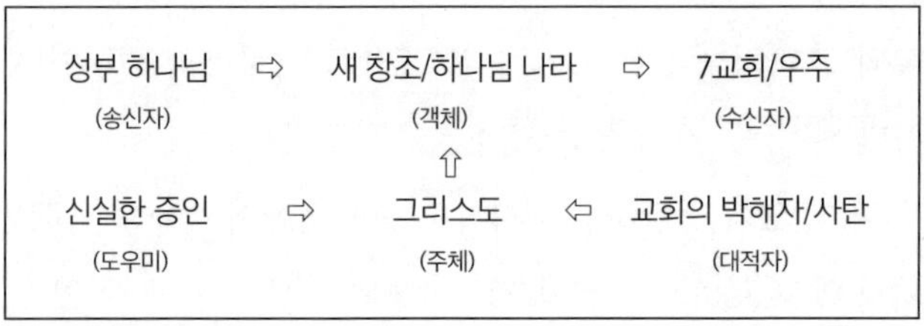

성부 하나님 (송신자)	⇨	새 창조/하나님 나라 (객체)	⇨	7교회/우주 (수신자)
		⇧		
신실한 증인 (도우미)	⇨	그리스도 (주체)	⇦	교회의 박해자/사탄 (대적자)

위의 심층구조와 정반대의 심층구조도 있다. 장영은 그리스도가 아니라 용

88. 강대훈, "우상과 우상숭배: 요한계시록 13장의 두 짐승," 『개신논집』 19 (2019), 82-83.

89. Tavo, Woman, *Mother, and Bride*, 337. 참고로 구약의 여러 간본문(신32장; 삿5장; 삼하22장; 시74편; 합3장 참조)에서 확인할 수 있듯이, 계시록 12장 13-17절도 거룩한 전쟁, 출애굽 주제, 그리고 용과 여자 간의 대결이라는 주제가 복합적으로 섞여 있다. 김혜란, "요한계시록 12장에 나타난 세 모티프(motif) 중첩사용 연구: 여자-뱀 후손의 대결 구도 모티프, 출애굽 모티프, 거룩한 전쟁 모티프를 중심으로," (Ph.D. 논문, 웨스트민스터 신학대학원대학교, 2018), 48, 313.

90. Jang, "A Narratological Approach to the Structure of the Apocalypse of John," 158.

을 주체하여 계시록의 심층구조를 아래와 같이 제시한다.[91]

성부 하나님	⇨	종말론적 전쟁	⇨	7교회/인류
(송신자)		(객체)		(수신자)
		⇧		
짐승/바벨론/왕들	⇨	용	⇦	그리스도/미가엘/그리스도인
(도우미)		(주체)		(대적자)

장영이 위에서 제시한 심층구조에는 몇 가지 문제가 있다. 첫째, 용은 예수님의 재림 직전에서야 '종말론 전쟁'을 일으키지 않는다. 다시 말해 용은 계속 쉬다가 주님께서 재림하실 무렵이 다가오면 기지개를 켜고 활동하지 않는다. 용은 종말, 즉 신약시대 전체 기간에 항상 일하고 있다. 둘째, 용의 도우미인 "짐승과 바벨론과 왕들"은 정체성을 분명히 하고 서로 구분이 필요하다. "짐승"은 바다짐승과 땅 짐승으로 구분되어야 한다. 그리고 "바벨론"은 땅 짐승과 동일 인물이다. 또한 "왕들"은 음녀 바벨론과 무역하던 "땅의 왕족들"을 가리키거나계 19:23, "땅의 임금들"계19:19이라 불리며 바다짐승에 합세하여 예수님과 그리스도의 군대를 대적한다. 그러므로 "왕들"은 음녀 바벨론, 즉 땅 짐승의 세력으로 볼 수 있다. 셋째, 천사기독론에서 보면, 용의 대적자인 그리스도와 미가엘은 동일 인물이다.

요한계시록의 중심 구절은 하나님 나라의 확장과 그 방법을 설명하는 계시록 11장 15절과 12장 10-12절이다. 계시록 내러티브의 중앙에 위치한 이 구절들은 계시록의 다른 구절들과 내적 간본문성을 가진다. 요약하면 다음의 표와 같다.

91. Jang, "A Narratological Approach to the Structure of the Apocalypse of John," 159.

	계시록 11장 15절	계시록 12장 10-12절
주제	세상 나라를 성부와 성자의 나라로 변혁됨	세상을 천국으로 변혁하는 수단인 어린양의 피, 복음 증언, 그리고 순교적 결단
내적 간본문	왕이신 성부께서 만물을 창조하시고 다스리심(4:11; 19:6); 죽임당하신 어린양께서 모든 족속, 언어, 백성, 나라를 사셔서 제사장 나라를 통해 다스리심(1:6; 5:9-10,12-13), 많은 백성, 나라, 언어, 왕들이 말씀을 들음(10:11), 예수님께서 철장으로 만국을 다스리심(12:5), 그리스도와 성도의 천년 통치(20:4), 신천신지(21:1), 땅의 왕들이 새 예루살렘성 안으로 들어옴(21:24)	① 어린양의 피: 피로써 죄에서 해방하심(1:5; 5:9), 십자가에서 찔리심(1:7), 죽임을 당하신 어린양(5:6,12), 어린양의 피로 옷을 희게 씻음(7:14) ② 복음 증언: 말씀을 지키는 복(1:3; 22:7), 충성된 증인이신 예수님(1:5; 19:13), 양날 선 검(1:16; 2:12; 19:15), 충성된 증인 안디바(2:13), 증언 때문에 죽임당한 순교자들(6:9), 말씀을 먹고 전함(10:10-11), 두 증인의 예언(11:3), 하나님의 계명과 예수님의 증언을 가진 사람들(12:17), 천사와 요한은 예수님을 증언하는 종들(19:10; 22:9) ③ 순교자적 결단: 죽도록 충성하라(2:10), 안디바(2:13), 죽임당하신 어린양(5:6), 제단 아래 순교자들(6:9), 두 증인의 순교(11:7), 바다짐승에게 경배하지 않는 순교자들(13:15), 주님 안에서 죽는 복(14:13), 음녀 바벨론이 죽인 성도(18:24; 19:2; 21:8), 말씀 때문에 목 베임을 당한 사람들(20:4)

교훈과 적용

교회를 미혹하는 사탄의 실체를 분별하자. 니므롯을 중심으로 사람들이 시날 평지에 바벨탑을 쌓아 하나님의 공간인 하늘을 침범했듯이, 사탄은 공중의 권세를 잡아 세상의 임금 노릇을 한다창10:10-12; 11:9 참조. 그리고 사탄은 예수님의 신부인 신약 교회를 미혹하고 파멸시키려 끝까지 열중한다. 그리스도인은 예수님에 의해서 이미 패배했지만 여전히 활약 중인 사탄의 전략을 잘 파악해야 한다. 계시록 12장을 올바르게 적용해야 한다는 사실은 러시아의 소수 기독 종파를 통해서 교훈을 받는다. 계시록 12장의 해를 옷 입은 여자는 용에게 박해를 받았지만 하나님의 구원을 경험했기에, 18세기 말부터 20세기 초까지 러시아에서 박해 받던 소수 기독교 공동체들인 몰라깐스Molakans와 두카볼스Dukhobors의 중요한 상징으로 활용하기도 했다. 그들은 박해, 기근, 콜레라의 확산, 그리고 러일전쟁1904-1905을 겪었는데, 러시아 정교회의 예전을 거부하고, 주님의 임박한 재림을 기다리며 신비적인 성령운동에 심취했고,

무기를 소각하고 군복무를 피하기 위해 국외로 대거 이주했다.[92] 계시록은 그리스도인으로 하여금 사회생활을 부정하거나 도피하라고 가르치지 않으며, 시한부 종말론과 사이비 성령 운동도 반대한다.

92. 참고. J. E. Clay, "The Woman Clothed in the Sun: Pacificism and Apocalyptic Discourse among Russian Spiritual Christian Molokan-Jumpers," *Christian History* 80/1 (2011), 109-114.

요한계시록 13장

<본문의 개요>

사도 요한은 본격적으로 계시록의 1차 독자들을 박해하는 세력이 누구인지 계시록 13장에서 소개한다. 네로 황제를 정점으로 하는 로마제국은 황제숭배를 강요했고계13:1-10, 불신 유대인들은 로마제국과 사탄을 숭배하면서 성도를 박해했다계13:11-18.[1] 계시록 13장의 이전 문맥은 교회와 싸우려고 바다 모래 위에 선 용의 모습이다계12:17. 계시록 13장의 이후 문맥은 어린양의 승리계12:7-9 참조와 교회가 새 노래를 부르는 것이다계14:1-3. 전후 문맥상 계시록 13장은 패배당한 용이 두 하수인을 두고서 맹렬하게 교회를 박해하는 상황을 소개하는데, 뒤이어지는 내러티브는 어린양 덕분에 승리하는 교회의 영광스런 모습을 대조적으로 보여준다.

<내용 분해>

1. 바다에서 올라온 짐승(13:1-10)
2. 바다에서 올라온 짐승을 위해 일하는 땅에서 올라온 짐승(13:11-18)

---

1. 구조가 메시지를 더 분명하게 만드는 역할을 한다고 보는 Lee는 계시록을 교차대칭구조로 파악하면서, '결단의 순간(moment of decision)'을 중심 주제로 삼는 계시록 13-14장을 중앙에 배치한다. 이 두 장은 특히 독자들로 하여금 '인내와 믿음'(계13:10; 14:12)으로 짐승 대신에 어린양을 따름으로써 구원을 누릴 것을 결단하라고 촉구한다. Lee, "A Call to Martyrdom," 178.

1. 바다에서 올라온 짐승(13:1-10)

"1내가 보니 바다에서 한 짐승이 나오는데 뿔이 열이요 머리가 일곱이라 그 뿔에
는 열 왕관이 있고 그 머리들에는 신성 모독하는 이름들이 있더라 2내가 본 짐승
은 표범과 비슷하고 그 발은 곰의 발 같고 그 입은 사자의 입 같은데 용이 자기
의 능력과 보좌와 큰 권세를 그에게 주었더라 3그의 머리 하나가 상하여 죽게 된
것 같더니 그 죽게 되었던 상처가 나으매 온 땅이 놀랍게 여겨 짐승을 따르고 4
용이 짐승에게 권세를 주므로 용에게 경배하며 짐승에게 경배하여 이르되 누가
이 짐승과 같으냐 누가 능히 이와 더불어 싸우리요 하더라 5또 짐승이 과장되고
신성 모독을 말하는 입을 받고 또 마흔두 달 동안 일할 권세를 받으니라 6짐승이
입을 벌려 하나님을 향하여 비방하되 그의 이름과 그의 장막 곧 하늘에 사는 자
들을 비방하더라 7또 권세를 받아 성도들과 싸워 이기게 되고 각 족속과 백성과
방언과 나라를 다스리는 권세를 받으니 8죽임을 당한 어린 양의 생명책에 창세
이후로 이름이 기록되지 못하고 이 땅에 사는 자들은 다 짐승에게 경배하리라 9
누구든지 귀가 있거든 들을지어다 10사로잡힐 자는 사로잡혀 갈 것이요 칼에 죽
을 자는 마땅히 칼에 죽을 것이니 성도들의 인내와 믿음이 여기 있느니라"

계시록 13장의 용, 바다에서 올라오는 짐승, 그리고 땅에서 올라오는 짐승에 관한 입장을 들어보자. 계시록 12장 9절이 용을 사탄이라고 명시적으로 밝히기에 이와 관련하여 별 이견은 없다. 역사주의자들은 바다짐승을 로마제국으로 본다. 실제로 다니엘 7장의 네 번째 짐승의 모습과 비슷하다. …… 미래론자들은 바다짐승을 로마 혹은 이방 세력으로 본다.[2] 이상주의적 해석은 바다짐승을 사탄의 휘하에 있는 세상의 정부 권력으로 본다. 또한 로마에서도 볼 수 있고 나중에는 적그리스도에게서도 이러한 박해의 권세를 볼 수 있다고 주장한다.[3] 역사주의자는 두 짐승(계13:1,11)에 관하여 자기네 서클 안에서

---

2. 참고로 바다짐승을 주님의 재림 직전의 적그리스도와 같은 인물로 이해하는 경우는 D. K. K. Wong, "The Beast from the Sea in Revelation 13," *Bibliotheca Sacra* 160 (2003), 348; Fanning, *Revelation*, 371; 이한수, 『요한계시록』, 241을 보라.

3. 이상주의적 해석의 주요 문제점은 "반드시 속히 일어날" 어떤 구체적인 사건을 고려하지 못한 것이다. Tan, "A

도 의견이 상이하다. 하지만 둘째 짐승에 관해서는 교황적 로마(papal Rome) 혹은 로마 교회의 제사장직이라는 데 의견의 일치를 본다. 역사주의자는 계시록 13장 11절의 새끼 양 같은 두 뿔을 그레고리 황제(AD 590) 이래로 천주교의 주교들이 양모로 만든 큰 외투를 입고 'Goruti(the horned ones)'라는 관을 쓴 것으로 본다(양의 옷을 입고 오는 거짓 선지자들, 마7:15; 계16:13).[4] …… 미래론자들은 땅 짐승의 두 뿔을 바다짐승만큼은 안 되는 힘을 상징하고, 정치적 권세자를 상징하는 바다짐승과는 달리 땅 짐승은 종교적 지도자로 본다(땅 짐승은 거짓 선지자이다; 계16:13; 19:20; 20:10). 혹자는 땅 짐승을 인물이 아니라 개념으로 보면서, 세속 권력을 숭배하도록 만드는 거짓 종교의 역할 혹은 사악한 목적을 위해 조직화된 종교로 보기도 한다. …… 하지만 많은 미래론자들은 땅 짐승을 로마 교회의 우두머리로 보기도 한다(Walvoord). 혹은 땅 짐승을 적그리스도로 본다(Gaebelein). 이상주의자는 거칠고 사나운 바다짐승과는 달리 온유한 모습으로 속이기에 적절한 땅 짐승을 역사 전체에 등장하는 거짓 종교와 거짓 철학으로 본다(Hendriksen). 혹은 이 짐승을 세상 권력의 종으로서의 거짓 종교로 보기도 한다(Wilson).[5]

요한은 뿔 10개와 머리 7개를 가진 바다에서 올라오는 짐승ἐκ τῆς θαλάσσης θηρίον을 보았다1a절; 참고. 단7:3. 10뿔에 10왕관이 있고, 7머리에는 하나님을 모독하는 이름이 적혀 있다1b절. "바다θάλασσα"는 열방을 상징하는데계17:15 참조, 요한 당시는 짐승 같은 네로 황제가 다스리던 로마제국을 가리킨다솔로몬의 시편 2:29-30 참조.[6] 따라서 바다에서 올라오는 짐승은 소아시아 7교회를 박해하던 로마제국을

Defense of a Futurist View of the Two Witnesses in Revelation 11:3-13," 81.

4. 안식교를 중심으로 볼 수 있는 역사주의적 해석은 주관적이고 자의적 해석으로 인해 파산을 맞이한다는 분석은 Stander, "Preterism, Futurism or Historicism?" 264를 보라.

5. 송영목, "요한계시록의 전통적 4가지 해석의 비교 및 분석," 117-118. 참고로 존 웨슬리(d. 1791)도 루터와 칼뱅처럼 바다짐승과 666을 천주교 교황으로 보는 세상-교회 역사적 해석을 따른다. 참고. 신동욱, "존 웨슬리의 요한계시록 해석의 현대적 적용을 위한 시도," 537.

6. Boring, *Revelation*, 155.

상징하는데, 이것은 교부 이레니우스d. 202와 히폴리투스d. 236의 견해이기도 하다.[7] 현존하는 최고最古의 계시록 주석을 남긴 빅토리누스는 바다짐승을 부활한 네로로 보았다.[8] 바다가 열방을 상징하는 것은 구약의 해석이었다. 이에 대해 레이하르트는 세 구절을 적절하게 제시한다. 첫째, 예레미야 51장 34-35절은 예루살렘을 삼킬 바벨론의 느부갓네살 왕을 바다 괴물로 묘사한다. 둘째, 에스겔 32장 2절은 애굽의 바로 왕을 바다 가운에 있는 괴물에 비유한다. 셋째, 요나 1장 17절의 선지자 요나를 삼킨 지중해의 큰 물고기는 이스라엘을 삼키고 내뱉을 앗수르제국을 상징한다.[9]

로마제국은 완전하고 충만한 통치와 권세를 상징하는 7머리와 10뿔을 가지고 있던 당대 최강대국이었다. "머리"는 왕을 상징하므로계17:10 참조, 일곱 머리는 로마제국의 일곱 황제를 가리킨다.[10] 네로와 같은 로마황제는 제국의 우두머리로서 '신', '신의 아들', '구주', 그리고 '주'라고 불리면서 황제숭배를 강요함으로써 신성모독을 저질렀다. 용계12:3 참조은 7왕관을 착용하지만, 바다짐승의 머리에는 왕관이 10개나 된다. 얼핏 보면, 바다짐승이 용보다 더 강력한 권세를 가지고 있는 듯하나, 숫자 7과 10은 동일하게 상징적으로 완전과 충만을 가리킨다창4:24; 삼상1:8; 삼하15:16; 18:10; 욥19:3; 시12:6; 79:12; 119:164; 사4:1; 5:10; 11:15; 30:26; 마18:21-22 참조. 역사적으로 '영웅 제의hero cult'에 뿌리를 둔 '통치자 제의ruler cult'는 고대 이집트제국이 아니라 알렉산더 당시의 그리스제국 때부터 본격화했다고 볼 수 있다.[11]

---

7. 남아공 노쓰-웨스트대학교의 Jordaan에 의하면, 계시록에서 "하늘"이 하나님의 거처 혹은 예배의 장소처럼 긍정적인 은유로 사용되는 것과 달리, "바다"는 짐승이 출현하는 부정적인 장소라는 은유로 이해한다. 그러나 Jordaan은 "바다"가 의미하는 바를 설명하는 계시록 17장 15절을 간과한다. G. J. C. Jordaan, "Cosmology in the Book of Revelation," *In die Skriflig* 47/2 (2013), 6.

8. Liu, "The Backgrounds and Meaning of the Image of the Beast in Rev 13:14, 15," 26-27.

9. Leithart, *Revelation 12-22*, 51. 참고로 바다짐승을 바다에서 돌고래 형상으로 올라와서 두 도시 밀레도와 델피를 건설한 항해와 선원의 신 아폴로로 이해한 경우는 Coutras, "Chaos and Clairvoyance," 171을 보라.

10. Contra 바다짐승의 10뿔을 로마의 10황제로 해석하는 허규, 『요한묵시록 바르게 읽기』, 133.

11. Van der Toom, Becking and Van der Horst (ed), *Dictionary of Deities and Demons in the Bible*, 711-715. 참고로 요한이 계시록 13장에서 고대 신화를 황제숭배 사상과 결합했다는 주장은 S. J. Friesen, "Myth and Symbolic Resistance in Revelation 13," *JBL* 123/2 (2004), 312를 보라. 그러나 계시록 12장이 전투 신화를 차

율리우스 시저와 네로 황제 등은 그리스제국의 통치자 제의를 수용하여 황제숭배emperor worship로 발전시켰다.

용으로부터 권세를 받은 바다짐승은 표범과 비슷한데, 발은 곰 발 같고, 입은 사자의 입 같았다. 다니엘도 바다에서 올라온 사자, 곰, 표범, 그리고 다른 강력한 짐승의 환상을 보았는데단7:1-8 참조. 각각 바벨론, 페르시아, 그리스, 그리고 로마제국을 가리킨다. 계시록 13장 1-2절의 짐승은 다니엘 7장 1-8절의 네 짐승을 종합한 강력한 로마제국을 가리킨다. 사자는 로마 황제의 상징으로 종종 등장하는데유대고대사 18.228 참조, 이것은 유다 지파의 사자이신 예수님의 패러디이다.[12] 따라서 바다짐승을 계시록에 등장하지 않는 '적그리스도'와 연결하지 않도록 주의해야 한다.[13] 2절의 사자의 입은 계시록 5장 5절의 유다 지파의 사자이신 예수님에 대한 패러디이다. 사도 바울은 하나님께서 세상 정부에게 그분의 권세를 부여하셔서 악을 제어하신다고 밝히지만롬13:1-4 참조, 요한은 로마제국의 권세가 붉은 용에게서 나와서 악을 행한다고 언급한다. 신약성경에 102회 그리고 계시록에 21회 등장하는 명사 "권세ἐξουσία"는 계시록 13장 2, 4, 5, 7, 12절에 자주 반복된다. 하나님께서는 그리스도, 천사, 교회, 심판의 대행자. 악의 세력, 그리고 사망 등에게 권세를 부여하셔서 그분의 통치를 이루신다계2:26; 6:8; 9:3(×2),10,19; 11:6; 12:10; 14:8; 16:9; 17:12,13; 18:1; 20:6; 22:14 참고.[14] 아래 도표는 다니엘 7장이 계시록에 암시된 사항을 요약한 것인데, 권세를 가지고 성도를 박해하던 로마제국은 결국 성부와 인자 예수님의 심판을 받는다.[15]

용한 것으로 볼 수 없듯이, 계시록 13장도 신화를 자료로 활용했다고 볼 이유는 없다.

12. 박영식, 『오늘 읽는 요한묵시록』, 293.

13. Contra Schreiner, "Revelation," 673; Kistemaker, *Revelation*, 379; Osborne, *Revelation*, 512.

14. 계시록 총 403(혹은 404)절의 한 중앙은 계시록 12장 7-12절인데, 12장 10절에 "하나님의 구원, 능력, 나라, 그리스도의 권세"가 의미심장하게 함께 등장한다. 요한은 "권세"를 적재적소에 배치하여 하나님의 절대 권세가 펼쳐지는 신적 드라마를 더 생생히 묘사한다(계20:4의 "보좌"와 "권세" 참조). L. I. Hangyas, "The Use and Abuse of Authority: An Investigation of the [Exousia] Passages in Revelation," (Ph.D. Thesis, Andrews University, 1997), 115-118, 120, 155.

15. Pattemore, *The People of God in the Apocalypse*, 120.

다니엘 7장	계시록의 다니엘 7장 암시
1. 바다 위 바람(2절)	7:1
2. 짐승들의 출현(3,17절)	11:7; 13:1; 17:8
3. 짐승들의 특징(4-7절) 첫째 짐승(4절) 둘째 짐승(5절) 셋째 짐승(6절) 넷째 짐승(7,19,23절) 10뿔(7c,20a,24a절)	13:2 13:1 12:3; 13:1; 17:3,12,16
4. 작은 뿔(8,11,20-21,24-25절) 거만한 말(8c,11a,20c,25a절) 성도와 싸움(21,25절) 3년 반(25c절)	11:7; 12:7; 13:5,7; 17:12 13:5 12:7,17; 13:7; 17:14; 20:9 11:3; 12:14; 13:5
5. 보좌 위 옛적부터 계신 하나님(9-10ab,22절)	1:14-16; 4:1-4; 5:11; 7:9; 20:4,11-12
6. 심판의 법정(10c-12,22,26절) 열린 책(10c절) 짐승이 불탐(11절)	20:4,12 3:5; 5:6; 10:2,8; 13:8; 17:8; 20:12,15; 19:20; 20:10,15
7. 인자의 도래(13절)	1:7,13; 5:6-7; 14:14
8. 인자의 권세(14절) 백성, 나라, 언어(14b절) 성도가 나라를 얻음(18,22,27절)	1:6; 2:28; 3:21; 5:12-13; 7:17; 11:15 5:9; 7:9; 10:11; 11:9; 13:7; 14:6; 17:15 1:6; 2:28; 3:21; 5:10

바다짐승의 7머리 중 하나가 상처를 입어 죽은 거 같았지만 회복되자, 온 땅이 놀라며 그 짐승을 따랐다3절. 3절은 그 짐승의 7머리 중 하나가 치명상, 즉 '죽음의 재앙ἡ πληγὴ τοῦ θανάτου'을 당했다고 밝힌다. 계시록에서 '재앙πληγή'은 항상 하나님의 심판을 가리킨다. 여기서도 하나님께서 바다짐승의 머리 하나를 치셨는데, 그것은 원시복음창3:15의 성취이기도 하다사27:1; 계13:14 참조.[16] 제6대 황제 네로가 AD 68년에 자살한 후, 1년 반 남짓한 기간 동안 후임 세 황제도 단명短命했는데, 그 결과 로마제국이 패망할 정도로 혼돈을 겪었다. 하지만 10대 황제

16. Beale and McDonough, "요한계시록," 597.

베스파시안이 로마제국을 평정했다.[17] 네로 사후에 로마제국은 잠시 내전으로 휘청거렸지만 안정을 되찾았으므로, 온 땅, 곧 온 유대인들이 영원한 제국처럼 여겨진 로마제국을 숭배했다. 바다짐승의 머리 하나가 죽게 되었다가 회복된 것은 예수님께서 실제로 죽으신 후 부활하신 것의 불완전한 모방이다.[18] 실제로 죽으시고 부활하신 예수님께서는 모든 피조물의 경배와 경외를 받으시기 합당하시다. 그리고 로마제국은 권력 다툼과 내전으로 불안정해졌지만, 그리스도의 나라는 영원토록 견고하다히12:28 참조.

3절은 네로가 자살한 것이 아니라 파르티아 군대를 이끌고 로마를 침공할 것이라는 소위 네로 귀환 신화*Nero redivivus myth*와 무관하다이사야의 승천기 4:2, 4 참조.[19] 그런데 AD 88년경에 수사가rhetor 디오 크리소스톰Dio Chrysostom의 『아름다움에 대하여』에 따르면, 많은 사람이 네로의 죽음에 대해 의심하고 그가 여전히 살아 있다고 믿었다.[20] 디오 크리소스톰은 도미티아누스 황제로부터 유배당했기에, 네로의 귀환을 통해서 자신이 당한 처우에 불만을 표출했을 수 있다. 그런데 왜 이런 신화가 발생했으며, 여전히 학자들의 지지를 받는가? AD 68년 1월에 31세의 네로는 단검으로 자기 목을 찔러 자살했는데, 그의 시체를 본 사람은 극소수였다수에토니우스의 네로 49:3-4 참조.[21] 따라서 네로가 실제로 자살하지 않고 동쪽 파르티아로 도망가서 볼로가에수스Vologaesus 왕의 보호를 받다가, 로마를 정복하기 위해서 돌아올 것이라는 소문이 퍼졌다. 로마 역사가들인 타키투스와 카시우스에 따르면, 네로가 자살한지 1년 만에 자칭 네로가 출현했고, 20년 안에 네

---

17. 계시록 13장 3절에서 바다짐승의 머리 하나가 치유된 것은 사탄이 아니라 하나님의 역사라는 설명은 G. H. Harris, "Can Satan raise the Dead?: Toward a Biblical View of the Beast's Wound," *Master's Seminary Journal* 18/1 (2007), 41을 보라.

18. Lupieri, *A Commentary on the Apocalypse of John*, 209.

19. Contra 신동욱, 『요한계시록 주석』, 139; 허규, 『요한묵시록 바르게 읽기』, 134; Paul, *Revelation*. 15; Aune, *Revelation 6-16*, 737.

20. H-J. Klauck, "Do They never come back?: Nero Redivivus and the Apocalypse of John," *CBQ* 63/4 (2001), 683-684.

21. Koester, *Revelation*, 570.

로라고 자처한 자들은 3명이나 되었다.[22] 클라우크H-J. Klauk는 시빌린신탁에 나타난 네로 귀환 신화를 다음과 같이 소개하고 분석한다. 시빌린신탁 4장 137-139절은 AD 1세기 말경의 작품인데, 네로가 파르티아 군대를 이끌고 로마를 공격할 것이라고 묘사한다. 그리고 AD 120년경에 기록된 시빌린신탁 5장 28-34절은 N(50)으로 시작하는 이름을 가진 자는 자기 가족을 죽인 무시무시한 뱀과 같은데, 그가 파멸에서 돌아와서 자칭 신이라 선언할 것이지만, 하나님께서는 그가 신이 아님을 증명하실 것이라고 설명한다. 유대인들은 예루살렘을 멸망시킨 로마제국이 심판받아야 할 것을 이런 묵시적 방식으로 소망했다.[23] 3절은 위기에 처한 로마제국의 회복을 예고하기에, 네로가 로마를 공격하러 돌아올 것이라는 신화와 일치하지 않는다.[24]

온 땅의 사람들은 용과 바다짐승을 경배했고, "누가 그 짐승과 같으며, 누가 그와 싸울 수 있는가?"라고 말했다4절. 4절은 마치 부정적 대답을 기대하는 수사학적 질문과 같다. 참고로 '미가엘'계12:7 참조의 뜻은 '누가 하나님과 같은가?'이다. 그 짐승에게 큰소리치며 하나님을 모독하는 말을 42개월 동안 내뱉는 권세가 주어졌다5절; 참고. 단7:6,8. 로마제국이 내뱉은 신성모독하는 말은 구약에서도 볼 수 있다. 그것은 통제되지 않고 교육받지 못한 혀와 같아 하나님의 심판을 초래한다ἀπαιδευσία γλώσσης, 호7:16 LXX. 계시록에 반복되는 동사 '주어졌다ἐδόθη'는 신적수동태이므로, 바다짐승, 곧 로마제국의 활동은 하나님의 허락 아래 진행된다. 그 짐승은 입을 열어 하나님을 신성모독했는데, 하나님의 이름과 그분의 장막, 곧 하늘에 사는 이들을 비방했다6절; 참고. 계15:5; 21:3. 사탄이 비방하는 성도는 하늘에 시민권을 둔 하나님의 장막이다. 계시록에 '신성모독하다βλασφημέω'는 총 4회 등장하는데, 예외 없이 하나님의 심판을 받을 자들이 내뱉는 말이다

---

22. 8대 황제 오토(Otho)는 네로의 이미지를 활용하여 권력을 잡았기에 '네로 오토(Nero Otho)'라 불렸고, 대머리였던 도미티안은 '대머리 네로(boldheaded Nero)'라 불렸다. Klauck, "Do They never come back?" 685-686.

23. Klauck, "Do They never come back?" 687-688.

24. Contra Klauck, "Do They never come back?" 691.

계13:6; 16:9,11,21 참조. 계시록에 하나님의 심판을 받을 자들이 행한 '신성모독' 명사 βλασφημία도 4회 나타난다계13:1,5,6; 17:3. 참고로 시빌린신탁 5장 33-34절에 따르면, 종말에 등장할 대적자는 하나님의 성전을 공격하며 스스로 하나님처럼 높인다살후2:4 참조.[25] 6절의 의미를 파악하기 위해 구약의 여러 간본문이 있지만, 역대하 32장만 살펴보는 것으로 충분하다. 앗수르 왕 산헤립이 신하들을 히스기야 왕이 다스리던 예루살렘에 보내어 하나님과 히스기야와 예루살렘 주민들을 비방했다대하32:16-19 참조. 결국 산헤립 왕은 앗수르의 신전에서 일어난 반란 때에 살해당했다대하32:21 참조. 이처럼 하나님을 비방하는 것은 그분과 언약을 맺은 백성도 모욕하는 것이므로, 하나님께서 비방하는 세력을 반드시 심판하시기 마련이다.

바다짐승은 성도와 싸워서 이기고, 모든 족속과 백성과 언어와 나라를 다스리는 권세를 받았다7절; 참고. 단7:21. 로마제국은 열방을 다스리면서 성도를 박해했다. 죽임을 당하신 어린양의 생명책에 창세 이후로 이름이 기록되지 못한 이 땅에 사는 자들은 바다짐승을 경배하게 된다8절; 참고, 계17:8. 바다짐승을 숭배하는 것은 먼 미래의 사건이 아니라 요한 당시의 현실이었다.[26] 로마제국의 축제나 운동경기는 로마 신이나 황제숭배를 위한 목적으로 진행되었다. 그러나 그리스

---

25. Aune, *Revelation 6-16*, 745. 참고로 데살로니가후서 2장의 "불법의 사람"은 AD 3세기 이래로 네로와 동일시되었는데, 4세기 콘스탄티노플의 대주교 요한 크리소스톰은 네로를 적그리스도의 모형이라고 설교했다. 원로원은 네로의 선임 황제인 클라우디우스를 신격화했기에, 네로는 마음만 먹으면 '신의 아들(divi filius)'이라는 호칭을 사용할 수 있었다(살후2:4 참조). 그리고 AD 61-62년경 그리스 아테네의 파르테논에 네로의 이름이 새겨졌는데, 거기에 '위대한 장군'이자 '신격화된 클라우디우스의 아들'로 묘사된다. 터키 아프로디시아스에 소재한 아프로디테 신전의 소벽(小壁, frieze)에 따르면, 네로는 군복을 착용하고 어머니 아그리피나는 그에게 황제의 관을 씌움으로써, 그는 아우구스투스로부터 시작된 율리오-클라우디오 황가의 정통성을 계승한다. 그러나 원로원이 네로를 '공공의 적'으로 간주한 후에, 네로를 신격화한 조각이나 문구는 허물어지고 지워졌다. 하지만 AD 2-5세기에도 네로의 동상이나 그의 얼굴이 담긴 기념 메달은 계속 제작되었다. AD 44-55년경의 고린도 비문에 따르면, 아우구스투스는 아폴로로 숭배되었지만, 그 당시 생존한 네로 황제를 '주'라 부르거나 숭배했다는 증거는 다소 불분명하다(고전8:5 참조). S. Malik, "Nero versus the Christians," *History Today* 70/9 (2020), 31-32, 36에서 요약. D. C. Burnett, "Divine Titles for Julio-Claudian Imperials in Corinth," *CBQ* 82/3 (2020), 446-449도 참고하라.
26. Contra Aune, *Revelation 6-16*, 746.

도인에게 영원 전에 자신의 이름이 생명책에 녹명되었다는 구원의 확신은 영적 전투에서 승리하는 데 중요하다.

들을 영적 귀가 있는 사람은 주의를 기울여 경청해야 한다9절; 참고. 사6:9-10; 겔3:27. 편지는 송신자의 현존이므로, 9절의 '들어라ἀκουσάτω'라는 명령은 성령 충만한 선지자의 권위 있는 명령이다.[27] 사로잡히는 자는 사로잡혀 갈 것이고, 칼에 죽을 자는 칼에 죽을 것이므로, 생명책에 녹명되었더라도 성도의 인내와 믿음이 꼭 필요하다10절; 참고. 렘15:2; 계14:12. 10절은 시적 운율과 리듬을 통해 예수님의 말씀의 권위를 강조하는데예. 반복되는 전치사구 εἴ τις εἰς, 이를 통해 독자들은 존경과 경외감을 느끼게 된다.[28] 바다짐승, 곧 로마제국이 교회에게 가한 박해는 확실한 사실이었다계2:10 참조. 특히 AD 64년 로마의 대화재 이래로 네로 황제는 그리스도인을 처형하고 투옥을 일삼았다. 이런 처형과 투옥은 하나님의 심판이나 무관심의 표시가 아니라 악의 세력의 박해 행위이다. 그러나 바다짐승과 그의 추종자들은 조만간 죽거나 투옥되어 심판받게 될 것이다계19:20-21 참조.[29] 10절의 구약 주요 간본문은 예레미야 15장 2b절이다렘43:11 참조. "죽을 자는 죽음으로 나아가고 포로 될 자는 포로 됨으로 나아갈지니라." 하나님께서 배교한 남 유다 백성을 심판하시는 네 가지 도구는 죽이는 칼, 찢는 개, 삼켜 멸하는 새, 그리고 땅의 짐승이었다렘15:3 참조. 예레미야서처럼 계시록도 배교한 언약 백성이 받을 심판을 예고하지만, 계시록 13장 10절의 문맥은 충성스런 그리스도인이 당할 박해와 순교이다.[30] 그리고 10절의 중요한 신약 간본문은 누가복음 21장 24절이

---

27. D. Seal, "The Reception and Delivery of the Oracle in Revelation 13:9-10," *Scriptura* 119 (2020), 5.
28. 1차 독자의 예배에서 낭독된 요한계시록을 '유성의 본문(voiced text)'으로 볼 경우, 의사소통 이론에 입각한 편지의 화행(speech-act)에 관한 연구가 더 필요하다. Seal, "The Reception and Delivery of the Oracle in Revelation 13:9-10," 9-10.
29. Koester, *Revelation*, 588.
30. 예레미야서와 계시록에 언약 백성을 향한 하나님의 일시적 심판과 더 큰 구원이 공히 나타난다는 주장은 J. A. Dearman, *Jeremiah, Lamentations* (Grand Rapids: Zondervan, 2002), 156을 보라. 하지만 계시록에서 '사탄의 회', '거짓 선지자', '음녀 바벨론', '그 땅에서 올라온 짐승'이라 불린 불신 유대인들이 장차 회개하여 구원을 얻을 것이라는 예언은 찾아보기 어렵다.

다. AD 70년에 예루살렘 성전이 파괴되는 형벌의 날에눅21:22 참조, 그곳의 사람들은 칼날에 쓰러지고 이방 나라들에 포로로 잡혀갈 것이며, 하나님의 심판을 위한 도구인 이방인들이 예루살렘을 지배하는 시간이 차기까지, 그 성은 이방인들에게 짓밟힐 것이다.

계시록의 중앙에 위치한 계시록 13장에는 내러티브 전개상 갈등과 긴장이 증폭되고 있다. 아래의 도표는 바다짐승계13:1과 그 땅에서 올라온 짐승계13:11 사이의 병행이다.

바다에서 올라온 짐승	그 땅에서 올라온 짐승
그리고 내가 보았다(Καὶ εἶδον, 13:1)	그리고 내가 보았다(Καὶ εἶδον, 13:11)
짐승이 올라옴(θηρίον ἀναβαῖνον, 13:1)	짐승이 올라옴(θηρίον ἀναβαῖνον, 13:11)
10뿔, 7머리(13:1)	2뿔(13:11)
용의 선물인 능력, 보좌, 큰 권세(13:2)	용처럼 말함(13:11)
용의 권세(13:2,4)	첫째 짐승의 권세(13:12)
치유된 상처(13:3)	상처가 나은 자(13:12,14)
용을 숭배함(13:4)	첫째 짐승을 숭배함(13:12)
그 땅이 놀람(13:3)	그 땅에 거하는 자들을 미혹함(13:13-14)
성도와 싸움(13:7)	첫째 짐승의 우상을 숭배하지 않는 성도는 죽임 당함(13:15)
그 땅에 거하는 자들이 바다짐승을 숭배함(13:8)	바다짐승의 표를 가진 자들이 매매함(13:16-17)

로마서가 기록될 당시에 네로 황제의 통치는 비교적 온건했고 로마제국의 법이 작동했기에, 바울은 로마교회에게 정부의 권세에 순종하라고 권면했다롬13장 참조. 하지만 로마서가 기록된 후 약 10년이 지난 후 계시록이 기록될 당시의 상황은 급변하여, 로마제국이 기독교를 향해 가한 박해는 심각했다. '시저는 주'라는 선전이 만연했던 네로 치하에서 사도 베드로와 바울이 순교한 것은 거의 확실하다. 따라서 로마서와 계시록이 정부를 향해 취할 태도를 권면하는 뉘앙

스는 다를 수밖에 없다.[31]

바다짐승은 데살로니가후서 2장의 "불법의 사람"을 연상시킨다. 이 둘 사이의 간본문성은 아래 도표와 같이 요약된다.[32]

병행 주제	데살로니가후서 2장	계시록 13장 1-10절
사탄으로부터 권세를 받음	9절	2절
온 세상/땅을 놀라게 만듦	11-12절	3절
경배를 받음	4절	4절
하나님과 성도를 모독함	4절	5절
성도와 싸움	4절	7,10절

바울이 데살로니가교회에게 설명한 '불법의 사람ὁ ἄνθρωπος τῆς ἀνομίας' 혹은 '불법의 비밀τὸ μυστήριον τῆς ἀνομίας'은 곧 등장하여 스스로 신격화할 네로 황제를 가리킨다살후2:3,7 참조. 네로의 박해는 배교를 초래했지만살후2:3 참조, 파루시아하시는 예수님께서 그를 멸하시기에 '멸망의 아들ὁ υἱὸς τῆς ἀπωλείας'이라 불린다살후2:3,8 참

31. T. K. Johnson, "Caring about the Persecuted Church: Balancing the Lessons of Romans 13 and Revelation13," *Evangelical Review of Theology* 44/1 (2020), 63, 66. 참고로 페르시아제국이 유대인들을 통치했던 시기를 공통 배경으로 하는 다니엘서와 에스더서의 간본문성은 흥미롭다. 예를 들어, 잔치(에1:9; 9:17-18,22; 단5장), 선발대회(에2장의 왕후 선발대회와 단1장의 일종의 보디빌더 선발대회), 황제들의 불면(에6:1; 단6:18), 변경할 수 없는 페르시아의 법령(에1:19; 9:8; 단6:8,15), 왕의 신하의 음모로 유대인들이 위기에 처함(에3:6; 단6:4) 그리고 유대인들의 대적들의 몰락(에8:10; 단6:24), 절하기를 거부함(에3:2의 모르드개와 단3장의 다니엘의 3친구), 왕의 허락 없이 왕비가 왕에게 나아감(에4:11,16; 단6:10) 등이다. 에스더서는 이방문화와 종교에 동화된 유대인들을 보여주는데, 히브리어 이름 '하닷사'(에2:7) 대신 페르시아식 '에스더'가 사용되고, 에스더는 자신의 유대인으로서의 정체를 숨기며 살았다. 하나님께서는 그런 유대인들조차 돌보신 긍휼이 충만한 분이시다. 하지만 페르시아의 하나님을 거역한 제도에 공개적으로 반대한 다니엘은 페르시아식 이름 '벨드사살'(단1:7) 대신 히브리어 '다니엘'을 사용했다. 스텔렌보쉬대학교 구약학 Michael은 다니엘서는 에스더서를 보완하는 카운터펀치와 같다고 본다. 계시록은 박해받던 성도에게 믿음으로 혼합주의에 저항할 것을 촉구하기에 에스더서보다 다니엘서에 훨씬 가깝다. M. Michael, "Daniel at the Beauty Pageant and Esther in the Lion's Den: Literary Intertextuality and Shared Motifs between the Books of Daniel and Esther," *Old Testament Essays* 29/1 (2016), 125-127, 130.
32. Hausoul, *Openbaring*, 133.

조.[33] 네로가 통치하던 로마제국을 가리키는 바다짐승도 예수님의 파루시아로 유황불에 던져지기에 '멸망의 아들'이기는 마찬가지이다계19:20 참조. 그런데 데살로니가후서 2장 6-7절과 달리 계시록 13장 1-10절에서는 바다짐승의 활동을 '막는 것'이나 '막는 자'가 언급되지 않는다. 이런 차이점에도 불구하고, 바다짐승과 불법의 사람은 미래의 소위 적그리스도와 무관하다.[34]

계시록 13장에서 정체를 선명하게 드러낸 사탄의 트리오는 삼위 하나님을 모방한다. 용은 성부를, 바다짐승은 성자를, 그리고 땅 짐승은 성령을 각각 패러디하는데, 아래의 도표와 같다.[35]

용	성부 하나님
처소는 하늘에 있음(12:3,7-8)	천상 예배 환상에서 보좌에 거하심(4-5장)
보좌가 있음(2:13; 13:2)	보좌에 앉으심(4장; 9:4)
바다짐승에게 권세와 보좌를 줌(13:2,4)	그리스도께 권세와 보좌를 주심(4-5장; 참고. 마28:18)
경배를 받음(13:4)	경배를 받으심(4:10; 15:4)
영원히 파멸됨(20:9-10)	영원히 통치하심(4:9; 5:13; 11:15)
바다짐승	**성자 하나님**
권세의 출처인 용을 닮음(12:3; 13:1,2,4)	예수님을 보는 것은 권세를 주신 성부를 보는 것(2:27; 4-5장; 참고. 요14:9)
10뿔을 가지고 10왕관을 씀(13:1)	7뿔을 가지시고 많은 왕관을 쓰심(5:6; 19:12)
죽게 되었다가 살아나 경배를 받음(13:3-4,8)	죽으시고 부활하셔서 경배를 받으심(1:18; 마28:17)
누가 짐승과 같은가?(13:4)	미가엘(누가 하나님과 같은가?; 12:7)
모든 백성, 족속, 방언, 나라(13:7)	모든 백성, 족속, 방언, 나라(5:9; 10:11; 14:6)
땅 짐승	**성령 하나님**
바다짐승의 권세를 행하는 거짓 선지자(16:13; 19:20; 20:10)	예수님의 권세를 행하시고 진리를 전하심(5:6; 22:17; 참고. 요16:13-14)
기적과 우상에게 생기를 줌(13:13,15; 19:20)	큰 기적을 행하시고 생기를 줌(행4:30-31; 롬8:11)

33. 송영목, 『간본문적 신약읽기』, 337-359.
34. Contra Bavinck, 『개혁교의학. 제4권』, 802-804.
35. Stefanovic, 『예수 그리스도의 계시』, 291-292.

교훈과 적용

오늘날 바다에서 올라온 짐승인 로마제국은 무엇이며 누구인가? "우리가 하나님 앞에서 변함없이 서려고 할 때 얼마나 크고 현존하는 위협이 도사리고 있는지 나는 알고 있다. 왜냐하면 왕들은 자신들이 멸시당할 때 가장 분개하기 때문이다. 그리하여 솔로몬은 '왕의 진노가 죽음의 사자들'과 같다고 전한다잠16:14."기독교강요 4.20.32.[36] 교회는 제국주의자처럼 우리 주위의 외국인 근로자와 탈북자 그리고 장애인과 같은 약자들을 무시하지 말아야 한다. 그리고 교회는 좌우 정치이념과 같은 이데올로기를 우상처럼 숭배하지 말아야 한다. 이념이 우상이 된 교회는 복음의 능력을 상실하고 공동체의 분열을 겪을 수밖에 없기 때문이다. 우리 눈을 국제사회로 돌려보면, 지구촌의 협력이 절실한 코로나19 시대에 백신vaccine이 제국주의적 성향의 국가 이기주의를 위한 수단이 되어 부유하고 강력한 국가들이 독점하는 상황이 벌어졌다.[37]

오늘날 세계에서 그리스도인은 여전히 박해와 순교를 당한다. 물리적 박해가 없는 안전한 지역에 거주하는 교회들은 그들을 위해 기도하고 그들과 연대하며, 종교의 자유와 인권의 증진을 위해 교육하고 관련 기관들과 협력해야 한다.[38]

2. 바다에서 올라온 짐승을 위해 일하는 그 땅에서 올라온 짐승(13:11-18)

"[11]내가 보매 또 다른 짐승이 땅에서 올라오니 어린양 같이 두 뿔이 있고 용처럼
말을 하더라 [12]그가 먼저 나온 짐승의 모든 권세를 그 앞에서 행하고 땅과 땅에
사는 자들을 처음 짐승에게 경배하게 하니 곧 죽게 되었던 상처가 나은 자니라
[13]큰 이적을 행하되 심지어 사람들 앞에서 불이 하늘로부터 땅에 내려오게 하고

---

36. Calvin, 『1559년 라틴어 최종판 직역 기독교강요. 제4권』, 865.
37. O. A. Buffel, "The Bible of the Poor in the Context of Poverty, COVID-19 and Vaccine Nationalism: Hermeneutics of Liberation from the Perspective of the Poor," *HTS Teologiese Studies* 77/1 (2021), 3, 7-8. 남아공 UNISA 실천신학 및 조직신학 교수인 Buffel은 해방신학의 한 지류인 흑인신학을 가난과 차별을 해결할 수 있는 성경적 해법으로 믿는다. 참고로 계시록 13장을 코로나19 음모론과 연결해 다양한 유사점(예. 글로벌 상황, 인류를 나눔, 재앙)을 제시한 예는 https://nonmatrixtheology.com/the-covid-pandemic-in-the-context-of-the-apocalypse-of-john/ (2022년 9월 3일 접속)을 참고하라.
38. Johnson, "Caring about the Persecuted Church," 70.

[14]짐승 앞에서 받은바 이적을 행함으로 땅에 거하는 자들을 미혹하여 땅에 거하는 자들에게 이르기를 칼에 상하였다가 살아난 짐승을 위하여 우상을 만들라 하더라 [15]그가 권세를 받아 그 짐승의 우상에게 생기를 주어 그 짐승의 우상으로 말하게 하고 또 짐승의 우상에게 경배하지 아니하는 자는 몇이든지 다 죽이게 하더라 [16]그가 모든 자 곧 작은 자나 큰 자나 부자나 가난한 자나 자유인이나 종들에게 그 오른 손에는 이마에 표를 받게 하고 [17]누구든지 이표를 가진 자 외에는 매매를 못하게 하니 이 표는 곧 짐승의 이름이나 그 이름의 수라 [18]지혜가 여기 있으니 총명한 자는 그 짐승의 수를 세어 보라. 그것은 사람의 수니 그의 수는 육백육십육이니라"

계시록 13장 11-15절은 14절의 '미혹하다πλανάω'를 강조하는 교차대칭구조를 보인다. 구체적인 병행은 아래의 도표와 같다.[39]

용처럼 말했다(11절)	AA´	말하다(15절)
먼저 나온 짐승의 모든 권세를(12절)	BB´	우상(14절)
그 앞에서 행하다(12절)	CC´	행하다(14절)
그 땅(12절)	DD´	그 땅(14절)
거하는 자들(12절)	EE´	거하는 자들(12절)
행하다(13절)	FF´	행하다(13절)
큰 이적(13절)	GG´	이적(14절)
그 땅(13절)	HH´	그 땅(14절)
사람들(13절)	II´	거하는 자들(14절)
J 미혹하다(14절)		

요한은 그 땅에서 올라오는ἀναβαῖνον ἐκ τῆς γῆ 어린양처럼 생겼지만 두 뿔만 가지고 용처럼 말하는 다른 짐승을 보았다11절; 참고. 욥40:15-24; 바룩 29:4. "다른 짐승ἄλλο θηρίον"은 천사기독론인 계시록 10장 1절의 "다른 천사ἄλλον ἄγγελον"의 모방이

39. E. B. Treiyer, "Ap 13:11-18: Feu du Ciel et Marque de la Bete," *AUSS* 37/1 (1999), 74.

다.[40] 그런데 이 땅 짐승은 이스라엘을 대적할 메데와 바사의 두 왕을 상징하는 두 뿔을 가진 숫양을 소개하는 다니엘 8장 3절을 암시한다.[41] 어린양 예수님께서는 완전한 권세를 상징하는 7뿔을 가지고 계시므로계5:6 참조, 땅 짐승의 두 뿔은 불완전한 모방에 불과하다마7:15 참조. 그리고 땅 짐승이 어린양 예수님을 닮았지만 용, 곧 사탄의 하수인으로서 말한다. 이처럼 거짓의 아비요8:44 참조인 사탄의 세력은 가식적이므로 외양과 실재가 다르다.[42] 계시록의 수신자들은 다양한 패러디에 주의하면서 분별력을 갖춘 제자로 살아야 했다.[43]

그런데 요한계시록에 패러디가 많이 등장하는 이유는 무엇인가? 요한이 본 환상의 내용 자체에 패러디가 가득하다. 따라서 모방은 요한이 스스로 만들어 낸 문학적 기법은 아니다. 하지만 요한은 계시록을 편지로 기록할 때, 환상의 패러디가 잘 부각되도록 주의를 기울였다. 구약성경에도 이런 패러디가 자주 등장한다. 계시록이 자주 암시하는 출애굽 전의 10재앙 가운데 두 개피, 개구리 재앙를 이집트 술사들은 흉내냈다출7:22; 8:7,18 참조. 왜냐하면 사탄은 '광명의 천사angel of light'로 가장하여 사람을 속이는 거짓의 아비이기 때문이다고후11:14 참조.

계시록에서 정관사를 가진 명사 "그 땅ἡ γῆ"은 약속의 땅에 살던 유대인을 가리킨다계1:7 참조. 따라서 땅 짐승을 황제숭배를 조장하던 로마제국의 선지자나 제사장으로 볼 수 없다.[44] 계시록의 배경에 황제숭배 관습이 자리 잡은 것은 역사적인 사실이지만, 모든 것을 황제숭배와 연결하는 것은 계시록의 해석을 환원주의에 빠지도록 만든다. 네로 귀환 신화는 2-3세기 속사도와 서머나 출신인 리

---

40. Leithart, *Revelation 12-22*, 63.

41. Aune, *Revelation 6-16*, 757.

42. Johnson, *Triumph of the Lamb*, 195. 참고로 계시록 13장 11절의 땅 짐승은 비록 양의 모습으로 등장하지만, 예언과 종교적 기능을 수행하시는 성령님에 대한 모방이라는 주장은 Lupieri, *A Commentary on the Apocalypse of John*, 209를 보라.

43. S. Tonstad, "Appraising the Myth of Nero Redivivus in the Interpretation of Revelation," *Andrews University Seminary Studies* 46/2 (2008), 196; Ford, *Revelation*, 213.

44. Jordan, 『계시록의 구속사적 연구』, 162. 참고로 그레코-로마 문헌에서 "그 땅(ἡ γῆ)"이 팔레스타인을 가리키는 경우는 드물다. Montanari, *The Brill Dictionary of Ancient Greek*, 427-428.

용의 주교 이레니우스와 같은 교부의 글에는 언급되지 않다가, AD 304년에 디오클레시안 황제 치하에서 순교한 라틴교부 빅토리누스의 계시록 주석에 처음 등장한다.[45] 만약 계시록의 핵심적인 권면을 황제숭배 강요에 믿음으로써 저항하라는 반로마적 메시지로 본다면, 계시록 해석은 정치적 해석으로 축소될 것이다. 따라서 계시록 해석에서 불신 유대인들의 역할과 요한 당시에 로마제국에 임한 심판을 통한 구원 언약적 교훈을 놓치지 말아야 한다.

땅 짐승은 상처가 나은 바다짐승의 모든 권세를 받아 그 짐승이 보는 앞에서 행함으로, 땅에 사는 자들이 그 짐승을 경배하도록 만들었다12절. 유대인들은 로마제국을 숭배하면서 그리스도인을 박해했다행4:24-28; 12:1-3; 13:8; 14:15 참조. 특히 팔레스타인의 유대인들이 로마제국의 손님 나라client kingdom로서 팍스 로마나에 굴종하여 얻은 보상은 세금의 감면, 자유, 그리고 (완전하지 않지만) 독립이었다.[46] 앙숙 관계에 있는 두 세력이 전략적으로 제휴하여 공동의 대적을 제거하려는 시도는 복음서에도 나타난다. 반로마적 성향의 바리새인이라는 종교 세력과 친로마적 성향의 헤롯당이라는 정치 세력은 예수님을 죽이려고 공모했다막3:6 참조. 이처럼 정치화된 종교는 복음과 교회를 대적하는 악의 세력과 같다. 12절의 "그 땅에 사는 자들"의 간본문 중 하나는 역대하 36장 1절인데, 여호아하스 왕의 통치를 받던 남 유다 백성을 가리키는 '그 땅의 백성들'은 LXX에 문자적으로 직역되었다ὁ λαὸς τῆς γῆς.

---

45. Tonstad, "Appraising the Myth of Nero Redivivus in the Interpretation of Revelation," 176-178.

46. 요한복음 18장 3-12절에도 불신 유대인 세력과 로마제국이 결탁하여 예수님과 교회를 대적한다. 빌라도 총독의 허락으로 천부장의 지휘 아래 겟세마네 동산으로 출동한 로마군(σπεῖρα, 요18:3,12)은 군단(레기온)의 10분의 1, 즉 300-600명 규모이다(행23:23 참조). 그리고 대제사장 안나스와 가야바의 '아랫사람들'은 성전 경비대장이 지휘한 경비병들을 가리킨다. 이 로마군대는 총독의 관저가 있던 가이사랴에 주둔했지만, 유대 절기 동안 예루살렘에 모여든 많은 순례객과 군중을 통제하기 위해 예루살렘 성전 북서쪽 안토니아 요새에 집결했다. 대제사장들은 예루살렘에 와 있던 빌라도 총독의 양해와 협조를 구하여, 예수님을 체포하기 위해 로마군대를 활용했다. 참고로 소아시아를 배경으로 기록된 요한복음이 시각적 드라마(visual drama)로서 예수님의 출현을 반로마적 이미지로 소개하는 신현적 본문(epiphanic text)이라고 이해하는 경우는 G. van den Heever, "Space, Social Space, and the Construction of Early Christian Identity in First Century Asia Minor," *Religion & Theology* 17/3-4 (2010), 237-238을 보라.

땅 짐승은 사람 앞에서 불을 땅으로 떨어뜨리는 표적도 행했다13절. 로마제국의 극장에 불과 천둥과 같은 특수 효과를 위해 기계가 동원되었다.[47] 유대인들은 표적을 중요하게 여겼는데, 이렇게 표적을 추구하는 행태는 참된 믿음과 동떨어졌다막8:11; 13:22; 행8:9-24; 고전1:22 참조. 사이비 성령운동가처럼 땅 짐승은 불의 혀같이 임한 오순절 성령님과 표적을 패러디하여 미혹한다행2:3,22,43 참조.[48] 계시록 전체에 나타나는 출애굽 주제로 본다면, 모세가 행한 이적들 가운데 두 개를 이집트의 마술사들도 행했다출7:11,22; 8:7 참조. 그리고 땅 짐승은 바다짐승을 위해 우상을 만들도록 사람들을 강요했다14절. 성경의 첫 책에서 삼위 하나님께서 그분의 형상을 따라 사람을 만드셨다면창1:26 참조, 성경 마지막 책에서 땅 짐승은 우상의 형상을 만든다.[49] 따라서 정경론적 패러디를 볼 수 있다. 계시록의 독자들과 관련하여 BC 29년부터 소아시아의 지방의회는 로마 황제숭배에 앞장섰다.[50] 그리고 신약 간본문에서 볼 때, 땅 짐승의 미혹과 이적은 감람산강화에서 예루살렘 성전이 파괴되기 이전의 징조로 언급된 바 있다막13:6,22 참조. 계시록 13장 11-18절은 14a절땅에 거하는 자들을 미혹함을 중심으로 하여 아래와 같이 교차대칭 구조를 보인다.[51]

A 땅에서 올라온 짐승(11-12a절)

B 첫째 짐승을 숭배하도록 만듦(11b-12a절)

---

47. 제1차 유대-로마전쟁 당시 거짓 선지자들과 거짓 그리스도들은 '자유와 구원의 표적'을 보여줄 것이라고 허풍을 떨었다(유대고대사 2.13.4; 6.5.2). Voortman, "The Language of the Theatre in the Apocalypse of John," 64.

48. Treiyer, "Ap 13:1l-18: Feu du Ciel et Marque de la Bete," 79. 참고로 사도행전에서 사도가 승귀하신 예수님을 선포하고 기적을 행한 것을 땅 짐승이 패러디한다는 설명은 Wall, *Revelation*, 172를 보라.

49. Liu, "The Backgrounds and Meaning of the Image of the Beast in Rev 13:14, 15," 97-98.

50. 신동욱, 『요한계시록 주석』, 143. 참고로 계시록 13장 1절의 땅 짐승이 황제숭배를 조장하는 세력이라는 해석은 Reddish, *Revelation*, 258을 보라. 계시록을 세상-교회 역사주의적으로 해석한 종교개혁자들은 '땅 짐승'을 교황주의(자)라고 보았고, 몰몬교와 여호와의 증인은 미국으로 본다. Kovacs and Rowland, *Revelation*, 156-157.

51. Leithart, *Revelation 12-22*, 76.

C 죽음의 재앙이 치료됨(12b절)

D 큰 표적들(13절)

E 땅에 거하는 자들을 미혹함(14a절)

D′ 표적들 때문에(14b절)

C′ 칼의 재앙을 당한 짐승의 우상(14c-15절)

B′ 바다짐승의 표를 받게 함(16-17절)

A′ 바다짐승의 수(18절)

땅 짐승은 바다짐승의 우상에게 생기를 주어 그 우상이 말하도록 했으며, 그 우상을 경배하지 않는 자는 죽였다15절; 참고. 단3:6. 성경의 첫 책에서 하나님께서 사람에게 생기를 불어넣으셨는데창2:7 참조, 성경 마지막 책에서는 신god의 살아있는 실재라고 여겨진 우상에게 생기를 불어넣는다.[52] 계시록 13장 15절에서 바다짐승의 우상은 계시록 11장의 두 증인을 모방한다고 볼 수 있는가? 한 가지 근거는 땅 짐승이 바다짐승의 우상에게 생기를 불어넣는데, 이것은 어린양의 형상을 따라 증언하다 순교한 두 증인에게 하나님의 생기가 들어간 것의 패러디처럼 보인다는 사실이다계11:11 참조.[53] 이것이 사실이라면, 결국 땅 짐승은 교회에게 증언의 능력을 주시는 성령님을 모방하게 된다.[54] 그런데 계시록 11장 8절은 두 증인이 어린양의 자취를 따라간 것은 맞지만 '형상'을 따른 것이라고 언급하지 않는다. 그리고 땅 짐승은 어린양처럼 생겼기에 성령이 아니라 성자를 흉내낸다고 이해하는 것이 자연스럽다.

고대 근동과 로마제국에서 큰 우상 속에 사람이 들어가서 우상의 입에서 소

---

52. Liu, "The Backgrounds and Meaning of the Image of the Beast in Rev 13:14, 15," 103, 124. 참고로 '땅 짐승'(계13:1)을 베스파시아누스 황제에게 굴종했던 친 로마적 인물인 요세푸스라고 보는 주장은 Ford, *Revelation*, 228-230을 보라. 특이하게도 Ford는 계시록의 저자를 세례 요한이라고 간주한다.

53. D. R. Johnson, "The Image of the Beast as a Parody of the Two Witnesses," *NTS* 68 (2022), 346-349.

54. Johnson, "The Image of the Beast as a Parody of the Two Witnesses," 350.

리를 낸다면, 그 우상의 신탁神託은 더 효력을 발했다.[55] 요한 당시에 로마제국의 마술사들은 주술이나 약을 사용하여 우상에게 생기를 불어넣으려고 시도했는데, 그때 우상으로부터 신탁을 기대하기도 했다.[56] 그 땅의 사람들인 불신 유대인들은 '여호와를 섬기는 제사장'이 아니라 '허무한 신들의 제사장'처럼 로마 황제를 숭배한다대하13:9-10 참조. 왜냐하면 유대인들에게 참 신이 없고 가르치는 제사장도 없고 율법도 없은 지가 오래되었기 때문이다대하15:3 참조. 하지만 소아시아 7교회는 제사장 나라와 그리스도의 군사로서 주님을 위해 복음의 나팔을 불며 영적 전쟁을 잘 수행할 임무가 주어졌다대하13:14 참조.

그 땅의 짐승은 작은 자, 큰 자, 부자, 가난한 자, 자유인, 종들의 오른손이나 이마에 바다짐승의 표를 받게 했다16절. 바다짐승의 표는 기독교 성례인 세례에 대한 패러디가 아니라,[57] 144,000명의 인침을 모방한 것이다계7:4 참조. 출애굽 주제에서 볼 때, 이스라엘 백성은 하나님의 행동과 말씀을 손과 눈과 입에 새겨야 했다출13:9; 신6:8 참조. 그러나 유대인들은 주님의 계명을 저버리고 로마제국과 혼합주의에 빠졌다. 이런 다민족 간의 혼합은 구약에 이미 나타났다. 앗수르제국이 북이스라엘을 정복한 후, 바벨론, 구다, 아와, 하맛, 그리고 스발와임에서 사람들을 사마리아 여러 성읍으로 이주시켰다왕하17:24 참조. 그 결과 이주민들은 야웨도 경외하고, 그들의 민족의 풍속대로 자기의 신들도 섬겼다왕하17:33,41 참조. 북이스라엘의 호세아 왕 그리고 남 유다의 히스기야 왕 당시의 사마리아인에 거주한 사람들의 혼합주의가 사도 요한 당시에 재현되었다.

짐승의 표가 없으면 매매를 할 수 없었는데, 이 표는 바다짐승의 이름 혹은 그의 이름의 수이다17절. 하나님의 인σφραγίς, 계7:4; 9:4 참조에 대한 패러디인 짐승의 표χάραγμα는 계시록에서 7회 언급된다계13:16,17; 14:9,11; 16:2; 19:20; 20:4 참조. 바

55. Aune, *Revelation 6-16*, 762.

56. 알렉산더 대왕은 우상의 입에 연결된 튜브를 통해 소리를 불어넣어 우상이 말하는 것처럼 조작한 바 있다. Voortman, "The Language of the Theatre in the Apocalypse of John," 60-61; Koester, *Revelation*, 603.

57. 예를 들어, Roloff, *Revelation*, 164.

다짐승의 표는 그 짐승을 숭배하는 자와 그렇지 않은 사람을 '구분하는 표시 distinguishing mark'이다.[58] 종교와 경제가 분리되지 않았던 요한 당시의 상황 속에서 그리스도인이 로마 황제를 숭배하지 않으면 경제적인 손해를 입었다. 그리고 황제를 숭배하는 자들만 제의용 제물을 살 수 있었다마21:12 참조.[59] 황제 가문과 소수 집권층의 정치적 유익을 도모한 경제 체제에서 부자의 소득은 빈자보다 700배에 달했는데, 이런 부의 편중은 이스라엘에서도 마찬가지여서 헤롯 가문은 전체 팔레스타인 영토의 절반을 소유했다.[60] 참고로 AD 1세기 초에 데나리온은 로마제국의 서방 지역의 무역, 조세, 그리고 군사 등에서 기축통화가 되었으며, 제국의 동쪽 지역에서는 데나리온이 3데나리온에 해당하는 그리스 주화 시스토포루스Cistophorus를 점진적으로 대체했다.[61] 바다짐승의 표를 받은 자들이 매매할 수 있는 것은 하나님의 표를 받은 144,000명이 예수님께로부터 금과 흰 옷과 안약을 구매할 수 있는 것에 대한 패러디이다계3:17-18 참조.[62] 데시우스 황제가 통치했을 때AD 249-251, 황제에게 제사했다는 증명서를 소지하지 않은 사람은 매매할 수 없었고, 투옥, 처형, 혹은 추방당했다.[63]

여기에 지혜가 필요한 까닭이 있는데, 지혜로운 이는 바다짐승의 수를 세어 보아야 한다. 그 수는 사람의 수인데 666이다18절; 참고. 스2:13의 바벨론에서 남 유다로 돌아온 아도니감 자손 666명. 부분적 과거론을 따르는 레이하르트는 666을 솔로몬 왕의 통치 때 이스라엘의 1년 세입금인 금 666달란트와 연결한다왕상10:14; 대하9:13 참조. 그리고 레이하르트는 솔로몬이 취한 이방 여자들과 재물이 배교와 국가의

---

58. Montanari, *The Brill Dictionary of Ancient Greek*, 2337. 참고로 재건파는 북한에서 공민증을 짐승의 표라고 간주하여 받기를 거부하다 고초를 겪었다. 이병규, 『요한계시록』, 166.
59. Gentry, *The Divorce of Israel*, Volume 2, 281.
60. F. Kakwata, "An Inquiry into Socio-Historical Factors contributing to Poverty within the Early Church in Palestine," *In die Skriflig* 49/1 (2015), 4-5.
61. D. F. Taylor, "The Monetary Crisis in Revelation 13:17 and the Provenance of the Book of Revelation," *CBQ* 71/3 (2009), 583-586.
62. Leithart, *Revelation 12-22*, 87.
63. Ford, *Revelation*, 215.

분열을 초래했듯이, 666도 풍요와 배교를 상징한다고 주장한다.[64] 반면, 미래주의자들은 666을 주님의 재림 무렵에 등장할 적그리스도라고 해석하고,[65] 이상주의자들은 신약시대 전반에 걸쳐 등장하는 불완전한 악의 세력으로 이해한다. 이런 미래적 해석과 이상적 해석으로는 666을 요한 당시의 짐승 같은 사람과 연결할 수 없다. 요한 당시에 흔한 계산법인 게마트리아gematria로 666, 즉 ἑξακόσιοι(헥사코시오이, 600), ἑξήκοντα(헥사콘다, 60), ἕξ(헥스, 6)를 해석하면, 히브리어로 '네론 카사르*nrn qsr*', 곧 네로 황제를 가리킨다.[66] 그런데 고유 명사 *nrn*(네론)에서 히브리어 마지막 알파벳 *n*(ן, 눈)이 생략되어 라틴어 표기Nero Caesar처럼 *nr*(네로)라면 일부 사본이 지지하는 '616'이 된다. 그런데 666을 왜 그리스어가 아니라 히브리어로 변환하여 계산해야 하는가? 이 질문에 666을 네로로 이해하는 로제E. Lohse는 다음과 같이 설명한다.

> 고대 세계에서 사람들은 그리스어 단어를 일반적으로 히브리어 알파벳으로 바꾸어 쓰기도 했다. 계시록 9장 11절에서 요한계시록의 저자는 수수께끼 같은 히브리어 단어를 그리스어를 통해 설명하고 있으며, 16장 16절에서 종말

---

64. Leithart, *Revelation 12-22*, 78-80. 그리고 Stefanovic, 『예수 그리스도의 계시』, 439와 K. Bodner and B. A. Strawn, "Solomon and 666 (Revelation 13.18)," *NTS* 66/2 (2020), 299-312도 참고하라. 참고로 숫자 777이 거룩함과 완전한 선을 상징한다면, 666은 악의 잔악무도함과 전체성을 상징한다는 해석은 Schreiner, *ESV Expository Commentary, Vol. 12: Hebrews-Revelation*, 673을 보라(창5:31 참조). 그리고 도미티아누스의 완전한 이름은 *Autokrator Kaisar Dometianos Sebastos Germanikos*인데, 줄여서 A. KAI. DOMET. ZEB. GE로 표기하면, 게마트리아로 666이 된다. 하지만 요한이 이런 난해한 방식으로 666을 의도했다고 볼 수 없다. 참고. Du Rand, *Die Einde*, 239. 아폴로는 자주 숫자 7로 언급되었는데, '아폴로 통치 7년'이나 '7777'이라는 문구가 남아 있다. 아폴로의 아들로 자처한 네로는 777, 즉 아폴로의 완전한 통치를 구현하기를 열망했다는 주장은 Coutras, "Chaos and Clairvoyance," 204를 보라.

65. 예를 들어, 이한수, 『요한계시록』, 256; Spykman, *Reformational Theology*, 547.

66. Reddish, *Revelation*, 261; Koester, *Revelation*, 606; Roloff, *Revelation*, 167; Johnson, *Triumph of the Lamb*, 193; Fee, *Revelation*, 187; Gentry, *The Divorce of Israel*, Volume 2, 291-292. 참고로 '네론'(N[50]e[6]r[500]o[60]n[50])을 라틴어로 표기하면 666이 되고, '네로 시저'를 헬라어로 표기하면 1005이다. 이달은 18절의 숫자 '666'의 해석에서 과거론적 해석과 이상론적 견해를 결합한다. 즉 666은 네로 황제 개인을 가리킬 수 있지만, 네로는 로마제국의 집합체를 대표한다. 그리고 더 나아가 666은 AD 1세기에 한정되지 않고 시대를 초월한 모든 악의 세력을 가리킨다. 이달, 『요한계시록』, 241.

사건의 현장이 히브리어 단어인 '아마겟돈'으로 표현된다. 여기서 묵시적인 비밀이 암시되어야만 하기 때문에 히브리어 알파벳으로 666을 푸는 것이 가장 타당하다.[67]

네로 황제는 짐승 같은 사람이었다겔21:31 참조.[68] 그런데 네로 황제는 통치 초기인 AD 57-58년경에 로마시민으로부터 인정과 호감을 얻었는데, 그 무렵 기록된 로마서는 그를 '하나님의 사역자'라고 긍정적으로 평가한 바 있다롬13:4 참조. 그러나 666은 AD 64년 이후의 폭군 네로를 가리키므로, 도미티아누스 시대에 계시록이 기록되었다고 볼 수 없다. 참고로 AD 5세기의 북아프리카 기독교의 산물인 『족보의 책Liber Genealogus』은 계시록에서 네로가 '616'으로 불렸다고 설명하면서, 부활한 네로를 '적그리스도'라고 간주한다.[69] 그런데 계시록의 후기 연대를 따르면서 666을 네로로 간주하는 사람들은 박해자 네로의 잔악성이 도미티아누스에게서 나타난다고 주장한다.[70] 하지만 이런 해석은 계시록이 분명히 가리키는 지시 사항과 해석자 자신의 신념 사이에 인지 부조화가 발생한 상태와 유사하다. 따라서 후기 연대 주장자들은 666을 네로가 아니라, 도미티아

---

67. E. Lohse, 『요한계시록』, *Die Offenbarung des Johannes*, 박두환 역 (서울: 한국신학연구소, 1988), 159-160; Lizorkin-Eyzenberg & Shir, *Hebrew Insights from Revelation*, 16-17.
68. 참고. 박영식, 『오늘 읽는 요한묵시록』, 310; 허규, "요한묵시록과 그 해석," 28; Du Rand, *A-Z van Openbaring*, 77; Reddish, *Revelation*, 330. Contra Jordan, 『계시록의 구속사적 연구』, 170; Fanning, *Revelation*, 380.
69. 시빌린신탁, 빅토리누스 그리고 코모디안도 '네로-적그리스도 가설'을 지지했으며, 이런 가설을 북아프리카 출신인 어거스틴도 알고 있었다. F. X. Gumerlock, "Nero Antichrist: Patristic Evidence for the Use of Nero's Naming in Calculating the Number of the Beast (Rev 13:18)," *WTJ* 68/2 (2006), 352-355. Contra 미래적 해석을 따르는 M. L. Hitchcock, "A Critique of the Preterist View of Revelation 13 and Nero," *Bibliotheca Sacra* 164 (2007), 350.
70. Reddish, *Revelation*, 262. 참고로 '666'이 하나님의 이름, 즉 신성사문자(tetragrammaton)의 패러디라는 주장은 K. P. Kirchmayr, "Die Bedeutung von 666 und 616 (Offb 13,18)," *Biblica* 95/3 (2014), 426-427을 보라. 그리고 666이 클라우디우스 황제를 가리킨다는 주장은 J. Schmidt, "Die Rätselzahl 666 in Offb 13:18: Ein Lösungsversuch auf der Basis Lateinischer Gematrie," *Novum Testamentum* 44/1 (2002), 53-54를 보라.

누스와 연결하는 다른 방안을 찾는 것이 더 바람직하다. 참고로 구약성경에도 암호cryptogram가 나타난다. 예레미야 25장 26절의 "세삭Sheshach"은 바벨론을 가리킨다. 이 경우 바벨론의 세 자음bbl이 ššk로 변경되었는데, 이것은 히브리어 알파벳 중에서 첫째 철자와 마지막 철자를 바꾸고, 둘째 철자와 마지막에서 둘째 철자를 바꾸는 방식을 따라 이방인 권력자들이 눈치 채지 못하게 은밀하게 표기한 결과이다.[71]

666은 특정한 사람의 수이므로, 베리칩veriChip과 같은 사물과 연결할 수 없다.[72] 히브리어로 게마트리아가 가능한 이유는 계시록의 독자 가운데 히브리어에 익숙한 성도가 있었기 때문이다계9:11 참조.[73] 용과 바다짐승 그리고 땅 짐승은 위계질서를 갖춘 악의 세력들로서 AD 1세기 초대교회를 박해했다살전2:14 참조.[74] 요한이 666을 통해 황제 네로를 염두에 두었다면, '사람ἄνθρωπος' 대신에 '남자ἀνήρ'로 표기했을 것이라는 주장이 있다.[75] 하지만 남성 명사 '사람'으로도 한 명의 남성을 가리키기에 부족하지 않다.

제5대 황제 클라우디우스 황제가 통치할 당시인 AD 52년경에 기록된 데살

---

71. Carson (ed), *NIV Biblical Theology Study Bible*, 1338.

72. 2020년 후반과 2021년 초반에 666을 코로나19 백신(vaccine)으로 간주하면서, 구원받으려면 그 백신을 접종받지 말아야 한다는 주장이 미국과 한국 등에서 일어났다. 과연 이 백신은 짐승의 표이자 666이며, 접종받으면 구원받지 못하는가? 코로나 백신은 짐승 같은 사람이 아니라 치료제이다. 백신 접종 여부가 우리의 구원을 결정할 수 없다. 구원은 하나님의 전적인 은혜이며, 구원에 이르는 믿음의 유무가 중요할 뿐이다. 현대 그리스도인들은 자신이 처한 상황을 계시록 본문에 주입하여 자의적으로 해석하지 않도록 주의해야 한다. R. Letšosa, "What has the Beast's Mark to do with the COVID-19 Vaccination, and what is the Role of the Church and Answering to the Christians?" *HTS Teologiese Studies* 77/4 (2021), 1-8.

73. Barbaro, 『요한묵시록 주해』, 203; Mathison, 『종말론적 관점에서 본 성경 개관』, 827. Contra Hitchcock, "A Critique of the Preterist View of Revelation 13 and Nero," 345. 참고로 게마트리아에서 '기하학(geometry)'이 파생했다.

74. D. Garrett와 T. J. Johnson에 동의하는 김성진에 의하면, 묵시-시가서인 욥기의 베헤모스(욥40:6-24)와 리워야단(욥41:1-34)은 다니엘 7장과 계시록 11-13장의 짐승과 연관되기에, 욥기와 다니엘서와 계시록은 용과 짐승으로 대변되는 악한 세상 권력에 의해서 고통을 겪는 성도를 위로하는 메시지이다. 이런 세상의 악한 세력은 예수님의 재림 때 완전한 심판을 당한다. 김성진, "시가서의 영성, 어떻게 설교할 것인가?" (한국동남성경연구원 윈터세미나 발제 논문, 2019년 1월 15일, 경주 코오롱호텔), 45-47.

75. Storms, 『개혁주의 무천년설 옹호』, 668-669.

로니가후서 2장 3-10절의 “불법의 사람, 멸망의 아들, 불법자”는 바울 당시에 조짐을 보였고, 막는 자와 막는 것이 사라지면 역사의 무대에 곧 등장할 인물이다. 그는 자신을 막는 자인 클라우디우스가 암살된 후 17세에 제6대 황제가 될 네로를 가리킨다. 로마의 대화재 당시에 유대인들은 네로의 박해를 부추겼는데, 그는 스스로 신격화하여 악행을 저지르다 원로원과 서쪽 주들의 군대가 일으킨 반란에 직면하자 자살로써 생을 마감했다.[76] 역설적으로 AD 60년대 초순에 네로 편에 섰던 유대인들은 AD 66년부터 총지휘자인 네로의 치하에서 벌어진 유대-로마전쟁의 참상을 겪었다.

다시 강조하지만, 요한계시록의 역사적 배경에서 매우 중요한 인물은 네로이다. 클라우디우스 황제의 넷째 아내는 그의 조카이자 칼리굴라 황제의 여동생인 소小 아그리피나였다. 그리고 소 아그리피나가 전 남편 사이에 낳은 아들이 바로 클라우디우스의 후임자인 네로37-68이다. 그의 본명은 루시우스 도미티우스 아헤노바르부스Lucius Domitius Ahenobarbus이다. 네로가 16살에 성인이 되자, 어머니 아그리피나는 남편 클라우디우스를 독살했다. 네로는 황제가 된 지 얼마 지나지 않아서 아그리피나의 지지를 받은 클라우디우스의 친아들 브리타니쿠스Britannicus를 독살했다. 그런데 네로의 통치 첫 5-8년은 아그리피나와 세네카BC 4-AD 65의 자문 덕분에 비교적 성공적이었다.[77] 그러나 AD 62년 이후 네로는 극단적인 군주제주의자인 티겔리누스Tigellinus의 부추김을 받아 강력한 반대 세력들을 무자비하게 제거했다. 그리고 네로는 내정에 간섭한다는 이유로 어머니 아그리피나를 군인들을 보내 살해했고, 스승 세네카를 음모의 덫에 빠트린 후 유배를 보냈다. 예술에 관심을 가진 네로는 ‘네로 제전祭典’을 제정했다. 네로 황제를 위시하여 아우구스투스, 티베리우스, 베스파시아누스, 티투스, 그리고 트라야누스 황제는 도시를 발전시키고 시민들에게 ‘빵과 오락panem et circenses’을 제공

---

76. 송영목, 『간본문적 신약읽기』 (서울: CLC, 2017), 353-357; Du Rand, *A-Z van Openbaring*, 73.
77. A. B. du Toit (ed.), *Guide to the New Testament II: The New Testament Milieu* (Halfway House: Orion Publishers, 1998), 125-126.

했기에 '세상의 구주σωτήρ와 자선가εὐεργέτης'라고 칭송받았다눅2:25 참조.[78] 네로는 원로원과 로마 변방에 파견된 군대로부터 신임을 잃게 되자 자살로 생을 마감했다. 네로 사후 이탈리아에서 내전이 일어났고 야만족이 로마의 변방을 침입했으며, 로마 도시의 일부가 불탔다. 이런 상황을 두고 역사가 타키투스는 History 4.54에서, "로마제국의 마지막이 가까이 다가왔다."라고 두려움을 감추지 않았다. 그런데 터툴리안은 네로가 박해 법령institutum Neronianum을 제정하도록 부추겼다고 전한다. 반면에 수에토니우스는 그리스도인들이 박해받은 이유는 방화의 책임 때문이 아니라 불법적인 미신에 빠졌기 때문이라고 설명한다네로 16,38-39. 그런데 소르디M. Sordi, 1990에 의하면, 네로의 정책이 반기독교 방향으로 변경된 것은 AD 64년 7월의 대화재 이전에 이미 나타났다고 보면서, 베드로전서를 예로 든다. 이처럼 네로 박해의 성격과 원인에 대해서는 의견이 분분하다.[79]

여기서 "보좌에서 통치하시는 전능하시고 선하신 하나님께서 왜 사탄의 삼위일체와 같은 악의 세력을 허용하심으로써 그분의 백성이 박해받고 고통을 겪도록 하시는가?" 이런 신정론神正論의 문제는 현실을 부정하거나 도피함으로써 해결되지 않는다. 대신 신정론이 그리스도인의 삶에 유발하는 긴장은 하나님께서 시행하실 최종적인 구원과 심판의 효력이 이미 실현 중에 있음을 소망하면서 믿을 때 해소된다.[80] 계시록 13장은 계시록의 정치적 입장을 소개한다.

요한은 로마 황제들의 악의와 박해를 거부한다. 그리스도인에게 로마의 반민주적 관행은 상식에 어긋났다. 그리스도인은 사회-정치적 차별을 경험했

---

78. 임진수, "그레코-로만 세계와 초기 기독교의 자선가 사상(euergetism)," 272-274.

79. 이 단락은 Bell Jr., 『신약 시대의 사회와 문화』, 128-131 그리고 Di Berardino (ed), *Encyclopedia of Ancient Christianity*, Volume 2, 906-907에서 요약. 참고로 요한계시록의 정치적 해석인 포스트 콜로니얼 해석에 대해서는 H. O. Maier, "Post-Colonial Interpretation of the Book of Revelation," in *The Oxford Handbook to the Book of Revelation*, ed. C. R. Koester (Oxford: Oxford University Press, 2020)를 보라. 이 논문은 이 책의 제5장 셋째 글이다.

80. J. A. du Rand, "Hoe kan God dit toelaat?: 'N Bibliologiese Verryking van die Teodiseevraagstuk uit 'n Vergelyking tussen Openbaring en 4 Esra," *In die Skriflig* 45/2-3 (2011), 546-547.

다. 어떤 의미에서 계시록은 정치적 부정의로 인한 한숨과 슬픔을 포함하는데, 그리스도인은 땅을 넉넉히 소유하지 못하고 국가의 정치 집회에서 제대로 발언할 수도 없었다. 그리스도인은 순교를 통해 비폭력적 저항을 실행했는데, 오직 정의로우신 하나님만 이런 부정의를 심판하실 수 있다고 믿었기 때문이다. 이런 저항은 뒤로 물러서거나 도망치는 것을 절대로 의미하지 않았다. 부정의가 가득한 이 세상은 마지막 종착점이 아니며, 예수 그리스도의 초림의 빛에서 볼 때 세상의 충만한 의미는 이미 드러났다.[81]

참고로 계시록 11장의 두 증인과 계시록 13장 11절 이하의 땅에서 올라온 짐승은 아래의 표와 같이 병행을 보이는데, 후자는 전자를 모방한다.[82]

계시록 11장의 두 증인	땅에서 올라온 짐승
선지자(11:10)	거짓 선지자(16:13; 19:20; 20:10)
그 땅의 주님 앞에(11:4)	첫 짐승 앞에(13:12)
표적을 행함(11:6)	표적을 행함(13:13,14; 19:20)
하나님으로부터 권세를 받음(11:3)	첫 짐승으로부터 권세를 받음(13:12)
땅에 거하는 자들을 괴롭힘(11:10)	땅에 거하는 자들을 속임(13:14)
두 감람나무, 두 촛대(11:4)	두 뿔(13:11)
하나님께서 생기를 주심(11:11)	첫 짐승의 우상에게 생기를 넣음(13:15)

덧붙여 출애굽기 20장의 십계명 중 제1-4계명은 계시록 13장과 병행을 보인다는 주장이 있다. 요약하면 다음의 표와 같다.[83]

81. Du Rand, *A-Z van Openbaring*, 78-79.
82. Ford, *Revelation*, 224; Lioy, *The Book of Revelation in Christological Focus*, 75.
83. A. MacPherson, "The Mark of the Beast as a 'Sign Commandment' and 'Anti-Sabbath' in the Worship Crisis of Revelation 12-14," *AUSS* 43/2 (2005), 277.

출애굽기 20장	계시록 13장
너는 나 외에는 다른 신들을 네게 두지 말라(출20:3)	그들이 용과 짐승을 경배했다(계13:4,8)
너를 위하여 새긴 우상을 만들지 말고 …… 그것들에게 절하지 말며 그것들을 섬기지 말라(출20:4-5)	짐승의 우상을 만들고 경배하라(계13:14,15)
너는 네 하나님 여호와의 이름을 망령되게 부르지 말라(출20:7)	짐승이 과장되고 신성 모독을 말하는 입을 받고(계13:1,5-6)
안식일을 기억하여 거룩히 지키라 …… 너나 네 아들이나 네 딸이나 네 남종이나 네 여종이나 네 가축이나 네 문안에 머무는 객이라도 아무 일도 하지 말라 …… 나 여호와가 안식일을 복되게 하여 그 날을 거룩하게 하였느니라(출20:8-11)	그가 모든 자 곧 작은 자나 큰 자나 부자나 가난한 자나 자유인이나 종들에게 그 오른 손에나 이마에 표를 받게 하고 누구든지 이 표를 가진 자 외에는 매매를 못하게 하니(계13:16-17)

위의 도표 가운데 마지막 넷째 병행은 두 가지 이유로 설득력이 없다. 첫째, 계시록 13장 16-17절은 제4계명, 즉 안식일 규정과 무관하기 때문이다. 오히려 요한은 바다짐승을 숭배하지 않는 사람들이 매매할 수 없는 경제적인 박해를 설명한다. 둘째, "아들, 딸, 남종, 여종, 가축, 객"출20:10과 "작은 자, 큰 자, 부자, 가난한 자, 자유인, 종들"계13:16은 정확하게 병행을 이루지 않기 때문이다.

* 부록: 주화에 나타난 네로의 모습과 복원된 네로의 얼굴[84]

84. https://www.facebook.com/hashtag/empire_roman (2022년 11월 18일 접속).

교훈과 적용

우리 시대에 땅에서 올라온 짐승인 권력에 기생하던 타락한 유대인과 같은 세력은 무엇이며 누구인가? 국가와 교회의 역할은 마땅히 구분되어야 하며 다르다. 그러나 이 둘이 완전히 분리되어 하나님을 인정하지 않는 중립적인 국가를 만들어야 하는 것은 아니다벨직신앙고백 36 참조.[85] 교회는 부와 권력에 기생하는 종교 집단으로 전락하지 않도록 주의해야 한다.[86] 참고로 칼 바르트1886-1969는 '666'을 국가를 하나님으로 만든 히틀러의 국가사회주의와 같은 반反 신적이며 제국주의적 절대 권력으로 이해했다.[87] 따라서 바르트는 세상-교회 역사적 해석을 시도했다. 하지만 '666'을 오늘날 적용할 때, 요한 당시에 교회를 박해하던 네로와 같은 특정 인물과 유비되는 현대 인물을 찾는 것이 자연스럽다.[88]

85. J. L. Helberg, "Openbarings Historiese Aksente: Owerheidstaak en Godsdiens," *Koers* 58/4 (1993), 498.
86. 참고. Reddish, *Revelation*, 263.
87. 참고. 신동욱, "칼 바르트의 교회론에 나타난 요한계시록의 해석학적 적용에 관한 연구," 『인문사회 21』 10/1 (2019), 357.
88. 계시록 13장 1절-14장 5절의 내러티브를 역교차 구조로 따라 설교하는 방식은 강원규, "대조를 통해 청중을 변혁으로 이끌기 위한 내러티브 본문의 설교연구: 요한복음과 요한계시록을 중심으로," (Th.D. 논문, 총신대학교, 2021), 155를 보라.

요한계시록 14장

<본문의 개요>

계시록 14장 1-5절은 계시록 7장에 이어 다시 한 번 144,000명을 통해 교회론과 제자도를 설명한다. 계시록의 찬송은 앞의 환상이 어떤 내용인지 설명하는 기능을 가진다. 따라서 계시록 14장 1-5절의 찬송은 계시록 13장의 사탄의 삼위일체에 굴복하지 않은 승리한 교회를 설명한다.[1] 그리고 요한은 공중을 날아다니던 세 천사가 전한 영원한 복음을 보고 듣는다계14:6-13. 그 후 요한은 14-20절에서 알곡 추수라는 구원의 환상과 진노의 포도주 틀이라는 심판의 환상을 각각 다룬다. 계시록 14장의 이전 문맥은 사탄의 삼위일체계13:1,2,11의 활동이다참고. 계10:7의 복음과 비밀. 계시록 14장의 이후 문맥은 용의 하수인인 바다짐승을 이기신 하나님과 어린양의 활동과 교회가 부른 찬양이다계15:2-4. 문맥상 계시록 14장은 이전 내러티브에서 활발했던 사탄의 세력이 결국 패망할 수밖에 없다는 사실을 어린양 덕분에 승리한 교회가 복음을 믿고 하나님의 추수 사역에 참여하고 있음을 보여준다.[2]

<내용 분해>

1. 144,000명과 새 노래(14:1-5)
2. 3천사가 전한 복음(14:6-13)
3. 하나님의 구원과 심판에 관한 두 환상(14:14-20)

---

1. 계시록 14장 1-5절의 찬송과 계시록 15장 2-4절의 찬송은 공통적으로 언급되는 '어린양' 덕분에 전투하여 승리하는 교회가 부르는 승전가이다. 따라서 계시록에서 어린양은 물론 찬송도 내러티브의 '계속 저음'과 같다.
2. 계시록 13장 중후반부와 계시록 14장은 여러 주제로 서로 관련된다. ① 계시록 13장 11-18절의 바다짐승 숭배는 성부 하나님과 어린양을 예배하는 계시록 14장 1-5절에 반향된다. ② 계시록 13장의 바다짐승 숭배자는 계시록 14장 9-11절에서 심판을 받는다. ③ 계시록 13장 17절에서 성도는 매매에 어려움을 당하지만, 계시록 14장 3-4절에서 그들은 하나님에게 사신 바 되었다. ④ 계시록 14장 12절의 인내는 계시록 13장 10절과 유사하다. ⑤ 계시록 13장의 바다짐승이 성도를 박해하는 장면은 하나님의 백성을 위해 사역하시는 인자를 소개하는 다니엘 7장과 유사한데, 계시록 14장 14-16절도 구름 위에 계신 인자를 언급한다. Persson, *A Semantic and Structural Analysis of Revelation*, 139.

1. 144,000명과 새 노래(14:1-5)

"[1]또 내가 보니 보라 어린 양이 시온 산에 섰고 그와 함께 십사만 사천이 서 있는데 그들의 이마에는 어린 양의 이름과 그 아버지의 이름을 쓴 것이 있더라 [2]내가 하늘에서 나는 소리를 들으니 많은 물소리와도 같고 큰 우렛소리와도 같은데 내가 들은 소리는 거문고 타는 자들이 그 거문고를 타는 것 같더라 [3]그들이 보좌 앞과 네 생물과 장로들 앞에서 새 노래를 부르니 땅에서 속량함을 받은 십사만 사천 밖에는 능히 이 노래를 배울 자가 없더라 [4]이 사람들은 여자와 더불어 더럽히지 아니하고 순결한 자라. 어린 양이 어디로 인도하든지 따라가는 자며 사람 가운데에서 속량함을 받아 처음 익은 열매로 하나님과 어린 양에게 속한 자들이니 [5]그 입에 거짓말이 없고 흠이 없는 자들이더라"

요한계시록의 내러티브는 대조와 반대로 가득하다. 하늘의 수직적 차원은 땅에 가득한 갈등의 수평적 차원과 계속 대조된다. 영광스런 그리스도(계1장)는 소아시아의 교회들 안에서 발견되는 비판 및 이단과 대조된다(계2-3장). 하늘 보좌 방의 영광(계4-5장)은 보좌에 앉은 황제가 받는 숭배와 대조된다(계2-3장). 심판 신탁인 7인(계6장)은 신자의 인침과 대조된다(계7장). 심판 신탁인 7나팔(계8-9장)은 신자의 측량과 대조된다(계10장). 두 증인(계11장)은 악의 세력들의 많은 공격과 대조된다(계13장). 하나님과 주님의 백성은 용, 바다짐승과 거짓 선지자와 대조된다(계12-13장).[3]

이런 수직과 수평 차원의 대조들이 정확하다면, 계시록 14장의 내러티브는 하늘에 속한 144,000명이 땅에 속한 악의 세력들과 벌일 대조를 다시 소개한다. 그러나 두 란드가 7인계6장, 7나팔계8-9장, 두 증인계11장, 그리고 주님의 백성계12장을 하늘의 수직적 차원으로 국한한 것은 무리이다. 왜냐하면 그런 사건들과 인물들은 땅에서 벌어지고 활동하는 수평적 차원으로 자연스럽게 이해할 수 있

3. Du Rand, *Die A-Z van Openbaring*, 436.

기 때문이다. 두 란드가 지적한 대로, 계시록의 내러티브에 하늘과 땅의 대조가 일부 나타나는 것은 사실이다. 그러나 선명한 대조는 하나님과 그분의 백성이 사탄의 세력과 대결하는 데서 찾아야 한다. 그러므로 계시록의 1차 독자는 믿음의 상징 세계를 하늘 환상은 물론 땅에서 벌어진 환상을 통해서도 찾을 수 있다.

계시록 14장 1-5절은 병행구조를 가지는 계시록 12장 1절-14장 12절의 중앙에 위치한다. 승리와 소망의 메시지를 중심에 둔 구조를 요약하면 아래와 같다.

A 세 짐승의 활동(12:1-13:18)

1. 붉은 용(12:1-17)

2. 바다짐승(13:1-8)

3. 땅 짐승(13:11-18)

B 어린양과 교회의 승리(14:1-5)

A′ 세 천사의 활동(14:6-13)

1. 하나님의 영원한 복음을 알리는 첫째 천사(14:6,7)

3. 음녀(땅 짐승)의 파멸을 예고하는 둘째 천사(14:8)

2. 바다짐승을 숭배하지 말라고 경고하는 셋째 천사(14:9-12)

계시록 14장 1-5절은 용과 바다짐승을 숭배함계13장과 영원한 복음을 따라 하나님을 경배함계14:6-7 사이에 위치하여 세상에서 누가 하나님을 참으로 예배하는 이들인지 소개하는 역할을 한다.[4] 어린양께서 시온 산에 성부와 성자의 이름이 이마에 새겨진 144,000명과 함께 서 계신다1절; 비교. 13:16-17. 구약과 신약의 성도를 상징하는 144,000명이 서 있는 시온 산τὸ ὄρος Σιὼν은 하나님의 우주적 통치와 예배가 종말론적으로 실현되는 세상의 중심이다시2:2-6; 11:6-9; 14:7; 27:1; 33:21; 48:2,11; 50:1-2; 78:68; 사24:23; 렘31:10-37; 욜2:32; 옵1:17,21; 슥8:3; 9:9-17 참조.[5]

---

4. C. R. Holmes, "Worship in the Book of Revelation," *JATS* 8/1-2 (1997), 7-10.

5. 서재덕, "도시와 성전: 시온 신학의 기원에 관한 연구," 『구약논단』 26/2 (2020), 16-18, 22. 참고로 서재덕은 시

구약성경에 155회 등장하는 '시온'은 신실하고 강하신 하나님께서 그분의 백성을 보호하시고, 그들의 찬양에 응답하시며, 악을 정의로 심판하시는 곳이다시 43:3-5; 48:9-11; 90:1; 슥1:15 참조.[6] 구약성경에 1회만 등장하는 '시온 산'은 "하나님의 이름이나 그분의 주권적 통치와 관련되거나 때로는 둘 다 관련하여 남은 자의 구원을 암시하는 경우는 적어도 9회 나타난다왕하19:31; 시48:2,10-11; 74:2,7; 78:68; 사4:2-3; 10:12,20; 37:30-32; 욜2:32."[7]

그런데 다윗의 통치가 이루어졌던 시온성은 장소 개념을 넘어 하나님의 남은 자라는 공동체 개념으로 발전한다습3:14-15 참조. 그래서 요한은 계시록 19장 6-9절, 21장 2, 9-10절에서 새 시온성, 곧 새 예루살렘성을 어린양의 통치를 받는 신부로 묘사하는데, 계시록 14장 1-5절은 이런 뒤따르는 환상을 미리 준비하는 역할을 한다.[8] 계시록 14장 1-5절은 수미상관구조를 가지는데, 2-3절의 "음성"은 중앙에 위치하여 아래와 같이 강조된다.[9]

A 어린양(1a절)

B 144,000명: 어린양과 함께 있으며, 그들의 이름에 두 이름이 있음(1b절)

C 하늘로부터 나는 음성: 3가지 묘사-많은 물소리, 큰 천둥소리, 거문고소리와 같음(2절)

C′ 새 노래로서의 음성: 3가지 위치-보좌 앞, 네 생물 앞, 24장로 앞에서 새 노래 부름(3a절)

온을 '신화적 공간'이라고 불러 혼동을 초래한다.

6. J. A. du Rand, "Die Eskatologiese Betekenis van Sion as Agtergrond tot die Teologie van die Boek Openbaring," *Verbum et Ecclesia* 17/1 (1996), 50; *Die Einde*, 69; Chilton, *The Days of Vengeance*, 355.

7. Beale and McDonough, "요한계시록," 606.

8. R. Zimmermann, "Die Virginitäts-Metapher in Apk 14:4-5 im Horizont von Befleckung, Loskauf und Erstlingsfrucht," *Novum Testamentum* XLV/1 (2003), 45; Du Rand, "Die Eskatologiese Betekenis van Sion as Agtergrond tot die Teologie van die Boek Openbaring," 57.

9. P. G. R. de Villiers, "The Composition of Revelation 14:1-15:8: Pastiche or Perfect Pattern?" *Neotestamentica* 38 (2004), 216.

B′ 144,000명: 땅에서 속량을 받아 새 노래를 배움(3b절)

A′ 어린양과 144,000명(4-5절): a 그들은 더럽혀지지 않음(4a절)

b 그들은 어린양을 따름(4b절)

b′ 그들은 하나님과 어린양을 위해 구속받음(4c절)

a′ 그들은 거짓말과 흠이 없음(5절)

위의 교차대칭구조는 하나님을 위하여 구속받은 144,000명이라면, 그들은 마땅히 어린양을 따르면서 새 노래를 불러야 함을 강조한다. 144,000명은 요한 당시의 독자들을 포함하여 인류 역사상 존재하는 지상의 전투적 교회를 포함한다계7:3 참조.[10] 큰 물소리와 천둥소리 같은 음성이 하늘에서 울렸는데, 요한이 듣기로는 마치 수금 소리와 같았다2절. 2절의 "하늘"에 이어 3절에는 "땅"이 등장하여, 이 둘이 144,000명에 의해서 하나로 어우러진다.[11] 이 경우처럼 '하늘'과 '땅'이 함께 등장할 경우, '땅'을 팔레스타인으로 좁게 이해할 이유는 없다.

땅에서 속량을 받은 144,000명은 하나님의 보좌와 4생물과 24장로 앞에서 새 노래를 부른다3절; 참고. 사26:13. '새 노래'는 하나님의 창조와 구원과 승리를 기리는 찬송인데시33:3; 144:9-10; 149:1; 사35:10; 42:10; 계5:9 참조, 구원받은 이들만 부를 수 있다.[12] 144,000명은 여자들과 더불어 자신을 더럽히지 않은 순결한 이들이며, 목자이신 어린양께서 인도하시는 곳을 따라간다4a절; 참고. 겔16:33; 호2:14-21; 요10:4; 계7:17. 복수 명사 "여자들γυναικῶν"은 이세벨계2:20 참조과 음녀 바벨론계17-18장 참조과

---

10. 144,000명을 이상적이고 완성된 교회로서 지상의 전투하는 교회의 모델이라고 이해하는 경우는 신동욱, 『요한계시록 주석』, 149를 보라. 참고로 강선남은 144,000명에서 상징적 정결과 실제적 정결을 동시에 찾으면서, 부정한 타자인 여성에 대한 요한의 남성중심적 인식은 마치 오염된 여성으로 위안부를 이해하는 접근방식과 유사하다고 주장한다. 강선남, "여자들과 더불어 자신을 더럽히지 않은 남자들: 묵시 14,4와 한국 일본군 '위안부' 문제," 『신학과 철학』 27 (2015), 223-224. 하지만 144,000명은 상징적으로 이해해야 하며, 요한은 여성을 위안부나 음녀처럼 터부시하고 혐오하지 않는다. 페미니스트는 요한이 남성 '니골라'의 이름을 빌려 니골라당(계2:14-15)을 비판한 이유를 고려해야 한다.
11. 김춘기, "요한계시록의 제자직," 『신학과 목회』 31 (2009), 139-140; K. T. Marriner, *Following the Lamb: The Theme of Discipleship in the Book of Revelation* (Eugene: Wipf & Stock, 2016).
12. Beale, 『요한계시록. 하권』, 1238.

같은 자들을 가리킨다. 그 여자들은 교회를 타락과 배교로 이끌기 위해 애썼다. 요한은 동사 '더럽히다μολύνω'를 계시록 3장 4절과 14장 4절에만 사용한다. 144,000명은 깨끗한 신앙 양심과 구별된 행동을 통해 자신을 더럽히지 말아야 한다. 그리고 144,000명은 거룩한 행실에 힘쓰고 찬송을 부르면서 예수님을 따라가는 제자이다마9:9; 10:38 참조. 구약의 이스라엘 군인들은 이방인과 전쟁하기 전에 제의적 정결을 유지해야 했다신23:9-11; 1에녹 9:8; 10:11 참조. 마찬가지로 신약의 그리스도의 군대에게도 거룩은 강력한 힘이다. 따라서 제자도를 실천하는 교회가 성화를 상실하면 아무런 능력을 발휘할 수 없다. 계시록에서 제자도는 중요한 신학적 주제인데, 그것은 박해 상황에서 더 절실하게 요청되었다.

> 계시록 14장 4절의 어린양과 목자 간의 유사성은 주목할 만하다. "그들은 어린양께서 가시는 곳마다 따라간다." 계시록 7장 17절은 "보좌 가운데 계신 어린양께서 그들의 목자가 되실 것이다."라고 말씀한다. 메시아는 종종 목자와 연결된다(사40:11; 겔34:23). 신약성경에 의하면, 제자도의 열쇠 단어는 동사 '따르다(ἀκολουθέω)'이다. 이 동사는 복음서에 70회, 계시록에 6회 나타난다. 이 동사는 어떤 사람이 지도자의 가르침에 자신을 결속시킴으로 계속 발전시키는 것을 가리킨다. 이것이 복음서와 계시록 14장 4절의 의미이다. 144,000명은 자신의 목숨을 잃더라도 그리스도의 교훈을 세상에 확장해야 한다(막8:34-35; 요12:15-26; 벧전2:21). …… "그들은 어린양께서 어디로 인도하시든지 따른다." 이 구절은 순교가 참 제자도의 일부라는 사실을 의미한다.[13]

여기서 요한은 주님을 따르면서 제자로 사는 이들에게 무력을 사용하여 박

---

13. Du Rand, *Die A-Z van Openbaring*, 442-443. 그리고 Paul, *Revelation*. 47; 신동욱, "요한계시록의 제자도," 『신약논단』 91/1 (2012), 248-253도 참고하라. 참고로 욥기에서 형용사 '온전한'은 욥에게만 적용되는데(욥 1:1,8; 2:3; 4:6; 8:20; 9:20-22; 21:23), 그는 온전하고 정직하고 하나님을 경외하며 악에서 떠났고 입으로 범죄하지 않으려고 노력했다. 이런 욥을 144,000명의 그림자로 보는 입장은 L. O. Caesar, "Job as Paradigm for the Eschaton," *JATS* 11/1-2 (2000), 154-159를 보라.

해자들에게 저항하라고 권면하지 않는다. 박해에 직면한 그리스도인은 기도하며 수동적으로 인내하는 방식을 취할 수 있다. 더 나아가 그리스도인이 순교와 같이 능동적으로 악에 저항하는 방식도 있다.[14]

144,000명은 속량을 받은 첫 열매로서 성부와 어린양께 속한 이들이다4b절. '첫 열매ἀπαρχή'는 하나님께 온전히 바쳐져야 한다출22:29; 23:19; 신18:4-5; 히12:23 참조. 첫 열매를 시간적으로 본다면, 144,000을 1세대 그리스도인으로 구체적으로 적용할 수 있지만, 이 숫자에 담긴 상징적 의미를 고려하면 원칙상 전체 교회를 가리킨다.[15] 예수님께서는 잠자는 자들의 첫 열매이시다고전15:20,23 참조. 따라서 첫 열매이신 예수님을 따르다 목숨을 잃는 제자들은 부활할 것이다. 4절은 '결혼'과 '첫 열매'의 은유를 결합하는 예레미야 2장 2-3절의 간본문인데, 어린양을 따르는 제자들은 어린양의 신부로서 정결하게 살아야 하므로 이세벨계2:20과 음녀 바벨론계14:8; 17-18장의 영적 음행, 즉 우상숭배와 달라야 한다.[16] 144,000명의 입에는 거짓말이 없고 흠도 없다5절. 144,000명과 달리, 바다짐승은 신성모독을 말하는 입을 받아 하나님과 하나님의 장막, 즉 성도를 비방했다계13:5-6 참조. 사도 바울은 에베소교회에게 언어생활에 대해 교훈을 준 바 있다. 그리스도인은 거짓을 버리고, 이웃과 더불어 참된 것을 말해야 하며, 더러운 말은 입 밖에도 내지 말고, 선한 말을 통해 은혜를 끼쳐야 하고, 비방하는 것을 모든 악의와 함께 버려야 한다엡4:25,29,31 참조. 그들은 구약의 남은 자들과 어린양의 신부와 같다사53:9; 습3:13; 계21:8, 27 참조. 그리스도인의 가장 위대한 소명은 이 세상을 천국으로 변혁시키기 위한 선교적 교회로 살아가는 것인데, 이를 위해 항상 성령님

---

14. 그리스도인의 수동적 저항과 능동적 저항 사이의 긴장에 대해서는 한철흠, "요한계시록의 저항 언어: 유대 묵시문헌과의 상호텍스트성 분석을 통하여," 『한국개혁신학』 59 (2018), 341-345를 보라.

15. Chilton, *The Days of Vengeance*, 359. Contra 144,000명을 대 환난 기간에 회심할 유대인 그리스도인으로 보는 Hindson, *The Book of Revelation*, 154.

16. Zimmermann, "Die Virginitäts-Metapher in Apk 14:4-5 im Horizont von Befleckung, Loskauf und Erstlingsfrucht," 65-66. 참고로 Zimmermann은 이세벨을 교회 내부의 이단으로, 음녀 바벨론을 교회 외부의 황제숭배 세력으로 본다.

으로 충만하여 예수님을 닮은 윤리적 행실을 갖추도록 노력해야 한다.[17] 계시록 14장 4-5절은 예수님께서 남은 자들을 그분의 피로 사셔서 구원하신 은혜를 강조하는 교차대칭구조를 보인다.[18]

A 여자들과 더불어 자신을 더럽히지 않음(4a절)
　B 순결(4b절)
　　C 어린양을 따라감(4c절)
　　　D 속량을 받음(4d절)
　　C′ 하나님과 어린양께 속한 첫 열매들(4e절)
　B′ 거짓말이 없음(5a절)
A′ 흠이 없음(5b절)

위의 도표에서 볼 수 있듯이, 예수님의 보혈로 속량을 받은 그리스도인은 거룩한 삶으로써 제자도를 실천해야 한다. 다시 말해, 계시록 14장 1-5절의 교회론은 어린양 기독론Lamb Christology으로 결정지어진다.[19] 참고로 아래 도표는 계시록 13장 11절 이하의 땅에서 올라온 짐승과 시온 산의 어린양의 환상 사이에 대조되는 병행과 패러디를 보여준다.[20]

땅에서 올라온 짐승 환상	시온 산의 어린양 환상
양처럼 생김(13:11)	어린양(14:1)
땅에서 올라옴(13:11)	시온 산에 서심(14:1)
용처럼 말함(13:11)	새 노래를 부름(14:3)
땅에 거하는 자들이 첫째 짐승을 숭배함(13:12,14)	144,000명은 어린양을 따름(14:1)

17. Duvall, *The Heart of Revelation*, 118.
18. Leithart, *Revelation 12-22*, 89.
19. Pattemore, *The People of God in the Apocalypse*, 216-219.
20. Gentry, *The Divorce of Israel*, Volume 2, 296.

첫째 짐승 앞에서(13:12)	하나님의 보좌 앞에서(14:3)
죽게 된 상처가 나음(13:12)	죽으시고 부활하신 어린양(14:1; 참고. 계5:6)
첫째 짐승을 경배(13:12)	하나님을 경배(14:3)
첫째 짐승을 경배하도록 강요함(13:12)	어린양을 자유롭게 따라감(14:4)
하늘에서 떨어진 불(13:13)	하늘에서 난 음성(14:13)
사람들 앞에서(13:13)	보좌 앞에서(14:3)
미혹(13:14)	거짓말이 없음(14:5)
우상이 말함(13:15)	하늘이 노래함(14:2-3)
사람이 매매를 하지 못함(13:17)	어린양께서 사람을 속량하여 사심(14:4)
이마 위의 표(13:16)	이마 위의 성부와 어린양의 이름(14:1)
짐승 같은 사람의 수를 파악하기 위해 필요한 지혜(13:18)	144,000명만 새 노래를 앎(14:3)

교훈과 적용

선교적 영성을 갖추어 실천하는 남은 자들로서 예수님의 통치와 경배가 충만한 생활을 누리자.[21] 헌신적인 제자로서의 정체성이 그리스도인의 삶의 방향을 결정함을 기억하자. 144,000명, 곧 그리스도인들에게 가장 행복한 부르심은 제자로 주님을 따르는 것이며, 가장 고통스런 부르심은 자신의 모든 것을 주님께 바치며 자기를 부인하는 것이고, 가장 충격적인 부르심은 "와서 죽어라"이다막8:34-35 참조. 그렇다면 우리는 예수님께서 가시는 곳을 즐거이 찬송을 부르며 따라갈 수 있는가? 십자가를 지는cruciform 삶과 제자로서의 헌신을 생략한 채로 교인을 편안히 덮어주는 소위 '담요 신학'을 경계하자. 예수님의 제자는 주님에 대해 알지 말고 주님 자신을 알아야 하고, 말이 아니라 행동으로써 제자도를 실천해야 한다. 성령의 능력을 덧입어 그리스

---

21. 프레토리아대학교 선교학 교수 니만트(N. Niemandt)에 따르면, 선교적 영성(missional spirituality)은 하나님의 리듬을 회복하여 그리스도인의 생활 습관으로 만드는 것이다. 그는 선교적 교회가 하나님의 리듬과 형상을 회복하기 위하여 다음과 같이 8가지의 실천 사항을 제시한다. 그리스도와 연결되어 있어야 하며, 삼위일체 하나님과 교제해야 하고, 재능을 기부하며, 포용적 자세를 취하고, 지역과 생태계를 보호하며, 시간과 돈이 투입되는 직업을 통해 소명을 성취하고, 전인적 치유와 건강한 삶을 실천하고, 비움의 영성을 실천해야 한다. T. J. Smith and N. Niemandt, "Exploring a Missional Pedagogy for Transforming Discipleship: Implications for Missional Discipleship within the DRC," *Stellenbosch Theological Journal* 8/1 (2022), 14-18.

도인은 남김없이, 후퇴 없이, 후회 없이 제자로서 살아야 한다.[22] "승천과 재림 동안에 복음의 원수들이 예수님의 발 앞에 엎드려지고, 성령님의 역사로 말미암아 시온산으로부터 온 세계에 두루 퍼져나간 주님의 가르침이 널리 선전될 뿐만 아니라 열매를 맺어, 그 결과 당신은 이제 억압받고 눌렸던 백성들이 아니라 자발적인 예배자들을 얻게 되셨습니다."[23]

2. 3천사가 전한 복음(14:6-13)

"6또 보니 다른 천사가 공중에 날아가는데 땅에 거주하는 자들 곧 모든 민족과
종족과 방언과 백성에게 전할 영원한 복음을 가졌더라 7그가 큰 음성으로 이르
되 하나님을 두려워하며 그에게 영광을 돌리라. 이는 그의 심판의 시간이 이르
렀음이니 하늘과 땅과 바다와 물들의 근원을 만드신 이를 경배하라 하더라 8또
다른 천사 곧 둘째가 그 뒤를 따라 말하되 무너졌도다 무너졌도다 큰 성 바벨론
이여 모든 나라에게 그의 음행으로 말미암아 진노의 포도주를 먹이던 자로다 하
더라 9또 다른 천사 곧 셋째가 그 뒤를 따라 큰 음성으로 이르되 만일 누구든지
짐승과 그의 우상에게 경배하고 이마에나 손에 표를 받으면 10그도 하나님의 진
노의 포도주를 마시리니 그 진노의 잔에 섞인 것이 없이 부은 포도주라. 거룩한
천사들 앞과 어린양 앞에서 불과 유황으로 고난을 받으리니 11그 고난의 연기가
세세토록 올라가리로다. 짐승과 그의 우상에게 경배하고 그의 이름표를 받는
자는 누구든지 밤낮 쉼을 얻지 못하리라 하더라 12성도들의 인내가 여기 있나니
그들은 하나님의 계명과 예수에 대한 믿음을 지키는 자니라 13또 내가 들으니 하
늘에서 음성이 나서 이르되 기록하라 지금 이후로 주 안에서 죽는 자들은 복이
있도다 하시매 성령이 이르시되 그러하다 그들이 수고를 그치고 쉬리니 이는 그
들의 해한 일이 따름이라 하시더라"

---

22. 이 적용은 K. Idleman, 『팬인가, 제자인가』, *Not a Fan*, 정성묵 역 (서울: 두란노, 2012), 52-76, 113, 213, 221, 291, 303을 요약하여 참고한 것이다.
23. 버미글리의 시편 110편 기도문의 일부이다. Vermigli, 『거룩한 기도들: 버미글리의 시편 기도문』, 312.

다른 천사가 공중을 날아가는데, 땅에 거하는 자들과 모든 민족과 종족과 언어와 백성에게 전할 영원한 복음εὐαγγέλιον αἰώνιον을 가지고 있었다6절. 영원한 복음은 먼저 땅에 거하는 유대인들은 물론, 나중에 열방의 이방인들에게도 전파될 것이다마24:14; 행1:8 참조.[24] 요한은 디포넌트중간태가 아니라 능동태 동사 εὐαγγελίσαι를 통해 복음이 적극적으로 전파되어야 한다는 사실을 강조한다삼상31:9 LXX 참조.[25] 바다짐승과 땅 짐승을 추종하는 자들은 속히 이 영원한 복음을 믿고 회개해야 한다. 문맥상 계시록 13장에서 사탄의 트리오Satanic trio인 용, 가짜 부활quasi resurrection을 경험한 바다짐승, 그리고 땅 짐승은 사람들을 미혹하여 하나님의 복음을 버리고 마귀를 숭배하도록 미혹하고 강요했다. 그러나 계시록 14장에서는 사탄의 트리오를 따르는 자들이 144,000명처럼 영원한 복음을 믿고 파멸의 길에서 돌이켜야 함을 설명한다.

6절에서 고대 대문자 사본과 다수사본은 "천사를ἄγγελον"을 수식하는 "다른 ἄλλον"을 생략하는데, 두 단어의 유사한 음音 때문에 발생한 것으로 보인다. 그렇다면 '다른 천사' 대신에 '한 천사'라는 번역도 가능하다.[26] 여기서 신약성경에 한 번만 등장하는 표현인 "영원한 복음"은 황제의 생일이나 팍스 로마나가 안전과 번영을 제공한다고 선전한 제국주의 복음과 다르다.[27] 영원한 복음은 어린양의 대속의 죽음을 통하여 영원한 효력을 가진 구원의 메시지이며롬1:4; 고전15:4 참조, 예수님과 사도가 전한 구원과 심판의 복음이며엡3:3-5; 골1:27; 계11:15 참조, 밤

24. Van der Waal, *Openbaring van Jezus Christus II*, 263.

25. Montanari, *The Brill Dictionary of Ancient Greek*, 836.

26. 이달, 『요한계시록』, 247. 참고로 마태복음 24장 14절을 계시록 14장 6절의 간본문으로 제시한 경우는 Kraft, 『요한묵시록』, 297을 보라.

27. Beale, 『요한계시록. 하권』, 1259. 참고로 골즈워디(G. Goldsworthy)는 '복음'을 '예수 그리스도에 관한 메시지'라고 간략히 정의한 후, 복음 중심의 사상은 성부 하나님의 궁극적 목표가 예수님 안에서 성취된 것이라고 설명한다. 여기서 성취란 특히 예수님을 통하여 진행되는 창조와 재창조 사역 그리고 구약의 예언과 언약과 율법이 이루어진 것을 가리킨다. 또한 골즈워디에 따르면, 예수님께서 그리스도인의 존재 의미이시고, 재림하심으로써 '이미 그러나 아직 아니'라는 종말론적 긴장을 해소하시는 것이 복음 중심의 사상이다. G. Goldsworthy, 『복음과 요한계시록』, *The Gospel in Revelation*, 김영철 역 (서울: 성서유니온, 1991), 24-33. 그러나 계시록의 복음은 계시록의 기록 목적과 상황 그리고 중심 신학에 맞추어 더 좁혀서 이해해야 한다.

낮 그리고 항상 또한 세세에 전해야 할 복음이다시96편 참조.[28] 만약 '영원한 복음 eeuwig evangelie'을 '영원의 복음evangelie van de eeuw'으로 본다면, 예수님께서 도래시키신 메시아의 새 시대의 복음이라는 의미이다.[29]

그 천사는 "너희는 하나님을 두려워하며 그분께 영광을 돌려라. 왜냐하면 하나님의 심판 때가 왔기 때문이다. 너희는 하늘과 땅과 바다와 샘들을 만드신 분을 경배하라."라고 크게 말했다7절. 사람이 창조주와 심판자이신 하나님 앞에 산다면, 그분을 두려워하고 경배하며 영광을 돌려야 마땅하다. 7절은 바다짐승과 땅 짐승에게 죽임을 당한 그리스도인에게는 하나님의 신속한 신원을 알리는 복음이다.[30] 흥미롭게도 다윗이 법궤를 예루살렘으로 옮기는 장면대상16:8-36 참조에도 6-7절의 "창조, 경외, 영광 돌림, 심판, 예배"라는 주제가 등장한다.[31] 이런 간본문성을 고려한다면, 복음은 부정적으로 창조와 심판의 하나님께서 그분의 현존과 통치를 무시하는 자들을 심판하시는 것이며, 긍정적으로 그들에게 회개의 기회를 주시는 것이다막1:15 참조. 그러므로 하나님께서 심판자이심은 정의가 회복된다는 복음이기도 하다.[32] 그런데 7절의 "물들의 근원πηγή ὑδάτων"은 문자적

28. Van de Kamp, *Openbaring*, 343; contra 계시록 14장 6절의 영원한 복음은 재림 이전의 결정적이고 완전한 복음이지만, 복음서의 복음은 예비적 복음이라고 구분하는 L. Cerfaux, "'L'Évangile Éternel' (Apoc., XIV, 6)," *Ephemerides Theologicae Lovanienses* 39/3 (1963), 672-675. 참고로 요한은 6절에서 다니엘 3장 4, 7절의 "백성, 나라들, 언어들"에 "족속들"을 추가했다. 그러므로 예수님의 복음은 더 넓고 더 깊이 승리하기에, 복음은 영원하고 우주적이다. Lupieri, *A Commentary on the Apocalypse of John*, 223.

29. Van der Waal, *Openbaring van Jezus Christus II*, 263.

30. 조던(J. B. Jordan)은 계시록 14장 6절의 "다른 천사"를 예수님으로 보며, 복음이란 심판의 때가 임했다는 내용이라고 주장한다. 그리고 조던은 심판의 때는 그리스도인의 대학살이라는 대 환난으로 시작하여 음녀 바벨론의 파멸을 거쳐 두 짐승의 파멸로 마무리된다고 주장한다. 그러나 6절의 다른 천사를 예수님으로 보기 어렵고, 7절에 성도가 대학살을 당하는 내용은 나타나지 않으며, 음녀 바벨론과 땅에서 올라온 짐승을 별개 존재로 볼 이유도 없다. J. B. Jordan, *A Brief Reader's Guide to Revelation* (Niceville: Transfiguration Press, 1999), 37-38.

31. Du Rand, *A-Z van Openbaring*, 446. 참고로 계시록 7장 17절-21장 6절은 계시록 14장 7절을 중심으로 교차대칭구조를 보인다는 주장은 Leithart, *Revelation 12-22*, 430을 보라.

32. J. Moskala, "The Gospel according to God's Judgment: Judgment as Salvation," *Journal of the Adventist Theological Society* 22/1 (2011), 47. 참고로 구약과 신약에 나타난 복음과 맥을 함께하는 계시록의 "영원한 복음"에 대한 자세한 논의는 송영목, "요한계시록 14:6-7의 복음과 인간," 『개혁논총』 54 (2020), 258-284를 참고하라.

의미를 넘어 구원의 복이나 심판과 같은 상징적 의미를 가지고 있다고 보기 어렵다창7:11; 출15:1-18; 시78:15; 잠8:28; 25:26; 사12:3; 41:18; 48:21; 렘2:13; 마24:39 참조. 그리고 "물들의 근원"을 십계명 중에서 제4계명출20:8-11에 언급된 '안식일'과 '바다'와 연결하여 안식일을 준수해야 한다는 의미를 찾거나, 하나님께서 창조 사역과 마찬가지로 마지막 심판에도 개입하시는 상징적 의미로 이해할 필요는 없다.[33] 7절에 "심판"이 언급되지만, "물들의 근원"은 '하늘과 땅과 바다'와 더불어 창조주 하나님과 관련되기 때문이다.

계시록 11장 19절과 15장 5절은 "하나님의 성전"을 공통 주제로 하여 수미상관 구조를 보인다. 이 구조 안에서 중심은 계시록 14장 7절의 언약과 창조의 하나님을 경배하라는 복음이다. 요약하면 아래의 도표와 같다.[34]

A 하나님의 성전 안의 언약궤(11:19)
  B 하나님의 언약적 계명과 예수님의 증거를 가짐(12:17)
    C 언약과 창조의 하나님을 경배하라(14:7)
  B′ 하나님의 언약적 계명과 예수님에 대한 믿음을 지킴(14:12)
A′ 하늘의 증거 장막의 성전(15:5-8)

또 다른 천사는 "무너졌다, 무너졌다, 큰 성 바벨론이여! 자신의 음행 때문에 하나님의 진노의 포도주를 모든 나라에게 마시게 했다."라고 외쳤다8절; 참고. 계18:2. 큰 성 음녀 바벨론은 나중에 파괴되기에계16:19; 17:16-18 참조; 비교. 시73:27; 사21:9; 렘28:7-8, 32:15(LXX); 겔23:45. '무너졌다ἔπεσεν'는 확실하게 미래에 발생할 사건을 강조하

33. Contra O. Zhigankov, "The 'Springs of Water' in Revelation 14:7," *Journal of Asia Adventist Seminary* 14/2 (2011), 183-184.

34. 참고. L. L. Lichtenwalter, "The Seventh-Day Sabbath and Sabbath Theology in the Book of Revelation: Creation, Covenant, Sign," *AUSS* 49/2 (2011), 308-309. 참고로 안식교도인 Lichtenwalter는 계시록 14장 7절을 출애굽기 20장 11절과 연결하여 제4계명을 지키라는 취지로 이해한다.

는 예언적 아오리스트 동사이다.[35] 계시록이 기록된 후, 반드시 속히 큰 음녀의 성인 예루살렘은 무너질 것이다.[36] 로마가 예루살렘보다 더 큰 것은 사실이지만, 구약성경은 이방 도시를 '음녀'라고 즐겨 부르지 않는다. 그리고 계시록 11장 8절은 두 증인이 순교한 장소를 "큰 성"이라 부르면서, '주님께서 십자가에 못 박히신 곳'이라 설명한다. 요한 당시의 후견인-피후견인 관습과 명예-수치의 가치에서 볼 때, 가증한 음행과 진노를 제공한 음녀 바벨론은 수치스런 후견인이었다.

계시록 14장 8절에 구약의 다양한 암시가 나타난다. 이 가운데 이사야 21장 9절LXX, 예레미야 28장 7-8a절LXX; 51:7-8 MT, 그리고 32장 15절LXX; 25:15 MT과 비교하면 다음 도표와 같다.[37]

계시록 14장 8절	이사야 21장 9절 (LXX)	예레미야 28장 7-8a절 (LXX)	예레미야 32장 15절 (LXX)
ἔπεσεν(무너지다) ἔπεσεν(무너지다) Βαβυλὼν(바벨론) ἡ μεγάλη ἣ ἐκ τοῦ οἴνου(포도주) τοῦ θυμοῦ τῆς πορνείας αὐτῆς πεπότικεν πάντα τὰ ἔθνη(모든 나라들).	πέπτωκεν(무너지다) Βαβυλών(바벨론) καὶ πάντα τὰ(모든 것들) ἀγάλματα αὐτῆς καὶ τὰ χειροποίητα αὐτῆς συνετρίβησαν εἰς τὴν γῆν	ποτήριον χρυσοῦν Βαβυλὼν(바벨론) ἐν χειρὶ κυρίου μεθύσκον πᾶσαν τὴν γῆν ἀπὸ τοῦ οἴνου(포도주) αὐτῆς ἐπίοσαν ἔθνη(나라) διὰ τοῦτο ἐσαλεύθησαν καὶ ἄφνω ἔπεσεν(무너지다) Βαβυλὼν (바벨론) καὶ συνετρίβη	λαβὲ τὸ ποτήριον τοῦ οἴνου(포도주) τοῦ ἀκράτου τούτου ἐκ χειρός μου καὶ ποτιεῖς πάντα τὰ ἔθνη(모든 나라들) πρὸς ἃ ἐγὼ ἀποστέλλω σε πρὸς αὐτούς

이사야 21장 9절LXX은 바벨론의 파멸을 현재 완료형πέπτωκεν으로 소개하지만, 예레미야 28장 7-8a절LXX은 계시록 14장 8절처럼 예언적 아오리스트 시

35. Matthewson, *Revelation*, 192.
36. 계시록의 후기 연대(AD 95-96)를 주장하는 이들과 이상주의자들은 파멸될 음녀 바벨론을 로마에 대한 심판으로 본다. 그들은 로마제국이 동쪽의 파르티아제국으로부터 공격받았고, 동서로마제국의 멸망을 염두에 둔다. 하지만 로마제국의 멸망은 "반드시 속히 일어날 일들"이 아니다. Fee, *Revelation*, 206.
37. 참고. 계시록 14장 8절의 "큰 성 음녀 바벨론"을 불신 세상으로 보면서 이상주의적 해석을 따르는 Dudreck, "The Use of Jeremiah in the Book of Revelation," 122-123.

제 동사ἔπεσεν를 사용한다. 그리고 계시록 14장 8절처럼 예레미야 32장 15절LXX은 '모든 나라들πάντα τὰ ἔθνη'이 음녀의 '포도주τοῦ οἴνου'로 취했다고 설명한다. 따라서 위의 4구절의 용어에 있어 일치locutionary coherence가 나타난다. 그리고 바벨론의 죄악이 초래한 파멸이라는 주제적 일치thematic coherence와 독자들로 하여금 심판받을 바벨론과 거리를 두도록 만드는 화효효과적 통일성perlocutionary coherence도 나타난다.[38] 하지만 이사야와 예레미야는 구약의 바벨론 제국을 염두에 두지만, 사도 요한은 음녀로 전락한 유대인들이 속히 받을 심판을 예고한다는 점에서 큰 차이가 있다.

셋째 천사가 "누구든지 바다짐승과 그의 우상에게 경배하고 자신의 이마나 손에 표를 받으면9절, 그도 (물이 섞이지 않은) 하나님의 진노의 포도주를 마실 것인데시75:8; 사51:17; 렘32:1(LXX; 25:15 MT) 참조, 그것은 천사와 어린양 앞에서 불과 유황으로 고난을 받게 될 것이다."라고 크게 외쳤다10절; 참고. 창19:28; 눅17:29; 계19:20. "진노의 포도주"와 유사한 표현은 "진노의 잔"계14:10 참조, "진노의 큰 포도주 틀"계14:19; 19:15 참조, "하나님의 진노의 대접"계15:7; 16:1 참조, 그리고 "진노의 포도주 잔"이다계16:19 참조.[39] 우상 숭배자들에게 물이 섞여 혼합되지 않은 농도가 진한 포도주와 같이 강렬한 심판이 기다리고 있다사51:17 참조. 구약 간본문들과 계시록의 내적 간본문들을 잘 파악할 수 있었던 계시록의 1차 독자는 로마제국을 숭배함으로써 하나님의 강력한 진노의 대상이 되지 말아야 할 것을 다짐할 수 있었다.[40]

계시록 14장 9-11절의 교차대칭구조는 아래와 같다. 중앙에 위치한 10a-11b절은 우상 숭배자들에게 닥칠 진노와 고난을 강조한다.

A 짐승과 우상을 경배하고 표를 받은 자들(9절)

B 하나님의 진노를 받음(10a절)

38. Dudreck, "The Use of Jeremiah in the Book of Revelation," 126-136.

39. Aune, *Revelation 6-16*, 834.

40. Dudreck, "The Use of Jeremiah in the Book of Revelation," 141.

C 고통을 받음(10b절)

C′ 고통의 연기가 올라감(11a절)

B′ 쉼이 없음(11b절)

A′ 짐승과 우상을 경배하고 표를 받은 자들(11절)[41]

범위를 계시록의 후반부로 확장해 보면, 계시록 12-20장에 나타난 악의 세력들은 바다짐승을 숭배하는 자들을 중심으로 한다. 아래의 교차대칭구조가 이 사실을 잘 보여준다.[42]

A 용(12:3)

B 바다짐승(13:1)

C 땅 짐승(13:11)

D 바벨론(14:8)

E 바다짐승의 숭배자들(14:9)

E′ 바다짐승의 숭배자들(16:2)

D′ 바벨론(16:9)

C′ 땅 짐승/거짓 선지자(19:20)

B′ 바다짐승(19:20)

A′ 용(20:2)

위의 표에서 땅 짐승C, C′과 바벨론D, D′은 하나로 묶어도 상관없다. 왜냐하면 둘 다 불신 유대인을 가리키기 때문이다.

바다짐승을 숭배한 이들의 고통의 연기는 영원히 올라갈 것이며, 바다짐승과 그의 우상을 경배하고 그의 이름표를 받는 자는 낮과 밤에 쉼을 얻지 못할

41. De Villiers, "The Composition of Revelation 14:1-15:8," 245.

42. K. A. Strand, "Chiastic Structure and Some Motifs in the Book of Revelation," *AUSS* 16/2 (1978), 403.

것이다11절. 로마제국을 상징하는 바다짐승의 이름표는 144,000명이 하나님의 이름으로 인침을 받은 것의 패러디이다계7:4 참조. 여기에 하나님의 계명과 예수님에 대한 믿음을 지키는 성도의 인내가 필요한 이유가 있다12절. 성도는 믿음을 주시고 완성하실 예수 그리스도를 믿음으로써 인내할 수 있다히12:2 참조. 참고로 안식교에 있어 계시록 14장 6-13절은 미래 종말의 시나리오를 위해 중요하다. 안식교 소속 도현석은 계시록 14장 6-12절의 세 천사가 전한 메시지들은 '창조주를 경배하라'는 하나의 복음을 중심으로 각각 다른 상황 속에서 혼합주의에 빠지지 말 것을 적용한다고 본다. 그리고 도현석은 안식교의 설립자 중 한 명인 앨런 화이트Allen White의 책을 의존하면서, 세 천사가 안식교를 통하여 19세기 초반부터 영원한 복음의 사역을 전개해 왔지만 세상의 사람들로 하여금 바벨론 짐승을 숭배하도록 강요하는 악한 일이 장차 일어날 것이라고 주장한다.[43] 하지만 계시록 14장 6절의 복음은 창조주를 경배하는 것으로 국한되지 않는다. 오히려 복음은 하나님께서 구원과 심판을 시행하시는 데도 나타난다. 또한 세 천사의 메시지는 19세기부터 미래 종말까지 안식교를 통하여 성취될 내용이나 적용이 아니다. 그 복음은 요한 당시에 소아시아 7교회에게 주어진 복음으로 먼저 읽어야 한다.

요한은 "너는 기록하라. 지금부터 복되도다! 주님 안에서 죽는 이들이여."라는 하늘에서 울린 음성을 들었다13a절. 주님 안에서 죽는 이들은 좁게는 순교자를 가리키지만, 일평생 하나님의 은혜로써 신앙의 경주를 다 마친 모든 이들을 가리킨다시48:14 참조. 그러자 성령님께서 "그것이 사실이다. 그들은 자신의 수고들로부터 쉴 것이며, 그들의 행위들이 그들을 따를 것이기 때문이다."라고 말씀하신다13b절; 참고. 단12:13; 계6:11. 11절의 바다짐승을 숭배한 자들에게 안식은 없지만, 믿음으로 복되게 살아낸 이들은 안식을 누린다. 수고를 마치면 안식과 보상이

43. H. J. Doh, "The Gospel in the Warnings of the Three Angels in Revelation 14:6-11: An Eschatological Proclamation," 『신학과 학문』 21/1 (2019), 183-184.

기다리고 있다는 말씀은 계시록의 독자들에게 위로가 되었다.

그런데 13절은 사후의 복된 영원한 안식만 소개하는가?1에녹 62:14; 4에스라 7:35-36; 2바룩 85:9 참조. 구약성경은 사후의 안식과 더불어, 노동으로부터의 안식창2:1-3; 출 20:11; 23:11; 레 25:2 참조과 원수들의 위협으로부터의 안식도 소개한다신12:9; 수1:13; 삼하 7:11 참조. 마찬가지로 계시록은 그리스도인이 박해와 위협을 인내한 후에 얻는 안식을 중요하게 간주한다계6:11; 13:7,17; 14:12 참조.[44] 계시록의 1차 독자들이 믿음으로 인내한다면 경제적인 고난과 수고 그리고 대적자들의 위협으로부터 안식을 얻게 될 것인데, 그런 안식은 사후의 미래 종말론적 안식과 연결된다.

레이하르트는 계시록 14장 13절의 하늘에서 난 음성을 예수님의 말씀으로 보면서, 성자와 성령의 듀엣을 다음과 같이 설명한다.[45] "시편이 선창자cantor와 이스라엘 백성, 제사장과 회중, 신랑과 신부 사이의 대화라면, 그것은 성자와 성령 간의 신적인 듀엣inner-divine duet을 반영한다. 성자는 성령 안에서 말하고, 성령은 성자를 향하여 다시 노래한다."참고. 계14:13.[46]

13절은 본문비평이 필요하다. 그것은 그리스어 원본에 있는 전치사구 "지금부터ἀπ᾽ἄρτι" 다음에 불변화사 ναί나이, 그렇다의 유무 문제이다. 오래된 그리스어 대문자 사본들은 이 불변화사를 생략한다. 이 불변화사가 없다면, "지금부터"는 앞의 "주님 안에서 죽는 자들οἱ νεκροὶ οἱ ἐν κυρίῳ ἀποθνῄσκοντες"이 아니라 뒤따르는 성령님께서 하신 말씀과 연결될 수 있다. 하지만 이 불변화사가 없다고 하더라도, "지금부터" 다음에 쉼표가 있기에, "지금부터"를 뒤의 내용과 연결하는 것은 무리이다. 그러므로 13절의 요점은 성도가 지금부터 주님 안에서 순교하더

---

44. 이 단락은 C-C, Lee, "Rest and Victory in Revelation 14.13," *JSNT* 41/3 (2019), 347, 351-357에서 요약.

45. 계시록 14장 13절에서 개역개정은 "이르되 …… 하시매"라는 약간 존칭어로 번역하지만, 바른성경은 "말하기를 …… 하니"라고 비존칭어로 번역했다. 따라서 바른성경은 하늘에서 나는 음성의 주체를 성부나 성자로 간주하지 않는다. 하늘 음성의 주체를 성자로 단정하기 어려운 이유는 계시록에서 '주'가 성부는 물론(계1:8; 4:8,11; 11:15,17; 15:3,4; 16:7; 18:8[?]; 19:6; 21:22; 22:5,6 참조), 성자를 가리키기 때문이다(계 1:10; 11:4,8; 17:14[×2]; 19:16; 22:20,21 참조). 즉 성자가 성부가 아니라 자신을 향하여 '주'라고 부르는 것은 어색하다.

46. Leithart, *Revelation 12-22*, 103.

라도, 그들이 복된 이유는 주님께로부터 안식과 상을 받을 것이기 때문이라는 사실이다.[47]

드실바D. A. deSilva는 계시록 14장 6-13절을 사회수사학을 통해서 세밀하게 분석했는데, 특히 요한 당시의 명예와 수치 그리고 후견인과 피후견인의 관습에서 해석했다. 그의 주장을 정리하면 다음과 같다.[48] 바벨론제국의 느부갓네살 왕이 금 신상을 세우고 제국 전체 사람들에게 숭배를 강요하자, 하나님만 경배하기로 작정한 다니엘의 세 친구는 죽음을 무릅쓰고 거부했다단3장 참조. 마찬가지로 소아시아 7교회는 로마 황제숭배를 거부하고, 창조주와 심판자로서 온 세상의 궁극적인 후견인이신 하나님만 경외하며 경배해야 한다. 음녀 바벨론과 로마제국은 하나님의 백성인 성도계14:12 참조를 죽임으로써 하나님의 명예에 도전한다. 황제숭배는 후견인이신 하나님과 피후견인인 성도의 연대를 파괴한다. 하나님의 심판은 황제숭배 때문에 이런 연대가 깨어지고 자신의 명예가 실추된 후견인께서 진노하시는 것이다. 성도가 후견인이신 하나님을 경외하는 것은 하나님의 명예를 인정하는 행위이다. 더 나아가 피후견인인 성도의 중요 의무는 자신을 구속하신 중보자 예수님을 향하여 믿음과 신실함을 견지하는 것이다. 이 믿음과 신실함은 죽기까지 '인내'함으로써 가능하다. 로마제국민은 황제를 위해서 죽는 것을 명예라고 여겼지만, 요한은 박해를 인내하다가 주님 안에서 죽는 것을 복, 즉 명예라고 본다계14:13 참조. 그레코-로마세계에서 정의란 사람이 신을 향하여 여러 의무를 다하는 것인데, 그 가운데 경건이 중요한 의무였다. 따라서 요한 당시에 정의와 경건은 긴밀했다. 그런데 요한의 눈에 경건은 황제숭배라는 잘못된 방식으로 표현되었다. 환언하면, 황제숭배는 경건의 잘못된 형식이자 부정의이다. 따라서 정의의 하나님께서 이 부정의를 심판하셔서 바로 잡으셔야 한다. 하나님의 명예와 황제의 명예는 양립할 수 없기에, 요한은 수신자

47. Persson, *A Semantic and Structural Analysis of Revelation*, 164.

48. D. A. deSilva, "A Socio-Rhetorical Investigation of Revelation 14:6-13; A Call to Act Justly toward the Just and Judging God," *Bulletin for Biblical Research* 9 (1999), 86-87, 97-114.

들의 결정을 돕기 위해 분명한 대조가 나타나는 이원론적 방식으로 설명한다. 그리고 요한은 10절과 12절에서 삼위 하나님을 언급함으로써, 하나님의 말씀을 전달하는 참 선지자로서의 에토스를 확보한다. 따라서 요한의 메시지를 거부하는 것은 다름 아니라 삼위 하나님 그분의 말씀을 배격하는 격이다. 수신자들은 현명한 선택을 함으로써, 로마제국 안에 자신의 신분과 삶의 경계선을 높이 유지해야 한다. 요한은 음녀 바벨론8절과 바다짐승9-11절에게 차례로 하나님의 심판을 선언함으로써 산산조각 내 버린다. 수신자들은 하나님 이외의 다른 후견인을 숭배하여 음행함으로써, 참 후견인의 명예를 실추시키지 말아야 한다.

참고로 계시록 14장 7-11절은 18장 2-15절과 아래처럼 병행을 이룬다. 이 병행은 큰 성 음녀 바벨론에 닥칠 필연적인 심판을 반복하여 예고한다.[49]

병행 용어	계시록 14장 7-11절	계시록 18장 2-15절
주다(δότε)	7절	7절
영광/영광돌리다(δόξαν/ἐδόξασεν)	7절	7절
앉다(καθημένους/κάθημαι)	6절	7절
음행(πορνείας)	8절	3절
잔(ποτηρίῳ)	10절	6절
고통(βασανισμοῦ/βασανισμὸν)	11절	7,10,15절
불로써(ἐν πυρὶ)	10절	8절
무너졌다 무너졌다 큰 바벨론이여 (ἔπεσεν ἔπεσεν Βαβυλὼν ἡ μεγάλη)	8절	2절

교훈과 적용

우리 안과 밖의 음녀 바벨론을 무너뜨리며, 인내하고 복음에 순종하여 주님 안에서 죽는 복을 받도록 준비하자. 계시록의 복은 수직적으로 하나님의 구원과 돌보심의 은혜를 누리고, 수평적으로 함께 고난당하던 공동체적 결속을 통한 만족감에서 나온

49. J. Sedlak, "Caught up to God and to His Throne: Restructuring Revelation 11-22" (Np: 2015), 7.

다.[50] 자본주의 시장 경제는 돈이 모든 것인 것처럼 속이면서, 소득과 행복이 비례한다는 환상을 심어준다. 하지만 행복을 결정짓는 것은 무엇보다 믿음과 관계이다. 하나님의 구원의 은혜를 우선적으로 확보하지 못한다면 그 누구도 행복하지 않다.

그리스도인은 '거룩한 창녀'가 아니라 '순결한 신부'로서 신부 수업을 평생토록 잘 수행해야 한다. 또한 그리스도인은 웰 다잉well dying, 곧 죽음의 복을 위해 기도하며 믿음과 소망으로 준비해야 한다.

3. 하나님의 구원과 심판에 관한 두 환상(14:14-20)

"14또 내가 보니 흰 구름이 있고 구름 위에 인자와 같은 이가 앉으셨는데 그 머리
에는 금 면류관이 있고 그 손에는 예리한 낫을 가졌더라 15또 다른 천사가 성전
으로부터 나와 구름 위에 앉은 이를 향하여 큰 음성으로 외쳐 이르되 당신의 낫
을 휘둘러 거두소서 땅의 곡식이 다 익어 거둘 때가 이르렀음이니이다 하니 16
구름 위에 앉으신 이가 낫을 땅에 휘두르매 땅의 곡식이 거두어지니라 17또 다른
천사가 하늘에 있는 성전에서 나오는데 역시 예리한 낫을 가졌더라 18또 불을 다
스리는 다른 천사가 제단으로부터 나와 예리한 낫 가진 자를 향하여 큰 음성으
로 불러 이르되 네 예리한 낫을 휘둘러 땅의 포도송이를 거두라 그 포도가 익었
느니라 하더라 19천사가 낫을 휘둘러 땅의 포도를 거두어 하나님의 진노의 큰 포
도주 틀에 던지매 20성 밖에서 그 틀이 밟히니 틀에서 피가 나서 말 굴레에까지
닿았고 천육백 스다디온에 퍼졌더라"

요한은 날카로운 칼을 쥐고 금 면류관을 쓴 인자와 같은 분이 흰 구름 위에 앉아 있는 환상을 보았다14절; 참고. 단7:13-14; 계1:13. "흰 구름νεφέλη λευκή"은 인자

50. I. J. van der Merwe, "Happiness: A Primer for Theological Engagement," *Stellenbosch Theological Journal* 1/1 (2015), 315-316.

이신 예수님의 승리를 강조한다.[51] 성전에서 나온 다른 천사가 인자 같은 분에게 큰 소리로 "주님의 낫을 대어 추수하소서. 왜냐하면 그 땅의 곡식이 무르익어 추수할 때가 왔기 때문입니다."라고 말했다15절; 참고. 렘51:33; 욜3:13. 그러자 구름 위에 앉으신 분이 낫을 땅에 휘둘러 땅의 곡식을 수확하셨다16절. 문맥상 1-5절의 144,000명과 13절의 성도의 안식에 이어, 14절에 등장하는 알곡 추수 환상은 긍정적인 구원을 알린다마3:12; 막4:29 참조.[52] 레이하르트가 주장하듯이, 15-16절의 "그 땅의 곡식ὁ θερισμὸς τῆς γῆς"은 유대인들 가운데 알곡 성도만 가리키는가?[53] 그러나 6절의 그 땅에 거주하는 자들 그리고 모든 이방인은 영원한 복음을 들어야 한다. 또한 13절의 주 안에서 죽는 성도는 유대인들로 국한되지 않는다. 그러므로 문맥만 두고 볼 때, 그 땅의 곡식을 유대인 출신 그리스도인으로 국한할 수 없다. 더욱이 소아시아 7교회에는 이방인 출신 성도가 많았는데, 그들이 알곡 추수에서 제외된다는 것은 상상하기 어렵다.

또 다른 천사가 하늘 성전에서 나오는데 날카로운 낫을 가지고 있었다17절. 불을 다스리는 천사가 제단으로부터 나와서 낫을 가진 천사에게 "너의 날카로운 낫을 대어 그 땅의 포도나무의 송이들을 거두라. 왜냐하면 포도나무의 포도들이 다 익었기 때문이다."라고 큰 소리로 말했다18절. 여기서 "불"은 심판을 가리키는데, 19절의 "진노"가 이를 뒷받침한다. "땅의 포도송이"는 바로 앞 15절의 "땅의 곡식"과 대비를 이룬다. 여기서 "그 땅"을 팔레스타인이라고 본다면, 유대인의 구원과 심판을 다루는 환상이다.[54]

---

51. 계시록 14장 14절의 "인자(υἱὸς ἀνθρώπου)"는 저기독론과 고기독론을 포괄하는 메시아 호칭이다(단7:13; 눅6:5; 9:22 참조).

52. Ngundu, "Revelation," 1594; Koester, *Revelation*, 629; Johnson, *Triumph of the Lamb*, 211; 김철손, 『요한계시록』, 285. Contra Witherington, *Revelation*, 196; Kistemaker, *Revelation*, 415; Roloff, *Revelation*, 178.

53. Leithart, *Revelation 12-22*, 106.

54. 포도 수확 환상을 AD 70년 직전에 유대인 그리스도인이 밟히고 피를 흘리는 순교에 대한 내용(히13:12-13 참조)이라고 이해하는 경우는 안병철, 『요한묵시록 II』 (서울: 가톨릭대학교출판부, 1996), 25 그리고 J. B. Jordan, "The Grape Harvest of Revelation 14:17-20," *Biblical Horizons Newsletter* 64 (1994), 1-3을 보라.

그 천사가 땅에 낫을 휘둘러 땅의 포도를 수확하여 하나님의 진노의 큰 포도주 틀에 던졌다19절; 참고. 신32:32-33; 사63:3. 계시록 19장 15절에 비추어보면, 포도주 틀을 밟는 분은 예수님이시다.[55] 포도주 틀이 그 성 밖에서ἔξωθεν τῆς πόλεως 밟히니, 피가 흘러나와 높이가 말굴레에 닿아 1,600스타디온이나 퍼졌다20절; 참고. 겔32:5-6; 욜3:13-14; 4에스라 15:35. 곡식 추수는 구원 환상이지만, 포도즙 틀 환상은 진노와 심판 환상이다.[56] 여기서 "그 성"은 두 증인이 죽었던 그 성, 곧 예루살렘을 가리킨다계11:8,13 참조.[57] 예수님께서 예루살렘 성문 밖에서 죽임을 당하셨다면히13:12 참조, 하나님께서는 포도즙 틀을 그 성 밖에서 밟히게 하심으로 정의를 시행하신다.[58]

1,600스타디온은 4계7:1의 땅의 네 모퉁이 참조 × 4 × 10완전 × 10이라는 상징적 의미이다. 따라서 온 땅이 심판받는다.[59] 문자적으로 계산하면 약 300㎞인데, 이는 팔레스타인 남과 북의 길이에 상응한다.[60] 유대-로마전쟁 당시에 온 땅, 곧 팔레스타인 전역이 피바다가 되었다유대전쟁사 3.7.23 참조. 하드리아누스 황제AD 117-138가 팔레스타인을 정복했을 때, 살육당한 유대인들의 피가 말의 콧구멍까지 차올랐다.[61] 계시록 14장 14-20절은 14장 1-11절과 병행을 이룬다. 다음의 도표가 이를 잘 보여준다.[62]

---

55. Koester, *Revelation*, 630.
56. 송영목, "포도 수확(계 14:17-20)은 구원 환상인가, 아니면 심판 환상인가?" in 『오직 성경으로!: 최갑종 박사 퇴임 기념논문집』, ed. 최갑종 박사 퇴임 기념논문집 편집위원회 (서울: 도서출판 UCN, 2017), 215-236.
57. Gentry, *The Divorce of Israel*, Volume 2, 323.
58. Lupieri, *A Commentary on the Apocalypse of John*, 231-32; Reddish, *Revelation*, 282.
59. Du Rand, *Die A-Z van Openbaring*, 458; 신동욱, 『요한계시록 주석』, 159.
60. Blount, *Revelation*, 282; Du Rand, *Die A-Z van Openbaring*, 458; Ford, *Revelation*, 250.
61. Khatry, "Revelation," 1794. 참고로 계시록 14장 16-20절을 온 세상에 퍼진 적그리스도의 세력에게 임할 최후 심판으로 보는 경우는 Greijdanus, *De Openbaring des Heeren aan Johannes*, 309를 보라.
62. Leithart, *Revelation 12-22*, 82.

어린양이 144,000명과 시온 산 위에 계심(14:1-5)	인자가 낫을 들고 구름 위에 계심(14:14-16)
다른 천사가 큰 소리로 하나님을 두려워하라고 외침(14:6-7)	다른 천사가 성전에서 나와 큰 소리로 추수하라고 외침(14:15)
다른 천사가 큰 성 음녀 바벨론이 무너졌다고 외침(14:8)	다른 천사가 예리한 낫을 가지고 성전에서 나옴(14:17,19-20)
다른 천사가 큰 소리로 경고함(14:9-11)	다른 천사가 제단에서 나와 큰 소리로 포도송이를 거두라고 외침(14:18)

그런데 위의 도표에 계시록 14장 12-13절이 빠져있다. 12-13절은 1-11절과 14-20절을 연결한다. 하나님의 구원과 심판이 병행을 이루는 계시록 14장을 읽는 독자라면, 죽기까지 인내하면서 계명과 믿음을 지키는 복된 사람이 되라는 12-13절의 교훈을 마음에 새겨야 한다. 이런 교훈은 계시록의 요절인 12장 11절과도 일치한다. 계시록 14장은 하나님의 진노와 심판으로 내러티브를 마무리한다.

계시록을 읽는 독자라면 악인들을 향하여 끔찍한 심판을 연이어 시행하시는 하나님께서 진정으로 사랑의 하나님이신지 의문을 표할 것이다. 이런 심판 구절을 읽은 사람은 거룩하신 하나님에 대한 두려움을 느낄 것이다. 우리는 하나님의 사랑이 그분의 의로움을 포함하는 거룩한 사랑이라는 사실을 늘 기억해야 한다. 하나님의 진노는 그분의 사랑의 일부이므로, 그분의 진노 너머에는 다름 아니라 그분의 의가 있다. 계시록 6장 9-11절과 8장 3-5절에서 하나님께서 순교자의 탄원을 들으실 때, 그분 안에서 일어나는 신적 진노는 인간의 분노와 다름을 알 수 있다. 이런 신적 진노는 하나님의 의로운 심판으로 표현된다. 하나님께서는 불경과 배교에 대해 그분의 눈을 감지 않으신다. 하나님께서는 사랑과 정의로 통치하시기에, 그분의 심판으로써 악을 제거하신다. 하나님께서 창조하신 모든 피조물은 구원과 의가 이루어지도록 부르짖는다(계6:9-11; 롬8:18-25). 이런 신원과 의에 대한 요청에 하나님께서 응답하신 것이 바로 어린양의 희생이다. 하나님께서는 그분의 편에서 실제로 이렇게 일하셨다. 만약 누가 거절과 불신으로써 하나님께서 행하신 이 일을 무시한다

면, 하나님께서는 그분의 의로운 사랑으로써 불의한 자들에게 진노를 내리실 것이다.[63]

참고로 다음의 도표는 요한계시록과 살아있는 구원에 이르는 믿음의 실천을 강조하는 야고보서 5장 사이의 간본문성을 보여준다. 계시록과 일반서신은 박해와 이단에 맞선 상황은 물론, 주제와 용어에 있어 밀접하다.

	야고보서 5장	요한계시록
사치와 방종에 빠진 부한 자들에 대한 경고	5:1,5	3:17; 18:12-13
추수	5:4	14:14-20
의인을 죽임	5:6	18:24
예수님의 강림	5:7	20:11 이하
문밖에 계신 심판주	5:9	3:20
고난당한 선지자들	5:10	18:24
인내	5:11	2:2; 13:10
맹세	5:12	10:6
기도와 찬송	5:13-18	6:10; 8:3-4; 19:1-6
죄 용서	5:15	1:5; 12:11; 22:14
엘리야	5:17	11:6

교훈과 적용

오늘날 주님께서 구원과 심판을 이루시는 방법은 무엇인가? 가라지는 불타고 진노를 당할 것이지만, 알곡은 마침내 추수될 것이다. 교회는 가라지와 구별되는 진실하고 역동적인 방식으로 거룩을 실천해야 한다레11:44; 19:18 참조. 참고로 디트리히 본회퍼1906-1945는 계시록 14장을 통해 '죽기를 배우기Learning to Die'라는 제목의 설교를 다음과 같이 마무리했다. "그리스도 안에서 죽는 것이 우리에게 주어지기를, 우리

63. Du Rand, *A-Z van Openbaring*, 460.

의 마지막 시간이 연약한 시간이 되지 않기를, 우리가 그리스도를 고백하는 사람으로 죽기를, 그런 죽음이 늙어서 혹은 젊어서 오든, 그런 죽음이 속히 혹은 오랜 고통 후에 오든, (음녀) 바벨론의 주인에게 사로잡혀 오든 …… 우리는 오늘 우리의 마지막 고백이 '오직 그리스도*solus Christus*'가 되기를 기도한다."[64]

64. Duvall, *The Heart of Revelation*, 190-191.

요한계시록 15장

<본문의 개요>

계시록 14장 14-16절의 긍정적인 구원의 환상과 14장 17-20절의 심판 환상에 이어, 계시록 15장 1-4절은 계시록의 독자들의 영적인 새 출애굽을 다룬다. 계시록 15장 1-4절은 계시록 14장 17-20절의 포도즙 틀 심판을 받지 않은 교회의 승리 찬송이다. 그 다음 계시록 15장 5-8절은 7대접의 심판을 준비한다. 계시록 15장의 이전 문맥은 구원계14:14-16과 심판의 환상계14:17-20을 이은 마지막 재앙을 준비하는 것이다계15:1. 계시록 15장의 이후 문맥은 마지막 일곱 대접 심판을 시행하는 것이다계16장. 그러므로 문맥상 계시록 15장은 사도 요한 당시에 반드시 속히 일어날 구원과 심판을 묘사하는 세 가지 시리즈의 마지막 대목을 준비한다.

<내용 분해>

1. 신약 교회의 영적인 새 출애굽(15:1-4)
2. 7대접 심판을 준비함(15:5-8)

1. 신약교회의 영적인 새 출애굽(15:1-4)

"[1]또 하늘에 크고 이상한 다른 이적을 보매 일곱 천사가 일곱 재앙을 가졌으니 곧 마지막 재앙이라 하나님의 진노가 이것으로 마치리로다 [2]또 내가 보니 불이 섞인 유리 바다 같은 것이 있고 짐승과 그의 우상과 그의 이름의 수를 이기고 벗어난 자들이 유리 바다 가에 서서 하나님의 거문고를 가지고 [3]하나님의 종 모세의 노래, 어린양의 노래를 불러 이르되 주 하나님 곧 전능하신 이시여 하시는 일이 크고 놀라우시도다 만국의 왕이시여 주의 길이 의롭고 참되시도다 [4]주여 누가 주의 이름을 두려워하지 아니하며 영화롭게 하지 아니하오리이까 오직 주만 거룩하시니이다 주의 의로운 일이 나타났으매 만국이 와서 주께 경배하리이다 하더라"

계시록 15장은 계시록 가운데 가장 짧은 장으로서, 7대접 심판을 시행하는 계시록 16장의 서론이다. 요한은 하늘에 크고 놀라운 다른 표적을 보았는데, 일곱 천사가 일곱 재앙을 가지고 있었고, 이것은 하나님의 마지막 진노이다1절. 계시록 12장 1절에 임신부의 표적이 나타났기에, 여기서는 "다른 표적"이라 부른다.[1] 여기서 표적은 요한 당시 천상에서 벌어질 일을 보여주는 것이 아니라, 속히 일어날 일들을 상징적으로 보여준다.[2]

요한은 바다짐승과 그의 우상과 그의 이름의 수666; 참고. 계13:18를 이기고 벗어나 이들이 심판의 불이 섞인 유리 바다 가에 서서 하나님의 거문고를 가지고 있는 환상을 보았다2절. "유리 바다"는 계시록 4장 6절에 이미 등장했다. 그러나 2절은 "불이 섞인" 유리 바다를 소개하므로, 하나님의 심판을 배경으로 한다계8:5

1. Kraft, 『요한묵시록』, 310.

2. Witherington, *Revelation*, 205. 참고로 계시록 12장 3절의 "다른 표적", 계시록 12장 1절의 "큰 표적", 그리고 계시록 15장 1절의 "크고 놀라운 표적"은 점층 기법을 보이므로, 계시록 15-16장은 절정에 해당한다는 주장은 T. H. Gaitán, "El Canto de Moisés y del Cordero (Ap 15,3-4)," *Theologica Xaveriana* 86 (2018), 7을 보라. 그러나 이 주장은 계시록 12장 3절과 12장 1절의 내러티브 순서를 무리하게 바꾸어 논하며, 계시록 12-16장을 하나의 내러티브 단락으로 보기 어렵다.

참조. 유사하게도 슬라브어 에녹서 4장 29절은 물 안에 불이 있다고 밝힌다.[3] "불이 섞인 유리 바다"와 유사하게, 다니엘 7장 10절은 하나님의 보좌 앞에서 "불의 강"이 흘러나온다고 밝힌다. 출애굽 주제로 볼 때, "불이 섞인 유다 바다"는 홍해를 연상시킨다출15장 참조.

이 승리자들은 "하나님의 종 모세의 노래와 어린양의 노래ᾠδή Μωϋσέως τοῦ δούλου τοῦ θεοῦ καὶ ᾠδή τοῦ ἀρνίου"를 부른다3절a; 참고. 신31:19,22. 계시록 15장 3-4절은 계시록의 16개 노래 중에서 유일하게 제목을 가지고 있는 찬송이다. 구약에서 "야웨의 종"은 23회 등장하는데, 그 가운데 18회는 모세를 가리켰다. 그러나 어린양께서는 참된 '야웨의 고난당하는 종'이시다. 이 새 노래의 내용은 다음과 같다. 전능하신 주 하나님께서 하시는 일은 크고 놀랍다. 만국의 왕이신 주님의 길은 의롭고 참되다3b절. 그리고 하나님께서 하시는 일목적과 그 일을 이루는 방법 모두 의롭다. 출애굽 주제에서 볼 때, 모세는 "그분은 반석이시며 하시는 일마다 완전하시니 그분의 모든 길이 참으로 공의로우시다. 그분은 진실하시고 거짓이 없으신 하나님이시니 의로우시고 정직하시다"신32:4라고 노래했다. 계시록에 6명만 실명으로 거론된다. 그런데 6명은 절반씩 두 그룹으로 나뉜다. 긍정적 인물로는 요한1:1.4.9; 22.8, 안디바2:13, 그리고 모세이다15:3. 부정적으로 묘사된 자들은 이세벨2:20, 발람 그리고 발락이다2:14. 모세는 안디바처럼 신앙의 정절을 지키며 충성한 하나님의 종이며1:1; 2:20; 7:3; 19:2,5; 22:3,6 참조, 요한처럼 신실한 선지자이다1:3; 10:7; 11:18 참조.[4]

아버지 하나님께서는 어린양의 피와 부활을 통하여 그분의 백성을 해방하시고 승리를 주신다계1:5; 12:11 참조. 계시록에서 어린양께서는 패배한 채로 남아있지 않으시고 강력한 통치를 시행하신다.[5] 그리고 성부께서는 7대접 심판을 의롭게

3. Kraft, 『요한묵시록』, 310.

4. Gaitán, "El Canto de Moisés y del Cordero (Ap 15,3-4)," 16-17.

5. 사무엘하 17장 43절의 토세프타 탈굼은 어린 시절에 자신의 양떼를 곰과 사자로부터 구해낸 바 있는 다윗이 괴물처럼 생긴 곰(계13:2 참조)과 같은 골리앗을 무찌른 '승리한 어린양(victorious lamb)'으로 나타난다. 그리고 골리앗은 40일간 신성모독의 말을 내뱉었는데, 이것은 바다짐승의 행동이다(계13:5-6 참조). 승리한 다윗은 안

시행하시고, 만국의 영광을 받으셔야 한다계14:6-7 참조.[6] 이 노래는 국제적인 천국의 애국가愛國歌와 같다.[7] 이 구절에서 두 란드는 모세를 통한 상징과 새 출애굽 주제에 대하여 다음과 같이 설명한다.

> 신약성경은 모세를 통한 구원을 하나님께서 그분의 나라를 향하여 가지고 계신 구원과 연결한다. 예수님께서는 하나님의 백성을 인도하시기 위해 '사랑'의 법을 사용하시는 '법 수여자(wetgewer)'이시다(요1:17; 고후3:12-18; 히3:1-6). 모세 상징주의에 있어 가장 특유한 특징은 어린양 예수님과의 병행인데, 주님의 희생은 (믿음을 주셔서) 그분의 백성을 위한 대속을 이루심으로써 그들을 새 출애굽 안에서 새 예루살렘으로 인도하신다.[8]

요약하면, 출애굽 주제와 모세 상징주의를 통하여 요한은 '모세의 망토'를 '어린양의 어깨 위'에 걸쳐둔다.[9] 모세를 통한 출애굽 사건은 전적으로 하나님의 은혜였다. 왜냐하면 애굽의 학정 하에 있던 이스라엘 백성은 그들의 눈길을 끌었던 가증한 우상들을 떠나지 않았기에 하나님의 분노를 받아 마땅했기 때

식을 누렸는데, 이 안식은 메시아 어린양(messianic Lamb)을 따르는 사람들의 몫이다(계14:11,13 참조). 사무엘하 17장 8절의 토세프타 탈굼은 골리앗이 법궤를 빼앗았다고 밝히는데, 계시록에서 법궤는 중요하다(계11:9; 15:5 참조). 블레셋의 다곤 숭배자인 골리앗은 입에서 타액(spittle)을 내뱉어 다윗을 죽이려 하는데, 이것은 용이 여자를 죽이려는 전술이다(계12:15 참조). 그리고 골리앗은 다윗을 죽여 그의 살을 공중의 새들의 밥으로 주려고 했는데, 이것도 계시록에 나타난 주제이다(계19:17-21 참조). 그리고 bSota, 42b절에서 '수치를 모르는 죄인 골리앗(*glyt gly pnym*)'의 히브리어 가치는 666이다(계13:18 참조). J. C. de Moor and E. van Staalduine-Sulman, "Aramaic Song of the Lamb," *Journal for the Study of Judaism in the Persian, Hellenistic and Roman Period* 24/2 (1993), 267-276.

6. Decock, "The Works of God, of Christ, and of the Faithful in the Apocalypse of John," 55, 63.
7. 참고. Gaitán, "El Canto de Moisés y del Cordero (Ap 15,3-4)," 15.
8. Du Rand, *A-Z van Openbaring*, 468. 참고로 레이하르트는 계시록이 '2중의 새 출애굽(a new double new Exodus)'을 소개하는데, 첫째는 소돔과 이집트로부터의 해방이고, 둘째는 큰 성 바벨론으로부터의 해방이라고 주장한다. Leithart, *Revelation 12-22*, 117. 하지만 이런 구분은 불필요하다. 왜냐하면 배교한 유대인들은 소돔과 이집트라고 불린 동시에(계11:18) 큰 성 음녀 바벨론이기 때문이다(14:8).
9. M. H. Pohlmann, "The Victory Song of Moses in Christological Perspective within the Apocalypse of John," *Conspectus* 14 (2012), 135.

문이다겔20:8 참조. 하지만 하나님께서는 이스라엘 백성이 아니라 애굽의 우상들을 벌하셔서 그들을 구원하셨다. 새 출애굽도 마찬가지이다. 새 모세이신 예수님께서 우상숭배에 빠진 죄인들을 건져내시고, 그들이 준행하면 그로 말미암아 영생을 얻는 그리스도의 법과 복음을 주셨다겔20:11 참조.

4절에 수사학적 질문과 설명이 등장한다. "주님! 누가 주님의 이름을 정녕 두려워하지 않으며 주님의 이름을 정녕 영화롭게 하지 않겠습니까? 왜냐하면 주님만 거룩하시기 때문입니다. 그리고 만국이 주님 앞에 와서 경배할 것이기 때문입니다. 또한 주님의 의로운 일들이 나타났기 때문입니다."4절; 참고. 출15:11; 신28:58; 32:4; 시86:8-10; 렘10:7. 이스라엘 백성이 홍해를 건넌 후 부른 찬송에 하나님께서 애굽 군대를 수장시켜 심판하신 행동을 축하한다출15:10 참조. 새 출애굽 공동체인 신약교회는 홍해 도하에 나타난 '출애굽의 욕조'와 같은 세례를 잊지 말아야 한다고전10:1-2; 벧전3:21; 벧후2:20 참조.[10] 그러나 계시록 15장 3-4절은 악인이 받은 심판을 분명하게 언급하지 않는다. 대신 이 찬송은 만국이 하나님을 경배해야 한다고 긍정적으로 마무리한다. 이 사실도 하나님의 심판은 회개와 구원을 목표로 함을 가르쳐 준다.[11]

계시록 15장 3b-4절은 시편 86편 9절LXX과 예레미야 16장 19a절LXX의 암시이다. 이 셋의 병행을 요약하면 아래 표와 같다.[12]

계시록 15장 3b-4절	시편 86편 9절(LXX)	예레미야 16장 19a절(LXX)
ὁ βασιλεὺς τῶν ἐθνῶν τίς οὐ μὴ φοβηθῇ, κύριε, πάντα τὰ ἔθνη(모든 나라), καὶ δοξάσει τὸ ὄνομά σου(당신의 이름); ὅτι μόνος ὅσιος, ὅτι πάντα τὰ ἔθνη(모든 나라) ἥξουσιν καὶ προσκυνήσουσιν ἐνώπιόν σου(당신 앞에 나아와 경배하다), ὅτι τὰ δικαιώματά σου ἐφανερώθησαν.	πάντα τὰ ἔθνη(모든 나라) ὅσα ἐποίησας ἥξουσιν καὶ προσκυνήσουσιν ἐνώπιόν σου(당신 앞에 나아와 경배하다) κύριε καὶ δοξάσουσιν τὸ ὄνομά σου(당신의 이름)	κύριε(주님) ἰσχύς μου καὶ βοήθειά μου καὶ καταφυγή μου ἐν ἡμέρᾳ κακῶν πρὸς σὲ ἔθνη(나라들) ἥξουσιν(나아오다) ἀπ' ἐσχάτου τῆς γῆς

10. Leithart, 『새로운 질서가 오다: 재림의 약속에 대한 베드로후서의 가르침』, 117.
11. 참고. Koester, *Revelation*, 635.
12. Dudreck, "The Use of Jeremiah in the Book of Revelation," 321.

계시록 15장 3b-4절은 시편 86편 9절과 상당 부분 동일하다"주여(κύριε)", "당신의 이름(τὸ ὄνομά σου)", "만국(πάντα τὰ ἔθνη)", "당신 앞에 와서 경배할 것이다(ἥξουσιν καὶ προσκυνήσουσιν ἐνώπιόν σου)". 계시록에 구약 인용은 한 구절도 없지만, 시편 86편 9절은 인용에 가장 가까운 구절로 평가할 수 있다. 사도 요한과 시편 86편의 저자 다윗은 크고 광대하시며 온 세상에 유일한 경배의 대상이신 하나님을 찬송한다. 그리고 하나님께서는 이방 나라의 죽은 우상과 비교될 수 없는 분이시므로, 고통당하는 그분의 백성을 구원하실 것이다.[13] 계시록 15장 3b-4절과 예레미야 10장 7절 MT도 수사 의문문을 비롯하여 용어와 주제에 있어 매우 유사하다. "이방 사람들의 왕이시여 주를 경외하지 아니할 자가 누구이리이까? 이는 주께 당연한 일이라. 여러 나라와 여러 왕국들의 지혜로운 자들 가운데 주와 같은 이가 없음이니이다." 그런데 예레미야 10장 7절은 남 유다가 이방의 우상숭배 때문에 바벨론에 포로로 잡혀간 역사적 맥락에 위치한다. 하지만 계시록 15장 3b-4절은 우상숭배를 이긴 그리스도인을 염두에 둔다. 흥미롭게도 예레미야 10장 7절 MT의 내용을 LXX는 번역하지 않았다. 참고로 시편 86편 9절과 예레미야 16장 19a절은 "주여κύριε"와 "올 것이다ἥξουσιν"만 공통 표현이다.

3절 하반절과 4절의 절들clauses은 대체로 2인칭 대명사 "당신의σου"로 마치기에 리듬이 반복되어, 계시록의 청자로 하여금 쉽게 이해하고 오래 기억하도록 돕는다.[14] 요한이 7대접 심판이 시행되기 전에 3-4절에서 승리의 새 노래를 먼저 소개하는 데는 이유가 있다. "'모세와 어린양의 노래', 곧 승리의 노래는 마지막 재앙을 통해 궁극적으로 드러나게 될 하나님의 심판과 그분의 정의로운 업적을 미리 보여 주는 역할을 한다는 점에서 '승리의 선취先取'라 할 수 있다. 이처럼 구체적인 재앙을 소개하기 전에 이미 하나님의 구원 계획이 이루어졌음

13. Dudreck, "The Use of Jeremiah in the Book of Revelation," 323. 참고로 출애굽기 15장과 바알 신화의 사이클 간의 병행은 B. D. Russell, "The Song of the Sea and the Subversion of Canaanite Myth: A Missional Reading," *Asbury Journal* 72/2 (2017), 111-112를 보라.

14. Seal, "The Persuasive Arousal of Emotions," 111.

을 강조하는 것은 요한계시록의 특징 중 하나이다."[15] 성부 하나님의 구원 계획은 어린양을 통하여 성취되었으며, 일곱 영께서 온 세상에 적용하고 계신다. 그러므로 계시록의 독자들은 구원을 이루시는 삼위 하나님만 경외해야 한다. 이 사실은 3-4절의 새 노래의 대략적인 교차대칭구조를 통해서도 아래와 같이 확인할 수 있다.[16]

A 크고 놀라운 일들이 나타남(3a절)
　B 주, 하나님, 전능하신 분(3b절)
　　C 주님의 길들은 의롭고δίκαιαι 참됨(3c절)[17]
　　　D 만국의 왕(3d절)
　　　　E 누가 주님을 두려워하지 않겠습니까?(4a절; 참고. 출15장 찬송의 중앙인 11절의 의문문)
　　　D′ 만국이 경배할 것임(4b절)
　　C′ 주님의 의로운 일들δικαίωματα(4c절)
A′ 나타남(4d절)

승리한 새 출애굽 공동체가 부르는 이 찬송은 출애굽기 14-15장의 내용과 유사하다. 출애굽기 14-15장과 계시록 15장의 모형론적 간본문성은 아래와 같은데, 큰일을 행하신 거룩하신 주 하나님께서는 경외와 영광을 받으시기에 합당하시다.[18]

---

15. 허규, 『요한묵시록 바르게 읽기』, 148.
16. Leithart, *Revelation 12-22*, 123.
17. 계시록에 5회 등장하는 형용사 '의로운(δίκαιος)'은 대부분 하나님의 속성인데(계15:3; 16:5,7; 19:2), 그분의 백성의 속성이기도 하다(계22:11)
18. H. Y. Son, "The Background of Exodus 15 in Revelation 15: Focusing on the Song of Moses and the Song of the Lamb," (Ph.D. Thesis, New Orleans Baptist Theological Seminary, 2015), 56-57, 70. 참고로 전천년주의자 Fanning은 계시록이 구약과 모형론적으로 연결되는데, 모형의 성취는 사도 요한 당시에 먼저 발생하지만 재림 때에 완성된다고 본다. 따라서 Fanning은 계시록의 과거론적 해석과 그것의 정반대 해석인 미래론적 해석을 결합할 여지를 인정한다. 참고. Fanning, "Taking a Peek Ahead," 21. 하지만 구약의 모형은

출애굽기 14-15장	계시록 15장
여호와께서 애굽 사람들에게 행하신 그 큰 능력을(14:31; 참고. 출15:4-7; 시77:13-14)	주 하나님 곧 전능하신 이시여 하시는 일이 크고 놀라우시도다(3절)
여러 나라가 듣고 떨며 주민이 두려움에 잡히며 …… 놀람과 두려움이 그들에게 임하매(15:14-16; 참고. 시77:16)	누가 주님의 이름을 두려워하지 아니하며(4a절)
여호와여 신 중에 주와 같은 자가 누구니이까 주와 같이 거룩함으로 영광스러우며 찬송할 만한 위엄이 있으며 기이한 일을 행하는 자가 누구니이까(15:11; 참고. 시77:13)	누가 주의 이름을 영화롭게 하지 아니하오리까? 오직 주만 거룩하시니이다(4b절)

요한은 요한계시록을 통하여 구약의 출애굽이라는 승리, 어린양의 종말론적인 출애굽과 결정적인 승리, 그리고 어린양을 따르는 제자들의 현재 및 최종 승리를 매우 분명하게 설명한다. "승리자는 생명나무를 받고계2:7, 둘째 사망을 면하며계2:11, 감추어진 만나를 받고계2:17, 만국을 이겨 다스리며계2:26, 흰 옷을 입고 생명책에 녹명되었고계3:5, 하나님의 성전 기둥들이며계3:12, 그리스도의 보좌에 함께 앉고계3:21, 신천신지를 상속한다계21:7. 신자는 이런 승리의 선물꾸러미와 유익 앞에 경외심을 가지고 서 있다. 성도의 현재 상황이 어렵더라도, 그들의 최종 승리는 죽음을 무찌르신 예수님의 첫 번째 승리 덕분에 확실하게 보증된다."[19] 계시록 15장에서도 분명히 나타나는 이런 승리는 계시록의 기록 목적에도 부합한다. 왜냐하면 계시록의 기록 목적은 새 출애굽의 승리를 경험한 그리스도인에게 위로와 소망을 불어 넣어 그들이 세상 나라를 하나님 나라로 변혁하도록 만드는 것이기 때문이다.

만국이 하나님을 경배할 것은 이사야 66장 23절, 스바냐 3장 9절, 그리고 스가랴 14장 16절 등에서 볼 수 있다. 거룩하신 하나님께서는 만국에 정의를 행하시고 경배를 받으시기 합당하다시89:14 참조. 4절에서 만국이 하나님을 경배한다는 말씀을 만인구원설과 연결할 수 없는데, 간본문인 출애굽기 15장과 신명기

신약의 실체에 의해 단회적으로 성취된다고 보아야 한다.

19. Du Rand, *A-Z van Openbaring*, 465.

28장 59-60절은 애굽이 당한 심판을 통한 이스라엘의 구원을 언급하기 때문이다.[20] 만약 요한이 만인구원설을 지지한다면, 계시록의 수많은 심판과 재앙과 경고는 무의미하다.

예수님께서는 아브라함 언약에 기초하여 모세언약을 성취하셨다마1:1 참조. 그리고 예수님께서는 다윗의 후손으로서 다윗언약을 성취하셨고마1:1; 계5:5 참조, 새 성전으로서 새 언약도 성취하셨다계21:22 참조. 구약의 대다수 언약은 위기 이후 하나님께서 언약 백성에게 보이신 반응이다. 예를 들어, 홍수 심판 이후에 노아언약이 체결되었으며, 애굽의 압제 이후에 시내산언약이 체결되었고, 앗수르-바벨론-페르시아의 압제를 배경으로 새 언약이 예고되었다. 하나님의 구원 계획의 절정은 그리스도 사건을 통하여 성취된 새 언약인데, 그것은 죄와 죽음과 사탄을 무찌르신 놀라운 은혜의 사건이다. 나선형으로 발전하는 모든 언약은 하나님의 구원을 성취하는 도구이며, 선교적 의도를 찾을 수 있다.[21]

사도 요한이 염두에 둔 출애굽 주제는 애굽에 내린 10재앙 심판, 이스라엘 백성이 애굽에서 나온 구원과 찬양, 광야 40년 동안 이스라엘의 불순종과 하나님의 인도, 성막과 제사 그리고 구원자의 현존, 언약 체결, 상속의 땅 가나안의 정복을 아우르기에, 이런 다양한 주제는 마치 그물처럼 촘촘히 짜여있다.[22] 이런 출애굽 주제들 가운데 계시록에는 재앙과 심판 주제가 두드러진다. 신약교회의 영적인 새 출애굽은 누가복음 9장 31절의 예수님의 출애굽ἔξοδος, 즉 십자

20. 계시록 15장 3-4절에서 Bauckham을 의존하면서 만인구원설은 찾는 경우는 R. Scharneck, "Will All be saved?: A Discussion on the Theme of Universal Deliverance in the Song in Revelation 15," *NGTT* 55/3-4 (2014), 800-801을 보라. 계시록 21장 3절의 "하나님의 장막이 사람들과 함께 있으매"에서 "사람들"을 신자와 불신자 모두를 가리키는 것처럼 설명하는 경우는 R. Bauckham, *The Climax of Prophecy: Studies on the Book of Revelation* (Edinburgh: T&T Clark, 1993), 303, 311을 보라.

21. 이 단락은 J. M. Burger, "The Story of God's Covenants: A Biblical-Theological Investigation with Systematic Consequences," *Calvin Theological Journal* 54/2 (2019), 295, 298을 요약함.

22. L. Gallusz, "The Exodus Motif in Revelation 15-16: Its Background and Nature," *Andrews University Seminary Studies* 46/1 (2008), 23, 32, 43.

가의 죽으심과 부활과 승천에 근거한다.[23] 또한 모형론적으로 볼 때, 종말론적 새 모세이신 예수님께서 새로운 법을 선포하셔서 그분의 백성들을 모으신다계21:24 참조. 그러나 어린양께서 선언하시고 보이신 천국의 새 법을 듣기를 거부하거나 믿지 않으면 정의로운 하나님의 심판을 받는다계15:17 참조.[24] 이 사실은 이어지는 7대접 심판으로 증명된다.

교훈과 적용

출바벨론은 제2의 출애굽이며사48:20-22; 49:8-12; 51:9-11 참조, 예수님의 출애굽은 모든 출애굽 사건의 절정이고, 신약교회의 구원은 마지막 출애굽the last Exodus이라 할 수 있다. 새 출애굽을 경험한 그리스도인은 '출애굽의 법칙Exodus-Prinzip'을 따라야 하는데, 이를 위해 기존에 익숙했던 악하고 인위적인 관습으로 회귀하지 않도록 구원의 은혜를 유지하며 복음에 합당하게 살아야 한다.[25]

새 출애굽 공동체로서 교회는 새 노래를 부르기 위해서 목사와 음악전문가의 협업이 필요하다. 영적 출애굽이라는 구원받은 교회는 공적 예배 중에 하나님의 구원과 새 창조의 은혜를 송영으로 올려드려야 한다. 그리고 세상 속에서 복음을 현시하는 흩어진 말씀의 씨인 교회는 삶 속에서 새 노래를 부르며 간증할 수 있어야 한다. '하나님의 종 모세와 어린양의 노래'는 신천신지에서 열방의 구원 받은 백성들이 함께 부를 '국제적 천국의 애국가'로 적절하다.

그리스도인은 자신의 일과 길이 의롭도록 애써야 한다. 월터스토프N. Worterstorff는 샬롬을 번영으로 파악하며, 기독교 고등학문이 기독교 내부를 넘어 사회의 번영을 위해서 학문과 실천으로 기여할 수 있어야 한다고 주장한다. 이를 위해 기독교대학은 기독교 인문교양 교과를 넘어 세상의 정의와 번영을 위한 공적 특성을 강화해

---

23. 누가복음 9장 31절에서는 예수님께서 예루살렘에서 죽으시고 부활하시고 승천하실 것을 '엑소도스(ἔξοδος)'라 부른다. 주님의 출애굽 덕분에 교회의 영적 출애굽이 가능하다.
24. V. W. Fenske, "Das Lied des Mese, des Knechtes Gottes, und das Lied des Lammes (Apokalypse des Johannes 15,3 f.): Der Text und Seine Bedeutung für die Johannes-Apokalypse," *ZNW* 90 (1999), 263-264. 그런데 Fenske는 계시록 15장 3-4절이 시편 85편 LXX와 신명기 32장 4절을 암시하지 않고 '인용'한다고 잘못 주장한다.
25. 박성철, "한국교회 내 기독교 파시즘에 대한 비판적 연구," 『한국기독교신학논총』 116 (2020), 318.

야 한다. 다름 아니라 공의를 심어 인애와 샬롬과 번영을 결실하기 위함이다호10:11 참조. 그리스도인이 삶 전체에 총체적으로 주권을 행사하시는 하나님의 정의와 샬롬의 통치를 구현하려면, 사랑과 같은 성품들을 형성하는 훈련과 비판적 분별도 필요하다 벧후1:4-7 참조.[26]

2. 7대접 심판을 준비함(15:5-8)

> "[5]또 이 일 후에 내가 보니 하늘에 증거 장막의 성전이 열리며 [6]일곱 재앙을 가진 일곱 천사가 성전으로부터 나와 맑고 빛난 세마포 옷을 입고 가슴에 금 띠를 띠고 [7]네 생물 중의 하나가 영원토록 살아 계신 하나님의 진노를 가득히 담은 금 대접 일곱을 그 일곱 천사들에게 주니 [8]하나님의 영광과 능력으로 말미암아 성전에 연기가 가득 차매 일곱 천사의 일곱 재앙이 마치기까지는 성전에 능히 들어갈 자가 없더라"

이 찬송 후에 요한은 하늘에 증거 장막이 열린 것을 보았다5절; 참고. 히8:2; 계11:19.[27] 일곱 재앙을 가진 일곱 천사가 성전에서 나와서 맑고 빛난 세마포 옷을 입고 가슴에 금띠를 띠었다6절. 사람이 일을 하는 중에 띠는 가슴이 아니라 허리에 찬다. 대체로 띠를 가슴에 묶은 경우는 일을 마친 후의 상태이다. 그러므로 일곱 천사가 '가슴'에 금 띠를 띤 것은 일곱 대접 재앙이 마지막 완결적 심판임을 암시한다. 이 일곱 천사는 하늘 성전에서 나오는 정의로 충만한 제사장들과 같은데출28:39; 레16:4 참조, 그들은 불의한 자들과 배교한 돌 성전 체제를 심판하신 공의로우신 예수님에 상응한다계1:13 참조.[28] 6절의 "맑고 빛난 세마포 옷"은 계시

26. Wolterstorff, 『샬롬을 위한 교육』, 293-298, 543.

27. 계시록 15장 5절의 '증거 장막 성전'은 이단 신천지의 공식 이름으로 오용된다.

28. Gentry, *The Divorce of Israel: A Redemptive-Historical Commentary on the Book of Revelation*,

록 19장 8절과 19장 14절의 세마포 옷과 유사하다. 세대주의자들은 이 옷들을 예수님의 재림과 연결한다. 하지만 이런 미래적 해석은 문맥의 지지를 받지 못한다.

4생물 중 하나가 영원히 살아계신 하나님의 진노를 가득히 담은 금 대접계5:8 참조 7개를 일곱 천사에게 나눠주었다7절. 계시록에서 "금 대접φιάλη χρυσῆς"이 반복되는데, 세 가지 시리즈 심판 중 마지막인 일곱 금 대접 심판15:7; 16:1은 성도의 기도5:8; 8:3-4에 대한 응답이다.[29] 계시록 15장은 5-7a절을 중심으로 아래와 같이 교차대칭구조를 보인다.[30]

A 일곱 천사
  B 마지막 일곱 재앙
    C 그것들로써 끝나게 될 것이기 때문이다
      D 하나님의 진노(1절)
        E 승리자들이 모세와 어린양의 노래를 부름(2-4절)[31]
          F 성전이 열리고 일곱 천사가 일곱 재앙이 담긴 접시를 받음(5-7a절)
        E′ 천사들이 깨끗하고 빛나는 세마포 옷을 입음
      D′ 하나님의 진노(7b절)
    C′ 아무도 그 성전 안에 들어갈 수 없음
  B′ 일곱 재앙
A′ 일곱 천사(8b절)

일곱 천사가 일곱 금 대접을 받자, 하나님의 영광과 능력 때문에 성전에 연

Volumes 2, 331.

29. Tabb, "Prayer in Apocalyptic Perspective." 200.

30. Leithart, *Revelation 12-22*, 112. 하지만 E와 E′의 병행은 모호하다.

31. 계시록 15장 2-4절의 노래를 부르는 사람들을 순교자로 국한할 이유는 없다. Contra Leithart, *Revelation 12-22*, 117.

기가 가득 찼다8a절; 참고. 출40:34; 왕상8:10-11; 겔10:4. 여기서 하나님의 마지막 심판은 금 대접, 즉 성도의 기도 때문에 일어난다계8:3의 금향로 참조.[32] 계시록에 12회 등장하는 "연기καπνός"의 공통적인 용례는 다음과 같다. 심판을 위한 향단의 연기계8:4, 심판을 위한 무저갱의 연기9:2-3(×4), 심판을 위한 마병대의 입에서 나온 연기계9:17-18,[33] 심판을 위한 바다짐승을 숭배한 자들이 당하는 고난의 연기계14:11, 심판을 위한 성전을 채운 영광의 연기계15:8, 그리고 심판을 위한 음녀 바벨론의 파멸의 연기계18:9,18; 19:3.

일곱 천사의 일곱 재앙이 끝나기까지계15:1 참조 성전에 들어갈 수 있는 사람은 아무도 없다8b절; 참고. 출19:18; 레16:17; 사6:4. 7대접의 심판이 끝날 때까지 그 누구도 심판을 물리는 기도를 하나님께 드릴 수 없다왕하22:13; 렘7:16 참조.[34] 따라서 소아시아 7교회의 대적에게 철저하고 혹독한 심판이 기다리고 있다. 이제 더 이상 하나님의 성전으로부터 시행될 언약적 심판은 지체될 수 없다계10:6 참조. 참고로 계시록 12장 1절-15장 4절의 교차대칭구조는 다음과 같다.[35]

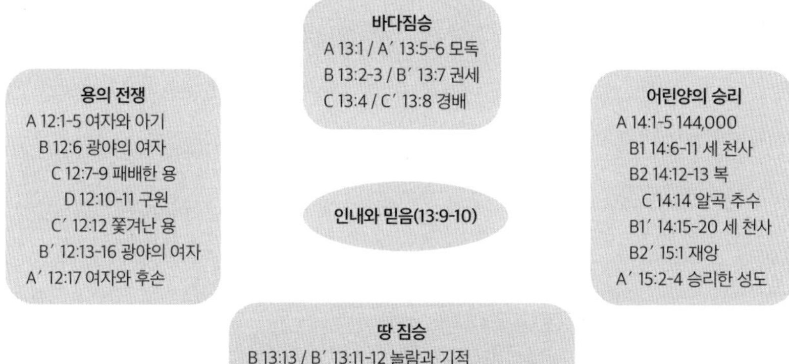

바다짐승
A 13:1 / A′ 13:5-6 모독
B 13:2-3 / B′ 13:7 권세
C 13:4 / C′ 13:8 경배
용의 전쟁
A 12:1-5 여자와 아기
B 12:6 광야의 여자
C 12:7-9 패배한 용
D 12:10-11 구원
C′ 12:12 쫓겨난 용
B′ 12:13-16 광야의 여자
A′ 12:17 여자와 후손
인내와 믿음(13:9-10)
어린양의 승리
A 14:1-5 144,000
B1 14:6-11 세 천사
B2 14:12-13 복
C 14:14 알곡 추수
B1′ 14:15-20 세 천사
B2′ 15:1 재앙
A′ 15:2-4 승리한 성도
땅 짐승
B 13:13 / B′ 13:11-12 놀람과 기적
A 13:11-12 / A′ 13:14-18 권세, 경배, 치유된 상처

32. 신동욱, 『요한계시록 주석』, 163.
33. Contra 연기를 여섯 범주로 나누어 긍정적 의미와 부정적 의미가 교차하는 것으로 보는 Leithart, *Revelation 12-22*, 99.
34. Barbaro, 『요한묵시록 주해』, 220.
35. Shea and Christian, "The Chiastic Structure of Revelation 12:1-15:4," 271.

교훈과 적용

오늘날 하나님의 진노를 촉발하는 원인은 무엇인가? 경쟁 사회에 살면서 바쁜 일상에 함몰되어 영적이며 신앙적인 삶에 무관심해서인가? 아니면 반기독교 세력과 복음의 대적을 두려워해서인가? 지구촌 곳곳에서 소식이 들려오듯이, 교회를 물리적으로 박해해서인가? 교회가 이 시대에 남은 자로 역할을 제대로 하지 못해서인가? 그리고 최근의 공공신학과 선교적 교회에 대한 논의가 성도의 삶에 적용되고 실제로 결실할 수 있도록 만들 수 있는 방안도 강구해야 한다.

요한계시록 16장

<본문의 개요>

계시록 16장에서 일곱 천사가 쏟아부은 일곱 대접의 심판은 무엇을 의미하는가? 철저 부분적 과거론자들에게 이 재앙은 여전히 불신 유대인들의 본거지인 예루살렘을 향한 하나님의 진노이다.[1] 하지만 전환적 부분적 과거론자들에게 계시록 16장은 로마제국을 향한 하나님의 심판이다. 그러나 통합적 부분적 과거론자에게 7대접 심판은 예루살렘과 로마제국의 철저한 파괴를 의미한다.

계시록 16장의 이전 문맥은 세 시리즈 심판 중 마지막 일곱 대접 심판을 준비하는 것이다계15:1,7. 계시록 16장의 이후 문맥은 일곱 대접 심판의 주요 대상인 음녀 바벨론을 소개하고 파멸을 묘사하는 것이다계17-18장. 따라서 문맥상 계시록 16장은 준비된 마지막 심판을 시행함으로써 결국 음녀 바벨론이 파멸되고 말 것을 예고한다. 이 마지막 심판도 반드시 속히 일어날 일들에 속한다.

<내용 분해>

1. 첫째 대접 심판(16:1-2)
2. 둘째 대접 심판(16:3)
3. 셋째 대접 심판(16:4-7)
4. 넷째 대접 심판(16:8-9)
5. 다섯째 대접 심판(16:10-11)
6. 여섯째 대접 심판(16:12-16)
7. 일곱째 대접 심판(16:17-21)

---

1. 계시록 16장에 '그리고 되었다(καὶ ἐγένετο)'가 반복된다(16:2,3,4,10,18[×2],19).

1. 첫째 대접 심판(16:1-2)

"[1]내가 또 들으니 성전에서 큰 음성이 나서 일곱 천사에게 말하되 너희는 가서 하나님의 진노의 일곱 대접을 땅에 쏟으라 하더라 [2]첫째 천사가 가서 그 대접을 땅에 쏟으매 짐승의 표를 받은 사람들과 그 우상에게 경배하는 자들에게 악하고 독한 종기가 나더라"

역사주의자들은 일곱 대접은 세속 역사의 종말과 그리스도의 궁극적인 승리까지 뻗어가는 계시록 8장 1절의 일곱 번째 인 안에 포함된 것으로 본다. 따라서 비록 대접들이 담고 있던 재앙들은 부어져서 대접이 신속히 비워졌지만, 2세기 혹은 그 이상의 세상 역사 속에서 펼쳐질 일을 다룬다. 특히 18세기 프랑스 혁명으로 시작하여 지금까지 역사 속에서 성취되지 않은 사건들까지이다. 일곱 나팔의 재앙이 이방 로마제국의 멸망을 위한 것이듯이, 7대접의 재앙은 교황이 다스리는 로마의 파괴를 묘사한다. …… 세대주의자들은 대접 재앙을 문자적으로 가급적 이해하려고 하지만(Lindsey, Walvoord, Ryrie, Seiss), 일부 미래론자들은 상징적으로 이해한다(Gaebelein, Ironside). 이 최종적인 재앙은 그리스도의 재림 직전에 일어나는 것으로 본다. 이상주의자들은 7대접 심판이 애굽에 임한 10재앙과 유사함에 주목하면서, 사탄의 통치 아래 있는 악한 세상을 향한 하나님의 심판이라고 본다. 물론 하나님의 백성은 이때도 구원받는다. 대접 심판을 로마제국에 대한 심판을 포함하여 모든 시대에 임할 심판으로 보지만, 이상주의자들 사이에서 대접 재앙의 성격이 문자적인지 아니면 상징적인지 의견이 나누인다. 첨언하면, 일곱 인, 일곱 나팔, 일곱 대접의 심판에 대해서 동일한 사건을 점층적으로 묘사한다는 반복적 입장으로 보는 것은 과거론적 해석이고, 첫 번째에서 일곱 번째까지 시간 순서대로 일어난다는 연대기적 입장은 미래론적 해석 그리고 역사주의적 해석이다.[2]

---

2. 송영목, "요한계시록의 전통적 4가지 해석의 비교 및 분석," 119. 참고로 교의학자들 가운데 7대접 심판을 지구에 임할 '최후의 심판'이라고 오석하는 경우가 적지 않다 예를 들어, G. J. Spykman, *Reformational Theology:*

계시록 8-9장의 7나팔이 경고하는 음성의 차원을 가진다면, 7대접φιάλη을 쏟아 붓는 것ἐκχέω은 심판의 전면적 시행과 같다.[3] 요한은 성전에서 7천사에게 말한 큰 음성 "너희는 가서 하나님의 진노의 일곱 대접을 그 땅에 쏟아 부으라"를 들었다1절. 이 음성은 계시록 15장 8절에 언급된 하나님의 소리이다. 첫째 천사가 그의 대접을 땅에 쏟으니, 바다짐승의 표를 받은 사람들과 그의 우상에게 경배하는 자들에게 악하고 독한 종기가 났다2절; 참고. 계13:16-18. 여기서 구약 간본문이 중요하다. 언약의 복을 설명하는 신명기 28장 1-14절을 뒤이어 등장하는 신명기 28장 27절에서 종기는 언약의 저주이다출9:9; 계16:11 참조.[4] 요한은 구약성경에 하나님께서 언약의 심판과 진노를 쏟아 붓는 장면이 자주 등장함을 알고 있었다왕하22:13; 렘10:25; 애2:4; 겔20:34; 22:22,31; 습3:7-8 참조. "LXX에서 '하나님의 진노θυμός를 쏟음ἐκχέω' 구절들은 언약을 파괴하는 자들 혹은 하나님의 백성을 박해하는 자들에 대한 심판을 가리키는 데 사용된다겔14:19; 렘10:25. 때때로 그 형식은 …… 대접을 쏟음에 대한 비유적인 파괴 효과를 높이기 위해 불을 포함한다렘7:20; 애2:4; 4:11; 겔22:21-22; 30:15-16; 습3:8."[5] 참고로 그레코-로마세계에서 제우스나 다른 신을 숭배하는 자들은 잔이나 대접에 담긴 포도주를 땅에 부으면서 안전과 성공을 신에게 빌었고, 항해하기 전에는 접시에 담긴 포도주를 바다에 부으며 기도했다.[6] 이런 문화적 간본문성은 계시록 16장의 주해를 위해 유용하지 않다. 계시록 16장에서 대접을 붓는 것은 성공을 위한 기도가 아니라, 하나님께서 계시록의 독자들을 박해한 세력에게 진노를 내리시는 것이다.

땅에 거하는 자들, 곧 불신 유대인들이 교회를 박해하고 황제숭배를 조장한다면, 그들은 출애굽의 10가지 재앙 중 하나인 악한 종기와 같은 언약의 저주를

A New Paradigm for Doing Dogmatics (Grand Rapids: Eerdmans, 1992), 542.

3. 그레코-로마 문헌에서 '대접(φιάλη)'은 제의나 호의와 같은 긍정적 의미로 종종 사용되었다. Chilton, *The Days of Vengeance*, 396; Montanari, *The Brill Dictionary of Ancient Greek*, 2273.
4. Johnson, *Triumph of the Lamb*, 225.
5. Beale and McDonough, "요한계시록," 616.
6. Koester, *Revelation*, 653.

겪을 것이다신28:27, 35; 겔14:19; 20:8 참조.[7] 7대접의 재앙에서 심판의 범위는 7나팔 심판계8-9장처럼 3분의 1이 아니라 전면적이다.

여기서 요한이 출애굽의 재앙을 암시하는 방식에 주목해 보아야 한다. 계시록의 새 출애굽 주제는 계시록 1장 5-6절에서 시작하여, 1장 5-6절의 내적 간본문인 5장 9-10절을 거쳐, 3가지 재앙 시리즈에서 본격화한다. 소아시아 7교회를 비롯한 신약교회는 새로운 제사장 나라이며 새로운 이스라엘인데, 하나님께서는 그들에게 새 출애굽이라는 구원을 주셨다. 야웨께서 열 재앙으로써 이스라엘을 구원하셨듯이, 계시록의 세 재앙 시리즈는 교회를 구원하기 위한 수단이다.[8] 출애굽 주제는 7인 심판보다는 7나팔 재앙과 7대접 재앙에 더 분명히 다음과 같이 나타난다. 우박출9:18; 시78:48; 105:32; 계8:7, 바다의 피출7:14-25; 시78:44; 105:29; 계8:8; 16:3-4, 광명체가 어두워짐출9:8-12; 10:21-26; 시105:28; 계6:12; 8:12; 참고. 16:10, 황충출10:5; 시78:46; 105:34; 계9:3, 종기출9:8-12; 계16:2,11, 개구리출8:1-15; 시105:30; 계16:12-14, 아기를 죽이려던 용을 피해 해산한 여자는 두 날개로 광야로 피신함출2:2; 계12:4,14, 지진을 포함한 신현출9:24; 계14:2; 16:18, 구원받은 첫 열매들이 부르는 새 노래출15:1-21; 계14:3-4, 곧 새 모세이신 어린양의 노래를 부름계15:3-4, 재앙을 당하고도 회개하지 않음출7:22; 계16:8. 모세와 달리 요한은 10가지 재앙 중에서 이lice, 파리, 전염병참고. 계6:8, 그리고 장자의 죽음을 분명하게 언급하지 않는다. 그리고 모세와 달리, 요한은 황충을 의인화한다계8:3.

계시록의 재앙 시리즈에 나타난 출애굽 주제는 반 창조anti creation 내러티브와 같기에 창조 주제와도 연결된다.[9] 물론 요한은 재앙을 설명할 때, 6일 창조의 순

7. Chilton, *The Days of Vengeance*, 398.

8. B. G. Wold, "Revelation 16 and the Eschatological Use of Exodus Plagues," in *Eschatologie Eschatology: The Sixth Durham-Tübingen Research Symposium*, ed. H-J. Eckstein (Tübingen: Mohr Siebeck, 2011), 249-250.

9. Wold, "Revelation 16 and the Eschatological Use of Exodus Plagues," 253. 참고로 Wold는 계시록의 재앙을 출애굽 10가지 재앙과 모형론적 관계 속에서 이해하지만, '종말론적 재앙(eschatological plagues)'이라고 부르기에 주님의 재림과 관련된 미래적 재앙으로 이해한다.

서를 그대로 따르지 않는다. 흑암 재앙계16:2,11은 빛의 창조와 반대이다창1:3. 요한은 144,000명을 '첫 열매'라고 밝히는데계14:4, 장자의 죽음출12:29은 첫 사람 아담의 창조와 반대된다창1:26. 하나님께서 보시기에 좋게 창조된 피조물은 재앙으로써 고통을 당하고 파괴된다. 참고로 아래 표는 종말의 참 성전이신 예수님께서 AD 70년 사건을 예고하신 성전 청결사건과 대접재앙과 관련 본문들 간의 간본문성을 보여준다.[10]

성전 청결사건	대접재앙과 관련 본문들
양과 소를 다 성전에서 내쫓으시고 환전상들의 돈을 쏟으심(요2:15)	하늘 성전에서 나온 천사들이 진노의 대접을 쏟음, 성전에 들어갈 사람이 없음(계15:8; 16:1-4,6,8, 10,12,17)
내 아버지의 집을 장사하는 집으로 만들지 말라(요2:16)	땅의 상인들이 음녀의 파멸을 보고 애통함(계18:3,11,15)
주의 전을 사모하는 열심히 나를 삼키리라(요2:17)	하나님으로부터 불이 내려와 그들을 살랐다(계20:9)
무슨 표적을 보이겠느냐?(요2:18)	나는 하늘에 크고 놀라운 다른 표적을 보았다(계15:1)
이 성전을 헐라, 성전 된 자기 육체를 가리킴(요2:19,21)	나는 성전을 보지 못함, 어린양이 성전이심(계21:22)

교훈과 적용

우상 숭배자는 독한 종기로 징벌을 받는다. 우리에게 우상숭배는 물질과 명예와 세속적 성공을 탐하는 것이며, 하나님을 사랑하고 복음을 살아내려는 헌신을 무시하고 제쳐둔 자신의 욕망과 편안함이 아닌지 점검해 보자.

10. W. A. Gage, "St John's Vision of the Heavenly City," (Ph.D. Thesis, University of Dallas, 2001), 55-56. 참고로 Gage는 요한복음과 계시록 간의 표현과 문학적 병행을 자신의 책 88-97페이지에서 표로 자세히 제시한다.

2. 둘째 대접 심판(16:3)

"³둘째 천사가 그 대접을 바다에 쏟으매 바다가 곧 죽은 자의 피 같이 되니 바다 가운데 모든 생물이 죽더라"

역사주의적 해석에 의하면, 피같이 변한 바다를 (중세)교회의 권력을 유지하는 데 공헌했던 해군력의 완전한 파괴를 의미한다고 본다. 실제로 천주교 국가인 프랑스, 스페인, 그리고 포르투갈은 해군을 가졌다. 미래적 해석에 의하면, 바다는 이방인을 가리키므로, 이방인들은 장차 영적이며 도덕적으로 죽음을 경험할 뿐 아니라 대학살을 경험할 것이다. 이상주의적 해석은 죽어가는 사회의 최악의 부패함으로 이해하거나, 회개하지 않는 죄인을 파선, 해상전투, 그리고 쓰나미를 통해서 심판하는 것으로 본다.[11]

둘째 천사가 그의 대접을 바다에 쏟으매 바다가 피가 되어 그 안의 생물이 다 죽는다3절. 여기서 "바다"가 피로 변한 것은 모세 당시에 '나일 강'이 피가 된 것과 약간 차이가 난다출7:20-21 참조. 하나님께서는 바다, 곧 로마제국을 심판하신다. 주님의 심판은 AD 68년 네로 사후의 로마의 내전으로 속히 성취되었다.[12] 네로 사후 18개월 동안 갈바, 오토, 비텔리우스는 권력 투쟁을 벌였다. 참고로 교부 오에쿠메니우스는 3절을 해전海戰에서 군인들이 사망할 것에 대한 예언으로 본다.[13] 여기서 "바다"를 문자적으로 이해한다면 다른 의미가 도출된다. 로마제국에게 바다는 생선과 같은 식량 자원을 제공했을 뿐 아니라, 온 세계의 해양 무역에 있어서 고속도로와 같았다.[14] 따라서 바다가 심판을 받는 것은 로마제국의 경제적 재앙을 가리킨다. 피는 바다의 생물을 죽이지만, 어린양의 피는 언약

---

11. Gregg, *Revelation: Four Views*, 358-363.
12. 3절의 "바다"를 갈릴리 바다로 보면서, 유대-로마전쟁의 맥락에서 이해하는 경우는 Chilton, *The Days of Vengeance*, 399를 보라.
13. 참고. *CSB Ancient Faith Study Bible*, 1601.
14. Du Rand, *A-Z van Openbaring*, 476.

파트너들의 죄를 용서하고 그들의 행실을 깨끗하게 만든다계1:5; 7:14 참조. 이처럼 7대접의 심판에 언약의 저주와 언약의 복이 대조된다.[15]

최근에 해양 오염과 같은 생태 위기의 상황을 성경 번역에 적절히 반영해야 한다는 주장이 대두되고 있다예. 5월 31일 '바다의 날'. 그런 주장에 따르면, 인간의 탐욕이 초래한 해안가의 관광리조트 건립과 같은 자연 파괴는 하나님의 심판을 초래한다.[16] 하지만 소아시아 7교회에게 바다의 오염과 환경 파괴는 주요 이슈가 아니었다. 또한 계시록은 21세기 환경오염에 대한 경고를 제공하려는 의도로 기록된 성경이 아니다.

교훈과 적용

그리스도인은 열방의 창조주와 통치자이신 하나님께서 세상의 악을 심판하시도록 기도할 뿐 아니라, 성경의 빛에서 세상의 현상과 일의 실상을 분석할 수 있어야 한다.

3. 셋째 대접 심판(16:4-7)

"4셋째 천사가 그 대접을 강과 물 근원에 쏟으매 피가 되더라 5내가 들으니 물을 차지한 천사가 이르되 전에도 계셨고 지금도 계신 거룩하신 이여 이렇게 심판하시니 의로우시도다 6그들이 성도들과 선지자들의 피를 흘렸으므로 그들에게 피를 마시게 하신 것이 합당하니이다 하더라 7또 내가 들으니 제단이 말하기를 그러하다 주 하나님 곧 전능하신 이시여 심판하시는 것이 참되시고 의로우시도다 하더라"

15. Campbell, "Findings, Seals, Trumpets, and Bowls," 94.

16. S. Pattemore, "Towards an Ecological Handbook for Bible Translators," *The Bible Translator* 70/3 (2019), 338.

셋째 천사가 그의 대접을 강과 물 근원에 쏟자 피가 되었다4절; 참고. 출7:20-21; 계8:11. 하나님의 심판을 받는 자들은 심판의 핏물을 마시지만, 하나님의 백성은 복된 생명수를 마신다계7:17; 21:6; 22:1-2 참조.[17] 물을 다스리는 천사가 "지금도 계시고 전에도 계셔 오신 거룩하신 분이시여! 주님께서 의로우심은 이것들을 심판하셨기 때문입니다."라고 말한다5절; 참고. 계1:4; 11:17. 그런데 개역개정은 "전에도 계셨고"를 "지금도 계신" 앞에 번역하는 오류를 범한다. 유대인들은 하나님을 대신하여 천사가 물이나 불을 다스린다고 믿었다. 물을 주관하는 천사는 "왜냐하면 그들이 성도와 선지자들의 피를 흘렸기 때문에, 주님이 그들에게 피를 주셔서 마시게 하셨습니다. 그들이 피를 마신 것은 마땅합니다."라고 말한다6절. 요한 당시는 그리스도인이 순교의 피를 흘리는 실제 박해 상황이었다계2:13; 11:7; 17:6; 18:24 참조. 이제 순교자의 탄원이 응답된다계6:10 참조. 구약과 유대문헌에 의하면, 범죄자는 심판받기에 합당하다출4:22-23; 사49:26; 지혜서 11:16 참조.[18] 요한은 제단향단; 계5:8; 6:9 참조이 "그렇습니다. 주 전능하신 하나님! 주님의 심판들은 참되고 의롭습니다."라고 말한 것을 들었다7절. 참고로 오에쿠메니우스는 여기서 찬양을 받으신 분을 성부가 아니라 성자라고 본다.[19]

생태신학자들은 물 부족에 직면한 지구촌의 16억 명에 주목하면서, 강과 물이 그들의 천사들에 의해 영과 인격을 갖추어 의인화되기에 수자원을 파괴하는 제국과 인간을 향하여 훼손을 멈추라는 하나님의 목소리를 전달한다고 주장한다애5:4 참조.[20] 그리고 생태신학자는 강과 물이 수동적인 방관자가 아니라 능동적 참여자로서 하나님께 신원을 요청한다고 보지만, 계시록 16장의 심판의 대상은 수자원 자체라기보다 성도의 피를 흘린 박해자들이다계16:6 참조. 물론 불신 유대

---

17. Koester, *Revelation*, 654.
18. 신동욱, 『요한계시록 주석』, 166.
19. 참고. *CSB Ancient Faith Study Bible*, 1601.
20. 불, 공기, 물, 땅이 신원을 간구하는 이집트의 문서 'Kore Kosmou'와 계시록 16장의 간본문적 해석을 시도하는 B. R. Rossing, "Waters cry out: Water Protectors, Watershed Justice, and the Voice of Waters in Revelation 16:4-6, 21:6 and 22:17," *Currents in Theology and Mission* 47/1 (2020), 38-40.

인과 로마제국이 전쟁으로 심판을 받을 경우, 그들의 거주 환경이 훼손되고 파괴될 것은 분명하다. 생태신학자들은 계시록 7장 17절과 22장 17절의 "생명수"가 그 자체로 생령living spirit을 가지고 있다고 보지만, 이는 목자이신 예수님께서 성도에게 주실 선물인 성령님을 가리킨다.[21]

교훈과 적용

성도가 피를 흘리며 영적 전투에 임할 때, 참되고 의로우신 하나님께서는 그 피를 흘리게 만든 악인을 기억하시고 징벌하신다. 하나님께서는 과거, 현재, 미래에 교회의 보호자와 후견인이 되신다. 하나님의 정의와 긍휼은 예수님의 십자가 사건에서 가장 분명하게 나타났다.

4. 넷째 대접 심판(16:8-9)

> "[8]넷째 천사가 그 대접을 해에 쏟으매 해가 권세를 받아 불로 사람들을 태우니 [9]
> 사람들이 크게 태움에 태워진지라 이 재앙들을 행하는 권세를 가지신 하나님의
> 이름을 비방하며 또 회개하지 아니하고 주께 영광을 돌리지 아니하더라"

넷째 천사가 그의 대접을 해에 쏟으매 해가 권세를 받아 불로 사람을 태웠다8절. 사람들이 크게 태움을 당하지만비교. 계7:16, 재앙을 내리시는 권세를 가지신 하나님의 이름을 비방하고 회개하지 않고 주님께 영광을 돌리지 않았다9절. 일곱 인의 심판과 일곱 나팔 심판에서는 태양이 뜨겁게 달아오르는 대신 어두워졌다계6:13; 8:12 참조. 하지만 네 번째 대접 심판은 태양의 열기로 악인들을 불로 태워버리는데, 이것은 쾨스터C. R. Koester가 간파하듯이, 뒤에 등장할 몇 가지 불 심

21. Contra Rossing, "Waters cry out," 41.

판을 예고하는 역할을 한다.[22] 즉 일곱 대접 심판이 끝난 후, 바다짐승은 음녀 바벨론을 불태워 죽이며계17:16 참조, 바다짐승과 거짓 선지자가 불 못에 던져지고계19:20 참조, 하늘에서 불이 내려와 하나님의 성을 에워싼 악의 세력을 진멸하며계20:9 참조, 주님의 재림 직후 마귀는 불 못에 던져진다계20:10 참조. 참조로 그레코-로마세계에서 불의 열기는 신의 진노의 표시였는데, 이런 상황 속에서 사람들은 신의 뜻에 맞추어 행동을 고쳐야 했다.[23]

심판을 받는 자들이 하나님을 비방하는 것은 9절과 11절과 21절에 반복된다. 계시록에서 반복하여 강조하듯이 죄인이 심판받을 때 회개하지 않으면 회복의 소망이 사라진다. 그러나 144,000명은 어떤 뜨거운 기운에 상하지도 않는다계7:16 참조. 그리고 모세 당시 이스라엘 백성이 광야를 지날 당시에 구름 기둥이 태양의 열기를 가린 것은 언약의 복이었다출13:21-22; 시121:5-7 참조.[24] 따라서 여기에도 출애굽 주제가 나타난다.

9절에 의하면, 회개하지 않는 행위와 하나님께 영광을 돌리지 않는 악행은 나란히 병행을 이룬다. 역으로, 회개와 주님께 영광을 드리는 것은 유사하다. 시간상 먼저 회개라는 출발점에 서 있어야 주님께 영광을 계속 드릴 수 있다.

계시록에서 생태 신학을 찾는 이들에 의하면, 생태 파괴는 태양열로 인한 피해를 증가시켰다. 실제로 일사병, 열병, 그리고 산불 등이 더 빈번해졌다.[25] 하지만 사도 요한은 태양열의 증가와 같은 환경오염을 예언하지 않는다.

---

22. Koester, *Revelation*, 655.

23. Koester, *Revelation*, 655.

24. Chilton, *The Days of Vengeance*, 402-403. 참고로 역사주의적 해석에 의하면, 넷째 대접의 성취는 둘째와 셋째 대접의 심판과 중첩된다. 이 세 심판은 로마 교황에 대한 것이다. 해가 어두워지는 것(8절)은 일반적으로 로마 가톨릭 국가의 통치자의 권력이 약해지거나 천주교도의 태양으로 상징되었던 독일 황제의 힘이 약해지는 것을 의미한다. 이 둘 중 하나는 프랑스 혁명 기간에 이루어졌다. 미래적 해석에 의하면, 해가 내부로부터 핵폭발을 일으켜 해의 표면 바깥으로 분출되어, 그 열로 인해 지구표면에 강력한 열을 발생시킨다고 본다. 이상주의적 해석은 태양의 결과에 대해서 역사나 인간 경험 가운데서 구체적으로 설명하기를 회피한다. 해는 시대를 막론하고 회개하지 않는 사람들을 해치고 마지막에는 죽게 만드는 데 사용된다. Gregg, *Revelation: Four Views*, 368-369.

25. Pattemore, "Towards an Ecological Handbook for Bible Translators," 338.

교훈과 적용

악인에게 임한 뜨거운 열기의 재앙을 오늘날 어떻게 적용할 수 있는가? 그것은 대화재나 지구 온난화 혹은 지옥불의 심판인가? 하나님께서는 그분의 얼굴빛을 구하는 거룩한 그분의 백성에게 열기와 빛을 조절하여 내리신다시80:3,7,19 참조.

5. 다섯째 대접 심판(16:10-11)

> "[10]또 다섯째 천사가 그 대접을 짐승의 왕좌에 쏟으니 그 나라가 곧 어두워지며 사람들이 아파서 자기 혀를 깨물고 [11]아픈 것과 종기로 말미암아 하늘의 하나님을 비방하고 그들의 행위를 회개하지 아니하더라"

다섯째 천사가 그의 대접을 바다짐승의 보좌에 쏟으니계2:13 참조, 그의 나라가 곧 어두워지며계6:12; 8:12 참조 사람들이 아파서 자기 혀를 깨물었다10절. 하나님의 보좌가 바다짐승의 보좌를 능가하며, 하나님의 나라가 바다짐승의 나라를 심판한다. 바다짐승의 나라가 진멸되지 않고 흑암 속에 처하는 것은 나중에 그 나라의 파멸을 예고한다암8:9; 마24:29; 계19:20 참조.[26] 첫째 대접의 재앙은 그 땅에 거하던 우상숭배자, 곧 배교한 언약 백성에게 내려진 종기였다계16:2 참조. 하지만 다섯째 대접 재앙은 바다짐승의 보좌가 있는 로마제국, 즉 언약백성이 아닌 박해자들에게 아픈 것과 종기를 쏟아 붓는다. 그러므로 성경의 전염병이나 재앙은 언약 백성에게만 적용된 심판이라고 볼 수 없다. 하나님의 심판을 받은 자들이 통증 때문에 혀를 깨무는 장면은 자신의 혀로 하나님을 모욕하며 그리스도인을 속이고 미혹한 것에 대한 보응이다.[27]

---

26. Koester, *Revelation*, 656.

27. Wallace Jr., *The Book of Revelation*, 329. 참고로 코로나19 상황을 계시록의 심판 환상과 여러 상징(예. 계

바다짐승의 나라인 로마제국은 영적 어둠 속으로 빠져든다. 두 란드는 어둠의 구원계시사적 의미를 아래와 같이 설명한다. "태초에 하나님은 빛과 어둠을 의도적으로 나누셨다창1:4-5. 성경에서 어둠은 물리적 그리고 영적 의미로 나누어 이해해야 한다. 물리적이건 영적이건 어둠은 다음과 같이 부정적 의미로 사용된다. 무지시82:5, 불신앙과 속임요일1:6, 눈멂요일2:11, 죽음욥10:21-22; 시88:12, 그리고 포로시107:10. 요한복음 13장 30절에 따르면, 가룟 유다는 밤에 어둠 속으로 빠져든다. 바울도 어둠의 권세를 언급한다엡6:12. 하나님께서 빛을 창조하셨다면, 비슷한 방식으로 사탄은 어둠과 관련하여 일한다. 영적으로 빛과 어둠은 소통이 불가하다고후 6:14-15. 하지만 우리는 영적 의미에서 어둠의 권세와 빛의 권세를 동등하게 간주하지 않도록 주의해야 한다. 어둠은 하나님의 빛이 부재한 곳인데, 말하자면 바로 이 이유로 어둠이 존재한다. 그러므로 항상 죄는 어둠과 연결되고, 그리고 어둠은 죄와 연결된다. 하나님께서는 어둠을 그분의 심판과 형벌의 일부로 보내심으로, 사람들의 회개를 촉구하신다출10:21-23; 암8:9. 또한 어둠은 지옥의 상징이다마8:12; 22:13. 하나님께서는 어둠과 죄의 권세로부터 그분의 백성을 구원하신다요일1:5. 그리스도를 따르는 사람이라면 다시는 어둠 속에 다니지 않는다요8:12. 따라서 회심은 어둠과의 작별이자, 빛으로 옮기는 것으로 묘사된다골1:13; 요일2:8. 어둠은 최후 심판의 장소로도 묘사된다마8:12; 22:13; 25:30."[28] 어둠의 심판을 받을 로마제국은 소아시아의 성도를 박해하는 일을 회개하고, 빛의 영역으로 옮겨가야 했다. 그렇지 않으면, 바다짐승에 속한 자들은 죽음, 포로, 그리고 심판을 면할 수 없다.

아픈 것과 종기 때문에계16:2 참조 심판을 받는 자들은 하늘의 하나님을 비방하고 자신의 행위를 회개하지 않았다11절; 비교. 계11:13. "그들은 회개하지 않았다οὐ

13:18의 666과 코로나 백신의 고유번호 060606)과 연결하여 세상의 종말을 예견한 오류에 대해서는 H. J. van Rensburg, "The Revelations of Revelation: The Book that fits, even when It does not," *HTS Teologiese Studies* 77/4 (2021), 1-2를 보라.

28. Du Rand, *A-Z van Openbaring*, 481.

μετενόησαν"는 계시록 9장 20절에 이미 등장한 바 있다. 하나님의 심판을 받으면 받을수록 오히려 마음이 완악하게 되기에 회개할 소망이 사라져버렸다. 이것은 마치 이스라엘 백성이 만군의 야웨의 심판과 재앙을 받았음에도 불구하고 주님께 돌아오지 않은 것과 같다암4:6,8,9,10,11 참조. 하지만 회개는 우상숭배와 사탄이 기뻐하는 행위에서 실제로 돌이키는 것이다.[29] 역사적으로 바다짐승의 보좌가 심판받은 것은 네로의 자살과 그 후의 혼란으로 성취되었다.[30] 이런 모습은 연속된 재앙에도 불구하고 회개하지 않았던 애굽의 바로를 연상시킨다출7:13; 8:15,19,32; 9:7,12,34; 10:27 참조. 참고로 회개는 계시록의 마지막 일곱째 복이다계22:14 참조.

교훈과 적용

오늘날 세계 여러 곳에서 바다짐승과 같은 무력과 재정과 문화를 동원하여 교회를 압제하는 세력이 있다. 공교회라면 그런 곳의 그리스도인을 기억하며 기도의 지원이 필요하다. 그리스도인은 징계를 당할 때, 정의와 긍휼의 하나님을 경외하면서 회개해야 한다.

코로나19로 인해 온 세계가 이 바이러스의 확산과 유행pandemic 때문에 두려워하고 미래에 대한 불확실성으로 인해 떨었다. 외출 시 마스크를 착용하고 손을 자주 씻는 것은 일상이 되었다. 병원체는 물론 두려움이라는 바이러스는 주일 공 예배와 주중 모임들조차 멈추도록 만들었는데, 그런 모임들의 중단에는 세상 속의 교회가 갖추어야 할 공공성에 대한 고민도 한 몫을 했다. 오늘날의 신화는 재테크, 건강 보험, 과학과 의학 기술, 경제력, 그리고 군사력이 인간의 건강과 번영을 보장한다는 믿음이다. 이 신화는 음녀 바벨론과 로마제국이 따랐던 것이다계18:2,12-13 참조. 의료 기술이 발전했지만 신종 바이러스조차 해결하지 못하는 인간의 한계를 접하면서 오늘날

29. Decock, "Beeldspraak over Oorlog en Schepping, Geweld en Geweldloosheid in Openbaring van Johannes," 1844.

30. Chilton, *The Days of Vengeance*, 405. 참고로 이사야 선지자도 언약 백성이 살 길은 무기나 생필품을 준비하는 것이 아니라 회개라고 밝혔다(사22:10-12). 이사야는 감언이설이 아니라 '예언자의 망치(prophetic hammer)'로써 배교한 백성을 경고하고 내리치면서 회개를 촉구했다. 참고. G. E. Umoren, "Auto-Malediction in Isaiah 22:1-14: Lessons for Today's Politics," *Journal of Biblical Theology* 2/2 (2019), 87-105.

의 신화는 말 그대로 신화에 불과함을 깨달아야 한다. 계시록에서 가장 중요한 얼굴 가리개face covering는 의학용 마스크가 아니라 결혼식 면사포이다wedding veil; 계19:9; 21:2,9-10.[31] 어린양께서는 교회의 신랑으로서 지극한 사랑으로 신부를 돌보시기에, 신부의 면사포는 이미 걷어 올려졌다. 어린양께서는 신부가 겪는 질병과 두려움을 아신다. 우선적으로 그리고 대부분 소아시아 7교회를 위해 반드시 속히 성취될 예언인 계시록의 재앙은 21세기의 전 지구적 재난과 세계 종말의 시나리오를 제공하지 않는다.

6. 여섯째 대접 심판(16:12-16)

"12또 여섯째 천사가 그 대접을 큰 강 유브라데에 쏟으매 강물이 말라서 동방에
서 오는 왕들의 길이 예비되었더라 13또 내가 보매 개구리 같은 세 더러운 영이
용의 입과 짐승의 입과 거짓 선지자의 입에서 나오니 14그들은 귀신의 영이라.
이적을 행하여 온 천하 왕들에게 가서 하나님 곧 전능하신 이의 큰 날에 있을 전
쟁을 위하여 그들을 모으더라 15보라 내가 도둑 같이 오리니 누구든지 깨어 자기
옷을 지켜 벌거벗고 다니지 아니하며 자기의 부끄러움을 보이지 아니하는 자는
복이 있도다 16세 영이 히브리어로 아마겟돈이라 하는 곳으로 왕들을 모으더라"

31. 참고. J. McNall, "Reading Revelation on the Verge of a Pandemic" (https://joshuamcnall.com/2020/02/om/2020/02/26/reading-revelation-on-the-verge-of-a-pandemic/?fbclid=IwAR0kzP9rp_-afC7agNsCYCEd-oN9tekmnvkmsx4yNEVOG7iYRnhL3LN0jfM 2020년 3월 9일 접속). 코로나19가 확산되자, 이 질병이 중국 공산당이 기독교를 박해한 것에 대한 하나님의 심판인지, 한국에서 신천지로 인해 가장 큰 피해를 입은 대구-경북지역에 주시는 하나님의 뜻은 무엇인지, 국가적 재난을 종교적 혹은 정치적으로 자의적으로 해석하여(eisegesis) 자신의 이익을 위해 악용하는 사람들의 그릇된 행태에 대한 지적, 주일 예배를 온라인으로 대체할 수 있는지, 지자체가 예배를 제한하거나 금지할 수 있는지, 온라인 헌금은 가능한지, 온라인 예배는 기존의 오프라인 예배의 중요성을 깎아내리는 것은 아닌지, 한시적인 온라인 예배를 통하여 가정 경건회의 습관을 기를 수 있는지, 전염병을 확산시킨 이만희 신천지 집단에 대하여 교회는 어떤 대책을 세워야 하는지, 신천지에 취약한 대형교회는 개 교회주의를 탈피하여 바람직한 방향으로 조직과 체질을 개선할 수 있을지에 관한 신학적 논란이 불거졌다. 하지만 재난을 당한 사회를 위한 교회의 역할에 대한 숙고는 찾아보기 쉽지 않았으며, 교회의 진실 된 회개와 갱신은 더 절실했다.

여섯째 천사가 그의 대접을 큰 강 유프라테스에 쏟으니계9:14 참조, 강물이 말라 동방에서 오는 왕들의 길이 준비되었다12절. 페르시아의 고레스Cyrus 대왕은 유프라테스 강의 물줄기를 돌이켜서 바벨론을 정복했다. 더 중요한 것은 유프라테스 강이 마르면, 북쪽의 군인들이 자유롭게 남하하여 결국 팔레스타인에서 전쟁이 벌어졌다사11:15; 46:11; 렘50:38 참조. 따라서 이것은 하나님께서 이스라엘 백성을 심판하시는 장면이므로, 계시록 17-18장에서 큰 성 음녀 바벨론의 파멸로 자연스럽게 이어진다.[32] 그러므로 이 전쟁은 AD 68년에 자살한 것으로 알려진 네로가 파르티아 군대를 이끌고 로마를 공격할 것이라는 신화와 무관하다.[33] 베스파시아누스 황제의 아들 티투스 장군은 총 4개 군단을 이끌고 예루살렘을 공격했다. 그리고 티투스의 휘하에 시리아 원군들과 유프라테스 강에서 선발된 3,000명의 수비병도 있었다유대전쟁사 5.1.6. 역사적으로 거대한 강 유프라테스가 마른 적은 없다. 따라서 이 이미지는 하나님의 심판을 수행하는 많은 군대가 이동하는 데 있어서 장애물이 사라질 것을 상징적으로 알린다.[34] 참고로 1에녹 56장 5-7절은 천사들이 동쪽 파르티아로 가서 왕들을 선동하여 언약 백성의 땅을 치도록 일할 것을 예고한다.[35]

개구리처럼 더러운 세 영들이 용과 바다짐승과 거짓 선지자의계19:20; 20:10 참조 입에서 나오는 것을 요한이 보았다13절. 여기서 요한은 더러움을 설명하기 위하여 용이나 뱀 대신에 개구리를 언급한다. 요한은 레위기 11장의 정결법을 활용한다. "수중 생물에 지느러미와 비늘 없는 것은 너희가 혐오할 것이니라."레11:12. 그리고 요한은 출애굽 전의 개구리 재앙도 연상시킨다출8:2-11 참조. 사탄의 트리오

---

32. Koester, *Revelation*, 665; Chilton, *The Days of Vengeance*, 408. 참고로 터키 동부에서 발원하여 페르시아만까지 약 2,000km에 달하는 유프라테스 강은 5월에 수심이 3m에 달했다가 점차 얕아진다. 네로 귀환 신화에 따르면, 파르티아로 도피한 네로는 유프라테스 강을 건너 로마를 침공한다. 그 강은 로마제국과 파르티아의 국경선이었다. Du Rand, *A-Z van Openbaring*, 482.
33. Contra 허규, 『요한묵시록 바르게 읽기』, 152; 신동욱, 『요한계시록 주석』, 168.
34. 참고. Persson, *A Semantic and Structural Analysis*, 180.
35. Aune, "The Apocalypse of John and Palestinian Jewish Apocalyptic," 13.

인 용과 바다짐승과 거짓 선지자, 이 셋 모두 부정하고 수치스럽다.[36] 더러운 세 영은 다름 아니라 악령들인데, 그들은 이적을 행하며 온 천하 왕들에게 가서 전능하신 하나님의 큰 날에 있을 전쟁을 위하여 그들을 모은다14절. 뒤 따르는 설명에 따르면, 이 전쟁은 아마겟돈에서 벌어진다계16:16 참조. 이 전쟁은 요한 당시에 벌어질 영적 전투를 가리키지, 사탄이 주님의 재림을 대항하기 위해서 세상 왕들을 모으는 장면이 아니다.[37] 계시록 16장 14절을 비롯하여 계시록에 5회 등장하는 동사 '모으다συνάγω'는 전쟁 맥락에서만 언급된다.

13-14절의 세 악령은 더러울 뿐 아니라, 비非진리와 거짓 그리고 신성모독으로 충만하다. 왜냐하면 용은 광야에서 여자를 향해 거짓 교훈을 쏟아낸 바 있고계12:15 참조, 바다짐승은 하나님과 그분의 백성을 모독했으며계13:6 참조, 거짓 선지자는 용의 입에서 나온 물을 마시고계12:16 참조 바다짐승을 숭배하도록 사람들을 미혹했기 때문이다계13:11-18 참조.[38]

예수님께서는 도둑처럼 가실 것인데마24:43; 벧후3:10; 계3:3 참조, 누구든지 깨어서 자기 옷을 지켜 벌거벗고 다니지 않으며 자신의 부끄러움을 보이지 않으면 복되다15절. 예수님의 이 파루시아를 인간 역사를 종결지을 마지막 파루시아로 국한할 필요는 없으며, 아버지께 받은 권세를 활용하시는 현재적 방문이라는 의미가 강하다사40:10; 단7:13; 계1:7; 2:5,16; 22:12,20 참조.[39] "옷ἱμάτιον"은 성도의 옳은 행실을 가리킨다계19:8 참조. 계시록 16장 15절을 "주의 날"과 "도둑같이"가 언급되는 데살로니가전서 5장 2-4절과 연결하여 설명할 수 있다. 데살로니가전서 5장 4절은 주의 날이 데살로니가교회를 붙잡았기καταλάβῃ 때문에, 그들은 이미 빛 가운데 있는 하나님의 백성으로 살다가 장차 재림 시에 구원받게 될 것임을 밝힌다

36. J. A. du Rand, "Why 'like Frogs' and not like Serpents?: Three Unclean Spirits of Demons Emanating from the Mouths of the Evil Triad according to Revelation 16:13-14," *Ekklesiastikos Pharos* 93/1 (2011), 61-67.

37. Contra Beale, 『요한계시록. 하권』, 1395.

38. Koester, *Revelation*, 666.

39. Tabb, "Prayer in Apocalyptic Perspective," 201.

살전1:10; 5:9b 참조.[40] 이처럼 그리스도인에게 "주의 날"과 "도둑같이" 방문하시는 예수님께서는 부정적 뉘앙스를 가지지 않고, 오히려 소망을 불어 넣는다.

세 더러운 영이 히브리어로 "아마겟돈Ἁρμαγεδδών"이라는 곳으로 왕들을 모은다16절. "아마겟돈"은 므깃도의 산이라는 의미이지만, 흥미롭게도 므깃도에는 실제로 산이 없다. 그러나 므깃도 성은 언덕에 위치하기에, '므깃도 산'이라고 자연스럽게 불리게 되었다.[41]

소아시아 교회들에 유대인 출신 그리스도인은 '아마겟돈'과 같은 히브리어를 알고 있었다계9:11 참조. 12절의 유프라테스 강과 16절의 므깃도는 1,000㎞ 이상 떨어져 있으므로 지리적으로 연관성이 없다. 따라서 요한은 이 두 지명을 섞음으로써 어떤 신학적 의미를 강조하기 원한다. 구약성경에서 아마겟돈은 타락한 이방인과 배교한 이스라엘 백성이 심판받은 곳이다수12:22 LXX; 삿5:19; 왕하9:27-28; 23:29-30; 대하35:20-24; 슥12:11 참조.[42] 아마겟돈 전쟁이 의미하는 바를 파악하기 위하

---

40. 김의창, "데살로니가전서 5장 1-11절에 나타난 바울의 종말론적 이해 연구," (제76차 한국복음주의신학회 정기 논문발표회[ZOOM] 발제 논문, 2021년 4월 24일), 11.

41. Beale and McDonough, "요한계시록," 619. 참고로 므깃도에 산이 없으므로, 아마겟돈이 근처 갈멜산을 가리킨다고 보는 학자도 있다(왕상18:38-40). Stefanovic,『예수 그리스도의 계시』, 506.

42. Beale and McDonough, "요한계시록," 619; Koester, *Revelation*, 668; 김철손,『요한계시록』, 304; 신동욱,『요한계시록 주석』, 171; Chilton, *The Days of Vengeance*, 411-412. Contra 므깃도를 악이 승리하는 곳으로 이해하는 Lupieri, *A Commentary on the Apocalypse of John*, 244. 참고로 안식교 소속 Shea에 의하면, 도시 므깃도는 이스르엘 계곡의 남쪽에 위치하며, 15㎞ 떨어진 곳에 갈멜산이 있다. 따라서 그는 엘리야가 갈멜산에서 승리를 거둔 사건의 빛에서 아마겟돈 전쟁을 해석해야 한다고 본다. W. A. Shea, "The Location and Significance of Armageddon in Rev 16:16," *AUSS* 18/2 (1980), 158-160. 참고로 BC 1200년경의 사사 드보라, 야엘, 바락을 통한 가나안 정복 전쟁은 신약에서 어린양 예수님과 그분의 군대를 통한 신약 교회의 원수를 정복하는 전쟁으로 이어진다. 특별히 불신 유대인(계2:9; 3:9; 11:8)과 네로 황제 당시의 로마제국(계13:1,18; 17:3)에 의해 박해를 받던 요한계시록의 수신자들도 원리상 유사한 전쟁을 치렀다. 사사시대와 AD 1세기 중순이라는 시간의 간격이 큼에도 불구하고 이 두 전쟁 사이에 간본문성은 다음과 같다. ① 므깃도에서의 전쟁(삿5:19), 아마겟돈 전쟁(계16:16). ② 스불론 족속이 죽음을 무릅쓴 전투(삿5:18), 전투에 임한 신약교회가 목숨을 아끼지 않음(계12:11). ③ 복된 여자 야엘(삿5:24), 어린 양의 혼인 잔치에 초청받은 신부가 복됨(계시록에 총 7회 중 계12-19장에서는 14:13; 16:15; 19:9). ④ 원수의 완전한 파멸(삿5:27: "꾸부러지며, 엎드러지며, 쓰러지며"), 바벨론의 파멸의 연기가 세세토록 올라가고 맷돌이 바다에 빠짐(계18:21; 참고. 가나안의 수도 하솔이 불살라짐, 수11:13). ⑤ 뱀의 머리의 파멸(삿4:21; 참고. 창3:15; 수11:10), 미가엘(예수님)이 옛 뱀(용)을 이김(계12:7-9). ⑥ 불완전한 원수의 세력을 상징하는 900대의 철병거(삿4:3), 바다에서 올라온 짐승의 수 666(계13:18). ⑦ 원수와 악의 부활(가나안의 야빈 왕, 수11; 삿4:1), 바다짐승의 7머리 중 머리 하나의 소생(계13:3).

여 남 유다의 마지막 선한 왕이었던 요시야의 죽음을 살펴보자. 요시야 왕은 율법책을 발견 후 개혁을 시도했다왕하23장; 대하34-35장. 그 후 약 13-14년이 지난 BC 609년에 그는 아마겟돈 전쟁에서 전사했다왕하23:29. BC 630년에 앗수르제국의 앗수르바니팔 황제가 죽자 그 제국은 급격히 쇠락했는데, 그 틈을 타서 BC 626년에 신바벨론제국은 독립을 선언했다. 그 후 신바벨론제국의 통치자 나보폴라살, 즉 느부갓네살의 아버지는 앗수르제국의 남쪽과 서쪽 지역을 침공했고, 메데는 앗수르의 북쪽 지역을 침입했다. BC 613년에 메데와 바벨론 연합군은 앗수르의 니느웨 성을 공격하여 13개월 동안 포위한 후 BC 612년에 함락시켰다. 앗수르의 남은 세력은 하란으로 옮겨 재정비했지만, 몇 년 후 바벨론-메데 연합군은 하란도 정복했다. 애굽의 바로 프삼틱 1세는 앗수르를 도왔지만, 앗수르는 유프라테스강을 건너 갈그미쉬로 물러날 수밖에 없었다. 애굽은 신바벨론제국을 견제하고, 동부 지중해 연안의 블레셋과 페니키아와 메소포타미아를 관통하는 국제 무역로를 확보하기 위해 앗수르를 지원했다. 갈그미쉬전투에서 애굽의 프삼틱 1세가 사망하자 느고 2세가 왕위를 계승했다. 느고 2세는 갈그미쉬에 있던 앗수르를 도와 하란을 탈환하려고 시도했다. 요시야는 바로 이 전투가 벌어지기 직전에 므깃도에서 전사했다. 요시야의 남 유다가 바벨론을 지원한 까닭은 남 유다와 바벨론이 앗수르의 봉신 상황에서 벗어나기 원했기 때문이다대

---

⑧ 전쟁 동안 내린 비(삿5:4), 용이 교회를 죽이려고 사용한 물(계12:15). ⑨ 이스라엘의 어머니 드보라(삿5:7)와 시스라의 어머니(5:28), 예수님을 낳은 임신부(계12:1)와 열국의 음행의 어미 바벨론(계17:15). ⑩ 이스라엘 용사 10,000명이 서 있는 다볼 산은 하나님을 의지하라는 전술을 상징함(삿4:6). 시온 산에 서 있는 144,000명(계14:1)은 어린 양의 피와 말씀을 의지하는 전술을 사용함(계12:11). ⑪ 하나님의 용사 10,000명은 충만한 숫자임(삿4:6), 어린 양의 군대 144,000명도 신약과 구약의 구원받은 백성 전체의 숫자임(계14:1,3). ⑫ 야빈 왕이 아닌 군대장관 시스라의 파멸(삿4:16,21), 박해자였던 불신 유대인과 로마제국의 박해를 물리치는 신약 교회(즉 잔당소탕작전, 계12:11; 19:14). ⑬ 왕들 사이의 전쟁의 승패가 이미 결정됨(수11:11-13), 승리하신 예수님의 승천과 만왕의 왕, 만주의 주되심(계12:5; 19장). ⑭ 드보라의 승리의 감사 찬송(삿5장), 할렐루야 찬송(계19:1-6). ⑮ 이스라엘 백성 앞에 서서 싸우시는 여호와(삿4:15), 하늘 군대 앞장서서 싸우시는 백마 타신 예수님(계19:14). ⑯ 가나안의 패배는 하나님의 의로운 일(삿5:11), 바벨론의 파멸도 의로운 하나님의 일(계15:3; 19:2). ⑰ 시스라의 어머니가 기대하는 노략물, 종들, 채색 옷(삿5:30), 음녀 바벨론이 치장한 호화로운 보물들과 사고팔았던 사람의 영혼들(계18:12-13). 송영목, 『요한계시록과 구약의 대화』, 291-292.

하32:27-31 참조. 남 유다의 왕들인 아사대하16:1-9, 아마샤대하25:7-10, 그리고 아하스대하28:5-27가 북이스라엘이나 이방 나라와 동맹을 맺은 것은 야웨의 눈에는 선하게 보이지 않았다. 요시야 역시 바벨론을 의지하는 악행의 대열에 서고 말았다. 느고 2세는 전쟁을 원했던 요시야에게 하나님의 말씀과 뜻을 전하며 물러나라고 말했지만, 요시야는 회개하지 않고 거역하다가 BC 609년에 전사했다대하35:21-24. 요시야의 전사는 앗수르의 봉신으로서 나름 누렸던 독립의 상황을 마감했으며, 남 유다는 애굽의 봉신으로 전락했다. 이 무렵 나훔 선지자는 BC 609년 말에 있었던 앗수르제국의 패망을 예고한 바 있다나3:18-19 참조. 요시야 사후 고작 4년 만에 남 유다는 바벨론제국의 봉신이 되고 말았다. 요시야 사후 왕들인 여호아하스, 엘리아김여호야김, 여호야긴, 그리고 맛다니야시드기야는 애굽이나 바벨론의 뜻에 따라 즉위했으며, 개명을 당하기도 했다. 결국 예루살렘은 BC 586년에 파괴되었다.[43] 이처럼 아마겟돈 전쟁은 하나님의 언약 백성이건 이방 나라이건 악행을 저질렀을 때 심판을 받게 된다는 사실을 교훈한다.

하나님과 교회가 악을 응징하는 장소를 의미하는 므깃도 산은 예수 그리스도와 신약교회의 승리와 예배가 벌어지는 시온산과 대비되는 것처럼 보인다왕하19:31; 사29:1-7; 겔39:11; 단11:45; 욜2:32; 3:1-17; 슥12:2,3,9; 14:1-4; 계14:1; 4에스라 13:35-39 참조.[44] 그러나 아마겟돈 전쟁의 궁극적인 결과는 시온산에서 본 것처럼 승리하신 어린양을 경배하는 것이어야 한다. 계시록 16장 16절의 아마겟돈 전쟁을 뒤따르는 내러티브의 전개를 살핀다면, 그 전쟁의 구약 배경과 특성을 파악하는 데 실마리를 찾을 수 있다. 아마겟돈 전쟁이 언급된 후 계시록 16장 18-20절에서는 큰 성 음녀

43. 이 단락은 F. J. Mabie, “1 and 2 Chronicles,” in *1 Chronicles-Job*, ed. T. Longman III and D. E. Garland (Grand Rapids: Zondervan, 2010), 322-325에서 요약 인용.

44. H. K. LaRondelle, “Research Note: The Etymology of Har-Magedon (Rev 16:16),” *Andrews University Seminary Studies* 27/1 (1989), 71-78. 참고로 헬라어와 히브리어가 모두 등장하는 계시록 9장 11절과 달리, 계시록 16장 16절에는 히브리어만 언급된다. 이 점에서 착안하여 레이하르트는 이스라엘 땅에 대한 심판을 강조한다고 주장한다. Leithart, *Revelation 12-22*, 157. 하지만 므깃도 전쟁의 구약 간본문에서 살펴본 대로, 이방 로마제국에 대한 심판을 배제할 수 없다.

바벨론, 즉 유대인들과 섬들, 곧 로마제국의 파멸이 예고된다. 그 다음 계시록 17-18장은 만주의 주이신 예수님께서 음녀 바벨론과 그녀가 탄 붉은 짐승을 심판하시는 장면을 자세히 설명한다. 따라서 이사야 13장 4절과 예레미야 50장 9, 13절, 그리고 51장 25-28, 34-35절에서 많은 왕과 군대가 바벨론제국을 공격하여 심판하는 예고를 참고할 수 있다.[45] 그런데 이사야와 예레미야는 페르시아제국이 바벨론제국을 파멸시킬 것을 예언하지만, 요한에게 음녀 바벨론은 이방 세력이 아니라 예루살렘이다. 그리고 계시록 16장 16절부터 18장 24절까지 주요 이슈는 음녀 바벨론과 그녀가 탄 바다짐승의 파멸이므로, 아마겟돈은 이 두 악의 세력에게 임할 심판을 가리키는 상징적 은유로 이해하는 것이 자연스럽다.[46]

아마겟돈은 인류가 다른 사람들에게 가하는 모든 파괴에 대한 상징이라는 두루뭉술한 개념이 아니며, 악의 세력에 대한 심판의 절정도 아니고, 세상을 종말로 이끄는 전쟁 특히 제3차 세계 대전과 무관하다.[47] 요한은 제1차 세계 대전도 몰랐으며, 더욱이 세계 대전에 대해 예언할 의도가 없었다. 그리고 현대인의 관심사인 세계 대전은 계시록의 1차 독자와 무관하다.[48] 참고로 AD 6세기의 동방교부로서 계시록 주석을 남긴 오이쿠메니우스와 갑바도기아 지방 가이사

---

45. 참고. 아마겟돈은 '므깃도 산'이 아니라 '살육(殺戮)의 산'으로 이해하는 M. Jauhiainen, "The OT Background to Armageddon (Rev. 16:16) Revisited," *Novum Testamentum* 47/4 (2005), 387-393.
46. Wallace Jr., *The Book of Revelation*, 335.
47. Contra 이필찬, 『에덴 회복의 관점에서 읽는 요한계시록: 12-22장』, 423; R. W. Crawford, "Armageddon: Revelation 16," *Review and Expositor* 106 (2009), 105; Osborne, *Revelation*, 592, 689. 참고로 '아마겟돈'을 가인, 놋(창4:16), 고모라, 그리고 로마의 설립자인 로물루스와 잘못 연결한 경우는 M. Oberweis, "Erwägungen zur Apokalyptischen Ortsbezeichnung 'Harmagedon'," *Biblica* 76/3 (1995), 323-324를 보라.
48. 여섯째 대접 심판(16:12-16)에 대한 전통적 3가지 해석(과거적 해석은 제외)을 소개하면 아래와 같다. ① 역사주의적 해석: 유프라테스 강이 마른 것은 터키왕국의 부패로 말미암아 동쪽의 통치자의 개종이 발생하고 복음이 확장될 것이라고 본다. "개구리 같은 세 더러운 영"(16:13)을 이교도와 교황제도 그리고 이슬람(마호메트)으로 이해한다. 아마겟돈은 세계 대전을 가리킨다. ② 미래적 해석: 유프라테스 강이 마른 것은 군대가 동쪽에서부터 아마겟돈이라는 마지막 세계 대전에 참여하는 것을 가리킨다. "동쪽의 왕들"(12절)은 중국과 일본 그리고 인도와 같은 아시아 국가를 의미할 수 있다. "보라 내가 도둑같이 갈 것이다."(15절)는 아마겟돈 전쟁과 그리스도의 재림 사이의 밀접한 연대기적 연관을 지시하기 위한 표현이다. ③ 이상주의적 해석: 대접 심판에는 시대를 초월하여 하나님께서 악인을 죽이기 위한 재앙의 현상이 반복된다. 즉 아마겟돈은 계시록 11장 7절, 19장 11절, 20장 7절에 묘사된 전쟁과 동일하다. Gregg, *Revelation: Four Views*, 376-387.

랴의 안드레아스는 비시디아 안디옥에 발생한 지진, 전염병, 그리고 페르시아의 침공에도 불구하고 아마겟돈을 세상의 종말과 연결하지 않았다.[49] 오늘날 지진, 코로나19와 같은 전염병, 그리고 국제 전쟁을 예수님의 재림 징조나 세상의 파국을 알리는 신호탄으로 여기는 것은 일종의 (세상-교회) 역사적 해석이자 '신문 해석newspaper exegesis'이다.[50]

교훈과 적용

하나님과 교회가 복음의 대적을 물리치며 승리하는 아마겟돈 전쟁은 어떻게 일어나는가? 지금도 하나님의 정의로운 심판과 구원은 동전의 양면과 같다. 언젠가 아마겟돈 전쟁이 이스라엘에서 발발하여, 핵전쟁과 더불어 지구가 종말을 맞이한다는 통속적 세대주의를 경계해야 한다.[51] 그러나 불행하게도 아직도 중동의 정세를 재림의 징조로 여기는 자들이 있다.

---

49. 참고. R. W. Canoy, "Armageddon: Revisiting Megiddo," *Review & Expositor* 115/2 (2018), 232-233, 241. 참고로 Canoy는 아마겟돈 전쟁을 하나님께서 악을 사용하셔서 다른 악을 심판하시는 것으로 이해한다. 그러나 사사 드보라와 군대장관 바락이 이끈 이스라엘 군대가 가나안 군대를 무찌른 데서 보듯이, 하나님의 백성은 악을 심판하는 데 동원되기도 한다(삿4:4; 5:19 참조).

50. 코로나19를 재림과 연결한 경우는 https://www.youtube.com/watch?v=tTk_bGfHVjE(2022년 3월 34일 접속)를 참고하고, 2022년 2월 말에 러시아가 우크라이나를 침공한 것을 재림과 연결하려는 시도는 https://www.youtube.com/watch?v=7c9Ml_7gZfM(2022년 3월 4일 접속)을 보라. 참고로 안식교는 아마겟돈 전쟁을 초기에 세상-교회역사적으로 해석하다가, 점차 선과 악의 대결이라는 이상주의적 경향으로 바뀌었다. 최성일, "요한계시록 16:16의 아마겟돈에 관한 재림교회의 해석사 연구," (석사학위 논문, 삼육대학교, 1997), 74-76.

51. 미래 므깃도에서 일어날 아마겟돈 전쟁을 추수 심판(계14:14-20), 진노의 포도주(계19:15), 그리고 하나님의 큰 잔치(계19:17-18)와 무분별하게 동일시하는 경향은 Hindson, *The Book of Revelation*, 166, 171을 보라.

7. 일곱째 대접 심판(16:17-21)

"[17]일곱째 천사가 그 대접을 공중에 쏟으매 큰 음성이 성전에서 보좌로부터 나서
이르되 되었다 하시니 [18]번개와 음성과 우렛소리가 있고 또 큰 지진이 있어 얼마
나 큰지 사람이 땅에 있어 온 이래로 이같이 큰 지진이 없었더라 [19]큰 성이 세 갈
래로 갈라지고 만국의 성들도 무너지니 큰 성 바벨론이 하나님 앞에 기억하신 바
되어 그의 맹렬한 진노의 포도주 잔을 받으매 [20]각 섬도 없어지고 산악도 간 데
없더라 [21]또 무게가 한 달란트나 되는 큰 우박이 하늘로부터 사람들에게 내리매
사람들이 그 우박의 재앙 때문에 하나님을 비방하니 그 재앙이 심히 큼이러라"

일곱째 대접 심판을 역사주의적 해석가들은 미래주의자들처럼 아직 실현되지 않은 것으로 본다. 역사주의자는 계시록 16장 17절을 서유럽의 도덕적, 정치적 격동과 암흑을 상징한다고 이해한다. 그리고 그들은 "번개들과 요란한 음성들과 천둥들"18절을 그런 격동에 동반될 전쟁과 소란을 가리킨다고 이해한다. 그리고 역사주의자는 "큰 우박"21절을 북쪽의 천주교 국가인 프랑스에 임할 심판을 가리키는 것으로 본다. 그리고 "큰 성이 세 갈래로 갈라짐"19절은 천주교 국가의 최후 멸망의 시작이자, 로마 가톨릭의 분열과 몰락을 의미한다. 미래적 해석에 의하면, 사탄이 공중에 던져졌지만, 그는 여전히 땅 바로 위의 하늘의 일부를 장악한다. 지진의 결과로 일어난 각 섬이 없어지고 산악도 간데없는 현상은 하나님께로부터 떠난 사람이 만든 모든 영적이며 종교적 단체의 파괴를 가리킨다. "큰 우박"21절은 문자적으로 해석할 수 없다. 이 심판 다음에 계시록 19장 11절에서 재림이 발생한다. 그 다음 이상주의적 해석에 의하면, 공중은 공중의 권세 잡은 자인 사탄의 영역이다엡2:2 참조. "다 끝났다"17절는 재앙의 시리즈가 완성되었고, 적들에 대한 하나님의 심판이 마지막 표현에 이르렀다는 것을 의미한다. 멀리 떨어진 섬의 도시나 높은 산 위에 세워진 적그리스도의 성들일지라도 파괴적인 마지막 재앙에서 벗어날 수 없다19-20절. 땅의 기초가 흔들리고 파괴될 것이며, 죄인들의 강력한 도시의 구조도 큰 우박에 의해 산산조각이 날 것

이다21절. 여기서 완전한 초토화는 마지막 심판으로 악의 제국이 파괴된다는 의미이다.[52]

일곱째 천사가 그의 대접을 공중에 쏟으매 성전의 보좌에서 "다 끝났다 γέγονεν"라는 큰 음성이 났다17절; 참고. 요19:30; 계15:1; 21:6. 구약성경에서 하나님께서 원수를 심판하시는 목소리가 성전에서부터 나온 바 있다사66:6 참조. 일곱째 천사는 왜 "공중ἀήρ"에 대접을 쏟았는가? 공중은 심판과 밀접하기 때문이다. 그래서 21절에 의하면, 공중에서 큰 우박이 떨어진다출9:22-35 참조. 그리고 "공중"은 영원한 복음이 선포되고 마귀가 쫓겨난 영역과 유사하다엡2:2; 계12:7-8; 14:6 참조.[53] 성경 외적 간본문도 이를 지지한다. "필로는 이집트에 내린 우박 재앙을 다른 재앙인 '하늘과 공기에 대한 재앙'과 함께 언급한다모세 1.129."[54] "다 끝났다"는 7대접 심판의 종료를 알리며, 더 확장하면 7인과 7나팔의 심판의 종료도 알리는데, 반드시 속히 일어날 일들이다.[55] 그리고 이 동사는 에스겔 7장 6절에서 3회 반복되는 "끝이 왔다ἥκει τὸ πέρας"와 간본문이다. 에스겔 선지자는 전체 이스라엘 땅이 회개하기에는 너무 늦었기에 이제 실제로 끝장이라고 선언한다겔 7:2,3,8 참조.[56]

그리고 신현을 묘사하는 번개, 음성, 천둥소리, 전무후무한 큰 지진이 발생했다18절. 이런 신현은 교회의 대적들에게는 심판이다학2:6; 슥14:4 참조. 큰 성계11:18 참조이 세 갈래로 갈라지고 만국의 성들도 무너졌다19a절. 계시록 14장 8절에서 예언적 아오리스트로 예견된 음녀 바벨론에 임할 심판이 상세하게 다시 그림 언어로 설명된다. 예루살렘성이 세 갈래로 무너지는 것은 완전한 파멸을 의미한다. 왜냐하면 선지자 에스겔은 예루살렘성의 파멸을 성 안에서 머리카락 3분의 1이 불타고, 칼에 3분의 1이 잘리고, 바람에 3분의 1이 흩어지는 그림 언어로 설명한

---

52. 이 단락은 Gregg, *Revelation: Four Views*, 388-97에서 요약.
53. 이필찬, 『에덴 회복의 관점에서 읽는 요한계시록: 12-22장』, 425.
54. Beale and McDonough, "요한계시록," 621.
55. Persson, *A Semantic and Structural Analysis*, 182.
56. I. M. Duguid, 『에스겔』, *Ezekiel*, 윤명훈·임미영 역 (서울: 성서유니온선교회, 2003), 154-155.

바 있기 때문이다겔5:2 참조.[57] 음녀 바벨론에 임한 심판이 마치 전무후무한 것처럼 강력했음을 18-19a절의 교차대칭구조가 아래와 같이 보여준다.[58]

A 그리고 번개, 음성, 우렛소리가 발생함καὶ ἐγένετο……(18a절)

B 그리고 큰 지진이 발생함…… ἐγένετο(18b절)

C 사람들이 땅 위에 존재한 이래로 발생한 적이 없음οὐκ ἐγένετο ……(18c절)

B′ 크고 강력한 지진(18d절)

A′ 그리고 큰 성이 세 갈래로 나누어진 것이 발생함καὶ ἐγένετο ……(19a절)

큰 성 바벨론이 하나님 앞에 기억하신 바 되어 그분의 맹렬한 진노의 포도주 잔을 받았다19b절; 참고. 렘25:15; 겔23:31-32; 계14:10. 그리고 섬과 산은 간 데 없었다20절; 참고. 마21:21; 계6:14. 여기서 "섬"은 열방을, "산"은 유대인을 가리킨다사2:2; 40:1 참조. 따라서 유대인이건 로마제국이건 옛 세상, 곧 하나님의 통치를 거역한 옛 질서와 악한 세력은 심판받아 사라져야 마땅하다. 한 달란트 중량의 우박이 하늘에서 사람에게 떨어졌는데, 큰 재앙을 당한 자들은 하나님을 비방했다21절; 참고. 출9:24; 사28:17; 겔13:13; 지혜서 5:22; 계8:7; 11:19; 16:9,11. 부사 "심히very much, exceedingly", 즉 '매우σφόδρα'가 21절 마지막에 위치하여 재앙πληγή, plague이 아주 심각함을 강조한다.[59] 유대-로마전쟁 당시, 로마군은 예루살렘성을 파괴하기 위해서 돌 대포를 쏘았고, 유대인들이 돌을 식별하여 피하지 못하도록 돌에 검은색을 칠하기도 했다유대전쟁사 5.6.3 참조.[60] 그런데 계시록 16장의 7대접 재앙이 '우박'으로 마치는 이유는 무엇인가? 구약 간본문이 이 질문에 대해 어느 정도 실마리를 제공

---

57. 참고로 로마군에 의해 예루살렘성이 포위되었을 때, 그 성 내부는 3명의 지도자를 따라 나뉘었다. Chilton, *The Days of Vengeance*, 416.
58. Leithart, *Revelation 12-22*, 159.
59. Montanari, *The Brill Dictionary of Ancient Greek*, 2066; Kistemaker, *Revelation*, 456.
60. 참고. Koester, *Revelation*, 669; Lupieri, *A Commentary on the Apocalypse of John*, 247; Chilton, *The Days of Vengeance*, 417. 참고로 부분적 과거론자인 Chilton은 계시록 16장 주석의 결론에서 불신 유대인과 로마제국의 심판을 동시에 파악한다.

한다. "우박 재앙을 마지막에 배치한 이유는 마지막 때 적을 심판하는 최후 장면을 우박과 지진으로 설명하는 에스겔 38장 19-22절로부터 영향을 받았기 때문이다."[61]

AD 66년에 플로루스 총독은 네로 황제가 돈을 요구한다는 구실을 내세워 예루살렘 성전 금고에서 17달란트를 탈취했다. 이때 유대인들이 소요를 일으키자 플로루스는 3,600명을 살해했다. 유대-로마전쟁 중 로마군은 총 13회에 걸쳐 공성전攻城戰을 전개했는데, 이 가운데 3회만 포위망을 구축하여 공격했다. AD 66년에 로마군은 포위망을 구축하지 않고 예루살렘성을 공격하다 실패했다. AD 70년에 티투스 장군은 예루살렘을 완전히 장악할 목표로 포위망을 구축하고 공성로와 토루土樓를 건설하고, 투석기와 노포弩砲로 성을 공격했다. 그리고 로마군인은 땅굴 작전도 병행했다. AD 70년 8월 10일에 돌 성전이, 9월 7일에는 헤롯 궁전이 파괴되었다.[62] 참고로 계시록 16장 17-21절에서 오늘날 빈번히 발생하는 지진과 쓰나미, 그리고 과도한 탄소 배출로 인해 최대 1kg에 달하는 우박이나 폭풍 재앙이 발생할 것을 찾는 것은 요한의 의도에서 벗어나는 것이다.[63] 물론 1달란트나 되는 우박을 핵미사일의 공중 투하로 보는 것도 계시록의 독자들과 무관할 뿐 아니라, 현대의 관심을 계시록 본문에 주입하는 시대착오적 발상이다.[64]

참고로 계시록과 사사기 사이의 간본문성은 '아마겟돈 전쟁'을 제외하면 별다른 주목을 받지 못해 왔다. 하지만 계시록 12-19장은 사사기 4-5장과 간본문성을 보인다. BC 1200년경의 사사 드보라, 야엘, 바락을 통한 가나안 정복 전쟁은 신약에서 어린양 예수님과 그분의 군대를 통한 신약교회의 원수를 정복하는 전쟁으로 이어진다. 특별히 불신 유대인계2:9; 3:9; 11:8과 네로 황제 당시의 로마제

61. Beale and McDonough, "요한계시록," 621.
62. 이 단락은 배은숙, "유대전쟁(66-73)에서 사용된 로마군의 공성전 전술과 그 의미," 『코기토』 89 (2019), 268-287에서 요약.
63. Contra Pattemore, "Towards an Ecological Handbook for Bible Translators," 338.
64. Contra Blaney, 『베드로전서-요한계시록』, 425.

국계13:1,18; 17:3에 의해 박해받던 요한계시록의 수신자들도 원리상 유사한 전쟁을 치렀다. 사사시대와 AD 1세기 중순이라는 시간의 간격이 큼에도 불구하고 아래와 같이 이 두 전쟁 사이에 간본문성이 강하다.[65]

	사사기 4-5장	계시록 12-19장
아마겟돈 전쟁	사사기 5장 19절	계시록 16장 16절
죽음을 무릎 쓴 전쟁	사사기 5장 18절	계시록 12장 11절
복된 여인	사사기 5장 24절	계시록 14장 13절, 16장 15절, 19장 6절
원수의 파멸	꾸부러지며, 엎드러지며, 쓰러지며(삿5:27; 참고. 가나안의 수도 하솔이 불살라짐, 수11:13)	음녀 바벨론의 파멸의 연기가 세세토록 올라가고 맷돌이 바다에 빠짐(계18:21)
머리가 파멸됨	사사기 4장 21절(참고. 창3:15; 수11:10)	미가엘(예수님)이 옛 뱀(용)을 이김(계12:7-9)
불완전 수	철 병거 900대(삿4:3)	바다에서 올라온 짐승의 수 666(계13:18)
원수와 악의 부활	가나안의 야빈 왕(수11장; 삿4:1)	바다짐승의 7머리 중 머리 하나의 소생(계13:3)
전쟁 중에 내린 비/물	사사기 5장 4절	용이 교회를 죽이려고 사용한 물(계12:15)
어머니	이스라엘의 어머니 드보라(삿5:7)와 시스라의 어머니(삿5:28)	예수님을 낳은 임신부(계12:1)와 열국의 음행의 어미 바벨론(계17:15)
하나님을 의지함	이스라엘 용사 10,000명이 서 있는 다볼 산은 하나님을 의지하라는 전술을 상징함(삿4:6)	시온산에 서 있는 144,000명(계14:1)은 어린 양의 피와 말씀을 의지하는 전술을 사용함(계12:11)
충만한 수	하나님의 용사 10,000명은 충만한 숫자임(삿4:6)	어린 양의 군대 144,000명도 신약과 구약의 구원 받은 백성 전체의 숫자임(계14:1,3)
악인 중 일인자가 아닌 그 다음 세력의 파멸	야빈 왕이 아닌 군대장관 시스라의 파멸(삿4:16,21)	박해자였던 불신 유대인과 로마 제국의 박해를 물리치는 신약 교회(계12:11; 19:14)

65. 이 단락은 송영목, 『요한계시록과 구약의 대화』, 291-293에서 요약 및 재인용.

왕들 사이의 전쟁이 승패를 이미 결정함	(수11:11-13)	승리하신 예수님의 승천과 만왕의 왕, 만주의 주되심(계12:5; 19장)
승전 후 감사 찬송	사사기 5장	계시록 19장 1-6절
이스라엘의 용사이신 하나님	이스라엘보다 앞장서서 싸우시는 여호와(삿4:15)	하늘 군대 앞장서서 싸우시는 백마 타신 예수님(계19:14)
하나님의 의로운 일	가나안의 패배는 하나님의 의로운 일(삿5:11)	바벨론의 파멸은 의로운 하나님의 일(계15:3; 19:2)
사치품	시스라의 어머니가 기대하는 노략물, 종들, 채색 옷(삿5:30)	음녀 바벨론이 치장한 호화로운 보물들과 사고팔았던 사람의 영혼들(계18:12-13)

요약하면, 드보라, 바락, 야엘을 통해서 가나안 족속을 물리치신 하나님의 사역은 계시록 12-19장에서 예수님과 신약교회가 사탄과 악의 세력을 이기는 것으로 재현된다.

교훈과 적용

새 출애굽 공동체로 구원을 누리며 살자. 예루살렘 돌 성전의 파괴와 유대인의 멸망은 하나님께서 얼마나 종교적 위선을 미워하시는가를 보여준다. 그렇다면 지금 한국교회가 회개하며 벗어나야 할 종교적 타락의 양상은 무엇인가?

요한계시록 17장

<본문의 개요>

계시록 17장 1-15절에서 요한은 불신 유대인을 가리키는 음녀淫女 바벨론이 로마제국을 상징하는 바다짐승과 어떻게 공생하는지 소개한다. 그 후 요한은 16-18절에서 로마제국이 불신 유대인들을 패망시키는 환상을 소개하므로, 로마제국이 아니라 불신 유대인들이 소아시아 7교회의 일차 박해자였음을 알 수 있다. 계시록 17-18장의 이전 문맥은 세 시리즈 심판 중 마지막 일곱 대접 심판의 시행이다계16장. 계시록 17-18장의 이후 문맥은 일곱 대접 심판을 시행한 천사가 음녀가 받을 심판을 보여준 후 찬송을 명하자 할렐루야 찬송이 불리는 것이다계18:20; 19:1-6. 문맥상 계시록 17-18장은 일곱 대접의 심판이 종료된 후, 교회의 승리의 찬송이 있기 전에, 심판의 대상이 누구이며 무슨 악을 행했는가를 명료하게 보여준다. 그리고 약간 먼 문맥을 고려한다면, 계시록 17장은 계시록 13장의 사탄의 삼위일체의 활동과 맞물린다.[1]

<내용 분해>

1. 음녀 바벨론과 그녀가 탄 붉은 짐승 간의 공생(17:1-15)
2. 음녀 바벨론의 패망(17:16-18)

1. 음녀 바벨론(계17:1)을 로마제국으로, 바다짐승(계13:1)을 네로 황제로, 땅 짐승(계13:11)을 제사장으로 이해한 경우는 이필찬, 『에덴 회복의 관점에서 읽는 요한계시록: 12-22장』, 452를 보라. 하지만 불신 유대인을 가리키는 큰 성 음녀가 타고 있는 붉은 짐승(계17:3)은 다름 아니라 붉은 용의 하수인 바다짐승(계13:1), 곧 로마제국이다.

1. 음녀 바벨론과 그녀가 탄 붉은 짐승 간의 공생(17:1-15)

"1또 일곱 대접을 가진 일곱 천사 중 하나가 와서 내게 마하여 이르되 이리로 오라. 많은 물 위에 앉은 큰 음녀가 받을 심판을 네게 보이리라 2땅의 임금들도 그와 더불어 음행하였고 땅에 사는 자들도 그 음행의 포도주에 취하였다 하고 3곧 성령으로 나를 데리고 광야로 가니라. 내가 보니 여자가 붉은 빛 짐승을 탔는데 그 짐승의 몸에 하나님을 모독하는 이름들이 가득하고 일곱 머리와 열 뿔이 있으며 4그 여자는 자주 빛과 붉은 빛 옷을 입고 금과 보석과 진주로 꾸미고 손에 금 잔을 가졌는데 가증한 물건과 그의 음행의 더러운 것들이 가득하더라 5그의 이마에 이름이 기록되었으니 비밀이라, 큰 바벨론이라, 땅의 음녀들과 가증한 것들의 어미라 하였더라 6또 내가 보매 이 여자가 성도들의 피와 예수의 증인들의 피에 취한지라. 내가 그 여자를 보고 놀랍게 여기고 크게 놀랍게 여기니 7천사가 이르되 왜 놀랍게 여기느냐. 내가 여자와 그가 탄 일곱 머리와 열 뿔의 비밀을 네게 이르리라 8네가 본 짐승은 전에 있었다가 지금은 없으나 장차 무저갱으로부터 올라와 멸망으로 들어갈 자니 땅에 사는 자들로서 창세 이후로 그 이름이 생명책에 기록되지 못한 자들이 이전에 있었다가 지금은 없으나 장차 나올 짐승을 보고 놀랍게 여기더라 9지혜 있는 뜻이 여기 있으니 그 일곱 머리는 여자가 앉은 일곱 산이요 10또 일곱 왕이라 다섯은 망하였고 하나는 있고 다른 하나는 아직 이르지 아니하였으니 이르면 반드시 잠시 동안 머무르리라 11전에 있었다가 지금 없어진 짐승은 여덟째 왕이니 일곱 중에 속한 자라 그가 멸망으로 들어가리라 12네가 보던 열 뿔은 열 왕이니 아직 나라를 얻지 못하였으나 다만 짐승과 더불어 임금처럼 한동안 권세를 받으리라 13그들이 한 뜻을 가지고 자기의 능력과 권세를 짐승에게 주더라 14그들이 어린양과 더불어 싸우려니와 어린양은 만주의 주시요 만왕의 왕이시므로 그들을 이기실 터이요 또 그와 함께 있는 자들 곧 부르심을 받고 택하심을 받은 진실한 자들도 이기리로다 15또 천사가 내게 말하되 네가 본 바 음녀가 앉아 있는 물은 백성과 무리와 열국과 방언들이니라"

역사주의자들은 바벨론의 파멸을 미래에 있을 것처럼 묘사된 종교와 정치적인 교황 체제의 전복으로 본다.[2] 계시록 17-19장은 참 종교에 대한 신원에

---

2. 바벨론은 범위를 좁히기보다 넓히는데, 고대 바벨론, 이집트, 앗시리아, 두로, 셀류키드, 로마제국, 그리고 천주

관한 경건한 자와 불경건한 자의 다양한 반응을 다룬다. 계시록 19장 11절의 "흰 말을 탄자"는 그분의 말씀을 통한 그리스도의 계속적인 정복 혹은 그리스도의 다른 적들에 대한 심판을 위한 계속적인 정복을 상징한다.[3] …… 미래론자들은 바벨론을 로마교회 혹은 종말에 적그리스도의 인도 아래 형성될 배교한 종교적 체계를 가리키는 것으로 본다.[4] 다르게는 바벨론을 고대 바벨론 도시가 다시 회복된 것 혹은 회복된 로마로 본다.[5] 하여간 이 진리와 의의 대적은 환난의 끝에 파괴될 것이며, 악인에게는 원통함을, 의인에게는 기쁨을 가져다준다. 이상주의적 해석에 따르면, 바벨론은 경건한 자들의 유혹자로서의 세상의 시스템을 상징한다.[6] 그리고 종말 시에 바벨론이 파멸될 것은

교 교황을 모두 가리킨다는 주장은 P. F. Gregory, "Its End is Destruction: Babylon the Great in the Book of Revelation," *Concordia Theological Quarterly* 73/2 (2009), 152를 보라. 참고로 교황을 반대하지 않았던 단테(1265-1321)도 교황 니콜라스 3세(1277-1280)를 향하여, "요한이 보았던 환상 곧 땅의 임금들과 더불어 행음하였던 많은 물 위에 앉은 큰 음녀(계17:1-2)란 당신 같은 사람을 가리킬 것이다."라고 말했다. 참고. C. van der Waal, 『반더발 성경연구 3: 복음서에서 예언서까지(마태복음-요한계시록)』 (서울: 도서출판 줄과 추, 1999), 612. 오늘날도 북아일랜드 복음주의 개신교는 자신을 박해하는 천주교를 적그리스도이자 '음녀 교회(harlot church)'로 간주하면서, WCC와 더불어 종말에 배교를 주도한다고 비판한다. J. T. Searle, "The Hermeneutics of Crisis: Evangelicals, Apocalypse and Conflict in the Northern Ireland 'Troubles'," (Ph.D. Thesis, University of Dublin, 2012), 146-162.

3. 박영진은 역사적 해석을 표방하는데, 계시록 17장의 음녀를 로마제국으로 보고, 그녀가 탄 짐승을 역사를 초월한 악의 세력이라고 보면서도 동시에 구체적으로 환생한 네로를 가리킨다고 이해한다. 다시 말해, 음녀 로마제국이 환생한 네로에 의해 심판을 받는다는 것이다. 박영진, "요한계시록 17:1-18에 나타난 음녀에 대한 심판," (한국복음주의신약학회 69차 정기논문발표회 발제 논문, 2021년 2월 20일, 온라인), 5-11.
4. 큰 성 음녀 바벨론을 적그리스도의 도시로 보는 Hindson, *The Book of Revelation*, 174. 참고로 음녀 바벨론을 역사적으로 천주교(cat[고양이, 음녀]+holic[중독])의 교황이나 적그리스도를 모두 가리킬 수 있다는 역사주의와 미래주의를 혼합한 다중적 견해는 윤사무엘, 『요한계시록 강해설교: 주님, 어서 오시옵소서!』, 399-400을 보라.
5. 미래론적 해석을 견지하면서도 계시록 17장의 음녀를 배교한 유대인으로 보는 경우는 J. L. Burns, "The Biblical Use of Marriage to illustrate Covenantal Relationships," *Bibliotheca Sacra* 173 (2016), 293을 보라.
6. 캄펀신학교와 자유대학교의 교의학자 헤르만 바빙크(1854-2921)의 조카인 선교학자 J. H. Bavinck의 요한계시록 해설서는 어린양의 신부 교회와 하나님을 대적하는 세계의 독재자와 타락한 정치-경제-문화세력을 상징하는 큰 성 음녀 바벨론 사이의 전투를 통해 교훈을 찾는 이상적 해석을 따른다. *En Voort Wentelen de Eeuwen: Gedachten over het Boek der Openbaring van Johannes* (Wageningen: Zomer en Keuning, 1964), 218-225. 참고로 천상 영역에 위치한 음녀 바벨론은 적그리스도인 바다짐승의 도시인데, 지상의 음녀 도시들을 통해서 세상 사람들이 바다짐승을 숭배하고 예수님께 신실하지 못하도록 만들어 우상숭배를 조장한다는 혼란스런 해석은 A. D. Robinson, "An Interpretation of the Sexual Immorality Language in the Book

계시록에서는 요한 당시에 로마가 파괴될 것으로 묘사된다. 또한 이 음녀에 대한 궁극적인 심판은 흰 말을 타시고 재림하시는 그리스도에 의해서 수행될 것이다.[7]

계시록 16장에서 7대접 심판이 시행되어, 불신 유대인과 로마제국이 속히 심판받을 것을 알렸다. 그런데 계시록 17-18장에서 음녀 바벨론의 패망이 예고된다. 따라서 불신 유대인에 대한 심판이 계시록 16장과 계시록 17-18장에 이중적으로 등장하여 강조된다.

일곱 대접 심판을 시행한 천사 중 한 명이 요한에게 많은 물 위에 앉은 큰 음녀가 받을 심판을 보여준다1절. 구약성경에서 '음녀πόρνη'는 주로 범죄한 이스라엘 백성을 가리켰다사1:21; 겔16,23장; 호1:3; 5:7 참조.[8] 드물게 두로와 니느웨와 같은 이방 나라나 도시가 이스라엘 백성을 우상숭배로 미혹한 경우 '음녀'라 불렸다사23:16; 나3:4; 참고. 4Q pNah; 4Q169.[9] 그런데 간본문인 이사야 47장이 바벨론제국의 파멸을 묘사할 때, 그 제국을 인격화하여 '음녀'라고 명시하지는 않는다.[10] 요한계시록에 빈번히 나타나는 구약 암시를 고려할 때, 여기서 음녀를 배교한 언약 백성인 유대인들이 아니라 이방 로마제국으로 볼 이유는 없다.[11] 그리고 여기서

---

of Revelation," (Ph.D. Thesis. Southwestern Baptist Theological Seminary, 2019), 201-202, 221을 보라.

7. 송영목, "요한계시록의 전통적 4가지 해석의 비교 및 분석," 120.

8. C. D. Upton, "The Harlot of the Apocalypse: A Jerusalem Postcolonial Feminist Reading," (M.Th. Thesis, University of Edinburgh, 2014), 22; Ford, *Revelation*, 283-286. Contra 큰 성 음녀를 로마제국으로 보는 Van de Kamp, *Openbaring*, 412; 이달, 『요한계시록』, 293; 신동욱, 『요한계시록 주석』, 173. 참고로 김추성은 계시록 17-18장의 음녀 바벨론이 로마제국을 일차적으로 가리키지만, 그 제국을 넘어 적그리스도의 제국이라고 본다. 김추성, 『하나님과 어린양의 보좌: 요한계시록 새롭게 읽기』, 315.

9. Upton, "The Harlot of the Apocalypse," 24; Beale and McDonough, "요한계시록," 628; Lupieri, *A Commentary on the Apocalypse of John*, 250-251.

10. Contra Royalty Jr., *The Streets of Heaven*, 61.

11. 이기흔, "요한계시록의 바른 이해: 성전이신 예수님 중심의 해석," 『생명과 말씀』 11 (2015), 98; Mathison, 『종말론적 관점에서 본 성경 개관』, 830; M. Barker, *The Revelation of Jesus Christ* (Edinburgh: T&T Clark, 2000), 279. Contra 음녀 바벨론을 이방인 가부장적 로마제국으로 보면서 포스트 콜로니얼 해석을 시도하는 L. Menéndez-Antuna, "Thinking Sex with the Great Whore (Rev 17-18): Deviant Sexualities in the

불신 유대인을 '음녀'라고 부르며, AD 70년 사건에 대한 예언을 찾는 것은 기독교의 대체신학이나 현대의 반유대주의에서 기인한 것이 아니다.[12] 음녀 바벨론에 대한 젠트리K. L. Gentry Jr.의 아래 설명은 적실하다.

> 바벨론을 로마로 보는 다수의 견해에도 불구하고, 이전 학자들(예. F. Abauzit; J. G. von Herder; C. F. J. Züllig; P. S. Desprez; J. S. Russell; M. S. Terry; W. Milligan)과 최근 주석가들(J. M. Ford; C. Van der Waal; A. J. Beagley; I. Provan; D. S. Holwerda; B. J. Malina; M. Barker; L. Michaels; G. Campbell)은 AD 1세기 이스라엘의 수도이자 성전과 대제사장의 홈과 같은 예루살렘 혹은 좀 더 넓게 이스라엘 국가로 이해한다. 비록 예루살렘 자체에 초점이 맞춰진 것 같지만(도시로서 바벨론), 우리는 성경의 이미지가 만화경(kaleidoscopic)과 같음을 고려해야 한다. 하나의 이미지는 다른 이미지와 통합될 수 있다(도시, 성전, 집, 건물, 공동체, 어머니, 딸, 신부). Andrew Chester(1991)가 지적하듯이, 로마인들은 성전은 물론, 유대인들과 그들의 땅도 파괴했다. 이런 것들은 서로 밀접히 연결된다(시빌린 신탁 4:125-27).[13]

하지만 계시록의 후기 기록 연대를 주장하는 이들은 음녀 바벨론을 로마제국으로 이해하기를 여전히 선호한다. 그들의 9가지 논거를 요약하면 다음과 같다.[14] ① 계시록이 제안하는 물리적이며 정치적인 범주는 예루살렘보다 로마와 제국에 더 적절하다. ② 우상숭배는 예루살렘보다 로마와 제국에 적절하다. ③ 열국으로부터 부패를 당하는 것이 아니라 열국을 부패시킨 음녀 바벨론은 예루살렘보다 로마에 적절하다. ④ 계시록의 기록 연대를 고려하면, 반로마적 해석

Context of Empire," (Ph.D. Thesis, Vanderbilt University, 2016), 104.

12. Upton, "The Harlot of the Apocalypse," 33.
13. Gentry, *The Divorce of Israel*, Volume 2, 390. 참고로 가부장적 제국인 로마에서 남성성은 명예이다. 그런데 요한은 로마제국을 정복당할 음녀로 묘사하여 수치를 가한다는 설명은 J. Benedict, "The Great Whore cast down: Revelation 17-18 and the Imagery of Roman Conquest," *Brethren Life and Thought* 61/1 (2016), 45를 보라.
14. G. Biguzzi, "Is the Babylon of Revelation Rome or Jerusalem?" *Biblica* 87/3 (2006), 383-385.

은 AD 70년 이후의 상황과 잘 조화가 된다. 반면 반유대적 해석은 AD 70년 이후 상황과 조화되기 어렵다. ⑤ 밧모섬으로 유배당하고 칼로 목 베임을 당하는 것은 유대인의 형벌이라기보다 로마제국식이다. ⑥ 계시록 1-3장이 히에라폴리스교회와 골로새교회가 빠진 일곱 교회만 언급하듯이, 계시록 17장 9-10절의 로마제국의 7황제는 역사적 정확성을 따라 이해할 필요가 없다. ⑦ 네로 귀환 신화는 바다짐승의 한 머리가 치명적인 손상을 입고 회복된 사실을 설명해 준다. ⑧ 예루살렘 파괴는 네로 귀환 신화와 연결된다. AD 70년 이후의 유대묵시문헌인 2바룩과 4에스라 그리고 기독교 문서는 로마를 '바벨론'으로 부르는데, 느부갓네살 황제의 바벨론처럼 로마제국이 예루살렘 성전을 파괴했기 때문이다. ⑨ 황제제의와 관련하여, AD 90년경 도미티아누스는 아버지 베스파시아누스를 위해 신전을 건축했을 뿐 아니라, 형 티투스와 자신을 위해서도 에베소에 신전을 세웠다.

위의 9가지 논거는 계시록 주해에 있어 반로마적 해석을 지지하고 반유대적 해석을 반대하는 경향이 있다. 하지만 하나씩 어렵지 않게 논박할 수 있다. ① 계시록의 물리적이며 정치적 범주는 로마는 물론 예루살렘에도 적절하다. 예루살렘 사람들은 주님과 증인들을 죽였고, 결국 짓밟혀서 심판당할 것이다계1:7; 11:1-2,8,13 참조. 그리고 계시록에서 '큰 성'은 로마가 아니라 예루살렘을 가리킨다계11:8; 16:19; 17:18; 18:16,18,19,21; 참고. 왕하21:16; 겔5:1-5; 애4:13; 1Q pHab; 4Q175.[15] "도시 시온은 그 당시의 모든 나라와 지역을 다스렸다2바룩 61:7." ② 구약과 요한계시록은 우상숭배야말로 옛 언약 백성이 하나님의 심판을 받은 결정적인 원인이라고 설명한다. 물론 이방 로마제국에게 우상숭배는 자연스러운 일상이었다. ③) 디아스포라 유대인들은 회당을 세워 하나님을 경외하는 자들을 포섭하여, 그들을 행위 율법주의로 부패시켰다. 신약 서신서를 살펴보면, 특히 로마교회와 갈라디아교회조

15. 베스파시아누스와 티투스 당시 화폐나 비문 그리고 서사시에 따르면, 로마제국은 식민지를 노예화 및 결박된 여자의 땅으로 수치스럽게 여겼다. Upton, "The Harlot of the Apocalypse," 12, 14, 20-21, 41-43.

차 이런 문제로 홍역을 치렀다. ④ 열심당원의 활동에서 보듯이, 예루살렘 돌 성전이 파괴되기 이전에도 반로마적 정서가 있었다. 또한 예수님께서 공생애 활동하시던 기간 그리고 AD 70년 이전에도 그리스도인이 회당에서 출교당했기에 반유대적 정서가 있었다. ⑤ 섬으로의 유배와 칼로 사형을 당하는 것은 로마제국이 형을 집행하는 방식이 맞다. 하지만 불신 유대인들이 그리스도인을 로마제국의 당국에 고소한 경우는 사도행전을 통해서 쉽게 확인할 수 있다. ⑥ 계시록 1-3장의 7교회의 목록을 계시록 17장 9-10절의 일곱 황제의 목록과 비교하는 것은 비교 대상의 오류이다. 왜냐하면 요한은 계시록 17장에서 제1-5대 황제, 제6대 황제, 그리고 잠시 통치할 그 다음 황제를 분명히 연대기적으로 정확하게 구분하기 때문이다. ⑦ 네로 귀환 신화는 말 그대로 신화이지 역사적 사실은 아니다. 네로 황제의 실제 자살과 그 후 로마제국의 대혼란은 AD 70년 이후가 아니라 이전의 역사적 사실이다. ⑧ AD 70년 이후의 유대 및 기독교 문헌 그리고 AD 70년 이전에 기록된 베드로전서가 로마를 '바벨론'이라 부른 것은 사실이다. 그러나 사도 요한은 예루살렘을 제국 '애굽'이라고 부른다계11:8 참조. 그러므로 예루살렘이 제국 '바벨론'으로 불려도 이상하지 않다. 그리고 음녀 바벨론은 붉은 빛 짐승을 타고 있지만계17:3, 구약에서 하나님의 심판을 받은 바벨론제국이 강력한 짐승 위에 탔다가 그 짐승에 의해 파멸당했다는 언급은 없다렘50-51장 참조.[16] ⑨ 도미티아누스가 황제숭배를 강요한 것이 사실이라 인정하더라도, 네로 황제 역시 아폴로의 아들로 자처하며 자살 이전에 스스로 신격화했다. 도미티아누스는 '두 번째 네로'이다. 계시록의 음녀 바벨론을 예루살렘으로 본 첫 번째 학자는 프랑스 예수회 소속 아르두와J. Hardouin, 1646-1729로 추정되며, 그 후 프랑스 칼뱅주의자 아보지F. Abauzit, 1679-1767도 견해를 같이했다. 그리고 19세기에 완전 과거론자인 러셀J. S. Russell, 1878은 이 견해를 널리 퍼트렸다.[17]

---

16. Contra 음녀 바벨론이 AD 1세기에는 로마였다고 보는 Gorman, *Reading Revelation Responsibly*, 145.
17. 참고로 음녀 바벨론을 대 환난 시기에 배교할 예루살렘으로 보는 세대주의 주장은 댈러스신학교의 미래주의자 J. L. Burns와 J. P. Tanner, "Apostate Jerusalem as Babylon the Great: Another Look at Revelation 17-

음녀 바벨론은 많은 물 위에 앉아 있다. 여기서 "많은 물 위에ἐπὶ ὑδάτων πολλῶν"는 열방에 미치는 영향력을 상징한다계17:15 참조. 실제로 로마제국 전체에 흩어진 약 600만 명에 달하는 유대인들의 영향은 거의 모든 도시마다 감지되었다.[18] 그리고 계시록에서 계시록 17장 이외에 28회나 사용된 동사 '앉다 κάθημαι'는 주로 왕의 통치를 상징한다.[19] 교부 프리마시우스는 이 음녀가 '큰' 이유를 그녀의 권세와 부요함보다는 죄악이 크기 때문이라고 본다.[20] 유대인과 로마인들은 결혼을 귀하게 여겼기에, 정욕에 이끌려 여러 남자를 상대하는 음녀를 매우 멸시했다. 따라서 불신 유대인들이 '음녀'라고 불린 것은 큰 수치이자 정결하지 못한 상태였다.[21] 로마제국에서 음행은 서민들의 생활은 물론, 황제의 아내에게서도 발견되었다.

이 음녀와 땅의 임금들이 음행했고, 땅에 사는 자들도 그녀의 음행의 포도주에 취했다2절. 약속의 땅을 중심으로 살던 불신 유대인들은 영적 음행에 빠졌다. 1절의 그 천사는 성령으로 요한을 데리고 광야로 갔다3a절. 그런데 왜 천사가 요한을 "광야"로 데리고 가는가? 구약 간본문이 약간 해결의 실마리를 제공한다. 바벨론제국에 대한 심판인 이사야 21장 1-10절은 "해변 광야"에 대한 경고로 시작한다.[22] 또한 이사야 21장 1절은 "바다"와 "광야"를 연결하는데, 음녀 바벨론은 바다에서 올라온 짐승을 타고 있다. 유대인들 가운데 집권층과 부자와 같은 기득권자들은 대체로 친 로마적 성향을 가지고 있었다. "로마인들은 부유한 유대인들을 자신의 공동체로 쉽게 수용했다. 유대인들은 로마인의 경기에 참가하여 좋은 결과를 내기도 했다. 에베소 남동쪽의 도시 프리네Priene에 유대인의

18," (ETS SW Regional Conference, Fort Worth, March 31, 2017), 19-20을 참고하라.

18. Gentry, *The Divorce of Israel*, Volume 2, 289. 참고로 민족적 이스라엘의 회복을 염두에 둔 아브라함 언약의 성취를 강조하는 점진적 세대주의를 따라 음녀 바벨론을 대 환난 동안 배교한 예루살렘이라고 보는 주장은 Tanner, "Apostate Jerusalem as Babylon the Great," 16-28을 보라.
19. Montanari, *The Brill Dictionary of Ancient Greek*, 1003; Beale, 『요한계시록. 하권』, 1417.
20. 참고. *CSB Ancient Faith Study Bible*, 1603.
21. Koester, *Revelation*, 686.
22. Beale and McDonough, "요한계시록," 622.

촛대menorah가 경기장의 벽을 향하여 세워졌는데, 유대인들이 경기에 참여했음을 증명한다."[23] 계시록 17장 1절의 "보여주다δείκνυμι"와 3절의 "성령님 안에서ἐν πνεύματι"는 서로 긴밀하다. 왜냐하면 계시록에 8회 등장하는 "보여주다"는 4회 등장하는 "성령님 안에서"계1:10; 4:2; 17:3; 21:10와 근접 문맥에 종종 등장하기 때문이다. 따라서 계시록의 내러티브는 사도 요한이 성령님의 역사로 환상을 보았음을 계속 강조한다.[24]

그 음녀는 붉은 짐승을 탔는데, 7머리와 10뿔을 가진 그 짐승의 몸에 하나님의 이름을 모독하는 이름이 가득했다3b절. 여기서 짐승이 붉은 색인 까닭은 붉은 용계12:3 참조의 종이기 때문이다. 음녀가 타고 있는 짐승이 7머리와 10뿔을 가지고 있는데, 계시록 13장 1절의 바다짐승과 동일하다. 로마황제는 스스로 '신', '구주', '주'라고 부름으로써 하나님을 모독했다. 음녀가 흉악한 짐승 위에 타고 있는 장면은 음녀가 불안한 공생 관계에 빠져서 결국 스스로를 파멸로 몰아넣을 것을 독자로 하여금 예상하도록 만든다.[25]

그 여자는 자주 빛과 붉은 빛 옷을 입고, 금과 보석과 진주로 치장했는데, 예루살렘 성전을 연상시킨다4a절.[26] '두 번째 피부second skin'와 같은 옷과 장식품은 그 사람의 정체성과 지위 그리고 공적인 명예와 정결의 상태를 드러낸다.[27] 고급 자주 빛 옷과 보석은 로마황제보다는 대제사장의 복장을 연상시킨다출28장 참조.[28] 음녀는 자신이 타고 있는 짐승과 붉은 용처럼 붉은색 옷을 입었다. 이것은 다름 아니라 그리스도인이 피해야 할 사치와 성적인 방탕에 빠진 모습이다. 계시록에 다양한 복장이 나타나는데, 상징적이며 신학적 의미를 가진다계1:13; 3:4,17;

---

23. Du Rand, *Die A-Z van Openbaring*, 168.
24. Leithart, *Revelation 12-22*, 164.
25. E. M. Räpple, *The Metaphor of the City in the Apocalypse of John* (New York: Peter Lang, 2004), 92.
26. Gentry, *The Divorce of Israel*, Volume 2, 427; Leithart, *Revelation 12-22*, 170-177.
27. D. Neufeld, "Sumptuous Clothing and Ornamentation in the Apocalypse," *HTS Teologiese Studies* 58/2 (2002), 671-673.
28. Beale and McDonough, "요한계시록," 623; Lupieri, *A Commentary on the Apocalypse of John*, 256.

4:4; 6:11; 7:9,13; 12:1; 15:5; 16:15; 17:4; 18:16; 19:7,13; 21:2-9; 22:14 참조.

음녀가 손에 쥔 금잔에는 가증한 물건과 음행의 더러운 것이 가득했다4b절. 구약 간본문인 이사야 1장 15-22절에 따르면, 이스라엘 백성이 '손'으로 지은 '주홍빛' 같은 죄들은 '피', '악행', '반역', '창기', 그리고 '살인' 등으로 묘사된다. "유대-기독교 전통에서 '마심, 잔, 잔 안의 포도주'는 하나의 연속적인 이미지를 풍성하게 형성하여 종교적이며 문화적인 중요성을 전달한다."시11:6; 사51:17; 렘25:15-17; 51:7; 합2:16; 슥12:2; 마20:22-23; 26:39; 요18:11 참조.[29]

음녀의 이마에 "비밀, 큰 바벨론, 그 땅의 음녀들과 가증한 것들의 어머니"라고 적혀있다5절. "비밀μυστήριον"은 예언-묵시적 문헌에서 신적 비밀에 대한 계시를 가리키는 전문용어인데, 매우 화려한 겉치레에 비밀스럽게 감추어져 있는 음녀의 정체성을 사도 요한조차 하나님의 계시가 없이는 제대로 간파하기 어렵다.[30] 그리고 "바벨론"은 로마를 가리키는 경우가 있다벧전5:13; 4에스라 3:1-2; 시빌린신탁 5:143 참조.[31] 그러나 구약에서 "음녀"는 이스라엘 백성과 무관하게 이방인을 가리키는 경우가 없다는 점을 기억해야 한다겔16장 참조. 음녀의 이름이 이마에 적힌 것은 로마제국의 창녀는 이름표를 이마에 붙였던 관습을 연상시킨다출28:36 참조. 큰 성 바벨론이 "음녀"라고 불린 자체가 수치이다. 더욱이 모든 사람이 볼 수 있고, 지성을 상징하는 이마에 음녀의 이름이 기록된 것도 공적 수치이다.[32]

그 음녀는 성도의 피와 예수님의 증인들이 흘린 피에 취했는데, 요한은 그 여자를 보고 크게 놀라고 놀랐다6절. 바벨론제국의 패망에 대한 환상을 들은 선지자 다니엘도 놀라고 번민했듯이단7:15 참조, 요한은 강력한 악의 세력이 교회를 박해하는 것 때문에 당황할 필요가 없다.[33] 여기서 음녀 바벨론의 정체와 악행

---

29. N. Bosman, "The Cup as Metaphor and Symbol: A Cognitive Linguistics Perspective," *HTS Teologiese Studies* 75/3 (2019), 7.
30. Räpple, *The Metaphor of the City in the Apocalypse of John*, 84.
31. 신동욱, 『요한계시록 주석』, 177.
32. Barr, "John's Ironic Empire," 25.
33. Beale, 『요한계시록. 하권』, 1438-1439.

에 관한 버지G. M. Burge의 아래 설명은 유익하다.

> 음녀는 AD 70년 전쟁 직전에 최악으로 부패한 예루살렘이나 대제사장에 대한 언급일 수 있다. 요세푸스에 따르면, 그 도시를 장악했던 열혈당원들은 자신들만의 제사장을 임명했는데, 이로 인해 계시록 17장에 나오는 셀 수 없이 많은 가증한 일들이 일어났다(유대전쟁사 6:151-192). 또한 음녀의 이마에는 '비밀이라는 이름'(17:5)이 새겨져 있는데, 이는 대제사장의 이마에 새겨져 있던 도금 된 글씨("여호와께 성결", 출28:36-38)와 대조된다. 그리고 17장 6절에 나오는 순교는 예언자들을 죽인 예루살렘을 가리키는 것일지도 모른다(18:24 참조). 그녀의 이름은 바벨론이다. 바벨론은 이제 불에 탄 예루살렘이 되고(18:9) 그곳에서 많은 이들이 애곡한다. 예루살렘이 "큰 성"인가?(17:18). 그렇다. 유대묵시문헌과 주석서에서 예루살렘은 세상의 중심이었다. 짐승을 탄 음녀는 더러움과 궁극적인 심판의 대상을 나타내는 극적인 이미지이다.[34]

그 천사가 요한에게 "너는 무엇 때문에 놀랐느냐? 내가 그 여자와 그녀가 타고 있던 일곱 머리와 열 뿔을 가진 짐승의 비밀을 네게 말할 것이다."라고 말했다7절. 요한은 음녀의 손에 쥐어진 음행과 가증한 것으로 가득한 금잔, 이마에 새겨진 가증한 이름들, 그리고 성도를 죽인 그녀의 잔악성으로 인해 놀랐다. 하지만 음녀에 대한 비밀이 다 드러남으로써 요한은 자신이 보고 놀랍게 여긴 모든 것은 일장춘몽一場春夢이나 신기루였음을 깨닫게 된다.[35] 요한이 본 짐승은 전에 있었다가 지금은 없지만, 장차 무저갱으로부터 올라와 멸망으로 들어갈 자

---

34. 한 가지 상징이 다양한 의미를 가진다고 이해하는 버지에 의하면, 바벨론이 로마제국을 가리키는 것은 옳지만, 예루살렘에서 일어난 일이 로마에서도 일어날 것임을 놓치지 말아야 한다. 환언하면, 예루살렘은 로마가 좇아갈 패러다임과 같다. 따라서 계시록에 예루살렘의 파멸을 회고하면서 로마의 심판이 예고된다. G. M. Burge, 『예수와 그 땅: 신약성경은 '성지' 신학에 도전한다』, *Jesus and the Land: The New Testament Challenge to 'Holy Land' Theology*, 이선숙 역 (서울: 새물결플러스, 2020), 210-220. 버지는 계시록이 예루살렘 성전 파괴 이후에 기록된 것으로 본다.
35. Kraft, 『요한묵시록』, 334.

이다8a절. 이것은 "전에도 계셔 왔고, 지금도 계시며, 지금도 오고 계신"계1:4 참조 아버지 하나님에 대한 불완전한 패러디이다.

창세 이후로 생명책에 녹명되지 못한 땅에 사는 자들이 전에 있었지만 지금은 없으니 장차 나올 짐승을 보고 놀랄 것이다8b절. 영적 눈이 어두운 불신자들은 로마제국의 권세와 위력에 감탄할 것이다. 여기에 지혜로운 마음이 필요한데, 그 7머리는 여자가 앉은 7산이다9절. 음녀 바벨론이 타고 있는 짐승의 7머리는 7산인데, 도시 로마는 실제로 7언덕 위에 건설되었다. AD 71년에 주조된 동전에 군복을 입은 여신 로마Roma가 7언덕에 기대어 앉아 있는데, 발은 티베르강으로 뻗어있고, 따라서 여신 로마는 왼손으로 짧은 칼을 쥐고 있다. 로마는 힘과 위엄을 갖춘 장군과 같다. 이 동전은 여신 로마가 수호신으로 버티고 있는 로마제국의 힘을 과시한다.[36] 참고로 구약에서 '산'은 종종 나라 혹은 정치적 권세를 가리킨다사2:2; 단2:35 참조.

그런데 큰 성 음녀가 타고 있는 (바다)짐승의 5머리는 망했고, 하나는 있고, 다른 하나는 아직 나오지 않았지만, 나오더라도 반드시 잠깐 머무를 것이다10절. 로마제국의 첫 5황제는 이미 죽었고, 제6대 황제의 제위 때 계시록이 기록되었다.[37] 여기서 5머리가 어떤 황제인가를 탐구하는 것은 본문이 중요하게 의도하는 바이다.[38] 요세푸스와 수에토니우스 그리고 유대묵시문헌은 '시저'라 불리기를 좋아했던 율리우스BC 59-44를 제1대 황제로 간주한다. 제6대 황제인 네로가 AD 68년 6월 9일에 자살한 후, 그의 후임 세 황제인 갈바Servius Sulpicius Galba, BC 3년 12월 24일-AD 69년 1월 15일, 오토Marcus Otho Caesar Augustus, AD 32-69년 4월 16일, 그리고 비텔리우스Aulus Vitellius Germanicus Augustus, AD 15년 9월 24일-69년 12월 22일는 단기간 통치할

---

36. 이 단락은 Koester, *Revelation*, 685에서 요약. 참고로 계시록 17장 9절의 "일곱 산"은 계시록 14장 1절의 하나의 "시온산"에 대한 모방이기도 하다. P. M. Hoskins, "Another Possible Interpretation of the Seven Heads of the Beast and the Eighth King (Revelation 17:9-11)," *Bulletin for Biblical Research* 30/1 (2020), 102.

37. 계시록 17장 9절의 숫자 7은 문자적으로 해석해야 한다. 허규, "요한묵시록과 그 해석," 31. Contra 6대 황제를 도미티아누스로 보는 『취리히성경해설』, 417.

38. Contra 이필찬, 『에덴 회복의 관점에서 읽는 요한계시록: 12-22장』, 508.

것이다수에토니우스의 12시저의 생애, 요세푸스의 유대고대사 19.1.11, 시빌린신탁 5:12-51; 4에스라 11-12, 바나바서 4:3-6, 쎄오필루스, 디오 크리소스톰, 알렉산드리아의 클레멘트 참조.[39] 네로 사후의 세 황제를 간략히 살펴보자. ① 갈바는 36세인 AD 33년에 집정관이 되었고, AD 39년에는 남부 독일의 군사령관이 되었고, AD 45년에는 아프리카의 총독을 지냈다. 그리고 갈바는 네로 황제에 대항하여 반란군의 지도자가 되어 네로를 축출한 후 원로원에 의해 황제로 추대되었다. 그런데 그의 근위대가 네로를 축출한 보상을 요구했으나 이를 거절하고 자신의 양자 겸 후계자로 루키우스 피소 리키니아누스Lucius Piso Licinianus, AD 38-69를 임명했다가AD 69년 1월 로마의 포럼에서 피소와 함께 오토에게 살해당했다.[40] ② 갈바를 이은 오토가 자살하기 전에 게르마니아에 주둔 중이었던 군단들이 비텔리우스를 지지하는 선언을 했고, 비텔리우스의 군대는 이탈리아로 진군했다. 하지만 오토는 신속하게 갈리아Gallia 남부지역으로 해군 원정대를 보냈고 도나우Donau에 주둔한 군단들을 소환했으며, 3월 14일에 직접 출정했다. 4월초가 되자 비텔리우스의 군대가 훨씬 우세해지자, 오토의 노련한 참모들은 전투시기를 늦추자고 충고했으나, 그는 고집을 부려 전투를 감행했다. 오토의 군대는 이탈리아 북부 도시 크레모나Cremona 동쪽에서 패배했고, 그는 자살했다.[41] ③ 비텔리우스는 AD 68년 남부 게르마니아군의 지휘관에 임명되었으며, AD 69년 1월 2일에 자신의 군단에 의해 황제로 선포되었다. 비텔리우스는 이탈리아로 진군했고 4월 16일 경쟁하던 황제 오토는 자살했다. 그런데 비텔리우스는 7월 로마에 입성했지만, 7월 1일 동부 군단의 지휘관인 베스

---

39. Mathison, 『종말론적 관점에서 본 성경 개관』, 832; Jordan, 『계시록의 구속사적 연구』, 192; Gentry, *The Divorce of Israel*, Volume 2, 453-454; Douglas, *The Mystery of the Kingdom*, 185; Wallace, *The Book of Revelation*, 301. Contra 아우구스투스를 제1대 황제로 보거나 죽은 5황제를 연대기적 순서를 무시하고 아우구스투스, 티베리우스, 클라우디우스, 갈바, 그리고 베스파시아누스로 보는 D. M. May, "Counting Kings (Revelation 17:10): A Novel Approach from Roman Imperial Coinage," *Review & Expositor* 114/2 (2017), 246; M. L. Hitchcock, "A Critique of the Preterist View of Revelation 17:9-11 and Nero," *Bibliotheca Sacra* 164 (2007), 476, 484.

40. https://100.daum.net/encyclopedia/view/b01g1091a(2022년 2월 12일 접속)에서 인용.

41. https://100.daum.net/encyclopedia/view/b16a1436a(2022년 2월 12일 접속)에서 인용.

파시아누스 역시 황제로 선포되었다. 비텔리우스는 베스파시아누스의 군대에게 패배하자 퇴위를 고려했으나 황실 근위대가 만류했다. 결국 베스파시아누스에게 충성하던 군대가 12월 20일 로마로 입성하자 비텔리우스는 자기 병사들에게 잔혹하게 살해당했다.[42]

바다짐승의 7머리는 요한 당시의 역사적인 로마 황제들을 가리키지, 고대의 제국들이나 미래의 적그리스도를 가리키지 않는다. 네로가 31세의 나이로 자살하자, 스페인에서 갈바가 자신이 이끌던 군인들에 의해 황제로 추앙받았고, 로마에서는 네로의 친구 오토를 황제로 옹위하려는 움직임이 있었으며, 독일에서는 군인들이 비텔리우스를 네로의 후계자로 선언했다.[43] 그러나 이 세 사람 중에 로마제국 전체의 지지를 받는 사람이 없었기에 내전은 불가피했다. 유대전쟁사 4.9.2에 의하면, 베스파시아누스Titus Flavius Vespasianus, AD 9년 11월 17일-79년 6월 24일와 그의 아들 티투스Titus Flavius Vespasianus, AD 39년 12월 30일-81년 9월 13일는 로마의 내전을 지켜보면서, 예루살렘을 향한 공격을 중단했다.[44] 자신이 속한 제국의 내부 사정이 불안할 때, 다른 나라와 전쟁을 하는 것은 시의적절한 것이 아니었기 때문이다. 베스파시아누스는 판단력과 자질이 부족한 비텔리우스가 황제가 되었다는 소식을 듣고 분노했는데, 그의 병사들도 분노하기는 마찬가지였다유대전쟁사 4.10.2-4. 베스파시아누스는 다음과 같은 의미심장한 말을 남겼다. "아이쿠, 나는 내가 신인 줄 알았다Vae! Puto deus fio; Alas! I think I am becoming a god."[45] 황제숭배는 신격화된 황제 자신에게도 불행을 가져다주었다.

---

42. https://100.daum.net/encyclopedia/view/b10b3558a(2022년 2월 12일 접속)에서 인용.
43. 네로의 가까운 친구였던 오토(Otho)의 아내 Poppaea Sabina는 네로와 불륜을 저질렀다. Du Toit (ed.), *Guide to the New Testament II*, 127.
44. 계시록 17장 10절의 여섯 째 머리를 베스파시아누스(AD 69-79)로 보는 경우는 Lohse, 『요한계시록』, 185를 참고하라.
45. Du Toit (ed.), *Guide to the New Testament II*, 127. 참고로 총독 빌라도(AD 26-37)가 그리심 산에서 벌어진 사마리아인들의 무장 시위를 잔인하게 진압하자, 사마리아인들은 인근 지역인 시리아의 총독 비텔리우스에게 그의 직위 해제를 건의하여 성사시켰다. 유세비우스는 빌라도가 총독에서 해임된 후 2년 만에 자살했다고 전한다.

참고로 로마제국의 아우구스투스 황제d. 14부터 테오도시우스 황제d. 395까지 약 400년 동안, 황제 69명 중 자연사한 경우는 38%에 불과했고, 62%에 해당하는 43명은 암살, 자살, 혹은 전사했다. 특히 황제가 즉위한 첫 해에 사망할 가능성이 높았지만, 통치 8년차까지 가능성은 줄어들다가 12년차에 다시 증가했다. 황제는 신으로 추앙되고 로마의 평화를 약속했더라도, 정작 자신의 안전조차 지킬 수 없었다.

전에 있었다가 지금 없는 짐승은 여덟째 왕이니 일곱 왕 중에 속한 자이다. 그리고 이 짐승은 멸망을 향해 나아간다11절. 바다짐승인 로마제국은 전에도 계셨고, 지금도 계시며, 장차 오실 성부 하나님과 그분의 나라를 불완전하게 패러디한다. 그리고 "여덟째ὄγδοος"라는 말은 베스파시아누스에 의해 로마제국의 혼란이 수습되어 마치 제국이 부활을 맞이할 것을 상징한다벧전3:20; 벧후2:5; 시빌린신탁 1:280 참조.[46] 그리고 6일 동안의 노동과 제7일째의 안식을 거쳐, 제8일은 다시 노동을 시작하는 날, 즉 마치 새 창조와 부활의 날과 같다출20:8-11 참조. 또한 노아 홍수 이후에 노아의 8식구를 통하여 세상은 새롭게 시작되었다벧전3:20 참조. 그리고 나병 환자는 여덟째 날에 흠 없는 어린 숫양 두 마리와 일 년 된 흠 없는 어린양 한 마리 등을 제물로 바쳐야만 이스라엘 회중 안으로 들어올 수 있었다레14:10, 23 참조. 그리고 예수님께서는 안식 후 첫째 날, 즉 제8일에 부활하셨다요20:1; 바나바의 편지 15:8 참조.[47] 종합하면 성경에서 숫자 8은 부활과 새 창조를 의미한다. 따라서 치명상을 입은 바다짐승은 십자가에서 죽으셨던 예수님께서 부활하심을 모방한다. 그리고 게마트리아로 해석하면, 그리스어 '예수Ἰησοῦς'의 숫자적 가치는 888이다. 덧붙여 위더링턴B. Witherington 3의 설명을 들어보자.

46. Gentry, *The Divorce of Israel*, Volume 2, 469.
47. Gentry, *The Divorce of Israel*, Volume 2, 466.

계시록 13장 18절에서 바다짐승의 수 666은 네로 황제를 가리켰는데, 666은 36의 삼각형 수(triangular number)이다. 그리고 36은 8의 삼각형 수이다. 따라서 666은 8의 이중 삼각형(doubly triangular) 수이다. 다소 복잡하지만, 이 해석은 여덟째 왕을 주해하는 데 일정 부분 도움을 줄 수 있다.[48]

여기서 여덟 째 왕을, 자살하지 않은 네로 황제가 장차 파르티아 군대를 이끌고 로마를 침공할 것이라는 '네로 귀환 신화'와 연결할 수 없다.[49] 네로는 실제로 자살했기 때문이다. 그리고 바다짐승이 일곱 왕 가운데 속한 자라는 것은 무슨 의미인가? '짐승'은 '머리', 즉 '왕'을 포함하는 큰 개념이다. 역사적으로 일곱 왕은 로마제국의 제1-7대 황제인 율리우스 시저부터 갈바 황제까지를 가리킨다. 그런데 로마황제는 한 개인을 넘어 로마제국민의 대표이자 공적이며 집합적 corporate 인물이다. 따라서 짐승이 7황제에 속한다는 진술은 바다짐승, 곧 로마제국은 집합적 인물들인 7황제의 통치를 받아왔다는 의미와 다를 바 없다. BC 1세기-AD 1세기의 주요 황제들의 생애와 사건을 요약하면 다음 도표와 같다.[50]

48. Witherington, *Revelation*, 177.

49. Barbaro, 『요한묵시록 주해』, 235.

50. 아래 도표는 I. Montanelli, 『로마 제국사』, *Storia di Roma*, 김정하 역 (서울: 까치, 1998), T. Mommsen, 『몸젠의 로마사 제1권』, *Röminische Geschichte*, 김남우 외 역 (서울: 푸른역사, 2014), 그리고 위키피디아 (https://ko.wikipedia.org)를 참고하여 요약함.

황제	연도	주요 사건
율리우스 시저	BC 100년 7월 12일 - BC 44년 3월 15일	카이사르는 탁월한 귀족 가문은 아니더라도 율리우스 씨족에 태어나서, 아버지의 갑작스런 사망으로 인해 16세에 가장이 되었다. BC 60년대 말에서 50년대에 이르기까지 그는 크라수스와 폼페이우스와 공동의 이권을 수호하기로 맹세함으로 삼두정치라는 초법적 정치 연대를 이루었고, 집정관으로서 수년간 로마 정계를 장악했다.[51] 총독으로서 갈리아(프랑스, 독일, 벨기에)를 정복한 후, BC 49년 1월 10일에 카이사르는 6000명의 병력을 이끌고 루비콘강을 건너 로마를 거쳐 그리스 파르살루스에서 2배나 많은 폼페이우스의 군대를 무찔렀다.[52] 그는 공화정의 귀족 정치를 고도로 중앙집권화했으며, 자신을 영구적인 독재관으로 선언했으며, 왕의 의복인 홍포를 착용하고, 로마신상 곁에 자신의 형상을 세웠다. 뇌전증을 앓으면서도 파르티아 정복 전쟁을 며칠 앞둔 BC 44년 3월 14일에 카이사르는 정부(情婦)의 아들인 브루투스 등이 이끄는 원로원들의 칼에 23차례나 찔려 살해되었다. 그러나 또 다시 내전이 일어났으며, 결국 BC 27년 1월 16일에 카이사르의 양자인 옥타비아누스(아우구스투스)가 영속적인 전제정(專制政)을 성립했다.
아우구스투스 (옥타비아누스)	BC 63년 9월 23일 - AD 14년 8월 19일	아우구스투스는 로마제국의 초대 황제(BC 27년-AD 14년)이며 외할머니 율리아 카이사리스의 남동생이자 자신의 양부(養父)인 율리우스 시저를 이은 두 번째 황제이다. BC 43년, 아우구스투스는 안토니우스와 레피두스와 함께 제2차 삼두 정치 시대를 열었다. 그 후 레피두스는 유배되고, 안토니우스는 BC 31년 악티움 해전에서 패배한 뒤 자살했다. BC 42년 1월 1일 로마 원로원은 율리우스 카이사르를 신으로 선포하고 '신성한 율리우스(Divus Iulius)'라 부르게 했다. 아우구스투스는 자신은 '신의 아들(Divi filius)'임을 강조하고 자신이 하는 일에 정당성을 확보했다. 아우구스투스의 통치는 로마의 평화(팍스 로마나)라 불리는 태평성대를 이루었다. 계속되는 변방에서의 전쟁과 황위를 둘러싼 약 1년 반의 내전(AD 68-69)에도 불구하고, 지중해 세계는 두 세기가 넘게 평화를 지속할 수 있었다. 아우구스투스는 로마 제국의 영토를 넓혔으며 제국의 국경과 동맹국을 보호했고, 파르티아와 평화 협정을 맺었다.
티베리우스	BC 42년 11월 16일 - AD 37년 3월 16일	티베리우스는 BC 4년에 아우구스투스의 양자가 되었다. 아우구스투스의 후계자로서 금융 위기 대책, 변경에 방위망 확립 등 뛰어난 행정 수완을 발휘했다.[53] 그렇지만 임페라토르 주최의 전차 경기대회와 검투사 경기를 중지시키는 등 재정 낭비를 중단하는 정책을 폈기에 로마 시민들로부터의 인기도는 낮았다. AD 26년부터 사망(AD 37년)까지 지중해의 카프리 섬에 은거하여, 근위대장 루키우스 아일리우스 세야누스를 통해서 로마를 통치했기 때문에, 그의 인기는 한층 더 떨어졌다.

51. Montanelli, 『로마 제국사』, 226.
52. Montanelli, 『로마 제국사』, 226.
53. Montanelli, 『로마 제국사』, 282.

칼리굴라	AD 12년 8월 31일 - 41년 1월 24일 (재위 37년 3월 16일 - 41년 1월 24일)	칼리굴라는 황제 취임 직후 티베리우스의 재정 낭비 방지를 위한 정책을 중단시켜 로마시민에게 식량을 나누어주고, 검투사 시합을 부활시키는 등 시민들의 요구에 부응하는 정책을 시행했으나, 즉위한 지 7개월 만에 고열이 나 쓰러져 심하게 병을 앓은 뒤, 후유증으로 정신분열증으로 정상적인 판단을 하지 못했다.[54] 칼리굴라는 검투사 시합을 과격하고 참혹한 내용으로 바꾸고, 화려한 만찬을 즐기고, 도박을 일삼았으며, 자신의 마차를 끌어온 인부에게 거액을 주는 등 국고를 탕진해 재정을 파탄시키고, 이로 인해 민심의 급속한 이탈을 불러왔다. 또 자신과 둘째 누이 드루실라를 신격화하는 등 비정상적으로 통치했으며, 세 누이와 근친상간을 통해 후계자를 얻으려 했고, 신들과 유사한 복장을 하는 기행을 일삼았다. AD 41년 1월, 팔라티누스 경기 도중에 친위대장 카시우스 카이레아가 이끈 친위대에 의해 아내 카이소니아와 딸과 함께 죽임을 당했다. 그의 통치 기간은 3년 10개월에 지나지 않았다. 칼리굴라가 암살된 후, 원로원이 제정(帝政) 대신 로마 공화정의 부흥을 기획했지만, 근위대가 칼리굴라의 숙부 클라우디우스에게 충성을 맹세하면서 무산되었다.
클라우디우스	BC 10년 8월 1일 - AD 54년 10월 13일	AD 41년 1월 24일 칼리굴라가 암살되자 클라우디우스가 1월 25일에 황제가 되었다. 유아 때부터 왼쪽 다리에 장애를 가진 클라우디우스는 로마 원로원의 승인으로 즉위했지만, 실제로는 친위대의 군사력에 의해 즉위했기에 군사력이 로마황제를 결정하는 군인황제 시대의 첫 예가 되었다.[55] 교양을 갖춘 역사가이기도 했던 그는 지혜로운 정책으로 로마에 대한 저항이 극렬했던 유대인의 통치 문제 등을 해결했지만, 시민들로부터의 인기는 낮았다. 클라우디우스는 갈리아인이나 아니우니족 출신의 해방 노예 등을 등용하여 다양한 행정 분야를 감독할 권한을 부여했다. 이것은 비(非)원로원 의원의 정치 참여를 증대하여, 황제에게의 권력 집중이나 관료제의 발달로 이어졌다. 그는 AD 49년경, 이탈리아의 유대인들을 강제 추방하는 반유대주의 정책을 실시하여 약 25,000명의 유대인을 고린도 등으로 이주시켰다. 그는 다섯째 부인이자 네로의 어머니이며 클라우디우스의 조카인 소(小) 아그리피나에게 암살된 것으로 전해진다.[56]

54. Montanelli, 『로마 제국사』, 283.
55. 공석인 황위에 후계자가 결정되면, 후계자의 황직은 법적으로 즉시 시작되었다. 황제가 무기를 들 수 있는 자유민을 민회로 소집하여 공식적으로 복종을 맹세 받은 후에야 백성들의 전적인 복종이 시작되었다. Mommsen, 『몸젠의 로마사 제1권』, 92.
56. Montanelli, 『로마 제국사』, 288.

네로	AD 37년 12월 15일 - 68년 6월 9일 (재위 54년 10월 13일) - 68년 6월 9일)	사비니족의 말로 '강력함'을 뜻하는 네로(Nero) 황제의 어머니는 아우구스투스의 증손녀이자 게르마니쿠스의 딸인 소(小) 아그리피나인데, 그녀는 칼리굴라의 여동생이다.[57] 네로는 AD 54년에 양부 클라우디우스의 친아들인 브리타니쿠스를 제치고 황제로 취임했다. 집권 전반기에 철학자이자 정치가인 세네카와 친위대 장교 부루스의 보좌 덕분에 선정을 베풀었다. 또한 "로마의 신이 자신에게 로마 문화를 발전시키라는 명령을 했다."라는 신념에 따라 로마의 문화와 건축을 발전시켰다. 네로는 자신을 예술가의 지도자로 생각하여 시, 노래, 건축 등 예술을 지원했다.[58] 그가 폭군으로 낙인찍힌 것은 로마 대화재 당시 민심 수습책으로 기독교에 책임을 덮어씌우고 그리스도인을 학살해 기독교의 원한을 산 이유가 크다. AD 68년 타라콘네시스 속주 총독 갈바가 일으킨 내전이 일어나고, 이에 각지의 총독들이 동조하여 마침내 원로원으로부터 '국가의 적'이라는 선고를 받았다. 68년 6월 8일 로마를 탈출하여 10㎞ 떨어진 해방 노예인 파온(Phaon)의 별장에서 자기 손의 경동맥을 끊어 자살했다. 갈바가 이끈 친위대는 네로의 시신에 예를 표했고, 그의 어머니와 첫 연인 악테의 곁에 묻어주었다.[59]
갈바	BC 3년 12월 24일 - AD 69년 1월 15일	갈바는 36세였던 AD 33년에 집정관이 되었고, AD 39년에는 남부 독일의 군사령관이 되었고, AD 45년에는 아프리카의 총독을 지냈다. 갈바는 네로 황제에 대항하여 반란군의 지도자가 되어 네로를 축출한 후, 원로원에 의해 황제로 추대되었다. 그런데 그의 근위대가 네로를 축출한 보상을 요구했으나, 이를 거절하고 자신의 양자 겸 후계자로 루키우스 피소 리키니아누스(Lucius Piso Licinianus, AD 38-69)를 임명했다가(AD 69년 1월) 로마의 포럼에서 피소와 함께 오토에게 살해당했다.
오토	AD 32년 - 69년 4월 16일	오토가 자살하기 전, 게르마니아에 주둔 중이었던 군단들이 비텔리우스를 지지하는 선언을 했고, 비텔리우스의 군대는 이탈리아로 진군했다. 하지만 오토는 신속하게 갈리아(Gallia) 남부지역으로 해군 원정대를 보냈고, 도나우(Donau)에 주둔한 군단들을 소환하여 3월 14일에 직접 출정했다. 4월 초가 되자 비텔리우스의 군대가 훨씬 우세해지자, 오토의 노련한 참모들은 전투시기를 늦추자고 그에게 충고했으나, 그는 고집을 부려 전투를 강행했다. 오토의 군대는 이탈리아 북부 도시 크레모나(Cremona) 동쪽에서 패했고, 결국 그는 자살했다.

57. Montanelli, 『로마 제국사』, 288.
58. 수사학과 극예술에서 이탈리아인에게 필적할 만한 세상의 민족은 없었다. 그리고 이탈리아인은 건축과 조형예술 분야에서도 타고난 역량을 발휘했다. Mommsen, 『몸젠의 로마사 제1권』, 311-312.
59. Montanelli, 『로마 제국사』, 298.

비텔리우스	AD 15년 9월 24일 - 69년 12월 22일	비텔리우스는 AD 68년 남부 게르마니아군의 지휘관에 임명되었으며, AD 69년 1월 2일에 자신의 군단에 의해 황제로 선포되었다. 비텔리우스는 이탈리아로 진군했고, 4월 16일 경쟁하던 황제 오토는 자살했다. 그런데 비텔리우스는 7월 로마에 입성했지만 7월 1일 동부 군단의 지휘관인 베스파시아누스 역시 황제로 선포되었다. 비텔리우스는 베스파시아누스의 군대에게 패배하자 퇴위를 고려했으나 황실 근위대가 만류했다. 결국 베스파시아누스에게 충성하던 군대가 12월 20일 로마로 입성하자 비텔리우스는 자기 병사들에게 잔혹하게 살해당했다.
베스파시아누스	AD 9년 11월 17일 - 79년 6월 24일	베스파시아누스는 세리 집안의 둘째 아들로서 로마제국의 권부 최상층에 오르기 어려운 신분이었으나, 치밀함과 부지런함으로 자신의 신분을 끌어올린 탁월한 능력의 소유자였다. 네로시대에는 뛰어난 장군으로 로마 내의 반란을 진압하는 데 많은 공을 세웠지만, 임기가 거의 끝나갈 무렵 로마 황제의 그리스 별궁에서 네로 황제가 베푸는 연회에 참석했다가, 네로의 시를 들으며 졸았다는 이유로 유배되어 양봉으로 소일했다. 유대-로마전쟁이 걷잡을 수 없이 커지자 그는 평정할 지휘관으로 임명받고 유대로 파견되어, 지략과 용맹성으로 유대 북부 갈릴리 지역을 점령하게 되고, 요세푸스를 포로로 잡았다. 그는 판단력과 자질이 부족한 비텔리우스가 황제가 되었다는 소식을 듣고 분노했는데, 그의 병사들도 분노하기는 마찬가지였다(유대전쟁사 4.10.2-4). 베스파시아누스는 다음과 같은 의미심장한 말을 남겼다. "아이쿠, 나는 내가 신인 줄 알았다!(Vae! Puto deus fio; Alas!)"
티투스	AD 39년 12월 30일 - 81년 9월 13일	티투스는 AD 67년에 아버지 베스파시아누스와 유대 반란을 진압하기 위해 팔레스타인으로 향했고, 아버지 밑에서 보병 군단을 지휘했다. 그는 갈바의 황제 취임을 축하하러 가던 중, 갈바가 살해당하고 오토가 자살하며 비텔리우스가 황제로 즉위하면서 서방의 정세가 혼란에 빠진 것을 알고, 다시 동방으로 돌아와 유대 반란의 진압에 전념했다. 이같이 1년에 황제가 네 명이나 교체되는 불안정한 '4황제의 해'에 티투스는 시리아 총독 무키아누스와 함께 아버지 베스파시아누스를 지지했다. 그는 예루살렘 공략의 사령관이 되어 AD 70년에는 예루살렘을 2년간 전쟁 후에 점령했고, AD 73년까지 열심당원들이 저항을 계속한 마사다 요새를 제외하고 반란을 평정했다. 로마 광장 입구에 서 있는 티투스 개선문은 그의 승리를 기념하기 위해 AD 81년에 건립됐다. 티투스가 즉위한 해 8월에 베수비오 화산이 폭발하자 도시 복구 사업을 추진했다. 그는 아버지 베스파시아누스 황제가 시작한 콜로세움으로 더 잘 알려진 플라비우스 원형경기장 건설 사업을 마무리 지었고, 준공 기념으로 100일이 넘도록 축하 행사를 벌였다. 티투스는 통치 2년 만에 열병으로 사망했다.

도미티아누스	AD 51년 10월 24일 - 96년 9월 18일	그는 아들이 없던 11세 연상의 형 티투스의 뒤를 이을 황제감으로 인정받았다. AD 79년 6월 베스파시아누스가 사망하자, 그때까지 티투스가 누렸던 것과 똑같은 지위, 특히 호민관의 권력 등을 가지려 했지만 허락받지 못해 결국 형과 적대하게 되었으며, 이 이유로 훗날 형의 사망에도 일정 부분 관여한 듯하다. 타키투스와 소 플리니우스의 혹평을 다 신뢰하기 어렵지만, 그는 잔인하고 허세를 부리고 평판이 안 좋았던 듯하다. 그러나 그는 군사-행정적 역량을 겸비하여 로마와 속주(屬州)의 행정관들을 강력히 통제했기에, 수에토니우스의 칭송을 받기도 했다. 도미티아누스는 AD 96년 9월 18일에 친위대장 2명과 여러 궁정관리, 아내 도미티아 롱기나 등의 음모로 살해당했다.
네르바	AD 96년 9월 18일 - 98년 1월 27일	네르바(b. c 30)는 AD 1세기 말에서 2세기의 '5현제(賢帝)', 즉 어질고 사리가 밝아 안정적이고 제국의 번영을 이룬 황제들 중 첫째에 해당한다. 그는 AD 65년에 선출직 법무관이었는데, 네로 황제의 조언가로서 그해 일어난 음모를 성공적으로 밝힘으로써 네로의 친위대 사령관 티겔리누스가 받은 보상과 동등한 몫을 받았다. 그 후 AD 71년과 90년에 집정관을 지냈으며, 66세 때에 선임 황제 도미티아누스가 암살당하자 등극했다. 그는 빈자에게 토지를 분배하는 농지개혁을 단행하고, 제국 역사상 마지막으로 인민법(lex populi)을 시행했으며, 유대인들에게 세금을 감면했다. 네르바는 시를 좋아하고 법에 능통했으며, 사욕을 추구하지 않았지만, 위장 등이 허약해서 장기간 통치할 수 없었다.[60] 항상 원로원을 존중했던 네르바는 후계자를 확실히 정해놓기 위해, AD 97년에 게르만 속주의 총독이자 인기 있던 장군이었던 마르쿠스 울피우스 트라야누스를 양자이자 공동 통치자로 삼았다.
트라야누스	AD 98년 1월 27일 - 117년 8월 8일	트라야누스는 스페인의 세비야에 가까운 히스파니아 바이티카라는 로마 속주의 이탈리카에서 출생했다. 원로원이 '최고의 통치자(optimus princeps)'라고 공식적으로 선포한 바 있는 트라야누스는 로마 역사상 가장 대규모의 군사 활동을 이끌었으며, 사망할 때까지 로마제국의 영토를 (메소포타미아, 페르시아, 시리아, 아르메니아를 포함하여) 최대한 확장한 가장 성공적인 군인 황제였다.[61] 큰 키에 건강했던 그는 가정에 충실했기에, 부인 플로티나는 스스로 '가장 행복한 신부'라고 불렀다.[62] 그는 대규모 공공시설 사업을 주관하고(상수도, 항구, 도로, 야외극장, 광장 건축), 복지 정책 덕분에 박애주의 통치자로도 알려졌으며, 지중해 연안 세계의 평화와 번영의 시기를 구가했다(예. 알리멘타 제도, 즉 가난한 이탈리아 어린이들을 맡아서 부양하는 복지). AD 117년 말, 그는 배로 로마로 돌아가던 중에 셀리누스라는 도시에서 뇌졸중으로 64세의 일기로 생을 마감했다. 원로원은 그를 신격화했고, 트라야누스가 병상에서 양자로 받아들인 조카 하드리아누스가 계승했다.

60. Montanelli, 『로마 제국사』, 347.
61. Montanelli, 『로마 제국사』, 350.
62. Montanelli, 『로마 제국사』, 348.

네로는 자신의 마지막 거처인 '황금 궁전Domus Aurea'의 건축학적 구조를 통해 자신을 새로운 태양신 아폴로로 신격화하여 인류의 후견인으로 자처했다. 네로의 궁전 안의 팔각형 방은 마치 만신전처럼 태양의 주기를 활용하여 네로의 얼굴에 햇빛이 비취도록 설계되었다.[63]

요한이 본 10뿔은 10왕인데, 아직 나라를 차지하지 못했지만, 잠시 그 짐승과 함께 왕들처럼 권세를 받을 것이다12절. 10뿔은 한뜻이 되어 자신의 능력과 권세를 그 짐승에게 준다13절. 10뿔이 어린양과 싸우지만, 어린양께서는 "만주의 주요 만왕의 왕κύριος κυρίων ἐστὶν καὶ βασιλεὺς βασιλέων"이시므로계19:16 참조 그들을 이기실 것이며, 그분과 함께 있는 자들, 곧 부르심을 받고 택함을 받은 진실한 자들도 이길 것이다14절. 로마제국은 10개의 지역으로 나누어져 총독이 통치했기에, 10뿔은 황제에게 충성한 총독들을 가리킨다.[64] 계시록 5장 5절은 승리하신 예수 그리스도를 "유다지파의 사자, 다윗의 뿌리"라 언급한다. 그리고 계시록 5장 6절에서 어린양은 "일찍 죽임을 당한 분"이시다. 따라서 17장 14절에서 "어린양"이 아니라 "사자"가 "만왕의 왕, 만주의 주"에 어울리는 고기독론적 표현이다. 그러나 요한은 어린양을 "만왕의 왕, 만주의 주"라 부른다계19:16 참조. 어린양께서 죽임 당하신 채로 남아있지 않고 승리하신 통치자라는 사실은 계시록의 중요한 역설적 메시지이다. 그뿐 아니라 세상에서 하나님의 선교를 주관하시는 "일곱 영"은 사자의 머리가 아니라 어린양의 머리에 계신다계5:6 참조. 어린양처럼 소아시아의 교회들도 죽임을 당했지만, 그들은 그런 죽음으로써 세상 나라를 하나님 나라로 변혁시키는 승리자였다계11:15; 12:11 참조. 그런데 여기서 어린양은 예수님의 삼직 가운데 대제사장직으로 시작하여 선지자직을 거쳐 왕직으로

---

63. R. Hannah, G. Magli, and A. Palmieri, "Nero's Solar Kingship and the Architecture of the Domus Aurea," *Numen* 63/5-6 (2016), 521-522.

64. 계시록 17장 12절의 10뿔을 AD 70년 이전의 로마제국의 10황제로 보는 경우는 Jordan, 『계시록의 구속사적 연구』, 187을 참고하라. 그리고 10뿔을 고대 로마제국의 광활한 영토에서 일어날 미래에 적그리스도를 추종할 국가들이라는 주장은 J. F. Walvoord, "Prophecy of the Ten-Nation Confederacy," *Bibliotheca Sacra* 124 (1967), 105를 보라.

마무리된다. 예수님께서는 멜기세덱의 서열을 따르신 대제사장으로서 죽으셨고시110:4; 히7:17 참조, 대선지자로서 말씀의 칼을 휘두르시며시110:1; 계1:16; 19:15 참조, 대왕으로서 여러 나라의 머리와 왕들을 쳐서 심판하시고, 성부의 보좌에 거하신다창3:15; 시2:6; 8:6; 110:5-6; 마26:64; 롬8:34; 고전15:25; 히1:3 참조.[65] 소아시아 7교회는 원수의 도전과 박해 중에서라도 제사장 나라라는 정체성에 맞게 실천하면서, 무엇보다 다윗의 후손이자 멜기세덱의 질서를 따르신 예수 그리스도께서 승리하신 것을 믿고 위로와 소망을 얻어야 했다.

네로 귀환 신화를 신봉하는 자들은 10뿔을 네로를 도와 로마를 공격할 파르티아의 10태수太守로 본다. 하지만 파르티아의 지방 태수들은 14명이었다.[66] 쎄오필로스M. P. Theophilos에 따르면, '만왕의 왕βασιλεὺς βασιλέων'이라는 호칭은 BC 13세기 앗수르의 왕 투쿨티-니누르타Tukulti-Ninurta에게 처음으로 붙여진 것인데, 후대에 바벨론, 페르시아, 이집트 황제에게도 적용되었다스7:12; 겔26:7; 단2:37; 4:37 LXX; 1에녹 9:4 참조. 이 호칭은 요한 당시에 로마제국이 두려워하던 파르티아의 황제를 가리키는 표현이었음은 황제의 얼굴과 호칭이 새겨진 은 드라크마를 통해서 확인할 수 있다. 따라서 쎄오필로스는 요한이 만왕의 왕이신 예수님께서 로마제국을 물리치실 것임을 가리킨다고 주장한다딤전6:15 참조.[67] 하지만 로마제국을 위협하던 파르티아제국은 계시록의 내러티브와 신학에서 자리를 잡을 이유가 없다. 왜냐하면 네로 사후에 3황제의 짧은 통치를 통해 하나님께서 반드시 속히 로마를 심판하셨기 때문이다.

천사는 요한에게 "네가 본 음녀가 앉아 있는 물들은 백성들과 무리들과 나라

---

65. 신약성경에 가장 자주 인용된 시편 110편은 제왕시이자 메시아시인데, 구약의 문화명령, 메시아 대망, 멜기세덱을 통한 아브라함 언약, 그리고 다윗 언약(참고. 제사를 드린 다윗[삼하6:13]; 코헤님[제사장들]인 다윗의 아들들[삼하8:18])을 모두 연결한다. K. Chen, "Psalm110: A Nexus for Old Testament Theology," *Criswell Theological Review* 17/2 (2020), 50-65.

66. Stefanovic, 『예수 그리스도의 계시』, 531.

67. 쎄오필로스는 요한 당시에 파르티아 영토였던 유프라테스 강(계16:12), 네로 귀환 신화(계13:3), 활을 들고 흰 말을 탄 자(계6:2)는 파르티아제국과 연결된다고 본다. M. P. Theophilos, "βασιλεὺς βασιλέων (Rev 17.14; 19.16) in Light of the Numismatic Record," *NTS* 65 (2019), 527-531, 547-550

들과 언어들이다."라고 설명한다15절. '많은 물'은 만국, 곧 열방을 상징한다사8:7; 17:12; 57:20 참조. 실제로 요한 당시에 음녀 바벨론, 곧 디아스포라 유대인들의 영향은 회당을 통하여 로마제국 전역에 퍼졌다행2:5 참조. 그리고 구약 선지서와 유대묵시문헌은 예루살렘을 온 세상의 배꼽, 즉 중심이라 설명한다. 계시록 13장 1-10절의 바다에서 올라온 짐승과 계시록 17장의 음녀가 타고 있는 붉은 짐승은 동일하게 로마제국을 가리키는데, 이 둘 사이에 용어에 있어 병행이 많다.[68]

계시록 13장의 바다짐승	계시록 17장의 음녀가 탄 짐승
바다(13:1)	많은 물(17:1,15)
짐승	짐승(17:3,8)
권세(13:2,4,7)	권세(17:12,13)
생명책(13:8)	생명책(17:8)
7머리와 10뿔(13:1)	7머리와 10뿔(17:3,7,9,12)
이름(13:1,5,6)	이름(17:5)
머리 하나가 죽게 되었다(13:3)	있었다가 지금 없다(17:8)
바다에서 올라옴(13:1)	무저갱에서 올라옴(17:8)
들을 귀가 있는 자(13:9)	지혜자의 마음(17:9)

교훈과 적용

오늘날 불신 유대인의 속임과 악행은 무엇인가? 그리고 말과 폭력으로써 교회를 박해하는 세력은 누구이며 무엇인가? 그리고 그리스도인이 국가 권력에 무조건 굴종하는 것은 하나님의 뜻에 위배되며, 정교분리 시대에 지탄받을 행위이다.[69]

---

68. Gentry, *The Divorce of Israel*, Volume 2, 448.
69. 음녀 바벨론을 세속적 인본주의로 이해하면서 젊은 여성이 음주하는 경향으로 적용하는 경우는 이기선목사로부터 계시록을 배운 이병규, 『요한계시록』, 295-298을 보라.

2. 음녀 바벨론의 패망(17:16-18)

> "[16]네가 본 바 이 열 뿔과 짐승은 음녀를 미워하여 망하게 하고 벌거벗게 하고 그의 살을 먹고 불로 아주 사르리라 [17]이는 하나님이 자기 뜻대로 할 마음을 그들에게 주사 한 뜻을 이루게 하시고 그들의 나라를 그 짐승에게 주게 하시되 하나님의 말씀이 응하기까지 하심이라 [18]또 네가 본 그 여자는 땅의 왕들을 다스리는 큰 성이라 하더라

10뿔과 짐승은 음녀를 미워하여 망하게 하고 벌거벗겨 그녀의 살을 먹고 불로 완전히 사를 것이다16절; 참고. 미3:3-4; 4Q179. 16절의 가장 중요한 구약 간본문을 들어보자. "내가 너를 질투하니, 그들이 분노 가운데 네게 행하니, 네 코와 귀를 자르고 남은 자를 칼로 넘어뜨릴 것이며, 네 아들들과 딸들을 빼앗고 남은 자를 불에 사를 것이다. 그들이 네 옷들을 벗기고 네 장식품들을 빼앗을 것이다." 겔23:25-26. 에스겔 선지자가 음녀 이스라엘에게 임할 심판을 예고했듯이, 요한은 음녀 예루살렘이 로마 군인들에게 파멸될 것을 예고한다.[70] 그런데 요한은 성범죄자를 돌로 처형하는 방식이 아니라신22:20-24; 요8:5 참조, 음행을 저지른 제사장의 딸이 화형당한 형벌을 염두에 둔다레21:9 참조. 따라서 계시록의 독자들이 화형에 처할 음녀 바벨론의 종교적 배교를 떠올리는 것은 이상하지 않다.[71]

클링베일G. A. Klingbeil은 계시록에서 식사 은유meal metaphor가 심판과 구원의 메시지를 전달한다고 파악한다. 계시록 17장 16절과 19장 18절의 식사 은유는 열왕기상 14장 11절, 16장 4절, 21장 24절, 시편 79편 2절 그리고 예레미야 15장 3절을 간본문으로 삼는데, 하나님의 대적들의 완전한 파멸을 예고한다. 하지만 혼합주의에 빠지지 않고 이기는 이들은 잔치를 스스로 배설하지 않고, 예수님께서 주관하시는 잔치에 초대되어 먹고 마신다계3:20; 19:9; 22:17 참조.[72] 음녀의 나체 상

---

70. Lupieri, *A Commentary on the Apocalypse of John*, 278.

71. Stefanovic, 『예수 그리스도의 계시』, 538.

72. G. A. Klingbeil, "Eating and Drinking in the Book of Revelation: A Study of New Testament Thought

태가 하나님과 사람 사이의 깨어진 관계를 가리킨다면, 어린양의 신부들이 착용하는 깨끗하고 빛난 옷은 의로운 관계를 상징한다롬13:14; 골3:10; 계19:8 참조.[73]

계시록의 옷과 나체는 구약과 그레코-로마세계의 관습에 비추어 살펴야 한다. 그레코-로마세계에서 빈자는 반나체로 노동했지만, 황제는 나체로 자신의 힘과 덕을 과시했다. 고고학적 증거에 따르면, 팍스Pax나 로마Roma와 같은 여신들은 옷을 적절히 잘 차려입었는데, 계시록 17장 4절의 자주 빛과 붉은 빛 옷을 입고 사치품으로 장식한 음녀 바벨론과 달랐다. 바다짐승과 그 짐승의 10뿔은 음녀를 벌거벗겨 죽인다계17:16 참조. 정복자인 로마황제는 나체 상태의 남성으로, 피정복민은 머리가 풀린 채로 가슴이나 하반신을 드러낸 나체 상태의 여성으로 묘사된다. 황제 네로는 아르메니아를 정복한 후에 누드 상태의 남성으로서 나체 상태의 여성을 밟는 자로 묘사된다. 이것은 비문명적인 피정복민을 공적으로 수치스럽게 만드는 의도이다사20:2-4; 47:3; 렘13:25-27; 겔16:36-39; 호2:3,9; 미1:11; 나3:5 참조. 사도 요한은 로마제국의 나체 사상을 잘 알고 있는데, 그는 불신 유대인들을 벌거벗은 음녀로 묘사함으로써 공적 수치를 가한다. 하지만 요한은 계시록의 주인공인 예수님과 중요 인물들인 순교자와 144,000명 등을 나체 상태의 정복자로 묘사하지 않는다계3:4-5; 4:4; 6:11; 7:9,13-14; 19:14 참조. 참고로 쿰란공동체에 따르면, 7제사장과 7레위인은 로마군을 가리키는 깃딤과 싸울 때 흰옷을 입었다1QM; 4QM491-496; 참고. 계16:15. 요한은 신랑이신 예수님을 위해 스스로 단장하지 않고 벌거벗은 교회를 책망한다계3:17; 21:2 참조.[74]

AD 70년의 음녀 바벨론의 파멸은 베스파시아누스 황제와 티투스 장군에게는 로마 신들이 유대인들의 신을 정복한 사건이었다. 로마군은 정복할 도시를 파괴하기 전에 그곳의 신들의 이름을 불러*evocatio deorum* 정복자인 자신들에게

---

and Theology," *Journal of the Adventist Theological Society* 16/1-2 (2005), 90.

73. Räpple, *The Metaphor of the City in the Apocalypse of John*, 95.

74. 이 단락은 H. O. Maier, "Exposed!: Nakedness and Clothing in the Book of Revelation," in *Dress in Mediterranean Antiquity: Greeks, Romans, Jews, Christians*, ed. A. J. Batten and K. Olson (London: T&T Clark, 2020), 300-310에서 요약.

합류하도록 유도했다. 하지만 구약의 예언을 참고하면서 요세푸스는 유대전쟁사4.76, 6.95-102, 6.200-213, 6.252, 그리고 7.318 등에서 로마군대가 예루살렘과 사해 근처의 요새 마사다Masada를 파멸한 것을 하나님의 간섭과 범죄특히 무죄한 자를 죽임, 성전을 더럽힘, 안식일과 절기를 지키지 않음에 대한 심판이라고 간주한다유대고대사 4.189-191 참조. 따라서 요세푸스는 유대인의 패망을 로마군대의 승리로 이해하지 않는다. 예수님께서도 돌 성전의 파괴를 유대인들의 배교에 대한 하나님 아버지와 자신이 시행하신 심판으로 파악하신다마23:34-39; 24:34; 눅11:47-51; 13:34-35; 19:41-44; 21:20-24; 계1:7 참조.[75] 그런데 요세푸스와 달리 예수님께서는 유대인이 당한 파멸을 사탄의 회로부터 고난당한 성도를 신원하신 구원의 사건으로 설명하신다.

하나님께서 그들의 마음 안에 그분의 뜻을 행하도록 의지를 주셨고, 하나님의 말씀이 이루어질 때까지 10뿔이 뜻을 같이하여 자신들의 왕권을 그 짐승에게 넘겨주게 하셨다17절. 10뿔, 곧 로마제국의 식민지의 총독들도 황제에게 충성한다. 하나님께서는 악한 음녀 바벨론을 심판하시기 위해서 이방의 세력을 활용하신다사45:1 참조.[76] 이처럼 악인 역시 하나님의 뜻을 이루는 수단으로 사용된다.

요한이 본 그 여자는 땅의 왕들을 다스리는 큰 성이다18절. 디아스포라 유대인들은 로마제국 전역에 영향을 미쳤다. 악의 세력 간의 상생과 공생은 오래가지 못한다막3:26 참조.[77] 이 사실을 여호사밧 왕이 다스리던 남 유다를 침공한 모압과 암몬 그리고 세일 주민들에돔인로 구성된 연합군에게서 볼 수 있다대하20:20-23 참조. 이 때 남 유다가 자신들과 함께하신 하나님을 신뢰하며 두려워하거나 놀라지 않고 인자하신 야웨를 찬송하기 시작하자, 암몬과 모압 자손이 일어나 세일 주민들을 쳐서 진멸했고, 그 다음 암몬과 모압인들은 서로 쳐 죽였다. 승리한 남 유다 백성은 브라가 골짜기에서 야웨를 송축했다대하20:26 참조. 이것은 바다짐

75. 이 단락은 W. den Hollander, "Jesus, Josephus, and the Fall of Jerusalem: On Doing History with Scripture," *HTS Teologiese Studies* 71/1 (2015), 2-8에서 요약.

76. 신동욱, 『요한계시록 주석』, 186.

77. 송영목, "요한계시록 17-18장의 음녀 바벨론에 대한 다차원적-통합적 해석," 『신약논단』 12/1 (2005), 99-131.

승이 음녀를 죽인 후, 성도가 보좌 위의 하나님을 향하여 할렐루야 찬송을 부른 것과 유사하다계19:1-6 참조.

음녀 바벨론은 불신 유대인을 가리키므로, 유대인들은 바다에서 올라온 짐승인 로마제국에 의해서 AD 70년에 파괴된다. 힘이 더 센 악한 세력인 로마가 더 약한 세력인 예루살렘을 이용하다가 결국 진멸시켰다. 회당 중심으로 생활하던 디아스포라의 수가 약 500만 명에 달한 유대인들은 땅의 왕들을 다스리는 큰 성과 같았지만 패망하고 말았다.

계시록 17장 1절-19장 8절의 큰 성 음녀 바벨론에 임할 심판은 계시록 17장 1절-22장 5절의 '절정'은 아니다.[78] 왜냐하면 계시록의 심판 시리즈의 전개를 볼 때, 계시록 17장 1절-19장 8절은 절정을 위한 예비 단계이기 때문이다. 7인계6장, 7나팔계8-9장, 그리고 7대접계16장은 불신 유대인음녀 바벨론과 로마제국 모두에게 조속히 임할 심판을 예고한다. 그 다음 사탄의 삼위일체 가운데 가장 낮은 존재부터 우두머리가 심판받을 것을 순차적으로 보여준다. 악의 세력들 가운데 가장 낮은 존재인 음녀 바벨론이 당할 패망계17:1-19:8, 그리고 두 번째 등급의 바다 짐승이 받을 심판계19:20, 마지막으로 악의 정점에 있던 크고 붉은 용의 파멸이다계20:10. 계시록의 심판 환상에 전쟁과 군사 용어가 자주 언급되는데, 두 란드는 '거룩한 묵시적 전쟁apoksliptiese heilige oorlog'에 대해 아래와 같이 설명한다.

> 성경에는 특별히 두 종류의 묵시적 전쟁(apocalyptic wars)이 나타난다. 하나는 하나님의 백성이 하나님께서 싸우셔서 이기시는 것을 바라보는 소극적 전쟁이다(출14:13-14; 왕하19:32-35; 사37:33-36). 다른 하나는 신자가 전쟁에 적극적으로 참여하는 것이다(욜3:11; 슥14:5; 1에녹 90:19; 91:12). 요한계시록에는 이 두 가지가 다 나타난다. 적극적 전쟁은 계시록 2장 26-27절과 17장 14절(택함과 부름을 받아 어린

78. Contra R. L. Quey, "A Biblical Theology of Babylon," (Th.M. Thesis, Master's Seminary, 2016), 104-105, 110. 참고로 음녀 바벨론에게서 음행을 일삼은 이세벨(계2:20)과 하나님을 향해 부유하지 못한 라오디게아교회의 모습이 나타난다(계3:16-18; 비교 계2:9; 5:12).

양에게 신실해야 함)에서 찾을 수 있고, 소극적 전쟁은 계시록 19장 14절의 경우처럼 하늘 군대의 일원으로서 전쟁하시는 그리스도를 따라가는 것이다.[79]

그리스도인이 전쟁하시는 그리스도를 따라가는 것은 소극적인 방관자로 추종하기보다 적극적으로 싸우는 것이다.

교훈과 적용

우리에게 남아있는 예수님의 신부가 아닌 음녀의 모습은 무엇인가? 교회는 본질적으로 음녀가 아니기에, 거룩하신 신랑을 평생 닮아가는 신부 수업에 충실해야 한다. 이를 위해 예수님의 신성한 성품에 최선을 다해 참여해야 한다벧후1:4-7 참조. 그 성품은 교회당 안과 밖에서 삶으로 드러나야 한다. 교회의 일군은 더 나아가 사회 변혁의 일군이 되어야 한다.[80]

---

79. Du Rand, *Die A-Z van Openbaring*, 501.
80. 음녀 바벨론을 후식민주의 페미니즘 관점에서 주해한다고 하지만 실제로는 자의적으로 적용한 경우는 드루대학교의 C. Keller, "The Breast, the Apocalypse, and the Colonial Journey," *Journal of Feminist Studies in Religion* 10/1 (1994), 72를 보라.

요한계시록 18장

<본문의 개요>

음녀의 죄악을 기억하신 하나님께서는 두 배로 갚아주시는데, 하나님의 백성은 음녀로부터 벗어나야 한다계18:1-8. 음녀와 공생하며 이득을 보던 땅의 왕들과 상인들이 예루살렘의 유대인들의 패망을 보고 애통한다계18:9-24. 실제로 유대 집권층의 사치와 방탕은 예루살렘의 부귀영화에서 볼 수 있다. 그리고 예루살렘을 종교적인 중심지로 여겼던 디아스포라의 유대인들은 로마제국 전역에 퍼져서 활동했다.[1]

<내용 분해>

1. 음녀 바벨론의 죄악과 심판받음(18:1-8)
2. 음녀 바벨론의 파멸을 보는 사람들의 애가(18:9-24)

---

1. 계시록 17-18장의 음녀에 관한 설명은 계시록 2-3장의 7교회와도 연관된다. ① 에베소교회로부터 촛대가 옮겨짐(계2:5) - 큰 성 바벨론에 등불 빛이 비취지 않음(18:23), ② 서머나교회와 관련된 마귀, 감옥, 둘째 사망(2:10-11) - 천년왕국에 마귀가 무저갱에 들어가지만, 성도는 둘째 사망을 당하지 않음(20:2-7), ③ 버가모교회의 순교자(2:13-14) - 음녀 바벨론이 순교자의 피에 취함(17:6; 19:20), ④ 두아디라교회의 여자의 음행(2:20, 22-23) - 바벨론 음녀가 음행함(17:4; 18:6-9), ⑤ 사데교회의 회개의 시간(3:3) - 음녀에게 심판의 시간(18:10), ⑥ 빌라델비아교회는 하나님의 사랑을 받지만 그렇지 못한 사탄의 회(3:9) - 사탄의 세력이 하나님께서 사랑하시는 성을 포위함(20:9), ⑦ 라오디게아교회는 벌거벗었으므로 금을 사야함(3:17-18) - 음녀는 금으로 치장하지만 나체가 될 것임(17:4,16; 18:7). W. A. Gage, "St John's Vision of the Heavenly City," (Ph.D. Thesis, University of Dallas, 2001), 37-38.

1. 음녀 바벨론의 죄악과 심판 받음(18:1-8)

"[1]이 일 후에 다른 천사가 하늘에서 내려오는 것을 보니 큰 권세를 가졌는데 그의 영광으로 땅이 환하여지더라 [2]힘찬 음성으로 외쳐 이르되 무너졌도다 무너졌도다 큰 성 바벨론이여. 귀신의 처소와 각종 더러운 영이 모이는 곳과 각종 더럽고 가증한 새들이 모이는 곳이 되었도다 [3]그 음행의 진노의 포도주로 말미암아 만국이 무너졌으며 또 땅의 왕들이 그와 더불어 음행하였으며 땅의 상인들도 그 사치의 세력으로 치부하였다 하더라 [4]또 내가 들으니 하늘로부터 다른 음성이 나서 이르되 내 백성아, 거기서 나와 그의 죄에 참여하지 말고 그가 받을 재앙들을 받지 말라 [5]그의 죄는 하늘에 사무쳤으며 하나님은 그의 불의한 일을 기억하신지라 [6]그가 준 그대로 그에게 주고 그의 행위대로 갑절을 갚아 주고 그가 섞은 잔에도 갑절이나 섞어 그에게 주라 [7]그가 얼마나 자기를 영화롭게 하였으며 사치하였든지 그만큼 고통과 애통함으로 갚아주라 그가 마음에 말하기를 나는 여왕으로 앉은 자요 과부가 아니라 결단코 애통함을 당하지 아니하리라 하니 [8]그러므로 하루 동안에 그 재앙들이 이르리니 곧 사망과 애통함과 흉년이라 그가 또한 불에 살라지리니 그를 심판하시는 주 하나님은 강하신 자이심이라"

예레미야 애가와 바벨론의 패망을 예언한 구약 선지서들과 간본문성을 보이는렘51장 참조 계시록 18장은 11-17a절의 애곡을 중심으로 하여 아래와 같은 교차대칭구조를 보인다.[2]

A 산문형식의 도입: 천사가 큰 소리로 부름(2a절) ⇨ 노래 1(2b-3절)

B 산문형식의 도입: 하늘에서 난 다른 음성(4a절) ⇨ 노래 2(4b-8절)

C 산문형식의 도입: 땅의 임금들이 바벨론의 파멸을 바라봄(9-10a절) ⇨ 노래 3(10b절)

D 산문형식의 도입: 땅의 상인들의 애곡(11-13절) ⇨ 노래 4(14절)

D′ 산문형식의 도입: 상인들의 애곡(15절) ⇨ 노래 5(16-17a절)

2. W. A. Shea, "Chiasm in Theme and by Form in Revelation 18," *AUSS* 20/3 (1982), 252.

C′ 산문형식의 도입: 바다 사람들의 애곡(17b-19a절) ⇨ 노래 6(19b절)

B′ (산문형식의 도입: 다른 음성) ⇨ 노래 7(20절)

A′ 산문형식의 도입: 힘 센 천상의 말(21a절) ⇨ 노래 8(21b-24절)

위의 교차대칭구조와 유사하지만, 9-19절의 애가를 중심으로 하는 다른 구조도 찾을 수 있는데, 아래와 같다.[3]

A 도입: 음녀 바벨론이 파괴되기 이전의 상황(1-3절)

B 첫째 간막극interlude: 교회를 향한 호소- 내 백성아 거기서 나오라(4-8절)

C 심판 받은 바벨론의 파멸에 대한 복수複數의 악한 증인들이 부르는 애가(9-19절)

B′ 둘째 간막극interlude: 심판 받은 음녀 때문에 교회를 향한 호소- 기뻐하라(20절)

A′ 마무리: 음녀 바벨론이 파괴된 이후의 상황(21-24절)

큰 권세를 가진 다른 천사가 하늘에서 내려오는데, 그의 영광 때문에 땅이 환해졌다1절; 참고. 겔43:2-3. 이 비범한 천사를 예수님이라고 본다면, 여기에 천사기독론이 다시 등장한다.[4]

그 천사가 힘차게 "무너졌다, 무너졌다, 큰 바벨론이여! 큰 바벨론은 악령들의 거처가 되었고, 온갖 더러운 영의 소굴과 온갖 더럽고 혐오스런 새의 소굴이

3. K. A. Strand, "Two Aspects of Babylon's Judgment portrayed in Revelation 18," *AUSS* 20/1 (1982), 54.

4. Chilton, *The Days of Vengeance*, 445. 참고로 계시록에 10회 등장하는 동사 '내려가다(καταβαίνω)'는 아래와 같이 병행구조를 보인다.

A 새 예루살렘성(3:12)

B 구름을 옷 입고 두루마리를 가지신 천사(10:1)

C 마귀(12:12)

D 거짓 선지자의 불(13:13)

E 큰 우박(16:21)

B′ 영광스런 천사(18:1)

C′ 마귀를 결박한 천사(20:1)

D′ 사탄과 그의 군대를 태울 불(20:9)

A′ 새 예루살렘성(21:2,10). 참고. Leithart, *Revelation 12-22*, 215.

되고 말았다."라고 말했다2절; 참고. 렘51:37; 계14:8.[5] 여기서 '무너졌다ἔπεσεν'는 예언적 아오리스트 동사이다계14:8 참조. AD 70년에 있을 돌 성전의 파괴는 요한계시록이 기록될 당시에서 볼 때 약 3-4년 후의 사건이지만, 요한은 과거 동사를 사용하여 그 사건의 확실성을 강조한다. 이와 유사한 방식으로 구약 선지자들은 바벨론제국의 멸망을 예언했다사13:19; 46-47; 렘25:50-51; 단2:7 참조. 이 음녀가 "더러운 영들의 소굴"이라고 불린 이유는 불신 유대인들이 "사탄의 회"였기 때문이다계2:9; 3:9 참조.

파멸의 이유는 그녀의 음행의 진노의 포도주를 모든 민족이 마시고, 땅의 왕들이 그녀와 더불어 음행했으며, 땅의 상인들이 그녀의 사치 덕분에 부자가 되었기 때문이다3절; 참고. 렘25:15,27; 51:7. 역사적으로 볼 때, 유대인 디아스포라를 통하여 영적 음행이 로마제국에 널리 퍼졌다. 계시록 11장 8절에서 예수님과 두 증인이 죽임당한 예루살렘이 이집트제국에 비유되었기에, 계시록 18장 2-3절에서 그 도시가 바벨론제국으로 표상되는 것은 이상하지 않다. 포도 혹은 포도주와 관련된 구약의 메시아 본문은 창세기 49장 11-12절, 이사야 25장 6-8절, 65장 21절, 미가 4장 1-5절, 스가랴 3장 10절 등이다. 이런 본문을 종합해 보면, 종말에 예수 그리스도께서 초림하셔서 개시하실 천국은 풍요롭고 기쁜 잔치의 특성을 가지고 있다. 하지만 음녀 바벨론과 그녀와 결탁한 자들은 예수 그리스도께서 주시는 기쁨과 풍요 대신에 진노를 마신다. 하나님의 아내로 언약을 맺은 자들이 우상숭배와 영적 간음에 빠진다렘2:5; 겔6:9; 16장; 23장; 호11:8-9; 막8:38; 약4:4 참조. 그런데 여기서 페미니즘의 주장과 관련하여 주의할 사항이 있다. 그것은 구약의 음녀 이미지를 이어받아 메시지를 전하는 사도 요한이 남자에게 순종하는 착한 여자와 그렇지 않은 나쁜 음녀와 같은 여자로 편을 가르는 여성 혐오주의자 misogynist가 아니라는 사실이다.[6]

---

5. 계시록 18장과 예레미야 50-51장의 간본문성은 D. E. Aune, *Revelation 17-22*, WBC (Nashville: Thomas Nelson Publishers, 1998), 983을 보라.
6. R. S. Schellenberg, "Seeing the World Whole: Intertextuality and the New Jerusalem (Revelation 21-22),"

요한은 하늘에서 나는 큰 음성을 들었다. "내 백성아, 그녀에게서 나오라. 너희가 그녀의 죄들에 참여하지 않고, 그녀가 받을 재앙들을 받지 않도록 하기 위함이다."4절. 구약성경은 의인은 심판 받을 악인들의 모임에서 떠나야 할 것을 거듭 촉구 받은 바 있다창19:12-13; 사48:20; 렘51:6-8 참조.[7] 그리스도인은 음녀 바벨론에서 나와서 그녀의 범죄에 동참하다가 심판을 자초하지 말아야 한다. 하지만 그리스도인은 이 음녀와 담쌓고 그녀를 외면할 수 없다. 왜냐하면 계시록의 심판 시리즈에서 볼 수 있듯이, 하나님께서는 이 음녀의 회개를 염두에 두고 계시기 때문이다. 감람산강화에서 예수님께서는 제자들에게 AD 70년 사건 이전에 '도망하라'고 경고하신 바 있다마24:16 참조.

이 음녀의 죄들은 하늘에까지 닿아 하나님께서 그녀의 불의한 일들을 기억하셨다5절. 죄들이 하늘에까지 닿은 것ἐκολλήθησαν αἱ ἁμαρτίαι ἄχρι τοῦ οὐρανοῦ은 최악의 범죄를 강조하는 관용적 표현이다에9:6; 욘1:2 참조. 하나님께서는 악인의 죄악된 여러 행위를 자세히 기억하신다계16:19 참조. 하나님께서 선행과 악행을 기억하신다는 사실은 느헤미야서에 빈번히 소개된다. 유대인들은 예루살렘의 성벽 재건을 방해한 산발랏과 도비야가 아니라 지극히 크시고 두려우신 주님을 기억해야 하며느4:14, 하나님께서는 느헤미야가 총독의 녹을 요구하지 않고 희생하며 섬긴 것을 기억하시며느5:19, 느헤미야는 성전 제사의 회복을 위해 레위인들을 위하여 십일조를 바치도록 유대인들에게 적절한 조치를 취한 후 "내 하나님이여 이 일로 말미암아 나를 기억하옵소서"라고 기도했고느13:14,31, 대제사장 엘리아십의 손자 중 한 명이 호론 사람 산발랏의 사위가 되어 제사장의 직분을 더럽

Perspectives in Religious Studies 33/4 (2006), 471. Contra 방영미, "요한묵시록에 나타난 여성 이미지 연구: 12, 17장에 대한 종교사회학적 분석," 133-134, 148.

7. 계시록 18장 4절이 그리스도인의 정결과 분리된 삶 그리고 사탄이 지배하는 타락한 이방 세상과의 단절을 가르친다면, 이방인의 사도 바울의 고린도전서 5장 9-10절은 세상에의 참여를 가르친다는 주장은 D. L. Barr, "Jezebel and the Teachings of Balaam: Anti-Pauline Rhetoric in the Apocalypse of John," *Perspectives in Religious Studies* 45/2 (2018), 160-162를 보라. 하지만 계시록의 요절인 11장 15절은 세상과의 단절이 아니라 세상 속에서의 선교적 교회를 강조한다.

혔기에 하나님께서는 그들의 악행을 기억하셨다느13:28-29. 따라서 구약과 신약시대에 하나님께서는 선행과 악행을 기억하셔서 각각 보응하신다.

"너희는 그녀가 너희에게 준 대로 그녀에게 갚아주라. 그리고 너희는 그녀의 행위를 따라 두 배로 갚아주라. 그리고 너희는 그녀가 섞은 잔 안에, 두 배로 진하게 섞어 그녀에게 주라."6절. 하나님의 백성은 '거룩한 분노'로써 심판자 하나님을 대신하여 심판을 행한다.[8] 그러나 이 말씀은 교회가 복음의 원수를 직접 처단하라는 명령이라기보다, 하나님께서 심판을 시행하시도록 하라는 의미로 보는 것이 자연스럽다. 가차 없이 두 배로 보복하는 행위는 구약에 여러 차례 언급되었다출22:4,7; 사40:2; 렘16:18; 17:18; 슥9:12 참조.

유동기에 의하면, 예레미야 25장 및 50-51장의 고대 바벨론의 멸망과 계시록 18장의 음녀 바벨론의 멸망 사이에 언어와 주제적 간본문성이 다음과 같이 나타난다. ① 심판자이신 하나님의 절대 주권, ② 심판의 확실성, ③ 심판의 이유, ④ 심판의 상징들술잔, 애곡, 물에 빠진 큰 돌, ⑤ 심판의 결과, 그리고 ⑥ 하나님 백성의 환희. 따라서 요한은 자신이 본 환상을 구약 간본문의 표현 및 신학과 비교하여 계시록의 독자의 상황에 적용하는 능력을 갖추었다고 볼 수 있다.[9] 동시에 계시록 14장 8, 10절과 17장 2절-19장 3절이 설명하는 음녀 바벨론의 파멸은 아래와 같이 이사야의 예언과 다중적인 간본문성을 가진다.[10]

---

8. P. G. R. de Villiers, "Die Ontmaskering van die Bose: Eksegetiese Perspektiewe op Geweld in Openbaring 18," *HTS Teologiese Studies* 64/4 (2008), 1889.
9. 유동기, "요한계시록의 종말적 바벨론과 예레미야가 보도하는 바벨론의 관계에 관한 연구," 『신약논단』 23/4 (2016), 1151, 1169.
10. D. Mathewson, "Isaiah in Revelation," in *Isaiah in the New Testament*, ed. S. Moyise and M. J. J. Menken (Edinburgh: T&T Clark, 2007), 198.

계시록 14장 8-11절; 17장 2절-19장 3절	이사야 21, 23, 34, 47, 52장
14장 8절 "무너졌도다 무너졌도다 큰 성 바벨론이여"	21장 9절 "함락되었도다 함락되었도다 바벨론이여"
14장 10절 "그 고난의 연기가 세세토록 올라가니"	34장 10절 "그 연기가 끊임없이 올라갈 것이다(에돔)"
17장 2절 "땅의 임금들도 그와 더불어 음행하였고"	23장 17절 "온 땅의 나라들과 음행할 것이다(두로)"
18장 2절 "무너졌도다 무너졌도다 큰 성 바벨론이여"	21장 9절(13:21; 34:11-14) "함락되었도다 함락되었도다 바벨론이여"
18장 3절 "땅의 왕들이 그와 더불어 음행하였으며"	23장 17절 "온 땅의 나라들과 음행할 것이다(두로)"
18장 4절 "내 백성아, 거기서 나와"	52장 11절(참고. 48:20) "너희는 떠나라, 떠나라 거기서 나오고"
18장 7-8절 "나는 여왕으로 앉은 자요 과부가 아니라"	47장 8절 "나는 과부가 되어 살지 않을 것이며"
18장 9절 "그와 함께 음행하고 사치하던 땅의 왕들이"	23장 17절 "온 땅의 나라들과 음행할 것이다(두로)"
18장 23절 "너의 상인들은 땅의 왕족들이라"	23장 8절 "그의 무역상들은 땅에서 존경을 받는 자들이었던(두로)"
19장 3절 "그 연기가 세세토록 올라가더라"	34장 10절 "그 연기가 끊임없이 올라갈 것이다(에돔)"

그런데 이사야서 중앙 부분은 바벨론제국은 물론, 에돔과 두로의 멸망도 예언했다. 결과적으로 이 세 나라의 파멸의 이미지가 종합적으로 큰 성 음녀 바벨론의 파멸에 등장한다. 그만큼 예루살렘 성의 파괴는 하나님의 엄중한 심판이었다.

하늘의 음성은 계속 말한다. "그녀가 자신을 영화롭게 하고 사치한 만큼, 너희는 그녀에게 그 정도의 고통과 슬픔으로 갚아주어라."7a절. 이 음녀는 '이생의 자랑', 곧 자신이 성취한 업적에 도취되었다요일 2:16 참조. 이 음녀에게 냉정히 갚아주어야 할 이유가 이어진다. "왜냐하면 그녀는 자기 마음속으로 '나는 여왕으로서 앉아 있고, 나는 과부가 아니며, 나는 결코 슬픔을 보지 않을 것이다.'라고 말하기 때문이다."7b절; 참고. 창3:5; 사47:8-9. 라오디게아교회도 스스로 부족함이 없는 부자라고 자만했는데계3:17 참조, 교만은 하나님께서 싫어하시는 것으로 패망의 지름길이다잠6:17; 16:18 참조. 그런데 7절의 명령을 들은 청자가 하늘의 천사들 혹은 로마군대라면, 하나님의 백성이 음녀에게 고통과 슬픔으로 친히 갚는 것은 아니다.[11]

영원한 '여왕'으로 자처한 불신 유대인들은 자신들의 극구 부인에도 불구하고 과부 신세로 전락한다. 두 란드는 과부 이미지에 담긴 의미를 다음과 같이 설명한다. 과부의 이미지는 슬픔과 고독인데, 예레미야 선지자가 예루살렘의 파괴 후에 지은 애가에서 확인할 수 있다애1:12 참조. 결혼이 복과 온전함이라면, 과부의 상태는 공허함, 쓰라림 그리고 상실이 결합된 것이다.[12] 구약과 신약에서 음녀 바벨론과 같은 이스라엘 백성은 음행 때문에 신랑이신 하나님께로부터 버림받아 이혼증서를 손에 받은 과부와 같다렘3:8 참조.

하루 만에 그녀의 재앙들이 닥칠 것인데, 죽음과 슬픔과 기근과 불에 타버릴 것이다. 왜냐하면 그녀를 심판하시는 주 하나님께서는 강하신 분이시기 때문이다8절; 참고. 레21:9; 렘14:12; 단4:17. "하루 사이에"는 문자적으로 '24시간 안에'라는 의미가 아니라 급작스러운 심판을 가리킨다. 합성동사 '불탈 것이다κατακαυθήσεται'는 완전히 타버린다는 강한 의미이다마3:12 참조.[13]

---

11. Chilton, *The Days of Vengeance*, 450. 참고로 계시록 18장 1절-19장 10절은 예수님께 결속되기 위해 바벨론에서 나오라는 권면(18:4-8)을 중심으로 교차대칭구조를 보인다는 주장은 J. J. Barreda Toscano, "Come out of Her, My People: The Hope of Those who suffer because of Corruption (Revelation 18:1-19:10)." *Journal of Latin American Theology* 12/2 (2017), 67, 77을 보라.
12. Du Rand, *Die A-Z van Openbaring*, 511-512; Montanari, *The Brill Dictionary of Ancient Greek*, 1054.
13. Matthewson, *Revelation*, 244. 참고로 계시록 17장 14절-19장 21절은 계시록 18장 1-8절(음녀 바벨론의 파멸)을 중심으로 하여 아래와 같이 교차대칭구조를 보인다.
    A 어린양을 대적한 전쟁(17:14-15)
    B 바다짐승과 10뿔이 음녀를 대적함(17:16-18)
    C 음녀 바벨론의 파멸(18:1-8)
    B' 음녀 바벨론을 향한 애가(18:9-19:10)
    A' 백마 타신 어린양의 전쟁(19:11-21). 참고. Leithart, *Revelation 12-22*, 284.

구약의 이스라엘 백성은 고대 근동의 여러 제국을 사랑하고 의지하여 배교에 빠졌다. 그 악한 길을 신약의 음녀 바벨론인 배교한 유대인들이 따랐다. 유대인들이 힘 센 짐승인 로마제국과 결탁하여 영적 음행을 일삼았기에, 하나님 께서는 힘세고 음란한 로마제국을 사용하여 유대인들을 심판하셨다.[14] 또한 하나님께서는 음녀 바벨론의 힘센 연인인 로마제국도 심판하실 것이다.[15] 음녀 바벨론은 로마제국에 구애 공세를 폈지만, 결국 소위 '토사구팽兎死狗烹' 당하고 말았다. 참고로 요셉과 아세넷 21장 21절과 계시록 18장의 간본문성은 아래와 같다.[16]

요셉과 아세넷 21장 21절	계시록 18장
나는 범죄하였나이다. 오 주님, 나는 범죄하였나이다.	나는 여왕으로 앉은 자요 과부가 아니라 결단코 애통하지 않을 것이다(18:7).
하나님의 강한 사람 요셉이 오기 전까지 나는 범죄하였나이다.	큰 성 바벨론이 던져질 것이다(18:21).
요셉은 교만한 나를 끌어내려 겸손하게 만들었나이다.	더러운 영들과 더러운 새들의 처소(18:2)
요셉은 자신의 아름다움과 지혜와 정신과 힘으로 나를 사로잡아 영원하신 하나님께로 이끌었나이다.	스스로 취한 영광과 사치 그만큼 그녀에게 고통과 애통을 주라(18:7).
나는 요셉이 준 생명의 떡을 먹고 지혜의 잔을 마시면서 그의 영원한 아내가 되었습니다.	하루 안에 사망, 애통, 기근의 재앙이 임하며, 강하신 주 하나님이 그녀를 심판하심(18:8)

헬레니스틱 유대교 소설인 요셉과 아세넷은 이방 제사장의 딸 아세넷이 요셉을 만나 개종하는 사건을 그린다창46:20 참고. 이 소설에 의하면, 우상숭배와 교만에 빠진 아세넷은 요셉을 만난 후 범죄를 회개하고 하나님께로 돌아왔다. 하지만 큰 성 음녀 바벨론은 회개하지 않고 파멸로 치닫고 만다. 따라서 이 두 본문 사이에 대조되는 간본문성이 나타난다.

---

14. Moloney, "The Book of Revelation," 8; Reynolds, "Intercultural Hermeneutics," 99, 106.
15. Contra 계시록에서 다루는 것은 로마가 아니라 (배교의 위험에 빠져있는) 그리스도인의 교회와 유대인의 교회(사탄의 회)라고 주장하는 Van der Waal, 『반더발 성경연구 3: 복음서에서 예언서까지(마태복음-요한계시록)』, 601.
16. Blackwell et als (ed), *Reading Revelation in Context*, 143.

교훈과 적용

교회는 악의 세력에 동조하지 말며, 그들과 구별되게 살거나 때로 분리되어야 한다. 교회는 세상 속에 악인과 공존하면서도 동화되지 말아야 하는데, 공존의 목적은 세상 나라를 하나님 나라로 변혁하는 것이다. 이를 위해 세상 속에 있는 교회의 형편을 성찰하면서, 세상과 단절되려는 경향과 주류에 편승하려는 편리주의를 경계해야 한다.[17]

사람의 영과 육은 긴밀하게 유기적으로 연결된다. 따라서 영적 음행은 쾌락을 섬기는 육체적 음행과 무관하지 않다. 남동침례신학교의 리덜바흐M. Liederbach는 오늘날 성 상품화의 집약된 형식이 빅토리아 시크릿Victoria's Secre에 나타난다고 본다. 빅토리아 시크릿은 육체적 아름다움을 최종 목표로 제시하고, 인간의 내면과 외면을 아우르는 통전적 미美를 얕은 차원으로 왜곡하며, 이기적이고 육감적 욕망만 자극할 뿐이다.[18]

2. 음녀 바벨론의 파멸을 보는 사람들의 애가(18:9-24)

"⁹그와 함께 음행하고 사치하던 땅의 왕들이 그가 불타는 연기를 보고 위하여 울
고 가슴을 치며 ¹⁰그의 고통을 무서워하여 멀리 서서 이르되 화 있도다 화 있도
다 큰 성, 견고한 성 바벨론이여 한 시간에 네 심판이 이르렀다 하리로다 ¹¹땅의

17. 한태현, "요한계시록에서 '이교도적 사회로부터 이탈하라'와 '예수 그리스도의 증인으로 서라'라는 두 메시지의 관계성에 대한 예배적 이해," 181.

18. M. Liederbach, "What Is Sexy?: Exploring the Question of How a Biblical Ethic of Worship Shapes One's View of Sex and Sexuality," *Southeastern Theological Review* 7/1 (2016), 62. 참고로 고등 교육을 받았으며 여신 이시스(Isis)로 자처한 클레오파트라 7세(BC 69-30)는 율리우스 시저와 마크 안토니 등과 정사를 벌이며 성적 방종에 빠졌다. 마크 안토니와 더불어 소아시아에 거주한 바 있는 그녀는 그곳에서 이시스 숭배를 장려했다. 그러나 BC 31년의 악티움 전투 이후로 소아시아는 새로운 통치자 아우구스투스 황제를 숭배했기에, 점차 이시스 숭배는 소원해졌다. AD 1세기 로마의 시인 루칸(Lucan)은 클레오파트라가 이집트를 휘어잡고 로마를 향해 음녀처럼 처신했다고 부정적으로 묘사했다. 그러나 클레오파트라의 신격화와 음행 그리고 패망을 계시록 18장과 연결하려면 더 확실한 역사적 근거가 필요하다. K. H. Valentine, "Cleopatra: New Insights for the Interpretation of Revelation 17," *Evangelical Quarterly* 87/4 (2015), 317-323.

상인들이 그를 위하여 울고 애통하는 것은 다시 그들의 상품을 사는 자가 없음
이라 12그 상품은 금과 은과 보석과 진주와 세마포와 자주 옷감과 비단과 붉은
옷감이요 각종 향목과 각종 상아 그릇이요 값진 나무와 구리와 철과 대리석으로
만든 각종 그릇이요 13계피와 향료와 향과 향유와 유향과 포도주와 감람유와 고
운 밀가루와 밀이요 소와 양과 말과 수레와 종들과 사람의 영혼들이라 14바벨론
아 네 영혼이 탐하던 과일이 네게서 떠났으며 맛있는 것들과 빛난 것들이 다 다
없어졌으니 사람들이 결코 이것들을 다시 보지 못하리라 15바벨론으로 말미암아
치부한 이 상품의 상인들이 그의 고통을 무서워하여 멀리 서서 울고 애통하여 16
이르되 화 있도다 큰 성이여 세마포 옷과 자주 옷과 붉은 옷을 입고 금과 보석과
진주로 꾸민 것인데 17그러한 부가 한 시간에 망하였도다 모든 선장과 각처를 다
니는 선객들과 선원들과 바다에서 일하는 자들이 멀리 서서 18그가 불타는 연기
를 보고 외쳐 이르되 이 큰 성과 같은 성이 어디 있느냐 하며 19티끌을 자기 머리
에 뿌리고 울며 애통하여 외쳐 이르되 화 있도다 화 있도다 이 큰 성이여 바다에
서 배 부리는 모든 자들이 너의 보배로운 상품으로 치부하였더니 한 시간에 망
하였도다 20하늘과 성도들과 사도들과 선지자들아, 그로 말미암아 즐거워하라.
하나님이 너희를 위하여 그에게 심판을 행하셨음이라 하더라 21이에 한 힘 센 천
사가 큰 맷돌 같은 돌을 들어 바다에 던져 이르되 큰 성 바벨론이 이같이 비참하
게 던져져 결코 다시 보이지 아니하리로다 22또 거문고 타는 자와 풍류하는 자와
퉁소 부는 자와 나팔 부는 자들의 소리가 결코 다시 네 안에서 들리지 아니하고
어떠한 세공업자든지 결코 다시 네 안에서 보이지 아니하고 또 맷돌 소리가 결
코 다시 네 안에서 들리지 아니하고 23등불 빛이 결코 다시 네 안에서 비치지 아
니하고 신랑과 신부의 음성이 결코 다시 네 안에서 들리지 아니하리로다 너의
상인들은 땅의 왕족들이라. 네 복술로 말미암아 만국이 미혹되었도다 24선지자
들과 성도들과 및 땅 위에서 죽임을 당한 모든 자의 피가 그 성 중에서 발견되었
느니라 하더라"

계시록 18장 1-24절은 아래의 교차대칭구조가 보여주듯이, 애가哀歌가 저자의 사고의 중앙에 위치한다.[19]

19. K. A. Strand, "Some Modalities of Symbolic Usage in Revelation 18," *AUSS* 24/1 (1986), 38.

A 서론(죄악된 바벨론의 파멸을 예고; 1-3절)

B 간막극(심판당할 바벨론에서 나오라는 외침; 4-8절)

C 애가(바벨론의 파멸을 보는 왕들과 상인과 선원들의 애곡; 9-19절)

B′ 간막극(기뻐하라는 외침; 20절)

A′ 결론(바벨론의 파멸을 그림처럼 생생하게 묘사함; 21-24절)

음녀 바벨론과 더불어 음행하고 사치하던 땅의 왕들이 그녀가 불타는 연기를 보고 울고 애곡할 것이다9절. 그레코-로마 세계에서 슬픔과 애곡哀哭은 불명예였으며, 이 단락에서도 마찬가지이다. 하나님께서 음녀와 그녀와 연계된 모든 자들에게 심판과 수치를 가하신다. 음녀 바벨론은 피후견인들에게 음행이라는 서비스를 제공하는 '수치스런 후견인'이다.[20]

땅의 왕들은 음녀가 받는 고통이 두려워 멀찍이 서서 말한다10a절. "화 있도다, 화 있도다, 큰 성, 강한 성, 바벨론아! 삽시간에 너의 심판κρίσις이 임했다."10b절; 참고. 계16:7; 19:2. "삽시간", 곧 "한 시간μιᾷ ὥρᾳ"은 17절과 19절에도 등장하여 음녀 바벨론에게 갑작스럽게 임할 심판을 강조한다.

왕들에 이어 상인들도 애가를 부른다.[21] 땅의 상인들이 그녀 때문에 울고 슬퍼할 것인데, 아무도 더 이상 그들의 물건을 사지 않기 때문이다11절. 상인이 거래한 상품 목록은 금과 은과 보석과 진주들과 고운 베와 자주색 옷감눅16:19 참조과[22] 비단과 붉은 옷감과 온갖 향나무와 온갖 상아 그릇과 매우 값진 나무와 구

---

20. 일부 아프리카 부족들이 아내나 딸을 친구나 방문객에게 제공함으로써 환대를 표현하는 잘못된 관행의 문제점과 올바른 성 교육에 대해서는 M. E. Baloyi, "Sex as an Expression of Hospitality: Theological Investigation amongst Some Africans," *Koers* 81/2 (2016), 3-7을 보라.

21. 참고로 사도 요한 당시의 총독 플리니(Pliny)는 로마제국과 인도, 중국, 그리고 아라비아의 무역 규모를 1억 세스테르시스(2조 5천억 원)로 추정했다. Aune, *Revelation* 17-22, 999. 참고로 동아시아인으로서 민중신학과 후식민주의를 결합하여 계시록 18장에서 로마제국의 글로벌 독점 자본주의를 비판하면서, 오늘날 글로벌 신자유주의 시장경제 체제를 비판한 경우는 밴더빌트대학교의 R. Park, Revelation for Sale: An Intercultural Reading of Revelation 18 from an East Asian Perspective," *The Bible & Critical Theory* 4/2 (2008), 2-9를 보라.

22. 로마제국에서는 자주 옷감은 네로 황제와 같은 이가 착용했고, 그리고 유대인들 가운데는 최고 권력자가 입었

리와 철과 대리석으로 만든 물건이다12절; 참고. 계17:4; 유대전쟁사 5.36, 212-13; 6.390. 헤롯 궁의 언덕에서 발굴된 꽃장식을 늘어뜨린 보석이 달린 화려한 금귀고리와 동물사자, 소, 스라소니의 머리 모양이 장식된 다른 패물들은 헤롯 가문 왕자들의 장신구였다.[23] 참고로 유대-로마전쟁에서 승리한 베스파시아누스와 그의 장자 티투스 Titus는 AD 71년에 있었던 개선 행렬에서 비단옷을 입었다유대전쟁사 7.126 참조.[24]

음녀, 곧 집권층 유대인들의 사치 물품의 목록은 계속 등장한다. 계피와 향료와 향과 향유몰약와[25] 유향과 포도주와 올리브기름과 고운 밀가루와 밀과 소와 양과 말과 마차와 노예들과 사람들의 목숨이다13절; 참고. 유대고대사 15.390. 두로의 무역물품 가운데 15개가 계시록 18장 12-13절과 중복된다겔27:12-24 참조. 따라서 예루살렘은 마치 '열국의 시장'이라 불린 두로와 같다사23:3 참조.[26] 음녀 바벨론인 유대인들은 '사람들의 목숨', 즉 노예무역에도 가담했다. 참고로 로마인들은 네로를 비롯한 황제들과의 관계를 노예-주인의 관계로 이해했는데, 세네카의 『관용론*De Clementia*』에 따르면, 일반 평민은 황제의 정치적 노예 상태에 놓였기에 황제의 손에 그들의 목숨이 달렸다.[27] 그리고 요한 당시 로마제국의 고위 군사 관료들인 기사 계층은 5,000명, 원로원은 600명이었는데, 원로원 회원이 되기 위

다. 자주 옷은 부와 권력을 동시에 상징한다. 류호성, "자색 옷에 관한 역사적 고찰(눅 16:19-31)," 『신약논단』 19/1 (2012), 13, 30.

23. J. Briend and M. Quesnel, 『성서시대의 일상생활』, *La Vie Quotidienne aux Temps Bibliques*, 안영주 역 (서울: 성서와 함께, 2020), 62.

24. Ford, *Revelation*, 299, 305.

25. 총독 플리니에 의하면, 로마제국에서 몰약 1파운드 중량(329그램)은 11-16.5데나리온, 유향은 6데나리온이었다. 참고. Aune, *Revelation* 17-22, 1001. 참고로 계시록 18장 12-14절을 중심으로 하는 계시록 18장의 교차대칭구조는 Leithart, *Revelation 12-22*, 226을 보라.

26. 심지어 유대인 제사장들 간의 빈부격차와 수탈도 발생했다. 성전의 보물과 재산을 관리했던 산헤드린과 친 로마적 제사장 관료들은 1년에 고작 2주간 동안만 예루살렘 성전에서 직무를 수행한 제사장들을 조직적으로 착취했다. AD 66-70년의 제1차 반란 때, 가난한 유대인들은 제일 먼저 예루살렘으로 가서 빚 문서를 소각했고 귀족 관료들을 살해했다. Lupieri, *A Commentary on the Apocalypse of John*, 290; Wallace Jr., *The Book of Revelation*, 381; Kakwata, "An Inquiry into Socio-Historical Factors contributing to Poverty within the Early Church in Palestine," 5-6.

27. O. P. Sobrino, "Seneca and Paul embrace Slavery under Nero's Regime: Politics as Context," (Ph.D. Thesis, University of Florida, 2022), 20-28.

해서 재산은 25만 데나리온 이상이어야 했다. 그리고 유대전쟁사 6.5.2에 의하면, 셀 수 없는 양의 돈과 의복과 상품이 예루살렘 성전 창고에 쌓여 있었다. 실제로 이런 28혹은 29개 물품 가운데 다수는 예루살렘 성전과 제사에 사용되었다 눅21:5; 유대전쟁사 5.5.4-6 참조.[28] 솔로몬 왕 이래로 예루살렘은 국제적인 무역 도시였다 왕상10:14-29 참조.[29]

계시록 18장 12-13절의 28혹은 29 물품은 예루살렘 성전, 헤롯 왕 그리고 대제사장의 사치 물품인데, 에스겔 16장 9-12절 그리고 호세아 2장 3절의 음녀 예루살렘의 치장과 유사하다. 헤롯 왕궁의 1년 예산은 1,000달란트였는데, 1달란트는 6,000데나리온이므로 오늘날로 환산하면 약 6천억 원에 다다른다.[30] 그리고 요한 당시에 유대인 20세 이상 모든 남자가 성전세를 납부했다면, 요즘 시세로 약 4천억 원에 달한다. 금왕상6:20-35 참조, 은출26:19-32 참조, 보석출25:7 참조과 같이 계시록 18장 12-13절의 물품 중 다수는 성막성전과 관련된 물품이다출25:3-7; 28 참조.[31]

---

28. Leithart, *Revelation 12-22*, 225-228; 송영목, "요한계시록의 재물관," 『그 말씀』 9월호 (2010), 100-111; Chilton, *The Days of Vengeance*, 455. 참고로 제6대 황제 네로는 1년 동안 이집트에서 장미를 수입하는 데 10만 달러를 지불했고, 제9대 황제 비텔리우스 황제는 10개월 집권 시기에 잔치 비용으로 약 2천만 달러를 소비했다. 김철손, 『요한계시록』, 330.
29. Ford, *Revelation*, 305; contra Johnson, *Triumph of the Lamb*, 256.
30. Briend and Quesnel, 『성서시대의 일상생활』, 258.
31. 계시록 18장 12-13절의 주요 간본문은 에스겔 16장 1-22절이다. 야웨께서 태어나자마자 버려진 여자 아기를 데려다 키우시고 계속 사랑을 베푸신다(겔16:1-9). 수놓은 옷을 입히고, 물돼지 가죽신을 신기고, 가는 베로 감싸고, 비단으로 덧입히신다(10절). 이것은 이스라엘의 왕족처럼 꾸며주시는 것이다. 수놓은 옷, 가는 베, 명주는 제사장과 성막과 관련된 재료이다. 그러므로 이스라엘 백성이 여호와께서 계시는 성막이 될 것이라는 의미이다(출26:36; 27:16 참조). 그리고 야웨께서 패물을 채우고 팔고리를 손목에 끼우고 사슬을 목에 둘러 주신다(11절). 또한 코걸이, 귀고리, 화려한 면류관을 씌우신다(12절). 이스라엘은 고운 밀가루와 꿀과 기름을 먹고, 극히 고와서 왕후의 자리에 이르렀다(13절). 고운 밀가루와 꿀과 기름은 만나 혹은 소제와 같은 제사를 생각나게 한다. 이제 이스라엘은 여호와를 섬기는 제사장 나라가 된다. 이스라엘의 아름다움 때문에 명성이 이방인 중에 퍼졌으니, 야웨께서 주신 영광으로 화려함이 완벽했기 때문이다(14절). 예루살렘은 피투성이가 된 채 버려진 여자 아기에서 화려하고 아름다운 왕비의 지위로 신분의 변화를 경험한다. 그러나 이스라엘은 자신의 화려함을 믿고 행음하고 만다(15절). 이스라엘은 의복으로 색스러운(gaudy) 산당을 만들고 행음했는데, 이런 일은 전무후무했다(16절). 여호와께서 주신 금, 은 장식품으로 남자 우상을 만들어 행음한다(17절). 신부 이스라엘이 신랑 하나님에게서 선물로 받은 예물을 가지고 다른 남자와 음행하고 만 것이다. 하나님께서 입혀주신 수놓은 옷으로 우상에게 입히고, 기름과 향을 우상에게 바친다(18절). 하나님께서 먹으라고 주신 고운 밀가루와 기름과 꿀을 우상에게 바친다(19절). 심지어 자녀를 우상에게 불살라 바친다(20절; 참고. 왕하16:3; 17:17; 21:6;

구약시대부터 소아시아와 같은 디아스포라 유대인들은 성전세를 예루살렘 성전에 바쳤다. 유대인의 중심지인 예루살렘의 부와 무역은 성전 제사와 연결된다유대전쟁사 6.6.2 참조. 셀 수 없는 돈과 의복 그리고 상품이 성전 창고에 보관되었기에, 성전은 유대인 전체의 부가 쌓여 있던 곳이었다눅16:19; 유대전쟁사 6.5.2 참조. 그리고 성전에는 십일조와 첫 소산물로 바친 가축, 새, 곡물, 향, 과일 등이 있었다. 심지어 부자들은 성전 창고에 고가 가구를 보관했다. 따라서 예수님의 성전 청결은 대제사장과 상인들의 결탁정경유착, 종경유착에 대한 심판의 행위였다요2:13-22 참조. 모세의 율법에 따르면, 창녀가 번 돈과 개 같은 자의 가증한 소득은 어떤 서원하는 일이든지 하나님의 전에 가져오지 말아야 했다신23:18; 계22:15 참조.

아프리카와 아시아의 교차지역에 위치한 예루살렘은 천연 자원이 부족했기에 구약의 족장 당시 및 솔로몬 때 국제무역에 의존했다창37:25-28; 왕상5장; 9:26-28 참조. 예루살렘 주변에서 포도와 올리브와 밀을 생산했지만, 생산량이 적어 해외로부터 수입했다. BC 1세기 말경 작품 "위僞 아리스테아스"에 따르면, 가자, 아스글론, 욥바와 같은 항구에 인접한 예루살렘은 수입 물품으로 넘쳤다. 계시록 18장 12-13절처럼 야고보서는 팔레스타인에 살면서 지중해를 무대로 하여 활동한 악하고 부유했던 국제 상인들을 암시하는데약1:8,11; 3:4; 4:13; 5:4-5 참조, AD 1세기에 팔레스타인은 아라비아, 인도, 그리고 이집트의 알렉산드리아를 연결하는 요충지로서 로마제국의 무역에 중요했다.[32]

헤롯 대왕이 건설한 지중해 연안의 가이사랴는 헬라문화를 도입하여 경마장과 같은 시설을 갖추었다. 헤롯 왕궁도 헬라식 장식으로 꾸며졌고, 헤롯 대왕은 예루살렘도 헬라화된 도시로 변모시키려 했다. 부자들은 헬라식 프레스코와 모자이크 바닥, 포도주 저장설비 등을 저택에 갖추었다. 아그립바 2세는 레바논에서 목재를 수입하여 성전을 보수했다유대고대사 16.5.1. 일부 유대인들이 부를 독점

23:10). 이스라엘은 자신이 어렸을 때 벌거벗은 것을 기억하지 않고 가증한 일과 음란을 행하고 만다(22절).

32. 임진수, "야고보서의 경제윤리," 『신학과 세계』 50 (2004), 103-104, 112.

했기에, AD 70년에 예루살렘 성전이 파괴된 후에 부자를 약탈하고 빚 문서가 불태워졌다유대전쟁사 2.17.6. 그리고 성전이 파괴된 후 금이 많이 유통되었기에, 시리아에서 금값이 폭락했다유대전쟁사 6.6.1. 티투스 장군은 '예수'라는 제사장으로부터 은으로 만든 촛대와 탁자와 그릇을 받았다유대전쟁사 6.8.3. 구약시대에 이스라엘에는 외국인 노예가 있었는데레25:46; 스2:64 참조, BC 3세기 파피루스에 의하면, 예루살렘의 어떤 바위 위에서 노예 경매가 방해받지 않고 이루어졌다.[33] AD 70년에 유대인 중에서 수천 명이 노예로 팔려갔다.[34] 예루살렘에서 노예는 일반 상품처럼 취급되어 경매되었다. 참고로 종교와 경제가 분리되기 이전 시대에 특별히 물질적 부유함을 누린 라오디게아 교인들은 부유한 음녀 바벨론이 당하는 심판을 들으면서 교훈을 얻어야 했다계3:17 참조.[35] 플라톤과 같은 고대 세계의 철학적 관점에서 볼 때, 음녀와 상인들의 탐욕과 사치는 만족할 줄 모르는 인간의 욕망을 이용한 악덕들이다.[36] 자기 재물을 의지하고 부유함을 자랑하는 자는 남에게 재물을 남겨 두고 떠나기에, 그는 멸망하는 짐승과 같으며 사망이 그에게 목자이다시49:6-14; 겔28:5 참조.

사도 요한 당시에 로마제국의 제2대 도시이자 무역항 알렉산드리아의 약 50만에 달하는 인구 중 약 30%는 '상인商人'과 동의어로 불린 유대인들이 차지했다. 그 도시의 비유대인들은 무역과 상업에 종사하기 위해 유대교로 개종하기도 했다. "로마제국의 모든 무역 중심지들에는 다 합쳐서 수백만 명에 이르는 유대교 신자들이 있을 정도로 유대교는 확산했으며, 수천 킬로미터에 이르는 통신 네트워크를 형성했다. 유대인의 운명은 로마제국과 분리될 수 없었다."[37] 그러므로 큰 성 음녀 바벨론이 많은 물, 즉 로마제국 위에 앉아 경제는 물론 종교적으로 영향을 미친 것은 사실이다계17:1 참조. 이처럼 로마제국에서 종교와 경

---

33. Briend and Quesnel, 『성서시대의 일상생활』, 185.
34. Gentry, *The Divorce of Israel*, Volume 2, 539-551에서 요약.
35. Koester, *Revelation*, 735.
36. Räpple, *The Metaphor of the City in the Apocalypse of John*, 144, 146-147, 162.
37. 박이랑, "유대인과 반유대주의," 『마르크스21』 26 (2018), 153.

제가 하나였음은 유대인들의 활동을 통해서도 확인할 수 있다. 집권 유대인들의 사치와 방탕 못지않게, 로마의 집권층과 시민권자의 사치도 잘 알려져 있다.

> 로마 작가 플리니(Pliny)는 부유한 로마시민권자가 소유했던 27개 품목을 모은 바 있는데, 계시록 18장 12-13절과 18개나 겹쳤다. 이런 현상은 오늘날에도 새롭지 않은 물질주의적 태도를 보여준다. 물품 목록을 더 잘 이해하기 위해, 다음과 같이 6개의 범주로 나누기도 한다. 보석과 금속, 사치스런 직물, 고가(高價)의 목재와 건축 자재, 양념과 향품, 식량, 인간과 동물. 이 가운데 보석과 금속 중에서 금은 스페인에서 수입했고, 스페인에서 수입한 은은 높은 신분을 상징했다. 보석은 인도에서 수입했으며, 진주는 홍해 근처 지역과 인도에서 수입했다. 다이아몬드도 보석처럼 간주되었다. 진주는 로마제국에서 전형적인 사치품이었다. …… 마지막 범주는 인간과 동물이다. 로마인들은 소고기보다 양고기를 더 선호했다. 가축은 고강도 노동에 활용되었으며(쟁기질, 식목, 추수), 우유 생산을 위해 중요했다. 양모는 양고기보다 더 중요했다. 말은 주로 전쟁용 마차를 위해 활용되었고, 마차는 수송용이었다. 금으로 덮인 마차는 오늘날의 페라리와 같이 값어치 있었다! 노예무역은 악명 높았다. 부자들의 지위는 그들이 소유한 노예의 수에 달렸다. 노예들은 전쟁 후 전리품으로 분배되었다.[38]

음녀의 영혼이 탐내던 열매ὀπώρα σου τῆς ἐπιθυμίας τῆς ψυχῆς가 그녀에게서 떠났고, 온갖 사치스럽고 화려한 것들이 음녀에게서 망했기에, 사람들이 다시는 그것들을 볼 수 없을 것이다14절; 참고. 사4:19-24. 이 구절은 마치 하나님처럼 되려고 선악을 알게 하는 과일을 따 먹었다가 실낙원을 경험했던 하와를 연상시킨다창 3:5 참조. '영혼의τῆς ψυχῆς'는 사람의 혼魂만 가리키지 않고 전인全人을 가리킨다벧전

---

38. Du Rand, *Die A-Z van Openbaring*, 515, 522.

1:9 참조. 음녀의 영과 육이 탐욕을 부린 것은 우상숭배이다골3:5; 요일2:16 참조. 이에 대해 하나님께서 구약에서 이미 경고하신 바 있다. 한 예로, 이사야 선지자는 가옥에 가옥을 이으며 전토에 전토를 더하여 빈틈이 없을 정도로 1인 다주택자 및 토지를 과다 매입하는 자들에게 임할 심판을 예언했다사5:8-9 참조. 구약 이스라엘에서 희년 정신을 무시한 채 부자가 재산을 늘리는 것은 빈자의 희생을 감수한 결과이다.[39] 부익부 빈익빈의 현상은 하나님의 거룩함이라는 속성이 사랑과 정의로 완성됨을 무시하는 처사이다레11:44; 19:18; 사5:16; 벧전1:16,22 참조.

바벨론 때문에 부자가 된 상인들이 그녀의 고통을 무서워하며 멀리 서서 울고 슬퍼하며15절, "화 있도다, 화 있도다, 큰 성이여! 고운 베옷과 자주색 옷과 붉은색 옷을 입고, 금과 보석과 진주로써 꾸몄는데16절, 그렇게 많던 재물이 삽시간에 파멸되어 버렸다."라고 말할 것이다17a절.[40] 따라서 음녀 바벨론은 자신으로부터 유익을 얻은 자들에게 영원한 후견인이 되지 못한다. 한때 후견인이었던 자가 더 이상 그 역할을 감당하지 못한다면 수치였다.

상인들을 이어 선장과 선원들도 애가를 부른다. 모든 선장과 선객들과 선원들과 바다에서 일하는 사람들도 멀리 서서17b절, 그녀를 태우는 연기를 보고, "그 큰 성과 같은 성이 어디 있었는가?"라고 외쳤다18절; 참고. 겔27:25-36. 그리고 그들의 머리에 티끌을 뿌리고수7:6; 욥2:12; 애2:10 참조 울며 애통하면서, "화 있도다, 화 있도다, 큰 성이여! 바다에 배를 가진 모든 자들이 그녀의 부요함 덕분에 부자가 되었건만, 그녀가 삽시간에 파멸되었기 때문이다."라고 말했다19절. '울고 슬피 외쳤다κλαίοντες καὶ πενθοῦντες'는 둘 다 현재 분사형이므로, 계시록의 독자들은 바벨론의 죄악과 파멸을 더 실감나게 느낄 수 있었을 것이다.[41] 음녀 바벨론은 바다와 연결된 바 있다계17:15 참조. 구약에서 이스라엘이 하나님께 신실했을 때 열방이

---

39. 참고. 송영목·이은수, "성경적 사회복지와 기본소득 연구," 『영산신학저널』 56 (2021), 60-80.

40. 계시록 18장 9-10절(왕들의 애가)과 18장 17b-19절(선원들의 애가)이 18장 11-17a절(상인들의 애가)을 감싼다는 교차대칭구조는 Beale, 『요한계시록. 하권』, 1489를 보라. 그러나 계시록 18장의 애가에서 선원들이 왕들이나 상인들보다 더 중요한 것은 아니다.

41. Wall, *Revelation*, 217.

지혜와 무역을 위해 예루살렘으로 몰려들었다신28:12; 왕상10:23-25 참조. 그러나 이스라엘이 배교했을 때, 그런 이방 국가와의 무역은 우상숭배에 빠지게 했던 걸림돌이 되었다.[42] 레이하르트는 음녀 바벨론, 곧 유대인들과 무역을 한 상인들과 선원들을 유대교를 전파할 일종의 선교사들로 본다.[43] 유대인들이 맘몬숭배에 빠진 데는 종교지도자들의 책임이 크다. 사두개인은 현세주의자였고, 바리새인은 돈을 사랑하면서 번영신학을 설파했다.

음녀 바벨론과 상생했던 자들의 애가를 요한 당시의 후견인-피후견인 관습에서 이해할 필요가 있다. 명예로운 후견인은 피후견인에게 필요를 계속 공급할 수 있어야 하고, 피후견인은 후견인에게 명예를 돌려야 했다. 하지만 애가에서 보듯이, 더 이상 음녀 바벨론은 명예로운 후견인이 아니다.[44]

계시록 18장은 음녀 바벨론의 파멸이라는 무거운 주제를 다루지만, 20절의 분위기는 오히려 밝다. "하늘과 성도와 사도와 선지자들이여! 그 여자 때문에 기뻐하라"20a절. 이 명령은 마치 장례식에서 기뻐하는 것과 같은 역설적인 시나리오와 같다.[45] 거만하게 하나님을 대적하는 권력과 부는 결국 낮아져서 수치를 당하게 된다신32:39; 삼상2:7-10; 눅1:51-52 참조.

그런데 왜 하나님의 백성은 기뻐해야 하는가? "왜냐하면 하나님께서 너희를 위하여 그 여자를 심판κρίμα하셨기 때문이다."20b절; 참고. 계17:1. 음녀에게 임한 심판은 박해받던 성도가 드린 기도에 공의로우신 하나님께서 응답하신 것인데,

---

42. Chilton, *The Days of Vengeance*, 458.

43. Leithart, *Revelation 12-22*, 225; contra 계시록 18장의 음녀를 1세기의 로마제국의 경제적 불평등이 반영된 미래 종말에 등장할 바벨론으로 간주하는 Kakwata, "An Inquiry into Socio-Historical Factors contributing to Poverty within the Early Church in Palestine," 8.

44. Barr, "John's Ironic Empire," 25. 참고로 계시록은 경계선을 긋는 책(boundary book)이다. 요한은 음녀와 이세벨, 발람과 니골라당, 그리고 용과 바다와 땅 짐승들을 부정한 대상으로 비난하는 데 주저하지 않는다. 그런 수사학적 기법은 1차 독자들에게 실제로 경계선 강화라는 화효효과(perlocutionary effect)를 가져다주었을 것이다. S. D. Moore, "Retching on Rome: Vomitous Loathing and Visceral Disgust in Affect Theory and the Apocalypse of John," *Biblical Interpretation* 22/4-5 (2014), 519-521.

45. Räpple, *The Metaphor of the City in the Apocalypse of John*, 101.

계시록의 수신자는 공적 예배 중에 계시록을 듣고 기도함으로써 하나님의 구원과 심판의 역사를 다시 확신했을 것이다.[46] 20절의 중요한 구약 간본문을 들어보자. "하늘과 땅과 그 안에 있는 모든 것이 바벨론 때문에 기뻐할 것이니, 파멸시키는 자가 북쪽에서 올 것이기 때문이다. 여호와의 말씀이다."렘51:48. 예레미야 선지자는 구약 바벨론제국의 파멸을 예언했는데, 계시록에서는 불신 유대인들, 즉 큰 성 음녀 바벨론의 파멸로 성취된다. 그리고 다른 간본문은 신명기 32장 43절이다. "너희 민족들아 주의 백성과 즐거워하라. 주께서 그 종들의 피를 갚으사 그 대적들에게 복수하시고 자기 땅과 자기 백성을 위하여 속죄하시리로다." 예수님을 구주로 믿는 유대인들과 이방인들은 주님의 백성이며 그분께서 신원伸冤해 주시는 종들이다. 이런 기쁨과 찬양에 대한 명령 때문에 계시록 19장 1-6절에 "할렐루야ἁλληλουϊά"가 4회 등장한다. "할렐루야"는 신약성경에 계시록 19장에만 등장한다.

또한 한 힘센 천사가 맷돌처럼 큰 돌을 들어 바다에 던지며, "이와 같이 큰 성 바벨론이 폭력적으로 던져질 것이며, 결코 다시는 보이지 않을 것이다."라고 말했다21절. 맷돌이 바다에 가라앉는 것은 회복이 불가한 완전한 파멸을 가리킨다출15:3-5; 렘51:63; 겔26:21 참조. 환언하면, 요한은 음녀의 심판을 무거운 돌이 바다에 신속하고도 확실하게 가라앉는 이미지로 묘사한다마21:21 참조. 21절의 "힘 센 천사"는 계시록에서 세 번째이자 마지막으로 등장한다계5:2; 10:1 참조.

또 거문고 타는 자들과 노래 부르는 이들과 피리 부는 이들과 나팔 부는 이들의 소리가 다시는 네 안에서ἐν σοὶ 들리지 않고, 어떤 세공업자도 네 안에서 다시는 보이지 않을 것이며, 맷돌소리도 다시는 네 안에서 들리지 않을 것이다22절; 참고. 겔28:13.[47] 22절에 전치사구 "네 안에"와 "결코 아니οὐ μὴ"가 각각 3회씩 반

46. 중성 명사 κρίμα에 '심판'과 더불어 '정의'라는 의미가 있는 것은 자연스럽다. 신동욱, 『요한계시록 주석』, 195; Montanari, *The Brill Dictionary of Ancient Greek*, 1177.

47. 계시록 18장 21-24절은 22절 하반부의 "맷돌 소리가 결코 다시는 네 안에서 들리지 않을 것이다."를 중심에 둔 교차대칭구조를 보인다는 주장은 De Villiers, "Die Ontmaskering van die Bose," 1872를 보라.

복된다. 이런 반복은 큰 음녀 바벨론의 철저한 파멸을 강조한다. 그런데 22절에서 3인칭에서 2인칭으로 바뀌는 이유는 암시 구절인 에스겔 26장 13절의 영향으로 보인다.[48] "네 노래 소리를 그치게 하며, 네 수금 소리를 다시 들리지 않게 하고." 모든 즐거움과 수고는 헛되며, 노동과 생산성은 사라진다. 따라서 파괴될 음녀의 성을 재건하는 것도 불가능하게 된다.[49] 음악대상25장 참조과 세공 기술출31:1-11; 왕하5장 참조 그리고 맷돌대하3:1 참조은 예루살렘 성전의 특징이다.[50]

음녀 바벨론성 안에는 등불 빛도 비치지 않을 것이며, 신랑과 신부의 목소리도 들리지 않을 것이다. 왜냐하면 네 상인들이 땅의 권세가들이었고 모든 나라들이 네 점술에 속았기 때문이다23절; 참고. 시78:63; 렘7:33; 25;10. 등불대상4:19-22 참조과 언약의 관계인 혼인겔16:1-14 참조은 예루살렘 성전의 특징이다.[51] 상인들이 땅의 권세가들개역개정: "왕족들"이라 불리는 이유는 맘몬숭배라는 경제 논리가 정치조차 삼켜버렸기 때문이다. 실제로 예루살렘 성전은 경제적 부정을 일삼는 유대 종교 지도자들에 의해 장사하는 집으로 전락한 지 오래되었다요2:16 참조. 그 음녀가 행한 '점술φαρμακεία'에서 명사 '약국pharmacy'이 유래했는데, 계시록 9장 21절에서 하나님의 재앙을 초래한 원인으로 유사한 명사φάρμακον가 등장한다계21:8; 22:15 참조.[52]

바벨론이 심판받은 이유는 선지자들과 성도와 땅에서 죽임을 당한 모든 자들의 피가 그 성 안에서 발견되었기 때문이다24절; 참고. 왕하9:7; 겔24:6; 마23:35. 즉 음녀가 철저히 파멸될 수밖에 없었던 결정적 이유는 그녀가 성도를 죽였기 때문이다눅13:33-34 참조. 음녀 예루살렘은 마치 번제물처럼 완전히 불타버릴 것이다사34:9-10 참조.[53] 점술, 곧 복술卜術은 유대인과 그레코-로마세계에서 비난받을 행위

48. Persson, *A Semantic and Structural Analysis*, 207.
49. 신동욱, 『요한계시록 주석』, 196.
50. 이기흔, "요한계시록의 바른 이해," 101-102; Chilton, *The Days of Vengeance*, 464.
51. Chilton, *The Days of Vengeance*, 464.
52. Stefanovic, 『예수 그리스도의 계시』, 551.
53. Ford, *Revelation*, 307.

였으며, 음녀가 실제로 활용하기도 했다.[54] AD 1세기의 박해와 순교상황은 구약 선지자들의 고난의 연속선상에 있었고, 2세기의 박해로 이어졌다. 그리스도인이 하나님의 밀이 되어 짐승들의 송곳니에 의해 찢기고 가루가 된다면, 그 사람은 예수 그리스도를 위한 순수한 빵이 된다이그나티우스; 참고. 요12:24. 그러므로 "성찬에서 하나님의 빵을 먹는 것과 야외극장에서 한 알의 밀처럼 떨어져 가루가 되는 것 사이의 거리는 멀지 않았다."[55]

요한은 큰 성 음녀 바벨론과 새 예루살렘성 신부를 대조하는데, 이 둘 사이에 장벽을 높이 세워서 경계선을 강화한다.[56] 이런 경계선이 허물어지면 교회는 예수님의 신부이자 제사장 나라 그리고 이기는 자라는 정체성을 상실하고 만다. 한 걸음 더 나아가 정체성을 상실한 교회는 세상을 하나님 나라로 변혁시키는 공공선교적 사명을 완수할 수 없다. 고레스 대왕이 BC 539년 10월에 바벨론제국을 정복할 것을 예언한 예레미야서는 계시록 18장의 음녀 바벨론의 행태에 관한 간본문이다. 이 둘의 상관성을 요약하면 다음의 표와 같다.[57]

계시록 18장	간본문의 내용	예레미야서
18:2a	바벨론의 갑작스런 파멸	51:8
18:2b	잿더미가 될 바벨론	51:37
18:3	세상을 오염시키는 금잔 같은 바벨론	51:7
18:4	바벨론에서 나와서 구원을 받아라	51:6
18:5	하늘에 달한 바벨론의 죄와 고통	51:9
18:6	바벨론이 행한 대로 갚아주라	50:29

54. Koester, *Revelation*, 724.

55. N. V. Mosoiu, "All who desire to live a Godly Life in Christ Jesus will be persecuted (2 Tm 3:12): An Eastern Orthodox Perspective on Persecutions and Martyrdom," *HTS Teologiese Studies* 75/4 (2019), 6.

56. DeSilva, *Seeing Things John's Way*, 78.

57. Du Rand, *Die A-Z van Openbaring*, 525-526. 참고로 음녀 바벨론제국이 남 유다를 패망시킨 방식과 페르시아제국이 바벨론제국을 멸망시킨 방식은 유사하다. 선지자 예레미야는 남 유다와 바벨론제국의 패망을 미리 유사한 방식으로 예언했다. Dearman, *Jeremiah, Lamentations*, 409, 413.

18:8	그러나 그들의 보호자는 전능하시다. …… 바벨론은 무너질 것이다 ……	50:32 51:58
18:20	하늘과 땅은 바벨론의 파멸로 인해 기뻐하라	51:48
18:21	이렇게 바벨론은 파멸되어 일어나지 못한다.	51:64
18:22c-23b	…… 복과 즐거운 …… 혼인 잔치 ……	25:10
18:23b	나는 바벨론을 멈출 것이다 …… 혼인 잔치의 즐거움이 사라진다.	7:34
18:24	사람들을 걸려 넘어지게 만든 바벨론	51:49

계시록의 음녀 바벨론과 구약의 아합 왕의 아내인 이세벨 사이에도 간본문성이 나타난다계2:20 참조. 이 둘의 상관성을 요약하면 아래의 도표와 같다.[58]

음녀 바벨론	구약의 이세벨
성적 부도덕과 우상숭배로 고발을 당함, '땅의 음녀들과 가증한 것들의 어미'라 불림(계17:5); 땅의 임금들과 거기 사는 자들과 음행함(17:2)	성적 부도덕과 우상숭배로 고발당함, 음행과 우상숭배에 빠짐(왕상18:19; 왕하9:22)
성도와 예수님의 증인들을 박해함(17:6)	야웨의 선지자들을 박해함(왕상18:13; 왕하9:7)
끔찍한 죽음의 심판이 예고됨; 짐승에게 살이 먹히고 불타서 계시록에서 가장 극적으로 파멸을 당함(17:16)	끔찍한 죽음의 심판이 예고됨, 짐승에게 살이 먹히고 신체 일부만 남아서 구약에서 매우 극적으로 파멸을 당함(왕하9:33-35)
여왕처럼 앉음(18:7)	왕비, 태후(왕상16:31; 왕하10:13)
복술을 행함(18:23)	복술(כֶּשֶׁף)을 행함(왕하9:22)
부와 사치를 누림(17:4; 18:12-13), 과부가 아니라고 선언했지만 재앙을 당함(18:7-8)	여왕처럼 부와 사치를 누림; 과부가 됨(왕하9:31)

요한은 구약의 바알 숭배자였던 이세벨과 그녀의 심판을 연상시키는 방식으로 큰 성 음녀 바벨론을 묘사한다. 구약을 잘 알고 있던 계시록의 1차 독자들은 하나님께서 음녀 바벨론의 악행을 반드시 심판하실 것을 기대했을 것이다. 그

---

58. Leong, "Windows to the Polemics against the so-called Jews and Jezebel in Revelation," 279, 290.

리고 1차 독자들은 성적 부도덕과 영적 및 신체적 음행 그리고 복술을 멀리하며, 또한 자신들 속에 교회의 대적과 같은 요소가 남아있는지 점검해 보았을 것이다.[59]

교훈과 적용

음녀 바벨론의 사치와 달리 그리스도인은 환경을 보호하면서, 절제된 윤리적인 소비문화를 만들어야 한다. 이스라엘 백성이 광야에서 매일 만나를 거둔 사건은 노동과 안식의 균형 그리고 분배를 강조하는데, 이 사실은 새 언약의 백성이 탐욕을 버리고 약자와 강자가 서로를 돌보면서 윤리적 소비를 할 것을 교훈한다출16장; 고후8:13-15 참조. 하나님께서는 코로나19와 같은 전염병을 통해, 자본에 절대 가치를 두고 시장에서 무한대로 욕망하던 맘몬숭배자들을 심판하신다계18:12-20 참조. 이런 전염병의 시기에 그리스도인은 세상 권력에 기생하는 정치화된 교회와 진정성이 결여된 예배를 회개해야 하며, 연예인과 스포츠에 열광하며 온갖 엔터테인먼트를 우상화한 죄를 회개해야 한다사1:12-13; 계18:22-23 참조.[60]

만나를 필요 이상으로 거두면 썩어 버리는데, 그것은 음식물 쓰레기와 같은 환경오염을 유발한다. 또한 광야에서 경작하거나 거주지를 건축하여 환경을 오염시키지 말아야 했던 사실은 문화명령창1:28 참조을 수행해야 할 현대 교회에게 환경 윤리를 가르친다.[61]

경제 및 자본만능주의와 빈익빈 부익부가 심화되고 있는 신자유주의 시대에 그리스도인은 경제 정의와 인권과 같은 복음의 공공성에 더 관심을 가져야 한다.[62] 이를

59. 음녀는 이미 에덴동산에서 볼 수 있다. 하와는 아담을 돕는 배필이 아니라, 하나님께서 자기의 남편인 아담에게 주신 가르침을 배우지 않고 불순종했다. 하와는 사탄을 도와 그의 아내, 곧 음녀의 역할을 수행하고 말았다(딤전2:11-15 참조). 송재영, “목회자의 소명과 현실적 이슈,” (한국동남성경연구원 특별 여름세미나 발제 글, 진주삼일교회당, 2021년 7월 5일), 12.

60. “Is This a Judgment?” (https://theopolisinstitute.com/leithart_post/is-this-a-judgment/; 2020년 4월 16일 접속).

61. J. M. Vorster, “‘Go out and gather Each Day …’: Implications of the Ethics of Exodus 16 for Modern Consumerism,” *Koers* 76/1 (2001), 177-181.

62. Moon, *A Missional Approach to the Marketplace*, 25; DeSilva, *Seeing Things John's Way*, 74. 참고로 “나 같은 죄인 살리신”은 노예 선장 출신 존 뉴톤(1725-1807)이 영국교회의 목사가 되지 15년 후인 1779년에 작사한 “Amazing Grace”이다(찬송가 305장). 뉴톤목사는 24세에 회심한 후에도 계속 노예무역(계18:13)에 종사

위해서 아크라선언2004이 천명한 대로, 경제활동의 과정과 분배의 정의를 위해 무한 경쟁을 통한 맘몬숭배를 경계하고, 하나님께서 노아를 통해 맺으신 영원한 세상 보존에 관한 언약도 기억해야 한다.[63] 나아가 하나님 나라와 복음 그리고 구원에 담긴 통전성을 기억해야 한다. 또한 그리스도인은 신앙의 내면화와 사사화 그리고 개교회 중심주의에 함몰되지 않도록 주의해야 한다. 일상에서 범죄로 인한 애가哀歌 대신, 순종과 승리의 삶으로써 아가雅歌를 부르자.[64]

했다. 그는 38세에 영국교회 목사가 된 후, 노예 철폐를 위해 헌신했다. 참고. W. E. Phipps, "Amazing Grace in the Hymnwriter's Life," *Anglican Theological Review* 72/3 (1990), 306-312.

63. J. J. Graafland, "Market Operation and Distributive Justice: An Evaluation of the ACCRA Confession," *IDEAS Working Paper Series from RePEc* (2008), 2-3, 6. 참고로 J. Taffin이 프랑스어로 쓴 요한계시록 주석(1609)을 화란어로 번역한 G. Udemans가 동인도회사를 통해 해외 선교에 힘쓴 시도는 C. Knegt, "That Christ be Honored: The Push for Foreign Missions in the Seventeenth-Century Reformed Church in the Netherlands," *Puritan Reformed Journal* 10/2 (2018), 270-274를 보라.

64. 2019년 7월초, 일본은 일제의 강제 징용을 반성하기는커녕 한국에 경제 제재를 통해 보복했다(계13:17 참조). 20세기 이래로 경제 제재(economic sanction)가 부쩍 늘었는데, 자원과 기술이 무기가 되었기 때문이다. 그러나 통계상 경제 제재는 제재받는 국가의 중하층민의 고통을 가중시키고, 세대가 지나더라도 반감을 강화하고, 대화를 통한 해결을 더 어렵게 만들 뿐 효율적이지 못한 잔인한 행동이다. 예를 들어, 1960년대 영국에서 독립한 짐바브웨가 경제제재를 당했을 때, 국민의 고통은 가중되었지만 결국 경제성장을 이루었다. 그리고 1977-1994년까지 국제사회는 아파르트헤이트 정책을 일삼은 남아공에 무기 무역을 금지했는데, 오히려 남아공은 무기 개발을 통해 국산화했다. 그러나 안보가 위협받는 상황이라면 군사-정치-경제적 제재는 불가피하고 정당한데, 성경은 자기 방어권을 인정한다. 제2차 세계대전 무렵, 미국이 일본에 석유 수출을 금지하자 일본 군부의 공격성이 자극을 받아 진주만 공습으로 이어진 사건을 톺아볼 필요가 있다. 경제제제와 성경적 경제윤리의 상관성에 대한 연구는 아직도 거의 없다. 여기서 그리스도인이 수행해야 할 문화명령은 세상에 구원의 영향(redeeming influence)을 미치는 것임을 기억해야 한다(엡5:16 참조). 자국의 안보가 위협받지 않는 상황에서 단지 타국의 결정에 불만을 품고 경제제재를 단행하는 것은 타인의 의지와 행동을 굴복시키려는 반(反) 문화명령적 행위이다. 하이델베르크 교리문답 제111문은 제8계명 "도둑질하지 말라."를 인간관계 속에서 정의와 평화를 촉진하려는 노력, 즉 이웃의 유익을 위해 노력하라는 적극적 명령으로 이해한다. 성경적 경제윤리를 제쳐두고서라도, 일반 경제윤리도 객관적인 도덕과 덕에 기반해야 하지 않는가! 이를 위해 하나님께서 세우신 통치자와 지도자는 정의와 긍휼을 사랑하면서 겸손히 하나님과 동행해야 마땅하다(미6:8 참조). 원수가 주리면 먹을 것을 제공하여 원수의 머리에 숯불을 올리는 게 성경적 경제윤리이다(잠25:21-22; 롬12:20 참조). 원수 관계, 곧 깨어진 관계에도 불구하고, 길 잃은 원수의 소를 발견하면 원수에게 돌려주는 것이 성경적 경제 원칙이다(출23:4 참조). 이런 노력이 있다면 하나님께서 나쁜 관계조차 예상치 못한 방법으로 회복하실 것이다. 예수님의 제자는 자비를 실천하면서 선으로 악을 이겨야 한다(롬12:21 참조). 성경적 윤리에서 볼 때 하나님의 사랑과 정의가 시행되는 나라가 선진국이다. 노회나 총회에 '경제윤리분과'를 두어 이런 현안에 대해 성명서를 발표하여 그리스도인의 실천 방향을 제시할 필요가 있다. 참고. H. J. G. Zandman, "Economic Sanctions: An Ethical Primer," *In die Skriflig* 42/3 (2008), 531-547에서 요약.

로마제국은 물론 불신 유대인들도 노예제도를 지지함으로써 인권을 유린했다. 2020년 5월 말, 미니아폴리스에서 경찰의 무리한 진압으로 인해 흑인 조지 플로이드George Floyd가 질식사함으로써 전 세계적 인권 시위Black Lives Matter가 벌어졌다. 성령님께서는 성경 기록자들에게 숨을 불어넣으셨고, 신약교회를 숨 쉬게 하신다요 20:21-22; 딤후3:16. 성령님의 숨이 머무는 그리스도인은 하나님의 형상인 인간의 존엄성이 회복되도록 노력을 기울여야 한다.[65] 계시록 18장은 무엇보다 유대인들에게 임할 심판을 예고하므로, 로마제국이나 현대의 세상을 일차적으로 염두에 두지 않는다.

불행하게도 계시록을 이러한 관점(부분적 과거론 중에서 불신 유대인을 향한 언약적 심판)에서 해석하는 사람들은 대세를 거스르는 자들이다. 왜냐하면 사람들은 우주적인 속죄와 온 지구상에 걸쳐 임할 큰 재앙에 관하여 새로운 것을 듣기를 소망하고 있기 때문이다. 그러나 그들은 불충한 교회에 임할 언약적 진노와 하나님의 심판에 관해서는 관심이 없다. …… 초대교회는 로마의 황제를 적그리스도로 보지 않았다. 계시록이 혁명과 해방의 신학을 가르친다고 생각하는 함정에 빠져서도 안 된다.[66]

사도 요한은 로마제국의 죄악상도 중요하게 다루지만,[67] 미래에 무서운 모습으로 등장할 적그리스도와 그의 세계 통치는 사도의 관심사가 아니다. 최승락은 한국교회가 하나님 나라의 의와 공평을 추구하면서골4:1 참조, 제국의 그늘과 영향에서 벗어날

---

65. 참고. J. C. van der Merwe, "'N Narratief vir Kerk-Wees Vandag." *HTS Teologiese Studies* 70/1 (2014), 8-13. 참고로 찬송가인 586장 "어느 민족 누구게나"(1845)는 미국 시인이자 사회 비평가 그리고 하버드대 언어학 교수를 역임한 J. R. Lowell(1819-1891)이 작사했다. 목사의 아들로 태어나 하버드대 법학박사(LL.D.) 출신인 그는 노예제도 폐지와 멕시코-미국 전쟁 반대를 위해 아내와 함께 활동했다. 이 찬송가 가사는 총 18절로 된 시 "오늘날의 위기(The Present Crisis)"의 제5-6절과 18절에서 발췌했다(1848). 제5절 중간은 하나님의 새 메시아께서 꽃이 피고 지게 하시며, 양과 염소를 심판하신다고 언급한다. 이 시의 마무리는 다음과 같다. "우리 메이플라워호를 겨울 바다에 띄워 담대히 항해하라. 피 묻고 녹슨 열쇠로 미래의 문을 열려고 하지 말라." Lowell은 노예의 피로 대변되는 약자의 희생을 통해 유익을 추구하지 않는 새로운 나라를 꿈꾸었다. 그 후 마틴 루터 킹은 설교와 연설에서 이 찬송시를 종종 인용했다. 그리고 2021년 2월 11일, 도널드 트럼프 대통령의 제2차 탄핵 판결 시, 미국 하원의 (안식교 흑인) 목사인 Barry Black 박사가 이 찬송가를 개회 기도에서 인용했다. 참고. https://hymnary.org/text/when_a_deed_is_done_for_freedom (2022년 10월 29일 접속).
66. Van der Waal, 『반더발 성경연구 3: 복음서에서 예언서까지(마태복음-요한계시록)』, 602, 605.
67. Contra Van der Waal, 『반더발 성경연구 3: 복음서에서 예언서까지(마태복음-요한계시록)』, 611.

것을 아래와 같이 촉구하는데, 이것은 계시록 18장의 메시지와 접맥한다.

> 이 시대에 우리 사회 속에서도 기존 질서의 변두리에 놓인 이주민이나 탈북정착민, 장애인들, 권력과 돈과 연줄로 구성되어 돌아가는 사회 속에서 항상 배제의 자리에 놓이는 사람들을 향하여 '의와 공평'이 잘 실현되도록 하는 일에 새 창조의 구현체인 교회가 늘 앞장서야 한다. …… (지금 한국교회는) 새로운 평등과 샬롬 사회의 비전을 제시하기보다 오히려 왜곡된 복의 개념이나 번영신학 등을 통해 자본주의의 환상 유지와 증폭에 앞장서 왔다. …… 오늘날 한국 땅에서 기독교는 특히 사회정의와 관련하여 그 주도권을 이미 빼앗긴 상태에 있다. 과연 기독교는 다시 그 주도권을 회복할 수 있을 것인가? 그것을 위해서는 우리가 극복해야 할 선제조건들이 너무나 많다. 우리 안에 깊이 파고들어 와 있는 이 시대의 '제국'이 불러일으킨 환상과 잉여 향락의 본질을 직시하고 그것을 스스로 거부 및 탈주하는 데서부터 우리의 발걸음이 시작되어야 한다.[68]

하나님의 선교*missio Dei*를 달성하려면, 예수 그리스도의 본을 따라 정의를 구현하는 사람의 선교*missio hominum*가 선결 조건이다.[69] 코람데오를 따르는 그리스도인의 삶에서 이신칭의justification가 완성되는 중요한 하나의 지점은 삶의 전 영역에 정의justice가 구현되는 것이다.

---

68. 최승락, "지젝의 사회정의론에서 바라본 바울 이해," 『신약논단』 24/2 (2017), 372, 376.
69. J. S. Thinane, "Missio Hominum for Social Justice in South Africa: From Missio Dei to Missio Hominum," *HTS Teologiese Studies* 77/4 (2021), 5-6.

요한계시록 19장

<본문의 개요>

하나님께서 악인을 심판하신다면 교회에게는 구원이 된다. 교회는 공의로 심판하신 하나님을 찬송해야 한다계19:1-5. 현재와 미래적 특징을 동시에 가지고 있는 종말론적인 어린양의 혼인 잔치에 성도는 참여한다계19:6-10. 어린양의 잔치에서 힘을 받은 성도는 그리스도의 군대로 세상을 섬기며 정복해야 한다계19:11-16. 결국 그리스도의 승리는 교회의 승리가 된다계19:17-21.

계시록 19장의 이전 문맥은 성도는 심판받을 큰 성 음녀 때문에 즐거워하라는 명령이다계18:20. 계시록 19장의 이후 문맥은 바다짐승과 거짓 선지자를 부렸던계19:20 크고 붉은 용이 감금되는 것이다계20:2. 그러므로 문맥상 계시록 19장에서 앞 내러티브에서 예고된 감사와 승리의 찬송이 불려지고, 백마 타신 분과 그분의 군대에 의해 사탄도 심판받을 것을 알리는 역할을 한다.

<내용 분해>

1. 바벨론의 멸망에 따른 할렐루야 찬송(19:1-6)
2. 어린양의 혼인 잔치(19:7-10)
3. 백마 타신 예수님과 하늘 군대(19:11-16)
4. 악의 세력들이 받은 심판(19:17-21)

1. 바벨론의 멸망에 따른 할렐루야 찬송(19:1-6)

> "[1]이 일 후에 내가 들으니 하늘에 허다한 무리의 큰 음성 같은 것이 있어 이르되 할렐루야 구원과 영광과 능력이 우리 하나님께 있도다 [2]그의 심판은 참되고 의로운지라. 음행으로 땅을 더럽게 한 큰 음녀를 심판하사 자기 종들의 피를 그 음녀의 손에 갚으셨도다 하고 [3]두 번째로 할렐루야 하니 그 연기가 세세토록 올라가더라 [4]또 이십사 장로와 네 생물이 엎드려 보좌에 앉으신 하나님께 경배하여 이르되 아멘 할렐루야 하니 [5]보좌에서 음성이 나서 이르시되 하나님의 종들 곧 그를 경외하는 너희들아 작은 자나 큰 자나 다 우리 하나님께 찬송하라 하더라 [6]또 내가 들으니 허다한 무리의 음성과도 같고 많은 물 소리와도 같고 우렛소리와도 같은 소리로 이르되 할렐루야 주 우리 하나님 곧 전능하신 이가 통치하시도다"

계시록 11장 15-19절과 유사한 계시록 19장 1-6절의 할렐루야 찬송을 이해하기 위해서는 성도는 음녀 바벨론의 파멸 때문에 기뻐하라는 계시록 18장 20절을 기억해야 한다.[1] 요한은 하늘에 허다한 큰 음성이 한 말을 들었다. "할렐루야! 구원과 영광과 능력은 우리 하나님의 것이다."1절; 참고. 시104:35; 105:45; 106:1,48; 111:1; 112:1; 113-118장; 146-150장. 칠튼D. Chilton이 간파하듯이, 성경에서 "할렐루야"가 처음으로 등장하는 시편 104편 35절은 계시록 19장 1-6절과 유사하다. "죄인들을 땅에서 소멸하시며 악인들을 다시 있지 못하게 하시리로다. 내 영혼아 여호와를 송축하라. 할렐루야."[2] 음녀의 심판은 하나님의 구원과 능력과 영광이 드러난 징벌적 사건이다대상29:11; 눅21:22 참조. 시편과 계시록에서 할렐루야 찬송은 자연스럽게 새 노래와 연결된다시149:1; 계5:9-10; 14:3 참조.[3] 열방에 구원과 심판을 시행하시는

---

1. "할렐루야"는 시편에 24회 등장한다. 송영목, "간본문적 관점에서 본 요한계시록에 나타난 시편," 『교회와 문화』 19 (2007), 55-93.
2. Chilton, *The Days of Vengeance*, 470. 참고로 계시록에 시편 암시가 많은데, 예배, 기독론, 심판, 왕권, 하나님의 백성이라는 5주제와 연관된다. Kim, "Psalms in the Book of Revelation," 193-194.
3. R. D. Patterson, "Singing the New Song: An Examination of Psalms 33, 96, 98, and 149," *Bibliotheca Sacra* 164 (2007), 430-432.

언약의 왕이신 하나님께서는 찬양받기 합당하시기 때문이다. 144,000명은 어린양의 신부인 새 언약 백성으로 그들의 마음은 물 댄 동산과 같으며, 따라서 그들은 춤추며 즐거워해야 한다렘31:12-13 참조.[4] 의와 사랑으로 통치하시는 하나님을 향하여 즐겁게 소리칠 줄 아는 백성은 복이 있다시89:14-15 참조.

2절에 하나님의 백성이 찬송해야 할 이유가 설명된다. "왜냐하면 주님의 심판은 참되고 의롭기 때문이다. 그리고 주님께서는 자신의 음행으로써 그 땅을 파괴한 큰 음녀를 심판하셨고, 그녀의 손에 묻은 주님의 종들의 피를 갚아주셨기 때문이다."2절; 참고. 렘3:2; 51:25. 여기서 "음행πορνεία"은 야웨의 선지자들을 죽였던 이세벨이 이스라엘에 퍼트린 음행을 떠올리게 한다왕상16:29-34; 왕하9:22; 계2:20-24 참조. 하나님께서는 그분의 백성의 억울함을 갚아주시고 신원하신다계6:10 참조.[5] 심판하시는 하나님의 참되고 의로운 성품은 이미 반복하여 강조된 바 있다계15:3; 16:7 참조.[6] 계시록에 16회나 등장하는 찬송의 주요 기능은 앞에 등장한 내러티브를 해설하는 것이다.[7] 계시록 19장의 찬송은 계시록 18장의 음녀 바벨론의 파멸을 주석한다. 2절은 '의롭다δίκ-'가 감싸고 '심판하다κρί-'가 가운데서 강조되는 교차대칭구조를 아래와 같이 가진다.[8]

---

4. Patterson, "Singing the New Song," 426. 참고로 144,000명뿐 아니라 계시록 2-3장의 7교회는 어린양의 신부로서 목숨을 바쳐 영생을 제공하신 신랑을 뜨겁게 사랑해야 하는데, AD 1-2세기 헬라의 로맨틱 소설의 플롯에 비추어 볼 때, 계시록에도 어린양과 신부라는 두 연인이 서로의 아름다움에 끌리지만 두 등장인물 사이에 발생한 위험과 문제(사탄의 세력과 혼합주의 등으로 인해 첫사랑을 상실함 등)는 하나님의 개입으로 해소되어 재결합하여 해피엔딩으로 마무리된다. J. K. Newton, "Reading Revelation Romantically," *Journal of Pentecostal Theology* 18/2 (2009), 199-208.
5. Chilton, *The Days of Vengeance*, 471.
6. Paul, *Revelation*, 305. 참고로 이사야 1-39장에는 패역한 유다의 부도덕을 비판하는 맥락에서 '공의와 정의'가, 이사야 40-55장에는 신실하신 메시아의 대속을 통하여 구원을 이루시는 하나님을 강조하는 맥락에서 '공의와 구원'이, 이사야 56-66장에는 하나님의 구원의 은덕을 입은 유다의 의로운 생활을 강조하는 맥락에서 '공의와 정의와 구원'이 함께 등장한다. 요약하면, 정의와 구원의 하나님께서는 악인의 부도덕을 견디지 못하시기에 대속을 선물로 주시는데, 그 결과 정의롭고 거룩한 백성이 재창조된다. 최윤갑, "이사야: 새 창조를 향한 구속의 드라마," 200.
7. Witherington, *Revelation*, 237.
8. Leithart, *Revelation 12-22*, 255.

A 참되고 의롭다δίκαιαι (2a절)

B 주님의 심판들αἱ κρίσεις αὐτοῦ (2b절)

B′ 큰 음녀를 심판하셨다ἔκρινεν (2c절)

A′ 자기 종들의 피를 갚으셨다ἐξεδίκησεν (2d절)

큰 음성이 두 번째로 "할렐루야! 실제로 그녀를 태우는 연기가 영원히 올라갑니다."라고 말했다3절. 파멸의 연기가 세세토록 올라가는 모습은 소돔과 에돔의 멸망을 묘사한 방식이다창19:28; 사34:10 참조. 그러자 24장로와 4생물이 보좌에 앉으신 분에게 엎드려 경배하며 말했다. "아멘 할렐루야!"4절; 참고. 시106:48. 3절의 하늘의 허다한 무리의 음성과 4절의 24장로와 4생물은 조화로운 교창을 하나님께 드린다.[9] 그때 보좌로부터ἀπὸ τοῦ θρόνου 소리가 났다. "하나님의 모든 종들, 곧 주님을 경외하는 작은 사람들과 큰 사람들아, 너희는 우리 하나님을 찬송하라."5절. 5절에서 복수형이 아니라 단수형 "그 보좌τοῦ θρόνου" 위에서 난 음성은 성자의 말씀이다계3:21; 16:17 참조.[10] 의로우신 하나님께서는 악인의 번성을 영원히 허락하시지 않고 심판하신다. 이런 신정론神正論에 대한 성도의 마땅한 반응은 송영이다. 계시록 19장 5절의 시편 간본문들은 하나님을 경외하는 사람들을 복되다고 말하며시112:1; 115:13; 128:1,4; 참고. 시15:4; 25:12; 61:5; 계19:9, 그들에게 하나님을 찬송하라고 밝힌다시22:23; 66:16; 118:4; 135:20 참조.[11] 요한은 많은 무리와 큰 물소리와 요란한 천둥소리 같은 음성을 들었다. "할렐루야! 왜냐하면 주 우리 하나님 곧 전능하신 분께서 계속 통치하시기 때문이다."6절; 참고. 계11:17. 여기서 '통치하셨다ἐβασίλευσεν'는 지속적 혹은 개시적진입적, inceptive 아오리스트 동사이므로, 주님의 재림의 관점에서 인간의 과거 역사를 돌아본 것이 아니다.[12] 요한계시록을 비롯

9. 계시록의 내러티브 전체에서 24장로는 '엎드려 경배한다'(계4:10; 5:8,14; 11:16; 19:4).

10. Chilton, *The Days of Vengeance*, 472.

11. Kim, "Psalms in the Book of Revelation," 123

12. 김철손, 『요한계시록』, 338.

하여 성경의 중요한 중심 주제를 '심판으로 말미암은 구원에 나타난 하나님의 영광'으로 볼 수 있다.

> 다시 한 번, 하나님께서는 그분의 종들을 괴롭힌 자들을 심판하심으로써 그분의 정의를 증명하신다(계19:2). 하나님의 의로운 심판을 통하여 구원받은 성도는 하나님의 정의와 자비에 찬송으로 반응한다(계19:1-5). 이 찬송은 하나님의 대적들에게 임하는 심판을 충분히 인지하는데, 3절의 파멸의 연기가 세세토록 올라간다는 묘사는 성도가 하나님의 끝없는 정의를 찬송하고 있음을 가리킨다. 계시록은 역사의 목적이 심판으로 말미암은 구원에 나타난 하나님의 영광이라는 사실을 알린다. …… 새 예루살렘성에 태양이나 달의 비췸이 더 이상 필요 없는 이유는 하나님의 영광이 그 성 위에 비추고 어린양께서 그 성의 등불이시기 때문이다(계21:23; 참고. 22:5). 요한은 하나님만 경배해야 한다는 명령을 듣는데(22:9), 성도에게 상을 주실 분이 속히 오실 것이다(22:12). 어떤 사람은 그분께서 가지고 오시는 구원을 환영할 것이지만(22:14), 다른 사람은 그분의 진노를 당할 것이다(22:15). 세상에 끝없이 자비와 정의를 시행하시는 하나님께 영광을 돌려야 한다. 아멘.[13]

참고로 계시록은 통일성 있는 하나의 큰 내러티브인데, 계시록 5장과 계시록 19장의 찬송과 찬송의 배경에 나타난 병행은 다음의 표와 같다.[14]

계시록 5:1-14	계시록 19:1-16
A 예수님의 출현을 위한 배경(1-3절)	C 4찬송(1-8절): 천사들(1-3절), 4생물과 24장로(4절), 성자(5절), 많은 천사(6-8절)
B 놀라는 요한(4-5절)	B 놀라는 요한(9-10절)

13. J. M. Hamilton Jr., "The Glory of God in Salvation through Judgment: The Centre of Biblical Theology?" *Tyndale Bulletin* 57/1 (2006), 80, 84.
14. Shea, "Revelation 5 and 19 as Literary Reciprocals," 257.

A 예수님의 출현; 성부에게 나아감(6-7절)	A 예수님의 출현; 만왕의 왕으로서 아버지로부터 나가심(11-16절)
C 4찬송(8-14절): 4생물과 24장로(8-10절), 천사들(11-12절), 모든 피조물(13절), 4생물과 24장로(14절)	

교훈과 적용

삼위 하나님께서 하신 일을 기억하고 기대하며 할렐루야 찬송을 부르자.[15] "모든 만물의 가장 높고 최상의 선으로써 당신을 영화롭게 하는 일보다 우리가 할 수 있는 더 탁월한 일은 아무것도 없습니다."[16] 그리고 바쁜 일상에서 잊어버리지 말고, 매일 새 노래를 부르기를 훈련하자. 그리스도인의 일상에서 부를 찬송의 중요성은 감리교의 창시자 찰스 웨슬리1707-1788에게 배울 수 있다. 찰스 웨슬리는 1738년 5월 21일 성령강림주일, 마틴 루터의 갈라디아서 주석을 읽고 회심했다고 전해진다. 이듬해 자신의 회심을 기념하기 위해 "만입이 내게 있으면"찬23장을 작시했고, "예수 부활했으니"찬164장도 같은 해에 썼다. 평생 찬송시를 9,000곡이나 쓴 찰스 웨슬리는 사랑하는 연인에게 구애할 때도, 그리고 결혼식 날에도 찬송시를 썼다. 그는 81세의 일기로 소천 받기 전, 마지막 찬송시를 썼다. "누가 죄 많은 나를 구원하겠습니까? 예수님 당신은 나의 유일한 소망입니다. 주님은 무너져가는 내 육체 장막의 힘입니다. 아! 내가 주님으로부터 웃음을 받고서 영원한 곳으로 날아갑니다."[17]

---

15. 삼위일체를 음악의 유비로 설명하면, 태초에 그분의 모든 마음과 계획을 피조 된 만유에 표현하신 성부께서는 음악의 원천(music source)과 같으시며, 성육하신 말씀으로써 이 세상에 오셔서 성부의 계획을 세상에 언행으로 표현하신 성자께서는 음악의 음표(music score)와 같으시고, 성부와 성자의 구원을 조화로운 소리(music sound)로써 바람처럼 널리 알리신 성령(일곱 영)께서는 음악의 소리와 같으시다. J. D. Smith III, "Ancient Christian Trinitarian Metaphors and a Contemporary Analogy from Music," *JETS* 33/3 (1990), 355-356.
16. 버미글리의 시편 150편 기도문의 일부이다. Vermigli, 『거룩한 기도들: 버미글리의 시편 기도문』, 420.
17. 이천진, "이천진 목사의 찬송가 이야기(16): 부활절에 부르는 찬송 〈예수 부활했으니〉," 『기독교사상』 4월호 (2013), 220-222.

2. 어린양의 혼인 잔치(19:7-10)

"[7]우리가 즐거워하고 크게 기뻐하며 그에게 영광을 돌리세 어린양의 혼인 기약
이 이르렀고 그의 아내가 자신을 준비하였으므로 [8]그에게 빛나고 깨끗한 세마
포 옷을 입도록 허락하셨으니 이 세마포 옷은 성도들의 옳은 행실이로다 하더라
[9]천사가 내게 말하기를 기록하라. 어린양의 혼인 잔치에 청함을 받은 자들은 복
이 있도다 하고 또 내게 말하되 이것은 하나님의 참되신 말씀이라 하기로 [10]내가
그 발 앞에 엎드려 경배하려 하니 그가 나에게 말하기를 나는 너와 및 예수의 증
언을 받은 네 형제들과 같이 된 종이니 삼가 그리하지 말고 오직 하나님께 경배
하라 예수의 증언은 예언의 영이라 하더라"

역사주의자들은 계시록 19장의 어린양의 혼인잔치를 교황 체계의 붕괴와 더불어 교회가 복음과 그리스도의 승리적 통치를 축하함으로써 세상 나라를 정복하여 그리스도와 연합되는 것으로 본다. 계시록 19장 1절의 "할렐루야"가 히브리어에서 온 단어이기에 유대인들이 개종하여 지상의 교회의 중요한 부분을 담당할 것으로 본다. 어린양의 혼인(계19:7)을 천년왕국에 관한 입장을 어떻게 취하느냐에 따라 다양하게 이해하는데, 교황 체제가 붕괴된 후에 교회가 교회의 머리이신 그리스도와 영원한 연합으로 본다(Barnes). 혹은 현재의 교회의 상태를 가리키는 것으로 보는 이도 있으며, 교회와 그리스도의 관계는 미래에 더 강화될 것이다(Caringola). …… 미래론자들은 계시록 19장의 혼인을 천상의 것으로 보기에 신부를 이스라엘로 보지 않는다. 그럼에도 불구하고 미래론자들은 하나님과 이스라엘 사이에 깨어진 결혼관계의 회복이 그리스도의 재림 시에 회개를 통해서 이루어질 것을 예언한다고 본다(Gaebelein).[18] 세대주의자들은 혼인 시기를 교회가 휴거된 직후로 본다. 계시록

18. Greijdanus, *De Openbaring des Heeren aan Johannes*, 386. 참고로 가이사랴의 안드레아스(d. 637)는 어린양의 혼인 잔치가 주님의 재림 이후에 가능하다고 본다. 참고. *CSB Ancient Faith Study Bible*, 1606. 그리고 『21세기 찬송가』 181장 "부활 승하신 주께서"의 4절 "그 날 그 시간을 모르니 모두 깨어 나와 있으라 충성 다하면 어린양 잔치 자리 참여하리라"고 어린양의 혼인잔치를 미래 시제로 노래한다. 성결교 부흥사로서 '한국

19장 9절의 어린양의 혼인 잔치에 부름을 받은 이를 신랑 예수님의 친구들로 보면서(요3:29), 신부인 교회의 구성원은 아니지만 구원을 받은 사람으로 (아주 모호하게) 본다(Ryrie). 이들을 과거와 미래 시대의 성도로 동시에 보는 이도 있다(Walvoord). 그러나 교회와 초청받은 자를 동일한 그리스도의 신부로 보면서 세대주의자의 주장에 동의하지 않는 이도 있다(Mounce, Ladd). 미래론자들과 유사하게 이상주의자들은 계시록 19장을 계시록에서 다섯 번째로 그리스도의 재림을 언급하는 단락으로 본다(참고. 계6:12 이하; 11:5 이하; 14:14 이하; 16:17 이하). 혼인의 날짜는 그리스도의 재림 때로 본다. 마태복음 22장 2절과 26장 29절을 참고하여 신부와 혼인 잔치에 참여하도록 초청된 자를 동일 인물로 본다.[19]

6절에 이어 7절에도 많은 무리의 소리가 부르는 찬송이 등장한다. "우리가 즐거워하고 크게 기뻐하며 주님께 영광을 돌리자. 왜냐하면 어린양의 혼인날이 이르렀고 그분의 신부가 자신을 준비했기 때문이다."7절. 미래주의적 해석에 따르면, 계시록의 독자들과 현대 교회는 예수님과 정혼만 한 상태이므로, 결혼은 주님의 재림 이후에 가능하다.[20] 하지만 요한과 바울은 혼인 은유를 통해 교회의 현재 상태를 묘사한다엡5:32; 계21:2, 9 참조. "7절에서 '신부νύμφη'가 아니라 '아내γυνή'를 사용한 것은 정혼을 법적 혼례를 통해 완성되는 혼인의 첫 단계로 여겼던 유대인들의 혼인 관습에 부합된다창29:21; 신22:23-24; 마1:18-25; 요셉과 아세넷 21:1 참조."[21]

의 무디'라 불린 이성봉목사가 작시했다.

19. 송영목, "요한계시록의 전통적 4가지 해석의 비교 및 분석," 121.

20. 예를 들어, R. H. Mounce, 『우리는 무엇을 기다리는가?』, *What are We waiting for?: A Commentary on Revelation*, 곽철호 역 (이천: 성서침례대학원대학교출판부, 2017), 137.

21. 황규환, "요한계시록의 '혼인(γάμος)' 메타포(Metaphor)에 관한 연구: 요한계시록 19:1-10을 중심으로," (Ph. D. 논문, 백석대학교, 2021), 70, 186. 참고로 황규환은 "번영신학(prosperity theology)과 성장 일변도의 메커니즘(mechanism)을 바탕으로 달려가고 있는 한국교회는, 신부들이 거할 거처를 예비하러 가신 신랑 예수 그리스도께서 다시 오실 때 그 잔치에 청함을 받을 수 있도록 준비시켜야 한다. 준비는 청함을 받은 어린양의 혼인 잔치에서 하나님께로부터 옳은 행실로 인정받아 빛나고 깨끗한 세마포 옷을 입을 수 있도록 가르쳐 행하도록 훈련시키는 것이다."라고 주장한다. 따라서 그는 요한복음 14장 1-3절을 재림 구절로 오석하며, 그 결과 어린양의 혼인 잔치의 현재적 의미는 약화된다.

"그 신부에게 빛나고 깨끗한 고운 모시옷을 입는 것이 허락되었다. 왜냐하면 그 고운 모시옷은 성도의 의로운 행실들이기 때문이다."8절; 참고. 마22:11; 계19:14. 8절의 첫 동사 '주어졌다ἐδόθη'는 신적수동태이다. 따라서 신부들이 입는 모시옷은 신랑 예수님께서 주신 선물이다.[22] 요한 당시의 문화적 관점에서 볼 때, 후견인이 잔치를 베푸는 것은 피후견인에게 명예를 부여하는 중요한 행위였다. 예수님의 신부 교회가 누리는 칭의와 성화는 자신의 공로가 아니라 주님의 은혜이다. 7-8절을 종합하면, 먼저 예수님께서 성도에게 의의 옷을 선물로 주셨으므로, 그다음 성도는 그 옷을 입고 자신을 올바르게 단장한다사61:10; 롬13:14; 갈3:27; 골3:10 참조.[23]

요한은 계시록 1장 20절, 4장 5절 그리고 5장 6절에서처럼 8절에서도 독자들의 이해를 돕기 위해 설명을 제공한다. 그런데 새 언약의 친밀함을 가리키는 결혼 은유와 행위는 어떻게 연결되는가? 빛나고 깨끗한 모시옷βύσσινος은 백마 타신 예수님을 따라 전쟁에 참여하는 그리스도인들의 복장이다계19:14 참조. 음녀 바벨론의 불의한 행위와 달리계18:4-6 참조, 신부의 의로운 행실은 수동적이지 않고 용사의 이미지와 결합된다계2:2,19 참조.[24] 유대 관습에 따르면, 신부의 결혼 예복은 정결과 아름다움과 우아함을 드러내야 했다. 따라서 예수님과 이미 혼인한 신부는 의로운 언행을 훈련하여, 신부 수업을 평생토록 해야 한다.[25] 참고로 요한 당시 유대문헌은 메시아를 '신랑'으로 묘사하는 데 익숙하지 않았다.[26] 요한은 음녀 바벨론의 파멸과 어린양의 혼인 잔치를 마치 인과관계처럼 긴밀하게 연결하기에계18:20; 19:2 참조, 그 당시에 존재한 어떤 할렐루야 찬송을 여기에 활용

---

22. Stefanovic, 『예수 그리스도의 계시』, 566.
23. B. Marx, "Clothing and Exchange of Garments in the Bible, as a Picture of God's Dealings with His People," *Evangelical Review of Theology* 45/1 (2021), 76.
24. McIlraith, "For the Fine Linen is the Righteous Deeds of the Saints," 527.
25. 참고로 계시록 19장 1-4절은 하늘의 보좌 앞에서 드리는 예배, 5-8절은 땅에서 드리는 예배라고 구분하는 경우는 신동욱, 『요한계시록 주석』, 197을 보라. 그러나 계시록 19장 1-8절에서 이런 구분에 대한 힌트는 없다.
26. Koester, *Revelation*, 729.

한 것으로 보기 어렵다.[27] 참고로 계시록 19장에서 어린양을 '신랑'이라고 분명하게 부르지 않는다계18:23 참조.

요한계시록에 나타나는 마지막 16번째 찬송인 계시록 19장 6-8절은 시편 45편44편 LXX의 '사랑의 노래'와 간본문성을 보이는데, 중심 취지는 전능하신 왕이신 하나님의 신부는 거룩하고 의로운 행실로 기뻐하며 영광을 돌려야 한다는 사실이다. 이 두 본문을 편리하게 비교하기 위해 시편 44편 LXX를 활용하면 병행은 다음 도표와 같다.[28]

계시록 19장 6-8절	주제	시편 44편 LXX
6절: 우리 주 하나님께서 다스리신다(ἐβασίλευσεν κύριος ὁ θεὸς ἡμῶν) 전능하신 분(ὁ παντοκράτωρ)	1. 왕 2. 전능함	12절: 왕(ὁ βασιλεὺς); 7절: 하나님의 보좌(ὁ θρόνος σου ὁ θεός) 17b절: 온 세상의 군왕들(ἄρχοντας ἐπὶ πᾶσαν τὴν γῆν)
7절: 우리가 즐거워하고 기뻐하자(χαίρωμεν καὶ ἀγαλλιῶμεν) 그분께 영광을 돌리자(δώσωμεν τὴν δόξαν αὐτῷ) 그의 아내가 자신을 준비했다(ἡ γυνὴ αὐτοῦ ἡτοίμασεν ἑαυτὴν)	3. 기쁨 4. 영광 5. 신부의 단장	8절: 즐거움의 기름(ἔλαιον ἀγαλλιάσεως); 16절: 기쁨과 즐거움(ἐν εὐφροσύνῃ καὶ ἀγαλλιάσει) 14a절: 모든 영광(πᾶσα ἡ δόξα) 14b절: 금으로 수놓은 옷(ἐν κροσσωτοῖς χρυσοῖς περιβεβλημένη πεποικιλμένη)
8절: 빛나고 깨끗한 세마포옷(βύσσινον λαμπρὸν καθαρόν) 성도의 옳은 행실들(τὰ δικαιώματα τῶν ἁγίων)	6. 빛난 옷을 입음 7. 의/정의	10,14절: 금으로 수놓은 옷을 입고(ἐν ἱματισμῷ διαχρύσῳ περιβεβλημένη πεποικιλμένη) 5b: 왕은 진리와 온유와 공의를 위하여(βασίλευε ἕνεκεν ἀληθείας καὶ πραΰτητος καὶ δικαιοσύνης); 8절: 정의를 사랑하고(ἠγάπησας δικαιοσύνην)

그리고 그 천사가 요한에게 "너는 기록하라. 복되도다! 어린양의 결혼 잔치에 초대받아온 이들이여!"라고 말한다9a절. 9a절은 계시록의 네 번째 복이다계1:3;

27. Koester, *Revelation*, 733.

28. Zimmermann, "Nuptial Imagery in the Revelation of John," 164.

14:13; 16:15 참조. 또 요한에게 "이것들은 하나님의 참된 말씀들이다."라고 말한다9b절. 예수님과 교회는 새 언약 관계 속에 있는데, 결혼 은유는 가장 친밀한 관계를 묘사한다엡5:24-32 참조.[29] 하나님의 복된 백성은 어린양의 신부이자 동시에 잔치에 초대받은 손님인데, 계시록에서 동일 인물이 두 가지 이상의 이미지로 묘사된 바 있다계7:4,9; 14:4 참조.[30]

스테파노비치는 어린양의 혼인 잔치를 유대인들의 약혼 및 결혼 풍습과 다음과 같이 비교한다.[31] 첫째, 예수님께서 신부 교회와 혼인하기 위해 하늘을 떠나 이 세상에 내려오셨다. 둘째, 예수님께서 갈보리에서 그분의 신부를 위해 결혼지참금을 지불하셨다. 셋째, 예수님께서 신부를 위한 처소를 마련하시기 위해 아버지 하나님 집으로 돌아가셨다요14:1-3 참조. 넷째, 그동안 신부는 이 세상에 머물면서 결혼식을 위해 자신을 단장한다. 다섯째, 거처와 신부가 준비되면, 결혼, 즉 재림이 있을 것이다. 스테파노비치의 이런 간본문적 주장은 흥미롭지만 몇 가지 문제점을 노출한다. 첫째, 유대인들의 결혼 관습에 따르면, 신랑의 아버지가 신부 아버지에게 결혼지참금을 지불했으므로, 신랑 예수님께서 골고다 십자가에서 결혼지참금을 지불하셨다는 것은 어색하다. 둘째, 요한복음 14장 1-3절을 천상의 신혼집으로 보기 어려운 이유는 예수님의 재림과 성도의 영원한 처소가 고별설교의 핵심 주제는 아니기 때문이다. 셋째, 주님의 재림 때에서야 결혼이 성립되지 않고, 성도가 중생하는 순간 이미 시작된다.

스테파노비치와 유사한 견해는 웬스트롬W. E. Wenstrom Jr.에게서 나타난다. 웬스트롬은 계시록 19장 7-10절을 사도 요한 당시의 혼인이 진행된 3단계에 비추

29. 참고. S. R. Smolarz, *Covenant and the Metaphor of the Divine Marriage in Biblical Thought: A Study with Special Reference to the Book of Revelation* (Eugene: Wipf & Stock, 2011).

30. Koester, *Revelation*, 738. 참고로 구약 이스라엘의 선한 왕이 많은 아내를 둔 것은 선하신 예수님께서 그분의 신부를 많이 두시는 것의 그림자가 아니다(대하13:21 참조). 왜냐하면 일부일처가 창조와 결혼의 원리이기 때문이다.

31. Stefanovic, 『예수 그리스도의 계시』, 565.

어 예수님의 재림에 대한 예언으로 이해하는데, 그의 주장은 다음과 같다.[32] 첫째 단계는 약혼인데, 결혼지참금 지불을 포함하여 양가 부모는 결혼 계약을 체결한다. 약혼으로 혼인이 완료되지 않았지만, 약혼자들은 법적으로 혼인한 상태로 간주되었다. 그리스도인이 예수님을 구주로 영접할 때 예수님의 신부가 되는데, 교회 시대는 약혼의 국면에 접어든 상태이다. 둘째 단계는 혼인식인데, 약혼자들이 적절한 연령에 도달하면 신랑의 아버지가 신부 아버지에게 혼인 체결을 제안한다. 신랑은 아버지 집에 신혼집을 장만한 후에 지인들과 함께 신부의 집으로 간다요14:2-3 참조. 교회는 부활하여 휴거될 때 하늘 신랑 예수님께서 계시는 하늘 아버지의 집에 살게 된다. 결혼식 때 신랑의 아버지는 신부의 손을 잡고 신랑의 손에 넘겨준다. 셋째 단계는 혼인 잔치이다. 신랑은 친구들을 잔치에 초청한 후 신부를 그들에게 보여준다. 예수님께서는 천년왕국 기간에 그분의 신부인 교회를 보여주신다마22:1-14; 롬11:1-32. 계시록 19장 7절은 혼인 잔치를 알리는데, 다름 아니라 천년왕국을 선언하는 것이다. 이것은 휴거 이후에 하늘에서 이미 이루어진 혼인계19:9의 선언은 아니다. 혼인 식사 혹은 천년 통치는 이제 알려지고 기대되는데, 예수님께서 그분의 모든 대적들을 제거하시기 때문이다. 이때 신랑은 예복을 제대로 차려입은 신부를 보여줄 것이다계19:8.

환난 전 휴거설과 전천년설을 따르는 웬스트롬의 위의 주장을 비평해보자. 첫째, 죄인이 예수님을 구주로 영접할 때 신부가 되는 것은 옳다. 둘째, 고별설교의 시작 부분인 요한복음 14장 2-3절은 성도의 휴거나 예수님의 재림 혹은 영원한 하늘 거처와 같은 미래의 사건을 가리키지 않는다.[33] 셋째, 계시록 19장 7절은 예수님의 재림 이후에 하늘나라에서 벌어질 혼인 잔치, 곧 천년왕국을 알리지 않는다. 왜냐하면 구원받기로 예정된 죄인이 예수님을 구주로 믿을 때 주님의 신부가 될 뿐 아니라, 즉시 혼인 잔치에 돌입하기 때문이다. 신부가 죽을

32. Wenstrom Jr., *The Second Advent of Jesus Christ*. 14-26.

33. 참고. 송영목, "요한복음 14장의 거주지의 성격," 『신학논단』 79 (2015), 225-255.

때까지 혼인 잔치를 기다리는 것은 어불성설이다. 그리고 혼인 잔치는 천년왕국의 기간과 동일시되거나 그것에 국한되지 않는다. 왜냐하면 혼인 잔치가 벌어지는 기간은 예수님께서 통치하시는 초림과 재림의 기간인 천년왕국을 넘어서기 때문이다. 혼인 잔치는 천년왕국 때는 물론, 재림 이후에서 완성될 신천신지에서 진행된다. 또한 계시록 19장 7절을 예수님의 재림과 천년왕국에 대한 진술로 간주하기 어려운데, 요한은 이 두 내용을 계시록 20장 1-10절에 소개한다.

요한은 그 천사를 경배하려고 그의 두 발 아래 엎드렸다10a절. 종교 혼합주의의 한 형태인 천사숭배는 골로새서 2장 18절과 계시록 22장 8절에도 나타난다. 신구약 중간기의 유대인들은 천사를 하나님과 사람 사이의 중간 수준으로 격상시켜 숭배했을 뿐 아니라, 천상숭배자들angelolaters은 수호천사 사상도 수용했다. 그러나 그리스도인은 천사를 숭배하지 말아야 하며, 오히려 천사들이 구원을 상속한 그리스도인을 섬겨야 마땅하다히1:14 참조. AD 2세기 기독교 위경인 이사야 승천기 7장 18-23절은 이사야가 일곱째 하늘의 보좌에 도착하기 전에 어떤 천사에게도 경배하지 말라고 주의를 준다. 왜냐하면 이사야 승천기 9장 27-42절에 따르면, 아버지 하나님과 그 사랑하는 분이신 예수님과 성령님께서만 예배받으셔야 하기 때문인데, 이것은 계시록의 고기독론 및 삼위일체적 예배신학에 잘 부합한다.[34] 그런데 AD 364년 라오디게아공회의는 천사숭배를 금지하는 법을 반포했으므로, AD 4세기까지 이 악습이 존속되었음을 알 수 있다.

환상을 해석하는 그 천사는 요한에게 "보라, 안 된다ὅρα μή. 나는 너와 예수님의 증언을 가진 네 형제와 같은 종일뿐이다. 너는 하나님께 경배하라. 왜냐하면 예수님을 증언하는 것은 예언의 영이기 때문이다."라고 말한다10b절. 10b절의 속격 명사 "예수님의Ἰησοῦ"를 목적어적 속격으로 본다면, 예수님을 증언한다는 의미이다. 그리고 "예언의 영τὸ πνεῦμα τῆς προφητείας"을 예언을 주시는 성령Spirit으

34. 참고. 계시록에서 '이위일체 예배'를 주장하는 L. W. Hurtado, 『주 예수 그리스도: 초기 기독교의 예수 신앙에 대한 역사적 탐구』, *Lord Jesus Christ: Devotion to the Jesus in Earliest Christianity*, 박규태 역 (서울: 새물결플러스, 2010), 953-954, 961-963.

로 이해하면, 요한과 천사는 예언을 주시는 성령의 도움으로 예수님을 증언하는 종들이다.[35] 따라서 요한은 천사에게 경배하면 안 된다.[36] 그러나 "영"을 성령님으로 보지 않는다면, 예수님을 증거하는 사람의 영혼spirit을 가리킨다참고. NIV. 즉 요한과 천사는 예수님을 증거하는 종들이므로, 일군들 간에 서로 경배하거나 받을 수 없다. 그리고 용을 따르는 악한 영의 세력계12:4 참조과 달리 타락하지 않은 선한 천사는 신적 영광을 스스로 취하지 않는다. 참고로 아래의 표는 가나 혼인잔치와 어린양의 혼인잔치의 간본문성을 보여주는데, 이는 사도 요한이 요한복음과 요한계시록을 기록했다는 간접적인 증거이다.[37]

가나 혼인잔치	어린양의 혼인잔치
예수님과 제자들이 혼인잔치에 초대받음(요2:2)	혼인잔치에 초대받은 사람은 복되다(계19:9)
예수님께서 물로 포도주를 만드심(요2:3)	전능하신 하나님의 진노의 포도주(계19:15)
내 때는 아직 이르지 않음(요2:4)	하루/한 시간 만에 심판의 때가 이름(계18:8,10)
여자여, 물을 채우라, 취한 후에 못한 포도주를 마시게 함(요2:4,7,10)	짐승 위에 탄 여자, 금잔이 가증한 것으로 가득함, 음행의 포도주/성도의 피를 마심(계17:1-2,4,6)
세례 요한은 신부를 취한 신랑의 음성을 듣고 기뻐함(요3:29)	신랑과 신부의 음성이 더 이상 안 들림, 어린양의 혼인이 이르렀으니 기뻐하자(계18:23)

교훈과 적용

교회는 예수님의 신부이자 성도의 어머니이다. 교회는 혼인과 모성 이미지로 설명된다. 그러나 교회가 신부에서 어머니로 발전하는 것이 아니라, 지상의 어머니에서 천상의 신부로 변한다.[38] 어린양의 혼인잔치를 지금 누리며 그것의 완성을 대망하자.

---

35. Whidden, "Trinitarian Evidences in the Apocalypse," 255; Leithart, *Revelation 12-22*, 264; Matthewson, *Revelation*, 263; Chilton, *The Days of Vengeance*, 480. 참고로 가나 혼인잔치(요2:1-10)와 계시록 17장 1-6절, 18장 23절, 19장 9절 사이의 언어(결혼, 포도주, 마시다, 신랑, 신부, 기뻐하다)와 주제적 간본문성은 Leithart, *Revelation 1-11*, 23을 보라.
36. 이필찬, 『내가 속히 오리라』 (서울: 이레서원, 2012), 802-804.
37. Gage, "St John's Vision of the Heavenly City," 54.
38. W. Shealy, "The Church as Bride and Mother: Two Neglected Theological Metaphors," *JDFM* 2/2

우리는 어떻게 신랑이신 주 예수님을 향한 첫사랑을 회복하여 영적 신혼생활을 계속 이어갈 수 있는가?

> 순결한 신부로서 그렇게 위대하고 탁월하신 분과 결혼하도록 예정된 우리는, 우리의 다양하고 무수한 악덕으로 우리 자신을 더럽혀온 비참한 자들입니다. 따라서 회개와 성령으로 깨끗하게 되어 우리의 타고난 악한 성향들을 잊어버리고, 이 가장 탁월한 신랑의 사랑을 열망할 수 있기를 우리는 기도합니다.[39]

선교적 교회의 방식으로 결혼예식missional marriage liturgy을 디자인한다면, 이기주의와 쾌락주의 그리고 남을 지배하려는 성향과 분열로 깨어진 가정과 부부관계에 하나님 나라를 다시 증거하는 기회가 될 것이다. 다시 말해, 하나님의 가족이 경험할 기쁨, 연합, 헌신, 그리고 언약적 사랑을 잘 현시할 수 있는 혼인 예식이 되도록 순서마다 의미를 부여하고, 시청각적 상징을 활용할 수 있다.

존 웨슬리는 "깨끗한 세마포"계19:8를 사회적 성화를 온전히 이룬 성도의 삶으로 이해한다.[40] 이것은 웨슬리가 영국의 산업혁명으로 인한 빈부격차가 심화된 현실을 목도하고 반영한 이해이다. 성도의 올바른 행실, 곧 성화에 사회 윤리적 실천이 하나의 중요 요소임에 틀림이 없다.

3. 백마 타신 예수님과 하늘 군대(19:11-16)

> "[11]또 내가 하늘이 열린 것을 보니 보라 백마와 그것을 탄 자가 있으니 이름은 충신과 진실이라 그가 공의로 심판하며 싸우더라 [12]그 눈은 불꽃 같고 그 머리에는 많은 관들이 있고 또 이름 쓴 것 하나가 있으니 자기밖에 아는 자가 없고 [13]또 그

(2012), 24.

39. 이 단락은 버미글리의 시편 45편 기도문이다. Vermigli, 『거룩한 기도들: 버미글리의 시편 기도문』, 161.

40. 신동욱, "존 웨슬리의 요한계시록 해석의 현대적 적용을 위한 시도," 534. 참고로 신동욱은 제자도의 배경으로 팍스 로마나와 황제숭배만 고려하고 불신 유대인들의 역할은 간과한다.

가 피 뿌린 옷을 이었는데 그 이름은 하나님의 말씀이라 칭하더라 14하늘에 있는 군대들이 희고 깨끗한 세마포를 입고 백마를 타고 그를 따르더라 15그의 입에서 예리한 검이 나오니 그것으로 만국을 치겠고 친히 그들을 철장으로 다스리며 또 친히 하나님 곧 전능하신 이의 맹렬한 진노의 포도주 틀을 밟겠고 16그 옷과 그 다리에 이름을 쓴 것이 있으니 만왕의 왕이요 만주의 주라 하였더라"

요한은 열려진 하늘을 보았다11a절; 참고. 계4:1. 흰 말과 그 위에 타신 분이 계셨는데, 그분의 이름은 신실과 진실이시다. 그분께서는 공의로 심판하시며 싸우신다11b절; 참고. 계6:2. 유대문헌에도 메시아는 정의로운 분이다1에녹 38:2; 3마카비 2:3 참조.[41] 그레코-로마세계에서 하늘에서 들리는 군대의 소리는 땅에서 벌어질 전쟁을 가리켰다.[42] 하지만 11절에 의하면, 열린 하늘을 통해서 보이는 백마 타신 용사는 전쟁을 알릴뿐 아니라 직접 자신의 대적을 물리치신다. 그런데 예수님께서 백마를 타시고 대적을 물리치시는 이 환상을 재림으로 이해할 필요는 없다.[43] 그런데 다수의 전천년주의자와 무천년주의자는 예수님께서 백마를 타시고 원수를 정복하고 심판하시는 환상을 재림으로 본다.[44] 이런 이해는 특히 무천년주의의 자체 모순을 유발한다. 왜냐하면 무천년주의는 천년왕국 이후에 예수님의 재림이 뒤따른다고 보기 때문이다. 다시 말해, 무천년주의가 계시록 19장 11절 이하를 예수님의 재림으로 본다면, 그것은 뒤따르는 계시록 20장 1절 이하의 천년왕국보다 앞서게 되고 말기 때문이다. 무천년주의자는 이런 순서상의 자체 모순을 타개하기 위해, 계시록 19-20장이 반드시 연대기적 순서를 따르지 않는다고 주장할 수 있다. 그러나 자신의 주장을 방어하기 위해 선택적인

41. Ford, *Revelation*, 312.

42. Koester, *Revelation*, 753-753.

43. Contra Greijdanus, *De Openbaring des Heeren aan Johannes*, 392; Bavinck, *The Last Things*, 118; 『개혁교의학. 제4권』, 819. 송영목, "아브라함 카이퍼, 헤르만 바빙크, 그리고 벤자민 워필드의 재림 이해 및 평가," 『갱신과 부흥』 29 (2022), 155-188도 참고하라.

44. 계시록 19장 11-16절을 계시록의 절정이자 전환점으로 보면서, 신적 전사이신 예수님의 재림으로써 하나님의 대적이 일으킨 문제가 완전히 해결된다는 미래적 해석은 D. B. W. Phillips, "A Narrative Analysis of the Book of Revelation: Revelation 19:11-16 as the Climax of the Plot of the Apocalypse," (Ph.D. Thesis, Southeastern Baptist Theological Seminary, 2019), 230, 243, 283-285를 보라.

연대기의 조정은 지양해야 한다. 여기서 염두에 둘 중요 사항은 계시록 19장에서 용, 곧 사탄은 영원한 심판을 받지 않으므로, 주님의 재림을 찾을 수 없다는 사실이다. 아래의 표처럼 계시록 17장 1절-22장 5절의 한 중앙에 계시록 19장 11-16절이 위치하여 예수님의 승리가 강조된다.[45]

A 17:1-18: 첫째 천사가 요한에게 큰 음녀에게 임할 심판을 보여줌(17:1)
B 18:1-20: 한 천사가 바벨론의 파멸을 알림
C 18:21-19:10: 한 천사가 바벨론의 수치스런 파멸을 알림
D 19:11-16: 흰 말 타신 말씀이 승리하심
C′ 19:17-21: 한 천사가 악의 세력들의 파멸을 알림
B′ 20:1-21:8: 한 천사가 사탄을 천년동안 결박함
A′ 21:9-22:5: 재앙이 담긴 대접을 가진 한 천사가 요한에게 어린양의 신부와 생명수 강을 보여줌(21:9)

그분의 두 눈은 불꽃 같고계1:14 참조, 그분의 머리에 많은 왕관이 있고 이름을 쓴 것이 있으니 그분 외에는 아무도 알 수 없는 이름이 기록되어 있었다12절. 여기서 '아무도 모른다οὐδεὶς οἶδεν'는 인지하지 못한다는 의미가 아니라, 백마 타신 예수님께서만 왕관에 적힌 이름을 그분의 것으로 여기시기에 합당하다는 의미이다.[46] 예수님께서 타신 말의 흰색은 주님의 승리를 강조하고, 불꽃같은 눈은 감찰하시는 예수님의 능력을 가리킨다. 그리고 많은 왕관은 예수님께서 왕 중의 왕이심을 강조한다.[47] 용과 바다짐승이 각각 7개와 10개의 왕관을 쓴 것은 만왕의 왕이신 예수님을 패러디한 것이다계12:3; 13:1 참조. 승리자 예수님에 대한 모

45. Moloney, *The Apocalypse of John*, 256.
46. Chilton, *The Days of Vengeance*, 483.
47. 대제사장은 황금으로 된 세 겹의 관을 착용했다(유대고대사 3.7.6). 그리고 톨레미가 안디옥에 입성했을 때, 자신이 이집트와 아시아의 통치자임을 알리기 위해 두 개의 왕관을 썼다(마카비상 11:13). Stefanovic, 『예수 그리스도의 계시』, 569.

방을 로마 동전에서 볼 수 있다. 예를 들어, 베스파시아누스는 왕관을 썼고, 도미티아누스는 긴 막대기를 들고 말을 탔다.[48] 그리고 로마군대의 개선 행진에 흰 말을 탄 자들이 있었는데, 전쟁 포로와 전리품이 로마제국에게 속했다는 사실을 알리기 위해서였다.[49]

그리고 그분께서는 피가 뿌려진, 곧 피가 튄 옷을 입었는데, 그분의 이름은 하나님의 말씀이다13절.[50] 하나님의 말씀이신 예수님께서는 교회의 원수를 말씀으로써 정복하셔서엡6:17; 계12:11 참조 그들이 피를 흘리도록 만드신다. 현재 완료 '수동태' 분사 '물들여진', 즉 '뿌려진βεβαμμένον'은 예수님께서 능동적으로 흘리신 피가 아니다.[51] 따라서 원수의 피가 예수님의 옷에 튀었다. 구약 간본문인 이사야 63장 3절에서도 심판받은 자들의 선혈이 튀었다고 말한다계14:19-20 참조. 예수님의 승리의 행진은 세상을 하나님 나라로 바꾸기 위한 것이며계11:15 참조, 요한 당시는 물론 신약시대 전체에 일어나고 있다. 따라서 복음의 확장을 통한 천국 건설을 주님의 재림 때로 한정짓는 우를 범하지 않아야 한다. 워필드B. B. Warfield는 계시록 19장 11-21절의 전쟁을 예수님의 재림으로써 악의 세력이 진멸되는 것을 알리는 것이 아니라 예수님의 복음이 온 세상에 전파되어 악을 정복하는

---

48. Koester, *Revelation*, 758.

49. *The Jesus Bible*, 1991.

50. 송영목, "하나님의 말씀과 예수님: 시편 119편의 언약-기독론적 이해," 『교회와 문화』 29 (2012), 111-132.

51. Persson, *A Semantic and Structural Analysis*, 216; Greijdanus, *De Openbaring des Heeren aan Johannes*, 394; 김철손, 『요한계시록』, 343. Contra 한홍식, "해를 입은 여인과 붉은 용의 연구: 요한계시록 12장을 중심으로," 181; 허규, 『요한묵시록 바르게 읽기』, 179; Kilcrease III, "Creation's Praise," 323; Davis, "The Gospel in the Book of Revelation," 37; 신동욱, "요한계시록의 제자도," 257; 신동욱, 『요한계시록 주석』, 208; 교부 Bede(d. 735). 참고. *CSB Ancient Faith Study Bible*, 1606; Koester, *Revelation*, 755. 계시록은 피로 물든 책이다. 교회를 구원하시고 능력을 부여하는 어린양의 피가 가장 중요하다(계1:5; 5:9; 7:14; 12:11). 그리고 순교자들의 피(계6:10), 곧 선지자들과 성도의 피가 강조된다(계16:6; 18:24; 19:2). 또한 예수님께서 무찌르시고 심판하신 원수들이 흘리는 피(계14:20; 19:13), 달이 흘리는 피(계6:12), 그리고 피로 변한 바다 등이 나타난다(계8:8; 16:3). 예수님께서는 새 언약과 구원을 성취하시기 위해 그분의 피를 흘리셨을 뿐 아니라, 회개하지 않는 원수들의 피도 흘리게 만드신다. 따라서 계시록은 하나님의 심판과 성도의 신원을 부각하기에, 예수님의 보혈이 하나님의 심판과 보응을 멈추도록 만드는 치료제라고 보기 어렵다. Contra C. J. Rotz, "The Remedy for Vengeance: Blood in the Apocalypse," in *Listening Again to the Text: New Testament Studies in Honor of George Lyons*, ed. R. P. Thompson (Claremont: Claremont Press, 2020), 161-162.

것을 상징적으로 묘사한다고 보는데, 이미 계시록 6장 2절과 12장 1절에서 간략히 언급된 바 있다.[52]

하늘의 군대들이 희고 깨끗한 세마포 옷을 입고 백마를 타고 그분을 계속 따르고 있었다14절. 요한은 그리스도인이 주님을 계속 따르고 있음을 미완료 능동태 동사ἠκολούθει로 강조한다. 여기서 옷은 승천하신 예수님의 권세를 덧입은 성도의 올바른 행실이다계19:8 참조. 예수님을 따르는 제자는 정의와 거룩을 갖추어야 승리한다사56:1; 계14:4 참조. 예수님께서는 승리를 남발하시지 않는다. 요한은 두 동사, 즉 '따르다'와 '이기다'를 통하여 승리의 제자도discipleship of victory를 계시록의 1차 독자들에게 가르친다. 다시 말해, 사탄과 죽음을 이기신 예수님의 권능의 말씀을 자신의 것으로 삼고, 자기의 목숨을 아끼지 않고 전적으로 순종하면서 적대적인 세상 속에서 하나님 나라의 복음의 본질을 고수하는 제자도이다.[53] 이 사실은 계시록의 두 요절이 가르치는 바이다계11:15; 12:11 참조. 이런 승리의 제자도는 '승리의 천년설millennialism of victory' 혹은 '승리의 종말론eschatology of victory' 또는 '소망의 종말론spessimism'의 한 부분이다.

예수님의 입에서 예리한 칼이 나오는데살후2:8; 계1:16; 솔로몬의 송가 17:26 참조, 그 칼로 나라들을 치실 것이며, 친히 그들을 쇠막대기로 다스리시며시2:9; 사11:4 참조, 친히 전능하신 하나님의 맹렬한 진노의 포도주 틀을 밟으실 것이다15절; 참고. 계14:19-20. 구약선지서와 유대문헌도 심판자이신 메시아의 입에서 칼4Q pIsa8-10, 불4에스라 13:9-11, 막대기사11:4; 1QSb5 24b, 숨결1QSb5 24-25, 혹은 말씀1에녹 62:2; 솔로몬의 송가 17:24,35이 나와서 땅과 열방의 악한 세력을 치실 것을 예언했다.[54] 예수님의 옷과 넓적다리 위에 '왕들의 왕과 주들의 주Βασιλεὺς βασιλέων καὶ κύριος κυρίων'라는 고기독론적 이름이 적혀있다16절; 참고. 신10:17; 겔26:7; 딤전6:15; 계17:14. 이것은 요한 당시에 신상

---

52. B. B. Warfield, *Biblical Doctrines* (Oxford: Oxford University Press, 2002[1929]), 647.

53. 참고. 신동욱, "요한계시록의 제자도," 261, 273.

54. Wilson, *Charts on the Book of Revelation*, 99.

神像의 넓적다리에 신이나 후원자의 이름을 세로로 새긴 관습을 반영한다.[55] 물론 넓적다리와 연관된 구약 간본문에서도 설명이 가능하다. 예수님의 그림자인 사사 에훗은 칼을 넓적다리에 찼다삿3:16 참조.

예수님의 호칭인 '주'를 바울서신의 용례와 비교할 필요가 있다. 예수님의 종인 바울이 예수님을 설명하기 위해 가장 자주 사용한 호칭은 바로 '주'이다롬1:1; 고전4:1; 16:23; 빌1:1; 계1:1 참조. 흥미롭게도 바울이 그리스도인의 윤리를 강조할 때는 '그리스도 안에'보다는 '주 안에'를 선호한다엡6:1; 빌4:4; 골3:18,20 참조. 왜냐하면 주님께서 명령하시고, 그리스도인은 순종하기 때문이다. 따라서 바울에게 '주'는 승귀하신 예수님의 주권을 강조한다. 요한과 바울은 표현상 약간의 차이가 있지만, 요한 역시 '주'를 통해 고기독론을 강조한다.

사도 요한은 예수님과 신약교회를 '종말의 전사eindtydse krygsman'로 이해하는데, 두 란드는 두 가지 배경으로부터 이를 설명한다. 첫째, 유대 간본문 가운데 이사야 63장 1-6절에 대한 팔레스타인 탈굼은 메시아께서 그분을 미워하는 자들과 싸워 그들의 왕들과 주들을 죽이실 것을 예고한다창49:11 오경 탈굼. 둘째, 그레코-로마 간본문을 고려하면, 로마제국의 개선 행진은 계시록 19장 11-16절과 여러 가지 병행을 보인다. 흰 말계19:11, 말 탄 자의 면류관계19:13, 말 탄자의 옷에 새겨진 이름계19:12-13,16, 말 탄자와 함께 한 군인들계19:14, 그리고 전반적인 군사적 분위기계19:15. 하드리안 황제는 정복자로서 흰 말 4마리가 끄는 전차를 타고 로마 도시의 거리를 누볐는데, 한 노예는 그의 면류관을 들고 있었다. 그때 하드리안은 금으로 수놓은 망토*toga picta*를 입었다.[56]

11-16절은 주님의 재림을 가리키지 않는데, 로마제국과 불신 유대인을 심판

---

55. J. R. Edwards, "The Rider on the White Horse, the Thigh Inscription, and Apollo: Revelation 19:16," *JBL* 137/2 (2018), 522-525. 참고로 계시록 19장 16절은 창세기 49장 10b절 MT(특히 '새기다[inscribe]'라고 번역이 가능한 חקק[하카크], 창세기 라바 68:12 참조)의 암시라는 주장은 S. Lear, "Revelation 19.16's Inscribed Thigh: An Allusion to Gen 49.10b," *NTS* 60/2 (2014), 283을 보라.

56. Du Rand, *Die A-Z van Openbaring*, 546-547. 김대웅, "요한계시록의 인자 기독론과 칠십인경 다니엘서의 메시아 사상," 588.

하시는 장면이다.[57] 내러티브 전개 상 천년왕국이 소개되는 계시록 20장 이전의 전체 내용은 AD 1세기의 사건으로 보는 게 자연스럽다. 참고로 계시록 19장 11-21절에 대해 무천년주의자들 가운데 서로 의견이 갈린다. 이 단락을 아브라함 카이퍼는 전천년주의자처럼 주님의 재림으로 보지만, 벤자민 워필드는 재림이 아니라 복음의 승리로 본다.[58] 박윤선은 카이퍼에 동의하면서, 계시록 19장 20절은 재림하실 예수님께서 세상 끝에 세워진 적그리스도의 나라를 파멸시키시는 내용이라고 주장한다단7장; 계13:2. 미래주의 해석을 따르는 박윤선은 바다 짐승계13:1을 미래의 적그리스도로 이해하기에 역사적 전천년설을 지지하는 방향으로 기울었고, 환상을 문자적 해석과 비문자적 해석을 혼용하여 이해한다.[59] 그러나 계시록은 예수님의 재림이 아니라 "반드시 속히 일어날 일들"을 상징적 해석을 요청하는 환상을 통해 설명한다는 사실을 항상 기억해야 한다. 이것이야말로 현대 독자가 아니라 이 편지의 1차 수신자들과 그들이 처한 물리적 박해 상황을 고려한 적절한 해석이다.[60]

시작환상계1:12-20과 계시록 19장 11-16절의 내적 간본성에 주목해 보자. 옷1:13; 19:13, 머리1:14; 19:12, 눈1:14; 19:12, 입1:16; 19:15, 흰색1:14; 19:11이라는 공통 표현을 통하여 시작환상에 등장하신 예수님께서는 계시록 19장에서 거룩한 전사로 다시 등장하심을 알 수 있다.[61] 시작환상에서 예수님과 함께 있던 7촛대와 7별은 자신들의 백마를 타고 예수님을 따라가는 능동적인 군인들이 된다. 이런 변화는 세상을 하나님 나라로 변혁시켜야 하는 교회의 역할에 적합하다계6:2; 11:15. 계시록 주석

57. Contra 허규, 『요한묵시록 바르게 읽기』, 176; Koester, *Revelation*, 753-754; Roloff, *Revelation*, 216; Green, "요한계시록," 2316; Fanning, *Revelation*, 485.

58. 참고. 박윤선, "천년왕국 문제," 『신학정론』 1/2 (1983), 197. 참고로 1861년 11월, 하우(J. W. Howe)는 계시록 19장 11-16절의 이미지를 활용하여 전투 찬송가(battle hymn)를 만듦으로써 미국 남북전쟁의 정당성을 확보하려고 시도했다. 이것은 정치적 천년왕국론의 한 예이다. P. G. R. de Villiers, "The Dangerous Role of Politics in Modern Millennial Movements," *HTS Teologiese Studies* 75/3 (2019), 3.

59. 박윤선, "천년왕국 문제." 190.

60. 참고. 유은걸, "요한계시록의 천년왕국: 독자반응비평적 연구," 『기독교교육정보』 45 (2015), 238-240.

61. Barnhill, "Seeing Christ through Hearing the Apocalypse," 247-248; Leithart, *Revelation 12-22*, 277.

에서 음녀 바벨론계17-18장과 어린양의 신부인 새 예루살렘성계21:2-22:5 사이의 대조는 주목받아왔다. 그러나 계시록 17장 1절-21장 8절에 음녀 바벨론과 예수님 간의 대조를 중심으로 하는 여러 병행이 아래와 같이 나타난다.[62]

계시록 17장 1절-19장 10절	계시록 19장 11절-21장 8절
붉은 빛 짐승 위에 탄 음녀(17:1-8)	백마를 타신 예수님(19:11-16)
음녀의 이마에 있는 이름(17:5)	백마 타신 분의 이름(19:12,13,16)
음녀가 땅의 임금들을 다스림(17:2)	백마 타신 분이 만왕을 다스림(19:16)
가증한 새들이 모인 바벨론이 무너짐(18:1-3)	새들을 위한 잔치(19:17-18)
영광스런 천사(18:1)	태양 안에 선 천사(19:17)
애곡하는 왕들과 상인들(18:9-20)	다스리는 성도(20:1-6)
바벨론이 바다에 던져짐(18:21)	사탄이 불 못에 던져짐(20:10)
신부가 준비됨: 혼인 잔치(19:1-10)	신부가 드러남: 새 창조(21:1-8)

덧붙여 계시록 1장 12-19절의 개시환상과 계시록 19장 9-16절은 아래와 같이 '기록하라'를 핵심으로 삼는 병행 구조를 보인다.[63]

A 예수님에 대한 환상(1:12-16)

B 요한이 예수님의 두 발 아래 엎드림(1:17a)

C '기록하라'는 명령(1:19)

C′ '기록하라'는 명령(19:9)

B′ 요한이 천사의 두 발 아래 엎드림(19:10)

A′ 예수님에 대한 환상(19:11-16)

62. Leithart, *Revelation 12-22*, 248. 참고로 로마의 개선 행진과 계시록 19장 1-8절의 대략적인 간본문성은 다음과 같다. 백마 말(계19:11,14), 백마 탄 자가 쓴 승리의 관(19:13), 백마 탄 자의 이름 혹은 호칭(19:12-13,16), 개선장군의 얼굴을 붉게 칠함(19:13), 백마 탄 자를 따르는 군대(19:14), 패전 군인들을 죽여 제사 지냄(19:19-21), 그리고 승전 축하 잔치(19:17-18). Pate, "Revelation 2-19 and the Roman Imperial Cult," 80-81.

63. Leithart, *Revelation 12-22*, 247-248.

위의 병행구조는 계시록의 내러티브의 통일성을 지지한다. 개시환상의 고기독론은 계시록 19장 9절 이하에서 승리하신 예수님에 대한 환상에 다시 등장한다. 또한 계시록 전체는 말의 환상계6:1-8; 19:11-16을 중심으로 아래와 같이 대략적인 교차대칭구조를 보이는데, 이런 내적 간본문성은 계시록 내러티브의 통일성을 강조한다.[64]

A 편지 서론(1:1-8)
　B 이기는 사람들에게 주는 약속(2-3장)
　　C 하늘의 보좌(4-5장)
　　　D 말을 탄 네 사람(6:1-8)
　　　……
　　　D′ 백마를 탄 분(19:11-16)
　　C′ 이긴 사람들이 보좌에 앉음(20:4-6)
　B′ 어린양의 신부: 이기는 사람에게 주는 약속을 포함(21:1-22:5)
A′ 편지 결론(22:6-21)

D와 D′는 말을 탄 등장인물이 심판을 수행하는 환상 장면이다. 전자가 심판의 사자들이 하나님의 심판을 대행했다면, 후자는 그리스도께서 친히 하나님으로서 심판을 수행하신다. 그런 심판은 하늘 보좌에서 통치하신 결과이며, 교회가 이기는 원천이다.

교훈과 적용

모든 영역에서 그리스도인을 통하여 복음이 승리하고 뻗어가도록 갈구하자. 우리 대장 예수님께서는 우리에게 흰 말을 태워주셨다. 따라서 종말의 전사인 그리스도인은 주님의 승리를 전략적으로 공유할 수 있어야 한다. 동시에 예수님의 고난과 십자

---

64. Leithart, *Revelation 12-22*, 275.

가의 희생도 기꺼이 우리 자신의 것으로 만들 수 있어야 한다. 교회는 그리스도의 용사*bellator Christi*이지만, 장밋빛 승리주의와 낙관론에 빠질 수 없다. 또한 비관적 천년설pessimillennialsim을 따르는 사람은 심리적이며 영적인 게토 상황에서 인생을 허비할 수 있다.[65]

『21세기 찬송가』 247장 "보아라 저 하늘에"는 만우晩雨 송창근목사가 작시했다. 흥미롭게도 그 다음 찬송가 248장은 "언약의 주 하나님"인데, 1946년에 고려신학교를 설립한 출옥 성도인 한상동목사가 작시했다. 신학과 신앙에 있어 큰 차이가 나는 고려신학교와 조선신학교의 책임자 두 명의 찬송가가 나란히 위치하고 있는 것이 흥미롭다. 친일 행적 때문에 논란을 겪은 송창근은 1946년에 조선신학교 제4대 교장이 되었다. 247장 1절은 "피 뿌린 옷"계19:13이라고 수동태를 능동태로 오역하고, 3절 "잔치 자리 베푸시리"는 어린양의 혼인잔치의 현재적 의미를 빠트리고 미래적으로 노래한다. 『21세기 찬송가』의 주제 분류에 따르면, 247장은 미래적 의미의 '천국'에 관한 내용이다. 하지만 계시록 19장 16절은 예수님과 교회의 현재적 승리를 설명한다. 찬송가의 증거 구절과 주제 분류를 정확히 하기 위해 성경학자와 찬송가학 전문가의 협력이 절실하다.

4. 악의 세력들이 받은 심판(19:17-21)

"[17]또 내가 보니 한 천사가 태양 안에 서서 공중에 나는 모든 새를 향하여 큰 음성으로 외쳐 이르되 와서 하나님의 큰 잔치에 모여 [18]왕들의 살과 장군들의 살과 장사들의 살과 말들과 그것을 탄 자들의 살과 자유인들이나 종들이나 적은 자나 큰 자나 모든 자의 살을 먹으라 하더라 [19]또 내가 보매 그 짐승과 땅의 임금들과 그들의 군대들이 모여 그 말 탄 자와 그의 군대와 더불어 전쟁을 일으키다가 [20]짐승이 잡히고 그 앞에서 표적을 행하던 거짓 선지자도 함께 잡혔으니 이는 짐

65. G. North, *Rapture Fever: Why Dispensationalism is paralized* (Tyler: Institute for Christian Economics, 1993), 127.

승의 표를 받고 그의 우상에게 경배하던 자들을 표적으로 미혹하던 자라 이 둘 이 산 채로 유황불 붙는 못에 던져지고 ²¹그 나머지는 말 탄 자의 입으로부터 나오는 검에 죽으매 모든 새가 그들의 살로 배불리더라"

요한은 태양 안에 선 한 천사를 보았는데계16:8 참조, 그는 공중에 나는 모든 새에게 "하나님의 큰 잔치로 모여라."고 외쳤다17절; 참고. 겔39:17-20. 또 그 천사는 "왕들의 살과 천부장들의 살과 강한 자들의 살과 말들과 그것들 위에 탄 자들의 살과 모든 자유인과 종들 그리고 작은 자들과 큰 자들의 살을 먹어라."고 외쳤다18절; 참고. 겔39:17-18. 성경에서 독수리와 같은 새가 살을 먹는 것은 언약의 저주이다신28:26,49; 마24:28 참조.[66] 그런데 17절에 따르면, 새를 쫓아낼 사람이 없기에 언약의 저주는 피할 수 없다. 17-18절은 어린양의 혼인 잔치에 대한 패러디이다계19:7-9 참조. 이외에 계시록에 많은 모방이 나타나는데, 정리하면 아래 도표와 같다.[67]

2장 24절	"사탄의 깊은 것들"은 아마도 니골라당의 모토 "이세벨의 깊은 것들"에 대한 패러디로 보임
6장 8절	칼로써 죽이는 것은 로마제국의 처형하는 권세ius gladii를 패러디함
13장 1절	7머리, 10뿔, 10왕관은 그리스도의 우주적 통치를 패러디함(10:5)
13장 2절	용이 바다짐승에게 능력, 보좌, 큰 권세를 준 것은 성부께서 성자께 하늘과 땅의 권세를 주신 것을 패러디함(3:21; 참고. 마28:18)
13장 3절	짐승의 치명상과 치유는 어린양의 죽으심과 부활을 패러디함(5:6)
13장 4절	"누구와 같은가?"는 구약의 찬송가에 나타난 질문을 패러디함
13장 11절	어린양처럼 생긴 두 뿔을 가진 땅 짐승은 어린양의 7뿔을 패러디함(5:6)
13장 16절	바다짐승의 표는 하나님의 인침을 패러디함(7:3; 9:4)
17장 8,11절	전에 있었지만 지금은 없고 장차 있을 짐승은 이제도 계시고 전에도 계셨고 장차 오실 성부 하나님을 패러디함(1:4, 8; 4:8)
19장 17절	하나님의 큰 잔치는 어린양의 혼인잔치를 패러디함(19:7-9)

66. Chilton, *The Days of Vengeance*, 489. 참고로 계시록의 내러티브 전개상, 계시록 19장 17-18절의 잔치와 19장 19-21절의 전쟁이 아마겟돈 들판에서 열린다는 설명은 Ngundu, "Revelation," 1599-1600을 보라.

67. Wilson, *Charts on the Book of Revelation*, 54.

요한은 그 짐승과 땅의 왕들과 그들의 군대들이 모여 그 말 타신 분과 그분의 군대와 더불어 전쟁을 일으키려는 것을 보았다19절. 그러다가 바다짐승이 사로잡히고 그 앞에서 표적들을 행하던 거짓 선지자도 그와 함께 잡혔다20절a; 참고. 계13:13. 거짓 선지자는 바다짐승의 표를 받아 그의 우상을 경배하던 자들을 표적들로써 미혹했다20b절. "그 땅에서 올라온 짐승"계13:1 참조을 20절에서 "그 거짓 선지자ὁ ψευδοπροφήτης"라고 부른 이유는 그 땅, 곧 불신 유대인들이 용의 물, 곧 거짓 교리를 삼켰기 때문이다계12:16 참조. 같은 맥락에서 구약성경의 '거짓 선지자'는 남 유다의 어용御用 선지자들이 예루살렘이 안전하다고 예언한 것을 비판한 예레미야서에 집중적으로 나타난다렘6:13; 28:5,10 참조.[68]

계시록에서 불신 유대인은 "그 땅의 그 지파들"계1:7, "자칭 유대인 그러나 사탄의 회"2:9; 3:9, 42개월 동안 짓밟힐 "성전 바깥마당"11:2, "거룩한 성"11:2, "큰 성, 소돔, 고모라"11:8, "그 땅에서 올라온 짐승"13:11, "큰 성 음녀 바벨론"17-18장, "거짓 선지자"19:20, "개"22:15 등으로 다양하게 불린다. 그런데 로마제국을 가리키는 표현은 거의 "바다에서 올라온 짐승"으로 국한되므로, 요한계시록은 유대인들에게 큰 비중을 두고 집중적으로 설명한다. 불신 유대인들은 약속의 땅을 중심으로 디아스포라로 살면서 그리스도인들을 고소했고, 특히 유대 집권층은 친 로마적 입장에서 황제숭배를 강요하면서 그리스도인을 박해했으며, 언약의 주님을 거역하여 영적 음행을 저질렀다. 배교한 유대인들의 별명인 "사탄의 무리", "짐승", "음녀", "거짓 선지자", 그리고 "개"는 예외 없이 비난vilification을 위한 수사학적 표현들이다벧후2:14,16,17,22; 유12-13 참조. 요한은 이런 비난을 통해 계시록의 1차 수신자들이 비난과 수치를 당하지 않도록 자신의 경계선을 강화하도록 돕는다.[69] 따라서 17-21절은 소위 '적그리스도'의 세력과 벌이는 예수님의 재림 무렵

68. Leithart, 『새로운 질서가 오다: 재림의 약속에 대한 베드로후서의 가르침』, 96-97.

69. 참고. A. Y. Collins, "Vilification and Self-Definition in the Book of Revelation," *Harvard Theological Review* 79/1 (1986), 308-320.

의 상황을 가리키지 않는다.[70]

거짓 선지자와 바다짐승은 산 채로 영원한 형벌의 장소인 유황불 못에 던져졌다20절; 참고. 계20:10,14,15; 21:8. 여기서 유황불 심판을 주님의 재림에 있을 것으로 한정할 필요는 없다.[71] 왜냐하면 거짓 선지자인 불신 유대인들과 바다짐승인 로마제국은 각각 돌 성전의 파괴와 내전으로 심판을 받았기 때문이다. 유황불 못 심판은 사도 요한 당시에도 있었으며, 재림 시에는 지옥 심판으로 완결될 것이다. 이제 이른바 '사탄의 삼위일체' 혹은 '부정한 삼위일체unclean trinity' 가운데 우두머리인 용만 남았다. 악한 인물들 가운데 하수인이 먼저 처단되고, 맨 나중에 우두머리가 심판을 받는 것은 내러티브 전개에서 자연스럽다.[72]

그 남은 자들은 말 타신 분의 입에서 나오는 칼에 죽었는데, 모든 새들이 그들의 살로 배를 채웠다21. 구약에도 시체가 먹이가 되는 것은 끔찍한 심판이자 수치였다신28:26; 사11:4; 49:2; 렘7:33; 16:4 참조. 그런데 새가 사체로 배를 채우는 잔치에 초대된 것은 어린양의 혼인잔치계19:8 참조와 극명히 대조된다.[73] 이런 이원론적인 대조는 묵시문학의 전형적인 특징이다.[74] 계시록 19-20장은 계시록 19장 19-21절의 심판을 중심으로 삼는 교차대칭구조를 아래와 같이 보인다.[75]

---

70. Contra Kistemaker, *Revelation*, 525. 참고로 계시록 19장 17절-22장 5절은 미래적인 '최후의 모습들'을 설명하는데, 19장 10절-20장 10절은 음녀 바벨론을 조종한 짐승, 거짓 선지자, 그리고 사탄의 결말을 분명히 보여준다는 주장은 배종열, "예수 그리스도의 계시로서 요한계시록의 구조," 『성경과 신학』 91 (2019), 101을 보라.

71. Contra Beale, 『요한계시록. 하권』, 1613.

72. R. A. Campbell, "Triumph and Delay: The Interpretation of Revelation 19:11-20:10," *Evangelical Quarterly* 80/1 (2008), 4-5, 12.

73. 신동욱, 『요한계시록 주석』, 211.

74. 계시록과 바울서신은 묵시적 특징을 공유한다. Meeks에 따르면, 그리스도인 공동체와 더 큰 불신 사회 사이의 이원론적 경계선을 강화하면서 교회 내부의 결속력을 강조하고, 그리스도인 공동체가 따라야할 규범적인 행동을 강조하면서 공동체를 파괴하는 일탈적 행동을 반대하며, 유대주의적 규범을 넘어서는 기독교만의 혁신적인 요소를 정당화하고, 공동체의 지도자가 발휘하는 리더십을 정당화한다. W. A. Meeks, "Social Functions of Apocalyptic Language in Pauline Christianity," in *Apocalypticism in the Mediterranean World and the Near East*, ed. D. Hellholm (Tübingen: Mohr Siebeck, 1989), 700.

75. Leithart, *Revelation 12-22*, 249.

A 하늘에서 벌어진 축하(19:1-10)

B 열린 하늘과 백마 타신 분의 승리(19:11-16)

C 태양 안에 서 있는 천사가 악인들의 시체를 먹도록 새들을 초청함(19:17-18)

D 바다짐승과 땅의 임금들이 불 못에 던져짐(19:19-21)

C′ 천사가 쇠사슬로 사탄을 결박함(20:1-3)

B′ 승리자들의 천년 통치(20:4-10)

A′ 하늘의 흰 보좌(20:11-15)

백마 타신 예수님의 천국 복음이 전파되는 곳에 악인에 대한 심판과 더불어 교회의 승리의 행진이 계속된다계11:15 참조. 악인의 심판은 교회에게 복음이다. 그런데 이런 승리는 어린양의 피와 복음의 말씀과 죽기까지 자신의 목숨을 아끼지 않는 남은 자를 통해서 이루어진다계12:11 참조.[76] 이 사실은 계시록의 요절要節과 주요 신학이 가르치는 바이다.

통합적 부분적 과거론에 따르면, 사도 요한은 자신이 계시록 편지를 집필한 시점에서 속히 일어날 일들을 계시록 1-19장에서 다루었다.[77] 하나님께서 박해 중에서라도 신앙을 지킨 교회는 구원하시지만, 복음의 대적이자 교회를 박해한 불신 유대인들과 로마제국을 심판하셨다. '작은 묵시록'이라 불리는 감람산강화의 전반부 내용은 하나님의 심판의 도구인 로마제국이 예루살렘 성전을 파괴함으로 언약적 심판을 대행한 사건을 다룬다마24:1-35 참조. 따라서 마태복음 24장 35절 이전의 상징적 표현을 주님의 재림과 연결하지 않도록 주의해야 한다. 계시록에서도 하나님께서 바다짐승인 로마제국을 동원하셔서 '자칭 유대인', '사탄의 회', '땅 짐승', '거짓 선지자', '큰 성 음녀 바벨론', 그리고 '개'라고 불린 배교한 옛 언약 백성을 심판하셨다. 따라서 천년왕국과 주님의 재림 그리고 백보

76. Chilton, *The Days of Vengeance*, 496(특히 각주 5번).

77. 통합적 부분적 과거론(integrated partial preterism)은 계시록 1-19장에서 1세기에 성취된 로마제국과 불신 유대인에 대한 심판을 동시다발적으로 찾는 해석 방식이다.

좌 심판이 언급된 계시록 20장 이전에서 주님의 재림을 찾는 우를 범하지 않아야 한다.

감람산강화의 후반부의 주제는 성부 하나님께서 그 날과 그 때를 결정하신 예수님의 재림마24:36-51 참조과 그리스도인이 재림을 준비하는 자세이다마25:1-46 참조. AD 70년의 심판 사건은 세례 요한의 출현 이후에도 "야웨의 크고 두려운 날 ἡ ἡμέρα κυρίου τῆς μεγάλης καὶ ἐπιφανές"이 계속 진행되고 있음을 분명히 보여준다말4:5 참조. 물론 야웨의 크고 두려운 날의 종결판은 예수님께서 재림하셔서 시행하실 백보좌 심판이다. 감람산강화에서 AD 70년에 발생한 유대인 국가의 종말은 모형론적으로 인류의 끝을 알리는 신호탄과 같다.

부분적 과거론으로 계시록을 주해할 경우, 계시록 1-19장은 사도 요한 당시에 성취될 가까운 예언이다. 그렇다면 요한이 AD 60년대 중반부터 AD 70년에 성취될 구원과 심판을 다소 지루해 보일 정도로 반복하는 이유는 무엇인가? 실제로 계시록의 심판 내러티브는 7인, 7나팔, 7대접의 심판은 물론, 음녀 바벨론을 향한 심판으로 가득하다. 이런 심판 시리즈들은 불신 유대인과 로마제국을 향한 심판을 반복하여 다각도로 보여준다. 또한 계시록의 구원 내러티브는 소아시아의 7교회, 7별, 7촛대, 24장로, 두 증인, 144,000명, 임신부 여인, 그리고 어린양의 혼인 잔치에 초대된 신부라는 다양한 교회의 이미지로 반복된다. 교회가 처한 상황은 다양하며, 하나님께서 그들을 구원하시는 방식도 다차원적이다. 요약하면, 요한은 구원과 심판을 다각도로 보여주되 반복함으로써, 하나님께서 반드시 구원과 심판을 통하여 통치하심을 1차 독자들에게 분명히 각인시킨다. 이런 반복 기법은 내용을 강조하는 동시에 오해를 방지한다.[78]

계시록은 야고보서 5장과 용어와 주제에 있어 간본문성을 보인다. 야고보서 5장은 부한 자들에게 주는 경고약5:1-6와 인내와 기도약5:7-20로 나뉜다. 간본문성

---

78. 계시록을 연속 강해 설교할 경우, 여러 심판이 반복되기 때문에 회중의 입장에서는 자칫 지루해질 수 있다. 7인, 7나팔, 그리고 7대접 심판은 각각 한 덩어리로 묶어 설교하는 것이 한 가지 대안이 될 수 있다. 또한 설교자는 각 심판의 고유한 특성을 잘 드러내도록 노력해야 한다.

은 다음의 도표처럼 요약된다.

용어 및 주제	야고보서 5장	계시록
부한 자들, 사치, 방종	1,5절	3:17; 17:4; 18:3,7,12-13,15,17,19
추수	4절	14:4,14-20
의인을 죽임	6절	2:13; 18:24
강림	7절	1:7; 2:5; 3:11; 22:7,12,20
오래 참다	7,10,11절	1:9; 2:2,3,19; 13:10; 14:12
문 밖에 서 계심	9절	3:20
선지자들	10절	10:7; 11:10; 18:24; 22:6,9
복되다	11절	1:3 등 7복
맹세	12절	10:6
기도	13,14,15,16,17,18절	5:8; 6:10; 8:4
찬송	13절	19:1-8 등 총 16회
범죄와 용서	15	22:14
가뭄 혹은 비가 옴	18	11:6
미혹	19,20절	12:9; 13:14; 18:23

야고보서의 결론 장에 따르면, 실천하는 믿음을 갖추려면 부한 자들은 사치하거나 빈자를 차별하지 말아야 하며, 고난당하는 성도는 인내하면서 믿음으로 기도해야 할 것을 권면한다. 이와 유사하게, 계시록도 교회와 대적들 모두에게 부와 사치의 위험을 경고한다. 또한 요한도 고난당하는 의인은 강림하셔서 심판하실 하나님을 신뢰하며 기도와 찬송을 드릴 것을 권면한다. 그러나 이 두 책에서 용어의 유사성이 문맥이나 주제의 유사성으로 직결되지 않는 경우도 더러 있다.

교훈과 적용

세상의 모든 사람은 자신의 행위에 따라 심판을 받는다. 주님을 부르면서 많은 일을 행했지만 결국 주님께 외면당하는 일이 없도록, 불꽃같은 두 눈으로 우리를 감찰하시는 예수님 앞에서*Coram Christo* 우리의 동기와 목표와 방법을 점검하며 회개하자. 이를 위해 그리스도인이 사탄의 세력이나 유혹 그리고 혼합주의에 빠지지 않기 위해 분명히 지켜야 할 신분과 생활의 경계선이 무엇인지 잘 분별해야 한다.

요한계시록 20장

<본문의 개요>

예수 그리스도의 초림으로 사탄은 이미 패배당하였기에, 천년왕국이 이미 진행되고 있다계20:1-6. 하지만 사탄은 천년왕국이 끝날 때까지 죽지 않고 성도를 대적하고 미혹할 것이다계20:7-10절. 예수님의 재림으로 성도는 영원한 복의 상태에 들어가지만, 사탄과 그의 추종자들은 영원한 심판을 받게 된다계20:11-15절.[1] 계시록 20장의 이전 문맥은 바다짐승과 거짓 선지자가 유황불에 던져지는 것이다계19:20. 계시록 20장의 이후 문맥은 신천신지를 소개하고 유황불 심판을 당하지 않은 어린양의 신부인 새 예루살렘성을 자세히 설명하는 것이다계21:1,2-22:5. 문맥상 계시록 20장은 사탄이 부려먹던 두 하수인이 심판당한 것은 예수님의 왕적 통치 때문임을 설명하는 동시에, 신천신지에 사는 주님의 신부의 영광스러움을 예고한다.

<내용 분해>

1. 사탄이 결박된 천년(20:1-6)
2. 결박에서 놓여 반란을 계획하는 사탄의 세력(20:7-10)
3. 백 보좌 심판(20:11-15)

---

1. 안식교와 여호와의 증인처럼 영혼멸절설을 지지하고 지옥을 부정하는 자들의 그릇된 주장은 Stefanovic, 『예수 그리스도의 계시』, 588을 보라.

1. 사탄이 결박된 천년(20:1-6)

> “1또 내가 보매 천사가 무저갱의 열쇠와 큰 쇠사슬을 그의 손에 가지고 하늘로부
> 터 내려와서 2용을 잡으니 곧 옛 뱀이요 마귀요 사탄이라 잡아서 천 년 동안 결
> 박하여 3무저갱에 던져 넣어 잠그고 그 위에 인봉하여 천 년이 차도록 다시는 만
> 국을 미혹하지 못하게 하였는데 그 후에는 반드시 잠깐 놓이리라 4또 내가 보좌
> 들을 보니 거기에 앉은 자들이 있어 심판하는 권세를 받았더라 또 내가 보니 예
> 수를 증언함과 하나님의 말씀 때문에 목 베임을 당한 자들의 영혼들과 또 짐승
> 과 그의 우상에게 경배하지 아니하고 그들의 이마와 손에 그의 표를 받지 아니
> 한 자들이 살아서 그리스도와 더불어 천 년 동안 왕 노릇하니 5(그 나머지 죽은
> 자들은 그 천 년이 차기까지 살지 못하더라) 이는 첫째 부활이라 6이 첫째 부활
> 에 참여하는 자들은 복이 있고 거룩하도다. 둘째 사망이 그들을 다스리는 권세
> 가 없고 도리어 그들이 하나님과 그리스도의 제사장이 되어 천 년 동안 그리스
> 도와 더불어 왕 노릇하리라”

오래전부터 천년왕국설에 대한 다양한 논의가 있어왔다. 아래 인용문은 이 해석의 역사를 간략히 요약한다.

> 천년왕국설의 근원은 BC 1세기 이후에 널리 유행한 유대인들의 메시아 시대에 관한 생각에서 찾을 수 있다. 유대인들의 메시아 신앙은 시대에 따라 변했다. 그러나 그 근본은 언제나 메시아가 와서 이 땅에 새 시대를 세우실 것인데 그때는 유대민족이 최고의 위치에 있으리라는 것이다. 그러나 AD 100년경부터는 이 땅이 극악하여 메시아가 이 세상에 한정된 기간에 통치한 다음에 이 땅에 최후가 임할 것이라고 보았다(2바룩 40:3; 1에녹 93:3-10 참조). 그런데 이 땅에 임할 메시아 시대는 얼마나 지속되는가? 40년, 100년, 400년(창15:13; 4에스라 7:28-29 참조), 600년, 1000년(시90:4; 벧후3:8; 2바룩 29:5-6; 73 참조), 2000년, 7000년 등 다양한 이론이 있다.[2] 하지만 유세비우스(d. 340)는 문자적 천년왕국설을 따

---

2. AD 2세기 말 소아시아에서 성장한 리옹의 주교 이레니우스에게서 볼 수 있는 지구 역사가 7000년간 존속된다

른 파피아스(d. 156)가 천년왕국을 오해했다고 비판했다(교회사 3.38 참조). 이 천년왕국설이 물질적 복에 너무 기울어지면서, 오리겐 등에 의해서 더욱 비판받기 시작했다. 계시록 20장의 천년왕국에 관해서는 전통적인 4가지 입장보다는 무천년주의, 전천년주의, 그리고 후천년주의로 나누는 것이 관례이다.[3]

천년왕국설에 대한 전통적 명칭들 외에 '과거주의 후천년설preteristic postmillennialism'이라는 예외적인 표현도 있다.[4] 아래의 도표는 계시록 17장 1절-22장 5절의 중앙에 계시록 20장 1-6절의 사탄의 결박과 천년왕국이 자리 잡은 교차대칭구조를 보여준다.[5] 예수 그리스도의 영원한 통치에 성도가 동참한다는 천년왕국에 대한 환상은 계시록의 독자들에게 위로를 준다.

A 심판 받은 음녀(17:1-19:6)

B 심판주 하나님(19:11-16)

C 심판받은 바다짐승과 거짓 선지자(19:17-21; 참고. 겔39장)

D 천년동안 사탄의 결박(20:1-3)

D′ 성도의 천년 통치(20:4-6)

는 주장은 페르시아와 갈데아의 점성술에서도 볼 수 있다. 명형진, "천년 왕국설의 신학사적 고찰: 고대 그리스도교의 종말 사상을 중심으로," 『가톨릭 사상』 33 (2018), 90-91.

3. 송영목, "요한계시록의 전통적 4가지 해석의 비교 및 분석," 121-122에서 재인용. 참고로 전천년주의자는 계시록 20장에서 '(이스라엘의 회복이라는) 민족적 종말론'과 '보편적 종말론'을 동시에 찾는다. 참고. 허규, 『요한묵시록 바르게 읽기』, 197; 곽철호, "전천년설과 무천년설에 대한 성서적 근거 고찰(천년왕국론): 계시록 20:1-6을 중심으로," 『성침논단』 11/1 (2016), 58을 보라.

4. Gentry Jr., in Bock (ed). *Three Views on the Millenium and Beyond*, 234.

5. R. F. White, "Reexamining the Evidence for Recapitulation in Rev 20:1-10," *WTJ* 51/2 (1989), 325, 329; R. Mach, "Telling so much by Writing so Uniquely?: The Literary Macrostructure of the Apocalypse analysed on the Basis of the Book's Open Literary Nature," (Ph.D. Thesis, International Baptist Theological Seminary, 2013), 188, 319-320; Du Rand, *Die A-Z van Openbaring*, 534; G. K. Beale, "The Millennium in Revelation 20:1-10: An Amillennial Perspective," *Criswell Theological Review* 11/1 (2013), 33. 참고로 Mach는 계시록의 구조를 기독론적 주제 1(계1:10b-20), 기독론적 주제 2(계5:1-7:8), 기독론적 주제 3(계12:1-9), 하늘 장면 1(계4장), 하늘 장면 2(계7:9-17), 하늘 장면 3(계11:15-19), 하늘 장면 4(계14:1-5), 그리고 하늘 장면 5(계15:1-16:1)로 나눈다. 그러나 기독론적 주제들은 하늘환상의 장면에 해당한다.

C′ 심판받은 곡과 마곡(20:7-10; 참고. 겔38-39장)

B′ 심판주 하나님(20:11-15)

A′ 신원 받은 신부(21:1-22:5; 참고. 계19:7-9)

요한은 하늘에서 내려온 천사가 무저갱의 열쇠와 큰 쇠사슬을 손에 쥔 것을 보았다1절. 예수님의 손에 쥐어진 "쇠사슬"은 "철장"과 더불어 절대적인 권세를 상징한다계12:5 참조. 1절에 천사기독론이 다시 나타난다. 구약에도 천사 혹은 야웨의 사자가 하나님 자신을 가리키는 경우가 있었다. 예를 들어, 사사기 13장 18-22절에서 삼손의 아버지 마노아는 '기묘자'라 불린 야웨의 사자, 곧 하나님을 본 후에 죽을까 무서워했다. 이런 이유로 인해 유대인들은 높으신 하나님과 연관된 천사를 사람보다 높게 존숭하려 했을 것이다골2:18 참조.

예수님을 가리키는 이 천사는 용옛 뱀, 마귀, 사탄을 붙잡아 천 년간 결박했다2절; 참고. 계12:7-9. 1,000년χίλια ἔτη은 예수님께서 사탄을 물리치고 통치하시는 초림부터 재림 사이의 긴 기간을 상징한다신1:11; 7:9; 수23:10; 대상16:15; 욥8:3 참조.[6] 따라서 전천년주의자처럼 1,000년을 문자적으로 365,000일로 해석할 이유는 없다. 그리고 용을 무저갱에 던져 잠그고 그 위에 봉인하여 천 년이 찰 때까지 다시는 미혹하지 못하게 했다3a절. 이것은 사탄의 머리가 깨어진다는 창세기 3장 15절의 최초복음의 성취이다. 천년왕국의 특징은 사탄도 예수님의 통치를 받는다는 사실이다. 천년왕국이 마칠 무렵에 용은 반드시 잠깐 풀려날 것이다3b절.[7] 그리스

6. C. P. Venema, 『개혁주의 종말론 탐구』, *The Promise of the Future*, 박승민 역 (서울: 부흥과 개혁사, 2014), 403; Beale and McDonough, "요한계시록," 643; Engelbrecht, "Die Christologie in die Openbaring van Johannes, in Hooftrekke Beskrywe," 177; Chilton, *The Days of Vengeance*, 494; contra Fanning, *Revelation*, 500; Patterson, *Revelation*, 353; P. H. R. van Houwelingen, "The Millennial Kingdom in the Twenty-First Century," *Lux Mundi* 36/2 (2017), 24-25; '무천년설(amillennialism)'을 'promillennialism'이라 부를 것을 제안하는 Spykman, *Reformational Theology*, 540-542. 그리고 계시록을 전천년설의 입장에서 주해한 이상근과 박윤선을 비교한 경우는 송영목, "이상근박사의 요한계시록 주석: 박윤선박사의 주석과 비교하며," 『교회와 문화』 39 (2017), 91-116을 참고하라.

7. 자료비평과 편집비평을 따라 계시록 21장 3-4절과 22장 3-5절 사이에 묵시 자료가 끼어들었다고 보는 경우는 Aune, *Revelation 17-22*, 1115를 보라. 하지만 계시록 전체의 통일성을 존중해야 한다.

도인은 10일 동안, 곧 잠깐 투옥되어 고난당하지만계2:10 참조, 사탄은 1,000년, 곧 그리스도께서 교회를 통해 다스리시는 긴 기간 동안 무저갱에 갇힌다. 3절에는 신적수동태 동사가 둘이다. '마쳐지다τελεσθῇ'는 τελέω텔레오의 아오리스트 수동태 가정법 3인칭 단수 동사이다. 사탄이 무저갱에서 감금된 기간이 다 마쳐지는 것were ended(ESV)은 하나님께서 정하신 시간을 따른 것이다. 그리고 '풀려지다 λυθῆναι'는 λύω뤼오, to loose의 아오리스트 수동태 부정사 동사이다. 무저갱에서 천년동안 시간을 보낸 후 사탄이 반드시δεῖ 풀려지는 것must be loosed(KJV)은 하나님의 허락과 주권 안에서 이루어진다. 천년왕국의 주인은 사탄을 정복하신 예수 그리스도이시다. 그러므로 천년왕국을 논의할 때 무엇보다 성부께서 성자를 통해서 이루신 구원과 승리에 집중해야 한다. 따라서 오늘날 교회의 쇠락해 가는 현실을 출발점으로 삼아 천년왕국을 부정적으로 진술하지 않도록 주의를 기울여야 한다.

참고로 이란의 종말론에 따르면, 아즈키 다하카Azki Dahaka라는 뱀이 결박되었다가 종말에 풀려나서 결국 최후 전투에서 정복당한다.[8] 이와 유사하게 유대묵시문헌도 마귀의 세력이 결박되고 투옥될 것을 언급한다1에녹 18:13-16; 레위의 유언 18:12 참조.[9] 사도 요한 또한 예수님께서 큰 뱀과 같은 사탄을 결박하여 무저갱으로 추방하신다고 설명한다. 그리고 사탄이 풀려나면 최후를 맞이하게 된다. 하지만 고대근동과 유대묵시문헌에 나타난 종말론이 예수님의 계시인 요한계시록에 영향을 미쳤다거나, 사도 요한이 그런 자료를 참고하여 기록했다고 주장하지 않도록 주의해야 한다. 오히려 천년왕국 사상의 뿌리는 구약에 나타난다. 구약 예언서는 미래의 황금시대를 예고하는데, 하나님의 백성은 회복된 에덴동산처럼 지복至福을 누릴 것이다사2:2; 32:14; 33:20; 35:9; 60:12; 62:8-9; 65:21-22; 렘31:14; 겔36:35; 47

8. Roloff, *Revelation*, 226.

9. M. H. Pohlmann, "Revelation 20:1-10 within the Overall Paradigm Theological Thrust of John's Apocalypse," *In die Skriflig* 53/1 (2019), 3; Roloff, *Revelation*, 226.

장; 욜2:22; 암9:15; 슥8:4-5; 14:9,20-21 참조.[10] 그런데 선지자 이사야를 중심으로 선지자들이 예언한 지복의 황금시대는 예수님의 재림보다는 초림으로써 성취되었다. 구약 선지자들의 예언의 두 초점은 포로 귀환과 메시아의 초림이기 때문에, 예수님의 재림을 통한 예언의 성취에다 방점을 두는 것은 어색하다.

AD 2세기 소아시아의 케린투스와 파피아스의 천년왕국설은 요한계시록의 취지를 제대로 반영하지 못했는데, 그들은 유대교의 경향을 따라 미래 천년왕국은 지상에 물질적 차원에서 이루어진다고 보았다.[11] 이와 유사한 맥락에서 전천년주의자처럼 계시록 19장 11-21절과 계시록 20장 1-7절을 시간적 순서를 따라 읽는다면, 다음과 같은 몇 가지 문제에 직면한다. ① 계시록의 내러티브는 이야기의 시간story time을 따라서 읽어야 정확한데, 실제 연대기적 흐름chronological flow으로 읽으면 문제가 발생한다. ② 전천년주의는 계시록 19장 11-21절을 예수님의 재림으로 이해하고, 계시록 20장 1-7절을 재림 이후의 천년왕국으로 설명한다. 이 두 단락의 흐름을 실제 연대기적 진행이라고 보더라도, 신학적인 큰 어려움에 봉착한다. 그 어려움이란 예수님께서 재림하신 이후에 철저히 섬멸되어야 마땅한 사탄이 어떻게 계속해서 강력히 활동할 수 있는가라는 문제이다.[12] 이 난제를 해결하기 위해서 전천년주의는 성경에 나타나지 않는 그리스도의 세 번째 강림을 도입한다. ③ 전천년주의와 달리 계시록 19장 11-21절을 주님의 재림이 아니라 재림 이전에 복음의 확장과 승리로 본다면, 계시록 20

---

10. L. Ryken, L. et als (ed), *Dictionary of Biblical Imagery* (Leicester: IVP, 1998), 551-554.

11. 폴리캅, 파피아스, 순교자 저스틴, 멜리토, 아폴리나리스, 그리고 이레니우스와 같이 소아시아와 관련하여 활동한 속사도와 교부 중 전천년설을 지지한 경우는 L. V. Crutchfield, "The Apostle John and Asia Minor as a Source of Premillennialism in the Early Church Fathers," *JETS* 31/4 (1988), 413-426을 보라. 참고로 천주교의 천년왕국 이해는 "부활의 완성으로서의 종말의 도래에 대한 집중은 그리스도교 초기 저술가들에게 있어서 천년 왕국설에 대한 관심으로 이어졌다. …… 그로부터 지금까지 천년 왕국설은 교회로부터 한 번도 공식적으로 받아들여진 바가 없다. …… 이미 도래한 하나님 나라인 교회의 순례를 통해서, 아직 도래하지 않았지만 곧 도래할 완성의 나라인 천상 하나님 나라를 기다리는 희망의 이중적 차원을 갖고 있다."라는 진술로 확인할 수 있다. 명형진, "천년 왕국설의 신학사적 고찰: 고대 그리스도교의 종말 사상을 중심으로," 93, 111, 113.

12. Venema, 『개혁주의 종말론 탐구』, 382-383. 참고로 천년왕국은 '주의 날', 즉 '재림의 날'을 가리킨다는 주장은 Van der Waal, 『반더발 성경연구 3: 복음서에서 예언서까지(마태복음-요한계시록)』, 632를 보라.

장 1-7절을 이해하기 더 용이하다. 왜냐하면 복음의 확장은 천년왕국의 특징이기 때문인데, 이 두 개념은 예수님의 통치의 결과로서 동전의 양면과 같다. ④ 계시록 19장 11-21절과 계시록 20장 1-7절의 여러 가지 병행은 이 두 단락이 동일한 시간대의 사건을 설명하고 있음을 지지한다. 예를 들어, 계시록 19장 19절과 20장 8절의 두 전투는 천년왕국 이전과 이후의 다른 전투를 가리키지 않고 병행을 이룬다. ⑤ 전천년주의의 기대와 달리, 계시록 20장 1-6절에 예루살렘에 세 번째 성전이 세워져서 짐승 제사가 재개되거나, 유대인들이 팔레스타인으로 귀환한다는 언급은 없다.[13]

종말론 가운데 천년왕국이나 예수님의 재림과 같은 미래적 내용을 다룰 때, 칼뱅의 '기독론적 종말론Christological eschatology'에서 보듯이, 교리적 틀이 아니라 성경 본문에 나타난 예수님 자신person과 사역works을 중심으로 연구해야 한다. 따라서 계시록 20장에서 천년왕국과 재림을 탐구할 때도, 예수님으로부터

---

13. Bavinck, *The Last Things*, 118; Venema, 『개혁주의 종말론 탐구』, 385-386. 참고로 존 넬슨 다비(J. N. Darby), 플리머스 형제단(Plymouth Brethren), 그리고 스코필드 관주성경(1909)은 19세기 중순부터 20세기 초반에 영국과 미국 그리고 한국 등에 '세대주의 전천년설(dispensational/futurist premillennialism)'을 보급하는 데 있어 세 가지 기폭제와 같았다. 다비는 예수님의 공중 재림, 부활한 성도의 휴거, 지상의 7년 대 환난(단9장의 70이레 참조), 지상 재림으로 이스라엘이 회복됨, 악의 세력(곡과 마곡)에 임할 심판과 악인들의 부활 및 심판받음 그리고 신천신지로 이어지는 종말의 시나리오를 제시했다. 인류 역사를 7세대로 나누는 세대주의의 특징을 세 가지로 요약하면, 성경의 예언적 본문을 문자적이며 미래적으로 해석하고, 이스라엘과 교회를 분리하되 아브라함의 언약은 교회가 아니라 이스라엘 민족을 통해서 성취된다고 보며, 환난 전에 교회가 휴거된다고 주장한다. 한국의 경우 국내외적 시련의 시기 동안 전천년설을 견지한 미국 선교사들의 영향을 크게 받아 전천년설을 따랐기에(예. 평양신학교의 W. D. Reynolds, 총신의 박형룡, 박아론, 차영배), 1960년경까지 무천년설을 지지하면 이단이나 신신학자로 간주되기까지 했다. 그러나 1986년에 예장 통합은 신앙고백서 10장 4항에서 무천년설을 공식적으로 채택했다. 반면 한국의 성결교는 19세기 미국 복음주의의 전천년적 종말론, 동양선교회, 그리고 무디성경학원 등의 영향을 받아 세대주의 전천년설을 따른다. 그리고 침례교와 순복음교회도 세대주의에 충실한 편이다. 세대주의와 달리 역사적 전천년설(historic premillennialism)은 예수님의 이중 재림을 반대하고 환난을 통과한 교회의 휴거를 지지한다. 역사적 전천년설에 따른 역사의 마지막 때에 일어날 사건들의 순서는 다음과 같다. ① 7년 대 환난, ② 그리스도의 재림,③ 성도의 부활, ④ 적그리스도의 멸망, ⑤ 천년왕국, ⑥ 곡과 마곡의 반란, ⑦ 악인의 부활, ⑧ 백 보좌 심판, ⑨ 신천신지. 참고. 정상운, "세대주의적 전천년설과 성결교회 재림론," 『한국기독교와 역사』 11 (1999), 177-182; 김영재, "한국교회의 종말론," 『신학정론』 11/1 (1993), 266-267; 송영목, "요한계시록의 세대주의 전천년설과 역사적 전천년설 비평," 『교회와 문화』 30 (2013), 150-183; Wilson, *Charts on the Book of Revelation*, 100-101.

어떤 특정 미래 사건으로 초점을 전환하지 않도록 주의해야 한다. 하지만 그리스도 중심적 종말론이 사라지면, 사람의 호기심을 자극하는 미래의 개연성 있는 사건에 빠져들게 될 뿐 아니라 '개혁주의 기독론에 대한 새로운 맹공격'이 발생한다.[14] 칼뱅에 따르면, 예수님께서 재림하시기까지 지상의 교회는 십자가를 지는 자기 부인의 삶을 실천함으로써 영적 전투를 계속 수행해야 하므로, 그리스도인은 과도한 승리주의에 도취될 수 없다. 그리고 칼뱅은 하나님의 약속 *promissio Dei*에 따라서, 그리스도인은 교회의 영광과 완성, 몸의 부활, 그리고 신천신지의 갱신도 소망해야 한다. 그리스도인이 하나님의 약속을 신뢰할 수 있는 근거는 믿음으로써 예수 그리스도를 알고, 그리스도와 신비롭게 연합되어 있기 때문이다. 천년왕국을 논할 때, 문자적 천년과 같은 일시적인 하나님 나라와 이스라엘의 거국적 개종 때문에 영원하시며 온 교회의 머리이신 예수 그리스도의 영광이 손상을 입지 않도록 주의해야 한다Calvini Opera 45:28; 47:10 참조.[15]

또 요한은 보좌들을 보았는데, 그 위에 앉은 이들은 심판하는 권세를 받았다 4a절. 요한이 본 복수형 "보좌들θρόνους" 위에 승리한 작은 왕들인 그리스도인들이 앉아 있다. 그리고 요한은 예수님의 증언과 하나님의 말씀 때문에 목이 잘렸던 사람들의 영혼을 보았다4b절; 참고. 계6:9-10. 요한 당시에 실제로 로마제국에 도끼로 목을 베는 사형법이 있었다.[16] 네로 황제도 목을 벤 적이 있었다. 네로는 자기 아내이자 클라우디우스 황제의 딸인 옥타비아가 자녀를 낳지 못하자 노예와

14. C. F. C. Coetzee, "*Ho Eschatos*: The Eschatological Christ and the Future of Reformed Theology," *In die Skriflig* 47/1 (2013), 2-5. 참고로 남아공의 경우, 'The New Reformation'을 외친 UNISA의 Sakkie Spangenberg, NHK교파의 'Steedshervormers(지속적 개혁자들)' 논쟁을 촉발시킨 프레토리아대학교의 Andries G. van Aarde, 그리고 프레토리아대학교의 Julian Müller는 예수님의 신성과 육체적 부활을 부정했다. 이런 부정은 잘못된 종말론을 생산한다.

15. 이 단락은 J. Hoek, "Towards a Revitalisation of Calvinistic Eschatology," *In die Skriflig* 37/1 (2003), 97-99, 108-109에서 요약. 참고로 칼뱅의 후계자 테오도르 베자는 로마서 11장 25절 이하를 문자적으로 미래에 있을 유대인의 개종을 가리킨다고 보았다. 세대주의를 따르지 않은 존 오웬과 같은 청교도 그리고 17세기 화란 신학자들도 베자와 유사한 의견을 피력했다. 이 점을 염두에 둔 Hoek은 칼뱅주의와 전천년주의의 결합에 대해 열려있는 입장을 표방한다. 그러나 칼뱅은 계시록 20장의 '천년'을 문자적으로 주해한 전천년설을 배격했다.

16. 김철손, 『요한계시록』, 353.

불륜을 저질렀다는 누명을 씌워 처형했다. 그 후 네로는 자신의 친구 오토Otho의 아내이자 로마의 최고 미녀였던 포파이어와 결혼했다. 포파이어는 네로에게 처형당한 옥타비아의 목을 베어 가지고 올 것을 요구했다. 그 후 네로는 임신 중이던 포파이어를 걷어차서 죽였다. 참고로 네로의 어머니 아그리피나는 칼리굴라 황제의 여동생이자 삼촌인 클라우디우스 황제의 네 번째 부인이었다.

순교자들은 바다짐승이나 그 짐승의 우상에게 절하지 않고 이마나 손에 표를 받지 않은 사람들인데계13:16-17 참조, 그들은 살아나서 그리스도와 함께 천 년 동안 다스린다4c절; 참고. 마19:28. 예수님 그분께서 하나님 나라이시므로눅17:21 참조, 그리스도인의 육과 영혼은 천국이신 그리스도와 연합되어 있다.[17] 따라서 죽은 성도의 영혼은 낙원에서 마귀를 이기고 죽음을 다스린다계3:21; 12:10 참조.[18] 왜냐하면 죽은 성도의 완전케 된 영혼은 하나님의 생명을 누리면서 더 이상 사탄과 죽음과 죄의 영향을 받지 않기 때문이다. 하지만 천국에 간 죽은 성도의 영혼이 천사나 다른 성도 혹은 지옥에 있는 자들을 다스리는 것으로 보기 어렵다. 그리고 4c절은 순교자를 포함하여 죽은 성도가 살아있지, 그들이 몸으로 부활하여 살게 될 것이라고 말하지 않는다. 몸의 부활은 천년왕국 기간에 일어나지 않는다.

계시록의 전체 내러티브 흐름을 고려할 때, 천년왕국 사상계20:1-10은 승리계1:17-18; 2:10,26; 3:12; 5:5; 12:11, 천사기독론10:1; 18:1, 그리고 신앙의 절개6:9-10; 13:12,16; 14:13에 있어 내적 간본문성을 가진다. 계시록 12장 7-11절과 계시록 20장 1-6절의 여러 병행은 이 두 단락이 예수 그리스도의 초림으로 인한 통치와 패배한 사탄

---

17. D. Yoon, "The Believers' Reigning in the Kingdom as Unveiled in the Book of Revelation," *Affirmation & Critique* 27/1 (2012), 31, 39-40. 그런데 '지방교회'의 위트니스 리(Witness Lee)를 따라 Yoon은 계시록 20장 4절의 보좌들에 앉은 사람들을 중생한 모든 성도가 아니라 온 세상을 다스릴 영화된 승리자로 국한한다(눅14:14; 계2:26-27; 3:21).

18. Greijdanus, *De Openbaring des Heeren aan Johannes*, 406-407; 참고로 하이델베르크 교리문답 32문에 따르면, 이 세상에 사는 그리스도인은 왕으로서 자유롭고 선한 양심을 가지고 죄와 마귀에 대항하여 싸우고, 이후로는 영원히 주님과 함께 '모든 피조물'을 다스릴 것이라고 고백한다. 이 세상에서 그리스도인이 말씀과 성령으로 다스리시는 이미 승리하신 예수 그리스도의 통치를 받으면서 신령한 전투에 임하는 자체가 왕권을 수행하는 것이다. 참고. 김헌수, 『하이델베르크 요리문답 강해 I』 (서울: 성약출판사, 2009), 307.

의 저항을 공통적으로 의미함을 알 수 있다.[19] 따라서 계시록 전체 내러티브 안에서 천년왕국을 제대로 이해해야지 마치 부수적인 부록처럼 취급해서는 안 된다.[20] 계시록의 1차 독자들은 천년왕국 동안 예수님과 함께 다스리기 위하여 주님께서 이미 이루신 승리를 믿고 주님을 향한 신앙의 정조를 지키도록 힘써야 한다.

전천년주의자는 계시록 20장 4절을 환난 후 휴거설의 근거로 삼는다. 계시록에서 휴거설을 찾는 자들의 세 가지 주장은 아래 도표처럼 요약된다.[21]

환난 전 휴거설(4:1)	**환난 중 휴거설**(11:12)	**환난 후 휴거설** (14:16; 17:14; 19:14; 20:4)
요한이 하늘로 올라간 것은 휴거를 가리킴	두 증인의 승천은 휴거임	추수, 군대, 그리고 보좌에 앉은 순교자들은 휴거되고 부활한 사람들을 구성함
신자는 시험의 때로부터 보호받음(3:10)	신자는 대 환난의 첫 3년 반의 시험을 겪음	신자는 42개월 동안 대 환난을 겪음(11:2-3; 12:6)
신자는 하나님의 진노를 면함(6:16-17)	신자는 대 환난의 나중 3년 반의 시험을 면함	신자는 어린양의 진노로부터 인침을 받음(7:3; 14:9-12)
계시록 4-18장의 대 환난 동안 '교회'는 언급되지 않음	일곱째 나팔(11:15-19)은 하나님의 나팔과 동일함(살전4:16)	계시록 전체에 신자는 나타나며, 교회라 불림
		하늘의 큰 무리는 대 환난에서 나옴(7:14)
		서머나교회(2:10)와 버가모교회(2:13)는 환난을 겪음

위의 휴거와 대 환난에 대한 가설들은 계시록의 1차 독자들과 직접적인 관련이 없다. 또한 계시록 1장 1절의 "반드시 속히 일어날 일들"과도 배치된다. 그리

19. Contra M. Waymeyer, "The Binding of Satan in Revelation 20," *Master's Seminary Journal* 26/1 (2015), 44-46.
20. Pohlmann, "Revelation 20:1-10 within the Overall Paradigm Theological Thrust of John's Apocalypse," 2-3.
21. Wilson, *Charts on the Book of Revelation*, 70.

고 세 가설이 제시하는 구절들에서 육체적 '휴거'를 찾기 어렵기에, 요한의 의도에서 벗어나는 탈문맥적 주장이다.

그 나머지 죽은 자들은 1,000년이 차기까지 살아나지 못했는데, 이것은 첫째 부활이다5절. 첫째 부활ἡ ἀνάστασις ἡ πρώτη은 사람이 거듭나서 신앙적이며 윤리적으로 살다가 재림 이전에 죽더라도 살아있는 영혼이 승천하신 예수 그리스도께서 계신 곳에 가는 전체 과정을 가리킨다예. W. Hendriksen, H. H. Wernecke, J. A. Hughes, J. M. Kik.[22] 그러므로 거듭나지 못한 "그 나머지 죽은 자들οἱ λοιποὶ τῶν νεκρῶν"은 첫째 부활의 은혜를 받지 못한다. 따라서 전천년설처럼 첫째 부활을 천년왕국이 시작될 때 모든 성도가 육체적으로 부활하는 것으로 이해할 수 없다. 전천년주의는 죽은 성도의 육체적 부활이라는 첫째 부활 후에, 백 보좌 심판을 위해 불신자들이 육체적으로 부활하는 것을 둘째 부활계20:11-15이라고 주장한다. 그러나 계시록 20장 11-15절은 '둘째 부활'이라는 표현을 사용하지 않을 뿐 아니라, 불신자들만 부활한다는 언급도 없다. 따라서 첫째 부활은 부활의 능력을 소유한 그리스도인이 예수님의 생명과 통치에 참여하는 것이기에, 그들은 영원한 지옥의 형벌을 가리키는 둘째 사망의 해를 면하게 되는 복을 누린다.[23] 그리스도인은 지상에 살면서도 부활의 소망과 능력을 활용하며 살 수 있는데, 부활하셔서 승천하신 예수 그리스도와 연합하고 있기 때문이다웨스트민스터 신앙고백 제52문 참조.[24]

성도가 죽을 때 즉시 영혼은 영화가 된다고후5:8; 빌1:21-23; 히12:23; 웨스트민스터 소교리문답 37문 참조. 그리스도인은 육체적으로 죽은 후에 중간상태intermediate state에서도 예수 그리스도와 여전히 연합하여 복된 상태에서 육체의 부활을 기다린다. 중

22. Mathison, 『종말론적 관점에서 본 성경 개관』, 840; Chilton, *The Days of Vengeance*, 518; contra '첫째 부활'을 재림 때 발생할 모든 사람의 부활 이전에 있을 순교자의 부활이라고 보는 이광진, "요한계시록에 나타난 죽은 자들의 세계와 사후의 생에 대한 기대(IV)," 113, 115. 따라서 이광진은 '둘째 부활'을 순교자를 제외한 모든 사람의 부활이라고 본다.

23. Venema, 『개혁주의 종말론 탐구』, 410. Contra M. Waymeyer, "The First Resurrection in Revelation 20," *Master's Seminary Journal* 27/1 (2016), 32.

24. Middleton, 『새 하늘과 새 땅: 변혁적-총체적 종말론 되찾기』, 227.

간상태는 현재의 상태보다는 더 영화로운 상태이지만, 부활의 몸과 영혼이 결합할 때보다는 덜 영광스럽다.

4-5절의 동사 '살다ζάω'는 전천년주의자들이 주장하듯이 육체의 부활만 가리키는 용어인가? 아니다. 신약성경에서 이 동사는 하나님의 살아계심 등을 설명하는 데 종종 등장한다누20:38; 계4:9-10; 7:2; 10:6; 13:14; 15:7 참조.[25] 참고로 5절 전반부에 헬라어 원문에는 개역개정과 NIV처럼 괄호가 없다. 계시록 20장 1-10절은 5b절과 6a절의 첫째 부활을 중심으로 하는 교차대칭구조를 아래와 같이 가지고 있다.[26]

A 천사가 열쇠와 쇠사슬을 가지고 하늘에서 내려옴(1절)
B 용을 잡아 결박하여 **던지고** 잠그고 인봉함(2-3a절)
C 용이 만국을 미혹하지 못함(3b절)
D *천년이 찰 때* 까지(3c절)
E 그 후에 사탄이 잠시 풀릴 것임(3d절)
F 보좌들 위의 순교자들이 천년 동안 **그리스도와 다스림**(4절)
G 나머지 **죽은 자들은** 천년이 찰 때까지 살지 못했음(5a절)
H 이것이 첫째 부활이다(5b절)
H′ 첫째 부활에 참여하는 사람은 복됨(6a절)
G′ 둘째 **사망이** 권세가 없음(6b절)
F′ 제사장들과 왕들이 **그리스도와 다스릴 것임**(6c절)
D′ *천년이 찬* 후(7a절)
E′ 옥에서 사탄이 풀릴 것임(7b절)
C′ 사탄이 만국을 미혹하고 모을 것임(8절)
A′ 불이 하늘에서 내려올 것임(9절)
B′ 마귀가 불 못에 **던져질 것임**(10절)

25. Venema, 『개혁주의 종말론 탐구』, 411-412.

26. Leithart, *Revelation 12-22*, 299-300.

그 첫째 부활에 참여하는 이들은 복되고 거룩하다6a절. 둘째 사망ὁ δεύτερος θάνατος은 첫째 부활에 참여한 이들에 대해 아무 권한을 가지고 있지 않는데계2:11; 20:14; 21:8 참조, 그들은 하나님과 그리스도의 제사장들이 되어 그분과 함께 천 년 동안 다스릴 것이다6b절. 둘째 사망은 부활한 불신자들이 겪을 영원한 지옥 형벌을 가리킨다. 그러므로 첫째 부활을 경험한 사람만 영생을 위한 육체의 둘째 부활도 경험할 것이다.[27] 첫째 부활에 참여하는 성도는 천 년 동안 제사장들이 '될 것이다ἔσονται'. 이 미래 세제는 명령의 의미를 가지는 의지적 미래이므로, 현재의 기정사실처럼 '되어야 한다'라고 번역하면 자연스럽다.[28] 따라서 6절 끝의 미래 동사 '다스릴 것이다βασιλεύσουσιν'도 현재 의미이므로 '다스린다'가 적절하다. 그런데 4절에서는 '다스렸다ἐβασίλευσαν'라는 아오리스트 동사가 사용되었다. 4절의 동사는 1-4절의 동사들이 아오리스트 시제임을 고려할 때 자연스러운데, 이것도 6절의 현재적 미래동사처럼 현재적 의미이다.[29]

많은 그리스도인은 육체의 죽음 이후에 영혼이 어디에 그리고 어떤 상태로 있는지 궁금해한다. 그리스도인은 장례식에서 죽은 신자가 천국에 갔다고 위로하면서, 유족에게 부활의 소망으로써 슬픔을 이기도록 위로한다.[30] 그것은 정확히 무엇을 염두에 둔 말인가? 이에 대해 성종현의 설명은 유익한데, 아래에서 요약 인용하면서 필요시 추가로 설명을 덧붙인다.[31] 사람은 영과 혼이 결합된 전인적 존재이므로, 육체의 죽음은 영혼을 완전한 무의식 상태로 빠지게 만

27. Contra 유황 불 속에서 겪는 둘째 사망을 그리스 신화의 영향으로 보는 J. D. Woodington, "Crafting the Eschaton: The Second Death and the Lake of Fire in Revelation," *JSNT* 41/4 (2019), 514.

28. 이필찬, 『에덴 회복의 관점에서 읽는 요한계시록: 12-22장』, 785.

29. 이필찬, 『에덴 회복의 관점에서 읽는 요한계시록: 12-22장』, 789.

30. 소망과 승리의 복음을 현시함으로써 제자 삼는 선교적 교회의 장례식(missional funeral liturgy)에 대해서 프레토리아대학교 선교학 P. Kotze and C. J. P. Niemandt, "A Missional Perspective on Funerals and Bereavement Counselling," *HTS Teologiese Studies* 71/3 (2015), 1-8을 보라.

31. 성종현, "죽은 자의 중간상태와 부활의 몸: 예수의 죽음과 부활의 빛에서 본 신약성서의 개인적 종말사상," 『신약논단』 19/2 (2012), 459-483. 하지만 성종현은 죽으신 예수님께서 부활하시기 전까지 영으로 '음부'에 가셨다고 본다(벧전3:19). 그러나 이것은 베드로전서 3장 18절 이하가 주님의 승귀의 맥락임을 간과한 주장이다.

든다는 소위 '완전 죽음론'을 지지하는 이들이 적지 않다예. 재세례파, 오스카 쿨만, 루돌프 불트만, 한스 콘첼만, 칼 바르트, 볼프하르트 판넨베르크, 여호와의 증인, 안식교. 완전 죽음론을 지지하면, 개인의 육체적 죽음과 부활 사이에 영혼이 낙원이나 하데스에 거하는 중간 상태를 반대하고, 몸의 부활도 반대한다. 이와 상반된 해석이 있다. 육체적으로 죽은 불신자의 살아있는 영혼은 고통의 장소에 가며1에녹 22:5, 죽은 신자의 의식 있는 영혼은 부활 시에 마치 잠깐 잠을 잔 것처럼 느끼며 깨어날 것이다루터. 성경은 죽음을 잠으로 묘사하지만단12:2; 눅8:52; 고전15:18; 살전4:14, 신자와 불신자의 영혼은 고통과 행복을 느낄 수 있다눅16:19-31; 계6:9-10. 그런데 신자가 죽으면 중간 상태를 거치지 않고 곧바로 천국에서 부활의 몸을 입는다는 주장도 있다예. 최태영, W. D. Davies, G. Lohfink, G. Greshake. 이 주장은 성도의 죽은 몸과 죽자마자 천국에서 부활하는 몸은 별개라고 보는데, 이에 대한 확실한 성경적 근거는 없다. 성경은 죽은 육체에서 분리된 영혼이 살아 있는 상태로 중간 상태에 거한다고 설명한다눅16:19-31; 23:43; 고후5:8; 12:1-12; 빌1:23; 벧전3:19; 계6:9-11. 성도가 죽은 후 영혼이 안식하는 '아브라함의 품'눅16:23, '셋째 하늘'고후12:2, 그리고 '낙원'눅23:43; 고후12:4은 동의어이다. 따라서 그리스도인은 죽을 때 곧바로 영혼이 낙원에 가며, 재림 때에 영과 육체가 결합하여 부활하여 신천신지에 영원히 거하게 된다. 예수님께서 십자가 위에서 자신의 영혼을 성부께 부탁하신 후 죽으셨는데, 그때 주님의 영혼은 떠나셨다마27:50; 눅23:46; 요19:30. 순교자 스데반 집사의 경우도 마찬가지이다행7:49. 예수님의 시체가 무덤에 있던 기간은 주님에게는 중간상태이며, 주일 새벽에 부활하셨다. 십자가에서 죽으신 예수님의 바로 그 몸이 부활하였지만연속성, 시공간의 제약을 받지 않는 완전한 몸이다불연속성. 마찬가지로 죽은 성도도 주님의 재림 때까지 중간상태를 거쳐서 썩지 않고 온전하며 강하고 영광스런 부활의 몸을 덧입을 것이다고전15:42-44.[32] 만약 그리스도인이 죽자마자 하늘나라

---

32. Bavinck, *The Last Things*, 137. 참고로 계시록 20장의 종말론적 시나리오는 바울의 종말론과 실제로 일치한다. 사탄은 그리스도께 패배당한 채로 여전히 활동하며(엡6:11-17), 성도는 그리스도와 함께 죽고 (첫째) 부활을 경험하며(롬8:10; 엡2:5; 골2:12-13), 성도는 그리스도와 더불어 왕 노릇할 것이고(딤후2:11-12), 생명책에

에서 부활의 몸을 입게 된다면, 순교자들이 신원을 바라며 '언제까지'라고 말할 이유가 사라지게 될 것이다계6:10. 왜냐하면 부활의 몸을 입는 것이 신원이기 때문이다.[33]

신자는 죽는 즉시 그의 영혼이 낙원에 가는데, 주로 무천년주의자들은 이것을 첫째 (영적) 부활로 간주한다.[34] 낙원은 승천하신 예수님께서 계시는 곳이다. 예수님께서는 재림 시에 낙원에 있던 성도의 영혼을 데리고 이 세상으로 내려오셔서 육체의 부활을 주신다살전4:15 참조. 물론 주님의 재림 시에 죽은 불신자의 살아 있는 영혼은 하데스에서 나와 육체로 부활할 것이다. 그 후 최후 심판을 통해 부활한 성도는 신천신지로, 부활한 불신자는 지옥에 들어간다. 성경 전체가 지지하듯이 지구가 갱신更新될 것을 수용한다면사65:17; 66:22; 마19:28; 행3:21; 살전4:16-17; 히12:27; 벧후3:10-13; 계21:1, 죽은 성도의 산 영혼이 가있는 낙원은 재림까지 존재하는 임시적인 천국이다. 마찬가지로 죽은 불신자의 영혼이 가 있는 하데스는 주님의 재림까지 존재할 임시 지옥으로서, 영혼에게 고통을 가한다. 재림 이후에 부활한 불신자가 들어갈 불구덩이로 묘사되는 지옥은 영원한 형벌의 장소이다.[35]

녹명된 죽은 성도는 재림 시 육체는 부활하여 상급 심판을 받을 것이며(고전15:23; 고후5:10; 빌4:3; 살전4:16-17), 성도의 마지막 원수인 죽음도 심판을 받을 것이다(고전15:26). S. H. T. Page, "Revelation 20 and Pauline Eschatology," *JETS* 23/1 (1980), 33-42.

33. 몸의 부활 자체는 그리스도인에게 주어질 보상인데, 이 보상은 사람의 공로를 배제한다. Du Rand, *Die Einde*, 346.

34. Du Rand, *Die A-Z van Openbaring*, 572; Bavinck, 『개혁교의학. 제4권』, 809.

35. 사도 요한 당시의 유대인들은 메시아의 도래와 그분의 왕국을 어떻게 이해했는가? 두 란드의 설명을 들어보자. "AD 1세기 말에 기록된 4에스드라와 2바룩은 AD 70년의 돌 성전과 예루살렘의 파멸에 대한 반응을 소개하는 중요한 종말론적 유대묵시문헌이다. 많은 사람들이 인지하듯이, 하나님의 종말론적 프로그램에서 예루살렘과 성전의 종말론적 위치와 기능은 과대 평가될 수 없다. …… 이 두 문헌은 시온(예루살렘)의 파괴로 인한 신적 정의가 부재하는 것 때문에 애통한다. 이에 대해 천사들은 하나님의 약속들이 오직 다윗 계열의 메시아의 도래로 성취될 것이라고 반응했다. 메시아는 로마제국을 무찌르고 자신의 통치를 400년간 이어갈 것인데, 최후 심판과 몸의 부활이 뒤따를 것이다. 이 메시아의 400년 통치는 하나님 나라의 도래보다 앞서 있을 것인데, 이것은 전형적인 유대인 중심의 개념이다. 메시아의 통치 동안 의인들은 토라를 신실히 준행해야 한다. …… 시대의 아들들인 신약 저자들은 이런 문헌들에 익숙했던 것이 분명하다. 천년왕국(계20장)과 심판, 부활과 사후의 생명과 같은 신약의 주석적 문제들은 이런 문헌들의 정보로 거슬러 가서 살펴볼 필요가 있다. 4에

판 브루헌J. van Bruggen은 예수님의 현재적 통치를 거부하는 천년설을 '매우 위험하고 해로운 이단'이라고 부르면서, 그것은 그리스도인이 그리스도의 왕권을 드러내는 모든 현재적 활동을 경멸하여 그런 삶을 향하여 조종弔鐘을 울린다고 비판한다.[36] 판 브루헌이 볼 때, 전천년설은 구약의 성취가 예수님의 초림으로 이루어지지 않고 재림 이후에 천년왕국에서 이루어진다고 주장하기에, 그것은 구약과 신약의 관계를 매우 왜곡한다.[37]

교훈과 적용

신약시대 전체가 종말이자 천년왕국이므로, 그리스도인은 예수님의 통치를 삶의 모든 영역에서 구현해야 한다.[38] 학원과 직장과 사회와 국가와 세계의 복음화를 위하

스드라와 2바룩은 계시록이 기록되고 난 후에 빛을 보았을 것이다. 따라서 그 당시 일반 사람들 가운데 퍼진 이미지와 개념은 다니엘서와 계시록 같은 책을 이해하는 데 매우 중요하다. 4에스드라 7장 26-30절과 계시록 간의 놀라운 병행은 다른 중요한 예이다. 4에스드라 7장 26-30절은 메시아 왕국과 메시아의 도래를 다루는데, 내용을 요약하면, 주님의 천사가 에스라에게 지금은 감추어진 도시와 땅이 드러날 것을 설명한다(26절). 악에서 구원받은 모든 사람은 이런 표징들을 볼 것이다(27절). 주님은 '내 아들 메시아는 자신과 함께 하는 자들에게 드러날 것이므로, 그들은 400년간 기뻐할 것이다'라고 말씀하신다(28절). 400년 후 메시아는 죽으실 것이며(30절), 세상은 7일 동안 잠잠할 것이다." 따라서 유대묵시문헌은 메시아의 도래, 로마제국의 파멸, 메시아의 400년간 통치, 메시아의 죽음, 최후 심판, 몸의 부활, 영원한 하나님의 통치라는 유대인 중심의 소망을 반영한다. Du Rand, *Die Einde*, 103-104.

36. Van Bruggen, 『하이델베르크 요리문답 해설』, 256-257.
37. Van Bruggen, 『하이델베르크 요리문답 해설』, 250, 256-257. 하지만 판 브루헌은 주님의 재림의 징조들로 불법의 사람인 적그리스도의 출현(살후 2:1-12)과 예루살렘 성전 파괴의 징조들인 전쟁, 그리고 박해와 복음 전파를 잘못 든다(마24:9-12, 24).
38. 이 글이 지지하는 고난 중의 승리의 천년설은 특정 구별된 황금기를 주장하는 통속적 후천년설과 다르다. 따라서 후천년설은 하나의 획일적 견해라고 볼 수 없다. 그리고 (비관적 역사관을 견지한다고 비판을 받는) 무천년설은 후천년설과 공통된 신앙고백과 주장을 많이 공유하므로 서로 내부적 논쟁을 벌인다는 주장은 Venema, 『개혁주의 종말론 탐구』, 442-443을 보라. 승리의 천년설인 후천년설은 댈러스신학교의 J. F. Walvoord가 오해하듯이 도덕을 강조하는 자유주의가 아니며, C. C. Ryrie가 오해하듯이 인간의 노력으로 세상을 구원하려는 사회복음운동도 아니며, F. Hamilton이 오해하듯이 만인구원론도 아니고, G. Vos가 우려하듯이 완전주의를 가르치지도 않으며, 후기식민주의해석자들이 주장하듯이 제국주의 정복을 정당화하지 않으며, R. B. Gaffin이 우려하듯이 주님의 임박한 재림에 대한 기대와 깨어있는 삶을 약화시키지 않는다. 오히려 후천년설은 그리스도의 나라가 초림으로 이미 시작되어 인간과 피조계를 구원하고 사탄의 나라를 정복하는데, 그것은 성령의 초자연적 사역을 제쳐두고 인간의 노력만으로 가능한 것은 결코 아니다. 그리고 후천

여 성경적인 선교적 교회 및 공공신학의 통찰을 활용해야 한다. 종말론에 대한 교의학적 논쟁은 계시록 20장의 천년왕국에 대한 주석적 결론보다 중요하지 않다.[39] 하지만 천년설에 대한 교의학적 논의가 성경 주해를 여전히 지배하는 형국이다.[40]

후천년설, 곧 승리의 천년설을 따른다면, 교회당 안은 물론 교회당 밖에서 복음의 전파, 사랑의 실천, 세상과 사회 변혁계21:5 참조을 위한 정의의 구현, 구조적 악의 척결, 평등 등을 강조함으로써 천국을 촉진하는 교육을 시행할 것이다. 전천년설과 달리 후천년설은 그리스도와 복음의 능력과 통치가 현재에 진행 중임을 강조하면서, 대위임령마28:19-20 참조을 수행하도록 소망을 불어넣는다.[41] 하나님의 통치와 신실한 남은 자들의 승리를 믿는 후천년설은 임박한 주님의 재림, 세상의 세속화, 그리스도인이 당하는 고난, 그리고 탈종교화가 심화되는 다원주의 세상 속에서 복음을 변증해야 할 그리스도인의 책임을 무시하지 않는다.[42] 이를 위해 설교자는 교회력church

---

년주의자는 복음이 온 세상에 전파되지만 모든 개인이 개종하는 것은 아니며, 언제든지 가능한 예수님의 재림 이전에는 하나님 나라가 완성되지 않는다고 주장한다. 또한 성경을 신앙과 삶의 유일한 표준으로 삼는 그리스도인이라면 세계 대전과 기독교의 쇠락과 같은 현상을 종말론의 근거로 삼지 않도록 주의해야 한다. 참고. Mathison, *Postmillennialism*, 187-194, 202-204; Maier, "Post-Colonial Interpretation of the Book of Revelation," 11-12.

39. A. D. Naselli, 『신약, 어떻게 해석할 것인가』, *How to Understand and Apply the New Testament*, 송동민 역 (서울: 죠이북스, 2019), 87.

40. 참고로 한국찬송가공회가 출간한 『21세기 찬송가』(2006)의 제177장("오랫동안 고대하던")은 James M. Kirk(1854-1945)가 작사 및 작곡했다. Kirk는 미국 감리교 가정에서 태어났는데, 성결교회의 창설자이자 미국 동양선교회(OMS)의 창시자인 A. B. Simpson목사(1843-1919)가 이끄는 기독교선교연맹(CAMA)의 회원으로 활동했다. 찬송가 "오랫동안 고대하던"은 계시록 20장 6절 이하를 전천년설에 입각하여 풀이한 찬송가인데, 원래 제목은 "Our Lord's Return to Earth Again"이다. 강조점은 성도는 휴거되기 위해 항상 깨어 기도하며 준비해야 거룩한 산 시온에 모일 수 있고 근심과 고통이 없는 천년왕국에 참여할 수 있다는 데 있다. 이 찬송가는 성결교 최초의 찬송가 『신증복음가』(1919) 제80장에 이장하(b. 1886)목사가 번역하여 소개했는데, 일본 홀리니스교단의 『리바이벌 唱歌』(1909)에서 번역 채택한 것이다. 이 찬송가는 일본 『聖歌』(1958)에 제727장에 또 실렸다. 오소운, 『알기 쉽게 쓴 21세기 찬송가 해설』, 272-273, 337-338에서 요약.

41. K. Armstrong, "The Three Major Views of the Millennium," (M.A. Thesis, New Orleans Baptist Theological Seminary, 2013), 53-54. 참고로 존 웨슬리(1703-1791)가 계시록 20장 1-10절을 제대로 주해하지 않고 18세기 부흥운동에 발맞추어 후천년주의를 주장했다는 비판은 역사적 전천년설을 지지하는 T. J. Christian, "The Problem with Wesley's Postmillennialism: An Exegetical Case for Historic Premillennialism in 21st Century Wesleyan Theology and Missions," *Asbury Journal* 73/1 (2018), 66, 81, 87을 참고하라.

42. T. C. Rabali, "The Role of the Christian Community in a Plural Society," *Koers* 67/4 (2002), 429, 437. Contra Armstrong, "The Three Major Views of the Millennium," 55-57.

calendar과 개인력예. 생일, 혼인, 60회 생일, 장례 및 시민력civil calendar에 맞춰 하나님 나라의 확장을 위한 그리스도인의 사명을 신학적 요지theological idea와 예전적 요지liturgical idea를 따라 설교해야 하며, 일상에 천국을 경험하는 방법devotional idea도 설명해야 한다시96:10 참조.[43] 하지만 전천년설 만큼은 아니지만 무천년설은 교회당 밖보다는 교회 공동체 내부의 신앙 훈련에 주로 매진하면서, 세상 역사를 다소 비관적으로 파악한다. 반면 전천년설을 반영한 교회교육은 다가올 천국과 대 환난을 준비하는 데 방점을 둔다.[44] 이처럼 어떤 천년왕국설과 종말론을 따르는가는 교육의 방향과 커리큘럼을 결정짓는다. 계시록의 요지계11:15; 12:11 참조를 구체적으로 교육에 적용해 보면, 교회학교와 여름성경학교나 수련회의 목표와 커리큘럼은 천국 백성이긴 자이 주일 예배당에 잘 모이는 것뿐 아니라, 교회당 문을 나서면 도달하는 선교지에서 천국을 확장하고 변혁하는 역군을 훈련하는 데 주력해야 한다.[45]

2. 결박에서 놓여 반란을 계획하는 사탄의 세력(20:7-10)

"[7]천 년이 차매 사탄이 그 옥에서 놓여 [8]나와서 땅의 사방 백성 곧 곡과 마곡을 미혹하고 모아 싸움을 붙이리니 그 수가 바다의 모래 같으리라 [9]그들이 지면에 널리 퍼져 성도들의 진과 사랑하시는 성을 두르매 하늘에서 불이 내려와 그들을 태워버리고 [10]또 그들을 미혹하는 마귀가 불과 유황 못에 던져지니 거기는 그 짐승과 거짓 선지자도 있어 세세토록 밤낮 괴로움을 받으리라"

---

43. W. H. Kim, "A Study on the Sermonic Application for the Lord's Reign based on the Text of the Psalm," (D. Min. Thesis, Liberty University, 2009), 100-120.

44. 코로나19와 같은 전염병은 말세지말(末世之末)과 주님의 재림의 징조라는 주장은 총신대 구약학 교수 김영욱, "종말론적 관점에서 바라 본 전염병(COVID-19)," 『신학지남』 87/3 (2020), 204-211을 보라.

45. 이 단락은 J. R. Estep and K. E. Lawson, "Eschatological Foundations of Christian Education: How Our Beliefs about Christ's Return Impact Our Educational Ministry Efforts," *Christian Education Journal* 12/2 (2015), 290-293에서 요약.

천년이 끝나면 사탄이 그의 감옥φυλακή에서 풀려날 것이다7절. 주님의 재림으로 초림과 재림 사이의 천년왕국은 마감된다. 용이 감옥에서 나와서 땅의 사방에 있는 나라들, 곧 곡과 마곡을 미혹하고 그 전투로 모을 것인데, 그 수는 바다의 모래와 같다8절; 참고. 수11:4; 겔38-39장; 계16:16; 19:17-21. "마곡"은 성경에 몇 군데 등장한다창10:2; 대상1:5; 겔38-39장 참조. "마곡Magog"의 '마ma'는 '시골country'을 뜻하는 시리아어 한정사 'mat'와 관련 있다.[46] 이런 이유로 곡이 사는 장소는 "마곡"이라 불린다겔38:2 참조. "그 전투τὸν πόλεμον"는 계시록 16장 14절과 19장 19절에도 나타난다. 이 세 전투는 각기 다른 전투라기보다 동일한 하나의 사건이다.[47] 따라서 예수님의 재림 이전에 무언가 우주적인 전쟁이 벌어질 것이라고 해석할 이유는 없다. 그런 전쟁이 벌어지지 않더라도, 주님께서는 언제든지 재림하실 수 있다. 또한 사탄은 힘을 다해 예수 그리스도를 대적하고 있기에, 언젠가 더 힘을 낼 것이라고 볼 필요도 없다. 이를 상술하면, 본 주석이 따르는 부분적 과거론은 계시록 1-19장을 AD 1세기에 성취된 사건으로 이해한다. 그래서 전쟁을 묘사하는 계시록 16장 1-16절과 19장 19절은 동일 사건을 반복한다. 그런데 주님의 재림이 계시록 20장 10절에 언급되기에, 그 이전인 천년왕국의 상황을 설명하는 계시록 20장 7-9절도 계시록 16장 14절 및 19장 19절과 동일한 전쟁으로 보는 것이 타당하다.

계시록의 내러티브 흐름을 잘 파악한 1차 독자들은 계시록 12장에서 패배한 용이 계시록 20장에서 무저갱에서 풀려나 지상 전투를 통해서 완전히 패배당해야 함을 알아차렸을 것이다. 만약 '내러티브 공간적 전개'만 두고 본다면, 결박된 사탄이 지하 무저갱에 갇혀있을 경우 지상으로 재림하실 예수님께서 시행하시는 최후 심판을 받을 수 없다.[48] 따라서 천년왕국이 마무리될 무렵에 용이 풀려나 악의 세력을 규합하는 행동은 그들의 파멸로 귀결된다. 물론 예수님의

46. Van der Toom, Becking and Van der Horst (ed), *Dictionary of Deities and Demons in the Bible*, 536.
47. Strimple, in Bock (ed). *Three Views on the Millenium and Beyond*, 125.
48. 유은걸, "요한계시록의 천년왕국: 독자반응비평적 연구," 247.

최후 심판의 효력은 지상과 지하 그리고 천상을 막론하고 동일하게 적용된다.

그들은 넓은 땅에 올라와서 성도의 진영민5:1-4 참조과 사랑받는 성을 에워쌌는데, 하늘에서 불이 떨어져 그들을 삼켜버렸다9절; 참고. 왕하1:10-14; 겔39:6. 여기서 요한은 사탄이 온 세계적인 최후 전쟁을 격렬하게 벌일 것이라는 독자들의 기대를 저버린다. 왜냐하면 내러티브 전개상 전쟁은 실제로 일어나지 않고 하나님의 개입으로 상황이 종료되기 때문이다. 요한은 일종의 수사학적 반전 기법을 통하여 사탄이 풀려나는 것의 필연적 결과는 그의 패망임을 드라마틱하게 강조한다. 그러므로 주님의 재림 직전에 사탄이 풀려나서, 마음대로 온 천하를 미혹하거나 세상 역사를 좌지우지할 수 없다. 사탄은 지금처럼 주님의 재림 직전에도 일관되게 세상을 미혹할 뿐이다. 이 사실은 계시록 20장 7-9절의 교차대칭 구조를 통해서 아래와 같이 확인할 수 있는데, 하나님의 허락 속에 사탄이 풀려나는 것은 다름 아니라 유황 불 못에 들어가는 것과 병행을 이룬다.[49]

A 사탄이 감옥에서 풀려남(20:7)

B 만국을 미혹함(20:8a)

C 전쟁을 위해 바다의 모래와 같이 많은 자들을 모음(20:8b)

D 진과 성을 포위함(20:9a)

C′ 하늘에서 불이 내려와 삼킴(20:9b)

B′ 그들을 미혹함(20:10a)

A′ 사탄이 불 못에 던져짐(20:10b)

계시록 20장 8-9절의 전쟁은 실제로 시작되기도 전에 하나님의 개입으로 종료되어버렸다. 따라서 사탄의 세력으로부터 공격받는 그리스도인이 피 한 방울

49. Leithart, *Revelation 12-22*, 325-326. 참고로 계시록처럼 욥기에서 초자연적인 짐승으로 사탄의 세력을 가리키는 베헤못과 레위야단은 하나님의 통치 아래 있다(욥40:15; 41:1). E. Ortlund, "The Identity of Leviathan and the Meaning of the Book of Job," *Trinity Journal* 34 (2013), 29-30.

도 흘렸다는 언급은 전혀 없다.[50] 카이퍼A. Kuyper는 이 전쟁의 기원을 인간이 창조되기 전에 천사들을 미혹했던 사탄의 활동까지 거슬러 가는 것으로 본다. 그리고 카이퍼는 오랜 역사를 가진 이 전쟁을 인류의 모든 시대에 걸쳐 전개된 것으로서, 세상 역사의 완성 직전에 사탄의 세력이 특히 기독교의 영향이 큰 문명국들을 최종적으로 공격하는 것으로 성취된다고 본다.[51] 하지만 사탄의 공격 대상은 문명국가라는 언급이 없으므로, 카이퍼의 문화명령에 기반한 세계관이 본문 주해를 지배해버린 오류로 보인다.

성도를 미혹하던 마귀가 불과 유황 못에 던져졌는데, 거기에 그 짐승과 거짓 선지자도 있어 영원히 낮밤 고통을 받을 것이다10절. 이른바 '사탄의 삼위일체'인 용, 바다짐승 그리고 땅 짐승거짓 선지자 모두 지옥 형벌을 받는다.[52] 계시록 19장 20절에 따르면, 바다짐승과 땅 짐승은 곧장 유황 불 못에 던져지지만, 용은 무저갱에 갇혀 있다가 다시 풀려난다. 쾨스터가 간파하듯이, 용이 풀려나서 온 세상을 미혹하고 하나님의 백성을 대적하는 것은 그가 도무지 교정할 수 없는 악의 세력임을 더 선명히 보여준다.[53]

창세기 3장 15절의 최초복음은 창세기 4장에서 하와가 아벨과 셋을 출산함으로 일차로 성취되었다. 이것은 창세기 1장의 아름다운 창조를 연상시키는 새로운 창조 사건이기도 하다. 그 후 창세기 7-9장에서 홍수로써 악이 진멸되고 여인의 후손인 노아의 식구를 통해 새 창조가 재현되었다. 그리고 출애굽과 가나안 정복도 악의 진멸과 새 창조 사역이 발전된 것이다. 신약에서 최초복음의 종말론적 성취가 여러 군데 나타난다. 특히 계시록에서 사악한 용은 단순히 죽임을 당하지 않고, 영원한 불 못에 던져짐으로써 신천신지에서 여인의 의로운

50. Kuyper, *The Revelation of St. John*, 299.

51. Kuyper, *The Revelation of St. John*, 298, 300-301.

52. 참고로 사탄의 삼위일체에 대한 전천년적 해석은 곽철호, "전천년설과 무천년설에 대한 성서적 근거 고찰(천년왕국론)," 17을 보라.

53. Koester, *Revelation*, 788.

씨들이 새롭게 창조되는 완성을 보게 된다.[54]

소아시아의 7교회는 복음을 증언하기에 어려운 상황에 처했다. 그렇다고 그들이 박해 상황을 비관하며 염세주의에 빠진 것은 아니다. 요한은 고난 속에서라도 사탄의 세력을 정복하신 예수님의 통치를 보여주면서, 하나님 나라 복음의 확장과 승리의 소망을 불어 넣는다. 고난당하는 성도에게 필요한 것은 바로 그리스도 중심의 승리의 종말론Christ-centered eschatology of victory이다.[55] 1960년대에 미국의 후천년주의 담론을 이끌었던 신율주의theonomy나 기독교 재건주의Christian Reconstructionism는 주님의 재림이 가까울수록 박해가 줄어들고 모든 영역에서 기독교 원리가 회복되고 재건될 것이라고 보았다.[56] 하지만 계시록은 박해와 악의 저항에도 불구하고, 승리하신 예수님과 연합된 남은 자들의 고난과 승리를 가르친다. 계시록 20장은 '승리의 천년설millennialism of victory'을 소개하는데, 그 승리는 복음과 보혈의 은혜를 덧입어 천국을 위해서 목숨을 아끼지 않는 충성스런 남은 자들을 통해서 가능하다계12:11 참조.

예수님께서 재림하시면 마귀를 불 못에 던지실 것이다1에녹 10:4-6, 11-13 참조. 주님의 재림 전에 있을 사건이나 징조로 전쟁, 지진, 기근, 대 환난, 천체의 동요계6:2-7 참조, 이스라엘의 회개롬11:25-32 참조, 적그리스도의 출현요일2:18; 요이7 참조, 그리고 이방 만민에게 복음 전파마24:14 참조를 제시하기도 한다.[57] 하지만 계시록 6장은 사도 요한 당시에 속히 일어날 일에 대한 환상이며, 로마서 11장은 재림이 문맥과 상관이 없으며, 요한일서와 요한이서의 적그리스도는 사도 요한 당시에 활

---

54. 이 단락은 Ronning, "The Curse on the Serpent (Genesis 3:15) in Biblical Theology and Hermeneutics," 373에서 요약 인용. 참고로 안식교의 '사탄 소멸설'은 S. Thompson, "The End of Satan," *AUSS* 37/2 (1999), 267-268을 보라.
55. Contra Christian, "The Problem with Wesley's Postmillennialism," 87; G. H. Harris, "Premillennialism in the New Testament: Five Biblically Doctrinal Truths," *Master's Seminary Journal* 29/2 (2018), 178, 204.
56. Storms, 『개혁주의 무천년설 옹호』, 510, 513.
57. 예를 들어, 이근삼 전집 편찬위위회, 『개혁주의 조직신학 개요 2』 (서울: 생명의 양식, 2007), 380-381; Bavinck, *The Last Things*, 108.

동한 가현설주의자들이며, 마태복음 24장 14절은 예루살렘 돌 성전의 파괴에 대한 징조를 설명한다. 오히려 재림의 특별한 징조는 없으며 일상생활이 지속된다마24:37-38 참조. 그리고 계시록이 언급하지 않는 적그리스도에 대한 설명이나 교리를 계시록 본문에 근거하여 정립하지 않도록 주의해야 한다.[58] 예수님의 재림은 초림의 종말론적 사역을 완성시켜 그 위에 면류관을 씌우며, 부활로써 승귀하신 그리스도의 신분을 마지막으로 최상의 단계로 끌어올린다.[59] 그리고 예수님의 재림은 초림으로써 악을 결정적으로 패배시킨 것을 완성한다. 이런 의미에서 계시록과 신약성경 전체가 가르치는 종말론은 기독론에 근거한다.[60] 아래의 도표는 에스겔 38장과 계시록 20장 8-9절의 간본문성을 보여주는데, 하나님께서 강력한 악의 세력을 파멸하실 것을 강조한다.

에스겔 38장	계시록 20:8-9
마곡 땅에 있는 곡(38:2)	곡과 마곡(20:8)
여러 날 후(38:8)	천년(20:4-6)
말년에(38:8)	천년이 찰 때(20:3,7)
땅에 이르다(38:8)	넓은 땅으로 올라옴(20:9)
네가 올라와(38:9)	그들이 올라와(20:9)
땅을 덮는 구름처럼(38:9)	바다의 모래같이(20:8)
많은 나라에서 모인(38:9)	사방 나라에서 모인(20:8)
내가 불로 심판하리라(38:22)	하늘에서 불이 내려와 삼킴(20:9)

58. Blaney, 『베드로전서-요한계시록』, 456.
59. Bavinck, 『개혁교의학. 제4권』, 814.
60. Bavinck, 『개혁교의학. 제4권』, 814.

교훈과 적용

사탄의 미혹을 받지 않도록 진리의 빛 속에서 세상의 실상을 올바르게 분변해야 한다. 그리고 재림 신앙을 회복하자.[61] 피곤한 경쟁 속에서 먹고살기 바쁜 일상을 보내는 생활 속에서라도, 세상 역사의 끝을 기억하며 일상의 방향을 조율하고 가다듬어야 한다.[62] "당신의 최후심판의 날이 시작될 그때, 당신이 얼마나 모든 것을 공의롭게

---

61. 송영목, "예수님의 재림," 『교회와 문화』 37 (2016), 105-134.

62. 2020년 11월 26일에 한국에서 개봉된 다큐멘터리 영화 'Before the Wrath(한글 제목: 가나의 혼인잔치-서약)'는 미국 기독교 영화사 Ingenuity Films가 만들었다, 한국 CBS Media Group이 수입하여 보급했으며, 각본과 감독은 위의 영화사를 설립한 Brent Miller Jr.가 맡았다. 이 영화의 서두에 지진, 전쟁, 그리고 전염병은 세상 종말의 징조라고 설명하며, 영화의 중후반부에서 성경의 27%는 재림 관련 예언이라고 해설한다. 이 영화의 핵심 내용은 가나혼인 잔치(요2장)는 재림과 휴거를 예고한다는 것이다. 영화의 내용을 요약하면 아래와 같다. 갈릴리의 약혼식은 마을 전체 사람들이 마을 입구에 모여 진행된다. 마을 장로가 약혼서약을 집례한다. 약혼서약서에 신부가 동의하면 예비부부는 예물을 교환하고, 신랑 아버지가 준비한 결혼지참금을 신부 아버지가 받으며, 신랑은 신부에게 포도주를 잔에 담아 건네고, 신부는 잔을 밀치거나 받아 마심으로써 약혼을 최종적으로 결정한다. 그 다음 신랑도 포도주를 마시면서, "당신은 모세의 율법에 따라 선별되었소. 나는 내 아버지의 집에서 당신과 새 포도주를 마시기 전까지는 이 잔에 든 것을 마시지 않겠소."라고 말한다. 이것은 최후만찬에서 예수님께서 새 언약을 체결하시면서 말씀하신 재림 구절과 유사하다(마26:29). 그리고 신랑 아버지는 약혼서약서를 낭독한다. 약혼식 후 약 1년 동안 예비부부는 결혼식을 각각 준비한다. 신랑은 아버지 집을 확장하여 집을 짓고 신혼 가구를 마련한다. 이것은 요한복음 14장 3절의 거처를 준비하러 가셔서 신부를 데리러 오시는 예수님의 모습이다. 아들이 결혼식을 준비하는 상황을 잘 알고 있던 신랑 아버지만 혼인날을 결정할 수 있다(마24:36). 신랑은 신부를 자기 집으로 데리러오기 위해 밤에 이동한다(살전5:2). 신랑은 신부 마을에 도착하여 나팔을 불어 주민들과 신부 가족을 깨우며, 등과 기름을 준비한 주민들은 혼인식에 참여한다(마25:1-13). 그 후 신랑 친구들은 신부를 가마에 태워 신랑 집으로 데리고 가는데, 이것은 휴거의 모습이다(살전4:16-17). 재림에 대한 경각심을 나름의 방식으로 일깨우는 이 영화에 여러 문제점이 있다. ① 가나의 첫 번째 표적은 주님의 재림이 아니라, 예수님의 때와 영광 받으심, 즉 십자가와 부활로 새 언약이 성취될 것을 예고한다(요2:4,11). 그리고 예수님의 표적은 요한복음의 기록목적(요20:31)에 맞추어 이해해야 한다. ② 재림은 요한복음과 계시록의 중심주제가 아니며, 재림 구절은 성경의 27%나 되지 않는다. ③ 요한복음 14장 2-3절은 재림에 관한 구절이라기보다, 오순절 성령 강림과 죽은 성도의 살아 있는 영혼이 들어갈 낙원에 대한 예언이다. 주님의 고별설교에서 재림은 주요 이슈가 아니다. ④ 신랑이 혼인날이 언제인지 알리지 않은 채 신부를 갑자기 밤에 데리러 온다면, 혼인식에 참여할 신부 들러리들이 거의 1년 동안 신부와 함께 살면서 기다려야 하는 문제가 발생한다. 덧붙여 주님의 재림도 반드시 밤에 발생한다고 단정할 수 없다. ⑤ 요한복음 2장 1-11절에서 설명하지 않는 내용을 갈릴리 결혼 관습을 통해서 과도히 읽는 것은 침묵으로부터의 주관적인 논증(subjective argument from silence)에 해당한다. 그리고 2천 년 전 갈릴리 풍습을 정확히 그리고 세밀하게 재현하기는 쉽지 않다. 예를 들어, 신랑 집에서 밤에 시작된 피로연이 1주일 동안 진행될 때, 그 누구도 집 안으로 들어가거나 나올 수 없다는 주장은 역사적 검증이 필요하다. ⑥ 어린양의 혼인 잔치(계19:9)는 재림 때 완성되지 그때 시작되는 것이 아니다. ⑦ 무천년설이나 후천년설에 입각한 지구갱신설이 옳다면 휴거 가설은 무산되고 만다. ⑧ 이 영화에 등장하는 해설자들인 Jan Markell이 설립한 감람나무 사역(Olive Tree Ministries)과 J. D.

다스리는지 나타날 것입니다. 그동안에는 우리의 영혼이 끊을 수 없는 띠로 당신에게 연결되고 묶여 있는, 그 무엇보다 더 큰 열망에 우리가 단단히 잡혀 있게 하옵소서."[63]

참고로 여호와의 증인의 천년왕국과 종말론을 살펴보자. 그들은 구약에서 예루살렘 성전이 파괴된 시점을 BC 607년으로 보면서 AD 1914년에 재림하신 예수님께서 천상의 왕이 되셔서 144,000명과 공동통치를 시작하셨다고 본다. 따라서 예수님의 초림이나 승천 때 하나님 나라는 임하지 않았으며, 1914년에 사탄은 하늘에서 쫓겨났다계12:9. 패배한 사탄은 이 땅에 사는 사람들을 고난에 빠뜨린다계12:12. 아마겟돈 전쟁으로 하나님 나라는 이 세상에 임하여 사탄이 조종하던 인간 정부를 멸망시킨다계16:16. 이때 사탄은 결박된다계20:2. 공동 무덤에 있던 신자와 불신자가 부활하여 이 세상에 임한 천년왕국 안으로 들어온다. 따라서 천년왕국에는 많은 불신자가 함께 거주하는데, 그들은 회개하여 하나님을 섬길 수 있다사26:9. 천년왕국이 끝날 때 감금된 사탄은 풀려나 마지막으로 인류를 미혹한다계20:7. 미혹에 빠진 악인의 영혼은 멸절滅絶되지만, 의인은 이 땅의 낙원에 영원히 살게 된다.[64] 여호와의 증인은 그리스도의 재림과 예수님의 등극 시점을 1914년으로 잘못 계산한다. 여호와의 증인이 중요하게 여기는 1914년은 만국성서연구회를 설립하여 문서 활동을 펼친 해이다. 그리고 그들은 악인의 영혼이 멸절된다고 믿어 지옥을 부정하며, 계시록 20장을 문자적이며 연대기적으로 오석한다.[65]

Farag과 Jack Hibbs가 속한 갈보리 채플(Calvary Chapel)은 환난 전 휴거설과 세대주의를 지지하는 것으로 보인다. 이들의 해석은 중동에서 벌어지는 사건들을 통해 성경 예언의 성취를 찾는 소위 '신문해석'에 빠지기 쉽다. 요약하면, 대 환난 이전에 휴거되도록 준비해야 한다고 주장하는 세대주의를 홍보하는 영화이다.

63. 버미글리의 시편 73편 기도문의 일부이다. Vermigli, 『거룩한 기도들: 버미글리의 시편 기도문』, 220.

64. 고병찬, "요한신학의 관점에서 본 여호와의 증인의 기독론과 종말론," 『개혁논총』 30 (2014), 142-153에서 요약.

65. 성경이 언급하는 주님의 재림의 징조가 아님에도 불구하고, 많은 교인을 현혹시켜온 주장들은 다음과 같다. 핵무기는 지구의 3분의 1일을 불태울 것이다(계8:7-8). 핵물질이 초래한 오염은 유해하고 고통스런 상처를 초래할 것이다(계16:2). 대 환난 동안 인터넷과 TV는 적그리스도가 예루살렘에서 두 증인을 죽이는 장면을 전 세계에 실시간으로 방영할 것이다(계11장). 에스겔 37장과 스가랴 12장의 성취로 이스라엘 국가는 1948년과 1967년에 해방되었다. 현대 정보기술(예. 페이스북, 유투브, 트위터)은 적그리스도의 이미지를 대표한다(계13:14). 컴퓨터 바코드는 짐승의 표 666이다(계13:18). 자연 재해와 지구 온난화는 계시록의 세 가지 심판 시리즈와 직결된다(계6; 9; 16장). 아프가니스탄과 이라크(바벨론) 그리고 이란에서 벌어진 갈등은 곡과 마곡과 직결된다(계16:12-13의 동쪽에서 오는 왕들; 계20:8의 만국을 미혹하는 사탄). 터키의 물 부족과 전 세계의 석유 파동은 인, 나팔, 대접 재앙과 관련 있다(계6; 8-9; 16장). 유럽과 미국 그리고 중동의 정치-경제적 위기는 계시록 16장 12-13절, 17장 12-13절과 연결된다. 참고. Du Rand, *Die Einde*, 222-223.

3. 백 보좌 심판(20:11-15)

> "[11]또 내가 크고 흰 보좌와 그 위에 앉으신 이를 보니 땅과 하늘이 그 앞에서 피하여 간 데 없더라 [12]또 내가 보니 죽은 자들이 큰 자나 작은 자나 그 보좌 앞에 서 있는데 책들이 펴 있고 또 다른 책이 펴졌으니 곧 생명책이라 죽은 자들이 자기 행위를 따라 책들에 기록된 대로 심판을 받으니 [13]바다가 그 가운데서 죽은 자들을 내주고 또 사망과 음부도 그 가운데에서 죽은 자들을 내주매 각 사람이 자기의 행위대로 심판을 받고 [14]사망과 음부도 불못에 던져지니 이것은 둘째 사망 곧 불못이라 [15]누구든지 생명책에 기록되지 못한 자는 불못에 던져지더라"

요한은 크고 흰 보좌와 그 위에 앉으신 분을 보았는데, 땅과 하늘이 그분 앞에서 사라지고 흔적이 없어졌다11절. 바로 앞 10절부터 예수님께서 재림하신 후에 일어날 사건을 묘사한다. 따라서 최후 심판이 요한 당시에 성취되었다고 볼 수 없다. 흰 보좌는 재림의 주 예수님의 승리를 상징한다. 여기서 "보좌 위에 앉으신 분"은 성부라기보다 예수님이신데, 성부께서 심판의 권세를 예수님께 주셨기 때문이다마25:31-32; 요5:27; 행10:42; 롬2:16; 고후5:10; 딤후4:1; 사도신경 참조.[66] 그런데 왜 땅과 하늘이 보좌 위의 예수님께로부터ἀπὸ τοῦ προσώπου 피하여 간데없어지는가? 이에 대해 젠트리의 설명을 들어보자. 예수님의 재림 때 이 세상은 신천신지로 변혁되어 갱신될 것이다벧후3:10-12 참조. 하지만 11절은 지구의 갱신보다는 위엄과 경외로 충만하신 심판자의 현존을 강조한다. 심판자이신 예수님 앞에서 마치 땅과 하늘은 두려워서 도망치기에, 어린양의 영광스러운 보좌만 심판의 장면을 지배한다. 이는 범죄와 타락에 빠진 아담과 하와가 야웨의 음성을 듣고 두려워 주님의 낯을 피하여 에덴동산 나무 사이에 숨은 것을 연상시킨다창3:8 참조.[67] 따라서 최후 심판대 앞에서 두려워 떠는 이런 모습은 지옥 형벌을 받을 불신자들에게 해당한다.

---

66. 안병철, 『요한묵시록 II』, 204; Chilton, *The Days of Vengeance*, 529. Contra 김철손, 『요한계시록』, 360.
67. Gentry, *The Divorce of Israel*, Volume 2, 715.

요한은 큰 자들이든 작은 자들이든 죽은 모든 자들이 보좌 앞에 선 것을 보았다12절. 어린양의 흰 보좌 앞에 모든 죽은 자들이 다 부활하여 서 있는데, 구원에 이르는 믿음에 따라 생명의 부활과 심판의 부활로 나뉜다요5:28-29; 골3:4 참조. 그런데 책들이 펼쳐졌고, 다른 책, 곧 생명책도 펼쳐졌다12a절. 죽은 자들은 그 책들에 기록된 대로 자신의 행위를 따라 심판을 받았다12b절; 참고. 단7:10. 이 환상에 의하면, 행위를 기록한 책들이 있다. "'생명의 책'은 구원이 오직 하나님의 선택과 은혜, 그리고 그리스도에 대한 믿음에 의해 이루어진다는 것을 말하기 위해 사용된 표상이다. 이와 함께 사용되고 있는 '행위의 책들' 표상 역시 어떤 인간도 그리스도에 대한 믿음이 없이 행위로 구원을 받을 수 없다는 전제하에서 사용되고 있다. 그러나 여기서 우리가 간과하지 말아야 할 것은, 요한계시록은 흔히 생각하듯이 구원은 오직 믿음으로 받는 것이며, 행위는 그리스도인들이 상을 받는 데 필요한 것으로 말하고 있지 않다는 점이다."[68] 그런데 한 사람의 일평생의 행적을 모두 기록하려면 많은 책이 필요하다. 최후 심판 자리에 실제로 책들이 수북하게 쌓여있다는 의미가 아니라, 예수님께서 사람의 일평생의 행적을 샅샅이 알고 계신다는 의미이다. 생명책에 녹명된 이들은 회개하기에, 그런 책들 안에서 용서받은 죄의 목록을 발견할 것이다.[69] 생명책에 녹명된 이들은 심판대 앞에서도 어린양의 대속을 믿음으로써, 담력을 가지고 감사함으로 서게 된다.[70] 그런데 여기에 오래된 문제이자 많은 사람이 질문하는 문제가 남아있

---

68. 이광진, 『요한계시록 연구』, 368. 그리고 이환봉, 『무엇을 믿고 어떻게 살 것인가』, 324도 보라. 참고로 요한계시록을 모티브로 삼은 그림 예술은 크게 두 가지 경향으로 갈라진다. 첫째, 중세 및 동방교회의 '최후심판'(계20:11-15)의 전통으로, 대체로 르네상스 시대까지 이어졌다(참고. 파루시아, 재림). 둘째, 서방교회의 '적그리스도'와 '아마겟돈 전쟁'인데, 최근까지 핵전쟁이나 환경 재앙 및 세계의 종말을 묘사하는 영화 등에 영향을 미치고 있다. 참고. L-A. Hubbes, "Apocalyptic Motifs from the Early Christian Literature and Art: The Book of Revelation and Its Contribution to the Formation of an Apocalyptic Art," (NP: ND), 7-18.

69. 이환봉, 『무엇을 믿고 어떻게 살 것인가』 (부산: 도서출판 글마당, 1998), 323. 참고로 계시록 20장 12절의 행위를 기록한 책은 불신자에게만 해당한다(1에녹 81:1-4; 2에녹 52:13; 3에녹 30:2 참조)는 주장은 Beale, 『요한계시록. 하권』, 1719; 신동욱, 『요한계시록 주석』, 227; Duvall, *The Heart of Revelation*, 152를 보라.

70. Johnson, *Triumph of the Lamb*, 299. 참고로 바우만의 아래 설명은 최후 심판을 두려워하는 신자에게 위로가 된다. "나는 책들이 나에 관해 드러내는 것을 두려워할 필요가 없습니다. 왜냐하면 나는 그날에도 내가 이

다. 그것은 하나님께서 구원하시기로 예정하셔서 영원 전에 생명책에 기록하신 작정과 사람의 의지 사이의 상관성이다. 이 문제에 대하여 두 란드는 아래와 같이 설명한다.

> 하나님께서는 생명책에 기록하시려고 사람들을 예정하셨는가? 그런 선택은 택자들의 실제 삶에 어떤 역할을 하는가? 우리는 요한계시록에서 하나님께서 끊임없이 사람들을 회개로 부르심을 기억해야 한다(계9:20-21; 16:9,11; 또한 14:6-7; 20:7-8). 그러므로 우리는 계시록에 근거하여 하나님의 결정과 사람의 의지, 모두 중요하다고 말할 수 있다. 불신자가 완고하게 회개를 거부하는 행동은 그들 자신의 의지력에서 기인한다. 어떤 사람의 이름이 생명책에서 발견되는 것은 그 사람이 어린양의 희생의 공로를 믿었음을 암시한다(계13:8). 하나님께서는 그분께서 사람에게 요구하시는 바를 제시하시며, 그분께서 이미 제공하신 것에 대해 사람들이 믿음으로 반응하기를 기대하신다. 사람의 선택은 자신의 미래를 결정짓는다. 믿음으로 어린양을 선택한 신자들은 둘째 사망에 직면하지 않을 것이다. 그들은 하나님과 어린양과 영원히 함께 할 것이다.[71]

하나님께서 구원의 예정을 베푸신다는 복음은 사람들을 운명주의에 내버려두지 않으며, 이신칭의의 은혜에 합당한 윤리적 삶의 열매를 이끌어낸다.

바다가 자기 안에 있는 죽은 자들을 내놓고, 사망과 하데스도 자기들 안에 있는 죽은 자들을 내놓았다13a절. "바다"를 문자적으로 해석하면 바다에서 죽은 자는 바다에서 부활할 것이다.[72] 유사하게 1에녹 51장 1-2절과 4에스라 7장 32절

땅 위에서 사는 동안 나를 위해 행해 주신 그 하나님과 동일하신 하나님께서 나에게 계심을 믿기 때문입니다. 마지막 날에도 예수님의 공로로 하나님께서 나의 죄에 따라 나를 대하시지 않고 나에게 당신의 자비를 보여 주실 것입니다." C. Bouwman, 『벨직신앙고백해설』, *Notes on the Belgic Confession*, 손정원 역 (부산: 도서출판 신언, 2007), 495.

71. Du Rand, *Die A-Z van Openbaring*, 577.

72. 바다에서 죽은 자는 바다에서 부활하고, 산에서 죽은 자는 산에서 부활할 것이다. 부활은 사람에게 국한된다(요5:29 참조). 따라서 애완견을 비롯하여 동물과 식물이 부활한다는 교훈은 성경에 나타나지 않는다. 만약 동

그리고 2바룩 42장 8절은 땅과 스올과 아바돈멸망이 맡은 것들을 돌려줄 것이라고 부활을 언급한다.[73] 만약 "바다"를 세상에 만연한 무질서와 혼돈의 세력이라고 상징적으로 이해한다면, 이는 계시록에서 부정적으로 묘사된 바다, 사망, 하데스에게 종노릇 하던 자가 심판대 앞에 서는 것을 가리킨다.[74] 또 각 사람은 자신의 행위를 따라 심판을 받았다13b절. 어린양의 피로 구원받은 하나님의 백성은 자신이 행한 대로 심판을 받는다. 이것은 은혜와 행위 그리고 최초 구원과 최종 구원 사이의 긴장을 가르치는가? 혹은 사람의 선행이 악행보다 많으면 구원받는다는 이행칭의를 가르치는가? 분명한 것은 창세전에 생명책에 녹명된 이들은 영원한 구원에서 탈락할 수 없다계3:5 참조. 예정된 이들이 범죄할 경우, 심판을 면하기 위해서 사람 편에서는 회개가, 하나님 편에서는 죄 용서가 준비되어 있다.[75] 이 회개조차 성령께서 주시는 은혜이다. 영원한 천국에서 상급의 차등이 있는가? 차등 상급을 인정하더라도 신천신지에서 영화로운 몸을 입고 사는 하나님의 백성 사이에 시기와 질투는 없다. 상급의 차등은 사람의 공로가 아니라 하나님의 은혜 위에 은혜일뿐이다.[76] 그러나 의인들의 선행을 간과하시지 않는 하나님께서 상급의 차등을 의도하셨더라도, 그것이 구체적으로 무슨 상태인지 성경은 상세히 설명하지 않는다. 상급은 최후심판 때에도 드러나는 하나님의 선하심을 증거한다.

물이 부활한다면, 사람의 배 안에 들어간 동물들이 사람 입으로 부활한다는 것은 상상만 해도 끔찍하다. 주님의 재림 때에 세상이 갱신될 때 그 안의 동식물도 갱신될 것이다. 그런데 주님의 재림 때 지구에 남아있는 동식물은 에덴동산 당시의 자연계와 차이가 있다. 따라서 주님의 재림 때의 동식물만 갱신된다고 볼 필요는 없다. 오히려 갱신된 신천신지에 하나님께서 동식물을 새로 창조하신다고 보는 것이 낫다.

73. 참고. 이필찬, 『에덴 회복의 관점에서 읽는 요한계시록: 12-22장』, 805.

74. 신동욱, 『요한계시록 주석』, 228.

75. Koester, *Revelation*, 792.

76. Venema, 『개혁주의 종말론 탐구』, 503. 참고로 상급에 차이가 있더라고, 다니엘 12장 3절과 고린도전서 15장 41절에 기초하여 그런 차이는 영광(glory)과 밝음(brightness)의 정도라는 추정은 Bavinck, *The Last Things*, 168과 기독교강요 3.25.10을 보라. 하지만 바빙크처럼 다니엘 12장 3절과 고린도전서 15장 41절을 차등 상급의 근거 구절로 제시하는 것은 증거 본문 및 간본문적 오류에 해당한다. 대신 우리는 성경이 침묵하는 곳에서 멈출 수 있어야 한다.

그리고 사망과 하데스도 불못에 던져졌는데, 그 불못은 둘째 사망이다14절; 참고. 마25:41; 고전15:26; 1에녹 10:6. 여기서 사망과 하데스가 심판받을 존재처럼 의인화된다. 예수님께서 재림하시면, 일시적인 심판의 장소인 하데스가 불못이라는 영원한 심판의 장소와 통합된다.[77] "불경건한 자들은 우리의 선생이시며 교사이신 그리스도의 말씀에 청종하지 않았기 때문에, 자기들에게 우발적인 부활이 닥쳐 원치 않게 그의 심판좌 앞으로 끌려가게 된다고 해도 결코 더 불합리하다고 보아서는 안 된다. 만약 그들이 자기들의 완고함에 대한 죗값을 치르기 위하여 그 심판관 앞에 서게 되는 일이 없이 단지 죽음을 통하여 멸절되고 말기만 한다면, 오히려 그것이 가벼운 형벌이 될 것이다."기독교강요 3.25.9.[78] 하지만 장차 부활할 그리스도인에게 예수님의 재림은 사망에 대한 사망 선고와 같다. 생명책에 기록되지 않은 사람은 누구나 불못에 던져졌다15절. 계시록 13장 8절과 17장 8절은 "창세 이후로" 생명책에 기록되지 못한 자들의 범죄와 그들에게 닥칠 심판을 언급한다. 그런데 계시록 20장 15절에는 "창세 이후로"가 생략된다. 왜 그런가? 하나님께서는 예정을 주권적으로 행사하시기에 어떤 사람은 구원과 영생으로 예정하시기도 하고, 그렇게 하지 않으시기도 한다웨스트민스터신앙고백 3:3 참조. 그러나 성경은 예정을 설명하면서 숙명론을 가르치지 않는다. 그러므로 하나님께서는 어떤 사람들을 소극적으로 유기하셔서 범죄에 버려두시지만 불신앙을 강요하시지는 않는다.[79] 이에 반해 하나님께서는 구원하시기로 작정한 사람들을 적극적으로 선택하셔서 생명책에 녹명하셨다.

폴리캅이 일갈했듯이, 몸의 부활과 최후 심판과 지옥을 부정하면 이단의 맏아들이다. 하지만 죽은 그리스도인의 살아 있는 영혼은 예수님께서 승천하여 계신 주님의 나라, 곧 낙원에 간다눅23:42-43; 빌1:23 참조. 예수님께서 재림하실 때 낙

---

77. 이필찬, 『에덴 회복의 관점에서 읽는 요한계시록: 12-22장』, 810.
78. Calvin, 『1559년 라틴어 최종판 직역 기독교강요. 제3권』, 823. 그러나 칼뱅이 재림과 심판의 부활을 설명하면서, '구주' 대신에 '선생'과 '교사'를 사용한 점은 아쉽다. 또한 부활을 '우발적' 사건이라고 설명한다면, 우연을 부각하기에 하나님의 섭리가 약해진다(기독교강요 1.16.8 참조).
79. 참고. Sproul, 『웨스트민스터 신앙고백 해설 1』, 127.

원에 있던 성도의 영혼과 함께 오시는데, 그 영혼은 매장 혹은 화장된 육체와 결합하여 부활한다욥19:25-27; 사26:19; 단12:1-4; 살전4:16; 웨스트민스터 대교리문답 86; 웨스트민스터 소교리문답 37; 벨직신앙고백 37; 하이델베르크 교리문답 57; 기독교강요 3.25.6-8 참조.[80] 따라서 낙원은 주님의 재림 때까지 죽은 성도의 영혼이 거하기 위해 존재하는 일시적인 천국이다계2:7 참조. 부활한 성도는 공중으로 휴거되어 강림하시는 주님을 만난 후 다시 변화된 지구, 곧 신천신지로 내려와 영원히 살게 된다살전4:17 참조. 반면 죽은 불신자의 살아 있는 영혼은 지옥에 가서 고통을 당한다. 주님께서 재림하실 때 지옥의 영혼은 육체와 결합하여 부활하는데, 부활한 몸으로 영원한 지옥에 들어간다.[81] 부활한 몸이 고통을 받기에 영원한 불못 지옥은 실제 물리적인 공간을 필요로 한다마10:28 참조. 하지만 성경은 지옥이 어디에 존재하는지, 그리고 얼마나 큰지 분명한 방식으로 설명하지 않는다.[82] 계시록 20장 10-15절의 모든 사건, 즉 예수님의 재림으로 마귀가 지옥의 형벌을 받는 것, 몸의 부활, 그리고 최후 심판은 눈 깜박할 사이에 벌어질 것이다.[83]

세대주의 전천년설은 예수님의 재림과 천년왕국과 관련된 총 4회에 걸친 심판이 있다고 주장한다. ① 천년왕국 이전에 휴거 때 신자들에 대한 심판, ② 천년왕국 이전에 7년 대 환난이 끝날 때 이스라엘에 대한 심판, ③ 천년왕국 이전에 민족들에 대한 심판, ④ 천년왕국 이후에 백보좌 심판계20:11-15.[84] 하지만 계시록 20장이 밝히듯이, 천년왕국 이후에 예수님의 재림이 있을 것이므로 신자

---

80. 참고. E. Galenieks, "Seeing God with or without the Body: Job 19:25-27," *Journal of the Adventist Theological Society* 18/1 (2007), 110-114, 120. 참고로 재림 이전에 성도가 죽으면 곧바로 영광스런 몸을 입고 낙원에서 살기에(즉각적 부활설), 그 몸은 이 세상에 묻힌 시체와 상관없다는 주장은 김하연, "부활: 죽어도 살겠고," 『기독교보』 1394 (2020년 4월 25일), 14를 보라. 참고로 누가복음 16장의 부자와 나사로 내러티브는 '비유'이므로, 하데스에서 천국을 볼 수 있는 것처럼 문자적으로 해석할 수 없다. 즉각적 부활설에 대한 비판은 재림 시에 부활체가 완성된다고 보는 송인규, "신자는 언제 부활체를 얻는가(2)," 『신학정론』 15/1 (1997), 211을 보라.

81. 이광진, "요한계시록에 나타난 죽은 자들의 세계와 사후의 생에 대한 기대(IV)," 78, 140.

82. Bavinck, 『개혁교의학. 제4권』, 848.

83. Kuyper, *The Revelation of St. John*, 305.

84. 참고. Venema, 『개혁주의 종말론 탐구』, 479-480.

와 불신자 모두를 대상으로 할 최후 심판은 단회적이다요5:22-23; 롬14:10; 고후 5:10; 히10:30; 계20:12; 벨직신앙고백 37조; 하이델베르크 교리문답 52 참조.[85] "하나님께서 최후 심판의 날을 정하신 목적은 택함받은 사람들을 영원히 구원하여 하나님의 자비의 영광을 나타내며, 사악하고 불순종하는 버림받은 자들을 정죄하여 하나님의 공의의 영광을 나타내기 위함이다. 이때 의인은 영원한 생명에 이르게 되며, 주님 앞에서 충만한 기쁨과 즐거움을 얻게 될 것이나, 하나님을 알지 못하고 예수 그리스도의 복음에 순종하지 않는 사악한 자들은 영원한 고통 가운데 던져져 주님 앞에서 그리고 주님의 능력의 영광에서 오는 영원한 파멸로 벌 받을 것이다"웨스트민스터신앙고백 33:2.[86] 참고로 계시록 12장과 20장의 병행은 아래와 같은데, 여기서 요한은 중요한 승리 주제를 반복하여 발전시킴을 알 수 있다.[87]

계시록 12장				계시록 20장		
구조	주제	위치		위치	주제	구조
시작(1-6절)	사탄의 첫 공격	땅	A	땅	사탄의 첫 패배	시작(1-3절)
중간(7-12절)	하늘에서 패배한 사탄	하늘	B	(하늘)	승리한 교회	중간(4-6절)
끝(13-17절)	사탄의 최후 공격	땅	A′	땅	사탄의 최후 패배	끝(7-10절)

85. Venema, 『개혁주의 종말론 탐구』, 487. 참고로 전천년설에 따르면, 예수님의 재림 후 도래할 천년왕국에서 죄인들은 회개의 기회를 다시 받는다. 하지만 재림은 최후 심판의 때이므로, 그때 이후로 회개의 기회는 추가로 주어지지 않는다. Contra B. L. Merkle and W. T. Krug, "Hermeneutical Challenges for a Premillennial Interpretation of Revelation 20," *Evangelical Quarterly* 86/3 (2014), 213, 219-220.

86. 전천년주의에서 본 '하나님의 부활 프로젝트'의 연대적 순서는 다음과 같다. ① 위격적 연합(hypostatic union) 안의 그리스도의 인성(마28장; 막16:1-14; 눅24:1-12; 요20:1-9). ② 다니엘의 70이레 이전에 있을 교회의 휴거(고전15:51-58; 살전4:13-18; 빌3:21). ③ 다니엘의 70이레가 종료될 때 예수님의 재림 때 구약 성도와 환난기의 순교자들(단12:2-3; 계20:4). ④ 인류 역사가 끝날 때 전체 세상 역사에 걸쳐 존재한 모든 불신자가 부활하여 백 보좌 심판을 받음(단12:2; 계20:11-15). Wenstrom Jr., *The Second Advent of Jesus Christ*. 33. 위의 주장은 비평이 필요하다. 첫째, 성부 하나님의 부활의 사역은 아들 예수님의 몸의 부활과 당연히 연결되어야 한다. 둘째, 다니엘의 70이레와 교회의 휴거 그리고 예수님의 재림 및 심판을 모두 연결하기는 무리이다. 셋째, 구약의 성도를 7년 환난기에 순교한 성도와 동일한 부활 프로젝트에 포함하기는 어렵다. 왜냐하면 7년 대 환난은 성경적 근거가 없을 뿐 아니라, 구약과 신약의 모든 성도는 한꺼번에 동시에 부활하기 때문이다.

87. W. A. Shea, "The Parallel Literary Structure of Revelation 12 and 20," *Andrews University Seminary Studies* 23/1 (1985), 49.

계시록 12장과 20장 1절-21장 8절의 세부적인 병행은 다양한 용어를 통해서 확인할 수 있다.[88]

병행 용어	계시록 12장	계시록 20:1-21:8
고통당하다(βασανιζομένη/βασανισθήσονται)	2절	20:10
삼키다/태우다(καταφάγῃ/κατέφαγεν)	4절	20:9
남은 자/나머지(λοιπῶν/λοιποὶ)	17절	20:5
낮밤(ἡμέρας καὶ νυκτός)	10절	20:10
이기다(ἐνίκησαν/νικῶν)	11절	21:7
장막치다/장막(σκηνοῦντες/σκηνὴ)	12절	21:3
아들(υἱός)	5절	21:7
도망가다(ἔφυγεν)	6절	20:11
사랑하다(ἠγάπησαν/ἠγαπημένην)	11절	20:9
얼굴/현존(προσώπου)	14절	20:11
옛 뱀/마귀/사탄(ὁ ὄφις ὁ ἀρχαῖος/Διάβολος/Σατανᾶς)	9절	20:2
준비하다(ἡτοιμασμένον/ἡτοιμασμένην)	6절	21:2
생명/영혼(ψυχὴν/ψυχὰς)	11절	20:4
예수님(Ἰησοῦ)	17절	20:4

교훈과 적용

최후 심판을 의식하는 그리스도인의 생활은 어떠해야 하는가? 그리스도인에게 심판은 놀라운 위로가 되므로, 재림과 심판을 두려워하는 대신에 열망해야 한다. "주님께서 심판좌에 오르시는 것은 추호도 우리를 정죄하려 하심이 아니다. 가장 관대하신 임금이 어찌 자기 백성을 파멸에 이르도록 하시겠는가? 어찌 머리가 자기의 지체들을 흩으시겠는가? 어찌 우리의 수호자가 자기에게 피하는 이들을 저주하실 수 있는가?"기독교강요 2.16. 18.[89] 그리고 심판을 의식하며 사는 그리스도인은 하나님의 영광

88. Sedlak, "Caught up to God and to His Throne: Restructuring Revelation 11-22," 6.
89. Calvin, 『1559년 라틴어 최종판 직역 기독교강요. 제2권』, 493.

을 위해서 그리고 복음과 종말론적 소망에 근거하여 사회 속에서 공동선을 추구하며 신실하게 살 때, 충성스럽고 착한 종이라는 칭찬을 심판주로부터 듣게 될 것이다. 주님의 재림 이전까지 세상에 파송된 그리스도인은 특별히 고통당하는 사람들에게 하나님께서 완성하실 미래적 지평을 보여주어야 한다. 그러나 위르겐 몰트만의 "지옥은 지옥에 갈 것이다."와 같이 만인구원론적 헛된 소망을 제시하지 않도록 주의해야 한다.[90]

90. 참고. S. E. Stanley, "Two Futures Jürgen Moltmann's Eschatology and Revelation's Apocalyptic," *Asbury Journal* 53/2 (1998), 38-43.

요한계시록 21장 1절-22장 5절

<본문의 개요>

계시록의 마지막 환상인 신천신지와 새 예루살렘성은 독자들에게 위로와 소망을 다시 확증한다.[1] 신천신지에 살고 있는 이들은 예수님의 신부인데, 그들은 하늘에 시민권을 둔 새 예루살렘성이다계21:1-8. 이제 음녀 옛 예루살렘성 대신 새 예루살렘성이 소개된다.[2] 예수님의 신부는 영광스러운 신분과 더불어 사명을 받았다계21:9-27. 또한 예수님의 신부는 성령님으로 충만하여 새 에덴동산을 경험하며 성령님의 열매를 맺어야 한다계22:1-5.[3] 계시록 21장 1절-22장 5절의 이전 문맥은 주님의 재림 때 첫째 땅과 첫째 하늘이 간 데 없음을 알리는 것이다계20:11. 계시록 21장 1절-22장 5절의 이후 문맥은 예수님께서 그분의 신부 교회를 향하여 속히 가실 것을 약속하신다계22:6,12,20. 그러므로 문맥상 계시록 21장 1절-22장 5절의 영광스런 교회론은 악의 세력을 완전히 심판하시고 만유를 갱신하시는 예수님의 재림과 속히 신부 교회에게 파루시아 하실 예수님을 연결한다.[4]

<내용 분해>

1. 신천신지와 새 예루살렘성(21:1-8)[5]
2. 어린양의 신부인 새 예루살렘성의 아름다움과 사명(21:9-27)
3. 새 예루살렘 교회가 새 에덴에서 맛보는 생명수와 생명나무(22:1-5)

---

1. 계시록 21장 1절-22장 5절에서 '신천신지'를 언급하지 않고, 대신 '새 예루살렘성'이라는 제목을 붙인 경우는 Paul, *Revelation*, 337을 보라.
2. Ford, *Revelation*, 339.
3. Rushdoony, *Systematic Theology*, Volume 2, 873.
4. 공공신학의 좌소는 믿음과 해석 공동체인 교회, 신학계, 그리고 세상이다. 그리고 공공신학은 새 예루살렘성(교회)과 신천신지(세상)의 이상을 실현하도록 돕는 실천적인 연구이다(계21:1-22:5). 그런데 이때 사회의 공동선을 우선시하다가 교회의 이익을 뒤로 밀어버리는 우를 범하지 말아야 한다. A. Paddison, "Theological Interpretation and the Bible as Public Text," *Journal of Theological Interpretation* 8/2 (2014), 178-190.
5. 계시록 21장 1-8절은 새 창조이며 계시록 21장 9절-22장 5절은 새 예루살렘성에 대한 설명이라는 주장은 이필찬, 『에덴 회복의 관점에서 읽는 요한계시록: 12-22장』, 886을 보라. 이런 현상은 여러 한글 성경의 단락 나눔에도 나타난다. 하지만 계시록 21장 2절-22장 5절이 새 예루살렘성을 설명한다.

1. 신천신지와 새 예루살렘성(21:1-8)

> "1또 내가 새 하늘과 새 땅을 보니 처음 하늘과 처음 땅이 없어졌고 바다도 다시 있지 않더라 2또 내가 보매 거룩한 성 새 예루살렘이 하나님께로부터 하늘에서 내려오니 그 준비한 것이 신부가 남편을 위하여 단장한 것 같더라 3내가 들으니 보좌에서 큰 음성이 나서 이르되 보라 하나님의 장막이 사람들과 함께 있으매 하나님이 그들과 함께 계시리니 그들은 하나님의 백성이 되고 하나님은 친히 그들과 함께 계셔서 4모든 눈물을 그 눈에서 닦아 주시니 다시는 사망이 없고 애통하는 것이나 곡하는 것이나 아픈 것이 다시 있지 아니하리니 처음 것들이 다 지나갔음이러라 5보좌에 앉으신 이가 이르시되 보라 내가 만물을 새롭게 하노라 하시고 또 이르시되 이 말은 신실하고 참되니 기록하라 하시고 6또 내게 말씀하시되 이루었도다. 나는 알파와 오메가요 처음과 마지막이라. 내가 생명수 샘물을 목마른 자에게 값없이 주리니 7이기는 자는 이것들을 상속으로 받으리라. 나는 그의 하나님이 되고 그는 내 아들이 되리라 8그러나 두려워하는 자들과 믿지 아니하는 자들과 흉악한 자들과 살인자들과 음행하는 자들과 점술가들과 우상 숭배자들과 거짓말하는 모든 자들은 불과 유황으로 타는 못에 던져지리니 이것이 둘째 사망이라"

새 예루살렘성과 신천신지에 관해서도 전통적인 4가지 입장보다는 문자적 해석과 비문자적 해석의 입장으로 나누는 것이 관례이다. 문자적 해석을 따르는 사람들은 천년왕국이 마쳐질 때(전천년주의자) 혹은 그리스도의 재림 시에(일부 무천년주의자와 후천년주의자) 임할 새로운 행성과 우주의 모습을 문자적으로 묘사하는 것으로 본다. 따라서 새 예루살렘성은 구원받은 사람들의 영원한 집으로 이해한다. 비문자적으로 해석하는 사람은 하늘의 존재의 비물질적인 상태에 적용한다. 신천신지를 고린도후서 5장 17절의 새로운 피조물과 연결시키기도 하는데, 옛 언약이 지나간 후 새 언약 속의 하나님과의 언약 속에 있는 상태를 상징하는 것으로 본다.[6]

6. 송영목, "요한계시록의 전통적 4가지 해석의 비교 및 분석," 122.

제2성전기 유대문헌인 희년서, 2바룩, 모세의 승천기, 4에스라, 쿰란문서 등은 창세기 1-3장을 토대로 삼아, 이스라엘과 세상의 갱신에 대한 기대감을 새 성전과 새 에덴의 회복, 아담의 영광의 회복, 하나님의 아들됨의 회복, 그리고 만유의 상속과 같은 주제들로 표현했다.[7] 이런 유대문헌에 따르면, 이스라엘과 세상의 갱신은 세상의 왜곡된 질서 안에 하나님께서 주권적으로 개입하심으로만 가능하기에 사람의 노력 여부에 달려있지 않다희년서 1:29; 4:26; 1 에녹 24:2-4; 25:3-6; 91:13-17; 2 바룩 32:1-6; 73:1-74:1; 4 에스라 7:30-32; LAB 32:16-17; 모세의 승천기 13:2-5; 39:2-3.[8]

성경의 첫 부분인 창세기 1-3장이 종말론을 암시하면서 세상의 창조와 타락을 다룬다면, 성경의 마지막 책이자 결론인 계시록 20-22장은 타락한 세상이 새롭게 창조되는 완성을 다룬다. 아래의 교차대칭구조는 이 사실을 잘 보여준다.[9]

A 우주와 동산의 창조, 아담과 하와(창1-2장)

B 하와를 미혹함, 심판을 받은 뱀(창3장)

……

B′ 만국을 미혹함, 사탄에 내려진 최후 심판(계20장)

A′ 우주와 에덴동산과 같은 도시의 새 창조, 어린양과 신부(계21-22장)

실패한 첫 아담과 대조되는 새 아담이신 예수 그리스도께서 갱신된 우주와 그 중앙의 새 에덴을 다스리신다. 그런데 판 하우웰링엔은 창세기 1-3장을 연상시키는 계시록에 낙원 주제가 다음과 같이 7가지 세부 모티브로 구성된다고 본다. ① 하나님의 낙원 동산계2:7; 21-22장, ② 악의 세력을 상징하는 바다가 없는 신천신지계21:1, ③ 빛의 근원이신 성부와 어린양계21:23, ④ 왕으로 다스리는 하나님

7. H. T. Kim, "Newly Created Children of God: Adoption and New Creation in the Theology of Paul," (Ph.D. Thesis, Durham University, 2021), 94.

8. Kim, "Newly Created Children of God," 129, 287.

9. Leithart, *Revelation 12-22*, 329.

의 종들계22:5, ⑤ 생명나무에 자유롭게 다가감계2:7; 22:14,19, ⑥ 보석 건물들과 생수의 강계22:1-2, ⑦ 낙원의 저주가 사라져 뱀이 없음계20:2.[10] 이를 바탕으로 판 하우웰링엔은 예수님의 재림 이후의 신천신지의 모습을 다음과 같이 추론한다. ① 새 예루살렘성을 장소로서의 신천신지와 동일시하며, ② 문자적 바다는 사라지고, ③ 하나님의 영광스런 빛이 해와 달의 빛을 대체하여 낮과 밤은 마치 동일하게 되며, ④ 사람은 하나님의 통치 아래가 아니라 하나님과 함께 피조물을 다스리고, ⑤ 생명나무가 신천신지에 많아져서 누구나 쉽게 접근하며, ⑥ 새 예루살렘의 낙원은 실제 보석으로 장식되고 새 창조와 새 생명의 상태는 영원히 지속되며, ⑦ 옛 뱀이 사라져 저주가 복으로 변화된다.

위의 주장과 추정은 몇 가지 문제점을 보인다. 무엇보다 새 예루살렘성은 장소가 아니라 어린양의 신부이다.[11] 그리고 주님께서 재림하실 때 지구가 갱신된다면 실제 바다가 존재할 것이므로, '신천신지신해'라 부르기에 적절하다.[12] 하나님의 영광의 빛이 광명체를 대체하여 문자적 밤이 사라진다면, 부활의 몸을 입은 하나님의 백성에게 적절하지 않다. 신천신지에 실제 생명나무가 많이 있을지 정확히 알 수 없는데, 요한이 본 생명나무는 영생을 가리키는 환상의 일부이다. 신천신지가 보석 집으로 구성될 것이 아니라, 그리스도인이 보석처럼 존귀하다. 동식물이 회복된다면, 하나님께서 보시기에 좋게 창조하신 뱀도 회복된 낙원에 존재할 수 있는데, 그때는 더 이상 악의 상징이 아니다. 판 하우웰링엔의 근본적인 문제는 환상을 상징적으로 파악하지 못한 것이다.

계시록 21장 1-5a절은 교차대칭구조를 가지고 있다. 아래의 도표에서 보듯

---

10. 페르시아어로 '낙원'은 울타리(pari[주위에]+daeza[담])가 있는 고위 관리의 재산을 가리켰고, 헬라어로는 왕의 정원을 의미했다(창2:8; 느2:8; 전2:5; 아4:13 LXX 참조). P. H. R. van Houwelingen, "Paradise Motifs in the Book of Revelation," *Sárospataki Füzetek* 4 (2011), 12-15, 23-24.

11. Pattemore, *The People of God in the Apocalypse*, 199-200.

12. 참고. 박장훈, "바울은 천국신앙을 가지고 있는가?: 신자의 처소로서의 하늘에 대한 바울의 이해," 『한국개혁신학』 66 (2020), 83.

이, 하나님께서 그분의 백성과 함께 하심21:2-4a이 중심 사상이다.[13]

A 새 하늘과 새 땅(21:1a)

B 첫째 하늘과 땅과 바다가 없어짐(21:1b)

C 바다는 더 이상 없음(21:1b)

D 거룩한 성 예루살렘이 하나님으로부터 내려옴(21:2)[14]

D′ 하나님께서 그분의 백성과 함께 하심(21:3-4a)

C′ 사망은 더 이상 없음(21:4b)

B′ 이전 것들은 지나감(21:4c)

A′ 하나님께서 모든 것을 새롭게 하심(21:5a)

요한은 새 하늘과 새 땅을 보았는데, 첫째 하늘과 첫째 땅은 사라졌고 바다도 더 이상 없다1절. 예수님의 부활로써 신천신지는 이미 시작되어 도래했지만 완전하지는 않다.[15] 말라기 선지자가 예언한 천지와 바다와 육지 그리고 모든 나라가 진동할 것학2:6-7,21 참조은 예수님의 죽으심과 부활로써 성취되었고마27:51-53 참조, 예수님의 재림 시에 완성될 신천신지로써 마무리될 것이다.[16] 예수 그리스도 안에 있는 사람이 옛 죄성을 벗고 새 피조물과 새로운 인류가 되듯이, 신천신지에는 죄악으로 오염되고 더럽혀진 요소들이 제거되어야 한다사43:19; 고후5:17; 엡2:15 참조. 유대묵시문헌에도 첫 세상이 새 세상으로 대체된다는 사상이 나타난다희년서 1:29; 4에스라 7:75 참조.[17] 복합 명사 '신천신지*οὐρανός καινὸς καὶ γῆ καινή*'는 이

13. Du Rand, *Die A-Z van Openbaring*, 579; Tavo, *Woman, Mother and Bride*, 310.

14. 계시록 21장 2절의 남편과 신부(구원받은 공동체)는 계시록 19장 7절에서 어린양과 아내로 이미 소개되었으며, 계시록 21장 9절에서 어린양의 아내(신부)로 다시 나타난다. Tavo, *Woman, Mother and Bride*, 318-319.

15. Du Rand, *Die Einde*, 26.

16. 참고. Wielenga, "Eschatological Hope in Haggai: A Homiletic Reading," 10.

17. Barker, *The Revelation of Jesus Christ*, 368. 참고로 계시록 4-5장과 15장의 바다에 근거를 둔 계시록 21장 1절의 바다가 없음은 하나님의 백성을 위한 두 번째 출애굽이 성취되었다는 사실과 하나님의 백성과 그들이 상속할 땅 사이를 가로막던 장애물이 제거되었음과 하나님의 심판이 완료된 것을 의미한다는 주장은 J. Moo, "The Sea that is no More: Rev 21:1 and the Function of Sea Imagery in the Apocalypse of John,"

사야 65장 17절과 66장 22절 그리고 베드로후서 3장 13절에 등장한다학2:6; 롬8:19-21; 히12:27-29 참조. 여기서 '새로운καινὸς'은 기존의 것이 질적으로 새로워지는 상태를 가리킨다비교. 마9:17; 19:28; 막2:22; 눅5:38; 행3:21.[18]

사도 요한이 염두에 두고 있는 이사야 65-66장의 신천신지는 심판과 회복을 완성해 가시는 창조주의 통치사1:2-9 참조와 메시아 나라사11:1-9 참조가 초림으로 도래하여 결국 완성될 것을 알리는 기능을 한다.[19] 이사야와 같은 "구약성경 저자는 자신이 전하는 말이 먼 미래에 예수 그리스도의 재림으로 변혁될 완전히 새로운 세계에서 어떻게 성취될지를 완전히 납득하지 못했을 가능성이 있기 때문에, 신천신지의 영광을 비롯하여 하나님께서 정하신 종말론적 목적을 자신의 말이 최초로 전달될 당시 사람들의 신념과 두려움과 소망으로 표현했다."[20] 분명한 것은 이사야와 요한에게 있어 교회와 세상의 새 창조가 완성되는 신천신지는 첫 창조와 질적으로 다르다는 사실이다.[21] 환언하면, 신천신지는 현 지구와 동일한 모양이지만, 질적으로 변혁과 갱신이 이루어진 곳이다. 신천신지는 예수님의 초림으로 이미 도래했지만, 재림으로 갱신이 완성될 것이다.[22]

Novum Testamentum 51/2 (2009), 155, 166을 보라.

18. Kuyper, *The Revelation of St. John*, 337; Montanari, *The Brill Dictionary of Ancient Greek*, 1010; Greijdanus, *De Openbaring des Heeren aan Johannes*, 416. 참고로 마태복음 19장 28절의 명사 παλιγγενεσία를 '부활'로 번역한 베자와 흐루시우스와 달리 오리겐과 유세비우스는 '부활'과 '새 창조'를 혼합하여 이해했다. 후자는 지난 세기까지 영향을 미쳤다(ESV 참조). 참고. 마태복음 이전에 유대문헌에 이 명사가 '새 세상(new world)'을 가리킨바 없다고 보는 J. D. M. Derrett, "Palingenesia (Matthew 19:28)," *JSNT* 20 (1984), 52-55.
19. Beale, "The Millennium in Revelation 20:1-10," 61.
20. Storms, 『개혁주의 무천년설 옹호』, 46.
21. 참고. Venema, 『개혁주의 종말론 탐구』, 567; Fanning, *Revelation*, 529; 최만수, "이사야 선지자의 비전으로서 새 하늘과 새 땅: 65:17-25를 1:2-9와 11:1-9와 더불어 읽기를 위한 시도," 『한국개혁신학』 22 (2007), 64, 73; 최윤갑, "이사야: 새 창조를 향한 구속의 드라마," 223. Contra 베드로후서 3장 5-12절과 계시록 21장 1절은 세상의 갱신이 아닌 파괴될 옛 세상과 도래할 새 세상의 단절을 통한 새로운 시작을 알린다고 주장하는 M. Öhler, "Das Bestehen des Kosmos vor dem Hintergrund Frühjüdischer und Frühchristlicher Apokalyptik: Anmerkungen zur Bedeutung des Neuen Testaments für eine Gegenwürtige Ökotheologie," *Kerygma und Dogma* 62/1 (2016), 6.
22. Gorman, *Reading Revelation Responsibly*, 170; Bavinck, 『개혁교의학. 제4권』, 850-851; Gentry Jr., in Bock (ed), *Three Views on the Millennium and Beyond*, 131; Bavinck, *The Last Things*, 157. 참고로 베드

계시록 21장 1절에서 사라질 "바다"가 문자적 의미라면, 신천신지에서 바다 낚시나 해수욕 그리고 해양 레저는 불가능하다. 하지만 신천신지를 설명하는 환상에서 "바다"는 혼돈과 악을 유발하는 세력을 가리킨다. 유대인들은 새 창조가 도래하면 바다는 말라버리거나 무저갱으로 들어간다고 믿었다시빌린신탁 5:447; 모세의 승천기 10:6 참조. 일면 죄로 오염된 '첫째 하늘과 첫째 땅'과 '바다'가 가리키는 바는 다를 바 없다. 그러나 첫째 하늘과 첫째 땅은 전적으로 부정적이지 않는데 예수님께서 그것을 갱신 중이시기 때문이다계21:5 참조. 예수님의 재림으로 완성될 천국인 신천신지는 현재 지구가 갱신된 곳으로서, 악과 혼돈의 세력이 완전히 종적을 감춘 장소이다마19:28; 행3:21; 롬8:19-23; 엡1:9-10; 골1:19-20; 벧후3:10-13 참조.[23] 갱신된 지구인 신천신지에 식물과 동물 그리고 물고기가 있을 것이다.[24] 창조주 하나님께서 아담 부부를 정글이 아니라 동산에 두신 것은 보호와 문화와 경작과 번성을 주시기를 기뻐하셨기 때문이라고 본다면, 신천신지에서도 그런 선한 문화는 구속받아 사라지지 않을 것이다.[25] 그런데 예수님께서 재림하신 후 지구가 신천신지로 변혁된다면, 아담 이래 모든 하나님의 백성이 거기에 거주할 수 있을까? 구약시대는 이스라엘 중심으로 구속사가 전개되었기에, 구원받

로후서 3장의 세상 갱신에 대해서는 송영목, "종말론과 크리스천의 환경책무: 베드로후서 3:10-13을 중심으로," 『갱신과 부흥』 27 (2021), 65-96을 보라.

23. J. Moo, "Continuity, Discontinuity, and Hope: The Contribution of New Testament Eschatology to a Distinctively Christian Environmental Ethos," *Tyndale Bulletin* 61/1 (2010), 40; Middleton, 『새 하늘과 새 땅: 변혁적-총체적 종말론 되찾기』, 233-243; *The Jesus Bible*, 1997; Johnson, *Triumph of the Lamb*, 305; 신동욱, 『요한계시록 주석』, 230. 참고로 지구소멸설과 지구갱신설 둘 다 지옥의 공간성을 확실하게 설명하기 쉽지 않다. 성경이 지옥의 위치에 관해 구체적으로 언급하지 않기 때문이다. 이 이유로 지옥을 부정하거나 불신자의 영혼이 멸절된다고 주장하는 우를 범하지 말아야 한다.

24. 재림하시는 예수님을 만나러 부활한 성도가 공중으로 들려갔을 때(살전4:16-17), 지구는 한 순간에 갱신될 것이다(벧후3:12-13). 이환봉, 『무엇을 믿고 어떻게 살 것인가』, 314-321; Snyman, "Die Boek Openbaring vanuit die Sentrum," 15. 참고로 지구 소멸론과 갱신론을 혼합하고, 로마제국의 환경파괴 실태를 계시록의 심판 환상을 문자적으로 해석하여 연결하고, 계시록 4장 11절 등에 기초하여 동물을 포함한 생태계의 보호를 하나님의 뜻이라고 주장한 경우는 Kiel, *Apocalyptic Ecology*, 25, 74-81을 보라.

25. M. Gruber, "Urban Living Spaces for All Peoples: The Vision of the New Jerusalem in the Book of Revelation (Rv 21:1-22:5)," *Claritas* 9/1 (2020), 30-31.

은 이들의 수가 지구가 수용하지 못할 정도로 많다고 보기 어렵다. 물론 예수님 당시 로마제국에 거주한 그리스도인도 많지 않았다. 하나님께서는 그분의 백성의 숫자와 갱신된 지구의 규모를 영원 전에 예정하셨고, 거기에 살 사람들의 수를 적절히 조정하신다.[26]

요한 당시에 로마제국은 해상 무역을 장악했다. 따라서 패트모어S. Pattemore는 착취적인 무역을 위한 고속도로와 같았던 "바다"가 사라지는 것은 로마제국에 대한 심판 예고라고 주장한다.[27] 그러나 계시록 20장에서 예수님의 재림과 최후 심판이 등장하므로, 계시록 21장의 환상을 요한 당시의 로마제국과 연결하는 것은 부자연스럽다.

새 세상은 창세기 5장 1-32절의 아담 톨레도트에 이미 나타난다. 그 톨레도트는 아담에서 시작하여 '제2의 아담'인 노아로 마친다. 노아 때의 홍수로써 아담의 원죄 이후 타락해 버린 세상은 새롭게 되어야 했다. 그리고 하나님의 형상과 모양을 상실한 인류창5:1-3 참조는 '마지막 아담'의 사역으로 그 형상을 회복할 수 있으며, 결국 새 사람으로 하나님과 동행하게 된다창5:24; 엡4:24; 골1:15 참조.

---

26. 예수님의 재림 때 완성될 신천신지에 하나님의 백성과 더불어 동식물도 있는가? 부활은 죽은 육체가 영혼과 결합하여 전인적으로 회복되는 상태이다. 그런데 동식물에는 하나님의 형상과 영혼이 없으므로 부활의 대상이 아니다. 따라서 예를 들어, 애완견은 하나님을 예배할 수도 없으며 세례를 베풀어서도 안 된다(전3:21 참조). 오늘날 유행하는 애완견의 장례식은 사람의 경우와 전적으로 다른 차원이다. 그렇다면 완성될 신천신지에는 동식물이 없는가? 아니다. 현재 지상의 동식물을 비롯한 피조물은 썩어짐에서 벗어날 것을 탄식하며 고대하고 있다(롬8:21). 그리고 무지개를 통한 세상 보존언약을 성취하시는 예수님께서는 동식물을 포함하여 만유를 갱신 중이시다(계21:5; 참고. 창9:9-10; 호2:18). 예수님께서 광야에서 시험 받으실 때, 들짐승들과 친밀하게 함께 계셨다(막1:13). 이사야가 예언한 예수님의 초림으로 도래할 평화의 나라를 지나치게 문자적으로 해석하지 않도록 주의해야 하지만, 그것은 새 창조에 동식물도 포함될 것을 암시한다(사11:6-8; 65:21,25). 성부 하나님께서는 피조물의 이런 고대를 기억하시고 예수님의 갱신 사역을 통하여 신천신지에서 동식물을 창조하실 수 있다(아퀴나스, *Summa Contra Gentiles*, Book IV, 80:7 참조). 그곳에서 새로 창조된 동식물은 성도처럼 더 이상 죽음을 경험하지 않을 것이다(사65:25). 만약 하나님께서 죄로 오염된 피조 세계를 갱신시키지 않으시고 멸절시키신다면, 사탄은 승리의 환호성을 지를 것이다. R. P. Raabe, "Daddy, will Animals be in Heaven?: The Future New Earth," *Concordia Journal* 40/2 (2014), 152-154, 157-158; K. Starkenburg, "What is Good for Christ is Good for the Cosmos: Affirming the Resurrection of Creation," *Pro Ecclesia* 30/1 (2021), 96; 이신열 (ed),『종교개혁과 인간』(부산: 고신대학교출판부, 2021), 242.
27. Pattemore, "Towards an Ecological Handbook for Bible Translators," 340.

또 요한은 거룩한 성인 새 예루살렘이 자기 신랑을 위하여 준비되어 단장된 신부처럼 하나님께로부터 하늘에서 내려온 것을 보았다2절; 참고. 사54:5; 62:4; 겔48:30; 행2:42-47; 계3:12. 거룩하신 성부 하나님께서 거룩하신 예수님의 거룩한 신부를 준비하신다. 마치 하나님께서 타락하기 전에 거룩했던 아담을 위해 아내 하와를 준비하신 것과 유사하다창2:21-22 참조. 어린양의 신부를 가리키는 새 예루살렘성을 묘사하는 이미지는 '교회 지형church geography', 즉 성도의 지형과 같다.[28] 그런데 여기서 중요한 질문은 "새 예루살렘이 '성'으로 묘사되기에 장소나 공간으로 이해할 수 있는가?"이다갈4:16; 히12:22 참조. 그리고 다른 질문은 "큰 성 음녀 바벨론의 파멸은 불신 유대인들이 받을 심판으로서, 예루살렘 성전이라는 실제 공간 안의 건축물의 파괴로 성취되지 않았는가?"이다. 이 두 질문은 합리적으로 보인다. 하지만 요한이 계시록 21장 1절에서 새 하늘과 새 땅이라는 공간과 장소를 밝히고, 2절에서 그곳의 거주민을 소개하는 자연스러운 순서를 존중한다면 이해하는 데 별다른 어려움이 없다. 새 예루살렘은 장소가 아니라 온 교회적이신 분the whole Church person인 예수님의 신부 교회를 가리킨다갈4:26; 계19:7-8 참조.[29] 신구약의 교회야말로 하나님의 걸작傑作이다. 성경의 결론이자 하나님의 구원 계시가 완결되는 계시록 21장 2절-22장 5절의 새 예루살렘성이 보석이라는 물질이라면 논리적이지 못하다.[30] 천지창조 이래로 삼위 하나님께서 이루어 오신 구원 사역의 결과물이 그분의 백성이 아니라 물질세계라면 허무하다. 다시

---

28. 참고. Räpple, *The Metaphor of the City in the Apocalypse of John*, 103. Contra 새 예루살렘성을 재림 이후 신천신지에 중심 장소로 보는 Kuyper, *The Revelation of St. John*, 322-327.

29. 참고. 요한복음 14장 2절의 "내 아버지의 집"을 건물이 아니라 교회로 보면서 새 예루살렘성과 동일시하는 D. Kangas, "I saw the Holy City, New Jerusalem: The Vision of the New Jerusalem as a Corporate God-Man," *Affirmation & Critique* 17/2 (2012), 4-7. Contra 스가랴 14장과 마가복음 13장을 간본문으로 삼아 새 예루살렘을 예수님의 재림 시에 묵시적으로 지상에 임할 공간으로 보는 P. N. Tarazi, "Israel and the Nations (according to Zechariah 14)," *St Vladimir's Theological Quarterly* 38/2 (1994), 189-190.

30. W. Lee, "Aspects of the New Jerusalem as the City of the Living God," *Affirmation & Critique* 17/2 (2012), 13-14. 참고로 유대 총독 느헤미야는 유대인들은 물론, 예루살렘 성문과 성벽도 정결하게 했다(느12:30). 이 경우에 물질적인 도시나 성벽이 아니라, 제사장들을 비롯하여 유대인들이 정결하게 된 사실에 방점이 있다.

말해, 예수님의 성육신과 십자가의 대속의 죽으심, 부활과 승천, 성령 강림과 재림의 마지막 결과가 물질세계가 될 수 없다.

2절의 '준비되어 온ἡτοιμασμένην'과 '단장되어 온κεκοσμημένην'은 모두 신적수동태 분사이다계2:6; 21:19 참조.[31] 여기서 유대인의 혼인잔치 관습과 비교하는 것은 유의미하다. 이에 관해 브리앙J. Briend과 케넬M. Quesnel이 제공하는 정보는 다음과 같다. 유대인의 혼인 잔치는 해가 진 후 시작되었으며, 신부의 단장은 친정의 친인척 부인들의 몫이었다. 신부의 미혼 여성 친구나 친척은 결혼식을 위해 신부 집에 찾아오는 신랑을 등불을 켜서 맞이하여 연회장까지 안내하는 일을 맡았다. 유대인들은 결혼 연회宴會에 오케스트라를 구성하여 동원할 수 있었다.[32] 하지만 요한은 어린양의 신부는 다른 사람의 도움이 아니라 하나님의 은혜를 덧입음으로써 스스로 단장해야 함을 강조한다. 그리고 신랑 예수님을 맞이해야 하는 사람은 신부 자신이지, 그녀의 친구가 아니다.

소아시아 7교회는 예수님의 신부인데, 결혼은 가장 친밀한 언약 관계를 설명하는 은유이다. 결혼 관계는 미래는 물론 현재적으로 작동하기에, 교회가 보좌 위의 어린양의 신부라는 사실은 박해받던 계시록의 첫 독자들에게 위로가 되었다.[33] 참고로 사도 바울은 문제가 많지만 여전히 존귀했던 고린도교회를 정결한 처녀로 한 남편인 예수 그리스도께 드리려고 중매했다고후12:2; 참고. 엡5:32.

거룩한 새 예루살렘성은 장소가 아니라 교회를 가리키는데, 부정한 음녀 바벨론성과 대조된다.[34] 이에 대해 두 란드의 설명을 들어보자.

---

31. Tavo, *Woman, Mother, and Bride*, 320.

32. Briend and Quesnel, 『성서시대의 일상생활』, 143, 157.

33. Koester, *Revelation*, 804; Fanning, *Revelation*, 541.

34. Contra Bavinck, 『개혁교의학. 제4권』, 853. 참고로 4에스라 7장 26절의 라틴어와 시리아 번역은 보이지 않던 도시가 아니라 '신부'가 등장할 것으로 설명한다(4에스라 10:44 참조). Aune, "The Apocalypse of John and Palestinian Jewish Apocalyptic," 16; F. G. Martínez, "New Jerusalem at Qumran and in the New Testament," in *The Land of Israel in Bible, History, and Theology: Studies in Honour of E. Noort*, ed. J. T. A. G. M. van Ruiten and J. C. de Vos (Leiden: Brill, 2009), 282-283; Blaney, 『베드로전서-요한계시록』, 465-466. 참고로 새 예루살렘성을 장소와 사람, 둘 다 가리키는 것으로 보는 경우는 Bauckham, *The*

우리가 계시록의 바벨론에 대한 진술을 잘 이해하려면, 고대의 거룩한 도시와 부정한 도시에 대한 사상과 견해를 파악해야 한다. 종교는 문자적으로 고대 도시와 생활의 심장과 영혼이었다. 거룩한 도시는 세상의 축(*axis mundi*)을 가지고 있었는데, 그것은 특정한 신과 맺은 수직적 연결과 관계성을 가리킨다. 예루살렘은 이런 유형의 도시였으며, 비록 요한은 이 하나님의 도성을 소돔과 고모라로 지칭하지만, 지상의 예루살렘은 천상의 예루살렘으로 대체된다. 거룩한 도시로 순례하는 이유는 그 도시에 신이 거주한다고 믿었기 때문이다. 따라서 일평생 신의 도시를 방문하는 기회는 중요했다. 로마인들은 로마를 '영원한 도시'로 간주했으므로, 요한이 그 도시를 부정하다고 말함으로써 로마인들은 모욕당했다. 요한은 로마를 거룩한 도시라고 여긴 로마인들의 견해를 비판한다. 거룩한 도시를 부정하다고 선언하는 것은 그 도시의 신이 떠나버린 것을 의미한다. 로마인들은 로마를 제국의 심장이자, 사람이 마음대로 손댈 수 없는 사라지지 않을 도시라 믿었다. 따라서 요한이 제국을 비판하는 종교적 선동가로 간주되어 밧모섬에 유배된 것은 놀랍지 않다. 또한 로마는 지상에서 사람이 신과 영적으로 결합하는 데 있어 중심지로 간주되었다. 로마인들은 이 거룩한 도시 바깥에는 혼란만 넘친다고 보았다.[35]

이상주의적 해석을 따르는 두 란드는 음녀 바벨론을 로마제국으로 이해한다. 하지만 음녀 바벨론은 불신 유대인을 가리키므로, 두 란드의 위의 설명에 나타난 통찰력을 로마 도시가 아니라 도시 예루살렘과 연결해야 한다. 유대인들에게 예루살렘은 하나님께서 거하시는 영원한 도시로서, 유대인들의 종교와 삶의 중심을 넘어온 세상의 배꼽과 같았다. 그런데 요한이 예루살렘 도시의 파괴를 예고한 것은 그 도시에서 하나님께서 떠나버리신 것과 마찬가지이다. 그리고 요한은 새 예루살렘성을 제시함으로써, 예루살렘 도시를 지상의 영원한

Theology of the Book of Revelation, 132-136을 참고하라.

35. Du Rand, *Die A-Z van Openbaring*, 528.

도시로 믿었던 유대인들의 종교적 신념을 허물어버린다. 사람들은 예루살렘의 돌 성전으로는 더 이상 하나님을 만나거나 영적 교제를 누릴 수 없게 되었다. AD 70년에 지상의 예루살렘은 그것의 수호신과 같은 하나님께로부터 버림받아 수치스럽고 부정한 장소로 완전히 판명될 것이다.

보컴R. Bauckham은 심지어 AD 70년 이후에도 로마를 영적으로 대체한 상징적인 중심지인 예루살렘이 디아스포라 유대인들에게 여전히 중요했다고 본다. 그러나 유대인 출신 그리스도인은 하나님의 심판으로 돌 성전이 파괴되자 예루살렘과 그곳의 성전은 지상에서 더 이상 중요하지 않음을 확인했을 것이다. 요한은 그림자 역할을 수행한 예루살렘과 돌 성전의 더 영광스러운 실체를 새 예루살렘성을 통해 제시한다.

요한은 보좌에서 난 큰 음성이 말하는 것을 들었다. "보라. 하나님의 장막ἡ σκηνὴ τοῦ θεοῦ이 사람들과 함께 있고, 하나님께서 그들과 함께 장막을 치실 것이며, 그들은 하나님의 백성이 될 것이다. 그리고 하나님께서 친히 그들과 함께 계실 것이다."3절.[36] 이제 하나님과 교제를 제대로 누리지 못한 상태가 성전-도시와 같은 새 예루살렘 백성에게 회복된다. 소아시아 7교회는 성령님의 종말론적 성전이자, 성부 하나님의 언약의 백성이다렘32:38; 겔37:27; 슥2:10-11; 고후6:16 참조. 이 사실은 계시록의 1차 독자들이 하나님의 가족에 머물면서 박해를 이기도록 격려했다. 로마황제는 제국민의 아버지와 후견인으로 자처했을 뿐이다. 화자와 관련하여, 3절 이하의 음성이 성부 하나님의 말씀이라면, 3절에서 '나의 장막'이라고 표현했을 것이다. 따라서 화자는 성자 예수님이시기에 "하나님의 장막", 그리고 "그분의 백성λαοὶ αὐτοῦ"이라고 표현한다벧전2:5,10 참조.[37]

하나님께서는 그분의 백성의 눈에서 모든 눈물을 닦아 주실 것이며계7:17 참조, 다시는 죽음이 없고 슬픔이나 우는 것과 아픔도 없을 것이다. 하나님께서 슬

---

36. 하나님과의 언약 관계가 회복된 사람에게 기쁨과 잔치가 벌어진다. 따라서 σκηνή에 '잔치'라는 의미가 있는 것은 의아하지 않다. Montanari, *The Brill Dictionary of Ancient Greek*, 1924.
37. Witherington, *Revelation*, 255.

픔의 근원을 제거하시고, 죄악 된 옛것은 모두 사라졌기 때문이다4절; 참고. 사25:8; 61:1-3.[38] 음녀 바벨론의 '고통과 울음과 애통함'계18:15 참조은 어린양의 신부에게서는 사라질 것인데, 이사야 25장 8절과 65장 17-19절의 성취이다.[39] 계시록의 독자들이 이런 새 세상의 위로를 받기 위해서 불신 유대인들은 AD 70년에 대 환난과 심판을 겪어야 했다.[40]

다시 언급하면, 새 예루살렘성은 예수님의 신부 교회이며, 신천신지는 그들이 살 장소로서 천국이다.[41] 계시록의 독자들은 임마누엘과 하나님과의 교제가 복음의 정수임을 믿고, 그들의 소망이 온전히 성취되며 의심과 고난과 상처가 완전히 치유되는 날을 소망해야 했다.[42] 사도 요한과 유사하게 유대교 문헌도 죽음 이후에 하늘에서 누릴 영원한 안식을 강조했다.

> 아세네트(Aseneth)의 개종은 이미 현생에서 구원으로 이끈다. 하지만 저자는 하늘에서의 안식이라는 사상을 알고 있다. 이 안식의 상태에는 선택받은 자들이 죽은 후에 곧바로 참여하게 된다(4마카비 17:18; 18:23 참조). 이와 관련하여 사용된 안식 개념은 하늘에 있는 초월적 장소를 가리키며, 하나님께서 그분과

---

38. 계시록 20장 14절-21장 8절은 21장 2-4절을 중심에 둔 교차대칭구조를 보인다. Leithart, *Revelation 12-22*, 340.
39. Gentry Jr., *The Divorce of Israel*. Volumes 2, 751.
40. Gentry Jr., *The Divorce of Israel*. Volumes 2, 754.
41. Tavo, *Woman, Mother and Bride*, 328-36. Contra 신천신지와 새 예루살렘성을 혼용하여 주로 장소로 이해하는 J. E. Stanley, "The New Creation as a People and City in Revelation 21:1-22:5: An Alternative to Despair," *Asbury Journal* 60/2 (2005), 29, 34; Osborne, *Revelation*, 733; 김추성, 『하나님과 어린양의 보좌: 요한계시록 새롭게 읽기』, 334; M. Locker, "A Semiotic Analysis of the 'New Jerusalem' in the Book of Revelation," *American Journal of Biblical Theology* (2003), np; Kuyper, *The Revelation of St. John*, 315; 최용준. "완성에 대한 기독교 세계관적 고찰: 요한계시록 21장 1-4절을 중심으로," 『신앙과 학문』 24/4 (2019), 192-196.
42. Davis, "The Gospel in the Book of Revelation," 37. 참고로 디아스포라 도시이자 유배 상황을 알리는 큰 성 음녀 바벨론과 대척점에 서 있는 새 예루살렘성에 나타난 에덴동산 주제는 에덴에서 추방된 거대한 유배(exile)가 끝남을 알리고, 하나님께서 친히 유배에 빠진 타락한 세상을 에덴으로 바꾸심을 의미한다는 주장은 T. Escola, 『신약성서의 내러티브 신학』, *A Narrative Theology of the New Testament*, 박찬웅 외 역 (서울: 새물결플러스, 2021), 761을 보라.

그분께서 선택하신 사람들을 위해서 예비하신 곳이다. 선택받은 자들은 죽은 후에 이 안식처에 들어가며 거기서 영생을 누리게 된다. 요셉과 아세네트 15장 7절은 가장 높으신 하나님의 딸인 '개종'이라는 이름의 천사가 모든 개종자를 받아주고 그들에게 안식처를 마련해준다고 말하는데, 이로부터 개종이 하늘의 안식처에 들어갈 수 있는 전제조건이라는 사실이 설명되기도 한다. 요셉과 아세네트 22장 13절에서는 이것이 개별적으로 각 개인의 안식처로서 언급된다. 하늘의 안식처에서 누리게 되는 안식의 상태에 관해서는 구체적으로 묘사되지 않지만, 유대인들이 이미 살아 있을 때 천사들과 연결된다는 사실(16:14)은 그들이 하늘에서도 천사와 같은 방식으로 존재하게 될 것이라는 점을 추측하게 해준다(눅20:36 참조). 개종 이후 아세네트의 변화와 죽음 후 하늘에서의 개인적 삶 속에 불멸/불사에 대한 소망이 놓여 있다. '(복 받은) 생명의 빵', '(복 받은) 불사의 잔', '(복 받은) 불멸의 기름'(8:5; 15:5; 16:16)과 같은 표현들이 이러한 소망을 대표적으로 보여준다(아세네트에게 영원한 젊음을 약속하는 16:16도 참조). 현세에서의 변화와 내세의 삶은 그런 점에서 성경이 말하는 '부활'과 '영원한 생명' 혹은 '영원한 새 생명으로의 부활'에 해당한다고 하겠다(단12:2; 2마카비 7:9; 솔로몬의 시편 3:12; 1에녹 40:9; 마25:46; 요3:15-16; 롬5:21 참조).[43]

보좌에 앉으신 분, 곧 어린양께서 "보라. 내가 만유를 새롭게 만들고 있다." 라고 말씀하셨다5a절; 참고. 사43:19; 마19:28; 행3:21. 이어서 그분께서 계속 말씀하셨다. "너는 기록하라. 왜냐하면 이 말들은 신실하고 참되기 때문이다."5b절. 즉 예수님께서는 지금 만유를 새롭게 회복 중이시다καινὰ ποιῶ πάντα. 예수님의 부활은 이 세상에 새로운 창조를 불러일으킨 결정적 사건이었으며, 주님의 재림 때 새 창

43. 박성호, "죽음에서 생명으로: 요셉과 아세네트서를 통해 생각해 보는 개종/회심의 의미," in 『신약성경과 생명: 배재욱교수 정년은퇴 기념 논문집』, ed. 송영목 (서울: CLC, 2020), 235-236. 참고로 교회당에서 현 세상의 폐기 처분과 성도가 죽은 후 갈 천성에 대한 소망을 잘못 노래하는 문제를 제기한 경우는 J. R. Middleton, 『새 하늘과 새 땅: 변혁적-총체적 종말론 되찾기』, *A New Heaven and a New Earth*, 이용중 역 (서울: 새물결플러스, 2015), 42-45를 보라.

조라는 갱신은 완성될 것이다.[44] 간본문인 이사야 43장 19절도 현재 능동태 직설법 동사ποιῶ καινὰ를 사용하며, ESV가 이를 직역한다I am doing a new thing. 그러므로 미래가 현재 안으로 들어와 있고, 현재가 미래 속으로 침투하고 있다.

부활하신 예수님께서는 동산지기κηπουρός로서 세상을 새 에덴동산으로 만드시기 위하여 문화명령cultural mandate과 복음명령/구원명령Gospel mandate/salvation mandate을 성취하신다창1:28; 9:1; 12:2; 마28:19-20; 요20:15; 롬5:12 참조.[45] 예수님의 십자가의 대속, 즉 겟세마네동산이 변질된 에덴동산을 완전한 낙원으로 변화시킨다. 이런 복합적인 성취를 위해 부름을 받은 그리스도인은 복음을 증언할 뿐 아니라, 첫 아담이 살던 에덴동산처럼 하나님께서 통치하시는 평화롭고 질서를 갖춘 문화를 건설하여 하나님께 영광을 돌려야 한다.[46]

사도 요한과 유사하게, 외경 지혜서 7장 27절은 지혜가 만유를 갱신한다고 소개한다. "지혜는 비록 홀로 있지만 모든 것을 할 수 있으며 스스로 변하지 않으면서 만물을 새롭게 한다." 계시록에서 어린양은 지혜를 받기에 합당하시다계5:12 참조. 그러나 요한이 유대 지혜문헌과의 간본문성을 염두에 두고, '지혜기독론Wisdom Christology'을 소개하려고 시도한다고 보기는 어렵다잠8:22 참조. 사도 베드로도 불의 이미지를 사용하여 세상의 정화와 변혁 그리고 갱신을 강조했다벧후3:12-13 참조. 또한 사도 바울 역시, 로마서 8장 19-21절에서 성도가 부활하여 몸의

---

44. Du Rand, Die Einde, 24; 안병철, 『요한묵시록 II』, 226. 참고로 예수님께서 교회를 통하여 만유를 다시 그분 안에 통합하여 재창조하시고 통치하심은 에베소서 1장 10절의 주요 내용이기도 하다. L. Floor, "Een Blauwdruk voor de Toekomst, Efeziërs 1:9-10," *In die Skriflig* 45/2-3 (2011), 478.

45. S. T. Kgatla and D. G. Kamukwamba, "Mission as the Creation of a God-ward Culture: A Critical Missiological Analysis," *Verbum et Ecclesia* 40/1 (2019), 4-7.

46. Kgatla and Kamukwamba, "Mission as the Creation of a God-ward Culture," 8. 참고로 "세대주의자들의 반(反) 생태적 수사학의 뿌리는 '휴거'라는 현실 도피적 교리이다. …… 지구가 사탄의 통제를 받아 점차 지구와 충돌하는 유성, 핵전쟁, 대규모 지진, 그리고 해가 어두워짐과 같은 종말 사건들에 의해 파괴될 것이라는 사상은 지구의 운명에 대한 세대주의적 관점을 특징짓는 비관적 생태주의이다. 휴거 후에 닥칠 대 환난은 지구의 생태계를 조직적으로 파괴한다는 견해와 결부된다." M. S. Northcott, "Earth Left Behind?: Ecological Reading of the Apocalypse of John in Contemporary America," in *The Way the World ends?: The Apocalypse of John in Culture and Ideology*, ed. W. J. Lyons and J. Økland (Sheffield: Sheffield Phoenix Press, 2009), 230, 233.

구원을 받을 때 창조 세계도 함께 새로움을 입을 것임을 인정한다. 이런 갱신은 무에서의 창조는 아니지만, 매우 근원적이며 급격한 갱신radical renewal이 분명하다. 교회는 예수님께서 현재 시행하고 계시는 새 창조의 회복 사역에 적극적으로 동참해야 마땅하다. 여기서 이 원칙을 간단히 적용해 보자. 만유의 갱신과 재창조라는 거대 담론이라는 외투를 잠시 벗어두고 보다 범위를 좁혀보면, 개별 그리스도인은 회복된 인간의 모범적인 본보기로 살아야 한다고후5:17; 엡2:15 참조.[47] 그리스도인은 창조성을 발휘하여 예수님의 언약 파트너로 살아야 하는데, 일상에서 환경을 구체적으로 이해하면서 보전하고, 한정된 자원을 염두에 두며 소비를 절제해야 하며, 작게는 생활 쓰레기를 책임성 있게 처리해야 한다.[48] 장차 지구가 소멸되지 않고 갱신될 것을 믿는다면 환경 보존은 마땅한 책무이다마19:28; 행3:21 참조.

보좌에 앉으신 분, 곧 예수님께서 요한에게 계속 말씀하셨다. "다 이루었다γέγοναν; 요19:30 참조. 나는 알파와 오메가이며, 시작과 끝이다. 나는 생명수 샘물을 목마른 이에게 무료로 줄 것이다."6절; 참고. 사55:1; 계7:17; 22:1. 만유를 갱신하시는 예수 그리스도께서는 물질의 변혁을 포함하여 질적 변혁도 이루신다.[49] 종말론적 반석과 같으신 예수님께서는 영적으로 갈한 성도에게 종말의 물이신 성령님을 부어주신다요4:10-14; 7:37; 고전10:4 참조. 예수 그리스도께서 성부의 구원 사역을 완성하심으로써, 이미 그러나 아직 아니 사이의 긴장이 사라질 뿐만 아니라, 그리스도 완결적 새로움이 주님의 신부에게 주어진다.[50]

47. Middleton, 『새 하늘과 새 땅: 변혁적-총체적 종말론 되찾기』, 106.

48. 참고. G. Roche, "Some Reflections on the Stewardship of Creation," *Melanesian Journal of Theology* 6/2 (1990), 25; Koester, *Revelation*, 803; Rushdoony, *Systematic Theology*, Volume 2, 809.

49. Jordaan, "Cosmology in the Book of Revelation," 7. 하지만 Jordaan은 지구갱신설을 지지하지만, 계시록 21장 1절의 신천신지와 계시록 21장 2절 이하의 새 예루살렘성을 동일시하여 혼동하는 경향이 있다.

50. Pohlmann, "The Influence of the Weltanschauung on the Theological Thrust of the Apocalypse of John," 229.

요한계시록에서 어린양은 하나님의 분명한 현존(現存)을 나타낸다. 하나님과 어린양은 생명이 흘러넘치게 하는 원천이다. 요한계시록의 생명 사상은 그리스도론과의 연결이 집중되면서 종말론적(終末論的)이다. 생명의 원천이신 하나님과 어린양이 인간 생명의 중심에 위치하도록 예수 믿는 자들은 이 세상에서 생명의 총체적인 힘이 세상 안에서 퍼지도록 만드는 중재자들로 자신을 인식하고 살아야 할 것이다.[51]

계시록 21장 1-6절은 계시록 7장 15-17절의 내적 간본문이며, 이사야서와 에스겔서 LXX의 간본문이다. 간본문적으로 병행되는 단어들에 표시하여 요약하면, 아래 도표와 같다.[52]

구약 간본문 LXX	계시록 7장 15c-17절	계시록 21장 1-6절
καὶ ἔσται ἡ κατασκήνωσίς(거처) μου ἐν αὐτοῖς καὶ ἔσομαι(되다) αὐτοῖς θεός(하나님) καὶ αὐτοί μου ἔσονται(되다) λαός(백성; 겔 37:27; 레26:11-12 LXX 참조)	ὁ καθήμενος ἐπὶ τοῦ θρόνου σκηνώσει(거처로 삼다) ἐπ᾽ αὐτούς(7:15c)	ἰδοὺ ἡ σκηνὴ(거처) τοῦ θεοῦ(하나님) μετὰ τῶν ἀνθρώπων, καὶ σκηνώσει(장막치다) μετ᾽ αὐτῶν, καὶ αὐτοὶ λαοὶ(백성) αὐτοῦ ἔσονται(되다), καὶ αὐτὸς ὁ θεὸς(하나님) μετ᾽ αὐτῶν ἔσται(되다, 21:3).
οὐ πεινάσουσιν οὐδὲ διψήσουσιν(배고프지도 목마르지도 않을 것이다, 사49:10a)	οὐ πεινάσουσιν ἔτι οὐδὲ διψήσουσιν ἔτι(배고프지도 목마르지도 않을 것이다, 7:16a)	ἐγὼ τῷ διψῶντι(목마른 자에게) δώσω ἐκ τῆς πηγῆς τοῦ ὕδατος τῆς ζωῆς δωρεάν(21:6b)
οὐδὲ(않다) πατάξει αὐτοὺς καύσων(열기) οὐδὲ ὁ ἥλιος(사 49:10b)	οὐδὲ(않다) μὴ πέσῃ ἐπ᾽ αὐτοὺς ὁ ἥλιος οὐδὲ πᾶν καῦμα(열기, 7:16d)	οὔτε(않다) πένθος οὔτε(않다) κραυγὴ οὔτε(않다) πόνος οὐκ ἔσται ἔτι(21:4c)

51. 배재욱, “신약성경의 생명 사상에 대한 고찰,” in 『신약성경과 생명: 배재욱교수 정년은퇴 기념 논문집』, ed. 송영목 (서울: CLC, 2020), 49-50.

52. 편의상 헬라어의 한글 음역은 생략한다. 참고. Tavo, *Woman, Mother and Bride*, 168-169.

καὶ ἀναστήσω ἐπ' αὐτοὺς(그들) ποιμένα(목자) ἕνα καὶ ποιμανεῖ(목양하다) αὐτούς(그들) τὸν δοῦλόν μου Δαυιδ καὶ ἔσται αὐτῶν ποιμήν(겔34:23)	ὅτι τὸ ἀρνίον τὸ ἀνὰ μέσον τοῦ θρόνου ποιμανεῖ(목양하다) αὐτοὺς(그들, 7:17a)	(목양하다, 참고. 2:27; 12:5; 19:15)
καὶ διὰ πηγῶν ὑδάτων(물의 샘) ἄξει αὐτούς(그들, 사49:10d)	καὶ ὁδηγήσει αὐτοὺς(그들) ἐπὶ ζωῆς πηγὰς ὑδάτων(물의 샘, 7:17b)	ἐγὼ τῷ διψῶντι δώσω ἐκ τῆς πηγῆς τοῦ ὕδατος(물의 샘) τῆς ζωῆς δωρεάν(21:6b)
καὶ πάλιν ἀφεῖλεν ὁ θεὸς πᾶν δάκρυον(모든 눈물을) ἀπὸ παντὸς προσώπου(사25:8b)	καὶ ἐξαλείψει ὁ θεὸς πᾶν δάκρυον ἐκ τῶν ὀφθαλμῶν αὐτῶν(그리고 닦을 것이다, 그들의 두 눈의 모든 눈물을, 7:17c)	καὶ ἐξαλείψει πᾶν δάκρυον ἐκ τῶν ὀφθαλμῶν αὐτῶν(그리고 닦을 것이다, 그들의 두 눈의 모든 눈물을, 21:4a)

7절에서 보좌 위의 예수님께서 계속 말씀하신다. "이기는 이는 이것들을 상속할 것이고, 나는 그에게 하나님이 되고, 그는 나에게 아들이 될 것이다."7절; 참고. 사9:6; 57:13. 이기는 자가 상속할 "이것들ταῦτα"의 범위는 넓은데, 계시록의 7복과 계시록 2-3장의 이기는 자에게 약속된 복들 그리고 계시록 20장 1-6절의 내용을 가리킨다. 예수님께서는 이기는 자들의 하나님이시며, 그들을 아들로 삼으신다사9:6 참조. 선지자 이사야가 예언한 대로 예수님께서 교회의 영원한 아버지로서 생명을 주시고 후견인처럼 돌보신다는 의미이다.[53] 세상에서 '아버지'로 자처한 황제와 같은 인물은 영원한 아버지가 될 수 없다마23:9 참조. 계시록 21장 6-7절에 다윗 언약과 목마름 모티브thirsty motif가 함께 나타난다시63:1; 143:6; 사55:1-3 참조. 계시록 21-22장의 문맥을 고려할 때, 다윗 언약을 성취하신 예수님께서 재림하시면 교회의 영적 목마름을 정복하셔서 그분의 현존을 영원히 주실 것이다민18:20; 시16:2; 계21:6; 22:17,20 참조.[54] 물론 재림 이전에도 예수님과 생명수인 성령님께

---

53. 송영목, "요한계시록의 부부와 부자 관계에서 본 하나님의 가족," 『신약논단』 26/2 (2019), 530. Lupieri, *A Commentary on the Apocalypse of John*, 334도 참고하라. 그러나 계시록 21장 5-6절을 성부의 음성이라고 보는 견해는 Duvall, *The Heart of Revelation*, 21을 보라.

54. S. L. Rico, "Thirsting for God: The Levitical Inheritance Motif in the Apocalypse," *WTJ* 74 (2012), 422-426.

서 목마름을 정복하시는 분thirsty conqueror으로 교회 가운데 현존하신다. 아래의 표가 증명하듯이, 부부夫婦와 부자父子라는 언약의 관점에서 볼 때, 계시록에는 그레코-로마 문헌과 유대문헌에서 찾아보기 힘든 독특한 교회론이 나타난다.

관련 요소	부부 관계	부자 관계
사랑의 친밀한 연합 관계	신부는 어린양이자 새 아담인 신랑 예수님과 연합됨	하나님의 아들(계1:5; 2:18)의 대속의 은혜로써 입양된 아들은 하나님 자신을 상속함
아들과 아내의 연속 등장	아내와 달리 음행하는 자는 벌을 상속함(계21:8)	하나님 자신을 상속하는 아들(계21:7)
반로마적 메시지	신격화된 로마황제는 후견인-신랑 역할을 자처함	음녀의 행위를 조장한 로마황제는 제국 식구의 아버지 역할을 자청함
새 언약적 메시지	아브라함 언약의 우주적 성취 - 계시록 21장 3절의 "백성"	다윗 언약의 성취 - 계시록 21장 7절의 "내 아들"

계시록 21장 2절-22장 5절의 새 예루살렘의 환상에는 부부관계계21:2,9 참조가 큰 지붕처럼 기독론적 교회론을 덮고 있다면, 그 아래에 그리스도와 교회의 부자 관계계21:7 참조, 성령과 연합된 종말론적 성전계21:3,16 참조, 그리고 성부의 백성계21:3,22; 22:5 참조처럼 삼위일체론적인 교회론의 세부 사항이 자리 잡고 있다계22:1,3 참조.[55]

보좌에 앉으신 예수님께서 요한에게 계속 말씀하신다. "그러나 두려워하는 자들과 믿지 않는 자들과 역겨운 자들과 살인자들과 음행하는 자들과 점술가들과 우상 숭배자들과 모든 거짓말쟁이의 몫은 불과 유황으로 타오르는 못이다. 그것은 둘째 사망이다."8절; 참고. 출20:4,13,14,16; 22:18; 시11:6; 계20:14. 8절은 긴 '악의 목록'이다계21:27 참조. 계시록이 박해 상황에서 기록되었으므로, 예수님의 신부로

55. 부부 및 부자 관계에 대한 도표와 부가 설명은 송영목, "요한계시록의 부부와 부자 관계에서 본 하나님의 가족," 533-534에서 재인용. 참고로 '영국의 칼뱅'이며 17세기 청교도 신학의 대들보인 존 오웬(1616-1683)은 자신의 대교리문답에서 입양(入養)을 다음과 같이 설명한다. 119문: 우리의 양자됨은 무엇입니까? 답: 하나님의 자녀로서 하나님의 가족으로의 은혜로운 맞이함과 그리스도와 함께 상속자 됨을 말합니다. 120문: 우리는 이것을 어떻게 압니까? 답: 우리의 마음속에서 성령의 특별한 사역에 의해서 하나님의 약속을 우리에게 확증하시며, 우리의 영혼을 약속된 상속의 확실한 기대 가운데 이끌어 주십니다.

부적합한 자들의 명단에 "두려워하는 자δειλός"가 맨 먼저 언급된다. 혼인이라는 새 언약 속에 들어왔지만 박해로 인해 믿음을 부인하는 겁쟁이들은 불신자는 아니더라도 신실하지 못한 자들이다.[56] 계시록의 수신자들은 신랑 예수님의 능력과 사랑을 믿고 박해로 인한 두려움을 떨쳐버려야 한다. 그리고 두 번째 악의 목록은 불신이다. 요한복음에서 불신은 가장 근본적인 죄요 악이다요16:9 참조. '믿음의 복음서'라 불리는 요한복음에 동사 '믿다'는 98회나 나타나는데, 전인적이며 실존적으로 주 예수님께 헌신한다는 의미의 동사 '믿다'는 37회나 등장하는 명사 '생명'을 얻는 조건이다. 요한복음에서 영생, 곧 구원은 예수님을 하나님의 아들이자 그리스도로 믿음으로써만 가능하다요3:16; 20:31 참조. 그런데 요한복음이 소개하는 영원한 생명은 바울이 설명하는 이신칭의의 구원과 다를 바 없다. 왜냐하면 바울도 예수님을 믿음으로써 영생과 구원을 얻는다고 밝히기 때문이다롬1:16; 고전1:21; 엡2:8; 살후2:13; 딤전1:16; 딤후3:15 참조.

8절은 두려움과 불신을 연이어 배치하기에, 믿음의 반대말은 두려움과 염려이다. 박해와 의심은 성도에게 주어진 구원하는 믿음을 공격하여 약화시킨다참고. 웨스트민스터 신앙고백 14장. 하지만 성도의 믿음을 시작하시고 완성하시는 분은 믿음의 방패를 주신 예수님이시라는 사실이 복음이자 위로가 된다히12:2 참조.

8절의 악의 목록에 등장하는 흉악하고 살인하며 점치고 우상숭배하고사42:17; 44:9-20; 렘22:9 참조 거짓말하는 행위를 회개하지 않고 습관적으로 행한다면 중생하지 못한 자들이다시101:7; 습3:13; 엡5:5 참조. 다윗은 "악을 행하는 자는 야웨의 성에서 끊어지리로다."라고 선언한 바 있다시101:8. 8절의 악들은 요한계시록 안에서 대부분 나타나는데, 정리하면 다음 도표와 같다.

---

56. Persson, *A Semantic and Structural Analysis*, 235.

악의 종류	구절
두려움	2:10; 6:16-17; 18:15; 21:8(비교. 1:17; 11:11,13)
불신	21:8(비교. 2:13; 14:12)
흉악	16:6; 21:8(비교. 18:5; 21:27)
살인	9:21; 21:8; 22:15(참고. 2:13; 5:9; 6:9,11; 11:5,7,10,13; 12:11; 13:10; 16:3,6; 17:6; 18:24; 20:4)
음행	2:14,20; 9:21; 14:8; 17:1,2,5,15,16; 18:3,9; 19:2; 21:8; 22:15
점술	18:23; 21:8; 22:15
우상숭배	2:14; 9:20; 13:8,12,14-15; 14:11; 16:2; 21:8; 22:15(비교. 19:10; 22:8-9)
거짓말	2:2; 21:8,27(비교. 14:5)

계시록의 1차 독자들은 새 예루살렘성 밖에 있을 자들이 있음을 통하여, 혼합주의와 배교에 빠지지 않도록 주의해야 한다는 경고를 받는다계22:19 참조. 새 예루살렘성 밖에 있는 자들은 음행과 속임 그리고 폭력과 허영으로 대변되는 특성을 지닌 큰 성 음녀 바벨론에 속해 있다. 그러나 어린양의 신부는 자기 신랑과 교제하며 거룩한 정체성에 맞추어 살아야 한다.[57] 하나님께서는 새 창조와 구원의 은혜를 입은 그리스도인들에게 윤리를 요구하신다.[58]

페미니스트 가운데 계시록을 급진적 이념으로 해석하는 경우가 있다. 피핀T. Pippin의 해석에 따르면, 요한은 여성을 음행하도록 유혹하는 인물로 묘사하며, 결국 나체 상태로 불타서 죽을 음녀로 간주하는 여성을 혐오하는 종말론자eschatological misogynist에 지나지 않는다. 피핀은 새 예루살렘성은 정결한 신부로 묘사되는데, 거기에는 여성들의 참여가 배제되고 음녀와 더불어 자신을 더럽히지 않은 남성 144,000명만 들어갈 수 있다고 주장한다계2:22; 14:4 참조. 따라서 피

57. Campbell, "Antithetical Feminine-Urban Imagery and a Tale of Two Women-Cities in the Book of Revelation," 100.

58. 에스겔서의 예배 주제를 암시하는 계시록 21-22장은 하나님을 예배하는 공동체(겔44:15-16,28; 계21:7)와 우상-사탄-바다짐승 숭배자들을 대조하면서(겔44:6-14; 계13:8; 14:9-11; 21:8,27; 22:15), 이기는 자, 즉 시민권자를 우상숭배자, 곧 둘째 사망에 들어갈 비시민권자로부터 분리한다. 이정화, "요한계시록 21-22장의 에스겔서 사용 연구: '성전'과 '예배' 모티브를 중심으로," (Ph.D. 논문, 국제신학대학원대학교, 2020), 130-131, 166-167.

핀에게 있어, 여성이 배제된 새 예루살렘성은 유토피아가 아니며 비극이다.[59] 그러나 구약과 계시록에서 '음녀'는 배교한 백성을 가리키는 은유인데, 당연히 남성도 포함한다. 피핀은 계시록 11장에서 두 증인의 순교는 '고귀한 죽음noble death'으로 묘사된다고 보지만, 계시록 17-18장에서 음녀 바벨론의 죽음은 저주와 심판이며 기쁨의 대상이라고 평가한다계18:20; 19:1-8 참조.[60] 하지만 피핀도 일부 인정하듯이, 두 증인의 시체는 무덤에 장사지내지 못한 채로 거리에 방치되어 썩어지도록 모욕을 당했다계11:9 참조. 사도 요한은 여성을 혐오하지 않으며, 배교와 박해를 일삼는 자들에게 심판이 닥칠 것을 경고한다. 참고로 창세기와 요한계시록의 간본문성은 아래와 같이 요약된다.[61]

창세기	시작	끝	요한계시록
1:1	태초에 하나님이 ……	나는 알파와 오메가, 처음과 끝이다	21:6
1:1	하나님께서 창조하신 첫 하늘과 첫 땅은 죄로 저주를 받음	하나님께서 죄가 없는 신천신지를 창조하심	21:1
1:2	물은 혼돈을 상징함	혼돈의 바다가 없음	21:1
1:3-5	빛이 어둠과 분리됨	빛의 원처이신 하나님 때문에 밤과 자연 빛이 필요 없음	21:23; 22:5
1:26-30	사람은 땅을 다스리는 권세를 받음	하나님의 백성은 주님과 영원히 다스림	20:4,6; 22:5

59. 참고. 마르크스주의와 유물사관을 페미니즘과 결합하는 T. Pippin, "Eros and the End: Reading for Gender in the Apocalypse of John," *Semeia* 59 (1992), 194-196, 200, 205.

60. Pippin, "Eros and the End: Reading for Gender in the Apocalypse of John," 197-198.

61. Duvall, *The Heart of Revelation*, 160-161. 참고로 1187년 10월 3일, 십자군 전쟁 때 예루살렘이 이슬람의 살라딘에 의해 다시 점령되었을 때, 교황 클레멘트 3세는 주교들에게 거룩한 전쟁에 대해 설교하도록 명령했다. 그때 활용된 설교 본문은 "여호와께서 집을 세우지 않으면 세우는 자의 수고가 헛되며"이었는데(시127:1), 그 시편은 징병을 촉구하는 군가와도 같았다. 캔터베리의 대주교 볼드윈은 교황의 명령에 따라 십자군 원정에 동참할 젊은이들을 모집하여, 1190년 3월 6일에 예루살렘을 향해서 떠났다. 그 당시 천주교인은 '여호와께서 세우시는 집'을 실제 예루살렘 도시로 잘못 보았다. 시편 127편 3절 이하에 의하면, 성전은 가족 구성원이다. 그러므로 '집'은 성전, 교회, 가족, 그리고 성도가 행하는 모든 일을 가리킨다.

1:27-28; 2:7,18-25	아담과 하와의 결혼	마지막 아담과 그분의 신부의 결혼	19:7; 21:2,9
3:1-7	뱀이 사람을 속임	사탄과 죄가 심판을 받음	19:11-21; 20:7-10
3:3; 4:6-8; 6:3	죽음이 세상에 들어옴	죽음이 죽음	20:14; 21:4
3:6	죄가 세상에 들어옴	죄가 새 예루살렘에서 추방됨	21:8,27; 22:15
3:6-7; 4:6-8; 6:5	죄인은 하나님을 섬기기를 거부함	하나님을 섬기는 그분의 백성	22:3
3:8; 4:8	공동체의 교제가 파괴됨	참 공동체와 교제를 경험함	21:3,7
3:8-10; 6:5	죄인이 하나님을 버림	새 예루살렘성은 하나님과 어린양을 위해 준비됨	19:7-8; 21:2,9-21
3:8-11	죄인은 하나님의 현존을 부끄러워함	하나님의 백성은 주님의 얼굴을 봄	22:4
3:8-19	인간의 반역의 결과인 죽음	죽음을 무릅쓰고 하나님을 경배하여 영생을 경험함	20:4-6
3:16-17; 6:5-6	죄의 결과인 고통과 눈물	하나님께서 그분의 백성을 위로하셔서 눈물과 고통이 사라짐	21:4
3:16-19	저주 받은 죄인들	구원받은 백성에게서 저주가 사라짐	22:3
3:22-24	죄인은 생명나무의 과실을 먹지 못함	생명나무의 과실을 자유롭게 먹음	22:2,14
3:22-24	죄인은 생명에서 멀어짐	하나님의 백성은 생명책에 녹명됨	20:4-6,15; 21:6,27
3:23	에덴에서 추방	어린양의 혼인잔치로 초청	19:9
3:23-24	죄인은 거룩한 하나님의 현존에서 분리됨	하나님의 백성은 지성소를 경험함	21:15-21
3:23-24	죄인은 동산에서 추방됨	복낙원 같은 신천신지	22:2
3:24	죄인은 하나님의 현존에서 추방됨	하나님께서 그분의 백성 가운데 거하심	21:3,7,22; 22:4
4:10-14	죄인은 떠돌이로 삶	하나님의 백성은 영원한 처소를 받음	21:3
4:11-14	죄인은 떠돌이로 유배됨	하나님께서 그분의 자녀에게 기업을 주심	21:7

5:6,8,14,17, 20,27,31; 6:3	피조계는 늙고 죽음	만유가 갱신됨	21:5
6:5	범죄의 결과는 영적 질병	하나님께서 만국을 치료하심	22:2
6:1-7:24	홍수가 악인을 심판함	생명수가 갈등을 해소함	21:6; 22:1
11:3-9	죄인은 흩어짐	하나님의 백성은 모여서 찬송함	19:6-7
11:8-9	죄인의 언어가 혼잡해짐	다민족으로 구성된 하나님의 백성	21:24,26; 22:2

교훈과 적용

매우 이른 시기부터 종말에 벌어질 사건들에서 이스라엘과 예루살렘은 중심 장소였다. 이런 잘못된 사상이 형성된 두 가지 이유를 든다면, 계시록 21장의 새 예루살렘성에 대한 기대와 구약의 종말론적 순례 주제의 성취에 대한 기대이다. AD 2세기에 순교자 저스틴은 『트리포와의 대화』 80에서, 천년왕국은 새로운 예루살렘의 재건으로 시작된다고 주장했으며, 이레니우스는 이사야 65장 20-25절과 같은 본문을 그리스도에 의해 파멸될 적그리스도가 예루살렘에서 통치하는 것으로 간주했다. 그리고 16-17세기에 영국의 천년왕국자들은 유대인들이 기독교로 개종한 후에 천년왕국이 도래한다고 보았으며, 18세기에 독일과 화란에서도 이런 사상이 퍼졌고, 19-20세기에 영국과 미국을 중심으로 '남겨진 자들Left behind'이라는 세대주의 시나리오가 유행했다.[62] 예루살렘이 땅끝이자 회복될 세상의 중심지라는 오류는 소위 '백 투 예루살렘BTJ' 운동과 무관하다고 볼 수 없다. 이런 현상들과 주장들은 계시록 21장의 새 예루살렘성이 우주적 교회를 가리킨다는 사실을 인지하지 못한 결과이다.

죄와 악의 평범성banality of sin and evil, 세속주의의 확산, 전염병의 세계적 유행, 지구 온난화 및 가열화로 인한 생태계의 파괴 등으로 인해, 미래에 대해 절망하고 냉소하며 운명주의에 빠지지 않도록 주의해야 한다.[63] 동시에 16세기 재세례파 토마스 뮌처나 20세기의 아돌프 히틀러처럼 혁명으로 새 예루살렘성과 새 세상을 건설하려는

62. 이 단락은 De Villiers, "The Dangerous Role of Politics in Modern Millennial Movements," 5-7에서 요약 인용.
63. Stanley, "The New Creation as a People and City in Revelation 21:1-22:5," 25-26.

또 다른 극단도 마땅히 경계해야 한다.[64]

하나님의 가족인 교회는 시련 속에서라도 현재적 신천신지를 이루어 가는 방법을 터득해야 한다. 예수님의 부활로써 잃어버린 낙원은 회복된 낙원으로 변혁되고 있는데요20:15; 계21:5 참조, 교회는 그리스도의 재창조 사역에 동참해야 한다.[65] 이를 위한 한 가지 실천 방법은 미세먼지와 같은 오염이 일상화된 시대에 환경 주일을 지키고 실천하는 것이다. 생태계는 정적인 실체라기보다, 사람의 거주, 직업 창출 및 경제 개발, 그리고 정책 결정에 민감하게 영향을 받는다.[66] 그리고 생태계 속에 사는 사람의 통전적 구원 그리고 환경에 대한 올바른 이해와 실천을 돕기 위해 교회학교와 신학교의 커리큘럼 개선이 필요하다.

새 예루살렘성, 곧 교회는 예수님을 통하여 성령의 권능 안에서 성부의 현존을 누린다. 교회는 세상에 영원한 복음의 유익을 전해야 한다. 이를 위해 교회는 세상의 사적 및 공적 영역에 새로운 변혁을 일으키는 동력을 갖추어야 한다.[67]

2. 어린양의 신부인 새 예루살렘성의 아름다움과 사명(21:9-27)

"9일곱 대접을 가지고 마지막 일곱 재앙을 담은 일곱 천사 중 하나가 나아와서
내게 말하여 이르되 이리 오라 내가 신부 곧 어린양의 아내를 네게 보이리라 하
고 10성령으로 나를 데리고 크고 높은 산으로 올라가 하나님께로부터 하늘에서

---

64. Du Rand, *Die Einde*, 27.

65. K. Innes, "Towards an Ecological Eschatology: Continuity and Discontinuity," *Evangelical Quarterly* 81/2 (2009), 143.

66. 참고. C. S. le Roux, "Environmental Stewardship as a Dimension of a Christian Stewardship Ethic: Views of Seminary Students, Lectures and Ministers," *Koers* 81/2 (2016), 3-4, 13-16.

67. M. H. Pohlmann, "Embracing a Vision of the New Jerusalem (Rv 21:1-22:5) to impact on Life and Society," *In die Skriflig* 49/2 (2015), 5-6. 참고로 칼 바르트는 계시록 21장 2절의 새 예루살렘성의 실제성으로부터 교회의 정치적 책무를 도출했다. 바르트는 교회가 국가 권력을 절대시하지 말고 그 권력이 남용되지 않도록 선지자적 목소리를 내어야 한다고 주장했다. 그러나 바르트의 정치적 해석은 일방적이고 편협한데, 새 예루살렘성은 교회로서 정치 영역은 물론 모든 영역에 그리스도의 주권을 구현해야하기 때문이다. 참고. 박성철, "한국교회 내 기독교 파시즘에 대한 비판적 연구," 316.

내려오는 거룩한 성 예루살렘을 보이니 11하나님의 영광이 있어 그 성의 빛이 지극히 귀한 보석 같고 벽옥과 수정 같이 맑더라 12크고 높은 성곽이 있고 열두 문이 있는데 문에 열두 천사가 있고 그 문들 위에 이름을 썼으니 이스라엘 자손 열두 지파의 이름들이라 13동쪽에 세 문, 북쪽에 세 문, 남쪽에 세 문, 서쪽에 세 문이니 14그 성의 성곽에는 열두 기초석이 있고 그 위에는 어린양의 열두 사도의 열두 이름이 있더라 15내게 말하는 자가 그 성과 그 문들과 성곽을 측량하려고 금 갈대 자를 가졌더라 16그 성은 네모가 반듯하여 길이와 너비가 같은지라. 그 갈대 자로 그 성을 측량하니 만 이천 스다디온이요 길이와 너비와 높이가 같더라 17그 성곽을 측량하매 백사십사 규빗이니 사람의 측량 곧 천사의 측량이라 18그 성곽은 벽옥으로 쌓였고 그 성은 정금인데 맑은 유리 같더라 19그 성의 성곽의 기초석은 각색 보석으로 꾸몄는데 첫째 기초석은 벽옥이요 둘째는 남보석이요 셋째는 옥수요 넷째는 녹보석이요 20다섯째는 홍마노요 여섯째는 홍보석이요 일곱째는 황옥이요 여덟째는 녹옥이요 아홉째는 담황옥이요 열째는 비취옥이요 열한째는 청옥이요 열두째는 자수정이라 21그 열두 문은 열두 진주니 각 문마다 한 개의 진주로 되어 있고 성의 길은 맑은 유리 같은 정금이더라 22성 안에서 내가 성전을 보지 못하였으니 이는 주 하나님 곧 전능하신 이와 및 어린양이 그 성전이심이라 23그 성은 해나 달의 비침이 쓸 데 없으니 이는 하나님의 영광이 비치고 어린양이 그 등불이 되심이라 24만국이 그 빛 가운데로 다니고 땅의 왕들이 자기 영광을 가지고 그리로 들어가리라 25낮에 성문들을 도무지 닫지 아니하리니 거기에는 밤이 없음이라 26사람들이 만국의 영광과 존귀를 가지고 그리로 들어가겠고 27무엇이든지 속된 것이나 가증한 일 또는 거짓말하는 자는 결코 그리로 들어가지 못하되 오직 어린양의 생명책에 기록된 자들만 들어가리라"

두 란드는 계시록 21장 9절-22장 5절이 계시록 21장 1-8절을 설명하는 역할을 수행한다고 다음의 표와 같이 제시한다. 이 사실은 계시록의 결론 부분의 통일성을 보여준다.[68]

---

68. Du Rand, *Die A-Z van Openbaring*, 590.

21:1	거룩한 성	22:1-5
21:2	거룩한 성 예루살렘을 보다	21:9-11
21:3	하나님의 장막인 사람들	21:22; 22:3
21:4	눈물과 사망을 대체하는 영생	22:2
21:6	생수가 부어짐	22:1
21:7	하나님의 소유가 됨	22:4
21:8	새 예루살렘성으로 (못)들어감	21:26; 22:3

계시록 21장 9절-22장 5절은 마치 요한이 새 예루살렘성을 여행하며 보도報道하는 것과 같다. 여기서 천상의 여행 가이드는 천사이다. 계시록 16장에서 일곱 대접 심판을 시행했던 일곱 천사 중 한 명이 나아와서 요한에게 말했다. "이리 오라. 내가 신부 곧 어린양의 아내를 네게 보여주겠다."9절. 9절은 계시록 17장 1절에서 천사가 요한에게 심판받을 음녀를 보여줄 것이라고 말한 것과 병행을 이룬다. 왜 7대접 심판을 시행한 7천사 가운데 한 명이 어린양의 신부를 요한에게 안내하는가? 독자에게 심판과 긴장 그리고 경각심을 불러일으키기 위한 목적이다.[69] 요한은 새 예루살렘성에서 탈락할 수 있는 자들을 염두에 두고, 그 성의 영광과 광채와 안정과 복을 상세히 설명함으로써, 그 안에 머물도록 만든다.

그 천사는 요한을 성령으로 크고 높은 산으로 데리고 올라가서, 하나님께로부터 하늘에서 내려오는 거룩한 성 예루살렘을 보여주었다10절. 계시록 12장에서 광야가 교회의 거처였지만, 이제 더 이상 아니다. 오히려 예수님의 신부는 하늘에 시민권을 둔 거룩한 무리이다.[70]

---

69. Persson, *A Semantic and Structural Analysis*, 237.

70. 계시록은 결혼의 언약 없이는 하나님의 도성에 참여할 수 없다고 설명한다. 이것을 '혼인 교회론(nuptial ecclesiology)'이라 부를 수 있다. Leithart, *Revelation 12-22*, 445. 참고로 독신이었던 사도 바울과 천국을 위해서 미혼으로 남은 경우는 아담과 하와의 혼인에 나타난 하나님의 창조 질서를 거스르는 것인가? 타락 이전의 창조 질서가 신약에서 독신으로 말미암아 무효화되는가? 오히려 신약에서 교회의 참 신랑이신 예수님과 결혼한 그리스도인의 헌신을 높이 사야 한다. 다시 말해, 일부일처의 창조 질서는 참 신랑이신 예수님의 성육으로 신약교회 안에 성취되었지, 창조 질서를 상대화하거나 변개한 것은 아니다.

어린양의 신부인 그 성에 하나님의 영광이 있어 그 성의 빛이 지극히 귀한 보석 같으며, 수정처럼 맑은 벽옥과도 같았다11절; 참고. 출19:5; 사54:12; 61:10. 계시록 4장 3-6절에 의하면, 보좌 위의 성부 하나님께서는 벽옥 같으시고, 보좌 앞에는 수정과 같은 유리 바다가 있었다. 교회는 하나님의 언약 통치를 받는 영광스러운 백성이다. 하나님의 영광이 성도 안에 거하기에, 개별 그리스도인과 공동체는 아름답고 영광스러운 존재이다. 성도가 하나님의 영광과 현존 안에 살면서 하나님의 영광을 드러낸다면, 지금 여기서 부분적이라 할지라도 영화를 맛보고 누릴 수 있다롬8:30 참조. 여기서 '빛 주제'는 하나님과 교회의 영광과 밀접하다. 창세기 1장 3절의 창조된 빛은 이사야 9장 2절, 42장 6절, 49장 6절, 60장 1절과 누가복음 2장 32절, 요한복음 1장 4-5절, 사도행전 13장 47절을 거쳐, 계시록 21장 11, 23절 및 22장 5절에서 교회에게 비치는 성부 하나님과 어린양의 영광의 빛으로 완성된다.[71] 다시 말해, 세상 창조 때의 물리적인 빛은 이방의 빛인 이스라엘 백성의 사명으로 발전했다가, 열방에게 구원의 빛이신 한 분 예수님께 초점화focalization 되고, 마지막으로 그 빛은 구원받은 열방에게 주어진다마5:14 참조.[72] 이런 구원계시의 발전은 하나님의 구원 사역에 있어 남은 자가 아브라함에게서 시작되어 모래처럼 많은 남은 자들로 확대된 후 한 분 예수님에게 축소되었다가 다시 확대되는 흐름과 유사하다.

그 성에 크고 높은 성벽과 12성문이 있었다. 12개의 큰 문에 12천사가 파수꾼 역할을 하며, 문들 위에 이스라엘 12지파의 이름이 적혀 있었다12절; 참고. 겔48:30-34; 11Q19. 구약성경과 유대문헌에 천사는 무장한 군인이나 파수꾼처럼 등장한다

71. C. M. Barrett, "Luke's Contribution to the Light Motif in Scripture as It Relates to the Prophetic Ministry of Christ and His Disciples." *Puritan Reformed Journal* 5/1 (2013), 29-37.

72. 북이스라엘을 침공한 아람 군대 전체가 맹인이 되었다가 시력을 회복한 사건(왕하6:18-20)과 바울의 3일 동안 시력을 상실했다가 보게 된 것(행9:8-9,18)은 악인을 향하여 충만한 자비를 보이신 하나님의 선교를 보여준다. 이제 어둠에서 기이한 빛으로 들어간 교회는 놀라운 환대로써 악인들의 적의를 누그러뜨리면서 선교에 임해야 한다(왕하6:22; 마5:7,9,39-41,44; 벧전2:9). S. Lamb, "Mission of God: Can I kill Them? Can I kill Them?" (고신대학교 선교목회대학원 주관 특강 강의안, 2022년 10월 31일), 6-7.

민22:23; 수5:13; 대상21:16; 이사야 승천기 9:1-4; 3에녹 6:2-3; 출애굽기 라바 18:15 참조.[73] 그리고 동쪽에 3문, 북쪽에 3문, 남쪽에 3문, 서쪽에 3문이 있었다13절. 문법상 '그 문들 위ἐπὶ τοῖς πυλῶσιν'에 12천사와 더불어 12지파의 이름이 있다는 번역도 가능하다. 이와 같은 맥락에서 선지자 이사야는 파수꾼들이 '성벽 옆'이 아니라 '성벽gate-towers 위에ἐπὶ τῶν τειχέων σου' 있다고 설명한다사62:6 참조. AD 60년 중순에 팔레스타인의 예루살렘 성에는 에센문, 어문, 수문, 양문, 황금문, 이렇게 성문은 총 5개였다. 그 무렵 파수꾼이 성문 위에서 파수하거나 성문 곁에서 출입을 통제했다창3:24; 대상23:5 참조. 그런데 새 예루살렘성은 안전하므로 실제로 파수꾼이 필요 없다. 라오디게아 도시는 자신의 후견인 노릇을 했던 도미티아누스 황제에게 바친 문을 포함하여, 여러 개의 문들을 가지고 있었다. 그러나 새 예루살렘성의 12문은 하나님께서 의도하셔서 허락하신 것이다.[74] 성문이 무려 12개나 되므로, 구원의 복음을 받아들이는 동서남북의 만인을 위해서 구원이 개방되어 있음이 강조된다시107:2-3; 눅13:29 참조. 교회는 죄악으로 죽어가는 어두운 세상을 비추는 촛대이다계1:20 참조. 예수님께서 친히 세우신 전도하는 교회를 음부의 문들이 결단코 이기지 못한다마16:18 참조. 그리고 12문에 기록된 12지파의 이름은 구원이 유대인에게서 시작된다는 요한신학에 적절하다요4:22 참조.[75] 하지만 성문이 12개나 되기에 열방은 사방으로부터 자유롭게 접근할 수 있었다.

그 성의 벽에는 12기초석이 있었고, 그 위에 12사도의 12이름이 적혀있었다14절; 참고. 엡2:20. 새 예루살렘성이 하늘에서 내려왔으므로, 요한은 성벽의 12기초석을 아래에서 선명히 바라보았다. 새 예루살렘 교회는 구약 이스라엘의 남은 자를 계승하며, 동시에 사도적 신앙도 계승하는 새 언약 백성이다. 여기서 하나님의 백성을 상징하는 숫자 12δώδεκα가 반복되므로, 장소나 건축물이 아니라 하나

---

73. Aune, *Revelation 17-22*, 1155.

74. Koester, *Revelation*, 814.

75. Gentry, *The Divorce of Israel*, Volume 2, 781.

님의 백성을 가리킨다.[76] 12문에 적힌 12지파의 이름과 12기초석에 기록된 12사도의 이름은 24장로를 연상시킨다계4:4,10 참조. "교회의 근본이 선지자들과 사도의 가르침에 있고 그 가르침이 신자들로 하여금 자신들의 구원을 오직 그리스도께만 맡기도록 명령할진대, 그 가르침을 제거한다면 어찌 교회가 그 건물 자체로만 더 오래 견고하게 존재할 수 있겠는가?"[77] 그런데 12기초석에 기록된 12사도의 이름에 '마귀'라 불린 가룟 유다를 대신하여 맛디아가 포함되는가?마10:4; 요6:70; 행1:26 참조. 아니면 바울이 포함되는가?롬1:1 참조. 요한은 '12사도'를 통해 '사도의 집단적 직무corporate office'를 강조하므로, 여기서 가룟 유다 대신 선발된 맛디아나 사도 바울의 이름을 추론하는 것은 유익하지 않다.[78] 새 예루살렘성은 새 창조의 은혜를 입은 어린양의 신부를 가리키므로 12문과 12기초석에 12지파와 12사도의 이름이 기록되었다. 이 사실은 요한 당시에 성을 건축하는 데 도움을 준 후견인들의 이름을 새기는 관습과 다르며, 새 예루살렘성의 구조는 로마제국의 권세를 홍보하지 않고 대신 어린양의 새 창조의 능력을 반영한다계21:5 참조.[79]

요한에게 말하던 그 천사는 성과 성문들과 성벽을 측량하고 금 갈대 자를 가지고 있었다15절; 참고. 겔40:3; 계11:1. 갈대 자가 귀한 금으로 제작된 것은 18절의 성벽의 재료인 정금과 21절의 정금 길을 연상시킨다. 그 성은 네모반듯하여, 길이와 너비와 높이가 같았는데, 똑같이 12,000스타디온이었다16절; 참고. 왕상6:20; 겔41:4; 48:16. 1스타디오스στάδιος는 약 195미터이다요6:19 참조. 12,000스타디온은 교회의 숫자 12와 많음을 상징하는 1,000을 곱한 것이다. 하나님의 자녀인 지상의 교회는 장광고長廣高가 같은 마치 거대한 지성소처럼 하나님의 강한 임재와 현

---

76. Tavo, *Woman, Mother, and Bride*, 324. 참고로 바벨론 왕 느부갓네살에게 사로잡혀 갔던 자들 중에 놓임을 받고 예루살렘과 유다에 귀환하여 자신들의 성읍에 정착한 사람들은 12명으로 대표된다(느7:7; 참고. 스2:2의 '나하마니'가 빠진 11명 명단).
77. Calvin, 『1559년 라틴어 최종판 직역 기독교강요. 제4권』, 93.
78. Gentry, *The Divorce of Israel*, Volume 2, 784.
79. C. R. Koester, "Revelation's Vision of New Jerusalem: God's Life-Giving Reign for the World," *Word & World* 40/2 (2020), 114-118.

존을 공동체적으로 누려야 한다.[80] 이처럼 그리스도인이 하나님과 친밀한 교제를 누릴 수 있다는 사실은 계시록의 1차 독자들에게 큰 위로가 되었다. 구약에서 12,000명은 군대를 가리킨 경우가 있기에, 새 예루렘성은 그리스도의 용사들이라는 점도 기억할 필요가 있다삼하17:1 참조. 새 예루살렘성의 장광고는 12,000스타디온인데, 문자적으로 계산하면 약 2,200㎞이다. 흥미롭게도 이 면적은 요한 당시의 로마제국을 다 포함할 수 있다. 또 한 가지 흥미로운 점은 새 예루살렘성의 재료에 대리석이 빠진 것이다. 로마제국의 건축물을 위해 중요 재료는 대리석이었다. 그리고 새 예루살렘성에는 하나님을 위한 공간이 없을 뿐 아니라, 사람의 거주지도 명시되어 있지 않다. 대신 하나님 스스로 그리고 어린양의 신부 자신이 공간처럼 소개된다.[81] 소아시아 7교회는 장광고가 동일한 지성소와 같은 성령의 전들이다. 로마 황제나 유대인의 왕이 성령의 성전인 신앙공동체를 건축하는 일을 방해한다면, 하나님의 진노가 그들에게 임한다스7:23 참조.

성벽을 측량하니 144규빗πῆχυς이니, 사람의 치수인데 천사도 그것을 사용한다17절. 그런데 약 44.36㎝에 해당하는 '규빗'을 천사도 사용한다는 의미는 무엇인가? 계시록에서 천사들이 중요한 역할을 수행하는 천상의 환상은 사람들이 사는 지상의 장면과 이미지로 묘사된다.[82] 이점을 염두에 두고 요한은 사람이 활용하는 규빗의 치수와 천사의 규빗이 동일하다고 설명한다. 이보다 더 중요한 사항은 숫자 '144ἑκατὸν τεσσεράκοντα τεσσάρων'가 교회의 숫자 12를 곱한 합이라는 점이다. 고대 근동에서 성벽은 도시 안팎을 구분하는데, 안은 도시민들이 거주하는 공간이며 바깥은 도시민을 위협하는 세력이 자리 잡았다. 따라서 고대

---

80. Gentry, *The Divorce of Israel*, Volume 2, 785-786; Carson, *NIV Biblical Theology Study Bible*, 2312; Koester, *Revelation*, 816; Beale, 『요한계시록. 하권』, 1795. Contra 새 예루살렘성을 어린양의 신부가 드리는 예배의 처소로 보면서 계시록 21장 16절이 그 처소의 실제 크기라고 해석하는 정지로, "요한계시록의 예배에 관한 주석적 연구," (Ph.D. 논문, 호서대학교, 2013), 191, 200 그리고 예수님의 재림 때에 지상에 이루어질 성도의 영원한 안식처로 보는 김요셉, "요한계시록의 어린양에 나타난 공간적 이미지," (Ph.D. 논문, 호서대학교, 2013), 245.

81. Gruber, "Urban Living Spaces for All Peoples," 32.

82. Beale, 『요한계시록. 하권』, 1789.

근동의 성문과 더불어 성벽은 바깥의 위험 요소를 차단했다.[83] 하지만 17절의 144규빗 높이의 성벽을 12,000스타디온 높이의 성 자체와 비교해 볼 때, 그것은 방어용이라기보다 안팎을 구분하는 용도로 보아야 한다.[84] 이런 이유로 요한은 '스타디온'과 '규빗'이라는 상이한 두 가지 측량 단위를 사용한다. 바울처럼 요한도 그리스도인의 정체성을 종말론적 성전으로 이해한다고전3:16-17; 엡2:22 참조. 교회는 성령님의 능력으로 하나님의 특별한 현존을 세상에 드러내어야 하는데, 그리스도인이 불신자와 구분된 거룩한 행실을 갖춘다면 하나님을 비추는 거울이자 주님의 살아 있는 메시지가 될 것이다.[85] 계시록 21장 9-21b절은 15-17절의 성의 측량을 중심으로 하여 아래와 같은 교차대칭구조를 보인다.[86]

A 수정처럼 빛난 벽옥과 같은 하나님의 영광이 있는 신부(9-11절)

B 12지파의 이름이 있는 12문(12-13절)

C 12사도의 이름이 있는 12기초돌(14절)

D 성의 측량(15-17절)

C′ 12기초돌(18-20절)

B′ 진주 12문(21a절)

A′ 맑은 유리 같은 정금 길(21b절)

새 예루살렘성의 안과 밖을 구분하는 성벽은 벽옥이었고, 성은 맑은 유리 같은 순금과 같았다18절. 성곽이 벽옥 재질로 되어 있으므로, 그리스도인에게 계시록 4장 3절의 벽옥과 같은 성부 하나님의 영광이 머문다. 순금 유리와 같은 그리스도인의 삶은 하나님의 영광을 왜곡하지 않고 그대로 그리고 완벽하게 비

83. 서재덕, "도시와 성전," 28.

84. Contra Greijdanus, *De Openbaring des Heeren aan Johannes*, 426.

85. P. Maré, "Die Metafoor 'Julle is die Tempel van God' as 'n Etiese Kernmoment in 'n Postmoderne Leefwêreld," *In die Skriflig* 49/2 (2015), 5-7.

86. Leithart, *Revelation 12-22*, 368.

춘다. 성벽의 12기초석基礎石은 온갖 보석이었는데, 첫째는 벽옥, 둘째는 청옥σάπφιρος, 셋째는 옥수, 넷째는 녹보석19절, 다섯째는 홍마노, 여섯째는 홍옥계4:3의 홍보석 참조, 일곱째는 황옥, 여덟째는 녹옥, 아홉째는 담황옥, 열째는 비취옥, 열한째는 자옥ὑάκινθος, hyacinth,[87] 열두 번째는 자수정이었다20절. 20절의 새 예루살렘성의 열한 번째 기초석은 '자옥紫玉; ὑάκινθος'으로 번역이 가능하다. 만약 ὑάκινθος휘아킨쏘스, hyacinth을 빨간색이 제외된 '청옥靑玉'으로만 번역하면 둘째 기초석인 '남보석사파이어, σάπφιρος'과 혼동할 수 있다출25:4 참조.[88] 그리고 사파이어를 대개 '청옥'이라 번역한다. 사도 요한은 보석 이미지로 새 예루살렘성, 곧 예수님의 신부는 하나님의 영광, 곧 그분의 통치와 임재 안에 살아야 함을 교훈한다출28:17-20; 39:8-14 참조.[89]

19-20절의 12기초석에 대한 젠트리의 다음 설명은 유용하다. "돌 목록은 구약에 몇 군데 나타난다. 에덴창2:12; 겔28:13, 대제사장의 흉패출28:17-19, 그리고 결혼 이미지사49:18; 54:1,5-7,12; 61:10; 겔16:8-13,17. 위의 용례들은 요한이 사용한 에덴계22:1-2, 대제사장/성전의 영광계21:3b,16,22 그리고 혼인계21:2c,9c 상징에 적절히 연결된다사54:1,6-8,11-12 참조."[90] 12기초석 중 9개는 대제사장 아론의 가슴판을 장식한 보석들과 일치하며, 유대묵시문헌에서 종말론적 하나님 나라를 장식하는 보석은 회복된 성전을 가리키기도 한다출28:17-20; 시빌린신탁 3:657-668 참조.[91] 그리고 12성문은 12진주로 만들어졌는데, 각 문은 진주 하나로 되어 있고, 성의 길은 맑은 유리 같은 순금이었다21절. 솔로몬의 성전 바닥이 금이었듯이왕상6:30 참조, 새 예루살렘성의 길은 유리 같은 정금이다. 이 순금 길은 두 증인의 시체가 방치되었던 큰 성길과 전혀 다르다계11:8-10 참조. 그리고 새 예루살렘성의 영구한 아름다움은 큰 성

---

87. 한글개역개정과 바른성경은 둘째 기초석을 '남보석'으로, 그리고 열한째를 '청옥'이라 번역한다.
88. 참고. Montanari, *The Brill Dictionary of Ancient Greek*, 2173.
89. Ford, *Revelation*, 342; Beale, 『요한계시록. 하권』, 1800.
90. Gentry, *The Divorce of Israel*, Volume 2, 789.
91. Royalty Jr., *The Streets of Heaven*, 77-78.

음녀 바벨론이 잃어버린 사치품과 대조된다계17:4; 18:16 참조.[92]

새 예루살렘성을 장식하는 다양한 보석들은 귀하고 아름답다출19:5의 "특별한 소유" 참조. 그리고 보석은 견고하다. 따라서 계시록의 1차 독자들은 아름다우신 하나님의 존귀하고도 견고한 공동체를 만들어가도록 소망하며 힘써야 했다. 동시에 소아시아에서 박해받던 공동체에게 값비싼 보석 이미지로 나타난 새 예루살렘성은 큰 보상이 되었을 것이다.

요한은 성 안에 성전을 보지 못했는데, 주 하나님, 곧 전능하신 분과 어린양께서 그 성의 성전이시기 때문이다22절. 요한은 성부와 어린양께서 두 성전이 아니라 하나의 성전*ναός*이라고 설명한다. 이것은 삼위일체에 대한 하나의 증거이다. 사도 요한은 요한복음에서도 예수님께서 종말의 참 성전이심을 강조한 바 있다요2:21 참조. 요한복음의 예루살렘 성전 청결 사건을 통해 "하나님은 구약의 선지자들을 통해 하신 약속을 예수님의 죽음과 부활을 통해서 지키셨고, 예수님은 새롭고 더 나은 유월절 어린양으로서, 물리적인 성전의 파괴보다 더 끔찍한 성전의 파괴인 자신의 죽음과 사흘째 되던 날에 물리적인 성전의 재건보다 더 감동적인 성전의 재건을 이루신 부활을 통해서 새롭고 더 나은 출애굽을 성취하셨다."[93] 하늘 성전의 지상 모형은 예루살렘 돌 성전이었다히8:5; 9:23-24 참조. 교육을 위한 비유적 기능을 수행한 돌 성전의 기능은 성부 하나님의 참된 현존이시며 종말론적 참 성전이신 임마누엘 예수님에 의해 성취되고 대체되었다히9:9 참조.[94] 참고로 쿰란문서는 불의하고 사악한 제사장들의 거점으로 전락한 예루살렘 성전의 파괴 이후, 벨리알 그리고 깃딤Kittim과 같은 이방 나라들과 싸워 이길 빛의 아들들을 위하여 광야에 새롭고 견고한 성전이 회복될 것을 예고했다1QS 8:5; 9:6; 1Q 177 4:14-16; 4Q 554 참조.[95] 따라서 쿰란공동체에게 하늘이 아니라 지상

92. Carson, *NIV Biblical Theology Study Bible*, 2312.

93. J. M. Hamilton Jr., 『요한복음. ESV 성경 해설 주석』, *John*, 박문재 역 (서울: 국제제자훈련원, 2021), 110.

94. A. B. Caneday, "God's Parabolic Design for Israel's Tabernacle: A Cluster of Earthly Shadows of Heavenly Realities," *SBJT* 24/1 (2020), 118.

95. Martínez, "New Jerusalem at Qumran and in the New Testament," 285-287.

에 회복될 성전은 종말론적 기대에 있어 매우 중요했다. 하지만 그 지상 성전의 회복은 자신들만을 위한 배타적 특성을 띠므로, 요한이 설명하는 우주적 공동체와는 다르다.

고대 근동의 도시에서 성벽 안의 공간 중에 신전, 곧 도시의 수호신이 사는 궁전이 가장 중요했다. 하지만 새 예루살렘성에는 물리적 신전이나 성전을 필요치 않는다. 왜냐하면 계시록 21장 3절을 설명하는 22절에 따르면, 하나님의 영광스런 현존이 돌 성전과 비교할 수 없을 정도로 그분의 백성 가운데 충만할 것이기 때문이다. 성육하신 예수님께서 그리스도인들에게 장막을 치셔서 그들의 목자로서 인도하시는데, 성령님께서 그들 속에 거하시기 때문이다겔37:27; 요1:14; 계7:15 참조.[96] 하나님의 임재와 영광이 그분의 백성 중에 머무른다는 사실은 출애굽한 이스라엘 백성이 거주하는 땅은 하나님께서 거주하시는 거룩한 땅이라는 사실에 이미 나타났다민35:34 참조. 구약에서 가나안 땅과 회막 그리고 돌 성전과 같은 물리적인 공간이 하나님과 그분의 백성이 연합되어 있음을 가리켰다면, 신약에서는 하나님과 신앙의 공동체의 인격적 연합에 방점이 있다.

> 이전에는 지성소와 천상 성전에 계셨던 하나님의 영광의 현현이 이제는 성부 하나님과 어린양이 자신의 영광스런 현현으로 모든 새 창조를 채우신다. 이것은 왜 새 예루살렘성이 이전 이스라엘 성전의 지성소와 같이 정 육방체로 묘사되었는지, 그리고 지금은 하나님의 영광스런 현현이 이전에 돌 성전의 성소 뒤에 있는 지성소에 제한되었다가 완전히 새로운 세상에 충만하게 밖으로 나와서 채워졌는가를 보여주는 이유이다.[97]

새 예루살렘성은 해와 달이 비췰 필요가 없었는데, 하나님의 영광스러운 현존이 빛이 되고 어린양께서 등불이 되시기 때문이다23절; 참고. 사60:19; 겔43:2; 계22:5.

---

96. Carson, *NIV Biblical Theology Study Bible*, 2312.

97. Beale and McDonough, "요한계시록," 663.

이제 고난당하신 어린양suffering Lamb께서 끌 수 없는 등불unquenchable lamp이시다.[98] 빛이신 하나님께서는 의인을 위하여 빛과 기쁨을 뿌려주신다시97:11 참조. 23절을 갱신된 지구 위에 물리적인 해와 달이 없다는 의미로 볼 필요는 없다. 나라들이 그 성의 빛을 받아 걸어 다닐 것이며, 땅의 왕들이 자신의 영광을 가지고 그 안으로 들어갈 것이다24절; 참고. 신20:14; 21:10-13; 23:7-8; 시138:4-5; 사60:4-11. 한때 음녀 바벨론과 더불어 음행한 '땅의 임금들οἱ βασιλεῖς τῆς γῆς'은 백마 타신 예수님과 그리스도의 군사들에 의해 패배를 당한 바 있다계19:19,21 참조. 하지만 이제 그들은 새 예루살렘성 안으로 들어온다. 따라서 패배당한 자들이 예수님의 신부가 되는 것은 일종의 아이러니이다. 이런 아이러니 기법을 통해 요한은 '남은 자들에 속한 열방'이 예루살렘을 향해 종말론적으로 순례할 것이라는 구약의 중요한 선교적 주제가 신약의 선교적 교회를 통해 성취될 것으로 설명한다사2:5; 60:3; 렘3:17; 16:19; 슥8:20-23; 14:16; 계15:4; 토빗 13:11; 솔로몬의 송가 17:31 참조.[99] 구약의 예루살렘을 향한 종말론적 순례eschatological pilgrimage에 대한 언약-선교적 이해는 두 란드의 다음 설명에 잘 드러난다.

> 솔로몬의 통치 동안, 아브라함과 다윗의 언약 가운데 많은 내용이 성취되었다. 약속의 땅 대부분이 이스라엘에게 속했고 백성의 수는 셀 수 없었다(왕상 4:20). 솔로몬은 정치적 안정을 누렸고 성전도 건축했다(왕상5:4-5; 참고. 신12:5-11). 하나님께서 그분의 백성과 함께 하신 종말론적 여정에 있어서 감격스런 순간은 하나님의 집이 구름으로 가득한 때였다(왕상8:10). 하나님께서 거하신 예루살렘(시온)은 온 세상의 중심지가 되었는데, 거기에 구원받은 이스라엘 백

98. 참고. Kotrosits, "Seeing is Feeling," 502.

99. Pohlmann, "The Influence of the Weltanschauung on the Theological Thrust of the Apocalypse of John," 231; Koester, *Revelation*, 832; Chung, "The Function of Revelation 1:7 to the Mission to the Nations Motif in the Book of Revelation," 95. 참고로 새 예루살렘성은 택함을 받은 만국민을 위한 도착 도시(arrival city)이므로, 현대의 해외 난민에 대한 환대의 정신을 교훈한다는 주장은 Gruber, "Urban Living Spaces for All Peoples," 32를 보라.

성이 거주할 뿐 아니라 열방이 순례온다. …… 스바 여왕의 예루살렘 방문은 선지자들이 종종 예언한 열방의 예루살렘 순례를 위한 모델이 되었다(사2:2-4; 60-62). 스바 여왕처럼 열방도 예루살렘으로 와서 하나님의 온 세상적 질서가 담긴 지혜와 토라를 찾아야 한다.[100]

계시록에 명사 '긍휼ἔλεος'은 등장하지 않지만, 하나님의 긍휼이야말로 심판의 대상을 구원하시는 원동력이다창40:14 참조.[101] 계시록에 하나님을 거역하다 심판을 받은 자들이 회개할 것이라는 언급은 거의 나타나지 않는다계11:13 참조. 따라서 만국의 회복은 철저히 구원의 은혜를 베푸시는 하나님의 주권적인 사역임을 알 수 있다. 그리고 한때 심판을 받은 자들이 마침내 구원받는다는 사실은 하나님의 사랑 안에는 그분의 정의 실현이 포함됨을 가르쳐 준다.[102] 요약하면, 하나님의 구원 작정에 따라서 그리스도인의 빛 된 행실을 본 만국인 가운데 남은 자들만 구원의 은혜를 입을 것이다대하31:20; 엡5:9 참조.

그런데 24절의 "만국"은 새 예루살렘성 안에 영원히 머물 거주민이 아니라 일시 방문자들이라는 주장이 있다. 이런 주장의 근거는 다음과 같다. 회개한 죄인들인 만국에게 상을 주신다는 언급이 없으며, 만국은 계시록 22장 2절에서 생명나무의 '잎들'로 불리므로 완전한 시민권을 가지고 있지 않으며, 방문자인 만국과 달리 계시록 22장 3-4절은 영원한 거주자들인 하나님의 종들을 묘사한다. 따라서 새 예루살렘성에는 두 부류의 사람들이 있다.[103] 위의 주장은 기발하지만, 다음의 이유들로 인해 계시록 자체의 설명으로부터 지지받지 못한다. 첫

---

100. Du Rand, *Die Einde*, 66-67.

101. A. Spatafora, "Judgment or Mercy in the Apocalypse of John?" *Theoforum* 47 (2016/2017), 240; Montanari, *The Brill Dictionary of Ancient Greek*, 659.

102. 계시록 21장 24-26절에서 만인구원설을 찾는 경우는 Gundry and Sprinkle (ed), 『지옥 논쟁: 지옥에 관한 네 가지 성경적·신학적 견해』, 189를 보라.

103. 한철흠, "God's Peoples in the New Jerusalem: Revelation 21:3 Reconsidered," 『장신논단』 50/4 (2018), 18-21.

째, 요한은 성 안에 들어가는 사람과 성 밖에 있는 사람을 대조하지, 일시 방문자와 영구적인 거주민을 구분하지 않는다. 둘째, 계시록 22장 2절의 생명나무의 잎들은 만국과 동일하지 않고, 만국을 치유하는 재료이다. 따라서 영생으로 치유 받은 만국은 예수님의 신부이다. 셋째, 계시록 21장 24-26절에서 만국이 상을 받는다는 언급이 없는 것은 사실이지만, 그들의 진정한 상은 구원의 삼위 하나님 자신이시다계21:3; 22:3 참조. 넷째, 만국은 계시록 7장 9절의 "셀 수 없이 많은 무리"가 각 나라와 족속과 백성과 방언에서 나온 것과 다를 바 없다. 여기서 놓치지 말아야 할 사항이 하나 더 있다. 남 유다 왕들 중 가장 악한 자 중 하나인 아하스가 성전을 더럽히고 제사를 멸시한 후, 그의 아들 히스기야가 예루살렘 성전을 정화했다. 히스기야는 유월절을 지키라고 보발꾼들을 보내 모든 지파에게 알렸는데, 일부는 조롱했지만 스스로 겸손한 마음으로 예루살렘으로 순례 와서 절기를 지킨 사람들이 있었다대하30:10-11 참조. 이것은 이스라엘 백성 가운데 종말론적 순례 주제가 성취된 것이다. 이방인들이 예루살렘으로 순례 와서 하나님을 예배하는 것 못지않게, 이방인화 되어버린 이스라엘 백성이 주님께로 돌아오는 것도 중요하다. 요한 당시의 소아시아의 불신 유대인들도 새 예루살렘성 안으로 들어와야 했다.

계시록에서 새 예루살렘성은 장소가 아니라 교회를 가리키는데, 재림 이전까지 교회 안으로 들어와야 할 사람들이 많다. 12성문이 '낮' 동안이 아니라 '하루 종일ἡμέρα' 결코 닫히지 않는 이유는 밤이 없기 때문이다25절; 참고. 사60:11; 슥14:7. 신약교회는 세상의 빛이요 빛의 자녀이다마5:13; 살전5:5 참조. 따라서 이런 교회가 수행하는 전도는 아브라함 언약의 성취로서, 세상이 하나님 나라로 변하여 신약교회는 모래와 별들처럼 많아져야 한다.[104] 무엇보다 전도는 주님의 신부들이 빛의 자녀답게 삶으로써 가능하다엡5:8-9 참조. 이 사실을 다윗은 "주님께서 말씀

---

104. Chung, "The Function of Revelation 1:7 to the Mission to the Nations Motif in the Book of Revelation," 92.

을 주시니 소식을 공포하는 여자들은 큰 무리라 여러 군대의 왕들이 도망하고 도망하니 집에 있던 여자들도 탈취물을 나누도다."라고 선언했다시68:11-12. 교회를 가리키는 여자들이 열방으로부터 얻은 탈취물, 즉 복음의 열매를 나눈다. 여기서 주목해야 할 다른 구약 간본문이 있다. 히스기야 왕이 절기와 성전을 개혁한 것은 하나님께서 보시기에 선하고 올바르며 진실한 일이었다대하31:20 참조. 히스기야가 남 유다는 물론 북 이스라엘 사람들을 위해서 예배를 회복한 업적은 에베소서 5장 9절의 빛의 세 가지 열매인 선함, 의로움, 그리고 진실함과 정확하게 일치한다대하30:10-11,26 참조.[105] 이런 간본문성을 통하여, 예수님의 신부는 교회당 안과 세상에서 빛의 열매들을 맺어야 하는데, 중요 수단은 다름 아니라 예배적 삶이라는 사실을 알 수 있다.

그레코-로마 세계의 문화적 가치관에 따르면, 명예로운 신부와 어머니와 여성의 활동 영역은 가정이지 공적 영역은 아니었다.[106] 하지만 어린양의 신부는 역동적으로 공적 영역에서 선교를 위해 활동한다. 그분의 신부들에게 천국 복음을 주신 예수님의 눈에는 그런 활동이 참 명예이다. 계시록 21장 24-27절은 25b절의 밤이 없음을 중심으로 하여, 아래와 같이 교차대칭구조를 보인다.[107]

A 만국이 어린양의 빛 가운데 다님(24a절)
B 왕들이 자신의 영광을 가지고 성으로 들어감(24b절)
C 낮(25a절)
D 밤이 없음(25b절)
C′ 성문들이 닫히지 않음(25c절)
B′ 사람들이 만국의 영광을 가지고 성으로 들어감(26절)
A′ 속된 것은 들어가지 못함(27절)

---

105. 히스기야가 남 유다와 북 이스라엘을 유월절 준수로써 통합시킨 것은 남한과 북한이 하나님을 믿음으로써 진정한 통일을 이룰 수 있음을 교훈한다.

106. Räpple, *The Metaphor of the City in the Apocalypse of John*, 196.

107. Leithart, *Revelation 12-22*, 387.

어린양의 신부가 빛의 자녀들이라는 사실은 구약 간본문과 쿰란문서를 통해서도 확인된다암5:18; 1QM 1:1-11; 4Q 266 참조. 사도 바울처럼 요한도 구약과 쿰란문서에 나타난 빛과 어둠의 대조를 잘 알고 있었을 것이며, 그리스도인 공동체가 어둠과 싸우는 빛의 자녀로서 올바른 정체성을 확립하고 도덕적 가치를 따라 살아야 함을 제시한다요일2:8-9 참조.[108]

사람들은 나라들의 영광과 존귀를 가지고 그 성안으로 들어올 것이다26절. 새 예루살렘성에서 인종이나 민족의 경계는 허물어진다. 마치 구약의 도피성에 이스라엘 자손을 비롯하여, 타국인과 이스라엘 중에 거류하는 자들이 피신할 수 있었던 것과 같다민35:15 참조. 26절은 전도를 통한 회심을 가르치지, 모든 사람이 예외 없이 구원받는다는 만인구원론을 가르치지 않는다롬11:32 참조.[109] 따라서 그리스도인은 개종할 만국 백성을 기대하면서, 전도의 열정을 갖추어야 한다. 이를 위해 열방의 빛이자 제사장 나라인 교회는 선교를 위해 천국 열쇠들을 지혜롭게 활용해야 한다마16:19; 계1:3; 10:11; 22:7 참조. 26절의 간본문은 시편 2편을 메시아적으로 해석한 솔로몬의 시편 17장 31절과 이사야 60장 4-5절인데, 두 본문은 이스라엘 아들과 딸의 귀환과 예루살렘 안으로 가지고 올 선물을 강조한다슥14:16 참조.[110] 사족을 달면, 새 예루살렘성의 12문이 항상 개방되어 있다고 해서, 그 안의 사람들이 바깥으로 나가서 신부공동체를 이탈한다고 볼 이유는 없다. 24-27절은 하나님께서 시행하시는 심판이 선교를 위한 수단임을 잘 보여준다. 이 사실은 스가랴 14장에도 나타난다. 하나님께서 예루살렘을 침략한 이방 나라들에게 재앙을 내리시며, 애굽인들과 같이 이방인들이 하나님의 백성과 더

---

108. 이기운, "데살로니가전서 5장 1-11절에 나타난 '빛의 자녀'의 의미 고찰: 아모스 5장 18-20절과 쿰란 문서에 비추어서," 『신약연구』 18/2 (2019), 172-173.

109. Contra 김철손, 『요한계시록』, 378. 참고로 *Totus Christus*를 '편재하시는 그리스도'보다 '전체 그리스도(the whole Christ)'라고 이해한다면, 그것은 교회의 머리이신 예수님께서 성령님을 통하여 그분의 몸 된 성도를 그분께로 이끌어 모으시는 온 교회적인(whole church) 기독론 호칭이다. 참고. Leithart, *Revelation 12-22*, 19.

110. Baines, "The Identity and Fate of the Kings of the Earth in the Book of Revelation," 86.

불어 초막절을 지키러 예루살렘으로 올라오지 않으면 비를 내리시지 않는다슥14:12,17-18. 이처럼 하나님께서 이방인들을 언약적 저주를 내리시고 심판하시는 이유는 이방의 남은 자들이 경건한 예배자가 되도록 만드시기 위함이다. 이런 차원에서 하나님의 심판은 그 자체가 목적이 아니라 이방인이 회심하여 하나님을 예배하도록 돕는 도구이다계11:13 참조.[111] 요약하면, 심판을 통하여 구원과 예배가 이루어지는 그 장소와 그 때에 하나님께서 영광을 받으신다.

그러나 부정한 것이나 가증한 짓과 거짓을 일삼는 자들은 결코 그 안으로 들어갈 수 없고, 다만 어린양의 생명책에 녹명된 이들만 들어갈 것이다27절; 참고. 레11:5; 18:2; 민19:11-13; 계3:5; 21:8. 물론 사람이 살아 있는 동안 복음을 받아들여야만 새 예루살렘성 안으로 들어갈 수 있기에 사후에는 입성의 기회가 없다.[112] 그러나 부정, 가증, 그리고 거짓으로 더럽혀진 옷을 입은 자들이 어린양의 피로써 세탁한다면, 그들도 거룩한 성 안으로 들어갈 수 있다계7:14; 22:14 참조. 새 예루살렘성 안으로 들어오지 못하는 자들의 목록은 구약 '성소' 혹은 '성전 구내'에 들어오지 못할 자를 언급하는 구절을 암시한다민19:13,20; 대하23:19; 29:16 참조. 요한은 27절에서 명예와 수치 그리고 정결과 부정不淨의 대조와 경계선을 분명히 제시한다.[113] 속되고 혐오스럽고 거짓을 행한 자들은 영원한 수치와 부정에 빠지는데, 부정이야말로 수치의 원인이다. 새 예루살렘성은 어린양의 신부로서 이상적인 교회, 즉 명예로운 공동체를 상징한다. 그렇다면 사도행전 전반부의 이상적인 교회와 같은 초기 예루살렘교회를 간본문으로 삼아 비교하는 것은 자연스럽다. 성령 충만했던 예루살렘교회에 예배, 사도의 가르침, 교제, 기쁨, 기적을 일으키

---

111. M. J. Boda, *Haggai, Zechariah* (Grand Rapids: Zondervan, 2004), 532.

112. 계시록 21장 27절은 2마카비 12장 43-45절과 마태복음 12장 32절 그리고 고린도전서 3장 12-15절 등과 더불어 1439년 플로렌스 공의회에서 확정된 천주교의 연옥(煉獄) 교리를 위한 근거 구절로 활용되었다. 하지만 연옥 교리는 구원이 하나님이 아니라 인간의 행위에 달려있으며, 그리스도의 완전한 속죄 사역을 무효화하고, 죽음 이후에도 지속되는 예수님과의 연합의 은혜를 무시한다. 참고. Venema, 『개혁주의 종말론 탐구』, 99-105.

113. Stanley, "The New Creation as a People and City in Revelation 21:1-22:5," 30.

시는 하나님의 능력, 칭송받는 선교적 공동체, 은혜, 숫자적인 부흥, 그리고 자발적 헌신이 넘쳤다행2:42-47; 4:32-35 참조. 유사하게 새 예루살렘성 교회는 사도적 신앙, 전도를 통해 열두 문으로 들어오는 열방이 넘쳐남, 어둠이 없는 빛의 행실, 하나님의 영광과 현존의 빛, 그리고 성령의 전인 성도 안에 성령의 생수가 넘실거린다.

아래의 도표는 에스겔이 본 새 성전 환상겔40-48장과 요한이 본 어린양의 신부 환상계21:9-22:5의 간본문성을 요약한 것이다. 하나님의 새 창조가 예루살렘성과 같은 특정 장소나 유대인 민족이나 인종에 국한되지 않고, 어린양께서 구속하셔서 그분의 신부로 삼으신 우주적인 교회의 도래로 완성됨을 잘 보여준다.[114]

에스겔 40-48장	계시록 21장 9절-22장 5절
높은 산(40:2)	높은 산(21:10)
하나님의 영광(43:2-5)	하나님의 영광(21:11)
12성문과 12지파의 이름(48:30-34)	12성문과 12지파의 이름(21:12-13)
측량 막대기(40:3,5-6)	측량 막대기(21:15)
길이와 너비(48:8-13)	길이와 너비(21:16)
성벽 측량(40:5; 41:5)	성벽 측량(21:17)
하나님의 영광이 빛남(43:2)	하나님의 영광이 빛남(21:23)
강이 흐름(47:1,9)	강이 흐름(22:1-2a)
강 양편의 나무가 매달 결실하고 잎은 치료함(47:12)	강 양편의 나무가 매달 결실하고 잎은 치료함(22:2b)

에스겔은 신약교회의 출현을 상징적으로 예고했다면, 요한은 에스겔 40-48장을 기반으로 하여 영광스럽게 완성될 신약교회를 묘사한다. 따라서 계시록은 황제 제의에 있어 중요한 요소였던 고대 그레코-로마의 비극tragedy과 다르다.[115]

114. Stewart, "The Future of Israel, Early Christian Hermeneutics, and the Apocalypse of John," 572-574.
115. 참고. Voortman, "The Language of the Theatre in the Apocalypse of John," 11.

교훈과 적용

예수님의 신부, 곧 영광스런 주님의 백성인 새 예루살렘성으로 거룩하게 살자살전4:3 참조.[116] 이를 위해 예수님을 신랑으로 모신 언약의 백성은 두려움과 불신과 거짓과 우상숭배를 버려야 한다. 그리스도인은 제자도를 실천하기 위해 사회적 책무를 잊지 말아야 하는데, 부패하여 어두워진 사회와 문화 속에서 사회적 방부제social preservatives와 죄악의 어둠을 드러내고 몰아내는 빛으로서 최대치의 역할을 해야 한다.[117]

구약 선지자들은 가짜 저울과 같은 부정한 방법으로 부를 축적하는 악덕 상인들이 사라질 것을 예언했다호12:7; 습1:11; 슥14:21 참조. 새 예루살렘성 안으로 영광과 존귀를 가지고 가는 그리스도인 사업가나 상인은 손님을 속이지 않고 정직한 상거래 문화를 만들어야 한다.[118]

새 예루살렘성에 하나님의 아름다운 현존이 있다. 아름다움의 근원이자 궁극적 아름다움인 하나님께서 세상을 아름답게 창조하셨다. 아담 부부의 범죄로 세상은 추하게 되었고, 아름다움은 하나님과 무관하게 되어 왜곡되었다예. 동성애, 미스 코리아 선발대회. 예수님께서는 하나님의 아름다움을 회복하신다. 예수님께서 아름다운 이유는 흠과 점이 없으신 분으로서 만유를 새롭게 창조하시기 때문이다고후5:17; 계21:5 참조. 그리고 예수님께서 모든 때를 합력하여 아름다움과 선으로 이루시기 때문이다전3:11 참조. 또한 예수님께서 성부 하나님의 아름다운 이름을 계시하셨기 때문이다시135:3; 요17:16 참조. 성부께서는 그분의 일을 행하신 예수님께 아름다움, 곧 은혜를 베푸셨다시90:17; 요14:10 참조. 교회는 예수님 안에서 그분의 아름다움을 사모하고 누릴 수 있으므로시27:4 참조, 하나님의 아름다움을 반사하는 이슬방울과 같다. 아름다움을 반사하고 투영하는 개별 그리스도인이 모이면 하나님의 아름다움을 하나의 작품처럼 드러내는 무지개가 된다. 아름다우신 주님의 재림으로써 완성될 신천신지의 아름다움을 소망하자.[119]

116. 간본문성이 풍성한 계시록 21장 1-8절을 설교할 경우, 그리스도인의 (이미 얻은 구원에 대한) 회상과 (구원의 완성에 대한) 기대를 아우르며, 이 세상과 차별된 대안적이고 변혁적이며 통전적인 새 질서, 정의, 그리고 공동체성을 강조하면 된다. 참고. G. Bothma, "Openbaring 21:1-8 in Teks en Prediking," *In die Skriflig* 49/2 (2015), 4-6.

117. R. Land and B. Duke, "Being Salt and Light in an Unsavory and Dark Age: The Christian and Politics," *SBJT* 11/4 (2007), 84-87, 91.

118. J. Kidwell, "Merchants in the Kingdom?" (https://jeremykidwell.info/post/merchants/; 2022년 10월 26일 접속).

119. 기독교의 세대주의자들처럼 이슬람 묵시가들은 특히 1960-1970년대에 중동의 정세에 비추어 세상의 종말을

3. 새 예루살렘 교회가 새 에덴에서 맛보는 생명수와 생명나무(22:1-5)[120]

"[1]또 수정 같이 맑은 생명수의 강을 내게 보이니 하나님과 및 어린 양의 보좌로
부터 나와서 [2]길 가운데로 흐르더라. 강 좌우에 생명나무가 있어 열두 가지 열매
를 맺되 달마다 그 열매를 맺고 그 나무 잎사귀들은 만국을 치료하기 위하여 있
더라 [3]다시 저주가 없으며 하나님과 그 어린 양의 보좌가 그 가운데에 있으리니
그의 종들이 그를 섬기며 [4]그의 얼굴을 볼 터이요 그의 이름도 그들의 이마에 있
으리라 [5]다시 밤이 없겠고 등불과 햇빛이 쓸 데 없으니 이는 주 하나님이 그들에
게 비치심이라 그들이 세세토록 왕 노릇 하리로다"

세상의 만국이 새 예루살렘성 안으로 들어올 것이라는 밝은 어조로 마무리하는 계시록 21장과 계시록 22장 1절의 "생명수의 강ποταμὸς ὕδατος ζωῆς"은 무슨 연관성을 가지는가? 이 두 주제는 시편 87편에서 조화를 이룬다. 시편 87편은 하나님께서 사랑하시는 영광스러운 성 시온을 소개한다. 시온성은 세계의 중심이자 어머니4-6절이자 생명 샘과 젖줄과 같다7절. 시편 87편 6절은 시온성의 시민

추측하는 데 열심을 냈는데, 흥미롭게도 그들의 경전인 꾸란에 계시록에서 빌려온 표현이 적지 않다. 마지막 나팔을 포함하는 심판(계11:15; Q An'ām 6:73), 하늘에서 떨어지는 별들(계6:13; Q Takwlr 81:2), 하늘이 두루마리처럼 말리고 산이 움직임(계6:14; Q Anbiyā 21:104; Q Ra'd 13:31), 악인이 하나님의 심판으로부터 숨기를 원함(계6:15-16; Q Nisā 4:42), 지진의 파괴력(계11:13; Q A'rāf 7:78). 또한 계시록의 새 예루살렘성과 꾸란의 영원한 정원은 많은 문들로 둘러 쌓여있다(계21:12,25; Q Ra'd 13:23; Q Sad 38:50). 그리고 '곡과 마곡'은 꾸란에 두 번 나타난다(계20:8; Q Kahf 18:94-97; Q Anbiyā 21:96). 중동에서 세대주의자들의 방송을 청취할 수 있는 모슬렘 가운데 짐승(계13장)을 사탄이 아랍 세계를 파괴하기 위한 국제적인 세력과 아마겟돈 전쟁(계16:16)을 걸프 전쟁과, 음녀 바벨론(계17-18장)의 파괴와 지진(계16:19)을 뉴욕에 발생할 지진과, 백마 타신 분(계19:11)을 모하메드와, 그리고 신천신지(계21:1)를 메카와 아전인수 격으로 연결하여 이해하는 자들도 있다, 계시록처럼 꾸란에도 묵시종말론적 표현과 내용이 나타나는데, 모슬렘 묵시주의자들은 반(anti) 서구/기독교/유대교/천주교 이데올로기로써 그런 본문들을 해석하며 지하드를 부추긴다. 참고. R. S. Nash, "The Use of the Book of Revelation by Selected Muslim Apocalypticists." *Perspectives in Religious Studies* 45/2 (2018), 183-185, 191-197.

120. 1228년경에 성경의 장(chapter)이 구분되었는데, 파리에서 교수하다 캔터베리 대주교가 된 랑톤(S. Langton[1150-1228])이 시도했다고 알려진다. 그때는 성경의 절(verse) 구분은 없었다. 그런데 장과 절 구분이 내러티브의 흐름을 단절하는 경우가 더러 있다. D. Estes, "The Last Chapter of Revelation?: Narrative Design at the End of the Apocalypse," *Criswell Theological Review* 17/1 (2019), 98.

명부를 소개하는데, 그것은 생명책과 다를 바 없다계20:12 참조.[121] 야곱은 물론 이전에 적대적이었던 이방 나라들, 예를 들어, 라합, 바벨론, 블레셋, 두로, 구스도 시온성의 문들을 통해 들어와서 생명 샘, 즉 젖줄을 누린다시87:2,7; 계21:21 참조. 이것은 계시록 22장 1-2절의 만국을 치료하는 생명수 강과 생명나무를 연상시킨다. 시편 87편과 계시록 21-22장은 하나님께서 세상 전체가 그분의 나라가 되도록 일하심을 공통적으로 강조한다.

일곱 대접 심판을 수행한 일곱 천사 중 한 명이 요한에게 수정처럼 빛나는 생명수 강을 보여주었는데, 그 강은 성부 하나님과 어린양의 보좌로부터 흘러나왔다1절. 구약 선지자들도 예루살렘과 성전이 회복되면 인근 국가들도 덩달아 복을 누리게 될 것을 흐르는 물 이미지로 예언한 바 있다겔47:7-8; 욜3:18; 슥14:8 참조. 여기서 중요한 사항은 선지자들이 활동하던 가까운 시대에 일어날 회복은 물론 예수 그리스도의 탄생으로 신약교회를 통한 세상의 종말론적 회복을 원근 투시법으로 예고한다는 점이다. 선지자들이 회복을 생수 이미지로 설명하는 것은 에덴동산에서 발원하여 흐르던 네 강을 연상시키므로, 이는 다름 아니라 잃어버린 에덴동산의 회복과 새 창조를 말한다창2:8-14 참조. 용은 교회를 상징하는 여자를 죽이기 위해 입에서 강물을 토해낸 바 있다계12:15 참조. 하지만 예수님께서는 생수의 강으로써 교회를 생명이 충만한 공동체로 만드시고, 더 나아가 그런 교회를 통해서 온 세상을 하나님 나라로 변혁하신다. 야웨처럼 예수님께서는 '천하의 왕'이시다슥14:9; 단7:13-14 참조. 따라서 구약 선지자들은 생수가 흐르는 제3의 돌 성전이 예루살렘에 문자적으로 건설될 것을 예고하지 않았다.

고대 도시들은 홍수를 피하기 위해 강 옆에 건설되었다. 그런데 새 예루살렘성의 경우, 도시 한 가운데 생수의 강이 흐르기에, 하나님께서 풍성한 생명을 그분의 백성에게 공급하고 있음을 강조한다.[122] 여기서 어린양의 신부인 그리스

121. 하경택, "세계의 어머니로서의 시온: 시편 87편에 대한 주석적 연구," 『장신논단』 47/2 (2015), 29-30, 35, 37.
122. 이필찬, 『에덴 회복의 관점에서 읽는 요한계시록: 12-22장』, 945.

도인 안에 흐르는 생명수는 성령님을 가리킨다겔36:25-27; 슥13:1; 요3:5; 4:10-24; 7:38; 계7:17 참조.[123] 계시록이 기록되기 약 10년 전에 네로의 스승 세네카는 『관용론』 1.3.3과 1.7.1-2에서 네로가 세상의 생명과 죽음을 판단하는 유일한 절대 권력자요, 전체 로마제국에서 신들을 대표한다고 칭송했다.[124] 세네카는 『관용론』 1.2에서 네로의 뜻과 호의가 없다면 지구의 한 평도 번영을 누리지 못한다고 칭송한다. 물론 세네카는 네로가 일반적인 노예 주인처럼 잔인하게 처신하지 말고 제국의 번영과 안정을 구현하도록 조언했지만, 그런 조언의 바탕에 칭송과 아부가 있다.[125] 이렇게 신격화된 네로는 성부와 보좌를 공유하시는 예수님을 패러디한다.

이 강은 새 예루살렘성의 한가운데로 흐르는데, 강 양편에 생명나무가 있어 매달 12열매를 맺는다2a절; 참고. 창2:10. 이긴 자, 곧 새 예루살렘성은 생명나무의 과실, 곧 하나님께서 제공하시는 영생의 은혜를 누린다계2:7 참조. "생명나무"는 집합 단수 명사이므로 생명수 강둑의 여러 나무를 염두에 둔다. 따라서 교부들처럼 이 생명나무를 예수님으로 보면서, 예수님께 접붙임을 당한 성도는 세상의 생명나무들이 된다고 해석할 필요는 없다예. 아프링기우스, 가이사랴의 안드레. 생수이신 성령님께서 예수님의 신부가 성령님의 열매를 맺도록 역사하신다갈5:22-23; 벧전1:2 참조. 또한 성령님께서는 회복이 절실한 세상을 하나님 나라로 변혁시키는 그리스도인에게 생명을 주신다고전15:45 참조.[126] 예수님께서는 '복락의 강물'과 같은 성령을 통하여 만국을 소성시키시고 하나님 나라의 확장을 위해 헌신하는 그분의

---

123. Contra 계시록 22장 1절의 "생명수의 강"을 예수님으로 보는 Lee, "Aspects of the New Jerusalem as the City of the Living God," 19. 참고로 계시록 22장 1절을 시리아-가나안 신화에 나타나는 물의 신 얌무(yammu)의 보좌가 전승된 결과라고 해석한 경우는 R. Bergmeier, "Jerusalem, du Hochgebaute Stadt," *ZNWKAK* 75/1-2 (1984), 99를 보라. 그러나 계시록 주해에서 종교사학파적 신화 자료가 아니라 구약 간본문으로 충분하다.

124. Sobrino, "Seneca and Paul embrace Slavery under Nero's Regime," 63.

125. Sobrino, "Seneca and Paul embrace Slavery under Nero's Regime," 73.

126. Whidden, "Trinitarian Evidences in the Apocalypse," 258. 참고로 거대한 새 예루살렘성에 강이 하나뿐이므로 '생태학적 악몽'과 같다는 부정적인 주장은 Kotrosits, "Seeing is Feeling," 499를 보라.

백성의 모든 필요를 충족시키신다시36:8; 마6:33 참조.[127] 이 사실을 다윗은 하나님께서 그분의 백성의 땅을 돌보셔서 물을 대어 심히 윤택하게 하시고, '하나님의 강ὁ ποταμὸς τοῦ θεοῦ'LXX에 물이 가득하게 하셔서 곡식을 주신다고 노래한 바 있다시65:9 참조. "성령님 덕분에 교회는 보존 받으며, 왕성해 가고, 정화되며, 종국에는 하나님 앞에서 완전히 거룩하여질 것이다."웨스트민스터 신앙고백 제34장.

참고로 유대문헌에서 '생수'는 하나님께서 이스라엘을 구원하시고 정결케 하셔서 언약의 주님이 되신다는 증거로 활용된다창세기 라바 70:6; 1QS 4:21 참조.[128] 그리고 성령께서는 지상 성전으로 흘러나온 나온 물로 묘사되시며Peskita Rabbati 1:2 참조, 사람들의 목마름을 해결하는 '강'과 '생수'는 직접적으로 성령님으로 묘사된다솔로몬의 송가 6:7-18; 참고. 슥12:10.[129] 또한 유대문헌은 하나님의 백성이 영생을 확실하게 누릴 것을 낙원의 나무와 연결하여 설명한다솔로몬의 송가 14:3-4 참조.[130] 제2성전기의 유대인들은 예루살렘 돌 성전의 문자적 회복을 소망했으므로, 성령께서 돌 성전으로부터 흘러나오는 물이나 강으로 묘사되신 것은 이상한 일이 아니다.

로마, 에베소, 그리고 서머나와 같은 고대 도시들 주변에 강이 흘렀다. 고대인은 도시 가운데 거리에 강이 흐르면 도시의 건강과 아름다움을 해친다고 여겼다. 그러나 새 예루살렘성 안에 흐르는 생명의 강은 풍요로운 영생의 복을 상징한다.[131] 요한복음에 '물'은 24회나 나타나는데, 요한복음 3장 5절은 에스겔 36장 25-27절을 염두에 두고 종말의 새로움을 성령론적으로 설명한다.[132] 성령께서 새롭게 하시는 역사는 계시록 21-22장에 잘 어울린다.

---

127. 참고. Lioy, "Progressive Covenantalism as an Integrating Motif of Scripture," 101.
128. Beale, 『요한계시록. 하권』, 1832.
129. Whidden, "Trinitarian Evidences in the Apocalypse," 259-260.
130. Beale, 『요한계시록. 하권』, 1839. 참고로 문화가 자연과 조화된 이미지를 소개하는 구약 아가서에는 성읍과 동산이 부조화가 아니라 조화를 잘 이룬다. 이것은 요한이 본 새 예루살렘성의 이미지와 유사하다. C. van der Waal, 『반더발 성경연구 2: 시가서에서 선지서까지(욥기-말라기)』 (서울: 도서출판 줄과 추, 1999), 166.
131. 이 단락은 Koester, *Revelation*, 823에서 요약.
132. 이복우, "요한복음에 나타난 물(ὕδωρ)의 신학적 의미와 기능(1)," 『신학정론』 32/1 (2014), 103.

계시록 해석에서 내적 간본문성이 중요하다. 계시록 22장은 계시록 17-19장의 빛에서 이해해야 한다. 계시록 17장 4절의 음녀가 쥐고 있는 "금잔"과 계시록 17장 2절과 18장 3절의 "음행의 포도주"는 계시록 21장 6절과 22장 2절의 "생수"와 정반대이다. 그리고 음녀는 어린양의 심판을 받아 '반 잔치anti-banquet', 즉 죽음의 잔치로 빠져든다계19:17-18.[133] 참고로 요한복음과 요한계시록의 '물' 주제는 '물, 생명, 성령, 선물, 값없이, 샘, 강, 주다, 목마르다'라는 아홉 단어를 통하여 나타나는데, 비교하면 다음의 도표와 같다.[134]

요한복음	요한계시록
4:10 εἰ ᾔδεις τὴν δωρεὰν(선물) τοῦ θεοῦ καὶ τίς ἐστιν ὁ λέγων σοι· δός(주다) μοι πεῖν, σὺ ἂν ᾔτησας αὐτὸν καὶ ἔδωκεν(주다) ἄν σοι ὕδωρ(물) ζῶν(살다).	7:17 ὁδηγήσει αὐτοὺς ἐπὶ ζωῆς(생명) πηγὰς(샘) ὑδάτων(물),
4:14 ὃς δ' ἂν πίῃ ἐκ τοῦ ὕδατος(물) οὗ ἐγὼ δώσω(주다) αὐτῷ, οὐ μὴ διψήσει(목마르다) εἰς τὸν αἰῶνα, ἀλλὰ τὸ ὕδωρ(물) ὃ δώσω(주다) αὐτῷ γενήσεται ἐν αὐτῷ πηγὴ(샘) ὕδατος(물) ἁλλομένου εἰς ζωὴν(생명) αἰώνιον.	21:6 ἐγὼ τῷ διψῶντι(목마르다) δώσω(주다) ἐκ τῆς πηγῆς(샘) τοῦ ὕδατος(물) τῆς ζωῆς(생명) δωρεάν(값없이).
6:35 ἐγώ εἰμι ὁ ἄρτος τῆς ζωῆς(생명)· ὁ ἐρχόμενος πρὸς ἐμὲ οὐ μὴ πεινάσῃ, καὶ ὁ πιστεύων εἰς ἐμὲ οὐ μὴ διψήσει(목마르다) πώποτε.	22:1 Καὶ ἔδειξέν μοι ποταμὸν(강) ὕδατος(물) ζωῆς(생명) λαμπρὸν ὡς κρύσταλλον, ἐκπορευόμενον ἐκ τοῦ θρόνου τοῦ θεοῦ καὶ τοῦ ἀρνίου.

133. W. G. Campbell, "Antithetical Feminine-Urban Imagery and a Tale of Two Women-Cities in the Book of Revelation," *Tyndale Bulletin* 55/1 (2004), 101.

134. M. Wilson, "The Water of Life: Three Explorations into Water Imagery in Revelation and the Fourth Gospel," *Scriptura* 118 (2019), 7. 참고로 요한복음 1장과 계시록 22장의 간본문성도 강하다. 태초-처음(요1:1; 계22:13), 만유(요1:3; 계21:5), 빛이 비췸(요1:5,9; 계22:5), 장막을 치다(요1:14; 계21:3), 예수님의 은혜(요1:17; 계22:21), 성부 하나님과 어린양(요1:29; 계22:3), 하늘에서 내려옴(요1:32; 계21:2), 오라(요1:39,46; 계22:17), 보라, 참된, 왕(요1:45,49; 계19:11,16), 하늘이 열림 그리고 올라가고 내려감(요1:51; 계17:8; 19:11; 21:10). Gage, "St John's Vision of the Heavenly City," 50-51.

7:37-39 ἐάν τις διψᾷ(목마르다) ἐρχέσθω πρός με καὶ πινέτω. ὁ πιστεύων εἰς ἐμέ, καθὼς εἶπεν ἡ γραφή, ποταμοὶ(강들) ἐκ^ᄍᄍ τῆς κοιλίας αὐτοῦ ῥεύσουσιν ὕδατος(물) ζῶντος(살다). τοῦτο δὲ εἶπεν περὶ τοῦ πνεύματος(성령) ὃ ἔμελλον λαμβάνειν οἱ πιστεύσαντες εἰς αὐτόν· οὔπω γὰρ ἦν πνεῦμα(성령), ὅτι Ἰησοῦς οὐδέπω ἐδοξάσθη.	22:17 Καὶ τὸ πνεῦμα(성령) καὶ ἡ νύμφη λέγουσιν· ἔρχου. καὶ ὁ ἀκούων εἰπάτω· ἔρχου. καὶ ὁ διψῶν(목마르다) ἐρχέσθω, ὁ θέλων λαβέτω ὕδωρ(물) ζωῆς(생명) δωρεάν(값없이).

위의 도표를 요약하면, 요한복음과 계시록은 성령님을 목마른 자들에게 성부와 성자께서 값없이 주시는 생수, 강, 샘물, 생명수 강, 그리고 생명수 샘이라는 선물로 묘사한다. 예수님께서는 영적으로 갈한 신자에게 성령을 풍성히 주시는 '종말론적 반석'이시다고전10:4; 슥14:8 참조. 이런 기독론적 성령론Christological Pneumatology은 계시록의 1차 독자들로 하여금 박해를 감내하도록 돕는다. 성령님께서 물 은유로 등장하시므로, 그분께서는 영적인 갈증을 느끼는 성도를 위로하시는 보혜사이심이 암시된다.[135]

생명나무의 나뭇잎은 만국을 치료하기 위해 있다2b절. 만국이 복음과 성령으로 치유되는 이미지는 하나님께서 구원을 풍성히 베푸시므로, 혈통이나 지연 등에 제한되지 않고 천국이 확장되어야 함을 강조한다왕하5:14-15 참조.[136] 신약교회는 세상 속에 파송되어 복음과 하나님을 드러내어 치료하는 공적 사명을 감당해야 한다겔47:9,12; 욜3:18; 슥14:8; 4에스라 7:123 참조. 솔로몬과 술람미 여인의 관계는 솔로몬보다 더 지혜로우신 예수님과 신약교회 간의 신비롭고 친밀한 연합에 대한 그림자이다아3:11 참조. 계시록 22장 1-2절과 유사한 방식으로 솔로몬도 생생한

135. 요한복음 4장 7-15절은 사마리아 수가의 우물을 다루고, 16절부터는 수가의 여인의 남편으로 주제가 전환된다. 이와 유사하게 계시록 21장 2절에 신랑과 신부가 등장하고, 22장 1-2절에는 생명수의 강이 나타난다. 따라서 요한은 성경에서 반복되는 전형 장면(type-scene)을 자신의 복음서와 계시록에서 활용하는데, 바로 '물'과 '결혼' 은유를 통하여 기독론적 교회론, 즉 성령의 역사로 말미암아 예수님을 신랑으로 모신 교회를 소개한다.

136. W. E. Pilgrim, "Universalism in the Apocalypse," *Word & World* 9/3 (1989), 242-243. 참고로 신약성경에 '잎(leaf)'은 6회 나타나는데, 계시록 22장 2절 이외에는 치유와 직접적으로 관련이 없다(마21:19; 24:32; 막11:13[×2]; 13:28; 계22:2).

그림 언어로써 이 연합적 관계를 묘사하는데, 동산, 샘, 생수의 우물, 시내, 그리고 아름다운 열매를 먹음에 주목해야 한다아4:15-16 참조. 성령님께서는 회복된 에덴동산의 생수를 넘치게 하셔서 예수님의 사랑을 받는 그리스도인들이 영생의 복된 열매를 먹도록 역사하신다요4:14; 7:38 참조.[137] 예수 그리스도의 구원과 치유와 회복은 온 세상에 퍼진다. 따라서 에스겔 47장 12절이 예언한 이스라엘이 치유를 받는 범위를 넘어선다. 요한에게 회개하는 열방은 치유와 구원의 대상인데, 그들은 육과 영 그리고 관계의 회복을 경험할 것이며계21:24 참조, 그것은 다름 아니라 144,000명이 받아 누릴 복이다계7:16-17 참조.[138] 계시록 22장 2절의 치유는 신약교회가 통전적인 치유를 이미 받았으나, 재림 때 완전히 받게 될 것을 예고한다. 그리고 이것은 계시록의 요절인 11장 5절에 잘 부합하는 '승리의 종말론'이다. 왜냐하면 하나님께서 만국에서 몰려든 보편교회가 기근이나 궁핍을 겪지 않도록 풍요롭게 공급하시며, 그들의 영과 육을 치료하시기 때문이다.

그 성에는 다시 저주κατάθεμα, 강세형가 없고, 하나님과 어린양의 보좌가 있어, 그분의 종들이 그분을 섬길 것이다3절. 이것은 예루살렘에 다시는 저주ἀνάθεμα가 없고 평안이 넘칠 것이라는 스가랴 14장 11절의 성취이다. '그분'은 보좌 하나를 공유하시는 성부와 성자를 가리킨다. 저주가 없이 하나님을 섬기는 상태는 범죄와 저주로 인한 고통의 실낙원이 낙원으로 변화된 이미지이다창2:9-10; 3:14,17 참조. 따라서 계시록 22장 1-5절에 선악을 알게 하는 나무가 언급될 이유는 없다. 계시록 4-5장의 천상의 예배 환상에서도 성부와 어린양이 공유하신 보좌가 중심이었듯이, 새 예루살렘성에서도 그러하다. 하나님의 복된 다스림은 그분의 백성들에게 영원하므로, 여기에 로마제국의 황제의 통치가 상대화되는 반로마적 메시지가 나타난다.[139]

---

137. 계시록 21장 2절의 에덴의 회복을 AD 70년부터 시작된 것으로 볼 수 없다. 복낙원의 역사는 예수님의 초림으로 시작되었고, 특히 부활로 본격화되었기 때문이다. Contra Gentry Jr., *The Divorce of Israel*, Volumes 2, 812-813.

138. 참고. Du Rand, *A-Z van Openbaring*, 609.

139. 로마제국에서 로마나 대도시들이 중심지였다면, 생명과 번영과 평화와 정의가 넘치는 예루살렘성에는 슬

종들은 그분의 얼굴을 볼 것이며, 그분의 이름은 그들의 이마에 있을 것이다 4절; 참고. 고전13:12; 고후3:18; 계7:3; 14:1. 여기서 그분, 즉 성부와 어린양을 눈으로 보는 이미지는 어떤 중개자 없이 교제를 친밀하게 누리게 될 것을 의미한다시17:15; 마5:8; 히12:14; 고전13:12; 요일3:2; 4에스라 7:98 참조.[140] 성도가 하나님을 보는 것은 예배의 하이라이트이다.[141]

성부의 백성, 곧 어린양의 신부들에게 다시 밤이 없을 것이며, 등불도 햇빛도 필요 없는데, 주 하나님께서 그들을 비추시기 때문이다5a절; 참고. 민6:25-26; 사60:19; 계21:23,25. 성부와 어린양께서는 본성상 빛이시며, 그리스도인도 빛의 자녀로서 어둠과 죄를 내쫓는데 바빠야 한다. 등불이신 예수님께서 재림하시면 성도의 삶에 밤, 곧 죄성이 완전히 사라져서 영화가 완성된다계21:23 참조. 그리고 그들은 영원히 다스릴 것이다5b절. 이 다스림은 계시록 20장 6절의 1,000년 동안 왕 노릇하는 것의 연속이다.[142] 여기서 왕 노릇은 성도가 작은 왕들로서 대왕이신 하나님의 뜻을 실현하는 것이다. 그리고 예수님의 재림 이전에 죽은 성도의 살아 있는 영이 죄와 사망과 사탄의 영향으로부터 자유로운 것도 그리스도와 통치하는 상태이다. 신천신지와 새 예루살렘성에 대한 영광스런 환상은 재창조의 '새로움'이라는 주제를 강조하는데, 그리스도 안에서 새 피조물로서 살다가 박해받던 계시록의 1차 독자들을 위로한다고후5:17 참조.[143] 새 예루살렘성은 성령님의 전이다. 소아시아의 7교회는 종말론적 성전이라는 정체성에 걸맞게, 사탄의 회와 바다짐승이 고소와 위협을 가하는 사회 속에서 이동 성전moving temple으로 살아야 했다. 움직이는 성전으로 부름을 받은 이들이 성령님의 인도와 역사를 따라 산다면, 그들은 신천신지에 넉넉히 들어갈 것이다벧후1:10-11 참조.

럼가나 변두리가 없다. Schellenberg, "Seeing the World Whole: Intertextuality and the New Jerusalem (Revelation 21-22)," 474, 476.

140. Koester, *Revelation*, 824.

141. Du Rand, *A-Z van Openbaring*, 611.

142. Kraft, 『요한묵시록』, 419.

143. Beale, 『요한계시록. 하권』, 1858.

사도 요한은 새 예루살렘성을 왜 성전 모티브로 설명하는가? 요세푸스의 유대고대사 3.123, 유대전쟁사 4.324, 그리고 필로의 모세 2.71-145는 예루살렘 성전을 소우주로 간주한다. 그들의 이해에 따르면, 지성소는 하나님의 영역인 하늘을, 성전의 바깥뜰은 육지를, 그리고 놋 바다가 있는 성전 안뜰은 바다를 각각 상징한다. 더 나아가 대제사장의 의복과 휘장도 온 세상을 상징한다. 그러므로 돌 성전의 목적은 예루살렘에 한정되지 않고 온 세상을 향한다. 성전의 핵심 상징은 하나님의 현존이다. 따라서 새 예루살렘성도 우주적 성전의 이미지를 활용하여, 우주적 성전과 같은 신약교회에 현존하시고 교제하시는 언약의 하나님을 강조한다. 덧붙여 새 예루살렘성은 에덴동산의 회복으로 나타나는데, 구원계시사와 성경상징주의에서 볼 때 아담 부부가 거주했던 에덴동산은 최초의 성전이었다. 따라서 성전 주제와 에덴 주제는 자연스럽게 맞물린다.[144]

계시록 22장 1-2절을 비롯하여 어린양의 신부에 대한 묘사는 솔로몬의 아가서에 잘 나타난다. 이 간본문성을 요약하면 아래 도표와 같다.[145]

신부 이미지	아가서	계시록
보석으로 장식함	1:10-11; 4:9; 7:1	21:18-21
건물	4:4; 7:4; 8:10	21:12-14,17-18
예루살렘 도시	6:4	21:2,10
군대	6:4,10	14:15; 19:14
산	7:5	(14:1; 21:10)
생수가 흐르는 정원	4:12,15	22:1-2

술람미 여인과 어린양의 신부는 보석으로 장식한 도시나 건물 이미지는 물론, 강력한 군대와 목가적인 정원으로도 나타난다. 참고로 아래 도표는 요한복음 1장 1-29절과 계시록 21장 3절-22장 21절 사이의 병행을 보여주는데, 요한문헌의

144. 이 단락은 Beale and McDonough, "요한계시록," 668-669에서 요약.

145. Newton, "Reading Revelation Romantically," 209.

서론인 요한복음 1장은 요한문헌의 결론인 계시록 21-22장에서 성취된다.[146]

요한복음 1장 1-29절	계시록 21장 3절-22장 21절
1:1 태초에 말씀이 계셨다.	22:13 나는 처음이며 마지막이다.
1:3 만유가 그분을 통해 창조되었다.	21:5 보라, 내가 만유를 새롭게 한다.
1:5,9 빛이 어둠에 비쳤다. …… 예수님은 사람에게 빛을 주시는 참 빛이시다.	22:5 거기 밤이 없겠고 등불과 햇빛이 쓸 데 없으니 주 하나님이 그들에게 빛을 주시기 때문이다.
1:14 말씀이 육신이 되어 우리 가운데 장막을 치셨다.	21:3 하나님의 장막이 사람들과 함께 있으매 하나님이 그들 가운데 *장막을 치실 것이다*.
1:17 은혜와 진리는 예수 그리스도를 통하여 왔다.	22:21 주 예수님의 은혜가 모든 이들과 함께 있을지어다.
1:28,48 요한이 세례를 주던 요단 건너편 …… 네가 무화과나무 아래 있을 때에 내가 너를 보았다.	22:1-2 그리고 그는 나에게 생명수 강과 생명나무를 보여줬다.
1:29 세상 죄를 지고 가시는 하나님의 어린양	22:3 다시 저주가 없으며 하나님과 어린양의 보좌가 거기 있으리니

요한은 계시록 21장 1절-22장 5절에서 신천신지와 새 예루살렘성을 '이미 그러나 아직 아니'라는 신약의 전형적인 종말론적 구도 속에서 설명한다. 신천신지는 예수님의 부활로 이미 변혁 중이지만, 재림으로 완성이 될 것이다.[147] 마찬가지로 새 예루살렘교회, 즉 그리스도인이 어린양의 신부로 생활하는 것은 거듭남으로써 이미 시작되었지만, 재림 이후에 그리스도인은 예수님과 영원하고 완전한 혼인 관계 안으로 들어갈 것이다.

신천신지와 새 예루살렘성을 혼동하여 동일시하는 사람은 회복된 낙원의 이

146. Leithart, *Revelation 1-11*, 22; Gage, "St John's Vision of the Heavenly City," 50-51.

147. 마지막 아담께서는 사탄(뱀)에 미혹된 가룟 유다에게 배신당하셔서 동산에서 체포되시고 거기 매장되셨다(요18:1; 19:41). 에덴동산에서 첫 아담의 범죄는 생명을 죽음으로 바꾸어놓았다면, 마지막 동산지기이신 새 창조주께서는 그분의 죽으심으로부터 둘째 동산(the second garden)에 생명을 불어넣으셨다(요20:1,15,22). 요한복음의 이런 동산주제는 계시록 22장 1-5절에 반향(反響)된다. E. W. Klink III, "Genesis Revealed: Second Adam Christology in the Fourth Gospel," *Bulletin of Ecclesial Theology* 5/1 (2018), 38-40.

미지로 묘사된 새 예루살렘이 '도시'라 불리는데 착안하여 신천신지는 '정원-도시garden-city'라 불러 마땅하다고 주장한다.[148] 그리고 신천신지는 석기시대의 정원이 아니라 '도시'이므로, 현 세상의 문화를 연속적으로 계승하여 문명화된 장소로 본다. 그러나 어린양의 신부가 실낙원의 상태가 회복된 동산과 도시라는 공간 및 건축 이미지로 상징된다.

로마의 문학가 시쿨루스는 네로 황제를 '율리우스 씨족의 왕자'로 추앙하면서, 그를 안전과 평화가 깃드는 제2의 황금 시기를 주는 인물로 칭송했다. 그런데 네로의 어머니 아그리피나는 남편 클라우디우스 황제는 물론 아들 네로 황제와 함께 로마의 주화에 등장한 첫 번째 여성이었다. 네로는 황제의 궁전을 지키던 병사들의 첫 암호를 '최고의 어머니optima mater'라 지음으로써 어머니에 대한 존경심을 표했다. 심지어 아그리피나는 네로 황제의 허락 없이 총독을 살해했고, 스스로 신격화했으며, 원로원을 소집했다.[149] 하지만 네로는 세네카와 협력하여 집권 초기부터 선임자 클라우디우스 황제와 아그리피나를 비판하고, 자신의 경쟁자이자 의붓동생인 브리타니쿠스를 암살했으며, 독자적인 권력을 구축하여 활용했다.[150] 로마 황궁에서 이런 권력 암투는 항상 있었다. 그러나 삼위 하나님 사이와 하나님과 그분의 백성 간의 완벽한 조화를 보이는 신천신지와 새 예루살렘성은 반로마적 메시지를 보인다.

새 예루살렘성은 네로가 AD 64년 여름에 발생한 로마 대화재 이후에 지은 황금 궁전과 유사하면서도 대조된다. 네로가 로마 도시를 방화했다는 한 가지 근거는 방화에 동원된 공무원들이 체포되지 않은 사실이었다. 로마 대화재를 기점으로, 네로는 기독교를 향하여 제국 차원에서 첫 번째 공식 박해를 감행했다.[151] 그런데 로마 역사가 타키투스b. ca. 55는 『연대기』 15:44에서 로마 대화재

---

148. Gorman, *Reading Revelation Responsibly*, 164.

149. 안희돈, "네로 황제 집권 전반기 궁중 권력 투쟁," 『서양고대사연구』 21 (2007), 176-178.

150. 안희돈, "네로 황제 집권 전반기 궁중 권력 투쟁," 180-194.

151. 정기문, "네로의 기독교 박해," 『역사문화연구』 73 (2020), 143.

로 인해 체포된 그리스도인이 '인류를 혐오한 죄' 때문에 박해받았다고 전한다. AD 2세기 기독교 위경인 『바울행전』은 그리스도인이 세상의 종말을 믿었다고 밝히기에, 기독교의 이런 종말론 때문에 네로가 교회를 인류를 혐오하는 불법 집단으로 규정하여 박해했을 가능성이 적지 않아 보인다.[152] 과대망상 경향을 가진 네로는 황금 궁전을 황제 소유지와 불타버린 시민의 거주지를 합쳐 매우 넓은 대지 위에 건축했으며, 인구 밀도가 높은 로마 도시 안에 인위적으로 호수를 포함하여 시골 풍광을 만들었기에 자연의 법칙을 어겼다는 이유로 비난을 받았다.[153]

로마와 파르티아는 완충 국가였던 아르메니아 왕국을 두고 약 10년 동안 전쟁을 치른 후, 파르티아의 아르사케스조 황실 출신을 로마의 승인을 통해 아르메니아 왕으로 세운다는 조건으로 AD 63년에 란데이아Rhandeia에서 평화 조약을 체결했다.[154] 그리고 네로는 전체 로마군의 5분의 1이나 되는 병력을 투입하여 파르티아를 물리침으로써, 전쟁의 신 아레스처럼 스스로 신격화했다.[155] 란데이아 평화 조약을 이행하는 차원에서 AD 66년에 네로는 황금 궁전에서 아르메니아의 국왕이자 파르티아의 국왕 볼로가에시스 1세AD 51-78의 동생인 티리다테스 1세에게 왕관을 수여했다. 네로는 근사한 전쟁 포로와 같은 티리다테스 1세에게 로마제국의 1년 예산인 20억 세스테르티우스의 10분의 1에 해당하는 막대한 선물을 제공하면서 자신의 권세를 자랑했다.[156] 따라서 황금 궁전은 네로의 개인 저택 차원에 머문 것이 아니라, 외국을 정복하여 확장되던 로마제국의 영화를 선전하는 도구였다. 실제로 네로는 동부 아프리카의 광활한 영토를 정복했다. 로마의 정세가 불안정했던 AD 69년에 오토 황제는 황금 궁전 콤플

152. 정기문, "네로의 기독교 박해," 158.
153. Contra 안희돈, "네로 황제와 황금 궁전," 『서양고대사연구』 19 (2006), 211.
154. 반기현, "로마의 대(對) 파르티아 전략: 네로의 아르메니아 전쟁(54-63CE)과 란데이아(Rhandeia) 조약," 『군사』 113 (2019), 234.
155. 반기현, "로마의 대(對) 파르티아 전략," 250.
156. 반기현, "로마의 대(對) 파르티아 전략," 254.

렉스를 완성하기 위해 5천만 세스테르티우스를 지출했는데, 이것은 로마 시민도 그 시설을 활용하도록 배려한 차원이었다.[157]

계시록 21장 2절-22장 5절에 상술된 어린양의 신부인 새 예루살렘성은 단순히 말하는 도시풍의 황금 집과 목가적인 생명수 강의 조합이다. 종말, 곧 예수님의 초림과 재림 사이 기간에 열방의 남은 자들은 새 예루살렘성 안으로 들어온다. 그리스도인은 인류를 혐오하는 집단이 아니라 구원의 공동체인 어린양의 신부가 되어 생명을 얻도록 돕기에 인류를 사랑하는 종말론적 공동체이다.

교훈과 적용

예수님의 신부는 정적靜的 공동체가 아니라, 성령님의 능력을 덧입어 세상을 치유하고 변혁할 수 있어야 한다. 이를 위해 하나님께서 일하신 증거, 곧 그분의 은혜의 지문fingerprints of grace이 성도에게 항상 필요하다.[158] 소위 '송구영신 예배'와 같은 시간 중심으로 새로움을 이해하는 것은 그리스도인에게 금물이다. 왜냐하면 새로움의 기준은 예수 그리스도이시기 때문이다. 그리스도 사건의 중요한 한 가지 결과물인 '그리스도 완결적 새로움Christotelic newness'은 새로운 피조물인 주님의 신부에게 주어진 특별한 선물이다.

참고로 칼 바르트d. 1968는 '새 예루살렘성'을 하나님의 공의에 부합하는 법적 정의가 모든 사회 영역에서 실현되는 정의로운 사회라고 이해했다.[159] 그리고 그는 '천년

157. 안희돈, "네로 황제와 황금 궁전," 226; "네로 황제 집권 전반기 궁중 권력 투쟁," 171.

158. *The Jesus Bible*, 48.

159. 성경 내러티브에서 회복적 정의(restorative justice)의 두 주제어는 '샬롬'과 '언약'이다. 샬롬은 폭력의 부재를 넘어, 모든 것이 바람직한 관계 속에 번영과 조화와 정의를 누리는 상태이다(시85:10). 하나님께서는 언약을 통해 개인의 관심사를 넘어 전체 피조물과 사람의 생명의 번영을 이루신다. 그런데 창세기 1-3장에 따르면, 아담의 범죄와 가인의 살인 등으로 하나님과 피조계의 샬롬이 위협을 받고 파괴된다. 노아언약은 하나님께서 하늘에 무지개, 즉 활과 화살을 걸어두셔서 인간과 피조 세계를 공격하시지 않겠다는 샬롬 언약이다(창9:13). 하나님께서는 바벨탑 사건으로 흩어진 사람들을 아브라함 언약을 통해 다시 모으신다. 회복적 정의의 주체이신 하나님께서는 하늘 무지개, 시내산의 돌판, 사람의 마음, 그리고 예수님의 살과 피에 언약을 새겨 샬롬을 갱신하신다. 예수님께서는 죄인을 불러 모으셔서 새 사람을 만드시고 만유를 통일하시고 갱신하신다(고후5:17; 갈3:28; 엡1:10; 2:15; 계21:5). 성도는 원수를 사랑하면서 회복적 정의를 실천해야 한다. 계시록의 심판 시리즈는 언약 갱신을 통하여 샬롬과 생명의 회복을 이루는 것과 동떨어지는가? 요한은 하나님께서 심

왕국'을 착취와 억압과 폭력과 계층 간의 반목이 사라진 평화공동체라고 이해했다. 또한 '신천신지'를 복음의 실천을 통해 창조되는 새로운 평화공동체로 이해하면서, 평화공동체인 교회를 통해 세상이 평화공동체로 재창조되어야 한다고 보았다.[160] 따라서 바르트에게 새 예루살렘성, 천년왕국, 신천신지는 다른 실체가 아니다. 하지만 새 예루살렘성은 사회가 아니라 그리스도인 공동체로 이해하고 적용해야 한다.[161] 또한 천년왕국과 신천신지를 사회적인 정의와 평화가 실현된 공동체로 환원시키지 않도록 주의해야 하며, 예수님의 통치와 장소성을 고려해야 한다.[162]

판을 시행하신 후 인간이 회개하지 않는 반응(계9:20; 16:9,21)과 회개한 경우를 언급하기에(계11:13), 회복적 정의를 염두에 둔다. 그리고 계시록은 하나님의 임재를 알리는 언약궤(계11:19), 교회를 통하여 열방에서 언약 백성을 불러 모으심(계21:26), 새로운 에덴과 신천신지로의 회복을 소개하는 새 언약 편지이다(계21:5; 22:1-5). 참고. D. Boshart, "회복적 정의의 기독교적 배경: 메노나이트교회가 가지는 정의와 평화에 대한 이해를 중심으로," (회복적 정의 연구소 교회연구회 4월 RJ 아카데미, 2022년 4월 12일, https://www.youtube.com/watch?v=hCOERhDDfGc; 2022년 4월 16일 접속).

160. 참고. 신동욱, "칼 바르트의 교회론에 나타난 요한계시록의 해석학적 적용에 관한 연구," 355-358.

161. 사회학에서 좋은 도시란 정의, 평등, 상호성이 상호 결합하여 돌봄의 윤리가 구현되며 취약 계층조차 적절히 재화와 서비스를 공급받는 곳이다. 기독교 사회학자는 도시의 생활에 신앙을 결합시켜 '신앙적 자본(faithful capital)'이 작동되어야 한다고 본다. 도시 이미지로 묘사된 새 예루살렘성으로부터 성경적인 도시 선교와 건설을 위한 학제 간 연구는 추후 과제로 남겨둔다. M. Ribbens, "Cultivating the 'Good City': The Theological Engagement of the Institute for Urban Ministry within the City of Tshwane," *Missionalia* 48/2 (2020), 156, 169.

162. 미국 복음주의권 안에서 이른바 좌파와 우파는 서로 나누어져서 환경문제를 두고 지난 수십 년 동안 대결해 왔다. 좌파 복음주의자들은 하나님의 관계성과 내재성, 인간의 종으로서의 섬김, 지속가능한 개발, 생태계의 내재적 가치와 아름다움, 소비자와 파괴자로서의 인간, 신자유주의의 개발 중심 정책이 초래한 환경파괴와 빈자들의 고통 증가, 급격한 인구 증가를 위한 대책 강조, 생태 보존을 위한 정부 차원의 규제 지지, 생물학적 다양성과 멸종 위기에 처한 종(species)의 보존, 구원의 대상으로서의 생태와 지구갱신론, 범신론 혹은 세속적 환경중심의 이론을 수용하여 이론을 전개했다(R. Sider, C. DeWitt, L. Wilkinson, F. van Dyke, W. Granberg-Michaelson, Au Sable Institute, EEN[복음주의 환경 네트워크]). 반면, 1970년대 초부터 활동을 시작한 우파 복음주의자들은 하나님의 초월성과 다스림, 환경 보존 명목으로 시장 경제가 위축되는 것을 우려, 하나님의 대리인인 인간의 유익을 위한 환경 개발, 하나님께서 주신 무한한 자원과 에너지, 자연계보다 더 우월한 만물의 영장으로서의 인간의 지위와 가치, 낙관적 인간관, 생산자와 청지기로서의 인간, 인구 증가를 막기 위한 규제 반대, 친환경 대체 에너지 개발에 드는 고비용, 그리고 개발을 통하여 빈자를 돕는 정책을 주장했다(E. C. Beisner, C. Colson, J. Dobson, R. Land, B. Bright, Acton Institute, Cornwall Alliance). 이 두 입장은 완전하지 않고 서로 보완되어야 한다. D. J. Kim, "A Comparative Study of the Human-Environment Relationship of Two Evangelical Groups," (Ph.D. Thesis, Southwestern Baptist Theological Seminary, 2013), 38-151에서 요약. 한글 요약본은 김대중, "지구온난화를 바라보는 다른 시각, 다른 대처," 『성경과 신학』 99 (2021), 63-90을 보라.

요한계시록 22장 6-21절

<본문의 개요>

요한은 계시록의 전체 일곱 복 가운데 마지막 두 복을 소개한다계22:6-16. 계시록의 수신자들에게 예수님의 방문은 무엇보다 현재적이지만, 최종 방문으로 인류 역사는 완성될 것이다계22:17-21. 계시록 22장 6-21절의 이전 문맥은 예수님의 신부인 새 예루살렘성 안계22:1-5과 밖에 머물 자들에 대한 설명이다계21:8,27. 그러므로 문맥상 계시록 22장 6-21절은 예수님께서 그분의 신부인 새 예루살렘성과 아닌 자들을 구분하시기 위해 속히 파루시아 하실 것을 1차 독자들이 소망하도록 만든다. 계시록을 마무리하는 이 단락은 계시록 1장 1-8절과 용어와 주제에 있어 유사하기에, 서론과 결론은 계시록 전체를 인클루시오구조로 감싼다.

<내용 분해>

1. 마지막 두 복(22:6-16)
2. 계시록의 결론(22:17-21)

1. 마지막 두 복(22:6-16)

"6또 그가 내게 말하기를 이 말은 신실하고 참된지라 주 곧 선지자들의 영의 하
나님이 그의 종들에게 반드시 속히 되어질 일을 보이시려고 그의 천사를 보내셨
도다 7보라 내가 속히 오리니 이 두루마리의 예언의 말씀을 지키는 자는 복이 있
으리라 하더라 8이것들을 보고 들은 자는 나 요한이니 내가 듣고 볼 때에 이 일
을 내게 보이던 천사의 발 앞에 경배하려고 엎드렸더니 9그가 내게 말하기를 나
는 너와 네 형제 선지자들과 또 이 두루마리의 말을 지키는 자들과 함께 된 종이
니 그리하지 말고 하나님께 경배하라 하더라 10또 내게 말하되 이 두루마리의 예
언을 인봉하지 말라 때가 가까우니라 11불의를 행하는 자는 그대로 불의를 행하
고 더러운 자는 그대로 더럽고 의로운 자는 그대로 의를 행하고 거룩한 자는 그
대로 거룩하게 하라 12보라 내가 속히 오리니 내가 줄 상이 내게 있어 각 사람에
게 그가 행한대로 갚아주리라 13나는 알파와 오메가요 처음과 마지막이요 시작
과 마침이라 14자기 두루마기를 빠는 자들은 복이 있으니 이는 그들이 생명나무
에 나아가며 문들을 통하여 성에 들어갈 권세를 받으려 함이로다 15개들과 점술
가들과 음행하는 자들과 살인자들과 우상 숭배자들과 및 거짓말을 좋아하며 지
어내는 자는 다 성 밖에 있으리라 16나 예수는 교회들을 위하여 내 사자를 보내
어 이것들을 너희에게 증언하게 하였노라 나는 다윗의 뿌리요 자손이니 곧 광명
한 새벽 별이라 하시더라"

계시록 21장 9절과 15절에 등장한 그 천사가 요한에게 말했다. "이 말씀들은 신실하고 참되다. 주님 곧 선지자들의 영들을 다스리시는 하나님께서 자기 종들에게 반드시 짧은 시간 안에 일어날 일들을 보이시려고 자기 천사를 보내셨다"6절; 참고. 민27:16; 단2:45. 여기서 "영들πνευμάτα"을 성령님을 가리키는 일곱 영으로 본다면계1:4; 3:1; 4:5; 5:6 참조, 성령님께서는 구약과 신약의 선지자들에게 역사하셨고벧전1:10-11 참조, 또한 계시록의 내용을 알게 하신 분이시다느9:20, 30 참조.[1]

"반드시 속히 될 일들"을 언급하는 6절은 계시록 1장 1절과 수미상관 구조를

1. Chilton, *The Days of Vengeance*, 574.

이룬다. 그러므로 계시록의 대부분의 내용은 요한 당시에 성취될 사건으로 읽어야 한다. 따라서 계시록의 미래적 해석, 역사주의적 해석 그리고 이상주의적 해석은 계시록이 밝히는 해석의 시간표를 간과한다.[2]

"보라. 내가 속히 갈 것이다. 복되도다! 이 두루마리의 예언의 말씀들을 지키는 이여!"7절; 참고. 계2:16; 3:11; 22:12,20. 예수님의 방문을 기다리는 성도 입장에서 볼 때 예수님께서는 오시는 분이지만, 방문자이신 예수님 편에서는 가시는 것이 자연스럽다.[3] 7절은 첫째 복계1:3 참조의 축약형인데, 그만큼 박해 상황에 말씀을 실천하는 신앙이 중요함을 알 수 있다. 여기서 구약 간본문 중 하나는 느헤미야 8-9장이다. 제사장 겸 학사 에스라가 예루살렘 수문 앞 광장에서 모세의 율법책을 새벽부터 정오까지 낭독하고, 레위인들이 그 본문의 뜻을 해석해주자 유대 백성은 읽고 들려준 말을 밝히 알고 이방 사람들과 절교하여 실천하면서 크게 즐거워했다느8:3,8,12,17; 9:2 참조. 이처럼 하나님의 말씀을 듣고 깨달아 실천한다면 큰 기쁨의 복이 임한다.[4] 그런데 문맥상 6절의 속히 될 일들에 7절의 예수님

2. 회개와 심판과 재림 그리고 새 예루살렘의 완성과 같은 "반드시 속히 될 일들"은 역사적으로 일어나지 않았고, 그것들이 성취될 미래를 기대하게 만든다는 설명은 H. Lichtenberger, 『초기 유대교와 신약의 교회』, *Frühjudentum und Kirche in Neuen Testament*, 배재욱 외 역 (서울: CLC, 2020), 443-447을 보라. 그러나 "반드시 속히 될 일들"은 주님의 헛된 약속이 아니라, 필연적으로 역사 속에 성취되었다.

3. 심우진, "ἔρχομαι의 이의성에 대한 연구," 107, 109.

4. 말씀 묵상과 실천의 중요성은 열왕기상 18-19장에도 나타난다. 하나님께서는 바알 숭배자를 멸하시려고 갈멜산에 강력한 불로 임하셨고, 엘리야의 기도를 들으셔서 가뭄을 그치게 하셨다(왕상18장; 참고. 출19:18). 아합과 이세벨의 살해 위협 속에 엘리야는 크게 낙심했고, 결국 40일의 여정 끝에 호렙산에 도착한다(왕상19:1-7). 따라서 엘리야는 새로운 출애굽의 은혜와 기적을 기대할만하다. 왜냐하면 호렙산은 모세가 율법을 받기 위해 40일간 머물렀던 곳이며 언약을 체결한 시내산이기 때문이다(출24:18). 크고 강한 바람이 호렙산을 가르고 바위를 부수었지만, 거기에 야웨께서는 부재하셨다(왕상19:11). 지진 후에 불이 있었지만 거기에도 야웨께서는 계시지 않았다(왕상19:12). 대신 야웨께서는 세미한 소리로 엘리야에게 말씀하셨다(왕상19:12). 죽기를 바라던 엘리야에게 필요한 것은 갈멜산의 현현과 승리보다 더 강력한 야웨의 임재였을 것이다. 그러나 예상과 달리 야웨께서는 세미한 소리로 엘리야에게 다메섹의 왕 하사엘과 북이스라엘의 왕 예후 그리고 선지자 엘리사를 세울 것과 남은 자 7천 명에 대해 말씀하셨다(왕상19:15-18). 위의 내용을 교회력으로 풀이해 보자. 예수님의 십자가 사건 때 땅이 진동하고 바위가 터졌다(마27:51; 참고. 계11:13). 그 후 오순절에 성령께서 급하고 강한 바람처럼 임하셨다(행2:2). 이렇게 강력한 신현을 고난주간과 성령강림주일을 통해 기념한 성도라 할지라도 또다시 기진맥진하고 낙심할 수 있다. 그때 하나님께서는 초강력 신현이 아니라 세미한 음성으로 성도가 해야 할 일을 알려주시고 위로와 회복의 은혜를 주신다. 낙망하기 쉬운 연약한 성도라 할지라도 성경의 거울 앞에 자신을 비추

의 방문도 포함된다.[5] 따라서 이 주님의 방문을 가시적인 재림에 국한할 이유는 없다. 계시록 20장 10-15절에 예수님의 재림과 사탄의 지옥 형벌 그리고 백보좌 심판이 등장한다. 따라서 22장 7, 12절 그리고 20절의 "내가 속히 가리라"를 재림으로 볼 수 있다. 그러나 계시록 22장 6-21절이 계시록 1장과 내적 간본문성을 가지고 있기에, 예수님께서 속히 가시는 것은 영적 임하심과 방문이라는 측면을 가지고 있다. 예수님께서는 승천 이후 지상 교회를 늘 방문하시는데, 그런 방문의 절정은 구속사가 완성될 재림 때이다.[6]

8절의 "이것들"은 계시록 1장 1절-22장 5절까지의 내용인데, 특히 계시록의 많은 환상이 여기에 해당하며, 사도 요한이 듣고 본 증인이다. 요한이 듣고 보았을 때, 이것들을 보여준 천사의 두 발 앞에 경배하려고 엎드렸다8절; 참고. 계19:10. 요한은 이 천사를 예수님으로 혼동한 것이 아니라, 천사숭배라는 혼합주의 영향을 크게 받았다. 실제로 라오디게아 근처의 골로새교회는 천사를 숭배하고 있었다골2:18 참조. 그 천사가 요한에게 "보라. 안 된다ὅρα μή. 나는 너와 네 형제 선지자들 그리고 이 두루마리의 말씀들을 지키는 이들의 동료 종이다. 너는 하나님께 경배하라."라고 말한다9절; 참고. 계19:10. 요한과 천사는 하나님의 피조물이자 사역자이므로, 서로 경배하거나 경배를 받을 수 없다. 천사는 구원받을 상속자들을 섬기는 영적 존재이다히1:14 참조. 또 그 천사가 요한에게 "너는 이 두루마리의 예언의 말씀들을 인봉하지 말라. 왜냐하면 때가 가깝기 때문이다."라고 말한다10절. 먼 미래에 성취될 예언을 인봉하라고 말한 다니엘과 달리단8:28; 12:4,9 참조, 요한계시록은 인봉할 필요가 없는 속히 성취될 예언이 대부분이다. 구약의 다니엘서는 신약에서 성취될 미래적 의미를 담고 있으므로 그 예언은 잘 간수되어야 했다. 하지만 신약의 예언서인 계시록의 예언은 AD 1세기 중순에 대부

어 말씀을 깨닫고 행하는 사람은 복되고 강건하다(계1:3). 그것이 성령강림주일과 삼위일체주일 이후에 그리스도인이 성장해가는 주요 방법이다. 참고. S. Mast, "열왕기상 19장 1-4절(5-7절), 8-15a절 주석," (New Sermon Commentaries by Center for Excellence in Preaching, 2022년 6월 19일).

5. Carson, *NIV Biblical Theology Study Bible*, 2313.

6. 이필찬, 『에덴 회복의 관점에서 읽는 요한계시록: 12-22장』, 985.

분 성취되었다.

"불의를 행하는 자는 계속 그렇게 하고, 더러운 자는 계속 그렇고, 의로운 이는 의를 계속 행하고, 거룩한 이는 계속 그런 채로 있어라."11절. 요한은 심판에도 불구하고 완고하게 불의를 행한 자들을 여러 차례 소개한 바 있다계9:20-21; 16:9,11,21 참조. 11절은 하나님께서 악한 자가 불의를 계속 행하도록 방치하신다는 적극적인 운명주의를 가르치기보다는, 악인들의 그런 악행에도 불구하고 그리스도인은 경건하고 정의롭게 살아야 함을 교훈한다.[7] 하나님께서 불의한 악인들에게 은혜를 보류하시고 그들이 원하는 길을 가도록 강요하시지 않고 허락하신다면, 그들은 자신의 범죄로 인해 자연스럽게 불의한 열매를 맺게 된다. 다시 말해, 악인들 속에 이미 충분한 불의와 사악함이 존재하기에, 하나님께서는 그들 속에 새로운 악을 조성하실 필요가 없다.[8]

예수님께서 말씀하신다. "보라. 내가 속히 갈 것인데, 내가 가지고 있는 상을 각 사람의 행위를 따라 각 사람에게 갚아주기 위함이다."12절. 여기서 예수님의 파루시아는 최종 재림으로 국한할 필요가 없다. 최초의 교부인 로마의 클레멘트d. ca 99가 간파한 대로, 특히 고난과 박해에 노출된 성도는 주님께서 주시는 상을 소망하면서 선한 양심과 선한 행실에 힘써야 한다벧전3:16-17 참조.[9] 많은 그리스도인은 상급賞給의 실체에 대해 궁금해한다. 주님을 위해서 헌신한 정도에 비례하여, 그리스도인은 하늘나라에서 각각 다른 평수의 맨션을 상으로 받을 것이라는 설교가 종종 있어왔다. 예를 들어, 순교자가 100평짜리 저택을 상으로 받는다면, 부끄러운 구원을 받은 사람은 10평에 살게 될 것이다. 그런데 100평이나 되는 저택에 영원히 혼자서 산다면 복이라 말할 수 있을까? 오늘날 성도의 상급에 대한 일반적인 이해가 물질주의와 번영신학으로 경도된 것은 아닌지 점검이 필요하다. 두 란드는 상급에 대해 다음과 같이 설명한다.

---

7. Carson, *NIV Biblical Theology Study Bible*, 2313.
8. 참고. Sproul, 『웨스트민스터 신앙고백 해설 1: 삼위일체 하나님(1-8장)』, 126-128.
9. 참고. *CSB Ancient Faith Study Bible*, 1616.

창세기부터 계시록에 이르기까지 성경 전체 이야기에서 상급은 큰 역할을 한다. 창세기 15장 1절에서 주님께서는 아브라함에게 그가 받을 보호와 큰 상에 대해 말씀하셨다. 우리는 계시록에서 그리스도께서 하신 말씀을 듣는다. "보라, 내가 속히 갈 것인데, 내가 가지고 있는 상을 각 사람의 행위에 따라 각 사람에게 갚아주기 위함이다."(계22:12). 전제는 하나님께서 그분의 백성에게 상을 주신다는 사실이다. 이 보상은 사람의 업적에 근거하지 않고, 하나님의 주권적인 은혜 덕분이다. …… 성경의 히브리어와 그리스어로 상에 해당하는 단어들은 배상, 보상, 상이라는 의미이다. 사람이 행한 일과 그 일의 가치 사이에 연결점이 있다. 그러나 하나님 나라에서 주님의 선하심은 사람이 일한 시간의 양으로 결정되지 않는다(마20:1-16). 하나님을 경외하는 사람마다 땅, 부, 좋은 삶, 그리고 명예를 받을 것이다(시112편). 잠언 11장 18절은 "그러나 공의를 뿌린 자의 상은 확실하니라."라고 말씀한다. 아브라함과 사라는 한 아들이라는 상을 받았다. 그리고 룻은 후손을, 욥은 부를 상으로 받았다. 신약성경의 복 선언에 따르면, 신자는 각각 상을 받는다(마5:1-12). 그 상은 하나님 나라와 영생을 상속하는 것이다. 자신의 종교적 실천을 공개적으로 자랑한다면 하늘 아버지로부터 받을 상이 없게 된다(마6:1; 6:6). 신약성경에 의하면, 상은 신자가 고난의 기간에 신실하게 살도록 격려하는 역할을 한다(히10:35). 계시록 2-3장의 일곱 교회에게 주어진 각각의 메시지는 믿음으로 이기고 인내하는 사람에게 줄 상을 약속한다. 이 상은 썩지 않는 면류관(고전9:25) 혹은 하나님과 함께 하는 삶이다(딤후4:8).[10]

예수님께서 재림하셔서 각 사람의 인생살이를 따라 상을 주실 것이다. 그러나 신천신지에는 시기와 질투가 없기에, 상의 크고 작음의 의미는 무엇인지 신비이다.

"나는 알파와 오메가이며, 처음과 마지막이며, 시작과 끝이다."13절; 참고. 사48:12;

10. Du Rand, *Die A-Z van Openbaring*, 624-625.

계1:17. 예수님께서는 교회와 세상의 역사를 주관하시므로, 마침내 사람의 행실을 따라 상과 화를 정의롭게 분배하실 것이다. 13절의 고高 기독론적 호칭은 바울 신학과도 일치한다. 바울은 하나님 아버지께서 그분의 구원 계획을 예수님 안에서 계시하시고 성취하셨다고 설명한다엡1:9-10 참조. 이런 의미에서 예수님께서는 성부의 영원하신 목적에 있어 알파, 중심, 그리고 오메가이시다. 그러므로 성부의 뜻대로 부름을 받은 예수님의 교회는 영원한 구원의 시작과 중심과 끝에 예수님과 함께 살 수 있다롬8:28-30; 9:11 참조.

참고로 계시록 3장 11절과 22장 7, 12, 20절의 한글 개역개정의 "내가 속히 오리라ἔρχομαι ταχύ."는 "내가 속히 갈 것이다."로 수정해야 한다. 왜냐하면 교회가 승천하신 예수님께 "주님, 오시옵소서."라고 간구하면, 하늘에 계신 예수님의 입장에서는 "내가 가겠다."라고 응답하시는 것이 자연스럽기 때문이다.

자신들의 긴 겉옷들을 빠는 이들은 복되다14a절; 참고. 계7:14. 여기서 긴 겉옷στολή은 올바른 행실을 가리키는데, 성경에서 이런 상징적 의미가 나타나지 않는 경우도 많다계19:8; 참고. 출40:13; 민31:24; 막12:38; 눅20:46.[11] '빨다πλύνοντες'는 현재분사이므로 계속되는 회개를 강조한다. 그런데 다수사본은 "그의 계명들을 지키는 이들이 복되다Μακάριοι οἱ ποιοῦντες τὰς ἐντολὰς αὐτου."라고 표기한다. '빨다πλύνοντες'와 '지키다ποιοῦντες'의 소리가 유사하기에, 필사자가 혼동한 것으로 추정된다. 그리고 '자신들의αὐτῶν'와 '그의αὐτου'도 소리가 유사하다. 그러나 '긴 겉옷στολή'과 '계명들ἐντολὰς'의 음은 다소 차이가 크다. 다수사본의 표기는 사본 상 별다른 지지를 받지 못한다.[12]

---

11. Montanari, *The Brill Dictionary of Ancient Greek*, 1967.

12. Stefanovic, 『예수 그리스도의 계시』, 622-623. 참고로 성경에서 옷은 중요한 신학적 의미를 가진다. 하나님께서 범죄한 아담 부부에게 손수 지어주신 가죽 옷으로부터 시작하여(창3:21), 외삼촌 라반 집으로 도망치던 야곱은 옷과 떡을 주시는 하나님을 신뢰했고(창28:20), 무엇보다 대제사장의 화려한 의복은 매우 중요했다(출28장; 슥3장). 신약성경에서 예수님의 옷은 치유와 관련되며(막5장), 겉옷과 속옷을 빼앗겨 벌거벗기신 예수님 덕분에 그리스도인은 영생과 의의 옷을 입게 된다. 바울의 옷 신학에 따르면, 중생한 성도는 최고의 유니폼인 예수 그리스도로 옷 입고 살아야 한다(롬13:14; 갈3:27; 골3:10). 사도 요한은 승리와 회개의 옷을 강조한다(계3:5; 22:14).

성경 전체에서 마지막 복이 회개라는 사실을 독자는 깊이 묵상하고 명심해야 한다요일1:9 참조. 하나님의 뜻대로 하는 참된 회개는 많은 변화된 자세를 요청한다. 범죄의 문제를 진지하게 받아들이고 해결하려는 자세, 잘못된 행실을 고치려는 진중함, 범죄를 혐오함, 범죄로 인한 하나님의 심판을 두려워함, 거룩과 의를 사모함, 반복적으로 범죄하지 않도록 열심을 냄, 죄지은 자를 권징함, 그리고 일절 깨끗함을 위해 노력함 등이다고후7:10-11 참조. 요한일서 1장 9절에서 요한은 하나님께서 신뢰할만하고 의로우시기에, 그리스도인은 범죄 후에 사죄, 곧 의롭다함을 얻기 위해 회개할 수 있다고 밝혔다. 사죄의 은혜는 예수님의 속죄를 위한 영 단번의 죽으심 때문에 그리고 그것에 근거하여 효력을 발휘하고 있다요일1:7; 계1:5 참조.[13] 전체 요한문헌은 하나님께서 의로우시므로 죄를 미워하시고, 회개하지 않는 죄인을 심판하신다고 강조한다요17:25; 요일2:29; 계16:5,7; 19:2 참조. 그레코-로마인들은 자신들이 섬기던 신들이 정의로워 심판한다고 인정했다. 그러나 그레코-로마 세계에서 신이 자기의 독생자를 죄인의 속죄를 위해 죽도록 내어주었다는 사상은 찾아볼 수 없다.

회개하여 이기는 이들은 생명나무의 열매를 먹을 권한을 받고, 새 예루살렘의 12성문을 지나 안으로 들어갈 것이다14b절; 참고. 계2:7. 그러나 개들과 점술가들과 음행하는 자들과 살인자들과 우상 숭배자들과 거짓말을 좋아하며 지어내는 자들은 성 밖에 있을 것이다15절; 참고. 계21:8,27. 바울처럼 요한도 '개 조심'을 외치는데, 이들은 사탄의 무리이며 할례주의자들이다빌3:2; 벧후2:22 참조. 구약에서 '개κύων'는 남창男娼; 참고. 신23:17-18 혹은 언약을 어긴 이스라엘 백성을 가리켰다시59:6,14; 사56:10-11 참조. 점치는 것과 완고함은 우상 숭배에 해당하는데삼상15:23 참조, 이것들은 음녀 바벨론의 특성이다계18:7,23 참조. 요한 당시의 명예와 수치에서 볼 때, 15절의 '개'와 '성 밖'에 있는 아웃사이드는 큰 수치였다.

---

13. H. W. Bateman IV and A. C. Peer, *John's Letters: An Exegetical Guide for Preaching and Teaching* (Grand Rapids: Kregel Academic, 2018), 88.

예수님께서는 그분의 사자천사를 보내시어 "교회들에 관한 이것들"을 "너희에게" 증언하게 하셨다16a절; 참고. 계1:1. 그런데 16절에서 "교회들"과 "너희"의 관계를 규명할 필요가 있다. 여기서 "교회들"은 계시록의 첫 독자인 7교회를 가리킨다. 마찬가지로 "너희"도 수신자를 가리킨다. 따라서 "교회들"은 7교회를 의미하고, "너희"는 7교회의 그리스도인 예언자들을 가리키는 것으로 구분할 필요는 없다계22:6의 "예언자들의 영" 참조.[14] 계시록 22장 15절의 죄의 목록과 16절의 하나님의 사자는 말라기 3장 1절과 5절을 간본문으로 삼는다. 말라기 선지자는 만군의 야웨께서 그분의 사자를 보내셔서, 그분의 길을 닦도록 하실 것이라고 예언한다. 그리고 계시록 22장 15절과 유사한 죄의 목록은 말라기 3장 5절이 자세히 소개한다복술, 간음, 헛된 맹세, 품삯 착취, 약자를 억압하고 박해함.[15]

계시록의 청자들은 예배 중에 편지가 낭독될 때 메시지와 정보를 알아차리는 것을 넘어서야 했다. 청자들은 요한계1:9과 예수님의 음성계22:16을 들어야 했고, 환상의 등장인물이 부르는 찬송과 기도 그리고 예배와 선교를 경험하고 동참함으로써 하나님 나라의 확장을 실천해야 했다.[16] 예수님께서는 다윗의 뿌리요 자손이며, 빛나는 새벽 별이시다16b절. 계시록에 '다윗'은 3회 나타난다계3:7; 5:5; 22:16. 계시록 5장 5절은 예수님을 "다윗의 뿌리"로 소개했다. 그런데 여기서는 예수님을 "다윗의 후손"이라고도 밝힌다. 후손은 말 그대로 자손이다. 그런데 '뿌리'는 기원起源에 대한 은유인가? 아니면 파생派生을 의미하는가? 비일은 시락 47장 22절에서 '뿌리'와 '후손'이 병행을 이룬다는 점에 착안하여, '뿌리'가 '후손'으로 해석되기에 '뿌리'와 '후손'은 실제로 동의어라고 본다.[17] 그렇다면 예수님께서는 다윗으로부터 파생하신 후손이시자 메시아이시다. 그런데 '뿌리'를 파생이 아니라 기원으로 파악한다면, 선재하신 예수님께서는 다윗의 기

14. 참고. 이필찬, 『내가 속히 오리라』, 961.
15. Beale and McDonough, "요한계시록," 674.
16. H. J. van Rensburg, "All the Apocalypse as Stage: The Ritual Function of Apocalyptic Literature," *HTS Teologiese Studies* 75/4 (2019), 3-5.
17. Beale, 『요한계시록. 하권』, 1901.

원에 해당되신다. 다시 말해, 다윗이 태어나기 전에 예수님께서는 '알파와 처음과 시작'으로 이미 존재하셨다계22:13 참조. 구약과 유대문헌에서 '새벽 별ὁ ἀστὴρ πρωϊνός'은 강력한 통치자를 상징하는데, 예수님께서는 다윗 언약을 성취하신 메시아 왕이시다민24:17; 사9:6-7; 11:1; 렘23:5; 30:9;15; 겔34:23-25; 호3:5; 계2:28; 5:5; 1QM 11:6 참조.[18] 특히 사탄의 무리인 불신 유대인들은 혈통을 의지하지 말고, 다윗 계열의 메시아를 주님으로 믿어야 한다. 계시록 전체는 포괄식 구조를 보이는데, 계시록 1장 1-3절과 22장 6-10, 18절의 병행은 아래와 같다.[19]

계시록 1장 1-3절	계시록 22장 6-10, 18절
그의 종들에게 보이시려고(1절)	그의 종에게 보이시려고(6절)
반드시 속히 일어날 일들(1절)	반드시 속히 일어날 일들(6절)
읽는 이, 듣는 이들과 지키는 이들은 복되다(3절)	지키는 이들은 복되다(7절)
예언의 말씀(3절)	예언의 말씀(7,18절)
그 안에 기록된(3절)	이 두루마리의 말씀(18절)
때가 가깝기 때문에(3절)	때가 가깝기 때문에(10절)

교훈과 적용

교회가 하나님의 말씀과 명령을 두렵고 떨림으로 항상 그리고 완벽하게 준행하는 것은 불가능하다. 그럼에도 그 책의 사람이라면 마땅히 말씀을 신앙과 삶의 표준으로 삼도록 노력해야 한다. 그리스도인은 범죄와 불순종에 빠질 때, 말씀의 빛에 따라 깨닫고 회개해야 한다. 이런 선순환을 통하여 교회는 더 성화될 것이며, 하나님께서 영광을 받으신다. 주일 공 예배의 설교는 설교자와 회중 사이의 의사소통을 넘어서야 한다. 회중은 설교의 세계로 들어가야 하며, 선포된 말씀을 일상에서 반복적으로 경험할 수 있어야 한다.

---

18. Gentry, *The Divorce of Israel*, Volume 2, 854. 참고로 LXX에서 '[이른] 아침의(πρωϊνός)'는 다른 명사와 함께 등장하거나 부사 '아침에'라는 의미로 사용된다(창49:27; 출29:41). Montanari, *The Brill Dictionary of Ancient Greek*, 1846.

19. Aune, *Revelation 17-22*, 1205-1206; Mach, "Telling so much by Writing so Uniquely?" 291.

한국교회의 전통은 부흥회復興會라기보다 사경회査經會였다. 1888년 1월, 주일마다 이화학당에서 여성에게 성경을 가르친 바 있는 스크랜톤 부인M. F. Scranton은 1888년 2월, 주일 저녁마다 여성 종교교육을 시작했다. 이는 감리교 사경회의 출발을 알렸다. 장로교 선교사 헤론J. W. Heron은 1888년 3월 19일, 편지에서 "제 아내는 매 주일 성경공부반을 시작했습니다. 8-20명의 여성이 모입니다."라고 기록했다. 이는 장로교 사경회의 시작에 대한 기록이다. 그 무렵 사경회의 형태는 4가지였다. ① 교회 지도자들영수, 조사, 유급 사역자을 선교 지부의 중심교회로 모아서 진행된 사경회로서 주제는 교회 정치, 교회재산관리, 결혼생활, 교육, 지도자와 집사의 의무 등, ② 개 교회나 몇 교회가 연합하여 진행한 교인 대상의 사경회, ③ 교회 직원을 대상으로 하는 (제직)사경회, ④ 목회자를 대상으로 한 신학교육. 기독교인이 증가하면서, 지역교회 연합 사경회보다 더 큰 단위의 지방 사경회 혹은 도道 사경회도 열렸다. 1907년에 한국인 장로교 목사 7명이 임직하고 노회와 연회가 조직되자, 개 교회 사경회는 더 정착되었다. 그런데 1903년경부터 사경회, 부흥회, 부흥사경회의 경계와 구분이 모호해졌다. 오전 사경회에 이어, 저녁에 기도와 간증과 전도를 위한 부흥회를 열었기 때문이다. 1907년 평양 대 부흥 이후에 부흥사경회 혹은 영적 각성 집회 형식은 더욱 강화되었으며, 사경회도 일부 지속되었다. <그독신보> 기사에 따르면, 1916년경에 불신자의 회심과 우상을 제거하는 결과를 가져온 부흥사경회가 대세가 되었다.[20] 말씀을 준행하는 복된 삶을 위해서, 일회성 감성 중심의 부흥회보다 성경을 배우고 묵상하는 사경회로의 전환이 필요하다.

라틴어 어원으로 볼 때, '재난disaster'은 별aster이 없는dis 상태이다.[21] 재난은 고대 세계에 지중해를 항해하던 선원에게 별이 보이지 않는 것이었다. 인생의 항해에서 새벽 별이신 예수님의 인도를 받지 못한다면 재난에 빠질 수밖에 없다.

20. 이 단락은 윤은석, "사경회에서 부흥사경회로의 변화에 대한 연구: 1888년부터 1919년까지," 『장신논단』 50/5 (2018), 126-138에서 요약 인용.

21. B. Moore and M. Moore, *NTC's Dictionary of Latin and Greek Origins* (Chicago: NTC Publishing Group, 1997), 21.

2. 계시록의 결론(22:17-21)

"[17]성령과 신부가 말씀하시기를 오라 하시는도다. 듣는 자도 오라 할 것이요 목마른 자도 올 것이요 또 원하는 자는 값없이 생명수를 받으라 하시더라 [18]내가 이 두루마리의 예언의 말씀을 듣는 모든 사람에게 증언하노니 만일 누구든지 이것들 외에 더하면 하나님이 이 두루마리에 기록된 재앙들을 그에게 더하실 것이요 [19]만일 누구든지 이 두루마리의 예언의 말씀에서 제하여 버리면 하나님이 이 두루마리에 기록된 생명나무와 및 거룩한 성에 참여함을 제하여 버리시리라 [20]이것들을 증언하신 이가 이르시되 내가 진실로 속히 오리라 하시거늘 아멘 주 예수여 오시옵소서 [21]주 예수의 은혜가 모든 자들에게 있을지어다 아멘"

1515-1516년에 에라스무스는 헬라어 소문자 사본 하나만 참고하여 계시록의 공인본문textus receptus을 만들었다. 그 사본은 동방교부인 가이사랴의 안드레아스가 쓴 요한계시록 주석에 인용된 12세기 소문자 사본2814으로 1440년에 유럽에 입수되었다. 그런데 2814에 오자가 있었고 계시록 22장 16-21절은 누락되었다. 에라스무스는 2814의 가치를 낮게 평가했지만, 나중에는 마음을 바꾸어 그 사본에 사도적 가치까지 부여했다. 이런 긍정적 평가는 넓게 퍼졌는데, 캠브리지의 호르트F. J. A. Hort, 1882조차 많은 부분에서 이 사본의 신뢰성을 인정했다. 하지만 오늘날 2814에 대한 평가는 매우 박하다.[22]

신약성경 사본들과 교부들은 부제subheading를 활용하여 계시록의 결론 단락을 다양하게 제시했는데, 3세기 교부 빅토리누스는 계시록 20장 7절-22장 21절로, 5세기의 A사본은 계시록 22장 18-21절로, 그리고 6-7세기 교부 가이사랴의 안드레아스는 계시록 22장 16-21절로 보았다.[23] 빅토리누스처럼 계시록 20장 7절부터 결론이 시작된다고 본다면, 계시록 21장 1절-22장 5절의 신천신지와 새 예루살렘성에 대한 환상은 결론의 일부처럼 간주될 수 있으므로 독자적인 의미

---

22. 이 단락은 Karrer, "The Angels of the Congregations in Revelation," 58-59에서 요약.
23. 참고. 빅토리누스에 동의하는 Estes, "The Last Chapter of Revelation?" 103.

와 기능을 할 수 없게 된다.[24]

성령님과 신부가 "오시옵소서"라고 말한다17a절; 참고. 고전16:22. "오시옵소서 ἔρχου"는 새 예루살렘성, 곧 예수님의 신부가 계시록의 환상 중에서 말한 유일한 내용인데, 그것은 성령님의 감동을 받은 발언이다.[25] 즉 성령님께서 하시는 말씀을 들을 귀가 있어 성령 충만한 성도라면 예수님의 현재적이건 최종적이건 모든 방문을 고대한다. 계시록의 내러티브는 초대하는 주인host과 초대받은 손님들clients의 상호작용을 보여준다. 예수님께서는 마치 손님처럼 지교회그리고 성도의 문을 두드리셨다계3:20 참조. 그리고 예수님께서는 그분의 신부들을 손님들처럼 초대하신다계19:7-9 참조. 또한 성령님과 어린양의 신부들은 주인처럼 예수님을 초대한다계22:17 참조. 그러므로 예수님께서는 초대하시는 주인이자 초대받으시는 손님인데, 성도도 마찬가지이다.[26] 여기서 어린양의 신부가 말하고 있기에, 새 예루살렘성은 순전히 미래적 실체가 아님이 분명하다.[27] 그런데 비일은 성령님께서 예언자들과 공동체를 통하여 말씀하시므로, 예언자들과 교회는 '오라'라고 말한다고 설명한다.[28] 하지만 17절에서 '예언자들'이라는 용어는 나타나지 않는다. 또한 비일은 '성령과 신부'라는 두 단어가 '영적 신부'라는 하나의 의미를

---

24. 전도서의 결론(전12:9-14)에 나타나는 74단어 중 58개는 본론에도 등장한다. 더 중요한 사실은 이 58단어는 전도서 전체 단어 2,997개의 1.9%에 불과하지만, 이 단어들은 전도서 전체에 자주 반복된다. 그러므로 전도서의 결론 단락은 후대에 추가된 것이 아니라, 앞의 논의를 염두에 둔 자연스러운 귀결이다. A. G. Shead, "Reading Ecclesiastes Epilogically," *Tyndale Bulletin* 48/1 (1997), 72-73. 마찬가지로 요한계시록의 결론인 22장 17-21절의 많은 단어도 서론과 본론에 자주 등장한다. 몇 예를 들면, 17절의 성령(1:10 등), 신부(18:23; 21:2), 듣는 자(1:3 등), 생명수(7:17; 22:1), 18절의 두루마리(5:2 등), 예언의 말씀(1:3 등), 증언(1:2, 9), 재앙(9:18), 19절의 생명나무(2:7 등), 거룩한 성(11:2; 20:2 등), 20절의 증언(1:2 등), 내가 속히 가리라(22:7), 아멘(1:7; 3:14), 오시옵소서(6:1 등), 21절의 예수(1:1 등), 은혜(1:5), 아멘(1:7 등)이다.
25. Lupieri, *A Commentary on the Apocalypse of John*, 361; contra 계시록 22장 17절의 "오시옵소서"를 하나님의 선교를 위해 세상을 향해 초대한다고 보는 Adams, "The Rhetorical Function of Petitionary Prayer in Revelation," 18.
26. 참고. 설교자는 하나님의 환대하시는 마음을 닮아 회중에게 천국의 환대 내러티브를 제시해야 한다고 주장하는 I. A. Nell, "In die Gastehuis van die Prediking: Preekvernuwing vanuit Bybelse en Gereformeerde Wortels," *In die Skriflig* 43/4 (2009), 822.
27. Leithart, *Revelation 12-22*, 428.
28. Beale, 『요한계시록. 하권』, 1904.

가리킬 수 있다고 본다.[29] 그러나 '성령τὸ πνεῦμα'은 수식하는 형용사적 용례가 아니라, 일반적인 명사로 보는 것이 자연스럽다. 또한 비일은 이사야 55장 1절의 세 번에 걸친 '오라'를 간본문으로 삼아, 17절에서 '네 번' 등장하는 '오라'를 예수님을 향한 발언이 아니라, 모두 다른 사람에게 말한 명령으로 보는 것을 선호한다.[30] 그런데 비일의 주장을 따르면, 교회가 교회 자신을 향하여 '오라'라고 명령하기에 어색해 보인다. 그래서 비일은 최종적으로 17절의 처음 두 명령형 '오라'를 교회를 대상으로 삼지 않는다고 본다. 그보다는 첫 '오라'는 예수님을 향한 간청으로, 둘째 '오라'는 듣기에 민첩한 성도가 듣기에 둔한 다른 신자들을 향한 명령으로 이해한다.[31] 하지만 두 번째 '오라'라고 말하는 주체는 '듣는 자'이므로 성령님께서 교회에게 하시는 말씀을 영적으로 듣고 순종하는 성도이다. 그러므로 첫째 '오라'처럼 둘째 '오라'도 성령의 충만함을 받은 듣는 자가 예수님을 향하여 '오시옵소서'라고 간청하는 발언으로 이해하는 것이 자연스럽다. 이 간청은 "내가 속히 가리라"계22:7에 대한 응답이다.[32] 따라서 17절의 처음 두 개의 '오라'는 '오시옵소서'라고 번역하는 것이 옳다.

이 예언의 말씀을 듣는 이ὁ ἀκούων도 "오시옵소서"라고 말한다17b절. 주님의 말씀을 계속 듣는 사람은 예수님의 파루시아, 곧 오심을 사모해야 한다. 성령께서는 교회의 기도를 통하여 미래적 실재를 현재화시키며, 교회는 성령 충만한 기도를 통하여 재림의 소망을 가지고 선교를 위한 예배의 삶과 영적 전쟁을 수행

29. Beale, 『요한계시록. 하권』, 1904.

30. Beale, 『요한계시록. 하권』, 1905. 그러나 비일의 주장과 달리 17절에서 동사 '오라'는 3회 나타난다.

31. Beale, 『요한계시록. 하권』, 1906.

32. Bratcher and Hatton, *The Book of Revelation*, 323; Gentry, *The Divorce of Israel*, Volume 2, 854. 참고로 이필찬은 계시록 21장 17절의 '오라'의 대상을 교회가 아니라 세상으로 볼 수 있다고 보면서도, 동시에 교회로도 이해할 수 있는 근거로 묵시문학의 상징의 자유로움, 즉 신부가 교회에게 말할 수 있는 자유로움에서 찾는다. 이필찬, 『에덴 회복의 관점에서 읽는 요한계시록: 12-22장』, 1015. 하지만 상징이라는 문학적 표현의 자유로움이 논리적이지 못하다면 수용하기 어렵고, 자유로움은 두꺼운 상징(tensive symbol)과 물리적 세상과 다른 환상 자체에서 기인한다.

할 수 있다.[33] 초대교회는 주일 예배의 성찬식 동안 '마라나타'를 외치며 주님의 최종 파루시아를 소망했다. 영적으로 목마른 사람ὁ διψῶν은 오게 해야 한다17c절. 그리고 원하는 사람ὁ θέλων은 생수를 무료로 받도록 해야 한다17d절; 참고. 사55:1; 마 5:6.[34] 이 사실을 레이하르트는 "어린양의 신부는 자기 신랑과만 대화하지 않고, 성령님과 신랑의 말씀을 듣는 자신의 자녀에게도 말한다."라고 은유적으로 설명한다.[35] 환언하면, 그리스도인은 목마르고 원하는 사람을 전도하고 구주 예수님께 인도하여, 성령님, 곧 생수를 마시도록 도와야 한다계22:2 참조. 여기서 초대받은 이들은 현재 분사형으로 묘사되기에, 그들은 계속 듣고, 계속 원하고, 계속 영적 갈증을 느낀다.[36]

1964년 4월, 부산에서 시작된 '하나님의교회 안상홍 증인회'는 17절을 곡해한다. '하나님의교회'는 1985년에 사망한 교주 안상홍을 재림의 그리스도이자 성령이라 추앙하고, 장길자를 하늘에서 내려온 새 예루살렘성 신부라고 신격화한다. 그리고 이 집단은 계시록 12장 17절의 '여자의 남은 자손'을 '어머니 하나님'이라 불리는 장길자에 의해 태어나 주위에 몰려든 144,000명으로 본다.[37] 따라서 '하나님의교회'는 예수님과 성령님을 동일시하는 양태론에 빠졌으며, 여타 이단들처럼 두 교주를 신격화했다.

18-19절의 화자는 요한인지, 아니면 예수님이신지 분명하지 않다.[38] 화자를 예수님으로 보는 네 가지 근거는 다음과 같다. ① 강조형 "나"와 "증언하다"는 예수님께서 화자로 나타나신 바로 앞 계시록 22장 16절에 함께 등장했다. ②

---

33. K. E. Miller, "The Nuptial Eschatology of Revelation 19-22," *CBQ* 60/2 (1998), 317.
34. 이 번역은 로마 가톨릭의 『성경』(2005)을 따랐다.
35. Leithart, *Revelation 12-22*, 428.
36. 신동욱, 『요한계시록 주석』, 249.
37. 참고. 최태영, "하나님의 교회 세계복음선교협회의 교리 비판," 『신학과 목회』 36 (2011), 57-58, 69.
38. 계시록 22장 18-19절의 화자(話者)를 요한으로 보는 학자들은 Stuart, Terry, Caird, Beckwith, Robertson, Beasley Murray, Ladd, Harrington, Wall, Morris, Thomas, Bratcher and Hatton, Smalley, Boxall 등이다. 반면 화자를 예수님으로 보는 학자들은 Swete, Charles, Lenski, Mounce, Aune, Kistemaker, Johnson, Michaels, Stevanovic, Brighton 등이다.

20절의 "이것들을 증언하신 분"은 예수님이신데, 주님께서 증언하신 내용은 바로 앞 18-19절로 볼 수 있다. ③ 18절의 "이 두루마리의 예언의 말씀"은 "예수 그리스도의 계시"계1:1이자 "예수 그리스도의 증거"계1:2인 요한계시록 전체를 가리킨다. 그리고 예수님께서는 "충성된 증인"이시다계1:5a. ④ 계시록의 진정성을 최종적으로 증언하시기에 합당한 등장인물은 계시록의 주인공이신 예수님이시다.[39] 화자가 예수님이시라면 18-19절의 "하나님"은 성부 하나님을 가리킨다.

그러나 화자를 요한으로 보는 것도 가능하다. 편지 서두에서 요한은 계시록의 증언자라고 자신을 소개한다계1:2.[40] 그렇다면 요한은 이 두루마리의 예언의 말씀들을 듣는 모든 사람에게 증언할 수 있다18a절. 그리고 계시록 1장 9절의 "나 요한"과 마찬가지로 22장 18a절에서 "나ἐγώ"가 사용되어 계시록을 기록한 사도 요한의 신뢰성ethos을 다시 강조한다.[41]

만약 누가 무언가 보태면 이 예언의 두루마리에 기록된 재앙들을 하나님께서 그에게 더하실 것이다18b절. 요한처럼 모세는 출애굽 2세대들에게 언약의 말씀을 보존하고 지킬 것을 명한 바 있다신4:2; 12:32; 29:19-20 참조. 만약 누가 이 예언의 두루마리에 기록된 말씀들 가운데 삭제하면, 하나님께서 이 두루마리에 기록된 생명나무와 거룩한 성에서 얻을 몫을 빼어 버리실 것이다19절; 참고. 계2:7. 18-19절과 마찬가지로 유대묵시문헌도 저자가 증거한 말을 변경하거나 제거하지 말고, 신실하게 후대에 전수할 것을 명한 바 있다1에녹 104:11 참조. 하나님의 말씀을 읽고 보존하고 전수하는 일이 중요하고 복되기에, 거짓의 아비인 사탄에 속한 무리는 항상 이 일에 도전해 왔다.[42] 신명기 4장 2절, 29장 19절, 그리고 계시록 22장 18-19절의 간본문성은 아래 도표와 같다.

---

39. Gentry, *The Divorce of Israel*, Volume 2, 856.
40. Bratcher and Hatton, *The Book of Revelation*, 324.
41. Contra 18절의 "나"를 천사(계1:1 참조)로 보는 Lupieri, *A Commentary on the Apocalypse of John*, 262.
42. 독서 행위는 참 예언자 공동체와 거짓 공동체 간의 이념적 싸움이라는 주장은 R. M. Royalty Jr., "Don't touch This Book!: Revelation 22:18-19 and the Rhetoric of Reading (in) the Apocalypse of John," *Biblical Interpretation* 12/3 (2004), 299를 보라.

신명기 4장 2절 LXX	οὐ προσθήσετε(너희는 추가하지 말라) πρὸς τὸ ῥῆμα(말씀) ὃ ἐγὼ(나, 하나님) ἐντέλλομαι ὑμῖν καὶ οὐκ ἀφελεῖτε(너희는 제거하지 말라) ἀπ᾽ αὐτοῦ φυλάσσεσθε τὰς ἐντολὰς κυρίου τοῦ θεοῦ(하나님) ὑμῶν ὅσα ἐγὼ(나, 하나님) ἐντέλλομαι ὑμῖν σήμερον
신명기 29장 19절 LXX	οὐ μὴ θελήσῃ ὁ θεὸς(하나님) εὐιλατεῦσαι αὐτῷ ἀλλ᾽ ἢ τότε ἐκκαυθήσεται ὀργὴ(진노) κυρίου καὶ ὁ ζῆλος αὐτοῦ ἐν τῷ ἀνθρώπῳ ἐκείνῳ καὶ κολληθήσονται ἐν αὐτῷ πᾶσαι αἱ ἀραὶ(저주) τῆς διαθήκης ταύτης αἱ γεγραμμέναι ἐν τῷ βιβλίῳ(책에 기록된) τοῦ νόμου τούτου καὶ ἐξαλείψει(지우다) κύριος τὸ ὄνομα αὐτοῦ ἐκ τῆς ὑπὸ τὸν οὐρανόν
계시록 22장 18-19절	Μαρτυρῶ ἐγὼ(나, 요한) παντὶ τῷ ἀκούοντι τοὺς λόγους(말씀) τῆς προφητείας τοῦ βιβλίου(책) τούτου· ἐάν τις ἐπιθῇ(추가하다) ἐπ᾽ αὐτά, ἐπιθήσει ὁ θεὸς(하나님) ἐπ᾽ αὐτὸν τὰς πληγὰς(재앙들) τὰς γεγραμμένας ἐν τῷ βιβλίῳ τούτῳ(이 책에 기록된), καὶ ἐάν τις ἀφέλῃ(제거하다) ἀπὸ τῶν λόγων(말씀) τοῦ βιβλίου τῆς προφητείας ταύτης, ἀφελεῖ(제거하다) ὁ θεὸς(하나님) τὸ μέρος αὐτοῦ ἀπὸ τοῦ ξύλου τῆς ζωῆς καὶ ἐκ τῆς πόλεως τῆς ἁγίας τῶν γεγραμμένων ἐν τῷ βιβλίῳ τούτῳ(이 책에 기록된)

위의 도표에서 각각 다르게 표현된 표지들marker은 요한이 신명기의 두 본문의 용어와 주제를 암시하고 있음을 보여준다. 기록된 하나님의 말씀을 가감하면 무서운 언약의 저주와 재앙이라는 형벌이 임할 것을 강조한다. 하나님의 언약 말씀을 지키는 대신에 지우려는 자들은 이름이 지워지는 준엄한 심판을 받을 것이다. 이처럼 계시록의 마지막 부분이자 성경 전체의 끝 단락에서 계시의 불변성을 강조하는 것은 자연스럽다. 그런데 요한은 왜 이런 준엄한 경고를 하는가? 계시록의 독자들은 박해 상황에서 요한이 알려준 계시를 가감하여 자신이 편리한 대로 사용하려는 유혹을 극복해야 했다.[43] 요한은 계시록의 결론에서 계시록은 신뢰할 수 있는 하나님의 말씀임을 강조한다. 성부는 계시의 원천이시자 신적 저자이시며계22:6 참조, 충성된 증인이신 성자께서는 신적 계시자이시고계22:16 참조, 요한은 신학적 식견을 갖춘 신실한 기록자이다계22:8 참조.[44] 19절의

43. 신동욱, 『요한계시록 주석』, 250. 참고로 계시록의 내용을 가감하는 것은 물론, 유기적 영감을 반대하는 고등비평적 해석도 성경의 영감을 파괴하기는 마찬가지이다. 참고. Royalty Jr., "Don't touch This Book!" 292.

44. 구약을 영감성 있게 읽어낸 요한은 "이 두루마리"(계22:7,9,10,18[×2], 19[×2])의 내용을 수사학적으로 설득

생명나무에 참여함은 계시록 2장 7절의 생명나무의 열매를 먹는 것과 자연스럽게 연결된다. 그리고 계시록 22장 1, 14, 19절의 "생명나무τό ξύλον τῆς ζωῆς"는 마지막 아담이신 예수님께서 이기는 자들에게 주시는 영생의 선물을 가리키므로, 첫 아담과 그의 아내가 생명나무에 접근하지 못하도록 에덴동산에서 추방된 것의 역전이다창3:24 참조. 흥미롭게도 쿰란문서, 집회서, 지혜서, 1에녹, 4에스라, 그리고 바룩서를 비롯한 대다수의 유대문헌은 첫 아담이 불멸이 아니라 필멸必滅의 존재로 창조되었다고 창세기 1-3장을 해석했다특히 창2:17 참조.[45] 하지만 구원계시사와 기독론적 이해가 결여된 이런 제2성전 시기의 유대문헌보다, 우선적으로 로마서 5장 12절과 고린도전서 15장 21-22절의 진술을 존중하는 것이 마땅하다. 아담기독론을 통해 사도 바울은 원래 불멸의 존재로 하나님의 눈에 심히 좋게 창조된 아담은 자신의 범죄로써 영육의 죽음을 맞이하게 되었음을 분명히 밝힌다창1:31; 눅3:38 참조. 마지막 아담이자 생명이신 예수님께서는 사탄과 죽음과 타락의 결과를 이기심으로써, 그분의 신부들에게 영생을 주시고 복낙원의 은혜를 베푸신다요19:41; 20:15 참조. 창세기와 계시록을 정경 및 계시사적으로 비교하면, 아담의 불멸적 존재로의 창조에서 시작하여, 아담의 범죄로 필멸의 처지에 빠

력 있게 7교회에게 전달하여 그들을 믿음의 상징세계 안으로 초대한다. P. B. Decock, "This Book': The Rhetoric of John's Apocalypse," *Neotestamentica* 55/1 (2021), 44-60; Johnson, *Triumph of the Lamb*, 305.

45. 참고. C. W. Lee, *Death Warning in the Garden of Eden* (Tübingen: Mohr Siebeck, 2020), 95-136. 참고로 계시록 22장 19절에서, "(그리스어 성경) 원본에 가장 근접한 사본인 알렉산드리아 계열에도 없고 비잔틴 계열에도 없는 KJV 계열의 번역 어구 'book of life'는 어디서 왔을까 하는 의문이 더해진다. …… 에라스무스가 『헬라어-라틴어성경』을 편집할 때, 그 당시에 가장 보편화된 성서는 『불가타』 라틴어 역본이었다. 그가 평소에 지니고 있던 라틴어 역본을 토대로 작업을 했고, 그것의 권위를 더하기 위해 헬라어 사본을 좌편에 나란히 병기했는데, 문제가 여기서 발생한다. '생명책'과 '생명나무'처럼, 우편의 라틴어 역본과 좌편의 헬라어 사본의 내용이 다르다는 점이다. 이를 일치시키는 과정에서, 교황이나 황제의 승인을 받아야 하는 출판 현실을 따라서 그들의 공인된 성서인 라틴어 역본 『불가타』를 중심으로 헬라어 사본을 역번역 수정했다고 보여진다. 다른 가설은, 그가 참조한 헬라어 사본이 낡아서 마지막 페이지가 누락된 상태였고, 시간이 촉급한 상황에서 새로운 사본을 참조할 겨를이 없었다. 그래서 라틴어 역본을 중심으로 누락된 부분을 역으로 번역해 넣었다는 것이다. …… 따라서 르네상스 전, 후의 보편적 성서인 라틴어 『불가타』는 사본학적 오염이나 전유가 되어있었고, 이를 따른 르네상스 영역본들이 'book'으로 번역되었다." 정해갑, "고전 번역사를 통해 본 문화적 전유에 관한 사례 연구: KJV의 「시편」 12편을 중심으로," 『고전중세르네상스영문학』 32/1 (2022), 101, 103-105.

진 인류를 거쳐, 교회는 예수님으로 말미암아 불멸의 회복을 입어 온전한 존재로 완성된다.[46]

그리스도인은 주 예수님께서 베푸시는 식탁인 성찬에서 바로 이 영생의 양식을 먹고 마신다. 성찬이 있는 예배eucharismatic worship는 천국 잔치인데, 화행speech-act과 화효효과효과수반, perlocutionary effect를 강화하고 형성하는 힘formative power으로 가득하다.[47] 떡을 먹음으로써 영적 영양분과 포만감을 누린다. 그리고 포도주를 마심으로써 사죄의 은총을 누린다. 성찬을 인도하는 집례자의 말은 예수님의 살과 피를 기념하여 떼고 붓는 행동과 더불어, 성찬 참여자들 속에 신망애信望愛를 실천하도록 만든다. '식사공동체'인 소아시아 7교회는 매주 (빵으로) 간단히 애찬을 나눈 후에 성만찬 예배를 시행했기에, 이런 은혜를 누렸을 것이며, 선교와 봉사를 위해 결단하며, 재림의 소망도 강화했을 것이다고전11:26 참조.[48]

이것들, 곧 요한계시록을 증언하시는 분께서 말씀하신다. "진실로ναί, 나는 속히 갈 것이다."20a절; 참고. 계1:7.[49] "이것들ταῦτα"은 19절의 "예언의 책"처럼 계시록 전체를 가리킨다. 예수님의 이 약속에 대한 교회의 반응은 "아멘. 오시옵소서. 주 예수님!"이다20b절; 참고. 고전16:22. "아멘Ἀμήν"은 계시록 1장 6-7절, 3장 14절, 5장 14절 등에 7회나 등장한 바 있다. "진실로" 속히 갈 것이라는 주님의 말씀을 들은 교회는 "아멘", 즉 진실로 그렇게 되기를 정중히 간청한다. 여기서 청원형 동사 "오시옵소서ἔρχου"는 현재 명령형이므로, 주님의 최종 재림은 물론, 특히

46. 제4차 산업혁명 논의에서 단골 메뉴와 같은 '신과 같은 인간(Homo Deus)'은 예수 그리스도 밖에서 필멸의 존재가 불멸의 존재로 탈바꿈하려는 시도와 같다. 살려주시는 영이시자 마지막 아담이시며 하나님의 형상을 회복한 새 인류를 창조하신 예수님을 통한 영원한 실존이나 구원과 무관한 채 영생과 불멸을 논하는 것은 무의미한 사상누각과 같다.

47. D. J. Calvert, "Liturgical Speech Acts in the Lord's Supper," *Artistic Theologian* 8 (2020), 100-107.

48. 송훈호, "성찬 성례전적 공동체 식사'를 통한 연합 방안," (제84회 한국실천신학회 정기학술대회 발제 논문, 성결대학교, 2022), 59-61.

49. 계시록 22장 20절의 "내가 속히 갈 것이다"가 가심의 확실함이나 가심의 즉각성 모두를 가리킬 수 있다는 설명은 Wallace, *Greek Grammar beyond the Basic*, 536을 보라.

현재적이고 지속적인 영적 방문을 포함한다.[50] 예수님의 영적 방문은 계시록의 독자들에게 확실하게 소망을 주는 예언이 되었을 것이다. 소아시아 교회들은 매 주일 성찬을 시행했는데, 이 맥락에서 마라나타의 소망은 매우 적절하다.[51] 이처럼 "완전한 정의와 구원 그리고 회복에 관한 영광스러운 소망은 하나님의 백성이 예수님의 복음을 굳게 붙잡을 뿐 아니라 기도하도록 만들어야 한다."[52]

AD 1세기에 성취된 예언을 중요하게 간주하는 부분적 과거론이 주목하는 계시록 1장 1절과 22장 6절의 "속히"가 22장 20절에 반복되는 것에 주의를 더 기울일 필요가 있다. 1장 1절과 22장 6절은 인클루시오 구조를 이루어, 계시록의 대부분 내용이 요한 당시에 성취되었음을 강조한다. 그런데 편지의 서론인 계시록 1장 1-9절과 결론인 22장 6-21절의 병행에 주목해야 한다. 서론과 결론은 환상이 아니다. 따라서 22장 20절의 "속히"는 재림보다는 예수님의 영적인 조속한 방문을 가리키는 것으로 이해하는 것이 자연스럽다. 계시록 22장 18-20절은 22장 6-7절과 네 가지 병행을 보이는데, 요약하면 아래의 표와 같다.[53]

계22:18 내가 증언하다(μαρτυρέω)	계22:6 이 말씀들은 신실하고 참되다(οὗτοι οἱ λόγοι πιστοὶ καὶ ἀληθινοί)
계22:19 이 책의 예언의 말씀들(τῶν λόγων τοῦ βιβλίου τῆς προφητείας ταύτης)	계22:7 이 책의 예언의 말씀들(τοὺς λόγους τῆς προφητείας τοῦ βιβλίου τούτου)
계22:18-19 조건적 저주	계22:7 저주가 역전된 복(μακάριος)
계22:20 내가 속히 가리라(ἔρχομαι ταχύ)	계22:7 내가 속히 가리라(ἔρχομαι ταχύ)

요한은 주 예수님의 은혜가 모든 1차 독자들과 함께 하기를 빈다21절. 박해 중에 필요한 것은 주 예수님의 은혜뿐*sola gratia*이다. 그리스도인이 주님의 재림 때까지, 하나님의 말씀을 깨닫고 박해를 극복하면서 세상을 천국으로 변혁시키

---

50. Adams, "The Rhetorical Function of Petitionary Prayer in Revelation," 19.

51. Ngundu, "Revelation," 1604; Kraft, 『요한묵시록』, 429.

52. Tabb, "Prayer in Apocalyptic Perspective." 204.

53. Gentry, *The Divorce of Israel*, Volume 2, 856.

려면, 무엇보다 하나님의 은혜를 받아야 한다계1:5; 11:15 참조. 승천하신 통치자 예수님의 은혜를 받은 사람은 주님의 통치에만 '아멘'으로 화답해야 하며, 주님의 명령과 천국의 가치를 거스르는 세상 문화를 향하여 불순종하며 '아니오'라고 말해야 한다.[54] 계시록은 "예수 그리스도의 계시"계1:1이므로 "주 예수님의 은혜"로 편지를 마무리하는 것은 마땅하다. 계시록이 독자들의 주일 예배에 낭독되었기에, 요한은 복의 선언으로 서신을 마무리한다.[55]

예수님께서는 그리스도이시므로, 요한계시록에서도 그분께서는 대왕, 대선지자, 그리고 대제사장으로 사역을 하셨다. 예수님께서는 성부와 보좌를 공유하시는 만왕의 왕이신데계3:21; 19:16 참조, 옛 뱀을 무찌르시고 그분의 백성을 보호하시며 악인들을 심판하신다계6장; 7:3; 8-9장; 12:9; 16장; 20:13 참조. 예수님께서는 계시

54. J. J. Engelbrecht, "Die Houding van die Openbaring van Johannes teenoor Kultuur," *HTS Teologiese Studies* 52/4 (1996), 904-907.

55. 예배 중 복의 선언(benediction)은 심오한 의미를 가진다. 복의 근원이신 하나님께서는 그분의 백성에게 복을 주신다. 삼위 하나님께서는 그분의 이름의 복 아래로 그분의 백성을 모으시고 보호하신다. 복의 선언에 대해 몇 가지를 숙고해야 한다. ① Benediction이 복의 선언이 아니라 기도라면, 그리스도인이라면 누구나 할 수 있다. 그리고 Benediction을 '기도'라고 생각하니, 눈을 감고, 종종 헌금을 위한 기도와 뭉쳐서 연이어 축복 기도한다. 복의 말씀(word of blessing)이 기도라면, 성도가 '아멘'으로 화답하지만 기도 응답이 오기 전에 교회당을 떠나게 되는 것은 아닌가? 다시 말해, 예배가 응답되지 않은 기도로써 마치는 것은 어색하지 않는가? ② 대제사장 아론은 이스라엘 백성에게 야웨의 복을 빌었다(민6:23-26; 참고. 신10:8). "…… 원하노라"는 형식의 '축도'(민6:23)는 복의 선포가 아니므로, 주일 예배 중에 활용하기 적당한지 검토가 필요하다. ③ 예배에 참여한 회중에 불신자도 있다. 그러므로 "……가 너희에게 있을지어다"가 아니라 '주님의 자녀/백성'에게 있을지어다"라고 부르는 것이 더 옳아 보인다. 불신자에게 복을 선언하는 것은 넌센스이다. ④ 한글 어법상 삼위 하나님의 사랑, 은혜, 그리고 교제는 경어체로 '계시다'가 아니라 '있다'이다. ⑤ 삼위의 복을 먼저 언급한 후, "……하기로 작정하고 돌아가는 …… 누구에게"라는 긴 추가 설명 어구는 이 선언의 힘을 감소시킨다. 오히려 설교자가 "세상에 나가 하나님의 영광과 이웃의 유익을 위해 살기로 다짐하는 주님의 백성 여러분, 하나님의 이 복을 받아 나가시기 바랍니다."라는 멘트를 하고서, 두 손을 들고 복을 간명하게 선포하는 게 낫다. ⑥ 복의 선언 시, 온 세상의 선교사와 교회를 대상으로 삼는 것도 어색하다. 요약하면, 예배 중 복의 선언은 기도가 아니며, 구체적으로 지역 교회의 예배에 참여한 성도를 대상으로 삼아 설교하는 목사가 눈을 뜬 채 간명하게 선포해야 한다. 여기서 기억해야 할 사항은 복의 말씀이 효과적인 이유는 목사가 선언했기 때문이 아니라, 그것이 하나님의 말씀이기 때문이다. 그리고 일부 개혁교회가 예배 시작 무렵의 첫 번째 복의 선언을 '인사(Greeting)'라 부르는데, 통상 인사와 복의 선언은 다르다. 첫째 복의 선언을 '인사'라 부르더라도, 눈을 감고 인사하는 법은 없다. 참고. J. F. Jansen, "God with Us in Worship and Work: A Note on the Benediction," *Austin Seminary Bulletin* 80/7 (1965), 34-41.

록이라는 예언을 교회에게 주시는 대선지자이시며계1:1, 복음의 충성스런 증인이시다계1:5. 그리고 예수님께서는 성전이시자 대제사장이신데계21:22, 그분의 몸을 희생제물로 바치셔서 그분의 백성을 속량하시고 제사장 나라로 삼으셨다계1:5; 5:6 참조. 결국 예수 그리스도께서 수행하신 세 가지 직분은 하나님 나라의 성취와 완성을 이루기 위함이다.[56]

성경의 시작인 창세기와 신약성경의 시작인 마태복음 그리고 성경의 결론인 요한계시록 사이의 정경적 관련성에 담긴 선교적 메시지에 주목해 보자. 창세기는 세상의 창조로 시작하고창1:1, 마태복음은 성육하신 예수님의 새 창조로 시작하며마1:1, 계시록은 승천하신 예수님의 새 창조의 완성을 다룬다계1:1; 21:1,5. 이런 논의는 하나님께서 시초부터 종말을 알리셨다는 사실에 근거한다사46:10. 다시 말해, 시초론protology은 장차 발생할 종말론eschatology의 밑그림과 같다. 새 창조자이신 예수 그리스도의 사역을 알리는 마태복음은 1차 독자인 마태공동체에 대한 이야기가 아니라, 예수 그리스도에 대한 복음이다. 그러므로 마태복음의 중심 신학은 다름 아니라 기독론이다. 마태복음에서 새 창조의 출발점이 예수님의 탄생과 공사역이라면, 결정적 전환점은 예수님의 부활과 예루살렘 성전의 파괴였다마24장. 마태복음의 1차 독자인 마태공동체는 마태복음의 마지막 내러티브인 선교명령, 곧 지상명령至上命令, 마28:19-20을 읽은 후, 자신의 실제 세계로 이동하여 제자 삼는 선교적 교회로 살아야 했다. 마태복음의 전체 내러티브는 예수님의 부활에서 절정을 맞이하고, 부활 내러티브의 절정은 선교명령이다. 따라서 마태복음은 '기독론적 선교론' 혹은 '선교적 기독론missional Christology'으로 내러티브를 마무리한다. 사도 마태는 부활하신 예수님께서 제자들에게 단 한 번만 갈릴리에 나타나신 것을 언급하는데, 바로 선교명령을 주시기 위함이다. 성부께서는 예수님을 보내셨고마10:40; 15:24; 21:37, 부활하신 예수님께서는 제자들을 보내셨다마28:19-20. 그러므로 예수님의 선교*missio Christi*는 부활절 이후의

56. 참고. 조윤호, 『그리스도의 세 가지 직분: 둘째 아담 그리고 창조회복』 (서울: CLC, 2021), 422-444.

교회의 선교를 출범시킬 뿐 아니라, 그들의 선교로써 주님의 선교는 완성된다. 주님의 승천 이후에 세상에 파송된 교회는 마치 작은 배와 같이 박해의 풍랑에 흔들리고 두려워하며, 심지어 승천하신 예수님의 가시적 현존은 기대할 수 없다마14:24-33; 23:34. 하지만 그때도 승천하신 예수님께서는 선교적 교회와 함께 하신다마1:23; 28:20; 계1:12-20. 요한계시록은 선교의 관점에서 예수님의 십자가와 부활과 승천과 재림, 보편교회, 그리고 온 세상을 조망한다.[57] 마태복음이 선교명령으로 마치듯이, 요한계시록도 새 예루살렘성의 선교와 재림에 대한 소망으로 마무리한다. 신약의 첫 책과 마지막 책의 1차 독자들은 내러티브 세계에서 벗어나 현실 세계로 이전할 때 선교적 사명을 가슴 깊이 새길 수 있었다.[58]

<특주> 17세기 개혁파의 요한계시록 해석[59]

도르트회의1618-1619의 결정에 따라 네덜란드어로 번역된 흠정역 성경1637의 여백에는 7명의 신학자가 해둔 주석이 있다. 이 주석에 따르면, "반드시 속히 일어날 일들"계1:1은 일들이 일어나기 시작하는 시점에서 완성되는 미래 종말까지의 전체 과정을 가리킨다. 따라서 17세기 개혁파는 요한계시록을 세상-교회역사적으로 이해했는데, 16세기 종교개혁자들의 해석 방식과 유사하다. 도르트 주석에 나타난 주요 해석을 소개해 보면, 계시록 1장 7절에서 구름과 함께 예수님께서 오시는 예언은 주님의 재림을 가리킨다. 이십사 장로계4:4는 구약의 12족장과 신약의 12제자와 같은 지도자들을 가리키거나, 범위를 좁혀 구약교회의 지도자들로 볼 수 있다. 네 생물계4:6은 하나님의 보좌 주위의 네 천사 혹은 예수님의 생애에 대한 묘사, 혹은 신약교회의 사역자들이다. 일찍 죽임을 당한 어린양의 구약 간본문은 유월절 어린양출12:21 혹은 매일 번제로 희생된 어린양출29:38, 또는 야웨의 고난당하는 종이다사53:7. 계시록 6장의 7

57. D. R. Bauer, "The Theme of Mission in Matthew's Gospel from the Perspective of the Great Commission," *Asbury Journal* 74/2 (2019), 241-245.

58. Bauer, "The Theme of Mission in Matthew's Gospel from the Perspective of the Great Commission," 243.

59. H. D. Schuringa and A. Walaeus et als (ed), *The Dordrecht Bible Commentary: Volume VI- The Epistles & Revelation* (NP: North Star Ministry Press, 2020), 358-431에서 요약.

인의 심판은 사도 요한 당시의 박해 상황과 콘스탄티누스 황제의 기독교 공인을 거쳐, 참 교회를 영적으로 무너뜨리려고 시도한 천주교의 적그리스도적 행위를 예고한다. 여기에 소아시아 7교회를 배제한 채 유럽 중심의 해석이 나타난다. 144,000명계 7:4은 구원받은 유대인 성도 혹은 적그리스도가 통치할 때 그리스도께서 불러 모으시는 유대인과 이방인 성도를 가리킨다. 7나팔의 심판계8-9장은 콘스탄티누스 황제의 통치 전후로 로마제국에서 일어난 정치-군사-종교적 격변을 예고한다. 여기에 다시 유럽 중심의 적용이 석의로 둔갑된다. 해와 달과 별이 어두워지고 피를 흘리고 떨어지는 환상은 예수님과 교회와 사역자들이 이단과 박해자들로부터 당하는 고난에 관한 상징이다계6:12; 8:12. 바다짐승계13:1은 로마제국을 비롯한 세상의 제국들을 가리키고, 땅에서 올라오는 짐승계13:11은 적그리스도이며, 666계13:18은 로마 교황이다. 여기에 반천주교적 적용이 주해로 둔갑된다. 영원한 복음계14:6은 이신칭의의 영원한 복음을 가리킨다. 여기에 알미니안주의를 비판하는 개혁파 교리를 강조하는 해석이 부각된다. 7대접의 심판계16장은 적그리스도의 나라가 하나님의 심판을 받는다는 예언이다. 아마겟돈계16:16은 적그리스도의 세력이 황폐하게 됨 혹은 하나님의 심판이 시행되는 특정한 실제 장소를 가리킨다. 큰 성 음녀 바벨론계16:19; 17:1은 영적 음행을 일삼는 타락한 교회 혹은 콘스탄티누스 이전의 이방 로마제국처럼 교회를 박해하는 적그리스도의 나라를 가리킨다. 백마 타신 예수님의 등장계19:11은 교회를 완전히 구원하시고 적그리스도와 그의 세력을 전적으로 파괴하시는 재림의 장면이다. 천년왕국계20:1은 적그리스도가 파멸되고, 사탄이 묶이며, 유대인들은 회심하는 기간이다. 이 기간에 교회는 번영하며 죽은 순교자들은 부활하여 하늘의 그리스도께 올려질 것이다. 천년은 예수님의 초림에서 재림까지의 기간이거나, 아니면 문자적으로 특정한 천 년일 수 있다. 신천신지계21:1는 갱신된 하늘과 땅이다. 새 예루살렘성계21:2-22:5은 그리스도의 교회와 장소, 둘 다를 가리킨다.

교훈과 적용

주님의 재림을 소망하며 신전神前 의식을 가지고 살자. 예수님의 재림과 최후 심판을 기억한다면 일상에서 하나님 앞에서 사는 즐거움을 추구할 것이다. 이처럼 올바른 종말론을 정립하면 성도의 삶에 소망과 활력이 넘칠 것이다. 이를 위해 예수님의 현재적인 방문을 항상 기대하며 잘 받아야 한다. 이런 주님의 방문을 본받아야 하는 장로가 수행하는 심방은 천국의 열쇠를 활용하는 복음의 방문이어야 한다. 그리고 복음과 위로로 가득한 공동체 안에서 우는 자와 더불어 울 수 있는 공감이 필요하다. 심방하는 장로는 먼저 자신이 성령의 위로와 방문을 잘 받을 수 있어야 한다. 그리고 신앙의 경주를 잘 마침으로써, 주님의 최종 재림과 더불어 일어날 참된 홈케밍 데이 homecoming day를 감사함으로 맞이하자.[60]

성도는 성령으로 충만한 삶으로써 재림을 준비해야 하는데, 몇 가지 실천 사항을 소개하면 다음과 같다.[61] 성령께서 자연의 창조에 간여하셨기에 그리스도인은 자연을 훼손하고 생태계를 파괴함으로써 그 창조의 영을 근심시키지 말아야 하며, 생태계 회복을 위해 노력해야 한다창1:2 참조. 그리고 성령으로 기름 부음을 받으신 예수님께서 평강의 왕이시므로 그리스도인은 평화를 진작시키기 위해 폭력을 사용할 수 없다사9:6 참조. 또한 사회의 가치와 규범을 비평하는 중요한 기준은 성령으로 기름 부어진 예수 그리스도의 나라를 추구하려는 열정이다. 따라서 그리스도인이 성령으로 충만하다면, 제국적 자본주의와 개인주의 사회가 추구해온 부, 힘, 정의, 개인의 자유, 성공, 자기 충족, 그리고 아름다움을 재평가해야 한다사9:7 참조.

제4차 산업혁명 시대에 신학과 성경 교육에 있어 패러다임 전환이 필요하다. 급변하는 시대에 적어도 가르치는 내용은 대동소이하더라도 교수 방법은 이전에 일상해오던 것former normal과 차별화되어야 한다.[62] 이런 차제에 새로운 신학과 성경 교

---

60. Bothma, "Openbaring 21:1-8 in Teks en Prediking," 8.

61. 참고. M. Wenk, "The Holy Spirit as Transforming Power within a Society: Pneumatological Spirituality and Its Political/Social Relevance for Western Europe," *Journal of Pentecostal Theology* 11/1 (2002), 140-141.

62. 교회와 분리된 채로 학자연(學者然)하기 좋아하는 오늘날 일부 신학자들과 달리, 초대교회의 사도와 같은 신학자들은 새로 형성된 믿음의 공동체를 실제로 지지하고 보호하기 위해 '거룩한 지붕'을 씌웠다. 초대교회를 이끌던 지도적 신학자들은 가정교회당, 감옥, 광장, 길거리 등에서 기도하고 묵상하고 설교하며 가르쳤으므로 상황 속에서 복음의 정신을 구체화한 실천적 신학자들이었다. 오늘날 성경 교사나 신학자들은 하나님의 나라와 새 창조의 도래를 선언하는 성경을 자신들의 학적인 탐구와 과시를 위한 업적 그리고 카르텔 아래 굴복

수법 및 원칙으로 'ADAPTIVE'가 제안되었다. 학생이 언제 어디서나 교육 자료에 접근할 수 있어야 함Accessibility, 디지털 기술을 활용함Digital literacy, 학습자 친화적이며 특정 주제에 초점화가 된 장기 및 단기 과정의 신속한 가르침과 훈련은 필수임Acceleration, 특정 지역을 초월한 협력Pan-regionalisation, 옛 사고방식은 새롭고 혁신적인 방식으로 대체하여 변화를 꾀함Transformation, 가르치는 이는 기술과 인력 자원과 협력하여 학습자들을 새롭고 가능한 교육 플랫폼으로 이끎Inclusiveness, 가르치는 이는 교수 환경을 재고하여 더 낫고 혁신적인 학습 경험을 학습자들에게 제공하려는 새로운 비전을 갖추어야 함Vision, 교육 여건을 개선할 수 있는 후원자와 연계함Engagement. 가르치는 이는 학습자와 열린 관계를 유지하여 피드포워드feedforward와 피드백feedback을 동시에 시도해야 한다. 학습자는 자신이 배우기 원하는 주제를 심화시킬 수 있는 프로젝트 중심의 교육을 통해 도전하며 학습 역량을 강화해야 한다. 그리고 학습자는 비평적인 사고와 참여적 학습을 추진해야 한다.[63] 이상의 사항을 요한계시록을 설교하고 가르칠 때도 적용할 수 있다. 학습자는 계시록의 내용을 디지털 기기를 활용하여 언제 어디서나 활용할 수 있어야 한다. 이를 위해 개 교회는 요한계시록 강의를 녹화하여 온라인 학습 플랫폼을 구축할 필요가 있다. 그런 플랫폼을 구축하기 어렵다면, 개 교회의 홈페이지나 인터넷상에 관련 자료를 탑재해 두어야 하며, 교회교육의 학습 환경을 개선하기 위해 투자해야 한다. 그리고 이웃 교회와 협력하여 요한계시록 연구 과정을 개설할 수 있다. 계시록 학습 과정은 단기와 장기과정 그리고 기초과정과 심화과정으로 나눌 수 있다. 이를 위해 가르치는 이는 학습자들과 온라인과 오프라인에서 만나 피드포워드와 피드백을 병행하여, 학습자들이 계시록을 흥미진지하게 그리고 적극적으로 참여하여 배우도록 도와야 한다.

시키지 말아야 한다. 대신 성경으로써 자신들을 다시 정위시킴으로써 고통당하는 세상 사람들에게 책임성 있게 답을 제시할 수 있어야 한다. S. J. Joubert, "Embracing an Embodied Theology in the Time of Corona: Mimetic Synchronisation with the Theological Rhythms and First Responder Stance of the Apostle Paul during the Time of Famine," *HTS Teologiese Studies* 76/4 (2020), 3-7; G. E. Dames, "Biblical Vistas of Brokenness and Wholeness in a Time such as the Coronavirus Pandemic," *HTS Teologiese Studies* 76/4 (2020), 10-11.

63. 이 단락은 W. H. Oliver, "Teaching Theology in the Fourth Industrial Revolution," *HTS Teologiese Studies* 76/2 (2020), 6-10에서 요약.

부록

부록 1 - 『21세기 찬송가』의 찬송가 제목을 위한 증거 구절로서 요한계시록 분석

부록 2 - 요한계시록에 나타난 16개 찬송의 콜론분석

부록 3 - 신약성경의 지옥에 대한 기독론적 이해

부록 4 - 런던의 변호사이자 작가인 Fredrick Edward Weatherly의
"거룩한 성(The Holy City)" (1892)의 가사에 대한 비평

부록 5 - 단어 통계표

부록 6 - 요한계시록의 동사 *ἔρχομαι*(가다, 오다)의 번역 제안

부록 1
『21세기 찬송가』의 찬송가 제목을 위한 증거 구절로서 요한계시록 분석

요한계시록에 찬송은 약 16개나 등장한다. 『21세기 찬송가』의 645개 찬송가 가운데, 제목을 위한 증거 구절로 요한계시록이 사용된 경우는 총 44회이므로 6.8%에 해당한다. 계시록 본문이 찬송가의 어떤 주제를 위해 사용되는지, 그리고 계시록 본문이 해당 찬송가의 내용에 적절한지 평가가 필요하다. 『21세기 찬송가』의 찬송가 제목을 위한 증거 구절로서 요한계시록이 사용된 것은 아래의 도표로 요약된다.

대 제목: 소 제목	찬송가 장과 계시록 본문
예배: 송영(3개)	3(1:6); 4(1:6); 7(1:6)
예배: 경배(3개)	8(4:8); 10(4:8); 12(4:11)
예배: 찬양(7개)	25(4:10); 27(1:16); 29(19:4); 34(7:10); 36(19:16); 37(19:16); 38(17:14)
성부: 창조주(1개)	77(5:13)
성자: 주현(2개)	132(4:11); 133(22:13)
성자: 재림(4개)	174(1:7); 177(20:6); 179(22:12); 181(22:20)
천국(5개)	236(21:2); 240(7:17); 243(22:2); 246(22:1); 247(19:16)
그리스도인의 삶: 소명과 충성(2개)	318(2:10); 333(2:10)
그리스도인의 삶: 시련과 극복(1개)	336(2:10)
그리스도인의 삶: 분투와 승리(1개)	346(12:11)

그리스도인의 삶: 주와 동행(1개)	443(3:20)
그리스도인의 삶: 미래와 소망(3개)	480(22:3-4); 489(22:3-4); 492(6:11)
전도와 선교: 부르심과 영접(5개)	520(1:3); 529(3:20); 530(3:20); 534(3:20); 535(3:20)
예식: 임직(2개)	596(2:10); 597(2:10)
예식: 장례(2개)	606(21:23); 610(14:13)
영창과 기도송: 입례송(1개)	629(4:8)
영창과 기도송: 기도송(1개)	632(4:8)

계시록 본문은 찬송가의 대 제목 8개를 위해 사용되었다. '예배'가 13개로 가장 많고, '그리스도인의 삶'은 8개, '성자'는 6개, '천국'과 '전도와 선교'는 각각 5개, '예식'은 4개, '영창과 기도송'은 2개, 그리고 '성부'는 1개이다. 계시록 본문은 소제목 17개를 위해 사용된다. '찬양' 7개, '천국' 5개, '재림' 4개, '경배'와 '송영' 3개씩, '주현', '소명과 충성', '임직', '장례'는 2개씩, 그리고 '창조주', '시련과 극복', '분투와 승리', '주와 동행', '입례송', '기도송'은 1개씩이다.

계시록의 천상 예배 때문에 주일 공 '예배'를 위한 대 주제를 지지하는 경향이 크다. 두 번째로 사용 빈도가 높은 대 제목인 '그리스도인의 삶'에 포함된 소제목들은 골고루 분포된다. 이는 전통적으로 계시록이 미래에 있을 예수님의 재림에 관한 책으로 알려진 것은 편견임을 방증한다. 그리고 계시록이 "예수 그리스도의 계시"이므로계1:1 '성자'에 대한 찬송도 많은 편이다. '전도와 선교'의 비중이 높은 것도 계시록이 하나님 나라의 확장이라는 선교적 교회를 강조하는 사실에 비추어 볼 때 자연스럽다. 그리고 계시록 본문은 임직 '예식' 때 충성을 강조하고, 장례 '예식' 때 주님 안에서 죽는 복을 강조한다.

『21세기 찬송가』의 찬송가 제목을 위한 증거 구절로서 요한계시록을 분석해 보자. 찬송가의 증거 구절로 계시록 1장, 2장 10절, 3장 20절, 4-5장 그리고 19-22장이 자주 인용된다. 아래 도표는 요한계시록 구절이 어떤 주제를 지지하는지 요약한다.

계시록 구절	소제목과 평가
1:3	부르심과 영접/ 계1:3은 부르심과 영접보다는 예배와 말씀 묵상과 실천에 적절함
1:6	송영/ 계1:6은 찬송 구절은 아니지만 성부와 성자의 사역을 송영하기에 적절함
1:7	재림/ 계1:7은 예수님의 재림 구절이 아님
1:16	찬양/ 계1:16은 찬송 구절은 아니나 성자를 찬송하기에 적절함
2:10	소명과 충성; 시련과 극복; 임직/ 계2:10은 소명과 충성, 시련과 극복, 그리고 임직을 위해 적절함
3:20	주와 동행; 부르심과 영접/ 계3:20은 주와 동행 및 부르심과 영접을 위해 적절함
4:8	경배; 입례송; 기도송/ 계4:8은 찬송 구절로서 경배와 입례송 그리고 기도송으로 적절함
4:10	찬양/ 계4:10은 찬양을 위한 준비 설명으로 적절함
4:11	경배; 주현/ 계4:11은 찬송 구절로서 경배에 적절하지만 주현과는 거리가 있음
5:13	창조주/ 계5:13은 성부와 성자께서 창조주이심을 찬양함
6:11	미래와 소망/ 계6:10의 신원은 미래의 소망과 관련됨
7:10	찬양/ 계7:10은 찬송 구절임
7:17	천국/ 계7:17은 미래 천국에만 해당되지 않음
12:11	분투와 승리/ 계12:11은 분투와 승리에 매우 적절함
14:13	장례/ 계14:13은 장례에 적절함
17:14	찬양/ 계17:14는 찬송 구절은 아니지만 성자의 승리를 찬양하기에 적절함
19:4	찬양/ 계19:14는 찬양으로 적절함
19:16	찬양; 천국/ 계19:16은 찬송 구절은 아니며 미래 천국을 가리키지 않음
20:6	재림/ 천년왕국과 재림은 구분해야 함
21:2	천국/ 새 예루살렘성은 천국이라는 장소가 아님
21:23	장례/ 계21:23의 새 예루살렘성은 미래 천국을 가리키지 않음
22:1	천국/ 신천신지는 미래 천국임
22:2	천국/ 새 예루살렘성은 천국이라는 장소가 아님
22:3-4	미래와 소망/ 새 예루살렘성은 천국이라는 장소가 아님
22:12	재림/ 계22:12는 주님의 재림 구절로 적절함
22:13	주현/ 주현은 예수님의 세례 받으심과 할례 받으심과 관련되는 절기이므로 계22:13은 적절하지 않음
22:20	재림/ 계22:20은 재림 구절로 적절함

앞의 도표에서 보듯이, 특히 계시록 1장 7절과 19-22장은 주님의 재림과 미래 천국을 위한 찬송가의 증거 구절로 자주 사용된다. 이것은 계시록 19장에서 예수님의 재림을 찾는 전천년설과 일부 무천년설의 영향이 큼을 방증한다. 그리고 계시록 21장 1절의 신천신지와 계시록 21장 2절-22장 5절의 새 예루살렘을 미래 천국의 장소를 가리키는 구절로 활용한 사실도 알 수 있다. 위에서 비평한 부정확한 증거 구절을 시정하려면, 다음과 같이 제시할 수 있다. 미래 '천국'의 장소를 위한 구절은 계시록 21장 1절이 적절하다. 계시록 20장 1-8절의 천년왕국과 구분되는 '재림'을 위한 구절은 20장 9절 이하에서 찾으면 된다. '주현主顯, epiphany'을 위한 구절은 계시록에서 찾기 어렵다. 참고로 계시록 12장 4-5절에 예수님의 탄생과 승천이 나타난다. 결론을 내리면, 찬송가의 증거 구절로 요한계시록을 정확히 활용하려면, 요한계시록이 소개하는 예수님의 재림, 신천신지, 그리고 신천신지에 살 성도에 대한 정확한 주해가 요청된다.

부록 2
요한계시록에 나타난 16개 찬송의 콜론분석[1]

찬송 주체	16개 찬송의 콜론분석	공공선교적 의미
4생물 (4:8)	1(8절). 거룩하다 거룩하다 거룩하다 주 하나님 곧 전능하신 이여 2. 전에도 계셨고 이제도 계시고 장차 오실이시라	세상 역사의 주관자이신 성부
24장로 (4:11)	3(11절). **우리** 주 하나님이여 영광과 존귀와 권능을 받으시는 것이 합당하오니 4. 주께서 만물을 **지으신지라** 5. 만물이 주의 뜻대로 있었고 6. 또 **지으심**을 받았나이다	만유의 창조자이신 성부
4생물과 24장로 (5:9-10)	7(9절). (어린양께서) 두루마리를 가지시고 8. 인봉을 떼기에 합당하시도다 9. 일찍이 **죽임을 당하사** 10. 각 족속과 방언과 백성과 나라 가운데에서 **사람들**을 피로 사서 11. 하나님께 드리시고 12(10절). **그들**로 **우리** 하나님 앞에서 **나라와 제사장들**을 삼으셨으니 13. **그들**이 땅에서 *왕 노릇하리로다*	교회를 구원하시고 세상을 통치하시는 성자
천사들 (5:12)	14(12절). **죽임을 당하신** 어린양은 15. 능력과 부와 지혜와 힘과 존귀와 영광과 찬송을 받으시기에 합당하도다	예배를 받으실 통치자 성자

1. 송영목·정미경, 『성경과 찬송의 대화』, 150-153. Contra 계시록에서 찬송 14개를 찾아 완전수 7의 배수라고 보는 Hindson, *The Book of Revelation*, 66.

모든 피조물 (5:13)	16(13절). ***보좌***에 앉으신 이와 어린양에게 찬송과 존귀와 영광과 권능을 세세토록 돌릴지어다	예배를 받으실 성부와 성자
144,000 (7:10)	17(10절). **구원**하심이 ***보좌***에 앉으신 **우리** 하나님과 어린양에게 있도다	구원자이신 성부와 성자
천사들 (7:12)	18(12절). **아멘** 찬송과 영광과 지혜와 감사와 존귀와 권능과 힘이 우리 하나님께 세세토록 있을지어다	예배를 받으실 통치자 성부와 성자
하늘의 음성 (11:15)	19(15절). 세상 나라가 **우리** 주와 그의 그리스도의 나라가 되어 20. 그가 세세토록 *왕 노릇하시리로다*	통치자이신 성부와 성자
24장로 (11:17-18)	21(17절). 감사하옵나니 지금도 계시고 옛적에도 계신 주 하나님 곧 전능하신 이여 22. 친히 큰 권능을 잡으시고 *왕 노릇하시도다* 22(18절). 이방들이 분노하매 23. 주의 진노가 내려 24. 죽은 자를 **심판**하시며 25. 종 선지자들과 **성도**와 또 죽은 자든지 큰 자든지 주의 이름을 경외하는 자들에게 상 주시며 26. 또 땅을 망하게 하는 자들을 **멸망**시키실 때로소이다	심판과 구원을 시행하시는 역사의 주관자이신 성부와 성자
하늘의 음성 (12:10-12)	27(10절). 이제 **우리** 하나님의 구원과 능력과 나라와 또 그의 그리스도의 권세가 나타났으니 28. **우리 형제들**을 밤낮 ***참소하던 자***가 쫓겨났고 29(11절). 또 **우리 형제들**이 어린양의 피와 **자기들**이 증언하는 말씀으로써 **그**를 이겼으니 30. **그들**은 죽기까지 **자기들**의 생명을 아끼지 아니하였도다 31(12절). 그러므로 **하늘과 그 가운데 거하는 자들**은 즐거워하라 32. 그러나 땅과 바다는 화 있을진저 33. 이는 ***마귀***가 ***자기***의 때가 얼마 남지 않은 줄을 알므로 크게 분내어 너희에게 내려갔음이라	마귀의 권세를 이기신 성부와 성자의 승리를 공유하는 교회
바다짐승을 이긴 사람들 (15:3-4)	34(3절). 주 하나님 곧 전능하신 이시여 하시는 일이 크고 놀라우시도다 35. 만국의 왕이시여 주의 길이 **의롭고 참되시도다** 36(4절) 주여 누가 주의 이름을 두려워하지 아니하며 영화롭게 하지 아니하오리이까 37. 오직 주만 거룩하시니이다 38. 주의 의로운 일이 나타났으매 39. 만국이 와서 40. 주께 경배하리이다	전능하고 의롭고 참되며 거룩하시고 열방의 경배를 받으셔야하는 성부와 성자

하늘의 무리 (19:1-2)	41(1절). 할렐루야 구원과 영광과 능력이 **우리** 하나님께 있도다 42(2절). 그의 **심판**은 **참되고 의로운지라** 43. 음행으로 땅을 더럽게 한 큰 음녀를 **심판**하사 44. 자기 종들의 피를 그 음녀의 손에 **갚으셨도다**	음녀 바벨론을 심판하시고 성도를 신원하신 하나님
하늘의 무리 (19:3)	45(3절). 할렐루야	상동
24장로와 4생물 (19:4)	46(4절). **아멘** 할렐루야	상동
보좌 위 어린양의 음성 (19:5)	47(5절). 하나님의 **종**들 곧 그를 경외하는 **너희들**아 **작은 자나 큰 자**나 다 **우리** 하나님께 찬송하라	상동
허다한 무리 (19:6-8)	48(6절). 할렐루야 주 **우리** 하나님 곧 전능하신 이가 통치하시도다 49(7절). **우리**가 즐거워하고 크게 기뻐하며 그에게 영광을 돌리세 50. 어린양의 혼인 기약이 이르렀고 51. 그의 **아내**가 준비되었으므로 52(8절). **그**에게 빛나고 깨끗한 세마포 옷을 입도록 허락하셨으니 53. 이 세마포 옷은 **성도**의 옳은 행실이로다	전능하신 성부의 통치로써 성자는 의로운 신부를 준비하심

요한계시록에 등장하는 16개의 찬송은 총 53개 콜론colon으로 나뉜다.[2] 수직적 표지들의 범주는 총 6개이다. ① 성부는 '주1,3,4,5,19,21,23,25,34,35,36(×2),37,38,40,48, 하나님1,3,12,17,18,21,27,34,41,47,48, 전능하신 이1,21,34,48, 보좌에 앉으신 분16,17, 이제도 계시고 전에도 계셨고 장차 오실 이2,21, 왕35'으로 등장한다. ② 성자는 '어린양7,14,16,17,29,50, 그리스도19,27, 하나님18,21,34,41, 전능하신 이21,34, 주21,23,25,34,35,36(×2),37,38,40, 왕35'으로 나타난다. ③ 성도는 '**하늘과 그 가운데 거하는 자들**31, **나라와 제사장들**12, **종들**44,47, **형제**28,29, **우리**3,12,17,18,19,27,28,47,48, **너희**47, **그들**12,29,30, **사람들**10, **성도**25,53, **작은 자나 큰 자**47, **아내**'51로 나타난다. ④ **심판하다**24,42,43, **갚다**44, 그리고 **멸망시키다**26는 5회이다. ⑤ **아멘**18,45,46은 3회이며, ⑥ **구원**17,41은 2

2. 콜론은 의미를 담아내는 최소 단위인데, '주어와 동사와 목적어/보어'라는 한 세트를 생각하면 된다.

회 나타난다. 이상의 수직적 표지들을 종합하여 요약하면, 성부와 성자는 성도를 구원하셔서 진실된 (찬양을 받으시며 악인들은) 심판하신다.

수평적 표지들의 범주는 총 9개이다. ① 찬송하라[47]와 할렐루야[41,45,46,48]는 총 5회 등장한다. ② 열방을 가리키는 만국[35], 족속과 백성과 방언과 나라[10], 이방들[22], 하늘과 땅과 바다[22] 만물[4,5], 세상 나라들[19]은 총 7회 등장하고, ③ *왕 노릇하시리로다*[13,20,22]는 3회, ④ 합당하다[3,8,15]는 3회, ⑤ **지으시다**[4,6]는 2회, ⑥ **죽임당하다**[9,14]는 2회, ⑦ ***보좌***[16,17]는 2회 등장하며, ⑧ **의롭고 참되다**[35,42]는 2회, ⑨ ***참소하던 자***[28], 곧 ***마귀***[33]는 각각 1회씩 등장한다. 수평적 표지들을 종합한 요지는 "보좌 위의 하나님과 죽임 당하신 성자께서는 의로운 창조주이시며 사탄을 이기시고 왕 노릇하므로 열방의 찬송을 받으시기 합당하시다."이다.

수직적 표지들과 수평적 표지들의 관계는 무엇인가? 수평적 표지들은 성부와 성자의 구원과 심판을 간략하게 언급하는 수직적 표지들을 상술하여 보완한다. 요약하면, 사탄과 악한 짐승의 세력이 성부께서 성자를 통해 이루시려는 구원 계획을 방해하지만, 하나님께서는 구원뿐 아니라 심판도 이루셔서 열방의 남은 성도로부터 찬양을 받으신다.

부록 3
신약성경의 지옥에 대한 기독론적 이해

지옥地獄이라는 단어에는 땅 아래 깊은 감옥이라는 뉘앙스가 있다. 그런데 이 지옥이 다시 사람들의 뇌리에 스친다. '예수 천당, 불신 지옥'이나 '헬 조선'을 넘어, 넷플릭스 6부작 드라마 <지옥>2021 때문이 아닌가? '지옥'은 범죄의 경중과 상관없이 사람들은 특정 날짜에 죽음을 고지 받고, 죽음의 사자가 그것을 집행한다고 이야기한다.

교의학계는 힐렐학파의 영혼소멸설 등을 계승한 비성경적 주장을 포함하여 지옥에 대해 다양하게 논의해 왔다.[1] 만인구원론자와 영혼소멸론자는 지옥이 실종된 시대를 조장하고 현대 설교자들은 지옥을 자주 강조하지 않음에도, 그 누구도 지옥이 엄연한 실재임을 쉽게 부정하기 어렵다. 그런데 신약성경의 지옥 연구는 상대적으로 미흡하다.[2] 이런 연구의 미진한 점을 염두에 둔 채, 이 글은 신약성경의 하데스와 게엔나의 용례를 차례로 살피고, 하나님 나라와 기독론 중심의 지옥 이해로 마무리한다.

---

1. 염보연, "지옥이 사라져 버린 현대 교회," (신학석사 논문, 목원대학교, 2012), 2-35; 홍창표, "음부(ᾅδης)와 지옥(γέεννα) 개념: 요한계시록 1:18을 중심으로," 『신학정론』 15/2 (1997), 494.
2. 사두개파와 오리겐을 이어 존 스토트와 존 웬함 그리고 마이클 그린 등과 더불어 영혼소멸설을 지지하는 E. E. Ellis, "New Testament Teaching on Hell," in *Eschatology in Bible & Theology: Evangelical Essays at the Dawn of a New Millennium*, ed. K. E Brower and M. W. Elliott (Downers Grove: IVP, 1997), 199-219; S. N. Gundry and P. M. Sprinkle (ed), 『지옥 논쟁: 지옥에 관한 네 가지 성경적·신학적 견해』, *Four Views on Hell*, 김귀탁 역 (서울: 새물결플러스, 2019), 8.

1. 하데스ᾅδης

히브리어 '스올'에 상응하는 헬라어 명사 ᾅδης하데스는 '음부陰府' 또는 '무덤'으로 번역되는데, 성도나 불신자가 죽어 예수님의 재림 때에 몸이 부활하기까지 거하는 곳이다시89:48.[3] 따라서 하데스는 신자와 불신자 모두 죽은 후에 가는 장소이다.[4] 그러므로 '스올'을 '지옥'으로 번역하지 않도록 주의해야 한다. 하지만 KJV는 LXX의 명사 ᾅδης를 '지옥hell'으로 번역하기를 선호하기에 '지옥'은 구약성경에 31회나 등장한다신32:22; 시9:17; 잠5:5; 사14:9; 겔31:15; 암9:2; 합2:5 등. 그러나 NIV, NASB, NRSV, 그리고 NAB의 구약성경에는 명사 '지옥'이 아예 등장하지 않고, 대신 '무덤' 등으로 적절히 번역한다.[5]

죽은 성도의 영혼이 가는 임시적 천국인 낙원눅16:22; 23:43; 계20:4과 죽은 불신자의 영혼이 가는 고통당하는 장소인 하데스는 서로 대조된다. 이런 의미에서 불신자에게 하데스는 육의 부활 이전까지 영이 고통당하는 장소이다.[6] 그러므로 예수님의 재림으로써 하데스의 역할은 끝난다.

신약성경에서 요한계시록에 집중적으로 8회나 등장하는 여성 명사 '무저갱ἄβυσσος'은 예수님께서 머리로 다스리시는 복음을 전하는 그리스도인을 박해하여 순교로 내몬 짐승의 출처이자계11:7, 사탄이 천 년간 갇히는 곳이다계20:3; 참고. 눅8:31. 요한은 이 무저갱을 '옥φυλακή'이라고도 부른다계20:7; 참고. 벧전3:19. 따라서 계시록의 환상에 부정적으로 등장하는 무저갱은 악의 세력이 들어갈 영원한 형벌의 장소는 아니다.

---

3. Montanari, *The Brill Dictionary of Ancient Greek*, 29.

4. Contra 과학시대의 그리스도인은 천국과 지옥을 문자적 장소보다는 은유나 상징으로 이해한다고 주장하는 A. Geyser-Fouche, "Hemel en Hel," *HTS Teologiese Studies* 71/3 (2015), 6.

5. W. C. Marlowe, "'Hell' as a Translation of שְׁאוֹל in the Hebrew Bible: De-Hellenizing the KJV and NKJV Old Testaments," *Asbury Journal* 58/1 (2003), 5.

6. 홍창표, "음부(ᾅδης)와 지옥(γέεννα) 개념: 요한계시록 1:18을 중심으로," 495. Pace 게헨나와 하데스를 구분하지 않고 죄인이 몸을 입고 들어가서 형벌을 받을 장소로 보는(마5:29-30; 눅16:23-24) 황창기, 『성경적 지옥론』 (부산: 고신대학교 기독교사상연구소, 2005), 23.

2. 게엔나γέεννα

히브리어 '게이히놈'을 헬라어로 음역한 여성 명사 '게엔나γέεννα'는 신약성경에 공관복음을 중심으로 총 12회 등장하는데, '지옥'으로 번역된다마5:22,29-30; 10:28; 18:9; 23:15,33; 막9:43,45,47; 눅12:5; 약3:6; 참고. 요3:36; 히6:2; 벧후2:4.[7] 사랑이 충만하신 예수님의 입에서 지옥이 발화된 것은 의아하지만, 그분의 회복적 정의와 공의로운 속성을 고려하면 영원한 형벌의 장소를 강조하신 것은 당연하다.[8] 유대인들은 게엔나의 어원인 '힌놈의 골짜기'를 지옥의 불 심판과 동일시했다1에녹 27:1-2; 4에스라 73:6; 참고. 렘7:32.[9] 게엔나의 반대 개념은 창세로부터 예비된 하나님 나라, 곧 영생할 사람들을 위해 준비된 완성될 신천신지이다마25:34,46; 계21:1. 이사야는 신천신지에서 살 수 없는 패역한 죄인들이 당할 불 심판으로써 자신의 선지서를 마무리한다사66:24; 참고. 단12:2. 이사야서의 마지막 구절을 잘 알고 계신 예수님께서 은유적 표현으로 설명하셨듯이, 게엔나, 곧 지옥은 구더기도 죽지 않고 불도 영원히 꺼지지 않는다막9:45-48; 참고. 사34:9-10; 마3:10; 5:22; 18:9; 막9:43; 약3:6; 벧후2:6; 유7; 계14:10.[10]

요한계시록의 환상에서 6회나 등장하는 '(유황) 불의 못ἡ λίμνη τοῦ πυρὸς'은 둘째 사망을 당한 자들, 곧 생명책에 녹명되지 못한 자들이 밤낮 그리고 영원히 형벌을 당하는 장소이므로 게엔나에 해당한다계14:10-11; 19:20; 20:10,14-15; 21:8; 참고. 단3:17; 12:2; 마25:41; 요5:29.[11] 그러므로 요한이 본 환상에 따르면, 불 못은 교회와 복음을 대

---

7. 황창기, 『성경적 지옥론』, 12.
8. 황창기, 『성경적 지옥론』, 20.
9. 참고. Gundry and Sprinkle (ed), 『지옥 논쟁: 지옥에 관한 네 가지 성경적·신학적 견해』, 35; 홍창표, "음부(ᾅδης)와 지옥(γέεννα) 개념: 요한계시록 1:18을 중심으로," 497.
10. Gundry and Sprinkle (ed), 『지옥 논쟁: 지옥에 관한 네 가지 성경적·신학적 견해』, 27-31; D. J. Kyrtatas, "The Origins of Christian Hell," *International Review for the History of Religions* 56/2-3 (2009), 284; 염보연, "지옥이 사라져 버린 현대 교회," 37-38.
11. Kyrtatas, "The Origins of Christian Hell," 287; R. C. Hassel Jr., "Last Words and Last Things: St. John, Apocalypse, and Eschatology in *Richard III*," *Shakespeare Studies* 18 (1986), 31.

적한 사탄과 그의 추종자인 불신 악인들이 도달하여 저주와 멸망과 심판을 받을 종착점이다.[12] 요한이 본 환상에 등장하는 게엔나는 상징적으로 해석해야 한다. 사족을 달면, 이런 상징적 해석은 지옥의 실재성과 장소성을 전제로 삼는다.

3. 하나님 나라와 기독론 중심의 지옥 이해

요한계시록에 불 심판 이미지가 자주 나타나듯이, 구약에서 야웨는 불로 심판하셨다창19장; 신4:24; 단7:9-10; 계1:14; 8:7; 11:5; 14:10; 16:8; 19:20; 20:9,14-15; 참고. 살후1:7-9. 예수님께서 사망과 음부의 열쇠를 가지고 계신다계1:18. 그리고 예수님께서 최후 심판을 시행하시기에 지옥의 열쇠도 가지고 계신다계20:14; 21:8. 스스로 영생이며 천국autobasileia이신 예수님을 떠나 산다면 현재적 지옥을 경험하여 하나님의 심판 아래 놓인다눅17:21; 요14:6; 행28:23,31. 지옥에 예수님께서 계시지 않지만, 그곳은 예수 그리스도를 중심으로 '이미 그러나 아직 아니'라는 종말론적인 틀로 이해해야 한다참고. 롬5:9-10.[13] 구주와 생명이신 예수 그리스도 바깥에서 죄와 사망과 사탄에게 종노릇 한다면 이미 지옥을 경험 중이지만, 지금 생명, 사랑, 구원, 의, 하나님의 가족, 그리고 빛을 경험한다면 이미 천국 안에 사는 것이다요일3:14. 따라서 지옥과 천국 이해는 서로 대비된다. 하나님 나라와 대비되면서도 기독론적으로 정의된 지옥론은 계시록의 교차대칭구조로 아래와 같이 확인된다.[14]

---

12. 구약의 (유대교 및 기독교) 위경을 비롯하여 유대묵시문헌에 따르면, 하나님을 향해 망령되게 말하고(1에녹 27:2) 소돔의 죄를 범하며(이삭의 유언 5:26-27) 도둑질, 탐욕, 음행, 살인을 저지르고(2에녹 10:4-6) 뇌물을 받거나 고리대금을 일삼는 자들은 지옥에서 고문과 고통을 당한다(스바냐묵시 10:3-11). 지옥에서 회개의 기회를 다시 얻을 수 있다는 언급(postmortem evangelism)이 있다(스바냐묵시 10:10-11). 그러나 지옥에서 회개의 기회는 더 이상 없으며 이른 바 죄인을 위한 '중보기도'도 소용없다고 보는 경우도 많다(4에스라 7:102-103; 2에녹 10:1-3; 위필로 33:2-3). 참고. E. Woodcock, "Images of Hell in the Tours of Hell: Are They True?" *Criswell Theological Review* 3/1 (2005), 11-15.
13. 황창기, 『성경적 지옥론』, 32-33; 염보연, "지옥이 사라져 버린 현대 교회," 43-44.
14. Lee, "A Call to Martyrdom: Function as Method and Message in Revelation," 183.

천상의 예배 환상(계4:1-5:14)

A 하나님과 사탄: 보좌 위의 성부께서 예배를 받으시기 합당함(4:1-11)

B 죽음을 통한 합당한 가치: 죽임 당하신 어린양이 예배를 받으시기 합당함(5:1-12)

C 성부와 어린양을 영원히 예배함(5:13-14)

천년왕국과 심판(계20:1-10)

A′ 예수님과 사탄: 사탄이 무저갱에 던져짐(20:1-3)

B′ 죽음을 통한 합당한 가치: 죽임당한 사람들이 그리스도와 함께 다스림(20:4-6)

C′ 사탄과 하수인들이 유황불이 타는 못에서 당하는 영원한 고통(20:7-10)

위의 교차대칭구조를 요약하면, 첫째, 성부께서 보좌에서 통치하시기에 그분께서 사탄을 정복하셨다. 둘째, 성부께서 사탄을 정복하신 사건은 어린양의 죽음으로써 가능하다. 셋째, 어린양께서 사탄을 무저갱에 던지심으로써 성부와 더불어 영원토록 경배를 받으신다. 넷째, 그리스도를 따르는 성도는 죽더라도 살아서 패배당하고 영원한 지옥의 정죄를 받은 사탄과 죽음을 다스린다. 계시록의 1차 독자들은 성도를 정죄하고 죽음으로 내몬 사탄의 세력이 패배당한 것을 알고 성부와 성자의 통치와 예배의 반응을 선택해야 했다.

예수님의 재림 이후에 임할 지옥의 심판 이전에 황제숭배자들계14:11과 불신 유대인들과 로마제국은 미리 지옥을 경험했다계19:20. 그러나 둘째 사망을 면한 지상의 성도는 미리 하나님의 낙원에서 생명을 누린다계2:7,11.

4. 나오면서

영원한 천국처럼 영원한 지옥은 사후의 실제 세계이자 하나님의 주권이 미치는 영역이다. 스스로 천국이신 예수님께서 하데스와 유황 불 못인 지옥, 이 둘을 모두 다스리신다. 예수님께서는 사망을 이긴 생명공동체인 신약교회에게 천국의 열쇠들을 주셔서 재림 때까지 '하데스의 문'을 계속 깨트리신다마16:18-19. 그리고 예수님께서 재림 때에 영원한 지옥의 형벌로써 악의 세력을 영원히 다스리실 것이다웨스트민스터 대교리문답 89. 예수님과 계시록은 소돔을 심판한 유황불의 심판 이미지를 활용하여창19:24 지옥을 불 못의 이미지로 설명하지만, 그곳이 어디인지 그리고 실제로 불구덩이인지는 확실히 알 수 없다. 은유와 상징 기법으로 설명된 지옥의 이미지를 문자적으로 해석하는 것은 지양해야 한다. 영원한 형벌의 장소인 지옥은 그리스도인의 전도 사명을 일깨운다.

부록 4
런던의 변호사이자 작가인 Fredrick Edward Weatherly의 "거룩한 성The Holy City" 1892의 가사에 대한 비평

이 찬송가는 문학성이 뛰어난 성경적 찬양시로 호평을 받았는데, 이 찬송가가 기초한 성경 본문들을 분석함으로써 평가해 보자.

1. "나 어젯밤에 잘 때 한 꿈을 꾸었네 그 옛날 예루살렘성의 곁에 섰더니"

⇨ 작사자는 예수님께서 십자가를 지시기 위해 예루살렘에 입성하신 장면을 꿈에 보았다. 한 개인이 꿈 꾼 내용을 공 예배에 찬송으로 부르기는 적절하지 않다참고. 21세기 찬송가 134장.

2. "허다한 아이들이 그 묘한 소리로 주를 찬미 소리 참 청아하도다 천군 천사가 함께 화답함과 같이"

⇨ 예수님의 탄생 시에 천군 천사가 찬송하듯이눅2:13-14 주님의 예루살렘 입성 시에 아이들이 찬송했다는 언급은 사복음서에 없다마21장; 막11장; 눅19장; 요12장. 주님의 예루살렘 입성 시에 아이들이 아니라 제자들의 온 무리는 "하늘에는 평화요 가장 높은 곳에는 영광이로다"눅19:38라고 찬송했는데, 천군 천사들이 "지극히 높은 곳에서는 하나님께 영광이요 땅에서는 하나님이 기뻐하신 사람들 중에 평화로다"와 유사하다눅2:14. 하지만 이 둘의 차이는 제자들의 큰 무리는 땅이 아니라 하늘에 평화가 있다고 찬양했다. 예루살렘 입성 후에 주

님께서 이방인의 뜰에서 성전을 청결케 하셨을 때, 어린이들은 예루살렘 성문이 아니라 성전에서 "호산나 다윗의 자손이여"라고 외쳤다마21:15-16.

3. 후렴: "예루살렘 예루살렘 그 거룩한 성아 호산나 노래하자 호산나 부르자"

⇨ '호산나'는 시편 118편의 성취로서 마태복음 21장 9절과 마가복음 11장 9절에 나타난다. 그런데 사복음서에서 예수님의 예루살렘 입성 사건에 예루살렘을 '거룩한 성'이라 부르지 않는다. 계시록 21장 2절에 '거룩한 새 예루살렘성'이 나타난다참고. 계11:2의 "거룩한 성".

4. "그 꿈이 다시 변하여 이 세상 고요코 호산나 찬미 소리 들리지 않는다 햇빛은 아주 어둡고 그 광경 참담해 이는 십자가에 달리신 그 때의 일이라 이는 십자가에 달리신 그 때의 일이라"

⇨ 작사자는 예수님의 예루살렘 입성으로부터 제6시에서 제9시까지 어둠이 임한 십자가 처형 장면으로 전환한다눅23:44.

5. 후렴: "예루살렘 예루살렘 그 거룩한 성아 호산나 노래하자 호산나 부르자"

6. "그 꿈이 다시 변하여 이 세상 다 가고 그 땅을 내가 보니 그 유리 바다와 그 후에 환한 영광이 다 창에 비치니 그 성에 들어가는 자 참 영광이로다 밤이나 낮이 없으니 그 영광뿐이라 그 영광 예루살렘 성 영원한 곳이라 이 영광 예루살렘 성 참 빛난 곳일세"

⇨ 작사자는 마지막 꿈을 소개한다. 밧모섬에서 요한이 본 환상 중에 하나님의 보좌 앞에 펼쳐진 유리 바다계4:6는 새 예루살렘성의 정금과 유리와 유사하다계21:18. 하지만 새 예루살렘성에는 (유리)바다가 없다계21:1. 새 예루살렘성에는 유리 바다에 반사된 빛이 창에 비취지 않고, 성부의 영광과 어린양의 등불이 성도에게 비친다계21:23. 그리고 새 예루살렘성은 항상 낮처럼 밝으므로 밤이

없다계21:25. 따라서 작사자가 "낮이 없다"라고 말한 것은 어불성설이다. 그리고 새 예루살렘성은 참으로 빛나는 영원한 곳, 즉 예수님의 재림 후에 도래할 영광스런 장소가 아니라 어린양의 신부를 가리킨다계21:2,9-10.[1]

7. 후렴 및 종결: "예루살렘 예루살렘 그 거룩한 성아 호산나 노래하자 호산나 부르자 호산나 노래하자 호산나 호산나"

⇨ 결론: 영국 변호사 프레드릭 웨덜리1848-1929가 작사한 "거룩한 성"은 예수님의 예루살렘 입성에서 시작하여 십자가 처형을 거쳐 새 예루살렘성 환상으로 마친다계21:2-22:5. 그런데 주님의 예루살렘 입성 시에 아이들의 찬송은 없었으며, 복음서 기자들은 주님의 입성 시에 그 도시를 '거룩한 성'이라 부르지 않는다. 계시록의 새 예루살렘성은 예수님의 신부이므로, 예루살렘 도시가 영광스럽게 회복될 것을 가리키지 않는다. 새 예루살렘성은 예루살렘 도시가 아니라 예루살렘교회행2장를 간본문으로 삼는다. 예루살렘의 회복은 세대주의 전천년주의자들의 관심사이지만, 요한계시록은 하늘과 땅의 갱신을 통해 신천신지가 완성될 것을 예언한다. 참고로 '현대 세대주의의 아버지'인 존 넬슨 다비J. N. Darby, 1800-1882는 1830년대에 자신의 주장을 널리 알렸다.

---

1. 『21세기 찬송가』 제66장("다 감사드리세")의 작사자로 알려진 루터교 목사 마르틴 린카르트(Martin Rinkart, 1586-1649)는 30년 전쟁의 여파와 흑사병과 기근으로 아내가 사망하자 이틀 후인 1637년 5월 10일에 장례식을 직접 집례했다. 그때 린카르트는 다음과 같은 찬송가를 만들었다. "나는 눈물골짜기와 두려움과 위험과 고난을 벗어나 프로이던과 함께 하늘 궁전에 갈 것이다. 우리 경건한 성도는 하나님의 놀라운 능력으로써 그 좋은 날 밤에 거기로 함께 돌아갈 것이다." 그러나 린카르트가 고대한 '하늘 방(Himmels-Saal)'은 새 예루살렘성과 어느 정도 연관이 있는지 알 수 없다. 참고. https://hymnary.org/person/Rinkart_M(2022년 4월 3일 접속).

부록 5
단어 통계표

요한계시록은 구원과 심판이 나선형처럼 반복되는데, 플롯이 전개되어 갈 때 하나님과 사탄의 세력 간에 갈등도 증폭된다.[1] 계시록에 이런 주제의 반복과 더불어, 여러 단어가 반복되면서 강조된다. 요한이 강조하는 이런 단어들은 계시록의 주제어key words일 가능성이 크기에 설교자가 잘 유념해야 한다. 예를 들어, "하나님"96회, "큰"86회, "땅"82회, "천사"67회, "주다"59회, "소리"55회, "일곱"54회, "하늘"52회, "보좌"46회, "듣다"46회; "내가 들었다"(27회), "나는 보았다"45회,[2] "짐승"38회; 계13장에만 16회, "이름"37회, "일곱"36회, "오다/가다"35회,[3] "앉다"33회, "행위"29회, "어린양"29회, "기록하다"29회, "던지다"28회, "열다"27회, "도시"27회, "이름"27회, "바다"26회, "보라"26회, "거룩한"25회, "영"24회, "두루마리"24회, "주"23회, "받다"23회, "12"23회, "날/낮"22회, "입"22회, "권세"21회, "왕"21회, "교회"20회, "생물"20회, "큰 음성"20회, "머리"19회, "죽음"19회, "여자"19회, "말씀λόγος"18회, "물"18회, "첫째의"18회,

1. 허윤기, "요한계시록의 서사적 기독론," (Ph.D. 논문, 한남대학교, 2015), 90-91.
2. "보다"와 더불어 "듣다"도 반복된다(계1:10; 4:1; 5:13; 6:1,3,6,7; 7:4; 8:1,13; 9:13,16; 10:4, 11:1; 12:10; 14:2,13, 16:1,5,7; 17:1; 18:4; 19:1,6; 22:8). 허윤기, "요한계시록의 서사적 기독론," 43. 참고로 "그리고 나는 보았다(Καὶ εἶδον)"를 중심으로 계시록의 구조를 분석한 예는 R. J. Korner, "And I saw …: An Apocalyptic Literary Convention for Structural Identification in the Apocalypse," *Novum Testamentum* 42/2 (2000), 174를 보라.
3. 이 가운데 한글 개역개정판은 20회에 걸쳐 "오다"로 번역한다(계1:4,7,8; 3:11; 4:8; 6:1,3,5,7; 7:13; 8:3; 16:15; 17:1; 21:9; 22:7,17abc,20ab).

"생명"17회, "말ἵππος"16회, 그리고 16개에 달하는 찬송가이다.[4] 이를 종합하면, 요한은 보았던 환상을 통해, 아버지 하나님 및 어린양과 그분의 나라, 유대인들, 로마제국, 그리고 천사를 매우 강조한다. 아래 도표는 상대적으로 덜 빈번하게 반복되는 단어와 30회 이하로 반복된 일부 단어들을 요약한 것인데, 무엇보다 기독론, 교회론, 그리고 종말론 등이 두드러짐을 보여준다.[5] 아래 도표에 너무 흔하게 반복되는 접속사들은 제외한다.

단어	횟수	구절
가까운(ἐγγύς)	2회	1:3; 22:10
감사	2회	4:9; 7:12
거짓	2회	2:2; 21:8
검은(μέλας)	2회	6:5,12
계명	2회	12:17; 14:12
기뻐하다	2회	11:10; 19:7
꼬리	2회	9:10, 19
눈	2회	1:14; 2:18
니골라당	2회	2:6,15
더럽히다	2회	3:4; 14:4
도둑	2회	3:3; 16:5
독수리	2회	4:7; 8:13
모래	2회	13:1; 20:8
묶다	2회	9:14; 20:2
굵은 베옷(상복)	2회	6:12; 11:3

4. 찬송 구절은 계4:8c,11; 5:9b-10,12b,13b; 7:10b,12; 11:15b,17-18; 12:10b-12; 15:3b-4; 16:5b-7b; 19:1b-2,3,5b,6b-8이다. 참고. Smith, "The Perseverance of the Saints in the Apocalypse of John," 23-25; Du Rand, *Die A-Z van Openbaring*, 241.

5. 상세한 통계는 Mueller, "Microstructural Analysis of Revelation 4-11," 701-727; S. Moyise, "Word Frequencies in the Book of Revelation," *Andrews University Seminary Studies* 43/2 (2005), 295-299; Ford, *Revelation*, 43-45; Patterson, *Revelation*, 31을 보라.

부활	2회	20:5,6
불꽃	2회	1:12; 19:12
붉은(πυρρός)	2회	6:4; 12:3
사랑	2회	2:4,19
살인자	2회	21:8; 22:15
새벽별	2회	2:28; 22:16
섬기다(λατρεύω)	2회	7:15; 22:3
성취하다	2회	3:2; 6:11
속히(τάχος)	2회	1:1; 22:6
시작, 기초(καταβολή)	2회	13:8; 17:8
양날 선	2회	1:16; 2:12
어두워지다	2회	9:2; 16:10
열매	2회	22:2(×2)
영광돌리다	2회	15:4; 18:7
애곡하다	2회	18:15,19
오래된, 이전의	2회	12:9; 20:2
요한	2회	1:9; 22:8
우상숭배자	2회	21:8; 22:15
유대인들	2회	2:9; 3:9
의로운 일(δικαίωμα)	2회	15:4; 19:8
잔치(식사)	2회	19:9,17
첫째 부활	2회	20:5,6
측량하다	2회	11:1,2
치유하다	2회	13:3,12
하늘에서 내려오는 불	2회	13:13; 20:9
행음자	2회	21:8; 22:15
혼인	2회	19;7,9
휴식하다	2회	6:11; 14;13
거짓 선지자	3회	16:13; 19:20; 20:10
공중	3회	8:13; 14:6; 19:17

교훈	3회	2:14,15,24
구원	3회	7:10; 12:10; 19:1
기도	3회	5:8; 8:3,4
기뻐하다(ὑφραίνω)	3회	11:10; 12:12; 18:20
기억하다	3회	2:5; 3:3; 18:5
노래하다	3회	5:9; 14:3; 15:3
녹색의	3회	6:8; 8:7; 9:4
다윗	3회	3:7; 5:5; 22:16
뒤에서, 뒤따라	3회	1:10; 12:15; 13:3
바람(ἄνεμος)	3회	6:13; 7:1(×2)
뱀	3회	12:9,15; 20:2
벌거벗은	3회	3:17; 16:15; 17:16
생명책	3회	3:5; 20:15; 21:27
심판	3회	17:1; 18:20; 20:4
자녀	3회	2:23; 12:4,5
악령(δαιμόνιον)	3회	9:20; 16:14; 18:2
알파와 오메가	3회	1:8; 21:6; 22:13
온 세상	3회	3:10; 12:9; 16:14(참고. 다수사본 20:2)
옷입다(ἐνδύω)	3회	1:13; 15:6; 19:14
이스라엘	3회	2:14; 7:4; 21:12
전갈	3회	9:3,5,10
즐거워하다	3회	11:10; 12:12; 18:20
증거하다	3회	1:2; 22:18,20
증인	3회	1:5; 2:13; 3:15
죄	3회	1:5; 18:4,5
마시다	3회	14:10; 16:6; 18:3
목마르다	3회	7:16; 21:6; 22:1
새(ὄρνεον)	3회	18:2; 19:17,21
전갈	3회	9:3,5,10
지혜	3회	5:12; 13:18; 17:9

찬송	3회	5:12,13; 7:12
추수하다	3회	14:15(×2),16
더럽다	4회	16:13; 17:4; 18:2(×2)
도망치다	4회	9:6; 12:6; 16:20; 20:11
둘째 사망	4회	2:11; 20:6,14; 21:8
떨어지다	4회	2:5; 6:13; 7:16; 9:1
목양하다	4회	2:27; 7:17; 12:5; 19:15
문	4회	3:8,20(×2); 4:1
미워하다	4회	2:6(×2); 17:16; 18:2
믿음/신실함	4회	2:13,19; 13:10; 14:12
빛	4회	18:23; 21:24; 22:5(x2)
사랑하다(ἀγαπάω)	4회	1:5; 3:9; 12:11; 20:9
생명나무	4회	2:7; 22:2,14,19
세상(οἰκουμένη)	4회	3:10; 12:9; 16:14; 20:2
세세토록 살아계신 분	4회	4:9,10; 10:6; 15:7
시간(χρόνος)	4회	2:21; 6:11; 10:6; 20:3
신부(νύμφη)	4회	18:23; 21:2,9; 22:17
신성모독	4회	13:1,5,6; 17:3
신성모독하다	4회	13:6; 16:9,11,21
심판	4회	14:7; 16:7; 18:10; 19:2
여기	4회	13:10,18; 14:12; 17:9
일곱 교회	4회	1:4,11,20(×2)
일곱 영	4회	1:4; 3:1; 4:5; 5:6
비밀	4회	1:20; 10:7; 17:5,7
아래에	4회	5:3,13; 6:9; 12:1
요한	4회	1:1,4,9; 22:8
우박	4회	8:7; 11:19; 16:21(×2)
작은, 짧은	4회	2:14; 3:4; 12:12; 17:10
장막치다	4회	7:15; 12:12; 13:6; 21:3
증언하다	4회	1:2; 22:16,18,20

지혜	4회	5:12; 7:12; 13:18; 17:9
증거하다	4회	1:2; 22:16,18,20
하나님을 경외함	4회	11:18; 14:7; 15:4; 19:5
하데스	4회	1:18; 6:8; 20:13,14
할렐루야	4회	19:1,3,4,6
감옥	5회	2:10; 18:2(×3); 20:7
걷다	5회	2:1; 3:4; 9:20; 16:15; 21:24
괴롭히다(βασανίζω)	5회	9:5; 11:10; 12:2; 14:10; 20:10
꼬리	5회	9:10(×2),19(×2); 12:4
나는 …… 이다(ἐγώ εἰμί)	5회	1:8,17; 2:23; 21:6; 22:13
낳다	5회	12:2,4(×2),5,13
두루마기(στολή)	5회	6:11; 7:9,13,14; 22:14
마귀(διάβολος)	5회	2:10; 12:9,12; 20:2,10
모으다	5회	16:14,16; 19:17,19; 20:8
미혹하다	5회	2:10; 18:2(×3); 20:7
뱀	5회	9:19; 12:9,14,15; 20:2
삼키다	5회	10:9,10; 11:5; 12:4; 20:9
세마포(βύσσινος)	5회	18:12,16; 19:8(x2); 19:14
시간(καιρός)	5회	1:3; 11:18; 12:12, 14; 22:10
아들	5회	1:13; 2:18; 12:5; 14:14; 21:7
아버지	5회	1:6; 2:28; 3:5,21; 14:1
여자	5회	2:20; 12:13; 17:3,6; 21:9
예언	5회	1:3; 22:6,10,18,19
음녀	5회	17:1,5,15,16; 19:2
음행하다	5회	2:14, 20; 17:2; 18:3, 9
의롭다	5회	15:3; 16:5,7; 19:2; 22:11
이제도 계시고, 전에도 계셨고 장차 오실 분	5회	1:4,8; 4:8; 11:17; 16:5
증인	5회	1:5; 2:13; 3:14; 11:3; 17:6
형제	5회	1:9; 6:11; 12:10; 19:10; 22:9

환난	5회	1:9; 2:9,10,22; 7:14
나무	6회	2:7; 18:12(×2); 22:2(×2),14,19
나팔	6회	1:10; 4:1; 8:2,6,13; 9:14
따르다	6회	6:8; 14:4,8,9,13; 19:14
먹다	6회	2:7,14,20; 10:10; 17:16; 19:18
바벨론	6회	14:8; 16:19; 17:5; 18:2,10,21
불못	6회	19:20; 20:10; 20:14(×2),15; 21:8(비교. 14:10)
사다(ἀγοράζω)	6회	3:18; 5:9; 13:17; 14:3,4; 18:1
사랑하다	6회	1:5; 3:9,19; 12:11; 20:9; 22:15
사자(λέων)	6회	4:7; 5:5; 9:8,17; 10:3; 13:2
속히(ταχύς)	6회	2:16; 3:11; 11:14; 22:7,12,20
아내(γυνή)	6회	12:1,6; 17:4,9,18; 19:7
여기	6회	4:1; 11:12; 13:10,18; 14:12; 17:9
예수 그리스도의 증거	6회	1:2,9; 12:17; 19:10(×2); 20:4
울다	6회	5:4,5; 18:9,11,15,19
유황	6회	9:17,18; 14:10; 19:20; 20:10; 21:8
재앙	6회	15:1,6; 16:9; 18:4,8; 22:18
전쟁하다	6회	2:16; 12:7(x2); 13:4; 17:14; 19:11
존귀	6회	4:9,11; 5:12,13; 7:12; 21:26
죽다	6회	3:2; 8:9,11; 9:6; 14:13; 16:3
지진	6회	6:12; 8:5; 11:13,19; 16:18(×2)
진노	6회	6:16,17; 11:18; 14:10; 16:19; 19:15
칼	6회	1:16; 2:16; 6:4,8; 19:15,21
나는 -이다	7회	1:8,17; 2:23; 21:6; 22:13,16(×2)
나는 알파/처음과 오메가/나중이다	7회	1:8,17; 21:6(×2); 22:13(×3)
날카로운	7회	1:16; 2:12; 14:14,17,18(×2); 19:15
낫	7회	14:14,15,16,17,18(×2),19
그리스도	7회	1:1,2,5; 11:15; 12:10; 20:4,16
다스리다	7회	5:10; 11:15,17; 19:6; 20:4,6; 22:5

목숨(ψυχή)	7회	6:9; 8:9; 12:11; 16:3; 18:13,14; 20:4
무저갱	7회	9:1,2,11; 11:7; 17:8; 20:1,3
반드시 해야 한다	7회	1:1; 4:1; 10:11; 11:5; 17:10; 20:3; 22:6
보좌에 앉으신 분	7회	4:9; 5:1,7,13; 6:16; 7:15; 21:5
복되다	7회	1:3; 14:13; 16:15; 19:9; 20:6; 21:7,14
살(σάρξ)	7회	17:16; 19:18(×5),21
선지자들	7회	10:7; 11:18; 16:6; 18:20,24; 22.6,9
예언	7회	1:3; 11:6; 19:10; 22:7,10,18,19
음행	7회	2:21; 9:21; 14:8; 17:2,4; 18:3; 19:2
오다(예수님)	7회	2:5,16; 3:11; 16:15; 22:7,12,20
오라(가라)	7회	6:1,3,5,7; 22:17(×2),20
옷(ἱμάτιον)	7회	3:4,5,18; 4:4; 16:15; 19:13,16
왕노릇하다	7회	5:10; 11:15,17; 19:6; 20:4,6; 22:5
우렛소리	7회	4:5; 8:5; 10:3,4(×2); 11:19; 16:18
인내	7회	1:9; 2:2,3,19; 3:10; 13:10; 14:12
전능하신 주 하나님	7회	1:8; 4:8; 11:17; 15:3; 16:7; 19:6; 21:22
족속, 방언, 백성, 나라	7회	5:9; 7:9; 10:11; 11:19; 13:7; 14:6; 17:15
표	7회	13:16,17; 14:9,11; 16:2; 19:20; 20:4
표적	7회	12:1,3; 13:13,14; 15:1; 16:14; 19:20
때(καιρός)	7회	1:3; 11:18; 12:12,14(×3); 22:10
합당하다	7회	3:4; 4:11; 5:2,4,9,12; 16:6
강	8회	8:10; 9:14; 12:15,16; 16:4,12; 22:1,2
남은 자(λοιπός)	8회	2:24; 3:2; 8:13; 9:21; 11:13; 12:17; 19:20; 20:5
마치다, 성취하다(τελέω)	8회	10:7; 11:7; 15:1,8; 17:17; 20:3,5,7
면류관	8회	2:10; 3:11; 4:4,10; 6:2; 9:7; 12:1; 14:14
미혹하다	8회	2:20; 12:9; 13:14; 18:23; 19:20; 20:3,8,10
밤	8회	4:8; 7:15; 8:12; 12:10; 14:11; 20:10; 21:25; 22:5
보내다 (ἀποστέλλω, πέμπω)	8회	1:1,11; 5:6; 11:10; 14:15,18; 22:6,16
보여주다	8회	1:1; 4:1; 17:1; 21:9,10; 22:1,6,8

붙잡다	8회	2:1,13,14,15,25; 3:11; 7:1; 20:2
사탄	8회	2:9,13(×2),24; 3:9; 12:9; 20:2,7
산	8회	6:14,15,16; 8:8; 14:1; 16:20; 17:9; 21:10
살육하다(σφάζω)	8회	5:6,9,12; 6:4,9; 13:3,8; 18:24
선지자	8회	10:7; 11:10,18; 16:6; 18:20,24; 22:6,9
속이다	8회	2:20; 12:9; 13:14; 18:23; 19:20; 20:3,8,10
신실한	8회	1:5; 2:10,13; 3:14; 17:14; 19:11; 21:5; 22:6
아멘	8회	1:6,7; 3:14; 5:14; 7:12(×2); 19:4; 22:20
옷	8회	7:9,13,14; 18:16; 19:8(×2),14; 22:14
이마	8회	7:3; 9:4; 13:16; 14:1,9; 17:5; 20:4; 22:4(신약성경에 계시록에만 등장함)
이와 같이 그분이 말씀하신다(Τάδε λέγει)	8회	2:1, 8, 12, 18; 3:1, 7, 14
인치다	8회	7:3,4(×2),5,8; 10:4; 20:3; 22:10
작다	8회	3:8; 6:11; 11:18; 13:16; 19:5,18; 20:3,12
주재/전능하신 하나님	8회	1:8; 4:8; 6:10; 11:17; 15:3; 16:7; 19:6; 21:22
증언	8회	1:2,9; 6:9; 11:7; 12:11,17; 19:10; 20:4
말/말을 탄 사람	9회	6:2,4,5,8; 9:16; 19:11,18,19,21
심판하다	9회	6,10; 11:18; 16:5; 18:8.20; 19:2,11; 20:12,13
이것들 후에	9회	1:19; 4:1(×2); 7:9; 9:12; 15:5; 18:1; 19:1; 20:3(비교. 7:1)
전능자	9회	1:8; 4:8; 11:17; 15:3; 16:7,14; 19:6,15; 21:22
전쟁	9회	9:7,9; 11:7; 12:7,17; 13:7; 16:14; 19:19; 20:8
증거	9회	1:2,9; 6:9; 11:7; 12:11,17; 19:10(×2); 20:4
포도주	9회	6:6; 14:8,10,19; 16:19; 17:2; 18:3,13; 19:15
천(1,000)	9회	11:3; 12:6; 14:20; 20:2,3,4,5,6.7
힘세다	9회	5:2; 6:15; 10:1; 18:2,8,10,21; 19:6,18
내려가다	10회	3:12; 10:1; 12:12; 13:13; 16:21; 18:1; 20:1,9; 21:2,10
눈(ὀφθαλμός)	10회	1:7,14; 2:18; 3:18; 4:6,8; 5:6; 7:17; 19:12; 21:4
부르짖다	10회	6:10; 7:2; 10:3(×2); 12:2; 14:15; 18:2,18,19; 19:17
뿔	10회	5:6; 9:13; 12:3; 13:1(×2),11; 17:3,7,12,16

수(ἀριθμός)	10회	5:11; 7:4; 9:16(×2); 13:17, 18(×3); 15:2; 20:8
시간(ὥρα)	10회	3:3,10; 9:15; 11:13; 14:7,15; 17:12; 18:10,17,19
얼굴	10회	4:7; 6:16; 7:11; 9:7(×2); 10:1; 11:16; 12:14; 20:11; 22:4
진노	10회	12:12; 14:8,10,19; 15:1,7; 16:1,19; 18:3; 19:15
참된	10회	3:7,14; 6:10; 15:3; 16:7; 19:2,9,11; 21:5,6
형상, 우상(εἰκών)	10회	13:14,15(×3); 14:9,11; 15:2; 16:2; 19:20; 20:4
나는	11회	1:8,9; 2:23; 3:9,19; 21:6(×2); 22:13,16(×2),18
부르짖다	11회	6:10; 7:2,10; 10:3(×2); 12:2; 14:15; 18:2,18,19; 19:17
성문	11회	21:12(×2),13(×4),15,21(×2),25; 22:14
지키다(준수하다)	11회	1:3; 2:26; 3:3,8,10(×2); 12:17; 14:12; 16:15; 22:7,9
24장로	12회	4:4,10; 5:5,6,8,11,14; 7:11,13; 11:16; 14:3; 19:4
연기	12회	8:4; 9:2(×3),3,17,18; 14:11; 15:8; 18:9,18; 19:3
옷입다(περιβάλλω)	12회	3:5,18; 4:4; 7:9,13; 10:1; 11:3; 12:1; 17:4; 18:16; 19:8,13
회개하다	12회	2:5(×2),16,21(×2),22; 3:3, 9; 9:20,21; 16:9,11
능력(δύναμις)	12회	1:16; 3:8; 4:11; 5:12; 7:12; 11:17; 12:10; 13:2; 15:8; 17:13; 18:3; 19:1
생물	13회	4:6,7,8,9; 5:8,11,14; 6:1,3,5,6,7; 19:4
올라오다	13회	4:1; 7:2; 8:4; 9:2; 11:7,12(×2); 13:1,11; 14:11; 17:8; 19:3; 20:9
용	13회	12:3,4,7(×2),9,13,16,17; 13:2,4,11; 16:13; 20:2
인(인침)	13회	5:1,2,5,9; 6:1,3,5,7.9,12; 7:2; 8:1; 9:4
죽은(죽은 자)	13회	1:5,17,18; 2:8; 3:1; 11:18; 14:12; 16:3; 20:5,12(×2),13(×2)
성령님	14회	1:10; 2:7,11,17,29; 3:6,13,22; 4:2; 14:13; 17:3; 19:10; 21:10; 22:17
예수님	14회	1:1,2,5,9(×2); 12:17; 14:12; 17:6; 19:10(×2); 20:4; 22:16,20,21
종	14회	1:1(×2); 2:20; 6:15; 7:3; 10:7; 11:18; 13:17; 15:3; 19:2,5,18; 22:3,6
화	14회	8:13(×3); 9:12(×2); 11:14(×2); 12:12; 18:10(×2),16(×2),19(×2)
전쟁	15회	2:16; 9:7,9; 11:7; 12:7, 7; 13:4,7; 16:14; 17:14; 19:11,19; 20:8

죽이다	15회	2:13,23; 6:8,11; 9:5,15,18,20; 11:5,7,13; 13:10(×2),15; 19:21
말(ἵππος)	16회	6:2,4,5,8; 9:7,9,17(×2),19; 14:20; 18:13; 19:11,14,18,19,21
빛나다/희다	16회	1:14(×2); 2:17; 3:4,5,18; 4:4; 6:2,11; 7:9,13; 14:14; 19:11,14(×2); 20:11
성전(ναός)	16회	3:12; 7:15; 11:1, 2, 19(x2); 14:15, 17; 15:5, 6, 8(x2); 16:1, 17; 21:22(x2)
손	16회	1:16; 6:5; 7:9; 8:4; 9:20; 10:2,5,8,10; 13:16; 14:9,14; 17:4; 19:2; 20:1,4
재앙	16회	9:18,20; 11:6; 13:3,12,14; 15:1,6,8; 16:9,21(×2); 18:4,8; 21:9,18
영광	17회	1:6; 4:9,11; 5:12,13; 7:12; 11:13; 14:7; 15:8; 16:9; 18:1; 19:1,7; 21:11,23,24,26
이기다	17회	2:7,11,17,26; 3:5,12,21(×2); 5:5; 6:2(×2); 11:7; 12:11; 13:7; 15:2; 17:14; 21:7
주어졌다(ἐδόθη)	18회	6:2,4,8,11; 7:2; 8:3; 9:1,3,5; 11:1,2; 13:5,7,14,15; 16:8; 19:8; 20:4
피	19회	1:5; 5:9; 6:10,12; 7:14; 8:7,8; 11:6; 12:11; 14:20; 16:3,4,6(×2); 17:6(×2); 18:24; 19:2,13
지파	21회	1:7; 5:5,9; 7:4,5(×3),6(×3),7(×3),8(×3),9; 11:9; 13:7; 14:6; 21:12
경배하다	24회	3:9; 4:10; 5;14; 7:11; 9:20; 11:1,16; 13:4(×2),8,12,15; 14:7,9,11; 15:4; 16:2; 19:4,10,20; 20:4; 22:8,9
사람	25회	1:13; 4:7; 8:11; 9:4,5,6,7,10,15,18,20; 11:13; 13:13,18; 14:4,14; 16:2,8,9,18,21(×2); 18:13; 21:3,17
어린양(예수님)	28회	5:6,8,12,13; 6:1,16; 7:9,10,14,17; 12:11; 13:8; 14:1,4(×2),10; 15:3; 17:14(×2); 19:7,9; 21:9,14,22,23,27; 22:1,3(비교. 13:11)

부록 6
요한계시록의 동사 ἔρχομαι가다, 오다의 번역 제안

들어가면서

요한계시록에 동사 ἔρχομαι(엘코마이) 형태는 35회 나타난다계1:4,7,8; 2:5,16; 3:10,11; 4:8; 5:7; 6:1,3,5,7,17; 7:13,14; 8:3; 9:12; 11:14,18; 14:7,15; 16:15; 17:1,10ab; 18:10; 19:7; 21:9; 22:7,17abc,20ab. 이 동사는 화자의 관점이나 목적지를 염두에 둔 채 한 지점에서 다른 목적지로의 일반적인 움직임을 가리키지만, '가다', '오다', '떠나다', '도착하다'는 물론이거니와 '걷다', '발생하다', 혹은 '되다'와 같이 다양한 의미를 가진다.[1]

『성경전서 개역개정판』의 요한계시록은 35회 용례 중에서 20회나 '오다'1:4,7,8; 3:11; 4:8; 6:1,3,5,7; 7:13; 8:3; 16:15; 17:1; 21:9; 22:7,17abc,20ab라고 번역한다. 그리고 '이르다/임하다'는 10회3:10; 6:17; 9:12; 11:14; 14:7,15; 17:10ab; 18:10; 19:7, '나아오다'5:7, '나오다'7:14, '가다'2:5,16, 그리고 '내리다'11:18는 각각 1회씩 번역된다. 그런데 승천하신 예수님께서 계시록의 수신자들에게 찾아가셔서 방문하신다는 계시록 2-3장의 동일한 문맥에서조차 '오다'3:11와 '가다'2:5,16가 뒤섞여 있기에, 번역상 일관성이 부족하다. 이 글의 목적은 계시록의 동사 ἔρχομαι 형태를 문맥과 화자話者와 청

1. F. Montanari, *The Brill Dictionary of Ancient Greek* (Leiden: Brill, 2015), 826; BDAG (Chicago: The University of Chicago Press, 2003), 393-394; J. P. Louw and E. A. Nida, *Greek-English Lexicon of the New Testament based on Semantic Domains*, Volume 1 (Cape Town: BSSA, 1993), 183.

자聽者 그리고 관련 본문을 고려하여 어떻게 번역해야 하는가를 살피는 데 있다.

1. 가다

계시록 1장 8절의 "장차 올 자요ὁ ἐρχόμενος"는 '장차 갈 자요'가 적절하다. 왜냐하면 이 구절에서 요한이나 7교회의 입장이 아니라 성부 하나님의 편에서 직접 말씀하시기 때문이다. 계시록 내러티브에 따르면, 하늘 보좌에 앉으신 성부께서 박해받던 1차 독자들을 방문하셔서 위로하시기 위해 내려가신다.[2]

계시록 2장 5절과 16절의 "가서ἔρχομαί"처럼, 계시록 3장 11절의 동일한 동사 ἔρχομαί는 '오다'보다는 '가다'가 옳다. 왜냐하면 계시록의 내러티브상, 승천하신 예수님께서는 하늘에서 소아시아의 교회들을 방문하시기 위해 현재적으로 가시기 때문이다.[3] 다시 말해, 지상의 교회들의 입장에서는 예수님께서 하늘에서 내려오시지만, 예수님 편에서는 그들에게 가시는 것이 합당하다. 같은 맥락에서 볼 때, 계시록 22장 7, 20a절에서도 ἔρχομαί는 '내가 (진실로) 속히 가리라'가 옳다.[4] 계시록의 1차 독자 편에서 볼 때도 예수님께서 오시고, 예수님 편에서 볼

---

2. Contra 계시록 1장 4, 8절 그리고 4장 8절의 ἐρχόμενος를 '오다' 혹은 '가다'가 아니라 특정 시간과 연결하여 사건이나 상황이 발생하는 것이라고 설명하는 *BDAG*, 394.

3. 계시록 2장 5, 16절이 먼 미래가 아니라 예수님의 현재적 방문이라는 주장은 이병학, "반제국적 연대투쟁을 위한 예수의 현재적 오심," 『신약논단』 18/3 (2011), 892, 894, 902, 906; J. A. du Rand, *God's Conquering Story of Victory: Unravelling the Book of Revelation* (Wandsbeck: Reach Publishers, 2021), 148을 보라. Contra 계시록 1장 7절 및 19장 11-15절과 연결하여 주님의 최종 재림으로 이해하는 D. L. Matthewson, *Revelation: A Handbook on the Greek Text* (Dallas: Baylor University Press, 2016), 21; R. L. Thomas, "The 'Comings' of Christ in Revelation 2-3," *Master's Seminary Journal* 7/2 (1996), 162-165. 그런데 이병학은 "반드시 속히 일어날 일들"(계1:1)과 "그가 구름타고 오시리라"(계1:7a) 그리고 계시록 22장 7, 12, 20절의 "내가 속히 가리라"를 새로운 출애굽 운동과 반제국적 연대투쟁을 위한 예수님의 현재적 오심이라는 해방신학 관점을 견지한다.

4. 참고. 한국천주교주교회의 편집, 『성경』 (서울: 가톨릭출판사, 2005), 442. 참고로 계시록 22장 20a절의 "내가 속히 가리다"가 주님께서 가실 것의 확실성 혹은 가심의 임박성, 둘 다 가능하다는 입장은 D. B. Wallace, *Greek Grammar beyond the Basics* (Grand Rapids: Zondervan, 1996), 536을 보라.

때도 주님 그분께서 오신다면 방향상 어색하고 어법상 맞지 않다.

7인의 심판 가운데 첫 네 개의 인 심판에서 명령형 ἔρχου(엘쿠)는 '오라'보다는 '가라'가 적절하다계6:1,3,5,7. 왜냐하면 두루마리의 인을 떼시는 어린양께서 말들을 탄 사람들을 심판하시기 위해 바깥으로 내보시기 때문이다.[5] 그래서 계시록 6장 2절과 4절에 3인칭 단수 아오리스트 동사 '나갔다ἐξῆλθεν'가 등장하는 것은 자연스럽다. 계시록 6장의 간본문인 스가랴 6장 5-8절은 말들이 '나가다'라고 번역한다. 그리고 계시록 6장 2절의 흰 말 탄 자의 승리에 대한 간본문을 마태복음 24장 14절로 본다면, 세상으로 나가서 복음을 전파하는 문맥이다.[6] 또한 계시록 6장 3-4절의 전쟁 예고는 마태복음 24장 6-7절의 국제 전쟁을 간본문으로 삼는다면, 어린양은 붉은 말 탄 사람을 전쟁터로 내보내신다.[7]

계시록 16장 15절의 "내가 도둑 같이 오리니ἔρχομαι ὡς κλέπτης"는 미래적 현재 동사를 반영하여 '내가 도둑 같이 가리니'가 합당하다. 왜냐하면 앞에서 설명한 계시록 1장 8절과 같은 이유 때문이다.

따라서 『성경전서 개역개정판』에서 '가다'로 번역한 두 구절계2:5,16에다 추가로 아홉 구절도 '가다'라고 번역해야 한다계1:8; 3:11; 6:1,3,5,7; 16:15; 22:7,20a.

2. 오다

『성경전서 개역개정판』의 20회에 걸친 '오다'계1:4,7,8; 3:11; 4:8; 6:1,3,5,7; 7:13; 8:3; 16:15; 17:1; 21:9; 22:7,17abc,20ab 가운데, 위에서 설명한 대로 9회계1:8; 3:11, 6:1,3,5,7; 16:15; 22:7, 20a는 '가다'가 옳다. 그렇다면 나머지 11구절계1:4,7; 4:8; 7:13; 8:3; 17:1; 21:9; 22:17abc,20b에

5. R. G. Bratcher and H. A. Hatton, *The Book of Revelation: A Handbook* (New York: UBS, 1993), 109.
6. 참고. C. M. Pate, "Revelation 6: An Early Interpretation of the Olivet Discourse," *Criswell Theological Review* 8/2 (2011), 48.
7. 참고. Pate, "Revelation 6: An Early Interpretation of the Olivet Discourse," 50.

서는 '오다'가 정확한 번역인지 검토할 차례이다.

계시록 1장 4절에서 요한은 성부를 가리켜 "장차 오실 이ὁ ἐρχόμενος"라고 언급하는데, 현재 분사형을 살려 '지금도 오고 계시는 분he who is coming'이 더 적절하다.[8] 다시 말해, 성부께서는 지금도 오고 계시며, 앞으로도 오실 것이다.

요한은 계시록 1장 7절에서 예수님을 가리키며 "구름타고 오시리라"라고 언급하는데, '오시리라ἔρχεται'는 미래적 의미의 현재동사이다. 직역하면 '구름과 함께μετὰ τῶν νεφελῶν 오실 것이다'이다. 그런데 승천하신 예수님께서 소아시아 7교회를 방문하시는 문맥과 방향이므로, '그가 오시리라'보다 '그가 가시리라'가 더 적절하지 않는가? 만약 주어가 1인칭 단수 '나'라면, '내가 구름과 함께 갈 것이다'가 옳다참고. 계2:5,16 등. 그러나 3인칭 단수 주어이므로, 굳이 '가실 것이다'라고 번역할 필요는 없다.

계시록 4장 8절에서 하나님의 보좌 앞의 네 생물은 성부 하나님을 향하여 "장차 오실 이ὁ ἐρχόμενος"라고 부르며 찬송한다. 계시록 1장 4절처럼 현재분사임을 감안하면, '지금도 오고 계시는 분'이 적절하다.

계시록 7장 13절에서 24장로 중 한 명이 요한에게 144,000명이 "어디서 왔느냐"라고 묻는다. 144,000명이 장로와 요한에게 나타나 보였기에, 행동의 동작과 방향을 고려할 때 '가다'보다 '오다'가 자연스럽다.

계시록 8장 3절의 "와서ἦλθεν"는 아오리스트 시상이므로 직역하면 '왔다'이다. 천사는 와서 제단 곁에 섰는데, 그때 금향로를 가지고 있었다. 그런데 천사가 '갔다'라고 번역해도 의미상 가능하다. 왜냐하면 천사가 어떤 위치에서 제단을 향해 갔는데 그때 그는 금향로를 가지고 있었기 때문이다.

계시록 17장 1절의 경우, 일곱 대접을 가진 일곱 천사 중 하나가 요한에게 말하려고 왔다ἦλθεν. 이것은 쉽고 자연스러운 번역이다. 계시록 21장 9절의 '왔다ἦλθεν'도 마찬가지이다.

---

8. Wallace, *Greek Grammar beyond the Basics*, 62.

계시록 22장 17abc절에 현재 명령형 "오라ἔρχου/ἐρχέσθω"는 3회 반복된다. 성령님과 신부가 계시록 22장 17a절에서 "오라ἔρχου"라고 말할 때, 대상이 예수님인지 사람인지 판단하기가 쉽지 않다.[9] 비일G. K. Beale은 이사야 55장 1절의 세 번에 걸친 "오라"를 관련 본문으로 간주하여, 17abc절의 세 "오라"를 예수님이 아니라 다른 사람에게 준 선교적 명령으로 보려고 한다.[10] 그런데 비일의 주장이 옳다면, 교회가 자신을 향하여 '오라'라고 명령하는 어색한 설명이 되고 만다.[11] 이런 어색함을 염두에 둔 비일은 17ab절의 첫 두 명령형 "오라ἔρχου"의 대상은 교회가 아니라고 결론을 내리려 한다. 그런데 비일은 첫 '오라'는 예수님을 향한 간청으로 간주하고, 둘째 '오라'는 듣기에 민첩한 성도가 듣기에 둔한 다른 신자들을 향한 명령이라고 주장함으로써 자신의 이전 의견을 수정한다.[12] 하지만 17b절의 "오라ἔρχου"에서 말하는 주체는 '듣는 자'이기에, 그는 성령님께서 교회에게 하시는 말씀을 영적으로 듣고 순종하는 그리스도인이다. 그러므로 17a절의 "오라"처럼 17b절의 "오라"도 성령님으로 충만한 듣는 성도가 예수님께 '오시옵소서'라고 간청하는 것이다.[13] 따라서 계시록 22장 7절의 예수님의 약속에 대한 응답인 17ab절의 "오라"는 청유형 '오시옵소서'라고 번역해야 한다참고. 계22:20b의 "오시옵소서".[14]

계시록 22장 17c절의 경우 명령의 대상은 목마른 자이다. 그에게 현재 명령형 '오라ἐρχέσθω'라고 초청하기에 예수님께서 대상이 아니심이 분명하다. 이것을

9. 전자는 Swete, Beckwith, Beasley-Murray, Lenski, Sweet, Harrington, Aune, Keener, Kistemaker, Witherington, Smalley, Boxall 등이 지지하고, 후자는 Caird, Ladd, Mounce, Morris, Michaels, Osborne 등이 지지한다. 참고. 전자를 지지하는 K. L. Gentry Jr., *The Divorce of Israel: A Redemptive-Historical Commentary on the Book of Revelation*, Volume 2 (Dallas: Tolle Lege, 2017), 854.

10. G. K. Beale, 『요한계시록. 하권』, *The Book of Revelation*, 오광만 역 (서울: 새물결플러스, 2016), 1905; Du Rand, *God's Conquering Story of Victory*, 563.

11. 이필찬은 이런 어색함은 계시록의 묵시적 성격을 고려할 때, 화자가 동시에 청자가 될 수 있기에 어느 정도 해소된다고 본다. 이필찬, 『내가 속히 오리라』 (서울: 이레서원: 2012), 963-964를 보라.

12. Beale, 『요한계시록. 하권』, 1906.

13. Bratcher and Hatton, *The Book of Revelation*, 323.

14. Gentry Jr., *The Divorce of Israel*, Volume 2, 854.

레이하르트P. J. Leithart는 "어린양의 신부는 자기 신랑과만 대화하는 게 아니라, 성령님과 신랑의 말씀을 듣는 자신의 자녀들에게도 말한다."라고 은유적 방식으로 설명한다.[15]

계시록 22장 20b절의 "오시옵소서ἔρχου"는 7교회가 22장 20a절에서 "네가 진실로 속히 가리라"고 약속하신 예수님을 향하여 간청하는 진술이다. 따라서 이것은 정확한 번역이다참고. 계22:17ab.

3. 이르다/임하다

『성경전서 개역개정판』의 '이르다'계6:17; 9:12; 11:14; 14:7,15; 17:10ab; 18:10; 19:7와 그것의 유사어 '임하다'계3:10는 정확한 번역인가? 사전상 '이르다'는 '어떤 장소나 범위에 닿다' 혹은 '움직여 가닿다'라는 의미이며,[16] '임臨하다'는 '이르러 다다르다' 혹은 '(사람이 시기나 일에) 이르러 대하다'라는 뜻이다.[17]

계시록 3장 10절의 "임하여"는 현재부정사 ἔρχεσθαι(엘케스싸이)를 번역한 것이다. 온 세상에 시험의 때가 임하여 대하게 되더라도, 예수님께서 빌라델비아교회에게 그것을 면하게 해주실 것을 약속한다. 여기서 시험의 때가 '임할 것이다'는 '닥쳐올 것이다'라는 뜻인데, 현대 독자를 고려한 비교적 적절한 번역이다.

계시록 6장 17절은 보좌 위의 성부와 어린양께서 내리시는 진노의 큰 날이 '이르렀다ἦλθεν'라고 밝힌다. 여기서 '이르다'는 심판이 악인들에게 '도달하여 닿다'라는 의미이므로 적절한 번역이다. ἔρχομαι가 '오다'나 '가다' 이외에 여러 의미가 있기에, '이르다'는 의역이 아니다.

---

15. P. J. Leithart, *Revelation 12-22* (London: T&T Clark, 2018), 428.
16. https://dic.daum.net/search.do?q=%EC%9D%B4%EB%A5%B4%EB%8B%A4&dic=kor(2022년 2월 19일 접속).
17. https://dic.daum.net/search.do?q=%EC%9E%84%ED%95%98%EB%8B%A4&dic=kor(2022년 2월 19일 접속).

계시록 9장 12절의 화 둘이 "이르리로다"는 미래적 현재 동사ἔρχεται를 번역한 것이다. 이것은 '도착할 것이다'라는 의미이므로 적절한 번역이다. 계시록 11장 14절의 "이르는도다ἔρχεται"도 마찬가지 경우이다.

계시록 14장 7절의 심판의 시간이 "이르렀음이니ἦλθεν"는 영원한 복음계14:6의 일부로서 교정을 목표로 하는 하나님의 심판이 이미 도착해있음을 뜻하는 가능한 번역이다. 계시록 18장 10절의 '이르렀다ἦλθεν'는 14장 7절에도 나타난다. 반대로 계시록 14장 15절에 따르면, 알곡 추수와 같은 하나님의 구원의 때도 이미 '이르렀다ἦλθεν.'

계시록 17장 10a절의 "이르지ἦλθεν"는 바다에서 올라온 짐승의 여섯 번째 머리, 곧 로마제국의 여섯 번째 황제가 아직 출현하지 않았다는 뜻인데, 이것은 현대 독자를 고려한 가능한 번역이다. 마찬가지로 계시록 17장 10b절의 여섯째 머리가 "이르면"도 아오리스트 가정법 ἔλθῃ(엘쎄)의 가능한 의역이다.

마지막으로 계시록 19장 7절의 "이르렀고ἦλθεν"는 혼인 기약이 어떤 시간과 연결되어 이미 진입적으로 발생하여 지속되고 있다는 뜻의 번역이다.[18] 따라서 어린양과 그분의 신부는 재림이라는 미래 시점에야 혼인 관계 안으로 들어가지 않는다는 점을 적절히 알리는 번역이다.

4. 기타

『성경전서 개역개정판』의 '나오다'계7:14와 '내리다'계11:18는 정당한 번역인가? 계시록 7장 14절의 "나오는"은 ἐρχόμενοι(엘코메노이)의 번역이다. 이것은 뒤따르

18. *BDAG*, 394. 참고로 계시록 19장 7절의 ἦλθεν을 술정적(constative) 아오리스트가 아니라 곧 일어날 것을 알리는 진입적(ingressive)으로 이해하려는 경우가 있는데, 진입적이므로 현재 상태를 배제한 채 가까운 미래 사건만을 가리키지 않는다. Contra J. P. Tanner, "The 'Marriage Supper of the Lamb' in Rev 19:6-10: Implications for the Judgment Seat of Christ," *Trinity Journal* 26/1 (2005), 50.

는 전치사구 "큰 환난으로부터ἐκ τῆς θλίψεως τῆς μεγάλης"를 염두에 둔 가능한 의역이다.

계시록 11장 18절의 "내려"는 ἦλθεν(엘쎈)의 번역이다. 이것은 계시록의 내러티브 상 하늘 보좌에 계신 주님께서 진노를 하늘에서 아래로 내려 보내셨음을 염두에 두는 강한 의역으로 보인다.[19] 참고로 이전의 한글개역성경은 "임하여"라고 단순하게 의역했다.

나오면서

요한계시록에서 동사 ἔρχομαι 형태는 문맥과 화자와 청자, 동작의 방향, 간본문, 그리고 한국어 존칭어법을 종합적으로 감안하여 번역해야 한다. 그리고 '가다' 혹은 '오다'라고 번역할 경우, 동의어를 사용하기보다 일관성을 유지하는 것도 현대 독자를 배려하는 차원에서 필요하다.

참고문헌

이병학. "반제국적 연대투쟁을 위한 예수의 현재적 오심." 『신약논단』 18/3 (2011): 889-923.

이필찬. 『내가 속히 오리라』. 서울: 이레서원: 2012.

한국천주교주교회의 편집. 『성경』. 서울: 가톨릭출판사, 2005.

BDAG. Chicago: The University of Chicago Press, 2003.

Beale, G. K. 『요한계시록 하권』. *The Book of Revelation*. 오광만 역. 서울: 새물결플러스, 2016.

Bratcher, R. G. and Hatton, H. A. *The Book of Revelation: A Handbook*. New York: UBS, 1993.

Du Rand, J. A. *God's Conquering Story of Victory: Unravelling the Book of Revelation*. Wandsbeck: Reach Publishers, 2021.

Gentry Jr., K. L. *The Divorce of Israel: A Redemptive-Historical Commentary on the Book of Revelation*. Volume 2. Dallas: Tolle Lege, 2017.

19. 참고로 계시록에 동사 '내려가다/오다(καταβαίνω)'는 10회 등장한다(계3:12; 10:1; 12:12; 13:13; 16:21; 18:1; 20:1,9; 21:2,10).

Leithart, P. J. *Revelation 12-22*. London: T&T Clark, 2018.

Louw, J. P. and Nida, E. A. *Greek-English Lexicon of the New Testament based on Semantic Domains*. Volume 1. Cape Town: BSSA, 1993.

Matthewson, D. L. *Revelation: A Handbook on the Greek Text*. Dallas: Baylor University Press, 2016.

Montanari, F. *The Brill Dictionary of Ancient Greek*. Leiden: Brill, 2015.

Pate, C. M. "Revelation 6: An Early Interpretation of the Olivet Discourse." *Criswell Theological Review* 8/2 (2011): 45-55.

Tanner, J. P. "The 'Marriage Supper of the Lamb' in Rev 19:6-10: Implications for the Judgment Seat of Christ." *Trinity Journal* 26/1 (2005): 47-68.

Thomas, R. L. "The 'Comings' of Christ in Revelation 2-3." *Master's Seminary Journal* 7/2 (1996): 153-181.

Wallace, D. B. *Greek Grammar beyond the Basics*. Grand Rapids: Zondervan, 1996.

참고문헌

A Π O K A Λ Υ Ψ I Σ

강대훈. “요한계시록 1:1-8 주해.” 『개신논집』 18 (2018): 83-120.

______. “우상과 우상숭배: 요한계시록 13장의 두 짐승.” 『개신논집』 19 (2019): 72-113.

______. “인류의 보편적 고통과 그리스도인의 고통: 요한계시록의 인 심판 시리즈(6:1-17)를 중심으로.” 2021 미래교회포럼 발제 논문. 화왕산스파호텔, 2021년 12월 13일: 63-96.

강선남. “여자들과 더불어 자신을 더럽히지 않은 남자들: 묵시 14,4와 한국 일본군 ‘위안부’ 문제.” 『신학과 철학』 27 (2015): 201-231.

강신욱. “요한계시록의 정관사 번역 문제: 요한계시록 12:14를 중심으로.” 『성경원문연구』 22 (2008): 132-159.

강원규. “대조를 통해 청중을 변혁으로 이끌기 위한 내러티브 본문의 설교연구: 요한복음과 요한계시록을 중심으로.” Th.D. 논문. 총신대학교, 2021.

고병찬. “요한신학의 관점에서 본 여호와의 증인의 기독론과 종말론.” 『개혁논총』 30 (2014): 127-158.

곽철호. “계시록의 다중 성취적-미래적 해석: 마태복음 24장과 연관하여.” 고신대 기독교사상 연구소 주최 요한계시록 강연 및 토론회 발제 논문. 2021년 11월 17일: 1-18.

______. “전천년설과 무천년설에 대한 성서적 근거 고찰(천년왕국론): 계시록 20:1-6을 중심으로.” 『성침논단』 11/1 (2016): 5-71.

구기정. “생태학적 관점에서 본 요한계시록의 땅 이야기.” 『신약연구』 12/1 (2013): 131-157.

권기현. 『예수 그리스도의 사도: 거룩한 한 사도적 공교회 건설을 위한 몇 가지 묵상』. 경산: RnF, 2022.

권수경. “종말론적 관점에서 본 보편적 고통으로서의 재난.” 2021 미래교회포럼 발제 논문. 화왕산스파호텔, 2021년 12월 13일: 19-60.

기동연. 『소선지서 II: 미가-말라기』. 서울: 생명의 양식, 2017.

김경식. “요한계시록의 ‘전능하신 주 하나님’ 호칭의 구약 배경.” 『신약연구』 19/3 (2020): 633-671.

______. “요한계시록의 ‘땅에 거하는 자들’과 가나안 정복 모티브.” 제70차 한국복음주의신약학회 정기논문발표회 발제 논문. 2021년 6월 26일 ZOOM: 1-16.

김경현. “로마제국의 이산(diaspora) 유대인.” 『HOMO MIGRANS』 7 (2013): 23-35.

______. “소아시아 그리스인의 로마 원로원 숭배.” 『서양고대사연구』 50 (2017): 39-70.

김규섭. “갈라디아서 3:15-18에 나타난 언약의 개념: 성경 신학적 주해와 설교.” 한국성경신학회 제48차 정기논문발표회 발제 논문. 신반포중앙교회당, 2022년 2월 14일: 19-39.

김기곤. “요한계시록 6:2에 관한 연구: 백마를 탄 기사(騎士)의 신원.” 『신학리뷰』 8 (2000): 5-19.

김대성. “요한계시록에 나타난 선교학적 함의.” Th.D. 논문. 삼육대학교, 2011.

김대웅. “요한계시록의 인자 기독론과 칠십인경 다니엘서의 메시아 사상.” 『신약연구』 14/4 (2015): 571-600.

김명일. “다윗 메시아를 통한 의의 실행: 로마서와 에녹 1서를 중심으로.” 한국복음주의신학회 제75차 정기논문발표회 발제 논문. 칼빈대학교. 2020년 10월 31일: 1-20.

______. “바울서신의 선교(적 교회).” In 『고난과 선교, 어떻게 설교할 것인가?』. Edited by 한국동남성경연구원. 서울: SFC출판부, 2021: 441-469.

김문현. “요한복음에 나타난 유대인들, 그들은 누구인가?: 5장, 6장, 그리고 8장을 중심으로 한 샘플분석(test cases).” 『신약논단』 18/2 (2011): 481-520.

김상래. “위경과 쿰란 문헌에 나타난 하늘 성소 묘사의 구약 본문에 대한 문학적 의존성.” 『구약논단』 25/1 (2019): 92-117.

김선욱. “요한계시록의 바다의 등장(4:6)과 전개(15:2)와 퇴장(21:1) 과정에 나타난 신학적 의의와 새 출애굽.” 『성경원문연구』 44 (2019): 135-163.

김성진. “시가서의 영성, 어떻게 설교할 것인가?” 『본문과 설교』 11 (2020): 94-120.

김성환. “선교적 시각에서 본 요한계시록의 구조.” 『ACTS 신학저널』 23 (2015): 247-285.

김영욱. “종말론적 관점에서 바라 본 전염병(COVID-19).” 『신학지남』 87/3 (2020): 195-214.

김영재. “한국교회의 종말론.” 『신학정론』 11/1 (1993): 261-287.

김요셉. “요한계시록의 어린양에 나타난 공간적 이미지.” Ph.D. 논문. 호서대학교, 2013.
김윤기. “17-18세기 유럽 경건주의 시대와 한국교회 디아코니아 실천 방안 연구.” 제76회 한국실천신학회 정기학술대회(온라인) 발제 논문. 2020년 6월 20일: 319-342.
김의창. “데살로니가전서 5장 1-11절에 나타난 바울의 종말론적 이해 연구.” 제76차 한국복음주의신학회 정기 논문발표회(ZOOM) 발제 논문. 2021년 4월 24일: 1-12.
김재수. 『명제로 읽는 요한계시록』. 서울: CLC, 2020.
김종렬. “한국교회의 귀족화 현상.” 『기독교 사상』 17/6 (1973): 38-46.
김창훈. 『마태가 그린 하나님의 아들 예수: 마태복음의 기독론』. 경산: 그라티아, 2020.
김철손. 『요한계시록』. 서울: 대한기독교서회, 1993.
김추성. “요한계시록 11:3-13의 두 증인.” 『신학정론』 28/1 (2010): 45-65.
______. 『하나님과 어린양의 보좌: 요한계시록 새롭게 읽기』. 서울: 이레서원, 2015.
김춘기. “요한계시록의 제자직.” 『신학과 목회』. 31 (2009): 123-146.
김하연. “부활: 죽어도 살겠고.” 『기독교보』 1394 (2020년 4월 25일): 14.
김헌수. 『하이델베르크 요리문답 강해 I』. 서울: 성약출판사, 2009.
김형근. “요한계시록 ‘천상의 경배’와 디오니소스 제의 비교를 통한 기독교 신 숭배의 원형 연구.” 『신약연구』 20/4 (2021): 687-728.
김혜란. “요한계시록 12장에 나타난 세 모티프(motif) 중첩사용 연구: 여자-뱀 후손의 대결 구도 모티프, 출애굽 모티프, 거룩한 전쟁 모티프를 중심으로.” Ph.D. 논문. 웨스트민스터신학대학원대학교, 2018.
김희석. “구약성경에 나타난 선교의 의미와 그 공동체적 함의.” 제1회 미셔널신학연구소 컬로퀴엄 ‘선교적 성경 해석과 공동체’ 발제 논문. 서울 삼일교회당/줌. 2022년 3월 22일: 19-38.
김회권. “벤자민 네탄야후의 유사신학적 정치수사와 세대주의의 위험한 공생의 선교학적 함의 분석.” 『신학과 실천』 68 (2020): 583-618.
남궁혁. “靈戰(믁 2:7-12, 17-26; 3:5-12).” 『신학지남』 14/3 (1932): 228-229.
도현석. “요한계시록의 하나님: 이제도 계시고 전에도 계시고 장차 오실 이, 보좌 위에 앉으신 이 두 칭호의 상호 관계성.” 『신약논단』 23/2 (2016): 517-554.
류호성. “자색 옷에 관한 역사적 고찰(눅 16:19-31).” 『신약논단』 19/1 (2012): 1-36.
명형진. “천년 왕국설의 신학사적 고찰: 고대 그리스도교의 종말 사상을 중심으로.” 『가톨릭사상』 33 (2018): 79-120.
민병섭. “현대의 그리스도 증인: 묵시록 11.3을 중심으로.” 『복음과 문화』 8 (1997): 7-49.
박동길. “갈라디아서 3장 14절에 나타난 아브라함의 복과 성령의 약속의 관계.” 영남신약학회 발제 논문. 대구 산성교회당. 2022년 8월 22일: 1-22.
박두환. “하나님의 백성과 생존의 문제: 요한계시록의 고난과 죽음에 관한 종교사-전승사적 연구.” 『신학과 선교』 45 (2014): 7-37.
박상우. “요한계시록에 나타난 ‘들음’의 의미 연구: 요한계시록 2-3장을 중심으로.” 석사학위논문. 협성대학교, 2020.
박성철. “한국교회 내 기독교 파시즘에 대한 비판적 연구.” 『한국기독교신학논총』 116 (2020): 303-326.
박성호. “요한은 밧모섬으로 유배되었는가?(계 1:9).” 『신약논단』 25/2 (2018): 467-507.
______. “죽음에서 생명으로: 요셉과 아세네트서를 통해 생각해 보는 개종/회심의 의미.” In 『신약성경과 생명: 배재욱교수 정년은퇴 기념 논문집』. Edited by 송영목. 서울: CLC, 2020: 212-237.
박영식, 『오늘 읽는 요한묵시록』. 서울: 바오로딸, 2012.
박영진. “요한계시록 17:1-18에 나타난 음녀에 대한 심판.” 한국복음주의신약학회 69차 정기논문발표회 발제 논문. 2021년 2월 20일(온라인): 1-14.
박윤선. “천년왕국 문제.” 『신학정론』 1/2 (1983): 184-205.

박이랑. “유대인과 반유대주의.”『마르크스21』26 (2018): 150-167.

박장훈. “바울은 천국신앙을 가지고 있는가?: 신자의 처소로서의 하늘에 대한 바울의 이해.”『한국개혁신학』66 (2020): 60-88.

반기현. “로마의 대(對) 파르티아 전략: 네로의 아르메니아 전쟁(54-63CE)과 란데이아 (Rhandeia) 조약.”『군사』113 (2019): 233-264.

방영미. “요한묵시록에 나타난 여성 이미지 연구: 12, 17장에 대한 종교사회학적 분석.” D.Litt. 논문. 가톨릭대학교, 2018.

배은숙. “유대전쟁(66-73)에서 사용된 로마군의 공성전 전술과 그 의미.”『코기토』89 (2019): 261-290.

배재욱. “신약성경의 생명 사상에 대한 고찰.” In『신약성경과 생명: 배재욱교수 정년은퇴 기념 논문집』. Edited by 송영목. 서울: CLC, 2020: 32-63.

배종열. “예수 그리스도의 계시로서 요한계시록의 구조.”『성경과 신학』91 (2019): 77-108.

서재덕. “도시와 성전: 시온 신학의 기원에 관한 연구.”『구약논단』26/2 (2020): 14-40.

성종현. “죽은 자의 중간상태와 부활의 몸: 예수의 죽음과 부활의 빛에서 본 신약성서의 개인적 종말사상.”『신약논단』19/2 (2012): 457-492.

손하영. “요한계시록의 나팔 심판 시리즈에서의 출애굽 모티프 사용 패턴 연구 (1): 처음 네 나팔 심판.”『ACTS 신학저널』44 (2020): 9-47.

송영목. “144,000명(계 7:3-8)에서 단 지파가 생략된 이유.”『성경과 신학』92 (2019): 61-94.

______. “간본문성의 틀에서 본 요한계시록 12-13장의 부분적 과거론적 이해.”『신약연구』3/3 (2004): 268-291.

______. “간본문적 관점에서 본 요한계시록에 나타난 시편.”『교회와 문화』19 (2007): 55-93.

______.『간본문적 신약읽기』. 서울: CLC, 2017.

______. “감람산강화의 전환적 부분적 과거론적 해석.”『신약연구』6/3 (2007): 493-525.

______. “경제정의와 한국교회(계 18:12-13).”『본문과 설교』3 (2010): 133-159.

______. “계시록 1:7절의 간본문적, 내적 간본문적, 그리스도 완결적 읽기.”『교회와 문화』25 (2010): 131-154.

______. “고난 중 선교: 요한계시록을 중심으로.” In『고난과 하나님의 선교』. 서울: IVP, 2022: 109-162.

______. “교부들의 요한계시록의 주석 평가: 빅토리누스와 오이쿠메니우스를 중심으로.”『ACTS 신학저널』50 (2021): 130-188.

______. “누가복음의 δεῖ의 용례 분석.”『교회와 문화』38 (2017): 54-77.

______.『다차원적 신약 읽기』. 서울: CLC, 2018.

______. “데살로니가전서의 출애굽주제와 반로마적 메시지의 결합.”『신약논단』23 (2016): 477-516.

______. “로마서 7-11장의 신명기 인용,”『한국개혁신학』62 (2019): 271-303.

______. “사탄: 시험하는 자, 미혹하는 영.”『그 말씀』10월호 (2011): 11-23.

______. “성경 번역가를 위한 생태 지침서에 관하여.”『성경원문연구』47 (2020): 328-351.

______. “소통, 화해, 공존: 베드로전서와 요한계시록을 중심으로.”『교회와 문화』35 (2015): 139-167.

______.『시대공부: 신약으로 시대에 답하다』. 서울: 생명의 양식, 2017.

______. “신약의 복과 한국교회의 복 개념.”『본문과 설교』3 (2010): 171-196.

______. “신약의 시간, 어떻게 설교할 것인가?” In『성경에 나타난 공간과 시간, 어떻게 설교할 것인가?』. Edited by 한국동남성경연구원. 서울: SFC출판부, 2022: 229-246.

______. “아브라함 카이퍼, 헤르만 바빙크, 그리고 벤자민 워필드의 재림 이해 및 평가.”『갱신과 부흥』29 (2022): 155-188.

______. “안상홍의 요한계시록 해석 비판.”『신약연구』20/1 (2021): 256-296.

______. “에베소교회가 처음 사랑을 버린 이유: 에베소서, 디모데전후서 그리고 요한계시록 2:1-7을 중심으로.”『교회와 문화』47 (2022): 142-174.

______. “예수 그리스도 중심의 공공선교적 해석과 설교.”『교회와 문화』48 (2022): 124-160.

______. “예수님의 재림.” 『교회와 문화』 37 (2016): 105-134.
______. “요한계시록 6장의 인 재앙과 요세푸스의 ‘유대 전쟁사’의 간본문적 해석.” 『신약연구』 5/1 (2006): 163-189.
______. “요한계시록 10:11a의 주어.” 『신약논단』 19/3 (2012): 981-1013.
______. “요한계시록 14:6-7의 복음과 인간.” 『개혁논총』 54 (2020): 253-289.
______. “요한계시록 17-18장의 음녀 바벨론에 대한 다차원적-통합적 해석.” 『신약논단』 12/1 (2005): 99-131.
______. 『요한계시록과 구약의 대화』. 서울: CLC, 2014(개정증보판, 2020).
______. “요한계시록에 나타난 구약.” 『개혁교회와 신학』 28 (2014): 190-207.
______. “요한계시록에 나타난 예배.” 『한국개혁신학』 24 (2008): 55-79.
______. “요한계시록에 나타난 예수 그리스도의 승귀와 통치.” 『그 말씀』 4월호 (2012): 70-79.
______. “요한계시록에 나타난 창조 신학.” 『그 말씀』 1월호 (2014): 72-85.
______. 『요한계시록. 원문 새번역 노트』. 서울: SFC출판부, 2020.
______. “요한계시록의 공공신학적 해석: 양극화를 넘어섬.” 제39회 기독교학문연구회 연차학술대회 발제 논문. 백석대학교/온라인. 2022년 10월 29일: 1-29.
______. “요한계시록의 구원론.” 『신약연구』 10/3 (2011): 731-764.
______. “요한계시록의 부부와 부자 관계에서 본 하나님의 가족.” 『신약논단』 26/2 (2019): 505-543.
______. “요한계시록의 부분적 과거론적 해석의 근거와 타당성.” 고신대 기독교사상연구소 주최 요한계시록 강연 및 토론회 발제 논문. 2021년 11월 17일: 1-20.
______. “요한계시록의 부분적 과거론적 해석의 근거와 타당성.” 『신약연구』 22/3 (2023): 415-55.
______. “요한계시록의 부활신학.” 『그 말씀』 3월호 (2010): 110-123.
______. “요한계시록의 세대주의 전천년설과 역사적 전천년설 비평.” 『교회와 문화』 30 (2013): 149-186.
______. 『요한계시록의 신학』. 서울: 성광문화사, 2007.
______. “『요한계시록의 신학』에 대한 서평.” 『목회와 신학』 5월호 (2022): 192-195.
______. “요한계시록의 일곱 영의 언약적 이해.” 『영산신학저널』 43 (2018): 211-241.
______. “요한계시록의 재물관.” 『그 말씀』 9월호 (2010): 100-111.
______. “요한계시록의 전통적 4가지 해석의 비교 및 분석.” 『그 말씀』 11월호 (2007): 110-125.
______. “요한계시록의 전쟁과 평화: 한국 전쟁 70주년에 부쳐.” In 『신약성경과 생명: 배재욱 교수 정년은퇴 기념 논문집』. Edited by 송영목. 서울: CLC, 2020: 190-211.
______. “요한계시록의 찬송의 기능.” 『개혁교회와 신학』 18 (2005): 119-144.
______. “요한계시록의 칼 주제.” 『신약연구』 10/4 (2012): 1033-1063.
______. “요한문헌의 선교(적 교회).” In 『고난과 선교, 어떻게 설교할 것인가?』. Edited by 한국동남성경연구원. 서울: SFC출판부, 2021: 471-494.
______. “요한복음 14장의 거주지의 성격.” 『신학논단』 79 (2015): 225-255.
______. “요한복음과 요한계시록에 나타난 영성.” In 『신약성경과 영성: 오우성교수 정년은퇴 기념 논문집』. Edited by 배재욱. 서울: CLC, 2019: 71-111.
______. “욥과 요한의 대화: 욥기와 요한계시록의 묵시적 특성을 중심으로.” 『교회와 문화』 46 (2021): 167-200.
______. “이상근박사의 요한계시록 주석: 박윤선박사의 주석과 비교하며.” 『교회와 문화』 39 (2017): 91-116.
______. “종말론과 크리스천의 환경책무: 베드로후서 3:10-13을 중심으로.” 『갱신과 부흥』 27 (2021): 65-96.
______. “칼빈이 요한계시록 주석을 썼다면.” 『칼빈 연구』 7 (2010): 151-175.
______. “통합적 부분적 과거론적 해석: 요한계시록 이해의 새로운 패러다임.” 『진리와 학문의 세계』 11 (2004): 20-37.
______. “포도 수확(계 14:17-20)은 구원 환상인가, 아니면 심판 환상인가?” In 『오직 성경으로!: 최갑종 박사 퇴임 기념논문집』. Edited by 최갑종 박사 퇴임 기념논문집 편집위원회. 서울: 도서출판 UCN, 2017: 215-236.

______. 『하나님 나라 복음과 교회의 공공성』. 서울: SFC출판부, 2020.
______. "하나님의 말씀과 예수님: 시편 119편의 언약-기독론적 이해." 『교회와 문화』 29 (2012): 111-132.
______. "혼합주의자 니골라당(계 2:6, 15)은 누구였는가?" 『개혁논총』 26 (2013): 35-64.
______. "Before Nero's Death: Reconsidering the Date of the Book of Revelation." 『신학논단』 86 (2016): 35-61.
송영목·이은수. "성경적 사회복지와 기본소득 연구." 『영산신학저널』 56 (2021): 59-96.
송영목·정미경. "3.1운동과 회중 찬송의 공공성." 『고신신학』 21 (2019): 105-150.
______. 『성경과 찬송의 대화』. 서울: CLC, 2022.
송인규. "신자는 언제 부활체를 얻는가(2)." 『신학정론』 15/1 (1997): 192-228.
송재영. "목회자의 소명과 현실적 이슈." 한국동남성경연구원 특별 여름세미나 발제 논문. 진주 삼일교회당. 2021년 7월 5일: 1-22.
송혜경. "영지주의 종말론." 『Catholic Theology and Thought』 74 (2014): 150-189.
송훈호. "성찬 성례전적 공동체 식사'를 통한 연합 방안." 제84회 한국실천신학회 정기학술대회 발제 논문. 성결대학교, 2022: 47-67.
신광철. "기복주의." 『역사비평』 5월호 (1999): 350-360.
신동욱. "요한계시록에 나타난 바울신학의 영향." 『신약논단』 20/3 (2013): 817-854.
______. "요한계시록 안에 나타난 십계명 모티브의 역할." 『인문사회 21』 9/1 (2018): 134-145.
______. "요한계시록의 제자도." 『신약논단』 91/1 (2012): 241-279.
______. 『요한계시록 주석』. 서울: KMC, 2010.
______. "존 웨슬리의 요한계시록 해석의 현대적 적용을 위한 시도: 현실인식과 비판의 관점에서 요한계시록 읽기." 『인문사회 21』 8/1 (2017): 529-543.
______. "칼 바르트의 교회론에 나타난 요한계시록의 해석학적 적용에 관한 연구." 『인문사회 21』 10/1 (2019): 349-360.
심우진. "ἔρχομαι의 이의성에 대한 연구: 요한계시록의 용례를 중심으로." 『신학사상』 197 (2017): 75-115.
안건상. 『선교적 성경 읽기』. 서울: 생명의 말씀사, 2020.
안병철. 『요한묵시록 II』. 서울: 가톨릭대학교출판부, 1996.
안용성. "요한계시록의 서사수사학적 구조." 『신약논단』 15/2 (2008): 431-467.
안진호. "팔레스타인의 경제적 배경과 야고보서." 『헤르메네이아 투데이』 32 (2005): 39-49.
안희돈. "네로 황제 집권 전반기 궁중 권력 투쟁," 『서양고대사연구』 21 (2007): 169-198.
______. "네로 황제와 황금 궁전." 『서양고대사연구』 19 (2006): 201-229.
어춘수. "한국 기독교의 신비주의에 관한 연구." 신학박사 학위논문, 연세대학교, 2008.
염보연. "지옥이 사라져 버린 현대 교회." 신학석사 논문. 목원대학교, 2012.
오소운. 『알기 쉽게 쓴 21세기 찬송가 해설』. 서울: 성서원, 2017.
우상혁. "마소라 본문 전통과 칠십인경에 따른 교부들의 욥기 주석." 『구약논집』 4 (2008): 91-113.
______. "헤브라이즘을 넘어 헬레니즘을 향한 도전: 칠십인경 욥기 중심으로." 『한국개혁신학』 46 (2015): 130-153.
유동기. "요한계시록의 종말적 바벨론과 예레미야가 보도하는 바벨론의 관계에 관한 연구." 『신약논단』 23/4 (2016): 1143-1175.
유은걸. "요한계시록의 장르적 특성과 기독교교육적 적용 가능성에 대한 연구." 『기독교교육 정보』 51 (2016): 93-120.
______. "요한계시록의 천년왕국: 독자반응비평적 연구." 『기독교교육정보』 45 (2015): 227-255.
윤사무엘. 『요한계시록 강해설교: 주님, 어서 오시옵소서!』. 서울: 쿰란출판사, 2021.
윤은석. "사경회에서 부흥사경회로의 변화에 대한 연구: 1888년부터 1919년까지." 『장신논단』 50/5 (2018): 123-

146.
윤철원. "하나님의 우편에 '앉아 계신' 예수가 '일어선'(행 7:55-56) 이유에 관한 탐구." 『신학논단』 99 (2020): 71-100.
이경수. "『묵시록』과 텍스트 상호성." 『D. H. 로렌스 연구』 15/1 (2007): 91-109.
이광진. 『요한계시록 연구』. 서울: 크리스천 헤럴드, 2004.
_____. "요한계시록에 나타난 죽은 자들의 세계와 사후의 생에 대한 기대(IV)." 『신학과 현장』 18 (2008): 71-142.
_____. "요한계시록은 두 가지 구원의 길을 말하고 있는가?" 『한국기독교신학논총』 23 (2002): 87-106.
_____. "요한계시록의 마귀론." 『신학과 현장』 14 (2004): 151-190.
이근삼 전집 편찬위원회. 『개혁주의 조직신학 개요 2』. 서울: 생명의 양식, 2007.
이긍재. "구약 속 '신전 매춘' 제도의 역사성에 관한 연구: '조나', '카데쉬' 그리고 '케데샤' 용어 중심으로." 『신학논단』 107 (2022): 215-249.
이기운. "데살로니가전서 5장 1-11절에 나타난 '빛의 자녀'의 의미 고찰: 아모스 5장 18-20절과 쿰란 문서에 비추어서." 『신약연구』 18/2 (2019): 147-180.
이기흔. "요한계시록의 바른 이해: 성전이신 예수님 중심의 해석." 『생명과 말씀』 11 (2015): 85-109.
이달. 『요한계시록』. 서울: 한국장로교출판사, 2008.
_____. "요한계시록에 나타난 자연과 인간의 재창조." 『기독교문화연구』 7 (2002): 23-41.
이동영. 『송영의 삼위일체론』. 서울: 새물결플러스, 2017.
이병규. 『요한계시록』. 서울: 염광출판사, 1978.
이병학. "반제국적 연대투쟁을 위한 예수의 현재적 오심." 『신약논단』 18/3 (2011): 889-923.
이복우. "서머나 교회(계 2:8-11)에 나타난 교회의 정체성." 『신학정론』 36/1 (2018): 181-223.
_____. "요한계시록의 용(δράκων)에 대한 연구." 『신학정론』 34/2 (2016): 175-218.
_____. "요한복음에 나타난 물(ὕδωρ)의 신학적 의미와 기능(1)." 『신학정론』 32/1 (2014): 77-109.
_____. "요한복음에 나타난 선교에 관한 연구." 『신학정론』 33/1 (2015): 164-206.
이선령. "윌리엄 쿠퍼(William Cowper, 1731-1800)의 찬송시 연구 II: 『21세기 찬송가』에 실린 '샘물과 같은 보혈은'과 '귀하신 주님 계신 곳'에 나타난 그의 신학관을 중심으로." 『개혁논총』 54 (2020): 391-419.
이신열 (ed). 『종교개혁과 인간』. 부산: 고신대학교출판부, 2021.
이원재. "종말과 선교: 요한계시록에 나타난 종말론의 선교 모티브." 『미션인사이트』 5 (2013): 151-167.
이정순. "조상제사 문제를 어떻게 이해할 것인가?: 한국 교회 영성 형성의 과제와 관련하여." 『신학과 실천』 30 (2012): 67-90.
이정화. "요한계시록 21-22장의 에스겔서 사용 연구: '성전'과 '예배' 모티브를 중심으로." Ph.D. 논문. 국제신학대학원대학교, 2020.
이재하. 『아람어 요한계시록 주석』. 서울: 요한신학연구소, 2022.
이천진. "이천진 목사의 찬송가 이야기(16): 부활절에 부르는 찬송〈예수 부활했으니〉." 『기독교사상』 4월호 (2013): 214-227.
이철규. "요한계시록의 '증인' 모티프에 대한 선교적 해석학 연구: 요한계시록 11:3-13의 두 증인을 중심으로." Ph.D. 논문. 전주대학교, 2020.
_____. "요한계시록의 증인에 대한 해석과 선교적 함의: 요한계시록 11:3-13절을 중심으로." 『신학과 사회』 33/3 (2019): 1-36.
이필찬. 『내가 속히 오리라』. 서울: 이레서원: 2012.
_____. 『에덴 회복의 관점에서 읽는 요한계시록: 12-22장』. 용인: 에스카톤, 2022.
이한수. 『요한계시록』. 서울: 솔로몬, 2018.
이형의. "요한계시록의 목회적 성격." 『서울장신논단』 14 (1998): 55-77.
이환봉. 『무엇을 믿고 어떻게 살 것인가』. 부산: 도서출판 글마당, 1998.

인용태. “공공신학적 팔복 이해와 한국교회의 목회적 과제.” 박사학위 논문. 한남대학교, 2014.
임진수. “그레코-로만 세계와 초기 기독교의 자선가 사상(euergetism).” 『Canon & Culture』 8/2 (2014): 269-304.
_____. “야고보서의 경제윤리.” 『신학과 세계』 50 (2004): 96-121.
장석조. “교회의 선교적 정체성.” 『복음과 선교』 52/4 (2020): 171-201.
장세훈. 『스가랴』. 서울: SFC, 2017.
정기묵. “선교적 교회를 위한 평신도 은사 활용.” 『복음과 선교』 18 (2012): 197-228.
정기문. “네로의 기독교 박해.” 『역사문화연구』 73 (2020): 143-168.
_____. “디오클레티아누스 대제의 경제 정책.” Ph.D. 논문. 서울대학교, 1999.
_____. “로마 제국 초기 디아스포라 유대인의 팽창원인.” 『전북사학』 48 (2016): 279-302.
정대준. “그는 왜 그때 달려야만 했는가?: 하박국 2:2에 대한 재해석.” 개혁신학회 가을 학술대회 발제 논문. 아세아연합신학대학교, 2020년 10월 24일: 97-113.
정복희. “그레코-로만 식사 제도에 대한 바울의 해석.” 『신약논단』 27/3 (2020): 815-850.
정상운. “세대주의적 전천년설과 성결교회 재림론.” 『한국기독교와 역사』 11 (1999): 167-198.
정용한. “에베소의 바울계 교회와 요한계 교회의 관계성에 대한 소고,” 『신약논단』 28/4 (2021): 719-752.
정지로. “요한계시록의 예배에 관한 주석적 연구.” Ph.D. 논문. 호서대학교, 2013.
정진화. “설교의 공적차원에 대한 새로운 이해: 찰스 캠벨의 설교신학에 대한 비판적 연구.” Ph.D. 논문. 계명대학교, 2016.
정해갑. “고전 번역사를 통해 본 문화적 전유에 관한 사례 연구: KJV의 「시편」 12편을 중심으로.” 『고전중세르네상스영문학』 32/1 (2022): 83-110.
조윤호. 『그리스도의 세 가지 직분: 둘째 아담 그리고 창조회복』. 서울: CLC, 2021.
지성용. “순교의 현대적 이해와 가치.” 『Catholic Theology and Thought』 70 (2012): 201-232.
최만수. “이사야 선지자의 비전으로서 새 하늘과 새 땅: 65:17-25를 1:2-9와 11:1-9와 더불어 읽기를 위한 시도.” 『한국개혁신학』 22 (2007): 64-100.
최성일. “요한계시록 16:16의 아마겟돈에 관한 재림교회의 해석사 연구.” 석사학위 논문. 삼육대학교, 1997.
최순봉. “사도바울의 소명과 계시: 갈 1-2장을 중심으로.” 한국성경신학회 제48차 정기논문발표회 발제 논문. 신반포중앙교회당, 2022년 2월 14일: 5-18.
최승락. “지젝의 사회정의론에서 바라본 바울 이해.” 『신약논단』 24/2 (2017): 343-381.
최용준. “완성에 대한 기독교 세계관적 고찰: 요한계시록 21장 1-4절을 중심으로.” 『신앙과 학문』 24/4 (2019): 186-207.
최윤갑. “의인화를 중심으로 본 시온(사 62:1-5)에 대한 재해석.” 고신대학교 기독교사상연구소 주관 콜로키움 발제 논문, 2022년 10월 20일. 고신대학교: 1-19.
_____. “이사야: 새 창조를 향한 구속의 드라마.” 한국동남성경연구원 여름세미나 발제 논문. 2019년 6월 18-19일. 경주 코오롱호텔.
최태영. “하나님의 교회 세계복음선교협회의 교리 비판.” 『신학과 목회』 36 (2011): 51-74.
최현. “요한계시록에 나타난 임박한 종말 사상과 지연된 종말의 주석적 해석연구.” 석사학위논문. 장로회신학대학교, 2019.
『취리히성경해설』. *Ekklärt-Der Kommentar zur Zürcher Bibel*. 서울: 대한성서공회, 2021.
하경택. “세계의 어머니로서의 시온: 시편 87편에 대한 주석적 연구.” 『장신논단』 47/2 (2015): 13-41.
한민택. “한국 그리스도교계 신흥 종교의 종말론에 관한 신학적 고찰: 신천지예수교증거장막 성전을 중심으로.” 『Catholic Theology and Thought』 74 (2014): 68-136.
한철흠. “요한계시록의 예언적 종말론.” 『피어선 신학 논단』 5/1 (2016): 89-109.
_____. “요한계시록의 저항 언어: 유대 묵시문헌과의 상호텍스트성 분석을 통하여.” 『한국개혁신학』 59 (2018):

320-351.
_____. “요한계시록의 종말론적 전쟁 재해석: 참말과 거짓말의 싸움.” 『신약논단』 28/4 (2021): 753-778.
_____. “God’s Peoples in the New Jerusalem: Revelation 21:3 Reconsidered.” 『장신논단』 50/4 (2018): 9-30.
한태현. “요한계시록에서 ‘이교도적 사회로부터 이탈하라’와 ‘예수 그리스도의 증인으로 서라’라는 두 메시지의 관계성에 대한 예배적 이해.” 『신학논단』 67 (2012): 171-196.
한홍식. “해를 입은 여인과 붉은 용의 연구: 요한계시록 12장을 중심으로.” Th.D. 논문. 서울신학대학교, 2006.
허규. 『요한묵시록 바르게 읽기』. 서울: 성서와 함께, 2019.
_____. “요한묵시록과 그 해석.” 『Catholic Theology and Thought』 74 (2014): 11-54.
허윤기. “요한계시록의 서사적 기독론.” Ph.D. 논문. 한남대학교, 2015.
현창학. “시편의 주요 장르에 대한 예시적 고찰: 13, 30, 136편의 분석과 주해를 중심으로.” 『신학정론』 39/1 (2021): 13-49.
홍창표. “음부(ᾅδης)와 지옥(γέεννα) 개념: 요한계시록 1:18을 중심으로.” 『신학정론』 15/2 (1997): 489-532.
_____. “처음 네 인(印)에 대한 환상 해석(계 6:1-8).” 『신학정론』 18/2 (2000): 339-397.
황규환. “요한계시록의 ‘혼인’(γάμος) 메타포(Metaphor)에 관한 연구: 요한계시록 19:1-10을 중심으로.” Ph.D. 논문. 백석대학교, 2021.
황덕형. “포스트모던 시대의 신학의 가능성: 밀뱅크의 급진적 정통주의를 중심으로.” 『한국조직신학논총』 28 (2010): 311-342.
황창기. 『성경적 지옥론』. 부산: 고신대학교 기독교사상연구소, 2005.

Adams, S. L. “The Rhetorical Function of Petitionary Prayer in Revelation.” *Neotestamentica* 55/1 (2021): 1-22.
Ahn, M-H. “Apokalyptische Vorstellungen in Mittelalterlichen Totentanz.” 『헤세연구』 14 (2005): 133-153.
Albertson, F. C. “Zenodorus’s Colossus of Nero.” *Memoirs of the American Academy in Rome* 46 (2001): 95-118.
Allen, G. V. “Textual Pluriformity and Allusion in the Book of Revelation: The Text of Zechariah 4 in the Apocalypse.” *Zeitschrift für die Neutestamentliche Wissenschaft* 106/1 (2015): 136-145.
_____. “The Son of God in the Book of Revelation.” In *Son of God: Divine Sonship in Jewish and Christian Antiquity*. Edited by G. V. Allen et als. Pennsylvania: Penn State University Press, 2019: 53-71.
Allet, P. “Revelation 6:9-11: An Exegesis of the Fifth Seal in the Light of the Problem of the Eschatological Delay.” Ph.D. Thesis. Andrews University, 2015.
Androsov, B. A. “A Book sealed with Seven Seals (Rev 5.1): Three Bright Patristic Interpretations.” *Вестник ПСТГУ* 45/1 (2013): 71-87.
Arcari, L. “Early Jewish Background of the War Scenes in John’s Revelation.” In *Ancient Christian Interpretations of ‘Violent Texts’ in the Apocalypse*. Edited by J. Verheyden, T. Nicklas and A. Merkt. Göttingen: Vandenhoeck & Ruprecht, 2011: 9-27.
Armstrong, K. “The Three Major Views of the Millennium.” M.A. Thesis. New Orleans Baptist Theological Seminary, 2013.
Aune, D. E. *Revelation 1-5*. WBC. Nashville: Thomas Nelson Publishers, 1998.
_____. *Revelation 6-16*. WBC. Nashville: Thomas Nelson Publishers, 1998.
_____. *Revelation 17-22*. WBC. Nashville: Thomas Nelson Publishers, 1998.
_____. “The Apocalypse of John and Palestinian Jewish Apocalyptic.” *Neotestamentica* 40/1 (2006): 1-33.
Baines, M. C. “The Identity and Fate of the Kings of the Earth in the Book of Revelation.” *Reformed Theological Review* 75/2 (2016): 73-88.

Baloyi, M. E. "Sex as an Expression of Hospitality: Theological Investigation amongst Some Africans." *Koers* 81/2 (2016): 1-8.

Bandy, A. S. "Patterns of Prophetic Lawsuits in the Oracles to the Seven Churches." *Neotestamentica* 45/2 (2011): 178-205.

_____. "The Layers of the Apocalypse: An Integrative Approach to Revelation's Macrostructure." *Journal for the Study of the New Testament* 31/4 (2009): 469-499.

Barbaro, F. 『요한묵시록 주해』. *Apocalypsis beati Joannis Apostoli*. 김창수 역. 서울: 크리스챤출판사, 1982.

Barker, M. *The Revelation of Jesus Christ*. Edinburgh: T&T Clark, 2000.

Barnhill, G. M. "Seeing Christ through Hearing the Apocalypse: An Exploration of John's Use of Ekphrasis in Revelation 1 an 19." *Journal for the Study of the New Testament* 39/3 (2017): 235-257.

Barr, D. L. "Jezebel and the Teachings of Balaam: Anti-Pauline Rhetoric in the Apocalypse of John." *Perspectives in Religious Studies* 45/2 (2018): 153-165.

_____. "John's Ironic Empire." *Journal of Bible and Theology* 63/1 (2009): 20-30.

_____. "The Apocalypse of John as Oral Enactment." *Interpretation* 40/3 (1986): 243-256.

Barreda Toscano, J. J. "Come out of Her, My People: The Hope of Those who suffer because of Corruption (Revelation 18:1-19:10)." *Journal of Latin American Theology* 12/2 (2017): 63-81.

Barrett, C. M. "Luke's Contribution to the Light Motif in Scripture as It Relates to the Prophetic Ministry of Christ and His Disciples." *Puritan Reformed Journal* 5/1 (2013): 29-40.

Barry, S. "The Year of Jubilee: A Hermeneutic for Social and Moral Transformation in South Africa." *In die Skriflig* 45/4 (2011): 867-897.

Bass, J. W. "The Battle for the Keys: Revelation 1:18 and Christ's Descensus ad Inferos." Ph.D. Thesis. Dallas Theological Seminary, 2011.

Bateman IV, H. W. and Peer, A. C. *John's Letters: An Exegetical Guide for Preaching and Teaching*. Grand Rapids: Kregel Academic, 2018.

Bastomsky, S. J. "Emperor Nero in Talmudic Legend." *Journal of Jewish Quarterly* 59/4 (1969): 321-325.

Bauckham, R. *The Climax of Prophecy: Studies on the Book of Revelation*. Edinburgh: T&T Clark, 1993.

_____. *The Theology of the Book of Revelation*. Cambridge: Cambridge University Press, 1993.

Bauer, D. R. "The Theme of Mission in Matthew's Gospel from the Perspective of the Great Commission." *Asbury Journal* 74/2 (2019): 240-276.

Bavinck, H. *The Last Things: Hope for This World and the Next.* Grand Rapids: Baker, 1996. 이 영서는 H. Bavinck, 『개혁교의학. 제4권』, *Gereformeerde Dogmatiek*, Vol. 4, 박태현 역 (서울: 부흥과 개혁사, 2011), 697-867에 한역됨.

Bavinck, J. H. *En Voort Wentelen de Eeuwen: Gedachten over het Boek der Openbaring van Johannes*. Wageningen: Zomer en Keuning, 1964.

Bay, C. "Lion of the Apocalypse: A Leonine Messiah in the Book of Revelation." *Biblical Research* 60 (2015): 65-93.

Baynes, L. "Revelation 5:1 and 10:2a, 8-10 in the Earliest Greek Tradition: A Response to Richard Bauckham." *Journal of Biblical Literature* 129/4 (2010): 801-816.

BDAG. Chicago: The University of Chicago Press, 1993.

Beale, G. K. 『요한계시록. 상권. 하권』. *The Book of Revelation*. 오광만 역. 서울: 새물결플러스, 2016.

_____. *John's Use of the Old Testament in Revelation*. Sheffield: Sheffield Academic Press, 1998.

_____. "The Millennium in Revelation 20:1-10: An Amillennial Perspective." *Criswell Theological Review* 11/1 (2013): 29-62.

______. "The Old Testament Background of Paul's Reference to the 'Fruit of the Spirit' in Galatians 5:22." *Bulletin for Biblical Research* 15/1 (2005): 1-38.

Beale, G. K. and McDonough, S. M. "요한계시록." In 『일반서신·요한계시록』. Edited by G. K. Beale and D. A. Carson. 김주원 외 역. 서울: CLC, 2012: 473-687.

Bell Jr., A. A. 『신약 시대의 사회와 문화』. *Exploring the New Testament World*. 오광만 역. 서울: 생명의 말씀사, 2001.

Benedetto, R. "Psalm 84." *Interpretation* 51/1 (1997): 57-61.

Benedict, J. "The Great Whore cast down: Revelation 17-18 and the Imagery of Roman Conquest." *Brethren Life and Thought* 61/1 (2016): 39-48.

Benéitez, M. "Algunas Reflexiones en Torno al Séptimo Sello del Apocalipsis (Apc 8,1)." *Estudios Eclesiásticos* 63 (1988): 29-62.

Bennema, C. "Moral Transformation in the Johannine Writings." *In die Skriflig* 51/3 (2017): 1-7.

Bergel, L. "God's Victory and Salvation: A Soteriological Approach to the Subject in Apocalyptic Literature." *HTS Teologiese Studies* 75/3 (2019): 1-6.

Bergmeier, R. "Jerusalem, du Hochgebaute Stadt." *Zeitschrift für die Neutestamentliche Wissenschaft und die Kunde der Älteren Kirche* 75/1-2 (1984); 86-106.

Biguzzi, G. "Is the Babylon of Revelation Rome or Jerusalem?" *Biblica* 87/3 (2006): 371-386.

Bingle, P. W. and Van der Walt, J. J. "Eskatologiese Perspektiewe in die Nagmaal." *Koers* 55 (1990): 101-111.

Birzu, V. "The Throne of God as a Prototype of Primacy in the Church and in Creation." *HTS Teologiese Studies* 75/4 (2019): 1-6.

Blackwell, B. C. et als (ed). *Reading Revelation in Context: John's Apocalypse and Second Temple Judaism*. Grand Rapids: Zondervan Academic, 2019.

Blake, E. "Our Missionary Letter to the Church in Smyrna." *The Muslim World* 56/2 (1966): 117-120.

Blaney, H. J. S. 『베드로전서-요한계시록』. *1 Peter-Revelation*. 웨슬리주석번역위원회 역. 서울: 임마누엘, 1992.

Blount, B. K. *Revelation*. Louisville: WJK, 2009.

Bock, D. L. (ed). *Three Views on the Millenium and Beyond*. Grand Rapids: Zondervan, 1999.

Boda, M. J. *Haggai, Zechariah*. Grand Rapids: Zondervan, 2004.

Bodner, K. and Strawn, B. A. "Solomon and 666 (Revelation 13.18)." *New Testament Studies* 66/2 (2020): 299-312.

Bolotnikov, A. "The Theme of Apocalyptic War in the Dead Sea Scrolls." *Andrews University Seminary Studies* 43/2 (2005): 261-266.

Boring, M. E. *Revelation*. Louisville: John Knox Press, 1989.

Boshart, D. "회복적 정의의 기독교적 배경: 메노나이트교회가 가지는 정의와 평화에 대한 이해를 중심으로." 회복적 정의 연구소 교회연구회 4월 RJ 아카데미. 2022년 4월 12일. https://www.youtube.com/watch?v=hCOERhDDfGc. 2022년 4월 16일 접속.

Bosman, N. "The Cup as Metaphor and Symbol: A Cognitive Linguistics Perspective." *HTS Teologiese Studies* 75/3 (2019): 1-8.

Botha, N. A. "Mission as Prophecy: Reading the Apocalypse as Forthtelling rather than Foretelling." *Missioanalia* 33/2 (2005): 315-28.

Bothma, G. "Openbaring 21:1-8 in Teks en Prediking." *In die Skriflig* 49/2 (2015): 1-8.

Bovon, F. "John's Self-Presentation in Revelation 1:9-10." *Catholic Biblical Quarterly* 62/4 (2000): 693-700.

Bouwman, C. 『벨직신앙고백해설』. *Notes on the Belgic Confession*. 손정원 역. 부산: 도서출판 신언, 2007.

Bratcher, R. G. and Hatton, H. A. *The Book of Revelation: A Handbook*. New York: UBS, 1993.

Braun, R. "Solomon, the Chosen Temple Builder: The Significance of 1 Chronicles 22, 28, and 29 for the Theology of Chronicles." *Journal of Biblical Literature* 95/4 (1976): 581-590.

Brent, A. "Luke-Acts and the Imperial Cult in Asia Minor." *Journal of Theological Studies* 48/2 (1997): 411-438.

______. "John as Theologos: The Imperial Mysteries and the Apocalypse." *Journal for the Study of the New Testament* 75 (2000): 87-102.

Bretscher, P. M. "Syntactical Peculiarities in Revelation," *Concordia Theological Monthly* 16/9 (1945): 95-105.

Briend, J. and Quesnel, M. 『성서시대의 일상생활』. *La Vie Quotidienne aux Temps Bibliques*. 안영주 역. 서울: 성서와 함께, 2020.

Brighton, L. A. "Christological Trinitarian Theology in the Book of Revelation." *Concordia Journal* 34/4 (2008): 292-297.

Brown, I. R. "The Two Witnesses of Revelation 11:1-13: Arguments, Issues of Interpretation, and a Way Forward." Ph.D. Thesis. Andrews University, 2016.

Brown, S. "The Book of Revelation: Structure and Content." www.thirdmill.org. 2019년 6월 18일 접속.

______. "The Book of Revelation: The King and His Kingdom." www.thirdmill.org. 2019년 6월 18일 접속.

Bruce, F. F. "Babylon and Rome." *Evangelical Quarterly* 13 (1941): 241-261.

______. "The Kingdom of God: A Biblical Survey." *Evangelical Quarterly* 15 (1943): 263-268.

Bruner, F. D. *The Gospel of John: A Commentary*. Grand Rapids: Eerdmans, 2012.

Buffel, O. A. "The Bible of the Poor in the Context of Poverty, COVID-19 and Vaccine Nationalism: Hermeneutics of Liberation from the Perspective of the Poor." *HTS Teologiese Studies* 77/1 (2021): 1-8.

Bunta, S. N. "The Voices of the 'Triumphant Hymn': The Orthodox Sanctus as a Christian Merkabah Text." *St Vladimir's Theological Quarterly* 64/1-2 (2020): 99-133.

Burge, G. M. 『예수와 그 땅: 신약성경은 '성지' 신학에 도전한다』. *Jesus and the Land: The New Testament Challenge to 'Holy Land' Theology*. 이선숙 역. 서울: 새물결플러스, 2020.

Burger, J. M. "The Story of God's Covenants: A Biblical-Theological Investigation with Systematic Consequences." *Calvin Theological Journal* 54/2 (2019): 267-299.

Burnett, D. C. "Divine Titles for Julio-Claudian Imperials in Corinth." *Catholic Biblical Quarterly* 82/3 (2020): 437-455.

Burns, J. L. "The Biblical Use of Marriage to illustrate Covenantal Relationships." *Bibliotheca Sacra* 173 (2016): 273-296.

Busse, U. "Metaphorik und Rhetorik im Johannesevangelium: Das Bildfeld vom König." In *Imagery in the Fourth Gospel*. Edited by J. Frey, J. G. van der Watt and R. Zimmermann. Tübingen: Mohr Siebeck, 2006: 279-317.

Buys, P. J. "A Shepherd Stirring up Hope from the Book of Revelation." *In die Skriflig* 54/1 (2020): 1.

Buys, P. J., Korevaar, J. M. and Stubbs, G. R. "COVID-19 and Resilience through Integral Mission: The Impact of Social Enablement as Mission in previously Disadvantaged Communities in South Africa during the COVID-19 Disaster." *In die Skriflig* 54/1 (2020): 1-14.

Caesar, L. O. "Job as Paradigm for the Eschaton." *Journal of the Adventist Theological Society* 11/1-2 (2000): 148-162.

Calvert, D. J. "Liturgical Speech Acts in the Lord's Supper." *Artistic Theologian* 8 (2020): 99-113.

Calvin, J. 『1559년 라틴어 최종판 직역 기독교강요. 제2권』. *Institutio Christianae Religionis*. 문병호 역. 서울: 생

명의 말씀사, 2020.

_____. 『1559년 라틴어 최종판 직역 기독교강요. 제3권』. *Institutio Christianae Religionis*. 문병호 역. 서울: 생명의 말씀사, 2020.

_____. 『1559년 라틴어 최종판 직역 기독교강요. 제4권』. *Institutio Christianae Religionis*. 문병호 역. 서울: 생명의 말씀사, 2020.

Campbell, R. A. "Triumph and Delay: The Interpretation of Revelation 19:11-20:10." *Evangelical Quarterly* 80/1 (2008): 3-12.

Campbell, W. G. "Antithetical Feminine-Urban Imagery and a Tale of Two Women-Cities in the Book of Revelation." *Tyndale Bulletin* 55/1 (2004): 81-108.

_____. "Findings, Seals, Trumpets, and Bowls: Variations upon the Theme of Covenant Rupture and Restoration in the Book of Revelation." *Westminster Theological Journal* 66 (2004): 71-96.

Caneday, A. B. "God's Parabolic Design for Israel's Tabernacle: A Cluster of Earthly Shadows of Heavenly Realities." *Southern Baptist Journal of Theology* 24/1 (2020): 103-124.

Cangelosi, C. "The Church is a Missionary Society, and the Spirit of Missions is the Spirit of the Gospel: The Missional Piety of the Southern Presbyterian Tradition." *Puritan Reformed Journal* 5/1 (2013): 189-213.

Canoy, R. W. "Armageddon: Revisiting Megiddo." *Review & Expositor* 115/2 (2018): 230-242.

_____. "Time and Space, Satan (Devil, Ancient Serpent, Deceiver, and Accuser), and Michael in Revelation." *Review & Expositor* 114/2 (2017): 254-265.

Carey, G. "What counts as 'Resistance' in Revelation?" *Perspectives in Religious Studies* 45 (2018): 199-212.

Carson, D. A. (ed). *NIV Biblical Theology Study Bible*. Grand Rapids: Zondervan, 2018.

_____. "The Triumph of the Lamb." Paper delivered at ACTS on 9 March 1999: 1-25.

Cerfaux, L. "La Vision de la Femme et du Dragon de l'Apocalypse en Relation Avec le Protévangile." *Ephemerides Theologicae Lovanienses* 31/1 (1955): 21-33.

_____. "'L'Évangile Éternel' (Apoc., XIV, 6)." *Ephemerides Theologicae Lovanienses* 39/3 (1963): 672-681.

Chang, C. W. "Freedom in Galatians: A Socio-Historical Study of the Adoption and Slavery Imagery." Ph.D. Thesis. North-West University, 2019.

Charette Jr., V. "The Text-Driven Application of the Apocalypse: A Historical-Contextual Focus on the Seven Churches in Order to accomplish Text-Driven Application." Ph.D. Thesis. Southwestern Baptist Theological Seminary, 2013.

Charles, J. D. "The Throne-Vision of the Lamb." *Criswell Theological Review* 7/1 (1993): 85-97.

Charles, R. H. *A Critical and Exegetical Commentary on the Revelation of St. John*. Volume 1. Edinburgh: T&T Clark, 1920.

Chen, K. "Psalm 110: A Nexus for Old Testament Theology." *Criswell Theological Review* 17/2 (2020): 49-65.

Chilton, D. *The Days of Vengeance: An Exposition of the Book of Revelation*. Tyler: Dominion Press, 1990.

Christian, T. J. "The Problem with Wesley's Postmillennialism: An Exegetical Case for Historic Premillennialism in 21st Century Wesleyan Theology and Missions." *Asbury Journal* 73/1 (2018): 65-104.

Chung, C. K. "The Function of Revelation 1:7 to the Mission to the Nations Motif in the Book of Revelation." M.A. Thesis. Trinity International University, 2016.

Clay, J. E. "The Woman Clothed in the Sun: Pacificism and Apocalyptic Discourse among Russian Spiritual Christian Molokan-Jumpers." *Christian History* 80/1 (2011): 109-138.

Coe, J. "The Controversy over Contemplation and Contemplative Prayer: A Historical, Theological, and Biblical Resolution." *Journal of Spiritual Formation & Soul Care* 7/1 (2014): 140-153.

Coetzee, C. F. C. "*Ho Eschatos*: The Eschatological Christ and the Future of Reformed Theology." *In die Skriflig* 47/1 (2013): 1-8.

Coetzee, J. C. "Die Nuwe-Testamentiese Wêreldbeeld." *Koers* 50/4 (1985): 301-324.

_____. "Die Woord van God as Lewende, Kragtige en Tweesnydende Swaard: 'N Studie van Hebreërs 4:12-13 binne die Konteks van die Hele Hebreërs." *Koers* 53/3 (1988): 347-374.

Cohen, S. J. D. "'Those who say They are Jews and are not': How do You know a Jew." In *Diasporas in Antiquity*. Edited by S. J. D. Cohen and E. S. Frerichs. Atalanta: Scholars Press, 1993: 1-45.

Collins, A. Y. "Apocalypse Now: The State of Apocalyptic Studies Near the End of the First Decade of the Twenty-First Century." *Harvard Theological Review* 104/4 (2011): 447-457.

_____. "Vilification and Self-Definition in the Book of Revelation." *Harvard Theological Review* 79/1 (1986): 308-320.

Cotro, H. A. "Could the Author of Revelation Step Forward Please?" *Davar Logos* 14/1 (2015): 71-90.

Coutras, A. J. "Chaos and Clairvoyance: Apollo in Asia Minor and in the Apocalypse." Ph.D. Thesis. Asbury Theological Seminary, 2018.

Cox, S. L. "1 Corinthians 13-An Antidote to Violence: Love." *Review and Expositor* 93 (1996): 529-536.

Crawford, R. W. "Armageddon: Revelation 16." *Review and Expositor* 106 (2009): 101-107.

Crutchfield, L. V. "The Apostle John and Asia Minor as a Source of Premillennialism in the Early Church Fathers." *Journal of Evangelical Theological Society* 31/4 (1988): 411-427.

CSB Ancient Faith Study Bible. Nashville: Holman Bible Publishers, 2019.

Dames, G. E. "Biblical Vistas of Brokenness and Wholeness in a Time such as the Coronavirus Pandemic." *HTS Teologiese Studies* 76/4 (2020): 1-12.

Dalrymple, R. "The Use of *καί* in Revelation 11,1 and the Implications for the Identification of the Temple, the Altar, and the Worshippers." *Biblica* 87/3 (2006): 387-394.

D'Assonville, V. E. "Openbaringsgeskiedenis, Kerkgeskiedenis, Wéreldgeskiedenis." *Koers* 53/3 (1988): 460-468.

David, S. J. "Introducing an Arabic Commentary on the Apocalypse: Ibn Kātib Qayṣar on Revelation." *Harvard Theological Review* 101/1 (2008): 77-96.

Davis, W. C. "The Gospel in the Book of Revelation." *The Perkins School of Theology Journal* 15/3 (1962): 29-38.

Dearman, J. A. *Jeremiah, Lamentations*. Grand Rapids: Zondervan, 2002.

De Boer, E. "Liturgical Reform in the 'Breaking of the Bread' in the Lord's Supper in the Palatinate and Its Resonance in the Heidelberg Catechism." *Acta Theologica Suppl* 20 (2014): 194-210.

Decker, T. L. "Faithfulness to Christ as Covenant Fidelity: The Pastoral Purpose behind the Old Testament Allusions in the Seven Messages of Revelation 2-3." *Andrews University Seminary Studies* 55/2 (2017): 165-193.

_____. "Live Long in the Land: The Covenantal Character of the Old Testament Allusions in the Message to Laodicea (Revelation 3:14-22)." *Neotestamentica* 48/2 (2014): 417-446.

Decock, P. B. "Beeldspraak over Oorlog en Schepping, Geweld en Geweldloosheid in de Openbaring van Johannes." *HTS Teologiese Studies* 64/4 (2008): 1837-1853.

_____. "Het Boek Openbaring: De Macht van Gods Geduld." *HTS Teologiese Studies* 68/1 (2012): 1-8.

_____. "The Symbol of Blood in the Apocalypse of John." *Neotestamentica* 38/2 (2004): 157-182.

_____. "The Transformative Potential of the Apocalypse of John." *Acta Theologica* 31 (2011): 184-199.

_____. "The Works of God, of Christ, and of the Faithful in the Apocalypse of John." *Neotestamentica* 41/1 (2007): 37-66.

_____. "'This Book': The Rhetoric of John's Apocalypse." *Neotestamentica* 55/1 (2021): 43-63.

De Jong, J. M. R. "The Church is the Means, the World is the End: The Development of Klaas Schilder's Thought on the Relationship between the Church and the World." Th.D. Thesis. Kampen Theological University, 2019.

De Klerk, B. J. "Basisteoretiese Grondslae van die Seën in die Erediens en Voortvloeiende Riglyne vir die Liturgie." *In die Skriflig* 41/3 (2007): 391-413.

_____. "Enhancing Ecological Consciousness through Liturgical Acts of Doxology and Lament." *Verbum et Ecclesia* 35/2 (2014): 1-8.

De Moor, J. C. and Van Staalduine-Sulman, E. "Aramaic Song of the Lamb." *Journal for the Study of Judaism in the Persian, Hellenistic and Roman Period* 24/2 (1993): 266-279.

Den Dulk, M. "The Promises of the Conquerors in the Book of Revelation." *Biblica* 87/4 (2006): 516-522.

Den Hollander, W. "Jesus, Josephus, and the Fall of Jerusalem: On Doing History with Scripture." *HTS Teologiese Studies* 71/1 (2015): 1-9.

Dernell, W. J. "Typology, Christology and Prosopological Exegesis: Implicit Narratives in Christological Texts." *Southern Baptist Journal of Theology* 24/1 (2020): 137-161.

DeRouchie, J. S. "Greater is He: A Primer on Spiritual Warfare for Kingdom Advance." *Southern Baptist Journal of Theology* 25/2 (2021): 21-55.

Derrett, J. D. M. "Palingenesia (Matthew 19:28)." *Journal for the Study of the New Testament* 20 (1984): 51-58.

DeSilva, D. A. 『문화의 키워드로 신약성경 읽기: 명예, 후원, 친족, 정결 개념 연구』. *Honor, Patronage, Kinship & Purity*. 김세현 역. 서울: 새물결플러스, 2019.

_____. 『에베소에서 보낸 일주일』. *A Week in the Life of Ephesus*. 이여진 역. 서울: 이레서원, 2021.

_____. "A Socio-Rhetorical Investigation of Revelation 14:6-13; A Call to Act Justly toward the Just and Judging God," *Bulletin for Biblical Research* 9 (1999): 65-117.

_____. "Seeing Things John's Way: Rhetography and Conceptual Blending in Revelation 14:6-13." *Bulletin for Biblical Research* 18/2 (2008): 271-298.

_____. *Seeing Things John's Way: The Rhetoric of the Book of Revelation*. Louisville: WJK, 2009.

_____. "The Revelation of John and the Practice of Christian Counseling." *Asbury Journal* 60/1 (2005): 67-87.

De Smidt, J. C. "A Doxology to Christ (Rev. 1:5e-6)." *In die Skriflig* 40/2 (2006): 317-335.

De Smidt, K. "Revelation 1:7: A Roadmap of God's τέλος for His Creation." *In die Skriflig* 47/1 (2013): 3-4.

De Villiers, P. G. R. "Apocalyptic Groups and Socially Disadvantaged Contexts." *Acta Theologica Supplementum* 23 (2016): 238-262.

_____. "Beauty in the Book of Revelation: On Biblical Spirituality and Aesthetics." *Spiritus* 19/1 (2019): 1-20.

_____. "Die Kerk en Sy Mag in Openbaring 11." *HTS Teologiese Studies* 68/1 (2012): 1-10.

_____. "Die Ontmaskering van die Bose: Eksegetiese Perspektiewe op Geweld in Openbaring 18." *HTS Teologiese Studies* 64/4 (2008): 1855-1893.

_____. "Divine and Human Love in the Book of Revelation." *Acta Patristica et Byzantina* 18/1 (2007): 43-59.

_____. "Entering the Corridors of Power: State and Church in the Reception History of Revelation." *Acta Theologica* 33/2 (2013): 37-56.

_____. "Geweld en Geweldloosheid in Openbaring." *In die Skriflig* 49/2 (2015): 1-11.

_____. "Persecution in the Book of Revelation." *Acta Theologica* 22/2 (2002): 47-70.

_____. "Religieuse Ervaring as Hermeneutiese Beginsel in die Interpretasie van Bybeltekste in die Lig van die Boek Openbaring." *Nederduitse Gereformeerde Teologiese Tydskrif* 44/3-4 (2003): 276-286.

_____. "The Composition of Revelation 14:1-15:8: Pastiche or Perfect Pattern?" *Neotestamentica* 38 (2004): 209-249.

_____. "The Composition of Revelation 17 and Its Place in the Book as a Whole." *Acta Patristica et Byzantina* 13/1 (2002): 97-119.

_____. "The Dangerous Role of Politics in Modern Millennial Movements." *HTS Teologiese Studies* 75/3 (2019): 1-8.

_____. "The Eschatological Celebration of Salvation and the Prophetic Announcement of Judgment: The Message of Revelation 8:1-6 in the Light of Its Composition." *Neotestamentica* 41/1 (2007): 67-96.

_____. "The Glory of the Son of Man in Revelation 1-3: Reflections on Mysticism in the New Testament." *Acta Theologica* 29/1 (2009): 17-39.

_____. "The Lord was crucified in Sodom and Egypt: Symbols in the Apocalypse of John." *Neotestamentica* 22 (1988): 125-138.

_____. "The Role of Composition in the Interpretation of the Rider on the White Horse and the Seven Seals in Revelation." *HTS Teologiese Studies* 60/1-2 (2004): 125-153.

_____. "The Sixth Seal in Revelation 6:12-17." *Acta Theologica Supplementum* 6 (2004): 1-30.

De Vries, P. "De Heerlijkheid van JHWH in het Boek Ezechiël en de Betekenis daarvan voor het Nieuwe Testament." *Theologia Reformata* 55/2 (2012): 165-183.

De Waal, K. B. "The Two Witnesses and the Land Beast in the Book of Revelation." *Andrews University Seminary Studies* 53/1 (2015): 159-174.

Di Berardino, A. (ed). *Encyclopedia of Ancient Christianity*. Volumes 1-3. Downers Grove: IVP Academic, 2016.

Dickerson, C. N. "The Emmaus Way: A Comparative Analysis of Three Approaches to Christological Preaching." Ph.D. Thesis. Southeastern Baptist Theological Seminary, 2018.

Dixon, S. S. U. *The Testimony of the Exalted Jesus in the Book of Revelation*. London: Bloomsbury, 2017.

Doh, H. J. "The Gospel in the Warnings of the Three Angels in Revelation 14:6-11: An Eschatological Proclamation." 『신학과 학문』 21/1 (2019): 168-186.

Domeris, B. "Honour and Shame in the New Testament." *Conspectus Special Edition* (2018): 101-121.

Douglas, C. E. *The Mystery of the Kingdom*. London: The Faith Press, 1915.

Draper, J. A. "George Khambule and the Book of Revelation: Prophet of the Open Heaven." *Neotestamentica* 38/2 (2004): 250-274.

_____. "The Heavenly Feast of Tabernacles: Revelation 7:1-17." *Journal for the Study of the New Testament* 19 (1983): 133-147.

Dreyer, D. J. "Participatory Eschatology: A Challenge for Dualistic and Non-Dualistic Thinking." *Verbum et Ecclesia* 41/1 (2020): 1-6.

Dreyer, W. "The Real Crisis of the Church." *HTS Teologiese Studies* 71/3 (2015): 1-5.

Dudreck, M. A. "The Use of Jeremiah in the Book of Revelation." Ph.D. Thesis. Westminster Theological Seminary, 2018.

Duguid, I. M. 『에스겔』. *Ezekiel*. 윤명훈·임미영 역. 서울: 성서유니온선교회, 2003.
Duncan, M. H. *A Revelation of End-Time Babylon*. Glendale: The Church Press, 1950.
Du Plessis, S. J. "Jesus en die Kanon van die Ou Testament." *Koers* 18/2 (1950): 85-99.
Du Plooy, A. L. R. "Die Gesag van Christus in Enkele Kerklike Gesagsmodelle." *Koers* 53/3 (1988): 469-485.
Du Preez, J. *Die Koms van die Koninkryk volgens die Boek Openbaring*. Stellenbosch: Universiteit van Stellenbosch, 1979.
_____. "Mission Perspective in the Book of Revelation." *Evangelical Quarterly* 42/3 (1970): 152-167.
_____. "Positiewe Aspekte van die See se Rol in die Ou Testament." *Scriptura* 43/1-2 (2002): 48-63.
Du Rand, J. A. "초월적인 하나님의 관점: 요한계시록의 신학적 메시지 안에서 구조를 묘사하기." "The Transcendent God-View: Depicting Structure in the Theological Message of the Apocalypse of John." 『신약연구』 10/2 (2011): 363-389(송영목 역).
_____. *A-Z van Openbaring*. Vereeniging: CUM, 2007.
_____. *Die Einde: Die A-Z van die Bybelse Boodskap oor die Eindtyd*. Vereeniging: CUM, 2013.
_____. "Die Eskatologiese Betekenis van Sion as Agtergrond tot die Teologie van die Boek Openbaring." *Verbum et Ecclesia* 17/1 (1996): 48-61.
_____. "Die Narratiewe Funksie van die Liedere in Openbaring 4:1-5:15." *Skrif en Kerk* 12/1 (1991): 26-39.
_____. "Die Verhouding tussen Kerk en ἀγάπη in Pauliniese Perspektief." *Acta Theologica* 22/1 (2002): 31-41.
_____. "Hoe kan God dit toelaat?: 'N Bibliologiese Verryking van die Teodiseevraagstuk uit 'n Vergelyking tussen Openbaring en 4 Esra." *In die Skriflig* 45/2-3 (2011): 531-550.
_____. "Hy wat is en wat was en wat kom: Die God van Betrokkenheid volgens Openbaring." *Verbum et Ecclesia* 21/3 (2000): 530-544.
_____. "Mystery in Theodicy." *Neotestamentica* 50/3 (2016): 167-186.
_____. "'N Noodkreet om God se Regverdiging of 'n Wraakroep om Selfgelding?: Martelaars aan die Voet van die Altaar (Op. 6:9-11)." *In die Skriflig* 45/1 (2011): 39-56.
_____. "Narratiewe Tersydes in die Vertelling van die Openbaring aan Johannes." *In die Skriflig* 50/3 (2016): 1-5.
_____. "Now the Salvation of Our God has come...: A Narrative Perspective on the Hymns in Revelation 12-15." *Neotestamentica* 27/2 (1993): 313-330.
_____. "Paranetiese Deparabolisering van Paroesie-Gelykenisse by die Sinoptici en die Openbaring aan Johannes." *Skrif en Kerk* 19/1 (1998): 29-36.
_____. "To adore God's Identity through Theodicy: Reading Revelation 6:9-11 in Theological Coherence with a Remarkable Classical Example, 4 Ezra." *Covenant Quarterly* 72/3-4 (2014): 110-123.
_____. "Why 'like Frogs' and not like Serpents?: Three Unclean Spirits of Demons Emanating from the Mouths of the Evil Triad according to Revelation 16:13-14." *Ekklesiastikos Pharos* 93/1 (2011): 61-67.
Du Toit, A. B. (ed.). *Guide to the New Testament II: The New Testament Milieu*. Halfway House: Orion Publishers, 1998.
Duvall, J. S. "He will live with Them: The Relational Presence of God in the Book of Revelation." *Criswell Theological Review* 17/1 (2019): 29-51.
_____. *The Heart of Revelation*. Grand Rapids: Baker, 2016.
Duvenage, A. "Gods Hand in die Natuur." *Koers* 33/6 (1966): 464-473.
Duvenage, S. C. W. "Die Gesag van die Heilige Skrif." *Koers* 35/1 (1967): 5-53.

Edwards, J. R. "The Rider on the White Horse, the Thigh Inscription, and Apollo: Revelation 19:16." *Journal of Biblical Literature* 137/2 (2018): 519-536.

Ellis, E. E. "New Testament Teaching on Hell." In *Eschatology in Bible & Theology: Evangelical Essays at the Dawn of a New Millennium.* Edited by K. E Brower and M. W. Elliott. Downers Grove: IVP, 1997: 199-219.

Ellwanger, W H. "The Christology of the Apocalypse." *Concordia Theological Monthly* 1/1 (1930): 512-528.

Engelbrecht, J. J. "Die Houding van die Openbaring van Johannes teenoor Kultuur." *HTS Teologiese Studies* 52/4 (1996): 894-909.

Engelbrecht Jr., J. J. "Die Christologie in die Openbaring van Johannes, in Hooftrekke Beskrywe." *HTS Teologiese Studies* 24/4 (1968): 167-185.

Enns, P. *Exodus*. Grand Rapids: Zondervan, 2000.

Escola, T. 『신약성서의 내러티브 신학』. *A Narrative Theology of the New Testament*. 박찬웅 외 역. 서울: 새물결플러스, 2021.

Estep, J. R. and Lawson, K. E. "Eschatological Foundations of Christian Education: How Our Beliefs about Christ's Return Impact Our Educational Ministry Efforts." *Christian Education Journal* 12/2 (2015): 282-297.

Estes, D. "The Last Chapter of Revelation?: Narrative Design at the End of the Apocalypse." *Criswell Theological Review* 17/1 (2019): 97-110.

Fanning, B. M. *Revelation*. ZECNT. Grand Rapids: Zondervan, 2020.

______. "Taking a Peek Ahead: The Value of the Book of Revelation for Understanding the Whole Bible." *Criswell Theological Review* 17/1 (2019): 3-27.

Fee, G. D. *Revelation*. Eugene: Cascade Books, 2011.

Fenske, V. W. "Das Lied des Mese, des Knechtes Gottes, und das Lied des Lammes (Apokalypse des Johannes 15,3 f.): Der Text und Seine Bedeutung für die Johannes-Apokalypse." *Zeitschrift für die Neutestamentliche Wissenschaft* 90 (1999): 250-264.

Ferguson, E. "Angels of the Churches in Revelation 1-3: Status Quaestionis and Another Proposal." *Bulletin for Biblical Research* 21/3 (2011): 371-386.

Ferreira, I. W. "Die GKSA se 'Sendingstilstand' na 150 Jaar." *In die Skriflig* 54/2 (2020): 1-10.

Ferreira, I. W. and Chipenyu, W. "Church Decline: A Comparative Investigation Assessing more than Numbers." *In die Skriflig* 55/1 (2021): 1-10.

Field, D. "The Seven Blessings of the Book of Revelation: A Brief Exegetical Note." *Foundations* 53 (2005): 20-26.

Filho, A. J. "The Apocalypse of John as an Account of a Visionary Experience: Notes on the Book's Structure." *Journal for the Study of the New Testament* 25/2 (2002): 213-234.

Fite, J. "The Seven Spirits of God in the Operation of the Divine Trinity." *Affirmation & Critique* 24/2 (2019): 45-58.

Flemming, D. *Foretaste of the Future: Reading Revelation in Light of God's Mission*. Downers Grove: IVP, 2022.

______. "Locating and Leaving Babylon: A Missional Reading of Revelation 17 and 18 in Light of Ancient and Contemporary Political Contexts." *Missiology* 48/2 (2020): 112-126.

______. "Revelation and the Missio Dei: Toward a Missional Reading of the Apocalypse." *Journal of Theological Interpretation* 6/2 (2012): 161-177.

Fletcher, M. *Reading Revelation as Pastiche: Imitating the Past*. London: Bloomsbury, 2017.

Floor, L. "De Relatieve Zelfstandigheid van de Heilige Geest." *Koers* 53/3 (1988): 375-405.

_____. "Een Blauwdruk voor de Toekomst, Efeziërs 1:9-10." *In die Skriflig* 45/2-3 (2011): 467-480.

Ford, J. M. "He that cometh and the Divine Name (Apocalypse 1:4-8; 4:8)." *Journal for the Study of Judaism in the Persian, Hellenistic and Roman Period* 1/2 (1970): 144-147.

_____. *Revelation*. New York: Doubleday, 1975.

_____. "The Christological Function of the Hymns in the Apocalypse of John." *Andrews University Seminary Studies* 36/2 (1998): 207-229.

_____. "Divorce Bill of the Lamb and the Scroll of the Suspected Adulteress: A Note on Apoc 5:1 and 10:8-11." *Journal for the Study of Judaism in the Persian, Hellenistic and Roman Period* 2/2 (1971): 136-143.

France, R. T. 『마가복음』. *The Gospel of Mark*. 이종만 외 역. 서울: 새물결플러스, 2017.

Frankfurter, D. "Jews or not?: Reconstructing the 'Other' in Rev 2:9 and 3:9." *Harvard Theological Review* 94/4 (2001): 403-425.

Friedrich, N. P. "Adapt or Resist?: A Socio-Political Reading of Revelation 2.18-29." *Journal for the Study of the New Testament* 25/2 (2002): 185-211.

Friesen, S. J. "Myth and Symbolic Resistance in Revelation 13." *Journal of Biblical Literature* 123/2 (2004): 281-313.

Fuller, J. W. "I will not erase His Name from the Book of Life (Revelation 3:5)." *Journal of Evangelical Theological Society* 26/3 (1983): 297-306.

Gaechter, P. "The Role of Memory in the Making of the Apocalypse." *Theological Studies* 9 (1948): 419-452.

Gage, W. A. "St John's Vision of the Heavenly City." Ph.D. Thesis. University of Dallas, 2001.

Gaitán, T. H. "El Canto de Moisés y del Cordero (Ap 15,3-4)." *Theologica Xaveriana* 186 (2018): 1-26.

Galenieks, E. "Seeing God with or without the Body: Job 19:25-27." *Journal of the Adventist Theological Society* 18/1 (2007): 101-121.

Galles, D. "Liturgical Colors." *Sacred Music* 148/4 (2021): 31-52.

Gallusz, L. "How Soon is Soon?: Reading the Language of Eschatological Imminence in the Book of Revelation." In *Faith in Search of Depth and Relevancy estschrift in Honour of Dr Bertil Wiklander*. Edited by R. Bruinsma. Serbia: Trans-European Division of Seventh-Day Adventists, 2014: 127-145.

_____. "The Ark of the Covenant in the Cosmic Conflict Vision of the Book of Revelation." *TheoRhēma* 6/2 (2011): 103-122.

_____. "The Exodus Motif in Revelation 15-16: Its Background and Nature." *Andrews University Seminary Studies* 46/1 (2008): 21-43.

Gentry Jr., K. L. *Before Jerusalem fell: Dating the Book of Revelation*. Tyler: Institute for Christian Economics, 1989.

_____. *The Divorce of Israel: A Redemptive-Historical Commentary on the Book of Revelation*. Volumes 1-2. Dallas: Tolle Lege, 2017.

Geyser-Fouche, A. "Hemel en Hel." *HTS Teologiese Studies* 71/3 (2015): 1-7.

Gieschen, C. A. "The Identity of Michael in Revelation 12: Created Angel or the Son of God?" *Concordia Theological Quarterly* 74/1-2 (2010): 139-143.

Gilpin, N. E. "Already and not Yet Victorious: The Overcomer in First John and Revelation." Paper read at Southeast Regional Evangelical Theological Society Meeting, Greenville, SC, March 25-26 (2022): 1-22.

Glancy, J. A. and Moore, S. D. "How Typical a Roman Prostitute is Revelation's 'Great Whore'?" *Journal of*

Biblical Literature 130/3 (2011): 551-569.

Goede, H. and Vorster, N. (ed.). *Christian Hermeneutics in South Africa*. Reformed Theology in Africa Series Volume 8. Cape Town: AOSIS, 2022.

Goldsworthy, G. 『복음과 요한계시록』. *The Gospel in Revelation*. 김영철 역. 서울: 성서유니온, 1991.

Gonzalez, C. G. and Gonzalez, J. L. "Jesus Outside the Feast?: A Sermon on Revelation 3:14-22." https://gocn.org/library/jesus-outside-the-feast-a-sermon-on-revelation-314-22/. 2020년 8월 25일 접속.

Gorman, M. J. *Reading Revelation Responsibly*. Eugene: Cascade Books, 2011.

Graafland, J. J. "Market Operation and Distributive Justice: An Evaluation of the ACCRA Confession." *IDEAS Working Paper Series from RePEc*. 2008: 1-23.

Grabiner, S. *Revelation's Hymns: Commentary on the Cosmic Conflict*. London: Bloombury, 2015.

Green, D. D. "요한계시록." In 『무디성경주석』. *The Moody Bible Commentary*. Edited by The Moody Bible Institute. 김승현·정유배 역. 서울: 국제제자훈련원, 2017: 2289-2322.

Gregg, S. (ed). *Revelation: Four Views-A Parallel Commentary*. Nashville: Thomas Nelson Publishers, 1997.

Gregory, P. F. "Its End is Destruction: Babylon the Great in the Book of Revelation." *Concordia Theological Quarterly* 73/2 (2009): 137-153.

Greijdanus, S. *De Openbaring des Heeren aan Johannes*. Amsterdam: H. A. Van Bottenburg, 1925.

Groce, J. C. "Revelation's Martyrology as Response to a Crisis of Masculinity." Paper presented at Society of Biblical Literature Rocky Mountain Regional Meeting, 2016: 1-14.

Groenewald, E. P. *Die Openbaring van Johannes*. Kaapstad: NGKB, 1986.

Grové, A. H. "Die Dilemma van die Literere Vorm van Openbaring 2 en 3." *In die Skriflig* 28/3 (1994): 445-462.

______. "Ou Metodes van die Satan in 'n Moderne Samelewing: Met Besondere Verwysing na Openbaring 2 en 3." *Acta Theologica* 20/2 (2000): 42-69.

Grubb, N. *Revelations: Art of the Apocalypse*. New York: Abbeville, 1997.

Gruber, M. "Urban Living Spaces for All Peoples: The Vision of the New Jerusalem in the Book of Revelation (Rv 21:1-22:5)." *Claritas* 9/1 (2020): 29-35.

Gryson, R. "Les Commentaires Patristiques Latins de l'Apocalypse." *Revue Théologique de Louvain* 28/3 (1997): 305-337.

Gumerlock, F. X. "Nero Antichrist: Patristic Evidence for the Use of Nero's Naming in Calculating the Number of the Beast (Rev 13:18)." *Westminster Theological Journal* 68/2 (2006): 347-360.

______. "The Rapture in an Eleventh-Century Text." *Bibliotheca Sacra* 176 (2019): 81-91.

Gundry, S. N. and Sprinkle, P. M. (ed). 『지옥 논쟁: 지옥에 관한 네 가지 성경적 신학적 견해』. *Four Views on Hell*. 김귀탁 역. 서울: 새물결플러스, 2019.

Gunton, C. E. "One Mediator ... the Man Jesus Christ: Reconciliation, Mediation and Life in Community." *Pro Ecclesia* 11/2 (2002): 146-158.

Guthrie, D. "The Lamb in the Structure of the Book of Revelation." *Vox Evangelica* 12 (1981): 64-71.

Guy, L. "Back to the Future: The Millennium and the Exodus in Revelation 20." *Evangelical Quarterly* 86/3 (2014): 227-238.

______. "The Triumph of the Kingdom: Interpreting Revelation 6-16." *Evangelical Quarterly* 87/1 (2015): 36-44.

Hagel, L. "The Angel of Satan: 2 Corinthians 12:7: Within a Social-Scientific Framework." *Svensk Exegetisk Årsbok* 84 (2019): 193-207.

Hall, M. S. "The Hook Interlocking Structure of Revelation: The Most Important Verses in the Book and

How They may unify Its Structure." *Novum Testamentum* 44/3 (2002): 278-296.

Hamilton Jr., J. M. "The Glory of God in Salvation through Judgment: The Centre of Biblical Theology?" *Tyndale Bulletin* 57/1 (2006): 57-84.

Han, C. H. "Suffering and Resistance in the Apocalypse: A Cultural Studies Approach to Apocalyptic Crisis." Ph.D. Thesis. Vanderbilt University, 2014.

Hangyas, L. I. "The Use and Abuse of Authority: An Investigation of the [Exousia] Passages in Revelation." Ph.D. Thesis. Andrews University, 1997.

Hannah, R., Magli, G. and Palmieri, A. "Nero's Solar Kingship and the Architecture of the Domus Aurea." *Numen* 63/5-6 (2016): 511-524.

Harker, A. "The Affective Directives of the Book of Revelation." *Tyndale Bulletin* 63/1 (2012): 115-130.

Harland, P. A. "Honouring the Emperor or Assailing the Beast: Participation in Civic Life among Associations (Jewish, Christian Others) in Asia Minor and the Apocalypse of John." *Journal for the Study of the New Testament* 77 (2000): 99-121.

Harris, G. H. "Can Satan raise the Dead?: Toward a Biblical View of the Beast's Wound." *Master's Seminary Journal* 18/1 (2007): 23-41.

______. "Premillennialism in the New Testament: Five Biblically Doctrinal Truths." *Master's Seminary Journal* 29/2 (2018): 177-205.

Hassel Jr., R. C. "Last Words and Last Things: St. John, Apocalypse, and Eschatology in *Richard III*." *Shakespeare Studies* 18 (1986): 25-40.

Hausoul, R. R. *Openbaring*. NP: 2008.

Hawthorne, S. C. "Let All the Peoples praise Him: Toward a Teleological Paradigm of the Missio Dei." Ph.D. Thesis. Fuller Theological Seminary, 2013.

Hays, R. B. 『바울서신에 나타난 구약의 반향』. *Echoes of Scripture in the Letters of Paul*. 이영욱 역. 서울: 여수룬, 2017.

Heil, J. P. "The Fifth Seal (Rev 6,9-11) as a Key to the Book of Revelation." *Biblica* 74/2 (1993): 220-243.

Helberg, J. L. "Christus as Dawidgestalte in Openbaring." *In die Skriflig* 48/1 (2014): 1-8.

______. "Openbarings Historiese Aksente: Owerheidstaak en Godsdiens." *Koers* 58/4 (1993): 485-500.

Hemer, C. J. *The Letters to the Seven Churches of Asia in Their Local Setting*. Grand Rapids: Eerdmans, 2001.

Hendriks, H. J. "Contextualising Theological Education in Africa by doing Theology in a Missional Hermeneutic." *Koers* 77/2 (2012): 1-8.

Hernández Jr., J, *Scribal Habits and Theological Influences in the Apocalypse: The Singular Readings of Codex Sinaiticus, Alexandrinus, and Ephraemi*. Tübingen: Mohr Siebeck, 2006.

Hindson, E. *The Book of Revelation: Unlocking the Future*. Chattanooga: AMG Publishers, 2002.

Hitchcock, M. L. "A Critique of the Preterist View of Revelation 13 and Nero." *Bibliotheca Sacra* 164 (2007): 341-356.

______. "A Critique of the Preterist View of Revelation 17:9-11 and Nero." *Bibliotheca Sacra* 164 (2007): 472-485.

Hoek, J. "Towards a Revitalisation of Calvinistic Eschatology." *In die Skriflig* 37/1 (2003): 95-113.

Hoffmann, M. R. "Angelomorphic Christology and the Book of Revelation." Ph.D. Thesis. Durham University, 2003.

Hoffman, Y. A. *Blemished Perfection: The Book of Job in Context*. Sheffield: Sheffield Academic Press, 1996.

Hoffner, H. A. "Ancient Views of Prophecy and Fulfillment: Mesopotamia and Asia Minor." *Journal of Evangelical Theological Society* 30/3 (1987): 257-265.

Holmes, C. R. "Worship in the Book of Revelation." *Journal of the Adventist Theological Society* 8/1-2 (1997): 1-18.

Holwerda, D. E. "The Church and the Little Scroll (Revelation 10, 11)." *Calvin Theological Journal* 34/1 (1999): 148-161.

Hosein, F. "The Banquet Type-Scene in the Parables of Jesus." Ph.D. Thesis. Andrews University, 2001.

Hoskins, P. M. "Another Possible Interpretation of the Seven Heads of the Beast and the Eighth King (Revelation 17:9-11)." *Bulletin for Biblical Research* 30/1 (2020): 86-102.

Hubbes, L-A. "Apocalyptic Motifs from the Early Christian Literature and Art: The Book of Revelation and Its Contribution to the Formation of an Apocalyptic Art." NP: ND: 1-20.

Hultberg, A. D. "Messianic Exegesis in the Apocalypse: The Significance of the Old Testament for the Christology of Revelation." Ph.D. Thesis. Trinity Evangelical Divinity School, 2001.

Hurtado, L. W. 『주 예수 그리스도: 초기 기독교의 예수 신앙에 대한 역사적 탐구』. *Lord Jesus Christ: Devotion to the Jesus in Earliest Christianity*. 박규태 역. 서울: 새물결플러스, 2010.

Huttunen, N. *Early Christians Adapting to the Roman Empire: Mutual Recognition*. Leiden: Brill, 2020.

Idleman, K. 『팬인가, 제자인가』. *Not a Fan.* 정성묵 역. 서울: 두란노, 2012.

Innes, K. "Towards an Ecological Eschatology: Continuity and Discontinuity." *Evangelical Quarterly* 81/2 (2009): 126-144.

Jackson, J. B. *A Dictionary of Scripture Proper Names*. Neptune: Loizeaux Brothers, 1909.

Jang, Y. "A Narratological Approach to the Structure of the Apocalypse of John." D.Th. Thesis. Stellenbosch University, 2001.

Jansen, J. F. "God with Us in Worship and Work: A Note on the Benediction." *Austin Seminary Bulletin* 80/7 (1965): 34-41.

Jauhiainen, M. "Recapitulation and Chronological Progression in John's Apocalypse: Towards a New Perspective." *New Testament Studies* 49 (2003): 543-559.

______. "The Measuring of the Sanctuary Reconsidered (Rev 11,1-2)." *Biblica* 83/4 (2002): 507-526.

______. "The OT Background to Armageddon (Rev. 16:16) Revisited." *Novum Testamentum* 47/4 (2005): 381-393.

______. "Ἀποκάλυψις Ἰησοῦ Χριστοῦ (Rev. 1:1): The Climax of John's Prophecy?" *Tyndale Bulletin* 54/1 (2003): 99-117.

Jensen, A. M. "Does τετέλεσται mean 'Paid in Full' in John 19:30?: An Exercise in Lexical Semantics." *Wisconsin Lutheran Quarterly* 116/1 (2019): 6-15.

Johns, L. L. "Atonement and Sacrifice in the Book of Revelation." In *The Work of Jesus Christ in Anabaptist Perspective: Essays in Honor of J. Denny Weaver*. Edited by A. E. Weaver. Montgomery: Cascadia Publishing House, 2008: 124-146.

Johnson, D. E. *Triumph of the Lamb: A Commentary on Revelation*. Phillipsburg: P&R, 2001.

Johnson, D. R. "The Image of the Beast as a Parody of the Two Witnesses." *New Testament Studies* 68 (2022): 344-350.

Johnson, T. K. "Caring about the Persecuted Church: Balancing the Lessons of Romans 13 and Revelation13." *Evangelical Review of Theology* 44/1 (2020): 62-71.

Jordaan, G. J. C. "Cosmology in the Book of Revelation." *In die Skriflig* 47/2 (2013): 1-8.

Jordan, J. B. 『계시록의 구속사적 연구』. *Studies in the Revelation*. 이동수 편역. 서울: 그리심, 2005.

_____. *A Brief Reader's Guide to Revelation*. Niceville: Transfiguration Press, 1999.

_____. "The Grape Harvest of Revelation 14:17-20." *Biblical Horizons Newsletter* 64 (1994): 1-3.

Joslin, B. C. "Theology unto Doxology: New Covenant Worship in Hebrews." *Southern Baptist Journal of Theology* 24/1 (2020): 69-81.

Joubert, S. J. "Embracing an Embodied Theology in the Time of Corona: Mimetic Synchronisation with the Theological Rhythms and First Responder Stance of the Apostle Paul during the Time of Famine." *HTS Teologiese Studies* 76/4 (2020): 1-8.

Juza, R. P. "One of the Days of the Son of Man: A Reconsideration of Luke 17:22." *Journal of Biblical Literature* 135/3 (2016): 575-595.

Kakwata, F. "An Inquiry into Socio-Historical Factors contributing to Poverty within the Early Church in Palestine." *In die Skriflig* 49/1 (2015): 1-10.

Kangas, D. "I saw the Holy City, New Jerusalem: The Vision of the New Jerusalem as a Corporate God-Man." *Affirmation & Critique* 17/2 (2012): 3-12.

_____. "The Divine Trinity in Revelation 1." *Affirmation & Critique* 22/1 (2017): 33-44.

Karrer, M. "The Angels of the Congregations in Revelation: Textual History and Interpretation." *Journal of Early Christian History* 1/1 (2011): 57-84.

Keener, C. S. *Revelation*. Grand Rapids: Zondervan, 2000.

Keller, C. 『묵시적 종말에 맞서서: 기후, 민주주의, 그리고 마지막 기회들』. *Facing Apocalypse: Climate, Democracy, and Other Last Chances*. 한성수 역. 서울: 한국기독교연구소, 2021.

_____. "The Breast, the Apocalypse, and the Colonial Journey." *Journal of Feminist Studies in Religion* 10/1 (1994): 53-72.

Keller, T. J. "팀 켈러의 설교를 위한 연구"("Study for the Sermon"). 『목회와 신학』 7월호 (2019): 58-63.

Key, T. L. "Preaching the Seven Churches of Revelation 2-3." D.Min. Thesis. The Southern Baptist Theological Seminary, 2016.

Kgatla, S. T. and Kamukwamba, D. G. "Mission as the Creation of a God-ward Culture: A Critical Missiological Analysis." *Verbum et Ecclesia* 40/1 (2019): 1-9.

Khatry, R. "Revelation." In *South Asia Bible Commentary*. Edited by B. Wintle. Grand Rapids: Zondervan, 2015: 1769-1806.

Kidder, S. J. "The Faithful and True Witness of Revelation 1:5 and 3:14." *Journal of the Adventist Theological Society* 28/1 (2017): 114-131.

Kidwell, J. "Merchants in the Kingdom?" https://jeremykidwell.info/post/merchants/. 2022년 10월 26일 접속.

Kiel, M. D. *Apocalyptic Ecology: The Book of Revelation, the Earth, and the Future*. Collegeville: Liturgical Press, 2017.

Kilcrease III, J. D. "Creation's Praise: A Short Liturgical Reading of Genesis 1-2 and the Book of Revelation." *Pro Ecclesia* 21/3 (2012): 314-325.

Kim, D. J. "A Comparative Study of the Human-Environment Relationship of Two Evangelical Groups." Ph.D. Thesis. Southwestern Baptist Theological Seminary, 2013.

Kim, H. T. "Newly Created Children of God: Adoption and New Creation in the Theology of Paul." Ph.D. Thesis. Durham University, 2021.

Kim, S. K. "Psalms in the Book of Revelation." Ph.D. Thesis. University of Edinburgh, 2013.

Kim, W. H. "A Study on the Sermonic Application for the Lord's Reign based on the Text of the Psalm." D.Min. Thesis. Liberty University, 2009.

Kimball, W. R. 『당신의 대환난 개념: 전통적인가, 성경적인가?』. *What the Bible says about the Great Tribulation: Future or Fulfilled?* 김재영 역. 서울: 나침반사, 1988.

Kio, S. H. "Exodus as a Symbol of Liberation in the Book of the Apocalypse." Ph.D. Thesis. Emory University, 1985.

Kirchmayr, K. P. "Die Bedeutung von 666 und 616 (Offb 13,18)." *Biblica* 95/3 (2014): 424-427.

Kistemaker, S. J. *Revelation*. Grand Rapids: Baker, 2001.

Klauck, H-J. "Do They never come back?: Nero Redivivus and the Apocalypse of John." *Catholic Biblical Quarterly* 63/4 (2001): 683-698.

_____. "Das Sendschreiben nach Pergamon und der Kaiserkult in der Johannesoffenbarung." *Biblica* 73/2 (1992): 153-182.

Klingbeil, G. A. "Eating and Drinking in the Book of Revelation: A Study of New Testament Thought and Theology." *Journal of the Adventist Theological Society* 16/1-2 (2005): 75-92.

Klink III, E. W. "Genesis Revealed: Second Adam Christology in the Fourth Gospel." *Bulletin of Ecclesial Theology* 5/1 (2018): 27-42.

Knegt, C. "That Christ be Honored: The Push for Foreign Missions in the Seventeenth-Century Reformed Church in the Netherlands." *Puritan Reformed Journal* 10/2 (2018): 263-277.

Knight, G. R. "The Controverted Little Book of Revelation 10 and the Shape of Apocalyptic Mission." *Journal of the Adventist Theological Society* 28/1 (2017): 132-160.

Knoetze, J. J. "Transforming Theological Education is not the Accumulation of Knowledge, but the Development of Consciousness." *Verbum et Ecclesia* 41/1 (2020): 1-8.

Koester, C. R. *Revelation*. New Haven: Yale University Press, 2014.

_____. "Revelation's Vision of New Jerusalem: God's Life-Giving Reign for the World." *Word & World* 40/2 (2020): 112-119.

Konkel, A. H. *1 & 2 Kings*. Grand Rapids: Zondervan, 2006.

Korner, R. J. "And I saw …: An Apocalyptic Literary Convention for Structural Identification in the Apocalypse." *Novum Testamentum* 42/2 (2000): 160-183.

Köstenberger, A. J. "요한복음." In 『IVP 성경 신학사전』. Edited by T. D. Alexander & B. S. Rosner. 권연경 외 역. 서울: IVP, 2005: 408-415.

_____. 『요한복음』. *John*. 신지철·전광규 역. 서울: 부흥과 개혁사, 2017.

Kotrosits, M. "Seeing is Feeling: Revelation's Enthroned Lamb and Ancient Visual Affects." *Biblical Interpretation* 22 (2014): 473-502.

Kotze, P. and Niemandt, C. J. P. "A Missional Perspective on Funerals and Bereavement Counselling." *HTS Teologiese Studies* 71/3 (2015): 1-9.

Kovacs, J. and Rowland, C. *Revelation*. Malden: Blackwell Publishing, 2004.

Kowalski, B. "Martyrdom and Resurrection in the Revelation to John." *Andrews University Seminary Studies* 41/1 (2003): 55-64.

Kraft, H. 『요한계시록』. *Die Offenbarung des Johannes*, 한국신학연구소 역. 서울: 한국신학연구소, 1983.

Kronish, R. "Bringing the 'Heavenly Jerusalem' Closer to the Earthly Jerusalem." *Claritas* 9/2 (2020): 36-38.

Kruger, P. P. "Certitudo Coram Deo: Reframing a Fascinating Feature of Dort." *In die Skriflig* 54/2 (2020): 1-7.

Kuryliak, B. "Apocalyptic Symbols of the Book of Revelation in the Interpretation of Tertullian." *Paradigm of Knowledge* 48/4 (2021): 2-23.

Kuykendall, M. "The Twelve Visions of John: Another Attempt at Structuring the Book of Revelation."

Journal of Evangelical Theological Society 60/3 (2017): 533-555.

Kuyper, A. *The Revelation of St. John*. Eugene: Wipf & Stock, 1999(1935).

Kyrtatas, D. J. "The Origins of Christian Hell." *International Review for the History of Religions* 56/2-3 (2009): 282-297.

Labahn, M. "The Book of Revelation: An Early Christian 'Search for Meaning' in Critical Conversation with Its Jewish Heritage and Hellenistic-Roman Society." *In die Skriflig* 48/1 (2014): 1-9.

Labuschagne, P. H. J. "Towards a Missional Hermeneutic Informing Missional Ecclesiology and Transformative Theological Education in Africa." *Missionalia* 47/2 (2019): 212-227.

Lamb, S. "Mission of God: Can I kill Them? Can I kill Them?" 고신대학교 선교목회대학원 주관 특강 강의안. 2022년 10월 31일: 1-7.

Lambrecht, J. "The Opening of the Seals (Rev 6,1-8,6)." *Biblica* 79/2 (1998): 198-220.

Land, R. and Duke, B. "Being Salt and Light in an Unsavory and Dark Age: The Christian and Politics." *Southern Baptist Journal of Theology* 11/4 (2007): 82-99.

LaRondelle, H. K. "Research Note: The Etymology of Har-Magedon (Rev 16:16)." *Andrews University Seminary Studies* 27/1 (1989): 69-78.

Larsen, K. W. "Neglected Considerations in Understanding the Structure of the Book of Revelation." *Restoration Quarterly* 59/4 (2017): 225-233.

Lategan, L. O. K. "Die Kerk as Kragsentrale vir die Wêreld: Opmerkings oor die Kerk se Advies en Dienswerk." *Nederduitse Gereformeerde Teologiese Tydskrif* 45/3-4 (2004): 620-630.

Lear, S. "Revelation 19.16's Inscribed Thigh: An Allusion to Gen 49.10b." *New Testament Studies* 60/2 (2014): 280-285.

Lee, C-C. "Rest and Victory in Revelation 14.13." *Journal for the Study of the New Testament* 41/3 (2019): 344-362.

Lee, C. W. *Death Warning in the Garden of Eden*. Tübingen: Mohr Siebeck, 2020.

Lee, M. V. "A Call to Martyrdom: Function as Method and Message in Revelation." *Novum Testamentum* 40/2 (1998): 164-194.

Lee, W. "Aspects of the New Jerusalem as the City of the Living God." *Affirmation & Critique* 17/2 (2012): 13-19.

Lee, Y. "Getting in and Staying in: Another Look at 4QMMT and Galatians." *Evangelical Quarterly* 88/2 (2016-2017): 126-142.

Leithart, P. J. 『새로운 질서가 오다: 재림의 약속에 대한 베드로후서의 가르침』. *The Promise of His Appearing*. 안정진 역. 서울: SFC, 2012.

______. "Imperial Lover: The Unveiling of Jesus Christ in Revelation." *Modern Theology* 28/4 (2012); 673-687.

______. *Revelation 1-11*. London: T&T Clark, 2018.

______. *Revelation 12-22*. London: T&T Clark, 2018.

Leong, S-N. "Windows to the Polemics against the so-called Jews and Jezebel in Revelation: Insights from Historical and Co(n)textual Analysis." Ph.D. Thesis. University of Edinburgh, 2009.

Letšosa, R. "What has the Beast's Mark to do with the COVID-19 Vaccination, and what is the Role of the Church and Answering to the Christians?" *HTS Teologiese Studies* 77/4 (2021): 1-8.

Le Roux, C. S. "Environmental Stewardship as a Dimension of a Christian Stewardship Ethic: Views of Seminary Students, Lectures and Ministers." *Koers* 81/2 (2016): 1-17.

Lichtenberger, H. 『요한계시록』. *Die Apokalypse*. 배재욱 역. 서울: CLC, 2022.

_____. 『초기 유대교와 신약의 교회』. *Frühjudentum und Kirche in Neuen Testament*. 배재욱 외 역. 서울: CLC, 2020.

Lichtenwalter, L. L. "The Seventh-Day Sabbath and Sabbath Theology in the Book of Revelation: Creation, Covenant, Sign." *Andrews University Seminary Studies* 49/2 (2011): 285-320.

Liederbach, M. "What Is Sexy?: Exploring the Question of How a Biblical Ethic of Worship Shapes One's View of Sex and Sexuality." *Southeastern Theological Review* 7/1 (2016): 43-62.

Lim, D. W. "A Study on the Role of the Narrator in Genesis 39: Compared with Jubilees 39." 『신학논단』 102 (2020): 161-188.

Lin, J. L. "Theology of History in the Book of Revelation." *Taiwan Journal of Theology* 34 (2012): 131-147.

Lindgren, C. "Reading Together, Early Church Style." *Christianity Today* 62/4 (2018): 62-64.

Lioy, D. "Progressive Covenantalism as an Integrating Motif of Scripture." *Conspectus* 1 (2006): 81-107.

_____. *The Book of Revelation in Christological Focus*. New York: Peter Lang, 2003.

Liu, R. Y. "The Backgrounds and Meaning of the Image of the Beast in Rev 13:14, 15." Ph.D. Thesis. Andrews University, 2016.

Lizorkin-Eyzenberg, E. & Shir, P. *Hebrew Insights from Revelation*. NP: Jewish Studies for Christians, 2021.

Locker, M. "A Semiotic Analysis of the 'New Jerusalem' in the Book of Revelation." *American Journal of Biblical Theology* (2003): Np.

Lohse, E. 『요한계시록』. *Die Offenbarung des Johannes*. 박두환 역. 서울: 한국신학연구소, 1988.

_____. "Synagogue of Satan and Church of God: Jews and Christians in the Book of Revelation." *Svensk Exegetisk Årsbok* 58 (1993): 105-123.

Long, T. G. "Psalm 139 and the Eye of God." *Journal for Preachers* 43/4 (2020): 39-47.

Longman III, T. *Daniel*. Grand Rapids: Zondervan, 1999.

_____. *Revelation through Old Testament Eyes*. Grand Rapids: Kregel Academic, 2022.

Longenecker, B. W. 『어느 로마귀족의 죽음: 복음서 저자 누가와 순교자 안디바, 그들이 나눈 마지막 편지』. *The Lost Letters of Pergamum: A Story from the New Testament World*. 김동완 역. 서울: 복있는 사람, 2012.

Louden, B. "Retrospective Prophecy and the Vision in Aeneid 6 and the Book of Revelation." *International Journal of the Classical Tradition* 16/1 (2009): 1-18.

Louw, D. J. "Divine Designation in the use of the Bible: The Quest for an 'All-Powerful God' (the Omnipotence of God) in a Pastoral Ministry of Human Empowerment." *HTS Teologiese Studies* 76/4 (2020): 1-14.

Louw, H. A. "Totius en die Boek Openbaring." *In die Skriflig* 33/3 (1999): 415-426.

Lucas, E. 『다니엘』. *Daniel*. 김대웅 역. 서울: 부흥과 개혁사, 2017.

Lunn, N. P. "Raised on the Third Day according to the Scriptures: Typology in the Genesis Creation Narrative." *JETS* 57/3 (2014): 523-535.

Lupieri, E. F. *A Commentary on the Apocalypse of John*. Grand Rapids: Eerdmans, 2006.

Mabie, F. J. "1 and 2 Chronicles." In *1 Chronicles-Job*. Edited by T. Longman III and D. E. Garland. Grand Rapids: Zondervan, 2010: 25-336.

Mach, R. "Telling so much by Writing so Uniquely?: The Literary Macrostructure of the Apocalypse analysed on the Basis of the Book's Open Literary Nature." Ph.D. Thesis. International Baptist Theological Seminary, 2013.

MacLeod, D. J. "Heaven's Hallelujah Chorus: An Introduction to the Seven 'Last Things' (Rev 19:1-10)." *Bibliotheca Sacra* 156 (1999): 72-84.

MacPherson, A. "The Mark of the Beast as a 'Sign Commandment' and 'Anti-Sabbath' in the Worship Crisis of Revelation 12-14." *Andrews University Seminary Studies* 43/2 (2005): 267-283.

Magezi, V. "Exploring the Impact of COVID-19 on Church Ministries in Africa: A Literature Analysis focusing on South Africa." *HTS Teologiese Studies* 78/4 (2022): 1-11.

Maier, H. O. "Exposed!: Nakedness and Clothing in the Book of Revelation." In *Dress in Mediterranean Antiquity: Greeks, Romans, Jews, Christians.* Edited by A. J. Batten and K. Olson. London: T&T Clark, 2020: 299-312.

_____. "Post-Colonial Interpretation of the Book of Revelation." In *The Oxford Handbook to the Book of Revelation.* Edited by C. R. Koester. Oxford: Oxford University Press, 2020: 1-32.

_____. "The Book of Revelation: The X-Files, and the Hermeneutics of Suspicion." *Consensus* 26/2 (2000): 29-45.

Malik, S. "Nero versus the Christians." *History Today* 70/9 (2020): 28-39.

Malina, B. J. and Pilch, J. J. *Social-Science Commentary on the Book of Revelation*. Minneapolis: Fortress, 2000.

Mangina, J. L. "Apocalypticizing Dogmatics: Karl Barth's Reading of the Book of Revelation." *Journal of Theological Interpretation* 1/2 (2007): 193-208.

_____. *Revelation*. Grand Rapids: Brazos Press, 2010.

Maré, P. "Die Metafoor 'Julle is die Tempel van God' as 'n Etiese Kernmoment in 'n Postmoderne Leefwêreld." *In die Skriflig* 49/2 (2015): 1-7.

Marko, J. "Recapitulation and Chronological Progression in John's Apocalypse: Towards a New Perspective." *New Testament Studies* 49/4 (2003): 543-559.

Marlowe, W. C. "'Hell' as a Translation of Sheol in the Hebrew Bible: De-Hellenizing the KJV and NKJV Old Testaments." *Asbury Journal* 58/1 (2003): 5-24.

Marshall, R. F. "Our Serpent of Salvation: The Offense of Jesus in John's Gospel." *Word & World* 21/4 (2001): 385-393.

Martin, R. J. "Love for Christ and Scripture-Regulated Worship." *Artistic Theologian* 8 (2020): 23-46.

Martin, T. W. "The Silence of God: A Literary Study of Voice and Violence in the Book of Revelation." *Journal for the Study of the New Testament* 41/2 (2018): 246-260.

Martínez, F. G. "New Jerusalem at Qumran and in the New Testament." In *The Land of Israel in Bible, History, and Theology: Studies in Honour of E. Noort.* Edited by J. T. A. G. M. van Ruiten and J. C. de Vos. Leiden: Brill, 2009: 277-289.

Marx, B. "Clothing and Exchange of Garments in the Bible, as a Picture of God's Dealings with His People." *Evangelical Review of Theology* 45/1 (2021): 69-77.

Mast, S. "열왕기상 19장 1-4절(5-7절), 8-15a절 주석." New Sermon Commentaries by Center for Excellence in Preaching, 2022년 6월 19일.

Mathewson, D. "Isaiah in Revelation." In *Isaiah in the New Testament*. Edited by S. Moyise and M. J. J. Menken. Edinburgh: T&T Clark, 2007: 189-210.

Mathison, K. A. 『종말론적 관점에서 본 성경 개관』. *From Age to Age*. 전광규 역. 서울: 부흥과 개혁사, 2012.

_____. *Postmillennialism: An Eschatology of Hope*. Phillipsburg: P&R, 1999.

Matthewson, D. L. *Revelation: A Handbook on the Greek Text*. Dallas: Baylor University Press, 2016.

May, D. M. "Counting Kings (Revelation 17:10): A Novel Approach from Roman Imperial Coinage." *Review & Expositor* 114/2 (2017): 239-246.

_____. "Interpreting Revelation with Roman Coins: A Test Case, Revelation 6:9-11." *Review & Expositor*

106/3 (2009): 445-465.

Mayo, P. L. "The Role of the Birkath Haminim in Early Jewish-Christian Relations: A Reexamination of the Evidence." *Bulletin for Biblical Research* 16/2 (2006): 325-344.

Mazzaferri, H. D. *The Genre of the Book of Revelation from a Source-Critical Perspective*. Berlin: De Gruyter, 1989.

Mbuvi, A. M. "The Ancient Mediterranean Values of 'Honour and Shame' as a Hermeneutical Lens of Reading the Book of Job." *Old Testament Essays* 23/3 (2010): 752-768.

McArthur Jr., J. *Revelation 1-11*. Chicago: Moody Press, 1999.

McElmurray, C. M. "The Conquest of Joshua in the Narrative Substructure of Revelation." Ph.D. Thesis. New Orleans Baptist Theological Seminary, 2019.

McIlraith, D. A. "For the Fine Linen is the Righteous Deeds of the Saints: Works and Wife in Revelation 19:8." *Catholic Biblical Quarterly* 61/3 (1999): 512-529.

McKay, N. "Status Update: The Many Faces of Intertextuality in New Testament Study." *Religion & Theology* 20 (2013): 84-106.

McNall, J. "Reading Revelation on the Verge of a Pandemic." https://joshuamcnall.com/2020/02/ 26/reading-revelation-on-the-verge-of-a-pandemic/?fbclid=IwAR0kzP9rp_-afC7agNs CYCEd-oN9tek mnvkmsx4yNEVOG7iYRnhL3LN0jfM. 2020년 3월 9일 접속.

McNicol, A. J. "Revelation 11:1-14 and the Structure of the Apocalypse." *Restoration Quarterly* 22/4 (1979): 193-202.

Meeks, W. A. "Social Functions of Apocalyptic Language in Pauline Christianity." In *Apocalypticism in the Mediterranean World and the Near East*. Edited by D. Hellholm. Tübingen: Mohr Siebeck, 1989: 687-704.

Meinardus, O. F. A. "Christian Remains of the Seven Churches of the Apocalypse." *Biblical Archaeologist* 37/3 (1974): 69-82.

Mellott, M. and Taylor Jr., W. F. "An Agonistic Explosion: An Investigation of Athletics in the Seven Cities of Revelation." *Currents in Theology and Mission* 46/2 (2019): 21-29.

Menéndez-Antuna, L. "Thinking Sex with the Great Whore (Rev 17-18): Deviant Sexualities in the Context of Empire." Ph.D. Thesis. Vanderbilt University, 2016.

Merkle, B. L. and Krug, W. T. "Hermeneutical Challenges for a Premillennial Interpretation of Revelation 20." *Evangelical Quarterly* 86/3 (2014): 210-226.

Meyers, C. L. "Jachin and Boaz in Religious and Political Perspective." *Catholic Biblical Quarterly* 45/2 (1983): 167-178.

Meylahn, R. "Narrative-Critical Approach as Hermeneutical Framework for a Creative Dialogue between Biblical Sources and Secular Extra-Biblical Sources: The Lord of the Rings as an Entry into the Book of Revelation." *Verbum et Ecclesia* 30/1 (2009): 174-201.

Michael, M. "Daniel at the Beauty Pageant and Esther in the Lion's Den: Literary Intertextuality and Shared Motifs between the Books of Daniel and Esther." *Old Testament Essays* 29/1 (2016): 116-132.

Michael, M. G. "The Canonical Adventure of the Apocalypse of John: Background, Reception History and Traditional Usage in the Believing Communities of the Early Church from Patmos (AD c. 95) to the Thirty-Ninth Festal Epistle of Athanasius of Alexandria (AD 367)-An Eastern Orthodox Perspective." Ph.D. Thesis. Australian Catholic University, 2002.

Michaels, J. R. *Revelation*. Leicester: IVP, 1997.

Middleton, J. R. 『새 하늘과 새 땅: 변혁적-총체적 종말론 되찾기』. *A New Heaven and a New Earth*. 이용중 역.

서울: 새물결플러스, 2015.
Mihoc, J. A. "The Ascension of Jesus Christ: A Critical and Exegetical Study of the Ascension in Luke-Acts and in the Jewish and Christian Contexts." M.A. Thesis. Durham University, 2010.
Miller, C. F. "The Imperial Cult in the Pauline Cities of Asia Minor and Greece." *Catholic Biblical Quarterly* 72/2 (2010): 314-332.
Miller, K. E. "The Nuptial Eschatology of Revelation 19-22." *Catholic Biblical Quarterly* 60/2 (1998): 301-318.
Moloney, F. J. *The Apocalypse of John*. Grand Rapids: Baker, 2020.
_____. "The Book of Revelation: Hope in Dark Times." *Religions* 239 (2019): 1-14.
Mommsen, T. 『몸젠의 로마사 제1권』. *Röminische Geschichte*. 김남우 외 역. 서울: 푸른역사, 2014.
Montanari, F. *The Brill Dictionary of Ancient Greek*. Leiden: Brill, 2015.
Montanelli, I. 『로마 제국사』. *Storia di Roma*. 김정하 역. 서울: 까치, 1998.
Moo, J. "Continuity, Discontinuity, and Hope: The Contribution of New Testament Eschatology to a Distinctively Christian Environmental Ethos." *Tyndale Bulletin* 61/1 (2010): 21-44.
_____. "The Sea that is no More: Rev 21:1 and the Function of Sea Imagery in the Apocalypse of John." *Novum Testamentum* 51/2 (2009): 148-167.
Moon, W. J. *A Missional Approach to the Marketplace: An Onramp to Entrepreneurial Church Planting*. E-Book. Exponential, 2019.
Moore, S. D. "Retching on Rome: Vomitous Loathing and Visceral Disgust in Affect Theory and the Apocalypse of John." *Biblical Interpretation* 22/4-5 (2014): 503-528.
Moore, B. and Moore M. *NTC's Dictionary of Latin and Greek Origins*. Chicago: NTC Publishing Group, 1997.
Morales, J. "Christ, Shepherd of the Nations: The Nations as Narrative Character and Audience in the Apocalypse." Ph.D. Thesis. Southeastern Baptist Theological Seminary, 2016.
Moskala, J. "The Gospel according to God's Judgment: Judgment as Salvation." *Journal of the Adventist Theological Society* 22/1 (2011): 28-49.
Mosoiu, N. V. "All who desire to live a Godly Life in Christ Jesus will be persecuted (2 Tm 3:12): An Eastern Orthodox Perspective on Persecutions and Martyrdom." *HTS Teologiese Studies* 75/4 (2019): 1-11.
Moss, V. *Apocalypse-The Book of the End: An Interpretation of the Book of Revelation of St. John the Theologian.* Np: Nd, 2018.
Mounce, R. H. 『우리는 무엇을 기다리는가?』. *What are We waiting for?: A Commentary on Revelation*. 곽철호 역. 이천: 성서침례대학원대학교출판부, 2017.
Moyise, S. "Authorial Intention and the Book of Revelation." *Andrews University Seminary Studies* 39/1 (2001): 35-40.
_____. *The Old Testament in the Book of Revelation*. Sheffield: Sheffield Academic Press, 1995.
_____. "The Psalms in the Book of Revelation." In *The Psalms in the New Testament*. Edited by S. Moyise and M. J. J. Menken. Edinburgh: T&T Clark, 2004: 231-246.
_____. "Word Frequencies in the Book of Revelation." *Andrews University Seminary Studies* 43/2 (2005): 285-299.
Mueller, E. "Introduction to the Ecclesiology of the Book of Revelation." *Journal of the Adventist Theological Society* 12/2 (2001): 199-215.
_____. "Microstructural Analysis of Revelation 4-11." Ph.D. Thesis. Andrews University, 1994.
Murray, J. S. "The Urban Earthquake Imagery and Divine Judgement in John's Apocalypse." *Novum*

Testamentum 47/2 (2005): 142-161.
Muse, R. L. "Revelation 2-3: A Critical Analysis of Seven Prophetic Messages." *Journal of Evangelical Theological Society* 29/2 (1986): 147-161.
Musoni, P. "White Garment Churches (Vapositori) and ZANU-PF Party Politics in Zimbabwe: True Marriage or Marriage of Convenience during and Post-Mugabe Era." *HTS Teologiese Studies* 75/1 (2019): 1-7.
Musvosvi, J. N, "The Concept of Vengeance in the Book of Revelation in Its Old Testament and Near Eastern Context." Ph.D. Thesis. Andrews University, 1986.
Nadella, R. "Pentecost as a Challenge to the Roman Empire's Values and Ethos." *Journal for Preachers* 41/4 (2018): 2-6.
Naselli, A. D. 『신약, 어떻게 해석할 것인가』. *How to Understand and Apply the New Testament*. 송동민 역. 서울: 죠이북스, 2019.
Nash, R. S. "The Use of the Book of Revelation by Selected Muslim Apocalypticists." *Perspectives in Religious Studies* 45/2 (2018): 183-198.
Nell, I. A. "In die Gastehuis van die Prediking: Preekvernuwing vanuit Bybelse en Gereformeerde Wortels." *In die Skriflig* 43/4 (2009): 817-840.
Nel, M. "Teologie as Wetenskap: Noodsaak van Dialoog." *Koers* 83/1 (2018): 1-21.
______. "What is 'the Sign of the Son of Man in Heaven' (Mt 24:30)?" *In die Skriflig* 49/1 (2015): 1-9.
Nel, M. (ed). *Mission moves: Cultivating Communities of the Gospel*. Cape Town: OASIS, 2021.
Nelson, M. E. "Catechesis and Baptism in the Early Christian Church." *In die Skriflig* 30/4 (1996): 443-456.
Neufeld, D. "Sumptuous Clothing and Ornamentation in the Apocalypse." *HTS Teologiese Studies* 58/2 (2002): 664-689.
Newton, J. K. "Reading Revelation Romantically." *Journal of Pentecostal Theology* 18/2 (2009): 194-215.
Ngundu, O. "Revelation." In *Africa Bible Commentary*. Edited by T. Adetemo. Grand Rapids: Zondervan, 2006: 1569-1605.
Nicklas, T. "Der 'Pantokrator': Die Inszenierung von Gottes Macht in der Offenbarung des Johannes." *HTS Teologiese Studies* 68/1 (2012): 1-7.
Norelli, E. "Why did Early Believers in Jesus write Apocalypses?" *Zeitschrift für Antikes Christentum* 20/1 (2016): 63-83.
North, G. *Rapture Fever: Why Dispensationalism is paralized*. Tyler: Institute for Christian Economics, 1993.
Northcott, M. S. "Earth Left Behind?: Ecological Reading of the Apocalypse of John in Contemporary America." In *The Way the World ends?: The Apocalypse of John in Culture and Ideology*. Edited by W. J. Lyons and J. Økland. Sheffield: Sheffield Phoenix Press, 2009: 227-239.
Oberweis, M. "Erwägungen zur Apokalyptischen Ortsbezeichnung 'Harmagedon'." *Biblica* 76/3 (1995): 305-324.
Öhler, M. "Das Bestehen des Kosmos vor dem Hintergrund Frühjüdischer und Frühchristlicher Apokalyptik: Anmerkungen zur Bedeutung des Neuen Testaments für eine Gegenwärtige Ökotheologie." *Kerygma und Dogma* 62/1 (2016): 3-26.
O'Kennedy, D. F, "Die Koninkryk van God in die Ou Testament: 'N Kort Oorsig." *In die Skriflig* 55/1 (2021): 1-10.
Oliver, W. H. "Teaching Theology in the Fourth Industrial Revolution." *HTS Teologiese Studies* 76/2 (2020): 1-11.

Ortlund, E. "The Identity of Leviathan and the Meaning of the Book of Job." *Trinity Journal* 34 (2013): 17-30.

Osborne, G. R. *Revelation*. BECNT. Grand Rapids: Baker, 2002.

Osei-Bonsu, R. "The Lord's Day (Rev 1:10): An Evaluation of Adventist Interpretations." *Valley View University Journal of Theology* 1 (2011): 49-61.

Overstreet, R. L. "The Temple of God in the Book of Revelation." *Bibliotheca Sacra* 664 (2009): 446-462.

Ozanne, C. G. "The Language of the Apocalypse." *Tyndale Bulletin* 16 (1965): 3-9.

Paddison, A. "Theological Interpretation and the Bible as Public Text." *Journal of Theological Interpretation* 8/2 (2014): 175-192.

Page, S. H. T. "Revelation 20 and Pauline Eschatology." *Journal of Evangelical Theological Society* 23/1 (1980): 31-43.

Palmer, E. "Imagining Space in Revelation: The Heavenly Throne Room and New Jerusalem." *Journal of Theta Alpha Kappa* 39/1 (2015): 35-47.

Papaioannou, K. and Moyo, E. "Judgment Motifs in the Messages to the Seven Churches." *Journal of the Adventist Theological Society* 25/2 (2014): 43-64.

Park, R. "Revelation for Sale: An Intercultural Reading of Revelation 18 from an East Asian Perspective." *The Bible & Critical Theory* 4/2 (2008): 1-12.

Park. Y. M. "Could Jews have a Table Fellowship with Gentiles in Any Way?: A Study of Meals in the Second Temple Jewish Literature (200 BCE-200 CE)." 『신약연구』 21/1 (2022): 7-36.

Paschke, B. A. "Die Damnatio und Consecratio der Zwei Zeugen (Offb 11)." *Biblica* 89/4 (2008): 555-575.

Pate, C. M. "Revelation 2-19 and the Roman Imperial Cult." *Criswell Theological Review* 17/1 (2019): 67-82.

_____. "Revelation 6: An Early Interpretation of the Olivet Discourse." *Criswell Theological Review* 8/2 (2011): 45-55.

Pattemore, S. *The People of God in the Apocalypse: Discourse, Structure, and Exegesis*. Cambridge: Cambridge University Press, 2004.

_____. "Towards an Ecological Handbook for Bible Translators." *The Bible Translator* 70/3 (2019): 326-342.

Patterson, P. *Revelation*. NAC. Nashville: B&H, 2012.

_____. "Ultimate Mystery: The Disappearance of Holy Scripture from Evangelical Worship." *Artistic Theologian* 4 (2016): 9-16.

Patterson, R. D. "Singing the New Song: An Examination of Psalms 33, 96, 98, and 149." *Bibliotheca Sacra* 164 (2007): 416-434.

Paul, I. *Revelation*. TNTC. Downers Grove: IVP, 2018.

Paulien, J. "Dreading the Whirlwind Intertextuality and the Use of the Old Testament in Revelation." *Andrews University Seminary Studies* 39/1 (2001): 5-22.

_____. "The Role of the Hebrew Cultus, Sanctuary, and Temple in the Plot and Structure of the Book of Revelation." *Andrews University Seminary Studies* 33/2 (1995): 245-264.

Peppler, C. "The Christocentric Principle: A Jesus-Centred Hermeneutic." *Conspectus* 13 (2012): 117-135.

Percer, L. K. "The War in Heaven: Michael and Messiah in Revelation 12." Ph.D. Thesis. Baylor University, 1999.

Perkins, P. "If Jerusalem stood: The Destruction of Jerusalem and Christian Anti-Judaism." *Biblical Interpretation* 8/1-2 (2000): 194-204.

Perry, P. S. "Relevance Theory in the Performance of Revelation 17-19." *The Bible Translator* 66/3 (2015): 246-257.

_____. "'Things having Lives': Ecology, Allusion, and Performance in Revelation 8:9." *Currents in Theology and Mission* 37/2 (2010): 105-113.

Persson, A. *A Semantic and Structural Analysis of Revelation*. Dallas: SIL International, 2016.

Phillips, D. B. W. "A Narrative Analysis of the Book of Revelation: Revelation 19:11-16 as the Climax of the Plot of the Apocalypse." Ph.D. Thesis. Southeastern Baptist Theological Seminary, 2019.

Phipps, W. E. "Amazing Grace in the Hymnwriter's Life." *Anglican Theological Review* 72/3 (1990): 306-312.

Pilgrim, W. E. "Universalism in the Apocalypse." *Word & World* 9/3 (1989): 234-243.

Piper, O. A. "The Apocalypse of John and the Liturgy of the Ancient Church." *A Church History* 20/1 (1951): 10-22.

Pippin, T. "Eros and the End: Reading for Gender in the Apocalypse of John." *Semeia* 59 (1992): 193-210.

Podeszwa, P. "Syntagma 'Mieć Świadectwo Jezusa' w Apokalipsie Janowej." *Verbum Vitae* 28 (2015): 319-344.

Pohlmann, M. H. "Embracing a Vision of the New Jerusalem (Rv 21:1-22:5) to impact on Life and Society." *In die Skriflig* 49/2 (2015): 1-7.

______. "Revelation 20:1-10 within the Overall Paradigm Theological Thrust of John's Apocalypse." *In die Skriflig* 53/1 (2019): 1-8.

______. "The Influence of the Weltanschauung on the Theological Thrust of the Apocalypse of John." D.Litt. et Phil. Thesis. Rand Afrikaans University, 1997.

______. "The Victory Song of Moses in Christological Perspective within the Apocalypse of John." *Conspectus* 14 (2012): 133-152.

Pollard, L. N. "The Function of λοιπός in the Letter to Thyatira." *Andrews University Seminary Studies* 46/1 (2008): 45-63.

Potgieter, R. "Revisiting the Incomplete Mary." *In die Skriflig* 54/1 (2020): 1-10.

Poythress, V. S. "Johannine Authorship and the Use of Intersentence Conjunctions in the Book of Revelation." *Westminster Theological Journal* 47 (1985): 329-336

Pratt Jr., R. L. "Hyper-Preterism and Unfolding Biblical Eschatology." *Reformed Perspectives Magazine* 7/46 (2005): 1-30.

Preston, D. K. "Full Preterism and the Millennium." *Criswell Theological Review* 11/1 (2013): 121-136.

Preus, C. A. "Michael as Christ in the Lutheran Exegetical Tradition: An Analysis." *Concordia Theological Quarterly* 80 (2016): 257-267.

Pruszinski, J. G R. "The Cognitive Phenomenology of Doors in the Book of Revelation: A Spatial Analysis." *Religions* 10/3 (2019): 1-14.

Punt, J. "Believers or Loyalists?: Identity and Social Responsibility of Jesus Communities in the Empire." *In die Skriflig* 51/3 (2017): 1-8.

Quey, R. L. "A Biblical Theology of Babylon." Th.M. Thesis. Master's Seminary, 2016.

Quient, N. R. "Thou hast forsaken Thy First Love: Soteriological Contingency in the Book of Revelation." *Evangelical Review of Theology* 43/2 (2019): 167-180.

Raabe, R. P. "Daddy, will Animals be in Heaven?: The Future New Earth." *Concordia Journal* 40/2 (2014): 148-160.

Rabali, T. C. "The Role of the Christian Community in a Plural Society." *Koers* 67/4 (2002): 421-439.

Raddatz, J. E. "Mind over Matter: Altered States of Consciousness and the Narrative Rationalization of Ecstatic Visions in the Apocalypse of John." M.A. Thesis. Concordia University, 2013.

Ramírez, J. A. C. "God's Vengeance··· to wipe away the Tears of the Oppressed: A Reading of Revelation

6:10." *RAM* 8/1 (2017): 73-85.
Ramsay, W. M. *The Letters to the Seven Churches*. Peabody: Hendrickson, 1994.
Räpple, E. M. *The Metaphor of the City in the Apocalypse of John*. New York: Peter Lang, 2004.
Reddish, M. G. "Hearing the Apocalypse in Pergamum." *Perspectives in Religious Studies* 41/1 (2014): 3-12.
______. *Revelation*. Macon: Smyth & Helwys, 2001.
Resane, K. T. "Servant Leadership and Shepherd Leadership: The Missing Dynamic in Pastoral Integrity in South Africa Today." *HTS Teologiese Studies* 76/1 (2020): 1-8.
Reynolds, A. "Intercultural Hermeneutics: A Step towards Its Effective Practice as a Clash of Perspectives on John's Revelation." *Asbury Journal* 70/1 (2015): 95-110.
Reynolds, E. "The Feast of Tabernacles and the Book of Revelation." *Andrews University Seminary Studies* 38/2 (2000): 245-268.
Ribbens, M. "Cultivating the 'Good City': The Theological Engagement of the Institute for Urban Ministry within the City of Tshwane." *Missionalia* 48/2 (2020): 156-174.
Rico, S. L. "Thirsting for God: The Levitical Inheritance Motif in the Apocalypse." *Westminster Theological Journal* 74 (2012): 417-433.
Riekert, S. J. P. K. "Grammatical Case in the Text of Revelation 4 and 5: Research." *Acta Theologica* 23/2 (2003): 183-200.
______. "Reconsidering Prepositions and Case Assignment in the Text of Revelation 4 and 5." *HTS Teologiese Studies* 60/1-2 (2004): 349-367.
Robinson, A. D. "An Interpretation of the Sexual Immorality Language in the Book of Revelation." Ph.D. Thesis. Southwestern Baptist Theological Seminary, 2019.
Roche, G. "Some Reflections on the Stewardship of Creation." *Melanesian Journal of Theology* 6/2 (1990): 22-25.
Roloff, J. *Revelation*. Minneapolis: Fortress, 1993.
Ronning, J. L. "The Curse on the Serpent (Genesis 3:15) in Biblical Theology and Hermeneutics." Ph.D. Thesis. Westminster Theological Seminary, 1997.
Rosell, S. "John's Apocalypse: Dynamic Word-Images for a New World." *HTS Teologiese Studies* 67/1 (2011): 1-5.
Ross, H. "Is COVID-19 the Plague prophesied in Revelation 6?" https://reasons.org/explore/blogs. 2020년 4월 24일 접속.
Rossing, B. R. "Waters cry out: Water Protectors, Watershed Justice, and the Voice of Waters in Revelation 16:4-6, 21:6 and 22:17." *Currents in Theology and Mission* 47/1 (2020): 38-42.
Rotz, C. J. "The One who sits on the Throne: Interdividual Perspectives of the Characterization of God in the Book of Revelation." D.Litt et Phil. Thesis. Rand Afrikaans University, 1998.
______. "The Remedy for Vengeance: Blood in the Apocalypse." In *Listening Again to the Text: New Testament Studies in Honor of George Lyons*. Edited by R. P. Thompson. Claremont: Claremont Press, 2020: 153-170.
Roy, S. L. "An Examination of the Theme of Discipleship in the Seven Churches of Revelation." D. Ed. Thesis. Southeastern Baptist Theological Seminary, 2017.
Royalty Jr., R. M. "Demonic Symposia in the Apocalypse of John." *Journal for the Study of the New Testament* 38/4 (2016): 503-525.
______. "Don't touch This Book!: Revelation 22:18-19 and the Rhetoric of Reading (in) the Apocalypse of John." *Biblical Interpretation* 12/3 (2004): 282-299.

______. *The Streets of Heaven: The Ideology of Wealth in the Apocalypse of John*. Macon: Mercer University Press, 1998.

Rushdoony, R. J. *Systematic Theology*. Volume 2. Vallecito: Ross House Books, 1994.

Russell, B. D. "The Song of the Sea and the Subversion of Canaanite Myth: A Missional Reading." *Asbury Journal* 72/2 (2017): 107-118.

Russo, A. C. "Behind the Heavenly Door: Earthly Liturgy and Heavenly Worship in the Apocalypse of John." Ph.D. Thesis. University of Notre Dame, 2009.

Ryken, L. et als (ed). *Dictionary of Biblical Imagery*. Leicester: IVP, 1998.

Ryken, P. G. *1 Timothy*. Phillipsburg: P&R, 2007.

Sabuin, R. A. "Alpha-Omega Reading of the Book of Revelation." *Valley View University Journal of Theology* 1 (2011): 1-17.

Sanou, B. "Missio Dei as Hermeneutical Key for Scriptural Interpretation." *Andrews University Seminary Studies* 56/2 (2018): 301-316.

Schalekamp, M. E. and De Klerk, B. J. "Die Vier Nicaanse Merktekens van die Kerk as Rigtingwysers in 'n Ekklesiologiese Diskoers." *In die Skriflig* 46/2 (2012): 1-9.

Scharneck, R. "Will All be saved?: A Discussion on the Theme of Universal Deliverance in the Song in Revelation 15." *Nederduitse Gereformeerde Teologiese Tydskrif* 55/3-4 (2014): 791-801.

Schellenberg, R. S. "Seeing the World Whole: Intertextuality and the New Jerusalem (Revelation 21-22)." *Perspectives in Religious Studies* 33/4 (2006): 467-476.

Schilder, K. *De Openbaring van Johannes en het Sociale Leven*. Delft: Boekhandel & Drukkerij W. D. Meinema, 1925.

Schmidt, J. "Die Rätselzahl 666 in Offb 13:18: Ein Lösungsversuch auf der Basis Lateinischer Gematrie." *Novum Testamentum* 44/1 (2002): 35-54.

Schnabel, E. J. "Jewish Opposition to Christians in Asia Minor in the First Century." *Bulletin for Biblical Research* 18/2 (2008): 233-270.

Schreiner, T. R. "Revelation." In *ESV Expository Commentary*, Vol. 12: Hebrews-Revelation. Edited by I. M. Duguid et als. Wheaton: Crossway Books, 2018.

Schuringa, H. D. and Walaeus, A., et als (ed). *The Dordrecht Bible Commentary: Volume VI- The Epistles & Revelation*. NP: North Star Ministry Press, 2020.

Seal, D. R. "A Performance-Critical Analysis of Revelation 1:5B-8." *Bibliotheca Sacra* 175 (2018): 215-227.

______. "The Persuasive Arousal of Emotions: Prayer as Divine Experience in 4 Ezra and John's Apocalypse." Ph.D. Thesis. Regent University, 2016.

______. "The Reception and Delivery of the Oracle in Revelation 13:9-10." *Scriptura* 119 (2020): 1-13.

Searle, J. T. "The Hermeneutics of Crisis: Evangelicals, Apocalypse and Conflict in the Northern Ireland 'Troubles'." Ph.D. Thesis. University of Dublin, 2012.

Sedlak, J. "Caught up to God and to His Throne: Restructuring Revelation 11-22." Np: 2015: 1-22.

Shea, W. A. "Chiasm in Theme and by Form in Revelation 18." *Andrews University Seminary Studies* 20/3 (1982): 249-255.

______. "Literary and Theological Parallels between Revelation 14-15 and Exodus 19-24." *Journal of the Adventist Theological Society* 12/2 (2001): 164-179.

______. "Revelation 5 and 19 as Literary Reciprocals." *Andrews University Seminary Studies* 22/2 (1984): 249-257.

______. "The Covenant Form of the Letters to the Seven Churches." *Andrews University Seminary Studies*

21/1 (1983): 71-84.
_____. "The Location and Significance of Armageddon in Rev 16:16." *Andrews University Seminary Studies* 18/2 (1980): 157-162.
_____. "The Parallel Literary Structure of Revelation 12 and 20." *Andrews University Seminary Studies* 23/1 (1985): 37-54.
Shea, W. A. and Christian, E. "The Chiastic Structure of Revelation 12:1-15:4: The Great Controversy Vision." *Andrews University Seminary Studies* 38/2 (2000): 269-292.
Shead, A. G. "Reading Ecclesiastes Epilogically." *Tyndale Bulletin* 48/1 (1997): 67-91.
Shealy, W. "The Church as Bride and Mother: Two Neglected Theological Metaphors." *JDFM* 2/2 (2012): 22-32.
Shin, E. C. "The Conqueror Motif in Chapters 12-13: A Heavenly and an Earthly Perspective in the Book of Revelation." *Verbum et Ecclesia* 36/3 (2015): 207-223.
Siemieniec, T. "Teologiczna Funkcja Terminów Kaipos i Xponos w Apokalipsie Janowej." *Verbum Vitae* 35 (2019): 307-342.
Silberschlag, E. "The Earliest Record of Jews in Asia Minor." *Journal of Biblical Literature* 52/1 (1933): 66-77.
Simons, P. "A Green Economy?" *Koers* 79/1 (2014): 1-8.
Skaggs, R. and Doyle, T. "The Audio/Visual Motif in the Apocalypse of John through the Lens of Rhetorical Analysis." *Journal of Biblical & Pneumatological Research* 3 (2011): 19-37.
Slater, T. B. "Dating the Apocalypse to John, Revisited." *Review and Expositor* 114/2 (2017): 247-253.
Smalley, S. S. *The Revelation to John*. Leicester: IVP, 2005.
Smith, E. *Key to the Revelation in Thirty-Eight Lectures taking the Whole Book in Course*. Boston: Whipple & Damrell, 1837.
Smith, G. V. *Hosea, Amos, Micah*. Grand Rapids: Zondervan, 2001.
Smith III, J. D. "Ancient Christian Trinitarian Metaphors and a Contemporary Analogy from Music." *Journal of Evangelical Theological Society* 33/3 (1990): 353-357.
Smith, M. J. "The Book of Revelation: A Call to Worship, Witness, and Wait in the Midst of Violence." In *Into All the World: Emergent Christianity in Its Jewish and Greco-Roman Context*. Edited by M. Harding and A. Nobbs. Grand Rapids: Eerdmans, 2017: 334-371.
Smith, S. B. "The Perseverance of the Saints in the Apocalypse of John." Ph.D. Thesis. Trinity Evangelical Divinity School, 2017.
Smith, T. J. and Niemandt, N. "Exploring a Missional Pedagogy for Transforming Discipleship: Implications for Missional Discipleship within the DRC." *Stellenbosch Theological Journal* 8/1 (2022): 1-24.
Smolarz, S. R. *Covenant and the Metaphor of the Divine Marriage in Biblical Thought: A Study with Special Reference to the Book of Revelation*. Eugene: Wipf & Stock, 2011.
Snyman, W. J. "Die Openbaring van Johannes: Die Boek Openbaring Self- Die Struktuur daarvan." *In die Skriflig* 6/21 (1972): 4-12.
_____. "Die Boek Openbaring vanuit die Sentrum." *In die Skriflig* 6/22 (1972): 6-15.
_____. "Die Openbaring van Johannes." *In die Skriflig* 5/20 (1971): 12-20.
Soboyejo, J. O. "Interpreting the Book of Revelation and Its Apocalyptic Implications for the 21st Century African Pentecostal Churches." *Open Access Library Journal* 3 (2016): 1-13.
Sobrino, O. P. "Seneca and Paul embrace Slavery under Nero's Regime: Politics as Context." Ph.D. Thesis. University of Florida, 2022.
Son, H. Y. "The Background of Exodus 15 in Revelation 15: Focusing on the Song of Moses and the Song of

the Lamb." Ph.D. Thesis. New Orleans Baptist Theological Seminary, 2015.
Song, S. I. "Tribulation Languages in the Book of Daniel and Revelation." 『개혁논총』 50 (2019): 227-256.
Spatafora, A. "Heavenly Liturgy and Temple in the Apocalypse." *Theoforum* 46/1 (2015): 185-204.
______. "Judgment or Mercy in the Apocalypse of John?" *Theoforum* 47 (2016/2017): 231-241.
Sporer, E. "Bought with Blood: The Logic of Sacrifice and Atonement in Ancient Israel and in John's Revelation." M.T.S. Thesis. Palmer Theological Seminary, 2016.
Sproul, R. C. 『예수의 종말론』. *The Last Days according to Jesus*. 김정식 역. 서울: 좋은씨앗, 2019.
______. 『웨스트민스터 신앙고백 해설 1: 삼위일체 하나님(1-8장)』. *Truths We confess. Vol 1: The Triune God.* 이상웅·김찬영 역. 서울: 부흥과 개혁사, 2011.
Spykman, G. J. *Reformational Theology: A New Paradigm for Doing Dogmatics*. Grand Rapids: Eerdmans, 1992.
Stam, J. "The Book of Revelation: A Latin American Interpretation." *Calvin Theological Journal* 46/2 (2011): 289-300.
Stander, R. "Preterism, Futurism or Historicism?: A Theological Analysis of Three Interpretive Schools of Apocalyptic Prophecy within the Doctrine of the Last Things." Ph.D. Thesis. Stellenbosch University, 2021.
Standhartinger, A. "Aus der Welt eines Gefangenen: Die Kommunikationsstruktur des Philipperbriefs im Spiegel seiner Abfassungssituation." *Novum Testamentum* 55/2 (2013): 140-167.
Stanley, J. E. "The New Creation as a People and City in Revelation 21:1-22:5: An Alternative to Despair." *Asbury Journal* 60/2 (2005): 25-38.
______. "Two Futures Jürgen Moltmann's Eschatology and Revelation's Apocalyptic." *Asbury Journal* 53/2 (1998): 37-48.
Starkenburg, K. "What is Good for Christ is Good for the Cosmos: Affirming the Resurrection of Creation." *Pro Ecclesia* 30/1 (2021): 71-97.
Stefanovic, R. 『예수 그리스도의 계시』. *Revelation of Jesus Christ*. 하홍팔·도현석 역. 로스앤젤레스: 미주 시조사, 2011.
Stewart, A. "Ekphrasis, Fear, and Motivation in the Apocalypse of John." *Bulletin for Biblical Research* 27/2 (2017): 227-240.
______. "The Ethics of Fear Appeals and the Apocalypse of John." *Criswell Theological Review* 17/1 (2019): 53-66.
______. "The Future of Israel, Early Christian Hermeneutics, and the Apocalypse of John." *Journal of Evangelical Theological Society* 61/3 (2018): 563-575.
Storms, S. 『개혁주의 무천년설 옹호』. *Kingdom come: The Amillennial Alternative*. 윤석인 역. 서울: 부흥과 개혁사, 2016.
Strand, K. A. "A Further Note on the Covenantal Form in the Book of Revelation." *Andrews University Seminary Studies* 21/3 (1978): 251-264.
______. "An Overlooked Old Testament Background to Revelation 11:1." *Andrews University Seminary Studies* 22/3 (1984): 317-325.
______. "Chiastic Structure and Some Motifs in the Book of Revelation." *Andrews University Seminary Studies* 16/2 (1978): 401-408.
______. "Overcomer: A Study in the Macrodynamic of Theme Development in the Book of Revelation." *Andrews University Seminary Studies* 28/3 (1990): 237-254.
______. "Some Modalities of Symbolic Usage in Revelation 18." *Andrews University Seminary Studies* 24/1

(1986): 37-46.
_____. "The Two Olive Trees of Zechariah 4 and Revelation 11." *Andrews University Seminary Studies* 20/3 (1982): 257-261.
_____. "Two Aspects of Babylon's Judgment portrayed in Revelation 18." *Andrews University Seminary Studies* 20/1 (1982): 53-60.
Sumney, J. L. "The Dragon has been defeated: Revelation 12." *Review & Expositor* 98/1 (2001): 103-115.
Svigel, M. J. "The Apocalypse of John and the Rapture of the Church: A Reevaluation." *Trinity Journal* 22/1 (2001): 23-74.
Swanson, D. M. "International Preterist Association: Reformation or Retrogression?" *The Master's Seminary Journal* 15/1 (2004): 39-58.
Swete, H. B. *Commentary on Revelation*. Grand Rapids: Kregel Publications, 1980(1907).
Tabb, B. J. 『요한계시록 성경신학: 만물을 새롭게 하노라』. *All Things New: Revelation as Canonical Capstone*. 김귀탁 역. 서울: 부흥과 개혁사, 2020.
_____. "Prayer in Apocalyptic Perspective." In *For It stands in Scripture: Essays in Honor of W. Edward Glenny*. Edited by A. B. Caneday. Saint Paul: University of Northwestern Berntsen Library, 2019: 191-208.
Tan, C. J. "A Defense of a Futurist View of the Two Witnesses in Revelation 11:3-13." Ph.D. Thesis. Dallas Theological Seminary, 2010.
Tanner, C. "Climbing the Lampstand-Witness-Trees: Revelation's Use of Zechariah 4 in Light of Speech Act Theory." *Journal of Pentecostal Theology* 20/1 (2011): 81-92.
Tanner, J. P. "Apostate Jerusalem as Babylon the Great: Another Look at Revelation 17-18." ETS SW Regional Conference. Fort Worth. March 31, 2017: 1-28.
Tarazi, P. N. "Israel and the Nations (according to Zechariah 14)." *St Vladimir's Theological Quarterly* 38/2 (1994): 181-192.
Tavo, F. *Woman, Mother, and Bride: An Exegetical Investigation into the "Ecclesial" Notions of the Apocalypse*. Leuven: Peeters, 2007.
Taylor, D. F. "The Monetary Crisis in Revelation 13:17 and the Provenance of the Book of Revelation." *Catholic Biblical Quarterly* 71/3 (2009): 580-596.
Terry, M. S. "The Revelation of John." *The Biblical World* 7/3 (1896): 207-214.
"The Apocalypse of John." https//chat.openai.com/chat. 2023년 2월 6일 접속.
"The Book of Revelation." https//chat.openai.com/chat. 2023년 2월 6일 접속.
"The Catholic Origins of Futurism and Preterism." http://www.aloha.net/~mikesch/antichrist.htm. 2020년 5월 14일 접속.
The Jesus Bible. Grand Rapids: Zondervan, 2016.
Theophilos, M. P. "βασιλεὺς βασιλέων (Rev 17.14; 19.16) in Light of the Numismatic Record." *New Testament Studies* 65 (2019): 526-551.
"The Partial Preterism." https//chat.openai.com/chat. 2023년 2월 6일 접속.
Thinane, J. S. "Missio Hominum for Social Justice in South Africa: From Missio Dei to Missio Hominum." *HTS Teologiese Studies* 77/4 (2021): 1-7.
Thomas, R. L. "Chronological Interpretation of Revelation 2-3." *Bibliotheca Sacra* 124 (1967): 321-331.
_____. *Revelation 1-7*. Chicago: Moody Press, 2007.
Thomas, R. L. "Magical Motifs in the Book of Revelation." Ph.D. Thesis. Durham University, 2007.
Thompson, L. L. "Ordinary Lives: John and His First Readers." *Reading the Book of Revelation: A*

Resource for Students. Edited by D. L. Barr. Atlanta: SBL, 2003: 25-47.

Thompson, S. "The End of Satan." *Andrews University Seminary Studies* 37/2 (1999): 257-268.

Tipvarakankoon, W. "The Theme of Deception in the Book of Revelation." Ph.D. Thesis. Lutheran School of Theology, 2013.

Tôniste, K. "John Wesley on the Book of Revelation." *Asbury Journal* 76/2 (2021): 227-245.

_____. *The Ending of the Canon: A Canonical and Intertextual Reading of Revelation 21-22*. London: Bloomsbury, 2016.

Tonstad, S. "Appraising the Myth of Nero Redivivus in the Interpretation of Revelation." *Andrews University Seminary Studies* 46/2 (2008): 175-199.

Trebilco, P. R. *The Early Christians in Ephesus from Paul to Ignatius*. Grand Rapids: Eerdmans, 2004.

_____. "What shall We call Each Other?: Part Two: The Issue of Self-Designation in the Johannine Letters and Revelation!" *Tyndale Bulletin* 54/1 (2003): 51-73.

Treiyer, E. B. "Ap 13:1l-18: Feu du Ciel et Marque de la Bete." *Andrews University Seminary Studies* 37/1 (1999): 73-86.

Twelftree, G. H. 『예수의 이름으로: 초기 그리스도인들 가운데서의 축귀』. *In the Name of Jesus: Exorcism and Early Christians*. 이용중 역. 서울: 새물결플러스, 2020.

Ulmer, R. "The Culture of Apocalypticism: Is the Rabbinic Work Pesiqta Rabbati Intertextually related to the New Testament Book the Revelation to John?" *The Review of Rabbinic Judaism* 14/1 (2011): 37-70.

Ulrich, D. W. "The Missional Audience of the Gospel of Matthew." *Catholic Biblical Quarterly* 69/1 (2007): 64-83.

Umoren, G. E. "Auto-Malediction in Isaiah 22:1-14: Lessons for Today's Politics." *Journal of Biblical Theology* 2/2 (2019): 87-105.

Upton, C. D. "The Harlot of the Apocalypse: A Jerusalem Postcolonial Feminist Reading." M.Th. Thesis. University of Edinburgh, 2014.

Valentine, K. H. "Cleopatra: New Insights for the Interpretation of Revelation 17." *Evangelical Quarterly* 87/4 (2015): 310-330.

Van Aarde, A. G. "Christus Medicus-Christus Patiens: Healing as Exorcism in Context." *HTS Teologiese Studies* 75/4 (2019): 1-10.

Van Aarde, T. A. "The Relation of God's Mission and the Mission of the Church in Ephesians." *Missionalia* 44/3 (2016): 284-300.

Van Bruggen, J. 『하이델베르크 요리문답 해설』. *Aantekeningen bij de Heidelbergse Catechismus*. 김헌수·성희찬 역. 서울: 성약, 2020.

Van de Kamp, H. R. *Israël in Openbaring: Een Onderzoek naar de Plaats van het Joodse Volk in het Toekomst Beeld van de Openbaring aan Johannes*. Kampen: Kok, 1990.

_____. *Openbaring: Profetie vanaf Patmos*. CNT. Kampen: Kok, 2000.

Van den Heever, G. "Space, Social Space, and the Construction of Early Christian Identity in First Century Asia Minor." *Religion & Theology* 17/3-4 (2010): 205-243.

Van der Merwe, I. J. "Happiness: A Primer for Theological Engagement." *Stellenbosch Theological Journal* 1/1 (2015): 291-319.

Van der Merwe, J. C. "'N Narratief vir Kerk-Wees Vandag." *HTS Teologiese Studies* 70/1 (2014): 1-13.

Van der Toom, K., Becking, B. and Van der Horst, P. W. (ed). *Dictionary of Deities and Demons in the Bible*. Leiden: Brill, 1999.

Van der Waal, C. 『반더발 성경연구 2: 시가서에서 선지서까지(욥기-말라기)』. 서울: 도서출판 줄과 추, 1999.

_____. 『반더발 성경연구 3: 복음서에서 예언서까지(마태복음-요한계시록)』. 서울: 도서출판 줄과 추, 1999.

_____. "Die Eksegese van Openbaring in 'n Dooploopstraat?" *In die Skriflig* 14/55 (1980): 21-26.

_____. *Openbaring van Jezus Christus II: Verklaring*. Drukkerij en Uitgeverij de Nijverheid: Oudkarspel, 1981.

Van der Walt, J. J. "God werk duer die Prediking in die Geloofslewe: 'N Homiletiese Sleutel vir die Prediking." *Koers* 53/3 (1988): 486-511.

Van der Walt, S. "Die Mensbeskoulike en Samelewingsteoretiese Vertrekpunte van 'n Onbekende Skrywer, Toegespits op Hebreërs 10:38-39." *In die Skriflig* 50/3 (2016): 1-7.

Van der Walt, S. J. "Kerk en Koninkryk." *Koers* 37/2 (1969): 87-103.

Van der Watt, J. G. "Double Entendre in the Gospel according to John." In *Theology and Christology in the Fourth Gospel*, Edited by V. Belle et als. Leiden: Brill. 2005: 463-481.

VanGemeren, W. A. *Psalms*. Grand Rapids: Zondervan, 2008.

Van Henten, J. W. "Anti-Judaïsme in 'n Joodse Teks?: Die Geval van Openbaring." *Scriptura* 108 (2011): 282-293.

Van Houwelingen, P. H. R. "Goddelijk Geweld in het Nieuwe Testament, of: Hoe het Geweld niet uit God verdween." *Theologia Reformata* 57/4 (2014): 343-351.

_____. "Paradise Motifs in the Book of Revelation." *Sárospataki Füzetek* 4 (2011): 11-25.

_____. "The Air Combat between Michael and the Dragon: Revelation 12:7-12 in Relation to Similar Texts from the New Testament." In *Playing with Leviathan. Interpretation and Reception of Monsters from the Biblical World*. Edited by K. van Bekkum, J. Dekker, H. van de Kamp, and E. Peels. Leiden: Brill, 2017: 151-166.

_____. "The Book of Revelation: Full of Expectation." *Sárospataki Füzetek* 1 (2011): 11-19.

_____. "The Millennial Kingdom in the Twenty-First Century." *Lux Mundi* 36/2 (2017): 24-25.

Vanni, U. "The Ecclesial Assembly 'Interpreting Subject' of the Apocalypse." *Religious Studies Bulletin* 4/2 (1984): 79-85.

Van Rensburg, F. "Hallmarks of a Genuine Minister of the Word of God: An Interpretation and Application of 1 Thessalonians 2:1-12." *Koers* 53/3 (1988): 406-425.

Van Rensburg, H. J. "All the Apocalypse as Stage: The Ritual Function of Apocalyptic Literature." *HTS Teologiese Studies* 75/4 (2019): 1-8.

_____. "Ritual Functions of the Book of Revelation: Hope in Dark Times." D.Th. Thesis. University of South Africa, 2016.

_____. "The Revelations of Revelation: The Book that fits, even when It does not." *HTS Teologiese Studies* 77/4 (2021): 1-12.

Van Rhyn, H. P. M. & Jordaan, G. J. C. "'N Betekenis Definisie van παρουσία as Wederkomswoord." *In die Skriflig* 541 (2020): 1-8.

Van Rooy, H. F. "Die sogenaamde Bybelse Kultuurmandaat (Gen. 1:28 en 2:15) en Ontwikkeling 'n Ou-Testamentiese Perspektief." *Koers* 61/4 (1996): 425-440.

Van Wyk de Vries, K. S. "Oor die Koninkryk van God." *Koers* 25/4-5 (1958): 235-248.

Venema, C. P. 『개혁주의 종말론 탐구』. *The Promise of the Future*. 박승민 역. 서울: 부흥과 개혁사, 2014.

Venter, A. G. S. and Du Rand, J. A. "Volharding as Sentrale Gegewe in die Boek Openbaring." *In die Skriflig* 32/2 (1998): 181-200.

Venter, C. J. H. "The Realization of the Word in Church Catechism." *Koers* 53/3 (1988): 512-530.

Vermigli, P. M. 『거룩한 기도들: 버미글리의 시편 기도문』. *Sacred Prayers*. 김진홍 역. 부산: 고신대학교 개혁주의 학술원, 2022.

Verster, P. "'N Christosentriese Benadering van die Gereformeerde Leer as Uitgangspunt van die Sending." *Nederduitse Gereformeerde Teologiese Tydskrif* 45/3-4 (2004): 742-750.

Vetne, R. "A Definition and Short History of Historicism as a Method for Interpreting Daniel and Revelation." *Journal of the Adventist Theological Society* 14/2 (2003): 1-14.

Viljoen, F. P. "The Matthean Community within a Jewish Religious Society." *HTS Teologiese Studies* 72/4 (2016): 1-8.

Viljoen, F. P. and Coetsee, A. J. (ed). *Biblical Theology of Life in the New Testament*. Reformed Theology in Africa Series Volume 6. Cape Town: AOSIS, 2021.

Viljoen, F. V. "Die Betekenis en Funksie van die Himnes in Openbaring 12-22." *Verbum et Ecclesia* 23/2 (2002): 558-574.

Vlach, M. J. "Premillennialism and the Kingdom: A Rationale for a Future Earthly Kingdom." *Master's Seminary Journal* 29/2 (2018): 207-232.

Von Popkes, W. "Die Funktion der Sendschreiben in der Apokalypse: Zugleich ein Beitrag zur Spätgeschichte der Neutestamentlichen Gleichnisse (Rev 2-3)." *Zeitschrift für die Neutestamentliche Wissenschaft* 74/1-2 (1983): 90-107.

Voortman, T. C. "The Language of the Theatre in the Apocalypse of John." M.A. Thesis. Rand Afrikaanse University, 1996.

Vorster, J. M. "'Go out and gather Each Day …': Implications of the Ethics of Exodus 16 for Modern Consumerism." *Koers* 76/1 (2001): 171-192.

Vosloo, R. "Dietrich Bonhoeffer's Reformation Day Sermons and Performative Remembering." *Theology Today* 74/3 (2017): 252-262.

Votaw, C. W. "The Apocalypse of John: IV-Its Chief Ideas, Purpose, Date, Authorship, Principles of Interpretation, and Present-Day Value." *The Biblical World* 32/5 (1908): 314-328.

Wade, L. "Thoughts on the 144,000." *Journal of the Adventist Theological Society* 8/1-2 (1997): 90-99.

Waechter, S. L. "An Analysis of the Literary Structure of the Book of Revelation according to Textlinguistic Methods." Th.D. Thesis. Mid-America Baptist Theological Seminary, 1994.

Wall, R. W. *Revelation*. NIBC. Peabody: Hendrickson, 1991.

Wallace, D. B. *Greek Grammar beyond the Basics*. Grand Rapids: Zondervan, 1996.

Wallace Jr., F. E. *The Book of Revelation*. Fort Smith: Richard E. Black Publisher, 1997.

Wallis, J. "The Theology for July 4." *Sojourners* 7월 3일 (2019).

Wallis, W. B. "The Coming of the Kingdom: A Survey of the Book of Revelation." *Presbyterion* 8/1 (1982): 13-70.

Walter, N. "Nikolaos, Proselyt aus Antiochien, und die Nikolaiten in Ephesus und Pergamon: Ein Betrag auch zum Thema: Paulus und Ephesus." *Zeitschrift für die Neutestamentliche Wissenschaft und die Kunde der Älteren Kirche* 93/3-4 (2002): 200-226.

Waltke, B. K. 『구약신학』. *An Old Testament Theology*. 김귀탁 역. 서울: 부흥과 개혁사, 2012.

Walvoord, J. F. "Prophecy of the Ten-Nation Confederacy." *Bibliotheca Sacra* 124 (1967): 99-105.

Warfield, B. B. *Biblical Doctrines*. Oxford: Oxford University Press, 2002(1929).

Warren, M. J. C. "Tasting the Little Scroll: A Sensory Analysis of Divine Interaction in Revelation 10.8-10." *Journal for the Study of the New Testament* 40/1 (2017): 101-119.

Waters, L. J. "Missio Dei in the Book of Job." *Bibliotheca Sacra* 166 (2009): 19-35.

Waymeyer, M. “The Binding of Satan in Revelation 20.” *Master’s Seminary Journal* 26/1 (2015): 19-46.

_____. “The First Resurrection in Revelation 20.” *Master’s Seminary Journal* 27/1 (2016): 3-32.

Weima, J. A. D. 『요한계시록에 가면: 일곱 교회를 향한 설교』. *The Sermons to the Seven Churches of Revelation*. 전성현 역. 서울: 학영, 2022.

Weinrich, W. C. (ed). 『교부들의 성경 주해: 요한계시록』. *Ancient Christian Commentary on Scripture: Revelation*. 이혜정 역. 왜관: 분도출판사, 2010.

Wellman, J. C. “Ouranology in the Book of Revelation: Its Epoch and Chiastic Structure.” Ph.D. Thesis. South African Theological Seminary, 2018.

Wells, D. F. “The Centrality of Holiness to Christian Faith: Why Holiness has become Irrelevant in Postmodern Religion.” *Theology Matters* 4/2 (1998): 1-5.

Wenk, M. “The Holy Spirit as Transforming Power within a Society: Pneumatological Spirituality and Its Political/Social Relevance for Western Europe.” *Journal of Pentecostal Theology* 11/1 (2002): 130-142.

Wenkel, D. “Provision of Food and Clothing for the Wondering People of God: A Canonical and Salvation-Historical Study.” *Southeastern Theological Review* 5/1 (2014): 27-45.

Wenstrom Jr., W. E. *The Second Advent of Jesus Christ*. Marion: Wenstrom Bible Ministries, 2016.

Wessels, J. M. “The Bible as Seedbed for Revival in the 21st Century.” *In die Skriflig* 54/2 (2020): 1-8.

Whidden, W. W. “Trinitarian Evidences in the Apocalypse.” *Journal of the Adventist Theological Society* 11/1-2 (2000): 248-260.

Whitaker, R. J. “The Poetics of Ekphrasis: Vivid Description and Rhetoric in the Apocalypse.” In *Poetik und Intertextualität der Johannesapokalypse*. Edited by S. Alkier et als. Tübingen: Mohr Siebeck, 2015: 227-240.

White, R. F. “Reexamining the Evidence for Recapitulation in Rev 20:1-10.” *Westminster Theological Journal* 51/2 (1989): 319-344.

Wielenga, B. “‘Eschatological Hope in Haggai: A Homiletic Reading.” *In die Skriflig* 49/1 (2015): 1-13.

Wilson, M. *Charts on the Book of Revelation: Literary, Historical, and Theological Perspectives*. Grand Rapids: Kregel Academic & Professional, 2007.

_____. “The Water of Life: Three Explorations into Water Imagery in Revelation and the Fourth Gospel.” *Scriptura* 118 (2019): 1-17.

Winkle, R. E. “Clothes make the (One like a Son of) Man: Dress Imagery in Revelation 1 as an Indicator of High Priestly Status.” Ph.D. Thesis. Andrews University, 2012.

Witherington 3, B. *A Week in the Fall of Jerusalem*. Leicester: IVP, 2017.

_____. *Revelation*. Cambridge: Cambridge University Press, 2003.

Witulski, T. “A New Perspective on Dating the Book of Revelation.” *Annali di Storia dell’Esegesi* 33/1 (2016): 201-223.

Wold, B. G. “Revelation 16 and the Eschatological Use of Exodus Plagues.” In *Eschatologie Eschatology: The Sixth Durham-Tübingen Research Symposium*. Edited by H-J. Eckstein. Tübingen: Mohr Siebeck, 2011: 249-266.

Wolterstorff, N. 『샬롬을 위한 교육』. *Educating for Shalom*. 신영순 외 역. 서울: SFC출판부, 2014.

Wong, D. K. K. “The Beast from the Sea in Revelation 13.” *Bibliotheca Sacra* 160 (2003): 337-348.

Wood, S. J. *Reading the Book of Revelation as a Story: A Literary Analysis of the Apocalypse of John*. NP, 2008.

Woodcock, E. “Images of Hell in the Tours of Hell: Are They True?” *Criswell Theological Review* 3/1 (2005):

11-42.

Woodington, J. D. "Crafting the Eschaton: The Second Death and the Lake of Fire in Revelation." *Journal for the Study of the New Testament* 41/4 (2019): 501-518.

Wright, J. W. "Blessing, Honor, Glory, and Might, Forever and Ever!: Nicea and the Christology of the Book of Revelation." *Wesleyan Theological Journal* 39/2 (2004): 7-38.

Yadin-Israel, A. "For Mark was Peter's Tanna: Tradition and Transmission in Papias and the Early Rabbis." *Journal of Early Christian Studies* 2/3 (2015): 337-362.

Yong, A. *Revelation*, Louisville: WJK, 2021.

Yoon, D. "Overcoming the Degradation of the Church by eating the Hidden Manna to be transformed into White Stones for God's Building." *Affirmation & Critique* 25/2 (2019): 31-44.

_____. "The Believers' Reigning in the Kingdom as Unveiled in the Book of Revelation." *Affirmation & Critique* 27/1 (2012): 29-47.

Zaluchu, S. E. "'Dancing in Praise of God: Reinterpretation of Theology in Worship." *Theologia Viatorum* 45/1 (2021): 1-5.

Zandman, H. J. G. "Economic Sanctions: An Ethical Primer." *In die Skriflig* 42/3 (2008): 531-547.

Zerwick, M. *A Grammatical Analysis of the Greek New Testament*. Roma: EPIB, 1993.

Zhigankov, O. "The 'Springs of Water' in Revelation 14:7." *Journal of Asia Adventist Seminary* 14/2 (2011): 171-184.

Zimmermann, R. "Die Virginitäts-Metapher in Apk 14:4-5 im Horizont von Befleckung, Loskauf und Erstlingsfrucht." *Novum Testamentum* XLV/1 (2003): 45-70.

_____. "Nuptial Imagery in the Revelation of John." *Biblica* 84/2 (2003): 153-183.

Živadinović, D. "The Origins and the Antecedents of Joachim of Fiore's (1135-1202) Historical-Continuous Method of Prophetic Interpretation." Ph.D. Thesis. Andrews University, 2018.